山 西 省 统 计 局
国家统计局山西调查总队
编

山西统计年鉴2011

SHANXI STATISTICAL YEARBOOK

总第29期

中国统计出版社
China Statistics Press

（京）新登字041号

图书在版编目（CIP）数据

山西统计年鉴 . 2011 : 汉英对照 / 山西省统计局，国家统计局山西调查总队 编
—北京：中国统计出版社，2011.7
ISBN 978-7-5037-6254-3
Ⅰ. ①山…
Ⅱ. ①山… ②国…
Ⅲ. ①统计资料 - 山西省 - 2011 - 年鉴-汉、英
Ⅳ. ①C832.25-54
中国版本图书馆CIP数据核字(2011)第135450号

山西统计年鉴 - 2011

作　　者/ 山西省统计局 国家统计局山西调查总队
责任编辑/ 佘竞雄 王立群
责任校对/ 董晓玲 樊梅洁
封面设计/ 王志鹏
出版发行/ 中国统计出版社
通信地址/ 北京市西城区三里河月坛南街57号
邮　　编/ 100826
办公地址/ 北京市丰台区西三环南路甲6号
电　　话/ (010)63376907
E-mail / yearbook@gj.stats.cn
印　　刷/ 山西三和印刷有限责任公司
经　　销/ 新华书店
开　　本/ 890 × 1230 毫米 1/16
字　　数/ 1590千字
印　　张/ 51.75
印　　数/ 1-3000册
版　　别/ 2011 年 7 月第 1 版
版　　次/ 2011 年 7 月第 1 次印刷
书　　号/ ISBN 978-7-5037-6254-3/C · 2484
定　　价/ 390.00 元

2011

山西统计年鉴

SHANXI STATISTICAL YEARBOOK [2011]

编者说明

一、《山西统计年鉴－2011》收录了全省和各市、县、各部门2010年经济、社会、科技等方面的统计数据，是一部全面反映山西省国民经济和社会发展情况的资料性年刊。为便于国际间交流，内文全部采用中英文对照。

二、全书共分20个篇章， 1.综合；2.人口、劳动工资和社会保障；3.固定资产投资；4.对外贸易；5.能源；6.物价；7.人民生活；8.农村经济；9.工业；10.建筑业；11.交通运输、邮电通信业；12.批发和零售业；13.住宿、餐饮业和旅游；14.财政、金融和保险；15.教育、科技；16.文化、体育、卫生、环保；17.城市概况；18.地市篇；19.县市篇；20.企业篇。为方便读者使用，各篇章前绘制了反映总体趋势的统计图，篇末附有《主要统计指标解释》，对主要统计指标的涵义、统计范围和统计方法以及历史沿革予以简要说明。

三、与2010年版《山西统计年鉴》相比，本年鉴内容主要做了如下修订：

1.地市篇：增加了分市粮食、油料和棉花的播种面积；

2.县市篇：增加了分县2006－2010年固定资产投资情况。

四、本年鉴统计指标口径范围以国家现行统计报表制度为准。资料主要来源于统计年报，部分资料来自于抽样调查和有关部门。

五、为方便读者使用，对有变动的指标在表下作了简要注释。按照国际惯例，一些主要指标需要根据普查等进行定期核实修正，凡以前发表过的统计数字与本年鉴不一致的，请以本年鉴为准。

六、本年鉴所使用的度量衡单位，均采用国际统一标准计量单位。

七、本年鉴部分数据合计数或相对数由于单位取舍不同而产生的计算误差，均未作机械调整。

八、年鉴符号使用说明：

1.“空格”表示该项统计指标数据不足本表最小单位数、数据不详或无数据；

2.“#”表示该指标其中的主要项。

COMPILER'S NOTES

Ⅰ. *Shanxi Statistical Yearbook 2011* is an annual statistics publication, which reflects various aspects of national economic and social development in Shanxi province. It covers very comprehensive data series in 2010 at provincial level and local levels of city, county and department, reflecting social and economic as well as science and technology development of Shanxi province. To meet the need of international exchange, an English-Chinese has been made in the book.

Ⅱ. The book contains the following twenty parts: 1. General Information; 2. Population, Labor Wages and Social Security; 3. Investment in Fixed Assets; 4. Foreign Trade; 5. Energy; 6. Price; 7. People's Livelihood; 8. Agricultural Economy; 9. Industry; 10. Construction; 11. Transportation, Post and Telecommunication Services; 12. Wholesale and Retail Trade; 13. Hotels, Catering Services and Tourism; 14. Public Finance, Banking and Insurance; 15. Education, Science and Technology; 16. Culture, Sports, Public Health and Environmental Protection; 17. Information of City; 18. Part of Prefecture and City; 19. Part of County and City; 20. Part of Enterprises. In addition, Statistical Chart reflecting total trend is attached at every chapter, Explanatory Notes on Main Statistical Indicators, a brief introduction about the meaning, data sources, statistical coverage, statistical methods and historical changes of main statistical indicators, are provided at the end of each part.

Ⅲ. Comparing with *Shanxi Statistical Yearbook 2010*, this yearbook is made revising as follow:

1. Part of Prefecture and City Chapter: add indicators of area of grain, oil-bearing crops and cotton;
2. Part of County and City Chapter: increase indicators of investment in fixed assets from 2006 to 2010.

Ⅳ. On the whole, the concepts, definitions and coverage of statistics in indicators in this book are the same as in the current statistics report system of our country. The major data sources of this book are obtained from annual statistical reports, some from sample surveys and some from statistics materials provided by relative economical administrative departments.

Ⅴ. For convenience of readers, brief notes concerning some indicators about their changes in meaning or coverage are given at the lower part of relevant tables. According to international practice, some main indicators need to check and revise regularly by statistical surveys, such as census. In case of some statistical data issued before being inconsistent with this publication, take the data in this publication as correction.

Ⅵ. The units of measurement used in this book are international standard measurement units.

Ⅶ. Statistical discrepancies due to rounding are not adjusted in this yearbook.

Ⅷ. Notations used in this book:

" (blank)" indicates that the figure is not large enough to be measured with the smallest unit in the table or is not available;

"#"indicates the major items of the total.

目　　录

一、综　合
GENERAL INFORMATION

二、人口、劳动工资和社会保障
POPULATION，LABOR WAGES AND SOCIAL SECURITY

三、固定资产投资
INVESTMENT IN FIXED ASSETS

四、对外经济贸易
FOREIGN TRADE

五、能 源
ENERGY

六、物 价
PRICE

七、人民生活
PEOPLE'S LIVELIHOOD

八、农村经济
AGRICULTURAL ECONOMY

九、工　业
INDUSTRY

十、建筑业 CONSTRUCTION

十一、交通运输、邮电通信业 TRANSPORTATION，POST AND TELECOMMUNICATION SERVICES

十二、批发和零售业
WHOLESALE AND RETAIL TRADE

十三、住宿、餐饮业和旅游
HOTELS，CATERING SERVICES AND TOURISM

十四、财政、金融和保险
PUBLIC FINANCE，BANKING AND INSURANCE

十五、教育、科技
EDUCATION，SCIENCE AND TECHNOLOGY

十六、文化、体育、卫生、环保 CULTURE，SPORTS，PUBLIC HEALTH AND ENVIRONMENTAL PROTECTION

十七、城市概况
INFORMATION OF CITY

十八、地市篇
PATR OF PREFECTURE AND CITY

十九、县市篇
PART OF COUNTY AND CITY

二十、企业篇
PART OF ENTERPRISES

01

综 合

GENERAL INFORMATION

资料整理人员

樊梅洁　李　静　韩翠蓉　阴　燕　张淑虹

综　合

GENERAL INFORMATION

地区生产总值	Gross Domestic Product	9200.9	亿元	(100 million yuan)
第一产业	Primary Industry	554.5	亿元	(100 million yuan)
第二产业	Secondary Industry	5234.0	亿元	(100 million yuan)
第三产业	Tertiary Industry	3412.4	亿元	(100 million yuan)
人均地区生产总值	Per Capita GDP	26283	元	(yuan)
法人单位数	Number of Corporation Units	205229	个	(unit)
产业活动单位数	Number of Active Units	281428	个	(unit)

地区生产总值构成 (%)

Composition of Gross Domestic Product (%)

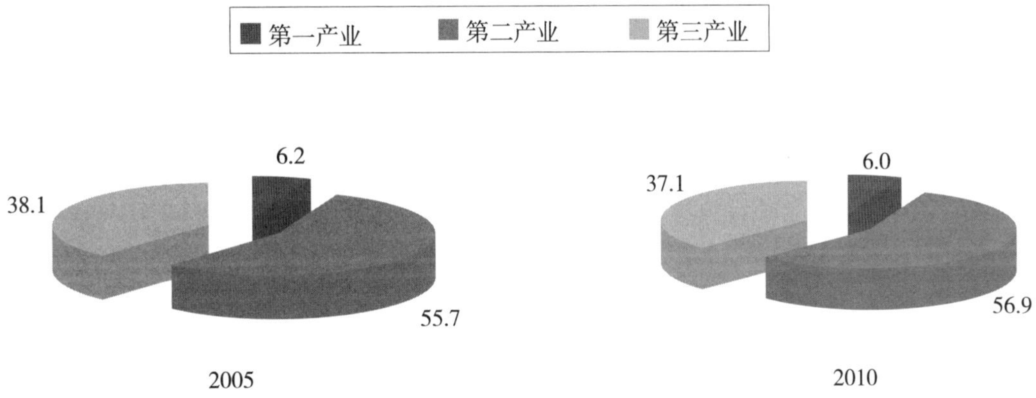

地区生产总值 (亿元)

Gross Domestic Product (100 million yuan)

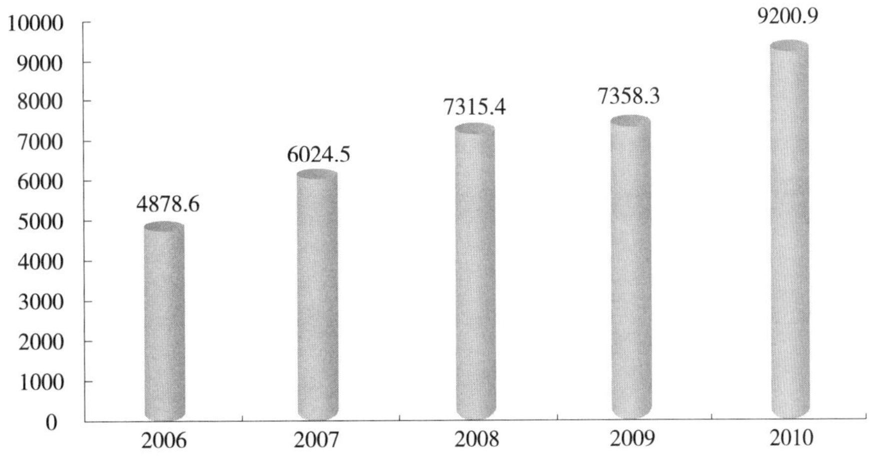

1-1 行政区划(2010年)
ADMINISTRATIVE DIVISION(2010)

市名 City	城市 City			市辖区 District Under Jurisdiction of Cities	县 County	镇 Town	乡 Township	村民委员会 Village Committees	
	合计 Total	地级市 City at Prefecture Level	县级市 City at County Level						
	22	11	11	23	85	563	633	28120	
太原市 Taiyuan	小店区 Xiaodian	迎泽区 Yingze	杏花岭区 Xinghualing	尖草坪区 Jiancaoping	万柏林区 Wanbailin	晋源区 Jinyuan	清徐县 Qingxu	阳曲县 Yangqu	
	娄烦县 Loufan	古交市 Gujiao							
大同市 Datong	城区 Chengqu	矿区 Kuangqu	南郊区 Nanjiao	新荣区 Xinrong	阳高县 Yanggao	天镇县 Tianzhen	广灵县 Guangling	灵丘县 Lingqiu	
	浑源县 Hunyuan	左云县 Zuoyun	大同县 Datong						
阳泉市 Yangquan	城区 Chengqu	矿区 Kuangqu	郊区 Jiaoqu	平定县 Pingding	盂县 Yuxian				
长治市 Changzhi	城区 Chengqu	郊区 Jiaoqu	长治县 Changzhi	襄垣县 Xiangyuan	屯留县 Tunliu	平顺县 Pingshun	黎城县 Licheng	壶关县 Huguan	
	长子县 Zhangzi	武乡县 Wuxiang	沁县 Qinxian	沁源县 Qinyuan	潞城市 Lucheng				
晋城市 Jincheng	城区 Chengqu	沁水县 Qinshui	阳城县 Yangcheng	陵川县 Lingchuan	泽州县 Zezhou	高平市 Gaoping			
朔州市 Shuozhou	朔城区 Shuocheng	平鲁区 Pinglu	山阴县 Shanyin	应县 Yingxian	右玉县 Youyu	怀仁县 Huairen			
晋中市 Jinzhong	榆次区 Yuci	榆社县 Yushe	左权县 Zuoquan	和顺县 Heshun	昔阳县 Xiyang	寿阳县 Shouyang	太谷县 Taigu		
	祁县 Qixian	平遥县 Pingyao	灵石县 Lingshi	介休市 Jiexiu					
运城市 Yuncheng	盐湖区 Yanhu	临猗县 Linyi	万荣县 Wanrong	闻喜县 Wenxi	稷山县 Jishan	新绛县 Xinjiang	绛县 Jiangxian	垣曲县 Yuanqu	
	夏县 Xiaxian	平陆县 Pinglu	芮城县 Ruicheng	永济市 Yongji	河津市 Hejin				
忻州市 Xinzhou	忻府区 Xinfu	定襄县 Dingxiang	五台县 Wutai	代县 Daixian	繁峙县 Fanshi	宁武县 Ningwu	静乐县 Jingle	神池县 Shenchi	
	五寨县 Wuzhai	岢岚县 Kelan	河曲县 Hequ	保德县 Baode	偏关县 Pianguan	原平市 Yuanping			
临汾市 Linfen	尧都区 Yaodu	曲沃县 Quwo	翼城县 Yicheng	襄汾县 Xiangfen	洪洞县 Hongtong	古县 Guxian	安泽县 Anze	浮山县 Fushan	吉县 Jixian
	乡宁县 Xiangning	大宁县 Daning	隰县 Xixian	永和县 Yonghe	蒲县 Puxian	汾西县 Fenxi	侯马市 Houma	霍州市 Huozhou	
吕梁市 Luliang	离石区 Lishi	文水县 Wenshui	交城县 Jiaocheng	兴县 Xingxian	临县 Linxian	柳林县 Liulin	石楼县 Shilou	岚县 Lanxian	方山县 Fangshan
	中阳县 Zhongyang	交口县 Jiaokou	孝义市 Xiaoyi	汾阳市 Fenyang					

1-2 历届省人民代表大会代表人数

DEPUTIES TO ALL THE PREVIOUS LOCAL PEOPLE'S CONGRESS OF SHANXI

项 目 Item	第一届 First (1954)	第二届 Second (1958)	第三届 Third (1964)	第四届 Fourth (1967)	第五届 Fifth (1977)	第六届 Sixth (1983)
代表总数 (人) Total (person)	321	384	543	4000	1200	921
#女代表 Female	70	70	118		243	215
占代表总数% Ratio to Deputies (%)	21.18	18.23	21.73		20.25	23.34

项 目 Item	第七届 Seventh (1988)	第八届 Eighth (1993)	第九届 Ninth (1998)	第十届 Tenth (2003)	第十一届 Eleventh (2008)
代表总数 (人) Total (person)	740	749	552	549	546
#女代表 Female	165	174	129	136	150
占代表总数% Ratio to Deputies (%)	22.30	23.20	23.37	24.77	27.47

1-3 历届省政治协商会议委员人数

COMMITTEE MEMBER TO ALL PREVIOUS PEOPLE'S POLITICAL CONSULTATIVE CONFERENCE OF SHANXI

项 目 Item	第一届 First (1955)	第二届 Second (1959)	第三届 Third (1964)	第四届 Fourth (1977)	第五届 Fifth (1983)
委员总数 (人) Total (person)	229	302	316	390	377
#中国共产党委员 CPC Deputies	11	11	11	14	20
占委员总数% Ratio to Deputies (%)	4.80	3.64	3.48	3.59	5.31

项 目 Item	第六届 Sixth (1988)	第七届 Seventh (1993)	第八届 Eighth (1998)	第九届 Ninth (2003)	第十届 Tenth (2008)
委员总数 (人) Total (person)	448	477	530	538	570
#中国共产党委员 CPC Deputies	172	193	212	234	228
占委员总数% Ratio to Deputies (%)	38.39	40.00	40.00	43.00	40.00

1-4 国民经济和社会发展总量与速度指标

指　标	Item	总 量 指 标		
		1980	1990	2000
一、年末常住人口(万人)	**Year-end Population (10 000 persons)**	**2476.5**	**2899.0**	**3247.8**
二、全社会从业人员(万人)	**Total Employees (10 000 persons)**	**1002.6**	**1304.0**	**1392.4**
#在岗职工人数	Fully Employed Staff and Workers	299.0	438.7	370.2
三、地区生产总值(亿元)	**Gross Domestic Product (100 million yuan)**	**108.8**	**429.3**	**1845.7**
第一产业	Primary Industry	20.6	80.8	179.9
第二产业	Secondary Industry	63.5	210.1	858.4
第三产业	Tertiary Industry	24.6	138.4	807.5
四、农业生产	**Agriculture**			
农林牧渔业总产值 (亿元)	Gross Output Value of Farming, Forestry, Animal Husbandry and Fishery (100 million yuan)	38.2	124.8	322.4
主要农产品产量	Output of Major Farm Products			
粮　食 (万吨)	Grain (10 000 tons)	685.7	969.0	853.4
棉　花 (万吨)	Cotton (10 000 tons)	7.8	11.2	4.5
油　料 (万吨)	Oil-bearing Crops (10 000 tons)	13.4	39.4	44.8
猪牛羊肉　(万吨)	Output of Pork，Beef and Mutton (10 000 tons)	17.3	29.3	59.2
猪年末数　(万头)	Hogs (year-end) (10 000 heads)	531.2	363.1	519.5
羊年末数　(万只)	Sheep and Goats (year-end) (10 000 heads)	909.9	709.6	1058.4
农业机械总动力(万千瓦)	Total Power of Agricultural Machinery (10 000 kw)	542.4	1053.5	1701.0
五、工业生产	**Industry**			
工业总产值 (亿元)	Gross Industrial Output Value (100 million yuan)			1216.9
轻工业	Light Industry			175.2
重工业	Heavy Industry			1041.7
主要工业产品产量	Output of Major Industrial Products			
原　煤　(万吨)	Coal (10 000 tons)	12103	28597	25152
发电量　(亿千瓦小时)	Electricity (100 million kwh)	120.2	314.2	624.7
粗　钢　(万吨)	Crude Steel (10 000 tons)	149.4	238.6	472.7
钢　材　(万吨)	Steel Products (10 000 tons)	86.4	128.8	392.6
水　泥　(万吨)	Cement (10 000 tons)	287.9	612.5	1434.0
金属切削机床 (台)	Metal-Cutting Machine Tools (unit)	1706	1678	832

PRINCIPAL AGGREGATE INDICATORS ON NATIONAL ECONOMIC AND SOCIAL DEVELOPMENT AND THEIR RELATED INDICES AND GROWTH RATES

Aggregate Datas		速 度 指 标 Indexes and Growth Rates							
2005	2010	指数(2010为以下各年%) Indexes (2010 as percentage of the following years)				平均增长速度 (%) Average Annual Growth Rate (%)			
		1980	1990	2000	2005	1981–2010	1991–2010	2001–2010	2006–2010
3355.2	**3574.1**	**144.3**	**123.3**	**110.0**	**106.5**	**1.2**	**1.1**	**1.0**	**1.3**
1500.2	**1685.9**	**168.1**	**129.3**	**121.1**	**112.4**	**1.7**	**1.3**	**1.9**	**2.4**
352.1	384.5	128.6	87.6	103.9	109.2	0.8	–0.7	0.4	1.8
4230.5	**9200.9**	**1926.7**	**835.5**	**318.0**	**170.3**	**10.4**	**11.2**	**12.3**	**11.2**
262.4	554.5	307.9	173.8	137.6	118.9	3.8	2.8	3.2	3.5
2357.0	5234.0	2129.5	961.5	353.5	173.8	10.7	12.0	13.5	11.7
1611.1	3412.4	2947.3	992.0	330.5	174.1	11.9	12.2	12.7	11.7
483.8	1047.8								
978.0	1085.1	158.2	112.0	127.2	111.0	1.5	0.6	2.4	2.1
10.3	6.9	89.4	62.1	154.7	67.4	–0.4	–2.4	4.5	–7.6
21.3	17.6	131.6	44.7	39.2	82.7	0.9	–3.9	–8.9	–3.7
81.0	63.6	367.6	217.1	107.4	78.6	4.4	4.0	0.7	–4.7
626.1	474.8	89.4	130.8	91.4	75.8	–0.4	1.3	–0.9	–5.4
1196.4	734.7	80.7	103.5	69.4	61.4	–0.7	0.2	–3.6	–9.3
2288.7	2809.2	517.9	266.7	165.1	122.7	5.6	5.0	5.1	4.2
4850.9	12471.3								
295.4	671.3								
4555.5	11800.1								
55426	74096	612.2	259.1	294.6	133.7	6.2	4.9	11.4	6.0
1316.5	2150.6	1788.6	684.5	344.2	163.4	10.1	10.1	13.2	10.3
1654.7	3048.8	2041.0	1277.9	644.9	184.2	10.6	13.6	20.5	13.0
1368.6	2866.4	3316.8	2225.8	730.1	209.4	12.4	16.8	22.0	15.9
2310.7	367.03	1274.9	599.3	255.9	158.8	8.9	9.4	9.9	9.7
1813	1822	106.8	108.6	219.0	100.5	0.2	0.4	8.2	0.1

1-4 续表1

指　标	Item	总量指标		
		1980	1990	2000
布　(万米)	Cloth (10 000 m)	38652	42948	33253
机制纸及纸板 (万吨)	Machine-made Paper and Paperboard (10 000 tons)	11.6	35.4	27.0
卷　烟　(万箱)	Cigarettees (10 000 cases)	18.6	24.2	30.3
合成洗涤剂　(吨)	Synthetic Detergents (ton)	18505	68951	189235
化学纤维　(吨)	Chemical Fiber (ton)	3642	19839	28987
六、运输邮电	**Transportation, Post and Telecommunications**			
货物运输量　(万吨)	Freight Traffic (10 000 tons)	18080	50111	86624
#铁　路	Railways	11067	23332	28779
公　路	Highways	7004	26706	57813
货物周转量　(亿吨公里)	Freight Ton-kilometers (100 million ton-km)	225.4	594.8	868.0
#铁　路	Railways	209.6	479.6	598.0
公　路	Highways	15.7	115.3	270.0
旅客发送量　(万人)	Passenger Traffic (10 000 persons)	5865	15960	31818
#铁　路	Railways	2523	3226	2953
旅客周转量 (百万人公里)	Passenger-Kilometers (million passenger-km)	4979	12604	22458
#铁　路	Railways	3564	6681	8336
邮电业务总量　(亿元)	Business Volume of Post and Telecommunications Service (100 million yuan)	1.2	2.5	75.9
函　件　(万件)	Number of Letters (10 000 pcs)	8739	10967	11331
市内电话　(万户)	Number of Urban Telephone Subscribers (10 000 subscribers)	3.9	11.7	222.5
农村电话　(万户)	Number of Rural Telephones Subscribers (10 000 subscribers)	1.8	1.6	80.2
七、固定资产投资 (亿元)	**Investment in Fixed Assets (100 million yuan)**			
全社会固定资产投资	Total Investment in Fixed Assets	28.2	123.4	625.2
#住　宅	Residential Investment	5.9	22.0	111.3
1. 国　有	State-owned	22.5	91.6	419.6
非国有	Non-State-owned	5.7	31.8	205.5
2. 城　镇	Urban	22.8	98.1	551.8
农　村	Rural	5.4	25.3	73.3
3. 第一产业	Primary Industry	1.8	5.2	12.0
第二产业	Secondary Industry	16.2	75.6	289.6
第三产业	Tertiary Industry	10.2	42.6	323.6

continued

Aggregate Data		速 度 指 标 Indexes and Growth Rates							
2005	2010	指数(2010为以下各年%) Indexes (2009 as percentage of the following years)				平均增长速度 (%) Average Annual Growth Rate (%)			
		1980	1990	2000	2005	1981–2010	1991–2010	2001–2010	2006–2010
36256	7381	19.1	17.2	22.2	20.4	–5.4	–8.4	–14.0	–27.3
40.5	21.8	188.6	61.5	80.7	53.8	2.1	–2.4	–2.1	–11.7
25.0	29.5	158.4	122.1	97.2	118.0	1.5	1.0	–0.3	3.4
162303	119774	647.3	173.7	63.3	73.8	6.4	2.8	–4.5	–5.9
27051	10023	275.2	50.5	34.6	37.1	3.4	–3.4	–10.1	–18.0
125367	124677	689.6	248.8	143.9	99.4	6.6	4.7	3.7	–0.1
49067	63836	576.8	273.6	221.8	130.1	6.0	5.2	8.3	5.4
76201	60819	868.3	227.7	105.2	79.8	7.5	4.2	0.5	–4.4
1362.6	2332.4	1035.0	392.1	268.7	171.2	8.1	7.1	10.4	11.4
969.7	1362.5	649.9	284.1	227.8	140.5	6.4	5.4	8.6	7.0
392.8	969.9	6172.7	841.5	359.2	246.9	14.7	11.2	13.6	19.8
40209	39059	666.0	244.7	122.8	97.1	6.5	4.6	2.1	–0.6
3433	5746	227.7	178.1	194.6	167.4	2.8	2.9	6.9	10.9
32954	37157	746.3	294.8	165.4	112.8	6.9	5.6	5.2	2.4
10564	15582	437.2	233.2	186.9	147.5	5.0	4.3	6.5	8.1
280.6	727.6	60637.3	29105.9	958.7	259.3	23.8	32.8	25.4	21.0
9294	7732	88.5	70.5	68.2	83.2	–0.4	–1.7	–3.7	–3.6
621.0	488.1	12514.1	4171.4	219.3	78.6	17.5	20.5	8.2	–4.7
276.8	232.6	12924.4	14540.0	290.1	84.0	17.6	28.3	11.2	–3.4
1859.4	6352.6	22530.2	5147.4	1016.2	341.6	18.7	20.6	25.2	27.2
224.6	900.3	15259.7	4085.9	808.6	400.9	17.1	19.1	21.4	35.3
830.9	3189.3	14172.3	3480.7	760.0	383.8	16.6	17.6	19.1	29.4
1028.5	3163.3	55570.2	9951.5	1539.1	307.6	23.0	25.7	33.5	25.4
1699.3	5816.0	25521.8	5926.7	1054.0	342.3	19.3	21.6	25.7	27.2
160.1	536.6	9922.7	2122.5	731.6	335.1	15.4	14.4	20.3	27.7
50.1	281.3	16018.3	5413.2	2350.9	561.4	15.8	19.0	36.1	39.7
1130.4	2628.1	16207.3	3474.9	907.4	232.5	18.0	18.9	26.2	18.3
678.9	3443.2	33676.6	8085.4	1064.1	507.2	20.0	23.1	23.6	38.0

1-4 续表2

指 标	Item	总 量 指 标		
		1980	1990	2000
八、国内贸易 (亿元)	**Domestic Trade (100 million yuan)**			
社会消费品零售总额	Total Retail Sales of Consumer Goods	42.7	158.0	722.7
九、对外贸易 (亿美元)	**Foreign Trade (USD 100 million)**			
海关进出口总额	Total Exports and Imports		3.5	17.6
出 口	Exports		2.6	12.4
进 口	Imports		0.9	5.3
十、财 政 (亿元)	**Public Finance (100 million yuan)**			
一般预算收入	General Budget Revenue	21.0	51.7	114.5
一般预算支出	General Budget Expenditure	19.6	54.9	225.1
十一、物价指数(上年=100)	**Price Indexes (Last year=100)**			
商品零售价格总指数	General Retail Price Index	103.5	102.1	97.1
居民消费价格总指数	General Consumer Price Index	103.4	102.2	103.9
十二、工 资 (亿元)	**Wages (100 million yuan)**			
全部职工工资总额	Total Wages of Staff and Workers	21.9	90.7	256.1
全部职工平均工资(元)	Average Wage of Staff and Workers (yuan)	754	2111	6918
国有单位职工工资总额	Total Wages of State-owned Units	19.0	75.9	200.9
国有单位职工平均工资(元)	Average Wage of State-owned Units (yuan)	795	2263	7249
十三、教育、文化	**Education and Culture**			
高等学校数(所)	Number of Regular Institutions of Higher Education (unit)	16	26	24
高等学校在校学生数 (万人)	Student Enrollment of Institutions of Higher Education (10 000 persons)	3.3	5.1	12.6
中等专业学校在校学生数 (万人)	Student Enrollment of Specialized Secondary Schools (10 000 persons)	4.6	8.7	19.7
普通中学在校学生数 (万人)	Student Enrollment of I Regular Secondary Schools (10 000 persons)	179.6	145.1	199.8
小学在校学生数 (万人)	Student Enrollment of Primary Schools	384.2	297.4	343.6
图书出版数量 (万册)	Number of Books Published (10 000 copies)	9055	12166	10105
期刊出版数量 (万份)	Number of Magazines Issued (10 000 copies)	1905	2815	2657
报纸出版数量 (万份)	Number of Newspapers Issued (10 000 copies)	17590	54361	58825

continued

Aggregate Data		速 度 指 标 Indexes and Growth Rates							
2005	2010	指数(2010为以下各年) Indexes (2010 as percentage of the following years)				平均增长速度(%) Average Annual Growth Rate (%)			
		1980	1990	2000	2005	1981-2010	1991-2010	2001-2010	2006-2010
1410.7	3318.2	7778.2	2099.5	459.2	235.2	15.6	16.4	16.5	18.7
55.5	125.8		3593.8	712.9	226.8		19.6	21.7	17.8
35.3	47.1		1790.6	380.7	133.5		15.5	14.3	5.9
20.2	78.7		9044.9	1491.7	390.1		25.3	31.0	31.3
368.3	969.7	4627.3	1873.8	847.0	263.3	13.6	15.8	23.8	21.4
668.8	1931.4	9848.9	3518.2	858.2	288.8	16.5	19.5	24.0	23.6
100.3	102.3	390.4	199.7	116.0	114.6	4.6	3.5	1.5	2.8
102.3	103.0	533.6	268.6	124.9	117.3	5.7	5.1	2.3	3.2
548.1	1286.5	5874.4	1418.4	502.3	234.7	14.5	14.2	17.5	18.6
15645	33544	4448.8	1589.0	484.9	214.4	13.5	14.8	17.1	16.5
394.4	760.3	4001.6	1001.7	378.4	192.8	13.1	12.2	14.2	14.0
16027	33119	4165.9	1463.5	456.9	206.6	13.2	14.4	16.4	15.6
59	65	406.3	250.0	270.8	110.2	4.8	4.7	10.5	2.0
40.7	56.3	1700.5	1097.1	447.9	138.3	9.9	12.8	16.2	6.7
20.2	20.7	449.7	238.8	105.5	102.9	5.1	4.4	0.5	0.6
261.2	253.7	141.3	174.8	127.0	97.1	1.2	2.8	2.4	-0.6
350.3	291.1	75.8	97.9	84.7	83.1	-0.9	-0.1	-1.6	-3.6
10081	13183	145.6	108.4	130.5	130.8	1.3	0.4	2.7	5.5
5914	4000	210.0	142.1	150.5	67.6	2.5	1.8	4.2	-7.5
329713	206698	1175.1	380.2	351.4	62.7	8.6	6.9	13.4	-8.9

1-5 山西省水资源总量(2009年)

RESOURCES OF WATER(2009)

单位：亿立方米 (100 million cu.m)

市名 City		水资源总量 Water Resources	地表水资源量 Surface Water Resources	地下水资源量 Ground Water Resources	重复计算量 Repetition Statistical Amount	年降水量 Precipitation
全　省	**Total**	**85.76**	**47.67**	**76.15**	**38.06**	**779.38**
太原市	Taiyuan	4.33	1.09	4.04	0.80	42.17
大同市	Datong	5.51	2.87	4.72	2.07	44.02
阳泉市	Yangquan	3.20	3.85	2.68	3.33	28.25
长治市	Changzhi	7.31	4.63	7.00	4.31	68.38
晋城市	Jincheng	8.08	5.66	7.34	4.93	49.61
朔州市	Shuozhou	4.60	1.85	4.44	1.68	34.97
晋中市	Jinzhong	9.30	5.22	7.45	3.37	89.86
运城市	Yuncheng	11.16	3.80	9.09	1.73	75.89
忻州市	Xinzhou	14.13	7.28	13.35	6.50	113.55
临汾市	Linfen	8.14	5.03	7.70	4.59	106.90
吕梁市	Luliang	9.99	6.39	8.34	4.74	125.79

1-6 山西省实际用水量(2009年)

USAGE OF WATER(2009)

单位：亿立方米 (100 million cu.m)

市名 City		总计 Total	农田灌溉 Farmland Irrigation	工业 Industry	城镇生活 Urban	农村生活 Rural	林牧渔业 Forestry,Animal Husbandry and Fishery
全　省	**Total**	**55.87**	**31.75**	**10.53**	**7.33**	**3.18**	**3.08**
太原市	Taiyuan	7.45	2.98	1.68	2.52	0.21	0.06
大同市	Datong	4.93	2.80	0.89	0.70	0.28	0.25
阳泉市	Yangquan	1.45	0.20	0.75	0.37	0.08	0.06
长治市	Changzhi	3.74	1.64	1.07	0.56	0.31	0.17
晋城市	Jincheng	2.83	0.40	1.46	0.48	0.31	0.19
朔州市	Shuozhou	3.17	2.20	0.51	0.24	0.11	0.10
晋中市	Jinzhong	7.04	4.94	0.80	0.70	0.44	0.16
运城市	Yuncheng	10.42	6.92	1.14	0.51	0.44	1.42
忻州市	Xinzhou	3.98	2.76	0.54	0.26	0.22	0.21
临汾市	Linfen	6.12	3.99	0.95	0.52	0.37	0.30
吕梁市	LuLiang	4.73	2.91	0.75	0.48	0.42	0.17

1-7 平均每天主要社会经济活动
MAJOR INDICATORS OF AVERAGE DAILY SOCIAL AND ECONOMIC ACTIVITIES

指 标	Item	2000	2005	2010
全省每天创造的财富	**Daily Production**			
地区生产总值 (万元)	Gross Domestic Product (10 000 yuan)	50568	115905	252078
原煤产量 (万吨)	Coal (10 000 tons)	68.9	151.9	203.0
焦炭产量 (万吨)	Coke (10 000 tons)	13.6	21.9	23.3
发电量 (万千瓦小时)	Electricity (10 000 kwh)	17115	36068	58919
粗钢产量 (吨)	Crude Steel (ton)	12952	45335	83529
钢材产量 (吨)	Steel Products (ton)	10756	37496	78530
水泥产量 (吨)	Cement (ton)	39288	63306	100556
布产量 (万米)	Cloth (10 000 m)	91.1	99.3	20.2
其他经济活动	**Other Daily Economic Activities**			
全社会固定资产投资额 (万元)	Total Investment in Fixed Assets (10 000 yuan)	17128	50942	174044
城镇固定资产投资额 (万元)	Total Investment in Fixed Assets in Urban Area(10 000 yuan)	15118	46556	159343
图书出版 (万册)	Books Published (10 000 copies)	27.68	27.62	36.12
期刊出版 (万册)	Magazines Issued (10 000 copies)	7.28	16.20	10.96
报纸出版 (万份)	Newspapers Issued (10 000 copies)	161.16	903.32	566.30
函 件 (万件)	Letters Delivered (10 000 copies)	31.04	25.46	21.18
人口变动与婚姻	**Daily Population Changes and Marriages**			
出 生 (人)	Births (person)	1170	1102	1043
死 亡 (人)	Deaths (person)	509	550	525
结 婚 (对)	Marriages (couple)	451	520	988
离 婚 (对)	Divorces (couple)	21	48	73

1-8 社会经济主要指标人均水平
MAJOR PER CAPITA INDICATORS OF SOCIAL AND ECONOMY

指　　标	Item	2000	2005	2010
一、地区生产总值　（元）	**Gross Domestic Product (yuan)**	**5722**	**12647**	**26283**
二、农林牧渔业总产值（元）	**Gross Output Value of Farming,Forestry, Animal Husbandry and Fishery (yuan)**	**999**	**1446**	**2993**
三、主要产品产量	**Output of Major Products**			
原　煤　（吨）	Coal (ton)	7.80	16.57	21.17
焦　炭　（吨）	Coke (ton)	1.54	2.39	2.43
发电量　（千瓦小时）	Electricity (kwh)	1936.7	3935.6	6143.2
粗　钢　（公斤）	Crude Steel (kg)	146.6	494.7	870.9
钢　材　（公斤）	Steel Products (kg)	121.7	409.1	818.8
水　泥　（公斤）	Cement (kg)	444.6	690.8	1048.4
布　　（米）	Cloth (m)	10	11	2
粮　食　（公斤）	Grain (kg)	265	292	310
棉　花　（公斤）	Cotton (kg)	1.4	3.1	2.0
油　料　（公斤）	Oil-bearing Crops (kg)	13.9	6.4	5.0
猪牛羊肉（公斤）	Pork,Beef and Mutton (kg)	18.4	24.2	18.2
四、社会消费品零售额(元)	**Total Retail Sales of Consumer Goods (yuan)**	**2240**	**4217**	**9478**
五、人民生活 (元)	**People's Livelihood (yuan)**			
职工平均工资	Average Wage of Staff and Workers	6918	15645	33544
国　有	State-owned Units	7249	16027	33119
集　体	Urban Collective-owned Units	4193	10157	21993
城镇居民可支配收入	Annual Disposable Income of Urban Residents	4724	8914	15648
城镇居民消费性支出	Living Expenditure of Urban Residents	3942	6343	9793
农民家庭纯收入	Net Income of Rural Residents	1906	2891	4736
农民家庭生活费支出	Living Expenditure of Rural Residents	1149	1878	3664
城乡居民储蓄存款年末余额	Balance of Saving Deposits of Urban and Rural Residents year-end	5420	12315	26346

1-9 国民经济主要比例关系
MAJOR PERCENTAGE INDICATORS OF THE NATIONAL ECONOMY

单位：% (%)

指 标	Item	2000	2005	2010
一、地区生产总值中三次产业比例	**Industrial Structure of GDP**			
第一产业	Primary Industry	9.7	6.2	6.0
第二产业	Secondary Industry	46.5	55.7	56.9
第三产业	Tertiary Industry	43.8	38.1	37.1
二、工业总产值中轻重工业比例	**Structure of Light and Heavy Industry in Gross Output Value of Industry**			
轻工业	Light Industry	14.4	6.1	5.4
重工业	Heavy Industry	85.6	93.9	94.6
三、农林牧渔业总产值内部比例	**Structure of Agricultural Gross Output Value**			
农业产值	Farming	67.7	58.2	63.8
林业产值	Forestry	3.9	3.4	6.2
牧业产值	Animal Husbandry	27.8	30.7	23.9
渔业产值	Fishery	0.5	0.6	0.6
农林牧渔服务业	Farming, Forestry, Animal Husbandry and Fishery Services		7.1	5.4
四、全社会固定资产投资中城镇、农村投资所占比例	**Structure of Urban and Rural Investment in Total Investment in Fixed Assets**			
城 镇	Urban	88.3	91.4	91.6
农 村	Rural	11.7	8.6	8.4
五、城镇固定资产投资中三次产业的比例	**Industry Structure in Urban Investment in Fixed Assets**			
第一产业	Primary Industry	1.3	1.5	2.8
第二产业	Secondary Industry	47.0	63.0	43.6
第三产业	Tertiary Industry	51.7	35.5	53.6
六、城镇固定资产投资中轻、重、能源工业投资所占比例	**Structure of Light Industry,Heavy Industry and Energy Industry Investment in Urban Area**			
#轻工业	Light Industry	3.0	3.2	3.4
重工业	Heavy Industry	42.9	59.5	39.9
#能 源	Energy Industry	30.9	35.5	26.1
七、能源使用比例	**Structure of Energy Consumption**			
第一产业	Primary Industry	5.7	3.0	2.4
第二产业	Secondary Industry	75.0	81.1	75.9
第三产业	Tertiary Industry	7.4	7.6	12.0
人民生活	People's Livelihood	11.9	8.3	9.6
八、固定资产投资额占地区生产总值的比例	**Structure of Investment in Fixed Assets of GDP**	**33.9**	**44.0**	**69.0**
九、文教卫生科学事业费占财政支出的比例	**Structure of Operating Expenses for Culture, Education, Public Health And Science in Government Expenditures**	**25.0**	**22.4**	**24.6**

1-10 人民物质文化生活提高情况
IMPROVEMENT OF PEOPLE'S MATERIAL AND CULTURAL LIFE

指　标	Item	2000	2005	2010
一、城乡居民收入 (元)	**Income of Rural and Urban Residents (yuan)**			
城镇居民人均可支配收入	Annual Per Capita Disposable Income of Urban Residents	4724	8914	15648
农民人均纯收入	Annual Per Capita Net Income of Rural Residents	1906	2891	4736
职工平均工资	Average Wage of Staff and Workers	6918	15645	33544
二、平均每人住房面积 (平方米)	**Per Capita Floor Space of Residential Buildings (sq.m)**			
城镇居民建筑面积	Urban Residents		25.6	28.0
农村居民住房面积	Rural residents	21.6	24.2	28.7
三、生活、文化、教育、卫生	**Livelihood, Culture, Education and Public Health**			
每百户拥有　(抽 样)	Number of Durable Consumer Goods Owned Per 100 Households by Sample			
彩色电视机 (台)	TV(Color) (unit)			
城镇居民	Urban Residents	107.2	113.7	111.8
农　民	Rural Residents	63.5	82.3	109.0
洗衣机(台)	Washing Machine (unit)			
城镇居民	Urban Residents	93.4	99.8	100.7
农　民	Rural Residents	51.7	69.3	81.0
移动电话 (部)	Mobile Telephone (unit)			
城镇居民	Urban Residents	8.1	109.7	146.6
农　民	Rural Residents		27.5	107.7
每百人每天拥有报纸 (份)	Newspapers per 100 Persons per Day (copy)	5.0	27.0	16.2
每人每年拥有期刊　(册)	Number of Magazines per Person per Year (copy)	0.8	1.8	1.1
每万人拥有在校大学生 (人)	Number of Enrollment Students of Regular Institutions of Higher Education per 10000 Persons (person)	39.0	121.7	160.8
每千人拥有医院床位数 (张)	Number of Hospital Bed per 1000 persons (unit)	2.4	2.4	3.1
每千人拥有卫生技术人员 (人)	Number of Medical Technical Personnel Per 1000 Persons (person)	4.2	3.9	5.5
四、储　蓄	**Savings Deposit**			
城乡居民储蓄存款年末余额 (亿元)	Balance of Savings Deposit of Urban and Rural Residents(year-end) (100 million yuan)	1748.4	4119.7	9223.0
平均每人储蓄存款余额 (元)	Per Capita Balance of Saving Deposit (yuan)	5420	12315	26346

1-11 地区生产总值
GROSS DOMESTIC PRODUCT

按当年价格计算 (at current prices)

年　份 Year	地区生产总值 (万元) Gross Domestic Product (10 000 yuan)	第一产业 Primary Industry	第二产业 Secondary Industry	工　业 Industry	建筑业 Construction	第三产业 Tertiary Industry	人均地区生产总值 (元/人) Per Capita GDP (yuan/person)
1952	159978	93831	27484	23447	4037	38663	116
1957	291594	115415	93994	71745	22249	82185	186
1962	324083	110666	121848	109126	12722	91569	188
1965	439158	127041	205199	185889	19310	106918	238
1970	576900	151931	302600	279549	23051	122369	277
1975	698101	208009	346700	321978	24722	143392	301
1978	879946	182040	514685	481225	33460	183221	365
1980	1087619	206348	635098	582107	52991	246173	442
1985	2189896	422629	1200573	1021192	179381	566694	838
1990	4292736	808080	2100746	1866110	234636	1383910	1528
1991	4685100	687700	2362800	2108100	254700	1634600	1592
1992	5511200	829400	2702800	2404400	298400	1979000	1862
1993	6804100	972700	3350300	2960100	390200	2481100	2271
1994	8266600	1238400	3965700	3471800	493900	3062500	2729
1995	10760300	1686900	4944500	4385000	559500	4128900	3515
1996	12921100	1982800	6002100	5327300	674800	4936200	4178
1997	14760000	1918400	7075800	6263600	812200	5765800	4724
1998	16110800	2072500	7612500	6585500	1027000	6425800	5104
1999	16671000	1599600	7854700	6845500	1009200	7216700	5230
2000	18457200	1798600	8583700	7486500	1097200	8074900	5722
2001	20295300	1710900	9560100	8324500	1235600	9024300	6226
2002	23248000	1978000	11343100	9914400	1428700	9926900	7082
2003	28552200	2151900	14633800	12919400	1714400	11766500	8641
2004	35713700	2763000	19194000	17113000	2081000	13756700	10741
2005	42305300	2624200	23570400	21176800	2393600	16110700	12647
2006	48786100	2767700	27556600	24850600	2706000	18461800	14497
2007	60244500	3119700	34544900	31418900	3126000	22579900	17805
2008	73154000	3135800	42423600	38685400	3738200	27594600	21506
2009	73583100	4775900	39938000	35188800	4749200	28869200	21522
2010	92008600	5544800	52340000	46579700	5760300	34123800	26283

1-12 地区生产总值构成
COMPOSITION OF GROSS DOMESTIC PRODUCT

单位：% (%)

年 份 Year	地区生产总值 Gross Domestic Product	第一产业 Primary Industry	第二产业 Secondary Industry			第三产业 Tertiary Industry
				工 业 Industry	建筑业 Construction	
1952	100.0	58.6	17.2	14.6	2.5	24.2
1957	100.0	39.6	32.2	24.6	7.6	28.2
1962	100.0	34.2	37.6	33.7	3.9	28.3
1965	100.0	28.9	46.7	42.3	4.4	24.3
1970	100.0	26.3	52.5	48.4	4.0	21.2
1975	100.0	29.8	49.7	46.1	3.5	20.5
1978	100.0	20.7	58.5	54.7	3.8	20.8
1980	100.0	19.0	58.4	53.5	4.9	22.6
1985	100.0	19.3	54.8	46.6	8.2	25.9
1990	100.0	18.8	48.9	43.5	5.5	32.3
1991	100.0	14.7	50.4	45.0	5.4	34.9
1992	100.0	15.0	49.0	43.6	5.4	35.9
1993	100.0	14.3	49.2	43.5	5.7	36.5
1994	100.0	15.0	48.0	42.0	6.0	37.0
1995	100.0	15.7	46.0	40.8	5.2	38.4
1996	100.0	15.3	46.5	41.2	5.2	38.2
1997	100.0	13.0	47.9	42.4	5.5	39.1
1998	100.0	12.9	47.3	40.9	6.4	39.9
1999	100.0	9.6	47.1	41.1	6.1	43.3
2000	100.0	9.7	46.5	40.6	5.9	43.8
2001	100.0	8.4	47.1	41.0	6.1	44.5
2002	100.0	8.5	48.8	42.6	6.1	42.7
2003	100.0	7.5	51.3	45.2	6.0	41.2
2004	100.0	7.7	53.7	47.9	5.8	38.5
2005	100.0	6.2	55.7	50.1	5.7	38.1
2006	100.0	5.7	56.5	50.9	5.5	37.8
2007	100.0	5.2	57.3	52.2	5.2	37.5
2008	100.0	4.3	58.0	52.9	5.1	37.7
2009	100.0	6.5	54.3	47.8	6.5	39.2
2010	100.0	6.0	56.9	50.6	6.3	37.1

1-13 地区生产总值指数
INDICES OF GROSS DOMESTIC PRODUCT

1952年=100 (1952=100)

年 份 Year	地区生产总值 Gross Domestic Product	第一产业 Primary Industry	第二产业 Secondary Industry	工 业 Industry	建筑业 Construction	第三产业 Tertiary Industry
1952	100.0	100.0	100.0	100.0	100.0	100.0
1957	174.0	106.1	371.3	326.7	629.9	198.2
1962	169.2	92.7	404.4	411.5	335.5	194.3
1965	248.5	123.3	705.2	725.5	538.1	251.0
1970	304.2	129.3	982.4	1026.3	648.5	291.6
1975	378.4	160.0	1264.7	1348.3	636.2	334.6
1978	485.1	131.7	1893.0	2034.9	821.4	434.3
1980	543.3	124.4	2117.4	2241.3	1169.7	555.9
1985	939.1	188.3	3565.9	3519.2	3454.5	1119.2
1990	1252.9	220.3	4689.7	4850.7	3266.6	1651.7
1991	1305.5	192.6	4985.2	5185.4	3309.1	1831.7
1992	1468.7	217.4	5453.8	5698.8	3355.4	2090.0
1993	1660.5	237.2	6149.5	6463.6	3605.5	2371.3
1994	1831.2	247.9	6857.3	7220.4	4006.0	2612.8
1995	2051.6	257.3	7776.8	8225.8	4257.2	2939.8
1996	2292.8	287.7	8659.5	9106.0	5087.5	3289.7
1997	2552.8	273.3	9813.2	10282.3	5999.4	3732.8
1998	2805.9	302.0	10714.2	11071.8	7664.6	4112.8
1999	3009.6	251.5	11771.9	12115.6	8691.0	4508.7
2000	3292.0	278.4	12757.1	13197.9	9084.2	4957.9
2001	3624.7	268.4	14133.6	14631.4	10045.3	5580.6
2002	4091.7	304.9	16248.1	16836.0	11437.4	6206.4
2003	4700.1	326.0	18963.8	19648.8	13171.2	7168.1
2004	5416.1	340.6	22291.8	23157.7	15011.5	8304.3
2005	6147.2	322.2	25947.7	27071.3	16797.9	9408.8
2006	6934.1	338.7	29995.5	31402.7	18830.4	10349.7
2007	8036.6	338.0	35154.8	37118.0	20449.8	12036.7
2008	8719.7	346.5	37404.7	39679.1	20613.4	13553.3
2009	9190.6	361.0	38115.4	39401.4	26735.6	14976.4
2010	10468.0	383.0	45090.5	47084.7	29168.5	16384.2

1-14 地区生产总值指数
INDICES OF GROSS DOMESTIC PRODUCT

上年＝100 (last year=100)

年份 Year	地区生产总值 Gross Domestic Product	第一产业 Primary Industry	第二产业 Secondary Industry	工业 Industry	建筑业 Construction	第三产业 Tertiary Industry
1953	116.7	105.6	125.7	124.6	132.0	137.2
1957	107.6	89.6	133.0	122.2	181.5	108.4
1962	91.3	105.7	85.2	84.2	93.9	84.7
1965	118.8	103.1	135.2	136.6	124.5	117.4
1970	124.4	99.2	147.0	150.5	120.0	121.7
1975	107.9	108.1	112.0	113.4	93.0	97.9
1978	117.6	89.8	131.2	130.7	140.9	109.9
1980	102.0	87.6	102.9	104.6	82.6	111.1
1985	107.1	82.2	113.1	110.2	133.3	115.8
1990	105.0	112.6	101.4	100.4	110.7	108.6
1991	104.2	87.4	106.3	106.9	101.3	110.9
1992	112.5	112.9	109.4	109.9	101.4	114.1
1993	113.1	109.1	112.8	113.4	107.5	113.5
1994	110.3	104.5	111.5	111.7	111.1	110.2
1995	112.0	103.8	113.4	113.9	106.3	112.5
1996	111.8	111.8	111.4	110.7	119.5	111.9
1997	111.3	95.0	113.3	112.9	117.9	113.5
1998	109.9	110.5	109.2	107.7	127.8	110.2
1999	107.3	83.3	109.9	109.4	113.4	109.6
2000	109.4	110.7	108.4	108.9	104.5	110.0
2001	110.1	96.4	110.8	110.9	110.6	112.6
2002	112.9	113.6	115.0	115.1	113.9	111.2
2003	114.9	106.9	116.7	116.7	115.2	115.5
2004	115.2	104.5	117.5	117.9	114.0	115.9
2005	113.5	94.6	116.4	116.9	111.9	113.3
2006	112.8	105.1	115.6	116.0	112.1	110.0
2007	115.9	99.8	117.2	118.2	108.6	116.3
2008	108.5	102.5	106.4	106.9	100.8	112.6
2009	105.4	104.2	101.9	99.3	129.7	110.5
2010	113.9	106.1	118.3	119.5	109.1	109.4

1-15 支出法地区生产总值
GROSS DOMESTIC PRODUCT BY EXPENDITURE APPROACH

单位：万元 (10 000 yuan)

指 标	Item	按当年价格计算 At Current Prices		2010年为2009年% 2010 as Percentage of 2009
		2009	2010	
总 计	**Total**	**74382100**	**92008600**	**113.5**
一、最终消费	Final Consumption Expenditure	33853300	40300300	110.8
居民消费	Residents Consumption Expenditure	23433300	28552100	111.3
农村居民	Rural Residents	6898300	8339600	110.5
城镇居民	Urban Residents	16535000	20212500	111.7
政府消费	Government Consumption Expenditure	10420000	11748200	109.5
二、资本形成总额	Gross Capital Formation	49106900	63412500	124.0
固定资本形成总额	Gross Fixed Capital Formation	48568200	59730900	118.7
存货增加	Changes in Inventories	538700	3681600	638.4
三、货物和服务净出口	Net Export of Goods and Services	-8578100	-11704200	

1-16 支出法地区生产总值构成
COMPOSITION OF GROSS DOMESTIC PRODUCT BY EXPENDITURE APPROACH

单位：% (%)

指 标	Item	按当年价格计算 At Current Prices	
		2009	2010
总 计	**Total**	**100.0**	**100.0**
一、最终消费	Final Consumption Expenditure	45.5	43.8
居民消费	Residents Consumption Expenditure	31.5	31.0
农村居民	Rural Residents	9.3	9.1
城镇居民	Urban Residents	22.2	22.0
政府消费	Government Consumption Expenditure	14.0	12.8
二、资本形成总额	Gross Capital Formation	66.0	68.9
固定资本形成总额	Gross Fixed Capital Formation	65.3	64.9
存货增加	Changes in Inventories	0.7	4.0
三、货物和服务净出口	Net Export of Goods and Services	-11.5	-12.7

1-17 总 产 出
TOTAL OUTPUT

单位：万元 (10 000 yuan)

指　　标	Item	按当年价格计算 At Current Prices	
		2009	2010
总　计	**Total**	**188121300**	**232732600**
第一产业	Primary Industry	9087400	10478500
第二产业	Secondary Industry	127288600	161005000
工　业	Industry	106210700	135552700
建筑业	Construction	21077900	25452300
第三产业	Tertiary Industry	51745300	61249100
#交通运输、仓储和邮政业	Transportation, Storage and Post	11614100	14425600
批发和零售业	Wholesale and Retail Trade	7523300	9431500

1-18 资本形成总额
GROSS CAPITAL FORMATION

单位：万元 (10 000 yuan)

指　　标	Item	2009	2010
总　　计	**Total**	**49106900**	**63412500**
固定资本形成总额	Gross Fixed Capital Formation	48568200	59730900
住　宅	Residential Buildings	7600800	8078700
非住宅建筑物	Nonresidential Buildings	24271000	30034900
机器和设备	Machinery and Equipment	10975500	12441600
其　他	Others	5720900	9175700
存货增加	Changes in Inventories	538700	3681600
第一产业	Primary Industry	200000	25100
第二产业	Secondary Industry	-196200	2443300
第三产业	Tertiary Industry	534900	1213200

1-19 地区生产总值构成项目(2010年)
COMPONENTS OF GROSS DOMESTIC PRODUCT(2010)

单位：万元 (10 000 yuan)

指标	Item	总计 Total	劳动者报酬 Compensation of Laborers	生产税净额 Net Taxes on Production	固定资产折旧 Depreciation of Fixed Assets	营业盈余 Operating Surplus
地区生产总值	**Gross Domestic Product**	**92008600**	**36383300**	**15025200**	**12458600**	**28141500**
第一产业	**Primary Industry**	**5544800**	**3939200**	**–145500**	**284100**	**1467000**
农、林、牧、渔业	Farming, Forestry, Animal Husbandry and Fishery	5544800	3939200	–145500	284100	1467000
第二产业	**Secondary Industry**	**52340000**	**18036200**	**11433600**	**6905800**	**15964400**
工业	Industry	46579700	14959000	10383600	6232200	15004900
建筑业	Construction	5760300	3077200	1050000	673600	959500
第三产业	**Tertiary Industry**	**34123800**	**14407900**	**3737100**	**5268700**	**10710100**
交通运输、仓储和邮政业	Transport, Storage and Post	6540800	2325400	523400	884100	2807900
信息传输、计算机服务和软件业	Information Transmission, Computer Services and Software	2038200	352000	120800	783200	782200
批发和零售业	Wholesale and Retail Trade	6955100	1872400	2024400	626100	2432200
住宿和餐饮业	Lodging and Catering Services	2316200	771300	220000	192700	1132200
金融业	Banking	4483000	1622300	502200	192600	2165900
房地产业	Real Estate Trade	1920000	138800	148000	1599100	34100
租赁和商务服务业	Lease and Business Affairs Services	858200	317800	70300	175100	295000
科学研究、技术服务和地质勘查业	Scientific Reseach, Technical Services and Geological Prospecting	504800	330700	39700	61800	72600
水利、环境和公共设施管理业	Water, Environmental Protection and Public Facility Management	241900	175500	6000	60000	400
居民服务和其他服务业	Resident Services and Other Services	1135200	436100	37300	40300	621500
教育	Education	2076100	1809900	5800	185900	74500
卫生、社会保障和社会福利业	Health Care, Social Security and Social Welfare	933600	657100	8100	80200	188200
文化、体育和娱乐业	Culture, Sports and Recreation	444000	273600	20600	59600	90200
公共管理和社会组织	Public Management and Social Organization	3676700	3325000	10500	328000	13200

1-20 按三次产业、行业(门类)划分的法人单位数、产业活动单位数及从业人数 (2010年)

项　目	Item	单位数 (个) Number of Units (unit)
总　计	**Total**	**205229**
按三次产业划分	**By Industry**	
第一产业	Primary Industry	23340
第二产业	Secondary Industry	38933
第三产业	Tertiary Industry	142956
按行业(门类)划分	**By Sector**	
农、林、牧、渔业	Farming , Forestry , Animal Husbandry and Fishery	23340
采矿业	Ming and Quarrying	7841
制造业	Manufacturing	24368
电力、燃气及水的生产和供应业	Production & Supply of Electricity, Gas and Water	1021
建筑业	Construction	5703
交通运输、仓储和邮政业	Transport，Storage and Post	4102
信息传输、计算机服务和软件业	Information Transmission , Computer Services and Software	2770
批发和零售业	Wholesale and Retail Trade	39698
住宿和餐饮业	Lodging and Catering Services	3313
金融业	Banking and Insurance	1262
房地产业	Real Estate Trade	4995
租赁和商务服务业	Lease and Business Affairs Services	8404
科学研究、技术服务和地质勘查业	Scientific Reseach , Polytechnology Services and Geological Prospecting	4503
水利、环境和公共设施管理业	Water , Environmental Protection and Public Facility Management	1968
居民服务和其他服务业	Resident Services and Other Services	3594
教　育	Education	8762
卫生、社会保障和社会福利业	Health Care，Social Security and Social Welfare	5124
文化、体育和娱乐业	Culture , Sports and Recreation	2579
公共管理和社会组织	Public Management and Social Organization	51882

注：本表中交通运输、仓储和邮政业不包括铁路旅客运输和铁路货物运输单位。
Note: Unit number of transport, storage and post doesn't include railway passengers and freight transport in this table.

NUMBER OF CORPORATION UNITS & ACTIVE UNITS AND EMPLOYEES BY TYPE OF INDUSTRY AND SECTOR (2010)

法人单位 Corporation Units			产业活动单位 Active Units		
单产业法人 Single Industry	多产业法人 Multi--industry	从业人数 (人) Employees (person)	单位数 (个) Number of Units (unit)	#多产业法人所属的产业活动单位 Units Belong to Multi-industry Corporation	从业人数 (人) Employees (person)
186248	**18981**	**7586773**	**281428**	**95180**	**8143602**
23286	54	207598	24521	1235	218512
37972	961	3972533	42368	4396	4248565
124990	17966	3406642	214539	89549	3676525
23286	54	207598	24521	1235	218512
7691	150	1285893	8264	573	1303343
23857	511	1706740	25698	1841	1831511
955	66	133849	1489	534	189385
5469	234	846051	6917	1448	924326
3924	178	184107	6439	2515	220887
2683	87	67407	5377	2694	80511
37789	1909	662016	50938	13149	701918
3202	111	189628	3917	715	202989
904	358	162156	7478	6574	196121
4845	150	104930	5416	571	122578
8113	291	154865	10189	2076	186475
4374	129	98427	5786	1412	111141
1897	71	68346	2698	801	77386
3504	90	53952	4040	536	63667
7667	1095	508260	24143	16476	596959
4672	452	182509	19774	15102	227103
2497	82	60196	3288	791	63491
38919	12963	909843	65056	26137	825299

1-21 按登记注册类型划分的法人单位数、产业活动单位数及从业人数(2010年)

项　　目	Item	单位数 (个) Number of Units (unit)
总　　计	**Total**	**205229**
一、内　资	**Civil Funded Enterprises**	**204735**
国　有	State-owned Enterprises	39465
集　体	Collective Owned Enterprises	7914
股份合作	Share Cooperative Enterprises	1385
国有联营	State-owned Joint Owned Enterprises	65
集体联营	Collective-owned Joint Owned Enterprises	134
国有与集体联营	State-owned and Collective-owned Joint Owned Enterprises	31
其他联营	Other Joint Owned Enterprises	174
国有独资公司	Company Exclusively with Investment from State	244
其他有限责任公司	Other Limited Responsibility Company	16506
股份有限公司	Share Holding Limited Company	4485
私营独资	Enterprise Exclusively with Investment from Private	29434
私营合伙	Private Partner Enterprises	4770
私营有限责任公司	Privately Owned Limited Responsibility Company	34888
私营股份有限公司	Privately Owned Share Holding Limited Company	4482
其　他	Others	60758
二、港澳台商投资	**Enterprises Funded by HongKong, Macao and Taiwan**	**197**
与港澳台商合资经营	Joint Venture	101
与港澳台商合作经营	Cooperative Enterprise	19
港澳台商独资	Ventures Exclusively with HongKong, Macao and Taiwan Investment	61
港澳台商投资股份有限公司	Share Holding Limited Company	16
三、外商投资	**Foreign Funded Enterprises**	**297**
中外合资经营	Joint Venture	184
中外合作经营	Cooperative Enterprises	17
外资企业	Enterprises Funded By Foreign Investments	79
外商投资股份有限公司	Limited Company Funded by Foreign Investment	17

NUMBER OF CORPORATION UNITS & ACTIVE UNITS AND EMPLOYEES BY REGISTERED KIND (2010)

法人单位 Corporation Units			产业活动单位 Active Units		
单产业法人 Single Industry	多产业法人 Multi-industry	从业人数(人) Employees (person)	单位数(个) Number of Units (unit)	#多产业法人所属的产业活动单位 Units Belong to Multi-industry Corporation	从业人数(人) Employees (person)
186248	**18981**	**7586773**	**281428**	**95180**	**8143602**
185793	**18942**	**7408852**	**280256**	**94463**	**7953028**
32986	6479	2243612	77083	44097	2561714
6882	1032	386834	23049	16167	466184
1332	53	55754	1868	536	71110
61	4	3818	160	99	4492
132	2	6687	185	53	7089
29	2	1232	46	17	1445
155	19	4565	251	96	4751
199	45	383639	435	236	311434
15753	753	1692880	19411	3658	1660584
4134	351	406500	8769	4635	565939
29133	301	451637	31272	2139	458945
4723	47	115244	4967	244	116086
34038	850	981099	36931	2893	1024478
4368	114	110934	4763	395	112169
51868	8890	564417	71066	19198	586608
186	**11**	**97645**	**404**	**218**	**105121**
97	4	20305	149	52	21081
16	3	3352	26	10	3625
57	4	69967	163	106	73532
16		4021	66	50	6883
269	**28**	**80276**	**768**	**499**	**85453**
170	14	58238	247	77	57500
15	2	5986	26	11	6712
72	7	13809	311	239	18353
12	5	2243	184	172	2888

1-22 按登记注册类型、从业人数组距划分的法人单位数 (2010年)

单位：个

项　目	Item	9人以下 9 Persons Below
总　计	**Total**	**115939**
一、内　资	**Civil Funded Enterprises**	**115862**
国　有	State-owned Enterprises	13315
集　体	Collective Owned Enterprises	2857
股份合作	Share Cooperative Enterprises	594
国有联营	State-owned Joint Owned Enterprises	32
集体联营	Collective-owned Joint Owned Enterprises	61
国有与集体联营	State-owned and Collective-owned Joint Owned Enterprises	7
其他联营	Other Joint Owned Enterprises	77
国有独资公司	Company Exclusively with Investment from State	65
其他有限责任公司	Other Limited Responsibility Company	7373
股份有限公司	Share Holding Limited Company	1797
私营独资	Enterprise Exclusively with Investment from Private	17335
私营合伙	Private Partner Enterprises	2438
私营有限责任公司	Privately Owned Limited Responsibility Company	19192
私营股份有限公司	Privately Owned Share Holding Limited Company	2301
其　他	Others	48418
二、港澳台商投资	**Enterprises Funded by HongKong, Macao and Taiwan**	**38**
与港澳台商合资经营	Joint Venture	18
与港澳台商合作经营	Cooperative Enterprise	6
港澳台商独资	Ventures Exclusively with HongKong,Macao and Taiwan Investment	11
港澳台商投资股份有限公司	Share Holding Limited Company	3
三、外商投资	**Foreign Funded Enterprises**	**39**
中外合资经营	Joint Venture	19
中外合作经营	Cooperative Enterprises	3
外资企业	Enterprises Funded By Foreign Investments	12
外商投资股份有限公司	Limited Company Funded by Foreign Investment	5

NUMBER OF CORPORATION UNITS BY REGISTERED KIND AND QUANTITY OF EMPLOYEES (2010)

(unit)

10-49人 10-49 Persons	50-99人 50-99 Persons	100-299人 100-299 Persons	300-499人 300-499 Persons	500-999人 500-999 Persons	1000-4999人 1000-4999 Persons	5000人以上 5000 Persons Above
65929	**11982**	**8214**	**1525**	**951**	**617**	**72**
65779	**11914**	**8113**	**1481**	**924**	**594**	**68**
16856	4919	3391	469	300	202	13
3444	748	640	121	76	28	
563	123	68	19	15	3	
21	7	1	1	3		
50	8	8	3	4		
19	4			1		
73	17	4	3			
85	24	14	8	8	25	15
5716	1291	1264	385	273	179	25
1800	353	300	85	72	70	8
10441	1112	486	45	11	4	
1931	314	60	14	8	2	3
12051	1904	1306	239	123	70	3
1726	259	147	28	16	5	
11003	831	424	61	14	6	1
54	**29**	**40**	**19**	**8**	**6**	**3**
18	15	28	12	7	3	
4	4	2	2		1	
25	10	8	2	1	1	3
7		2	3		1	
96	**39**	**61**	**25**	**19**	**17**	**1**
56	20	46	19	11	12	1
7	2	1	1		3	
29	14	11	4	7	2	
4	3	3	1	1		

主要统计指标解释

地区生产总值 是按市场价格计算的一个地区所有常住单位在一定时期内生产活动的最终成果。地区生产总值有三种表现形态，即价值形态、收入形态和产品形态。从价值形态看，它是所有常住单位在一定时期内所生产的全部货物和服务价值超过同期投入的全部非固定资产货物和服务价值的差额，即所有常住单位的增加值之和；从收入形态看，它是所有常住单位在一定时期内所创造并分配给常住单位和非常住单位的初次分配收入之和；从产品形态看，它是最终使用的货物和服务减去进口货物和服务。在核算中，地区生产总值的三种表现形态表现为三种计算方法，即生产法、收入法和支出法。三种方法分别从不同的方面反映地区生产总值及其构成。

三次产业 三次产业的划分是世界上较为通用的产业结构分类，但各国的划分不尽一致。我国的三次产业划分是：

第一产业：农业(包括种植业、林业、牧业、渔业和农林牧渔服务业)。

第二产业：工业(包括采矿业，制造业，电力、煤气及水的生产和供应业)和建筑业。

第三产业：除第一、二产业以外的其他各业。

总产出 指一定时期内一个地区常住单位生产的所有货物和服务的价值，既包括新增价值，也包括被消耗的货物和服务价值以及固定资产的转移价值。总产出按生产者价格计算，它反映常住单位生产活动的总规模。

中间投入 指常住单位在生产或提供货物与服务过程中，消耗和使用的所有非固定资产货物和服务的价值。中间投入也称为中间消耗，一般按购买者价格计算。

增加值 指常住单位生产过程创造的新增价值和固定资产的转移价值。它可以按生产法计算，也可以按收入法计算，按生产法计算，它等于总产出减去中间投入；按收入法计算，它等于劳动者报酬、生产税净额、固定资产折旧和营业盈余之和。

劳动者报酬 指劳动者因从事生产活动所获得的全部报酬。包括劳动者获得的各种形式的工资、奖金和津贴，既有货币形式的，也有实物形式的，还包括劳动者所享受的公费医疗和医药卫生费、上下班交通补贴、单位支付的社会保险费、住房公积金等。对于个体经济来说，其所有者所获得的劳动报酬和经营利润不易区分，这两部分统一作为劳动者报酬处理。

生产税净额 指生产税减生产补贴后的差额。生产税指政府对生产单位从事生产、销售和经营活动以及因从事生产活动使用某些生产要素（如固定资产、土地、劳动力）所征收的各种税、附加费和规费。生产补贴与生产税相反，指政府对生产单位的单方面转移支付，因此视为负生产税，包括政策性亏损补贴、价格补贴等。

固定资产折旧 指一定时期内为弥补固定资产损耗按照规定的固定资产折旧率提取的固定资产折旧，或按国民经济核算统一规定的折旧率虚拟计算的固定资产折旧。它反映了固定资产在当期生产中的转移价值。各类企业和企业化管理的事业单位的固定资产折旧是指实际计提的折旧费；不计提折旧的政府机关、非企业化管理的事业单位和居民住房的固定资产折旧是按照统一规定的折旧率和固定资产原值计算的虚拟折旧。原则上，固定资产折旧应按固定资产的重置价值计算，但是目前我国尚不具备对全社会固定资产进行重估价的基础，所以暂时还不能采用这种办法。

营业盈余 指常住单位创造的增加值扣除劳动者报酬、生产税净额和固定资产折旧后的余额。它相当于企业的营业利润加上生产补贴，但要扣除从利润中开支的工资和福利等。

支出法地区生产总值 指一个地区所有常住单位在一定时期内用于最终消费、资本形成总额，以及货物和服务净出口的总额，它反映本期生产的地区生产总值的使用情况。

最终消费 指常住单位在一定时期内对于货物和服务的全部最终消费支出，也就是说常住单位为满足物质、文化和精神生活的需要，从本地区经济领土和地区外购买的货物和服务的支出，不包括非常住单位在本地区经济领土内的消费支出。最终消费分为居民消费和政府消费。

居民消费 指常住住户对货物和服务的全部最终消费支出。它除了常住住户直接以货币形式购买货物和服务的消费之外，还包括以其他方式获得的货物和服务的消费，即单位以实物报酬及实物转移的形式提供给劳动者的货物和服务；住户生产并由住户自己消费的货物和服务，其中的服务仅指住户的自有住房服务和付酬的家庭服务；金融机构提供的金融媒介服务；保险公司提供的保险服务。

政府消费 指政府部门为全社会提供公共服务的消费支出和免费或以较低价格向住户提供的货物消费和服务的净支出。前者等于政府服务的产出价值减去政府单位所获得的经营收入后的价值，政府服务的产出价值等于它的经常性业务支出加上固定资产折旧；后者等于政府部门免费或以较低价格向住户提供的货物和服务的市场价值减去向住户收取的价值。

资本形成总额 指常住单位在一定时期内获得的减去处置的固定资产加存货的净变动额，包括固定资本形成总额和存货增加。

固定资本形成总额 指生产者在一定的时期内获得的固定资产减处置的固定资产的价值总额。固定资产是通过生产活动生产出来的，其使用年限在一年以上，单位价值在规定标准以上的资产，不包括自然资产。固定资本形成总额分有形固定资本形成总额和无形固定资本形成总额。有形固定资本形成总额包括一定时期内完成的建筑工程、安装工程、设备工器具购置（减处置）价值以及土地改良、新增役、种、奶、毛、娱乐用牲畜和新增经济林木价值。无形固定资本形成总额包括矿藏的勘探、计算机软件等获得减处置。

存货增加 指常住单位存货实物量变动的市场价值，即期末价值减期初价值的差额，再扣除当期由于价格变动而产生的持有收益。存货增加可以是正值，也可以是负值；正值表示存货增加，负值表示存货减少。它包括生产单位购进的原材料、燃料和储备物资等存货，以及生产单位生产的产成品、在制品存货等。

货物和服务净出口 指货物和服务出口减货物和服务进口的差额。出口包括常住单位向非常住单位出售或无偿转让的各种货物和服务的价值；进口包括常住单位从非常住单位购买或无偿得到的各种货物和服务的价值。由于服务活动的提供与使用同时发生，因此服务的进出口业务并不发生出入境现象，一般把常住单位从国外得到的服务作为进口，常住单位向国外提供的服务作为出口。

Explanatory Notes on Main Statistical Indicators

Gross Domestic Product (GDP) refers to the final products of all resident units calculated at market prices, in a region during a certain period of time. Gross domestic product is expressed in three different forms i.e. value, income and products respectively. The form of value refers to the total value of all products and services produced by all resident units during a certain period of time minus total value of intermediate input of materials and services of the nature of non-fixed assets or the summation of the value-added of all resident units; the form of income includes all the income created by all resident units and distributed primarily to all resident and non-resident units; the form of products refers to the value of all final goods and services for final use by all resident units plus the value of net exports of goods and services during given period of time. In the practice of national accounting, gross domestic product is calculated with three approaches, i.e. production approach, income approach, and expenditure approach, which reflect gross domestic product and its composition from different aspects.

Three Industries The three industries classification is universal although it varies to some extent from country to country. Industry in China comprises:

Primary industry: agriculture (including farming, forestry, animal husbandry, fishery and services support these industries).

Secondary industry: industry (including mining and quarrying, manufacturing, production and supply of electricity, water and gas) and construction.

Tertiary industry all other economic activities not included in the primary and secondary industries.

Total Output refers to value of all goods and services produced by resident units in a certain period of time, including new increasing value, also including value of goods and services consumed and transfer value of fixed assets. It is calculated at producer price, reflecting total production scale of resident units.

Intermediate Input refers to total non-fixed assets goods and services consumed and used by resident units during producing or supplying goods and services. Intermediate input is also called intermediate consumption, calculated at price of buyer.

Value Added refers to new increasing value and transfer value of fixed assets created by resident units during production. It is calculated in production way, also in income way. It equals total output minus intermediate consume when in production way. It equals compensation of laborers plus net tax on production, depreciation of fixed assets and operating surplus when in income way.

Laborers Remuneration refers to the whole payment of various forms earned by the laborers from the productive activities they are engaged in. It includes wages, bonuses and allowances the laborers earned in monetary form and in kind. It also includes the free medical services provided to the laborers and the medicine expenses, traffic subsidies and social insurance fee paid by the laborers working units for them. As the individual economy is concerned, since the laborers remuneration is not easily distinguished from the operating profit, both are treated as laborers remuneration.

Net Taxes on Production refers to the residual of the taxes on production minus the subsidies on production. The taxes on production refers to the various taxes, extra charges and fees levied on the production units on their production, sale and business activities as well as on some factors pf production, such as fixed assets, land and labor force, used in the production activities they are engaged in. In contrast to the taxes on production, the subsidies on production refer to the unilateral transfer of part of the government's revenue to the production units and is therefore regarded as negative taxes on production. They include subsidies on the loss due to implementation of government policies and price subsidies etc.

Depreciation of Fixed Assets refers to the depreciation of fixed assets of a given period, drawn in accordance with the stipulated depreciation rate for the purpose of compensating the wear loss of the fixed assets of the depreciation of fixed assets calculated in a fictitious way in accordance with the stipulated unified depreciation rate in the national economic accounting system. It reflects the value of transfer of the fixed assets in the production of the current period. The depreciation of fixed assets in various enterprises and institutions managed as enterprises which do not drawn and calculated as part of the cost. In government agencies and institution not managed as enterprises which do not draw the depreciation expenses, as well as for the houses of residents, the depreciation of fixed assets is the imputed depreciation, which is calculated in accordance with the stipulated unified depreciation rate. In principle, the depreciation of fixed assets should be calculated on the basis of the repurchased value of the fixed assets. However, there is no actual condition to reevaluate all the fixed assets in China. Therefore, the method can't be adopted temporarily at present.

Operating Surplus refers to the balance of the value added created by the resident units deducting the laborers remuneration, net taxes on production and the depreciation of fixed assets. It is equivalent to the business profit of the enterprises plus subsidies on production, but the wages and welfare expenses paid from the profits should be deducted.

GDP Calculated with Expenditure Approach refers to total expenditure on final consumption, total capital formation and net export of goods and services by resident units of a region in a certain period of time. It reflects the composition of GDP by its use.

Final Consumption refers to the total expenditure of resident units on final consumption of goods and services in a certain period, namely the expenditure of the resident units for purchases of goods and services from domestic economic territory and other regions to meet the requirements of material, cultural and spiritual life. It excludes the expenditure of non-resident units on consumption in the economic territory. The final consumption is classified into household consumption and government consumption.

Households Consumption refers to the total expenditure of resident households on the final consumption of goods and services. In addition to the consumption of goods and services bought by the households directly with money, the expenditure on goods and services obtained by the households in other ways, i.e. the so-called imputed expenditure on consumption, is also include in the households consumption. The imputation expenditure of the households on consumption includes the following types: (a) the goods and services provided to the households themselves, in the form of payment in kind and transfer in kind; (b) the goods and services produced and consumed by the households themselves, in which the services refer only to the services provided by the residential buildings owned by the households; (c) the services of financial intermediary provided by the financial institutions; (d) the insurance services provided by the insurance companies.

Government Consumption refers to the expenditure on the consumption of the public services provided by the government to the whole society and the net expenditure on the goods and services provided by the government to the households at free charge or lower prices. The former equals to the output value of the government services minus the value of operating income obtained by the government departments.(The output value of the government services equals to its current operating expenditure plus depreciation of fixed assets). The latter equals to the market value of the goods and services provided by the government free of charge or at low prices to the households minus the value received by the government from the households.

Total Capital Formation refers to the fixed assets acquired minus those disposed and the change in inventory, including the total fixed assets formation and the increase in inventory.

Total Fixed Capital Formation refers to the value of fixed assets purchased, transferred in by the resident units and those produced and used by themselves deducting the value of fixed assets sold and transferred out. It can be classified into total tangible assets formation and total intangible assets formation. The total tangible assets formation include the value of the construction projects, installation projects completed and the equipment, apparatus and instruments purchased as well as the value of land improved, the value of draught animals, breeding stock, milk, wool and recreational animals and the newly increased economic forest in a certain period. The total intangible assets formation includes the prospecting of minerals, the acquisition of computer software, the originals of recreational works and works of literature and arts minus the disposal of them.

Increase in Inventory refers to the market value of the charge in inventory, i.e. the difference of value between the beginning and the end of the period. The increase in inventory can be positive or negative. A positive value indicates the increase in inventory while negative value indicates the decrease in stock. The inventory includes the raw materials, fuels, reserve materials purchased by the production units as well as the inventory of finished products, semi-finished products, work-in-progress, etc.

Net Export of Goods and Services refers to the difference of the exports of goods and services minus the imports of goods and services. The imports include the value of various goods and services sold or gratuitously transferred by the resident units to the non-resident units. The imports include the value of various goods and services purchased or gratuitously acquisition by the resident units from the non-resident units. Because the provision of services and the use of them happen simultaneously, the import and export of services do not appear to have the phenomena of crossing the border of country. The acquisition of services by the resident units from abroad is usually treated as import while the acquisition of services by non-resident units in this country is usually treated as export.

Operating Surplus refers to the balance of the value added created by the resident units deducting the laborers compensation, net taxes on production and the depreciation of fixed assets. It is equivalent to the business profit of the enterprises plus subsidies on production, but the wages and welfare expenses paid from the profits should be excluded.

GDP Calculated with Expenditure Approach refers to total expenditure on final consumption, gross capital formation and net export of goods and services by resident units of a country in a certain period of time. It reflects the composition of GDP by its uses.

Final Consumption refers to the total expenditure of resident units on final consumption of goods and services in a certain period, namely the expenditures of the resident units for ... goods and services from domestic economic territory and other countries ... [illegible] ... It excludes the expenditures of non-resident units on consumption on the economic territory ... [illegible] ... household consumption and government consumption.

Household Consumption refers to the total expenditure of resident households on final consumption of goods and services ... [illegible]

人口、劳动工资和社会保障

POPULATION, LABOR WAGES AND SOCIAL SECURITY

资料整理人员

刘英娥　栗金荣　刘晓霞

人 口

POPULATION

总户数	Number of Households	1188.84	万户	(10 000 households)
常住人口	Number of Population	3574.11	万人	(10 000 persons)
男　性	Male	1835.37	万人	(10 000 persons)
女　性	Female	1738.75	万人	(10 000 persons)
出生人口	Number of Birth	38.06	万人	(10 000 persons)
死亡人口	Number of Death	19.18	万人	(10 000 persons)

人口构成 (%)

Composition of Population (%)

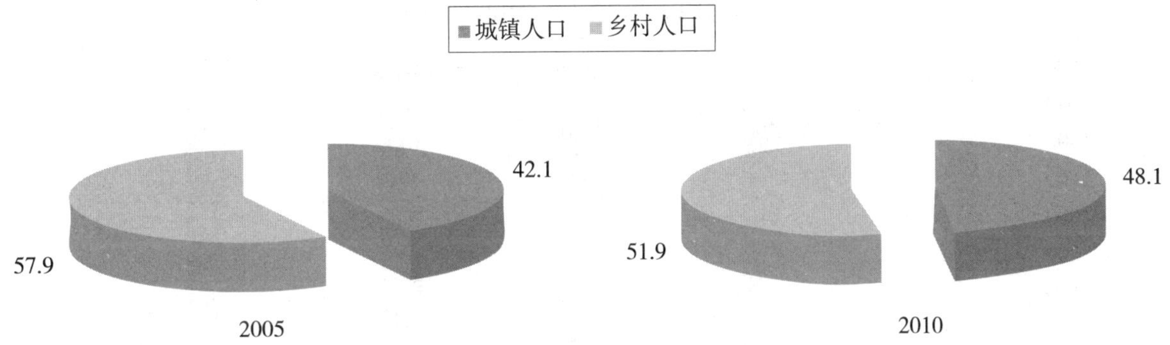

人口出生率、死亡率、自然增长率 (‰)

Birth Rate , Death Rate and Natural Increase Rate (‰)

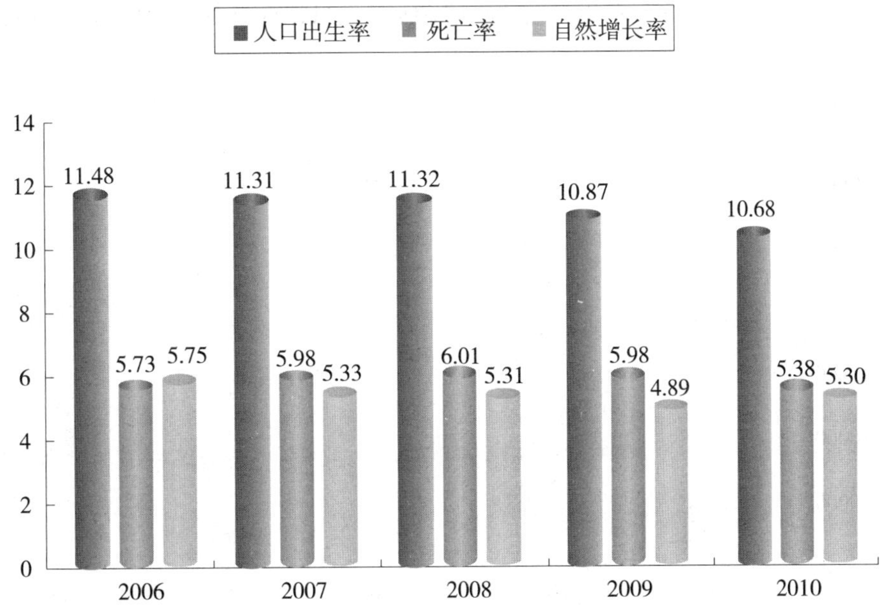

全社会从业人员和劳动报酬

TOTAL EMPLOYED AND PAYMENT

全社会从业人员	Total Employed	1685.9	万人	(10 000 persons)
第一产业	Primary Industry	638.2	万人	(10 000 persons)
第二产业	Secondary Industry	442.8	万人	(10 000 persons)
第三产业	Tertiary Industry	604.9	万人	(10 000 persons)

全社会从业人员和在岗职工人数（万人）

Number of Total Employed and Fully Employed Staff and Workers (10 000 persons)

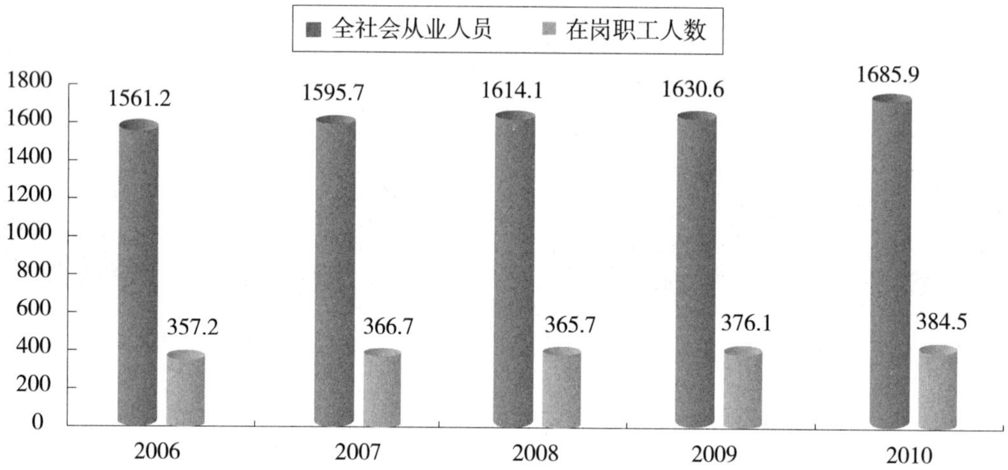

城镇单位在岗职工平均工资（元）

Average Wage of Fully Employed Staff and Workers in Urban Units(yuan)

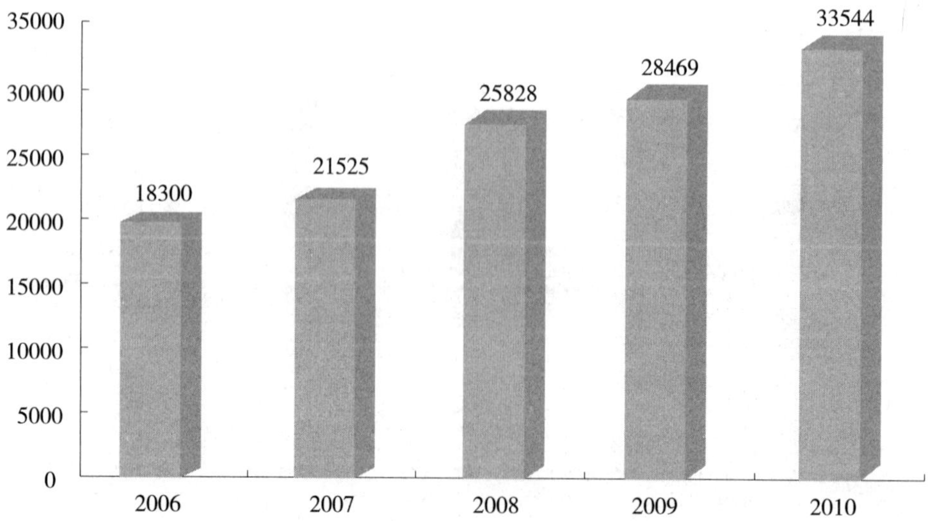

2-1 主要年份总户数、常住人口数
TOTAL HOUSEHOLD AND RESIDENT POPULATION IN MAJOR YEARS

单位：万人 (10 000 persons)

年 份 Year	总户数(万户) Number of Households (10 000 Households)	常住人口 Resident Population	按性别分 By Sex		按农业非农业分 By Residence	
			男 性 Male	女 性 Famle	非农业人口 Un-agriaculture	农业人口 Agriculture
1962	431.45	1745.33	921.73	823.60	230.93	1514.40
1965	442.43	1871.56	987.75	883.81	271.96	1599.60
1970	491.75	2111.35	1111.69	999.66	311.00	1800.35
1975	533.09	2340.03	1230.26	1109.77	364.13	1975.90
1978	558.01	2423.60	1273.07	1150.53	393.79	2029.81
1980	579.71	2476.46	1299.32	1177.14	439.81	2036.65
1985	631.69	2673.51	1403.33	1270.18	536.84	2136.67
1990	740.63	2898.96	1508.62	1390.34	639.22	2259.74
1995	815.23	3077.28	1606.34	1470.94	748.39	2328.89
2000	885.55	3247.80	1680.91	1566.89	861.84	2334.34
2005	1008.04	3355.21	1719.33	1635.88	1010.46	2283.97
2006	1051.49	3374.55	1725.49	1649.06	1047.15	2292.73
2007	1094.72	3392.58	1735.34	1657.24	1078.65	2313.69
2008	1118.31	3410.64	1750.20	1660.44	1103.50	2319.60
2009	1159.14	3427.36	1758.13	1669.23	1124.16	2334.48
2010	1188.84	3574.11	1835.37	1738.75	1144.45	2329.18

注：本表2000年及以后年份农业、非农业人口和2005年及以后年份总户数为公安年报数。

Note:The data of agriculture and un-agriculture population since 2000and number of households since 2005 are all from public security department.

2-2 主要年份人口自然变动
NATURAL CHANGE OF POPULATION IN MAJOR YEARS

单位：万人 (10 000 persons)

年 份 Year	出 生 Birth		死 亡 Death		自然增长 Natural Growth	
	人 数 Population	出生率 (‰) Birth Rate	人 数 Population	死亡率 (‰) Death Rate	人 数 Population	增长率 (‰) Natural Growth Rate
1962	65.14	37.70	19.59	11.34	45.55	26.36
1965	62.73	33.95	19.19	10.38	43.54	23.57
1970	64.70	31.10	17.00	8.17	47.70	22.93
1975	53.90	23.22	18.22	7.85	35.68	15.37
1978	37.76	15.66	15.80	6.55	21.96	9.11
1980	41.74	16.95	15.98	6.49	25.76	10.46
1985	56.65	21.36	16.87	6.36	39.78	15.00
1990	64.82	22.54	18.87	6.56	45.95	15.98
1995	50.82	16.60	18.73	6.12	32.09	10.48
2000	42.72	13.25	18.59	5.77	24.13	7.48
2005	40.21	12.02	20.07	6.00	20.14	6.02
2006	38.63	11.48	19.28	5.73	19.35	5.75
2007	38.26	11.31	20.23	5.98	18.03	5.33
2008	38.51	11.32	20.44	6.01	18.06	5.31
2009	37.16	10.87	20.45	5.98	16.71	4.89
2010	38.06	10.68	19.18	5.38	18.88	5.30

2-3 各年龄组受教育程度人口占6岁及以上人口比重(2009年)

PROPORTION OF EDUCATIONAL ATTAINMENT POPULATION BY AGE IN POPULATION AGED 6 AND OVER(2009)

单位：% (%)

年龄组	Age	未上过学 No-schooling	小 学 Primary School	初 中 Junior Secondary School	高 中 Senior Seconary School	大学专科及以上 Junior College and Above
合 计	**Total**	**4.46**	**25.22**	**48.84**	**14.79**	**5.50**
6–9岁	Age 6–9	4.50	95.00	0.44	0.06	
10–14岁	Age 10–14	1.80	47.00	49.00	2.20	0.10
15–19岁	Age 15–19	0.60	4.17	44.60	45.31	5.20
20–24岁	Age 20–24	0.77	5.00	52.43	20.50	18.50
25–29岁	Age 25–29	0.99	6.57	65.65	14.48	12.31
30–34岁	Age 30–34	1.03	10.01	65.50	14.52	4.27
35–39岁	Age 35–39	1.29	12.19	66.07	13.43	7.01
40–44岁	Age 40–44	1.45	15.61	63.73	13.08	6.12
45–49岁	Age 45–49	2.20	18.12	54.02	19.05	6.62
50–54岁	Age 50–54	3.42	29.63	48.77	14.73	3.45
55–59岁	Age 55–59	5.04	40.60	43.54	7.98	2.84
60–64岁	Age 60–64	7.47	48.04	35.08	6.65	2.76
65岁及以上	Age 65 and Over	28.37	44.82	17.46	4.71	4.64

注：本表根据人口抽样调查数据计算。

Note:Data in this table are caculated according to the Sample Survey of Population.

2-4 主要年份人口年龄构成和抚养比

AGE COMPOSITION AND DEPENDENCY RATIO OF POPULATION IN MAJOR YEARS

单位：% (%)

年 份 Year	年龄构成 Age Composition			抚养比 Dependency Ratio		
	0—14岁 Age 0-14	15—64岁 Age 15-64	65岁及以上 Age 65 and Above	总抚养比 Gross Dependency Ratio	少儿抚养比 Children Dependency Ratio	老年抚养比 Old People Dependency Ratio
1953	33.89	61.37	4.74	62.95	55.22	7.72
1964	40.43	55.22	4.35	81.09	73.22	7.88
1982	33.36	61.65	4.99	62.21	54.11	8.09
1990	28.15	66.46	5.39	50.47	42.36	8.11
2000	25.73	67.94	6.33	47.19	37.87	9.32
2001	24.45	68.74	6.81	45.48	35.57	9.91
2002	23.44	69.61	6.95	43.66	33.67	9.98
2003	22.96	69.93	7.10	42.99	32.83	10.15
2004	21.18	71.77	7.05	39.33	29.51	9.82
2005	21.30	71.55	7.15	39.76	29.77	9.99
2006	20.20	72.60	7.20	37.74	27.82	9.92
2007	19.64	73.02	7.34	36.95	26.90	10.05
2008	18.35	73.75	7.90	35.59	24.88	10.71
2009	17.32	74.60	8.08	34.05	23.22	10.83
2010	17.10	75.33	7.58	32.75	22.70	10.06

注：1953、1964、1982、1990、2000、2010年为六次人口普查数据。2001-2009年为人口抽样调查推算数。

Note:Data of 1953,1964,1982,1990,2000 in this table are obtained from five National Population Census.Data from 2001 to 2009 in this table are caculated from the Sample Survey on Population .

2-5 城乡劳动力资源配置情况
RESOURCE AND DISTRIBUTION OF LABOUR FORCE

单位：万人 (10 000 persons)

指　标	Item	2009	2010
年末劳动力资源总数	**Year-end Number of Resource of Labour Force**	**2541.8**	**2578.3**
年末劳动力配置	**Year-end Distribution of Labour Force**		
一、从业人员	**Number of Employees**	**1630.6**	**1685.9**
按经济类型分	**By Ownership**		
1.国有经济	State-Owned Economy	246.7	237.8
2.集体经济	Colletive-Owned Economy	987.8	1004.2
3.私营经济	Private Economy	121.9	128.8
4.个体经济	Indivdual Economy	158.4	182.3
5.联营经济	Joint-Owned Economy	0.3	0.4
6.股份制经济	Share Holding Ecnonmy	21.3	21.4
7.外商投资经济	Foreign Funded Economy	4.2	4.4
8.港、澳、台投资经济	Economy Funded By Entrepreneurs from Hongkong, Macao and Taiwan	5.5	8.6
9.其他经济	Other Types of Ownership	84.5	98.0
按国民经济行业分	**By Sector**		
1.农、林、牧、渔业	Farming,Forestry,Animal Husbandry and Fishery	635.0	638.2
2.采掘业	Mining and Quarring	150.3	155.1
3.制造业	Manufacturing	158.5	161.7
4.电力、煤气及水的生产和供应业	Electricity,Gas and Water Production and Supply	10.1	10.3
5.建筑业	Construction	110.8	115.7
6.交通运输、仓储及邮政业	Transport,Storage and Post	86.9	88.6
7.信息传输、计算机服务和软件业	Information Transmission , Computer Services and Software	11.2	12.7
8.批发和零售业	Wholesale and Retail Trade	160.6	169.5
9.住宿和餐饮业	Lodging and Catering Services	42.9	51.6
10.金融、保险业	Banking and Insurance	14.2	14.4
11.房地产业	Real Estate Trade	4.1	5.2
12.租赁和商业服务业	Lease and Business Services	15.9	12.3
13.科学研究、技术服务和地质勘查业	Scientific Reseach , Technical Services and Geological Prospecting	9.4	8.3
14.水利、环境和公共设施管理业	Water,Environmental Protection and Public Facility Management	6.3	6.8
15.居民服务和其他服务业	Resident Services and Other Services	17.7	32.8
16.教　育	Education	48.0	48.7
17.卫生、社会保障和社会福利业	Health Care Social Security and Social Welfare	16.1	17.1
18.文化、体育和娱乐业	Culture,Sports and Recreation	5.7	6.1
19.公共管理和社会组织	Public Management and Social Organization	54.9	55.9
20.其他行业	Others	72.0	74.9
按三次产业分	**By Type of Industry**		
1.第一产业	Primary Industry	635.0	638.2
2.第二产业	Secondry Industry	429.7	442.8
3.第三产业	Tertiary Industry	565.9	604.9
二、城镇登记失业人员	**Urban Unemployed Registered**	**21.6**	**20.3**
三、16岁以上在校学生	**Student Enrollment Over Age 16**	**192.7**	**185.4**
四、其他劳动者	**Others**	**696.9**	**686.8**

2-6 主要年份全社会从业人员年末人数

YEAR-END TOTAL EMPLOYEES IN MAJOR YEARS

单位：万人 (10 000 persons)

年 份 Year	从业人员 合 计 Total Employees	职 工 Staff and Workers	国有单位 State-Owned Units	城镇集体 单 位 Urban Collective-Owned Units	其他单位 Units of Other Types Ownership	其 他 从 业 人 员 Other Employees	城镇私营 企业及个体 Urban Private and Individual Enterprises	农村及 乡镇企业 Rural, Township and Village Enterprises
1962	633.19	110.26	95.23	15.03			1.32	521.61
1965	720.85	126.12	107.63	18.49			0.74	593.99
1970	806.81	158.10	140.82	17.28				648.71
1975	914.52	212.95	177.93	35.02			0.65	700.92
1978	965.23	268.30	227.34	40.96			0.12	696.81
1980	1002.64	298.98	246.24	52.74			1.08	702.58
1985	1154.11	377.09	291.49	85.27	0.33		8.18	768.84
1990	1304.01	438.68	340.94	97.41	0.33		11.84	853.49
1995	1424.52	463.51	370.14	88.14	5.23	15.41	34.48	911.12
2000	1392.40	370.16	276.62	48.24	45.30	11.64	48.66	961.94
2005	1500.20	352.11	247.50	29.83	74.78	8.38	80.15	1059.56
2006	1561.16	357.17	249.15	28.81	79.21	8.38	115.68	1079.93
2007	1595.65	366.73	248.20	28.06	90.47	8.52	137.40	1083.00
2008	1614.10	365.70	249.79	26.87	89.04	9.48	164.02	1074.90
2009	1630.60	376.09	240.85	23.39	111.85	9.71	162.01	1082.79
2010	1685.90	384.48	231.90	22.79	129.79	9.93	171.50	1100.01

2-7 主要年份工农业劳动者人数

NUMBER OF EMPLOYEES IN INDUSTRY AND AGRICULTURE IN MAJOR YEARS

单位：万人 (10 000 persons)

年 份 Year	工 农 业 劳动者总数 Total Employmees			劳动者构成(%) Composition in Percentage	
		工业劳动者 Industry	农业劳动者 Agriculture	工业劳动者 Industry	农业劳动者 Agriculture
1962	565.74	50.22	515.52	8.90	91.10
1965	654.19	55.42	598.77	8.50	91.50
1970	736.57	83.72	652.85	11.40	88.60
1975	830.82	124.79	706.03	15.00	85.00
1978	809.42	158.62	650.80	19.60	80.40
1980	826.83	170.30	656.53	20.60	79.40
1985	847.50	271.60	575.90	32.10	67.90
1990	939.99	313.48	626.51	33.30	66.70
1995	993.31	357.20	636.11	36.00	64.00
2000	942.00	279.34	662.66	29.70	70.30
2005	941.70	299.90	641.80	31.85	68.15
2006	969.72	329.98	639.74	34.03	65.97
2007	962.80	323.90	638.90	33.65	66.35
2008	966.40	323.80	642.60	33.51	66.49
2009	1064.70	429.70	635.00	40.36	59.64
2010	1081.00	442.80	638.20	41.00	59.00

2-8 城镇单位从业人员 (2010年)

NUMBER OF EMPLOYEES IN URBAN UNITS (2010)

单位：人 (person)

项　目	Item	从业人员 Number of Employees	#女性 Female	在岗职工 Fully Employed	其他从业人员 Other Employees
总　计	**Total**	**3944041**	**1368225**	**3844789**	**99252**
一、按企业、事业、机关分组	**Grouped By Enterprises, Institutions and Agencies**				
#1.企　业	Enterprises	2496750	705310	2433137	63613
2.事　业	Institutions	997965	525145	970757	27208
3.机　关	Government Agencies	441512	133865	433540	7972
二、按国民经济行业分组	**Grouped By Sector**				
1.农、林、牧、渔业	Farming, Forestry, Animal Husbandry and Fishery	32007	9441	29269	2738
2.采矿业	Mining	796138	144874	790516	5622
3.制造业	Manufacturing	717355	224667	707133	10222
4.电力、燃气及水的生产和供应业	Electricity, Gas and Water Production and Supply	99414	30333	97682	1732
5.建筑业	Construction	225162	40765	214881	10281
6.交通运输、仓储和邮政业	Transport, Storage and Post	203545	53608	200260	3285
7.信息传输、计算机服务和软件业	Information Transmission , Computer Services and Software	41225	18311	37041	4184
8.批发和零售业	Wholesale and Retail Trade	175876	74993	172509	3367
9.住宿和餐饮业	Lodging and Catering Services	42315	23613	41323	992
10.金融业	Banking and Insurance	137879	69455	117509	20370
11.房地产业	Real Estate Trade	25818	8672	25383	435
12.租赁和商务服务业	Lease and Business Services	63738	23647	62520	1218
13.科学研究、技术服务和地质勘查业	Scientific Reseach , Technical Services and Geological Prospecting	59872	20998	58542	1330
14.水利、环境和公共设施管理业	Water , Environmental Protection and Public Facility Management	63814	28315	61405	2409
15.居民服务和其他服务业	Resident Services and Other Services	7259	3119	7079	180
16.教　育	Education	486279	295390	473555	12724
17.卫生、社会保障和社会福利业	Health Care, Social Security and Social Welfare	160890	100616	155474	5416
18.文化、体育和娱乐业	Culture , Sports and Recreation	46327	21074	45290	1037
19.公共管理和社会组织	Public Management and Social Organization	559128	176334	547418	11710
总计中:国有控股	**Share Controlled by State**	**1786440**	**476900**	**1745444**	**40996**

2-9 城镇单位从业人员劳动报酬(2010年)
REWARD OF EMPLOYEES IN URBAN UNITS (2010)

单位：万元 (10 000 yuan)

项 目	Item	从业人员劳动报酬 Total Reward of Employees	在岗职工工资总额 Wages of Fully Employed	其他从业人员劳动报酬 Reward of Other Employees	在岗职工平均工资(元) Average Wages of Fully Employed (yuan)
总 计	**Total**	**12865355**	**12688140**	**177215**	**33544**
一、按企业、事业、机关分组	**Grouped By Enterprises, Institutions and Agencies**				
#1.企 业	Enterprises	8885749	8749044	136705	36794
2.事 业	Institutions	2688041	2657791	30250	27527
3.机 关	Government Agencies	1279354	1269946	9408	29408
二、按国民经济行业分组	**Grouped By Sector**				
1.农、林、牧、渔业	Farming, Forestry, Animal Husbandry and Fishery	65797	59798	6000	20414
2.采矿业	Mining	4046234	4028075	18159	52403
3.制造业	Manufacturing	1769532	1749473	20059	25436
4.电力、燃气及水的生产和供应业	Electricity, Gas and Water Production and Supply	423636	421143	2492	43496
5.建筑业	Construction	602379	565637	36743	26500
6.交通运输、仓储和邮政业	Transport, Storage and Post	774745	768183	6562	38176
7.信息传输、计算机服务和软件业	Information Transmission , Computer Services and Software	137323	130839	6484	36266
8.批发和零售业	Wholesale and Retail Trade	329590	325890	3701	19087
9.住宿和餐饮业	Lodging and Catering Services	62974	61966	1007	15157
10.金融业	Banking and Insurance	645421	611525	33896	52644
11.房地产业	Real Estate Trade	33862	33243	619	17940
12.租赁和商务服务业	Lease and Business Services	121936	120284	1652	19937
13.科学研究、技术服务和地质勘查业	Scientific Reseach , Technical Services and Geological Prospecting	201141	198654	2487	34195
14.水利、环境和公共设施管理业	Water , Environmental Protection and Public Facility Management	105021	102529	2491	16910
15.居民服务和其他服务业	Resident Services and Other Services	15034	14554	481	20466
16.教 育	Education	1486576	1474491	12085	31211
17.卫生、社会保障和社会福利业	Health Care, Social Security and Social Welfare	381712	374421	7291	24389
18.文化、体育和娱乐业	Culture , Sports and Recreation	115172	113313	1859	25114
19.公共管理和社会组织	Public Management and Social Organization	1547270	1534123	13147	28117
总计中:国有控股	**Share Controlled by State**	**7392136**	**7311232**	**80904**	**42442**

2–10 国有单位从业人员（2010年）
NUMBER OF EMPLOYEES IN STATE–OWNED UNITS (2010)

单位：人 (person)

项目	Item	从业人员 Number of Employees	#女性 Female	在岗职工 Fully Employed	其他从业人员 Other Employees
总　计	**Total**	**2377678**	**908708**	**2318999**	**58679**
一、按隶属关系分组	**Grouped By Administrative Relationship**				
1.中　央	Central Government	350159	97988	338601	11558
2.省、自治区、直辖市	Province	532633	168940	526368	6265
3.地　区	Prefecture	388593	156667	380321	8272
4.县及县以下	County and Below	1106293	485113	1073709	32584
二、按企业、事业、机关分组	**Grouped By Enterprises, Institutions and Agencies**				
#1.企　业	Enterprises	975021	270318	950250	24771
#地　方	Local	653425	182293	639699	13726
2.事　业	Institutions	960443	504277	934537	25906
#地　方	Local	947397	499516	921632	25765
3.机　关	Government Agencies	441018	133707	433065	7953
#地　方	Local	425501	128505	417920	7581
三、按国民经济行业分组	**Grouped By Sector**				
1.农、林、牧、渔业	Farming, Forestry, Animal Husbandry and Fishery	24576	7136	23796	780
2.采矿业	Mining	277406	53940	274200	3206
3.制造业	Manufacturing	146475	47271	143521	2954
4.电力、燃气及水的生产和供应业	Electricity, Gas and Water Production and Supply	72702	23286	71996	706
5.建筑业	Construction	118024	23597	114082	3942
6.交通运输、仓储和邮政业	Transport, Storage and Post	172646	41611	169503	3143
7.信息传输、计算机服务和软件业	Information Transmission, Computer Services and Software	29493	12151	27449	2044
8.批发和零售业	Wholesale and Retail Trade	85489	30719	83190	2299
9.住宿和餐饮业	Lodging and Catering Services	20019	10870	19207	812
10.金融业	Banking and Insurance	53286	26266	48044	5242
11.房地产业	Real Estate Trade	8468	3253	8367	101
12.租赁和商务服务业	Lease and Business Services	33051	9472	32618	433
13.科学研究、技术服务和地质勘查业	Scientific Reseach, Technical Services and Geological Prospecting	56727	19924	55458	1269
14.水利、环境和公共设施管理业	Water, Environmental Protection and Public Facility Management	59078	25843	57277	1801
15.居民服务和其他服务业	Resident Services and Other Services	4130	1580	3960	170
16.教　育	Education	473682	287451	461438	12244
17.卫生、社会保障和社会福利业	Health Care, Social Security and Social Welfare	140731	88693	135741	4990
18.文化、体育和娱乐业	Culture, Sports and Recreation	43101	19499	42228	873
19.公共管理和社会组织	Public Management and Social Organization	558594	176146	546924	11670

2-11 国有单位从业人员劳动报酬 (2010年)
REWARD OF EMPLOYEES IN STATE-OWNED UNITS (2010)

单位：万元 (10 000 yuan)

项 目	Item	从业人员劳动报酬 Total Reward of Employees	在岗职工工资总额 Wages of Fully Employed	其他从业人员劳动报酬 Reward of Other Employees	在岗职工平均工资(元) Average Wages of Fully Employed (yuan)
总 计	**Total**	**7693166**	**7602613**	**90552**	**33119**
一、按隶属关系分组	**Grouped By Administrative Relationship**				
1.中 央	Central Government	1655347	1629950	25397	48717
2.省、自治区、直辖市	Province	2130624	2119584	11040	41000
3.地 区	Prefecture	1081887	1062738	19150	28246
4.县及县以下	County and Below	2825307	2790342	34965	26133
二、按企业、事业、机关分组	**Grouped By Enterprises, Institutions and Agencies**				
#1.企 业	Enterprises	3796774	3744565	52209	40104
#地 方	Local	2236376	2208828	27548	35220
2.事 业	Institutions	2615164	2586276	28888	27830
#地 方	Local	2573144	2544544	28600	27766
3.机 关	Government Agencies	1278518	1269129	9389	29421
#地 方	Local	1225589	1216649	8940	29231
三、按国民经济行业分组	**Grouped By Sector**				
1.农、林、牧、渔业	Farming, Forestry, Animal Husbandry and Fishery	49549	48722	828	20504
2.采矿业	Mining	1414666	1400528	14138	53243
3.制造业	Manufacturing	366537	360797	5740	25164
4.电力、燃气及水的生产和供应业	Electricity, Gas and Water Production and Supply	329065	327797	1268	45931
5.建筑业	Construction	374131	365302	8829	33241
6.交通运输、仓储和邮政业	Transport, Storage and Post	703354	697013	6342	40933
7.信息传输、计算机服务和软件业	Information Transmission , Computer Services and Software	102544	99282	3262	36792
8.批发和零售业	Wholesale and Retail Trade	197111	194636	2475	23686
9.住宿和餐饮业	Lodging and Catering Services	30259	29456	803	15309
10.金融业	Banking and Insurance	272309	264319	7990	55212
11.房地产业	Real Estate Trade	16080	15919	161	19120
12.租赁和商务服务业	Lease and Business Services	73102	72207	895	22302
13.科学研究、技术服务和地质勘查业	Scientific Reseach , Technical Services and Geological Prospecting	195742	193338	2405	35140
14.水利、环境和公共设施管理业	Water , Environmental Protection and Public Facility Management	99205	97433	1772	17240
15.居民服务和其他服务业	Resident Services and Other Services	9554	9083	471	22890
16.教 育	Education	1455814	1444189	11625	31374
17.卫生、社会保障和社会福利业	Health Care, Social Security and Social Welfare	347037	340345	6691	25432
18.文化、体育和娱乐业	Culture , Sports and Recreation	110781	109046	1735	25923
19.公共管理和社会组织	Public Management and Social Organization	1546327	1533203	13125	28126

2-12 集体单位从业人员(2010年)
NUMBER OF EMPLOYEES IN COLLECTIVE-OWNED UNITS (2010)

单位：人 (person)

项目	Item	从业人员 Number of Employees	#女性 Female	在岗职工 Fully Employed	其他从业人员 Other Employees
总计	**Total**	**238916**	**100714**	**227931**	**10985**
一、按企业、事业、机关分组	**Grouped By Enterprises, Institutions and Agencies**				
#1.企业	Enterprises	207553	83514	197720	9833
2.事业	Institutions	29958	16386	28835	1123
3.机关	Government Agencies	319	115	300	19
二、按国民经济行业分组	**Grouped By Sector**				
1.农、林、牧、渔业	Farming, Forestry, Animal Husbandry and Fishery	1144	233	1123	21
2.采矿业	Mining	22199	4824	21763	436
3.制造业	Manufacturing	51790	24749	49743	2047
4.电力、燃气及水的生产和供应业	Electricity, Gas and Water Production and Supply	1593	380	1538	55
5.建筑业	Construction	24026	5037	21159	2867
6.交通运输、仓储和邮政业	Transport, Storage and Post	5013	1823	4985	28
7.信息传输、计算机服务和软件业	Information Transmission , Computer Services and Software	79	38	67	12
8.批发和零售业	Wholesale and Retail Trade	35963	14220	35385	578
9.住宿和餐饮业	Lodging and Catering Services	3326	1922	3311	15
10.金融业	Banking and Insurance	37539	17639	34564	2975
11.房地产业	Real Estate Trade	1137	450	1118	19
12.租赁和商务服务业	Lease and Business Services	24728	11872	23969	759
13.科学研究、技术服务和地质勘查业	Scientific Reseach , Technical Services and Geological Prospecting	500	143	492	8
14.水利、环境和公共设施管理业	Water , Environmental Protection and Public Facility Management	4002	2192	3488	514
15.居民服务和其他服务业	Resident Services and Other Services	1598	909	1589	9
16.教育	Education	4240	2817	4112	128
17.卫生、社会保障和社会福利业	Health Care, Social Security and Social Welfare	17617	10334	17278	339
18.文化、体育和娱乐业	Culture , Sports and Recreation	2322	1099	2166	156
19.公共管理和社会组织	Public Management and Social Organization	100	33	81	19

2-13 集体单位从业人员劳动报酬 (2010年)
REWARD OF EMPLOYEES IN COLLECTIVE-OWNED UNITS (2010)

单位：万元 (10 000 yuan)

项　目	Item	从业人员劳动报酬 Total Reward of Employees	在岗职工工资总额 Wages of Fully Employed	其他从业人员劳动报酬 Reward of Other Employees	在岗职工平均工资(元) Average Wages of Fully Employed (yuan)
总　计	**Total**	**511372**	**496067**	**15305**	**21993**
一、按企业、事业、机关分组	**Grouped By Enterprises, Institutions and Agencies**				
#1.企　业	Enterprises	456528	442488	14040	22653
2.事　业	Institutions	52920	51689	1231	17917
3.机　关	Government Agencies	474	456	19	15086
二、按国民经济行业分组	**Grouped By Sector**				
1.农、林、牧、渔业	Farming,Forestry,Animal Husbandry and Fishery	2312	2289	23	20220
2.采矿业	Mining	59645	59154	491	27470
3.制造业	Manufacturing	97463	93652	3812	19239
4.电力、燃气及水的生产和供应业	Electricity, Gas and Water Production and Supply	3872	3853	20	24807
5.建筑业	Construction	37202	32719	4483	14677
6.交通运输、仓储和邮政业	Transport, Storage and Post	8124	8082	41	16184
7.信息传输、计算机服务和软件业	Information Transmission , Computer Services and Software	119	113	6	16821
8.批发和零售业	Wholesale and Retail Trade	47594	47170	424	13312
9.住宿和餐饮业	Lodging and Catering Services	4917	4881	36	14679
10.金融业	Banking and Insurance	160640	156722	3919	45895
11.房地产业	Real Estate Trade	1350	1327	23	11925
12.租赁和商务服务业	Lease and Business Services	37023	36292	731	16427
13.科学研究、技术服务和地质勘查业	Scientific Reseach , Technical Services and Geological Prospecting	672	668	4	13661
14.水利、环境和公共设施管理业	Water , Environmental Protection and Public Facility Management	4653	4034	619	11703
15.居民服务和其他服务业	Resident Services and Other Services	2214	2206	8	13693
16.教　育	Education	10490	10373	116	25215
17.卫生、社会保障和社会福利业	Health Care, Social Security and Social Welfare	29975	29569	406	17103
18.文化、体育和娱乐业	Culture , Sports and Recreation	2907	2783	124	12854
19.公共管理和社会组织	Public Management and Social Organization	200	181	19	21807

2-14 其他单位从业人员 (2010年)
NUMBER OF EMPLOYEES IN OTHER-OWNED UNITS (2010)

单位：人 (person)

项 目	Item	从业人员 Number of Employees	#女性 Female	在岗职工 Fully Employed	其他人员 Other Employees
总 计	**Total**	**1327447**	**358803**	**1297859**	**29588**
一、按登记注册类型分组	**Grouped by Registered Kind**				
内 资	Civil Funded Enterprises	1197235	317900	1169878	27357
1.股份合作	Share Cooperative Enterprises	26215	8574	26069	146
2.联 营	Joint Owned Enterprises	3644	1309	3542	102
#国有联营	State-owned Joint Owned Enterprises	1024	350	1004	20
集体联营	Collective-owned Joint Owned Enterprises	596	406	567	29
3.有限责任公司	Limited Liability Company	956102	227325	946684	9418
#国有独资	Company Exclusively with Investment from State	253262	56372	252343	919
4. 股份有限公司	Share Holding Limited Company	187432	70177	172240	15192
5. 其 他	Others	23842	10515	21343	2499
港、澳、台商投资	Enterprises Funded by HongKong, Macao and Taiwan	85981	29622	85904	77
外商投资	Foreign Funded Enterprises	44231	11281	42077	2154
二、按企业、事业、机关分组	**Grouped By Enterprises, Institutions and Agencies**				
#1.企 业	Enterprises	1314176	351478	1285167	29009
2.事 业	Institutions	7564	4482	7385	179
三、按国民经济行业分组	**Grouped By Sector**				
1.农、林、牧、渔业	Farming, Forestry, Animal Husbandry and Fishery	6287	2072	4350	1937
2.采矿业	Mining	496533	86110	494553	1980
3.制造业	Manufacturing	519090	152647	513869	5221
4.电力、燃气及水的生产和供应业	Electricity, Gas and Water Production and Supply	25119	6667	24148	971
5.建筑业	Construction	83112	12131	79640	3472
6.交通运输、仓储和邮政业	Transport, Storage and Post	25886	10174	25772	114
7.信息传输、计算机服务和软件业	Information Transmission, Computer Services and Software	11653	6122	9525	2128
8.批发和零售业	Wholesale and Retail Trade	54424	30054	53934	490
9.住宿和餐饮业	Lodging and Catering Services	18970	10821	18805	165
10.金融业	Banking and Insurance	47054	25550	34901	12153
11.房地产业	Real Estate Trade	16213	4969	15898	315
12.租赁和商务服务业	Lease and Business Services	5959	2303	5933	26
13.科学研究、技术服务和地质勘查业	Scientific Reseach, Technical Services and Geological Prospecting	2645	931	2592	53
14.水利、环境和公共设施管理业	Water, Environmental Protection and Public Facility Management	734	280	640	94
15.居民服务和其他服务业	Resident Services and Other Services	1531	630	1530	1
16.教 育	Education	8357	5122	8005	352
17.卫生、社会保障和社会福利业	Health Care, Social Security and Social Welfare	2542	1589	2455	87
18.文化、体育和娱乐业	Culture, Sports and Recreation	904	476	896	8
19.公共管理和社会组织	Public Management and Social Organization	434	155	413	21

2-15 其他单位从业人员劳动报酬(2010年)
REWARD OF EMPLOYEES IN OTHER-OWNED UNITS (2010)

单位：万元 (10 000 yuan)

项 目	Item	从业人员劳动报酬 Total Reward of Employees	在岗职工工资总额 Wages of Fully Employed	其他从业人员劳动报酬 Reward of Other Employee	在岗职工平均工资(元) Average Wages of Fully Employed(yuan)
总 计	**Total**	**4660817**	**4589460**	**71357**	**36384**
一、按登记注册类型分组	**Grouped by Registered Kind**				
内 资	Civil Funded Enterprises	4356824	4289899	66925	37225
1.股份合作	Share Cooperative Enterprises	60209	60014	195	23328
2.联 营	Joint Owned Enterprises	6024	5892	132	16496
#国有联营	State-owned Joint Owned Enterprises	1950	1926	24	19180
集体联营	Collective-owned Joint Owned Enterprises	1361	1344	17	23627
3.有限责任公司	Limited Liability Company	3720708	3686658	34050	39602
#国有独资	Company Exclusively with Investment from State	1291818	1290201	1618	52158
4.股份有限公司	Share Holding Limited Company	517256	491019	26237	28712
5.其 他	Others	52628	46317	6311	21878
港、澳、台商投资	Enterprises Funded by HongKong, Macao and Taiwan	161285	161186	99	23930
外商投资	Foreign Funded Enterprises	142708	138376	4333	33243
二、按企业、事业、机关分组	**Grouped By Enterprises, Institutions and Agencies**				
#1.企 业	Enterprises	4632448	4561991	70456	36531
2.事 业	Institutions	19956	19826	131	26922
三、按国民经济行业分组	**Grouped By Sector**				
1.农、林、牧、渔业	Farming, Forestry, Animal Husbandry and Fishery	13936	8787	5149	19980
2.采矿业	Mining	2571923	2568394	3529	53056
3.制造业	Manufacturing	1305532	1295024	10508	26124
4.电力、燃气及水的生产和供应业	Electricity, Gas and Water Production and Supply	90699	89494	1205	37440
5.建筑业	Construction	191046	167615	23431	20627
6.交通运输、仓储和邮政业	Transport, Storage and Post	63267	63088	179	24314
7.信息传输、计算机服务和软件业	Information Transmission , Computer Services and Softare	34660	31444	3216	34837
8.批发和零售业	Wholesale and Retail Trade	84885	84083	802	15824
9.住宿和餐饮业	Lodging and Catering Services	27798	27629	168	15083
10.金融业	Banking and Insurance	212472	190485	21987	55794
11.房地产业	Real Estate Trade	16432	15997	435	17596
12.租赁和商务服务业	Lease and Business Services	11811	11785	26	20100
13.科学研究、技术服务和地质勘查业	Scientific Reseach , Technical Services and Geological Prospecting	4727	4648	79	17968
14.水利、环境和公共设施管理业	Water , Environmental Protection and Public Facility Management	1162	1062	100	15830
15.居民服务和其他服务业	Resident Services and Other Services	3266	3265	1	21311
16.教 育	Education	20272	19929	343	24930
17.卫生、社会保障和社会福利业	Health Care, Social Security and Social Welfare	4701	4507	194	18732
18.文化、体育和娱乐业	Culture , Sports and Recreation	1484	1484		16696
19.公共管理和社会组织	Public Management and Social Organization	743	740	4	17906

2-16 城镇私营单位从业人员和劳动报酬(2010年)

NUMBER AND REWARD OF EMPLOYEES IN PRIVATE URBAN UNITS (2010)

单位：人 (person)

项　　目	Item	从业人员 Number of Employees	劳动报酬总额(万元) Total Reward of Employees (10 000元)	平均劳动报酬(元) Average Reward of Employees (yuan)
总　计	**Total**	**1236318**	**1941079**	**15640**
一、按国民经济行业分组	**Grouped By Sector**			
1.农、林、牧、渔业	Farming, Forestry, Animal Husbandr and Fishery	11733	16041	13184
2.采矿业	Mining	119487	228944	19432
3.制造业	Manufacturing	468288	695052	14972
4.电力、燃气及水的生产和供应业	Electricity, Gas and Water Production and Supply	5760	7733	14118
5.建筑业	Construction	135930	244335	17178
6.交通运输、仓储和邮政业	Transport, Storage and Post	26458	47715	18005
7.信息传输、计算机服务和软件业	Information Transmission , Computer Services and Software	12804	20895	16757
8.批发和零售业	Wholesale and Retail Trade	201863	292733	14558
9.住宿和餐饮业	Lodging and Catering Services	89175	132729	14180
10.金融业	Banking and Insurance	2573	5209	20130
11.房地产业	Real Estate Trade	43789	67902	15382
12.租赁和商务服务业	Lease and Business Services	38768	63252	16275
13.科学研究、技术服务和地质勘查业	Scientific Reseach , Technical Services and Geological Prospecting	11131	21347	17398
14.水利、环境和公共设施管理业	Water , Environmental Protection and Public Facility Management	5263	7352	14931
15.居民服务和其他服务业	Resident Services and Other Services	25633	34828	13878
16.教　育	Education	23335	33004	14135
17.卫生、社会保障和社会福利业	Health Care, Social Security and Social Welfare	9058	13832	15547
18.文化、体育和娱乐业	Culture , Sports and Recreation	5270	8173	15202

2-17 离开本单位仍保留劳动关系职工的生活费 (2010年)

LIVING EXPENSES FOR STAFF AND WORKERS WHO LEFT THE UNITS BUT RETAIN LABOUR RELATION (2010)

分组	Group	人数 (人) Staff and Workers (person)	生活费 (万元) Living Expenses (10 000 yuan)	平均生活费 (元) Average Living Expenses (yuan)
总计	**Total**	**343231**	**282779**	**7818**
一、国有单位	**State-owned Units**	**166827**	**132914**	**7382**
按隶属关系分组	Grouped By Administrative Relationship			
1.中央	Central Government	40718	66099	16422
2.省	Province	34874	25410	7389
3.地区	Prefecture	42824	13555	3131
4.县及县以下	County and Below	48411	27850	4484
按企业、事业、机关分组	Grouped by Enterprises, Institutions and Agencies			
#1.企业	Enterprises	149670	106220	7127
#地方	Local	109396	40492	3706
2.事业	Institutions	11789	15313	13085
#地方	Local	11419	14999	13247
3.机关	Government Agencies	5301	11360	5909
#地方	Local	5227	11303	5902
按国民经济行业分组	Grouped By Sector			
1.农、林、牧、渔业	Farming, Forestry, Animal Husbandary and Fishery	1491	412	2982
2.采矿业	Mining	12604	8156	7013
3.制造业	Manufacturing	40827	20123	4824
4.电力、燃气及水的生产和供应业	Electricity, Gas and Water Production and Supply	3302	3010	8998
5.建筑业	Construction	29806	23908	8158
6.交通运输、仓储和邮政业	Transport, Storage and Post	21136	32250	15626
7.信息传输、计算机服务和软件业	Information Transmission, Computer Services and Software	805	1521	17628
8.批发和零售业	Wholesale and Retail Trade	27114	7216	2649
9.住宿和餐饮业	Lodging and Catering Services	2635	607	2325
10.金融业	Banking and Insurance	2359	6658	25805
11.房地产业	Real Estate Trade	6065	1417	2316
12.租赁和商务服务业	Lease and Business Services	2115	635	2951
13.科学研究、技术服务和地质勘查业	Scientific Reseach , Technical Services and Geological Prospecting	2745	1781	6745
14.水利、环境和公共设施管理业	Water , Environmental Protection and Public Facility Management	724	435	6210
15.居民服务和其他服务业	Resident Services and Other Services	235	96	4120
16.教育	Education	3206	8583	26914
17.卫生、社会保障和社会福利业	Health Care, Social Security and Social Services	1112	841	7019
18.文化、体育和娱乐业	Culture , Sports and Recreation	1270	1249	9805
19.公共管理和社会组织	Public Management and Social Organization	7276	14015	6605
二、城镇集体单位	**Urban Collective-owned Units**	**73679**	**23140**	**3095**
#企业	Enterprises	70946	20604	2875
三、其他各种类型单位	**Units of Other Types**	**102725**	**126725**	**11853**
#股份制单位	Share Holding	11961	11739	9489
港、澳、台商投资	Funded By HongKong, Macao and Taiwan	376	198	5636
外商投资单位	Foreign Funded	881	1557	17129

2-18 主要年份职工平均工资及指数
AVERAGE WAGE OF STAFF AND WORKERS AND RELATED INDEX IN MAJOR YEARS

单位：元 (yuan)

年 份 Year	全部职工平均工资 Total Average Wage	指 数 (1952年 = 100) Index (1952=100)		国有单位平均工资 Average Wage of State-owned Units
		货币工资 Average Money Wage	实际工资 Average Real Wage	
1962	571	152.3	111.9	630
1965	638	170.1	141.1	682
1970	588	156.8	135.8	631
1975	614	163.7	141.6	643
1978	632	168.5	145.8	655
1980	754	201.1	163.2	795
1985	1122	299.2	201.9	1200
1990	2111	562.9	228.3	2263
1995	4721	1258.9	258.2	5094
2000	6918	1844.8	323.5	7249
2005	15645	4172.0	702.3	16027
2006	18300	4880.0	807.0	18719
2007	21525	5740.0	911.0	22309
2008	25828	6887.5	1021.6	26557
2009	28469	7591.7	1130.5	29266
2010	33544	8945.1	1301.2	33119

年 份 Year	指 数 (1952年 = 100) Index (1952=100)		城镇集体单位平均工资 Average Wage of Urban Collective -owned Units	指 数(1952年 = 100) Index (1952=100)	
	货币工资 Average Money Wage	实际工资 Average Real Wage		货币工资 Average Money Wage	实际工资 Average Real Wage
1962	159.9	117.5	491	159.9	117.5
1965	173.1	143.5	532	173.3	143.7
1970	160.2	138.7	492	160.3	138.8
1975	163.2	141.2	507	165.2	142.9
1978	166.2	143.8	519	169.1	146.2
1980	201.8	163.8	581	189.3	153.6
1985	304.6	205.5	856	278.8	188.1
1990	574.4	232.9	1565	509.8	206.7
1995	1292.9	265.2	3108	1012.4	207.6
2000	1839.8	322.7	4193	1365.8	239.5
2005	4067.8	684.7	10157	3308.4	556.9
2006	4751.0	785.7	12162	3961.6	655.1
2007	5662.2	898.6	14141	4606.2	731.0
2008	6740.4	999.8	16947	5520.2	818.8
2009	7427.9	1106.1	18367	5982.7	890.9
2010	8405.8	1222.7	21993	7163.8	1046.1

2-19 社会保障基本情况

单位：亿元

年 份 Year	参加保险人数(万人) Active Contributors (10 000 persons)				基金收入	
	养老保险 Basic Pension Insurance		失业保险 Unemployment Insurance	医疗保险 Basic Medical Insurance	养老保险 Basic Pension Insurance	
	企 业 Enterprises	机关事业 Government Agencies and Institutions			企 业 Enterprises	机关事业 Government Agencies and Institutions
1986			191.16			
1987			193.01			
1988			194.20			
1989			184.20			
1990			196.20			
1991			199.40			
1992			205.40			
1993			231.70			
1994			198.30			
1995			187.00			
1996			192.61			
1997	231.13		240.70			
1998	337.11		211.90			
1999	362.32		254.70			
2000	358.81		254.80		53.87	
2001	365.57		286.10	156.00	58.05	
2002	361.24		278.90	217.00	75.91	
2003	364.42	67.13	284.10	272.00	86.27	7.09
2004	376.08	68.71	286.50	295.00	109.30	9.04
2005	383.43	80.08	288.50	325.00	118.90	11.96
2006	404.25	82.58	295.93	354.00	168.93	19.64
2007	418.84	87.83	298.97	461.00	203.67	27.89
2008	450.62	88.80	312.15	594.00	253.97	35.56
2009	471.70	92.40	293.30	879.30	290.30	42.20
2010	494.92	96.11	305.05	935.00	357.13	48.24

BASIC STATISTICS OF SOCIAL SECURITY

(100 million yuan)

Revenue		基金支出 Expenses				城　镇 低保人数 (万人) Persons Receiving lowest cost-of-living (10 000 persons)	新型合作 医疗参合率(%) Participation Rate of New Cooperative Medical Care(%)
失业保险 Unempl-oyment Insurance	医疗保险 Basic Medical Insurance	养老保险 Basic Pension Insurance		失业保险 Unempl-oyment Insurance	医疗保险 Basic Medical Insurance		
		企　业 Enterprises	机关事业 Government Agencies and Institutions				
0.04							
0.16				0.05			
0.18				0.07			
0.20				0.07			
0.23				0.08			
0.25				0.09			
0.27				0.12			
0.31				0.18			
0.44				0.22			
0.75				0.25			
1.12				0.60			
1.02				0.71		0.23	
1.22				0.94		1.80	
2.01				1.11		2.08	
2.43		50.62		1.34		3.06	
2.94	1.32	51.22		1.49	0.68	28.53	
3.42	4.13	60.32		2.12	1.53	62.21	
3.80	10.19	65.18	8.19	3.17	4.80	84.21	
4.22	17.88	76.30	12.40	2.58	10.98	84.86	87.32
5.53	25.60	78.37	14.75	2.78	15.75	84.97	80.92
6.22	32.22	96.78	16.65	2.59	21.00	86.98	86.11
10.05	44.95	126.11	24.11	3.27	29.16	89.95	87.54
12.75	64.65	159.34	31.12	4.66	42.79	91.90	90.42
11.90	64.80	184.30	36.80	6.20	46.00	94.44	91.43
13.52	86.74	226.81	43.61	6.56	69.65	91.51	96.61

主要统计指标解释

人口数 指一定时点、一定地区范围内有生命的个人总和。

年度统计的年末人口数指每年12月31日24时的常住人口数。

人口变动抽样调查的对象包括：1、在抽中调查小区居住并且户口在本乡(镇、街道)的人口；2、在抽中调查小区居住半年以上，户口在外乡(镇、街道)的人口；3、在抽中调查小区居住不满半年，离开户口登记地半年以上的人口；4、在抽中调查小区居住，户口待定的人口。

城镇人口和乡村人口 城镇人口是指居住在城镇范围内的全部常住人口；乡村人口是除上述人口以外的全部人口。

城镇包括城区和镇区。城区是指在市辖区和不设区的市中，街道办事处所辖的居民委员会地域；城市公共设施、居住设施等连接到的其他居民委员会地域和村民委员会地域。

镇区是指在城区以外的镇和其他区域，其包括镇所辖的居民委员会地域；镇的公共设施、居住设施等连接到的村民委员会地域。

出生率（又称粗出生率） 指在一定时期内（通常为一年）一定地区的出生人数与同期内平均人数（或期中人数）之比，用千分率表示。本资料中的出生率指年出生率，其计算公式为：

出生率=年出生人数/年平均人数×1000‰

式中：出生人数指活产婴儿，即胎儿脱离母体时（不管怀孕月数），有过呼吸或其他生命现象。年平均人数指年初、年底人口数的平均数，也可用年中人口数代替。

死亡率（又称粗死亡率）指在一定时期内（通常为一年）一定地区的死亡人数与同期内平均人数（或期中人数）之比，用千分率表示。本资料中的死亡率指年死亡率，其计算公式为：

死亡率=年死亡人数/年平均人数×1000‰

人口自然增长率 指在一定时期内（通常为一年）人口自然增加数（出生人数减死亡人数）与该时期内平均人数（或期中人数）之比，用千分率表示。计算公式为：

人口自然增长率=（本年出生人数-本年死亡人数）/年平均人数×1000‰=人口出生率-人口死亡率

总抚养比 也称总负担系数。指人口总体中非劳动年龄人口数与劳动年龄人口数之比。通常用百分比表示。用以表明每100名劳动年龄人口大致要负担多少名非劳动年龄人口。用于从人口角度反映人口与经济发展的基本关系。计算公式为：

$$GDR=(P_{0\text{-}14}+P_{65^+})/P_{15\text{-}64}\times 100\%$$

其中：GDR为总抚养比；

$P_{0\text{-}14}$ 为0-14岁少年儿童人口数；

$P_{15\text{-}64}$ 为15-64岁的劳动年龄人口数；

P_{65^+} 为65岁及65岁以上的老年人口数。

老年人口抚养比 也称老年人口抚养系数。指某一人口中老年人口数与劳动年龄人口数之比。通常用百分比表示。用以表明每100名劳动年龄人口要负担多少名老年人。老年人口抚养比是从经济角度反映人口老化社会后果的指标之一。计算公式为：

$$ODR=P_{65^+}/P_{15\text{-}64}\times 100\%$$

其中：ODR为老年人口抚养比；

$P_{15\text{-}64}$ 为15-64岁的劳动年龄人口数；

P_{65^+} 为65岁及65岁以上的老年人口数。

少年儿童抚养比 也称少年儿童抚养系数。指某一人口中少年儿童人口数与劳动年龄人口数之比。通常用百分比表示。以反映每100名劳动年龄人口要负担多少名少年儿童。计算公式为：

$$CDR=P_{0\text{-}14}/P_{15\text{-}64}\times 100\%$$

其中：CDR为少年儿童抚养比；

$P_{0\text{-}14}$ 为0-14岁少年儿童人口数；

$P_{15\text{-}64}$ 为15-64岁的劳动年龄人口数。

劳动力资源总数 指在劳动年龄内，具有劳动能力，在正常情况下，可能或实际参加社会劳动的人口数。劳动力资源的范围为：劳动年龄内（16周岁以上），有劳动能力，实际参加社会劳动和未参加社会劳动的人员。劳动力资源也可划分为经济活动人口和非经济活动人口。劳动力资源不包括下列人员：

(1)在押犯人；
(2)劳动年龄内丧失劳动能力的人员；
(3)16 岁以下实际参加社会劳动的人员。

从业人员 指从事一定社会劳动并取得劳动报酬或经营收入的人员。从业人员按就业身份分组包括：

(1)职工；
(2)再就业的离退休人员；
(3)私营业主；
(4)个体户主；
(5)私营企业和个体从业人员；
(6)乡镇企业从业人员；
(7)农村从业人员；
(8)其他从业人员。

私营企业和个体从业人员 指在私营企业或个体经营者所经营的机构中劳动，并领取劳动报酬的人员，包括在私营或个体经营机构中劳动的帮工、学徒、雇用人员。

在岗职工 指在本单位工作并由单位支付工资的人员，以及有工作单位，但由于学习、病伤产假等原因暂未工作，仍由单位支付工资的人员。

在岗职工工资总额 指各单位在一定时期内直接支付给本单位全部在岗职工的劳动报酬总额。工资总额的计算应以直接支付给职工的全部劳动报醉为根据。各单位支付给职工的劳动报酬以及其他根据有关规定支付的工资，不论是计入成本的还是不计入成本的，不论是以货币形式支付的还是以实物形式支付的，均应列入工资总额的计算范围。工资总额包括计时工资、计件工资、奖金、津贴和补贴、加班加点工资、特殊情况下支付的工资。

职工平均工资 指企业、事业、机关等单位的职工在一定时期内平均每人所得的货币工资额。它表明一定时期在岗职工工资收入的高低程度，是反映在岗职工工资水平的主要指标。计算公式为：

$$\text{在岗职工平均工资}=\frac{\text{报告期实际支付的全部在岗职工工资总额}}{\text{报告期全部职工平均人数}}$$

在岗职工平均实际工资 指扣除物价变动因素后的在岗职工平均工资。计算公式为：

$$\text{在岗职工平均实际工资}=\frac{\text{报告期在岗职工平均工资}}{\text{报告期职工生活费价格指数}}\times 100\%$$

在岗职工平均工资指数 指报告期平均工资与基础平均工资的比率，是反映不同时期职工货币工资水平变动情况的相对数。它表明报告期平均工资比基期平均工资提高或降低的程度。计算公式为：

$$\text{在岗职工平均工资指数}=\frac{\text{报告期在岗职工平均工资}}{\text{基期在岗职工平均工资}}\times 100\%$$

职工平均实际工资指数 是反映职工实际工资的变动方向和变动程度的指数，表明职工实际工资水平提高或降低的程度。计算公式为：

$$\text{在岗职工平均实际工资指数}=\frac{\text{报告期在岗职工平均工资指数}}{\text{报告期在岗职工生活费价格指数}}\times 100\%$$

城镇登记失业人员 指有非农业户口，在劳动年龄内（16 周岁至退休年龄），有劳动能力，无业而要求就业，并在当地劳动保障部门进行失业登记的人员。

城镇登记失业率 指城镇期末实有登记失业人数与城镇期末就业人员总数加城镇期末实有登记失业人数之比。计算公式为：

$$\text{城镇登记失业率}=\frac{\text{城镇期末实有登记失业人数}}{\text{城镇期末就业人员总数}+\text{城镇期末实有登记失业人数}}\times 100\%$$

Explanatory Notes on Main Statistical Indicators

Total Population refers to the total number of people alive at a certain point of time within a given area. The annual statistics on total population is taken at midnight, the 31st of December.

The object of the national sample surveys on population changes including (a) population with residence registered in the sampled area and actually residing there. (b) population with residence registered in any area, but having actually resided in the sampled area more than half a year. (c) population having actually resided in the sampled area less than half a year, but having left place of residence registration more than half a year. (d) population with no residence registered in any area but having actually resided in the sampled area.

Urban Population and Rural Population Urban population refer to all people residing in cities and towns, while rural population refer to population other than urban population.

City and town include city area and town area. City area refers to the area of residence committees ruled by sub-district office in municipal district or cities with no district, and area of other residence committees which joined by urban public establishment and residence establishment.

Town area refers to the area of township and other areas besides the city zone, including the area of residence committees ruled by town government, and the area of villager's committees which joined by township public establishment and residence establishment.

Birth Rate (or Crude Birth Rate) refers to the ratio of the number of birth to the average population (or mid-period population) during a certain period of time (usually a year), expressed in ‰ .Birth rate in the chapter refers to annual birth rate. The following formula is used:

Birth Rate=(Number of Births/Average Number of Population)*1000‰

Number of births in the formula refers to live births, i.e. when a baby has breathed or shown any vital phenomena regardless of the length of pregnancy. Annual average number of population is the average of the beginning of the year and that at the end of the year. Sometimes it is substituted by the mid-year population.

Death Rate (or Crude Death Rate) refers to the ratio of the number of deaths to the average population (or mid-period population) during a certain period of time (usually a year), expressed in ‰. Death rate in the chapter refers to annual death rate. The following formula is used:

Death Rate=(Number of Deaths/Annual Average Number of Population)*1000‰.

Natural Growth Rate of Population refers to the ratio of natural increase in population (number of births minus number of deaths) in a certain period of time (usually a year) to the average population (or mid-period population) of the same period, expressed in ‰. The following formula is applied:

Natural Growth Rate of Population=[(Number of Birth-Number of Death)/Average Number of Population]*1000‰=Birth Rate-Death Rate

Gross Dependency Ratio also called gross dependency coefficient, refers to the ratio of non-working-age population to the working-age population, express in ‰. Describing in general the number of non-working-age population that every 100 people at working ages will take care of, this indicator reflects the basic relation between population and economic development from the demographic perspective. The gross dependency ratio is calculated with the following formula:

$GDR=P_{0-14}+P_{65}+/P_{15-64}\times 100\%$

Where: GDR is the gross dependency ratio;

P_{0-14} is the population of children aged 0-14;

P_{15-64} is the working-age population aged 15-64;

P_{65}^{+} is the elderly population aged 65 and over.

Old Dependency Ratio also called old dependency coefficient, refers to the ratio of the elderly population to the working-age population, express in ‰. It describes the number of the elderly population that every 100 people at working ages will take care of. Old dependency ratio is one of the indicators reflecting the social implication of population aging from the economic perspective.

The old dependency ratio is calculated with the following formula:

$ODR=P_{65}+/P_{15-64}\times 100\%$

Where: ODR is the old dependency ratio;

P_{15-64} is the working-age population aged 15-64;

P_{65}^{+} is the elderly population aged 65 and over.

Children Dependency Ratio also called children dependency co efficient, refers to the ratio of the children population to the working-age population, express in ‰. It describes the number of children population that every 100 people at working ages will take care of. The children dependency ratio is calculated with the following formula:

$CDR=P_{0-14}/P_{15-64}\times 100\%$

Where: CDR is the children dependency ratio;

P_{0-14} is the children population aged 0-14;

P_{15-64} is the working-age population aged 15-64.

Labor Resources refer to the persons, under normal condition, who are capable to labor within age of the total population. The coverage of labor resources includes: laborers within the working age (16 and over 16) and those who are capable to labor, and actually engaged in or not engaged in social labor. Labor resources also may be divided into economically active population and non-economically active population.

The following persons are not included in the labor resources;

1. Prisoners in custody;

2. Persons with the working age but disabled;

3. Persons actually engaged in social labor under aged 16.

Employed Persons refers to the persons who are engaged in social labor and receive remuneration payment or earn business income, including: total staff and workers, re-employed retirees, employers of private enterprises, self-employed workers, employees in private enterprises and individual economy, employees in the township enterprises, employed persons in the rural areas, other employed persons.

Persons Employed in Private Enterprises and Employed Individuals refer to the person employed in the private enterprises which have been registered at the department of industrial and commercial administration and are receive payment from there. Employed individuals refer to persons who have been registered at the departments of industrial and commercial administration and approved to be engaged in individual industrial or commercial business, including self-employed persons as well as helper and hired laborers who work in the individual households engaged in industrial or commercial business.

Fully Employed Staff and Workers refer to persons who work in, and receive wages from their working units, as well as persons who have their work posts, but are temporarily absent from work for reasons of study or on sick, injury or maternal leave and still receive wages from their working units.

Total Wages of Fully Employed Staff and Workers refer to the total remuneration payment to staff and workers in various units during a certain period of time. The calculation of total wages is based on the total remuneration payment to the staff and workers. Therefore, all the wages and salaries and other payments to staff and workers are included in the total wages regardless of sources, reckoning the cost of production or not, and forms, paying in cash or in kind. Total wages include time wage, piece wage, premium, allowance and subsidies, payment for overtime work and payment under special situations.

Average Wages of Fully Employed Staff and Workers refers to the average wage in money terms per person during a certain period of time for fully employed staff and workers in enterprises, institutions, and government agencies, which reflects the general level of wage income during a certain period of time and is calculated as follows:

$$\text{Average Wages of Fully Employed Staff and Workers}=\frac{\text{Total Wages of Staff and Workers in Reference Period}}{\text{Average Number of Staff and Workers in Reference Period}}\times 100\%$$

Average Real Wage of Fully Employed Staff and Workers refers to average wage of staff and workers after removing the effects of price changes, which is calculated as follows:

$$\text{Average Real Wage of Staff and Workers}=\frac{\text{Average Wage of Staff and Workers in Reference Period}}{\text{Consumer Price Index of Urban Wesidents in Reference Period}}\times 100\%$$

Average Wage Indices of Fully Employed Staff and Workers

$$\text{Average Wage Indices}=\frac{\text{Average Wage of Staff and Workers at Reference Time}}{\text{Average Wage pf Staff and Workers at Base Period}}\times 100\%$$

Average Real Wage Indices of Fully Employed Staff and Workers refers to the average wage of staff and workers after removing the effects of the price changes and average real wage indices of staff and workers refers to the change of real wage, which reflects the relative increasing or decreasing level of real wage of staff and workers, which is calculated as follows:

$$\text{Average Real Wage Indices}=\frac{\text{Average Wage Indices of Staff and Workers at Reference Time}}{\text{Urban Comsumer Price Indices at Reference Time}}\times 100\%$$

Registered Unemployed Persons in Urban Areas refer to the persons with non-agricultural household registration at certain working ages (16 years old to retirement age), who are capable of working, unemployed and willing to work, and have been registered at the local employment service agencies to apply for a job.

Registered Unemployment Rate in Urban Areas refers to the ratio of the number of the registered unemployed persons to the sum of the number of the registered unemployed persons and the number of registered employed persons in urban areas.

The formula is as follows:

Registered Unemployment Rate in Urban Areas

$$=\frac{\text{Number of registered urban unemployed persons}}{\text{Number of registered urban employed persons + number of registered urban unemployed persons}}\times 100\%$$

固定资产投资

INVESTMENT IN FIXED ASSETS

资料整理人员

杨艳文　郝志军　邸慧东　张春雷

固定资产投资
INVESTMENT IN FIXED ASSETS

全社会固定资产投资	Total Investment in Fixed Assets	6352.6	亿元	(100 million yuan)
第一产业	Primary Industry	281.3	亿元	(100 million yuan)
第二产业	Secondary Industry	2628.1	亿元	(100 million yuan)
第三产业	Tertiary Industry	3443.2	亿元	(100 million yuan)
农村农户投资额	Investment of Rural Agricultural Households	217.9	亿元	(100 million yuan)
农村非农户投资额	Investment of Rural Non-agricultural Households	318.6	亿元	(100 million yuan)
全社会竣工房屋面积	Total Floor Space of Completed Buildings	6140	万平方米	(10 000 sq.m)
#住　宅	Residential Buildings	3981	万平方米	(10 000 sq.m)

全社会固定资产投资总额构成 (%)

Composition of Total Investment in Fixed Assets (%)

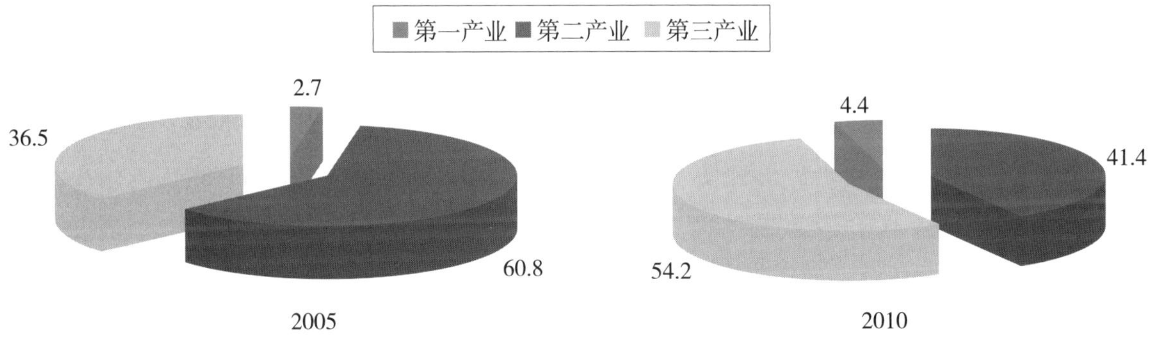

全社会固定资产投资额增长速度 (%)

Increase Index of Total Investment in Fixed Assets (%)

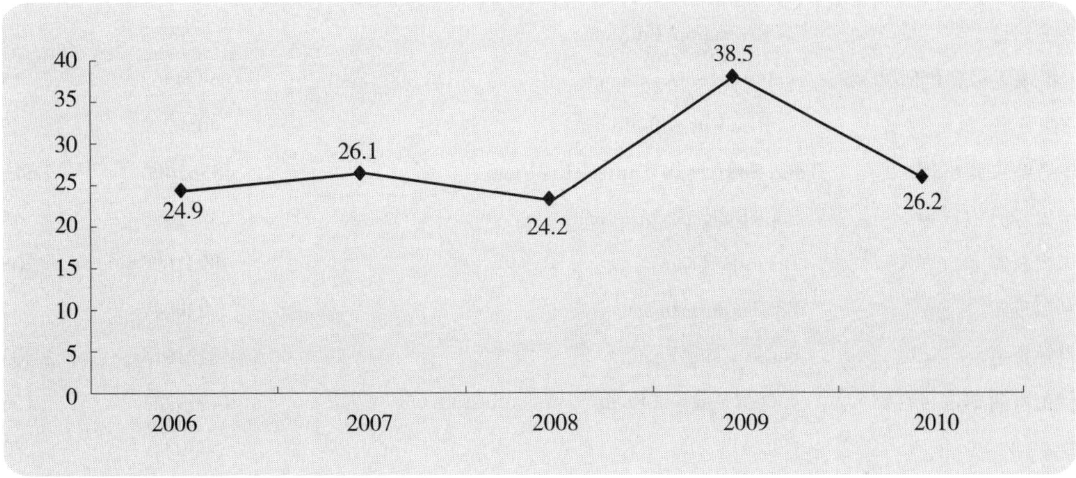

3-1 全社会固定资产投资
TOTAL INVESTMENT IN FIXED ASSETS

单位：万元 (10 000 yuan)

指　标	Item	2009	2010
一、投资总额	**Total**	**50335333**	**63526011**
#住　宅	Residential Buildings	7600820	9003350
按登记注册类型分	Grouped by Type of Registration Status		
国　有	State-owned	24906075	31892701
非国有	Non-State-owned	25429258	31633310
按城乡分	Grouped by Urban and Rural Area		
城　镇	Urban	45999284	58160325
农　村	Rural	4336049	5365686
按构成分	Grouped by Use of Funds		
建筑工程	Construction	27921402	37293480
安装工程	Installation	3950361	4811017
设备工器具购置	Purchase of Equipment and Instruments	10975488	12418902
其他费用	Other Expenses	7488082	9002612
按三次产业分	Grouped by Type of Industry		
第一产业	Primary Industry	2203844	2812813
第二产业	Secondary Industry	21636020	26281280
第三产业	Tertiary Industry	26495469	34431918
二、新增固定资产	**Newly Increased Fixed Assets**	**28012222**	**33775025**
三、房屋建筑面积(万平方米)	**Floor Space of Buildings (10 000 sq.m)**		
本年施工房屋面积	Floor Space of houses Under Construction	13408.7	17138.3
#住　宅	Residential Buildings	9645.2	11700.1
本年竣工房屋面积	Floor Space of houses Completed This Year	4904.6	6139.9
#住　宅	Residential Buildings	3537.3	3980.7
本年竣工房屋价值(万元)	Value of Houses Completed This Year(10 000 yuan)	6324562	7548745
#住　宅	Residential Buildings	4056272	4507289
四、本年资金来源小计	**Total Sources of Funds This Year**	**48562400**	**64522128**
国家预算内资金	State Budgetary Appropriation	3812495	4847990
国内贷款	Domestic Loans	8951696	10619967
利用外资	Foreign Investment	236047	448152
自筹资金	Self-Raising Fund	30191814	40306281
#企事业单位自有资金	Own Funds of Enterprises and Institutions	14219761	15695921
其　他	Others	5370348	8299738

3-2 主要年份按城乡和登记注册类型分全社会固定资产投资

INVESTMENT IN FIXED ASSETS BY RURAL AND URBAN AREA AND BY REGISTRATION STATUS IN MAJOR YEARS

单位：万元 (10 000 yuan)

年份 Year	总计 Total	城镇 Urban	#房地产开发 Real Estate Development	农村 Rural	农户 Agricultural Households	非农户 Non-agricultural Households	国有 State-owned	非国有 Non-state-owned
1949	1178	378		800	800		139	1039
1952	20599	14507		6092	6092		12300	8299
1957	78739	74739		4000	4000		72373	6366
1962	43833	28739		15094	7074	8020	25136	18697
1965	68971	56945		12026	8025	4001	53815	15156
1970	110067	98782		11285	7203	4082	94512	15555
1975	157935	122851		35084	20044	15040	109399	48536
1978	214935	197409		17526	11313	6213	195048	19887
1980	281960	227885		54075	21173	32902	225035	56925
1985	916918	728498		188420	87387	101033	676956	239962
1990	1234137	981331	28486	252806	164556	88250	916262	317875
1991	1495206	1187970	32642	307236	202269	104967	1125883	369323
1992	1727858	1490073	51869	237785	119330	118455	1415993	311865
1993	2512628	2144908	129685	367720	191765	175955	1948072	564556
1994	2909041	2546950	116512	362091	201153	160938	2268249	640792
1995	2955570	2550276	150886	405294	188798	216496	2260003	695567
1996	3334714	2859217	147893	475497	302383	173114	2493299	841415
1997	3983959	3488553	181736	495406	317673	177733	2946245	1037714
1998	5346852	4812052	278653	534800	331200	203600	3892259	1454593
1999	5753507	5273575	350458	479932	245781	234151	3993847	1759660
2000	6251628	5518198	394556	733430	344392	389038	4196382	2055246
2001	7083468	6325861	466464	757607	399594	358013	4498793	2584675
2002	8382683	7526897	674331	855786	462572	393214	4405558	3977125
2003	11163486	10143163	950740	1020323	533216	487107	4810066	6353420
2004	14776985	13490264	1449898	1286721	621851	664870	5687446	9089539
2005	18593969	16992979	1779937	1600990	757098	843892	8308936	10285033
2006	23214735	21214238	2086231	2000497	933279	1067218	10456585	12758150
2007	29271653	26659240	2589251	2612413	1157947	1454466	12406429	16865224
2008	36351396	32985514	3279807	3365882	1443268	1922614	16433764	19917632
2009	50335333	45999284	4772748	4336049	1785790	2550259	24906075	25429258
2010	63526011	58160325	5922376	5365686	2179375	3186311	31892701	31633310

3-3 主要年份按三次产业分全社会固定资产投资
TOTAL INVESTMENT IN FIXED ASSETS BY TYPE OF INDUSTRY IN MAJOR YEARS

单位：万元 (10 000 yuan)

年 份 Year	总 计 Total	#住 宅 Residential Buildings	第一产业 Primary Industry	第二产业 Secondary Industry	第三产业 Tertiary Industry
1978	214935	15006	1645	132080	81210
1979	232713	38261	10752	131838	90123
1980	281960	59117	17560	162157	102243
1981	254719	76511	13723	129473	111523
1982	345486	95144	20698	186438	138350
1983	448347	96277	26159	257200	164988
1984	688991	114800	15352	384594	289045
1985	916918	158060	11443	554744	350731
1986	970247	176525	22578	600777	346892
1987	1062371	193745	25621	597032	439718
1988	1076779	169236	33359	662277	381143
1989	1079587	184680	28614	668424	382549
1990	1234137	220354	51962	756324	425851
1991	1495206	238231	56159	934621	504426
1992	1727858	240328	48795	1079071	599992
1993	2512628	415095	84534	1424294	1003800
1994	2909041	464303	63897	1427878	1417266
1995	2955570	456871	76160	1401945	1477465
1996	3334714	666374	90324	1587144	1657246
1997	3983959	708704	104368	2008130	1871461
1998	5346852	920980	83706	2135036	3128110
1999	5753507	1083149	103046	2261965	3388496
2000	6251628	1113447	119648	2896273	3235707
2001	7083468	1021534	205239	3090533	3787696
2002	8382683	1173468	334467	3793232	4254984
2003	11163486	1210898	359529	6127825	4676132
2004	14776985	1551521	362856	8697815	5716314
2005	18593969	2245567	501034	11304223	6788712
2006	23214735	3503467	651894	13463726	9099115
2007	29271653	4619967	838947	16171517	12261189
2008	36351396	5651842	1119701	18688907	16542788
2009	50335333	7600820	2203844	21636020	26495469
2010	63526011	9003350	2812813	26281280	34431918

3-4 按登记注册类型分全社会固定资产投资

TOTAL INVESTMENT IN FIXED ASSETS BY REGISTRATION STATUS

单位：万元 (10 000 yuan)

指 标	Item	2009	#城 镇 Urban	2010	#城 镇 Urban
总 计	**Total**	**50335333**	**45999284**	**63526011**	**58160325**
内 资	Domestic-Funded Enterprises	49235822	44912109	62428862	57074995
国 有	State-owned Enterprises	23631380	23020169	30154451	29437783
集 体	Collective-owned Enterprises	2358524	1773637	3079795	2033461
股份合作	Share Cooperative Enterprises	133107	119773	357148	346575
国有联营	State Joint Ownership Enterprises	148549	148549	281778	281778
集体联营	Collective Joint Ownership Enterprises	89358	76830	48970	47560
国有与集体联营	Joint State-collective Enterprises	4503	4503	9583	9583
其他联营	Other Joint Ownership Enterprises	14697	14497	10850	10290
国有独资公司	State-funded Corporations	1126146	1125496	1456472	1446822
其他有限责任公司	Other Limited Liability Corporations	10714891	10351934	13766032	13358593
股份有限公司	Share-holding Corporations Ltd.	2872495	2682161	3066713	2931214
私 营	Private Partnership	5440383	4789948	6921651	6369078
个体户	Individual Enterprises	1863248	65100	2260762	37848
个人合伙	Individual Partnership Enterprises	40481	27338	62833	36287
其 他	Others	798060	712174	951824	728123
港澳台投资	Enterprises with Investment from Hong Kong, Macao and Taiwan	555473	550417	464229	461760
港澳台合资经营	Joint-venture Enterprises	98590	98144	185673	185673
港澳台合作经营	Cooperative Enterprises	60435	58825	5800	5800
港澳台独资	Enterprises with Sole Investment	386475	383475	264836	263567
港澳台股份有限	Share-holding Corporations Ltd.	9973	9973	7920	6720
外商投资	Enterprises with Foreign Investment	544038	536758	632920	623570
外商合资经营	Joint-Venture Enterprises	227057	226757	351411	346881
外商合作经营	Cooperative Enterprises	27286	26406	61422	59122
外商独资	Enterprises with Sole Foreign Investment	232540	232540	166877	166877
外商股份有限	Share Corporations Ltd.	57155	51055	53210	50690

3-5 按国民经济行业分全社会固定资产投资
TOTAL INVESTMENT IN FIXED ASSETS BY ECONOMIC SECTOR

单位：万元 (10 000 yuan)

行　业	Sector	2009	2010
总　计	**Total**	**50335333**	**63526011**
农、林、牧、渔业	Farming,Forestry,Animal Husbandry and Fishery	2203844	2812813
采矿业	Mining and Quarrying	6874836	10688747
制造业	Manufacturing	9076327	10163230
电力、燃气及水的生产和供应业	Production & Supply of Electric Power,Gas and Water	5459558	5256959
建筑业	Construction	225299	172344
交通运输、仓储和邮政业	Transport,Storage and Post	7864949	11851976
信息传输、计算机服务和软件业	Information Transmission,Computer Services and Software	881004	417344
批发和零售业	Wholesale and Retail Trade	834950	837921
住宿和餐饮业	Lodging and Catering Services	437142	394118
金融业	Banking	18677	25983
房地产业	Real Estate Trade	9232098	11364613
租赁和商务服务业	Lease and Business Affairs Services	143123	342152
科学研究、技术服务和地质勘查业	Scientific Reseach,Technical Services and Geological Prospecting	92195	270242
水利、环境和公共设施管理业	Water,Environmental Protection and Public Facility Management	4693732	4894796
居民服务和其他服务业	Resident Services and Other Services	57818	82626
教　育	Education	1029155	2415483
卫生、社会保障和社会福利业	Health Care,Social Security and Social Welfare	363268	559782
文化、体育和娱乐业	Culture,Sports and Recreation	559324	660004
公共管理和社会组织	Public Management and Social Organization	288034	314878

3-6 全社会固定资产投资新增生产能力(2010年)

NEWLY INCREASED PRODUCTION CAPACITY THROUGH INVESTMENT IN FIXED ASSETS(2010)

生产能力(或效益)名称		Item	总 计 Total	#城 镇 Urban
原煤开采	(万吨/年)	Coal Mining (10 000 tons/year)	7073	7023
洗 煤	(万吨/年)	Coal Washing (10 000 tons/year)	10328	7968
焦 炭	(万吨/年)	Coke (10 000 tons/year)	1197	1017
天然气开采	(亿立方米/年)	Extraction of Natural Gas (100 million cu.m/year)	7	7
铁矿开采(原矿)	(万吨/年)	Iron Ore Mining (10 000 tons/year)	191	162
铁矿选矿处理量	(万吨/年)	Iron Ore Dressing(10 000 tons/year)	79	59
铁矿石成品矿	(万吨/年)	End Product of Iron Ore (10 000 tons/year)	48	48
生 铁	(万吨/年)	Pig Iron (10 000 tons/year)	179	179
粗 钢	(万吨/年)	Steel Making (10 000tons/year)	187	187
#转炉钢	(万吨/年)	Converter Steel (ton/year)	94	94
连铸坯	(万吨/年)	Continuous Casting Strand(10 000 tons/year)	94	94
铁合金	(折标吨/年)	Iron Alloy (tons of sec /year)	590555	590555
钢 材	(万吨/年)	Steel Making (10 000tons/year)	580	580
按加工工艺		Grouped by Processing Technology		
热 轧	(万吨/年)	Hot-rolling Steel Products (10 000 tons/year)	560	560
冷 轧(拔)	(万吨/年)	Cold Working Steel Products (10 000 tons/year)	4	4
锻压、挤压、旋压	(万吨/年)	Forging,Extrusion and Spanning(10 000 tons/year)	15	15
其 它	(万吨/年)	Others (10 000 tons/year)	2	2
铜采矿	(万吨/年)	Copper Mining (10 000 tons/year)	10	10

3-6 续表1 continued

生产能力(或效益)名称		Item	总 计 Total	#城 镇 Urban
氧化铝	(吨/年)	Oxide Aluminium (ton/year)	272500	272500
电解铝	(吨/年)	Electrolytic Aluminium (ton/year)	80000	80000
铝加工	(吨/年)	Aluminium Processing (ton/year)	348000	348000
银选矿:银含量	(公斤/年)	Silver Content of Silver Ore Dressing (kg/year)	200000	200000
发电机组容量	(万千瓦)	Generating Units With an Aggregate Capacity(10 000 kw)	375	373
水力发电	(万千瓦)	Water Power(10 000 kw)	102	102
火力发电	(万千瓦)	Fire Power (10 000 kw)	231	229
其他发电	(万千瓦)	Others (10 000 kw)	42	42
输电线路长度(11万伏及以上)	(公 里)	Lenth of Power Transmission Line (above 110 000 v)	973	973
水 泥	(万吨/年)	Cement (10 000 tons/year)	1875	1730
平板玻璃	(万重量箱/年)	Plate Glass (10 000 weight-box/year)	280	280
石墨及炭素制品	(吨/年)	Graphite and Carbon Products (ton/year)	387260	366260
电 石	(吨/年)	Calcium Carbide (ton/year)	8000	8000
农用氮、磷、钾化学肥料	(吨/年)	Nitrogen,Phosphate and Potash Fertilizers for Agriculture (ton/year)	479300	479300
#氮 肥	(吨/年)	Nitrogen Fertilizers (ton/year)	439300	439300
磷 肥	(吨/年)	Phosphate Fertilizers (ton/year)	32000	32000
钾 肥	(吨/年)	Potash Fertilizers (ton/year)	8000	8000
化学农药原药	(吨/年)	Chemical Pesticide (ton/ year)	200	200
精甲醇	(吨/年)	Wood Alcohol (ton/year)	800000	800000
塑料树脂及共聚物	(吨/年)	Plastics (ton/year)	239210	239210
汽车制造	(辆/年)	Motor Vehicles (unit/year)	15000	15000
#载货汽车制造	(辆/年)	Motor Vehicles (unit/year)	15000	15000
棉纺锭	(锭)	Cotton Spinning Spindel (unit)	117000	117000

3-6 续表2 continued

生产能力(或效益)名称		Item	总 计 Total	#城 镇 Urban
酒	(万吨/年)	Alcoholic Drink (10 000 tons/year)	15	15
#啤 酒	(万吨/年)	Beer (10 000 tons/year)	13	13
白 酒	(万吨/年)	White Spirit(10 000 tons/year)	2	2
机制纸浆	(万吨/年)	Machine-made Paper Pulp (10000 tons/year)	4	4
程控交换机 (指安装能力)	(万线/年)	SPC Exchange(10 000 lines/year)	6	6
新建铁路投产里程	(公里)	Length of Newly-built and Operating Railway(km)	96	96
新建公路	(公里)	Length of Newly Built Highways (km)	2627	2487
高速公路	(公里)	Highway (km)	624	624
一级公路	(公里)	First Class (km)	9	9
二级公路	(公里)	Second Class (km)	193	184
改建公路	(公里)	Reconstructed Highways (km)	8586	8023
一级公路	(公里)	First Class (km)	269	269
二级公路	(公里)	Second Class (km)	1077	1012
新建独立公路桥梁	(延长米)	Length of Newly Built Highway Bridges (extended m)	2887	2645
新建独立公路桥梁	(座)	Number of Newly Built Highway Bridges (unit)	23	21
新建独立公路隧道	(延长米)	Length of Newly Built Highway Tunnels (extended m)	5	5
新建独立公路隧道	(座)	Number of Newly Built Highway Tunnels (unit)	1	1
新(扩)建客、货运站	(个)	Number of Newly Built or Expanded Passenger and Freight Transport Stations (unit)	7	7
新(扩)建客、货运站	(平方米)	Area of Newly Built or Expanded Passenger and Freight Transport Stations (sq.m)	30739	30739
城市自来水供水能力	(万吨/日)	City Tap Water Supply Capacity (10 000 tons/day)	37	27
城市公共交通车辆购置	(辆)	Purchasing of Buses for Public Traffic(unit)	433	433
城市污水处理能力	(万吨/日)	City Sewerage Treatment Capacity (10 000 tons/day)	56	56

3-7 主要年份城镇固定资产投资
INVESTMENT IN FIXED ASSETS IN URBAN AREA IN MAJOR YEARS

单位：万元 (10 000 yuan)

年 份 Year	施工项目(个) Number of Projects Under Construction (unit)	新开工项目(个) Number of Newly Started Projects (unit)	建成投产项目(个) Number of Projects Completed (unit)	城镇固定资产投资 Investment In Fixed Assets In Urban Area	#住 宅 Residential Buildings
1978	4477	548	2424	197409	11507
1979	2282	509	841	203476	21911
1980	3253	878	1204	227885	34960
1981	3398	878	1290	186890	33669
1982	4848	989	2172	263473	49408
1983	4354	848	2015	331972	46070
1984	4049	1216	1913	523864	51023
1985	5249	1656	2250	728498	68621
1986	4335	1063	2053	789593	98173
1987	4173	1071	1981	859390	94857
1988	4219	942	1863	861514	83192
1989	3618	542	1695	873928	90315
1990	3017	582	1401	981331	113872
1991	3417	582	1628	1187970	113389
1992	3702	819	1867	1490073	185171
1993	3833	841	1902	2144908	324911
1994	4124	2043	2043	2546950	341533
1995	3815	892	2004	2550276	367761
1996	4416	2713	2539	2859217	470490
1997	5718	3781	3678	3488553	508095
1998	4011	1481	1896	4812052	695634
1999	4497	2679	2627	5273575	885847
2000	4937	3343	3107	5518198	847573
2001	4851	3464	3148	6325861	751015
2002	5542	4264	3584	7526897	859174
2003	5419	4076	2948	10143163	898601
2004	5060	3323	2663	13490264	1302098
2005	5090	3764	2975	16992979	1723145
2006	5846	3902	3331	21214238	2741836
2007	6558	4336	3972	26659240	3525849
2008	6803	4571	3898	32985514	4435275
2009	9656	7389	6097	45999284	6112434
2010	12861	9425	8031	58160325	7316208

3-7 续表 continued

单位：万元 (10 000 yuan)

年份 Year	第一产业 Primary Industry	第二产业 Secondary Industry	第三产业 Tertiary Industry	工业 Industry	轻工业 Light Industry	重工业 Heavy Industry	#能源工业 Energy Industry
1978	1592	130133	65684	130534	3573	126961	66664
1979	3392	127372	72712	127800	44571	83229	74156
1980	4038	152567	71280	158672	10202	148470	88460
1981	1891	119232	65767	118886	8224	110662	73167
1982	2744	173884	86845	168500	12998	155502	98593
1983	4167	236887	90918	235600	11440	224160	140591
1984	3227	359278	161359	361794	16198	345596	214490
1985	4961	506000	217537	503455	23596	479859	257108
1986	5351	565154	219088	536314	31439	504875	330956
1987	4993	566917	287480	544004	33077	510927	347642
1988	4966	613805	242743	605667	43721	561946	381904
1989	5146	628569	240213	621684	40844	580840	415226
1990	7880	708513	264938	704105	25287	678818	489747
1991	6740	876223	305007	868290	32581	835709	602208
1992	6879	1017443	465751	1007817	38803	969014	638782
1993	8971	1305601	830336	1292477	55174	1237303	733737
1994	6515	1371463	1168972	1287314	34898	1252416	699372
1995	7003	1300878	1242395	1259735	71793	1187942	727468
1996	10983	1513878	1334356	1490037	87527	1402510	919671
1997	15001	1918423	1525129	1811050	38473	1772577	1262414
1998	21302	2015391	2775359	1974814	84854	1889960	1378520
1999	33087	2194339	3046149	2143590	134705	2008885	1508720
2000	72412	2593464	2852322	2532148	165447	2366701	1706272
2001	103986	2836651	3385224	2766524	228006	2538518	1661777
2002	215901	3577905	3733091	3527500	397139	3130361	1826431
2003	235450	5833360	4074353	5795798	584801	5210997	3046474
2004	192183	8306909	4991172	8269361	664565	7604796	4930625
2005	253784	10701927	6037268	10660374	541604	10118770	6027304
2006	353720	12846351	8014167	12782402	857080	11925322	6856405
2007	485984	15443603	10729653	15348518	1162724	14185794	8627639
2008	671437	17628300	14685777	17459436	836878	16622558	10231350
2009	1477215	20640157	23881912	20423626	1286480	19137146	12194046
2010	1609380	25367665	31183280	25201300	1990317	23210983	15207315

3-8 主要年份城镇工业固定资产投资
INDUSTRY INVESTMENT IN FIXED ASSETS IN URBAN AREA IN MAJOR YEARS

单位：万元 (10 000 yuan)

年份 Year	工业合计 Total Industry	煤炭工业 Coal Industry	食品工业 Food Industry	纺织工业 Textile Industry	炼焦工业 Coking Industry	医药工业 Medical Industry
1978	130534	42326	595	3731	2452	
1979	127800	44571	1273	3672	3159	301
1980	158672	61543	2700	6663	2584	1451
1981	118886	56227	1134	5417	1928	920
1982	168500	71532	3074	8297	1529	1534
1983	235600	98328	4601	7646	3615	1502
1984	361794	153277	9504	9122	6228	1609
1985	503455	179652	10790	14680	1856	4808
1986	536314	244082	9891	11892	1437	1044
1987	544004	250597	11898	9956	1465	2566
1988	605667	257214	7945	10549	3639	3879
1989	621684	270039	4871	11630	4321	2695
1990	704105	324577	10867	7944	1681	3281
1991	868290	377988	6560	11377	1201	2689
1992	1007817	407803	11047	16381	1874	3373
1993	1292477	435372	20448	30578	3728	4621
1994	1287314	405070	20562	14013	9622	4206
1995	1259735	473255	10174	29886	21173	7312
1996	1490037	598324	36195	26176	25246	8213
1997	1811050	671205	35400	17395	46370	8462
1998	1974814	480879	24755	8534	32066	6540
1999	2143590	421932	29734	9428	67568	13885
2000	2532148	365536	42995	15450	118894	15977
2001	2766524	466135	35928	13640	227631	57351
2002	3527500	674181	103161	33102	266173	97095
2003	5795798	903602	228361	26114	761553	119907
2004	8269361	1523924	237363	31665	1231811	217946
2005	10660374	2587510	234051	36801	940325	119171
2006	12782402	3056054	448909	60892	744919	114432
2007	15348518	3639235	630765	51605	923172	82769
2008	17459436	4640781	480582	44382	1014761	116958
2009	20423626	5986723	638705	136310	1025476	213235
2010	25201300	9295058	844184	87951	964168	266805

3-8 续表 continued

单位：万元 (10 000 yuan)

年 份 Year	化学工业 Chemical Industry	建材工业 Building Materials Industry	冶金工业 Metallurgical Industry	机械工业 Machinery Industry	电力工业 Power Industry	其他工业 Others
1978	14665	2827	19577	19225	21886	3250
1979	7974	3366	11823	18336	26426	6899
1980	8790	4402	12983	17229	24333	15994
1981	7194	2010	7041	13131	15012	8872
1982	12055	4397	18899	19895	25532	1756
1983	12089	4569	20637	20584	38648	23381
1984	41986	8416	29405	16561	54985	30701
1985	75494	14595	59590	34519	70424	37047
1986	58768	18490	55891	33104	80994	20721
1987	32144	30402	66666	33664	87301	17345
1988	37512	24226	77954	39492	112286	30971
1989	36350	18079	80367	29048	136334	27950
1990	46013	15541	69476	39446	154818	30461
1991	68093	24920	94526	32441	206166	42329
1992	66447	35103	150136	47118	200365	68170
1993	39808	65250	264320	40015	273695	114642
1994	32096	75502	355916	56577	266244	47506
1995	54248	83759	228823	68076	213791	69238
1996	88097	57404	228823	84496	264519	72544
1997	27638	42921	179755	108587	524099	149218
1998	92894	80906	228381	109525	823699	86635
1999	78552	50793	234689	119146	933944	183919
2000	125360	59112	359334	136555	1155472	137463
2001	195203	95932	433812	143919	917135	179838
2002	224754	159615	797834	135082	819672	216831
2003	417828	266663	1411434	184932	1243865	231539
2004	361725	258973	1558100	547290	1993540	307024
2005	551373	311073	2565294	707231	2351865	255680
2006	854895	399107	2834415	1049695	2859992	359092
2007	1168096	575193	2383560	1533976	3559634	800513
2008	1669419	795012	2402164	1379377	3860768	1055232
2009	1356876	1350349	2167187	1826408	4084562	1637795
2010	1301352	1823683	2514715	2299351	3628893	2175140

3-9 按国民经济行业分城镇固定资产投资
INVESTMENT IN FIXED ASSETS IN URBAN AREA BY ECONOMIC SECTOR

单位：万元 (10 000 yuan)

行　业	Sector	2009	2010
总　计	**Total**	**45999284**	**58160325**
农、林、牧、渔业	Farming, Forestry, Animal Husbandry and Fishery	1477215	1609380
农　业	Farming	334299	380704
林　业	Forestry	616252	545369
畜牧业	Animal Husbandry	248270	358520
渔　业	Fishery	2520	800
农、林、牧、渔服务业	Services of Farming, Forestry, Animal Husbandry and Fishery	275874	323987
采矿业	Mining and Quarrying	6475549	10273217
煤炭开采和洗选业	Coal Mining and Washsing	5986723	9295058
石油和天然气开采业	Extraction of Petroleum and Natural Gas	164860	216176
黑色金属矿采选业	Mining and Dressing of Ferrous Metals	186743	467738
有色金属矿采选业	Mining and Dressing of Nonferrous Metals	60536	178066
非金属矿采选业	Mining and Dressing of Nonmetal Ores	76687	116179
制造业	Manufacturing	8587237	9731445
农副食品加工业	Farm Products Processing	269274	353157
食品制造业	Food Manufacturing	226872	227835
饮料制造业	Beverage Manufacturing	131698	259031
烟草制品业	Tobacoo Manufaturing	10861	4161
纺织业	Textile Industry	130881	81351
纺织服装、鞋、帽制造业	Textile Wearing Apparel, Footwear and Caps	1075	35863
皮革、毛皮、羽毛(绒)及其制品业	Leather,Fur ,Feather and their Products	11138	6582
木材加工及木、竹、藤、棕、草制品业	Processing of Timber, Manufacture of Wood , Bamboo , Rattan, Palm ,and Straw Products	75842	78579
家具制造业	Manufacture of Funiture	14730	18683
造纸及纸制品业	Manufacture of Paper and Paper Products	46162	119136
印刷业和记录媒介的复制	Printing and Record Medium Reproduction	22908	45919
文教体育用品制造业	Manufacture of Articles For Culture,Education and Sport Activity	2841	23700
石油加工、炼焦及核燃料加工业	Petroleum Processing ,Coking and Nuclear Fuel Processing	1025476	964168
化学原料及化学制品制造业	Raw Chemical Materials and Chemical Products	1028347	1111495
医药制造业	Medical Products	213235	266805
化学纤维制造业	Manufacture of Chemical Fibers	5429	6600
橡胶制品业	Manufacture of Rubber	70054	22061
塑料制品业	Plastic Products	258475	167796
非金属矿物制品业	Nonmetals Mineral Products	1273662	1707504
黑色金属冶炼及压延加工业	Smelting and Pressing of Ferrous Metals	1193801	1147203
有色金属冶炼及压延加工业	Smelting and Pressing of Nonferrous Metals	726107	721708
金属制品业	Metal Products	120736	142746

3-9 续表1 continued

单位：万元 (10 000 yuan)

行 业	Sector	2009	2010
通用设备制造业	Universal Purpose Equipment	454317	547117
专用设备制造业	Special Purpose Equipment	287167	411654
交通运输设备制造业	Transport Equipment	366931	429305
电气机械及器材制造业	Electric Equipment and Machinery	278945	542581
通信设备、计算机及其他电子设备制造业	Telecommunication Eqipment, Computer and Other Electric Product	289474	194336
仪器仪表及文化、办公用机械制造业	Manufacture of Measuring Instruments and Machinery for Cultural Activity and Office Work	28838	31612
工艺品及其他制造业	Manufacture of Artwork and Other Manufacturing	16490	29754
废弃资源和废旧材料回收加工业	Recycling and Disposal of Waste	5471	33003
电力、燃气及水的生产和供应业	Production & Supply of Electric Power , Gas and Water	5360840	5196638
电力、热力的生产和供应业	Electric Power and Heat Power	4651206	4175656
燃气生产和供应业	Gas	365781	556257
水的生产和供应业	Tap Water	343853	464725
建筑业	Construction	216531	166365
房屋和土木工程建筑业	Housing and Civil Engineering Construction	170530	114437
建筑安装业	Construction	9149	1976
建筑装饰业	Installation		200
其他建筑业	Others	36852	49752
交通运输、仓储和邮政业	Transport，Storage and Post	7543885	11489157
铁路运输业	Railways	1324937	4299000
道路运输业	Highways	5828179	6688590
城市公共交通业	Urban Public Transport	26206	32017
水上运输业			300
航空运输业	Air Transport	80922	32361
管道运输业	Transport Via Pipelines		
装卸运输和其他运输服务业	Loading,Unloading and Other Transport Services	18254	34157
仓储业	Storage	263039	402181
邮政业	Post	2348	551
信息传输、计算机服务和软件业	Information Transimission, Computer Services and Software	876800	408870
电信和其他信息传输服务业	Telecommunication and Other Information Transimission Services	768876	319798
计算机服务业	Computer Services	3100	25624
软件业	Software	104824	63448
批发和零售业	Wholesale and Retail Trade	775392	757502
批发业	Wholesale Trade	402472	243277
零售业	Retail Trade	372920	514225
住宿和餐饮业	Hotels and Catering Services	410732	372076
住宿业	Hotels	323565	276714
餐饮业	Catering Services	87167	95362
金融业	Banking and Insurance	18677	25983
银行业	Banking	18677	23483
保险业	Insurance		500
其他金融活动	Other Financial Activities		2000

3-9 续表2 continued

单位：万元 (10 000 yuan)

行 业	Sector	2009	2010
房地产业	Real Estate Trade	7636887	9436385
房地产业	Real Estate Trade	7636887	9436385
租赁和商务服务业	Lease and Business Affairs Services	142623	342032
租赁业	Leasing	8025	500
商务服务业	Business Affairs Services	134598	341532
科学研究、技术服务和地质勘查业	Scientific Reserch,Technical Service and Geological Prospecting	70177	251542
研究与试验发展	Reserch and Experimental Development	43797	156400
专业技术服务业	Professional Technical Services	9249	41344
科技交流和推广服务业	Services of Science and Technology Exchanges and Promotion	17131	35159
地质勘查业	Geologic Prospectiong		18639
水利、环境和公共设施管理业	Water,Environmental Protection and Public Facility Management	4308144	4265714
水利管理业	Water Conservancy	746214	687600
环境管理业	Environmental Management	335432	376826
公共设施管理业	Public Facilities	3226498	3201288
居民服务和其他服务业	Residence Services and Other Services	51450	73926
居民服务业	Residence Services	24754	40021
其他服务业	Other Services	26696	33905
教 育	Education	991124	2368231
教 育	Education	991124	2368231
卫生、社会保障和社会福利业	Health Care,Social Security and Social Welfare	351924	542141
卫 生	Health Care	306717	497320
社会保障业	Social Security	11152	7579
社会福利业	Social Welfare	34055	37242
文化、体育和娱乐业	Culture , Sports and Entertainment	511579	604118
新闻出版业	Journalism and Publishing Activities	3537	8222
广播、电视、电影和音像业	Broadcasting,Movies,Televisions and Audiovisual Activities	34484	58632
文化艺术业	Culture and Arts Activities	315351	362903
体 育	Sports Activities	115402	104688
娱乐业	Entertainment	42805	69673
公共管理和社会组织	Public Management and Social Organization	192518	245603
中国共产党机关	Organs of CPC	1842	4196
国家机构	Government Agencies	154835	194958
人民政协和民主党派	PPCC and Democratic Parties		100
群众团体、社会团体和宗教组织	Mass & Social Organizations and Religion Organizations	3899	9611
群众基层自治组织	Grass Roots Self-governing Organizations	31942	36738

3-10 城镇固定资产投资主要指标

MAJOR INDICATORS OF INVESTMENT IN FIXED ASSETS IN URBAN AREA

单位：万元 (10 000 yuan)

指　标	Item	2009	2010
一、投资总额	**Total Investment**	**45999284**	**58160325**
#国有经济控股	State-Controlled Share Holding	28997709	36090281
#住　宅	Residential Buildings	6112434	7316208
按隶属关系分	Grouped by Administrative Relationship		
中　央	Central Government	41909678	7177203
地　方	Local	4089606	50983122
按登记注册类型分	Grouped by Type of Registration Status		
国　有	State-owned	24294214	31166383
非国有	Non-state-owned	21705070	26993942
按构成分	Grouped by Use of Funds		
建筑工程	Construction	25077830	33685363
安装工程	Installation	3778725	4559616
设备工器具购置	Purchase of Equipment and Instruments	10066830	11384444
其他费用	Others	7075899	8530902
按建设性质分(不含房地产投资)	Grouped by Type of Construction		
新　建	New Construction	20430259	26465913
扩　建	Expansion	6679268	9172559
改建和技术改造	Reconstruction	11083087	13238483
单纯建造生活设施	Living Installation	2340650	2239392
其　他	Others	693272	1121602
按三次产业分	Grouped by Type of Industry		
第一产业	Primary Industry	1477215	1609380
第二产业	Secondary Industry	20640157	25367665
第三产业	Tertiary Industry	23881912	31183280
二、新增固定资产	**Newly Increased Fixed Assets**	**24364004**	**31452703**
中　央	Central Government	1170232	1851092
地　方	Local	23193772	29601611
三、建设项目(个)	**Projects (unit)**		
施工项目	Projects Under Construction	9656	12861
中　央	Central Government	258	595
地　方	Local	9398	12266
施工项目中本年新开工	Projects Newly Started This Year	7389	9425
全部建成投产项目	Projects Put into UesThis Yesr	6097	8031
四、房屋建筑面积(万平方米)	**Floor Space of Buildings (10 000 sq.m)**		
本年施工房屋面积	Floor Space Under Construction	10562.9	13940.3
#住　宅	Residential Buildings	7218.5	9156.6
本年竣工房屋面积	Floor Space Completed	2838.8	3802.2
#住　宅	Residential Buildings	1719.2	2056.8
本年竣工房屋价值(万元)	Value of uildings Completed(10 000yuan)	4975889	5935307
#住　宅	Residential Buildings	2936600	3214315
五、投资资金来源合计	**Grouped by Source of Funds**	**45973019**	**62920303**
上年结余资金	Balance of Funds Last Year	1880953	3767020
本年资金来源小计	Subtotal Source of Funds This Year	44092066	59153283
国家预算内资金	State-budgetary Appropriation	3672968	4746708
国内贷款	Domestic Loans	8759544	10374736
利用外资	Foreign Investment	235597	446952
自筹资金	Fundraising	26371308	35639633
#企事业单位自有资金	Own Funds of Enterprises and Institutions	13383117	14794166
其　他	Others	5052649	7945254

3-11 城镇固定资产投资规模(2010年)

单位：万元

指　　标	Item	计划总投资 Total Planned Investment	自开始建设至本年底累计完成投资 Grand Total Investment Completed This Year
总　计	**Total**	**149247665**	**92062368**
#本年新开工项目	Projects Newly Started This Yeary	63353175	30933562
#本年投产项目	Projects Put into Use This Year	32839839	33513306
按隶属关系分	Grouped By Administrative Relationship		
中　央	Central Government Projects	29438137	13832693
地　方	Local Projects	119809528	78229675
按登记注册类型分	Grouped by Type of Registration Status		
国　有	State-owned	90227057	54803019
非国有	Non-State-owned	59020608	37259349
按建设性质分	Grouped By Type of Construction		
新　建	New Construction	93578449	51273453
扩　建	Expansion	21737581	15406319
改建和技术改造	Reconstruction and Technical Reforming	26369533	19560189
单纯建造生活设施	Construction of Living Facilities	5964378	4508134
其　他	Others	1597724	1314273
按三次产业分	Grouped by Type of Industry		
第一产业	Primary Industry	2340766	1879263
第二产业	Secondary Industry	77617233	47676948
第三产业	Tertiary Industry	69289666	42506157
按投资总规模分	Grouped By Scale of Investment		
500万元以下	Under 5 million yuan	305845	297671
500－1000万元	5 million-10 million yuan	658623	611966
1000－3000万元	10 million-30 million yuan	3972495	3520165
3000－5000万元	30 million-50 million yuan	4195683	3667768
5000万元－1亿元	50 million-100 million yuan	14198076	11795876
1亿元－5亿元	100 million-500 million yuan	26331082	18717873
5亿元－10亿元	500 million-1 billion yuan	16330236	9935616
10亿元以上	1 billion yuan and Above	82525196	42808834

注：本表不含房地产开发投资。
Note:Data in this table exclude investment in real estate development.

SCALE OF FIXED ASSETS INVESTMENT IN URBAN AREA(2010)

(10 000 yuan)

#本年完成投资 Investment Completed This Year	本年新增固定资产 Newly Increased Fixed Assets This Year	施工项目(个) Number of Construction Projects (unit)	#本年新开工 Newly Started This Year	本年投产项目(个) Number of Projects Put into Use This Year (unit)
52237949	**29051840**	**12861**	**9425**	**8031**
29461338	13947499	9438	9425	6291
20053603	26729206	8093	6340	8031
7176513	1851092	595	195	181
45061436	27200748	12266	9230	7850
30592082	14069281	8200	6397	5325
21645867	14982559	4661	3028	2706
26465913	11621869	3964	2563	2138
9172559	6531641	2662	1957	1748
13238483	8541214	5467	4448	3702
2239392	1656307	638	357	374
1121602	700809	130	100	69
1609380	1348198	1083	878	834
25367665	15276287	3494	2331	2109
25260904	12427355	8284	6216	5088
269616	266730	1141	951	1007
547909	526045	981	802	824
2993217	2683851	2685	2091	1987
3030426	2560771	1359	939	870
9384862	7450255	3486	2736	1994
11047295	6216262	1079	452	332
5151532	1997294	232	80	34
19232414	6895988	243	76	45

3-12 按登记注册类型分城镇固定资产投资(2010年)

单位：万元

行　业	Sector	总　计 Total	内　资 Domestic-Funded Enterprises
总　计	**Total**	**58160325**	**57074995**
农、林、牧、渔业	Farming，Forestry，Animal Husbandry and Fishery	1609380	1607580
农　业	Farming	380704	380704
林　业	Forestry	545369	545369
畜牧业	Animal Husbandry	358520	356720
渔　业	Fishery	800	800
农、林、牧、渔服务业	Farming，Forestry，Animal Husbandry and Fishery Services	323987	323987
采矿业	Mining and Quarrying	10273217	10168449
煤炭开采和洗选业	Coal Mining and Washsing	9295058	9203798
石油和天然气开采业	Extraction of Petroleum and Natural Gas	216176	202668
黑色金属矿采选业	Mining and Dressing of Ferrous Metals	467738	467738
有色金属矿采选业	Mining and Dressing of Nonferrous Metals	178066	178066
非金属矿采选业	Mining and Dressing of Nonmetal Ores	116179	116179
制造业	Manufacturing	9731445	9138846
农副食品加工业	Farm Products Processing	353157	353157
食品制造业	Food Manufacturing	227835	227835
饮料制造业	Beverage Manufacturing	259031	204483
烟草制品业	Tobacoo Products Manfacturing	4161	4161
纺织业	Textile Industry	81351	78617
纺织服装、鞋、帽制造业	Garments, Shoes and Hats Manufacturing	35863	35863
皮革、毛皮、羽毛(绒)及其制品业	Leather, Fur, Feather and Related Products	6582	6582
木材加工及木、竹、藤、棕、草制品业	Timber Processing , Bamboo, Cane ,Palm Fiber and Straw Products	78579	78579
家具制造业	Funiture Manufacturing	18683	18683
造纸及纸制品业	Paper and Paper Products Manufacturing	119136	119136
印刷业和记录媒介的复制	Printing and Record Medium Reproduction	45919	45919
文教体育用品制造业	Articles for Culture,Education and Sport Activity Manufacturing	23700	23700
石油加工、炼焦及核燃料加工业	Petroleum Processing ,Coking and Nuclear Fuel Processing	964168	920646
化学原料及化学制品制造业	Raw Chemical Materials and Chemical Products	1111495	1072457
医药制造业	Medical Products	266805	212675
化学纤维制造业	Chemical Fiber Products	6600	6600
橡胶制品业	Rubber Products	22061	22061
塑料制品业	Plastic Products	167796	164131
非金属矿物制品业	Nonmetals Mineral Products	1707504	1644028
黑色金属冶炼及压延加工业	Smelting and Pressing of Ferrous Metals	1147203	1147203
有色金属冶炼及压延加工业	Smelting and Pressing of Nonferrous Metals	721708	707650
金属制品业	Metal Products	142746	141838

INVESTMENT IN FIXED ASSETS IN URBAN AREA BY REGISTRATION STATUS(2010)

(10 000 yuan)

国 有 State-owned	集 体 Collective owned Enterprises	股份合作 Share Cooperative Enterprises	国有联营 State Joint Ownership Enterprises	集体联营 Collective Joint Ownership Enterprises	国有与集体联营 Joint State-collective Enterprises	其他联营 Other Joint Ownership Enterprises
29437783	**2033461**	**346575**	**281778**	**47560**	**9583**	**10290**
1110368	86625			3850	850	
235921	33749				850	
483360	17935					
122868	16156			3850		
800						
267419	18785					
4369815	328544	73847	256360			5000
4156154	320544	72847	256360			5000
59773						
97284		1000				
13050	8000					
43554						
1286771	140889	110846		16110	1800	
16882	2250	2710				
21075	1200	2294				
500		4690				
4161						
10678						
	73					
9500						
4400	1500					
3800	4238					
7262	26918	29281		10850		
145914	9103	50293				
5195						
1812						
7734						
46701	72802	12200		1110		
306220	355	2900			1800	
306315	10950	6478				
12260	500					

3-12 续表1

单位：万元

行　业	Sector	总　计 Total
通用设备制造业	Universal Purpose Equipment	547117
专用设备制造业	Special Purpose Equipment	411654
交通运输设备制造业	Transport Equipment	429305
电气机械及器材制造业	Electric Equipment and Machinery	542581
通信设备、计算机及其电子设备制造业	Telecommunication Equipment , Computer	194336
仪器仪表及文化、办公用机械制造业	Instruments, Meters, Cultural and Office Machinery	31612
工艺品及其他制造业	Handicraft and Others	29754
废弃资源和废旧材料回收加工业	Recycling and Disposal of Waste	33003
电力、燃气及 水的生产和供应业	Production and Supply of Electricity, Gas and Water	5196638
电力、热力的生产和供应业	Production and Supply of Electricity and Heat Power	4175656
燃气生产和供应业	Production and Supply of Gas	556257
水的生产和供应业	Production and Supply of Water	464725
建筑业	Construction	166365
房屋和土木工程建筑业	Housing and Civil Engineering Construction	114437
建筑安装业	Building Installation	1976
建筑装饰业	Building Decoration	200
其他建筑业	Other Construction	49752
交通运输、仓储和邮政业	Transport, Storage and Post	11489157
铁路运输业	Railways	4299000
道路运输业	Highways	6688590
城市公共交通业	Urban Public Transport	32017
水上运输业	Water Transport	300
航空运输业	Civil Aviation	32361
装卸搬运和其他运输服务业	Loading,Unloading and Other Transport Services	34157
仓储业	Storage	402181
邮政业	Posts	551
信息传输、计算机 服务和软件业	Information Transmission , Computer Services and Software	408870
电信和其他信息传输服务业	Telecommunications and Other Information Transmission	319798
计算机服务业	Computer Services	25624
软件业	Software	63448
批发和零售业	Wholesale and Retail Trade	757502
批发业	Wholesale Trade	243277
零售业	Retail Trade	514225
住宿和餐饮业	Hotels and Catering Services	372076
住宿业	Hotels	276714
餐饮业	Catering Services	95362
金融业	Financial Intermediation	25983
银行业	Banking	23483
保险业	Insurance	500
其他金融活动	Other Financial Activities	2000

continued

(10 000 yuan)

内 资 Domestic-Funded Enterprises	国 有 State-owned	集 体 Collective-owned Enterprises	股份合作 Share Cooperative Enterprises	国有联营 State Joint Ownership Enterprises	集体联营 Collective Joint Ownership Enterprises	国有与集体联营 Joint State-collective Enterprises	其他联营 Other Joint Ownership Enterprises
537561	33402	9000					
408738	60340	2000			1650		
410234	137948				2500		
416000	141631						
36944	3041						
31412							
28950							
33003							
5073240	2705380	40857	56577	19557		1708	350
4146194	2127534	39203	47793	19557		1708	
465321	262400	1654					
461725	315446		8784				350
166365	55685	2000					
114437	19033	2000					
1976							
200							
49752	36652						
11485225	10485545	81279	44105				1500
4295068	4000381		42826				
6688590	6319287	61009	979				
32017	4780	840					
300			300				
32361	27299						
34157	3554						
402181	129693	19430					1500
551	551						
327083	165097						
245036	160823						
19374	4274						
62673							
744272	109058	72575	30240		1500		3440
243277	32751	26240	4500				2000
500995	76307	46335	25740		1500		1440
355604	19597	11661	8000				
260242	14897	10661	6000				
95362	4700	1000	2000				
25983	4406	8565					
23483	4406	6565					
500							
2000		2000					

3-12 续表2

单位：万元

行　业	Sector	总　计 Total
房地产业	Real Estate Trade	9436385
房地产业	Real Estate Trade	9436385
租赁和商务服务业	Leasing and Business Services	342032
租赁业	Leasing	500
商务服务业	Business Services	341532
科学研究、技术服务和地质勘查业	Scientific Reseach , Technical Services and Geological Prospecting	251542
研究与试验发展	Research and Test	156400
专业技术服务业	Polytechnology Services	41344
科技交流和推广服务业	Science and Technological Exchange and Popularity	35159
地质勘查业	Geological Prospecting	18639
水利、环境和公共设施管理业	Water , Environmental Protection and Public Facility Management	4265714
水利管理业	Water Management	687600
环境管理业	Environmental Protection Management	376826
公共设施管理业	Public Facility Management	3201288
居民服务和其他服务业	Resident Services and Other Services	73926
居民服务业	Resident Services	40021
其他服务业	Other Services	33905
教　育	Education	2368231
教　育	Education	2368231
卫生、社会保障和社会福利业	Health Care, Social Security and Social Welfare	542141
卫　生	Health Care	497320
社会保障业	Social Security	7579
社会福利业	Social Welfare	37242
文化、体育和娱乐业	Culture , Sports and Entertainment	604118
新闻出版业	Journalism and Publishing Activities	8222
广播、电视、电影和音像业	Broadcasting,Movies,Televisions and Audiovisual Activities	58632
文化艺术业	Culture and Arts Activities	362903
体　育	Sports Activities	104688
娱乐业	Entertainment	69673
公共管理和社会组织	Public Management and Social Organization	245603
中国共产党机关	Organs of CPC	4196
国家机构	Government Agencies	194958
人民政协和民主党派	PPCC and Democratic parties	100
群众团体、社会团体和宗教组织	Mass & Social Organizations and Religion Organizations	9611
基层群众自治组织	Grass Roots Self-governing Organizations	36738

continued

(10 000 yuan)

内 资 Domestic-Funded Enterprises	国 有 State-owned	集 体 Collective owned Enterprises	股份合作 Share Cooperative Enterprises	国有联营 State Joint Ownership Enterprises	集体联营 Collective Joint Ownership Enterprises	国有与集体联营 Joint State-collective Enterprises	其他联营 Other Joint Ownership Enterprises
9303651	1861328	960640	2030	5361	17000		
9303651	1861328	960640	2030	5361	17000		
342032	248361	15907			9100		
500							
341532	248361	15907			9100		
251542	150606	650	2500				
156400	107301						
41344	22787	650	2500				
35159	5379						
18639	15139						
4265514	3473985	176801	7650	500			
687600	634053	26216					
376626	223062	5960					
3201288	2616870	144625	7650	500			
73926	5185	4200	800			5225	
40021	2735	4200				5225	
33905	2450		800				
2368231	2174095	76236	9980				
2368231	2174095	76236	9980				
527731	481074	6299					
482910	439617	6149					
7579	7579						
37242	33878	150					
604118	513154	9176					
8222	4272						
58632	56557						
362903	325269	2643					
104688	100093	2395					
69673	26963	4138					
245603	218273	10557					
4196	4196						
194958	194890						
100	100						
9611	611						
36738	18476	10557					

3-12 续表3

单位：万元

行 业	Sector	国有独资公司 State-funded Corporations	其他有限责任公司 Other Limited Liability Corporations
总 计	**Total**	**1446822**	**13358593**
农、林、牧、渔业	Farming, Forestry, Animal Husbandry and Fishery		182633
农 业	Farming		58600
林 业	Forestry		15724
畜牧业	Animal Husbandry		91575
渔 业	Fishery		
农、林、牧、渔服务业	Service of Farming, Forestry, Animal Husbandry and Fishery Services		16734
采矿业	Mining and Quarrying	637634	3211510
煤炭开采和洗选业	Coal Mining and Dressing	637634	2872534
石油和天然气开采业	Extraction of Petroleum and Natural Gas		85255
黑色金属矿采选业	Mining and Dressing of Ferrous Metals		111962
有色金属矿采选业	Mining and Dressing of Nonferrous Metals		104510
非金属矿采选业	Mining and Dressing of Nonmetal Ores		37249
制造业	Manufacturing	342441	4546110
农副食品加工业	Farm Products Processing		211419
食品制造业	Food Manufacturing		111852
饮料制造业	Beverage Manufacturing		152781
烟草制品业	Tobacoo Products Manfacturing		
纺织业	Textile Industry		51208
纺织服装、鞋、帽制造业	Garments, Shoes and Hats Manufacturing		28130
皮革、毛皮、羽毛(绒)及其制品业	Leather,Fur ,Feather and their Products		6582
木材加工及木、竹、藤、棕、草制品业	Timber Processing , Bamboo, Cane ,Palm Fiber and Straw Products		53109
家具制造业	Funiture Manufacturing		12493
造纸及纸制品业	Paper and Paper Products Manufacturing		74386
印刷业和记录媒介的复制	Printing and Record Medium Reproduction		29234
文教体育用品制造业	Articles for Culture,Education and Sport Activity Manufacturing		2500
石油加工、炼焦及核燃料加工业	Petroleum Processing ,Coking and Nuclear Fuel Processing	194846	455479
化学原料及化学制品制造业	Raw Chemical Materials and Chemical Products	272	558626
医药制造业	Medical Products		90676
化学纤维制造业	Chemical Fiber Products		600
橡胶制品业	Rubber Products		12731
塑料制品业	Plastic Products	28253	73457
非金属矿物制品业	Nonmetals Mineral Products		903631
黑色金属冶炼及压延加工业	Smelting and Pressing of Ferrous Metals		669900
有色金属冶炼及压延加工业	Smelting and Pressing of Nonferrous Metals	68244	161899
金属制品业	Metal Products		73701

continued

(10 000 yuan)

股份有限公司 Share Co. Ltd.	私营 Private	个体户 Individual Enterprises	个体合伙 Individual Partnership Enterprises	其他 Others	港澳台商投资 Enterprises with Investment from HongKong, Macao and Taiwan	外商投资 Enterprises with Foreign Investment
2931214	**6369078**	**37848**	**36287**	**728123**	**461760**	**623570**
29183	162738	4736	11418	15179	1300	500
2729	44234	851	2760	1010		
	24180		4170			
21169	85374	1880	4488	9360	1300	500
5285	8950	2005		4809		
576151	644610		360	64618	4137	100631
489602	361355			31768	1900	89360
57640					2237	11271
27912	196730			32850		
947	51199		360			
50	35326					
921212	1656849	7230	4870	103718	266459	326140
31294	85352		2950	300		
16250	73014	1800	350			
32046	14416			50	4837	49711
5000	8731			3000		2734
2160	5500					
5900	9070			1000		
	6190					
	38850					
7500	1147					
18000	3200					
60274	133805			1931	25620	17902
219257	84312			4680	2480	36558
69077	46327	1400				54130
	6000					
3670	3848					
9053	37699			7935		3665
152231	430102	768		24483	18832	44644
51700	109177			5151		
53499	93265			7000	14055	3
25892	20535			8950	908	

3-12 续表4

单位：万元

行　业	Sector	国有独资公司 State-funded Corporations	其他有限责任公司 Other Limited Liability Corporations
通用设备制造业	Universal Purpose Equipment	12322	248839
专用设备制造业	Special Purpose Equipment	38326	190359
交通运输设备制造业	Transport Equipment	178	110628
电气机械及器材制造业	Electric Equipment and Machinery		187306
通信设备、计算机及其电子设备制造业	Telecommunication Equipment , Computer		28183
仪器仪表及文化、办公用机械制造业	Instruments, Meters, Cultural and Office Machinery		9720
工艺品及其他制造业	Handicraft and Others		20676
废弃资源和废旧材料回收加工业	Recycling and Disposal of Waste		16005
电力、燃气及水的生产和供应业	Production and Supply of Electricity, Gas and Water	248811	1338101
电力、热力的生产和供应业	Production and Supply of Electricity and Heat Power	248811	1115714
燃气生产和供应业	Production and Supply of Gas		123240
水的生产和供应业	Production and Supply of Water		99147
建筑业	Construction		92765
房屋和土木工程建筑业	Housing and Civil Engineering Construction		85565
建筑安装业	Building Installation		
建筑装饰业	Building Decoration		
其他建筑业	Other Construction		7200
交通运输、仓储和邮政业	Transport, Storage and Post	4511	461931
铁路运输业	Railways		100555
道路运输业	Highways		191494
城市公共交通业	City Public Transportation		20887
航空运输业	Civil Aviation		5062
装卸搬运和其他运输服务业	Loading,Unloading and Other Transport Services	3211	12302
仓储业	Storage	1300	131631
邮政业	Posts		
信息传输、计算机服务和软件业	Information Transmission , Computer Services and Software	30101	51389
电信和其他信息传输服务业	Telecommunications and Other Information Transmission	30101	10073
计算机服务业	Computer Services		8600
软件业	Software		32716
批发和零售业	Hotels and Catering Services		258905
批发业	Hotels		72739
零售业	Catering services		186166
住宿和餐饮业	Lodging and Catering Services		161310
住宿业	Lodging		98760
餐饮业	Catering		62550
金融业	Banking and Insurance		
银行业	Banking		
保险业	Insurance		

continued

(10 000 yuan)

股份有限公司 Share Co. Ltd.	私营 Private	个体户 Individual Enterprises	个体合伙 Individual Partnership Enterprises	其他 Others	港澳台商投资 Enterprises with Investment from HongKong, Macao and Taiwan	外商投资 Enterprises with Foreign Investment
27356	192413	990	420	12819	8000	1556
44167	60030	2022		9844	117	2799
68939	73841	250	1150	14800		19071
8167	78896				34018	92563
2930	2790				157392	
5050	16642				200	
	6499			1775		804
1800	15198					
340966	195418			125515	61372	62026
266715	156305			122854	21000	8462
65854	12173				40372	50564
8397	26940			2661		3000
400	5776			9739		
				7839		
	1976					
200						
200	3800			1900		
259465	137801	3700		5388		3932
132788	18390			128		3932
111631	3700			490		
	2010			3500		
7090	8000					
7956	105701	3700		1270		
45249	34663			584	39948	41839
44039					39948	34814
	6500					6250
1210	28163			584		775
53985	183252	430	3970	26917	5730	7500
16575	80972			7500		
37410	102280	430	3970	19417	5730	7500
46823	83263	4650	1200	19100	16472	
45023	64151	1650		19100	16472	
1800	19112	3000	1200			
13012						
12512						
500						

3-12 续表5

单位：万元

行 业	Sector	国有独资公司 State-funded Corporations	其他有限责任公司 Other Limited Liability Corporations
房地产业	Real Estate Trade	115229	2549120
房地产业	Real Estate Trade	115229	2549120
租赁和商务服务业	Leasing and Business Services	18799	29081
租赁业	Leasing		
商务服务业	Business Services	18799	29081
科学研究、技术服务和地质勘查业	Scientific Reseach , Technical Services and Geological Prospecting		57865
研究与试验发展	Research and Test		19806
专业技术服务业	Polytechnology Services		12029
科技交流和推广服务业	Science and Technological Exchange and Popularity		22530
地质勘查业	Geological Prospecting		3500
水利、环境和公共设施管理业	Water , Environmental Protection and Public Facility Management	45592	302086
水利管理业	Water Management		15749
环境管理业	Environmental Protection Management		27271
公共设施管理业	Public Facility Management	45592	259066
居民服务和其他服务业	Residence Services and Other Services		25105
居民服务业	Residence Services		9505
其他服务业	Other Services		15600
教 育	Education		35731
教 育	Education		35731
卫生、社会保障和社会福利业	Health Care，Social Security and Social Welfare	3636	15448
卫 生	Health Care	3636	15448
社会保障业	Social Security		
社会福利业	Social Welfare		
文化、体育和娱乐业	Culture , Sports and Entertainment		32428
新闻出版业	Journalism and Publishing Activities		3950
广播、电视、电影和音像业	Broadcasting,Movies,Televisions and Audiovisual Activities		
文化艺术业	Culture and Arts Activities		18026
体 育	Sports Activities		2200
娱乐业	Entertainment		8252
公共管理和社会组织	Public Management and Social Organization	68	7075
中国共产党机关	Organs of CPC		
国家机构	Government Agencies	68	
人民政协和民主党派	PPCC and Democratic Parties		
群众团体、社会团体和宗教组织	Mass & Social Organizations and Religion Organizations		
基层群众自治组织	Grass Roots Self-governing Organizations		7075

continued

(10 000 yuan)

股份有限公司 Share Co. Ltd.	私营 Private	个体户 Individual Enterprises	个体合伙 Individual Partnership Enterprises	其他 Others	港澳台商投资 Enterprises with Investment from HongKong, Macao and Taiwan	外商投资 Enterprises with Foreign Investment
441085	3078983	12116	13239	247520	66342	66392
441085		12116	13239	247520	66342	66392
7434	13350					
	500					
7434	12850					
9598	22613			7710		
	21583			7710		
2348	1030					
7250						
151321	55512	700	1230	50137		200
2700	2180			6702		
111977	6837			1519		200
36644	46495	700	1230	41916		
8150	22795	686		1780		
8100	9570	686				
50	13225			1780		
19680	28666	1600		22243		
19680	28666	1600		22243		
1135	11539	2000		6600		14410
1135	10325			6600		14410
	1214	2000				
6365	31250			11745		
2075						
4290	4730			7945		
	26520			3800		
				9630		
				9000		
				630		

3-13 按构成分城镇固定资产投资(2010年)

单位：万元

行　业	Sector	本年完成投资 Investment Completed This Year
总　计	**Total**	**58160325**
农、林、牧、渔业	Farming, Forestry, Animal Husbandry and Fishery	1609380
农　业	Farming	380704
林　业	Forestry	545369
畜牧业	Animal Husbandry	358520
渔　业	Fishery	800
农、林、牧、渔服务业	Farming, Forestry, Animal Husbandry and Fishery Services	323987
采矿业	Mining and Quarrying	10273217
煤炭开采和洗选业	Coal Mining and Washsing	9295058
石油和天然气开采业	Extraction of Petroleum and Natural Gas	216176
黑色金属矿采选业	Mining and Dressing of Ferrous Metals	467738
有色金属矿采选业	Mining and Dressing of Nonferrous Metals	178066
非金属矿采选业	Mining and Dressing of Nonmetal Ores	116179
制造业	Manufacturing	9731445
农副食品加工业	Farm Products Processing	353157
食品制造业	Food Manufacturing	227835
饮料制造业	Beverage Manufacturing	259031
烟草制品业	Tobacoo Products Manfacturing	4161
纺织业	Textile Industry	81351
纺织服装、鞋、帽制造业	Garments, Shoes and Hats Manufacturing	35863
皮革、毛皮、羽毛(绒)及其制品业	Leather, Fur, Feather and Related Products	6582
木材加工及木、竹、藤、棕、草制品业	Timber Processing , Bamboo, Cane ,Palm Fiber and Straw Products	78579
家具制造业	Funiture Manufacturing	18683
造纸及纸制品业	Paper and Paper Products Manufacturing	119136
印刷业和记录媒介的复制	Printing and Record Medium Reproduction	45919
文教体育用品制造业	Articles for Culture,Education and Sport Activity Manufacturing	23700
石油加工、炼焦及核燃料加工业	Petroleum Processing ,Coking and Nuclear Fuel Processing	964168
化学原料及化学制品制造业	Raw Chemical Materials and Chemical Products	1111495
医药制造业	Medical Products	266805
化学纤维制造业	Chemical Fiber Products	6600
橡胶制品业	Rubber Products	22061
塑料制品业	Plastic Products	167796
非金属矿物制品业	Nonmetals Mineral Products	1707504
黑色金属冶炼及压延加工业	Smelting and Pressing of Ferrous Metals	1147203
有色金属冶炼及压延加工业	Smelting and Pressing of Nonferrous Metals	721708
金属制品业	Metal Products	142746
通用设备制造业	Universal Purpose Equipment	547117
专用设备制造业	Special Purpose Equipment	411654
交通运输设备制造业	Transport Equipment	429305
电气机械及器材制造业	Electric Equipment and Machinery	542581

INVESTMENT IN FIXED ASSETS IN URBAN AREA BY USE OF FUNDS(2010)

(10 000 yuan)

#住 宅 Residential Buildings	建筑工程 Construction	安装工程 Installation	设备工器具购置 Purchase of Equipment and Instruments	其他费用 Others
7316208	**33685363**	**4559616**	**11384444**	**8530902**
7290	914200	47514	112457	535209
	237256	12642	24567	106239
	222187	11091	13389	298702
790	241164	15294	37621	64441
	800			
6500	212793	8487	36880	65827
28368	4451962	885682	3669778	1265795
28149	4051166	808787	3338232	1096873
	128523	18452	38682	30519
	215894	29593	174968	47283
156	26535	5886	71581	74064
63	29844	22964	46315	17056
3801	3397959	1134605	4140552	1058329
120	162403	33933	114037	42784
	94583	14480	108209	10563
510	83113	40833	109161	25924
	770		3391	
	40501	4710	31872	4268
	12985	2845	14810	5223
				6582
	47961	3509	21919	5190
	9030	3217	4223	2213
	30160	7915	74248	6813
	19298	8960	14251	3410
	13800	1950	3550	4400
	324627	170889	335422	133230
150	348762	117208	537502	108023
	138287	29199	77923	21396
	2000	1500	3100	
	7752	2555	6720	5034
180	70017	8547	75231	14001
1767	621755	182356	768912	134481
340	270295	153497	663169	60242
84	227929	116007	208130	169642
200	55678	14786	55369	16913
50	170074	60164	258622	58257
	196212	27593	144574	43275
400	141987	65676	150180	71462
	225299	52264	188246	76772

3-13 续表1

单位：万元

行　业	Sector	本年完成投资 Investment Completed This Year
通信设备、计算机及其电子设备制造业	Telecommunication Equipment , Computer and Other Electronic Product	194336
仪器仪表及文化、办公用机械制造业	Instruments，Meters，Cultural and Office Machinery	31612
工艺品及其他制造业	Handicraft and Others	29754
废弃资源和废旧材料回收加工业	Recycling and Disposal of Waste	33003
电力、燃气及水的生产和供应业	Production and Supply of Electricity, Gas and Water	5196638
电力、热力的生产和供应业	Production and Supply of Electricity and Heat Power	4175656
燃气生产和供应业	Production and Supply of Gas	556257
水的生产和供应业	Production and Supply of Water	464725
建筑业	Construction	166365
房屋和土木工程建筑业	Housing and Civil Engineering Construction	114437
建筑安装业	Building Installation	1976
建筑装饰业	Building Decoration	200
其他建筑业	Other Construction	49752
交通运输、仓储和邮政业	Transport，Storage and Post	11489157
铁路运输业	Railways	4299000
道路运输业	Highways	6688590
城市公共交通业	Urban Public Transport	32017
水上运输业	Water Transport	300
航空运输业	Civil Aviation	32361
装卸搬运和其他运输服务业	Loading,Unloading and Other Transport Services	34157
仓储业	Storage	402181
邮政业	Posts	551
信息传输、计算机服务和软件业	Information Transmission , Computer Services and Software	408870
电信和其他信息传输服务业	Telecommunications and Other Information Transmission	319798
计算机服务业	Computer Services	25624
软件业	Software	63448
批发和零售业	Wholesale and Retail Trade	757502
批发业	Wholesale Trade	243277
零售业	Retail Trade	514225
住宿和餐饮业	Hotels and Catering Services	372076
住宿业	Hotels	276714
餐饮业	Catering services	95362
金融业	Financial Intermediation	25983
银行业	Banking	23483
保险业	Insurance	500
其他金融活动	Other Financial Activities	2000

continued

(10 000 yuan)

#住　宅 Residential Buildings	建筑工程 Construction	安装工程 Installation	设备工器具购置 Purchase of Equipment and Instruments	其他费用 Others
	48719	2926	133081	9610
	13614	688	11920	5390
	13915	3044	7581	5214
	6433	3354	15199	8017
1560	1580810	940639	2125192	549997
1560	1092068	749430	1872553	461605
	225061	116356	156927	57913
	263681	74853	95712	30479
50	48952	3186	111127	3100
	6790	1926	103121	2600
	1370	400	206	
		200		
50	40792	660	7800	500
28	8839579	127370	372835	2149373
	3043242	39664	151337	1064757
	5568205	38298	96460	985627
	2962	780	27935	340
	180	40	70	10
	25572		1220	5569
	14644	600	16492	2421
28	184320	47988	79321	90552
	454			97
	110976	143989	116178	37727
	59815	140728	95822	23433
	400	584	14240	10400
	50761	2677	6116	3894
15312	451038	92647	80540	133277
4619	160579	17203	36639	28856
10693	290459	75444	43901	104421
2498	224511	55438	44642	47485
2498	177242	26327	36254	36891
	47269	29111	8388	10594
5200	11435	405	13181	962
5200	8935	405	13181	962
	500			
	2000			

3-13 续表2

单位：万元

行　业	Sector	本年完成投资 Investment Completed This Year
房地产业	Real Estate Trade	9436385
房地产业	Real Estate Trade	9436385
租赁和商务服务业	Leasing and Business Services	342032
租赁业	Leasing	500
商务服务业	Business Services	341532
科学研究、技术服务和地质勘查业	Scientific Reseach , Polytechnology Services and Geological Prospecting	251542
研究与试验发展	Research and Test	156400
专业技术服务业	Polytechnology Services	41344
科技交流和推广服务业	Science and Technological Exchange and Popularity	35159
水利、环境和公共设施管理业	Water , Environmental Protection and Public Facility Management	18639
水利管理业	Water Management	4265714
环境管理业	Environmental Protection Management	687600
公共设施管理业	Public Facility Management	376826
地质勘查业	Geological Prospecting	3201288
居民服务和其他服务业	Resident Services and Other Services	73926
居民服务业	Resident Services	40021
其他服务业	Other Services	33905
教　育	Education	2368231
教　育	Education	2368231
卫生、社会保障和社会福利业	Health Care，Social Security and Social Welfare	542141
卫　生	Health Care	497320
社会保障业	Social Security	7579
社会福利业	Social Welfare	37242
文化、体育和娱乐业	Culture , Sports and Entertainment	604118
新闻出版业	Journalism and Publishing Activities	8222
广播、电视、电影和音像业	Broadcasting,Movies,Televisions and Audiovisual Activities	58632
文化艺术业	Culture and Arts Activities	362903
体　育	Sports Activities	104688
娱乐业	Entertainment	69673
公共管理和社会组织	Public Management and Social Organization	245603
中国共产党机关	Organs of CPC	4196
国家机构	Government Agencies	194958
人民政协和民主党派	PPCC and Democratic Parties	100
群众团体、社会团体和宗教组织	Mass & Social Organizations and Religion Organizations	9611
基层群众自治组织	Grass Roots Self-governing Organizations	36738

continued

(10 000 yuan)

#住　宅 Residential Buildings	建筑工程 Construction	安装工程 Installation	设备工器具购置 Purchase of Equipment and Instruments	其他费用 Others
7164568	6886875	775665	84331	1689514
7164568	6886875	775665	84331	1689514
712	184595	9580	115271	32586
	300		200	
712	184295	9580	115071	32586
1149	91730	6881	25575	127356
189	37017	1322	12237	105824
	27920	2442	5839	5143
960	22201	3092	7499	2367
	4592	25		14022
46209	3278424	130713	157536	699041
	507870	31179	39761	108790
	273298	17036	32874	53618
46209	2497256	82498	84901	536633
200	53569	7173	9469	3715
200	30398	3629	3429	2565
	23171	3544	6040	1150
18349	2111751	86484	58147	111849
18349	2111751	86484	58147	111849
14350	392836	38237	77214	33854
6441	353637	35684	76478	31521
3720	7038			541
4189	32161	2553	736	1792
600	463716	63084	40437	36881
	4272		600	3350
	10755	31855	14804	1218
600	309836	15855	12019	25193
	89915	8294	3582	2897
	48938	7080	9432	4223
5964	190445	10324	29982	14852
	3927	60	209	
4313	148605	7862	23672	14819
	100			
151	9581	20	10	
1500	28232	2382	6091	33

3-14 按建设性质分城镇固定资产投资(2010年)

单位：万元

行　业	Sector	新　建 New Construction
总　计	**Total**	**26465913**
农、林、牧、渔业	Farming，Forestry，Animal Husbandry and Fishery	710991
农　业	Farming	188856
林　业	Forestry	200250
畜牧业	Animal Husbandry	212480
渔　业	Fishery	800
农、林、牧、渔服务业	Farming，Forestry，Animal Husbandry and Fishery Services	108605
采矿业	Mining and Quarrying	2767781
煤炭开采和洗选业	Coal Mining and Washsing	2274772
石油和天然气开采业	Extraction of Petroleum and Natural Gas	194584
黑色金属矿采选业	Mining and Dressing of Ferrous Metals	164598
有色金属矿采选业	Mining and Dressing of Nonferrous Metals	101037
非金属矿采选业	Mining and Dressing of Nonmetal Ores	32790
制造业	Manufacturing	4696123
农副食品加工业	Farm Products Processing	211628
食品制造业	Food Manufacturing	86609
饮料制造业	Beverage Manufacturing	113684
烟草制品业	Tobacoo Products Manfacturing	140
纺织业	Textile Industry	36045
纺织服装、鞋、帽制造业	Garments，Shoes and Hats Manufacturing	25133
皮革、毛皮、羽毛(绒)及其制品业	Leather, Fur, Feather and Related Products	6582
木材加工及木、竹、藤、棕、草制品业	Timber Processing , Bamboo, Cane ,Palm Fiber and Straw Products	53019
家具制造业	Funiture Manufacturing	8923
造纸及纸制品业	Paper and Paper Products Manufacturing	59831
印刷业和记录媒介的复制	Printing and Record Medium Reproduction	44572
文教体育用品制造业	Articles for Culture,Education and Sport Activity Manufacturing	2000
石油加工、炼焦及核燃料加工业	Petroleum Processing ,Coking and Nuclear Fuel Processing	543798
化学原料及化学制品制造业	Raw Chemical Materials and Chemical Products	589167
医药制造业	Medical Products	113014
化学纤维制造业	Chemical Fiber Products	
橡胶制品业	Rubber Products	2222
塑料制品业	Plastic Products	98095
非金属矿物制品业	Nonmetals Mineral Products	898331
黑色金属冶炼及压延加工业	Smelting and Pressing of Ferrous Metals	259811
有色金属冶炼及压延加工业	Smelting and Pressing of Nonferrous Metals	164049
金属制品业	Metal Products	61121

注：本表不含房地产开发投资。
Note:Investment in this table doesn't include investment in real estate development.

INVESTMENT IN FIXED ASSETS IN URBAN AREA BY TYPE OF CONSTRUCTION(2010)

(10 000 yuan)

扩 建 Expansion	改建和技术改造 Reconstruction and Technical Reforming	单纯建造生活设施 Construction of Living Facilities	迁 建 Movement Construction	恢 复 Resumption Construction	单纯购置 Purchase of Equipment and Instruments
9172559	**13238483**	**2239392**	**276407**	**108294**	**736901**
489534	358328	450	3800	34335	11942
106586	73461		3800	8001	
209695	119407	450		15567	
99496	46544				
73757	118916			10767	11942
2115154	5195688	7956	2500	1348	182790
1922734	4906546	7956	2500	1348	179202
9700	9637				2255
112026	191011				103
25050	50749				1230
45644	37745				
2455771	2278956	9315	113451	14702	163127
115654	24705				1170
102425	38201				600
127242	9953				8152
250	1556				2215
23905	21401				
9230					1500
14400	9600				1560
7560	2200				
16685	42620				
977	300				70
19200	2500				
188971	208785			14702	7912
267637	207908	7450	35474		3859
29130	74931		41840		7890
600	6000				
10053	8770				1016
41593	26243	1865			
363174	384508		2937		58554
329476	546569				11347
343071	183744		154		30690
29027	46798				5800

3-14 续表1

单位：万元

行 业	Sector	新 建 New Construction
通用设备制造业	Universal Purpose Equipment	154409
专用设备制造业	Special Purpose Equipment	176795
交通运输设备制造业	Transport Equipment	254174
电气机械及器材制造业	Electric Equipment and Machinery	470740
通信设备、计算机及其电子设备制造业	Telecommuniction Equipment , Computer and Other Electronic Product	185346
仪器仪表及文化、办公用机械制造业	Instruments, Meters, Cultural and Office Machinery	28853
工艺品及其他制造业	Handicraft and Others	29204
废弃资源和废旧材料回收加工业	Recycling and Disposal of Waste	18828
电力、燃气及水的生产和供应业	Production and Supply of Electricity, Gas and Water	3324979
电力、热力的生产和供应业	Production and Supply of Electricity and Heat Power	2677040
燃气生产和供应业	Production and Supply of Gas	370192
水的生产和供应业	Production and Supply of Water	277747
建筑业	Construction	22722
房屋和土木工程建筑业	Housing and Civil Engineering Construction	13346
建筑安装业	Building Installation	1076
建筑装饰业	Building Decoration	
其他建筑业	Other Construction	8300
交通运输、仓储和邮政业	Transport, Storage and Post	9451558
铁路运输业	Railways	3788521
道路运输业	Highways	5328071
城市公共交通业	Urban Public Transport	910
水上运输业	Water Transport	300
航空运输业	Civil Aviation	5569
装卸搬运和其他运输服务业	Loading,Unloading and Other Transport Services	12313
仓储业	Storage	315323
邮政业	Posts	551
信息传输、计算机服务和软件业	Information Transmission, Computer Services and Software	149356
电信和其他信息传输服务业	Telecommunications and Other Information Transmission	73248
计算机服务业	Computer Services	12660
软件业	Software	63448
批发和零售业	Wholesale and Retail Trade	574574
批发业	Wholesale Trade	180110
零售业	Retail Trade	394464
住宿和餐饮业	Hotels and Catering Services	273364
住宿业	Hotels	206790
餐饮业	Catering Services	66574
金融业	Financial Intermediation	5047
银行业	Banking	2547
保险业	Insurance	500
其他金融活动	Other Financial Activities	2000

continued

(10 000 yuan)

扩　建 Expansion	改建和技术改造 Reconstruction and Technical Reforming	单纯建造生活设施 Construction of Living Facilities	迁　建 Movement Construction	恢　复 Resumption Construction	单纯购置 Purchase of Equipment and Instruments
188630	175641		22247		6190
101733	123319		80		9727
74927	86530		10519		3155
40011	30110				1720
8990					
	2759				
350			200		
870	13305				
1321477	538661	7936		299	3286
1128240	370376				
143849	38631			299	3286
49388	129654	7936			
2100	36652				104891
					101091
900					
200					
1000	36652				3800
836835	1125661	4297	1706	13847	55253
474030	36449				
272689	1059074	4297		13293	11166
932	4470				25705
15062	11730				
13290				554	8000
60832	13938		1706		10382
145478	113178				858
135058	111134				358
10420	2044				500
125913	44981	5230			6804
34963	20315	4330			3559
90950	24666	900			3245
48738	49414	560			
43128	26236	560			
5610	23178				
2744	648	4700			12844
2744	648	4700			12844

3-14 续表2

单位：万元

行 业	Sector	新 建 New Construction
房地产业	Real Estate Trade	895351
房地产业	Real Estate Trade	895351
租赁和商务服务业	Leasing and Business Services	208553
租赁业	Leasing	500
商务服务业	Business Services	208053
科学研究、技术服务和地质勘查业	Scientific Reseach , Technical Services and Geological Prospecting	136888
研究与试验发展	Research and Test	55537
专业技术服务业	Polytechnology Services	34693
科技交流和推广服务业	Science and Technological Exchange and Popularity	31819
地质勘查业	Geological Prospecting	14839
水利、环境和公共设施管理业	Water , Environmental Protection and Public Facility Management	1490268
水利管理业	Water Management	363758
环境管理业	Environmental Protection Management	155552
公共设施管理业	Public Facility Management	970958
居民服务和其他服务业	Resident Services and Other Services	52397
居民服务业	Resident Services	20042
其他服务业	Other Services	32355
教 育	Education	795698
教 育	Education	795698
卫生、社会保障和社会福利业	Health Care， Social Security and Social Welfare	347329
卫 生	Health Care	314251
社会保障业	Social Security	4879
社会福利业	Social Welfare	28199
文化、体育和娱乐业	Culture , Sports and Entertainment	427666
新闻出版业	Journalism and Publishing Activities	8222
广播、电视、电影和音像业	Broadcasting,Movies,Televisions and Audiovisual Activities	6465
文化艺术业	Culture and Arts Activities	266163
体 育	Sports Activities	98554
娱乐业	Entertainment	48262
公共管理和社会组织	Public Management and Social Organization	135268
中国共产党机关	Organs of CPC	460
国家机构	Government Agencies	105596
人民政协和民主党派	PPCC and Democratic Parties	
群众团体、社会团体和宗教组织	Mass & Social Organizations and Religion Organizations	9286
基层群众自治组织	Grass Roots Self-governing Organizations	19926

continued

(10 000 yuan)

扩　建 Expansion	改建和技术改造 Reconstruction and Technical Reforming	单纯建造生活设施 Construction of Living Facilities	迁　建 Movement Construction	恢　复 Resumption Construction	单纯购置 Purchase of Equipment and Instruments
87612	354283	2153016	23747		
87612	354283	2153016	23747		
8342	19537				105600
8342	19537				105600
14138	23317		75000		2199
8090	17773		75000		
1916	2850				1885
332	2694				314
3800					
887967	1820302	15674	5062	33768	12673
161054	158162	420		4206	
86281	130183	420	3762	500	128
640632	1531957	14834	1300	29062	12545
9389	740	10800			600
8439	740	10800			
950					600
400072	1134429	16278	7486	6190	8078
400072	1134429	16278	7486	6190	8078
84586	36342	3180	34287		36417
81243	31122		34287		36417
400		2300			
2943	5220	880			
97853	59967		1668	3805	13159
39146	1795				11226
39252	51682		1668	3805	333
4144	390				1600
15311	6100				
38856	47399		7700		16380
2698	1038				
22899	43883		7700		14880
100					
174	151				
12985	2327				1500

3-15 按资金来源分城镇固定资产投资(2010年)

单位：万元

行 业	Sector	本年资金来源小计 Total Source of Funds
总 计	**Total**	**59153283**
农、林、牧、渔业	Farming，Forestry，Animal Husbandry and Fishery	1544149
农 业	Farming	387298
林 业	Forestry	466790
畜牧业	Animal Husbandry	366361
渔 业	Fishery	800
农、林、牧、渔服务业	Farming，Forestry，Animal Husbandry and Fishery Services	322900
采矿业	Mining and Quarrying	10212412
煤炭开采和洗选业	Coal Mining and Washsing	9054105
石油和天然气开采业	Extraction of Petroleum and Natural Gas	279050
黑色金属矿采选业	Mining and Dressing of Ferrous Metals	566141
有色金属矿采选业	Mining and Dressing of Nonferrous Metals	191356
非金属矿采选业	Mining and Dressing of Nonmetal Ores	121760
制造业	Manufacturing	10406834
农副食品加工业	Farm Products Processing	359211
食品制造业	Food Manufacturing	233136
饮料制造业	Beverage Manufacturing	308075
烟草制品业	Tobacoo Products Manfacturing	4061
纺织业	Textile Industry	82328
纺织服装、鞋、帽制造业	Garments，Shoes and Hats Manufacturing	33079
皮革、毛皮、羽毛(绒)及其制品业	Leather, Fur, Feather and Related Products	6582
木材加工及木、竹、藤、棕、草制品业	Timber Processing , Bamboo, Cane ,Palm Fiber and Straw Products	78931
家具制造业	Funiture Manufacturing	17823
造纸及纸制品业	Paper and Paper Products Manufacturing	130257
印刷业和记录媒介的复制	Printing and Record Medium Reproduction	48705
文教体育用品制造业	Articles for Culture,Education and Sport Activity Manufacturing	23700
石油加工、炼焦及核燃料加工业	Petroleum Processing ,Coking and Nuclear Fuel Processing	928890
化学原料及化学制品制造业	Raw Chemical Materials and Chemical Products	1067369
医药制造业	Medical Products	625678
化学纤维制造业	Chemical Fiber Products	6600
橡胶制品业	Rubber Products	14340
塑料制品业	Plastic Products	182807
非金属矿物制品业	Nonmetals Mineral Products	1682052
黑色金属冶炼及压延加工业	Smelting and Pressing of Ferrous Metals	1398579
有色金属冶炼及压延加工业	Smelting and Pressing of Nonferrous Metals	772410
金属制品业	Metal Products	165313

INVESTMENT IN FIXED ASSETS IN URBAN AREA BY SOURCE OF FUNDS(2010)

(10 000 yuan)

国家预算内资金 State Budgetary Appropriation	国内贷款 Domestic Loans	利用外资 Foreign Investment	自筹资金 Fundraising	#企事业单位自有资金 Own Funds of Enterprises and Institutions	其他资金 Others
4746708	**10374736**	**446952**	**35639633**	**14794166**	**7945254**
296903	33020	675	1052891	210989	160660
65778	7877	675	280140	60614	32828
115477	3868		254902	39265	92543
16980	18735		318779	65254	11867
800					
97868	2540		199070	45856	23422
10643	1009001	102885	8820992	4205335	268891
9630	960650	34421	7794010	3572172	255394
713	11911	68464	192955	89858	5007
	35440		525311	397272	5390
			191356	88829	
300	1000		117360	57204	3100
37321	1002344	122888	8938082	4331447	306199
2130	35304		308647	83364	13130
530	25538	2134	201467	62798	3467
865	10500	41279	248948	69467	6483
125			3811	3811	125
	10353		71175	20653	800
	2700		30379	5100	
			6582		
	455		77661	19000	815
	500	1500	15823	710	
	13300		115621	43915	1336
	7900		37733	4833	3072
	10000		13700		
	80000	2800	830089	555586	16001
2500	206735	250	806911	328123	50973
1329	13740	2135	593777	73241	14697
			6600		
		22	14318	4398	
	18168		143559	54830	21080
4730	104529	2010	1494295	682209	76488
437	46915		1341067	987589	10160
2450	214172	31060	523648	262881	1080
	2900	300	160165	58902	1948

3-15 续表1

单位：万元

行 业	Sector	本年资金来源小计 Total Source of Funds
通用设备制造业	Universal Purpose Equipment	559706
专用设备制造业	Special Purpose Equipment	437626
交通运输设备制造业	Transport Equipment	455379
电气机械及器材制造业	Electric Equipment and Machinery	540911
通信设备、计算机及其电子设备制造业	Telecommuniction Equipment , Computer and Other Electronic Product	143190
仪器仪表及文化、办公用机械制造业	Instruments, Meters, Cultural and Office Machinery	35926
工艺品及其他制造业	Handicraft and Others	28763
废弃资源和废旧材料回收加工业	Recycling and Disposal of Waste	35407
电力、燃气及水的生产和供应业	Production and Supply of Electricity, Gas and Water	4964224
电力、热力的生产和供应业	Production and Supply of Electricity and Heat Power	3988879
燃气生产和供应业	Production and Supply of Gas	552865
水的生产和供应业	Production and Supply of Water	422480
建筑业	Construction	189428
房屋和土木工程建筑业	Housing and Civil Engineering Construction	115106
建筑安装业	Building Installation	1976
建筑装饰业	Building Decoration	200
其他建筑业	Other Construction	72146
交通运输、仓储和邮政业	Transport, Storage and Post	10731403
铁路运输业	Railways	4338387
道路运输业	Highways	5858619
城市公共交通业	Urban Public Transport	30175
水上运输业	Water Transport	300
航空运输业	Civil Aviation	58030
装卸搬运和其他运输服务业	Loading,Unloading and Other Transport Services	36284
仓储业	Storage	408942
邮政业	Posts	666
信息传输、计算机服务和软件业	Information Transmission, Computer Services and Software	432930
电信和其他信息传输服务业	Telecommunications and Other Information Transmission	314490
计算机服务业	Computer Services	24010
软件业	Software	94430
批发和零售业	Wholesale and Retail Trade	849206
批发业	Wholesale Trade	250884
零售业	Retail Trade	598322
住宿和餐饮业	Hotels and Catering Services	360604
住宿业	Hotels	265318
餐饮业	Catering Services	95286
金融业	Financial Intermediation	26436
银行业	Banking	23936
保险业	Insurance	500
其他金融活动	Other Financial Activities	2000

continued

(10 000 yuan)

国家预算内资金 State Budgetary Appropriation	国内贷款 Domestic Loans	利用外资 Foreign Investment	自筹资金 Self-raising Fund	#企事业单位自有资金 Own Funds of Enterprises and Instiutions	其他资金 Others
3225	12202	300	487929	210109	56050
7440	40687		382171	257741	7328
8300	13335		432466	200222	1278
	130911	39098	352514	182039	18388
2100			140590	117410	500
1160			34766	25931	
			27763	8083	1000
	1500		33907	8502	
264926	1741436	77539	2466149	819159	414174
152659	1642126	22303	1889113	654574	282678
15653	56953	54886	378769	117565	46604
96614	42357	350	198267	47020	84892
37289			152139	83314	
			115106	82038	
			1976	1076	
			200	200	
37289			34857		
1232712	4147398	121841	3915682	1086698	1313770
551798	1761615	120991	1253983	337033	650000
569912	2360185	850	2305702	670342	621970
10018	9917		9820	3890	420
			300		
38030			20000		
	5500		30784	8978	
62954	10181		294427	66455	41380
			666		
6694	200		383594	251294	42442
2984			301461	181752	10045
3410			20600	20100	
300	200		61533	49442	32397
4087	80134		697064	304590	67921
1406	15700		195792	69630	37986
2681	64434		501272	234960	29935
7657	24210	14079	299277	116298	15381
6657	8810	14079	223391	87217	12381
1000	15400		75886	29081	3000
2100			21937	10742	2399
2100			21437	10742	399
			500		
					2000

3-15 续表2

单位：万元

行　业	Sector	本年资金来源小计 Total Source of Funds
房地产业	Real Estate Trade	11329469
房地产业	Real Estate Trade	11329469
租赁和商务服务业	Leasing and Business Services	272306
租赁业	Leasing	225
商务服务业	Business Services	272081
科学研究、技术服务和地质勘查业	Scientific Reseach , Technical Services and Geological Prospecting	252392
研究与试验发展	Research and Test	154283
专业技术服务业	Polytechnology Services	40799
科技交流和推广服务业	Science and Technological Exchange and Popularity	36910
地质勘查业	Geological Prospecting	20400
水利、环境和公共设施管理业	Water , Environmental Protection and Public Facility Management	4009903
水利管理业	Water Management	950588
环境管理业	Environmental Protection Management	320457
公共设施管理业	Public Facility Management	2738858
居民服务和其他服务业	Resident Services and Other Services	88495
居民服务业	Resident Services	48230
其他服务业	Other Services	40265
教　育	Education	2221497
教　育	Education	2221497
卫生、社会保障和社会福利业	Health Care, Social Security and Social Welfare	564269
卫　生	Health Care	524932
社会保障业	Social Security	8273
社会福利业	Social Welfare	31064
文化、体育和娱乐业	Culture , Sports and Entertainment	464991
新闻出版业	Journalism and Publishing Activities	9470
广播、电视、电影和音像业	Broadcasting,Movies,Televisions and Audiovisual Activities	30143
文化艺术业	Culture and Arts Activities	252517
体　育	Sports Activities	102523
娱乐业	Entertainment	70338
公共管理和社会组织	Public Management and Social Organization	232335
中国共产党机关	Organs of CPC	3125
国家机构	Government Agencies	186407
人民政协和民主党派	PPCC and Democratic Parties	30
群众团体、社会团体和宗教组织	Mass & Social Organizations and Religion Organizations	9635
基层群众自治组织	Grass Roots Self-governing Organizations	33138

continued

(10 000 yuan)

国家预算内资金 State Budgetary Appropriation	国内贷款 Domestic Loans	利用外资 Foreign Investment	自筹资金 Self-raising Fund	#企业事业单位自有资金 Own Funds of Enterprises and Instiutions	其他资金 Others
292005	971139	7000	5455705	2438728	4603620
292005	971139	7000	5455705	2438728	4603620
114660	1500		104125	31466	52021
			225		
114660	1500		103900	31466	52021
105824	500		139772	94848	6296
94032			57779	50519	2472
10524			28581	14601	1694
1268	500		33012	26228	2130
			20400	3500	
1275283	546959		1894507	406335	293154
622307	85462		209938	25273	32881
63824	53264		191659	89780	11710
589152	408233		1492910	291282	248563
2300	4500		78535	16235	3160
2300			45880	740	50
	4500		32655	15495	3110
611880	743651		630980	209318	234986
611880	743651		630980	209318	234986
140513	60860	45	269624	69750	93227
121007	60860	45	252354	62625	90666
4579			3594	800	100
14927			13676	6325	2461
217716	5486		178352	45133	63437
1453			8000	4000	17
4160	678		24455	6201	850
148934	700		80999	12881	21884
56850			13355	4039	32318
6319	4108		51543	18012	8368
86195	2398		140226	62487	3516
1494			1631		
71680			111464	51338	3263
30					
245			9185	9170	205
12746	2398		17946	1979	48

3-16 城镇固定资产投资规模及新增生产能力(2010年)

生产能力(或效益)名称		Item	建设规模 Total Capital Construction Scale
原煤开采	(万吨/年)	Coal Mining (10 000 tons/year)	44243
洗　煤	(万吨/年)	Coal Washing (10 000 tons/year)	15913
焦　炭	(万吨/年)	Coke (10 000 tons/year)	3725
天然气开采	(亿立方米/年)	Extraction of Natural Gas(100 million cu.m)	37
铁矿开采(原矿)	(万吨/年)	Iron-Ore Mining (10 000 tons/year)	2510
铁矿选矿处理量	(万吨/年)	Iron Ore Dressing (10 000 tons/year)	180
铁矿石成品矿	(万吨/年)	End Product of Iron Ore (10 000 tons/year)	78
生　铁	(万吨/年)	Pig Iron (10 000 tons/year)	606
粗　钢	(万吨/年)	Steel Making (10 000 tons/year)	347
#转炉钢	(万吨/年)	Converter Steel (ton/year)	164
连铸坯	(万吨/年)	Continuous Casting Strand(10 000 tons/year)	139
铁合金	(折标吨/年)	Iron Alloy (10 000 tons /year)	1130555
钢　材	(万吨/年)	Rolled Steel (10 000 tons /year)	1056
热轧钢材	(万吨/年)	Hot-rolling Steel Products (10 000 tons/year)	940
冷　轧(拔)	(万吨/年)	Cold Working Steel Products (10 000 tons/year)	25
锻压、挤压、旋压钢材	(万吨/年)	Forging, Extrusion and Spanning (10 000 tons/year)	90
其　他	(万吨/年)	Others (10 000 tons/year)	2
铜采矿(原矿)	(万吨/年)	Copper (Ore) Mining (10 000 tons/year)	10
铜选矿：铜含量	(吨/年)	Copper Content of Copper Mining	50000
铅冶炼	(吨/年)	Plumbum Smelting (ton/year)	60000
镍冶炼	(万吨/年)	Nickel Smelting (ton/year)	5000
氧化铝	(吨/年)	Oxide Aluminium (ton/year)	3262000
电解铝	(吨/年)	Electrolyzing Aluminium (ton/year)	225000
铝加工	(吨/年)	Aluminium Processing (ton/year)	586000
黄　金	(公斤/年)	Gold (kg/year)	165
银选矿：银含量	(公斤/年)	Silver Content of Silver Mining (kg/year)	200000
发电机组容量	(万千瓦)	Capacity of Power Generating Sets (10 000 kw/year)	2442
水力发电	(万千瓦)	Hydraulic power(10 000 kw)	217
火力发电	(万千瓦)	Fire Power(10 000 kw)	2057
其　他	(万千瓦)	Others(10 000 kw)	169
输电线路长度(11万伏及以上)	(公里)	Length of Power Transmission Line(≥110 kv) (km)	1568
水　泥	(万吨/年)	Cement (10 000 tons/year)	6232
平板玻璃	(万重量箱/年)	Plate Glass(10 000 weight cases/year)	311
石墨及炭素制品	(吨/年)	Graphite and Carbon Products (ton/year)	718570
电　石	(吨/年)	Calcium Carbide (ton/year)	349500
农用氮、磷、钾化学肥料	(吨/年)	Chemical Fertilizers (ton/year)	2189300
氮　肥	(吨/年)	Nitrogen Fertilizers (ton/year)	2116300
磷　肥	(吨/年)	Phosphate Fertilizers (ton/year)	65000
钾　肥	(吨/年)	Potash Fertilizers (ton/year)	8000

SCALE OF INVESTMENT IN FIXED ASSETS AND NEWLY INCREASED PRODUCTION CAPACITY IN URBAN AREA(2010)

本年施工规模 Construction of Scale This Year	#本年新开工 Started This Year	累计新增生产能力 Grand Total Newly Increased Production Capacity	#本年新增 Newly Increased This Year
31470	14233	10388	7023
15103	9053	8398	7968
3212	865	1287	1017
18	10	13	7
2480	227	162	162
94	74	129	59
78	78	48	48
591	187	179	179
347	327	187	187
164	164	94	94
94	94	139	94
930555	450500	790555	590555
947	391	661	580
920	372	560	560
11	3	15	4
15	15	85	15
2	2	2	2
10	10	10	10
50000	50000		
60000	60000		
687500	122500	1027500	272500
80000	80000	225000	80000
380000	380000	468000	348000
165	165		
200000		200000	200000
1731	559	637	373
217	2	162	102
1378	456	433	229
136	101	42	42
1430	483	981	973
5012	1013	1821	1730
311	1	280	280
544560	340460	370260	366260
149500	8000	8000	8000
988300	402000	527300	479300
918300	332000	487300	439300
62000	62000	32000	32000
8000	8000	8000	8000

3-16 续表

生产能力(或效益)名称		Item	建设规模 Total Capital Construction Scale
化学农药原药	(吨/年)	Chemical Pesticide (ton/ year)	200
精甲醇	(吨/年)	Wood Alcohol (ton/year)	3020000
塑料树脂及共聚物	(吨/年)	Plastics (ton/year)	446400
合成橡胶	(吨/年)	Synthetic Rubber (ton/year)	120
轮胎外胎	(万条/年)	Tire Cover (10 000 units/year)	100000
汽车制造	(辆/年)	Motor Vehicles (units/year)	15000
#载货汽车制造	(辆/年)	Motor Trucks (units/year)	15000
棉纺锭	(锭)	Cotton Spinning Spindel (unit)	217000
酒	(万吨/年)	Alcoholic Drink (10 000 tons/year)	64
#啤　酒	(万吨/年)	Beer (10 000 tons/year)	55
白　酒	(万吨/年)	White Spirit(10 000 tons/year)	3
其他酒	(万吨/年)	Other Alcohols (10 000 tons/year)	6
卷　烟	(箱/年)	Cigarettes (box/year)	300000
机制纸浆	(万吨/年)	Machine-made Paper Pulp(10 000 tons/year)	4
程控交换机 (指安装能力)	(万线/年)	Program-controlled Telephone Switching Machines (10 000 lines/year)	6
新建铁路投产里程	(公里)	Length of Newly Main-tracking Railways	354
新建公路	(公里)	Length of Newly Built Highways (km)	5252
#高速公路	(公里)	Express-way (km)	1878
一级公路	(公里)	First Class (km)	27
二级公路	(公里)	Second Class (km)	208
改建公路	(公里)	Reconstructed Highways (km)	9526
一级公路	(公里)	First Class (km)	389
二级公路	(公里)	Second Class (km)	1388
新建独立公路桥梁	(延长米)	Length of Newly Built Highway Bridges (extended m)	4887
新建独立公路桥梁	(座)	Number of Newly Built Highway Bridges (unit)	31
新建独立公路隧道	(延长米)	Length of Newly Built Highway Tunnels (extended m)	5
新建独立公路隧道	(座)	Number of Newly Built Highway Tunnels (unit)	1
新(扩)建客、货运站	(个)	Number of Newly Built or Expanded Passenger and Freight Transport Stations (unit)	18
新(扩)建客、货运站	(平方米)	Area of Newly Built or Expanded Passenger and Freight Transport Stations (sq.m)	220452
城市自来水供水能力	(万吨/日)	City Tap Water Supply Capacity (10 000 tons/day)	54
城市公共交通车辆购置	(辆)	Purchasing of Buses for Public Traffic(unit)	433
城市污水处理能力	(万吨/日)	City Sewage Treatment Capacity (10 000 tons/day)	99

continued

本年施工规模 Construction of Scale This Year	#本年新开工 Started This Year	累计新增生产能力 Grand Total Newly Increased Production Capacity	#本年新增 Newly Increased This Year
200	200	200	200
2000000	300000	940000	800000
446400	17800	239210	239210
120			
100000			
15000		15000	15000
15000		15000	15000
217000	187000	117000	117000
50	20	16	16
43	13	13	13
3	3	2	2
4	4	1	
300000			
4	4	4	4
6	6	6	6
271	137	97	96
4759	1920	2553	2487
1654	418	657	624
27		9	9
208	157	184	184
8925	6968	8261	8023
365	237	281	269
1197	678	1119	1012
3700	1781	3283	2645
27	18	25	21
5		5	5
1		1	1
17	12	8	7
212033	101983	37889	30739
49	6	30	27
433	433	433	433
80	21	67	56

3-17 城镇固定资产投资总规模及新增固定资产(2010年)

单位：万元

行　业	Sector	计划总投资 Total Planned Investment
总　计	**Total**	**173844675**
农、林、牧、渔业	Farming，Forestry，Animal Husbandry and Fishery	2340766
农　业	Farming	618272
林　业	Forestry	630118
畜牧业	Animal Husbandry	638394
渔　业	Fishery	800
农、林、牧、渔服务业	Farming，Forestry，Animal Husbandry and Fishery Services	453182
采矿业	Mining and Quarrying	32235186
煤炭开采和洗选业	Coal Mining and Washsing	28283963
石油和天然气开采业	Extraction of Petroleum and Natural Gas	1380005
黑色金属矿采选业	Mining and Dressing of Ferrous Metals	1784407
有色金属矿采选业	Mining and Dressing of Nonferrous Metals	641755
非金属矿采选业	Mining and Dressing of Nonmetal Ores	145056
制造业	Manufacturing	28914209
农副食品加工业	Farm Products Processing	839778
食品制造业	Food Manufacturing	468942
饮料制造业	Beverage Manufacturing	494688
烟草制品业	Tobacoo Products Manfacturing	48535
纺织业	Textile Industry	244799
纺织服装、鞋、帽制造业	Garments,Shoes and Hats Manufacturing	55438
皮革、毛皮、羽毛(绒)及其制品业	Leather, Fur, Feather and Related Products	17182
木材加工及木、竹、藤、棕、草制品业	Timber Processing , Bamboo, Cane ,Palm Fiber and Straw Products	96462
家具制造业	Funiture Manufacturing	50224
造纸及纸制品业	Paper and Paper Products Manufacturing	201533
印刷业和记录媒介的复制	Printing and Record Medium Reproduction	67455
文教体育用品制造业	Articles for Culture,Education and Sport Activity Manufacturing	23700
石油加工、炼焦及核燃料加工业	Petroleum Processing ,Coking and Nuclear Fuel Processing	3356544
化学原料及化学制品制造业	Raw Chemical Materials and Chemical Products	4312517
医药制造业	Medical Products	696635
化学纤维制造业	Chemical Fiber Products	16339
橡胶制品业	Rubber Products	128554
塑料制品业	Plastic Products	541619
非金属矿物制品业	Nonmetals Mineral Products	3405992
黑色金属冶炼及压延加工业	Smelting and Pressing of Ferrous Metals	3218794
有色金属冶炼及压延加工业	Smelting and Pressing of Nonferrous Metals	2598692
金属制品业	Metal Products	276817

注：本表项目个数不含房地产开发投资。

Note:Number of projects in this table doesn't include investment in real estate development.

SCALE OF INVESTMENT IN URBAN AREA AND NEWLY INCREASED FIXED ASSETS(2010)

(10 000 yuan)

自开始建设至本年底累计完成投资 Grand Total Investment Completed This Year	#本年完成投资 Investment Completed This Year	施工项目(个) Number of Construction Projects (unit)	#本年新开工 Newly Started This Year	本年投产项目(个) Number of Projects Put into Use This Year (unit)	本年新增固定资产 Newly Increased Fixed Assets This Year
106409501	**58160325**	**12861**	**9425**	**8031**	**31452703**
1879263	1609380	1083	878	834	1348198
440161	380704	215	183	168	330212
584151	545369	237	214	208	509055
488675	358520	362	248	243	273070
800	800	1	1	1	800
365476	323987	268	232	214	235061
16821142	10273217	942	712	545	4295610
15287944	9295058	707	496	361	3847097
553689	216176	14	9	4	45442
617210	467738	168	161	142	276336
240996	178066	13	10	6	41199
121303	116179	40	36	32	85536
19535994	9731445	1928	1278	1219	6971247
526193	353157	158	110	88	262767
373056	227835	88	57	61	215058
361587	259031	62	38	36	212681
48354	4161	5	4	3	3597
168041	81351	24	18	16	40022
36938	35863	10	7	6	24478
17182	6582	1		1	6582
92330	78579	16	14	14	83635
20363	18683	9	7	5	12890
142206	119136	35	32	30	96705
62339	45919	12	8	10	42490
23700	23700	4	4	4	8400
2445185	964168	83	42	50	649197
2296124	1111495	154	93	88	843054
442584	266805	70	43	36	106570
6600	6600	2	2		
99455	22061	10	7	5	20118
410949	167796	50	34	30	212626
2632367	1707504	369	257	250	1146485
2682709	1147203	155	103	116	1197559
1630435	721708	89	55	50	429774
218889	142746	43	26	29	128842

3-17 续表1

单位：万元

行　业	Sector	计划总投资 Total Planned Investment
通用设备制造业	Universal Purpose Equipment	1026860
专用设备制造业	Special Purpose Equipment	1477071
交通运输设备制造业	Transport Equipment	1752986
电气机械及器材制造业	Electric Equipment and Machinery	1979680
通信设备、计算机及其电子设备制造业	Telecommuniction Equipment , Computer and Other Electronic Product	1289114
仪器仪表及文化、办公用机械制造业	Instruments，Meters，Cultural and Office Machinery	70650
工艺品及其他制造业	Handicraft and Others	63433
废弃资源和废旧材料回收加工业	Recycling and Disposal of Waste	93176
电力、燃气及水的生产和供应业	Production and Supply of Electricity, Gas and Water	16273423
电力、热力的生产和供应业	Production and Supply of Electricity and Heat Power	13962827
燃气生产和供应业	Production and Supply of Gas	1186506
水的生产和供应业	Production and Supply of Water	1124090
建筑业	Construction	194415
房屋和土木工程建筑业	Housing and Civil Engineering Construction	114839
建筑安装业	Building Installation	1976
建筑装饰业	Building Decoration	200
其他建筑业	Other Construction	77400
交通运输、仓储和邮政业	Transport，Storage and Post	38192971
铁路运输业	Railways	18321524
道路运输业	Highways	17761760
城市公共交通业	Urban Public Transport	39119
水上运输业	Water Transport	300
航空运输业	Civil Aviation	308150
装卸搬运和其他运输服务业	Loading,Unloading and Other Transport Services	86550
仓储业	Storage	1674548
邮政业	Posts	1020
信息传输、计算机服务和软件业	Information Transmission , Computer Services and Software	999856
电信和其他信息传输服务业	Telecommunications and Other Information Transmission	727951
计算机服务业	Computer Services	32480
软件业	Software	239425
批发和零售业	Wholesale and Retail Trade	2153420
批发业	Wholesale Trade	885893
零售业	Retail Trade	1267527
住宿和餐饮业	Hotels and Catering Services	1156356
住宿业	Hotels	1026382
餐饮业	Catering Services	129974
金融业	Financial Intermediation	43485
银行业	Banking	33285
保险业	Insurance	700
其他金融活动	Other Financial Activities	9500

continued

(10 000 yuan)

自开始建设至本年底累计完成投资 Grand Total Investment Completed This Year	#本年完成投资 Investment Completed This Year	施工项目(个) Number of Construction Projects (unit)	#本年新开工 Newly Started This Year	本年投产项目(个) Number of Projects Put into Use This Year (unit)	本年新增固定资产 Newly Increased Fixed Assets This Year
736631	547117	183	126	129	455317
598471	411654	120	80	71	164070
872013	429305	65	38	38	380058
944318	542581	62	45	26	111858
1502772	194336	15	5	9	54302
58668	31612	10	7	6	21500
42842	29754	15	10	7	13937
42693	33003	9	6	5	26675
11138969	5196638	609	330	331	3882010
9483830	4175656	364	192	197	3089238
860853	556257	96	52	50	493707
794286	464725	149	86	84	299065
180843	166365	15	11	14	127420
117937	114437	5	4	5	112402
1976	1976	2	2	2	1880
200	200	1	1	1	200
60730	49752	7	4	6	12938
20384803	11489157	1165	930	967	4446898
7763815	4299000	47	16	24	682734
11715016	6688590	997	830	864	3471120
36943	32017	10	5	7	32145
300	300	1	1	1	300
228713	32361	3			
46053	34157	8	5	3	25492
593412	402181	97	71	68	235107
551	551	2	2		
1004844	408870	382	60	59	278440
806054	319798	361	47	49	243054
29984	25624	8	6	4	15170
168806	63448	13	7	6	20216
1335561	757502	261	182	157	699321
461533	243277	89	65	54	180368
874028	514225	172	117	103	518953
652224	372076	97	68	58	245725
544733	276714	67	42	36	157353
107491	95362	30	26	22	88372
29246	25983	16	11	8	22403
26746	23483	14	9	8	22403
500	500	1	1		
2000	2000	1	1		

3-17 续表2

单位：万元

行　业	Sector	计划总投资 Total Planned Investment
房地产业	Real Estate Trade	33292529
房地产业	Real Estate Trade	33292529
租赁和商务服务业	Lease and Business Affairs Services	693701
租赁业	Leasing	500
商务服务业	Business Affairs Services	693201
科学研究、技术服务和地质勘查业	Scientific Reseach , Technical Services and Geological Prospecting	590302
研究与试验发展	Research and Test	404651
专业技术服务业	Polytechnology Services	78432
科技交流和推广服务业	Science and Technological Exchange and Popularity	81519
地质勘查业	Geological Prospecting	25700
水利、环境和公共设施管理业	Water , Environmental Protection and Public Facility Management	9595523
水利管理业	Water Management	1691557
环境管理业	Environmental Protection Management	1066173
公共设施管理业	Public Facility Management	6837793
居民服务和其他服务业	Resident Services and Other Services	135834
居民服务业	Resident Services	56981
其他服务业	Other Services	78853
教　育	Education	3997167
教　育	Education	3997167
卫生、社会保障和社会福利业	Health Care, Social Security and Social Welfare	1244186
卫　生	Health Care	1167292
社会保障业	Social Security	19834
社会福利业	Social Welfare	57060
文化、体育和娱乐业	Culture , Sports and Entertainment	1432526
新闻出版业	Journalism and Publishing Activities	45493
广播、电视、电影和音像业	Broadcasting,Movies,Televisions and Audiovisual Activities	153651
文化艺术业	Culture and Arts Activities	864248
体　育	Sports Activities	283437
娱乐业	Entertainment	85697
公共管理和社会组织	Public Management and Social Organization	358820
中国共产党机关	Organs of CPC	4361
国家机构	Government Agencies	285863
人民政协和民主党派	PPCC and Democratic Parties	100
群众团体、社会团体和宗教组织	Mass & Social Organizations and Religion Organizations	22275
基层群众自治组织	Grass Roots Self-governing Organizations	46221

continued

(10 000 yuan)

自开始建设至本年底累计完成投资 Grand Total Investment Completed This Year	#本年完成投资 Investment Completed This Year	施工项目(个) Number of Construction Projects (unit)	#本年新开工 Newly Started This Year	本年投产项目(个) Number of Projects Put into Use This Year (unit)	本年新增固定资产 Newly Increased Fixed Assets This Year
20651004	9436385	866	519	446	4598673
20651004	9436385	866	519	446	4598673
425652	342032	31	15	14	150467
500	500	1	1	1	500
425152	341532	30	14	13	149967
310840	251542	70	53	36	98053
192040	156400	21	18	9	52942
45936	41344	30	23	15	14071
53625	35159	15	9	9	25840
19239	18639	4	3	3	5200
6797908	4265714	1531	1072	1072	2300722
1372887	687600	379	238	314	302289
511228	376826	154	108	71	147827
4913793	3201288	998	726	687	1850606
79941	73926	30	25	16	42082
44686	40021	18	15	10	20262
35255	33905	12	10	6	21820
3016722	2368231	3100	2788	1783	1177047
3016722	2368231	3100	2788	1783	1177047
807303	542141	303	186	181	323112
748713	497320	239	134	146	294656
13431	7579	14	12	4	1990
45159	37242	50	40	31	26466
1045654	604118	240	156	149	240390
12491	8222	3	1	1	1226
126803	58632	18	11	9	67384
582377	362903	164	110	103	88477
243158	104688	24	9	11	16354
80825	69673	31	25	25	66949
311588	245603	192	151	142	204885
4402	4196	18	17	18	4196
248268	194958	137	99	92	162478
100	100	1	1	1	100
15555	9611	7	5	5	9475
43263	36738	29	29	26	28636

3-18 农村固定资产投资主要指标
INVESTMENT IN FIXED ASSETS IN RURAL AREA

单位：万元 (10 000 yuan)

指 标	Item	2009	#非农户 Non-agricultural Households	2010	#非农户 Non-agricultural Households
投资总额	**Total Investment**	**4336049**	**2550259**	**5365686**	**3186311**
#住 宅	Residential Buildings	1488386	367400	1687142	430350
按登记类型分	Grouped by Type of Registration Status				
国 有	State-owned	611861	611861	726318	726318
非国有	Non-state-owned	3724188	1938398	4639368	2459993
按构成分	Grouped by Use of Funds				
建筑工程	Construction	2843572	1638580	3608117	2119403
安装工程	Installation	171636	171636	251401	251401
设备工器具购置	Purchase of Equipment and Instruments	908658	442232	1034458	480495
其他费用	Others	412183	297811	471710	335012
按三次产业分	Grouped by Type of Industry				
第一产业	Primary Industry	726629	396825	1203433	824157
第二产业	Secondary Industry	995863	989110	913615	910654
第三产业	Tertiary Industry	2613557	1164324	3248638	1451500
新增固定资产	**Newly Increased Fixed Assets**	**3648218**	**1943254**	**4501697**	**2322322**
房屋建筑面积(万平方米)	**Floor Space of Buildings (10 000 sq.m)**				
本年施工房屋面积	Floor Space Under Construction	2846	626	3198	712
#住 宅	Residential Buildings	2427	409	2544	379
本年竣工房屋面积	Floor Space Completed	2066	366	2338	439
#住 宅	Residential Buildings	1818	219	1924	210
本年竣工房屋价值(万元)	Value of Buildings Completed (10 000 yuan)	1348673	387956	1613438	505570
#住 宅	Residential Buildings	1119672	214821	1292974	270653
本年资金来源小计	**Grouped by Source of Funds**	**4470334**	**2684544**	**5368845**	**3189470**
国家预算内资金	State-budgetary Appropriation	139527	139527	101282	101282
国内贷款	Domestic Loans	192152	121797	245231	136711
利用外资	Foreign Investment	450	450	1200	1200
自筹资金	Fundraising	3820506	2144605	4666648	2642103
#企事业单位自有资金	Own Funds of Enterprises and Institutions	836644	836644	901755	901755
其他资金	Others	317699	278165	354484	308174

3-19 按行业分农村固定资产投资
INVESTMENT IN FIXED ASSETS IN RURAL AREA BY ECONOMIC SECTOR

单位：万元 (10 000 yuan)

行　业	Item	2009	#非农户 Non-agricultural Households	2010	#非农户 Non-agricultural Households
总　计	**Total**	**4336049**	**2550259**	**5365686**	**3186311**
农、林、牧、渔业	Farming，Forestry，Animal Husbandry	726629	396825	1203433	824157
采矿业	Mining and Quarrying	399287	399287	415530	415530
制造业	Manufacturing	489090	489005	431785	431543
电力、燃气及水的生产和供应业	Production & Supply of Electric Power, Gas and Water	98718	98718	60321	60321
建筑业	Construction	8768	2100	5979	3260
交通运输、仓储和邮政业	Transport，Storage and Post	321064	116203	362819	114893
信息传输、计算机服务和软件业	Information Transmission,Computer Services and Software	4204	711	8474	
批发和零售业	Wholesale and Retail Trade	59558	48412	80419	55248
住宿和餐饮业	Lodging and Catering Services	26410	10210	22042	10305
金融业	Banking and Insurance				
房地产业	Real Estate Trade	1595211	391162	1928228	453511
租赁和商务服务业	Lease and Business Affairs Services	500	500	120	120
科学研究、技术服务和地质勘查业	Scientific Reseach,Technical Services and Geological Prospecting	22018	22018	18700	18700
水利、环境和公共设施管理业	Water, Environmental Protection and Public Facility Management	385588	385588	629082	629082
居民服务和其他服务业	Residence Services and Other Services	6368	1090	8700	5876
教　育	Education	38031	37885	47252	43351
卫生、社会保障和社会福利业	Health Care, Social Security and Social Welfare	11344	11044	17641	14840
文化、体育和娱乐业	Culture, Sports and Recreation	47745	43985	55886	36299
公共管理和社会组织	Public Management and Social Organization	95516	95516	69275	69275

3-20 非农户固定资产投资主要指标(2010年)

单位：万元

项　　目	Item	总　计 Total	农林牧渔业 Farming, Forestry, Animal Husbandry and Fishery	采矿业 Mining and Quarrying
计划总投资	Total Planned Investment	6216642	1768620	1188051
自开始建设至本年底累计完成投资	Grand Total Investment Completed This Year	4143680	959958	734433
施工项目(个)	Projects Under Construction (unit)	3098	835	210
#本年新开工	Newly Started This Year	2721	755	168
本年投产项目(个)	Number of Projects Completed and Put into Use This Year (unit)	2469	542	150
本年新增固定资产	Newly Increased Fixed Assets This Year	2322322	557768	223294
本年完成投资	Investment Completed This Year	3186311	824157	415530
#住　宅	Residential Buildings	430350	614	80
按登记类型分组	Grouped by Registration Status			
内　资	Domestic	3174492	822657	413230
国　有	State-owned	716668	269922	3165
集　体	Collective-owned	1046334	159291	15040
股份合作	Cooperative	10573	4510	45
国有联营企业	State Joint			
集体联营	Collective Joint	1410		
其他联营	Other Joint	560	560	
国有独资公司	State-funded Corporations	9650	9650	
其他有限责任公司	Other Limited Liability Corporations	407439	80084	124143
股份有限公司	Share Corporations Ltd.	135499	16830	48059
私营个体	Private	552573	141246	218732
个体户	Individual	43539	27331	2198
个体合伙	Individual Partnership	26546	19686	200
其　他	Others	223701	93547	1648
港澳台商投资	Funds from HongKong, Macao and Taiwan	2469	1200	
外商投资	Foreign Investment	9350	300	2300
按构成分组	Grouped by Ues of Funds			
建筑工程	Construction	2119403	539723	223854
安装工程	Installation	251401	67870	36186
设备工器具购置	Purchase of Equipment and Instruments	480495	76755	120133
其他费用	Other Expenses	335012	139809	35357
按建设性质分	Grouped by Type of Construction			
新　建	New Construction	1275196	448956	62409
扩　建	Expansion	709292	190780	116802
改建和技术改造	Recons truction	802702	172844	235481
单纯建造生活设施	Living Installation	363811	2570	
其　他	Others	35310	9007	838
按资金来源分	Grouped by Sources of Funds			
本年资金来源小计	Subtotal Funds This Year	3189470	842605	416772
国家预算内资金	State Budgetary Appropriation	101282	17043	1920
国内贷款	Domestic Loans	136711	57839	19628
利用外资	Foreign Investment	1200		
自筹资金	Self-raising Fund	2642103	682015	395224
#企事业单位自有资金	Own Funds of Enterprises and Institutions	901755	121298	311544
其他资金	Others	308174	85708	

MAIN INDICATORS OF INVESTMENT IN FIXED ASSETS OF NON-AGTICULTURAL HOUSEHOLDS(2010)

(10 000 yuan)

制造业 Manufa-cturing	电力、燃气及水的生产和供应业 Production & Supply of Electric Power, Gas and Water	建筑业 Construction	交通运输、仓储和邮政业 Transport, Storage and Post	批发和零售业 Wholesale and Retail Trade	住宿和餐饮业 Lodging and Catering Services
932616	78981	3330	131728	71521	13650
601568	81203	3260	127378	60356	10305
302	61	3	143	44	11
232	45	3	133	38	11
210	53	2	122	36	9
334185	73908	2900	110463	37973	9255
431543	60321	3260	114893	55248	10305
178				3850	
425013	60252	3260	113693	55248	10305
12233	17452		41411	2680	4000
29801	5601	1760	51462	35200	3450
2750			1480	658	
200					
157461	5761	1500	9960	4030	
44631	22000			1141	
150114	2442		6445	7829	1185
3900	6500			1080	1620
5210				950	
18713	496		2935	1680	50
	69		1200		
6530					
181333	19309	1160	95201	39526	8622
46022	11172	400	4388	2107	1135
167621	24572	1700	12293	7994	148
36567	5268		3011	5621	400
182654	18248	2900	51124	33961	10003
163112	30012	360	20346	15645	
77647	5561		42033	5642	
	6500		390		302
8130			1000		
434356	68150	3260	111207	55413	10405
981	6766		7012		
33112	1000		68	346	
1200					
385691	57945	3260	94110	49243	10405
147894	26528		4777	8961	2200
13372	2439		10017	5824	

3-20 续表

单位：万元

项目	Item	房地产业 Real Estate Trade	租赁和商务服务业 Leasing and Business Services
计划总投资	Total Planned Investment	681713	120
自开始建设至本年底累计完成投资	Grand Total Investment Completed This Year	570151	120
施工项目(个)	Projects Under Construction (unit)	199	1
#本年新开工	Newly Started This Year	150	1
本年投产项目(个)	Number of Projects Completed and Put into Use This Year (unit)	138	1
本年新增固定资产	Newly Increased Fixed Assets This Year	311907	120
本年完成投资	Investment Completed This Year	453511	120
#住　宅	Residential Buildings	365319	
按登记类型分组	Grouped by Registration Status		
内　资	Domestic	453511	120
国　有	State-owned	63572	
集　体	Collective-owned	350872	
股份合作	Cooperative		
国有联营企业	State Joint		
集体联营	Collective Joint		
其他联营	Other Joint		
国有独资公司	State-funded Corporations		
其他有限责任公司	Other Limited Liability Corporations	1500	
股份有限公司	Share Corporations Ltd.	682	
私营个体	Private	5950	
个体户	Individual		
个体合伙	Individual Partnership		
其　他	Others	30935	120
港澳台商投资	Funds from HongKong, Macao and Taiwan		
外商投资	Foreign Investment		
按构成分组	Grouped by Ues of Funds		
建筑工程	Construction	410695	120
安装工程	Installation	25934	
设备工器具购置	Purchase of Equipment and Instruments	1564	
其他费用	Other Expenses	15318	
按建设性质分	Grouped by Type of Construction		
新　建	New Construction	82207	120
扩　建	Expansion	7810	
改建和技术改造	Recons truction	10485	
单纯建造生活设施	Living Installation	344529	
其　他	Others	8480	
按资金来源分	Grouped by Sources of Funds		
本年资金来源小计	Subtotal Funds This Year	447995	120
国家预算内资金	State Budgetary Appropriation	3838	
国内贷款	Domestic Loans	1850	
利用外资	Foreign Investment		
自筹资金	Self-raising Fund	343994	120
#企事业单位自有资金	Own Funds of Enterprises and Institutions	160842	
其他资金	Others	98313	

continued

(10 000 yuan)

科学研究、技术服务和地质勘查业 Scientific Research, Technical Services and Geological Prospecting	水利、环境和公共设施管理业 Water, Environmental Protection and Public Facility Management	居民服务和其他服务业 Resident Services and Other Services	教育 Education	卫生、社会保障和社会福利业 Health Care, Social Security and Social Welfare	文化、体育和娱乐业 Culture, Sports and Recreation	公共管理和社会组织 Public Management and Social Organization
18700	1083922	26567	62932	16813	65262	72116
18700	772954	12976	54726	16219	49741	69632
2	959	11	97	47	108	65
2	926	9	67	37	81	63
2	907	7	91	44	97	58
18700	473944	906	48111	15369	37654	65865
18700	629082	5876	43351	14840	36299	69275
	38042		658	2281		19328
18700	628862	5876	43351	14840	36299	69275
15600	230873	200	19770	6352	9357	20081
	296979	726	22841	8143	23274	41894
	1130					
		550	660			
	20100	2900				
	2156					
	14580	1500			2250	300
			80		830	
	500					
3100	62544			345	588	7000
	220					
15800	447289	3441	37171	8625	28258	59276
14	46471	415	1881	2054	2780	2572
3	54023	20	3302	3068	3805	3494
2883	81299	2000	997	1093	1456	3933
3100	293835	5506	21271	9059	14464	35379
	125212		12372	790	5772	20279
15600	200675	250	8405	1389	14563	12127
	3780		1158	3602		980
	5580	120	145		1500	510
18701	625665	5901	41060	14476	35759	57625
	27223	110	11234	2836	7528	14791
10272	10810		286			1500
8129	507252	5791	22651	10945	25796	39532
	100397	3785	6253	405	4425	2446
300	80380		6889	695	2435	1802

3-21 农户固定资产投资主要指标
INVESTMENT IN FIXED ASSETS OF AGRICULTURAL HOUSEHOLDS

单位：万元 (10 000 yuan)

指　标	Item	2009	2010
一、本年新增固定资产原值	Original Value of Newly Increased Fixed Assets	1704964	2094968
二、本年固定资产投资完成额	Investment Completed This Year	1785790	2179375
按投资来源分	Grouped by Source of Funds		
国内贷款	Domestic Loans	70355	108520
自筹资金	Fundraising	1675901	2024545
其他资金	Others	39534	46310
按投资构成分	Grouped by Use of Funds		
建筑工程	Construction	1204992	1488714
#水　利	Conservancy		103
房　屋	Buildings	1204049	1474717
#住　宅	Residential Buildings	1120986	1256792
安装工程	Installation		
设备工.器具购置	Purchase of Equipment and Instruments	466426	553963
#生产设备	Production Equipment	413236	451000
其　他	Others	114372	136698
按具体投资项目分	Grouped by Investment Projects		
房　屋	Buildings	1204049	1474717
#住　宅	Residential Buildings	1120986	1256792
道　路	Roadway		
桥　梁	Bridge		
设　备	Equipment	466426	553963
水　利	Conservancy		103
其　他	Others	115315	150592
三、本年施工房屋面积(万平方米)	Floor Space Under Construction(10 000 sq.m)	2220	2486
#住　宅	Residential Buildings	2018	2165
#当年新开工	Newly Started	1980	2138
四、本年竣工房屋面积(万平方米)	Floor Space Completed(10 000 sq.m)	1700	1899
#住　宅	Residential Buildings	1599	1714
五、本年竣工房屋投资额	Investment in Buildings Completed	960717	1107868
#住　宅	Residential Buildings	904851	1022321

3-22 主要年份农户固定资产投资
INVESTMENT IN FIXED ASSETS OF RURAL HOUSEHOLDS IN MAJOR YEARS

年 份 Year	竣工房屋面积 (万平方米) Floor Space of Buildings Completed (10 000 sq.m)	#住 宅 Residential Buildings	本年竣工房屋投资额 (万元) Investment in Buildings Completed (10 000 yuan)	#住 宅 Residential Buildings	购置生产性固定资产投资(万元) Purchase of Productive Fixed Assets (10 000 yuan)
1985	1327	1165	67840	58794	19547
1990	1214	1192	152724	103171	10971
1995	406	403	85050	84528	97111
2000	793	765	236059	227276	58651
2001	862	826	258909	246602	49381
2002	954	932	304384	298523	91453
2003	1152	1023	332777	320480	131960
2004	1164	1077	377435	362733	158117
2005	1320	1298	456869	448930	158022
2006	1545	1507	596264	577144	205530
2007	1702	1666	783527	769298	176299
2008	1617	1554	869494	824246	357467
2009	1700	1599	960717	904851	413236
2010	1899	1714	1107868	1022321	451000

3-23 房地产开发完成情况
DEVELOPMENT COMPLETED IN REAL ESTATE

项 目	Item	2000	2005	2010
本年完成投资 (万元)	Investment Completed This Year (10 000 yuan)	394556	1779937	5922376
#商品住宅	Commercial Residential Houses	272280	1168931	4574340
本年新增固定资产 (万元)	Newly Increased Fixed Assets This Year (10 000 yuan)	298026	1020261	2400863
本年商品房屋销售额 (万元)	Sales of Commercial Houses This Year (10 000 yuan)	213052	1522069	4117112
#商品住宅	Commercial Residential Houses	174809	1163065	3573679
本年销售面积 (平方米)	Floor Space of Houses Sold This Year (sq.m)	1906378	6887486	11805872
#商品住宅	Commercial Residential Houses	1773909	6198563	10705378
本年施工房屋面积 (平方米)	Floor Space of Houses under Construction (sq.m)	7895159	22665320	75998460
#商品住宅	Commercial Residential Houses	6991550	17667959	62544066
#新开工房屋面积 (平方米)	Floor Space of Houses Newly Started Construction (sq.m)	2427802	11560090	27820539
#商品住宅	Commercial Residential Houses	2229700	9838964	22705185
本年竣工房屋面积 (平方米)	Floor Space of Houses Completed This Year (sq.m)	3063739	6672519	12037309
#商品住宅	Commercial Residential Houses	2774950	5573845	9913062
本年竣工房屋价值 (万元)	Value of Houses Completed This Year (10 000 yuan)	245472	917262	2081040
#商品住宅	Commercial Residential Houses	206046	686002	1685507

3-24 房地产开发施工、销售和空置情况(2010年)

指 标		Item	合 计 Total	住 宅 Residential Buildings
房屋施工面积	(平方米)	Floor Space of Houses under Construction (sq.m)	75998460	62544066
#本年新开工		Floor Space of Houses Newly Started Construction This Year	27820539	22705185
房屋竣工面积	(平方米)	Floor Space of Houses Completed (sq.m)	12037309	9913062
#不可销售		Floor Space of Houses unable to be Sold	1351068	900526
商品住宅竣工套数	(套)	Sets of Commercial Residential Houses Completed(set)		92453
竣工房屋价值	(万元)	Value of Houses Completed (10 000 yuan)	2081040	1685507
出租房屋面积	(平方米)	Floor Space of Houses Leased (sq.m)	474655	44322
商品房销售面积	(平方米)	Floor Space of Commercial Residential Houses Sold (sq.m)	11805872	10705378
现 房		Floor Space of Completed Houses Sold	3450474	2933928
期 房		Floor Space of Forward Delivery Houses Sold	8355398	7771450
商品房销售额	(万元)	Sales of Commercial Houses (10 000 yuan)	4117112	3573679
现 房		Sales of Completed Houses	862428	666047
期 房		Sales of Forward Delivery Houses	3254684	2907632
商品住宅销售套数	(套)	Sets of Commercial Residential Houses Sold (set)		91799
现 房		Sets of Completed Houses Sold		26668
期 房		Sets of Forward Delivery Houses Sold		65131
待售面积	(平方米)	Area of Land for Sale (sq.m)	5269398	4176200
#待售1-3年面积		Area of Land for Sale in 1-3 Years	2489006	2077523
待售3年以上面积		Area of Land for Sale More Than 3 Years	89728	66307

BUILDINGS' CONSTRUCTION, SELLING AND UNTAPPING IN REAL ESTATE DEVELOPMENT(2010)

				办公楼 Office Buildings	商业营业用房 Buildings for Business Operation	其 他 Others
#90平方米及以下住房 90 sq.m and Below	#140平方米以上住房 Above 140 sq.m	#经济适用房 Economic Buildings	#别墅、高档公寓 Villas and High-grade Apartment Buildings			
17314680	11571504	3785691	467799	1813359	7693594	3947441
5548963	3866336	1409956	77240	581001	2897581	1636772
2468083	1829683	672972	65050	207908	1368606	547733
515517	136823	200900		53418	266850	130274
33023	10446	7008	254			
434392	335869	103623	12270	60546	253316	81671
	3695	10703		19075	374651	36607
1925159	2090831	287688	20263	107626	843667	149201
710061	470932	214047	4968	41987	363852	110707
1215098	1619899	73641	15295	65639	479815	38494
562651	1269594	44471	5998	59072	455317	29044
170283	135281	33154	945	26806	148205	21370
392368	1134313	11317	5053	32266	307112	7674
23010	11491	3072	81			
8631	2827	2258	29			
14379	8664	814	52			
643143	1013131	176526	82844	82555	768192	242451
246580	463377	62357	45496	11816	339115	60552
3293	15509	1800		1034	21737	650

3-25 房地产开发投资(2010年)

单位：万元

指　标	Item	企业个数(个) Number of Enterprises (unit)	计划总投资 Total Planned Investment
总　计	**Total**	**1990**	**24597010**
按登记注册类型	**Grouped by Type of Registration Status**		
内　资	Domestic-Funded Enterprises	1968	24026691
国　有	State-owned Enterprises	117	1583735
集　体	Collective-owned Enterprises	21	74214
股份合作	Share Cooperative Enterprises	6	5327
国有联营	State Joint Ownership Enterprises		
集体联营	Collective Joint Ownership Enterprises	1	54000
国有与集体联营	Joint State-collective Enterprises		
其他联营	Other Joint Ownership Enterprises		
国有独资公司	State-funded Corporations	6	236996
其他有限责任公司	Other Limited Liability Corporations	590	8131438
股份有限公司	Share-holding Corporations Ltd.	69	1298142
私营独资	Private-funded Enterprises	25	436245
私营合伙	Private Partnership Enterprises	8	24500
私营有限责任公司	Private Limited Liability Corporations	1030	11361403
私营股份有限公司	Private Share Corporations Ltd.	73	627651
其　他	Others	22	193040
港澳台投资	Enterprises with Investment from Hong Kong, Macao and Taiwan	16	367040
合资经营	Joint-venture Enterprises	10	169140
合作经营	Cooperative Enterprises	1	25000
独　资	Enterprises with Sole Investment	5	172900
股份有限	Share Corporations Ltd.		
外商投资	Enterprises with Foreign Investment	6	203279
合资经营	Joint-Venture Enterprises	3	139879
合作经营	Cooperative Enterprises		
独　资	Enterprises with Sole Foreign Investment	3	63400
股份有限	Share Corporations Ltd.		
按隶属关系	**Grouped by Administrative Relationship**		
中　央	Enterprises Directly Under Central Government	3	1500
省	Enterprises Directly Under Province	47	1490620
地　区	Enterprises Directly Under Prefectures	223	3184668
县	Enterprises Directly Under Counties	145	853652
乡　镇	Enterprises Directly Under Townships	15	97393
其　他	Others	1557	18969177

INVESTMENT IN REAL ESTATE DEVELOPMENT(2010)

(10 000 yuan)

累计完成投资 Accumulative Investment Completed	本年完成投资 Investment Completed This Year	#配套工程投资 Auxiliary Project Investment
14347133	**5922376**	**154721**
14034156	5811884	153521
1078280	513503	13570
63934	23443	1178
850	850	
4000		
89688	60798	2013
5027328	2039638	37877
827028	321339	55169
207563	106739	11456
23817	6370	50
6209517	2492146	28872
387529	154748	1180
114622	92310	2156
186187	51112	200
115536	8182	
20571	3500	
50080	39430	200
126790	59380	1000
96058	30000	
30732	29380	1000
1130	690	
967566	318586	4201
1886706	729213	9452
600526	296064	5764
29487	14445	
10861718	4563378	135304

3-25 续表1

单位：万元

指标	Item	建筑工程 Construction	安装工程 Installation
总计	**Total**	**3980810**	**486396**
按登记注册类型	**Grouped by Type of Registration Status**		
内资	Domestic-Funded Enterprises	3931693	472163
国有	State-owned Enterprises	449178	46250
集体	Collective-owned Enterprises	9400	5009
股份合作	Share Cooperative Enterprises	81	
国有联营	State Joint Ownership Enterprises		
集体联营	Collective Joint Ownership Enterprises		
国有与集体联营	Joint State-collective Enterprises		
其他联营	Other Joint Ownership Enterprises		
国有独资公司	State-funded Corporations	37809	800
其他有限责任公司	Other Limited Liability Corporations	1452777	142070
股份有限公司	Share Corporations Ltd.	170365	32518
私营独资	Private-funded Enterprises	39477	4945
私营合伙	Private Partnership Enterprises	5870	
私营有限责任公司	Private Limited Liability Corporations	1631530	219100
私营股份有限公司	Private Share Corporations Ltd.	91681	16174
其他	Others	43525	5297
港澳台投资	Enterprises with Investment fromHongKong, Macao and Taiwan	17479	1133
合资经营	Joint-venture Enterprises	6908	483
合作经营	Cooperative Enterprises	2815	650
独资	Enterprises with Sole Investment	7756	
股份有限	Share-holding Corporations Ltd.		
外商投资	Enterprises with Foreign Investment	31638	13100
合资经营	Joint-Venture Enterprises	5600	13100
合作经营	Cooperative Enterprises		
独资	Enterprises with Sole Foreign Investment	26038	
股份有限	Share Corporations Ltd.		
按隶属关系	**Grouped by Administrative Relationship**		
中央	Enterprises Directly Under Central Government	650	40
省	Enterprises Directly Under Province	273870	27829
地区	Enterprises Directly Under Prefectures	545950	78763
县	Enterprises Directly Under Counties	232468	25263
乡镇	Enterprises Directly Under Townships	12641	1037
其他	Others	2915231	353464

continued

(10 000 yuan)

设备工器具购置 Purchase of Equipment and Instruments	其他费用 Other Expenses		
		#旧建筑物购置费 Purchse of old Building	#土地购置费 Purchase of Land
47251	**1407919**	**15152**	**924680**
39020	1369008	15152	891312
4285	13790	9	6134
1403	7631		922
	769		
	22189		20659
12231	432560	1799	282470
2234	116222	1681	97586
154	62163		52860
500			
16616	624900	10063	371541
1357	45536		37056
240	43248	1600	22084
415	32085		30042
415	376		
	35		
	31674		30042
7816	6826		3326
7800	3500		
16	3326		3326
3895	12992		4425
3997	100503	1224	61969
881	37452	169	28630
560	207		
37918	1256765	13759	829656

3-25 续表2

单位：万元

指　　标	Item	住　宅 Residential Buildings	#90平方米及以下住房 90 sq.m and Below
总　　计	**Total**	**4574340**	**1130874**
按登记注册类型	**Grouped by Type of Registration Status**		
内　资	Domestic-Funded Enterprises	4522020	1129655
国　有	State-owned Enterprises	464865	239942
集　体	Collective-owned Enterprises	18440	12995
股份合作	Share Cooperative Enterprises	850	300
国有联营	State Joint Ownership Enterprises		
集体联营	Collective Joint Ownership Enterprises		
国有与集体联营	Joint State-collective Enterprises		
其他联营	Other Joint Ownership Enterprises		
国有独资公司	State-funded Corporations	37511	10281
其他有限责任公司	Other Limited Liability Corporations	1634890	235837
股份有限公司	Share Corporations Ltd.	276936	84044
私营独资	Private-funded Enterprises	83486	18534
私营合伙	Private Partnership Enterprises	6369	1330
私营有限责任公司	Private Limited Liability Corporations	1824414	485900
私营股份有限公司	Private Share-holding Corporations Ltd.	93678	24880
其　他	Others	80581	15612
港澳台投资	Enterprises with Investment from Hong Kong, Macao and Taiwan	9690	419
合资经营	Joint-venture Enterprises	359	
合作经营	Cooperative Enterprises	2975	419
独　资	Enterprises with Sole Investment	6356	
股份有限	Share Corporations Ltd.		
外商投资	Enterprises with Foreign Investment	42630	800
合资经营	Joint-Venture Enterprises	14350	800
合作经营	Cooperative Enterprises		
独　资	Enterprises with Sole Foreign Investment	28280	
股份有限	Share Corporations Ltd.		
按隶属关系	**Grouped by Administrative Relationship**		
中　央	Enterprises Directly Under Central Government	690	
省	Enterprises Directly Under Province	282313	23880
地　区	Enterprises Directly Under Prefectures	599680	268345
县	Enterprises Directly Under Counties	241912	75511
乡　镇	Enterprises Directly Under Townships	13525	2110
其　他	Others	3436220	761028

continued

(10 000 yuan)

#140平方米以上住房 Above 140 sq.m	#经济适用房 Economic Buildings	#别墅、高档公寓 Villas and Highgrade Apartment Buildings	办公楼 Office Buildings	商业营业用房 Buildings for Business Operation	其他 Others	本年新增固定资产 Newly Increased Fixed Assets This Year
1027439	**224824**	**14579**	**125367**	**604588**	**618081**	**2400863**
1017733	224824	14579	121407	588935	579522	2382603
19740	129163	20	2355	19620	26663	229333
875	260			3375	1628	37276
7485				1492	21795	6213
508748	42749	13139	28869	193976	181903	697723
25918		203	2547	20230	21626	163874
2606			4177	8493	10583	27951
500				1		16847
420864	49685	1217	75313	322990	269429	1077663
22392			8118	12416	40536	89894
8605	2967		28	6342	5359	35829
6406			580	8853	31989	18260
			180	7643		
50				210	315	8660
6356			400	1000	31674	9600
3300			3380	6800	6570	
3300			3380	6600	5670	
				200	900	
	690					
46447	52762		3886	15743	16644	136910
44684	66831	8128	16196	52615	60722	308326
24260	20805	5153	1924	40405	11823	199551
1152				97	823	7128
910896	83736	1298	103361	495728	528069	1748948

3-26 房地产开发资金来源情况(2010年)

单位：万元

指　　标	Item	本年资金来源合计 Total Funds This Year	上年末结余资金 Remaining Funds End of Last Year
总　　计	**Total**	**9651279**	**1689782**
按登记注册类型	**Grouped by Type of Registration Status**		
内　资	Domestic-Funded Enterprises	9473863	1665069
国　有	State-owned Enterprises	564193	55507
集　体	Collective-owned Enterprises	18175	1991
股份合作	Share Cooperative Enterprises	1451	411
国有联营	State Joint Ownership Enterprises		
集体联营	Collective Joint Ownership Enterprises		
国有与集体联营	Joint State-collective Enterprises		
其他联营	Other Joint Ownership Enterprises		
国有独资公司	State-funded Corporations	94840	3993
其他有限责任公司	Other Limited Liability Corporations	3524291	530571
股份有限公司	Share-holding Corporations Ltd.	539822	158223
私营独资	Private-funded Enterprises	179895	8657
私营合伙	Private Partnership Enterprises	9532	430
私营有限责任公司	Private Limited Liability Corporations	4223505	874694
私营股份有限公司	Private Share Corporations Ltd.	213092	25885
其　他	Others	105067	4707
港澳台投资	Enterprises with Investment from Hong Kong, Macau and Taiwan	117997	13662
合资经营	Joint-venture Enterprises	58559	5545
合作经营	Cooperative Enterprises	3381	381
独　资	Enterprises with Sole Investment	56057	7736
股份有限	Share Corporations Ltd.		
外商投资	Enterprises with Foreign Investment	59419	11051
合资经营	Joint-Venture Enterprises	29700	10234
合作经营	Cooperative Enterprises		
独　资	Enterprises with Sole Foreign Investment	29719	817
股份有限	Share Corporations Ltd.		
按隶属关系	**Grouped by Administrative Relationship**		
中　央	Enterprises Directly Under Central Government	690	60
省	Enterprises Directly Under Province	504984	147362
地　区	Enterprises Directly Under Prefectures	1181125	156628
县	Enterprises Directly Under Counties	405629	67452
乡　镇	Enterprises Directly Under Townships	18719	1857
其　他	Others	7540132	1316423

SOURCE OF FUNDS FOR REAL ESTATE DEVELOPMENT(2010)

(10 000 yuan)

本年资金来源小计 Subtotal Funds This Year	国内贷款 Domestic Loans	利用外资 Foreign Investment	自筹资金 Self-raising Funds	其他资金来源 Others	#定金及预付款 Deposit and Advanced Payment
7961497	**883267**		**2917034**	**4161196**	**2701061**
7808794	863527		2877294	4067973	2626792
508686	39223		264582	204881	112892
16184			3575	12609	7584
1040	200		840		
90847	23000		35175	32672	17935
2993720	355330		883462	1754928	1167750
381599	13421		97804	270374	72134
171238	14630		98002	58606	23958
9102	1500		3430	4172	3365
3348811	395019		1335944	1617848	1142566
187207	7304		89033	90870	63345
100360	13900		65447	21013	15263
104335	19740		15740	68855	49901
53014	19740		11371	21903	12549
3000				3000	3000
48321			4369	43952	34352
48368			24000	24368	24368
19466				19466	19466
28902			24000	4902	4902
630			630		
357622	32500		112606	212516	145149
1024497	104051		298913	621533	248544
338177	31148		169108	137921	102974
16862			5064	11798	8409
6223709	715568		2330713	3177428	2195985

3-27 房地产开发企业土地购置、开发和空置情况(2010年)

单位：平方米

指 标	Item	待开发土地面积 Area of Land for Undevelopment
总 计	**Total**	**5887831**
按登记注册类型	**Grouped by Type of Registration Status**	
内 资	Domestic-Funded Enterprises	5739112
国 有	State-owned Enterprises	55474
集 体	Collective-owned Enterprises	41845
股份合作	Share Cooperative Enterprises	
国有联营	State Joint Ownership Enterprises	
集体联营	Collective Joint Ownership Enterprises	22043
国有与集体联营	Joint State-collective Enterprises	
其他联营	Other Joint Ownership Enterprises	
国有独资公司	State-funded Corporations	52069
其他有限责任公司	Other Limited Liability Corporations	2563095
股份有限公司	Share-holding Corporations Ltd.	697326
私营独资	Private-funded Enterprises	114418
私营合伙	Private Partnership Enterprises	
私营有限责任公司	Private Limited Liability Corporations	2047083
私营股份有限公司	Private Share Corporations Ltd.	71350
其 他	Others	74409
港澳台投资	Enterprises with Investment from Hong Kong, Macao and Taiwan	148719
合资经营	Joint-venture Enterprises	
合作经营	Cooperative Enterprises	
独 资	Enterprises with Sole Investment	148719
股份有限	Share Corporations Ltd.	
外商投资	Enterprises with Foreign Investment	
合资经营	Joint-Venture Enterprises	
合作经营	Cooperative Enterprises	
独 资	Enterprises with Sole Foreign Investment	
股份有限	Share Corporations Ltd.	
按隶属关系	**Grouped by Administrative Relationship**	
中 央	Enterprises Directly Under Central Government	
省	Enterprises Directly Under Province	64741
地 区	Enterprises Directly Under Prefectures	1282345
县	Enterprises Directly Under Counties	91601
乡 镇	Enterprises Directly Under Townships	22043
其 他	Others	4427101

LAND'S PURCHASING, DEVELOPPING AND UNTAPPING OF REAL ESTATE DEVELOPMENT ENTERPRISES(2010)

(sq.m)

本年购置土地面积 Area of Land Purchased This Year	本年土地成交价款(万元) Deal Value of land This Year (10 000 yuan)	待售面积 Area of Land for Sale	#待售面积(一年至三年) Area of Land for Sale in 1-3 Years	#待售面积(三年以上) Area of Land for Sale More Than Three Years
8743529	**858157**	**5269398**	**2489006**	**89728**
8373474	828789	5211629	2437011	89728
165314	12511	213454	76580	6308
21817	922	113430	98796	1800
9335	759			
157635	20659	74		
2714492	236381	1611226	840424	58280
168946	17572	170135	80410	
229954	31819	108248	34286	
		33753		
4327688	443359	2597757	1169154	21912
340211	31751	328579	103816	
238082	33056	34973	33545	1428
316719	26042	57769	51995	
		51375	51375	
		6394	620	
316719	26042			
53336	3326			
53336	3326			
29413	3929	85105		
910589	58781	746725	447513	12229
528236	37183	286081	153002	15968
		46324	33490	
7275291	758264	4105163	1855001	61531

3-28 房地产开发企业财务状况(2010年)

单位：万元

指　　标	Item	固定资产原　　价 Original Value of Fixed Assets	固定资产累计折旧 Accumulative Depreciation of Fixed Assets
总　　计	**Total**	**616879**	**136350**
按登记注册类型	**Grouped by Type of Registration Status**		
内　资	Domestic-Funded Enterprises	605538	131954
国　有	State-owned Enterprises	44634	11957
集　体	Collective-owned Enterprises	3825	1293
股份合作	Share Cooperative Enterprises	1875	582
国有联营	State Joint Ownership Enterprises		
集体联营	Collective Joint Ownership Enterprises		
国有与集体联营	Joint State-collective Enterprises		
其他联营	Other Joint Ownership Enterprises		
国有独资公司	State-funded Corporations	68	7
其他有限责任公司	Other Limited Liability Corporations	229944	43228
股份有限公司	Share Corporations Ltd.	14877	3767
私营独资	Private-funded Enterprises	4239	549
私营合伙	Private Partnership Enterprises	1318	216
私营有限责任公司	Private Limited Liability Corporations	269644	64342
私营股份有限公司	Private Share-holding Corporations Ltd.	18008	3811
其　他	Others	17108	2201
港澳台投资	Enterprises with Investment from Hong Kong, Macao and Taiwan	10587	4060
合资经营	Joint-venture Enterprises	9828	3659
合作经营	Cooperative Enterprises	158	120
独　资	Enterprises with Sole Investment	600	280
股份有限	Share Corporations Ltd.		
外商投资	Enterprises with Foreign Investment	755	337
合资经营	Joint-Venture Enterprises	690	315
合作经营	Cooperative Enterprises		
独　资	Enterprises with Sole Foreign Investment	65	22
股份有限	Share Corporations Ltd.		
按隶属关系	**Grouped by Administrative Relationship**		
中　央	Enterprises Directly Under Central Government	99	53
省	Enterprises Directly Under Province	63067	7590
地　区	Enterprises Directly Under Prefectures	59238	15313
县	Enterprises Directly Under Counties	54027	9711
乡　镇	Enterprises Directly Under Townships	14143	815
其　他	Others	426306	102868

FINANCIAL AFFAIRS OF REAL ESTATE DEVELOPMENT ENTERPRISES(2010)

(10 000 yuan)

#本年折旧 Depreciation of This Year	资产总计 Total Assets	负债合计 Total Liabilities	所有者权益合计 Total Creditors' Equity
28647	**19437490**	**16060453**	**3377037**
27783	18799273	15540768	3258505
1420	1121945	1000773	121172
153	75191	62154	13037
52	30007	25536	4471
	6080	5120	960
7	40567	31345	9222
9493	6534238	5605492	928746
684	1162758	869885	292873
282	278589	186316	92273
89	38803	26817	11987
13713	8717529	7076001	1641529
1255	553930	451898	102032
635	239637	199433	40205
792	356001	271608	84393
722	269437	207986	61451
20	22463	21893	571
50	64101	41729	22372
73	282216	248077	34139
59	157916	164480	-6564
14	124300	83597	40704
5	6401	1488	4912
950	1052182	882827	169355
2653	2178407	1914241	264166
1449	880713	733176	147536
139	75394	63665	11730
23452	15244394	12465055	2779339

3-28 续表1

单位：万元

指 标	Item	主营业务收入 Revenue of Major Business
总 计	**Total**	**2862544**
按登记注册类型	**Grouped by Type of Registration Status**	
内 资	Domestic-Funded Enterprises	2786613
国 有	State-owned Enterprises	226004
集 体	Collective-owned Enterprises	18683
股份合作	Share Cooperative Enterprises	2994
国有联营	State Joint Ownership Enterprises	
集体联营	Collective Joint Ownership Enterprises	
国有与集体联营	Joint State-collective Enterprises	
其他联营	Other Joint Ownership Enterprises	
国有独资公司	State-funded Corporations	
其他有限责任公司	Other Limited Liability Corporations	796713
股份有限公司	Share Corporations Ltd.	379270
私营独资	Private-funded Enterprises	19044
私营合伙	Private Partnership Enterprises	16478
私营有限责任公司	Private Limited Liability Corporations	1198572
私营股份有限公司	Private Share-holding Corporations Ltd.	102881
其 他	Others	25974
港澳台投资	Enterprises with Investment from Hong Kong, Macao and Taiwan	75923
合资经营	Joint-venture Enterprises	73267
合作经营	Cooperative Enterprises	
独 资	Enterprises with Sole Investment	2656
股份有限	Share Corporations Ltd.	
外商投资	Enterprises with Foreign Investment	8
合资经营	Joint-Venture Enterprises	8
合作经营	Cooperative Enterprises	
独 资	Enterprises with Sole Foreign Investment	
股份有限	Share Corporations Ltd.	
按隶属关系	**Grouped by Administrative Relationship**	
中 央	Enterprises Directly Under Central Government	
省	Enterprises Directly Under Province	160821
地 区	Enterprises Directly Under Prefectures	269864
县	Enterprises Directly Under Counties	192707
乡 镇	Enterprises Directly Under Townships	4735
其 他	Others	2234417

continued

(10 000 yuan)

土地转让收　入 Land Transferred Revenue	商品房屋销售收入 Sales Revenue of Commercial Houses	房屋出租收　入 Revenue from Houses Leasing	其　他收　入 Other Revenue
18457	**2630110**	**16600**	**197376**
18457	2554651	16600	196905
16526	163420	2456	43603
	10596	3	8084
	2994		
	756401	10476	29836
	378529	11	729
	18114		929
	16478		
1932	1080353	3138	113150
	102336	500	45
	25430	15	529
	75459		464
	72803		464
	2656		
			8
			8
16526	109651	759	33886
	247655	7111	15098
	183171	707	8829
	4735		
1932	2084899	8024	139563

3-28 续表2

单位：万元

指　标	Item	主营业务成　本 Costs of Major Business
总　计	**Total**	**2294317**
按登记注册类型	**Grouped by Type of Registration Status**	
内　资	Domestic-Funded Enterprises	2240948
国　有	State-owned Enterprises	186386
集　体	Collective-owned Enterprises	15987
股份合作	Share Cooperative Enterprises	2305
国有联营	State Joint Ownership Enterprises	
集体联营	Collective Joint Ownership Enterprises	
国有与集体联营	Joint State-collective Enterprises	
其他联营	Other Joint Ownership Enterprises	
国有独资公司	State-funded Corporations	
其他有限责任公司	Other Limited Liability Corporations	676229
股份有限公司	Share Corporations Ltd.	241898
私营独资	Private-funded Enterprises	16059
私营合伙	Private Partnership Enterprises	12649
私营有限责任公司	Private Limited Liability Corporations	975586
私营股份有限公司	Private Share-holding Corporations Ltd.	94759
其　他	Others	19091
港澳台投资	Enterprises with Investment from Hong Kong, Macao and Taiwan	53365
合资经营	Joint-venture Enterprises	51579
合作经营	Cooperative Enterprises	
独　资	Enterprises with Sole Investment	1786
股份有限	Share Corporations Ltd.	
外商投资	Enterprises with Foreign Investment	4
合资经营	Joint-Venture Enterprises	4
合作经营	Cooperative Enterprises	
独　资	Enterprises with Sole Foreign Investment	
股份有限	Share Corporations Ltd.	
按隶属关系	**Grouped by Administrative Relationship**	
中　央	Enterprises Directly Under Central Government	
省	Enterprises Directly Under Province	126660
地　区	Enterprises Directly Under Prefectures	220202
县	Enterprises Directly Under Counties	159359
乡　镇	Enterprises Directly Under Townships	3519
其　他	Others	1784576

continued

(10 000 yuan)

主营业务税金及附加 Tax and Extra Charges of Major Business	主营业务利润 Profits of Major Business	利润总额 Total Profits	应缴所得税 Income Tax Payable	全部从业人员年平均人数(人) Employees (person)
210422	**338703**	**34737**	**71500**	**42886**
200825	326440	27870	66275	41877
14054	25366	9552	3180	3645
1460	1236	228	15	522
103	582	52	24	104
		-40		9
		-46		65
59186	56417	-41775	11145	13347
27675	108203	84461	19682	2537
1811	915	-3685	195	583
532	3261	2010	229	151
89553	122922	-19009	30673	18579
5330	1843	-6225	651	1627
1121	5694	2348	482	708
6735	15823	14948	4319	885
6571	15117	15130	4318	752
		-218		54
165	705	35	2	79
2862	-3559	-8081	906	124
2862	-3559	-7331	906	80
		-750		44
		-206		25
10962	23021	10454	3821	1401
20129	28650	-4726	3539	5204
11914	19743	2731	1505	4932
359	857	-908	82	261
167060	266432	27392	62554	31063

主要统计指标解释

全社会固定资产投资 是以货币形式表现的在一定时期内全社会建造和购置固定资产的工作量以及与此有关的费用的总称。该指标是反映固定资产投资规模、结构和发展速度的综合性指标，又是观察工程进度和考核投资效果的重要依据。全社会固定资产投资按登记注册类型可分为国有、集体、个体、联营、股份制、外商、港澳台商、其他等。

城镇固定资产投资 指城镇各种登记注册类型的企业、事业、行政单位及个体户进行的计划总投资(或实际需要总投资)50万元及50万元以上的建设项目投资、房地产开发投资。县城及以上区域内发生的投资，县及县以上各级政府及主管部门直接领导、管理的建设项目和企业事业单位的投资均为城镇固定资产投资。

房地产开发投资 指各种登记注册类型的房地产开发公司、商品房建设公司及其他房地产开发法人单位和附属于其他法人单位实际从事房地产开发或经营活动的单位统一开发的包括统代建、拆迁还建的住宅、厂房、仓库、饭店、宾馆、度假村、写字楼、办公楼等房屋建筑物和配套的服务设施，土地开发工程（如道路、给水、排水、供电、供热、通讯、平整场地等基础设施工程）的投资；不包括单纯的土地交易活动。

农村投资 包括在农村区域范围内进行固定资产投资活动的企业、事业、行政单位及农村个人投资。

固定资产投资的资金来源 根据固定资产投资的资金来源不同，分为国家预算内资金、国内贷款、利用外资、自筹资金和其他资金。

(1)国家预算内资金：分为财政拨款和财政安排的贷款两部分。包括中央财政的基本建设基金(分经营性基金和非经营性基金两部分)、专项支出(如煤代油专项等)、收回再贷、贴息资金，财政安排的挖潜改造和新产品试制支出、城建支出、商业部门简易建筑支出、不发达地区发展基金等资金中用于固定资产投资的资金；地方财政中由国家统筹安排的资金等。

(2)国内贷款：指报告期固定资产投资单位向银行及非银行金融机构借入的用于固定资产投资的各种国内借款，包括银行利用自有资金及吸收的存款发放的贷款、上级主管部门拨入的国内贷款、国家专项贷款(包括煤代油贷款、劳改煤矿专项贷款等)、地方财政专项资金安排的贷款、国内储备贷款、周转贷款等。

(3)利用外资：指报告期收到的用于固定资产建造和购置的国外资金(包括设备、材料、技术在内)。包括对外借款(外国政府、国际金融组织贷款、出口信贷、外国银行商业贷款、对外发行债券和股票)、外商直接投资及外商其他投资。不包括我国自有外汇资金(国家外汇、地方外汇、留成外汇、调剂外汇和中国银行自有资金发行的外汇贷款等)。计算利用外资时，需要折算成人民币，折算中所使用的外汇汇率按现汇计算，即按使用外汇时的汇率计算。

(4)自筹资金：指固定资产投资单位报告期收到的，由各地区、各部门及企、事业单位筹集用于固定资产投资的预算外资金，包括中央各部门、各级地方和企、事业单位的自筹资金。

(5)其他资金：指在报告期收到的除以上各种资金之外其他用于固定资产投资的资金，包括企业或金融机构通过发行各种债券筹集到的资金、群众集资、个人资金、无偿捐赠的资金及其他单位拨入的资金等。

固定资产投资按国民经济行业分 根据建设项目建成投产后的主要产品或主要用途及社会经济活动性质来确定国民经济行业。一般情况下，一个建设项目或一个企业、事业单位只能属于一种国民经济行业。

固定资产投资按隶属关系分 是按建设单位或企业、事业、行政单位的主管上级机关确定的。

(1)中央：是指中共中央、人大常委会和国务院各部、委、局、总公司以及直属机构直接领导的建设项目和企业、事业、行政单位。这些单位的固定资产投资计划由国务院各部门直接编制和下达，建设中所需物资、主要设备以及建设中的问题都由中央有关部门安排和解决。

(2)地方：是由省（自治区、直辖市）、地区（州、盟、省辖市）、县（旗、县级市）三级政府及业务主管部门直接领导和管理的建设项目、企业、事业、行政单位。地方项目还包括不隶属以上各级政府及主管部门的建设项目和企业、事业单位，如外商投资企业和无主管部门的企业等。

固定资产投资按建设性质分 根据整个建设项目情况来确定。建设项目的性质一般分为新建、扩建、改建和技术改造、迁建、恢复。

(1)新建：一般指从无到有"平地起家"开始建设的企业、事业和行政单位或建设项目。现有企业、事业、行政单位一般不属于新建。但如有的单位原有基础很小，经过建设后新增的固定资产价值超过该企、事业、行政单位原有固定资产价值(原值)三倍以上的也应作为新建。

(2)扩建：指在厂内或其他地点，为扩大原有产品的生产能力(或效益)或增加新的产品生产能力，而增建主要的生产车间(或主要工程)、分厂、独立的生产线。行政、事业单位在原单位增建业务用房(如学校增建教学用房、医院增建门诊部、病房等)也作为扩建。

现有企、事业单位为扩大原有主要产品生产能力或增加新的产品生产能力，增建一个或几个主要生产车间(或主要工程)、分厂，同时进行一些更新改造工程的，也应作为扩建。

(3)改建和技术改造：指现有企业、事业单位，对原有设施进行技术改造或更新(包括相应配套的辅助性生产、生活福利设施) 的建设项目。现有企业、事业单位为适应市场变化的需要，而改变企业的主要产品种类(如军工企业转产民用品等) 的建设项目，应作为改建。原有产品生产作业线由于各工序(车间)之间能力不平衡，为填平补齐充分发挥原有生产能力而增建不增加本企业主要产品设计能力的车间，也应作为改建。技术改造是指企业、事业单位在现有基础上，用先进的技术代替落后的技术，用先进的工艺和装备代替落后的工艺和装备，以改变企业落后的技术经济面貌，实现以内涵为主的扩大再生产，达到提高产品质量、促进产品更新换代、节约能源、降低消耗、扩大生产规模、全面提高社会经济效益的目的。技术改造具体包括以下内容：机器设备和工具的更新改造；生产工艺改革、节约能源和原材料的改造；厂房建筑和公共设施的改造；劳动条件和生产环境的改造等。

固定资产投资按构成分 固定资产投资活动按其工作内容和实现方式分为建筑安装工程，设备、工具、器具购置，其他费用三个部分。

(1)建筑安装工程(建筑安装工作量)：指各种房屋、建筑物的建造工程和各种设备、装置的安装工程。包括各种房屋建造工程；各种用途设备基础和各种工业窑炉的砌筑工程及金属结构工程；为施工而进行的各种准备工作和临时工程以及完工后的清理工作等；铁路、道路的铺设，矿井的开凿及石油管道的架设等；水利工程；防空地下建筑等特殊工程；列入房屋工程预算内的暖气、卫生、通风、照明、煤气等设备的价值及装设油饰工程；列入建筑工程预算内的各种管道(蒸汽、压缩空气、石油、给排水等管道)、电力、电讯电缆导线等的敷设工程；以及各种机械设备的安装工程；为测定安装工程质量，对设备进行的试运工作；房地产开发单位进行的商品房屋开发建设工程、土地开发工程。

在安装工程中，不包括被安装设备本身的价值。

(2)设备、工具、器具购置：指建设单位或企、事业单位购置或自制的，达到固定资产标准的设备、工具、器具的价值。新建单位及扩建单位的新建车间，按照设计或计划要求购置或自制的全部设备、工具、器具，不论是否达到固定资产标准均计入"设备、工具、器具购置"中。

(3)其他费用：指在固定资产建造和购置过程中发生的，除上述几项内容以外的各种应分摊计入固定资产的费用。

施工项目　指报告期内进行过建筑或安装施工活动的项目。凡是报告期内施过工的建设项目，不论施工时间长短，均作为施工项目统计。施工项目个数可以反映一定时期固定资产投资的实际规模，与同期全部建成投产项目个数相比，可以从建设速度的角度反映固定资产投资的效果。根据建设项目施工活动的不同性质，施工项目又分为：本年正式施工项目、本年收尾项目和以前年度全部停缓建项目。

全部建成投产项目 工业项目指设计文件规定形成生产能力的主体工程及其相应配套的辅助设施全部建成，经负荷试运转，证明具备生产设计规定合格产品的条件，并经过验收鉴定合格或达到竣工验收标准，与生产性工程配套的生活福利设施可以满足近期正常生产的需要，正式移交生产的建设项目。非工业项目指设计文件规定的主体工程和相应的配套工程全部建成，能够发挥设计规定的全部效益，经验收鉴定合格或达到竣工验收标准，正式移交使用的建设项目。

新增生产能力(或工程效益) 指通过固定资产投资活动而增加的设计能力(或工程效益)，该指标是以实物形态表现的反映固定资产投资成果的指标，也是考核投资经济效果的重要依据之一。

新增生产能力(或工程效益)一般有以下几种表现形式：

(1)用产品数量表示，以工程在单位时间内(一般是一年)所能生产的产品数量(即年产量)表示。如原煤开采用万吨／年表示，化学农药用吨／年表示，拖拉机制造用台／年表示等。某些化工产品由于含量差别较大，按其设计含量计算折合量表示，如硫酸、纯碱、烧碱等。

(2)用单位时间内所能处理的原料数量表示，以工程每天(或小时)所能处理原料的数量表示。如机制糖工程日处理原料吨，食用植物油日处理原料吨，城市污水处理能力用万吨／日表示等。

(3)用新增加的主要设备的数量或容量表示，如新增棉布织机、丝织机等台数，毛纺锭等锭数，发电厂新增发电机组容量用千瓦表示等。

(4)用建筑物容积、容量、面积、长度表示，是非工业项目或工程新增效益的一种表现形式。如铁路投产里程、新建公路、水库容量、粮食仓库、学校学生席位、医院病床、有效灌溉面积等。

根据工程的特点，有时需要用两种或两种以上的复合计量单位表示新增生产能力(或工程效益)，如新增内燃机生产能力同时用年产台数、千瓦数表示等。

房屋建筑面积 指房屋建筑物勒脚以上外墙外围的水平截面面积，包括房屋建筑物的有效面积和结构面积。该指标是从实物形态上反映建设规模和建设成果的重要指标之一，也是检查工程形象进度、计算工程造价、分析投资效果、研究施工任务和建筑材料之间平衡情况的重要依据。

住宅建筑面积 指施工和竣工房屋建筑面积中供居住用的房屋建筑面积。

施工面积 指报告期内施工的全部房屋建筑面积。包括本期新开工的面积和上期开工跨入本期继续施工的房屋面积，以及上期已停建在本期恢复施工的房屋面积。本期竣工和本期施工后又停缓建的房屋，其建筑面积仍计入本期房屋施工面积中。

竣工面积 指在报告期内房屋建筑按照设计要求已经全部完工，达到住人和使用条件，经验收鉴定合格(或达到竣工验收标准)，可正式移交使用的各栋房屋建筑面积的总和。

房屋建筑面积竣工率 指一定时期内房屋竣工面积占同期房屋施工面积的比率。是从房屋建筑施工速度的角度反映投资效果的指标。

新增固定资产 指报告期内已经完成建造和购置过程，并已交付生产或使用单位的固定资产价值。该指标是表示固定资产投资成果的价值指标，也是反映建设进度，计算固定资产投资效果的重要指标。

项目建设投产率 指一定时期内全部建成投产项目个数与同期施工项目个数的比率。该指标是从建设单位建设速度的角度反映投资效果的指标。

固定资产交付使用率 指一定时期新增固定资产与同期完成投资额的比率。该指标是反映固定资产动用速度，衡量建设过程中宏观投资效果的综合指标。由于新增固定资产是较长时期内形成的结果，而投资额则是当年完成的，因此，该指标一般适宜于反映较长时期内固定资产的动用情况。

商品房销售面积 指报告期内出售商品房屋的合同总面积(即双方签署的正式买卖合同中所确定的建筑面积)。由现房销售建筑面积和期房销售建筑面积两部分组成。

商品房销售额 指报告期内出售商品房屋的合同总价款(即双方签署的正式买卖合同中所确定的合同总价)。该指标与商品房销售面积同口径，由现房销售额和期房销售额两部分组成。

经济适用房 指根据地方经济适用房计划安排建设的政策性住宅。经济是指房屋建筑造价和销售价格低于一般商品住宅；适用是指适合中低收入家庭购买使用。经济适用房主要是由地方政府统一下达投资计划，房地产公司开发，对外销售；用地一般采用行政划拨或招标投标方式，免收土地出让金；对各种经批准的收费减半征收，开发利润不超过3%；销售价格实行政府指导价。该指标可以分析房地产投资结构，反映中低收入家庭商品住宅的供求平衡情况。

Explanatory Notes on Main Statistical Indicators

Total Investment in Fixed Assets refers to the volume of activities in construction and purchases of fixed assets and related fees, expressed in monetary terms during the reference period. It is a comprehensive indicator which shows the size, structure and growth of the investment in fixed assets, providing a basis for observing the progress of construction projects and evaluating results of investment. Total investment in fixed assets in the whole country includes, by type of ownership, the investment by State-owned units, collective-owned units, individuals, joint ownership units, share-holding units, as well as investments by entrepreneurs from foreign countries and from Hong Kong, Macao and Taiwan, and by other units.

Urban Investment in Fixed Assets refers to construction projects involving a total planned (or required) investment of 500,000 yuan and over by enterprises of various types of ownership, institutions, administrative units and individuals in urban areas, investment in real estate development, and private investment in housing construction in urban areas and industrial and mining areas. In other words, all investments that take place in county towns and urban areas, investment in construction projects under the direct leadership and management of government agencies at and above county levels and investments by enterprises and institutions at and above county levels are covered in urban investment in fixed assets.

Investment in Real Estate Development refers to investment by real estate development companies, commercialized buildings construction companies and other real estate development units of various types of ownership in the construction of buildings, such as residential buildings, factory buildings, warehouses, hotels, guesthouses, holiday villages, office buildings, and the complementary service facilities and land development projects, such as roads, water supply, water drainage, power supply, heating supply, telecommunications, land leveling and other infrastructural projects. It does not include activities in pure land transactions.

Investment in Rural Areas refers to investment in fixed assets by enterprises, institutions, administrative units and individuals in rural areas.

Sources of Funds for Investment in Fixed Assets are categorized as funds from the State budget, domestic loans, foreign investment, self-raised funds, and others, depending on the sources of investment.

(1) Fund from the State budget consists of budgetary appropriation and loans from the State budget. More specifically, it includes, from the budget of the central government, capital construction fund (operation fund and non-operational fund), special expenses (e.g. expenses on substituting petroleum with coal), loans from repayment, discount fund, expenses on innovation and trial production of new products, expenses on urban construction, expenses on temporary construction from business departments, development fund for less developed areas, as well as local budgetary fund transferred from the central budget.

(2) Domestic loans refer to loans of various forms borrowed by investing units from banks and non-bank financial institutions during the reference period for the purpose of investment in fixed assets, including loans issued by banks from their self-owned funds and deposit, loans appropriated by higher authorities, special loans by government, loans arranged by local government from special funds, domestic reserve loan, and working loan.

(3) Foreign investment refers to foreign funds received during the reference period for the construction and purchase of investment in fixed assets (covering equipment, materials and technology), including foreign borrowings (loans from foreign governments and international financial institutions, export credit, commercial loans from foreign banks, issue of bonds and stocks overseas), foreign direct investment and other foreign investments. Excluded from this category is capital in foreign exchanges owned by China (foreign exchanges owned by the central and local governments, foreign exchanges retained by enterprises, foreign exchanges by enterprises through the regulating mechanism, loans in foreign exchanges issued by the Bank of China with its own fund, etc.). In calculating the utilization of foreign capital, foreign currencies are converted into Chinese Renminbi applying the current exchange rate when the foreign capitals are actually used.

(4) Self-raised funds refer to extra-budgetary funds for investment in fixed assets received during the reference period by investing units from central government ministries, local governments, enterprises and institutions, including their self-raised funds.

(5) Others refer to funds for investment in fixed assets received from sources other than those listed above, including capital raised through issuing bonds by enterprises or financial institutions, funds raised from individuals and through donations, and funds transferred from other units.

Investment in Fixed Assets by Sector The classification of construction projects by sector is determined by the major products or the purpose of the projects when they are put into production or use, and by the nature of their social economic activities. In general, one project or one enterprise or institution can only be classified into one sector.

Investment in Fixed Assets by Jurisdiction of Management refers to the classification of investment by the competent authorities under which investment is made by construction units, enterprises, institutions or administrative units.

(1) Central investment refers to the investment in projects or by enterprises, institutions or administrative units which are under the direct leadership and management of the State Council and of the national commissions, ministries, agencies and State-owned large corporations. Various ministries and departments of the State Council prepare and implement plans for investment in fixed assets by those departments, and arrange and ensure the supply of materials and key equipment required for the projects.

(2) Local investment refers to the investment in projects or by enterprises, institutions or administrative units which are under the direct leadership and management of departments under the provincial, prefecture and county governments. Also included are projects by foreign-invested enterprises and enterprises without competent managing authorities.

Investment in Fixed Assets by Type of Construction Construction projects in general can be classified, by the type of construction, into new construction, expansion, reconstruction and technical transformation, moving and restoration. However, investment by type of construction is not applied to investment by real-estate development units, investment in rural areas and private investment in housing construction in urban areas and in industrial and mining areas.

(1) New construction in general refers to construction projects, which start from scratch, of enterprises, institutions, administrative agencies. Construction in existing enterprises, institutions or agencies is generally not considered as new construction. In case the size of the existing unit is quite small, and the value of newly added fixed assets is more than three times of the the original value, the expansion will be considered as new construction.

(2) Expansion refers to construction of new major production workshop, branch factory or independent production line within a factory or in other locations, for the purpose of increasing the production capacity (or improving efficiency) or adding new production capacity. Newly constructed accommodation for the operation of institutions and administrative organizations (such as newly constructed buildings for teaching in schools, buildings for clinics or wards in hospitals, etc.) are also classified as expansion.

Also included in expansion are investments by existing enterprises or institutions in building major production line(s) or branch factory(ies) along with some work on innovation, for the purpose of expanding the production capacity of original products or producing new products.

(3) Reconstruction and technical transformation refers to construction projects by existing enterprises or institutions in innovation or technical transformation of the old facilities (including auxiliary production equipment and welfare facilities). Also considered as reconstruction is the construction of new workshops by the existing enterprises or institutions to change the variety of products to meet the market demand (such as the production of civil products by defence industries), or to bring the designed production capacity into full play through a more balanced production process on production lines. Technical transformation refers to replacement of old technology or equipment by new technology or equipment, in order to expand the reproduction through improvement of technology contents in production, to improve product quality, to promote new products, to save energy, to reduce consumption, to expand the production scale and to improve overall social-economic efficiency. Contents of technical transformation include: updating of machinery, equipment and tools; reforming production process by using energy or materials saving technology; construction of factory workshops and transformation of public facilities; improvement of working conditions and environment, etc.

Investment in Fixed Assets by Structure By their contents and the mode of implementation, investment activities are classified into 3 categories, i.e. construction and installation, purchase of equipment and instrument, and other expenses.

(1) Construction and installation (work volume of construction and installation) refers to the construction of houses and buildings and the installation of various kinds of equipment and instruments. They include construction of houses; equipment foundations, industrial kilns and stoves, and metal structure work; preparation works and temporary works for project construction, and clearing up works post project construction; pavement of railways and roads, drilling of mines and putting up of oil pipes; construction of water conservancy; construction of underground air-raid shelters and construction of other special projects; value of equipment for heating, sanitation, ventilation, lighting, gas, painting, etc. that are covered by the budget of housing projects; laying out of various pipelines (for steam, compressed air, petroleum, tap water and sewage) and wiring and cabling for electric power and for communications; installation of various machinery and equipment; testing operation for pre-testing the quality of installation projects, and land and other development work conducted by real estate developers for commercialized housing. The value of equipment installed is itself not included in the value of installation projects.

(2) Purchase of equipment and instruments refers to the total value of equipment, tools, and instruments purchased or

self-produced which come up to the cut-off point for fixed assets by the construction units or investing enterprises or institutions. Equipment, tools and instruments purchased or self-produced for new workshops by newly established or expanded units are categorized as "purchase of equipment and instruments" no matter whether they come up to the cut-off point for fixed assets.

(3) Other expenses refer to expenses arising during the construction or purchase of fixed assets other than those mentioned above.

Projects Completed and Put into Use Industrial projects refer to the major projects and anxilliary facilities having been completed in accordance with the design documents, resulting in forming production capacity and having checked and accepted after relevant tests, while the living and welfare facilities having been completed and being capable of ensuring normal production. Non-industrial projects refer to the major projects and anxilliary facilities which have been completed in accordance with the design documents ; have been checked, accepted after relevant examination; and have been formally delivered for use..

Newly Increased Production Capacity (or Project Efficiency) refers to the increase in design capacity (or project efficiency) through investment in fixed assets, which reflects the accomplishment of investment in fixed assets in physical form and serves as an important basis for evaluating the economic efficiency of investment.

The newly increased production capacity (project efficiency) are usually expressed in one of the following forms:

(1) Volume of output of products, i.e. the volume of output that the project can produce during a given period (usually a year). For instance, the capacity in coal mining is expressed in 10,000 tons/year, the capacity in producing chemical pesticides expressed in ton/year, the capacity in producing tractors in tractor/year, etc. For some chemical products where the effective contents differ significantly, the production capacity is expressed as the designed effective content equivalent, such as in the case of sulphuric acid, soda ash, caustic soda, etc;

(2) Volume of raw materials processed per unit of time, i.e. the volume of raw materials that could be processed by the project per day (or per hour), such as tons of materials processed per day by a sugar refining project or edible vegetable oil project, or tons of urban sewage processed per day;

(3) Number or capacity of major equipment increased, such as number of cotton or silk looms increased, wool spindles increased, or capacity (in kilowatts) of power generators increased; and

(4) Physical measures (volume, capacity, area, and length) of construction, which is typical for non-industrial projects, for instance, the length of railways put into operation, the length of highways, the capacity of reservoirs, the capacity of warehouses, the floor space of housing projects, capacity for new students in schools or beds in hospitals, areas under new irrigation project, etc.

The special features of projects may sometimes call for the combined use of two or more measurements to reflect the increase in production capacity (or project efficiency); for instance, the new capacity for the production of internal combustion engines is expressed in sets per year and kilowatts per year simultaneously.

Floor Space of Buildings under Construction refers to the total floor space of the horizontal section of outer walls above the plinth of the building, including the effective area and the area occupied by the structure. This indicator is one of the important indicators in physical terms to reflect the scale and accomplishment of the construction industry and also an important basis for monitoring the progress, calculating the cost, analyzing the efficiency and studying the supply of building materials in relation to the construction projects.

Floor Space of Residential Buildings refers to the floor space of the residential buildings among the total space of buildings under construction or completed.

Floor Space under Construction refers to total floor space of all buildings under construction during the reference period, including floor space of newly started buildings during the reference period, floor space of construction extended from the previous period to the current period, and floor space of construction suspended during the previous period and resumed in the current period. Floor space of construction completed in the current period, and floor space of construction started and then suspended in the current period are also included in the floor space under construction of the current year.

Floor Space Completed refers to the floor space of all buildings completed in the reference period, which have been appraised and accepted (or come up to the designed standards) and have been transferred to owner units.

Completion Rate of Floor Space of Buildings refers to the ratio of the floor space of buildings completed in a certain period of time to the floor space of buildings under construction in the same period.

Newly Increased Fixed Assets refer to the newly increased value of fixed assets, constructed or purchased, that have been transferred to the investors. This is an indicator that demonstrates the results of investment in fixed assets in monetary terms, and an important indicator to reflect the speed of construction and to calculate the efficiency of investment.

Rate of Construction Projects Completed and Put into Use refers to the ratio of the number of construction projects completed and put into use in a certain period of time to the number of projects under construction in the same period. This reflects the investment efficiency from the perspective of the speed of projects construction.

Rate of Projects of Fixed Assets Completed and Put into Operation refers to the ratio of the newly increased fixed assets to the total investment made in the same period. This is a comprehensive indicator reflecting the speed of the employment of fixed assets and the investment efficiency at the macro-level. As the newly increase fixed assets is the result of a long period while the investment is completed in the current year, this indicator is expected to be used to reflect the employment of fixed assets over a long period of time.

Area of Commercialized Housing Sold refers to total contracted area of commercialized housing (i.e. area of floor space as designated in the formal contracts signed by both sides) during the reference time. It constitutes floor space of completed housing and floor space of future housing.

Value of Commercialized Housing Sold refers to the total contracted value (i.e. value of sales/purchase for selling/purchase of commercialized housing as designated in the contract signed by both sides) during the reference time. This indicator has the same coverage as the area of commercialized housing sold, which constitutes floor space of completed housing and floor space of housing yet to be completed

Economically Affordable Housing refers to housing constructed according to the State Plan for economically affordable housing. The features of houses of this category are low cost of construction and low prices, and therefore are affordable to mid-income and low income households. Economically affordable housing projects are developed by real estate companies under the State Investment Plan, with the land provided through government allocation or tendering procedures. Developers are exempted from land utilization fees and enjoy another 50% exemption of all other legitimate fees, while their profits are limited to less than 3%, and the completed houses are sold under government-guided prices. This indicator helps to analyze the investment structure of the real estate industry and the demand and supply of housing for mid-income and low income households.

对外经济贸易

FOREIGN TRADE

资料整理人员

王玉凤

对外经济贸易
FOREIGN TRADE

海关进出口总额	Total Value of Imports and Exports of Customs	125.8	亿美元	(USD 100 million)
出口总额	Exports	47.1	亿美元	(USD 100 million)
进口总额	Imports	78.7	亿美元	(USD 100 million)
实际利用外资额	Actual Utilization of Foreign Capital	11.7	亿美元	(USD 100 million)

海关进出口总额(亿美元)

Total Value of Imports and Exports of Customs (USD 100 million)

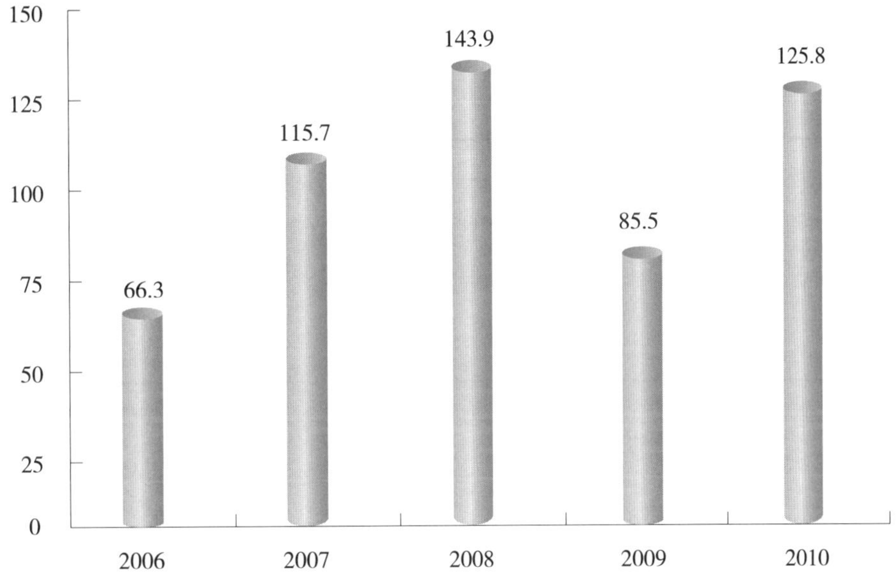

实际利用外资额(亿美元)

Actual Utilization of Foreign Capital (USD 100 million)

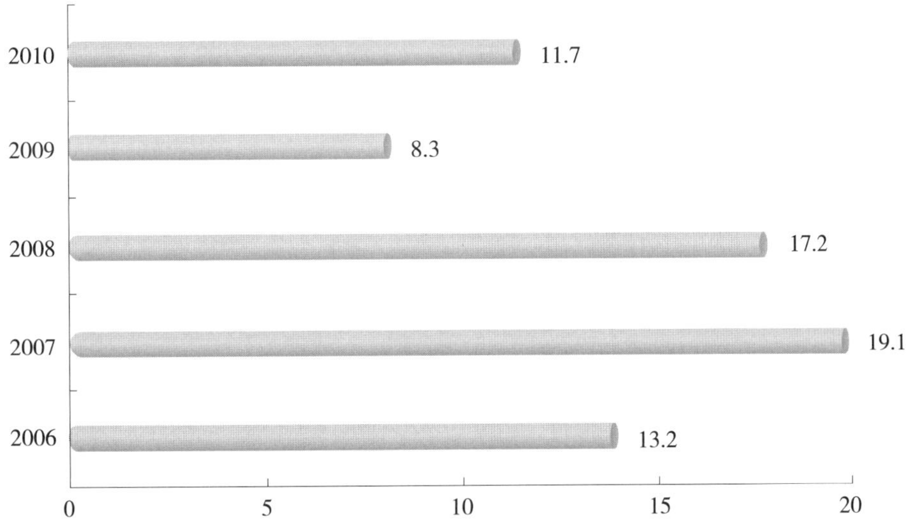

4-1 主要年份海关进出口贸易总额
TOTAL VALUE OF IMPORTS AND EXPORTS OF CUSTOMS IN MAJOR YEARS

单位：万美元 (USD 10 000)

年份 Year	进出口总额 Total	出口总额 Exports	进口总额 Imports
1990	35000	26300	8700
1995	140769	114367	26402
2000	176438	123687	52751
2001	194098	146824	47274
2002	231174	166194	64980
2003	308417	226599	81818
2004	538173	403489	134684
2005	554597	352871	201726
2006	662779	414030	248749
2007	1157047	653296	503751
2008	1439004	924474	514530
2009	855432	283836	571596
2010	1257839	470930	786909

4-2 海关进出口贸易总额(2010年)
TOTAL VALUE OF IMPORTS AND EXPORTS OF CUSTOMS(2010)

单位：万美元 (USD 10 000)

项目	Item	进出口总额 Total	出口总额 Exports	进口总额 Imports
总额	**Total**	**1257839**	**470930**	**786909**
一、按企业性质分	**Grouped by Ownership**			
国有企业	State-Owned Enterprises	691273	207996	483277
外商投资企业	Foreign Funded Enterprises	220097	88034	132063
合作企业	Sino-Foreign Cooperative Operation Enterprises	3225	1740	1485
合资企业	Sino-Foreign Joint Ventures Enterprises	144210	43402	100808
独资企业	Solely Foreign-Funded Enterprises	72662	42892	29770
集体企业	Collective-owned Enterprises	52358	16571	35787
私人企业	Private-owned Enterprises	293635	157931	135704
个体工商户	Self-employed Business	406	398	8
其　他	Others	70		70
二、按贸易方式分	**Grouped by The Mode of Trade**			
一般贸易	Original Trade	1010116	338949	671167
国家间、国际组织无偿援助和赠送的物资	Aid and Donation between Countries and from International	1261	733	528
加工贸易	Processing Trade	193315	125563	67752
来料加工装配贸易	Processing and Assembly Trade for Income Material	1260	733	527
进料加工贸易	Processing Trade for Imported Material	192055	124830	67225
加工贸易进口设备	Processing Trade with Imported Tade	9		9
对外承包工程出口货物	Exported Goods on Contracted Projects	5060	5060	
外商投资企业作为投资进口的设备、物品	Equipments and Goods Imported as Foreign Investment	3857		3857
保税仓库进出境货物	Goods of Bonded Warehouse	43745	558	43187
其　他	Others	476	67	409

4-3 海关进出口主要商品分类总额(2010年)
TOTAL VALUE OF IMPORTS AND EXPORTS OF CUSTOMS BY CATEGORY OF MAIN COMMODITIES(2010)

单位：万美元 (USD 10 000)

项　目	Item	出口总额 Exports	进口总额 Imports
合　计	**Total**	**470930**	**786909**
1. 活动物及动物产品	Live Animals and Animal Products	1343	46
2. 植物产品	Vegetables, Fruits and Cereals	2689	1181
3. 动、植物油脂及分解产品；精制的食用油脂、动植物脂	Animals and Vegetables Oils, Fats and Waxs, Refined Edibles Oils and Fats	2	
4. 食品、饮料、酒及醋；烟草及烟草代品的制品	Foods, Beverages , Liquor and Vinegar, Tobacco and Tobacco Substitutes	4295	56
5. 矿产品	Minerals	122893	427568
6. 化学工业及其相关工业的产品	Chemicals and Related Products	42536	5253
7. 塑料及其制品；橡胶及其制品	Plastics and Related Products, Rubber and Related Products	1415	6944
8. 生皮、皮革、毛皮及其制品；鞍具及挽具;旅行用品、手提包及类似品；动物肠线(蚕胶丝除外)制品	Raw Hides, Leather, Furs and Related Products, Saddle, Travel Articles,Handbags and Similar Containers, Animal Intestines Products	93	12
9. 木及木制品；木炭；软木及软木制品稻草、秸秆、针茅或其他编结材料制品、蓝筐及柳条编结品	Wood and Wooden Products, Charcoal, Cork and Related Products, Straws, Plaited Products, Baskets and Wickerwork	637	85
10. 木浆及其他纤维状纤维素浆；纸及纸板的废碎品；纸、纸板及其制品废碎品；纸、纸板及其制品	Paper Pulp and Cellulose Pulp, Paper and Paperboard Waste, Paper and Paperboard Products	286	1470
11. 纺织原料及纺织制品	Textile Materials and Products	8200	943
12. 鞋、帽、伞、仗、鞭及其零件；已加工的羽毛及其制品；人造花；人发制品	Footwear, Headgear, Umbrellas, Canes, Whips, Processed Feather, Artificial Flowers, Wigs	236	1
13. 石料、石膏、水泥、石棉、云母及类似材料的制品；陶瓷产品；玻璃及其制品	Gypsum, Cement, Asbestos, Mica and Related Products, Ceramics, Glass and Glassware	18089	253
14. 天然或养殖珍珠、宝石或半宝石、贵金属包贵金属及其制品；仿首饰；硬币	Natural or Cultivated Pearls, Precious or Semi-Precious Stones, Jewelery of Precious Metal or Rolled Precious Metal, Artificial Jewerlery, Coins	4	15
15. 贱金属及其制品	Base Metals and Related Products	172391	146482
16. 机器、机械器具、电气设备及其零件;录音机及放声机、电视图像、声音的录制和重放设备及其零件附件	Machinery, Electric Equipment and Accessorie, Recorders, Videorecorders and Accessories	78192	164755
17. 车辆、航空器、船舶及有关运输设备	Locomotives, Vehicles, Aircraft,Ship and Related Trasportation Equipment	9752	15762
18. 光学、照相、电影、计量、检验、医疗或外科用仪器及设备、精密仪器及设备；钟表；乐器；上述物品的零件附件	Optical, Photographic, Film, Measuring, Checking and Medical Instruments and Equipments,Precision Instruments and Equipments,Clocks,Musical Instruments, Sundry Goods and Related Products	483	15957
19. 杂项制品	Miscellaneous Products	7315	55
20. 特殊交易商品及未分类商品	Special Trading Goods and Non-classified Goods	78	70

4-4 海关分国别(地区)进出口贸易总额(2010年)
TOTAL VALUE OF IMPORTS AND EXPORTS OF CUSTOMS BY COUNTRY(REGION)(2010)

单位：万美元 (USD 10 000)

国 别 (地区)	Country (Region)	进出口总额 Total	出口总额 Exports	进口总额 Imports
总 计	**Total**	**1257839**	**470930**	**786909**
亚 洲	**Asia**	**487673**	**267605**	**220068**
#香 港	Hongkong	23777	23350	426
印 度	India	76751	35879	40872
日 本	Japan	72266	36802	35464
韩 国	Republic of Korea	94293	84424	9869
印度尼西亚	Indonesia	30487	5050	25437
马来西亚	Malaysia	5703	4054	1649
新加坡	Singapore	4323	3464	859
泰 国	Thailand	7783	5198	2585
中华人民共和国	China	9265		9265
台 湾	Taiwan	38882	24054	14828
土耳其	Turkey	24696	6051	18645
哈萨克斯坦	Kazakhstan	32905	58	32847
非 洲	**Africa**	**37733**	**16499**	**21234**
#南 非	South Africa	21976	4383	17594
欧 洲	**Europe**	**247144**	**91874**	**155270**
#英 国	United Kingdom	11537	5582	5955
德 国	Germany	67721	10480	57240
法 国	France	32500	3218	29282
意大利	Italy	33674	16352	17322
荷 兰	Netherlands	14491	13985	506
俄罗斯	Russia	16927	9942	6985
拉丁美洲	**Latin America**	**159788**	**31790**	**127998**
#阿根廷	Argentina	2569	1812	757
巴 西	Brazil	78967	19507	59459
古 巴	Cuba	37319	9	37311
墨西哥	Mexico	8331	3398	4932
秘 鲁	Peru	9126	542	8585
北美洲	**North America**	**109293**	**55447**	**53846**
#加拿大	Canada	36085	8843	27242
美 国	United States	73205	46601	26604
大洋洲	**Oceania**	**216113**	**7715**	**208399**
#澳大利亚	Australia	212720	6920	205799
新西兰	New Zealand	803	777	26
东盟组织	**ASEAN**	**64309**	**23133**	**41176**
欧盟组织	**EU**	**210194**	**79671**	**130523**

注：进口不包括国别不详、联合国机构及国际组织。
Note: Data from countries unkown, UN agencies and international organizations is not included in imports figure.

4-5 实际利用外资额
ACTURAL UTILIZATION OF FOREIGN CAPITAL

单位：万美元 (USD 10 000)

项　目	Item	2000	2005	2010
总　计	**Total**	**63188**	**106369**	**116512**
一、对外借款	**Foreign Loans**	**40716**	**78853**	**45091**
1.外国政府贷款	Government Loans	8125	22484	4874
2.国际金融组织贷款	Loans form International Financial Organizations	9994	17835	12480
3.一般商业贷款	General Commercial Loans	2620		20589
4.买方信贷	Buyer Credit		1361	7147
5.出口信贷	Export Credit	19818		
6.向国外企业私人借款	Loans from Private of Foreign Enterprises			
7.贸易信贷	External Bonds Trade Credit			
二、外商直接投资	**Foreign Direct Investments**	**22472**	**27516**	**71421**
1.独资企业	Solely Foreign-Funded Enterprises	3050	14238	34009
2.合资企业	Joint Ventures Enterprises	2375	11899	34900
3.合作企业	Cooperative Operation Enterprises	17047	1379	2512
4.股份制企业	Foreign Investment Share Enterprises			
5.其　他	Others			

4-6 主要年份实际利用外资额
ACTURAL UTILIZATION OF FOREIGN CAPITAL IN MAJOR YEARS

单位：万美元 (USD 10 000)

年　份 Year	利用外资总　额 Total	对外借款 Foreign Loans	外商直接投资 Foreign Direct Investments	外商其他投资 Other Foreign Investments
1985	176	55	43	78
1990	3763	3006	340	417
1995	16085	7662	6383	2040
1996	21784	6238	13802	1744
1997	45432	16756	26592	2084
1998	59205	34754	24451	
1999	98677	59548	39129	
2000	63188	40716	22472	
2001	56600	33207	23393	
2002	39352	14436	24916	
2003	63636	41601	22035	
2004	62184	53163	9021	
2005	106369	78853	27516	
2006	132438	85239	47199	
2007	191471	57188	134283	
2008	172174	69892	102282	
2009	82646	33331	49315	
2010	116512	45091	71421	

4-7 主要年份合同利用外资金额(外商直接投资)

CONTRACT UTILIZATION OF FOREIGN CAPITAL IN MAJOR YEARS(DIRECT INVESTMENT)

年 份 Year	项目投资总 额 Total Value of Agreements and Contracts	合同利用外资情况 Agreements and Contracts by Enterprises	独资企业 Solely Foreign-funded Enterprises	合资企业 Joint Venture Enterprises	合作企业 Cooperative Operation Enterprises	外商投资股份制 Foreign-funded Joint-stock
一、合同项目(个)						
Number of Projects (unit)						
1985		4		4		
1990		26		24	2	
1995		178	26	138	14	
2000		71	11	48	12	
2001		75	17	40	18	
2002		73	26	27	20	
2003		89	29	40	20	
2004		90	28	41	21	
2005		85	28	35	21	
2006		150	51	71	28	
2007		152	39	98	15	
2008		77	25	37	15	
2009		58	20	25	13	
2010		52	15	28	6	3
二、合同金额(万美元)						
Contracted Value (USD10 000)						
1985	201	53		53		
1990	2160	1194		458	736	
1995	40058	23133	3206	17223	2704	
2000	44409	26174	732	15028	10414	
2001	58585	29859	6806	6462	16591	
2002	59672	28940	11960	3165	13815	
2003	92511	48100	22646	9425	16029	
2004	135741	40439	13860	13576	13004	
2005	244292	110208	30712	35877	43619	
2006	338880	134207	53339	37109	43759	
2007	834379	247174	50496	175153	21525	
2008	171644	107758	48949	30175	28634	
2009	109438	66893	22326	22548	22019	
2010	132039	100301	32528	56198	7436	4139

4-8 按行业分合同利用外商直接投资额(2010年)
CONTRACT UTILIZATION OF FOREIGN DIRECT INVESTMENT CAPITAL BY SECTOR(2010)

单位：万美元 (USD 10 000)

行　业	Item	项目(企业)(个) Number of Projects (unit)	合同金额 Contract Value
总　计	**Total**	**52**	**100301**
农、林、牧、渔业	Farming, Forestry, Animal Husbandary and Fishery	7	1313
#农　业	Farming	2	103
采矿业	Mining and Quarrying		2069
#石油和天然气开采业	Petroleum and Natural Gas Extraction		902
制造业	Manufacturing	21	21855
纺织业	Manufacture of Textile		
化学原料及化学制品制造业	Raw Chemical Material and Chemical Products	3	3165
医药制造业	Medical and Pharmaceutical Products		-2308
通用设备制造业	Universal Purpose Equipment	1	718
专用设备制造业	Special Purposes Equipment	1	737
通信设备、计算机及其他电子设备制造业	Telecommunication Equipment, Computer and Other Electronic Products	2	9745
电力、燃气及水的生产和供应业	Production and Supply of Electricity,Gas and Water	2	35792
建筑业	Construction	1	3880
交通运输、仓储和邮政业	Transport, Storage and Post	1	42
信息传输、计算机服务和软件业	Information Transmission, Computer Services and Software	2	18
批发和零售业	Wholesale and Retail Trade	6	1494
住宿和餐饮业	Lodging and Catering Services	1	53
#旅游饭店	Tourist Hotel		
房地产业	Real Estate Trade	1	15643
#房地产开发经营	Real Estate Development and Operation		
租赁和商务服务业	Lease and Business Affairs Services	6	10141
科学研究、技术服务和地质勘查业	Scientific Reseach , Technical Service and Geological Prospecting	3	8754
水利、环境和公共设施管理业	Management of Water Conservancy,Environment and Public Facilities	1	-753
卫生、社会保障和社会福利业	Health Care,Social Security and Social Services		
文化、体育和娱乐业	Culture,Sports and Entertainment		

4-9 按国别(地区)分利用外商直接投资额(2010年)

UTILIZATION OF FOREIGN DIRECT INVESTMENT CAPITAL BY COUNTRY(REGION)(2010)

单位：万美元 (USD 10 000)

国　别(地区)	Country (Region)	新批项目(企业)(个) Number of New Projects (unit)	合同外资金　额 Contract Value	外资实际到位项目(企业)(个) Actual projects (unit)	实际使用外资金额 Actual Value
总　计	**Total**	**52**	**100301**	**117**	**71421**
#文　莱	Brunei				
塞浦路斯	Cyprus			1	990
香　港	Hongkong	26	-27790	53	45929
印　度	India				
以色列	Israel		7		
日　本	Japan	2	778	3	358
澳　门	Macao		116		
马来西亚	Malaysia			1	377
新加坡	Singapore	4	1420	5	1599
韩　国	Republic of Korea	2	944	2	397
泰　国	Thailand				
台湾省	Taiwan Province		-10		
毛里求斯	Mauritius	1	481		
尼日利亚	Nigeria				
南　非	South Africa		647	1	655
非洲其他	Other Africa Countries(regions)	1	199	1	488
英　国	United Kingdom	1	77	2	333
德意志联邦共和国	Germany		-20	6	402
法　国	France	1	3		
意大利	Italy				
荷　兰	Netherlands				
西班牙	Spain	1	44	2	336
奥地利	Austria				
芬　兰	Finland		-33		
瑞　典	Sweden				
瑞　士	Switzerland				
捷克共和国	Czech republic			1	309
巴哈马	Bahamas		35928		
伯利兹	Belize			1	330
巴　西	Brazil				
开曼群岛	Cayman Is.		6975	4	3777
古　巴	Panama				
英属维尔京群岛	British Virgin Is.	4	47600	20	8516
加拿大	Canada	1	37	1	291
美　国	United States	4	125	4	558
百慕大	Bermuda			1	801
澳大利亚	Australia		2031		
新西兰	New Zealand		212		
萨摩亚	Samoa	2	1306	5	1108
投资性公司投资	Investment Companies	4	29224		
境内再投资	Domestic Reinvestment			3	4244

4-10 对外承包工程和劳务合作情况
CONTRACTED PROJECTS AND LABOR COOPERATION WITH FOREIGN COUNTRIES OR REGIONS

年 份 Year	新签合同份数 (个) Number of New Contracts (unit)	新签合同额 (万美元) New Contracted Value (USD 10 000)	完成营业额 (万美元) Value of Business (USD 10 000)	派出人数 (人) Persons Posted Abroad (person)	年末在外人数 (人) Persons Abroad at Year-end (person)
1985	1	101	132		
1986	2	1220	171		210
1987	3	346	475		335
1988	2	185	601		245
1989	2	4	532		151
1990	12	186	118		73
1991	10	437	186		100
1992	21	268	337		204
1993	34	554	362		247
1994	27	989	342		425
1995	43	1537	728		574
1996	74	3941	1281		1110
1997	117	3859	2621		1277
1998	69	3897	2098		1304
1999	117	4610	2475		1340
2000	50	5563	3892		1518
2001	25	3323	5071	815	1539
2002	24	4346	5049	520	1509
2003	23	1823	4125	491	1338
2004	70	14834	30134	769	1729
2005	55	22187	20200	1195	2263
2006	105	28573	28669	1155	2642
2007	86	28424	33462	1605	3945
2008	73	70894	52592	2662	5021
2009	54	49591	114921	2022	6113
2010	8	48179	72228	1224	6147

4-11 对外承包工程和劳务合作(2010年)
CONTRACTED PROJECTS AND LABOR COOPERATION WITH FOREIGN COUNTRIES OR REGIONS(2010)

单位：万美元 (USD 10 000)

指　标	Item	总 计 Total	对外承包工程 Contracted Projects With Foreign Countries or Regions	对外劳务合作 Labor Cooperation With Foreign Countries or Regions
新签合同份数(个)	Number of Contracts (unit)	8	1	7
新签合同额	New Contracted Value	48179	47517	662
完成营业额	Value of Business	72228	71999	229
派出人数(人)	Persons Posted Abroad (person)	1224	1032	192
年末在外人数(人)	Persons Abroad at Year-end (person)	6147	4943	1204

4-12 高新经济技术开发区综合情况
KEY STATISTICS OF NEW AND HIGH-TECH DEVELOPMENT ZONES

单位：亿元 (100 million yuan)

指　标	Item	2009	2010
当年地区生产总值	Gross Domestic Product	676.8	833.1
当年工业总产值	Gross Industry Output Value	1546.4	1927.0
当年进出口总额(万美元)	Total Value Imports and Exports (USD 10 000)	180047	244939
出口总额(万美元)	Total Value of Exports (USD 10 000)	109418	145559
进口总额(万美元)	Total Value of Imports (USD 10000)	70628	99372
当年财政收入	Financial Revenue	74.6	92.4
#税收收入	Income of Tax	73.6	87.0
全区从业人员(万人)	Employmees (10 000 persons)	40.4	498.5
当年入区企业数(个)	Enterprises Registered in the Zones (unit)	1194	1268
当年引进国内资金	Funds Introduced from Domestic	194.2	471.8
#引进省外资金	Funds Introduced from Outside of Province	59.5	203.3
科工贸总收入	Total Income of Technology, Industry and Trade	2143.5	2667.0

4-13 各开发区综合发展情况(2010年)
KEY STATISTICS OF DEVELOPMENT ZONES(2010)

单位：亿元 (100 million yuan)

开发区	Development Zone	科工贸收入 Income of Technology, Industry and Trade	工业总产值 Gross Industry Output Value	税收收入 Revenue of Taxes	进出口总额(万美元) Total Value of Imports and Exports (USD 10 000)	区内生产总值 Gross Domestic Product
总计	**Total**	**2667.5**	**1927.0**	**86.8**	**244939.3**	**833.1**
大同经济开发区	Datong Economic Development Zone	161.5	75.6	6.1	8978.7	26.1
长治高新开发区	Changzhi High-tech Development Zone	211.0	184.0	24.7	175.0	129.0
太原高新开发区	Taiyuan High-tech Development Zone	1060.0	940.0	8.1	29000.0	322.0
太原经济开发区	Taiyuan Economic Development Zone	360.7	210.4	10.8	96446.0	58.9
阳泉经济开发区	Yangquan Economic Development Zone	30.0	16.1	1.6	5969.7	8.1
临汾经济开发区	Linfen Economic Development Zone	116.4	7.8	2.0	186.5	17.9
侯马经济开发区	Houma Economic Development Zone	57.9	8.7	1.6	16577.0	15.2
晋城经济开发区	Jincheng Economic Development Zone	70.5	37.8	3.2	63182.0	18.4
太原工业园区	Taiyuan Industrial Park	74.4	3.6	3.8	3520.0	15.9
风陵渡经济开发区	Fenglingdu Economic Development Zone	44.8	38.1	2.6	894.0	13.1
绛县经济开发区	Jiangxian Economic Development Zone	15.3	16.6	0.8	3755.0	5.2
朔州经济开发区	Shuozhou Economic Development Zone	34.1	14.0	1.5	192.3	10.8
忻州经济开发区	Xinzhou Economic Development Zone	32.3	17.7	1.5	188.8	9.7
晋中经济开发区	Jinzhong Economic Development Zone	11.0	27.7	4.7	755.0	16.8
运城经济开发区	Yuncheng Economic Development Zone	252.7	16.3	1.6	1412.3	45.7
文水经济开发区	Wenshui Economic Development Zone	31.3	30.1	1.8		18.5
榆次工业园区	Yuci Industrial Park	68.3	56.9	2.5	3500.0	8.5
祁县经济开发区	Qixian Economic Development Zone	4.7	4.5	0.1		4.3
壶关经济开发区	Huguan Economic Development Zone		37.9	0.7		45.0
运城盐湖工业园区	Yuncheng Yanhu Industrial Park	30.6	29.5		3532.0	29.5
交城经济开发区	Jiaocheng Economic Development Zone		121.2	4.8	6675.0	
清徐经济开发区	Qingxu Economic Development Zone		32.6	2.3		14.7

开发区	Development Zone	引进国内资金 Domestic Funds	实际引进国内资金 Actual Utilization of Domestic Capital	合同外资金额(万美元) Contract Value of Foreign Capital (USD 10 000)	实际使用外资金额(万美元) Actual Utilization of Foreign Capital (USD 10 000)
总计	**Total**	**471.8**	**264.2**	**7561**	**21222.9**
大同经济开发区	Datong Economic Development Zone	6.7		-2737	1557.0
长治高新开发区	Changzhi High-tech Development Zone	5.1	6.4		37.5
太原高新开发区	Taiyuan High-tech Development Zone	33.1	33.1	-153	2352.5
太原经济开发区	Taiyuan Economic Development Zone	27.4	27.4	9768	11200.0
阳泉经济开发区	Yangquan Economic Development Zone	31.5	12.6		
临汾经济开发区	Linfen Economic Development Zone	11.5	10.7		142.6
侯马经济开发区	Houma Economic Development Zone	15.5	7.8		
晋城经济开发区	Jincheng Economic Development Zone	15.6	15.6	646	5933.3
太原工业园区	Taiyuan Industrial Park	11.5	11.5		
风陵渡经济开发区	Fenglingdu Economic Development Zone	5.3	5.3		
绛县经济开发区	Jiangxian Economic Development Zone	4.3	4.3		
朔州经济开发区	Shuozhou Economic Development Zone	35.3	35.3		
忻州经济开发区	Xinzhou Economic Development Zone	56.2	14.3		
晋中经济开发区	Jinzhong Economic Development Zone	18.1	18.1		
运城经济开发区	Yuncheng Economic Development Zone	18.3	18.3	37	
文水经济开发区	Wenshui Economic Development Zone				
榆次工业园区	Yuci Industrial Park	173.1	40.2		
祁县经济开发区	Qixian Economic Development Zone	0.9	0.9		
壶关经济开发区	Huguan Economic Development Zone				
运城盐湖工业园区	Yuncheng Yanhu Industrial Park	2.6	2.6		
交城经济开发区	Jiaocheng Economic Development Zone				
清徐经济开发区	Qingxu Economic Development Zone				

4-14 主要年份人民币对主要外币年平均汇价(中间价)
AVERAGE EXCHANGE RATE OF RMB YUAN AGAINST MAIN CONVERTIBLE CURRENCIES IN MAJOR YEARS(MIDDLE RATE)

单位：人民币元 (RMB yuan)

年 份 Year	100美元 100 US Dollars	100日元 100 Japanese Yen	100港元 100 Hong Kong Dollars	100欧元 100 Euros
1985	293.66	1.25	37.57	
1986	345.28	2.07	44.22	
1987	372.21	2.58	47.74	
1988	372.21	2.91	47.70	
1989	376.51	2.74	48.28	
1990	478.32	3.32	61.39	
1991	532.33	3.96	68.45	
1992	551.46	4.36	71.24	
1993	576.20	5.20	74.41	
1994	861.87	8.44	111.53	
1995	835.10	8.92	107.96	
1996	831.42	7.64	107.51	
1997	828.98	6.86	107.09	
1998	827.91	6.35	106.88	
1999	827.83	7.29	106.66	
2000	827.84	7.69	106.18	
2001	827.70	6.81	106.08	
2002	827.70	6.62	106.07	800.58
2003	827.70	7.15	106.24	936.13
2004	827.68	7.66	106.23	1029.00
2005	819.17	7.45	105.30	1019.53
2006	797.18	6.86	102.62	1001.90
2007	760.40	6.46	97.46	1041.75
2008	694.51	6.74	89.19	1022.27
2009	682.78	7.68	88.11	1020.76
2010	662.27	8.11	85.09	878.96

注：欧元自2002年开始进入市场流通。
Note：ECU enters the circulating market since 2002.

主要统计指标解释

进出口总额 指实际进出我国国境的货物总金额。包括对外贸易实际进出口货物，来料加工装配进出口货物，国家间、联合国及国际组织无偿援助物资和赠送品，华侨、港澳台同胞和外籍华人捐赠品，租赁期满归承租人所有的租赁货物，进料加工进出口货物，边境地方贸易及边境地区小额贸易进出口货物(边民互市贸易除外)，中外合资经营企业，中外合作经营企业，外商独资经营企业进出口货物和公用物品，到、离岸价格在规定限额以上的进出口货样和广告品(无商业价值、无使用价值和免费提供出口的除外)，从保税仓库提取在中国境内销售的进出口货物，以及其他进出口货物。进出口总额用以观察一个国家在对外贸易方面的总规模。我国规定出口货物按离岸价格统计，进口货物按到岸价格统计。

实际利用外资 指我国各级政府、部门、企业和其他经济组织通过对外借款、吸收外商直接投资以及用其他方式筹措的境外现汇、设备、技术等。

对外借款 是我国利用外资的主要部分。包括我国通过外国政府贷款、国际金融组织贷款、外国银行商业贷款、出口信贷以及对外发行债券、股票等方式，从境外筹措的资金。

外商直接投资 是指外国企业和经济组织或个人(包括华侨、港澳台同胞以及我国在境外注册的企业)按我国有关政策、法规，用现汇、实物、技术等在我国境内开办外商独资企业，与我国境内的企业或经济组织共同举办中外合资经营企业、合作经营业或合作开发资源的投资(包括外商投资收益的再投资)以及经政府有关部门批准的项目投资总额内企业从境外借入的资金。

对外承包工程 包括各对外承包公司以招标议标承包方式承揽下列业务：(1)承包国外工程建设项目；(2)承包我国对外经项目；(3)承包我国驻外机构的工程建设项目；(4)承包我国境内利用外资进行建设的工程项目；(5)与外国承包公司合营或联合包工程项目时我国公司分包部分；(6)以服务成果向业主收费的技术服务项目(包括承揽地形地貌测绘；地质资源勘探与普查；建区域规划；提供设计文件、图纸、生产工艺技术资料和工程技术经济咨询；工程项目的可行性考察、研究和评估；进行技术指导和训人员等)；(7)对外承包兼劳营的房屋开发业务。对外承包工程的营业额是以货币表现的本期内完成的对外承包工程的工作量，包括以前年度签订的合同和本年度新签订的合同在报告期完成的工作量。

对外劳务合作 指以收取工资的形式向业主或承包商提供技术或劳务的活动。我国对外承包公司在境外开办的合营企业，中国公司同时又提供劳务的，其劳务部分也纳入劳务合作统计。劳务合作营业额按报告期内向雇主提交的结算数(包括工资、加班费和资金等)统计。

Explanatory Notes on Main Statistical Indicators

Total Value of Imports and Exports refers to the real value of commodities imported and exported across the border of China. They include the actual imports and exports through foreign trade, imported and exported goods under the processing and assembling trades and materials, supplies and gifts as aid given gratis between governments and by the United Nations and other international organizations, and contributions donated by overseas Chinese, compatriots in Hong Kong and Macao and Chinese with foreign citizenship, leasing commodities owned by tenant at the expiration of leasing period, the imported and exported commodities processed with imported materials, commodities trading in border areas (excluding mutual exchange goods), the imported and exported commodities and articles for public use of the Sino-foreign joint ventures, cooperative enterprises and ventures with sole foreign investment. Also included is import or export of samples and advertising goods for which CIF or FOB value are beyond the permitted ceiling (excluding goods of no trading or use value and free commodities for export), imported goods sold in China from bonded warehouses and other imported or exported goods. The indicator of the total imports and exports at customs can be used to observe the total size of external trade in a country. In accordance with the stipulation of the Chinese government, imports are calculated at CIF, while exports are calculated at FOB.

Utilization of Foreign Capital refers to remittance, equipment and technology financed from abroad, by loans, foreign direct investment and other forms undertaken by the Chinese governments at all levels, by various departments, enterprises and other economic units.

Foreign Borrowings refer to funds borrowed from abroad through formal signing of borrowing agreements with foreign institutions, including loans of foreign governments, loans of international financial institutions, commercial loans of foreign banks, export credit, and funds raised by Chinese bonds (and shares before 1996) issued abroad. It is an important part of China's utilization of foreign capitals.

Foreign Direct Investment refers to the investments inside china by foreign enterprises and economic organizations or individuals (including overseas Chinese, compatriots from Hong Kong and Macao, and Chinese enterprises registered abroad), following the relevant policies and laws of china, for the establishment of ventures exclusively with foreign own investment, Sino-foreign joint ventures and cooperative enterprises or for cooperative exploration of resources with enterprises or economic organizations in China. It includes the re-investment of the foreign entrepreneurs with the profits gained from the investment and the funds that enterprises borrow from abroad in the total investment of projects which are approved by the relevant department of the government.

Contracted Projects with Foreign Countries refer to projects undertaken by Chinese contractors (project contracting companies) through bidding process. They include: (1)overseas civil engineering construction projects financed by foreign investors; (2)overseas projects financed by the Chinese government through its foreign aid programs; (3)construction projects of Chinese diplomatic missions, trade offices and other institutions stationed abroad; (4) construction projects in china financed by foreign investment;(5) sub—contracted projects to be taken by Chinese contractors through a joint umbrella project with foreign contractor (s) ; (6) projects with charges for technical services from overseas operators. it includes geographic and topographic mappings geological resource prospecting and survey planning of construction areas provision of design documents blueprints materials on production process and techniques as well as engineering technical and economic consultation feasibility study research and evaluation of projects technical supervising and staff training. (7) housing development projects. The business income from international contracted projects is the work volume of contracted projects completed during the reference period, expressed in monetary terms, including completed work on projects signed in previous years.

Labor Service Cooperation with Foreign Countries refers to the activities of providing technology and labor services to employers or contractors in the forms of receiving salaries and wages. labor services providing by contractual joint ventures of Chinese international contracting corporations should be included in the statistics of service cooperation with foreign countries. the business income of labor service cooperation is the income in the form of wages and salaries overtime pay bonuses and other remuneration received from the employers during the reference period.

05

能 源

ENERGY

资料整理人员

焦有梅　郭骞擘　傅宏岗　张艳鹏　杨　永　武鹏程

能 源
ENERGY

一次能源产量	Primary Energy Production	63326.7	万吨标准煤	(10 000 tons of SCE)
能源消费总量	Total Energy Consumption	13820.5	万吨标准煤	(10 000 tons of SCE)
煤炭消费量	Coal Consumption	28180	万吨	(10 000 tons)
社会用电量	Electricity Consumption	1460.0	亿千瓦小时	(100 million kwh)
焦炭外调量	Coke Transfer to the Other Localities	6121.0	万吨	(10 000 tons)

原煤外调量（万吨）

Coal Transfer to the Other Localities (10 000 tons)

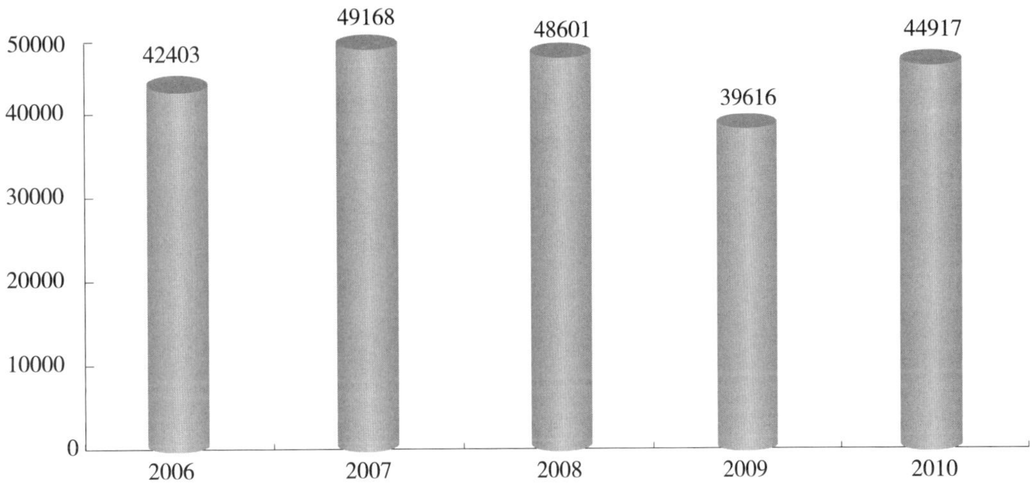

电力外调量（亿千瓦小时）

Electricity Transfer to the Other Localities (100 million kwh)

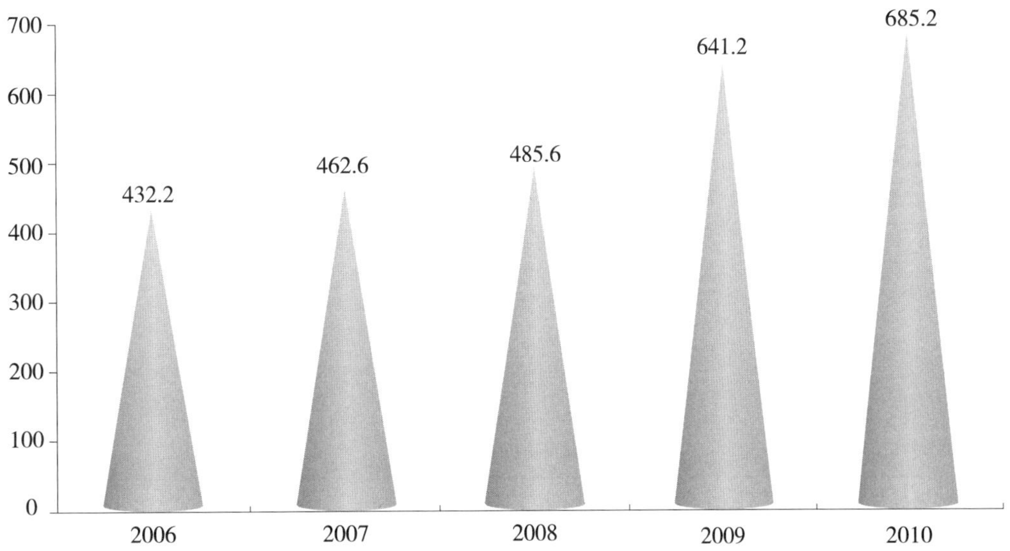

5-1 能源生产、外调、使用平衡表
ENERGY BALANCE

单位：万吨标准煤 (10 000 tons of SCE)

项　　目	Item	2000	2005	2010
一、资　源	Total Resources of Energy	21707.56	43839.94	65186.55
年初库存	Stock of Year Beginning	2614.39	2826.26	3380.58
成品库存	Stock of Product	1694.89	1350.24	2021.05
使用单位库存	Stock of User	906.09	1436.28	1301.51
商业部门库存	Stock of Commerce	13.41	39.76	58.02
一次能源生产量	Primary Energy Output	18783.49	39767.60	56098.74
外省市调入量	Quantity of Fold	309.68	917.70	5466.26
回收能	Recvery of Energy		328.38	331.80
二、加工转换投入产出差数	Margin of Input and Output for Conversion	829.57	2001.22	2734.44
加工转换投入量	Input for Conversion	12867.25	25291.10	34471.73
加工转换产出量	Output for Conversion	12037.68	23289.88	31737.29
三、外调出省、出口	Allocation and Export	19768.20	37847.16	45730.99
调给外省市	Allocation	17107.31	34911.29	45268.31
供应外贸出口	Export	2660.89	2935.87	462.68
四、终端消费	Final Consumption	5788.01	10117.06	13820.47
(一)第一产业	Primary Industry	331.40	299.45	337.65
农林牧渔业	Farming,Forestry,Animal Husbandry And Fishery	331.39	299.45	337.65
(二)第二产业	Secondry Industry	4343.70	8209.93	10489.37
工　业	Industry	4252.63	8127.39	10343.91
轻工业	Light Industry	468.24	238.96	202.37
重工业	Heavy Industry	3784.29	7888.43	10141.54
建筑业	Construction	91.04	82.54	145.46
(三)第三产业	Tertiary Industry	425.99	772.15	1661.76
交通运输、仓储和邮政业	Transport,Storage and Post	205.09	452.48	887.83
批发、零售业和住宿、餐饮业	Wholesale and Retail Trade, Hotels and Catering Services	79.90	167.87	339.74
其　他	Others	141.02	151.80	434.19
(四)人民生活	Residential Consumption	686.92	835.53	1331.69
城　镇	Cities and Townes	260.31	443.55	774.12
乡　村	Rural Areas	426.63	391.98	557.57
五、损失量	Losses	117.37	193.61	253.12
#运输变电损失	Losses in Transmission	117.20	192.82	253.12
六、年末库存量	Stock of Year End	2473.05	2474.59	3956.72
成品库存	Stock of Product	1655.71	1651.31	2164.08
使用单位库存	Stock of User	778.67	778.21	1720.91
商业部门库存	Stock of Commerce	38.67	45.07	71.73

注：2005-2007年部分数据未做调整，与2008年之后数据不可比,下同。

Note: Part of the data from 2005 to2007 isn't adjusted,which isn't comparable with the data since 2008.

5-2 煤炭生产、外调、使用平衡表
COAL BALANCE

单位：万吨 (10 000 tons)

项　目	Item	2000	2005	2010
一、资　源	Resources	27816.35	59351.76	83330.02
年初库存	Stock of Year Beginning	2664.53	3436.18	3226.07
成品库存	Stock of Product	1580.88	1578.41	1669.03
使用单位库存	Stock of User	1080.65	1857.77	1557.04
商业部门库存	Stock of Commerce	3.00		
一次能源生产量	Primary Energy Product	25151.82	55426.00	74096.00
外省市调入量	Quantity of Fold		489.58	6007.95
二、加工转换投入产出差数	Margin of Input and Output for Conversion	11162.18	21418.35	24186.40
加工转换投入量	Input for Conversion	16570.44	33021.72	42727.04
加工转换产出量	Output for Conversion	5408.26	11603.37	18540.64
三、外调出省、出口	Allocation and Export	22542.00	43277.00	51197.64
调给外省市	Allocation	19805.80	39983.00	50714.22
供应外贸出口	Export	2736.20	3294.00	483.42
四、终端消费	Final Consumption	3091.90	4262.59	5678.70
(一)第一产业	Primary Industry	125.60	140.00	175.55
农林牧渔业	Farming,Forestry,Animal Husbandry And Fishery	125.60	140.00	175.55
(二)第二产业	Secondry Industry	2239.40	3136.92	3921.41
工　业	Industry	2157.23	3091.12	3849.34
轻工业	Light Industry	405.68	168.42	146.91
重工业	Heavy Industry	1751.55	2922.70	3702.43
建筑业	Construction	82.17	45.80	72.07
(三)第三产业	Tertiary Industry	202.20	165.00	499.28
交通运输、仓储和邮政业	Transport,Storage and Post	61.60	68.00	54.94
批发、零售业和住宿、餐饮业	Wholesale and Retail Trade, Hotels and Catering services	30.60	52.00	219.19
其　他	Others	110.00	45.00	225.15
(四)人民生活	Residential Consumption	524.70	820.67	1082.46
城　镇	Cities and Townes	64.00	246.50	421.46
乡　村	Rural Areas	460.70	574.17	661.00
五、损失量	Losses	8.40		
#运输变电损失	Losses in Transmission	8.40		
六、年末库存量	Stock of Year End	2611.87	2393.82	4267.28
成品库存	Stock of Product	1679.22	1538.34	2142.26
使用单位库存	Stock of User	929.65	855.48	2125.02
商业部门库存	Stock of Commerce	3.00		

5-3 焦炭生产、外调、使用平衡表
COKE BALANCE

单位：万吨 (10 000 tons)

项　目	Item	2000	2005	2010
一、资　源	Resources	621.65	324.52	916.71
年初库存	Stock of Year Beginning	621.65	324.52	916.71
成品库存	Stock of Product	532.52	243.53	820.22
使用单位库存	Stock of User	89.13	80.99	96.49
二、加工转换投入产出差数	Margin of Input and Output for Conversion	4962.98	7981.04	8476.44
加工转换投入量	Input for Conversion	4.24		
加工转换产出量	Output for Conversion	4967.22	7981.04	8476.44
三、外调出省、出口	Allocation and Export	2393.64	5474.00	6121.00
调给外省市	Allocation	1749.64	4877.60	5954.93
供应外贸出口	Export	644.00	596.40	166.07
四、终端消费	Final Consumption	1276.90	2139.90	2589.22
(一)第一产业	Primary Industry	100.00	20.00	
农林牧渔业	Farming,Forestry,Animal Husbandry And Fishery	100.00	20.00	
(二)第二产业	Secondry Industry	1016.50	2049.40	2586.93
工　业	Industry	1010.30	2040.50	2586.73
轻工业	Light Industry	66.00	0.51	0.24
重工业	Heavy Industry	944.30	2039.99	2586.48
建筑业	Construction	6.20	8.90	0.20
(三)第三产业	Tertiary Industry	30.40	45.50	1.11
交通运输、仓储和邮政业	Transport,Storage and Post	2.00		
批发、零售业和住宿、餐饮业	Wholesale and Retail Trade, Hotels and Catering services	25.80	45.50	1.11
其　他	Others	2.60		
(四)人民生活	Residential Consumption	130.00	25.00	1.18
城　镇	Cities and Townes	66.80	10.00	1.10
乡　村	Rural Areas	63.20	15.00	0.08
五、损失量	Losses	2.58		
运输变电损失	Losses in Transmission	2.58		
六、年末库存量	Stock of Year End	511.51	691.66	682.93
成品库存	Stock of Product	425.81	563.71	586.71
使用单位库存	Stock of User	85.70	127.95	96.22

5-4 电力生产、外调、使用平衡表
ELECTRICITY BALANCE

单位：万千瓦小时 (10 000 kwh)

项 目	Item	2000	2005	2010
一、资 源	Resources	165000	239300	915400
一次能源生产量	Primary Energy Output	159800	203200	462100
外省市调入量	Quantity of Fold	5200	36100	453300
二、加工转换投入产出差数	Margin of Input and Output for Conversion	6087300	12916500	21043500
加工转换投入量	Input for Conversion			
加工转换产出量	Output for Conversion	6087300	12916500	21043500
三、外调出省、出口	Allocation and Export	1191400	3692600	7358400
调给外省市	Allocation	1191400	3692600	7358400
四、终端消费	Final Consumption	4769900	8924600	13812500
(一)第一产业	Primary Industry	261300	356400	351400
农林牧渔业	Farming,Forestry,Animal Husbandry And Fishery	261300	356400	351400
(二)第二产业	Secondry Industry	3898600	7384400	11273900
工 业	Industry	3863300	7334900	11112100
轻工业	Light Industry	268900	322700	284300
重工业	Heavy Industry	3594400	7012200	10827800
建筑业	Construction	35300	49500	161800
(三)第三产业	Tertiary Industry	340800	724100	1132400
交通运输、仓储和邮政业	Transport,Storage and Post	147600	310700	456300
批发、零售业和住宿、餐饮业	Wholesale and Retail Trade, Hotels and Catering services	70100	154900	201700
其 他	Others	123100	258500	474400
(四)人民生活	Residential Consumption	269200	459700	1054800
城 镇	Cities and Townes	170400	281000	641200
乡 村	Rural Areas	98800	178700	413600
五、损失量	Losses	291000	538600	788000
运输变电损失	Losses in Transmission	291000	538600	788000

5-5 石油制品生产、外调、使用平衡表
PETROLEUM PRODUCTS BALANCE

单位：万吨标准煤 (10 000 tons sec)

项　　目	Item	2000	2005	2010
一、资　源	Resources	318.66	601.72	1183.83
年初库存	Stock of Year Beginning	15.29	47.19	64.27
使用单位库存	Stock of User	4.11	7.41	6.25
商业部门库存	Stock of Commerce	11.18	39.78	58.02
外省市调入量	Quantity of Fold	303.37	554.53	1119.56
二、加工转换投入产出差数	Margin of Input and Output for Conversion			
加工转换投入量	Input for Conversion			
加工转换产出量	Output for Conversion			
三、外调出省、出口	Allocation and Export	1.64	1.35	
调给外省市	Allocation	1.64	1.35	
四、终端消费	Final Consumption	275.19	537.46	1103.77
(一)第一产业	Primary Industry	45.51	52.43	100.14
农林牧渔业	Farming,Forestry,Animal Husbandry And Fishery	45.51	52.43	100.14
(二)第二产业	Secondry Industry	108.62	140.59	172.23
工　业	Industry	95.66	124.27	131.31
轻工业	Light Industry	8.56	2.32	2.39
重工业	Heavy Industry	87.10	121.95	128.91
建筑业	Construction	12.96	16.32	40.92
(三)第三产业	Tertiary Industry	119.67	329.95	743.48
交通运输、仓储和邮政业	Transport,Storage and Post	103.22	292.67	643.12
批发、零售业和住宿、餐饮业	Wholesale and Retail Trade, Hotels and Catering services	3.21	10.17	47.06
其　他	Others	13.24	27.11	53.30
(四)人民生活	Residential Consumption	1.39	14.49	87.92
城　镇	Cities and Townes	0.92	10.30	54.25
乡　村	Rural Areas	0.47	4.19	33.68
五、损失量	Losses	0.17	0.79	1.76
运输变电损失及仓储	Losses in Transmission and Storage	0.17	0.79	1.76
六、年末库存量	Stock of Year End	41.66	62.12	78.30
使用单位库存	Stock of User	5.22	17.03	6.56
商业部门库存	Stock of Commerce	36.44	45.09	71.74

5-6 主要年份一、二次能源生产量及构成
PRODUCTION AND COMPOSITION OF PRIMARY AND SECONDARY ENERGY IN MAJOR YEARS

年 份 Year	一次能源产量 (万吨标准煤) Primary Energy Production (10 000 tons of SCE)	占能源产量(%) Percentage			加工转换能源占一次能源产量(%) Conversion As Percentage of Primary Energy			
		原 煤 Coal	水 电 Hydro-Power	瓦 斯 Gas		火 电 Thermal Power	洗精煤 Washed Coal	焦 炭 Coke
1962	2703.25	99.99	0.01		11.86	2.77	3.37	5.73
1965	3338.49	99.98	0.02		9.94	3.19	2.83	3.91
1970	4050.59	99.95	0.05		9.44	3.84	2.78	2.82
1975	6413.23	99.95	0.05		13.19	5.01	3.66	4.52
1980	10310.32	99.71	0.18	0.04	11.28	4.68	3.02	3.57
1985	18237.45	99.82	0.16	0.02	8.85	4.06	2.23	2.56
1990	24341.19	99.86	0.13	0.01	17.08	5.37	5.29	6.42
1995	29760.94	99.88	0.10	0.02	38.73	6.77	14.67	17.29
2000	21457.60	99.63	0.31	0.06	53.72	11.44	19.79	22.50
2005	47233.52	99.74	0.17	0.09	47.04	11.05	19.58	16.41
2006	49590.18	99.66	0.19	0.15	52.50	12.24	22.23	18.03
2007	53755.77	99.65	0.19	0.16	56.00	13.04	25.07	17.89
2008	55902.23	99.71	0.17	0.12	50.02	12.81	22.65	14.56
2009	52526.52	99.58	0.19	0.23	50.91	14.22	22.44	14.25
2010	63326.74	99.45	0.23	0.32	47.20	13.43	20.77	13.00

5-7 主要年份煤炭消费量
COAL CONSUMPTION IN MAJOR YEARS

单位：万吨 (10 000 tons)

年 份 Year	总 计 Total	生产建设消费 Production and Construction	#发 电 Electricity Generation	#炼 焦 Coking	生活用 Living
1980	4326	3378	727	642	948
1985	5566	4539	1028	1169	1027
1990	7292	6451	1692	2383	841
1995	13373	12757	2717	7264	616
2000	12704	12179	3128	6298	525
2001	13271	12726	3589	6343	545
2002	16587	16019	4173	8504	568
2003	18829	18155	4737	9754	674
2004	19112	18442	5567	8943	670
2005	22631	21811	6550	11208	820
2006	25514	24671	7340	13094	842
2007	27772	26953	7989	13800	819
2008	26879	25855	8469	11662	1024
2009	26149	25030	8610	10757	1119
2010	28180	27098	9968	11640	1082

注：本表煤炭消费量包括终端消费量和用于加工转换消费量。

Note:Dates of coal consumption in this table includes end-use consumption and consumption during the process of energy conversion.

5-8 主要年份石油制品、焦炭消费量
PETROLEUM PRODUCTS AND COKE CONSUMPTION IN MAJOR YEARS

单位：吨 (ton)

年 份 Year	石油制品(标准煤) Petroleum Products (SCE)	#工业交通 Industry And Transportation	#农 业 Agriculture	焦 炭 Coke	#工业生产 Industry	#建 筑 Construction
1980	1084440	684270	351519	2995572	2553669	9840
1985	1582990	913600	462500	3698900	3118000	17500
1990	1987500	1481400	380400	8326800	7611200	12100
1995	2581000	1828700	449300	12764800	10114700	40800
2000	2751900	1988800	455100	12769000	10103000	62000
2001	3192400	2231800	469100	21656800	18908200	65000
2002	3395500	2606900	472400	27615800	24819800	66000
2003	3596700	2835300	424200	30852900	28277900	76000
2004	4189500	3336000	435300	27243100	25423100	85000
2005	5374600	4169400	524300	21399000	20405000	89000
2006	5990500	4583200	652800	24169000	23189000	70000
2007	6347400	4805500	702800	25263700	24521700	62000
2008	9197600	6895200	689800	23587600	23577600	
2009	12119700	8483000	959500	24383900	24353600	1700
2010	11037700	7744300	1001400	25892200	25867300	2000

5-9 主要年份社会用电量
TOTAL ELECTRICITY CONSUMPTION IN MAJOR YEARS

单位：万千瓦小时 (10 000 kwh)

年 份 Year	社会用电量 Total Consumption	#农 业 Agriculture	#工 业 Industry	#电力工业 Electricity	#化学工业 Chemistry	#煤炭工业 Coal	#黑色金属 Ferrous Metal	#交通运输 Transpor-tation	#市政生活 Civicism
1980	1185877	171092	962483	248288	218915	146197	131800	5502	46798
1985	1634743	159100	1343101	321440	268079	232152	173668	37281	85000
1990	2552179	146279	2127321	480095	403856	386180	272555	89230	157301
1995	3782338	232387	3280436	809643	547112	553580	391889	121693	298126
2000	5020917	261338	4114046	939969	684945	603963	493088	147750	392327
2001	5583314	289110	4559151	1060565	719636	615497	608985	177477	434293
2002	6288249	299241	5142219	1151919	838226	708744	781121	207018	495555
2003	7251993	272821	6057454	1392823	957483	764843	962854	223394	538442
2004	8330106	288574	6994573	1632268	1205020	865891	1069276	255216	590291
2005	9463268	356384	7873556	1704567	1380229	1101659	1223916	310704	701698
2006	10976771	332557	9226217	2002767	1347675	1236806	1434010	373158	797896
2007	13488115	283769	11555987	2446779	1559778	1480152	1901101	419210	983014
2008	13143332	273224	11027563	2435403	1466808	1495149	1718484	406581	1163913
2009	12675376	320375	10277414	2393917	1257705	1508344	1799597	411778	1346817
2010	14600467	351399	11900099	2725517	1323372	1718512	2096358	456362	1482910

5-10 主要年份一、二次能源外调量及构成
ALLOCATION AND COMPOSITION OF PRIMARY AND SECONDRY ENERGY IN MAJOR YEARS

年 份 Year	合 计 Total	原 煤 Coal	电 力 Electricity	洗 煤 Washed Coal	焦 炭 Coke
	实物量 (万吨、亿千瓦小时) Practicality (10 000 tons,100 million kwh)				
1985		13562	20.1	284	176.1
1990		19218	64.7	1050	826.4
1995		20641	123.8	1776	2217.4
2000		20341	119.1	2201	2393.6
2001		22873	153.8	2439	2152.2
2002		25192	212.4	2558	3262.4
2003		27464	233.2	2545	3657.6
2004		32822	238.1	2832	4067.2
2005		40202	369.3	3075	5474.0
2006		42403	432.2	4240	6284.6
2007		49168	462.6	4460	6983.8
2008		48601	485.6	4723	6422.2
2009		39616	641.2	5976	5413.1
2010		44917	685.2	6280	6121.0
	标准量 (万吨标准煤) (10 000 tons of SCE)				
1985	12035.5	11527.7	81.1	255.6	171.1
1990	18358.2	16334.9	275.5	945.0	802.7
1995	21809.6	17545.9	512.5	1598.7	2152.6
2000	22077.3	17289.9	481.3	1980.9	2325.2
2001	24349.2	19442.1	621.4	2195.0	2090.6
2002	27742.7	21413.5	858.2	2301.9	3169.1
2003	30130.2	23344.1	942.3	2290.8	3553.0
2004	35360.4	27898.3	962.0	2549.2	3950.9
2005	43748.5	34171.3	1491.8	2767.9	5317.5
2006	47709.9	36042.3	1746.1	3816.2	6105.3
2007	54459.8	41792.8	1868.9	4014.0	6784.1
2008	53761.9	41311.1	1962.1	4250.4	6238.5
2009	46900.6	33673.5	2590.3	5378.6	5258.3
2010	52546.2	38179.8	2768.3	5652.2	5945.9
	构成 (%) Composition (%)				
1985	100.0	95.8	0.7	2.1	1.4
1990	100.0	89.0	1.5	5.1	4.4
1995	100.0	80.4	2.4	7.3	9.9
2000	100.0	78.4	2.2	9.0	10.5
2001	100.0	79.9	2.6	9.0	8.6
2002	100.0	77.2	3.1	8.3	11.4
2003	100.0	77.5	3.1	7.6	11.8
2004	100.0	78.9	2.7	7.2	11.2
2005	100.0	78.1	3.4	6.3	12.2
2006	100.0	75.5	3.7	8.0	12.8
2007	100.0	76.7	3.4	7.4	12.5
2008	100.0	76.8	3.7	7.9	11.6
2009	100.0	71.8	11.5	5.5	11.2
2010	100.0	72.7	5.3	10.8	11.3

5-11 分省(市、区)晋煤销售量(2010年)
SALES OF SHANXI COAL TO OTHER PROVINCES(2010)

单位：万吨 (10 000 tons)

省(市、区)	Region	总计 Total	铁路外运 Sales to Outside by Railway	公路外销 Sales to Outsideby Highway
总计	**Total**	**51176.34**	**41197.74**	**9978.60**
北京市	Beijing	1401.15	1398.74	2.41
天津市	Tianjin	2398.82	2337.18	61.64
河北省	Hebei	14940.30	7347.28	7593.02
内蒙区	Inner Mongolia	185.02	118.69	66.33
辽宁省	Liaoning	883.27	882.97	0.30
吉林省	Jilin	27.18	27.18	
黑龙江省	Heilongjiang	23.90	23.90	
上海市	Shanghai	1909.34	1909.31	0.03
江苏省	Jiangsu	4967.63	4967.55	0.08
浙江省	Zhejiang	3869.73	3867.81	1.92
安徽省	Anhui	644.49	644.10	0.39
福建省	Fujian	720.58	720.58	
江西省	Jiangxi	379.37	379.36	0.01
山东省	Shandon	9883.82	9256.74	627.08
河南省	Henan	3792.94	2192.38	1600.56
湖北省	Hubei	1753.08	1753.07	0.01
湖南省	Hunan	721.99	721.99	
广东省	Guangdong	1822.81	1822.81	
海南省	Hainan	21.40	21.40	
广西区	Guangxi	45.63	45.63	
重庆市	chongqing	2.31	2.31	
四川省	Sichuan	1.02	1.02	
贵州省	Guizhou	5.23	5.23	
云南省	yunnan	0.33	0.33	
西藏区	xizang	0.03	0.03	
陕西省	Shanxi	195.35	170.53	24.82
青海省	Qinghai	2.17	2.17	
宁夏区	Ningxia	2.18	2.18	
甘肃省	Gansu	1.00	1.00	
新疆区	xinjiang	90.85	90.85	
出口	Export	483.42	483.42	

5-12 主要年份能源生产弹性系数
ELASTICITY RATIO OF ENERGY PRODUCTION IN MAJOR YEARS

单位：% (%)

年 份 Year	能源生产比上年增长 Growth Rate of Energy Production Over Preceding Year	电力生产比上年增长 Growth Rate of Electricity Over Preceding Year	地区生产总值比上年增长 Growth Rate of Gross Domestic Product Over Preceding Year	能源生产弹性系数 Elasticity Ratio of Energy Production	电力生产弹性系数 Elasticity Ratio of Electricity Production
1980	11.10	5.38	2.00	5.55	2.69
1985	14.46	10.18	7.10	2.04	1.43
1990	3.96	3.64	5.00	0.79	0.73
1995	5.26	10.73	12.00	0.44	0.89
2000	1.12	9.62	9.40	0.12	1.02
2001	9.97	13.71	10.10	0.99	1.36
2002	27.36	18.43	12.90	2.12	1.43
2003	22.34	14.71	14.90	1.50	0.99
2004	10.90	11.81	15.20	0.72	0.78
2005	10.85	21.59	12.60	0.86	1.71
2006	4.43	16.34	11.80	0.38	1.38
2007	12.72	15.34	14.40	0.88	1.07
2008	1.79	2.01	8.10	0.22	0.25
2009	-5.72	-5.65	5.40	-1.06	-1.05
2010	24.87	14.97	13.90	1.79	1.08

5-13 主要年份能源消费弹性系数
ELASTICITY RATIO OF ENERGY CONSUMPTION IN MAJOR YEARS

单位：% (%)

年 份 Year	能源消费比上年增长 Growth Rate of Energy Consumption Over Preceding Year	煤炭消费比上年增长 Growth Rate of Coal Consumption Over Preceding Year	电力消费比上年增长 Growth Rate of Electricity Consumption Over Preceding Year	地区生产总值比上年增长 Growth Rate of Gross Domestic Product Over Preceding Year	能源消费弹性系数 Elasticity Ratio of Energy Consumption	煤炭消费弹性系数 Elasticity Ratio of Coal Consumption	电力消费弹性系数 Elasticity Ratio of Electricity Consumption
1980	3.92	8.31	-4.22	2.00	1.96	4.16	-2.11
1985	10.25	7.20	14.85	7.10	1.44	1.01	2.09
1990	-0.19	-12.57	2.98	5.00	-0.04	-2.51	0.60
1995	10.03	5.85	10.82	12.00	0.84	0.49	0.90
2000	3.60	2.44	11.61	9.40	0.38	0.26	1.24
2001	18.30	2.09	8.56	10.10	1.81	0.21	0.85
2002	17.21	12.82	14.08	12.90	1.33	0.99	1.08
2003	11.22	11.34	15.13	14.90	0.75	0.76	1.02
2004	8.48	4.07	14.72	15.20	0.56	0.27	0.97
2005	8.61	3.30	14.24	12.60	0.68	0.26	1.13
2006	9.62	5.75	16.09	11.80	0.82	0.49	1.36
2007	8.32	13.37	22.55	14.40	0.58	0.93	1.57
2008	0.30	7.57	-2.48	8.10	0.04	0.93	-0.31
2009	3.32	6.07	-2.49	5.40	0.61	1.12	-0.46
2010	7.91	-3.22	15.47	13.90	0.57	-0.23	1.11

5-14 主要年份城镇能源工业固定资产投资及构成
INVESTMENT AND COMPOSITION OF URBAN ENERGY INDUSTRY IN MAJOR YEARS

年 份 Year	能源工业投资(万元) Investment (10 000 yuan)	#煤 炭 Coal	#电 力 Electricity	#焦 炭 Coke	能源工业投资构成(%) Composition(%) #煤 炭 Coal	#电 力 Electricity	#焦 炭 Coke
1978	66664	42326	21886	2452	63.5	32.8	3.7
1979	74156	44571	26426	3159	60.1	35.6	4.3
1980	88460	61543	24333	2584	69.6	27.5	2.9
1981	73167	56227	15012	1928	76.8	20.5	2.6
1982	98593	71532	25532	1529	72.6	25.9	1.6
1983	140591	98328	38648	3615	69.9	27.5	2.6
1984	214490	153277	54985	6228	71.5	25.6	2.9
1985	257108	179652	70424	1856	69.9	27.4	0.7
1986	330956	244082	80994	1437	73.8	24.5	0.4
1987	347642	250597	87301	1465	72.1	25.1	0.4
1988	381904	257214	112286	3639	67.4	29.4	1.0
1989	415226	270039	136334	4321	65.0	32.8	1.0
1990	489747	324577	154818	1681	66.3	31.6	0.3
1991	602208	377988	206166	1201	62.8	34.2	0.2
1992	638782	407803	200365	1874	63.8	31.4	0.3
1993	733737	435372	273695	3728	59.3	37.3	0.5
1994	699372	405070	266244	9622	57.9	38.1	1.4
1995	727468	473255	213791	21173	65.1	29.4	2.9
1996	919671	598324	264519	25246	65.1	28.8	2.7
1997	1262414	671205	524099	46370	53.2	41.5	3.7
1998	1378520	480879	823699	32066	34.9	59.8	2.3
1999	1508720	421932	933944	67568	28.0	61.9	4.5
2000	1706272	365536	1155472	118894	21.4	67.7	7.0
2001	1661777	466135	917135	227631	28.1	55.2	13.7
2002	1826431	674181	819672	266173	36.9	44.9	14.6
2003	3046474	903602	1243865	761553	29.7	40.8	25.0
2004	4930625	1523924	1993540	1231811	30.9	40.4	25.0
2005	6027304	2587510	2351865	940325	42.9	39.0	15.6
2006	6856405	3056054	2859992	744919	44.6	41.7	10.9
2007	8627639	3639235	3559634	923172	42.2	41.3	10.7
2008	10231350	4640781	3860768	1014761	45.4	37.7	9.9
2009	12194046	5986723	4084562	1025476	49.1	33.5	8.4
2010	15207315	9295058	3628893	964168	61.1	23.9	6.3

5-15 主要年份能源加工转换投入产出情况
EFFCIENCY OF ENERGY CONVERSION IN MAJOR YEARS

年 份 Year	投入及转换总效率 Total Effciency		发电及供热投入原煤（万吨） Coal Input in Electricity And Heat (10 000 tons)	炼焦投入量 Input In Coking		洗选加工投入原煤（万吨） Coal Input In Washing (10 000 tons)	制气投入原 煤（万吨） Coal Input In Making Gas (10 000 tons)	产出总量（万吨标准煤） Total Output (10 000 tons of SEC)
	投入总量（万吨标准煤） Total Input (10 000 tons of SCE)	投入产出总效率(%) Efficiency (%)		原 煤（万吨） Coal (10 000 tons)	洗精煤（万吨） Washed Coal (10 000 tons)			
1980	1512.30	54.35	727.18	474.00	168.00	617.16		821.90
1985	2214.09	61.77	1108.00	834.00	234.74	802.00		1367.69
1990	4792.46	73.22	1812.74	1772.80	610.24	2162.71	72.59	3509.20
1995	13076.80	82.56	2946.49	3964.26	3298.52	6864.89	63.97	10796.47
2000	12867.25	81.44	3127.88	3250.02	3045.74	6958.75	58.03	10478.69
2001	13328.48	79.71	3516.87	3530.55	2802.14	7064.42	56.41	10623.59
2002	16307.60	80.66	4283.11	4063.48	4440.10	8616.57	73.20	13153.12
2003	18422.81	81.19	4816.60	4896.80	4856.72	9761.90	68.81	14957.76
2004	20876.72	81.84	5567.32	2509.88	6403.84	13380.99	85.52	17085.20
2005	25291.10	79.72	6597.20	2633.60	8571.16	14652.96	136.14	20161.30
2006	29328.52	81.22	7423.29	2595.72	10498.75	17175.78	36.33	23820.89
2007	33682.00	82.02	8061.21	1227.37	12556.60	19648.54	15.24	27624.47
2008	30901.52	82.03	8393.23	599.30	11048.78	18479.56	38.76	25349.81
2009	30047.10	79.09	8540.95	435.41	10318.22	18034.44	33.53	23763.43
2010	34407.94	80.18	9977.89	223.61	11414.74	20225.00	33.76	27587.12

年 份 Year	发电及供热产出 Output of Electricity And Heat		炼焦产出 Output of Coking		洗选煤产出 Output of Washed Coal		制气产出 Output of Making Gas	
	电 力（万千瓦小时） Electricity (10 000 kwh)	热 力（万百万千焦） Heat (10 billion kilo-joule)	焦 炭（万吨） Coke (10 000 tons)	焦炉煤气（万立方米） Gas (10 000 cu.m)	炼焦精煤（万吨） Coking (10 000 tons)	其他洗煤（万吨） Others (10 000 tons)	焦炉煤气（万立方米） Gas (10 000 cu.m)	其他煤气（万立方米） Others (10 000 cu.m)
1980	1156600		320.95		409.00			
1985	1777200	1297.88	568.66	55634	518.55	158.91		
1990	3068800	2324.00	1586.57	81600	1429.65	366.30	9400	136400
1995	4988500	3930.40	5294.97	159800	4850.20	710.59	1100	230000
2000	6087300	2367.70	4967.22	179900	4818.21	590.05		191800
2001	6936000	2248.54	4987.72	182500	4773.07	706.43		187500
2002	8220200	4589.53	5851.74	224500	6241.14	907.54		191400
2003	9457100	4762.25	6747.41	241800	6939.17	1155.79		183100
2004	10579900	5880.01	6805.18	350800	8921.32	1158.25		115200
2005	12916500	6020.60	7981.04	1440000	10275.88	1327.49		417900
2006	15025400	7410.87	9202.18	1714000	12249.46	2054.58		108000
2007	17347600	9068.98	9897.29	1777600	14975.82	3255.20		110600
2008	17727600	10067.00	8376.50	1728100	14069.18	3022.46		94100
2009	18487600	9804.65	7705.83	1485200	13095.28	3180.80		81200
2010	21043500	12089.93	8476.44	1607200	14863.17	3537.38		101600

注：本表炼焦产出的焦炉煤气从2005年起包括了加热炼焦炉用气。

Note: The gas output from coking from 2005 in this table includes the gas used to heat up the stoves.

5-16 终端能源消费量和构成(2010年)

单位：万吨标准煤

项　目	Ietm	合 计 Total	原 煤 Coal
消费总计	**Total Consumption**	**13820.47**	**3516.01**
一、第一产业	Primary Industry	337.65	125.41
农林牧渔业	Farming,Forestry,Animal Husbandry And Fishery	337.65	125.41
二、第二产业	Secondry Industry	10489.37	2676.89
工　业	Industry	10343.91	2626.17
轻工业	Light Industry	202.35	101.40
重工业	Heavy Industry	10141.52	2524.76
建筑业	Construction	145.46	50.72
三、第三产业	Tertiary Industry	1661.76	355.05
交通运输、仓储及邮电通讯业	Transport,Storage,Post and Telecommunication	887.83	39.25
批发、零售业和住宿、餐饮业	Wholesale and Retail Trade, Hotels and Catering Services	339.74	154.96
其　他	Others	434.19	160.85
四、人民生活	Residential Consumption	1331.69	358.66
部门构成(%)	**Composition of Department(%)**		
消费总计	**Total Consumption**	**100.00**	**100.00**
一、第一产业	Primary Industry	2.44	3.57
农林牧渔业	Farming,Forestry,Animal Husbandry And Fishery	2.44	3.57
二、第二产业	Secondry Industry	75.90	76.13
工　业	Industry	74.84	74.69
轻工业	Light Industry	1.46	2.88
重工业	Heavy Industry	73.38	71.81
建筑业	Construction	1.05	1.44
三、第三产业	Tertiary Industry	12.02	10.10
交通运输、仓储及邮电通讯业	Transport,Storage,Post and Telecommunication	6.42	1.12
批发、零售业和住宿、餐饮业	Wholesale and Retail Trade, Hotels and Catering Services	2.46	4.41
其　他	Others	3.14	4.57
四、人民生活	Residential Consumption	9.64	10.20
品种构成(%)	**Composition of Variety(%)**		
消费总计	**Total Consumption**	**100.00**	**25.44**
一、第一产业	Primary Industry	100.00	37.14
农林牧渔业	Farming,Forestry,Animal Husbandry And Fishery	100.00	37.14
二、第二产业	Secondry Industry	100.00	25.52
工　业	Industry	100.00	25.39
轻工业	Light Industry	100.00	50.11
重工业	Heavy Industry	100.00	24.90
建筑业	Construction	100.00	34.87
三、第三产业	Tertiary Industry	100.00	21.37
交通运输、仓储和邮政业	Transport,Storage and Post	100.00	4.42
批发、零售业和住宿、餐饮业	Wholesale and Retail Trade, Hotels and Catering Services	100.00	45.61
其　他	Others	100.00	37.04
四、人民生活	Residential Consumption	100.00	26.93

CONSUMPTION AND COMPOSITION OF TERMINAL ENERGY(2010)

(10 000 tons of sec)

洗精煤及其他洗煤 Washed Coal and Others	焦 炭 Coke	石油制品 Petroleum Products	电 力 Electricity	天然气煤气及其他 Gas and Others
415.66	**2515.17**	**1103.77**	**4406.14**	**1863.71**
		100.14	112.10	
		100.14	112.10	
168.51	2512.94	172.23	3596.33	1362.46
168.51	2512.75	131.31	3544.72	1360.46
2.50	0.23	2.39	90.69	5.13
166.01	2512.51	128.91	3454.03	1355.29
	0.19	40.92	51.61	2.01
	1.08	743.48	361.23	200.92
		643.12	145.56	59.90
	1.08	47.06	64.34	72.30
		53.30	151.33	68.71
247.15	1.15	87.92	336.48	300.33
100.00	**100.00**	**100.00**	**100.00**	**100.00**
		9.07	2.54	
		9.07	2.54	
40.54	99.91	15.60	81.62	73.10
40.54	99.90	11.90	80.45	73.00
0.60	0.01	0.22	2.06	0.28
39.94	99.89	11.68	78.39	72.72
	0.01	3.71	1.17	0.11
	0.04	67.36	8.20	10.78
		58.27	3.30	3.21
	0.04	4.26	1.46	3.88
		4.83	3.43	3.69
59.46	0.05	7.97	7.64	16.11
3.01	**18.20**	**7.99**	**31.88**	**13.49**
		29.66	33.20	
		29.66	33.20	
1.61	23.96	1.64	34.29	12.99
1.63	24.29	1.27	34.27	13.15
1.23	0.12	1.18	44.82	2.53
1.64	24.77	1.27	34.06	13.36
	0.13	28.13	35.48	1.38
	0.06	44.74	21.74	12.09
		72.44	16.39	6.75
	0.32	13.85	18.94	21.28
		12.28	34.85	15.83
18.56	0.09	6.60	25.27	22.55

5-17 分行业能源消费总量(2010年)

单位：万吨标准煤

行　业	Sector	能源消费总量 Total Energy Consumption
总　计	**Total**	**16808.03**
一、农林牧渔业	Farming,Forestry,Animal Husbandry And Fishery	
二、工　业	Industry	13329.72
1.轻工业	Light Industry	209.24
重工业	Heavy Industry	13120.48
2.煤炭开采和洗选业	Coal Mining and Dressing	2966.28
石油和天然气开采业	Petroleum and Natural Gas Extraction	2780.92
黑色金属矿采选业	Ferrous Metals Mining and Dressing	8.48
有色金属矿采选业	Nonferrous Metals Mining and Dressing	121.32
非金属矿采选业	Nonmetal Minerals Mining and Dressing	26.21
其它采矿业	Other Minerals Mining	10.61
农副食品加工业	Farm Products Processing	19.68
食品制造业	Food Manufacturing	9233.25
饮料制造业	Beverage Manufacturing	39.99
烟草制品业	Tobacco products	32.33
纺织业	Textile Industry	39.44
纺织服装、鞋、帽制造业	Garments,Shoes and Hats Manufacturing	0.86
皮革、毛皮、羽毛(绒)及其制品业	Leather,Furs,Down and Related Products	16.52
木材加工及木、竹、藤、	Timber Processing,Bamboo,Cane,Palm Fiber	1.20
棕、草制品业	and Straw Products	0.32
家俱制造业	Furniture Manufacturing	7.54
造纸及纸制品业	Paper Making and Paper Products	0.24
印刷业和记录媒介的复制	Printing and Record Medium Reproduction	13.70
文教体育用品制造业	Cultural,Educational and Sports Goods	3.23
石油加工、炼焦及核燃料加工业	Petroleum Processing ,Coking and Nuclear Fuel Processing	0.68
化学原料及化学制品制造业	Raw Chemical Materials Chemical Products	2062.17
医药制造业	Medical Products	1542.46
化学纤维制造业	Chemical Fiber	33.92
橡胶制品业	Rubber Products	10.84
塑料制品业	Plastic Products	13.00
非金属矿物制品业	Nonmetals Minerial Products	7.89
黑色金属冶练及压延加工业	Smelting and Pressing of Ferrous Metals	520.88
有色金属冶练及压延加工业	Smelting and Pressing of Nonferrous Metals	3567.84
金属制品业	Metal Products	913.73
通用设备制造业	Universal Purpose Equipment	31.93
专用设备制造业	Special Purpose Equipment	220.61
交通运输设备制造业	Transport Equipment	73.57
电气机械及器材制造业	Electric Equipment and Machinery	33.09
通信设备、计算机及其他	Telecommuniction Equipment , Computer and Other	5.65
电子设备制造业	Electronic Products	20.06
仪器仪表及文化、办公用机械制造业	Instruments, Meters, Cultural and Office Machinery	0.54
工艺品及其他制造业	Handicraft and Others	15.96
废弃资源和废旧材料回收加工业	Discarded Resources & Waste Materials	3.04
	Recoverying and Processing	1129.21
电力、热力的生产和供应业	Production & Supply of Electric Power and Heating Power	1064.60
燃气的生产和供应业	Production & Supply of Gas	38.23
水的生产和供应业	Tap Water Production and Supply	26.37
三、建筑业	Construction	145.46
四、交通运输、仓储和邮政业	Transport, Storage and Post	889.59
五、批发、零售业和住宿、餐饮业	Wholesale and Retail Trade, Hotels and Catering Services	339.74
六、人民生活及其他	Residential Consumption and Others	1331.69

ENERGY CONSUMPTION BY SECTOR(2010)

(10 000 tons of sec)

煤 炭 (万吨) Coal (10 000 tons)	电 力 (亿千瓦小时) Electricity (100 million kwh)	焦 炭 (万吨) Coke (10 000 tons)	汽 油 (万吨) Gasoline (10 000 tons)	柴 油 (万吨) Diesel Oil (10 000 tons)
28180.74	**1460.05**	**2589.22**	**227.85**	**473.68**
175.55	35.14		29.00	39.44
26351.38	1190.01	2586.73	17.40	55.46
157.84	28.43	0.24	1.28	0.34
26193.54	1161.58	2586.48	16.12	55.12
2705.45	171.85	31.14	7.30	28.72
2698.23	2.61		0.05	0.06
	30.31	11.50	0.03	6.57
5.04	7.73	0.44	0.02	0.61
0.29	2.74	0.32		0.11
1.89	6.17			
	4.57	0.23	0.06	0.06
14495.27	2.71		0.03	0.04
32.85	2.77		0.04	0.04
31.88	0.15			
42.37	3.72		0.01	
0.41	0.20		0.04	
5.77	0.09			
0.68	1.25			0.03
0.04				
4.92	0.06		0.01	
0.06	2.64		0.01	0.04
7.04	0.46		0.02	0.05
2.06	0.17	0.01	0.00	
0.17	30.30	82.44	2.28	4.98
10423.45	132.34	37.89	2.44	1.05
1299.75	4.81		1.06	0.04
22.65	3.35			
0.29	2.89		0.03	0.06
1.10	2.34		0.01	0.01
0.29	61.11	5.36	0.37	2.71
434.46	209.64	2238.54	0.47	4.58
1332.76	163.91	8.41	0.05	1.11
759.74	7.86	4.47	0.05	0.18
2.80	13.88	158.92	0.17	0.62
25.40	11.90	0.01	0.22	0.32
35.65	3.77	6.89	0.07	0.17
13.42	0.77	0.02	0.03	0.02
2.02	4.49		0.01	0.06
1.55				
0.10	0.07		0.01	0.01
11.56	2.73			0.05
0.03	0.94	0.02		
9150.66				
9150.39	272.56	0.11	2.45	3.12
	11.97		0.03	
0.28	8.18		0.04	0.01
72.07	16.18	0.20	9.81	18.01
54.94	45.63		103.15	324.13
219.19	20.17	1.11	13.68	16.51
1082.46	105.48	1.18	34.31	4.53

主要统计指标解释

能源资源 指报告期全省各种能源资源总量。能源品种包括原煤、洗精煤、 焦炭、原油、汽油、柴油、煤油、燃料油、天然气、焦炉煤气、其他煤气、其他焦化制品、热力、电力等品种。能源资源组成包括三部分：

1.期初、期末库存量是指一定时点各种能源的库存量，其中包括产成品库存量，各种能源库存量。产成品库存量中，还包括乡村企业能源产成品库存量。

2.一次能源生产量是指报告期一次能源的生产量，其中包括原煤、水电、天然气（煤矿瓦斯）的生产量，不包括太阳能、风能产量。由一次能源加工转换产出的二次能源产量不包括在内。

3.外省市调入量是指报告期调入的各种能源数量。我省从外省市调入的能源主要是石油制品：汽油、柴油、煤油、燃料油及电网交界处输入部分电力和相邻省调入的部分煤炭。

能源消费总量 是指报告期全省用于生产、生活的各种能源消费量的总和。能源消费总量按标准煤折算。能源消费总量中包括：原煤、原油及其制品、天然气、电力，不包括生物能和太阳能等的利用。能源消费总量包括三部分：

1.能源终端消费量 指报告期全省物质生产部门、非物质生产部门的各种能源消费量。不包括加工转换损失量和运输、管理中的损失量。

2.能源加工转换损失量 指全省投入加工转换的各种能源数量和与产出能源及制品之和的差数，是能源加工转换过程的消费量，也称加工转换损失量。

3.损失量 指能源的运输、储存中发生的经营管理损失量，包括煤炭库存中的水冲、自燃等损失量。

能源生产量弹性系数 是研究能源生产量的增长与国民经济增长之间关系的指标。国民经济年平均增长速度，可根据不同目的的需要，用工农业总产值、国内生产总值等指标来计算，本资料是采用国内生产总值指标计算的。其计算公式为：

$$\text{能源生产弹性系数}=\frac{\text{能源生产量年平均增长速度}}{\text{国内生产总值年平均增长速度}}\times 100\%$$

电力生产弹性系数 是研究电力生产的增长与国民经济增长之间关系的指标。其计算公式为：

$$\text{电力生产弹性系数}=\frac{\text{电力生产量年平均增长速度}}{\text{国内生产总值年平均增长速度}}\times 100\%$$

能源消费增长弹性系数 是反映能源消费增长速度与国民经济增长速度之间比例关系的指标。其计算公式为：

$$\text{能源消费弹性系数}=\frac{\text{能源消费年平均增长速度}}{\text{国内生产总值年平均增长速度}}\times 100\%$$

电力消费弹性系数 是反映电力消费增长速度与国民经济增长速度之间比例关系的指标。其计算公式为：

$$\text{电力消费弹性系数}=\frac{\text{电力消费年平均增长速度}}{\text{国内生产总值年平均增长速度}}\times 100\%$$

能源加工转换效率 是指报告期内一次能源产品经过加工转换后，产出的各种能源产品及其制品的数量，与同期投入加工转换的各种一次能源数量的比率。它是观察能源加工转换装置和生产工艺先进与落后、管理水平高低等的重要指标。

能源外调量 是报告期通过铁路、公路售给外省市、供应外贸出口的各种能源数量。

一、二次能源外调量构成 是报告期各种能源外调量在能源外调总量中的结构比，它全面反映山西能源加工工业的发展，外调能源结构变化，原煤外调量所占比例逐年减少，二次能源外调量所占比例上升，供应的优质能源逐年增加，它是反映能源产业结构变化的重要标志。

Explanatory Notes on Main Statistical Indicators

Total Energy Resources refers to total resources of all energy in the province in a given period of time. It is include coal, washed coal, coke, crude oil, gasoline, diesel oil, kerosene fuel oil, natural gas, gas and other gas, heat and electricity, etc. It includes three parts.

1. Stock in the beginning and end of the year refers to stock of all kind of energy

2. Total Energy Production refers to the total production of energy, including production of coal, hydropower and gas, excluding solar energy, wind energy and secondary energy converted from the primary energy.

3. Quantity of Fold from other Province refers to energy quantity of fold in a given period of time. Energy folded from other province mostly is crude oil product including gasoline, diesel oil, fuel oil some electricity input in the juncture of electricity nets and some coals.

Total Energy Consumption refers to the total consumption of various kinds by production and households in the province in a given period of time. It is converted by SCE. The total energy includes that of coal, crude oil and their products, natural gas and electricity. It excludes bionergy and solar energy. It can be divided into three parts:

1. Final energy consumption refers to total energy consumption by material production sectors, non-material production sectors in the province in a given period of time, but excludes the loss in the conversion and transportation.

2. Loss During the Process of Energy Conversion refers to the total input of various kinds of energy for conversion, minus total output of various kinds of energy in the province in a given period of time. It is energy consumption during the process of energy conversion, also called loss of energy conversation.

3. Loss refers to the loss of energy during the course of energy transportation and storage, include coal loss caused by washed away by the water and self-ignite in the storage.

Elasticity Ratio of Energy Production refers to indicators to show the relationship between the growth rate of energy production and the growth rate of the national economy. average annual growth rate of national economy can be shown by the gross domestic product, gross output value of industry and agriculture, depending upon the purposes or need. The gross domestic product is used in calculation of the in this chapter. The formula is:

$$\text{Elasticity Ratio of Energy Production}=\frac{\text{Average Annual Growth Rate of Energy Production}}{\text{Average Annual Growth Rate of National Economy}}\times 100\%$$

Elasticity Ratio of Electricity Production refers to indicators to show the relationship between the growth rate of electricity production and the growth rate of the national economy. The formula is:

$$\text{Elasticity Ratio of Electricity Production}=\frac{\text{Average Annual Growth Rate of Electricity Production}}{\text{Average Annual Growth Rate of National Economy}}\times 100\%$$

Elasticity Ratio of Energy Consumption refers to indicators to show the relationship between the growth rate of energy consumption and the growth rate of the national economy. The formula is:

$$\text{Elasticity Ratio of Energy Consumption}=\frac{\text{Average Annual Growth Rate of Energy Consumption}}{\text{Average Annual Growth Rate of National Economy}}\times 100\%$$

Elasticity Ratio of Electricity Consumption refers to indicators to show the relationship between the growth rate of electricity consumption and the grow the rate of the national economy. The formula is:

$$\text{Elasticity Ratio of Electricity Consumption}=\frac{\text{Average Annual Growth Rate of Electricity Consumption}}{\text{Average Annual Growth Rate of National Economy}}\times 100\%$$

Efficiency of Energy Processing and Conversion refers to the ratio of the total output of energy products of various kinds after processing and conversion and the total input of energy of various kinds for processing and conversion in the same reference period.

It is an important indicators to show the current conditions of energy processing and conversion equipment, production technique and management.

Energy Transferred to Other Localities refers to a mount of energy transferred to other localities by railway and highway, export in a given period of time.

Composition of Primary and Secondary Energy Transferred to Other Localities refers to the composition of energy transferred. It shows energy processing development of energy base, structure changes of energy transferred, proportion of coal transferred reduction year after year ,proportion of secondary energy transferred increase year after year, supply of high grade energy increase year after year. It is an important change symbol of energy structure.

物 价

PRICE

资料整理人员

韩建华　王秀莲　陈　中

物　价

PRICE

居民消费价格总指数	General Residents Consumer Price Index	103.0
城　镇	General Urban Residents Consumer Price Index	103.1
农　村	General Rural Residents Consumer Price Index	102.8
商品零售价格总指数	General Retail Price Index	102.3
原材料、燃料动力购进价格指数	Index of Raw Materials and Fuels Purchsing Price	109.0
工业品出厂价格指数	Ex-factory Price Index of Industral Products	109.5

房地产价格指数（上年=100）

Price Index of Real Estate (last year=100)

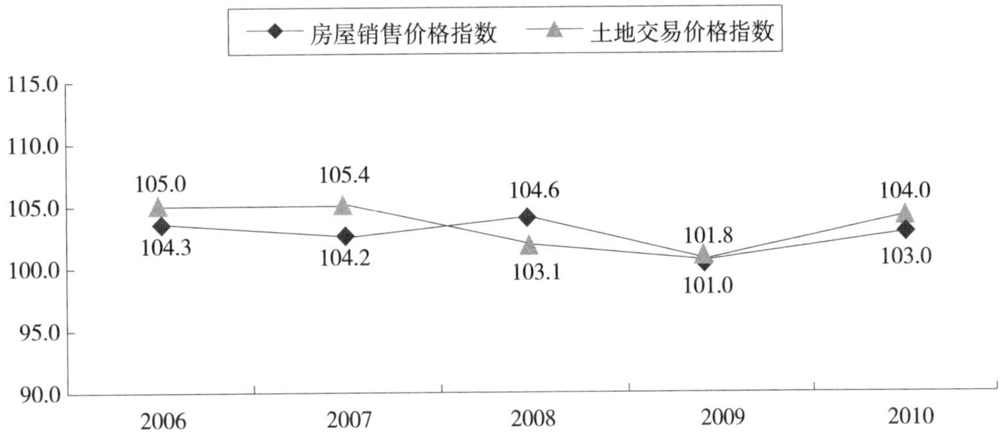

物价总指数（上年=100）

General Price Index (last year=100)

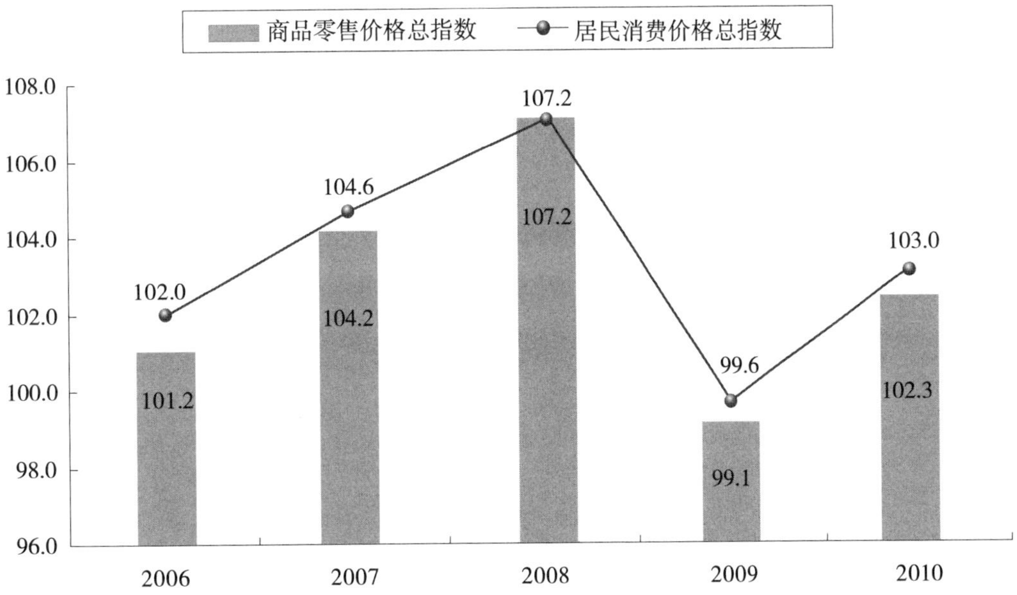

6-1 主要年份各类物价总指数
GENERAL PRICE INDICES IN MAJOR YEARS

上年=100 (last year=100)

年份 Year	全省商品零售价格总指数 General Retail Price Index	全省居民消费价格总指数 General Residents Consumer Price Index	城市居民消费价格总指数 General Urban Residents Consumer Price Index	农村居民消费价格总指数 General Rural Residents Consumer Price Index
1962	100.4		100.5	
1965	97.5		97.6	
1970	99.5		99.3	
1975	99.9		99.8	
1978	100.0		100.0	
1980	103.5	103.4	105.5	101.3
1985	107.6	108.5	109.1	107.8
1990	102.1	102.2	101.5	103.0
1995	115.6	116.9	116.7	117.2
2000	97.1	103.9	104.7	103.0
2005	100.3	102.3	101.7	103.7
2006	101.2	102.0	101.8	102.5
2007	104.2	104.6	104.2	105.7
2008	107.2	107.2	107.0	107.7
2009	99.1	99.6	99.0	100.9
2010	102.3	103.0	103.1	102.8

6-1 续表 continued

1950年 = 100 (1950=100)

年份 Year	全省商品零售价格总指数 General Retail Price Index	全省居民消费价格总指数 Ceneral Residents Consumer Price Index (1978年=100)	城市居民消费价格总指数 General Urban Residents Consumer Price Index	农村居民消费价格总指数 General Rural Residents Consumer Price Index (1978年=100)
1962	170.7		166.4	
1965	150.0		147.5	
1970	143.6		141.2	
1975	142.8		141.4	
1978	143.1	100.0	141.3	100.0
1980	148.8	104.0	150.6	101.5
1985	174.5	123.4	181.1	118.4
1990	290.6	206.6	301.4	200.5
1995	510.1	391.3	595.6	354.6
2000	500.5	444.2	690.0	391.6
2005	506.8	472.9	718.8	437.4
2006	512.9	482.4	731.7	448.3
2007	534.4	504.6	762.4	473.9
2008	572.9	540.9	815.8	510.4
2009	567.7	538.7	807.6	515.0
2010	580.8	554.9	832.6	529.4

6-2 主要年份商品零售价格总指数
GENERAL RETAIL PRICE INDICES IN MAJOR YEARS

年 份 Year	1950年 价格=100 1950=100	1957年 价格=100 1957=100	1965年 价格=100 1965=100	1970年 价格=100 1970=100	1978年 价格=100 1978=100	1980年 价格=100 1980=100	1985年 价格=100 1985=100	1990年 价格=100 1990=100	上年=100 Last Year=100
1965	150.0	109.2	100.0						97.5
1970	143.6	104.5	95.7	100.0					99.5
1975	142.8	104.0	95.2	99.4					99.9
1978	143.1	104.2	95.4	99.6	100.0				100.0
1980	148.8	108.4	99.3	103.6	104.0	100.0			103.5
1985	174.5	127.0	116.3	121.5	122.0	117.3	100.0		107.6
1990	290.6	211.5	193.8	202.4	203.2	195.4	166.6	100.0	102.1
1995	510.1	371.3	340.3	355.5	356.7	343.1	292.5	175.6	115.6
2000	500.5	364.1	333.7	348.6	349.9	336.5	286.8	172.2	97.1
2005	506.8	368.8	337.9	353.0	354.3	340.6	290.3	174.3	100.3
2006	512.9	373.2	342.0	357.2	358.6	344.7	293.8	176.4	101.2
2007	534.4	388.9	356.4	372.2	373.7	359.2	306.1	183.8	104.2
2008	572.9	416.9	382.1	399.0	400.6	385.1	328.1	197.0	107.2
2009	567.7	413.1	378.7	395.4	397.0	381.6	325.1	195.2	99.1
2010	580.8	422.6	387.4	404.5	406.1	390.4	332.6	199.7	102.3

6-3 主要年份城市居民消费价格总指数
GENERAL URBAN RESIDENTS CONSUMER PRICE INDICES IN MAJOR YEARS

年 份 Year	1950年 价格=100 1950=100	1957年 价格=100 1957=100	1965年 价格=100 1965=100	1970年 价格=100 1970=100	1978年 价格=100 1978=100	1980年 价格=100 1980=100	1985年 价格=100 1985=100	1990年 价格=100 1990=100	上年=100 Last Year=100
1965	147.5	108.6	100.0						97.6
1970	141.2	104.0	98.3	100.0					99.3
1975	141.4	104.1	98.6	100.0					99.8
1978	141.3	104.1	98.6	100.0	100.0				100.0
1980	150.6	110.9	102.1	106.5	106.6	100.0			105.5
1985	181.1	133.5	123.0	128.2	128.2	120.3	100.0		109.1
1990	301.4	222.2	204.7	213.4	213.4	200.2	166.4	100.0	101.5
1995	595.6	439.3	404.6	421.6	421.6	395.8	328.9	197.6	116.7
2000	690.0	508.8	468.7	488.5	488.5	458.6	380.9	229.0	104.7
2005	718.8	530.1	488.3	508.9	508.9	477.7	396.8	238.7	101.7
2006	731.7	539.6	497.1	518.1	518.1	486.3	403.9	243.0	101.8
2007	762.4	562.3	518.0	539.9	539.9	506.7	420.9	253.2	104.2
2008	815.8	601.7	554.3	577.7	577.7	542.2	450.4	270.9	107.0
2009	807.6	595.7	548.8	571.9	571.9	536.8	445.9	268.2	99.0
2010	832.6	614.2	565.8	589.6	589.6	553.4	459.7	276.5	103.1

6-4 商品零售价格分类指数 (2010年)

GENERAL RETAIL PRICE INDICES BY CATEGORY OF COMMODITIES (2010)

上年=100 (last year=100)

指 标	Item	全 省 Total Province Indices	城 市 Urban Indices	农 村 Rural Indices
商品零售价格总指数	**General Retail Price Indices**	**102.3**	**102.5**	**102.0**
一、食品类	Food	108.6	108.6	108.5
1.粮 食	Grain	107.6	107.5	107.7
2.淀 粉	Starches	108.0	106.5	109.1
3.干豆类及豆制品	Bean and Its Prodrcts	110.6	109.9	111.9
4.油 脂	Oil or Fat	103.9	102.8	105.4
5.肉禽及其制品	Meat, Poultry and their Products	102.6	101.6	104.1
6.蛋	Eggs	109.0	108.6	109.3
7.水产品	Aquatic Products	105.9	104.3	111.0
8.菜	Vegetables	121.6	120.1	124.3
9.调味品	Condiments	105.4	106.2	104.7
10.糖	Sugar	108.7	107.0	113.2
11.干鲜瓜果	Fresh and Dried Fruits	120.2	121.3	116.5
12.糕点饼干面包	Cake，Biscuit and Bread	104.4	105.4	101.8
13.液体乳及乳制品	Milk and Its Products	101.5	101.3	102.2
14.在外用膳食品	Food Eating out	104.0	105.1	101.6
15.其 他	Others	100.2	98.5	103.1
二、饮料、烟酒	Drinking , Tobacco and Liquor	102.3	102.5	102.0
1.茶及饮料	Tea and Drinking	101.3	101.4	100.5
2.烟 草	Tobacco	101.2	101.4	100.9
3.酒	Liquor	106.8	107.3	106.1
三、服装、鞋帽类	Garments，Shoes and Hats	96.6	96.4	97.1
1.服 装	Garments	97.0	97.1	96.9
2.鞋袜帽	Shoes，Socks and Stockings，Hats	95.8	94.9	97.3
3.其 他	Others	94.0	90.0	100.6
四、纺织品类	Textiles	100.7	101.3	99.9
1.衣着材料	Clothing Material	102.6	101.1	104.5
2.床上用品	Bed Articles	99.4	101.4	95.3
五、家用电器及音像器材	Household Electrical Facilities & Audiovisual Articles	93.4	93.1	94.1
1.家庭设备	Household Facilities	96.4	96.5	96.2
2.文娱用耐用消费品	Durable Consumer Goods for Recreation	89.5	88.4	91.2
3.音像器材类	Audiovisual Articles	95.4	95.2	96.7

6-4 续表 continued

上年=100 (last year=100)

指 标	Item	全 省 Total Province Indices	城 市 Urban Indices	农 村 Rural Indices
六、文化办公用品	Culture and Office Articles	97.7	97.7	97.8
七、日用品	Daily Use Articles and Others	99.3	99.3	99.3
1.日用百货	Daily Use Articles	99.3	99.8	98.1
2.日用杂品	Daily Use Sundry Goods	100.7	100.2	101.2
3.洗涤用品	Washing Goods	98.6	98.1	99.4
4.其 他	Others	99.6	99.8	99.4
八、体育娱乐用品	Sports and Recreational Articles	97.6	98.3	96.3
1.体育用品	Sports Articles	100.0	100.1	99.8
2.娱乐用品	Recreational Articles	95.7	96.8	94.0
九、交通、通信用品	Means of Transportation and Communication	92.5	93.4	90.7
1.交通运输机械	Means of Transportation	96.4	97.5	94.5
2.通讯器材类	Means of Communication	84.1	84.9	82.6
十、家 具	Furniture	98.7	99.9	96.6
十一、化妆品类	Cosmetics	99.9	99.8	100.0
十二、金银珠宝类	Gold, Silver and Jewelry	111.6	109.8	115.1
十三、中西药品及医疗保健用品类	Medicine and Medical Articles, Health Care Articles	103.0	103.6	102.1
1.医疗器具及用品	Medical Appliances and Articles	108.2	109.8	106.5
2.中药材及中成药	Traditional Chinese Medicine	111.8	114.4	108.8
3.西 药	Western Medicine	100.0	100.6	98.7
4.保健器具及用品	Health Care Equipment and Articles	101.3	101.6	100.4
十四、书报杂志及电子出版物类	Newspapers, Magazines and Electronic Publication	102.8	102.8	102.9
1.教材及参考书	Teaching Materials and Reference Books	106.3	105.8	107.2
2.书报杂志	Newspapers and Magazines	100.1	100.1	100.1
3.电子音像制品	Electronic Audiovisual Products	98.0	97.8	98.3
十五、燃料类	Fuels	111.8	112.1	111.1
1.煤炭及制品类	Coal and Coal Products	111.1	113.5	107.7
2.石油及制品类	Petroleum and its Products	112.2	111.3	114.1
十六、建筑材料及五金电料类	Building Materials & Hardware and Electrical Materials	100.9	100.8	101.2
1.建筑装璜材料	Decoration Materials	101.1	101.0	101.4
2.五金电料类	Hardware and Electrical Materials	100.2	100.1	100.3

6-5 居民消费价格分类指数 (2010年)

GENERAL RESIDENTS CONSUMER PRICE INDICES BY CATEGORY OF COMMODITIES (2010)

上年=100 (last year=100)

指 标	Item	全 省 Total Province Indices	城 市 Urban Indices	农 村 Rural Indices
居民消费价格总指数	**General Residents Consumer Price Index**	**103.0**	**103.1**	**102.8**
一、食 品	Food	108.5	108.6	108.4
1.粮 食	Grain	107.5	107.7	107.2
2.淀 粉	Starches	108.2	106.9	109.5
3.干豆类及豆制品	Bean and Its Products	110.9	110.2	112.1
4.油 脂	Oil or Fat	104.0	102.7	105.8
5.肉禽及其制品	Meat and Poultry	102.5	101.7	104.1
(1)食用畜肉及副产品	Poultry Meat and by-product	102.6	101.8	104.3
(2)禽	Poultry	104.0	103.7	104.4
(3)肉禽加工制品	Poultry Product	102.4	101.4	103.8
6.蛋	Eggs	109.0	109.1	108.9
7.水产品	Aquatic Products	106.1	104.5	112.0
(1)鱼	Fish	106.6	104.3	114.1
(2)其 他	Others	104.8	105.0	103.8
8.菜	Vegetables	121.7	120.8	124.4
(1)鲜 菜	Fresh Vegetables	119.9	119.4	121.9
(2)干菜及菜制品	Dried Vegetables and Its Products	108.2	107.4	109.2
9.调味品	Condiments	105.2	106.2	104.1
10.糖	Sugar	108.4	107.1	112.5
11.茶及饮料	Tea and Beverages	101.3	101.5	100.6
(1)茶 叶	Tea	100.7	101.4	99.9
(2)饮 料	Beverages	101.4	101.5	100.9
12.干鲜瓜果	Fresh and Dried Fruits	120.4	121.0	118.2
(1)鲜 果	Fresh Fruits	123.4	123.8	121.5
(2)干(坚)果	Dried Fruits	110.8	112.2	106.6
13.糕点饼干面包	Cake, Biscuit and Bread	104.8	105.7	101.9
14.液体乳及乳制品	Milk and Its Products	101.6	101.4	102.4
15.在外用膳食品	Food Eating out	104.2	105.0	101.8
(1)主 食	Staple Food	104.6	106.2	102.0
(2)炒 菜	Fried Dishes	103.8	104.3	101.4
(3)地方小吃	Local Snack	105.4	107.2	102.4
16.其他食品	Other Food	99.5	98.3	103.2
二、烟酒及用品	Tobacco, Liquor and Appliance	102.8	103.0	102.4
1.烟 草	Tobacco	101.0	101.3	100.7
2.酒	Liquor	107.0	107.2	106.7
3.吸烟饮酒用品	Appliance	100.2	100.0	100.6
三、衣 着	Clothing	96.8	96.6	97.2
1.服 装	Garments	97.0	97.1	96.8
(1)男式服装	Man's Garments	95.5	95.3	95.9
(2)女式服装	Woman's Garments	96.9	97.7	94.5
(3)儿童服装	Children's Garments	101.3	100.0	103.2
2.衣着材料	Clothing Material	102.6	101.0	104.6
3.鞋袜帽	Shoes, Socks and Stockings, Hats	95.6	95.0	97.0
(1)鞋	Shoes	94.6	94.2	95.6
(2)袜 子	Socks and Stockings	100.1	99.2	102.0
(3)帽 子	Hats	96.8	95.7	98.9
4.衣着加工服务	Colthing Processing	102.2	100.6	106.2

6-5 续表 continued

上年=100 (last year=100)

指 标	Item	全 省 Total Province Indices	城 市 Urban Indices	农 村 Rural Indices
四、家庭设备用品及维修服务	Household Facilities & Articles and Repairment	98.5	98.7	98.0
1.耐用消费品	Durable Consumer Goods	97.0	97.4	95.8
(1)家 具	Furniture	98.2	98.8	96.1
(2)家庭设备	Household Facilities	96.2	96.4	95.6
2.室内装饰品	Interior Decorations	96.6	96.3	99.0
3.床上用品	Bed Articles	100.1	102.1	94.7
4.家庭日用杂品	Daily Use Household Articles	100.2	99.5	101.6
5.家庭服务及加工维修服务	Household Service，Processing and Repairment	103.1	103.7	101.3
五、医疗保健和个人用品	Medicine and Medical Articles	102.3	102.4	102.2
1.医疗保健	Medical and Health	102.2	102.5	101.4
(1)医疗器具及用品	Medical Appliances and Articles	111.3	109.0	116.8
(2)中药材及中成药	Traditional Chinese Medicine	112.0	113.8	107.7
(3)西 药	Western Medicine	100.1	100.6	98.2
(4)保健器具及用品	Health Care Equipment	101.2	101.4	99.9
(5)医疗保健服务	Medical and Health Care Services	100.8	100.8	100.9
2.个人用品及服务	Personal Articles and Service	102.7	102.0	104.1
(1)化妆美容用品	Cosmetics	100.3	100.3	100.3
(2)清洁化妆用品	Sanitation Articles	100.1	100.3	99.3
(3)个人饰品	Personal Decorations	106.9	105.0	109.2
(4)个人服务	Personal Service	103.0	103.0	102.9
六、交通和通信	Means of Transportation and Communication	98.5	98.4	98.9
1.交 通	Transportation	101.0	101.2	100.7
(1)交通工具	Means of Transportation	97.8	98.1	97.5
(2)车用燃料及零配件	Fuel and Parts of Transportation	112.1	112.3	111.9
(3)车辆使用及维修	Use and Repairment of Traffic Means	102.6	104.3	101.0
(4)市区公共交通	Urban Public Transportation	101.0	100.7	102.5
(5)城市间交通	Transportation Between of Cities	100.7	100.9	100.2
2.通 信	Communication	96.4	96.3	96.7
(1)通信工具	Means of Communication	78.9	78.8	79.4
(2)通信服务	Service of Communication	99.9	99.8	100.2
七、娱乐教育文化用品及服务	Recreation,Education and Culture Articles and Service	100.5	101.0	99.5
1.文娱用耐用消费品及服务	Durable Consumer Goods and Service for Recreational Use	91.9	91.8	92.2
2.教 育	Education	102.9	103.9	101.0
(1)教材及参考书	Teaching Materials and Reference Books	107.2	106.0	110.1
(2)学杂托幼费	Tuition and Child-care Fees	102.7	103.8	100.7
3.文化娱乐类	Cultural and Recreational Articles	101.5	101.7	100.8
(1)文化娱乐	Cultural and Recreational	98.8	98.8	99.0
(2)书报杂志	Newspapers and Magazines	100.1	100.1	100.0
(3)文娱费	Recreational Fees	104.8	105.1	103.6
4.旅 游	Tourism	99.1	99.6	97.9
八、居 住	Residence	103.8	104.2	103.1
1.建房及装修材料	Housing Building and Decorations	100.0	99.3	100.7
2.租 房	Rent House	106.0	110.6	100.9
3.自有住房	Private House	106.9	107.1	105.7
4.水、电、燃料	Water，Electricity and Fuels	103.5	102.6	105.3

6-6 农业生产资料价格分类指数
INDICES OF AGRICULTURAL PRODUCTIVE MATERIALS BY CATEGORY OF COMMODITIES

上年=100 (last year=100)

类 别	Category	2000	2005	2010
农业生产资料价格指数	**Price Indices of Agricultural Pruductive Materials**	**102.5**	**113.3**	**102.0**
一、农用手工工具	Manipulative Tools for Agruiculture	100.4	125.8	103.3
二、饲　料	Forage	91.5	109.0	109.7
三、产品畜	Commodity Animals	149.0	114.0	96.1
四、半机械化农具	Semi-mechanized Farm Implements	98.4	101.8	100.0
五、机械化农具	Mechanized Farm Implements	95.9	101.4	99.6
六、化学肥料	Chemical Fertilizer	91.3	115.9	94.7
七、农药及农药械	Pesticide and Its Appliances	96.0	129.7	101.3
1.化学农药	Chemical Pesticide	97.1	133.2	101.1
2.农药器械	Chemical Pesticide Appliances	91.5	116.0	102.2
八、农用机油	Oil for Farm Machinery	123.9	109.5	109.8
九、其他农业生产资料	Other Agricultural Pruductive Material	99.7	116.4	105.7
十、农业生产服务	Agricultural Pruductive Service			107.2

6-7 调查市县居民消费价格指数(2010年)
RESIDENTS CONSUMER PRICE INDICES IN CITIES AND COUNTIES SURVEYED (2010)

上年=100 (last year=100)

市 县	Region	居民消费价格总指数 General Index	食品类 Food	烟酒类 Tobacco and Liquor	衣着类 Clothing	家庭设备类 Household Appliances	医疗保健类 Health Care	交通和通讯类 Means of Transportation and Communication	娱乐教育文化类 Recreation, Education and Cultural Goods	居住类 Residence
全　省	**Total**	**103.0**	**108.5**	**102.8**	**96.8**	**98.5**	**102.3**	**98.5**	**100.5**	**103.8**
太原市	Taiyuan	103.0	108.4	102.7	97.2	100.8	102.6	97.7	101.8	101.2
大同市	Datong	102.9	107.5	102.6	98.0	98.1	103.8	97.6	101.8	102.8
阳泉市	Yangquan	102.8	109.9	106.8	96.0	96.5	103.1	98.5	99.4	100.2
长治市	Changzhi	102.4	107.9	102.4	98.7	98.6	103.3	98.7	97.6	102.4
晋城市	Jincheng	102.5	108.7	103.1	94.0	98.2	102.1	99.5	100.9	101.3
朔州市	Shuozhou	103.2	109.8	101.3	96.0	101.0	101.0	100.5	100.4	101.8
晋中市	Jinzhong	102.8	109.8	99.2	95.2	99.9	101.7	98.9	101.7	100.5
运城市	Yuncheng	102.6	111.0	103.4	93.1	93.9	103.6	98.3	97.7	103.7
忻州市	Xinzhou	102.8	109.3	106.4	98.1	96.4	104.6	97.0	97.9	101.8
临汾市	Linfen	102.2	108.0	102.6	93.0	100.6	103.7	99.3	99.8	101.1
吕梁市	Luliang	103.4	109.8	102.2	98.3	99.4	101.1	99.5	99.8	104.4
汾阳市	Fenyang	103.2	109.4	100.0	96.6	98.4	102.5	99.5	97.6	106.6
永济市	Yongji	102.7	106.8	102.1	95.8	97.8	101.9	99.1	104.0	103.4
平遥县	Pingyao	103.6	109.4	102.0	100.2	98.7	104.4	99.1	99.6	101.9
浑源县	Hunyuan	104.3	112.7	100.7	95.3	96.2	105.9	97.9	103.9	101.4
兴　县	Xingxian	103.6	111.2	101.4	97.4	95.7	104.3	97.4	99.0	103.3
洪洞县	Hongtong	103.2	110.0	104.8	95.8	96.6	101.6	97.2	102.2	102.6

6-8 调查市县商品零售价格指数 (2010年)
RETAIL PRICE INDICES IN CITIES AND COUNTIES SURVEYED (2010)

上年=100 (last year=100)

市 县 Region		商品零售价格指数 General Index	食品类 Food	服装鞋帽类 Clothing, Shoes and Hats	纺织品类 Textiles	家用电器类 Household Appliances	日用品类 Articles for Daily Use	中西药品类 Traditional and Western Medecines	燃料类 Fuels	建筑装璜材料类 Building Decorative Materials
全 省	**Total**	**102.3**	**108.6**	**96.6**	**100.7**	**93.4**	**99.3**	**103.0**	**111.8**	**100.9**
太原市	Taiyuan	102.6	108.2	96.9	109.6	92.6	99.0	105.8	117.0	97.7
大同市	Datong	102.2	107.5	97.8	98.3	95.2	98.4	107.2	107.0	103.2
阳泉市	Yangquan	103.0	110.2	96.0	105.7	93.3	98.8	105.9	106.6	100.4
长治市	Changzhi	102.0	108.0	98.6	97.2	91.3	101.6	106.6	107.2	102.1
晋城市	Jincheng	101.8	108.8	93.6	97.5	96.1	97.6	103.9	105.5	100.8
朔州市	Shuozhou	103.0	109.7	96.0	102.1	95.7	99.8	103.0	113.0	102.3
晋中市	Jinzhong	102.0	109.4	95.1	92.8	97.6	102.0	100.0	104.5	97.3
运城市	Yuncheng	101.8	111.2	92.5	90.9	92.7	101.3	109.2	111.9	108.3
忻州市	Xinzhou	101.6	109.0	97.6	106.7	86.4	98.7	107.8	106.0	102.9
临汾市	Linfen	102.1	108.2	93.1	105.7	96.0	98.6	106.0	104.0	103.6
吕梁市	Luliang	103.3	109.3	98.4	99.1	97.7	99.6	101.0	110.6	99.7
汾阳市	Fenyang	102.5	109.1	96.0	99.4	94.9	99.5	103.1	111.2	101.8
永济市	Yongji	102.0	106.9	95.4	98.1	95.1	99.4	99.1	113.2	101.0
平遥县	Pingyao	103.2	109.7	100.0	101.2	95.7	100.0	106.3	110.5	97.7
浑源县	Hunyuan	102.8	112.8	94.3	99.4	93.7	99.5	107.5	109.0	104.6
兴 县	Xingxian	102.7	111.4	96.6	103.6	94.1	100.2	106.0	106.1	101.4
洪洞县	Hongtong	102.8	110.6	95.0	99.5	91.6	99.1	100.5	112.9	101.9

6-9 原材料、燃料、动力购进价格指数
PURCHASING PRICE INDICES FOR RAW MATERIALS, FUELS AND POWER

上年=100 (last year=100)

名 称	Item	2000	2005	2010
总 指 数	**Total Price Index**	**101.9**	**108.2**	**109.0**
一、燃料动力类	Fuels	101.2	113.2	104.9
二、黑色金属材料类	Ferrous Metal Materials	102.2	105.5	110.1
钢 材	Steel	103.2	107.0	103.6
其 他	Others	101.4	104.5	115.7
三、有色金属材料和电线类	Non-ferrous Metals	111.9	115.8	119.9
四、化工原料类	Chemical Raw Materials	105.1	107.8	112.2
五、木材及纸浆类	Timber and Paper Pulp	99.4	104.5	103.5
六、建筑材料及非金属矿类	Building Materials and Non-metal Mineral	99.9	105.1	98.2
七、其他工业原材料及半成品类	Other Industrial Raw Materials and Half-products	97.4	104.6	102.5
八、农副产品类	Farm Products	99.0	105.0	118.8
九、纺织原料类	Textile Raw Materials	98.5	101.8	111.4

6-10 工业品出厂价格指数
EX-FACTORY PRICE INDICES OF INDUSTRIAL PRODUCTS

上年=100 (last year=100)

指　标	Item	2000	2005	2010
全部工业品	**Total Industrial Products**	**100.9**	**110.2**	**109.5**
1.轻工业	Light Industry	99.0	102.4	101.8
以农产品为原料	Using Farm Products as Raw Materials	99.0	100.4	106.7
以非农产品为原料	Using Non-farm Products as Raw Materials	99.0	103.9	98.4
重工业	Heavy Industry	101.5	111.3	110.2
采掘工业	Ming and Quarrying	100.6	127.3	112.1
原料工业	Raw Material Industry	103.1	106.4	109.8
加工工业	Manufacturing Industry	99.1	104.4	109.6
2.生产资料	Productive Materials	101.5	110.6	109.7
采掘工业	Ming and Quarrying	100.6	127.1	110.7
原料工业	Raw Material Industry	103.3	104.7	110.1
加工工业	Manufacturing Industry	98.9	103.7	107.9
生活资料	Living Materials	98.2	102.8	104.9
食　品	Food	99.8	102.1	105.0
衣　着	Clothing	97.5	100.6	104.9
一般日用品	Daily Articles	95.4	105.6	105.2
耐用消费品	Duriable Consumer	99.6	105.9	101.7
按工业部门分	By Department of Industry			
1.冶金工业	Metallurgical Industry	106.3	104.6	114.3
2.电力工业	Power Industry	101.4	105.3	105.7
3.煤炭及炼焦工业	Coal and Coking Industry	99.6	119.3	110.5
4.石油工业	Petroleum Industry	113.7	102.6	101.2
5.化学工业	Chemical Industry	98.5	111.2	102.8
6.机械工业	Machine Industry	98.5	103.6	98.9
7.建筑材料工业	Building Materials Industry	102.1	103.9	98.5
8.森林工业	Forestry Industry	103.2	102.7	104.8
9.食品工业	Food Industry	99.7	102.6	105.4
10.纺织工业	Textile Industry	103.5	90.9	116.9
11.缝纫工业	Tailoring Industry	97.2	100.3	104.9
12.皮革工业	Leather Industry	95.9	108.2	104.2
13.造纸工业	Paper Making Industry	96.7	103.0	105.5
14.文教艺术用品工业	Cultural,Education & Handicrafts Article	100.2	104.5	101.8
15.其他工业	Other Industry	98.7	104.7	102.5

6-11 工业品分行业出厂价格指数
EX-FACTORY PRICE INDICES OF INDUSTRIAL PRODUCTS BY SECTORS

上年=100 (last year=100)

指　标	Item	2009	2010
煤炭开采和洗选业	Coal Mining and Dressing	101.3	110.3
石油和天然气开采业	Petroleum and Natural Gas Extraction	100.7	100.3
黑色金属矿采选业	Ferrous Metals Mining and Dressing	85.3	121.8
有色金属矿采选业	Non-ferrous Metals Mining and Dressing	101.2	121.2
非金属矿采选业	Non-metal Minerals Mining and Dressing	100.4	104.2
其他采矿业	Other Minings		
农副食品加工业	Farm Products Processing	91.4	108.3
食品制造业	Food Manufacturing	97.2	103.5
饮料制造业	Beverage Manufacturing	100.6	105.2
烟草制品业	Tobacco Products	97.7	100.0
纺织业	Textile Industrial	97.6	116.8
纺织服装、鞋、帽制造业	Garments , Shoes and Hats Manufacturing	102.0	104.8
皮革、毛皮、羽毛(绒)及其制品业	Leather,Furs,Down and Related Products	99.6	104.2
木材加工及木、竹、藤、棕、草制品业	Timber Processing,Bamboo,Cane,Plam,Fiber and Straw Products	117.5	105.4
家具制造业	Furniture Manufacturing	100.1	102.0
造纸及纸制品业	Papermaking and Paper Products	95.4	105.5
印刷业和记录媒介的复制	Printing and Record Medium Reproduction	99.5	101.7
文教体育用品制造业	Cultural, Educational and Sports Goods	96.9	101.9
石油加工、炼焦及核燃料加工业	Petroleum Processing , Coking and Nuclear Fuel Processing	83.2	111.0
化学原料及化学制品制造业	Raw Chemical Materials and Chemical Products	94.1	102.5
医药制造业	Medical and Pharmaceutical Products	97.6	107.1
化学纤维制造业	Chemical Fiber	75.8	127.2
橡胶制品业	Rubber Products	93.0	100.3
塑料制品业	Plastic Products	95.7	98.4
非金属矿物制品业	Non-metal Mineral Products	104.0	99.0
黑色金属冶炼及压延加工业	Smelting and Pressing of Ferrous Metals	78.3	114.3
有色金属冶炼及压延加工业	Smelting and Pressing of Non-ferrous Metals	74.3	113.6
金属制品业	Metal Prodcuts	96.2	100.4
通用设备制造业	Ordinary Machinery Manufacturing	100.2	101.8
专用设备制造业	Special Purpose Equipment Manufacturing	99.2	97.4
交通运输设备制造业	Transport Equipment Manufacturing	99.0	101.0
电气机械及器材制造业	Electric Equipment and Machinery	97.0	100.7
通信设备、计算机及其他电子设备制造业	Telecommunications Equipments , Computer and Other Electronic Equipments Manufacturing	93.7	96.1
仪器仪表及文化、办公用机械制造业	Instrument,Meters,Cultural and Office Machinery Manufacturing	98.2	99.0
工艺品及其他制造业	Handicraft Articles and Others Manfacturing	107.1	113.0
废弃资源和废旧材料回收加工业	Resources Discarded & Waste Materials Recovering and Processing		
电力、热力的生产和供应业	Production and Supply of Electric Power and Heating Power	106.7	105.7
燃气生产和供应业	Gas Production and Supply	101.0	100.0
水的生产和供应业	Tap Water Production and Supply	103.4	104.1

6-12 固定资产投资价格指数
PRICE INDICES- OF INVESTMENT IN FIXED ASSETS

上年=100 (last year=100)

指　标	Item	2005	2009	2010
固定资产投资	**Investment in Fixed Assets**	**103.0**	**98.1**	**103.7**
建筑安装、装饰工程	**Construction , Installation and Decoration**	**102.7**	**97.9**	**105.5**
人工费	Labour	106.9	106.4	109.1
工程管理人员	Manager	105.8	107.8	109.6
工程技术人员	Engineer	106.4	107.5	107.2
普通工人	Ordinary Labour	107.2	106.0	109.4
材料费	Material	101.7	94.2	104.5
钢　材	Steel	100.1	84.6	105.0
木　材	Timber	101.4	98.2	102.4
水　泥	Cement	102.3	105.6	104.9
地方建筑材料	Local Construction Material	104.8	107.0	104.1
化工材料	Chemical Material	106.5	95.7	104.4
电　料	Electric Material	98.7	92.2	104.4
其他材料	Others	103.7	101.7	104.4
机械费	Machinery	102.9	103.6	104.9
土石方及筑路机械	Building Earth and Roads	103.6	105.1	104.4
打桩机械	Piling	100.2	100.2	103.1
起重机械	Hoist	104.1	102.8	102.9
运输机械	Transporting	103.0	105.1	107.7
混凝土及砂浆机械	Concrete and Sand Starch	102.4	101.4	104.2
加工机械	Processing	100.8	101.8	102.7
泵类机械	Pumping	100.6	101.1	102.3
船舶机械	Shipping	95.2		
其他机械	Others	101.6	98.8	105.6
设备、工器具购置	**Purchase of Equipment,Tools and Instruments**	**104.3**	**97.6**	**100.3**
其他费用	**Others**	**102.5**	**100.5**	**100.9**
土地取得费	Land Obtaining	101.5	100.7	100.3
前期工程费	Prophase Project	102.2	100.4	100.1
施工工作费	Construction	103.7	101.7	101.8
建设单位其他费用	Other fees of Construction Unit	102.6	99.1	101.3

6-13 房地产价格指数
PRICE INDICES OF REAL ESTATE

上年=100 (last year=100)

指 标	Item	2005	2009	2010
房屋销售价格指数	**Selling Price Index of Houses**	**107.4**	**101.0**	**103.0**
一、新建房	New Houses	106.9	101.1	102.3
(一)住 宅	Residential Buildings	107.8	101.1	102.8
1.经济适用房	Economical Houses	106.7	99.5	100.0
2.商品住宅	Commercial Residential Buildings		101.3	103.0
(1)普通住宅	Ordinary Residential Buildings	108.4	101.4	103.2
①多 层	Residential Building with Many Floors	108.7	100.5	102.8
②高 层	Residential Building with High Floors	106.0	101.8	103.3
③其 他	Others	110.3	101.4	104.9
(2)高档住宅	Magnificent Residential Buildings	107.2	100.3	101.2
①别 墅	Villas	98.6	100.4	104.7
②高档公寓	Good Apartments	108.9	99.8	99.1
(二)非住宅	Non-Residential Buildings	104.1	101.1	100.0
1.办公楼	Building of Office	103.3	101.2	102.4
2.商业营业用房	Houses for Business And Entertainment	107.3	102.2	98.5
3.其他用房	Others	100.1	92.8	103.2
二、二手房	Secondhand Houses	108.7	100.6	104.8
(一)住 宅	Residential Buildings	110.8	100.7	104.8
1.普通住宅	Ordinary Residential Buildings		100.5	105.5
(1)多 层	Residential Building with Many Floors	107.9	100.0	105.3
(2)高 层	Residential Building with High Floors	112.7	103.2	105.6
(3)其 他	Others	113.1	99.9	118.9
2.高档住宅	Magnificent Residential Buildings		101.9	100.2
(二)非住宅	Non-Residential Buildings	100.1	100.3	
房屋租赁价格指数	**Price Index of Renting Houses**	**103.0**	**100.7**	**102.4**
一、住 宅	Residential Buildings	103.2	100.7	100.9
(一)经济适用房	Economical Houses	100.1	102.4	100.0
(二)廉租房	Lower-rent Houses	115.2	100.6	100.0
(三)商品住宅	Commercial Residential Buildings		100.6	101.0
1.普通住宅	Ordinary Residential Building	103.5	100.4	101.1
2.高档住宅	Magnificent Residential Buildings	103.9	102.7	100.0
(1)别 墅	Villas			
(2)高档公寓	Good Apartments	103.9	102.7	100.0
二、非住宅	Non-Residential Buildings		100.7	106.7
(一)办公楼	Building of Office	101.2	100.3	100.1
(二)商业营业用房	Houses for Business And Entertainment	103.8	100.7	109.1
(三)其 他	Others	105.9	101.4	100.0
土地交易价格指数	**Price Index of Land Deal**	**109.5**	**101.8**	**104.0**
一、居住用地	Land of Residential Buildings	116.3	101.6	104.8
(一)经济适用房用地	Economical Houses		100.2	100.0
(二)商品住宅用地	Commercial Residential Buildings		101.6	104.8
1.普 通	Ordinary Residential Building	107.6	101.8	104.9
2.高 档	Magnificent Residential Buildings	118.8	100.0	100.0
二、工业用地	Land of Industry	106.0	100.7	102.8
三、商业营业用地	Land of Commerce	105.4	102.3	102.2
四、其他用地	Other Land	106.1		100.0
物业管理价格指数	**Price Index of Estate Management Fee**	**101.5**	**101.3**	**100.9**

主要统计指标解释

居民消费价格指数 反映居民生活消费品及服务项目价格变动趋势和变动程度的相对数，采用链式拉斯贝尔公式，加权平均计算。根据抽样调查方法在全省抽取17个调查市、县为填报单位。

商品零售价格指数 反映市场商品零售价格变动趋势和变动程度的相对数，计算方法及样本单位同上。

农业生产资料价格指数 反映农业生产资料价格变动趋势和变动程度的相对数，计算方法同上，根据抽样调查方法在全省抽取7个县、市为填报单位。

工业产品出厂价格指数 是反映全部工业产品出厂价格总水平的变动趋势和程度的相对数，根据全省部分重点企业的产品出厂价格的定期调查资料，按加权算术平均公式计算。

原材料、燃料、动力购进价格指数 是反映工业企业购进主要原材料、燃料、动力价格水平变动趋势和程度的相对数。根据全省部分重点企业主要原材料、燃料、动力购进价格的定期调查资料，按加权算术平均公式计算。

房地产价格指数 是反映全社会各类房地产销售、租赁、土地交易价格变动趋势和幅度的相对数。包括房屋销售价格指数、房屋租赁价格指数和土地交易价格指数。

Explanatory Notes on Main Statistical Indicators

Residents Consumer Price Indices reflect the trend and degree of changes in prices of consumer goods and services purchased by urban and rural residents. They are calculated by the weighted arithmetic mean, using Byes formula. According to sampling survey, draw 17 survey cities and counties in total Province as report units.

Retail Price Indices reflect the general change and degree in retail prices of market commodities. The calculating method and sample unit are the same as above.

Indices of Agricultural Productive Materials refer the trend and degree of changes in price of agricultural productive materials. The calculating method is same as above, and drawing 7 survey cities and counties as report units.

Ex-factory Price Indices of Industrial Products reflect the trend and degree of changes in ex-factory prices of all industrial products. They are calculated by the weighted arithmetic mean, according to regular survey data of ex-factory price in part of important enterprises in the province.

Purchasing Price Indices of Raw Materials, Fuels and Power reflect the trend and degree of changes in prices of industrial enterprises purchasing raw materials and fuels. They are calculated by the weighted arithmetic mean, according to regular survey data of major raw materials and fuels purchasing price in part of important enterprises in the province.

Price Indices of Real Estate reflect the trend and degree of changes in price of all kinds real estate selling, renting land and dealing. They include selling price index of house, price index of renting house and price index of land deal.

人民生活
PEOPLE'S LIVELIHOOD

资料整理人员

刘红刚　严林英　刘　琳

人民生活
PEOPLE´S LIVELIHOOD

城镇居民家庭人均可支配收入	Per Capita Disposable Income of Urban Households	15647.7	元	(yuan)
城镇居民家庭人均消费性支出	Per Capita Living Expenditure of Urban Households	9792.7	元	(yuan)
城镇居民人均住房建筑面积	Living Space Per Capital of Urban Households	28.0	平方米	(sq.m)
农民人均纯收入	Per Capita Net Income of Rural Households	4736.3	元	(yuan)
农村住户人均生活消费支出	Per Capita Living Expenditure of Rural Households	3663.9	元	(yuan)
农村居民人均住房面积	Living Space Per Capita of Rural Households	28.7	平方米	(sq.m)

城乡居民恩格尔系数 (%)

Engel Index of Urban and Rural Resident (%)

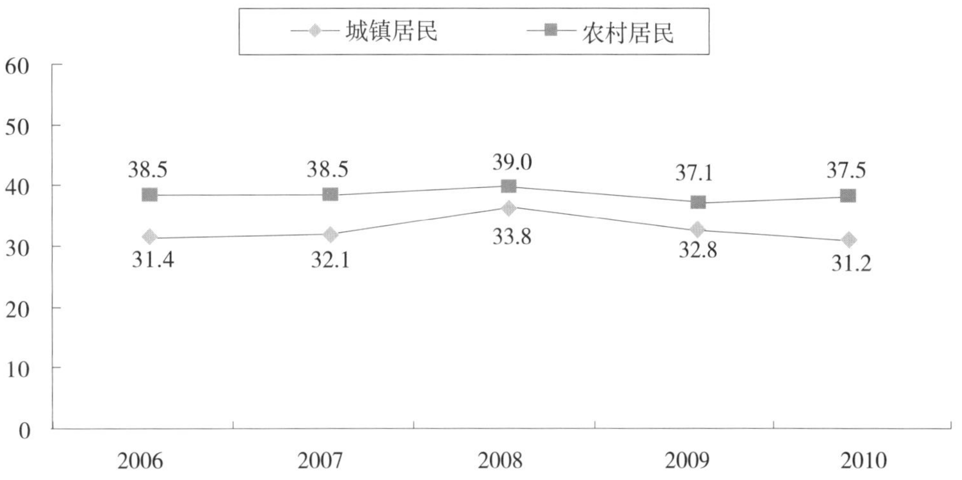

城乡居民家庭人均收入 (元)

Per Capita Disposable Income of Urban Households and Net Income of Rural Households (yuan)

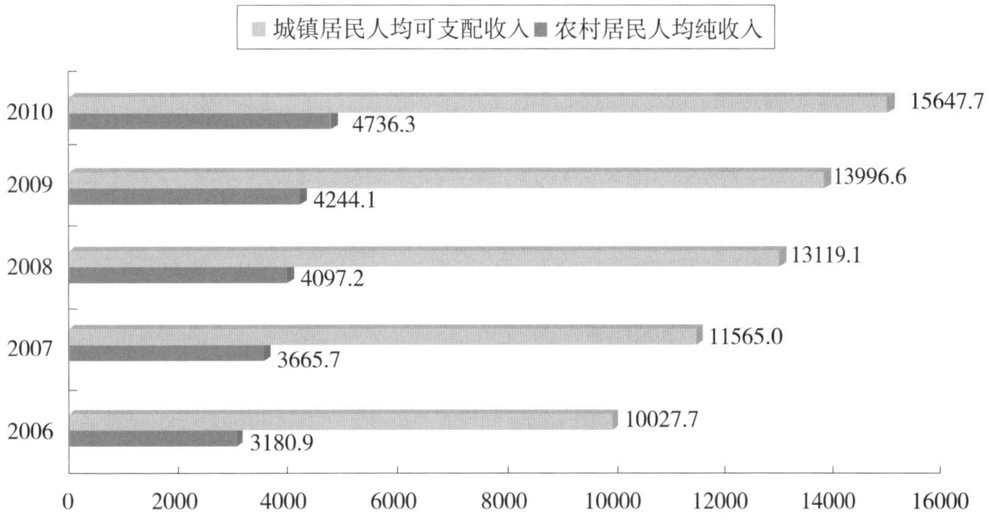

7-1 城镇居民家庭生活基本情况
BASIC CONDITIONS OF URBAN HOUSEHOLDS

指　　标	Item	2005	2009	2010
一、调查户数(户)	Number of Households Surveyed (household)	1810	1810	1810
二、平均每户家庭人口数(人)	Average Household Size (person)	2.97	2.90	2.84
三、平均每户就业人口数(人)	Average Number of Employees Per Household (person)	1.47	1.33	1.34
四、平均每一就业者负担人数(人)	Number of Persons Supported by Each Employee (person)	2.02	2.18	2.12
五、平均每人全年可支配收入(元)	Per Capita Disposable Income (yuan)	8913.90	13996.55	15647.66
高收入户	High Income Households	16950.98	28678.24	38165.41
中等收入户	Middle Income Households	8203.99	13239.57	15197.35
低收入户	Low Income Households	3732.89	6154.86	8555.43
六、平均每人全年消费性支出(元)	Per Capita Annual Living Expenditure (yuan)	6342.63	9355.10	9792.65
高收入户	High Income Households	10169.22	17707.09	20111.64
中等收入户	Middle Income Households	6270.30	9289.12	9917.88
低收入户	Low Income Households	3363.30	4712.29	6172.03
七、人均住房建筑面积(平方米)	Construction Space Per Capia(sq.m)	25.57	27.50	28.02

按收入等级分组 (by scale of income)

指　　标	Item	总计组 Total	最　低收入户 Lowest Income Households	#更低收入　户 Difficult Households	低收入户 Low Income House-holds	中下收入户 Lower Middle Income Households
调查户数(户)	Number of Households Surveyed (household)	1810	183	92	182	364
比　　重(%)	Proportion (%)	100.00	5.08	10.04	20.12	20.02
每户家庭人口数(人)	Average Household Size (person)	2.84	3.44	3.27	3.16	3.04
每户就业人口数(人)	Average Number of Employees Per Household (person)	1.34	1.14	0.94	1.32	1.45
每一就业者负担人数(人)	Number of Persons Supported By Each Employee (person)	2.12	3.02	3.48	2.39	2.10
每人可支配收入(元)	Per Capita Disposable Income (yuan)	15648	5556	4480	8555	11342
每人消费性支出(元)	Per Capita Annual Living Expenditure (yuan)	9793	4469	4045	6172	7609

指　　标	Item	中等收入户 Middle Income Households	中上收入户 Upper Middle Income Households	高收入户 High Income Households	最高收入户 Highest Income Households
调查户数(户)	Number of Households Surveyed (household)	362	359	179	181
比　　重(%)	Proportion (%)	19.83	9.89	10.00	5.02
每户家庭人口数(人)	Average Household Size (person)	2.85	2.58	2.48	2.19
每户就业人口数(人)	Average Number of Employees Per Household (person)	1.39	1.25	1.51	1.27
每一就业者负担人数(人)	Number of Persons Supported By Each Employee (person)	2.05	2.06	1.64	1.72
每人可支配收入(元)	Per Capita Disposable Income (yuan)	15197	19496	25579	38165
每人消费性支出(元)	Per Capita Annual Living Expenditure (yuan)	9918	11814	15197	20112

7-1 续表1 continued

按人均月可支配收入分组 (by monthly disposable income per capita)

指　标	Item	总 计 Total	200元以下 Under 200 yuan	200-400元 yuan
调查户数(户)	Number of Households Surveyed (household)	1810	14	62
比　重(%)	Proportion (%)	100	0.80	3.42
每户家庭人口数(人)	Average Household Size (person)	2.84	2.90	3.18
每户就业人口数(人)	Average Number of Employees Per Household (person)	1.34	0.79	1.12
每一就业者负担人数(人)	Number of Persons Supported By Each Employee (person)	2.12	3.67	2.84
每人可支配收入(元)	Per Capita Disposable Income (yuan)	15648	1393	3785
每人消费性支出(元)	Per Capita Annual Living Expenditure (yuan)	9793	3451	4046

指　标	Item	400-600元 yuan	600-800元 yuan	800-1000元 yuan	1000-1500元 yuan
调查户数(户)	Number of Households Surveyed (household)	145	216	225	534
比　重(%)	Proportion (%)	7.98	11.91	12.41	29.48
每户家庭人口数(人)	Average Household Size (person)	3.37	3.32	3.11	2.94
每户就业人口数(人)	Average Number of Employees Per Household (person)	1.28	1.36	1.46	1.35
每一就业者负担人数(人)	Number of Persons Supported By Each Employee (person)	2.63	2.44	2.13	2.18
每人可支配收入(元)	Per Capita Disposable Income (yuan)	5973	8362	10771	14761
每人消费性支出(元)	Per Capita Annual Living Expenditure (yuan)	5332	6260	7461	9850

指　标	Item	1500-2000元 yuan	2000-2500元 yuan	2500-3000元 yuan
调查户数(户)	Number of Households Surveyed (household)	303	143	70
比　重(%)	Proportion (%)	16.74	7.90	3.88
每户家庭人口数(人)	Average Household Size (person)	2.74	2.50	2.47
每户就业人口数(人)	Average Number of Employees Per Household (person)	1.34	1.34	1.23
每一就业者负担人数(人)	Number of Persons Supported By Each Employee (person)	2.04	1.87	2.01
每人可支配收入(元)	Per Capita Disposable Income (yuan)	20541	26598	32538
每人消费性支出(元)	Per Capita Annual Living Expenditure (yuan)	12310	15860	20087

指　标	Item	3000-4000元 yuan	4000元以上 4000 yuan over
调查户数(户)	Number of Households Surveyed (household)	56	40
比　重(%)	Proportion (%)	3.08	2.22
每户家庭人口数(人)	Average Household Size (person)	2.65	2.19
每户就业人口数(人)	Average Number of Employees Per Household (person)	1.35	1.44
每一就业者负担人数(人)	Number of Persons Supported By Each Employee (person)	1.96	1.52
每人可支配收入(元)	Per Capita Disposable Income (yuan)	40614	77135
每人消费性支出(元)	Per Capita Annual Living Expenditure (yuan)	17271	28488

7-1 续表2 continued

按户主职业分组 (by occupation)

指 标	Item	国家机关、企事业单位负责人 Person in Charge	专业技术人员 Technical Personnel	办事人员和有关人员 Office Worker and Relative	商业、服务业人员 Commercial and Service Personnel
调查户数 (户)	Number of Households Surveyed (household)	57	268	339	142
比 重 (%)	Proportion (%)	3.17	14.81	18.75	7.86
每户家庭人口数 (人)	Average Household Size (person)	2.82	2.94	2.89	3.06
每户就业人口数 (人)	Average Number of Employees Per Household (person)	1.94	1.86	1.81	1.67
每一就业者负担人数 (人)	Number of Persons Supported By Each Employee (person)	1.45	1.58	1.60	1.83
每人可支配收入 (元)	Per Capita Disposable Income (yuan)	21472	18398	17104	11845
每人消费性支出 (元)	Per Capita Annual Living Expenditure (yuan)	18396	11660	10435	7286

指 标	Item	农、林、牧、渔、水利生产人员 Agricultural Labour	生产、运输设备操作人员及有关人员 Worker of Prouction and Transportation and Relative	军 人 Armyman	不便分类的其 他从业人员 Others
调查户数 (户)	Number of Households Surveyed (household)	1	385	7	38
比 重 (%)	Proportion (%)	0.06	21.26	0.39	2.08
每户家庭人口数 (人)	Average Household Size (person)	3.00	3.00	2.83	2.89
每户就业人口数 (人)	Average Number of Employees Per Household (person)	2.00	1.70	1.48	1.63
每一就业者负担人数 (人)	Number of Persons Supported By Each Employee (person)	1.50	1.76	1.91	1.77
每人可支配收入 (元)	Per Capita Disposable Income (yuan)	23233	13683	10724	13745
每人消费性支出 (元)	Per Capita Annual Living Expenditure (yuan)	6279	8716	7170	9457

按家庭规模分组 (by scale of household)

指 标	Item	总 计 Total	一人户 One Person Hou-seholds	二人户 Two Persons House-holds	三人户 Three Persons House-holds	四人户 Four Persons House-holds	五人及以上户 At Five Persons and over Households
调查户数 (户)	Number of Households Surveyed (household)	1810	47	572	863	241	86
比 重 (%)	Proportion (%)	100	2.61	31.58	47.70	13.34	4.77
每户家庭人口数(人)	Average Household Size (person)	2.84	1.00	2.00	3.00	4.00	5.17
每户就业人口数(人)	Average Number of Employees Per Household (person)	1.34	0.19	0.77	1.66	1.69	1.71
每一就业者负担人数 (人)	Number of Persons Supported By Each Employee (person)	2.12	5.26	2.60	1.81	2.37	3.02
每人可支配收入(元)	Per Capita Disposable Income (yuan)	15648	31142	21226	15182	11188	11175
每人消费性支出(元)	Per Capita Annual Living Expenditure (yuan)	9793	17360	12517	9888	7178	6587

7-2 城镇居民家庭人均全部收入及构成

TOTAL INCOME PER CAPITA AND COMPOSITION OF URBAN HOUSEHOLDS

指　标	Item	2000	2005	2010
家庭总收入(元)	**Total Income (yuan)**	**4727.15**	**9538.56**	**16893.00**
#可支配收入	Disposable Income	4724.11	8913.91	15647.66
一、工薪收入	Income of Pay	3300.46	7103.46	10784.74
工资及补贴收入	Wage and Subsidy	3120.64	6687.69	10458.97
其他劳动收入	Other Income	179.82	415.77	325.78
二、经营净收入	Net Income of Business	108.69	350.90	1044.85
三、财产性收入	Property Income	50.94	136.38	198.59
#利息收入	Interest	24.52	18.61	41.29
股息与红利收入	Dividend and Bonus	6.94	37.03	24.18
其他投资收入	Other Investment Income		32.28	31.54
出租房屋收入	House Rent Income		34.45	96.03
四、转移性收入	Transfer Income	1267.06	1947.76	4864.81
#养老金或离退休金	Pensions For Old People and Retired Veterans	1108.37	1550.98	3928.90
社会救济收入	Social Relief Income		19.62	71.43
辞退金	Dismiss Pensions		12.50	19.84
赡养收入	Old Alimony	46.62	72.64	200.94
捐赠收入	Contribution Income	82.56	211.14	484.83
提取住房公积金	Drawing House Accumulation Fund		13.76	11.41
家庭总收入构成(%)	**Composition of Total Income (%)**	**100.00**	**100.00**	**100.00**
#可支配收入	Disposable Income	99.94	93.45	92.63
一、工薪收入	Income of Pay	69.82	74.47	63.84
工资及补贴收入	Wage and Subsidy	66.02	70.11	61.91
其他劳动收入	Other Income	3.80	4.36	1.93
二、经营净收入	Net Incom of Business	2.30	3.68	6.19
三、财产性收入	Property Income	1.08	1.43	1.18
#利息收入	Interest	0.52	0.20	0.24
股息与红利收入	Dividend and Bonus	0.15	0.39	0.14
其他投资收入	Other Investment Income		0.34	0.19
出租房屋收入	House Rent Income		0.36	0.57
四、转移性收入	Transfer Income	26.80	20.42	28.80
#养老金或离退休金	Pensions For Old People and Retired Veterans	23.45	16.26	23.26
社会救济收入	Social Relief Income		0.21	0.42
辞退金	Dismiss Pensions		0.13	0.12
赡养收入	Old Alimony	0.99	0.76	1.19
捐赠收入	Contribution Income	1.75	2.21	2.87
提取住房公积金	Drawing House Accumulation Fund		0.14	0.07

7-3 城镇居民家庭平均每人全年消费性支出及构成
LIVING EXPENDITURE PER CAPITA AND COMPOSITION OF URBAN HOUSEHOLDS

项　目	Item	2000	2005	2010
消费性支出(元)	**Total living Expenditure (yuan)**	**3941.87**	**6342.63**	**9792.65**
一、食　品	Food	1400.56	2056.79	3052.57
1.粮油类	Grain , Oil and Fats	361.87	376.96	587.07
2.肉禽蛋水产品类	Meats , Poultry , Eggs and Aquatic Products	312.58	392.56	579.54
3. 蔬菜类	Vegetables	146.53	247.57	347.90
4.调味品	Seasoning	26.24	24.45	47.78
5.糖烟酒饮料类	Sugar , Tobacco , Liquor and Drinking	207.14	233.64	368.78
6.干鲜瓜果类	Dry and Fresh Fruits	103.14	144.14	289.15
7. 糕点、奶及奶制品	Cakes , Milk and Milk Products	95.18	199.68	239.24
8. 其他食品	Other Foods	29.98	31.97	62.66
9. 饮食服务	Catering Service	117.90	405.82	530.45
二、衣　着	Clothing	511.19	933.03	1205.89
三、居　住	Residence	431.03	727.91	1245.00
四、家庭设备用品及服务	Household Facilities,Articles and Services	268.05	359.44	612.59
五、医疗保健	Medicine and Medical Services	300.81	538.70	774.89
六、交通和通信	Transportation and Communications	333.27	604.35	1340.90
七、教育文化娱乐服务	Education,Culture and Recreation Services	549.37	932.53	1229.68
八、杂项商品和服务	Miscellaneous Commodities and Services	147.59	189.88	331.14
消费性支出构成 (%)	**Composition of Living Expenditure(%)**	**100.00**	**100.00**	**100.00**
一、食　品	Food	35.53	32.43	31.17
1.粮油类	Grain , Oil and Fats	9.18	5.94	6.00
2.肉禽蛋水产品类	Meats , Poultry , Eggs and Aquatic Products	7.93	6.19	5.92
3. 蔬菜类	Vegetables	3.72	3.90	3.55
4.调味品	Seasoning	0.67	0.39	0.49
5.糖烟酒饮料类	Sugar , Tobacco , Liquor and Drinking	5.25	3.68	3.77
6.干鲜瓜果类	Dry and Fresh Fruits	2.62	2.27	2.95
7. 糕点、奶及奶制品	Cakes , Milk and Milk Products	2.41	3.15	2.44
8. 其他食品	Other Foods	0.76	0.50	0.64
9. 饮食服务	Catering Service	2.99	6.40	5.42
二、衣　着	Clothing	12.97	14.71	12.31
三、居　住	Residence	10.93	11.48	12.71
四、家庭设备用品及服务	Household Facilities,Articles and Services	6.80	5.67	6.26
五、医疗保健	Medicine and Medical Services	7.63	8.49	7.91
六、交通和通信	Transportation and Communications	8.45	9.53	13.69
七、教育文化娱乐服务	Education,Culture and Recreation Services	13.94	14.70	12.56
八、杂项商品和服务	Miscellaneous Commodities and Services	3.74	2.99	3.38

7-4 主要年份城镇居民人均可支配收入增长情况
INCREASE OF URBAN HOUSEHOLDS PER CAPITA DISPOSABLE INCOME IN MAJOR YEARS

单位：元 (yuan)

年 份 Year	可支配收入 Disposable Income	比上年增加额 Increase Value over Last Year	比上年增长(%) Increase Rate over Last Year	城镇居民消费价格指数(1952年=100) Consumer Price Index of Urban Residents (1952=100)	扣除物价上涨因素后 Deducting Price Rising	
					实际收入 Disposable Income	比上年增长% Increase Rate over Last Year
1965	230.7			120.6	191.3	
1978	301.4			115.6	260.7	
1980	379.7			123.2	308.2	
1985	595.3	78.4	15.2	148.2	401.7	5.6
1990	1290.9	114.8	9.8	246.6	523.5	8.2
1995	3301.9	736.2	28.7	487.5	677.3	10.3
2000	4724.1	381.5	8.8	564.8	836.4	3.9
2005	8913.9	1011.0	12.8	588.3	1515.2	10.9
2006	10027.7	1113.8	12.5	598.9	1674.4	10.5
2007	11565.0	1537.3	15.3	624.1	1853.1	10.7
2008	13119.1	1554.1	13.4	667.8	1964.5	6.0
2009	13996.6	877.5	6.7	661.1	2117.1	7.8
2010	15647.7	1651.1	11.8	667.5	2344.2	10.7
2010年为1952年% 2010 as Percentage of 1952 %	11110.0					
平均每年递增% Average Annual Growth Rate (%)	8.5					

7-5 主要年份城镇居民人均消费性支出增长情况
INCREASE OF URBAN HOUSEHOLDS PER CAPITA LIVNG EXPENDITURE IN MAJOR YEARS

单位：元 (yuan)

年 份 Year	消费性支出 Living Expenditure	比上年增加额 Increase Value over Last Year	比上年增长(%) Increase Rate over Last Year	城镇居民消费价格指数(1952年 = 100) Consumer Price Index of Urban Residents (1952=100)	扣除物价上涨因素后 Deducting Price Rising	
					实际支出 Expenditure	比上年增长% Increase Rate over Last Year
1965	203.7			120.6	168.9	
1978	275.4			115.6	238.2	
1980	356.6	51.8	17.0	123.2	289.4	10.8
1985	533.4	100.1	23.1	148.2	359.9	12.8
1990	1047.7	54.2	5.5	246.6	424.9	3.9
1995	2640.7	597.4	29.2	487.5	541.7	10.7
2000	3941.9	448.9	12.9	564.8	697.9	7.8
2005	6342.6	688.4	12.2	588.3	1078.1	10.3
2006	7170.9	828.3	13.1	598.9	1197.4	11.1
2007	8101.8	930.9	12.9	624.1	1298.2	8.4
2008	8806.6	704.8	8.7	667.8	1318.7	1.6
2009	9355.1	548.6	6.2	661.1	1415.1	7.3
2010	9792.7	437.6	4.7	667.5	1467.1	3.7
2010年为1952年% 2010as Percentage of 1952%	10500.0					
平均每年递增% Average Annual Growth Rate (%)	8.2					

7-6 城镇居民家庭平均每人全年购买的主要商品数量
PER CAPITA ANNUAL PURCHASES OF MAJOR COMMODITIES IN URBAN HOUSEHOLDS

指标		Item	2000	2005	2010
粮食	(公斤)	Grain (kg)	109.22	91.38	98.17
食用植物油	(公斤)	Edible Vegetable Oil (kg)	8.39	6.59	7.71
猪肉	(公斤)	Pork (kg)	11.64	11.30	11.54
牛羊肉	(公斤)	Beef and Mutton (kg)	2.33	2.21	1.96
家禽	(公斤)	Poultry (kg)	1.81	2.82	3.60
蛋类	(公斤)	Fresh Eggs (kg)	14.66	13.56	12.49
鱼虾	(公斤)	Fish and Shrimp (kg)	2.81	2.67	2.65
蔬菜	(公斤)	Fresh Vegetables (kg)	118.31	138.59	123.30
酒类	(公斤)	Liquor (kg)	4.93	3.69	3.50
服装	(件)	Garments (piece)	5.65	8.58	8.20
鞋类	(双)	Shoes (pair)	2.43	2.94	2.63
煤炭	(公斤)	Coal (kg)	183.62	180.90	137.56

7-7 城镇居民家庭平均每百户年末耐用消费品拥有量
NUMBER OF MAJOR DURABLE CONSUMER GOODS OWNED PER 100 URBAN HOUSEHOLDS AT YEAR-END

品名		Item	2000	2005	2010
洗衣机	(台)	Washing Machines (unit)	93.44	99.77	100.73
电冰箱	(台)	Refrigerators (unit)	75.95	87.08	90.19
微波炉	(台)	Microwave Ovens (unit)			32.66
彩色电视机	(台)	Color Television Sets (unit)	107.17	113.69	111.75
组合音响	(套)	Hi-fi Systems (unit)	17.26	17.19	17.21
空调器	(台)	Air Conditioners (unit)	4.34	25.59	34.90
照相机	(架)	Cameras (unit)	33.63	35.20	29.34
摩托车	(辆)	Motorcycles (unit)	21.34	26.23	27.54
家用电脑	(台)	Household Computers (unit)	6.23	30.16	54.08
移动电话	(部)	Mobile Telephones (set)	8.09	109.70	146.61
家用汽车	(辆)	Household Cars (unit)		3.13	11.53

7-8 城镇居民家庭年末居住情况
LIVING CONDITIONS OF URBAN HOUSEHOLDS AT YEAR-END

单位：% (%)

指　标	Item	2009	2010
一、按房屋产权	By Household Property Right	100.0	100.0
租赁公房	Rent Public Houses	7.7	7.4
租赁私房	Rent Private Houses	3.9	3.2
原有私房	Private Houses	15.1	12.5
房改私房	Reform Private Houses	49.6	49.9
商品房	Commercial Houses	21.9	22.1
其　他	Others	1.9	4.9
二、住宅建筑式样	By Style of Resident Building	100.0	100.0
单栋住宅	Dependent Resident	1.8	1.8
四居室	Four Bedrooms	1.7	1.3
三居室	Three Bedrooms	27.1	26.7
二居室	Two Beedrooms	43.8	44.8
一居室	One Beedroom	3.0	3.0
普通楼房	Ordinary Building	2.9	2.9
平房及其他	Single Storey Houses and Others	19.8	19.6
三、饮水情况	Water Drinking	100.0	100.0
自来水	Tap Water	95.8	96.0
矿泉水	Mineral Water	0.8	0.7
纯净水	Pure Water	3.2	3.1
井、河水	Well or River Water	0.2	0.2
其　他	Others		
四、用水情况	Water Usage	100.0	100.0
独用自来水	Tap Water Owned Per Household	97.6	97.8
公用自来水	Public Tap Water	2.4	2.1
井、河水	Well or River Water		0.1
其　他	Others		
五、卫生设备	Health Facilities	100.0	100.0
无卫生设备	Without Toilet Room	14.7	14.5
有厕所浴室	Bathroom and Toilet Room Owned Per Household	50.5	52.1
有厕所无浴室	Toilet Room Owned Per Household and Without Bath Room	32.5	31.4
公　用	Public Toilet Room	2.3	2.1
六、取暖设备	Heating Facilities	100.0	100.0
无取暖设备	Without Heating Equipment	1.3	1.1
空调设备	Air Coditioner Owned	0.2	0.1
暖　气	Central Heating	82.1	82.7
其　他	Others	16.5	16.1
七、炊用燃料使用情况	Cooking Fuel	100.0	100.0
管道煤气	Pipeline Gas	33.1	30.1
液化石油气	Natural Gas	22.3	21.9
煤	Coal	16.5	16.0
其　他	Others	28.1	32.0
八、信息化调查	Informationization	100.0	100.0
#接入互联网的移动电话	Mobile Phone Connected with Internet	20.6	19.5
#接入有线电视网络的电视机	TV Sets Connected with CATV	94.5	92.3
#接入互联网的计算机	Computers Connected with Internet	36.5	39.6

7-9 城镇居民家庭平均每人全年消费性支出(2010年)

按户主职业分组

指　　标	Item	国家机关、企事业单位负责人 Person in Charge	专业技术人员 Technical Personnel
消费性支出(元)	**Total Living Expenditure (yuan)**	**18396.32**	**11659.60**
一、食　品	Food	3979.17	3139.65
#1.粮　食	Grain	376.21	318.73
2.油脂类	Oil and Fats	103.85	72.50
3.肉禽及制品	Meat,Poultry and Related Products	643.56	460.95
4.蛋　类	Eggs	86.59	87.54
5.水产品类	Aquatic Products	59.20	57.44
6.菜　类	Vegetables	341.97	296.10
7.烟草类	Tobacco	304.96	204.45
8.酒和饮料	Liquor and Beverages	200.48	151.56
9.干鲜瓜果类	Dried and Fresh Melons and Fruits	358.09	300.14
10.奶及奶制品	Milk and Dairy Products	207.66	178.35
11.饮食服务	Dining Out	971.08	726.43
二、衣　着	Clothing	2324.48	1624.26
#服　装	Garments	153.85	128.17
衣着材料	Clothing Materials	10.70	7.36
三、居　住	Residence	2412.92	1173.45
#住　房	Housing	1313.60	270.40
水、电、燃料其他	Water,Electricity,Fuels and Others	985.39	819.22
四、家庭设备用品及服务	Household Facilities,Articles and Services	1121.60	713.31
#耐用消费品	Durable Consumer Goods	544.26	341.36
五、医疗保健	Medicine and Medical Services	789.63	651.02
六、交通和通信	Transportation and Communications	5839.52	2303.95
七、教育文化娱乐服务	Recreation，Education and Culture Services	1421.90	1679.15
1.耐用消费品	Durable Consumer Goods	239.71	364.17
2.教　育	Education	652.70	818.20
3.文化娱乐	Culture and Recreation	529.49	496.78
八、杂项商品和服务	Miscellaneous Commodities and Services	507.10	374.80

URBAN HOUSEHOLDS PER CAPITA ANNUAL LIVING EXPENDITURE(2010)

(by occupation)

办事人员和有关人员 Office Worker and Relative	商业、服务业人员 Commercial and Service Personnel	农、林、牧、渔、水利生产人员 Agricultural Labour	生产、运输设备操作人员及有关人员 Worker of Prouction and Transportation and Relative	军人 Armyman	不便分类的其他从业人员 Others
10434.81	**7285.81**	**6278.98**	**8715.88**	**7169.98**	**9456.57**
3037.84	2451.83	2183.95	2868.09	2707.84	2650.52
320.53	346.83	309.73	339.92	332.10	381.58
74.01	77.35	51.83	85.10	58.25	109.63
441.16	403.03	243.16	473.02	409.95	349.16
87.37	75.09	94.23	79.23	91.43	75.00
40.39	51.81	57.50	53.22	51.25	30.11
310.72	283.84	282.46	323.87	322.26	293.93
202.46	138.43	17.33	227.91	69.12	208.54
126.15	110.14	6.33	142.85	154.54	168.55
301.49	209.48	302.60	279.05	217.67	181.32
158.41	127.62	158.10	150.94	243.60	88.42
693.42	397.45	314.80	453.78	297.61	466.20
1527.73	999.12	1180.47	1224.44	1260.04	1153.02
116.67	100.97	96.29	102.50	122.56	123.53
5.06	3.37		7.01	15.32	6.54
1139.21	1107.23	1283.83	1089.36	853.96	1132.90
261.77	315.32	113.33	298.51		218.06
788.94	748.81	1117.17	665.53	812.36	844.87
659.14	373.17	206.47	507.88	397.00	577.62
341.56	171.98		239.93	44.81	247.48
626.82	417.68	385.60	491.59	230.57	433.32
1409.05	787.53	556.33	1045.11	715.26	1841.84
1704.93	917.22	247.67	1125.79	782.73	1191.28
389.57	157.70		228.73	328.52	155.42
915.75	514.74		681.86	329.86	787.23
399.61	244.78	247.67	215.20	124.34	248.63
330.09	232.03	234.67	363.63	222.59	476.07

7-9 续表1

按收入等级分组

指　标	Item	总 计 组 Total	最低收入户 Lowest Income Households	更低收入户 Difficult Households
消费性支出(元)	**Total Living Expenditure (yuan)**	**9792.65**	**4468.75**	**4045.39**
一、食　品	Food	3052.57	1651.44	1504.42
#1.粮　食	Grain	369.50	295.98	293.05
2.油脂类	Oil and Fats	88.12	71.22	70.91
3.肉禽及制品	Meat，Poultry and Related Products	491.47	245.66	205.46
4.蛋　类	Eggs	89.86	62.30	60.43
5.水产品类	Aquatic Products	57.45	29.81	25.76
6.菜　类	Vegetables	347.90	229.70	236.04
7.烟草类	Tobacco	206.51	80.90	57.13
8.酒和饮料	Liquor and Beverages	138.13	58.66	44.89
9.干鲜瓜果类	Dried and Fresh Melons and Fruits	289.15	147.17	136.26
10.奶及奶制品	Milk and Dairy Products	161.23	78.24	69.43
11.饮食服务	Dining Out	530.45	157.72	105.92
二、衣　着	Clothing	1205.89	519.12	423.53
#服　装	Garments	108.60	74.25	62.51
衣着材料	Clothing Materials	7.04	4.86	4.44
三、居　住	Residence	1245.00	724.67	655.79
#住　房	Housing	334.42	61.95	72.79
水、电、燃料其他	Water, Electricity, Fuels and Others	813.07	624.57	557.72
四、家庭设备用品及服务	Household Facilities，Articles and Services	612.59	188.53	157.43
#耐用消费品	Durable Consumer Goods	290.27	63.50	41.00
五、医疗保健	Medicine and Medical Services	774.89	270.46	263.38
六、交通和通信	Transportation and Communications	1340.90	393.01	330.02
七、教育文化娱乐服务	Recreation, Education and Culture Services	1229.68	616.36	620.70
1.耐用消费品	Durable Consumer Goods	287.64	143.46	207.64
2.教　育	Education	607.82	377.66	320.10
3.文化娱乐	Culture and Recreation	334.22	95.24	92.96
八、杂项商品和服务	Miscellaneous Commodities and Services	331.14	105.15	90.12

continued

(by level of income)

低收入户 Low Income Households	中下收入户 Lower Middle Income Households	中等收入户 Middle Income Households	中上收入户 Upper Middle Income Households	高收入户 High Income Households	最高收入户 Highest Income Households
6172.03	**7609.23**	**9917.88**	**11813.71**	**15197.19**	**20111.64**
2300.77	2532.02	3312.86	3719.45	3903.43	5035.13
364.43	338.67	393.39	401.69	408.05	414.09
82.16	81.51	95.10	94.59	93.81	106.55
363.75	412.72	558.91	594.74	624.44	790.18
83.37	84.56	90.99	104.65	95.06	121.71
38.54	41.65	64.53	79.08	73.89	94.22
278.45	301.13	370.83	421.68	406.25	505.48
150.33	199.17	231.85	252.04	166.82	416.50
95.73	98.97	151.66	177.03	180.44	284.33
192.07	233.31	309.02	391.20	376.60	469.62
149.15	118.06	178.01	199.38	201.89	270.78
268.82	364.15	571.40	652.40	951.65	1213.86
774.31	961.26	1284.29	1456.42	1871.21	2272.93
79.65	94.12	109.03	118.17	132.99	142.81
4.23	5.38	7.05	9.82	6.75	14.08
828.73	1150.55	1016.60	1504.88	1980.87	2286.52
162.84	312.26	171.06	485.94	724.52	805.35
607.91	734.36	796.76	930.99	1028.88	1227.92
367.42	457.49	567.76	726.24	1068.58	1536.88
152.11	208.46	281.62	345.84	598.46	691.32
430.05	492.09	642.34	1128.88	1304.16	1956.80
571.62	822.98	1501.98	1374.78	2669.82	3692.80
702.35	956.35	1295.41	1473.32	1839.02	2510.49
109.98	217.81	286.17	359.90	474.41	651.92
482.50	539.05	674.26	674.58	811.78	852.48
109.87	199.49	334.98	438.84	552.82	1006.08
196.77	236.49	296.63	429.75	560.10	820.07

7-9 续表2

按人均月可支配收入分组

指　标	Item	总　计 Total	200元下 Under 200 yuan
消费性支出 (元)	**Total Living Expenditure (yuan)**	**9792.65**	**3450.64**
一、食　品	Food	3052.57	1286.18
#1.粮　食	Grain	369.50	265.97
2.油脂类	Oil and Fats	88.12	61.89
3.肉禽及制品	Meat, Poultry and Related Products	491.47	136.02
4.蛋　类	Eggs	89.86	60.45
5.水产品类	Aquatic Products	57.45	17.75
6.菜　类	Vegetables	347.90	210.81
7.烟草类	Tobacco	206.51	70.71
8.酒和饮料	Liquor and Beverages	138.13	47.34
9.干鲜瓜果类	Dried and Fresh Melons and Fruits	289.15	114.87
10.奶及奶制品	Milk and Dairy Products	161.23	40.26
11.饮食服务	Dining Out	530.45	109.64
二、衣　着	Clothing	1205.89	302.75
#服　装	Garments	108.60	57.43
衣着材料	Clothing Materials	7.04	3.26
三、居　住	Residence	1245.00	440.04
#住　房	Housing	334.42	79.64
水、电、燃料其他	Water, Electricity, Fuels and Others	813.07	343.89
四、家庭设备用品及服务	Household Facilities, Articles and Services	612.59	145.11
#耐用消费品	Durable Consumer Goods	290.27	30.91
五、医疗保健	Medicine and Medical Services	774.89	202.24
六、交通和通信	Transportation and Communications	1340.90	381.10
七、教育文化娱乐服务	Recreation, Education and Culture Services	1229.68	571.41
1.耐用消费品	Durable Consumer Goods	287.64	58.57
2.教　育	Education	607.82	474.34
3.文化娱乐	Culture and Recreation	334.22	38.50
八、杂项商品和服务	Miscellaneous Commodities and Services	331.14	121.80

continued

(by monthly disposable income per capita)

200-400元 yuan	400-600元 yuan	600-800元 yuan	800-1000元 yuan
4045.99	**5331.93**	**6259.77**	**7461.20**
1505.73	1862.00	2266.86	2607.35
309.53	311.97	335.76	343.79
72.33	72.41	76.40	80.93
204.76	295.92	351.77	403.93
62.47	69.88	75.86	85.42
18.76	30.58	37.71	42.50
222.95	243.66	279.81	304.97
68.91	106.81	152.84	180.99
47.19	72.16	85.77	109.38
128.73	163.24	208.07	245.80
71.01	102.69	127.68	137.13
107.66	200.15	303.81	409.05
378.50	604.98	819.61	924.10
61.05	74.04	92.58	92.62
8.81	4.13	3.63	5.38
556.67	891.64	882.43	922.27
75.60	193.93	148.76	226.60
459.43	603.53	669.72	620.01
146.65	285.21	370.76	458.79
33.74	114.35	162.90	204.18
297.56	284.51	391.13	458.02
352.49	573.52	660.89	854.46
719.05	708.10	669.96	996.10
303.84	121.73	128.37	184.62
324.53	476.82	382.60	576.38
90.69	109.55	159.00	235.11
89.34	121.96	198.12	240.11

7-9 续表3

按人均月可支配收入分组

指　　标	Item	1000-1500元 yuan	1500-2000元 yuan
消费性支出 (元)	**Total Living Expenditure (yuan)**	**9849.66**	**12309.89**
一、食　品	Food	3238.83	3683.72
#1.粮　食	Grain	385.45	403.92
2.油脂类	Oil and Fats	92.34	97.16
3.肉禽及制品	Meat, Poultry and Related Products	524.72	630.42
4.蛋　类	Eggs	94.41	104.43
5.水产品类	Aquatic Products	64.23	75.30
6.菜　类	Vegetables	375.19	406.77
7.烟草类	Tobacco	226.29	242.66
8.酒和饮料	Liquor and Beverages	132.95	162.44
9.干鲜瓜果类	Dried and Fresh Melons and Fruits	311.27	369.72
10.奶及奶制品	Milk and Dairy Products	173.28	199.53
11.饮食服务	Dining Out	550.75	657.56
二、衣　着	Clothing	1262.56	1527.56
#服　装	Garments	105.08	116.93
衣着材料	Clothing Materials	7.76	10.10
三、居　住	Residence	1071.81	1747.16
#住　房	Housing	190.73	743.43
水、电、燃料其他	Water, Electricity, Fuels and Others	819.08	918.21
四、家庭设备用品及服务	Household Facilities, Articles and Services	631.01	752.15
#耐用消费品	Durable Consumer Goods	308.89	365.10
五、医疗保健	Medicine and Medical Services	755.98	1202.13
六、交通和通信	Transportation and Communications	1229.29	1424.55
七、教育文化娱乐服务	Recreation, Education and Culture Services	1323.15	1547.33
1.耐用消费品	Durable Consumer Goods	295.90	341.31
2.教　育	Education	699.20	722.61
3.文化娱乐	Culture and Recreation	328.05	483.42
八、杂项商品和服务	Miscellaneous Commodities and Services	337.04	425.28

continued

(by monthly disposable income per capita)

2000-2500元 yuan	2500-3000元 yuan	3000-4000元 yuan	4000元以上 over 4000 yuan
15860.38	**20086.79**	**17271.40**	**28487.67**
4258.88	4859.65	4833.61	6620.90
427.68	477.32	424.54	395.38
111.02	103.76	101.29	115.57
739.61	820.59	736.61	900.01
109.23	118.79	108.40	107.48
93.35	102.81	90.61	103.33
451.50	536.52	487.76	448.18
222.07	292.82	331.27	837.29
195.45	282.18	279.54	665.34
414.96	455.86	445.77	557.85
228.43	245.10	237.73	267.83
903.81	1020.14	1255.31	1904.37
1857.50	2411.97	2255.38	3192.74
133.40	133.99	156.44	182.91
4.78	13.29	10.01	16.78
2428.56	2164.14	2062.33	2417.01
807.44	621.35	476.16	771.66
1239.33	1433.70	1391.39	1440.81
981.09	1285.75	1280.56	2171.28
469.95	503.06	659.42	1274.22
1420.33	2246.67	1352.99	1937.47
2886.03	4232.60	2628.28	6668.81
1584.83	2350.46	1932.64	3916.58
453.85	521.75	483.95	1523.59
541.38	938.50	736.21	1297.74
589.60	890.21	712.47	1095.24
443.15	535.54	925.60	1562.87

7-9 续表4 continued

按家庭规模分组 (by scale of households)

指 标	Item	总 计 Total	一人户 One Person House -holds	二人户 Two Persons House-holds	三人户 Three Persons House-holds	四人户 Four Persons House-holds	五人及以上户 Five Persons and over Households
消费性支出(元)	**Total Living Expenditure (yuan)**	**9792.65**	**17360.07**	**12516.63**	**9887.99**	**7177.63**	**6586.60**
食 品	Food	3052.57	6415.02	4104.01	2977.92	2156.39	2197.60
#1.粮 食	Grain	587.07	1437.69	831.51	526.51	454.04	483.07
2.油脂类	Oil and Fats	88.12	240.01	127.76	78.22	68.35	66.49
3.肉禽及制品	Meat, Poultry and Related Products	432.23	1043.65	638.64	403.45	288.29	287.95
4.蛋 类	Eggs	89.86	210.25	126.28	82.20	68.27	70.57
5.水产品类	Aquatic Products	57.45	205.04	87.27	52.08	37.46	35.64
6.菜 类	Vegetables	347.90	1015.79	536.85	306.93	238.39	245.29
7.烟草类	Tobacco	206.51	287.55	253.21	210.19	133.91	202.02
8.酒和饮料	Liquor and Beverages	138.13	161.30	175.75	145.61	93.21	84.29
9.干鲜瓜果类	Dried and Fresh Melons and Fruits	289.15	562.50	397.13	288.51	193.41	175.01
10.奶及奶制品	Milk and Dairy Products	161.23	322.12	214.42	158.35	112.20	121.21
11.饮食服务	Dining Out	530.45	772.44	584.95	584.10	388.84	331.95
衣 着	Clothing	1205.89	1153.09	1151.43	1410.61	935.74	691.93
#服 装	Garments	108.60	100.95	100.53	114.43	103.69	96.52
衣着材料	Clothing Materials	7.04	7.77	9.67	7.01	4.57	5.35
居 住	Residence	1245.00	2529.83	2004.14	1014.30	973.68	1032.87
#住 房	Housing	334.42	165.18	679.41	221.29	232.48	326.29
水、电、燃料及其他	Water, Electricity, Fuels and Others	813.07	2204.06	1143.39	722.54	667.63	626.99
家庭设备用品及服务	Household Facilities, Articles and Services	612.59	1379.68	818.08	595.20	495.69	329.98
#耐用消费品	Durable Consumer Goods	290.27	412.99	388.72	277.59	262.47	149.54
医疗保健	Medicine and Medical Services	774.89	2275.80	1514.60	598.12	362.13	560.48
交通和通信	Transportation and Communications	1340.90	1393.91	1519.91	1458.95	968.36	926.34
教育文化娱乐服务	Recreation, Education and Culture Services	1229.68	1105.00	1077.67	1460.57	1053.18	632.27
1.耐用消费品	Durable Consumer Goods	287.64	336.50	303.03	337.05	188.84	150.77
2.教 育	Education	607.82	33.91	336.55	778.17	648.11	288.78
3.文化娱乐	Culture and Recreation	334.22	734.59	438.08	345.34	216.23	192.73
杂项商品和服务	Miscellaneous Commodities and Services	331.14	1107.74	326.81	372.30	232.45	215.14

7-10 主要年份农民家庭基本情况
BASIC CONDITIONS OF RURAL HOUSEHOLDS IN MAJOR YEARS

单位：人 (person)

年 份 Year	调查户数(户) Number of Households Surveyed (household)	调查户常住人口 Number of Permanent Residents in the Household Surveyed	户均常住人口 Average Number of Permanent Residents Per Household
1957	1049	4414	4.21
1962	142	720	5.07
1965	600	2663	4.44
1978	600	3193	5.32
1980	600	3157	5.26
1985	2100	10079	4.80
1990	2100	9654	4.60
1995	2100	9170	4.37
2000	2100	8870	4.22
2005	2100	8555	4.07
2006	2100	8450	4.02
2007	2100	8330	3.97
2008	2100	8265	3.94
2009	2100	8118	3.87
2010	2100	8035	3.83

年 份 Year	平均每户整半劳动力 Average Number of Ablebodied and Semiablebodied Laborers Per Household	每个劳力负担人口 Average Number of Persons Supported by Every Laborer	人均住房面积(平方米) Per Capita Housing Floor Space (sq.m)
1957		...	7.70
1962	2.20	2.30	8.10
1965	2.00	2.20	7.30
1978	2.20	2.40	9.40
1980	2.30	2.30	11.10
1985	2.64	1.80	13.65
1990	2.66	1.73	16.50
1995	2.74	1.59	17.13
2000	2.70	1.56	21.57
2005	2.74	1.49	24.15
2006	2.75	1.47	24.96
2007	2.72	1.46	25.80
2008	2.72	1.44	26.52
2009	2.71	1.43	27.97
2010	2.70	1.42	28.69

7-11 农民家庭人口状况(2010年)
POPULATION CONDITIONS OF RURAL HOUSEHOLDS(2010)

指 标	Item	总 计 Total	每户平均 Average Per Household
一、调查户数 (户)	**Number of Households Surveyed (household)**	**2100**	
二、家庭常住人口(人)	**Number of Permanent Residents in the Household (person)**	**8035**	**3.83**
#整半劳动力数	Ablebodied and Semiablebodied Labours	5671	2.70
#整劳动力	Ablebodied	3573	1.70
1.学龄前人数	Age 1-6	329	0.16
2.7-15岁	Age 7-15	831	0.40
#在校人数	Students Enrollment	821	0.39
3.16-60岁	Age 16-60	6118	2.91
4.60岁以上	Age 60 and above	757	0.36

7-12 农民家庭劳动力状况(2010年)
LABOUR FORCE OF RURAL HOUSEHOLDS(2010)

单位：人 (person)

指 标	Item	总 计 Total	每百人 Average Per 100 Labour Forces
一、劳动力文化状况	**Cultural Level of Labour Force**		
1.不识字或识字很少	Illiteracy or little literacy	122	1.52
2.小学程度	Level of Primary School	1053	13.11
3.初中程度	Level of Junior Middle School	3411	42.45
4.高中程度	Level of Senior Middle School	799	9.94
5.中 专	Level of Specialized Secondary School	150	1.87
6.大专及以上	Level of Junior College and Above	136	1.69
二、劳动力就业情况	**Employment of Labour Force**		
第一产业	Primary Industry	3355	41.75
#农 业	Farming	3242	40.35
林 业	Forestry	13	0.16
第二产业	Secondary Industry	695	8.65
采矿业	Mining Industry	141	1.75
制造业	Manufacturing	347	4.32
电力、燃气及水的生产和供应业	Production and Supply of Electricity,Gas and Water	16	0.20
建筑业	Construction	191	2.38
第三产业	Tertiary Industry	1432	17.82
#交通运输、仓储和邮政业	Traffic,Transportation and Post	208	2.59
批发和零售贸易	Wholesale and Retail Trade ,Catering Trade	238	2.96

7-13 农民家庭平均每户房屋情况
HOUSING CONDITIONS OF PER RURAL HOUSEHOLD

指　　标	Item	2000	2005	2010
一、年内新建房屋面积 (平方米)	**Number of Rooms Newly Built Within the Year (sq.m)**	**1.95**	**1.70**	**1.58**
#砖木结构面积	Brick and Wood Structure	1.21	0.64	0.47
钢筋混凝土结构面积	Reinforced Concrets Structure	0.74	1.06	0.89
年内新建房屋价值 (元)	Value of Newly Built Room Within the Year (yuan)	644.38	609.29	998.10
平均每平方米新建房屋价值 (元)	Value Per Square Meter Newly Built Room (yuan)	330.61	357.70	631.71
新建房屋中生活用房面积 (平方米)	Living Floor Space (sq.m)	1.95	1.70	1.58
新建房屋中楼房面积 (平方米)	Floor Space of Multi-Floor Buildings (sq.m)	0.33	0.74	0.54
二、年末住房面积 (平方米)	**Per Capita Floor Space at Year-end (sq.m)**	**91.13**	**98.36**	**109.78**
#砖木结构面积	Brick and Wood Structure	62.66	66.14	67.09
钢筋混凝土结构面积	Reinforced Concrete Structures	14.88	22.47	27.87
人均住房面积 (平方米)	Per Capita Living Floor Space (sq.m)	21.57	24.15	28.69
三、年末住房价值 (元)	**Value of Room at Year-end (yuan)**	**18131.45**	**27242.62**	**34193.21**

7-14 农民家庭土地经营情况(2010年)
LAND MANAGEMENT OF RURAL HOUSEHOLDS(2010)

单位：亩　　　　(mu)

指　　标	Item	总　计 Total	每户平均 Average per Household	每人平均 Average per Person
一、期初实际经营土地面积	**Area of Land Under Real Management at the Year-beginning**	**21422.14**	**10.20**	**2.67**
#耕　地	Cultivated Land	19512.11	9.29	2.43
#有效灌溉面积	Effective Irrigated Area	7230.18	3.44	0.90
二、期内增加的经营土地面积	**Added Area of Land Under Management in the Year**	**1396.43**	**0.66**	**0.17**
#耕　地	Cultivated Land	1276.53	0.61	0.16
#有效灌溉面积	Effective Irrigated Area	320.09	0.15	0.04
三、期内减少的经营土地面积	**Reduced Area of Land Under Management in the Year**	**1327.24**	**0.63**	**0.17**
#耕　地	Cultivated Land	1252.74	0.60	0.16
#有效灌溉面积	Effective Irrigated Area	355.42	0.17	0.04
四、期末实际经营的土地面积	**Area of Land Under Real Management at the Year-end**	**21491.33**	**10.23**	**2.67**
#耕　地	Cultivated Land	19535.90	9.30	2.43
#有效灌溉面积	Effective Irrigated Area	7194.85	3.43	0.90

7-15 农民家庭收支情况(2010年)
ANNUAL INCOME AND EXPENDITURE OF RURAL HOUSEHOLDS(2010)

单位：元 (yuan)

指　标	Item	合　计 Total	每人平均 Average Per Person
一、总收入	**Total Income**	**51372763**	**6393.62**
(一)工资性收入	Laborers' Remuneration	16942622	2108.60
(二)家庭经营收入	Income from Household Business	29052659	3615.76
1.第一产业	Primary Industry	22873023	2846.67
#农　业	Farming	16871750	2099.78
林　业	Forestry	204734	25.48
牧　业	Animal Husbandary	5796539	721.41
2.第二产业	Secondary Industry	405373	50.45
工　业	Industry	157559	19.61
建筑业	Construction	247814	30.84
3.第三产业	Tertiary Industry	5774264	718.64
其他产品收入	Other Products	26769	3.33
第三产业服务性收入	Service Trade	5747495	715.31
交通、运输、邮电业	Traffic,Transportation and Post	2049257	255.04
批零贸易业、餐饮业	Wholesale and Retail Trade ,Catering Trade	2030347	252.69
社会服务业	Social Service	1245554	155.02
文教卫生业	Culture,Education and Public Health	237257	29.53
其他行业	Others	185081	23.03
(三)财产性收入	Property Income	1720875	214.17
(四)转移性收入	Transfer Income	3656607	455.08
二、总支出	**Total Expenditure**	**44728976**	**5566.77**
(一)家庭经营费用	Expenditure of Household Business	11847690	1474.51
1.第一产业生产费用	Producing Cost of Primary Industry	10069294	1253.18
#农　业	Farming	5415687	674.01
林　业	Forestry	30183	3.76
牧　业	Animal Husbandary	4623424	575.41
2.第二产业生产费用	Producing Cost of Primary Industry	60486	7.53
工　业	Industry	19490	2.43
建筑业	Construction	40996	5.10
3.第三产业生产费用	Producing Cost of Secondary Industry	1717910	213.80
交通、运输、邮电业	Traffic,Transportation and Post	718634	89.44
批零贸易业、餐饮业	Wholesale and Retail Trade ,Catering Trade	560979	69.82
社会服务业	Social Service	341730	42.53
文教卫生业	Culture,Education and Public Health	69315	8.63
其他行业	Others	27252	3.39
(二)购置生产性固定资产支出	Costs of Purchasing Fixed Assets for Production	1082199	134.69
(三)建造生产性固定资产雇工支出	Costs of Hiring Workers to Construct Fixed Assets for Production	23200	2.89
(四)税费支出	Costs of Taxes	15250	1.90
(五)生活消费支出	Expenditure of Living Consumption	29439103	3663.86
(六)财产性支出	Property Expenditure	84430	10.51
(七)转移性支出	Transfer Expenditure	2237105	278.42
三、全年可支配收入	**Annual Disposable Income**	**36297260**	**4517.39**
四、全年纯收入	**Annual Net Income**	**38055772**	**4736.25**

7-16 农民家庭平均每人家庭经营纯收入
PER CAPITA NET INCOME FROM HOUSEHOLD BUSINESS OF RURAL HOUSEHOLDS

单位：元 (yuan)

指 标	Item	2000	2005	2010
家庭经营纯收入	**Net Income from Household Business**	**1113.56**	**1563.52**	**2028.46**
1.农业收入	Farming	646.61	922.60	1376.72
2.林业收入	Forestry	10.09	15.99	21.58
3.牧业收入	Animal Husbandry	117.21	176.72	131.16
4.渔业收入	Fishery			
5.工业收入	Industry	21.04	14.44	15.85
6.建筑业收入	Construction	26.70	39.17	23.37
7.交通、运输、邮电业收入	Traffic, Transportation and Post	112.63	166.42	145.00
8.商业、饮食业收入	Commerce & Catering	52.39	99.78	166.66
9.服务业收入	Service Trade	22.10	57.52	106.09
10.其他收入	Others	104.79	70.88	42.03

7-17 主要年份农村住户每人平均纯收入
PER CAPITA NET INCOME OF RURAL HOUSEHOLDS IN MAJOR YEARS

单位：元 (yuan)

年 份 Year	全 年 纯收入 Annual Net Income	按纯收入来源分 By Source				按纯收入性质分 Grouped by Type of Income	
		工资性收入 Laborers' Remuneration	家庭经营纯收入 Net Income from Household Business	转移性收入 Transfer Income	财产性收入 Property Income	生产性收入 Productive Income	非生产性收入 Non-productive Income
1965	91.83	54.52	21.58	10.75	4.98	76.10	15.73
1970	94.66	60.66	21.70	8.61	3.66	82.36	12.30
1975	100.72	67.38	16.98	10.46	5.90	84.36	16.36
1978	101.61	77.65	14.79	7.19	1.98	92.44	9.17
1980	155.78	95.70	38.88	18.20	3.00	134.58	21.20
1985	358.32	100.52	229.39	22.31	6.10	326.18	32.14
1990	603.51	159.56	407.88	28.17	7.90	561.78	41.73
1995	1208.30	367.19	780.84	37.39	22.88	1132.31	75.99
2000	1905.61	726.05	1113.56	46.30	19.70	1807.94	97.67
2005	2890.66	1177.94	1563.52	86.50	62.70	2683.94	206.72
2006	3180.92	1374.34	1622.86	109.21	74.51	2922.64	258.28
2007	3665.66	1520.95	1860.38	148.53	135.80	3291.29	374.37
2008	4097.24	1713.55	1986.38	244.26	153.05	3607.26	489.98
2009	4244.10	1789.93	1919.76	329.29	205.12	3586.48	657.62
2010	4736.25	2108.60	2028.46	385.01	214.17	4030.98	705.27

7-18 主要年份农村住户每人平均生活消费支出
PER CAPITA LIVING EXPENDITURE OF RURAL HOUSEHOLDS IN MAJOR YEARS

单位：元 (yuan)

年份 Year	生活消费支出 Expenditure	食品 Food	衣着 Clothing	居住 Residence	家庭设备用品及服务 Household Facilities, Articles and Services
1962	98.01	53.00	11.48	18.34	9.31
1965	85.01	55.38	11.19	9.23	5.41
1970	84.28	54.94	10.81	11.36	5.01
1975	86.35	55.21	11.23	14.44	3.91
1978	90.64	61.02	13.02	8.84	4.10
1980	134.38	80.48	20.81	24.35	4.98
1985	272.74	148.13	39.88	37.67	21.81
1990	487.65	257.87	60.71	75.68	33.39
1995	927.99	586.03	103.02	77.62	42.95
2000	1149.01	558.86	113.37	143.90	48.77
2005	1877.70	830.48	202.35	200.56	68.93
2006	2253.25	867.65	227.61	305.02	98.29
2007	2682.57	1033.68	260.88	392.78	120.86
2008	3097.54	1206.69	276.23	486.75	138.26
2009	3304.76	1224.60	283.20	584.07	156.27
2010	3663.86	1372.49	315.78	614.70	173.62

年份 Year	医疗保健 Medicines and Medical Services	交通和通讯 Transportation and Communications	文教娱乐用品及服务 Cultural & Educational, Recreational Articles and Services	其他商品和服务 Other Commodities and Services
1962	0.91		4.17	0.80
1965	0.78		2.98	0.74
1970	0.82		0.65	0.69
1975	0.51		0.86	0.19
1978	0.65	0.49	1.95	0.57
1980	0.59	0.54	2.17	0.46
1985	7.31	1.40	14.43	2.11
1990	19.81	3.17	32.80	4.22
1995	31.09	14.05	62.80	10.43
2000	60.35	48.82	135.39	39.55
2005	102.90	160.27	279.54	32.67
2006	142.66	224.23	339.75	48.04
2007	170.85	268.75	370.97	63.80
2008	210.32	328.74	380.70	69.85
2009	240.94	324.89	416.94	73.85
2010	328.92	357.74	420.21	80.40

7-19 农民家庭平均每人现金收入
PER CAPITA CASH INCOME OF RURAL HOUSEHOLDS

单位：元 (yuan)

指　　标	Item	2000	2005	2010
一、人均现金收入	**Total Per Capita Cash Income**	**1836.32**	**3053.06**	**5667.44**
1.工资性收入	Wages Income	725.50	1177.49	2099.75
2.出售产品的收入	Selling Product	541.41	1050.82	2174.35
3.工业服务性收入	Industry	27.71	18.39	13.99
4.交通、运输、邮电业收入	Traffic, Transportation and Post	159.47	245.75	255.04
5.商业、饮食业收入	Commerce and Catering	67.37	136.82	252.69
6.社会服务业收入	Social Service	31.67	69.34	155.02
7.其他经营收入	Others	130.19	132.94	93.75
8.建筑业服务性收入	Construction	38.42	48.49	30.47
9.转移性收入	Transfer Income	97.23	116.21	407.85
10.财产性收入	Property Income	17.35	56.81	184.53
二、非收入所得	**Non-income Obtaining**	**269.07**	**361.99**	**1683.18**

7-20 农民家庭平均每人现金支出
PER CAPITA CASH EXPENDITURE OF RURAL HOUSEHOLDS

单位：元 (yuan)

指　　标	Item	2000	2005	2010
总　　计	**Total**	**1425.88**	**2431.96**	**5170.01**
一、生产费用支出	**Expenditure of Production**	**369.94**	**627.14**	**1492.16**
#家庭经营费用支出	Expenditure of Household Business	319.93	580.94	1354.58
购置生产性固定资产支出	Costs of Purchasing Fixed Assets for Production	50.01	45.62	134.69
二、税费支出	**Costs of Taxes**	**43.42**	**6.92**	**1.90**
三、生活消费支出	**Living Consumption Expenditure**	**901.59**	**1636.83**	**3395.13**
1.食　品	Food	313.60	596.81	1124.93
#主　食	Staple Food	69.10	134.05	208.04
副　食	Non-staple Food	124.43	201.79	720.22
2.衣　着	Clothing	113.34	202.29	315.78
3.居　住	Residence	141.82	193.57	593.54
4.家庭设备用品及服务	Household Facilities, Articles and Services	48.72	68.92	173.61
5.医疗保健	Medicines and Medical Services	60.35	102.90	328.92
6.交通和通讯	Transportation and Communications	48.82	160.27	357.74
7.文教娱乐用品及服务	Cultural,Educational, Recreational Articles and Services	135.39	279.54	420.21
8.其他商品和服务	Other Commodities and Services	39.55	32.53	80.40
四、财产性支出	**Property Income**	**7.05**	**7.72**	**10.51**
五、转移性支出	**Transfer Imcome**	**103.88**	**153.35**	**270.32**

7-21 农村住户调查按平均每人纯收入分组基本情况(2010年)

指　标		Item	500元以下的户 Below 500 yuan Households	500-800元的户 500-800 yuan Households
一、调查户数	(户)	Number of Households Surveyed (household)	12	23
二、调查户常住人口	(人)	Number of Permanent Residents in the Household Surveyed (person)	41	82
三、整半劳动力数	(人)	Ablebodied and Semiablebodied Labours (person)	20	51
四、年末经营耕地面积	(亩)	Cultivated Area at the Year-end (mu)	153	169
五、山地面积	(亩)	Mountainous Area (mu)		
六、生产性固定资产原值	(元)	Original Value of Fixed Assets for Production (yuan)	140620	236933
七、主要生产性固定资产数量		Number of Major Fixed Assets for Production		
1.房屋及建筑物	(平方米)	Houses and Buildings (sq.m)	1139	567
2.汽　车	(辆)	Motorcars (unit)		
3.大中型拖拉机	(台)	Large and Medium Tractors (unit)		1
4.小型和手扶拖拉机	(台)	Mini and Walking Tractors (unit)		2
5.机动脱粒机	(台)	Motorized Threshing Machines (unit)		
6.收割机	(台)	Harvesters (unit)		
7.农用动力机械	(台)	Engines for Agriculture (unit)	1	3
8.胶轮大车	(架)	Large Vehicles with Rubber Wheels (unit)	2	2
9.水　泵	(台)	Pumps (units)	3	1
10.役　畜	(头)	Draught Animals (head)	2	14
11.产品畜	(头)	Animals for Production (head)	4	103
八、住房面积	(平方米)	Floor Space (sq.m)	1102	1960
住房价值	(元)	Value of Houses (yuan)	389100	549900
住房结构	(平方米)	Structure of Houses (sq.m)		
钢筋混凝土结构面积		Reinforced Concrete Structure	180	200
砖木结构面积		Brick and Wood Structure	650	1290
九、期内粮食收入合计	(公斤)	Total Harvest of Grain in this Period of Time (kg)	29207	63936
期内粮食支出合计	(公斤)	Total Expenditure of Grain in this Period of Time (kg)	30020	64614
期末粮食结存实际调查数	(公斤)	Balance of Grain at the End of this Period of Time in Actual Inquiry (kg)	31160	35044
十、生产量	(公斤)	Output (kg)		
谷　物		Cereals	18858	16165
薯　类		Tubers	573	3928
豆　类		Beans	1665	640
棉　花		Cotton		
油　料		Oil-bearing Crops	153	2445
蔬　菜		Vegetables	16284	2280
畜　肉		Meats of Domestic Animals	80	9081
家禽肉		Meats of Poultry	10	
蛋　类		Eggs	56	21
皮（张）		Feather (piece)		
毛、绒		Fur and Down		
奶　类		Milks	7416	

BASIC CONDITIONS BY NET INCOME PER CAPITA IN INQUIRY OF RURAL HOUSEHOLDS(2010)

800–1000 元的户 800–1000 yuan Households	1000–1300 元的户 1000–1300 yuan Households	1300–1500 元的户 1300–1500 yuan Households	1500–1700 元的户 1500–1700 yuan Households	1700–2000 元的户 1700–2000 yuan Households	2000–2300 元的户 2000–2300 yuan Households	2300–2500 元的户 2300–2500 yuan Households	2500–2800 元的户 2500–2800 yuan Households
25	50	42	46	72	93	82	105
100	211	181	194	300	407	341	440
64	138	122	128	219	287	234	290
204	446	398	421	678	918	869	938
12	17	13	22	19	34	29	42
117580	225330	643351	155440	309410	526566	401799	402800
70	515	835	235	595	1493	640	1722
	2	3		1	2	1	
		1	2		3	2	2
2	7	4	5	7	16	15	16
	2		1		3	3	
						1	
1	2	3	4	4	8	7	8
2	6	3	2	3	5	8	7
	1	1	2	1	6	3	3
4	23	14	10	18	17	9	10
25	12	21	26	176	29	47	133
2204	4514	4213	4401	7317	8874	8166	11535
432800	911100	1040500	953000	1708700	2354200	1896800	3150200
250	292	1159	1011	1417	999	1478	2791
1489	3644	2709	2847	4768	6061	4563	7410
40190	105380	90313	117569	199028	238522	225160	270714
39720	106953	81316	89265	150698	199488	171092	223776
43702	122164	103208	132108	214039	257225	269673	297426
22620	68385	61075	84095	147530	167328	175924	202155
1614	3569	3583	2907	5046	9063	4420	6713
1924	3945	3382	3949	4542	8237	6044	5919
			35		1934	1950	376
1085	3170	2426	3304	2536	6710	3458	4840
3674	17092	12029	12692	27767	56196	32098	42231
343	2423	563	4440	1937	4444	4783	4961
		33	114	63	3380	49	18794
133	176	211	246	269	18451	320	271
2	1				2		4
38	28	7	11	41	2	100	62
			90	80		6043	4535

7-21 续表1

指 标	Item	500元以下的户 Below 500 yuan Households	500-800元的户 500-800 yuan Households
十一、出售量(公斤)	Sales (kg)	58446	158657
谷 物	Cereals	9232	4379
薯 类	Tubers	300	600
豆 类	Beans	215	245
棉 花	Cotton		
油 料	Oil-bearing Crops		294
蔬 菜	Vegetables	15730	
肉猪及猪肉	Fattened Hogs and Pork		8496
菜羊及羊肉	Sheep,Goats and Mutton		620
肉牛及牛肉	Fattened Cattle , Buffaloes and Beef	80	
家 禽	Poultry	10	
蛋 类	Eggs		
畜 皮(张)	Feather (piece)		
毛、绒	Fur and Down		
奶 类	Milks	7416	
十二、食品消费情况(公斤)	Consumption of Foods(kg)		
粮食消费量	Consumption of Grain	7115	13914
谷 物	Cereals	6772	12739
薯 类	Tubers	162	666
豆 类	Beans	181	509
油脂类	Oil and Fat	326	547
蔬菜及菜制品	Vegetables and Related Products	3006	5409
肉禽及其制品	Meats,Poultry and Related Products	224	758
蛋类及蛋制品	Eggs and Related Products	186	412
奶和奶制品	Milk and Dairy Products	115	334
食 糖	Sugar	33	71
十三、期末每百户耐用消费品拥有量	Possession of Major Durable Consumer Goods Per Hundred Households		
洗衣机 (台)	Washing Machines (unit)	8	13
电冰箱 (台)	Refrigerators (unit)	1	5
空调机 (台)	Air Conditioners (unit)		
微波炉 (台)	Micro-wave Ovens(unit)		1
自行车 (辆)	Bicycles (unit)	7	18
摩托车 (台)	Motorcycles (unit)	6	9
移动电话 (部)	Mobile Telephones (set)	12	13
彩色电视机 (台)	Color Television Sets (unit)	9	21
影碟机 (台)	Vdieo Disc Players (unit)	2	3
照相机 (架)	Cameras (unit)		1

continued

800–1000 元的户 800–1000 yuan Households	1000–1300 元的户 1000–1300 yuan Households	1300–1500 元的户 1300–1500 yuan Households	1500–1700 元的户 1500–1700 yuan Households	1700–2000 元的户 1700–2000 yuan Households	2000–2300 元的户 2000–2300 yuan Households	2300–2500 元的户 2300–2500 yuan Households	2500–2800 元的户 2500–2800 yuan Households
39213	169397	104792	195797	240418	557867	342129	564862
11096	49645	35226	38737	69871	92187	66524	104375
484	1516	951	1365	2295	2477	377	2455
397	1174	784	1008	3812	3072	3974	1995
			35		1048	1498	326
712	544	624	1035	1005	3164	928	1307
	2246	304	4920	9000	37181	17073	20775
75	1401	393	4163	577	3647	3281	3174
192	560	170	237	824	669	1486	1037
	204			327			526
		5	106	26	3380	14	18701
41	70	55	92	92	17997	41	19
2	1			1	2		4
38	28	7	11	144	2	125	62
						6028	4535
13916	33937	28551	29359	51743	64873	55112	69165
12720	30988	26691	27212	48120	60018	52134	65262
639	1291	1014	1148	1884	2818	1653	2373
556	1658	846	999	1738	2038	1325	1529
532	1341	1065	1091	1960	2546	2143	2505
6235	15874	14504	14699	23495	30280	22437	33813
769	1490	1411	1248	2221	3174	2735	3515
386	778	674	860	1206	1985	1883	1924
162	467	313	593	1024	1643	1724	1875
90	190	112	127	252	381	318	479
10	20	23	27	43	64	70	77
3	6	7	7	5	17	21	22
1	1				2	5	2
1					1	1	3
21	33	31	38	61	101	79	106
7	12	16	17	38	43	48	58
14	28	20	28	46	68	75	79
20	47	36	42	67	96	91	107
3	6	5	6	17	26	14	28
2			1	3	6	2	2

7-21 续表2

指 标		Item	2800-3000元的户 2800-3000 yuan Households	3000-3500元的户 3000-3500 yuan Households
一、调查户数	(户)	Number of Households Surveyed (household)	80	207
二、调查户常住人口	(人)	Number of Permanent Residents in the Household Surveyed (person)	316	824
三、整半劳动力数	(人)	Ablebodied and Semiablebodied Labours (person)	221	560
四、年末经营耕地面积	(亩)	Cultivated Area at the Year-end (mu)	916	1979
五、山地面积	(亩)	Mountainous Area (mu)	9	15
六、生产性固定资产原值	(元)	Original Value of Fixed Assets for Production (yuan)	340245	1022345
七、主要生产性固定资产数量		Number of Major Fixed Assets for Production		
1.房屋及建筑物	(平方米)	Houses and Buildings (sq.m)	754	2312
2.汽 车	(辆)	Motorcars (unit)		5
3.大中型拖拉机	(台)	Large and Medium Tractors (unit)	2	3
4.小型和手扶拖拉机	(台)	Mini and Walking Tractors (unit)	13	27
5.机动脱粒机	(台)	Motorized Threshing Machines (unit)		2
6.收割机	(台)	Harvesters (unit)		
7.农用动力机械	(台)	Engines for Agriculture (unit)	11	20
8.胶轮大车	(架)	Large Vehicles with Rubber Wheels (unit)	7	11
9.水 泵	(台)	Pumps (units)	2	16
10.役 畜	(头)	Draught Animals (head)	24	36
11.产品畜	(头)	Animals for Production (head)	25	33
八、住房面积	(平方米)	Floor Space (sq.m)	7051	22003
住房价值	(元)	Value of Houses (yuan)	1782700	5465763
住房结构	(平方米)	Structure of Houses (sq.m)		
钢筋混凝土结构面积		Reinforced Concrete Structure	597	5088
砖木结构面积		Brick and Wood Structure	5001	12367
九、期内粮食收入合计	(公斤)	Total Harvest of Grain in this Period of Time (kg)	207324	596475
期内粮食支出合计	(公斤)	Total Expenditure of Grain in this Period of Time (kg)	190412	494923
期末粮食结存实际调查数	(公斤)	Balance of Grain at the End of this Period of Time in Actual Inquiry (kg)	215966	653100
十、生产量 (公斤)		Output (kg)		
谷 物		Cereals	155143	438325
薯 类		Tubers	7319	11032
豆 类		Beans	11307	19155
棉 花		Cotton	513	2608
油 料		Oil-bearing Crops	6543	8450
蔬 菜		Vegetables	36029	101983
畜 肉		Meats of Domestic Animals	3289	24582
家禽肉		Meats of Poultry	49	53
蛋 类		Eggs	427	1229
皮 (张)		Feather (piece)	1	8
毛、绒		Fur and Down	41	192
奶 类		Milks	8325	8628

continued

3500-4000元的户 3500-4000 yuan Households	4000-4500元的户 4000-4500 yuan Households	4500-5000元的户 4500-5000 yuan Households	5000-5500元的户 5000-5500 yuan Households	5500-6000元的户 5500-6000 yuan Households	6000-7000元的户 6000-7000 yuan Households	7000-8000元的户 7000-8000 yuan Households	8000元以上的户 Above 8000 yuan Households
171	143	139	113	101	165	135	296
669	558	524	418	371	609	466	983
481	395	372	283	273	437	331	765
1389	1443	1477	965	758	1423	1159	2833
10	29		17			3	7
999341	554684	764411	475829	363306	1077939	1743313	2864180
1769	1159	1368	1247	1345	2620	2391	8308
6	2	7	4	2	7	7	16
4	3	3	5	1	2	4	6
31	18	21	12	11	24	23	34
4	1	2		1	1	2	4
2					1	1	2
21	22	13	15	14	15	18	34
8	9	6	7		4	4	4
15	12	8	7	11	17	15	16
10	21	10	7	8	10	9	15
52	192	30	36	13	42	75	119
18282	14622	14387	12121	10905	19992	16426	40454
5295900	4882300	4641300	3761500	3241220	7240070	5896187	16212494
4406	3639	2122	2980	2715	6356	5453	15386
10396	8886	9801	8373	7278	12572	9730	21047
475640	409790	433276	341366	269042	519271	357276	1024109
386045	352553	333631	266379	214984	437641	318331	812747
509735	462754	504404	401268	289523	579223	429335	1041952
382707	315537	348901	275790	206998	415709	288433	800482
6921	8484	10700	5107	4541	10303	5424	22654
15087	15175	11193	8620	4258	11916	6870	20465
2211	2553	4271	4955	6670	3705	2091	16229
4976	3494	3698	2719	5755	3614	2950	8645
130780	194975	81293	82067	43858	247388	399207	1132000
9880	3287	10104	4757	10701	19169	6291	26197
1843	2894	30	22	33	14	1519	124883
14719	18512	507	370	442	467	25005	104931
1	8	3	1	1	3	6	2
63	158	94	61		85	550	176
16219	13163	80		666	4355	19109	108724

7-21 续表3

指 标	Item	2800-3000元的户 2800-3000 yuan Households	3000-3500元的户 3000-3500 yuan Households
十一、出售量(公斤)	Sales (kg)	400464	1322779
谷 物	Cereals	78826	230888
薯 类	Tubers	1953	3411
豆 类	Beans	4481	9470
棉 花	Cotton	525	2029
油 料	Oil-bearing Crops	2165	3549
蔬 菜	Vegetables	18171	72224
肉猪及猪肉	Fattened Hogs and Pork	1218	21548
菜羊及羊肉	Sheep,Goats and Mutton	1750	2040
肉牛及牛肉	Fattened Cattle , Buffaloes and Beef	146	854
家 禽	Poultry	21	29
蛋 类	Eggs	82	162
畜 皮(张)	Feather (piece)	1	8
毛、绒	Fur and Down	41	235
奶 类	Milks	10811	8628
十二、食品消费情况 (公斤)	Consumption of Foods(kg)		
粮食消费量	Consumption of Grain	51327	135174
谷 物	Cereals	48155	128229
薯 类	Tubers	1663	3804
豆 类	Beans	1510	3141
油脂类	Oil and Fat	2127	5770
蔬菜及菜制品	Vegetables and Related Products	24094	59179
肉禽及其制品	Meats,Poultry and Related Products	2813	6571
蛋类及蛋制品	Eggs and Related Products	1796	4439
奶和奶制品	Milk and Dairy Products	1159	4325
食 糖	Sugar	302	696
十三、期末每百户耐用消费品拥有量	Possession of Major Durable Consumer Goods Per Hundred Households		
洗衣机 (台)	Washing Machines (unit)	49	162
电冰箱 (台)	Refrigerators (unit)	17	43
空调机 (台)	Air Conditioners (unit)	1	8
微波炉 (台)	Micro-wave Ovens (unit)	1	7
自行车 (辆)	Bicycles (unit)	77	226
摩托车 (台)	Motorcycles (unit)	39	110
移动电话 (部)	Mobile Telephones (set)	51	199
彩色电视机 (台)	Color Television Sets (unit)	73	226
影碟机 (台)	Vdieo Disc Players (unit)	11	39
照相机 (架)	Cameras (unit)	2	5

continued

3500-4000元的户 3500-4000 yuan Households	4000-4500元的户 4000-4500 yuan Households	4500-5000元的户 4500-5000 yuan Households	5000-5500元的户 5000-5500 yuan Households	5500-6000元的户 5500-6000 yuan Households	6000-7000元的户 6000-7000 yuan Households	7000-8000元的户 7000-8000 yuan Households	8000元以上的户 Above 8000 yuan Households
1167224	1071764	898433	671596	814724	1645896	1610691	5435776
199865	186840	190962	154125	116342	262185	186087	456608
3199	3158	5502	1345	1050	4453	1555	5874
5999	3542	5576	4657	1716	6583	4522	9097
2439	2638	3949	4584	6377	3581	1755	15137
1844	2476	1688	798	2675	416	615	5534
97116	166335	59868	59799	30581	224143	378127	1078830
6979	848	3190	3336	3469	14487	3301	18167
1992	1953	2049	1163	409	1924	1923	1970
854	471	4749	183	6838	2734	861	5665
1775	2828	7	4	8	11	1517	124870
13886	18034	62	30	2	21	24582	104145
1	8	3	1	1	3	6	2
63	158	94	61		85	550	176
16045	13163			576	4340	19044	108372
111339	97644	87300	72485	67265	106582	83114	175009
106708	92784	82853	69698	64463	102472	79333	165772
2379	2583	2940	1378	1873	2199	1975	5580
2251	2277	1506	1410	930	1911	1805	3656
4807	4161	3706	2988	3006	4859	3796	8158
46480	46666	39037	33087	29029	50140	38987	87728
5618	5571	4884	3556	3391	5930	4384	11527
4335	3307	3532	2842	2771	4661	3665	8364
4522	2704	5052	2548	2332	5587	3838	8311
586	711	589	442	407	657	447	1070
144	124	115	96	93	151	128	285
44	40	47	35	36	57	58	142
7	9	3	3	2	13	15	25
8	4	4	3	4	8	5	20
176	188	136	155	131	227	206	439
90	81	78	75	73	108	98	182
190	166	149	125	125	222	202	450
186	169	154	128	117	189	162	349
47	44	38	32	38	59	44	103
10	4	3	3	6	13	10	23

7-22 农村住户调查按平均每人纯收入分组收支情况(2010年)

单位：元

指　标	Item	500元以下的户 Below 500 yuan Households	500-800元的户 500-800 yuan Households
一、总收入	**Total Income**	**114156**	**401338**
(一)工资性收入	Laborers ' Remuneration	6300	50615
1.在非企业组织中劳动得到	Earning by Work in Non-enterprises Organization		
2.在本乡地域内劳动得到	Earning by Work in Districs of Their Township	6300	46715
3.外出从业得到	Earning by Work Outside		3900
(二)家庭经营收入	Income from Household Business	86863	290283
1.第一产业	Primary Industry	83563	212083
农　业	Farming	60902	67925
林　业	Forestry	3142	582
牧　业	Animal Husbandary	19519	143577
渔　业	Fishery		
2.第二产业	Secondary Industry		
工　业	Industry		
建筑业	Construction		
3.第三产业	Tertiary Industry	3300	78200
其他产品收入	Other Products		
第三产业服务性收入	Service Trade	3300	78200
交通、运输、邮电业	Traffic,Transportation and Post	1500	78000
批零贸易业、饮食业	Wholesale and Retail Trade ,Catering Trade		
社会服务业	Social Service	1800	200
文教卫生业	Culture,Education and Public Health		
其他行业	Others		
(三)财产性收入	Property Income	1247	1313
(四)转移性收入	Transfer Income	19747	59127
二、总支出	**Total Expenditure**	**334960**	**682662**
(一)家庭经营费用支出	Expenditure of Household Business	110739	289133
1.第一产业生产费用	Producing Cost of Primary Industry	108565	191120
农　业	Farming	33689	22286
林　业	Forestry	568	60
牧　业	Animal Husbandary	74307	168774
渔　业	Fishery		
2.第二产业生产费用	Producing Cost of Primary Industry		
工　业	Industry		
建筑业	Construction		
3.第三产业生产费用	Producing Cost of Secondary Industry	2174	98013
交通运输邮电业	Traffic,Transportation and Post	340	97458
批零贸易餐饮业	Wholesale and Retail Trade ,Catering Trade		
社会服务业	Social Service	1834	555
文教卫生业	Culture,Education and Public Health		
其他行业	Others		
(二)购置生产性固定资产支出	Costs of Purchasing Fixed Assets for Production	1200	89605
(三)建造生产性固定资产雇工支出	Costs of Hiring Workers to Construct Fixed Assets for Production		
(四)税费支出	Costs of Taxes		

INCOME AND EXPENDITURE BY NET INCOME PER CAPITA IN INQUIRY OF RURAL HOUSEHOLDS(2010)

(yuan)

800–1000 元的户 800–1000 yuan Households	1000–1300 元的户 1000–1300 yuan Households	1300–1500 元的户 1300–1500 yuan Households	1500–1700 元的户 1500–1700 yuan Households	1700–2000 元的户 1700–2000 yuan Households	2000–2300 元的户 2000–2300 yuan Households	2300–2500 元的户 2300–2500 yuan Households	2500–2800 元的户 2500–2800 yuan Households
160011	**409909**	**414073**	**518266**	**757686**	**1401014**	**1144853**	**1616291**
33494	67618	121179	107184	245335	327673	340046	577513
	2600		4520	28250	2900	25135	21505
23494	50138	103719	75574	133815	253528	205926	348504
10000	14880	17460	27090	83270	71245	108985	207504
86887	287816	234832	342237	443973	891271	670282	888859
78587	263291	199397	314304	421302	784210	586413	834549
70024	198889	177265	230205	365595	554655	472693	570482
272	9230	6184	4275	8862	5917	8611	15918
8291	55172	15948	79824	46844	223637	105109	248149
	6490			10875	8435	8710	1000
	6490			10875	8435	8710	1000
8300	18035	35435	27933	11796	98626	75159	53310
	3			192	900	769	245
8300	18032	35435	27933	11604	97726	74390	53065
2000	15900	32940	9420	500	27140	47850	5350
6300	1282	2350	18145	5430	49416	9930	11775
		145		5674	11730	1580	28840
						10600	7100
	850		368		9440	4430	
2018	4545	9367	7070	7775	38442	22560	22571
37612	49930	48695	61774	60603	143627	111966	127347
311050	**615695**	**559330**	**611121**	**843807**	**1557868**	**1183115**	**1561570**
53198	134501	107835	178931	167766	439369	284518	396186
52250	123839	87055	165895	164149	405415	264692	383640
29019	76214	63576	94728	127380	197302	166735	177240
444	1175	1154	162	760	385	673	1113
22788	46450	22325	71005	36009	207728	97284	205288
	580			1110	504	80	15
	580			1110	504	80	15
948	10082	20780	13037	2507	33451	19746	12531
878	9504	20300	1400	400	11896	15995	240
70	538	300	10327	255	16797	601	1380
		180	1260	1852	2835	100	9561
						1160	1350
	40		50		1923	1891	
800	21152	70951	7840	7380	55235	21775	32476
					1000		
400		150		100		90	60

7-22 续表1

单位：元

指　标	Item	500元以下的户 Below 500 yuan Households	500-800元的户 500-800 yuan Households
(五)生活消费支出	Expenditure of Living Consumption	207874	298024
#服务性	Services	81463	123013
1.食　品	Food	56105	99916
2.衣　着	Closing	11160	12653
3.居　住	Residence	103449	21854
4.家庭设备用品及服务	Household Facilities,Articles and Services	3098	6760
5.医疗保健	Medicines and Medical Services	7240	14216
6.交通和通讯	Transportation and Communications	11595	12461
7.文教娱乐用品及服务	Cultural,Education,Entertaiment	13826	127069
8.其他商品和服务	Other Commodities and Services	1403	3094
(六)财产性支出	Property Expenditure	2300	
(七)转移性支出	Transfer Expenditure	12847	5900
三、全年纯收入	**Annual Net Income**	**-10387**	**56265**
四、期内现金收支情况	**Cash Income and Expenditure**		
(一)期内现金收入	Cash Income	86035	320381
1.工资性收入	Laborers ' Remuneration	6300	30615
在非企业组织中劳动得到	Earning by Work in Non-enterprises Organization		
在本乡地域内劳动得到	Earning by Work in Districs of Their Township	6300	26715
外出从业得到	Earning by Work Outside		3900
2.家庭经营现金收入	Income from Household Business	62126	236857
第一产业	Primary Industry	58826	158657
第二产业	Secondary Industry		
第三产业	Tertiary Industry	3300	78200
3.财产性收入	Property Income		1252
4.转移性收入	Transfer Income	17609	51658
(二)非收入现金所得	Non-income Cash Obtaining	262390	406885
(三)期内现金支出	Cash Expenditure in this Period of Time	303776	641726
1.生产费用支出	Expenditure of Production	90336	360040
家庭经营费用支出	Expenditure of Household Business	89136	270435
第一产业生产费用	Primary Industry	86962	172422
第二产业生产费用	Secondary Industry		
第三产业生产费用	Tertiary Industry	2174	98013
购置生产性固定资产支出	Costs of Purchasing Fixed Assets for Production	1200	89605
2.税费支出	Costs of Taxes		
3.生活消费支出	Expenditure of Living Consumption	198823	276966
4.财产性支出	Property Expenditure	2300	
5.转移性支出	Transfer Expenditure	12317	4720
(四)非消费性支出	Expenditure of Non-consumption	46210	31105
(五)期末金融资产余额	Balance of Financial Assets at the End of this Period of Time	140048	197737
手存现金	Cash Deposited by Hands	38848	65737
存款余额	Balance of Deposits	101200	132000
(六)期末债务余额	Balance of Debts at the End of this Period of Time	142900	272200

continued

(yuan)

800–1000元的户 800–1000 yuan Households	1000–1300元的户 1000–1300 yuan Households	1300–1500元的户 1300–1500 yuan Households	1500–1700元的户 1500–1700 yuan Households	1700–2000元的户 1700–2000 yuan Households	2000–2300元的户 2000–2300 yuan Households	2300–2500元的户 2300–2500 yuan Households	2500–2800元的户 2500–2800 yuan Households
236418	439202	359845	400635	627609	1021084	820507	1053533
94713	129327	89454	123940	154676	242442	217782	297480
89462	209013	185686	187606	321064	438899	385635	482300
11505	22094	26685	27290	53016	75008	78137	93439
19604	68748	64421	67991	76732	213113	103060	146878
3492	11957	13541	16641	19272	39864	33502	44372
13772	18555	17366	19523	50166	59139	75213	87090
11404	26104	20865	37208	58129	88297	78324	101351
60671	78111	13877	40822	40301	96962	58038	83408
26508	4619	17404	3554	8928	9802	8599	14694
200			4030	119	806	250	1830
20035	20841	20549	19684	40834	40373	55974	77485
91087	**253142**	**254624**	**310039**	**553821**	**876021**	**819290**	**1176431**
114763	304702	309644	393135	560203	1142232	878452	1324471
33474	67588	121099	107164	245235	327603	339726	575973
	2600		4520	28250	2900	25135	21505
23474	50108	103639	75554	133715	253458	205906	348464
10000	14880	17460	27090	83270	71245	108685	206004
47513	194049	140802	226730	259237	661318	418759	626617
39213	169524	105367	198797	236566	554257	334890	572307
	6490			10875	8435	8710	1000
8300	18035	35435	27933	11796	98626	75159	53310
106	598	6958	3310	2740	27408	15997	12019
33670	42467	40785	55931	52992	125903	103971	109861
350478	238253	191868	117573	216268	387782	301929	344371
273664	519474	486635	532667	731452	1294768	1043744	1400883
40024	130237	158889	165238	149376	454608	261311	393633
39224	109085	87938	157398	141996	398373	239536	361157
38276	98423	67158	144381	138379	364418	219709	348611
	580			1110	504	80	15
948	10082	20780	13017	2507	33451	19746	12531
800	21152	70951	7840	7380	55235	21775	32476
400		150		100		90	60
213005	369777	309491	344419	542311	800674	727274	930325
200			4030	119	806	250	1830
20035	19460	18105	18979	39547	38681	54820	75036
215204	49916	19635	69741	138783	228854	129034	194074
282226	310313	317881	447275	575265	993917	800749	1288136
96526	181256	194381	202475	273882	513217	371795	519782
185700	129057	123500	244800	301383	480700	428954	768354
68900	146195	88000	53850	87470	178775	85500	152270

7-22 续表2

单位：元

指　　标	Item	2800-3000元的户 2800-3000 yuan Households	3000-3500元的户 3000-3500 yuan Households
一、总收入	**Total Income**	**1237695**	**3689305**
(一)工资性收入	Laborers' Remuneration	376387	1168381
1.在非企业组织中劳动得到	Earning by Work in Non-enterprises Organization	11180	26675
2.在本乡地域内劳动得到	Earning by Work in Districs of Their Township	280797	728401
3.外出从业得到	Earning by Work Outside	84410	413305
(二)家庭经营收入	Income from Household Business	722621	2157165
1.第一产业	Primary Industry	646501	1864314
农　业	Farming	546264	1406607
林　业	Forestry	4655	23414
牧　业	Animal Husbandary	95582	434293
渔　业	Fishery		
2.第二产业	Secondary Industry	1660	44601
工　业	Industry	1660	17510
建筑业	Construction		27091
3.第三产业	Tertiary Industry	74460	248249
其他产品收入	Other Products		250
第三产业服务性收入	Service Trade	74460	247999
交通、运输、邮电业	Traffic,Transportation and Post	20330	117780
批零贸易业、饮食业	Wholesale and Retail Trade ,Catering Trade	46760	80948
社会服务业	Social Service		26931
文教卫生业	Culture,Education and Public Health	7170	
其他行业	Others	200	22340
(三)财产性收入	Property Income	37426	78330
(四)转移性收入	Transfer Income	101262	285429
二、总支出	**Total Expenditure**	**1194868**	**3698172**
(一)家庭经营费用支出	Expenditure of Household Business	290086	890929
1.第一产业生产费用	Producing Cost of Primary Industry	263232	801921
农　业	Farming	186268	482056
林　业	Forestry	121	3387
牧　业	Animal Husbandary	76843	316477
渔　业	Fishery		
2.第二产业生产费用	Producing Cost of Primary Industry	144	1640
工　业	Industry	144	160
建筑业	Construction		1480
3.第三产业生产费用	Producing Cost of Secondary Industry	26710	87369
交通运输邮电业	Traffic,Transportation and Post	5123	39904
批零贸易餐饮业	Wholesale and Retail Trade ,Catering Trade	21062	9080
社会服务业	Social Service	200	37535
文教卫生业	Culture,Education and Public Health	300	
其他行业	Others	25	850
(二)购置生产性固定资产支出	Costs of Purchasing Fixed Assets for Production	25354	64328
(三)建造生产性固定资产雇工支出	Costs of Hiring Workers to Construct Fixed Assets for Production		
(四)税费支出	Costs of Taxes	300	130

continued

(yuan)

3500–4000元的户 3500–4000 yuan Households	4000–4500元的户 4000–4500 yuan Households	4500–5000元的户 4500–5000 yuan Households	5000–5500元的户 5000–5500 yuan Households	5500–6000元的户 5500–6000 yuan Households	6000–7000元的户 6000–7000 yuan Households	7000–8000元的户 7000–8000 yuan Households	8000元以上的户 Above 8000 yuan Households
3396181	**3129479**	**3162881**	**2655971**	**2698271**	**4883128**	**4548594**	**15033661**
1156406	1191717	1207624	1123330	1203272	1762809	1601066	4274676
77140	172409	130707	105889	96580	172458	108492	951586
695944	707308	785063	612345	764046	1306793	1028589	2413334
383322	312000	291854	405096	342646	283558	463985	909756
2002808	1646694	1621274	1246170	1224322	2612922	2636135	8959247
1598106	1409113	1253322	942006	1071296	1988584	1950991	6371089
1239650	1142923	1043457	855963	838263	1618715	1559257	3852013
17819	4928	10398	974	21298	12728	19140	26387
340637	261261	199467	85069	211735	357142	372594	2492689
36855	37400	2000	16137	10075	37800	72078	111257
20155	30400		1337	6400	33000	6200	5387
16700	7000	2000	14800	3675	4800	65878	105870
367847	200181	365952	288027	142951	586537	613066	2476901
802	5656		14	650	30	362	16897
367045	194525	365952	288013	142301	586507	612704	2460005
195340	60130	170556	47317	30775	153949	304623	727857
101161	80300	145254	138427	38136	226996	211759	855978
70524	54095	43820	23491	43090	113689	77445	742500
			75629	26200	42710	1558	66290
20		6322	3149	4100	49163	17320	67380
50296	68494	78736	101181	32599	170906	160608	825388
186671	222574	255247	185290	238078	336491	150786	974350
3257665	**2974536**	**2678926**	**2224349**	**2029251**	**3758962**	**3366897**	**11284172**
796155	680540	587796	414976	506109	827197	910065	3781660
679589	627807	481886	333308	459240	719996	747061	3008635
405809	403674	343130	281491	275818	484356	492160	1072756
2891	2094	973	2703	4437	3446	1280	2359
270889	222039	137784	49114	178986	232194	253621	1933520
6226	6135	200	933	910	734	9494	31781
4400	6065		833	900	534	2314	1851
1826	70	200	100	10	200	7180	29930
110341	46598	105709	80734	45959	106466	153511	741245
64886	12491	64091	11332	16024	30149	96480	219743
30810	21680	12534	12012	8685	36265	49746	328839
14620	12427	26149	2996	18342	24530	5365	181390
			52595	2818	5322	20	5750
25		2936	1800	90	10200	1900	5522
62865	33900	91119	38595	34336	80067	120792	222428
					4800	10400	7000
2097	150	13	810	340	785	2045	7780

7-22　续表3

单位: 元

指　　标	Item	2800-3000元的户 2800-3000 yuan Households	3000-3500元的户 3000-3500 yuan Households
(五)生活消费支出	Expenditure of Living Consumption	842880	2578261
#服务性	Services	255065	864691
1.食　品	Food	368094	1033668
2.衣　着	Closing	70167	206580
3.居　住	Residence	96875	376311
4.家庭设备用品及服务	Household Facilities,Articles and Services	34305	107940
5.医疗保健	Medicines and Medical Services	59357	219961
6.交通和通讯	Transportation and Communications	118555	339509
7.文教娱乐用品及服务	Cultural,Education,Entertaiment	84163	248285
8.其他商品和服务	Other Commodities and Services	11364	46006
(六)财产性支出	Property Expenditure	400	6784
(七)转移性支出	Transfer Expenditure	35849	157740
三、全年纯收入	**Annual Net Income**	**916055**	**2684101**
四、期内现金收支情况	**Cash Income and Expenditure**		
(一)期内现金收入	Cash Income	986984	3097890
1.工资性收入	Laborers ' Remuneration	376367	1164371
在非企业组织中劳动得到	Earning by Work in Non-enterprises Organization	11180	26675
在本乡地域内劳动得到	Earning by Work in Districs of Their Township	280777	724391
外出从业得到	Earning by Work Outside	84410	413305
2.家庭经营现金收入	Income from Household Business	488798	1619881
第一产业	Primary Industry	412678	1327031
第二产业	Secondary Industry	1660	44601
第三产业	Tertiary Industry	74460	248249
3.财产性收入	Property Income	29433	56630
4.转移性收入	Transfer Income	92387	257008
(二)非收入现金所得	Non-income Cash Obtaining	238350	1249439
(三)期内现金支出	Cash Expenditure in this Period of Time	1035567	3359727
1.生产费用支出	Expenditure of Production	257806	841890
家庭经营费用支出	Expenditure of Household Business	232452	777562
第一产业生产费用	Primary Industry	205598	688554
第二产业生产费用	Secondary Industry	144	1640
第三产业生产费用	Tertiary Industry	26710	87369
购置生产性固定资产支出	Costs of Purchasing Fixed Assets for Production	25354	64328
2.税费支出	Costs of Taxes	300	130
3.生活消费支出	Expenditure of Living Consumption	742162	2361840
4.财产性支出	Property Expenditure	400	6784
5.转移性支出	Transfer Expenditure	34899	149083
(四)非消费性支出	Expenditure of Non-consumption	179214	872197
(五)期末金融资产余额	Balance of Financial Assets at the End of this Period of Time	894041	3012094
手存现金	Cash Deposited by Hands	427341	1305536
存款余额	Balance of Deposits	466700	1706558
(六)期末债务余额	Balance of Debts at the End of this Period of Time	75358	303550

continued

(yuan)

3500-4000元的户 3500-4000 yuan Households	4000-4500元的户 4000-4500 yuan Households	4500-5000元的户 4500-5000 yuan Households	5000-5500元的户 5000-5500 yuan Households	5500-6000元的户 5500-6000 yuan Households	6000-7000元的户 6000-7000 yuan Households	7000-8000元的户 7000-8000 yuan Households	8000元以上的户 Above 8000 yuan Households
2232159	2077928	1869076	1648044	1369255	2687617	2127499	6541653
731196	678694	541946	545127	370332	801907	654827	2178600
863582	806260	731514	582520	540034	958699	784609	1903320
196095	170797	174584	155238	130945	248205	235078	538594
328241	285374	321409	281267	164404	367872	256903	1574597
93680	102661	74352	82129	64955	128962	138400	375135
218847	166715	188790	152288	213507	382285	259336	651050
301551	260854	230890	179772	122890	302371	276345	797916
187180	235807	114741	167525	102018	220507	131384	538208
42983	49461	32797	47304	30502	78715	45444	162833
3141	1770	9279	120	2553	6065	1365	43418
161248	180247	121644	121805	116658	152430	194730	680232
2502317	**2355330**	**2493995**	**2186364**	**2139215**	**3948927**	**3492476**	**10956663**
2932163	2745855	2769490	2355316	2434752	4471307	4239178	14070930
1155684	1191458	1202991	1122661	1199447	1758882	1598048	4246818
77110	172384	130707	105739	96580	172346	108492	949236
695547	707084	780430	612255	760221	1303318	1026241	2387926
383027	311990	291854	404667	342646	283218	463315	909656
1572574	1310259	1267115	977115	995443	2276103	2379459	8145864
1167872	1072678	899163	672951	842417	1651766	1694315	5557707
36855	37400	2000	16137	10075	37800	72078	111257
367847	200181	365952	288027	142951	586537	613066	2476901
39708	46213	68760	86478	18801	133939	144268	788089
164198	197925	230624	169063	221061	302382	117404	890159
1052519	906303	687999	511978	513064	1049476	768709	3728727
3011152	2769541	2504179	2090584	1919857	3543763	3200173	10877719
779053	646830	632793	420585	511741	847246	988985	3858866
716188	612930	541674	381990	477405	762378	857793	3629438
599622	560576	435765	300322	430536	659678	694788	2860502
6226	5756	200	933	910	734	9494	31781
110341	46598	105709	80734	45959	101966	153511	737155
62865	33900	91119	38595	34336	80067	120792	222428
2097	150	13	810	340	785	2045	7780
2071203	1943525	1744742	1550349	1290367	2544812	2017107	6300659
3141	1770	9279	120	2553	6065	1365	43418
155658	177265	117352	118720	114856	144855	190671	666996
892553	734544	675344	532006	689319	1416610	1320238	3718404
3219826	3261064	3443602	2827593	3054237	5848941	4943801	15345902
1219067	1029609	1132877	867317	1149659	1577431	1428851	4548216
2000759	2231455	2310725	1960276	1904578	4271510	3514950	10797686
420100	172830	198700	36260	87687	136140	97200	411680

7-23 农民家庭平均每人主要消费品消费量
PER CAPITA CONSUMPTION OF MAJOR CONSUMER GOODS OF RURAL HOUSEHOLDS

单位：公斤 (kg)

名 称	Item	2000	2005	2010
粮 食(原 粮)	Grain (Unprocessed)	241.55	217.63	168.63
#细 粮	Wheat and Rice	151.66	148.15	125.02
蔬 菜	Fresh Vegetables	70.58	80.72	77.68
食 油	Edible Oil	6.01	5.54	7.15
肉禽及其制品	Meat,Poultry and Related Products	6.29	6.57	8.93
#家 禽	Poultry	0.30	0.41	0.92
蛋 类	Eggs	5.63	5.74	6.22
水产品	Aquatic Products	0.46	0.67	0.81
食 糖	Sugar	1.30	0.96	0.99
酒	Liquor	2.45	3.40	3.39

7-24 农民家庭平均每百户耐用消费品拥有量
RURAL HOUSEHOLD POSSESSION OF DURABLE CONSUMER GOODS PER 100 HOUSEHOLDS

名 称	Item	2000	2005	2010
洗衣机 (台)	Washing Machines (unit)	51.71	69.29	81.05
摩托车 (辆)	Motorcycles (unit)	25.00	39.29	56.57
微波炉 (台)	Micro-wave Ovens (unit)		0.29	3.38
黑白电视机 (台)	Black and White TV Sets (unit)	41.05	21.86	7.76
彩色电视机 (台)	Color TV Sets (unit)	63.48	82.33	109.00
空调机 (台)	Airconditioners(unit)	0.29	1.00	4.62
照相机 (架)	Cameras (unit)	2.57	4.81	4.57
电冰箱 (台)	Refrigerators (unit)	10.33	14.43	29.19
影碟机 (台)	Videorecorders (unit)	0.05	16.67	26.90
电话机 (部)	Telephones (unit)	16.10	50.29	75.62
移动电话 (部)	Mobile Telephones (unit)		27.52	107.71
家用电脑 (台)	Household Computers (unit)		0.57	8.71
生活用汽车 (辆)	Cars for Daily Life (unit)		0.33	1.86

主要统计指标解释

城镇居民家庭就业人口　指从事社会劳动并取得劳动报酬或经营收入的人口。我国的就业方针是："在国家统筹规划和指导下，实行劳动部门介绍就业、自愿组织起来就业和自谋职业相结合"。因此通过这三种方式就业的，不论在全民所有制、集体所有制单位工作或从事个体劳动，不论有固定性职业或临时性职业都是就业人口。

城镇居民家庭总收入　指调查户中生活在一起的所有家庭成员在调查期得到的工资性收入、经营净收入、财产性收入、转移性收入的总和，不包括出售财物和借贷收入。

城镇居民家庭可支配收入　指调查户可用于最终消费支出和其它非义务性支出以及储蓄的总和，即居民家庭可以用来自由支配的收入。它是家庭总收入扣除交纳的个人所得税、个人交纳的社会保障支出以及调查户的记帐补贴后的收入。计算公式为：

可支配收入＝家庭总收入－交纳个人所得税－个人交纳的社会保障支出－记帐补贴

城镇居民家庭工资性收入　指就业人员通过各种途径得到的全部劳动报酬，包括所从事的主要职业的工资以及从事第二职业、其他兼职和零星劳动得到的其它劳动收入。

城镇居民家庭消费支出　指调查户用于满足家庭日常生活消费需要的全部支出，包括食品、衣着、居住、家庭设备用品及服务、医疗保健、交通和通信、教育文化娱乐服务、杂项商品和服务八大类等。

农村居民家庭纯收入　指农村住户当年从各个来源得到的总收入相应地扣除所发生的费用后的收入总和。纯收入主要用于再生产投入和当年生活消费支出，也可用于储蓄和各种非义务性支出。"农民人均纯收入"是按人口平均的纯收入水平，反映的是一个地区一个农村居民的平均收入水平。计算公式为：

纯收入＝总收入－家庭经营费用支出－税费支出－生产性固定资产折旧－赠送农村内部亲友支出

农村居民家庭生活消费支出　指农村住户用于物质生活和精神生活方面的消费支出。生活消费支出包括食品支出、衣着支出、居住支出、家庭设备用品及服务支出、医疗保健支出、交通和通讯支出、文化教育娱乐用品及服务支出、其他商品和服务支出。

Explanatory Notes on Main Statistical Indicators

Employed Population in Urban Households refer to urban residents engaged in certain work and receiving payment for their labor or income from their business operation. Under the overall plan and guidance of our country's employment policy, there are three means to find a job through employment department providing services, laborers organizing themselves on a voluntary basis and finding jobs all by themselves. Laborers who get jobs by the three means are employed population, regardless of whether they work in state-owned enterprises or collective enterprises with permanent or temporary jobs.

Total Income of Urban Household refers to the total of wages, net business income, property income and transfer income of the membership in sample households. It excludes income of property selling and loans borrow.

Disposable Income of Urban Households refers to the actual income at the disposal of members of the households which can be used for final consumption, other non-compulsory expenditure and savings. This equals to total income minus income tax, expenditure of personal social insurance and subsidies of account. The formula is as follow:

Disposable income of urban households = total income – income tax – expenditure of personal social insurance – subsidies of account.

Income of Wages of Urban Households refers to total wages of employees by all kinds of ways, including wages of major occupation engaged, other income of the second occupation and part-time job or odd labor.

Expenditure of Urban Households for Consumption refers to total expenditure of the sample households for consumption in daily, including eight types, such as food, clothes, residence, household facilities, articles and services, medicine and medical services, transportation and communications, recreation, education and cultural services, miscellaneous commodities and services.

Net Income of Rural Households refers to sum of income in rural households during a year of total income from all sources minus all expenses. Net income is mainly used in re-production input and expenditure in living consumption, also in saving and non-compulsory expenditure. Income of rural households reflects average income level in a region or a rural resident. It is calculated:

Net Income = total income – expenditure in manage expenses – tax and fee – depreciation of fixed assets – expenditure in contribution to relatives and friends inside rural.

Expenditure of Rural Households for Consumption refers to expenditure of rural households used in cultural life and material life for consumption, which includes expenditures on food, clothing, housing, equipments and articles, health care, transportation and communication, culture, education and recreation articles and services, other commodities and services.

08

农村经济

AGRICULTURAL ECONOMY

资料整理人员

程英翠　李怀民　谭彩丽　郝静敏
王翠翠　李　波　习朝瑞

农村经济

AGRICULTURAL ECONOMY

农作物播种面积	Sown Areas of Farm Crops	3763.9	千公顷	(1 000 ha)
#粮　食	Sown Areas of Grain	3239.2	千公顷	(1 000 ha)
粮食产量	Output of Grain	1085.1	万吨	(10 000 tons)
油料产量	Output of Oil-bearing Crops	17.6	万吨	(10 000 tons)
肉类产量	Output of Meat	72.4	万吨	(10 000 tons)

农林牧渔业总产值构成 (%)

Composition of Gross Output Value of Farming, Forestry, Animal Husbandry and Fishery (%)

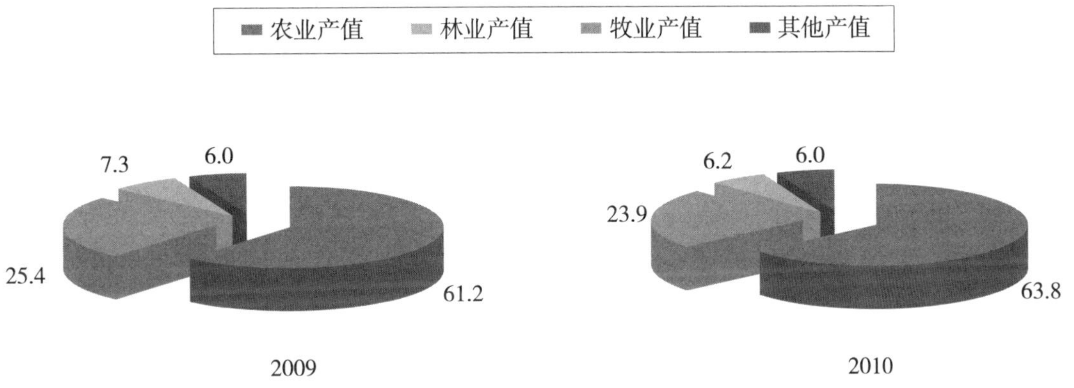

水果产量 (万吨)

Output of Fruits (10 000 tons)

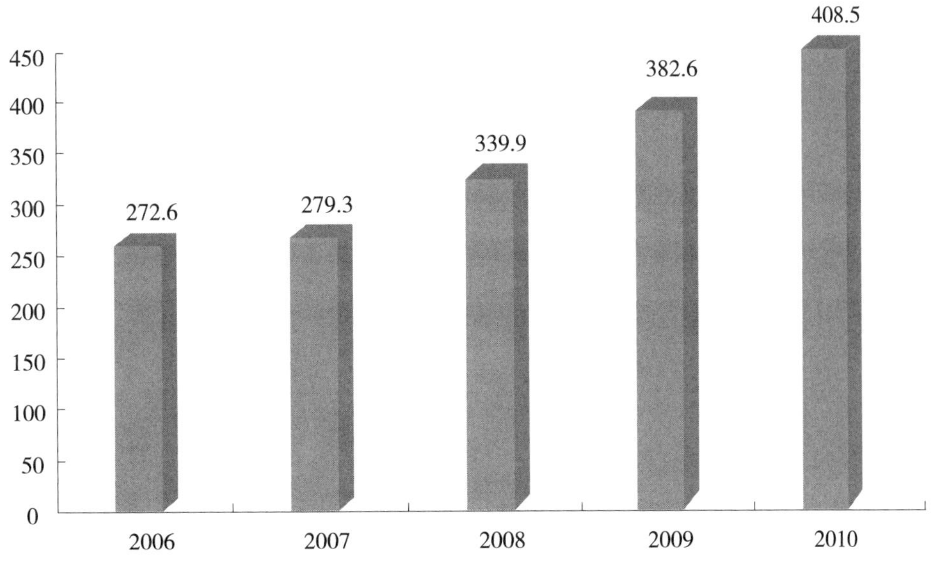

8-1 农村基层组织情况
BASIC CONDITIONS OF RURAL GRASS-ROOTS UNITS

指　标		Item	2005	2009	2010
一、农村基层组织情况		**Basic Conditions of Rural Grass-roots Units**			
1.乡(镇)政府	(个)	Number of Township and Town Governments (unit)	1192	1117	1118
#镇政府		Number of Town Governments	475	478	478
2.村民委员会	(个)	Number of Villager's Committes (unit)	28323	28238	28242
二、乡村户数	**(万户)**	**Number of Rural Households (10 000 households)**	**638.39**	**672.03**	**694.42**
三、乡村人口数	**(万人)**	**Rural Population (10 000 persons)**	**2354.94**	**2376.72**	**2393.83**
四、乡村劳动力	**(万人)**	**Number of Rural Laborers (10 000 persons)**	**1035.73**	**1081.85**	**1100.01**
1.按性别分		Group by Sexual Distinction			
男劳动力		Male	573.60	599.11	609.86
女劳动力		Female	462.13	482.74	490.15
2.按行业分		Group by Sector			
农林牧渔业		Farming,Forestry,Animal Husbandry and Fishery	637.44	631.62	632.44
工　业		Industry	141.94	148.12	148.36
建筑业		Construction	62.67	80.48	86.31
交通运输、仓储和邮政业		Transportation,Storage,and Post	62.72	63.43	64.97
批发、零售贸易业、餐饮业		Wholesale,Retail Trade and Catering Trade	61.89	82.56	57.77
其他非农行业		Other Non-agricultural Trades	69.07	75.64	110.16

注：本表乡镇个数指农村中经省人民政府批准成立的乡一级行政区划的数量，不包括城关镇、城市街道办事处、工矿区；乡村人口数指乡村地区常住居民户数中的常住人口数，即经常在家或在家居住6个月以上，而且经济和生活与本户连成一体的人口。

Note:The number of township and town governments is quantity of township level approved by province,which doesn't include suburban villages, urban street offices and industrial mining districts.Number of Residents of Villages refers to the number of usual residents in usual resident households in rural areas, who are regularly at home for more than 6 months and economically and socially integrated with the household.

8-2 主要年份农林牧渔业总产值

GROSS OUTPUT VALUE OF FARMING, FORESTRY, ANIMAL HUSBANDRY AND FISHERY IN MAJOR YEARS

按现行价格计算 (at current price)

年份 Year	农林牧渔业总产值(万元) Total (10 000 yuan)	农业 Farming	林业 Forestry	牧业 Animal Husbandry	渔业 Fishery	农林牧渔服务业 Farming, Forestry, Animal Husbandry and Fishery Service
1962	150724	136190	2261	12244	29	
1965	173500	146316	4853	22261	70	
1970	207214	178065	8081	21029	39	
1975	299585	255698	12283	31575	29	
1978	290133	239742	17391	32934	66	
1980	382302	286574	40154	55492	82	
1985	629163	484341	41218	102941	663	
1990	1247781	889037	78275	276170	4299	
1995	2996751	2033892	133136	817463	12260	
2000	3223544	2183303	127258	896667	16316	
2005	4837972	2817384	165153	1485882	26945	342608
2006	4418484	2921543	153420	1194034	23339	126148
2007	4983892	3226482	175856	1401804	34881	144868
2008	5959205	3661605	202405	1853677	42320	199198
2009	9087428	5563352	667047	2309425	52604	495000
2010	10478483	6689937	650089	2508360	61097	569000

8-3 农林牧渔业总产值及增加值

GROSS OUTPUT VALUE NAD ADDED VALUE OF FARMING, FORESTRY, ANIMAL HUSBANDRY AND FISHERY

单位：万元 (10 000 yuan)

指标	Item	2009	2010
一、农林牧渔业总产值	**Gross Output Value**	**9087428**	**10478483**
农业	Farming	5563352	6689937
林业	Forestry	667047	650089
牧业	Animal Husbandry	2309425	2508360
渔业	Fishery	52604	61097
农林牧渔服务业	Farming, Forestry, Animal Husbandry and Fishery Service	495000	569000
二、农林牧渔业中间消耗	**Intermediate Material Consumption**	**4311541**	**4933454**
农业	Farming	2758529	2945388
林业	Forestry	407030	399804
牧业	Animal Husbandry	854264	1251672
渔业	Fishery	26633	31037
农林牧渔服务业	Farming, Forestry, Animal Husbandry and Fishery Service	265085	305553
三、农林牧渔业增加值	**Added Value**	**4775887**	**5545029**
农业	Farming	2804823	3744549
林业	Forestry	260017	250285
牧业	Animal Husbandry	1455161	1256688
渔业	Fishery	25971	30060
农林牧渔服务业	Farming, Forestry, Animal Husbandry and Fishery Service	229915	263447

8-4 主要年份耕地面积
CULTIVATED AREA IN MAJOR YEARS

单位：千公顷 (1 000 ha)

年 份 Year	耕地总资源 Resoruces of Cultivated Area	有效灌溉面积 Effective Irrigated Area	#机电排灌面积 Mechanical and Electrical Irrigated Area	机耕地面积 Area Cultivated by Machine
1962	4135.93	643.37	104.67	465.33
1965	4153.37	701.67	166.67	856.11
1970	3887.63	856.76	369.48	888.07
1975	3921.79	1042.93	682.65	1460.35
1978	3923.41	1092.48	766.30	1936.99
1980	3921.46	1115.14	775.22	1777.76
1985	3761.09	1079.10	776.98	1916.74
1990	3692.51	1134.45	836.74	1987.08
1995	3645.09	1201.99	891.74	2143.55
2000	4341.94	1105.04	939.07	2270.24
2005	3793.19	1088.59	946.39	2042.27
2006		1172.10	944.90	2022.50
2007		1255.69	943.31	2056.37
2008		1254.56	945.72	2179.93
2009		1261.00	948.53	2367.46
2010		1274.15	961.90	2559.72

8-5 主要年份主要农作物播种面积
SOWN AREAS OF MAJOR FARM CROPS IN MAJOR YEARS

单位：千公顷 (1 000 ha)

年 份 Year	总播种面积 Total Sown Area	#粮食作物 Grain Crops	#谷 物 Cereal	#油 料 Oil-bearing Crops	#棉 花 Cotton	#甜 菜 Beetroots	#蔬 菜 Vegetable
1962	4518.01	3986.03	3421.58	94.17	183.65	0.86	
1965	4476.31	3867.14	3357.05	119.61	265.36	9.87	
1970	4325.57	3716.47	3266.21	105.58	264.43	8.78	
1975	4322.03	3665.51	3292.31	131.25	258.20	11.16	
1978	4389.25	3692.43	3279.15	165.16	237.53	9.00	
1980	4266.60	3508.76	3117.22	231.46	224.31	9.69	92.37
1985	3978.23	3055.05	2634.17	505.61	121.14	10.79	104.94
1990	4016.89	3290.79	2755.55	356.33	130.34	16.89	110.59
1995	3895.55	3151.48	2425.09	342.42	127.10	21.76	156.79
2000	4042.42	3186.46	2326.74	417.06	43.04	7.56	242.13
2005	3795.35	3033.59	2333.37	273.38	97.45	1.22	244.93
2006	3471.30	2833.27	2306.81	172.29	119.87	3.40	243.23
2007	3653.15	3028.21	2443.35	166.76	103.99	5.76	240.13
2008	3726.49	3111.33	2556.59	179.16	89.07	6.40	240.99
2009	3692.14	3146.67	2617.09	169.93	70.16	4.06	220.57
2010	3763.92	3239.23	2714.82	156.95	58.72	4.89	228.47

8-6 农作物播种面积
SOWN AREA OF FARM CROPS

单位：千公顷 (1 000 ha)

指　　标	Item	2000	2005	2010
农作物总播种面积	**Total Sown Area**	**4042.42**	**3795.35**	**3763.92**
一、粮　食	**Grain**	**3186.46**	**3033.59**	**3239.23**
(一)谷　物	Cereal	2326.74	2333.37	2714.82
#稻　谷	Rice	4.53	2.68	1.04
小　麦	Wheat	893.23	721.03	728.47
玉　米	Corn	793.68	1183.72	1548.93
谷　子	Millet	280.09	216.54	204.96
高　粱	Sorghum	68.24	38.55	34.09
燕　麦	Nakedoats	76.87	56.45	62.48
(二)豆　类	Beans	484.11	346.25	334.03
#大　豆	Soybean	272.52	217.93	195.07
(三)薯　类	Tubers	375.61	353.97	190.38
#马铃薯	Potato	321.89	311.95	170.19
二、油　料	**Oil-bearing Crops**	**417.06**	**273.38**	**156.95**
#花　生	Peanuts	21.05	14.57	9.04
油　菜	Rapeseeds	8.60	10.12	6.07
芝　麻	Sesame	20.05	5.96	4.45
胡　麻	Benne	83.08	82.10	62.81
向日葵	Sunflower	210.54	113.64	43.04
三、棉　花	**Cotton**	**43.04**	**97.45**	**58.72**
四、麻　类	**Fiber Crops**	**0.55**	**0.05**	**0.15**
五、甜　菜	**Beetroots**	**7.56**	**1.22**	**4.89**
六、烟　叶	**Tobacco**	**7.99**	**2.66**	**3.38**
七、药　材	**Medicinal Materials**	**34.67**	**31.56**	**21.83**
八、蔬　菜	**Vegetables**	**242.13**	**244.93**	**228.47**
九、瓜果类	**Melons**	**49.19**	**30.39**	**22.96**
十、其他作物	**Others**	**53.77**	**80.12**	**27.34**
#青饲料	Green feed	29.32	63.04	21.75

8-7 主要年份主要农作物产量
OUTPUT OF MAJOR FARM CROPS IN MAJOR YEARS

单位：吨 (ton)

年份 Year	粮食 Grain	1.谷物 Cereal	#稻谷 Rice	#小麦 Wheat	#玉米 Corn	#谷子 Millet
1962	3746290	3272520	8835	870590	855945	646445
1965	4629315	4237720	17205	1501290	1318845	659820
1970	5185350	4639415	35230	964640	1544100	873690
1975	7674160	7030455	46100	2005330	2299115	980375
1978	7069560	6363715	58990	1288415	2711625	891140
1980	6857060	6201675	69290	1184780	2628820	960370
1985	8226767	7408051	58472	2950507	2098065	883671
1990	9690053	8643731	54429	3192990	3054441	876631
1995	9171000	8162190	41450	2701000	4035207	627530
2000	8533500	7029713	32770	2151500	3547500	602218
2005	9780000	8820582	8974	2022800	6161300	381889
2006	10245000	9534200	7000	2271000	6660000	357900
2007	10070500	9165155	6161	2201500	6403600	320183
2008	10280000	9483300	1403	2530000	6828000	66221
2009	9420000	8958055	4979	2111100	6542700	157305
2010	10851000	10351600	4615	2322400	7660000	203000

年份 Year	#高粱 Sorghum	2.豆类 Beans	#大豆 Soybean	3.薯类 Tubers	#马铃薯 Potato	油料 Oil-bearing Crops
1962	312445	178655	178655	295115		23105
1965	361420	151015	151015	240580		45845
1970	700340	199005	199005	346930		49340
1975	1126675	144305	144305	499400		56635
1978	959400	137420	137420	568425		42290
1980	766805	130620	130620	524765		133672
1985	770607	176898	176898	641818	477197	444478
1990	767132	302242	302242	744080	585814	393810
1995	519119	366840	220104	641970	430120	222635
2000	299801	577822	359542	925965	704063	448259
2005	111894	366750	259806	592668	461451	212620
2006	99300	396800	271000	314000	246000	146852
2007	84344	397190	265919	508155	393261	134537
2008	16051	347464	228527	449236	361770	191185
2009	40461	215305	138312	246640	193662	170188
2010	53249	240500	154500	258900	212300	175892

8-7 续表 continued

单位：吨 (ton)

年 份 Year	棉 花 Cotton	麻 类 Fiber Crops	甜 菜 Beetroots	烟 叶 Tobacco	蔬 菜 Vegetables
1962	41580	3430	4090	1880	
1965	107830	6970	79210	1010	
1970	86025	6215	56445	1395	
1975	76445	5020	71740	1075	
1978	69430	5000	54605	1650	
1980	77500	5792	117024	1001	1804220
1985	73455	3779	248541	4702	2915412
1990	111526	1048	431641	8860	3474121
1995	90817	2155	396978	10455	5428701
2000	44796	680	210313	16319	9203364
2005	102907	38	39617	6327	9015370
2006	129000	58	108000	7040	7908063
2007	115076	93	210929	7733	8215047
2008	106735	116	234395	8410	8527544
2009	83991	130	154191	9663	8931437
2010	69311	227	225768	12002	9090901

8-8 主要年份主要油料作物产量

OUTPUT OF MAJOR OIL-BEARING CROPS IN MAJOR YEARS

单位：吨 (ton)

年 份 Year	花生果 Peanuts	油菜籽 Rapeseeds	芝 麻 Sesame	胡麻籽 Benne	向日葵籽 Sunflower
1970	1439	2778	2042	20947	
1975	2501	12948	1701	14287	
1978	888	2229	968	20437	3488
1980	5025	2800	2214	54932	31452
1985	50247	6766	11810	80071	164865
1990	48539	7758	23469	75102	139664
1995	48611	14759	11716	28820	78645
2000	41404	8638	19081	51279	257370
2001	34275	6995	8237	8362	98052
2002	37950	9452	10616	56589	224246
2003	39048	13221	8171	59028	205771
2004	35265	12019	7475	50311	137949
2005	28583	7676	4268	37889	102668
2006	18000	3000	4341	48418	59721
2007	25301	5770	3519	39770	49295
2008	22068	8890	3664	61839	62876
2009	21828	6939	3943	49959	57045
2010	21085	6360	4301	55026	57025

8-9 主要年份主要农作物单位面积产量
MAJOR FARM CROPS OUTPUT PER HECTARE IN MAJOR YEARS

单位：公斤/公顷 (kg/ha)

年 份 Year	粮 食 Grain	谷 物 Cereal	稻 谷 Rice	小 麦 Wheat	玉 米 Corn	谷 子 Millet	高 粱 Sorghum
1962	940	956	1994	804	1979	989	1247
1965	1197	1262	2607	1405	2059	985	1462
1970	1395	1420	4754	914	2483	1364	2308
1975	2094	2135	4878	1852	3260	1673	3396
1978	1915	1941	5207	1169	3419	1579	3171
1980	1954	1989	5670	1191	3541	1743	3269
1985	2693	2812	6871	2912	4221	2234	4315
1990	2945	3137	5923	3141	4797	2296	4532
1995	2910	3366	6436	2945	5253	2101	4430
2000	2678	3021	7234	2409	4470	2150	4393
2005	3224	3780	3349	2805	5205	1764	2903
2006	3616	4133	4762	3443	5284	1855	3161
2007	3326	3751	4163	3091	5040	1387	2375
2008	3304	3709	1231	3628	4953	294	477
2009	2994	3423	4368	2902	4508	788	1455
2010	3350	3813	4438	3188	4945	990	1562

年 份 Year	豆 类 Beans	薯 类 Tubers	油 料 Oil-bearing Crops	棉 花 Cotton	麻 类 Fiber Crops	甜 菜 Beetroots	烟 叶 Tobacco
1962	604	1098	245	226	325	4756	589
1965	548	1025	383	406	590	8025	390
1970	932	1465	467	325	502	6429	949
1975	1169	1999	432	296	522	6428	601
1978	1188	1910	256	292	522	6067	851
1980	943	2074	578	346	695	12077	1125
1985	1066	2517	879	606	1050	23034	2387
1990	1200	2627	1105	856	1092	25556	1897
1995	884	2061	650	715	1390	18243	1700
2000	1194	2465	1075	1041	1236	27819	2042
2005	1059	1674	778	1056	760	32473	2379
2006	1124	1811	852	1076	1450	31765	4069
2007	1140	2149	807	1107	1329	36620	2197
2008	999	2170	1067	1198	2320	36624	2628
2009	640	1277	1012	1146	1704	37139	2567
2010	720	1360	1090	1112	1373	40099	3237

8-10 主要年份造林面积和果园面积
AREA OF AFFORESTATION AND ORCHARDS IN MAJOR YEARS

年 份 Year	当年造林面积(千公顷) Afforestation Area in the year (1 000 ha)	#用材林 Timber Forest	零星植树(万株) Planting Trees Piecemeal (10 000 unit)	年末果园面积(千公顷) Area of Orchards (1 000 ha)	#苹果园面积 Area of Apple Orchards
1962	35.22		6179	20.17	
1965	169.77	112.29	16064	35.59	
1970	111.77		19143	31.53	
1975	140.91	107.63	23851	43.30	
1978	173.65	123.71	21992	64.00	37.57
1980	221.57	122.94	23129	68.21	40.80
1985	243.33	137.87	28764	111.47	56.98
1990	191.05	91.31	21057	184.71	101.15
1995	405.18	128.58	21418	286.34	188.47
2000	404.86	50.84	17176	288.89	177.98
2005	140.26	0.67	10596	279.69	151.40
2006	288.50	14.28	11855	270.15	145.97
2007	291.92	1.80	10353	274.03	144.31
2008	300.95	11.76	9382	277.20	148.21
2009	353.73	0.60	11212	281.16	145.23
2010	291.10	0.01	11098	294.38	137.63

8-11 造林和果园面积
AREA OF AFFORESTATION AND ORCHARDS FIELD

单位：千公顷 (1 000 ha)

指 标	ltem	2000	2005	2010
一、当年造林面积	Afforestation Area in the Year	404.9	140.3	291.1
#用材林	Timber Forest	50.8	0.7	0.0
经济林	Economic Forest	113.1	4.1	52.3
防护林	Shelter Forest	239.7	135.4	223.7
薪炭林	Fuel Forest	1.1	0.1	6.3
二、育苗面积	Area of Growing Seedings	26.1	32.6	40.0
#本年新育	Area of Growing Seedings in the Year	15.4	16.1	19.2
三、零星植树(万株)	Planting Trees Piecemeal (10 000 unit)	17176	10596	11098
四、年末果园面积	Area of Orchards at Year-end	288.9	279.7	294.4
#苹果园	Apple Orchards	178.0	151.4	137.6
梨 园	Pears Orchards	31.2	30.0	28.1
葡萄园	Grapes Orchards	7.1	13.2	9.6

8-12 主要林产品与水果产量
OUTPUT OF MAJOR FOREST PRODUCTS AND FRUITS

单位：吨 (ton)

指　标	Item	2000	2005	2010
一、主要林产品产量	Output of Major Forest Products			
核　桃	Walnuts	46988	53432	65156
板　栗	Chinese Chestnut	89	622	1346
二、水果产量	Output of Fruits	2044859	2454962	4084560
#苹　果	Apples	1629575	1648413	2566472
梨	Pears	128577	246247	342202
葡　萄	Grapes	50564	119187	219513
红　枣(鲜枣)	Red Jujube(Fresh Jujube)	113332	196858	421167
柿　子(鲜柿)	Persimmon(Fresh Persimmon)	49024	55169	95516
桃	Peach	39422	132355	321002

8-13 主要年份肉类产量和猪羊头数
OUTPUT OF MEAT AND NUMBER OF HOGS, SHEEP AND GOATS IN MAJOR YEARS

年　份 Year	猪牛羊肉产量 (万吨) Output of Pork, Beef and Mutton (10 000 tons)	肉猪出栏头数 (万头) Slaughtered Fattened Hogs (10 000 heads)	猪年末头数 (万头) Hogs at Year-end (10 000 heads)	羊年末只数 (万只) Sheep and Goats at Year-end (10 000 heads)	山　羊 Goats	绵　羊 Sheep
1962			125.31	781.11		
1965		245.19	338.69	846.12	459.11	387.01
1970		146.91	357.20	921.21	543.30	377.91
1975		207.50	564.00	993.01	596.97	396.04
1978	18.23	274.10	578.50	872.04	532.45	339.59
1980	17.34	277.31	531.16	909.86	535.73	374.13
1985	20.85	270.56	372.12	414.28	174.06	240.22
1990	29.27	308.59	363.14	709.58	303.92	405.66
1995	56.09	569.36	560.99	915.01	408.03	506.98
2000	59.24	589.92	519.52	1058.42	474.86	583.56
2005	80.99	805.23	626.07	1196.35	488.82	707.52
2006	49.90	530.50	377.30	733.90	354.80	379.10
2007	53.18	568.20	422.20	746.40	374.58	371.82
2008	54.70	584.70	452.20	744.00	416.28	327.72
2009	61.10	663.40	498.80	747.70	375.10	372.60
2010	63.60	683.97	474.84	734.70	353.40	381.30

8-14 畜牧业生产情况

NUMBER OF LIVESTOCK AND LIVESTOCK PRODUCTS

指　标	Item	2000	2005	2010
一、大牲畜年末存栏(万头)	Larger Animals at Year-end (10 000 heads)	309.26	312.67	127.64
1.牛 (万头)	Cattle and Buffaloes (10 000 heads)	225.01	245.22	90.10
#良种及改良种乳牛	Milch Cows of Fine Breed and Improved Varieties	12.65	29.87	28.80
2.马 (万匹)	Horses (10 000 heads)	5.78	3.90	1.71
3.驴 (万头)	Donkeys (10 000 heads)	37.21	32.43	18.87
4.骡 (万头)	Mules (10 000 heads)	41.26	31.11	16.96
二、猪年末存栏 (万头)	Number of Hogs at Year-end (10 000 heads)	519.52	626.07	474.84
#能繁殖的母猪	Reproducible Hogs	43.34	55.72	53.54
三、羊年末存栏 (万只)	Sheep and Goats at Year-end (10 000 heads)	1058.42	1196.35	734.70
1.山　羊	Goats	474.86	488.82	353.40
2.绵　羊	Sheep	583.56	707.52	381.30
四、家禽年末存栏 (万只)	Poultry at Year-end (10 000 heads)	6462.09	8338.60	5694.68
五、养兔年末存栏 (万只)	Rabbits at Year-end (10 000 heads)	248.28	308.80	322.09
六、猪、牛、羊出栏	Slaughtered Hogs, Cattle and Sheep			
猪全年出栏 (万头)	Slaughtered Hog in the Year (10 000 heads)	589.92	805.23	683.97
牛全年出栏 (万头)	Slaughtered Beef in the Year (10 000 heads)	53.74	73.45	34.98
羊全年出栏 (万只)	Slaughtered Mutton in the Year (10 000 heads)	478.80	673.52	405.60
七、当年肉类总产量(万吨)	Total Output of Meat (10 000 tons)	65.05	90.59	72.44
#猪肉产量	Pork	44.90	60.97	53.09
牛肉产量	Beef	7.32	10.07	4.92
羊肉产量	Mutton	7.03	9.96	5.60
禽肉产量	Poultry	4.39	7.85	7.11
兔肉产量	Rabbit	0.70	0.74	0.75
八、畜禽产品产量 (吨)	Output of Animal and Poulty Products (ton)			
1.奶　类	Milk	359128	737541	749374
#牛　奶	Cow Milk	335266	712781	732250
2.绵羊毛产量	Sheep Wool	7287	8805	7094
3.山羊毛产量	Goat Wool	1659	1740	1285
4.羊绒产量	Cashmere	632	795	666
5.禽蛋产量	Poultry Eggs	403297	568789	706836
6.蜂蜜产量	Honey	2926	2812	3156
7.蚕茧产量	Silkworm Cocoons	3754	4340	5384

8-15 渔业生产情况
PRODUCTION OF FISHERY

指　标	Item	2000	2005	2010
淡水产品产量(吨)	**Freshwater Aquatic Products (ton)**	**26021**	**37542**	**31700**
#鱼类产量	Fish	25974	36013	794
1.养殖产量	Aquiculture Products	25826	36109	30869
#池　溏	Pond	20458	25466	18933
湖　泊	Lakes	686	774	917
水　库	Reservoir	4346	9044	10682
河　沟	Brook	321	627	240
2.捕捞产量	Fishing Products	195	1433	831
淡水养殖面积(公顷)	**Freshwater Aquatic Area (ha)**	**17324**	**18318**	**14840**

8-16 主要年份按人口平均的主要农产品产量
MAJOR AGRICULTURAL PRODUCTS OUTPUT PER CAPITA IN MAJOR YEARS

单位：公斤/人　(kg/person)

年　份 Year	粮　食 Grain	油　料 Oil-bearing Crops	棉　花 Cotton	猪牛羊肉 Pork, Beef and Mutton	禽　蛋 Poultry-Eggs
1952	280	4.9	6.7	1.5	
1957	227	3.0	6.3	1.7	
1962	217	1.3	2.4	1.3	
1965	251	2.5	5.8	4.8	
1970	249	2.4	4.1	2.9	
1975	331	2.4	3.3	3.7	
1978	293	1.8	2.9	6.3	
1980	279	5.4	3.1	7.0	
1985	310	16.8	2.8	7.9	4.1
1990	337	13.7	3.9	10.2	5.5
1995	300	7.3	3.0	18.3	11.8
2000	265	13.9	1.4	18.4	12.5
2005	292	6.4	3.1	24.2	17.0
2006	304	4.4	3.8	24.7	15.6
2007	298	4.0	3.4	15.7	13.9
2008	302	5.6	3.1	16.1	18.1
2009	276	5.0	2.5	17.9	22.1
2010	310	5.0	2.0	18.2	20.2

8-17 农业机械拥有量
AGRICULTURAL MACHINERY

年末数 (end of year)

指　标		Item	2000	2005	2010
农业机械总动力	**(万千瓦特)**	**Total Power of Agricultural Machinery (10 000 kw)**	**1701.00**	**2288.70**	**2809.17**
大中型农用拖拉机	(台)	Large and Medium Tractors for Agriculture (unit)	23160	35928	73178
	(万千瓦特)	(10 000 kw)	87.10	127.69	261.25
小型农用拖拉机	(台)	Mini-tractors for Agriculture (unit)	198058	251260	299453
	(万千瓦特)	(10 000 kw)	193.66	234.78	276.82
大中型拖拉机配套机具	(部)	Number of Large and Medium Tractor Towing Farm Machinery (unit)	43449	74607	151727
小型拖拉机配套机具	(部)	Mini-Tractor Towing Farm Machinery (unit)	209028	305367	390537
农用排灌动力机械	(台)	Drainage and Irrigation Machinery (unit)	124784	133965	156780
	(万千瓦特)	(10 000 kw)	149.75	159.49	186.94
农用水泵	(台)	Pumps for Agricultural Use (unit)	119936	133858	139517
联合收割机	(台)	Combine Harvesters (unit)	4633	6436	12771
机动脱粒机	(台)	Motorized Threshers (unit)	59169	53724	60629
农用运输车	(辆)	Wagones for Agriculture(unit)	37569	819940	965199

8-18 农业现代化情况
AGRICULTURAL MODERNIZATION

指　　标	Item	2000	2005	2010
一、农业机械化情况	**Agricultural Mechanization**			
1.当年实际机耕面积（千公顷）	Area Cultivated by Machine at This Year (1 000 ha)	2270.24	2042.27	2559.72
2.当年机械播种面积（千公顷）	Area Sown by Machine at This Year (1 000 ha)	1536.28	1517.64	2181.66
占总播种面积　(%)	Percentage to Total Sown Area (%)	38.0	40.0	58.00
3.当年机械收获面积（千公顷）	Mechanical Harvest Area at This Year (1 000 ha)	712.87	649.22	1026.62
占总播种面积　(%)	Percentage to Total Sown Area (%)	17.6	17.1	27.3
二、农田水利情况	**Farm Water Conservancy Condition**			
年末有效灌溉面积　(千公顷)	Effective Irrigated Area at Year-end (1 000 ha)	1105.04	1088.59	1274.15
#机电排灌面积　(千公顷)	Mechanical and Electrical Irrigated Area (1 000 ha)	939.07	946.39	961.90
机电井数量（眼）	Number of Motor-electric-pumped Well (unit)	82234	83103	81166
三、农村用电情况	**Electricity Consumed Condition**			
1.农村用电量　(万千瓦小时)	Electricity Consumed (10 000 kwh)	531441	669390	811763
2.农村小型水电站个数(个)	Small Hyrdopower Station in Rural Areas (unit)	106	87	72
装机容量　(千瓦)	Installed Capacity (kw)	24900	22994	29264
四、农用化肥情况	**Chemical Fertilizers Condition**			
农用化肥施用折纯量　(吨)	Effective component (ton)	869882	956999	1103663
1.氮　肥	Nitrogenous Fertilizer	421919	410520	400203
2.磷　肥	Phosphate Fertilizer	197773	190374	199996
3.钾　肥	Potash Fertilizer	51448	68608	85069
4.复合肥	compownd Fertilizer	198742	287497	418395

8-19 主要年份化肥施用量、小水电站和农村用电量

CONSUMPTION OF CHEMICAL FERTILIZER, NUMBER OF SMALL HYDROPOWER STATION AND ELECTRICITY CONSUMPTION IN RURAL AREAS IN MAJOR YEARS

年份 Year	农用化肥施用量(折纯量、吨) Consumption of Chemical Fertilizer Applied (ton)	农村小型水电站 Small Hydropower Station in Rural Areas		农村用电量(万千瓦小时) Electricity Consumed in Rural Area (10 000 kwh)
		个数(个) Number (unit)	装机容量(千瓦) Installed Capacity (kw)	
1962	20261	249	12801	8238
1965	51441	163	8826	18129
1970	92771	229	8614	36169
1975	173893	292	11636	93078
1978	355990	401	18678	122683
1980	302904	407	23191	135870
1985	397907	231	26762	151085
1990	565624	197	30414	259437
1995	780568	142	31401	460583
2000	869882	106	24900	531441
2005	956999	87	22994	669390
2006	983000	69	22729	692109
2007	1008000	70	23880	759390
2008	1034042	74	25379	789864
2009	1043239	73	29000	811966
2010	1103663	72	29264	811763

8-20 农民家庭平均每户生产性固定资产原值

ORIGINAL VALUE OF FIXED ASSETS FOR PRODUCTION PER RURAL HOUSEHOLD

单位：元 (yuan)

指标	Item	2000	2005	2010
总计	**Total**	**4289.95**	**4329.27**	**6364.49**
1.役畜、产品畜	Draught and Commodity Animals	518.81	546.42	715.37
2.大中型铁木农具	Large and Medium Wood and Iron Farm Tools	171.61	150.17	204.89
3.农林牧渔业机械	Machinery of Farming , Forestry Animal Husbandry and Fishery	1012.43	1193.50	1792.16
4.工业机械	Industrial Machinery	247.48	103.28	76.47
5.交通运输业机械	Transport Machinery	1113.21	1078.29	1157.35
6.其　他	Others	1226.41	1257.61	2418.25

8-21 农民家庭平均每百户拥有主要生产性固定资产数量
NUMBER OF MAJOR FIXED ASSETS FOR PRODUCTION PER 100 RURAL HOUSEHOLDS

指　标	Item	2000	2005	2010
汽　车　(辆)	Motor Vehicles (unit)	2.52	3.00	3.10
大中型拖拉机　(台)	Large and Medium Tractors (unit)	1.95	2.29	2.10
小型和手扶拖拉机　(台)	Mini and Walking Tractors (unit)	16.79	19.02	13.71
机动脱粒机　(台)	Motorized Threshing Machines (unit)	1.20	1.62	1.24
胶轮大车　(辆)	Carts with Rubber Tires (unit)	8.21	6.90	4.76
水　泵　(台)	Pumps (unit)	5.33	3.57	6.67
役　畜　(头)	Draught Animals (head)	33.47	18.50	12.90
产品畜　(头)	Commodity Animals (head)	33.90	49.14	56.81

8-22 农民家庭平均每人生产和销售的主要农林产品
PER CAPITA PRODUCTION AND SALES OF MAJOR FARM AND FOREST PRODUCTS BY RURAL HOUSEHOLDS

单位：公斤　　(kg)

指　标	Item	生产量 Output			出售量 Sales		
		2000	2005	2010	2000	2005	2010
粮　食	Grain	493.31	545.21	608.63	121.95	177.14	331.13
棉　花	Cotton	2.81	23.21	6.24	1.95	23.19	5.71
油　料	Oil Bearing Crops	20.69	16.56	10.08	6.28	5.74	3.90
糖　料	Sugar Crops	5.85	9.12	5.69	4.83	9.11	5.63
蔬　菜	Vegetables	241.78	255.04	332.54	144.68	209.62	285.30
水　果	Fruits	205.94	181.45	204.39	115.40	152.19	194.46

主要统计指标解释

乡村户数 指长期(一年以上)居住在乡镇(不包括城关镇)行政管理区域内的住户，还包括居住在城关镇所辖行政村范围内的农村住户。户口不在本地而在本地居住一年及以上的住户也包括在本地农村住户内；有本地户口，但举家外出谋生一年以上的住户，无论是否保留承包耕地都不包括在本地农村住户范围内。不包括乡村地区内的国有经济的机关、团体、学校、企业、事业单位的集体户。

乡村人口 乡村地区常住居民户数中的常住人口数，即经常在家或在家居住 6 个月以上，而且经济和生活与本户连成一体的人口。外出从业人员在外居住时间虽然在 6 个月以上,但收入主要带回家中,经济与本户连为一体，仍视为家庭常住人口；在家居住，生活和本户连成一体的国家职工、退休人员也为家庭常住人口，但是现役军人、中专及以上（走读生除外）的在校学生以及常年在外且已有稳定职业与居住场所的外出从业人员，不应作为家庭常住人口。

乡村从业人员 指乡村人口中劳动年龄在 16 周岁以上实际参加生产经营活动并取得实物或货币收入的人员，包括劳动年龄内经常参加劳动的人员，也包括超过劳动年龄但经常参加劳动的人员，但不包括户口在家的在外学生、现役军人和丧失劳动能力的人，也不包括待业人员和家务劳动者。从业人员按从事主业时间最长（时间相同按收入）分为农林牧渔业从业人员、工业从业人员、建筑业从业人员、交通运输业、仓储及邮电通信业从业人员、信息传输、计算机服务业和软件业从业人员、批零贸易业、餐饮业从业人员、其他非农行业从业人员。

农林牧渔业总产值 指以货币表现的农林牧渔业的全部产品总量和对农林牧渔业生产进行的各种支持性服务活动的价值。它反映一定时期内农林牧渔业生产总规模和总成果，是观察农林牧渔业生产水平和发展速度，研究农林牧渔业内部比例关系、农林牧渔业与工业、农林牧渔业与国家建设、人民生活比例关系的重要指标，同时也是计算农林牧渔业劳动生产率和农林牧渔业增加值的基础资料。

1957 年以前的农林牧渔业总产值中包括了厩肥和农民自给性手工业（如农民自制衣服、鞋、袜，自己从事粮食初步加工等）。1958 年及以后，林业中增加了村及村以下竹木采伐产值；牧业中取消了厩肥产值；副业中取消了农民自给性手工业产值，增加了村及村以下办的工业产值；渔业中增加了海洋捕捞水产品产值。1980 年及以后，在副业中增加了农民家庭兼营工业商品部分的产值。从 1984 年起村及村以下工业产值划归工业。从 1993 年起取消副业，将野生动物的捕猎划入牧业，野生植物采集和农民家庭兼营商品性工业划归农业。从 2003 年起，执行新的国民经济行业分类标准，农林牧渔业总产值中包括了农林牧渔服务业产值。林业中增加了森林采运业产值。农业中取消了家庭兼营商品性工业产值，将野生林产品的采集划归林业。

农林牧渔业增加值 指农、林、牧、渔业生产及农林牧渔服务业提供服务活动所增加的价值，为农林牧渔业现价总产值扣除农林牧渔业现价中间投入后的余额，是农、林、牧、渔及其服务业各单位生产经营对社会所作的贡献。从宏观上来说，农林牧渔业增加值是计算国内生产总值的基础；从微观上来说，农林牧渔业增加值能客观反映农林牧渔业各生产单位或行业的投入、产出、效益、速度和收入等情况。

年末耕地总资源 指能够种植农作物的田地。包括当年实际耕种的熟地；新开荒且已种植的地；“沿海”、“沿湖”地区已围垦利用三年以上的“海涂”、“湖田”；弃耕、休闲不满三年，随时可以复耕的地；因灾害或其他因素，虽然当年内未种植农作物但仍可复耕的地；以种植农作物为主，附带种植桑树、果树和其他林的地；年年进行耕耘种草的地；南方小于 1 米、北方小于 2 米宽的沟、渠、路、田埂。不包括因灾害或其他因素，已不能复耕的地；弃耕、休闲满三年的地，或者虽不满三年，但已经成为荒地的土地；不进行耕耘，种植牧草已成为永久性草地的土地；专业性的桑园、茶园、果园、果木苗圃地、芦苇地、天然草场等；以混凝土等铺设的温室、玻璃室，导致栽培的植物体与地面隔绝的基地。

有效灌溉面积 具有一定水源，地块比较平整,灌溉工程或设备已经配套，在一般年景下当年能够进行正常灌溉的耕地面积。在一般情况下，有效灌溉面积应等于灌溉工程或设备已经配套，能够进行正常灌溉的水田和水浇地之和。

农作物播种面积 指实际播种或移植有农作物的面积。凡是实际种植有农作物的面积，不论种植在耕地上还是种植在非耕地上，均包括在农作物播种面积中。在播种季节基本结束后，因遭灾而重新改种和补种的农作物面积，也包括在内。

农作物总产量 指本年度内生产的各种农作物总产量，不论计划内外、数量多少，耕地与非耕地上的农作物产量，都应统计在内。包括粮食、棉花、油料、麻类、糖类、药材、蔬菜、瓜类及其他农作物。

期末畜禽存栏数 本报告期末,农村与城市的全部畜禽存栏数。除科学研究单位专门用于试验研究的牲畜和军马。

农业机械总动力 指主要用于农、林、牧、渔业的各种动力机械的动力总和。包括耕作机械、排灌机械、收获机械、农用运输机械、植物保护机械、牧业机械、林业机械、渔业机械和其他农业机械。内燃机按引擎马力折成瓦（特）计算、电动机按功率折成瓦（特）计算。不包括专门用于乡、镇、村、组办工业、基本建设、非农业运输、科学试验和教学等非农业生产方面用的动力机械与作业机械。

农用化肥施用量 指本年内实际用于农业生产的化肥数量，包括氮肥、磷肥、钾肥和复合肥。化肥施用量要求按折纯量计算数量。折纯量是指把氮肥、磷肥、钾肥分别按含氮、含五氧化二磷、含氧化钾的百分之百成份进行折算后的数量。复合肥按其所含主要成分折算。公式为：折纯量=实物量×某种化肥有效成份含量的百分比

农村用电量 本年度内，扣除在农村中的国有工业、交通、基建等单位的用电量以后的农村生产和生活的全年用电总量。包括国家电网供电和农村自办电站供电量。

Explanatory Notes on Main Statistical Indicators

Number of Households in Villages refers to households resident on a long term basis (i.e. 1 year or more) in administrative districts in townships (not including urban townships), including rural households resident in areas under the jurisdiction of urban townships. Households whose household registration is not in the locality yet resident for one year or more are included among the rural households. Households having local household registration yet the whole household having left for somewhere else for work for one year or more, whether still retaining contracted farmland, are not included among the local rural households. Also not included are collective households associated with institutions of the State economy, organizations, schools and enterprises.

Rural Population refers to residential population of residential households in rural areas, i.e. who stay at home usually or residing at home above 6 months and link closely to the household in economy and livelihood. Persons who engaged outside above 6 months while take their income back to home and link closely with the household in economy, are still calculated as rural population. National workers and retirees who reside at home at the same time link closely with the household are still calculated as rural population, while enlisted man, secondary specialized and above students(except day-students) and persons engaged outside for years having stable jobs and living places can't be calculated as rural population.

Rural Persons Engaged refer to persons in the rural labor force aged over 16 years who are engaged in actual production and management activities and receive payment in kind or wages, including those covered within the labor force age bracket and regularly participating in production activities, and those who are out of the labor force age bracket yet also participating in production activities regularly. Students studying in other places with their permanent residence registered in local areas, servicemen and persons incapable of working are not included. Also not included are those who are waiting for jobs and those engaged in housework. Persons employed are classified as persons engaged in agriculture, forestry, animal husbandry or fishery activities; persons engaged in industrial activities; persons engaged in construction activities; persons engaged in transport, storage and telecommunications activities; persons engaged in information transmission, computer services and software industry; persons engaged in wholesale and retail trade and catering activities; and persons engaged in other non-agriculture activities. In case the person is engaged in more than one type of work, classification is according to the industry in which he works most of the time (where time is the same income would be the criterion).

Gross Output of Farming, Forestry, Animal Husbandry and Fishery refers to the total volume of products of farming, forestry, animal husbandry and fishery and value of service for farming, forestry, animal husbandry and fishery productive activity in value terms. It reflects total scale and results of farming, forestry, animal husbandry and fishery productive in a period time. It's a important indicator to watch production level and rate, research interior percentage, percentage with industry, state construction and people's livelihood. It's also basic to calculate productivity and value added.

Prior to 1957, China's gross agricultural output value included barnyard manure and handicraft products for self consumption (clothes, shoes, stockings and initial grain processing undertaken by peasants). Since 1958, cutting and felling of bamboo and trees by villages and other cooperative organizations under villages have been included in forestry; value of barnyard manure has been excluded from animal husbandry; self consumed handicrafts have not been included from, while the output value of industries run by villages and cooperative organizations under village has been included in sideline occupations; and the output value of fish catches by motor fishing boats has been added to fishery. Since 1980, the value of handicraft products made for sale by individuals in industries run by villages and under villages has been included in the sector of industry. Since 1993, the subdivision wild animals have been cancelled, and the hunting of wild animals has been classified into animal husbandry and the gathering of wild plants and commodity industry run by rural household have been included in farming. A new industrial classification of economic activities was introduced in 2003. Under the new classification, value of services to agriculture, output value of agriculture, value of wood felling and transport is include in forestry, value of industrial output by rural households is not included in agriculture and the collection of wild forest products is taken from agriculture and included in forestry.

Value added of Farming, Forestry, Animal Husbandry and Fishery refers to new increasing value through farming, forestry, animal husbandry and fishery and services for farming, forestry, animal husbandry and fishery minus their intermediate consumption. That is the devotion to the society of the unit. It's a base to calculate GDP in macroscopic. It reflects input and output, results, rate and income of the units in microscopic.

Irrigated Area refers to area of land that are effectively irrigated, i.e. relatively level land, where there are water sources or complete sets of irrigation facilities to lift and move adequate water for irrigation purpose under normal conditions. Under normal institutions, irrigated area is the sum of watered fields and irrigated fields where irrigation systems or eauipment have been installed for regular irrigation purpose.

Resources of Cultivated Area at the Year-end refers to farm land for growing crops, including cultivated land, newly cultivated land and planted crops in the current year, cultivated seashore land and lake used over three years, farmland left without cultivation or fallow land for less than three years and cultivated at any time , land un-planted for disaster or other reasons and been cultivated , rotation land of crops, farmland with some fruit trees, mulberry trees and other tress ,grass land cultivated every years. It also includes and ditches, roads and ridge which wide is less than one meter in South, less than two meters in North. It excludes land which couldn't be cultivated for disasters and other factors, farmland left without cultivated or fallow land more than three years, wasteland less than three years, grass land forever, the land of mulberry fields, tea plantations, orchards, nurseries of young plant, reed land, natural grassland, land of warm room and glass room built with concrete, bringing about plants isolation with field.

Sown Area of Crops refers to area of land sown or transplanted with crops regardless of being in cultivated area or non-cultivated area. area of land re-sown due to natural disasters is also included.

The Total Output of Crops refers to the total output of all kinds of crops this year. It does not matter if they are included in the plans the amount is large or small or the crops are grown on the cultivated land or on uncultivated land. The crops include grain cotton oil hemp sugar herbs vegetables melons and other crops.

Number of Livestock or Poultry in Stock at End of the Period refers to the total number of livestock and poultry in urban and rural area at end of the report period. It doesn't include livestock and army horse using for experiment and research.

Total Power of Farm Machinery refers to total mechanical power of machinery in farming forestry animal husbandry and fishery including plough irrigation and drainage harvesting transport plant protection stock breeding forestry and fishery. The power of internal combustion engines is required to convert horsepower into watts and the power of electric motors is required to be converted into watts. Machinery employed for non-agricultural transport scientific experiments and teaching is excluded.

Consumption of Chemical Fertilizers in Agriculture refers to the quantity of chemical fertilizers applied in agriculture in the year, including nitrogenous fertilizer, phosphate fertilizer, potash fertilizer and compound fertilizer. It is calculated in terms of volume of effective components by means of converting the gross weight of the respective fertilizers into weight containing effective component (e.g. nitrogen content in nitrogenous fertilizer, phosphorous pentoxide contents in phosphate fertilizer and potassium oxide contents in potash fertilizer). Compound fertilizer is converted in regard to its major components. The formula is: Volume of effective component = physical quantity × effective component of certain chemical fertilizer (%)

Consumption of Rural Areas refers to the total electricity consumption for rural production and living in the year, which deduct consumption of national industry, transportation and capital construction units in rural areas. It includes the supply of national power grid and power station building by rural residents.

09

工 业

INDUSTRY

资料整理人员

剡建国　马双喜　房　敏　刘香元　童　超　杨　健

工 业
INDUSTRY

工业企业单位数	Number of Industrial Enterprises	4240	个	(unit)
工业总产值	Gross Industrial Output Value	12471.3	亿元	(100 million yuan)
原煤产量	Output of Coal	74096	万吨	(10 000 tons)
发电量	Electricity	2150.6	亿千瓦小时	(100 million kwh)
生铁产量	Output of Pig Iron	3402.4	万吨	(10 000 tons)
粗钢产量	Output of Crude Steel	3048.8	万吨	(10 000 tons)
水泥产量	Output of Cement	3670.3	万吨	(10 000 tons)

工业总产值构成 (%)

Composition of Gross Industrial Output Value (%)

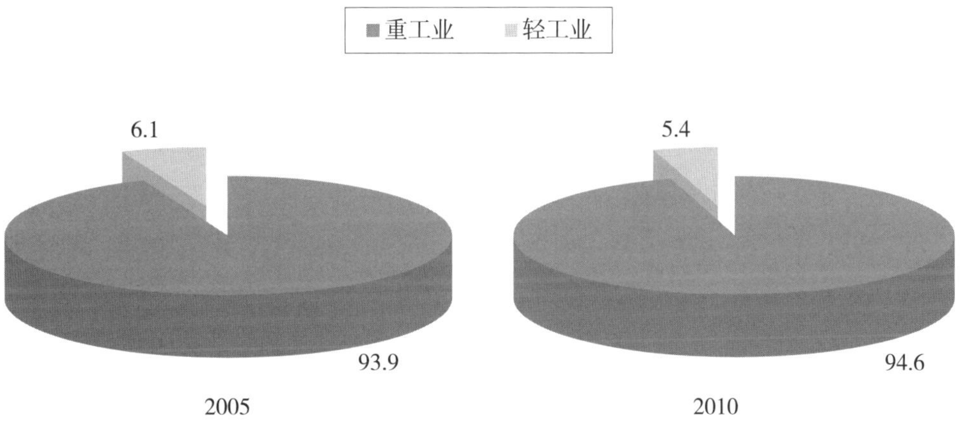

工业增加值 (亿元)

Value Added of Industry (100 million yuan)

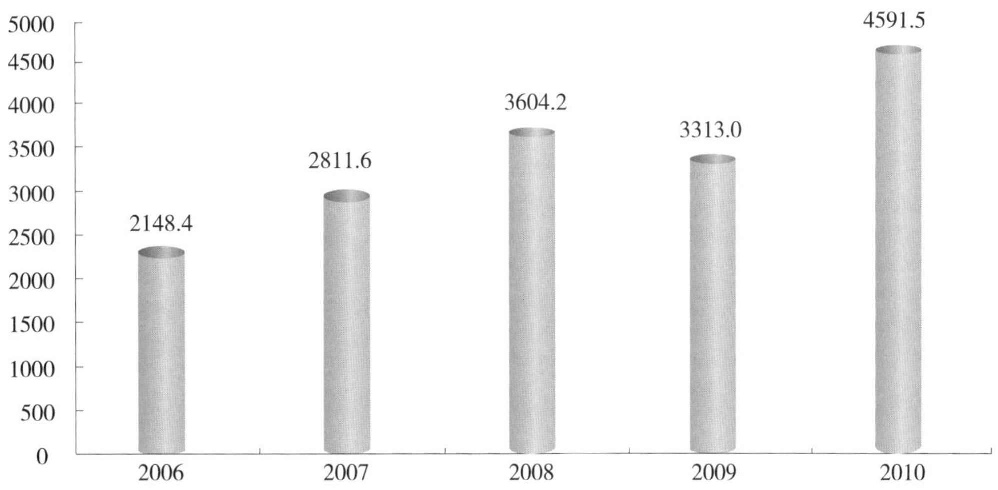

9-1 规模以上工业企业增加值和总产值

VALUE ADDED AND GROSS OUTPUT VALUE OF INDUSTRIAL ENTERPRISES ABOVE DESIGNATED SIZE

单位：万元 (10 000 yuan)

指 标	Item	2005年	2009年	2010年
工业增加值	**Value Added of Industry**	**17566980**	**33130445**	**45914756**
#国有控股企业	State-holding Enterprises	9498754	19990433	26171743
内资企业	Civil Funded Enterprises	16760504	31019116	43260986
国有企业	State-owned Enterprises	2432317	5470632	5994921
集体企业	Collective Owned Enterprises	1177529	833443	825797
股份合作企业	Share Holding Cooperative Enterprises	131460	181667	279504
联营企业	Joint Owned Enterprises	72336	69083	113739
有限责任公司	Limited Responsibility Company	8723829	17779653	25555611
国有独资公司	Company Exclusively with Investment from State	4301409	4757549	6755318
其他有限责任公司	Other Limited Responsibility Company	4422420	13022104	18800293
股份有限公司	Share Holding Limited Company	1389170	2747287	3608963
私营企业	Privately Owned Enterprises	2815240	3908369	6701674
其他企业	Enterprises of Other Types of Ownership	18623	28983	180778
港、澳、台商投资企业	Enterprises Funded by HongKong, Macao and Taiwan	250424	314209	443415
外商投资企业	Foreign Funded Enterprises	556052	1797120	2210355
工业总产值	**Gross Industrial Output Value**	**48509146**	**92499844**	**124713350**
#国有控股企业	State-holding Enterprises	25346209	51880615	66141779
内资企业	Civil Funded Enterprises	46179479	86954138	117898133
国有企业	State-owned Enterprises	7048970	15236430	16216696
集体企业	Collective Owned Enterprises	2300230	1725466	1940430
股份合作企业	Share Holding Cooperative Enterprises	402818	389364	583274
联营企业	Joint Owned Enterprises	149513	124430	193742
有限责任公司	Limited Responsibility Company	24205328	46865327	65738471
国有独资公司	Company Exclusively with Investment from State	10580857	14055340	18779665
其他有限责任公司	Other Limited Responsibility Company	13624471	32809986	46958807
股份有限公司	Share Holding Limited Company	3605466	7800163	10048832
私营企业	Privately Owned Enterprises	8391854	14709142	22718718
其他企业	Enterprises of Other Types of Ownership	75301	103817	457969
港、澳、台商投资企业	Enterprises Funded by HongKong, Macao and Taiwan	823355	1173188	1557680
外商投资企业	Foreign Funded Enterprises	1506312	4372518	5257537

9-2 主要年份工业企业单位数
NUMBER OF INDUSTRIAL ENTERPRISES IN MAJOR YEARS

单位：个 (unit)

年份 Year	工业企业单位数 Number of Industrial Enterprises	按隶属关系分 Grouped by Belonging		按经济类型分 Grouped by Ownership		
		中央企业 Central Enterprise	地方企业 Local Enterprise	国有经济 State-owned Enterprise	集体经济 Collective-owned Enterprise	其他经济 Other Ownership
1962	5244	211	5033	1517	3727	
1965	3566	238	3328	1272	2294	
1970	4880	49	4831	1540	3340	
1975	7505	97	7408	2296	5209	
1978	9381	100	9281	2547	6834	
1980	9533	112	9421	2524	7009	
1985	11004	168	10836	2421	8577	6
1990	12122	187	11935	2776	9318	28
1995	12086	183	11903	3042	8698	346
2000	3275	110	3165	1537	766	972
2005	4441	95	4346	879	928	2634
2006	4668	94	4574	752	972	2944
2007	4472	101	4371	352	715	3405
2008	4415	99	4316	310	443	3662
2009	4023	119	3904	286	248	3489
2010	4240	120	4120	266	181	3793

年份 Year	按轻重工业分 Grouped by Light & Heavy Industry		按企业规模分 Grouped by Size of Enterprises		
	轻工业 Light Industry	重工业 Heavy Industry	大型企业 Large-size Enterprise	中型企业 Medium-size Enterprise	小型企业 Small-size Enterprise
1962	2442	2802	34	57	5153
1965	2603	963	36	76	3454
1970	3244	1636	34	98	4748
1975	3958	3547	36	139	7330
1978	4463	4918	36	117	9228
1980	4528	5005	50	94	9389
1985	4875	6129	75	144	10785
1990	4922	7200	97	169	11856
1995	4080	8006	122	252	11712
2000	944	2331	137	228	2910
2005	761	3680	87	757	3597
2006	777	3891	98	829	3741
2007	618	3854	114	873	3485
2008	653	3762	129	934	3352
2009	716	3307	127	876	3020
2010	737	3503	149	970	3121

注:1998-2006年为国有企业、大中型企业和年产品销售收入500万元及以上非国有企业口径；2007-2009年为年主营业务收入500万元以上的工业法人企业口径。

Note:The scope of enterprise in this table from 1998 to 2006 is state-owned enterprises,large & medium-size enterprises and non-state-owned enterprises with sales over 5 million yuan;The scope of enterprise of from 2007 to 2009 is all enterprises with annual revenue from principal business over 5 million yuan.

9-3 主要年份主要工业产品产量
OUTPUT OF MAJOR INDUSTRIAL PRODUCTS IN MAJOR YEAR

年 份 Year	原 煤 (万吨) Coal (10 000 tons)	发电量 Electricity (亿千瓦小时) (100 million kwh)	粗 钢 (万吨) Crude Steel (10 000 tons)	钢 材 (万吨) Steel Products (10 000 tons)	生 铁 (万吨) Pig Iron (10 000 tons)	焦 炭 (万吨) Coke (10 000 tons)	铜 (吨) Copper (ton)
1962	3180	17.99	23.64	13.21	39.46	93.79	388
1965	3927	25.70	39.97	25.01	64.75	97.36	1995
1970	5298	42.05	52.12	37.77	72.28	129.06	1808
1975	7542	77.85	79.13	40.43	97.73	241.74	11798
1978	9825	106.63	119.99	74.04	150.39	356.51	13583
1980	12103	120.24	149.38	86.42	171.39	320.95	26607
1985	21418	184.59	183.74	110.80	229.54	417.34	24400
1990	28597	314.16	238.58	128.78	454.88	1609.27	25147
1995	34731	505.97	339.80	217.09	1438.29	5297.62	27530
2000	25152	624.71	472.73	392.60	1628.00	4967.00	28544
2005	55426	1316.50	1654.72	1368.60	3229.80	7981.00	27225
2006	58142	1526.40	1949.28	1677.63	3556.43	9202.00	68025
2007	63021	1760.50	2506.36	2097.27	3727.64	9897.29	102276
2008	65577	1793.78	2350.75	1984.90	2780.37	8295.87	91245
2009	61535	1873.80	2648.49	2289.10	3166.84	7705.83	67051
2010	74096	2150.56	3048.82	2866.35	3402.43	8502.10	80610

年 份 Year	水 泥 (万吨) Cement (10 000 tons)	平板玻璃 (万重量箱) Plate Glass (10 000 weight cases)	化学肥料(折有效成份100%，万吨) Chemical Fertilizer (calculated on100% effictive content，10 000 tons)			化学农药 (万吨) Chemical Pesticide (10 000 tons)	塑 料 (万吨) Plastics (10 000 tons)
			合 计 Total	#氮 肥 Nitrogenous	#磷 肥 Phosphate		
1962	49.84		4.90	4.07	0.83	0.22	0.08
1965	86.44		11.09	8.98	2.11	0.34	0.21
1970	115.57		8.20	7.00	1.17	0.43	0.21
1975	180.16	25.75	24.87	18.58	6.29	0.45	0.24
1978	255.87	47.09	32.33	30.24	2.09	0.90	0.57
1980	287.88	52.74	40.15	34.91	5.24	0.77	0.55
1985	458.68	113.33	39.31	37.41	1.89	0.29	0.94
1990	612.47	181.58	71.94	60.06	11.88	0.38	1.82
1995	1169.85	241.44	102.31	83.31	18.93	0.71	2.64
2000	1434.00	357.98	170.17	137.55	18.82	0.40	3.04
2005	2310.68	360.24	353.51	336.35	13.10	0.74	29.28
2006	2681.13	814.16	314.57	303.16	10.48	0.20	37.39
2007	2780.91	971.91	368.68	357.00	9.72	0.03	55.69
2008	2451.67	1327.27	397.10	384.93	12.17	0.32	50.75
2009	2753.18	1275.70	375.17	365.61	9.56	0.16	16.26
2010	3670.29	1673.37	331.84	321.60	10.24	0.17	20.24

注：本表产量为全社会口径。

Note:Coverage of products in the table is total society.

9-3 续表 continued

年 份 Year	轮胎外胎 (万条) Tires Cover (10 000 units)	矿山设备 (吨) Mining Equipment (ton)	金属切削机床(台) Metal-cutting Machine Tools (unit)	纱(吨) Yarn(ton)	布(万米) Cloth(10 000 m)
1962	0.47	2465	281	16983	5719
1965	1.86	3643	42	36582	15530
1970	2.80	11587	1378	52902	23047
1975	5.08	12431	2714	57470	23034
1978	9.97	18214	3131	72193	32756
1980	14.44	9349	1706	84145	38652
1985	29.25	16345	1288	77762	37555
1990	57.33	25717	1678	94237	42948
1995	112.45	23675	688	72165	35593
2000	154.30	6857	832	84765	33253
2005	135.11	109570	1813	149828	36256
2006	117.44	123055	1947	129150	27813
2007	98.43	153923	2133	99920	20472
2008	105.44	127906	1895	66004	6648
2009	137.38	252239	1025	43077	5242
2010	173.51	329442	1822	53913	7381

年 份 Year	化学纤维 (吨) Chemical Fiber (ton)	糖(吨) Sugar(ton)	卷 烟 (万箱) Cigarettes (10 000cases)	食用植物油 (万吨) Edible Vegetable Oil (10 000tons)	机制纸及纸板 (万吨) Machine-made Paper and Paperboard (10 000tons)	合成洗涤剂 (吨) Synthetic Detergents (ton)	日用陶瓷 (万件) Household Ceramics (10 000 pcs)
1962		53	2.33	1.27	1.17	36	1311
1965		11207	6.79	2.93	1.77	103	3214
1970	81	13997	10.23	0.90	3.69	2796	3679
1975	148	6869	16.09	1.88	6.51	6245	6756
1978	1668	5319	16.77	2.00	9.35	14409	11370
1980	3642	11111	18.62	3.11	11.55	18505	9155
1985	14581	30118	18.72	4.51	18.75	60746	9525
1990	19839	30514	24.17	5.38	35.44	68951	20037
1995	25345	36850	28.43	11.49	59.69	135359	24941
2000	28987	7660	30.34	3.68	27.00	189235	16974
2005	27051	4111	25.00	7.76	40.49	162303	48314
2006	35089	28738	26.00	11.87	45.77	166934	41797
2007	43522	25697	28.00	12.06	44.40	154132	56464
2008	30371	31450	29.00	8.85	31.55	117795	58078
2009	8878	34150	29.00	16.77	16.95	127758	60333
2010	10023	43547	29.50	22.04	21.78	119774	67386

9-4 工业增加值

单位：万元

指　标	Item	2001
总　计	**Total**	**4997760**
按轻重工业分	Grouped by Light and Heavy Industry	
轻工业	Light Industry	561509
重工业	Heavy Industry	4436251
按企业规模分	Grouped by Size of Enterprises	
大型企业	Large-size Enterprise	2596653
中型企业	Medium-size Enterprise	382978
小型企业	Small-size Enterprise	2018129
按行业大类分	Grouped by Sector	
采矿业	Mining Industry	1462753
煤炭开采和洗选业	Coal Mining and Dressing	1405521
石油和天然气开采业	Petroleum and Natural Gas Extraction	
黑色金属矿采选业	Ferrous Metals Mining and Dressing	33347
有色金属矿采选业	Nonferrous Metals Mining and Dressing	6590
非金属矿采选业	Nonmetal Minerals Mining and Dressing	17295
制造业	Manufacturing	2695994
农副食品加工业	Farm Products Processing	45211
食品制造业	Food Manufacturing	37734
饮料制造业	Beverage Manufacturing	73074
烟草制品业	Tobacoo Products Manfacturing	30690
纺织业	Textile Industry	66827
纺织服装、鞋、帽制造业	Garments,Shoes and Hats Manufacturing	5753
皮革、毛皮、羽毛(绒)及其制品业	Leather,Furs,Down and Related Products	886
木材加工及木、竹、藤、棕、草制品业	Timber Processing,Bamboo,Cane,Palm Fiber and Straw Products	313
家具制造业	Furniture Manufacturing	3836
造纸及纸制品业	Paper Making and Paper Products	13830
印刷业和记录媒介的复制	Printing and Record Medium Reproduction	15760
文教体育用品制造业	Cultural, Educational and Sports Goods	1902
石油加工、炼焦及核燃料加工业	Petroleum Processing ,Coking and Nuclear Fuel Processing	294036
化学原料及化学制品制造业	Raw Chemical Materials and Chemical Products	300385
医药制造业	Medical and Pharmaceutical Products	104600
化学纤维制造业	Chemical Fiber	7594
橡胶制品业	Rubber Products	22617
塑料制品业	Plastic Products	8943
非金属矿物制品业	Nonmetal Mineral Products	180435
黑色金属冶炼及压延加工业	Smelting and Pressing of Ferrous Metals	756882
有色金属冶炼及压延加工业	Smelting and Pressing of Non-ferrous Metals	264390
金属制品业	Metal Prodcuts	52499
通用设备制造业	Ordinary Machinery Manufacturing	94827
专用设备制造业	Special Purpose Equipment Manufacturing	102928
交通运输设备制造业	Transport Equipment Manufacturing	116430
电气机械及器材制造业	Electric Equipment and Machinery	57987
通信设备、计算机及其他电子设备制造业	Telecommunication Equipment, Computer and Other Electronic Product	17441
仪器仪表及文化、办公用机械制造业	Instruments,Meters,Cultural and Office Machinery	5904
工艺品及其他制造业	Handicraft and Others	12280
废弃资源和废旧材料回收加工业	Resources Discarded & Waste Materials Recovering and Processing	
电力、燃气及水的生产和供应业	Electric Power,Gas & Water Production and Supply	836420
电力、热力的生产和供应业	Electric Power,Heat Power Production and Supply	797573
燃气生产和供应业	Gas Production and Supply	8830
水的生产和供应业	Water Production and Supply	30017

注:2008年以后工业增加值按规模以上工业企业成本费用调查表的工业增加值率测算。

Note:Since 2008,the Value added of industry is caculated value added by the value added rate of industry, which comes from the costs and fee inquiry of enterprises above designated size.

VALVE ADDED OF INDUSTRY

(10 000 yuan)

2002	2003	2004	2005	2006	2007	2008	2009	2010
6329929	**9087054**	**13802719**	**17566980**	**21484099**	**28115537**	**36041798**	**33130445**	**45914756**
661998	758157	920968	1070807	1199548	1505640	1594174	1652509	2248956
5667930	8328897	12881751	16496173	20284551	26609897	34447624	31477936	43665800
3054558	3907202	6076386	8117910	10255030	13164188	17733981	17614015	23901692
503854	3267117	4665194	5755473	6906346	9427909	12443505	11152842	15911741
2771517	1912735	3061139	3693597	4322723	5523440	5864312	4363587	6101322
1904025	2772688	4770259	7083723	8846927	11459989	19799299	19918633	27775082
1831508	2655278	4537951	6747485	8414268	10865126	19088538	19526665	26810081
					3331	50937	37717	96216
43637	93166	194934	280992	330630	464590	551107	291887	794311
9803	4104	10441	13033	59635	71952	100335	53080	63895
19077	20140	26932	42213	42394	54990	8381	9285	10578
3423513	5055868	7528278	8687043	10379706	14031256	14356338	11122218	15546903
55372	91397	126425	152500	179257	236613	273789	336772	495622
55040	74005	107095	109714	101750	168902	179906	159150	218250
83463	100402	131609	171165	226203	281107	286386	294353	377987
52777	61144	68371	79131	85992	121672	151676	183609	198217
70659	71214	64109	74235	71050	49984	46645	36728	72235
5272	9264	10514	14294	14700	20919	23492	27460	35658
613	28	288	143	123	141	145	191	1376
86	11	1781	2716	3376	7610	14615	11139	16619
3506	1779	1610	1908	2503	2844	2666	2105	3304
14770	15840	17930	34872	40765	33645	26794	18895	27957
18203	24158	18816	22211	17695	20884	23068	29102	35863
9567	18693	16731	19546	25123	22690	9830	8455	8951
445990	911766	1694673	2049737	2291065	3214096	4737020	2877538	3730301
398935	442595	632300	703461	831365	1205233	1109829	826561	1185286
128510	148098	172524	188310	209757	283240	292106	276276	367395
5847	6727	6980	7983	6647	19958	5519	549	799
34982	32464	37886	37111	30163	31105	50525	54300	93290
9733	16448	21170	31830	41102	34296	47851	46204	57012
215171	251603	340036	295883	357801	446230	553670	633209	842214
982092	1669870	2465871	2892389	3312702	4715398	3681859	3215770	4323252
288592	481379	709641	823614	1229271	1343621	1079492	292142	860365
55237	64627	67744	101262	120860	112173	83653	96513	125083
110243	155978	278972	332593	261031	363908	335719	334810	529731
151795	177664	218684	279435	478594	627789	570109	621237	797934
136241	130121	136365	117476	198116	259686	255166	229839	373107
48456	48971	103385	51267	72535	105672	161605	151661	226596
24616	30259	42752	47176	117370	248459	295635	301497	447165
7288	14387	19202	32768	42277	50708	50723	45441	65281
10457	4976	13301	12313	10397	2672	6844	10712	29704
		1512		118				349
998172	1258499	1504182	1796214	2257467	2624292	1886162	2089593	2592770
958822	1216295	1458115	1741288	2198313	2566672	1833816	1994043	2484219
8447	10066	6996	5170	6910	6586	2866	37736	48897
30903	32138	39071	49757	52244	51034	49479	57814	59655

9-5 工业企业主要经济指标(2010年)

单位：万元

指标	Item	单位数(个) Number of Enterprises (unit)	#亏损企业 Loss-making Enterprises
总计	**Total**	**4240**	**1222**
一、按隶属关系分	Grouped by Belongs		
中央企业	Central Enterprises	120	36
省属企业	Province-owned Enterprises	209	58
市属企业	Cities-owned Enterprises	254	99
县(市、区)属企业	County-owned Enterprises	1333	365
城市街道企业	Cities' Subdistrict-owned Enterprises	33	14
镇属企业	Small Town-owned Enterprises	230	62
乡属企业	Township Enterprises	86	17
居委会办企业	Neighbourhood Committee -run Enterprises	2	1
村办企业	Village Enterprises	90	24
其他	Enterprises of Other Types of Ownership	1883	546
二、按登记注册类型分组	Grouped by Registered Kind		
内资企业	Civil Funded Enterprises	4071	1164
国有企业	State-owned Enterprises	266	83
集体企业	Collective Owned Enterprises	181	43
股份合作企业	Share Holding Cooperative Enterprises	29	9
联营企业	Joint Owned Enterprises	14	
有限责任公司	Limited Responsibility Company	1543	486
国有独资公司	Company Exclusively with Investment from State	36	6
其他有限责任公司	Other Limited Responsibility Company	1507	480
股份有限公司	Share Holding Limited Company	213	57
私营企业	Privately Owned Enterprises	1802	481
私营独资企业	Enterprise Exclusively with Investment from Private	284	71
私营合伙企业	Private Partner Enterprises	32	8
私营有限责任公司	Privately Owned Limited Responsibility Company	1353	366
私营股份有限公司	Privately Owned Share Holding Limited Company	133	36
其他企业	Enterprises of Other Types of Ownership	23	5
港、澳、台商投资企业	Enterprises Funded by HongKong, Macao and Taiwan	56	20
合资经营企业(港或澳、台资)	Joint Venture	37	15
合作经营企业(港或澳、台资)	Cooperative Enterprise	4	1
港澳台商独资企业	Ventures Exclusively with HongKong, Macao and Taiwan Investment	12	3
港澳台商投资股份有限公司	Share Holding Limited Company	3	1
外商投资企业	Foreign Funded Enterprises	113	38
中外合资经营企业	Joint Venture	78	25
中外合作经营企业	Cooperative Enterprises	2	
外资企业	Enterprises Funded By Foreign Investments	29	13
外商投资股份有限公司	Share Holding Limited Company	4	
三、在总计中:亏损企业	Of the Total: Loss-making Enterprises	1222	1222
在总计中:国有控股企业	Of the Total: State-Controlled Share Holding Enterprises	664	203
在总计中:农村工业	Of the Total: Rural Industry	176	41
在总计中:轻工业	Of the Total: Light Industry	737	178
重工业	Heavy Industry	3503	1044
在总计中:大型企业	Of the Total: Large-size Enterprises	149	26
中型企业	Medium-size Enterprises	970	273
小型企业	Small-size Enterprises	3121	923

注:本表工业增加值按规模以上工业企业成本费用调查表的收入法工业增加值率测算。

Note:The Value added of industry is caculated by the value added rate of industry, which comes from the costs and fee inquiry of enterprises above designated size by income approach.

MAIN ECONOMIC INDICATOR OF INDUSTRIAL ENTERPRISES(2010)

(10 000 yuan)

工业总产值 Gross Industrial Output Value	工业销售产值 Industrial Sales Output Value	工业增加值 (现价,收入法) Value Added of Industry (production way)	年末资产合计 Total Assets	流动资产合计 Total Circul-ating Funds	固定资产合计 Total Fixed Assets	固定资产原价 Original Value of Fixed Assets
124713350	**120065489**	**45914756**	**185059355**	**81296130**	**77090157**	**101929268**
18972243	18864807	6152535	27882548	8250356	16272601	24516939
36741071	35497919	15658443	67943728	28918577	26544847	35996946
6915448	6593913	1973758	10863392	4872709	4527010	6141937
22373175	21344763	9137002	32605704	15393923	12242780	13809758
293196	281099	117979	453371	324038	74626	104290
2768739	2616243	1034130	2797557	1633944	967355	1087406
1368385	1309189	659903	2197732	1254025	558765	711953
2810	2837	677	13102	6739	495	1006
1184308	1137158	251589	1411587	702135	460426	576105
34093975	32417561	10928738	38890635	19939684	15441252	18982928
117898133	113518663	43260986	173620336	76251585	71735278	94404683
16216696	15887696	5994921	24300293	8531589	12862667	17836866
1940430	1920199	825797	2288223	1266853	712237	780238
583274	545469	279504	611982	248028	317189	300116
193742	175814	113739	389109	92656	105181	91103
65738471	63555094	25555611	106896278	46499160	42225796	54674048
18779665	18540570	6755318	34613588	15062236	12624269	17356568
46958806	45014524	18800293	72282690	31436924	29601528	37317479
10048832	9562003	3608963	15962388	6984056	7204145	9641722
22718718	21431191	6701674	22202035	12369872	7844354	10594016
2175713	2115931	751731	1357931	763976	444197	525684
230313	224751	49970	111559	67445	42007	51392
18821082	17722785	5456010	19351074	10772468	6831614	9290690
1491611	1367724	443963	1381472	765983	526535	726250
457969	441197	180778	970028	259372	463709	486573
1557680	1505858	443415	2837378	966566	1712379	2249299
985675	965950	243883	1969883	469015	1384700	1816903
142124	146067	72290	244350	116908	115431	144598
113539	101880	26394	98314	36621	41827	52861
316342	291961	100847	524832	344022	170422	234938
5257537	5040968	2210355	8601641	4077979	3642500	5275286
3163706	3076490	1353432	5595127	2921427	1925612	2348856
624295	587935	324828	889838	302533	563792	1517559
1296639	1193307	497267	2020105	823259	1101102	1344080
172898	183236	34827	96571	30760	51994	64790
21212598	20280985	4675945	36448819	14556215	18295526	23400292
66141779	64344558	26171743	114378386	44860982	50560444	69225142
2552693	2446347	957577	3609319	1956160	1019191	1288058
6712757	6301823	2248956	7887465	3907669	3240080	3815380
118000593	113763666	43665800	177171890	77388461	73850078	98113888
61195458	59337870	23901692	98266239	41591405	40706583	56234717
42063852	40319964	15911741	60603191	28053291	25426715	33105933
21454039	20407655	6101322	26189925	11651434	10956859	12588617

9-5 续表1

单位：万元

指 标	Item	累计折旧 Total Depreciation	流动负债 Liquid Liabilities
总 计	**Total**	**37600646**	**85507112**
一、按隶属关系分	Grouped by Belongs		
中央企业	Central Enterprises	9872520	11179890
省属企业	Province-owned Enterprises	15219224	27640507
市属企业	Cities-owned Enterprises	2160079	5315475
县(市、区)属企业	County-owned Enterprises	3931819	15489416
城市街道企业	Cities' Subdistrict-owned Enterprises	37207	278206
镇属企业	Small Town-owned Enterprises	253642	1731535
乡属企业	Township Enterprises	239928	1201097
居委会办企业	Neighbourhood Committee -run Enterprises	512	12478
村办企业	Village Enterprises	147206	803170
其 他	Enterprises of Other Types of Ownership	5738509	21855339
二、按登记注册类型分组	Grouped by Registered Kind		
内资企业	Civil Funded Enterprises	34948601	79957743
国有企业	State-owned Enterprises	6654209	10524573
集体企业	Collective Owned Enterprises	195672	1429734
股份合作企业	Share Holding Cooperative Enterprises	73667	276270
联营企业	Joint Owned Enterprises	16751	150525
有限责任公司	Limited Responsibility Company	20511661	47031611
国有独资公司	Company Exclusively with Investment from State	7778214	13569394
其他有限责任公司	Other Limited Responsibility Company	12733446	33462217
股份有限公司	Share Holding Limited Company	3816993	7245955
私营企业	Privately Owned Enterprises	3650579	12933168
私营独资企业	Enterprise Exclusively with Investment from Private	105186	779844
私营合伙企业	Private Partner Enterprises	10866	64391
私营有限责任公司	Privately Owned Limited Responsibility Company	3263942	11403032
私营股份有限公司	Privately Owned Share Holding Limited Company	270585	685901
其他企业	Enterprises of Other Types of Ownership	29070	365906
港、澳、台商投资企业	Enterprises Funded by HongKong, Macao and Taiwan	591457	1353037
合资经营企业(港或澳、台资)	Joint Venture	465859	917613
合作经营企业(港或澳、台资)	Cooperative Enterprise	32157	74781
港澳台商独资企业	Ventures Exclusively with HongKong, Macao and Taiwan Investment	12331	60819
港澳台商投资股份有限公司	Share Holding Limited Company	81110	299824
外商投资企业	Foreign Funded Enterprises	2060588	4196332
中外合资经营企业	Joint Venture	730043	2788307
中外合作经营企业	Cooperative Enterprises	953767	177375
外资企业	Enterprises Funded By Foreign Investments	363982	1200029
外商投资股份有限公司	Share Holding Limited Company	12797	30620
三、在总计中：亏损企业	Of the Total: Loss-making Enterprises	7123764	22405340
在总计中：国有控股企业	Of the Total: State-Controlled Share Holding Enterprises	27923119	46821177
在总计中：农村工业	Of the Total: Rural Industry	387134	2004267
在总计中：轻工业	Of the Total: Light Industry	1167399	3572337
重工业	Heavy Industry	36433247	81934775
在总计中：大型企业	Of the Total: Large-size Enterprises	23434237	41109569
中型企业	Medium-size Enterprises	11312102	31224386
小型企业	Small-size Enterprises	2854306	13173158

continued

(10 000 yuan)

负债合计 Total Liabilities	年末所有者权益 Creditors' Equity	主营业务收入 Revenue of Major Business	主营业务成本 Costs of Major Business	主营业务税金及附加 Tax and Extra Charges of Major Business	营业费用 Costs of Business	管理费用 Costs of Administration
121422694	**63309690**	**127125022**	**102358445**	**1452631**	**3808993**	**8034543**
18849421	8993232	18874681	15517398	275142	790003	689935
43421788	24487414	40992954	32147958	522647	1093726	3789028
7573167	3278222	6841578	5706704	44205	173874	482295
20830606	11729785	21324718	16146194	232577	652795	1367714
333877	119432	276120	206473	3891	14087	18137
2019902	772594	2642192	2114374	58261	85466	168122
1298105	882190	1362389	920405	29123	39770	83760
12485	617	2837	2359	7	16	264
970391	441194	1141010	977954	11454	25780	60952
26112954	12605010	33666543	28618625	275324	933476	1374336
114131218	59172767	120170235	96731974	1394136	3566598	7682445
17355508	6916158	16046966	13041111	142177	218950	916248
1611127	671792	1961124	1487832	36467	48277	188916
321505	290476	535955	407484	13502	12475	45030
164130	224879	181194	94763	3231	5232	31192
69161710	37611163	69682605	55041202	852626	2339577	5118718
21827708	12766575	21479278	17372123	197269	396958	1934894
47334002	24844588	48203327	37669080	655357	1942619	3183823
9931058	6023090	9584956	7586324	135941	319042	602125
14851864	7200098	21723060	18710993	204550	609066	734223
894033	462772	2172523	1886473	38560	44849	56139
70087	41369	211471	195569	988	2584	5618
13068463	6140845	17947809	15469642	158475	502387	614003
819281	555113	1391258	1159308	6527	59246	58462
734317	235111	454376	362264	5643	13979	45993
2197548	629612	1590688	1375056	26622	52553	71423
1607049	352659	985948	898513	13084	20998	37005
120059	124291	191691	148244	1238	6593	4771
62469	35846	99850	82241	18	8030	12441
407971	116816	313200	246058	12282	16931	17206
5093928	3507311	5364098	4251416	31872	189842	280674
3479005	2116090	3321417	2496471	24639	152937	167457
233222	656616	587962	411912	1679	6350	22737
1342082	677682	1269059	1181516	5541	24680	78840
39620	56923	185661	161517	14	5876	11640
30955972	5417203	20716548	20096459	221820	545368	1093574
74212576	40079563	70330591	55103113	907945	2164758	5348477
2268495	1323384	2503399	1898360	40576	65550	144711
4246436	3594096	6620572	5158736	190672	366966	400179
117176258	59715593	120504450	97199709	870253	3442027	7634363
62907999	35349562	65505996	52162023	574311	2044685	4659084
40888165	19498209	40949197	32451914	379257	1109913	2553912
17626530	8461919	20669829	17744508	107357	654396	821546

9-5 续表2

单位：万元

指　标	Item	财务费用 Costs of Finance	#利息支出 Interest Expenditure
总　计	**Total**	**2798659**	**2553480**
一、按隶属关系分	Grouped by Belongs		
中央企业	Central Enterprises	466331	409125
省属企业	Province-owned Enterprises	932069	897658
市属企业	Cities-owned Enterprises	180064	162455
县(市、区)属企业	County-owned Enterprises	537732	495086
城市街道企业	Cities' Subdistrict-owned Enterprises	3396	2216
镇属企业	Small Town-owned Enterprises	64408	53069
乡属企业	Township Enterprises	30416	29704
居委会办企业	Neighbourhood Committee -run Enterprises	192	192
村办企业	Village Enterprises	22788	21797
其　他	Enterprises of Other Types of Ownership	561264	482178
二、按登记注册类型分组	Grouped by Registered Kind		
内资企业	Civil Funded Enterprises	2652399	2398878
国有企业	State-owned Enterprises	412657	356411
集体企业	Collective Owned Enterprises	23271	21776
股份合作企业	Share Holding Cooperative Enterprises	6407	4764
联营企业	Joint Owned Enterprises	7318	7214
有限责任公司	Limited Responsibility Company	1553422	1440775
国有独资公司	Company Exclusively with Investment from State	456702	437914
其他有限责任公司	Other Limited Responsibility Company	1096720	1002861
股份有限公司	Share Holding Limited Company	248122	227337
私营企业	Privately Owned Enterprises	378371	323702
私营独资企业	Enterprise Exclusively with Investment from Private	15463	13743
私营合伙企业	Private Partner Enterprises	862	564
私营有限责任公司	Privately Owned Limited Responsibility Company	337786	286790
私营股份有限公司	Privately Owned Share Holding Limited Company	24261	22605
其他企业	Enterprises of Other Types of Ownership	22831	16899
港、澳、台商投资企业	Enterprises Funded by HongKong, Macao and Taiwan	74688	72200
合资经营企业(港或澳、台资)	Joint Venture	65739	64377
合作经营企业(港或澳、台资)	Cooperative Enterprise	932	736
港澳台商独资企业	Ventures Exclusively with HongKong, Macao and Taiwan Investment	1681	1472
港澳台商投资股份有限公司	Share Holding Limited Company	6337	5616
外商投资企业	Foreign Funded Enterprises	71572	82402
中外合资经营企业	Joint Venture	69623	61354
中外合作经营企业	Cooperative Enterprises	5579	8632
外资企业	Enterprises Funded By Foreign Investments	-4866	11222
外商投资股份有限公司	Share Holding Limited Company	1236	1195
三、在总计中:亏损企业	Of the Total: Loss-making Enterprises	809551	713190
在总计中:国有控股企业	Of the Total: State-Controlled Share Holding Enterprises	1649639	1532683
在总计中:农村工业	Of the Total: Rural Industry	53203	51502
在总计中:轻工业	Of the Total: Light Industry	107469	92958
重工业	Heavy Industry	2691189	2460522
在总计中:大型企业	Of the Total: Large-size Enterprises	1337392	1253916
中型企业	Medium-size Enterprises	1071361	962240
小型企业	Small-size Enterprises	389906	337324

continued

(10 000 yuan)

利润总额	亏损企业亏损额	利税总额	本年应付工资总额	本年应付福利费总额	本年应交增值税	全部从业人员年平均人数(人)
Total Profits	Loss of Loss-making Enterprises	Total Pretax and Profits	Tatal Wages Payable This Year	Total Welfare Expenses Payable This Year	Value Added Tax Payable This Year	Employees (person)
9582457	**1599037**	**18178965**	**10001429**	**494703**	**7143877**	**2198772**
1196960	421641	2559473	1114677	53896	1087371	210627
2994298	247435	6128787	4399936	236352	2611842	731743
377763	253028	719474	514169	21786	297506	155564
2658821	230349	4196826	1658252	76447	1305428	447272
25171	3654	47413	14199	764	18351	5819
179272	34298	370342	165981	8689	132808	51685
255523	9368	393076	92063	5158	108429	25049
4	57	171	413		160	442
59575	8647	129842	73503	3919	58814	24051
1835069	390560	3633561	1968235	87693	1523168	546520
8767983	1468238	16996352	9466322	456988	6834233	2050749
1038917	386866	2248326	1239315	72019	1067232	249962
206093	18098	388458	166266	13232	145899	61358
75004	18900	123237	48008	1565	34731	12325
36181		61269	27666	979	21857	4999
5340755	662970	10226220	5914100	299587	4032839	1193957
1545638	4455	2756115	1934533	76526	1013207	321014
3795117	658515	7470106	3979567	223061	3019632	872943
881312	160961	1570063	778822	26030	552810	177358
1146159	204325	2287984	1249947	43115	937275	342918
114020	13428	265312	89158	2651	112732	27131
6168	1262	12885	14950	253	5729	3795
946063	179382	1884468	1051576	35983	779931	286147
79907	10253	125318	94264	4228	38883	25845
43562	16118	90795	42200	461	41589	7872
45140	77651	145825	63032	2500	74064	18142
-9333	71259	46181	40559	1378	42429	10069
33458	14	46372	5391	134	11676	2377
6224	422	9056	4521	724	2814	1175
14790	5957	44216	12562	265	17144	4521
769335	53148	1036788	472074	35215	235581	129881
593872	32987	779394	186377	7687	160882	44304
141380		193876	33748	913	50817	3751
28041	20161	54892	248432	26504	21310	80767
6042		8627	3518	111	2571	1059
-1599037	1599037	-684283	1438514	60005	692934	417627
5434895	923645	10788900	6351481	344546	4446060	1191584
315099	18015	522918	165567	9077	167243	49100
514561	78011	949223	546267	24331	227545	199974
9067896	1521027	17229743	9455162	470372	6916332	1998798
5133325	305506	9633679	6080190	300649	3853669	1127858
3682537	903606	6640080	2997340	140938	2399579	709965
766594	389926	1905206	923899	53116	890629	360949

9-5 续表3

单位：万元

指　标	Item	单位数(个) Number of Enterprises (unit)	#亏损企业 Loss-making Enterprises
四、按工业行业大类分	Grouped by Sector		
采矿业	Mining Industry	1387	349
煤炭开采和洗选业	Coal Mining and Dressing	1145	295
石油和天然气开采业	Petroleum and Natural Gas Extraction	10	3
黑色金属矿采选业	Ferrous Metals Mining and Dressing	210	46
有色金属矿采选业	Nonferrous Metals Mining and Dressing	10	1
非金属矿采选业	Nonmetal Minerals Mining and Dressing	12	4
其他采矿业	Other Minerals Mining and Dressing		
制造业	Manufacturing	2720	799
农副食品加工业	Farm Products Processing	160	32
食品制造业	Food Manufacturing	101	22
饮料制造业	Beverage Manufacturing	66	19
烟草制品业	Tobacoo Products Manfacturing	1	
纺织业	Textile Industry	46	15
纺织服装、鞋、帽制造业	Garments,Shoes and Hats Manufacturing	14	3
皮革、毛皮、羽毛(绒)及其制品业	Leather,Furs,Down and Related Products	1	
木材加工及木、竹、藤、棕、草制品业	Timber Processing,Bamboo,Cane,Palm Fiber and Straw Products	9	
家具制造业	Furniture Manufacturing	7	1
造纸及纸制品业	Paper Making and Paper Products	38	5
印刷业和记录媒介的复制	Printing and Record Medium Reproduction	27	8
文教体育用品制造业	Cultural,Educational and Sports Goods	8	3
石油加工、炼焦及核燃料加工业	Petroleum Processing,Coking and Nuclear Fuel Processing	203	113
化学原料及化学制品制造业	Raw Chemical Materials and Chemical Products	255	98
医药制造业	Medical and Pharmaceutical Products	108	31
化学纤维制造业	Chemical Fiber	2	
橡胶制品业	Rubber Products	19	4
塑料制品业	Plastic Products	57	14
非金属矿物制品业	Nonmetal Mineral Products	520	136
黑色金属冶炼及压延加工业	Smelting and Pressing of Ferrous Metals	171	65
有色金属冶炼及压延加工业	Smelting and Pressing of Non-ferrous Metals	104	43
金属制品业	Metal Prodcuts	104	23
通用设备制造业	Ordinary Machinery Manufacturing	336	80
专用设备制造业	Special Purpose Equipment Manufacturing	139	31
交通运输设备制造业	Transport Equipment Manufacturing	92	25
电气机械及器材制造业	Electric Equipment and Machinery	71	19
通信设备、计算机及其他电子设备制造业	Telecommunication Equipment,Computer and Other Electronic Product	31	6
仪器仪表及文化、办公用机械制造业	Instruments,Meters,Cultural and Office Machinery	16	1
工艺品及其他制造业	Handicraft and Others	13	2
废弃资源和废旧材料回收加工业	Resources Discarded & Waste Materials Recovering and Processing	1	
电力、燃气及水的生产和供应业	Electric Power,Gas & Water Production and Supply	133	74
电力、热力的生产和供应业	Electric Power,Heat Power Production and Supply	102	53
燃气生产和供应业	Gas Production and Supply	9	4
水的生产和供应业	Water Production and Supply	22	17

continued

(10 000 yuan)

工业总产值 Gross Industrial Output Value	工业销售产值 Industrial Sales Output Value	工业增加值 (现价,收入法) Value Added of Industry (production way)	年末资产合计 Total Assets	流动资产合计 Total Circulating Funds	固定资产合计 Total Fixed Assets	固定资产原价 Original Value Of Fixed Assets
49376406	46935505	27775082	84417545	38917688	29239374	34994256
47412112	45139624	26810081	81793837	37887603	28013268	33630516
187087	186011	96216	764168	185286	498681	387755
1625295	1458106	794311	1558512	695596	586842	746712
119694	122847	63895	240553	114718	119148	195305
32218	28917	10578	60475	34487	21435	33968
64242591	62071638	15546903	81192373	39302265	33400097	44994206
1934019	1849672	495622	1604425	776031	741959	772873
804922	766551	218250	694463	306621	307195	362594
894953	872270	377987	1213419	689353	434168	589669
263106	260647	198217	243126	149102	93459	107496
304436	260690	72235	359431	198462	127329	174586
138000	137576	35658	117759	68116	45594	49525
10293	10800	1376	5851	3451	2400	3215
80430	81476	16619	166445	101314	41603	51467
13078	12848	3304	23737	11865	10101	9446
115629	109154	27957	135193	54663	73821	88822
139376	129174	35863	186479	102568	68029	120318
47215	47858	8951	44721	27980	14523	17963
14620883	13997319	3730301	20304828	11182054	7801399	10186010
5094686	4905069	1185286	8929796	3446560	4530605	5524540
1055647	912684	367395	1633570	853475	671304	591162
9778	10066	799	5369	4787	582	479
336352	358948	93290	377300	219097	156179	134372
306393	288275	57012	378003	217831	115917	161993
2921644	2818114	842214	4279170	1871146	2143607	2652513
19975177	19706087	4323252	19890606	7489413	8344229	13352302
4041938	3854069	860365	5942408	2155222	3398967	4569584
492470	482967	125083	511545	376016	120518	163398
2300341	2220161	529731	2612723	1675974	775027	981044
3682125	3557466	797934	5259225	3799290	1102392	1473025
2266602	2172885	373107	2712770	1530604	954189	1176728
889432	861334	226596	1086245	727280	298782	295911
1246913	1143299	447165	1976873	990295	879901	1182945
182395	182514	65281	365313	236907	95568	132183
71516	58496	29704	129312	35813	49661	66765
2844	3168	349	2268	973	1088	1276
11094353	11058346	2592770	19449437	3076176	14450686	21940806
10719195	10684799	2484219	18466461	2790202	13867409	21302239
245973	245973	48897	420332	106282	306763	211562
129185	127574	59655	562644	179692	276514	427005

9-5 续表4

单位：万元

指　标	Item	累计折旧 Total Depreciation	流动负债 Liquid Liabilities
四、按工业行业大类分	Grouped by Sector		
采矿业	Mining Industry	13338730	34867252
煤炭开采和洗选业	Coal Mining and Dressing	13020479	33605790
石油和天然气开采业	Petroleum and Natural Gas Extraction	30346	368207
黑色金属矿采选业	Ferrous Metals Mining and Dressing	193452	682709
有色金属矿采选业	Nonferrous Metals Mining and Dressing	80852	175572
非金属矿采选业	Nonmetal Minerals Mining and Dressing	13601	34973
其他采矿业	Other Minerals Mining and Dressing		
制造业	Manufacturing	16095107	43869221
农副食品加工业	Farm Products Processing	155888	717884
食品制造业	Food Manufacturing	81063	284156
饮料制造业	Beverage Manufacturing	173776	614985
烟草制品业	Tobacoo Products Manfacturing	33299	61393
纺织业	Textile Industry	65724	221119
纺织服装、鞋、帽制造业	Garments,Shoes and Hats Manufacturing	17469	52445
皮革、毛皮、羽毛(绒)及其制品业	Leather,Furs,Down and Related Products	815	152
木材加工及木、竹、藤、棕、草制品业	Timber Processing,Bamboo,Cane,Palm Fiber and Straw Products	12108	70130
家具制造业	Furniture Manufacturing	2555	10727
造纸及纸制品业	Paper Making and Paper Products	19485	67534
印刷业和记录媒介的复制	Printing and Record Medium Reproduction	62336	81710
文教体育用品制造业	Cultural,Educational and Sports Goods	8224	29230
石油加工、炼焦及核燃料加工业	Petroleum Processing,Coking and Nuclear Fuel Processing	3548632	13682617
化学原料及化学制品制造业	Raw Chemical Materials and Chemical Products	1959532	4745438
医药制造业	Medical and Pharmaceutical Products	192671	757892
化学纤维制造业	Chemical Fiber	20	1866
橡胶制品业	Rubber Products	25401	147575
塑料制品业	Plastic Products	61333	204214
非金属矿物制品业	Nonmetal Mineral Products	734594	2202117
黑色金属冶炼及压延加工业	Smelting and Pressing of Ferrous Metals	5686789	9166484
有色金属冶炼及压延加工业	Smelting and Pressing of Non-ferrous Metals	1454103	2580207
金属制品业	Metal Prodcuts	52938	316617
通用设备制造业	Ordinary Machinery Manufacturing	309328	1492098
专用设备制造业	Special Purpose Equipment Manufacturing	566012	3099183
交通运输设备制造业	Transport Equipment Manufacturing	355955	1364537
电气机械及器材制造业	Electric Equipment and Machinery	115444	641356
通信设备、计算机及其他电子设备制造业	Telecommunication Equipment,Computer and Other Electronic Product	344541	1033370
仪器仪表及文化、办公用机械制造业	Instruments,Meters,Cultural and Office Machinery	37116	191992
工艺品及其他制造业	Handicraft and Others	17673	29462
废弃资源和废旧材料回收加工业	Resources Discarded & Waste Materials Recovering and Processing	282	734
电力、燃气及水的生产和供应业	Electric Power,Gas & Water Production and Supply	8166809	6770639
电力、热力的生产和供应业	Electric Power,Heat Power Production and Supply	7969341	6559777
燃气生产和供应业	Gas Production and Supply	34455	74730
水的生产和供应业	Water Production and Supply	163013	136132

continued

(10 000 yuan)

负债合计 Total Liabilities	年末所有者权益 Creditors' Equity	主营业务收入 Revenue of Major Business	主营业务成本 Costs of Major Business	主营业务税金及附加 Tax and Extra Charges of Major Business	营业费用 Costs of Business	管理费用 Costs of Administration
50619622	33681415	51808128	34573063	902635	2061052	4921778
49248180	32435168	49967260	33234475	872565	2028400	4800664
373022	391146	192866	119618	909	6832	28834
774704	777831	1481699	1086338	24859	23204	80552
180257	60296	134590	104524	4179	1667	10704
43459	16975	31712	28108	123	950	1024
55590828	25416982	64286004	57238775	509715	1712178	2956851
851816	718709	1922926	1684527	1727	32612	41178
340104	350783	748352	623026	3851	43229	42204
658664	553712	1096422	726953	75740	112250	73672
61393	181733	263637	100866	112123	3552	18966
252195	107236	257547	234535	743	3970	13233
60866	56893	158707	137877	916	3810	10571
152	5699	10800	8652	10	181	362
97285	69160	81630	67884	337	900	3788
10960	12177	13281	10697	50	939	774
77153	58039	105462	96084	381	1133	3468
94596	91393	125408	107645	394	2627	11073
35005	9716	53638	45833	214	2174	2441
15880812	4364706	14500623	13117578	149262	612766	594753
6107406	2819439	5303852	4711970	30773	132031	270723
909798	720725	917496	593602	5522	109930	93563
3301	2068	10066	9325	27	63	256
256947	120302	343983	314546	825	11140	8728
220277	157665	290375	254275	966	10492	11348
2996703	1267194	2773711	2369037	21817	93626	135723
12817053	7072488	20553764	19058282	52514	237776	709140
4068501	1857705	3943007	3537021	13284	51418	125744
370910	140627	472139	426004	2780	6832	31475
1704677	902872	2200769	1918072	7386	65276	116610
3550724	1674434	3641545	3139078	17294	83697	277464
1849284	862148	2118054	1887686	4140	44768	153281
741687	338817	901159	724152	4644	27495	82204
1327329	649548	1234198	1146576	581	10932	94439
212424	152358	180152	133610	1207	4885	21622
32073	97102	60134	50598	199	1617	7965
734	1534	3168	2783	7	57	83
15212244	4211292	11030890	10546607	40280	35764	155914
14620372	3820188	10638736	10226675	38046	13732	114628
323065	97268	262790	222457	1007	14643	11079
268808	293836	129364	97474	1227	7388	30207

9-5 续表5

单位：万元

指 标	Item	财务费用 Costs of Finance	#利息支出 Interest Expenditure
四、按工业行业大类分	Grouped by Sector		
采矿业	Mining Industry	1011379	934864
煤炭开采和洗选业	Coal Mining and Dressing	989150	915010
石油和天然气开采业	Petroleum and Natural Gas Extraction	7668	7489
黑色金属矿采选业	Ferrous Metals Mining and Dressing	12976	11242
有色金属矿采选业	Nonferrous Metals Mining and Dressing	396	-6
非金属矿采选业	Nonmetal Minerals Mining and Dressing	1189	1130
其他采矿业	Other Minerals Mining and Dressing		
制造业	Manufacturing	1257352	1126647
农副食品加工业	Farm Products Processing	25682	22917
食品制造业	Food Manufacturing	7920	7591
饮料制造业	Beverage Manufacturing	14582	13856
烟草制品业	Tobacoo Products Manfacturing	-424	-424
纺织业	Textile Industry	7273	6638
纺织服装、鞋、帽制造业	Garments,Shoes and Hats Manufacturing	1094	818
皮革、毛皮、羽毛(绒)及其制品业	Leather,Furs,Down and Related Products		
木材加工及木、竹、藤、棕、草制品业	Timber Processing,Bamboo,Cane,Palm Fiber and Straw Products	4700	4675
家具制造业	Furniture Manufacturing	355	345
造纸及纸制品业	Paper Making and Paper Products	2507	2373
印刷业和记录媒介的复制	Printing and Record Medium Reproduction	1339	1020
文教体育用品制造业	Cultural,Educational and Sports Goods	392	333
石油加工、炼焦及核燃料加工业	Petroleum Processing,Coking and Nuclear Fuel Processing	398019	342548
化学原料及化学制品制造业	Raw Chemical Materials and Chemical Products	139379	126886
医药制造业	Medical and Pharmaceutical Products	26396	18377
化学纤维制造业	Chemical Fiber	266	263
橡胶制品业	Rubber Products	2164	2063
塑料制品业	Plastic Products	3258	3338
非金属矿物制品业	Nonmetal Mineral Products	76037	66787
黑色金属冶炼及压延加工业	Smelting and Pressing of Ferrous Metals	334627	292986
有色金属冶炼及压延加工业	Smelting and Pressing of Non-ferrous Metals	107724	104117
金属制品业	Metal Prodcuts	7884	6807
通用设备制造业	Ordinary Machinery Manufacturing	23365	20265
专用设备制造业	Special Purpose Equipment Manufacturing	36282	33238
交通运输设备制造业	Transport Equipment Manufacturing	19569	18498
电气机械及器材制造业	Electric Equipment and Machinery	11197	9438
通信设备、计算机及其他电子设备制造业	Telecommunication Equipment,Computer and Other Electronic Product	2893	18229
仪器仪表及文化、办公用机械制造业	Instruments,Meters,Cultural and Office Machinery	2298	2253
工艺品及其他制造业	Handicraft and Others	467	372
废弃资源和废旧材料回收加工业	Resources Discarded & Waste Materials Recovering and Processing	108	40
电力、燃气及水的生产和供应业	Electric Power,Gas & Water Production and Supply	529928	491968
电力、热力的生产和供应业	Electric Power,Heat Power Production and Supply	516339	478618
燃气生产和供应业	Gas Production and Supply	8831	8883
水的生产和供应业	Water Production and Supply	4757	4467

continued

(10 000 yuan)

利润总额 Total Profits	亏损企业亏损额 Loss of Loss-making Enterprises	利税总额 Total Pretax and Profits	本年应付工资总额 Tatal Wages Payable This Year	本年应付福利费总额 Total Welfare Expenses Payable This Year	本年应交增值税 Value Added Tax Payable This Year	全部从业人员年平均人数(人) Employees (person)
7803141	255212	13527347	5245501	299395	4821571	989835
7539338	239290	13109518	5125769	292259	4697615	948493
32891	5853	46188	17168	2189	12387	3016
216030	9644	340502	87790	4500	99614	32550
14754	26	29654	10979	292	10720	3593
127	399	1486	3796	155	1236	2183
1966638	829463	4288249	4202940	172683	1811896	1117959
156867	5243	169321	103147	2902	10726	30100
66804	3035	93513	47000	3016	22858	18694
121217	14071	256553	61711	3839	59596	20844
28874		169304	14903	1019	28307	1192
2182	4037	8444	35487	482	5519	17126
8163	498	14349	16009	519	5270	6827
281		468	738	8	178	150
6242		7513	5862	47	934	1870
714	14	1063	1011	16	299	752
2384	439	5152	12361	214	2387	5366
7668	1210	10821	11748	700	2759	5033
3031	571	4461	2380	69	1216	1886
143021	319683	872118	751987	24108	579835	170728
104502	157418	245702	342764	13497	110426	114638
96463	12223	154210	92519	6864	52225	31551
119		383	435	24	237	302
6084	313	12116	15076	680	5207	5417
13635	1402	18966	19248	545	4365	9130
113573	56532	252780	266344	18539	117390	114766
523827	99658	1030664	1102989	23804	454323	174737
126095	42249	230799	271830	10879	91420	70711
8487	5375	23791	50681	3285	12524	20767
115820	12284	186690	178035	7741	63484	68294
143847	24592	267649	268093	10460	106508	73885
57385	27641	95930	142777	8294	34405	43283
75958	7126	102279	80622	3096	21676	16724
8774	30502	21001	259064	26783	11646	83201
21873	98	27818	31908	462	4738	5319
2555	3250	4125	16131	789	1371	4558
195		268	82		66	108
-187322	514362	363369	552988	22625	510410	90978
-197054	506559	337259	509969	19619	496266	77878
12481	2861	19719	13243	978	6231	2593
-2748	4943	6391	29776	2028	7912	10507

9-6 国有控股工业企业主要经济指标(2010年)

单位：万元

指　标	Item	单位数(个) Number of Enterprises (unit)	#亏损企业 Loss-making Enterprises
总　计	**Total**	**664**	**203**
在总计中:	Of the Total:		
亏损企业	Loss-making Enterprises	203	203
按隶属关系分:	Grouped by Belongs		
中央企业	Central Enterprises	119	36
地方企业	Local Enterprises	545	167
#省属企业	Province-owned Enterprises	186	49
市属企业	City-owned Enterprises	126	59
县属企业	County-owned Enterprises	182	45
在总计中:	Of the Total:		
轻工业	Light Industry	93	39
重工业	Heavy Industry	571	164
在总计中:	Of the Total:		
大型企业	Large-size Enterprises	104	19
中型企业	Medium-size Enterprises	280	86
小型企业	Small-size Enterprises	280	98
按工业行业大类分	Grouped by Sector		
采矿业	Mining Industry	252	35
煤炭开采和洗选业	Coal Mining and Dressing	234	34
石油和天然气开采业	Petroleum and Natural Gas Extraction	5	1
黑色金属矿采选业	Ferrous Metals Mining and Dressing	8	
有色金属矿采选业	Nonferrous Metals Mining and Dressing	4	
非金属矿采选业	Nonmetal Minerals Mining and Dressing	1	
其他采矿业	Other Minerals Mining and Dressing		
制造业	Manufacturing	318	114
农副食品加工业	Farm Products Processing	14	4
食品制造业	Food Manufacturing	6	3
饮料制造业	Beverage Manufacturing	8	2
烟草制品业	Tobacoo Products Manfacturing	1	
纺织业	Textile Industry	5	2
纺织服装、鞋、帽制造业	Garments,Shoes and Hats Manufacturing	3	
皮革、毛皮、羽毛(绒)及其制品业	Leather,Furs,Down and Related Products		

MAIN INDICATORS OF STATE-OWNED SHARE CONTROLLING INDUSTRIAL ENTERPRISES(2010)

(10 000 yuan)

工业总产值 Gross Industrial Output Value	工业销售产值 Industrial Sales Output Value	年末资产合计 Total Assets	流动资产合计 Total Circulating Funds	固定资产合计 Total Fixed Assets	固定资产原价 Original Value Of Fixed Assets
66141779	**64344558**	**114378386**	**44860982**	**50560444**	**69225142**
9016403	8833223	18023667	5181539	10951788	14745823
18904275	18798387	27797511	8207356	16230563	24455152
47237504	45546171	86580875	36653625	34329881	44769990
36373587	35142003	67346051	28645532	26320716	35737166
4760059	4509026	8273628	3248532	3776115	5118522
4321292	4207065	7616020	3193393	2887025	2698610
1452849	1380235	2469726	1223939	910562	1185568
64688930	62964323	111908661	43637043	49649882	68039575
49313361	47941072	83014793	34467211	34135404	47780603
13934536	13657786	24731268	8818388	12826329	17168758
2893881	2745699	6632325	1575383	3598711	4275782
30987508	29418572	62101216	27078717	23218729	28426153
30659076	29081892	61154886	26765968	22686201	27915023
138242	138266	619233	165861	401072	297991
99472	103427	125792	47141	32986	45223
88610	93226	193976	98151	92761	161820
2109	1760	7329	1596	5711	6096
24602089	24400084	34594250	15026955	14206133	20314890
54601	52218	80127	34686	39545	45916
8635	7838	16558	8331	7456	11061
413648	413791	580533	441211	94503	183720
263106	260647	243126	149102	93459	107496
42222	42523	80038	38614	31577	60658
43631	48872	50218	29612	20551	17510

9-6 续表1

单位：万元

指　标	Item	累计折旧 Total Depreciation	流动负债 Liquid Liabilities
总　计	**Total**	**27923119**	**46821177**
在总计中：	Of the Total：		
亏损企业	Loss-making Enterprises	4833996	9707945
按隶属关系分:	Grouped by Belongs		
中央企业	Central Enterprises	9848318	11135180
地方企业	Local Enterprises	18074801	35685997
#省属企业	Province-owned Enterprises	15152738	27282204
市属企业	City-owned Enterprises	1785371	4049880
县属企业	County-owned Enterprises	760985	2997742
在总计中:	Of the Total:		
轻工业	Light Industry	497499	1044314
重工业	Heavy Industry	27425620	45776863
在总计中:	Of the Total：		
大型企业	Large-size Enterprises	20704316	33980842
中型企业	Medium-size Enterprises	6258696	10259852
小型企业	Small-size Enterprises	960107	2580483
按工业行业大类分	Grouped by Sector		
采矿业	Mining Industry	11906289	23848441
煤炭开采和洗选业	Coal Mining and Dressing	11803263	23403030
石油和天然气开采业	Petroleum and Natural Gas Extraction	17203	254170
黑色金属矿采选业	Ferrous Metals Mining and Dressing	13779	29266
有色金属矿采选业	Nonferrous Metals Mining and Dressing	71658	161691
非金属矿采选业	Nonmetal Minerals Mining and Dressing	386	285
其他采矿业	Other Minerals Mining and Dressing		
制造业	Manufacturing	8102448	16823341
农副食品加工业	Farm Products Processing	7212	61116
食品制造业	Food Manufacturing	4088	10403
饮料制造业	Beverage Manufacturing	89764	298158
烟草制品业	Tobacoo Products Manfacturing	33299	61393
纺织业	Textile Industry	35277	41097
纺织服装、鞋、帽制造业	Garments,Shoes and Hats Manufacturing	7444	21505
皮革、毛皮、羽毛(绒)及其制品业	Leather,Furs,Down and Related Products		

continued

(10 000 yuan)

负债合计 Total Liabilities	年末所有者权益 Creditors' Equity	主营业务收入 Revenue of Major Business	主营业务成本 Costs of Major Business	主营业务税金及附加 Tax and Extra Charges of Major Business	营业费用 Costs of Business	管理费用 Costs of Administration
74212576	**40079563**	**70330591**	**55103113**	**907945**	**2164758**	**5348477**
15869359	2143004	9019121	8880917	88298	147461	484300
18803471	8954144	18808263	15479428	273775	788749	682854
55409105	31125419	51522328	39623686	634171	1376010	4665623
42996820	24325249	40596811	31807031	518226	1078781	3753390
5879577	2385901	4750259	4006522	29129	113037	328460
4390278	3211623	4135610	2396442	65777	143499	469247
1304593	1164291	1595798	1015580	179624	125650	153449
72907983	38915271	68734793	54087533	728321	2039108	5195028
53290623	29716868	53941341	42525527	596765	1790679	4155297
16042558	8630337	13724878	10285451	275647	287928	1036302
4879395	1732357	2664371	2292134	35533	86151	156879
37200991	24876388	34035810	22371755	573464	1548685	3722707
36730447	24400603	33677941	22138911	567881	1542199	3687937
256985	362248	147173	81225	898	4943	23463
44446	81346	105260	69854	678	966	5960
161898	32078	104291	80772	4006	576	5246
7216	113	1144	993	2	2	102
23214049	11341614	25812246	22702002	296499	591910	1501334
62796	17090	50788	48029	151	1214	2304
11396	4990	7710	5917	22	836	1850
298228	282305	604930	332909	63192	72283	47687
61393	181733	263637	100866	112123	3552	18966
58449	21590	44526	40150	249	1212	5318
26857	23361	70765	60578	296	1836	5061

9-6 续表2

单位：万元

指 标	Item	财务费用 Costs of Finance	#利息支出 Interest Expenditure
总 计	**Total**	**1649639**	**1532683**
在总计中:	Of the Total:		
亏损企业	Loss-making Enterprises	470514	416742
按隶属关系分:	Grouped by Belongs		
中央企业	Central Enterprises	465563	408463
地方企业	Local Enterprises	1184076	1124220
#省属企业	Province-owned Enterprises	925397	891480
市属企业	City-owned Enterprises	147573	129086
县属企业	County-owned Enterprises	85871	81410
在总计中:	Of the Total:		
轻工业	Light Industry	19402	18956
重工业	Heavy Industry	1630237	1513727
在总计中:	Of the Total:		
大型企业	Large-size Enterprises	1071750	999731
中型企业	Medium-size Enterprises	453482	413347
小型企业	Small-size Enterprises	124407	119605
按工业行业大类分	Grouped by Sector		
采矿业	Mining Industry	677685	642220
煤炭开采和洗选业	Coal Mining and Dressing	669833	634753
石油和天然气开采业	Petroleum and Natural Gas Extraction	6497	6523
黑色金属矿采选业	Ferrous Metals Mining and Dressing	911	901
有色金属矿采选业	Nonferrous Metals Mining and Dressing	399	-1
非金属矿采选业	Nonmetal Minerals Mining and Dressing	45	44
其他采矿业	Other Minerals Mining and Dressing		
制造业	Manufacturing	484178	438028
农副食品加工业	Farm Products Processing	230	185
食品制造业	Food Manufacturing	114	132
饮料制造业	Beverage Manufacturing	3136	3436
烟草制品业	Tobacoo Products Manfacturing	-424	-424
纺织业	Textile Industry	132	53
纺织服装、鞋、帽制造业	Garments,Shoes and Hats Manufacturing	227	8
皮革、毛皮、羽毛(绒)及其制品业	Leather,Furs,Down and Related Products		

continued

(10 000 yuan)

利润总额 Total Profits	亏损企业亏损额 Loss of Loss-making Enterprises	利税总额 Total Pretax and Profits	本年应付工资总额 Tatal Wages Payable This Year	本年应付福利费总额 Total Welfare Expenses Payable This Year	本年应交增值税 Value Added Tax Payable This Year	全部从业人员年平均人数(人) Employees (person)
5434895	**923645**	**10788900**	**6351481**	**344546**	**4446060**	**1191584**
-923645	923645	-523729	595414	35347	311618	175289
1178680	421641	2531005	1099478	53035	1078550	207633
4256215	502004	8257895	5252003	291511	3367509	983951
2985446	234057	6100923	4371662	235234	2597251	719531
189452	194706	425156	369947	16315	206576	116736
886205	53469	1397263	420390	33597	445281	115696
133524	37671	418648	150023	7511	105500	54093
5301372	885974	10370252	6201459	337035	4340559	1137491
4039824	243868	7995795	5156344	255784	3359205	897601
1396038	511629	2635349	1046632	78889	963664	245417
-967	168149	157756	148505	9874	123190	48566
4922507	149317	8826426	4277967	246259	3330455	740168
4846994	147724	8721272	4249594	244154	3306397	733227
34303	1593	44740	15242	1619	9540	2585
26598		34426	6052	285	7150	1924
14613		25935	6842	168	7316	2304
		54	238	33	52	128
690423	299532	1621595	1571298	76746	634672	370957
1268	261	1925	3130	140	507	1428
-531	583	-241	1042	75	268	738
99959	1390	207704	36143	2044	44553	10852
28874		169304	14903	1019	28307	1192
-1245	1406	793	7972	231	1789	6739
3866		5834	7907	108	1672	2565

9-6 续表3

单位：万元

指　　标	Item	单位数(个) Number of Enterprises (unit)	#亏损企业 Loss-making Enterprises
木材加工及木、竹、藤、棕、草制品业	Timber Processing,Bamboo,Cane,Palm Fiber and Straw Products		
家具制造业	Furniture Manufacturing		
造纸及纸制品业	Paper Making and Paper Products	2	
印刷业和记录媒介的复制	Printing and Record Medium Reproduction	9	3
文教体育用品制造业	Cultural,Educational and Sports Goods	1	1
石油加工、炼焦及核燃料加工业	Petroleum Processing,Coking and Nuclear Fuel Processing	15	10
化学原料及化学制品制造业	Raw Chemical Materials and Chemical Products	46	24
医药制造业	Medical and Pharmaceutical Products	13	4
化学纤维制造业	Chemical Fiber		
橡胶制品业	Rubber Products	4	2
塑料制品业	Plastic Products	5	1
非金属矿物制品业	Nonmetal Mineral Products	52	19
黑色金属冶炼及压延加工业	Smelting and Pressing Of Ferrous Metals	9	3
有色金属冶炼及压延加工业	Smelting and Pressing Of Non-ferrous Metals	17	5
金属制品业	Metal Prodcuts	4	1
通用设备制造业	Ordinary Machinery Manufacturing	33	13
专用设备制造业	Special Purpose Equipment Manufacturing	29	6
交通运输设备制造业	Transport Equipment Manufacturing	19	5
电气机械及器材制造业	Electric Equipment and Machinery	11	3
通信设备、计算机及其他电子设备制造业	Telecommunication Equipment,Computer and Other Electronic Product	4	1
仪器仪表及文化、办公用机械制造业	Instruments,Meters,Cultural and Office Machinery	4	
工艺品及其他制造业	Handicraft and Others	4	2
废弃资源和废旧材料回收加工业	Resources Discarded & Waste Materials Recovering and Processing		
电力、燃气及水的生产和供应业	Electric Power,Gas & Water Production and Supply	94	54
电力、热力的生产和供应业	Electric Power,Heat Power Production and Supply	68	35
燃气生产和供应业	Gas Production and Supply	6	4
水的生产和供应业	Water Production and Supply	20	15

continued

(10 000 yuan)

工业总产值 Gross Industrial Output Value	工业销售产值 Industrial Sales Output Value	年末资产合计 Total Assets	流动资产合计 Total Circul-ating Funds	固定资产合计 Total Fixed Assets	固定资产原价 Original Value Of Fixed Assets
2494	2502	2019	1907	112	174
42657	37742	67214	31146	24662	51105
2153	2113	12824	5477	7347	5035
2351537	2386525	3523872	1469323	1820257	1986331
2751283	2692996	5886763	2125257	3081546	3767803
297624	234644	384875	139935	223107	111664
228072	249524	280190	151537	127775	100249
23416	24055	20442	13819	5319	10301
595431	618740	1076930	392285	612102	809186
9672580	9671323	11240019	3551261	4234698	7583482
2388146	2358356	3055667	1066958	1730097	2761244
102497	101343	84857	75159	8624	11623
521224	520088	819354	506345	256848	361045
2749723	2664775	4303644	3110230	897136	1189947
1430867	1400817	1748805	1061571	550389	748080
467476	463560	620913	434359	182346	177722
79125	76652	175185	97994	74250	98359
49798	49635	141243	70189	45814	65066
20147	18807	98835	20646	36613	50114
10552182	10525902	17682920	2755311	13135582	20484099
10208731	10183984	16756704	2487822	12586393	19886347
219708	219708	387698	90050	291107	194585
123743	122209	538517	177438	258082	403167

9-6 续表4

单位：万元

指　标	Item	累积折旧 Total Depreciation	流动负债 Liquid Liabilities
木材加工及木、竹、藤、棕、草制品业	Timber Processing,Bamboo,Cane,Palm Fiber and Straw Products		
家具制造业	Furniture Manufacturing		
造纸及纸制品业	Paper Making and Paper Products	62	1451
印刷业和记录媒介的复制	Printing and Record Medium Reproduction	29458	30609
文教体育用品制造业	Cultural,Educational and Sports Goods	1875	11006
石油加工、炼焦及核燃料加工业	Petroleum Processing,Coking and Nuclear Fuel Processing	564544	2101536
化学原料及化学制品制造业	Raw Chemical Materials and Chemical Products	1425810	3117446
医药制造业	Medical and Pharmaceutical Products	46312	168779
化学纤维制造业	Chemical Fiber		
橡胶制品业	Rubber Products	17278	98579
塑料制品业	Plastic Products	4982	8401
非金属矿物制品业	Nonmetal Mineral Products	236329	420467
黑色金属冶炼及压延加工业	Smelting and Pressing Of Ferrous Metals	3427546	4364978
有色金属冶炼及压延加工业	Smelting and Pressing Of Non-ferrous Metals	1133151	1336414
金属制品业	Metal Prodcuts	6084	73737
通用设备制造业	Ordinary Machinery Manufacturing	131668	511817
专用设备制造业	Special Purpose Equipment Manufacturing	454076	2450206
交通运输设备制造业	Transport Equipment Manufacturing	300551	1007839
电气机械及器材制造业	Electric Equipment and Machinery	78538	418936
通信设备、计算机及其他电子设备制造业	Telecommunication Equipment,Computer and Other Electronic Product	34197	117134
仪器仪表及文化、办公用机械制造	Instruments,Meters,Cultural and Office Machinery	19401	69197
工艺品及其他制造业	Handicraft and Others	13502	21140
废弃资源和废旧材料回收加工业	Resources Discarded & Waste Materials Recovering and Processing		
电力、燃气及水的生产和供应业	Electric Power,Gas & Water Production and Supply	7914382	6149395
电力、热力的生产和供应业	Electric Power,Heat Power Production and Supply	7724948	5965576
燃气生产和供应业	Gas Production and Supply	31828	56592
水的生产和供应业	Water Production and Supply	157607	127227

continued

(10 000 yuan)

负债合计 Total Liabilities	年末所有者权益 Creditors' Equity	主营业务收入 Revenue of Major Business	主营业务成本 Costs of Major Business	主营业务税金及附加 Tax and Extra Charges of Major Business	营业费用 Costs of Business	管理费用 Costs of Administration
1451	568	2601	2399	2	10	37
32364	34560	41843	35357	198	128	6020
13882	-1059	2139	1879	10	60	632
2643475	880388	2498173	2275140	56409	81043	94512
4120765	1765995	3104026	2818025	7547	71349	182285
233580	151194	221487	152942	1095	16383	20238
205464	74726	234541	219248	435	7546	3026
8683	11760	21511	18545	71	624	1366
870242	206687	554139	462005	2530	23920	36480
7095382	4144636	10409395	9455131	25110	157892	546307
2068376	987291	2394561	2192335	6243	28732	73238
73983	10874	96801	87143	165	1098	7042
610915	206206	520998	439060	2048	12938	56254
2826602	1444540	2684917	2256845	13499	65082	200702
1187818	560972	1346336	1192890	2757	28795	113993
470131	147799	476072	377200	1662	13478	52199
124335	50849	86591	76067	37	257	10741
85623	55620	56246	37206	559	1501	10093
21859	76939	17513	14139	91	142	4983
13797536	3861560	10482535	10029356	37982	24163	124436
13244745	3488135	10149420	9756917	35972	3668	87169
304674	83024	209284	179292	817	13171	8559
248116	290401	123832	93147	1193	7325	28708

9-6 续表5

单位：万元

指 标	Item	财务费用 Costs of Finance	#利息支出 Interest Expenditure
木材加工及木、竹、藤、棕、草制品业	Timber Processing,Bamboo,Cane,Palm Fiber and Straw Products		
家具制造业	Furniture Manufacturing		
造纸及纸制品业	Paper Making and Paper Products	16	16
印刷业和记录媒介的复制	Printing and Record Medium Reproduction	373	365
文教体育用品制造业	Cultural,Educational and Sports Goods	6	6
石油加工、炼焦及核燃料加工业	Petroleum Processing,Coking and Nuclear Fuel Processing	60739	57159
化学原料及化学制品制造业	Raw Chemical Materials and Chemical Products	79293	72847
医药制造业	Medical and Pharmaceutical Products	5204	4505
化学纤维制造业	Chemical Fiber		
橡胶制品业	Rubber Products	1683	1605
塑料制品业	Plastic Products	171	165
非金属矿物制品业	Nonmetal Mineral Products	31837	29993
黑色金属冶炼及压延加工业	Smelting and Pressing Of Ferrous Metals	194136	167438
有色金属冶炼及压延加工业	Smelting and Pressing Of Non-ferrous Metals	52937	51616
金属制品业	Metal Prodcuts	1036	1039
通用设备制造业	Ordinary Machinery Manufacturing	7019	6281
专用设备制造业	Special Purpose Equipment Manufacturing	28574	26819
交通运输设备制造业	Transport Equipment Manufacturing	8872	7228
电气机械及器材制造业	Electric Equipment and Machinery	7582	6305
通信设备、计算机及其他电子设备制造业	Telecommunication Equipment,Computer and Other Electronic Product	425	403
仪器仪表及文化、办公用机械制造业	Instruments,Meters,Cultural and Office Machinery	743	731
工艺品及其他制造业	Handicraft and Others	117	115
废弃资源和废旧材料回收加工业	Resources Discarded & Waste Materials		
电力、燃气及水的生产和供应业	Electric Power,Gas & Water Production and Supply	487776	452435
电力、热力的生产和供应业	Electric Power,Heat Power Production and Supply	474963	439145
燃气生产和供应业	Gas Production and Supply	8858	8883
水的生产和供应业	Water Production and Supply	3955	4406

continued

(10 000 yuan)

利润总额 Total Profits	亏损企业亏损额 Loss of Loss-making Enterprises	利税总额 Total Pretax and Profits	本年应付工资总额 Tatal Wages Payable This Year	本年应付福利费总额 Total Welfare Expenses Payable This Year	本年应交增值税 Value Added Tax Payable This Year	全部从业人员年平均人数(人) Employees (person)
171		215	217	3	42	109
1454	346	3125	6005	401	1473	2385
-448	448	-355	407		83	357
18136	49215	162029	157010	8224	87441	34597
-50497	133519	12240	203683	8571	50533	67469
25680	568	38012	21477	479	11238	7223
2890	280	4649	8684	432	1325	2975
1018	206	1716	3249	94	627	1384
3619	30261	34355	52458	10814	28206	18424
273401	15578	471993	471805	16223	173483	61056
60513	20513	130520	135859	8401	63764	36924
622	130	2234	6734	291	1447	2293
12926	4346	28468	62756	2419	13495	21366
141456	6881	241461	200015	7915	85691	47975
19019	23767	42439	92532	6020	19237	25018
40511	5105	52246	52515	1596	10069	9302
1220	1482	1487	10229	419	230	4039
6514		8881	10087	118	1807	2744
30	3250	562	4481	708	441	1803
-178035	474796	340879	502216	21542	471928	80459
-182762	468147	321160	461407	18774	458946	68322
6322	2861	12545	12371	838	5406	2228
-1595	3789	7174	28438	1930	7576	9909

9-7 外商投资和港澳台投资工业企业主要经济指标(2010年)

单位：万元

指 标	Item	单位数(个) Number of Enterprises (unit)
总 计	**Total**	**169**
港、澳、台商投资企业	Enterprises Funded from HongKong,Macao & Taiwan	56
合资经营企业	Joint Ventures Enterprise	37
合作经营企业	Cooperatives Enterprise	4
港澳台商独资企业	Ventures Exclusively with Investment from HongKong, Macao & Taiwan	12
港澳台商投资股份有限公司	Share Holding Limited Company	3
外商投资企业	Foreign Funded Enterprises	113
中外合资经营企业	Joint Ventures Enterprise	78
中外合作经营企业	Cooperative Enterprises	2
外资企业	Ventures Exclusive with Foreign Investment	29
外商投资股份有限公司	Share Holding Limited Company	4
在总计中:亏损企业	Of the Total: Loss-making Enterprises	58
在总计中:国有控股企业	Of the Total: State-Controlled Share Holding Enterprises	24
在总计中:轻工业	Of the Total: Light Industry	60
重工业	Heavy Industry	109
在总计中:大型企业	Of the Total: Large-size Enterprises	11
中型企业	Medium-size Enterprises	48
小型企业	Small-size Enterprises	110
按工业行业大类分	Grouped by Sector	
采矿业	Mining Industry	14
煤炭开采和洗选业	Coal Mining and Dressing	9
石油和天然气开采业	Petroleum and Natural Gas Extraction	4
非金属矿采选业	Nonmetal Minerals Mining and Dressing	1
制造业	Manufacturing	146
农副食品加工业	Farm Products Processing	3
食品制造业	Food Manufacturing	10
饮料制造业	Beverage Manufacturing	14
纺织业	Textile Industry	2
造纸及纸制品业	Paper Making and Paper Products	1
印刷业和记录媒介的复制	Printing and Record Medium Reproduction	2
文教体育用品制造业	Cultural,Educational and Sports Goods	1
石油加工、炼焦及核燃料加工业	Petroleum Processing,Coking and Nuclear	18
化学原料及化学制品制造业	Raw Chemical Materials and Chemical Products	16
医药制造业	Medical and Pharmaceutical Products	10
橡胶制品业	Rubber Products	1
塑料制品业	Plastic Products	4
非金属矿物制品业	Nonmetal Mineral Products	15
有色金属冶炼及压延加工业	Smelting and Pressing of Non-ferrous Metals	7
金属制品业	Metal Prodcuts	3
通用设备制造业	Ordinary Machinery Manufacturing	15
专用设备制造业	Special Purpose Equipment Manufacturing	4
交通运输设备制造业	Transport Equipment Manufacturing	5
电气机械及器材制造业	Electric Equipment and Machinery	6
通信设备、计算机及其他电子设备制造业	Telecommunication Equipment,Computer and Other Electronic Product	5
仪器仪表及文化、办公用机械制造业	Instruments,Meters,Cultural and Office Machinery	2
工艺品及其他制造业	Handicraft and Others	2
电力、燃气及水的生产和供应业	Electric Power,Gas & Water Production and Supply	9
电力、热力的生产和供应业	Electric Power,Heat Power Production and Supply	8
燃气生产和供应业	Gas Production and Supply	1

MAIN INDICATORS OF INDUSTRIAL ENTEPRISES WITH HONGKONG, MACAO, TAIWAN AND FOREIGN FUNDS (2010)

(10 000 yuan)

#亏损企业 Loss-making Enterprises	工业总产值 Gross Industrial Output Value	工业销售产值 Industrial Sales Output Value	年末资产合计 Total Assets	流动资产合计 Total Circul-ating Funds	固定资产合计 Total Fixed Assets	固定资产原价 Original Value Of Fixed Assets
58	**6815216**	**6546826**	**11439019**	**5044545**	**5354879**	**7524584**
20	1557680	1505858	2837378	966566	1712379	2249299
15	985675	965950	1969883	469015	1384700	1816903
1	142124	146067	244350	116908	115431	144598
3	113539	101880	98314	36621	41827	52861
1	316342	291961	524832	344022	170422	234938
38	5257537	5040968	8601641	4077979	3642500	5275286
25	3163706	3076490	5595127	2921427	1925612	2348856
	624295	587935	889838	302533	563792	1517559
13	1296639	1193307	2020105	823259	1101102	1344080
	172898	183236	96571	30760	51994	64790
58	1218420	1200356	2961489	994622	1758975	2173162
11	1390626	1376014	2867044	672648	2072791	3227078
20	798028	756217	913525	351185	467691	436493
38	6017188	5790609	10525494	4693360	4887189	7088091
3	2464773	2328276	4345895	2064960	1678033	2045465
13	3247284	3165938	5636232	2467056	2861764	4518952
42	1103159	1052612	1456892	512528	815082	960167
6	1141402	1088345	2373816	1000100	772600	860078
4	1092123	1041020	2228446	979315	674925	769969
1	47818	46536	142908	18783	97214	89396
1	1461	789	2462	2001	461	713
49	4648259	4432927	6901272	3738187	2776354	3624751
	57624	53432	33173	21670	9340	13317
3	187825	174136	99246	27830	43959	59211
8	206834	214494	260721	89377	155671	198877
1	11500	12661	46348	24038	10455	18068
1	776	776	318	297	21	87
1	10518	10344	28834	17857	10361	26051
1	679	586	1137	1038	99	652
5	1658742	1603830	3058769	2037574	893249	1283398
5	343869	335315	569231	126967	396859	531922
2	203161	177117	313820	113690	179616	47270
	27127	34042	28660	16072	11780	14272
	52995	48023	62971	28000	34765	38731
8	50928	49600	62847	30103	28650	41882
4	98950	91979	153158	65282	71915	89157
1	4425	4187	6908	4477	2393	3094
2	202069	181610	154005	97864	53278	103402
4	144845	138746	215207	162474	48693	84400
1	302035	294747	193604	116851	64312	84025
	77435	69323	102604	61275	23634	30285
2	943137	871734	1468465	668577	732432	950458
	57040	60569	38044	24404	4317	5221
	5745	5674	3204	2471	554	973
3	1025555	1025555	2163931	306257	1805925	3039755
3	1001960	1001960	2151158	301264	1798845	3032582
	23594	23594	12773	4993	7080	7173

9-7 续表1

单位：万元

指 标	Item	累计折旧 Total Depreciation	流动负债 Liquid Liabilities
总 计	**Total**	**2652045**	**5549369**
港、澳、台商投资企业	Enterprises Funded from HongKong,Macao & Taiwan	591457	1353037
合资经营企业	Joint Ventures Enterprise	465859	917613
合作经营企业	Cooperatives Enterprise	32157	74781
港澳台商独资企业	Ventures Exclusively with Investment from HongKong, Macao & Taiwan	12331	60819
港澳台商投资股份有限公司	Share Holding Limited Company	81110	299824
外商投资企业	Foreign Funded Enterprises	2060588	4196332
中外合资经营企业	Joint Ventures Enterprise	730043	2788307
中外合作经营企业	Cooperative Enterprises	953767	177375
外资企业	Ventures Exclusive with Foreign Investment	363982	1200029
外商投资股份有限公司	Share Holding Limited Company	12797	30620
在总计中:亏损企业	Of the Total: Loss-making Enterprises	580056	1682606
在总计中:国有控股企业	Of the Total: State-Controlled Share Holding Enterprises	1416477	1191443
在总计中:轻工业	Of the Total: Light Industry	143176	452398
重工业	Heavy Industry	2508870	5096971
在总计中:大型企业	Of the Total: Large-size Enterprises	635483	1917927
中型企业	Medium-size Enterprises	1805049	2985971
小型企业	Small-size Enterprises	211513	645470
按工业行业大类分	Grouped by Sector		
采矿业	Mining Industry	198137	696454
煤炭开采和洗选业	Coal Mining and Dressing	184802	582904
石油和天然气开采业	Petroleum and Natural Gas Extraction	13082	113227
非金属矿采选业	Nonmetal Minerals Mining and Dressing	252	323
制造业	Manufacturing	1136731	4082958
农副食品加工业	Farm Products Processing	3978	14065
食品制造业	Food Manufacturing	15252	28849
饮料制造业	Beverage Manufacturing	48486	166762
纺织业	Textile Industry	7690	17982
造纸及纸制品业	Paper Making and Paper Products	66	230
印刷业和记录媒介的复制	Printing and Record Medium Reproduction	15745	11666
文教体育用品制造业	Cultural,Educational and Sports Goods	556	899
石油加工、炼焦及核燃料加工业	Petroleum Processing,Coking and Nuclear	442580	2013382
化学原料及化学制品制造业	Raw Chemical Materials and Chemical Products	139310	284196
医药制造业	Medical and Pharmaceutical Products	20352	139713
橡胶制品业	Rubber Products	3604	5415
塑料制品业	Plastic Products	14675	35128
非金属矿物制品业	Nonmetal Mineral Products	14050	41971
有色金属冶炼及压延加工业	Smelting and Pressing of Non-ferrous Metals	18582	81530
金属制品业	Metal Prodcuts	722	2904
通用设备制造业	Ordinary Machinery Manufacturing	56263	83300
专用设备制造业	Special Purpose Equipment Manufacturing	45283	125337
交通运输设备制造业	Transport Equipment Manufacturing	27751	88341
电气机械及器材制造业	Electric Equipment and Machinery	12092	66739
通信设备、计算机及其他电子设备制造业	Telecommunication Equipment,Computer and Other Electronic Product	248157	863108
仪器仪表及文化、办公用机械制造业	Instruments,Meters,Cultural and Office Machinery	1115	11046
工艺品及其他制造业	Handicraft and Others	420	394
电力、燃气及水的生产和供应业	Electric Power,Gas & Water Production and Supply	1317178	769957
电力、热力的生产和供应业	Electric Power,Heat Power Production and Supply	1316222	766819
燃气生产和供应业	Gas Production and Supply	956	3138

continued

(10 000 yuan)

负债合计 Total Liabilities	年末所有者权益 Creditors' Equity	主营业务收入 Revenue of Major Business	主营业务成本 Costs of Major Business	主营业务税金及附加 Tax and Extra Charges of Major Business	营业费用 Costs of Business	管理费用 Costs of Administration
7291476	**4136923**	**6954787**	**5626472**	**58494**	**242395**	**352097**
2197548	629612	1590688	1375056	26622	52553	71423
1607049	352659	985948	898513	13084	20998	37005
120059	124291	191691	148244	1238	6593	4771
62469	35846	99850	82241	18	8030	12441
407971	116816	313200	246058	12282	16931	17206
5093928	3507311	5364098	4251416	31872	189842	280674
3479005	2116090	3321417	2496471	24639	152937	167457
233222	656616	587962	411912	1679	6350	22737
1342082	677682	1269059	1181516	5541	24680	78840
39620	56923	185661	161517	14	5876	11640
2428177	533082	1233772	1177673	31409	39634	85443
1990931	876113	1406109	1272291	4262	15728	54303
520789	392361	780546	632886	7400	60522	58760
6770688	3744561	6174241	4993585	51094	181873	293337
2389778	1956057	2552800	1864282	8903	41405	160723
4004371	1621720	3349368	2878745	33913	155836	128227
897327	559146	1052619	883444	15679	45154	63148
1020148	1353668	1229621	526148	6117	52628	83511
903307	1325138	1184348	487743	6111	51073	78122
115227	27682	44484	37567	5	1551	5270
1614	848	789	839		4	120
4707093	2183559	4708402	4139054	51048	186353	255365
15860	17312	51120	44816		1586	2616
29777	69468	175403	147458	340	8829	16522
179499	80941	241748	203436	5833	27583	12835
19871	26477	9853	8781	57	222	549
230	87	776	720		24	30
13412	15422	10015	7854	6	681	870
899	238	586	540		16	38
2366986	691722	1729106	1538326	31011	84862	64612
314599	254632	336029	270663	8168	7556	12913
186012	127715	165783	115083	68	15525	12462
5727	22933	34042	29773	12	1336	1086
35527	27445	49825	44989		612	1876
42720	20028	49037	45196	270	3214	3820
91630	51528	109722	98549	1090	986	3766
2904	4003	3964	2583	3	152	394
93256	60693	182773	158106	284	12924	9535
191988	23219	172519	163952	2585	2763	14214
129932	63644	297631	255136	1	4029	16070
70673	31931	84601	62657	1103	4948	10755
901832	566633	943355	891375	8	7016	65152
12022	26022	54479	43474	211	1421	4859
1737	1467	6034	5588		68	390
1564235	599695	1016764	961270	1330	3414	13222
1560845	590312	993169	943150	1280	2156	12423
3390	9383	23594	18120	50	1258	798

9-7 续表2

单位：万元

指　　标	Item	财务费用 Costs of Finance
总　计	**Total**	**146260**
港、澳、台商投资企业	Enterprises Funded from HongKong,Macao & Taiwan	74688
合资经营企业	Joint Ventures Enterprise	65739
合作经营企业	Cooperatives Enterprise	932
港澳台商独资企业	Ventures Exclusively with Investment from HongKong, Macao & Taiwan	1681
港澳台商投资股份有限公司	Share Holding Limited Company	6337
外商投资企业	Foreign Funded Enterprises	71572
中外合资经营企业	Joint Ventures Enterprise	69623
中外合作经营企业	Cooperative Enterprises	5579
外资企业	Ventures Exclusive with Foreign Investment	-4866
外商投资股份有限公司	Share Holding Limited Company	1236
在总计中:亏损企业	Of the Total: Loss-making Enterprises	63523
在总计中:国有控股企业	Of the Total: State-Controlled Share Holding Enterprises	60046
在总计中:轻工业	Of the Total: Light Industry	10581
重工业	Heavy Industry	135680
在总计中:大型企业	Of the Total: Large-size Enterprises	21038
中型企业	Medium-size Enterprises	100962
小型企业	Small-size Enterprises	24260
按工业行业大类分	Grouped by Sector	
采矿业	Mining Industry	23668
煤炭开采和洗选业	Coal Mining and Dressing	22519
石油和天然气开采业	Petroleum and Natural Gas Extraction	1150
非金属矿采选业	Nonmetal Minerals Mining and Dressing	-1
制造业	Manufacturing	59137
农副食品加工业	Farm Products Processing	552
食品制造业	Food Manufacturing	879
饮料制造业	Beverage Manufacturing	3289
纺织业	Textile Industry	883
造纸及纸制品业	Paper Making and Paper Products	8
印刷业和记录媒介的复制	Printing and Record Medium Reproduction	15
文教体育用品制造业	Cultural,Educational and Sports Goods	4
石油加工、炼焦及核燃料加工业	Petroleum Processing,Coking and Nuclear	49942
化学原料及化学制品制造业	Raw Chemical Materials and Chemical Products	4105
医药制造业	Medical and Pharmaceutical Products	4418
橡胶制品业	Rubber Products	101
塑料制品业	Plastic Products	-92
非金属矿物制品业	Nonmetal Mineral Products	742
有色金属冶炼及压延加工业	Smelting and Pressing of Non-ferrous Metals	3261
金属制品业	Metal Prodcuts	12
通用设备制造业	Ordinary Machinery Manufacturing	1660
专用设备制造业	Special Purpose Equipment Manufacturing	419
交通运输设备制造业	Transport Equipment Manufacturing	1742
电气机械及器材制造业	Electric Equipment and Machinery	679
通信设备、计算机及其他电子设备制造业	Telecommunication Equipment,Computer and Other Electronic Product	-13725
仪器仪表及文化、办公用机械制造业	Instruments,Meters,Cultural and Office Machinery	237
工艺品及其他制造业	Handicraft and Others	6
电力、燃气及水的生产和供应业	Electric Power,Gas & Water Production and Supply	63455
电力、热力的生产和供应业	Electric Power,Heat Power Production and Supply	63475
燃气生产和供应业	Gas Production and Supply	-20

continued

(10 000 yuan)

#利息支出 Interest Expenditure	利润总额 Total Profits	亏损企业亏损额 Loss of Loss-making Enterprises	利税总额 Total Pretax and Profits	本年应付工资总额 Tatal Wages Payable This Year	本年应付福利费总额 Total Welfare Expenses Payable This Year	本年应交增值税 Value Added Tax Payable This Year	全部从业人员年平均人数(人) Employees (person)
154602	**814475**	**130799**	**1182613**	**535107**	**37716**	**309645**	**148023**
72200	45140	77651	145825	63032	2500	74064	18142
64377	-9333	71259	46181	40559	1378	42429	10069
736	33458	14	46372	5391	134	11676	2377
1472	6224	422	9056	4521	724	2814	1175
5616	14790	5957	44216	12562	265	17144	4521
82402	769335	53148	1036788	472074	35215	235581	129881
61354	593872	32987	779394	186377	7687	160882	44304
8632	141380		193876	33748	913	50817	3751
11222	28041	20161	54892	248432	26504	21310	80767
1195	6042		8627	3518	111	2571	1059
65795	-130799	130799	-59013	86718	3710	40377	23111
62688	9723	73910	79660	65085	2983	65675	15374
10185	41348	13671	69490	44300	2467	20741	14637
144417	773126	117128	1113124	490807	35249	288904	133386
31382	507434	16455	640711	326619	29329	124374	97436
101060	254912	88653	440852	167363	5528	152027	35992
22160	52128	25691	101051	41124	2859	33244	14595
21570	551769	10852	684673	79556	4092	126788	17857
20624	553269	6502	683358	77436	3518	123977	17291
945	-1328	4177	1488	1864	570	2810	406
	-172	172	-172	256	4		160
68462	274583	61554	451969	423379	32660	126337	125097
529	4461		5014	2571	88	553	615
759	8404	721	11450	5832	868	2706	1712
3572	-1736	12245	11802	11840	971	7705	3876
780	-416	468	36	923	25	395	846
	-5	5	5	22		10	12
2	1813	71	1910	875	44	91	561
3	-13	13	-1	80	1	12	55
42400	111255	21692	204195	75855	992	61929	18216
4573	45488	4828	66164	15545	1700	12508	4602
3654	18926	81	24721	12942	355	5726	3888
90	2051		3435	1348	50	1372	341
477	3772		4972	2407	36	1200	550
1007	-1871	2635	-59	7970	394	1542	2962
3029	2419	1434	6890	8041		3381	1730
8	816	12	1106	701	33	286	294
1448	10422	644	15951	16732	963	5246	3787
388	-9313	9313	-2235	7054	121	4493	2927
3230	35167	16	41227	12393	98	6059	1244
492	11953		16653	4613	71	3598	1160
1784	21100	7377	27821	223887	25747	6713	74650
237	9718		10732	11000	79	804	900
1	174		182	749	23	9	169
64571	-11878	58393	45972	32172	963	56519	5069
64571	-15289	58393	42257	31785	889	56265	4890
	3412		3715	387	75	254	179

9-8 大中型工业企业主要经济指标(2010年)

单位：万元

指 标	Item	单位数(个) Number of Enterprises (unit)	#亏损企业 Loss-making Enterprises
总 计	**Total**	**1119**	**299**
一、按隶属关系分	Grouped by Belongs		
中央企业	Central Enterprises	90	26
省属企业	Province-owned Enterprises	129	36
市属企业	Cities-owned Enterprises	94	37
县(市、区)属企业	County-owned Enterprises	350	77
城市街道企业	Cities' Subdistrict-owned Enterprises	4	1
镇属企业	Small Town-owned Enterprises	39	6
乡属企业	Township Enterprises	27	3
居委会办企业	Neighbourhood Committee -run Enterprises		
村办企业	Village Enterprises	17	5
其 他	Enterprises of Other Types of Ownership	369	108
二、按登记注册类型分组	Grouped by Registered Kind	1119	299
内资企业	Civil Funded Enterprises	1060	283
国有企业	State-owned Enterprises	129	39
集体企业	Collective Owned Enterprises	51	9
股份合作企业	Share Holding Cooperative Enterprises	11	4
联营企业	Joint Owned Enterprises	9	
有限责任公司	Limited Responsibility Company	526	133
国有独资公司	Company Exclusively with Investment from State	31	2
其他有限责任公司	Other Limited Responsibility Company	495	131
股份有限公司	Share Holding Limited Company	90	25
私营企业	Privately Owned Enterprises	235	71
私营独资企业	Enterprise Exclusively with Investment from Private	11	3
私营合伙企业	Private Partner Enterprises	2	1
私营有限责任公司	Privately Owned Limited Responsibility Company	203	61
私营股份有限公司	Privately Owned Share Holding Limited Company	19	6
其他企业	Enterprises of Other Types of Ownership	9	2
港、澳、台商投资企业	Enterprises Funded by HongKong, Macao and Taiwan	15	5
合资经营企业(港或澳、台资)	Joint Venture	10	4
合作经营企业(港或澳、台资)	Cooperative Enterprise	2	
港澳台商独资企业	Ventures Exclusively with HongKong, Macao and Taiwan Investment		
港澳台商投资股份有限公司	Share Holding Limited Company	3	1
外商投资企业	Foreign Funded Enterprises	44	11
中外合资经营企业	Joint Venture	30	7
中外合作经营企业	Cooperative Enterprises	2	
外资企业	Enterprises Funded By Foreign Investments	11	4
外商投资股份有限公司	Share Holding Limited Company	1	
三、在总计中: 亏损企业	Of the Total: Loss-making Enterprises	299	299
在总计中: 国有控股企业	Of the Total: State-Controlled Share Holding Enterprises	384	105
在总计中: 农村工业	Of the Total: Rural Industry	44	8
在总计中: 轻工业	Of the Total: Light Industry	130	32
重工业	Heavy Industry	989	267
在总计中: 大型企业	Of the Total: Large-size Enterprises	149	26
中型企业	Medium-size Enterprises	970	273

注:本表工业增加值按规模以上工业企业成本费用调查表的收入法工业增加值率测算。

Note:The Value added of industry is caculated by the value added rate of industry, which comes from the costs and fee inquiry of enterprises above designated size by income approach.

MAIN ECONOMIC INDICATORS OF LARGE AND MEDIUM-SIZE INDUSTRIAL ENTERPRISES(2010)

(10 000 yuan)

工业总产值 Gross Industrial Output Value	工业销售产值 Industrial Sales Output Value	年末资产合计 Total Assets	流动资产合计 Total Circul-ating Funds	固定资产合计 Total Fixed Assets	固定资产原价 Original Value Of Fixed Assets
103259311	**99657834**	**158869430**	**69644695**	**66133298**	**89340650**
17961289	17835015	25574698	7828246	14584266	22375043
36058344	34841891	65723124	28528127	25525512	34914360
5991306	5693469	9527703	4243781	3945565	5457796
16513313	15851897	25866849	12165272	9724622	10998576
113616	106039	243737	184810	17597	21801
1476777	1370375	1725816	1018783	578381	654483
1084819	1039448	1789588	1064804	376512	529938
757318	726522	789924	446758	246920	342994
23302527	22193180	27627991	14164113	11133923	14045659
103259311	99657834	158869430	69644695	66133298	89340650
97547254	94163620	148887303	65112679	61593501	82776233
14643702	14395619	20861687	7683637	10728746	15227349
1378326	1385879	1729465	972910	485018	527452
487886	457364	538598	203242	292479	270007
153038	142310	290957	64708	71155	72457
58644098	56842144	96989702	42189079	38332259	50356486
18771800	18533637	33968815	15047189	12601255	17328105
39872298	38308508	63020888	27141891	25731004	33028381
9366903	8915625	14204143	6399531	6323064	8764500
12579039	11731664	13514305	7389513	4934461	7112798
371713	369014	325098	162823	97200	129358
84205	81187	43954	22091	21863	25650
11262134	10488745	12304818	6753321	4483703	6467457
860988	792718	840436	451278	331696	490333
294262	293015	758446	210057	426319	445185
1148172	1123326	2156390	812598	1245193	1712375
707538	703058	1398378	355564	965978	1338974
124292	128307	233180	113012	108792	138464
316342	291961	524832	344022	170422	234938
4563885	4370888	7825737	3719419	3294604	4852042
2715653	2641598	5071131	2669604	1701126	2068690
624295	587935	889838	302533	563792	1517559
1214743	1132242	1857368	744814	1025566	1260586
9195	9113	7400	2468	4121	5207
16175194	15502013	27591749	10965808	13885113	18115377
63247898	61598859	107746061	43285598	46961733	64949361
1842138	1765969	2579512	1511562	623432	872932
4065735	3812856	4750841	2454587	1859584	2213855
99193576	95844978	154118590	67190108	64273714	87126795
61195458	59337870	98266239	41591405	40706583	56234717
42063852	40319964	60603191	28053291	25426715	33105933

9-8 续表1

单位：万元

指　标	Item	累计折旧 Total Depreciation	流动负债 Liquid Liabilities
总　计	**Total**	**34746339**	**72333954**
一、按隶属关系分	Grouped by Belongs		
中央企业	Central Enterprises	9381227	10200376
省属企业	Province-owned Enterprises	15041532	26925720
市属企业	Cities-owned Enterprises	1968908	4572383
县(市、区)属企业	County-owned Enterprises	3302922	12036392
城市街道企业	Cities' Subdistrict-owned Enterprises	7571	163044
镇属企业	Small Town-owned Enterprises	159920	1042032
乡属企业	Township Enterprises	204987	976911
居委会办企业	Neighbourhood Committee -run Enterprises		
村办企业	Village Enterprises	106536	495643
其　他	Enterprises of Other Types of Ownership	4572736	15921453
二、按登记注册类型分组	Grouped by Registered Kind	34746339	72333954
内资企业	Civil Funded Enterprises	32305808	67430056
国有企业	State-owned Enterprises	6015331	9159133
集体企业	Collective Owned Enterprises	129378	1084982
股份合作企业	Share Holding Cooperative Enterprises	67392	226030
联营企业	Joint Owned Enterprises	15922	107380
有限责任公司	Limited Responsibility Company	19597792	42085160
国有独资公司	Company Exclusively with Investment from State	7772303	13554395
其他有限责任公司	Other Limited Responsibility Company	11825489	28530765
股份有限公司	Share Holding Limited Company	3671112	6540630
私营企业	Privately Owned Enterprises	2787542	8006440
私营独资企业	Enterprise Exclusively with Investment from Private	32802	155551
私营合伙企业	Private Partner Enterprises	3947	25319
私营有限责任公司	Privately Owned Limited Responsibility Company	2544067	7440459
私营股份有限公司	Privately Owned Share Holding Limited Company	206726	385110
其他企业	Enterprises of Other Types of Ownership	21339	220301
港、澳、台商投资企业	Enterprises Funded by HongKong, Macao and Taiwan	505702	1103789
合资经营企业(港或澳、台资)	Joint Venture	393334	736237
合作经营企业(港或澳、台资)	Cooperative Enterprise	31259	67727
港澳台商独资企业	Ventures Exclusively with HongKong, Macao and Taiwan Investment		
港澳台商投资股份有限公司	Share Holding Limited Company	81110	299824
外商投资企业	Foreign Funded Enterprises	1934830	3800110
中外合资经营企业	Joint Venture	644602	2529405
中外合作经营企业	Cooperative Enterprises	953767	177375
外资企业	Enterprises Funded By Foreign Investments	335374	1090465
外商投资股份有限公司	Share Holding Limited Company	1086	2865
三、在总计中：亏损企业	Of the Total: Loss-making Enterprises	5863394	17417432
在总计中：国有控股企业	Of the Total: State-Controlled Share Holding Enterprises	26963012	44240694
在总计中：农村工业	Of the Total: Rural Industry	311523	1472554
在总计中：轻工业	Of the Total: Light Industry	790905	2126582
重工业	Heavy Industry	33955435	70207372
在总计中：大型企业	Of the Total: Large-size Enterprises	23434237	41109569
中型企业	Medium-size Enterprises	11312102	31224386

continued

(10 000 yuan)

负债合计 Total Liabilities	年末所有者权益 Creditors' Equity	主营业务收入 Revenue of Major Business	主营业务成本 Costs of Major Business	主营业务税金及附加 Tax and Extra Charges of Major Business	营业费用 Costs of Business	管理费用 Costs of Administration
103796164	**54847771**	**106455193**	**84613937**	**1204648**	**3154598**	**7212997**
16627533	8909269	17903457	14556954	269122	780671	673247
42280408	23409922	40335041	31637116	514502	1078052	3732192
6577618	2948124	5954444	4920718	33769	137739	417358
16441911	9407796	15741961	11351057	154828	458182	1128314
174943	68794	106227	56286	1559	4589	10355
1270769	451656	1341383	977131	25279	25856	124274
1011040	761179	1091450	696634	26680	29655	68973
558643	231280	716933	632021	6776	9238	42090
18853299	8659751	23264298	19786020	172133	630616	1016195
103796164	54847771	106455193	84613937	1204648	3154598	7212997
97402015	51269994	100553026	79870910	1161832	2957357	6924047
14424093	6425773	14587033	11767933	117000	195890	850037
1207060	518276	1422575	1027439	28316	32844	153262
267855	270744	442367	320914	3587	11417	42002
120985	169872	146957	70122	2244	4295	25245
62712130	34182650	62949858	49233121	772561	2097580	4803260
21763029	12186481	21472345	17365385	197233	396887	1931165
40949101	21996169	41477513	31867737	575328	1700694	2872095
8781437	5417500	8899965	6988003	131689	294554	573377
9306293	4108898	11808416	10242766	103514	314720	433181
212038	113060	367721	318285	7572	3648	15971
25319	18573	69300	67414	183	100	1201
8592463	3618302	10567442	9199310	92033	268464	379441
476472	358963	803953	657756	3726	42508	36568
582164	176283	295856	220610	2922	6056	43685
1755072	391272	1202706	1063695	17442	37839	46730
1234096	154282	713771	684157	3924	14780	25166
113005	120175	175736	133480	1236	6127	4359
407971	116816	313200	246058	12282	16931	17206
4639076	3186504	4699461	3679333	25374	159402	242220
3174454	1896616	2899606	2139219	19051	131715	146200
233222	656616	587962	411912	1679	6350	22737
1228537	628737	1202684	1121196	4633	21262	72470
2865	4536	9209	7005	11	76	812
23652823	3873235	15781187	15372556	152578	382447	864465
69333181	38347205	67666219	52810979	872413	2078607	5191599
1569683	992459	1808383	1328655	33456	38893	111063
2544521	2201326	4095628	3018817	194295	275806	268650
101251643	52646445	102359565	81595120	1010353	2878791	6944346
62907999	35349562	65505996	52162023	646684	2044685	4659084
40888165	19498209	40949197	32451914	557964	1109913	2553912

9-8 续表2

单位：万元

指　　标	Item	财务费用 Costs of Finance	#利息支出 Interest Expenditure
总　计	**Total**	**2408753**	**2216155**
一、按隶属关系分	Grouped by Belongs		
中央企业	Central Enterprises	390727	336219
省属企业	Province-owned Enterprises	899392	865711
市属企业	Cities-owned Enterprises	163696	146498
县(市、区)属企业	County-owned Enterprises	461680	430040
城市街道企业	Cities' Subdistrict-owned Enterprises	601	762
镇属企业	Small Town-owned Enterprises	48034	41337
乡属企业	Township Enterprises	25327	24960
居委会办企业	Neighbourhood Committee -run Enterprises		
村办企业	Village Enterprises	16188	16114
其　他	Enterprises of Other Types of Ownership	403108	354515
二、按登记注册类型分组	Grouped by Registered Kind	2408753	2216155
内资企业	Civil Funded Enterprises	2286753	2083714
国有企业	State-owned Enterprises	328061	274724
集体企业	Collective Owned Enterprises	20003	19422
股份合作企业	Share Holding Cooperative Enterprises	6148	4575
联营企业	Joint Owned Enterprises	7215	7107
有限责任公司	Limited Responsibility Company	1422386	1335451
国有独资公司	Company Exclusively with Investment from State	456324	437622
其他有限责任公司	Other Limited Responsibility Company	966062	897829
股份有限公司	Share Holding Limited Company	227431	211656
私营企业	Privately Owned Enterprises	255518	216232
私营独资企业	Enterprise Exclusively with Investment from Private	2559	2456
私营合伙企业	Private Partner Enterprises	166	86
私营有限责任公司	Privately Owned Limited Responsibility Company	237568	199090
私营股份有限公司	Privately Owned Share Holding Limited Company	15224	14600
其他企业	Enterprises of Other Types of Ownership	19992	14547
港、澳、台商投资企业	Enterprises Funded by HongKong, Macao and Taiwan	57449	56187
合资经营企业(港或澳、台资)	Joint Venture	50463	50088
合作经营企业(港或澳、台资)	Cooperative Enterprise	650	484
港澳台商独资企业	Ventures Exclusively with HongKong, Macao and Taiwan Investment		
港澳台商投资股份有限公司	Share Holding Limited Company	6337	5616
外商投资企业	Foreign Funded Enterprises	64551	76254
中外合资经营企业	Joint Venture	64433	56967
中外合作经营企业	Cooperative Enterprises	5579	8632
外资企业	Enterprises Funded By Foreign Investments	-5458	10659
外商投资股份有限公司	Share Holding Limited Company	-3	-3
三、在总计中:亏损企业	Of the Total: Loss-making Enterprises	618526	545747
在总计中:国有控股企业	Of the Total: State-Controlled Share Holding Enterprises	1525232	1413078
在总计中:农村工业	Of the Total: Rural Industry	41515	41074
在总计中:轻工业	Of the Total: Light Industry	55285	52300
重工业	Heavy Industry	2353468	2163856
在总计中:大型企业	Of the Total: Large-size Enterprises	1337392	1253916
中型企业	Medium-size Enterprises	1071361	962240

continued

(10 000 yuan)

利润总额 Total Profits	亏损企业亏损额 Loss of Loss-making Enterprises	利税总额 Total Pretax and Profits	本年应付工资总额 Tatal Wages Payable This Year	本年应付福利费总额 Total Welfare Expenses Payable This Year	本年应交增值税 Value Added Tax Payable This Year	全部从业人员年平均人数(人) Employees (person)
8815863	**1209112**	**16273759**	**9077530**	**441587**	**6253248**	**1837823**
1285334	312171	2613923	1080854	51563	1059468	205221
2962324	229568	6051029	4362580	233007	2574203	718119
361424	215607	670459	466104	18895	275266	132974
2419292	156462	3681172	1357728	60427	1107052	331460
27293	2	40597	7519	221	11745	1796
143059	27822	253039	124562	6688	84701	32892
238905	8207	359288	78484	4060	93702	18473
27366	5598	65997	50239	1144	31855	14321
1350866	253676	2538256	1549460	65583	1015256	382567
8815863	1209112		9077530	441587		1837823
8053516	1104004	15192196	8583548	406731	5976847	1704395
1030293	295919	2141556	1185270	68269	994262	226920
186315	12625	328446	122147	9762	113815	41145
72601	17289	109143	44767	1255	32955	9863
34708		55206	21357	617	18255	4207
5137927	520283	9674858	5570305	281231	3764370	1067634
1549429	664	2759720	1932688	76052	1013058	320064
3588498	519619	6915138	3637617	205178	2751312	747570
869531	128937	1534269	733950	23733	533049	162770
686574	113403	1278521	866208	21555	488434	185179
23988	3573	53812	26434	360	22252	4756
2423	160	4351	9618	91	1746	1199
618361	104226	1149894	763394	18367	439500	165473
41803	5444	70464	66762	2736	24936	13751
35569	15548	70197	39545	310	31707	6677
15107	74050	89607	48052	1328	57058	12682
-33097	68094	-692	30424	966	28481	5979
33414		46083	5066	98	11433	2182
14790	5957	44216	12562	265	17144	4521
747239	31057	991956	445931	33528	219343	120746
571864	17799	739046	167130	6600	148132	37597
141380		193876	33748	913	50817	3751
32792	13258	57096	243931	25961	19671	78906
1203		1937	1122	54	723	492
-1209112	1209112	-517896	1190704	44543	538638	307445
5435862	755496	10631144	6202976	334673	4322870	1143018
266271	13804	425284	128723	5204	125557	32794
366294	41799	733232	386209	13798	172642	121416
8449569	1167313	15540527	8691321	427789	6080606	1716407
5133325	305506	9633679	6080190	300649	3853669	1127858
3682537	903606	6640080	2997340	140938	2399579	709965

9-8 续表3

单位：万元

指 标	Item	单位数 (个) Number of Enterprises (unit)
四、按工业行业大类分	Grouped by Sector	
采矿业	Mining Industry	401
煤炭开采和洗选业	Coal Mining and Dressing	373
石油和天然气开采业	Petroleum and Natural Gas Extraction	3
黑色金属矿采选业	Ferrous Metals Mining and Dressing	21
有色金属矿采选业	Nonferrous Metals Mining and Dressing	4
非金属矿采选业	Nonmetal Minerals Mining and Dressing	
其他采矿业	Other Minerals Mining and Dressing	
制造业	Manufacturing	666
农副食品加工业	Farm Products Processing	18
食品制造业	Food Manufacturing	18
饮料制造业	Beverage Manufacturing	10
烟草制品业	Tobacoo Products Manfacturing	1
纺织业	Textile Industry	12
纺织服装、鞋、帽制造业	Garments,Shoes and Hats Manufacturing	6
皮革、毛皮、羽毛(绒)及其制品业	Leather,Furs,Down and Related Products	
木材加工及木、竹、藤、棕、草制品业	Timber Processing,Bamboo,Cane,Palm Fiber and Straw Products	1
家具制造业	Furniture Manufacturing	
造纸及纸制品业	Paper Making and Paper Products	6
印刷业和记录媒介的复制	Printing and Record Medium Reproduction	4
文教体育用品制造业	Cultural,Educational and Sports Goods	1
石油加工、炼焦及核燃料加工业	Petroleum Processing,Coking and Nuclear Fuel Processing	143
化学原料及化学制品制造业	Raw Chemical Materials and Chemical Products	71
医药制造业	Medical and Pharmaceutical Products	23
化学纤维制造业	Chemical Fiber	
橡胶制品业	Rubber Products	4
塑料制品业	Plastic Products	6
非金属矿物制品业	Nonmetal Mineral Products	69
黑色金属冶炼及压延加工业	Smelting and Pressing of Ferrous Metals	85
有色金属冶炼及压延加工业	Smelting and Pressing of Non-ferrous Metals	43
金属制品业	Metal Prodcuts	12
通用设备制造业	Ordinary Machinery Manufacturing	39
专用设备制造业	Special Purpose Equipment Manufacturing	36
交通运输设备制造业	Transport Equipment Manufacturing	30
电气机械及器材制造业	Electric Equipment and Machinery	12
通信设备、计算机及其他电子设备制造业	Telecommunication Equipment,Computer and Other Electronic Product	9
仪器仪表及文化、办公用机械制造业	Instruments,Meters,Cultural and Office Machinery	4
工艺品及其他制造业	Handicraft and Others	3
废弃资源和废旧材料回收加工业	Resources Discarded & Waste Materials Recovering and Processing	
电力、燃气及水的生产和供应业	Electric Power,Gas & Water Production and Supply	52
电力、热力的生产和供应业	Electric Power,Heat Power Production and Supply	42
燃气生产和供应业	Gas Production and Supply	2
水的生产和供应业	Water Production and Supply	8

continued

(10 000 yuan)

#亏损企业 Loss-making Enterprises	工业总产值 Gross Industrial Output Value	工业销售产值 Industrial Sales Output Value	年末资产合计 Total Assets	流动资产合计 Total Circulating Funds	固定资产合计 Total Fixed Assets	固定资产原价 Original Value Of Fixed Assets
41	38789010	36838535	74719764	33977482	26266964	31868030
40	37987120	36096418	73315287	33431198	25566567	31114328
	122166	122145	503941	149463	308154	202422
1	594445	529841	699154	305048	288429	375614
	85278	90131	201381	91772	103814	175666
226	54565911	52931558	69393865	33231129	28629081	39296473
3	1100798	1060315	759606	375804	358086	371902
2	375136	364041	328549	162189	140452	165974
4	525772	525099	690036	454715	175367	276477
	263106	260647	243126	149102	93459	107496
5	213933	177315	239986	135809	88713	122546
2	121477	121246	99442	57375	41369	43246
	35315	35731	113021	83508	10900	18335
	52141	48418	64014	19861	42615	53719
2	35092	28983	54840	32503	20099	56130
	10908	11453	17195	10804	4359	8802
76	13683532	13134933	19299172	10710145	7327340	9557397
31	4199561	4042247	7977613	2982383	4100261	4981972
3	755488	642301	1108477	586030	467725	351312
1	271400	299946	311778	170850	139649	115391
	154666	150463	149254	80695	53688	81593
19	1465522	1445197	2204450	964902	1136946	1440341
30	19331746	19069047	18936510	7010230	7989242	12947638
18	3488133	3352781	5152627	1774255	3009804	4127354
3	192313	191136	220009	167581	48753	62715
9	1198316	1186188	1283256	876646	346794	502014
5	3237701	3129742	4718579	3436869	967941	1312432
7	1919136	1831970	2426837	1348737	877696	1084243
3	617364	601369	768858	503131	223445	222602
3	1130417	1049388	1891510	931641	860109	1141229
	144789	141163	298357	190165	84544	116791
	42153	30440	36764	15203	19728	26823
32	9904390	9887742	14755801	2436085	11237253	18176148
25	9592653	9577648	13925254	2199073	10746217	17654137
1	203877	203877	348671	71571	277100	184425
6	107860	106217	481876	165442	213936	337585

9-8 续表4

单位：万元

指　　标	Item	累计折旧 Total Depredation	流动负债 Liquid Liabilities
四、按工业行业大类分	Grouped by Sector		
采矿业	Mining Industry	12719297	29574124
煤炭开采和洗选业	Coal Mining and Dressing	12530428	28974753
石油和天然气开采业	Petroleum and Natural Gas Extraction	12232	148853
黑色金属矿采选业	Ferrous Metals Mining and Dressing	103073	297326
有色金属矿采选业	Nonferrous Metals Mining and Dressing	73565	153191
非金属矿采选业	Nonmetal Minerals Mining and Dressing		
其他采矿业	Other Minerals Mining and Dressing		
制造业	Manufacturing	14599754	37506814
农副食品加工业	Farm Products Processing	87384	393509
食品制造业	Food Manufacturing	37178	145759
饮料制造业	Beverage Manufacturing	106024	349688
烟草制品业	Tobacoo Products Manfacturing	33299	61393
纺织业	Textile Industry	50304	161713
纺织服装、鞋、帽制造业	Garments,Shoes and Hats Manufacturing	15411	47284
皮革、毛皮、羽毛(绒)及其制品业	Leather,Furs,Down and Related Products		
木材加工及木、竹、藤、棕、草制品业	Timber Processing,Bamboo,Cane,Palm Fiber and Straw Products	7434	39972
家具制造业	Furniture Manufacturing		
造纸及纸制品业	Paper Making and Paper Products	12447	28837
印刷业和记录媒介的复制	Printing and Record Medium Reproduction	38789	24589
文教体育用品制造业	Cultural,Educational and Sports Goods	5017	8158
石油加工、炼焦及核燃料加工业	Petroleum Processing,Coking and Nuclear Fuel Processing	3336303	12966433
化学原料及化学制品制造业	Raw Chemical Materials and Chemical Products	1797953	4217583
医药制造业	Medical and Pharmaceutical Products	128849	432724
化学纤维制造业	Chemical Fiber		
橡胶制品业	Rubber Products	20978	108717
塑料制品业	Plastic Products	38700	64595
非金属矿物制品业	Nonmetal Mineral Products	404602	1084484
黑色金属冶炼及压延加工业	Smelting and Pressing of Ferrous Metals	5609603	8720279
有色金属冶炼及压延加工业	Smelting and Pressing of Non-ferrous Metals	1362845	2180963
金属制品业	Metal Prodcuts	17103	133616
通用设备制造业	Ordinary Machinery Manufacturing	190999	711050
专用设备制造业	Special Purpose Equipment Manufacturing	513257	2774730
交通运输设备制造业	Transport Equipment Manufacturing	328546	1219722
电气机械及器材制造业	Electric Equipment and Machinery	95367	480259
通信设备、计算机及其他电子设备制造业	Telecommunication Equipment,Computer and Other Electronic Product	321428	982406
仪器仪表及文化、办公用机械制造业	Instruments,Meters,Cultural and Office Machinery	32310	161895
工艺品及其他制造业	Handicraft and Others	7623	6456
废弃资源和废旧材料回收加工业	Resources Discarded & Waste Materials Recovering and Processing		
电力、燃气及水的生产和供应业	Electric Power,Gas & Water Production and Supply	7427289	5253017
电力、热力的生产和供应业	Electric Power,Heat Power Production and Supply	7263547	5096173
燃气生产和供应业	Gas Production and Supply	28780	39002
水的生产和供应业	Water Production and Supply	134962	117843

continued

(10 000 yuan)

负债合计 Total Liabilities	年末所有者权益 Creditors' Equity	主营业务收入 Revenue of Major Business	主营业务成本 Costs of Major Business	主营业务税金及附加 Tax and Extra Charges of Major Business	营业费用 Costs of Business	管理费用 Costs of Administration
44220455	30429366	41592670	26112040	719946	1686564	4572477
43576566	29668937	40808471	25570425	708600	1667865	4512651
151669	352273	134510	73124	490	4943	21867
335251	363745	548166	392042	8536	13466	30759
156970	44412	101523	76448	2320	291	7200
48044221	21219384	55010817	49075865	449489	1446585	2525406
428698	328583	1090748	947458	592	19697	20899
177942	148760	353677	301500	2769	22516	16476
359987	330052	745091	437409	69552	94081	57106
61393	181733	263637	100866	112123	3552	18966
186381	53605	177913	162138	366	2539	9853
52635	46807	142435	125937	685	2258	8661
65014	48007	35731	27513	46	212	1419
35404	28609	47412	42552	176	377	1457
25425	29415	33760	28168	139	1253	4488
10852	6343	17421	14584	65	1583	1086
15101701	4138162	13634288	12301369	140956	589062	569034
5486134	2489857	4448421	3950102	21649	103654	241518
554004	554328	647049	385541	4232	89345	66867
216280	95498	284889	264433	617	9123	4321
65346	83908	152630	133607	576	7164	5004
1633782	559165	1371710	1159889	5375	43674	65835
12055997	6880450	19915453	18455032	50554	232963	686922
3648117	1489543	3380154	3037706	11354	45047	114315
160844	59164	183567	166287	1659	1605	15567
841111	439001	1165757	1005619	3178	34767	67249
3204932	1481146	3217255	2761936	15366	73473	243149
1673656	753166	1777655	1587816	3155	38302	136492
544065	222010	614272	489670	2904	17301	64375
1268796	622714	1132733	1053392	389	9159	86419
178696	119661	145662	109623	941	3211	14874
7028	29698	31499	25719	75	671	3055
11531489	3199021	9851706	9426032	35213	21448	115114
11022750	2877212	9551128	9179672	33636	3097	83588
276355	72316	193239	166025	628	11897	5888
232384	249492	107339	80335	949	6454	25638

9-8 续表5

单位：万元

指　标	Item	财务费用 Costs of Finance	#利息支出 Interest Expenditure
四、按工业行业大类分	Grouped by Sector		
采矿业	Mining Industry	896150	842285
煤炭开采和洗选业	Coal Mining and Dressing	882938	829867
石油和天然气开采业	Petroleum and Natural Gas Extraction	6277	6302
黑色金属矿采选业	Ferrous Metals Mining and Dressing	6536	6121
有色金属矿采选业	Nonferrous Metals Mining and Dressing	398	-5
非金属矿采选业	Nonmetal Minerals Mining and Dressing		
其他采矿业	Other Minerals Mining and Dressing		
制造业	Manufacturing	1114339	1007846
农副食品加工业	Farm Products Processing	14640	12493
食品制造业	Food Manufacturing	2831	2775
饮料制造业	Beverage Manufacturing	3947	4945
烟草制品业	Tobacoo Products Manfacturing	-424	-424
纺织业	Textile Industry	5359	4955
纺织服装、鞋、帽制造业	Garments,Shoes and Hats Manufacturing	1044	783
皮革、毛皮、羽毛(绒)及其制品业	Leather,Furs,Down and Related Products		
木材加工及木、竹、藤、棕、草制品业	Timber Processing,Bamboo,Cane,Palm Fiber and Straw Products	4473	4473
家具制造业	Furniture Manufacturing		
造纸及纸制品业	Paper Making and Paper Products	1219	1215
印刷业和记录媒介的复制	Printing and Record Medium Reproduction	149	127
文教体育用品制造业	Cultural,Educational and Sports Goods	258	249
石油加工、炼焦及核燃料加工业	Petroleum Processing,Coking and Nuclear Fuel Processing	386497	331415
化学原料及化学制品制造业	Raw Chemical Materials and Chemical Products	125106	113913
医药制造业	Medical and Pharmaceutical Products	12057	10949
化学纤维制造业	Chemical Fiber		
橡胶制品业	Rubber Products	1787	1694
塑料制品业	Plastic Products	769	1294
非金属矿物制品业	Nonmetal Mineral Products	52301	46088
黑色金属冶炼及压延加工业	Smelting and Pressing of Ferrous Metals	324156	285963
有色金属冶炼及压延加工业	Smelting and Pressing of Non-ferrous Metals	101588	98854
金属制品业	Metal Prodcuts	4071	4060
通用设备制造业	Ordinary Machinery Manufacturing	11182	9763
专用设备制造业	Special Purpose Equipment Manufacturing	32357	29805
交通运输设备制造业	Transport Equipment Manufacturing	15778	15214
电气机械及器材制造业	Electric Equipment and Machinery	9246	7842
通信设备、计算机及其他电子设备制造业	Telecommunication Equipment,Computer and Other Electronic Product	2026	17514
仪器仪表及文化、办公用机械制造业	Instruments,Meters,Cultural and Office Machinery	1957	1923
工艺品及其他制造业	Handicraft and Others	-34	-35
废弃资源和废旧材料回收加工业	Resources Discarded & Waste Materials Recovering and Processing		
电力、燃气及水的生产和供应业	Electric Power,Gas & Water Production and Supply	398264	366025
电力、热力的生产和供应业	Electric Power,Heat Power Production and Supply	385838	353112
燃气生产和供应业	Gas Production and Supply	8843	8863
水的生产和供应业	Water Production and Supply	3583	4050

continued

(10 000 yuan)

利润总额 Total Profits	亏损企业亏损额 Loss of Loss-making Enterprises	利税总额 Total Pretax and Profits	本年应付工资总额 Tatal Wages Payable This Year	本年应付福利费总额 Total Welfare Expenses Payable This Year	本年应交增值税 Value Added Tax Payable This Year	全部从业人员年平均人数(人) Employees (person)
7255868	177534	12185896	4954042	281886	4210083	899008
7099308	177022	11957782	4881504	277669	4149873	876451
34016		42753	14737	1543	8248	2331
107864	512	162075	49119	2488	45675	17307
14679		23286	8681	187	6287	2919
1644281	660223	3661200	3613679	140862	1567430	860543
97680	2821	103687	75021	1575	5416	17116
36893	438	55059	26603	1203	15397	8813
100381	5718	218795	49315	2811	48862	14450
28874		169304	14903	1019	28307	1192
1283	2178	4999	27704	224	3350	11242
7620	490	12774	13754	362	4469	5474
2885		3297	1029		366	302
1622		2879	7198	39	1082	2204
1690	496	2683	4555	160	854	2084
25		825	969		735	735
165143	279686	854055	713615	22149	547956	159474
71710	143524	183961	293456	11171	90602	94864
86655	1633	132482	69915	3746	41595	21843
5121	227	8727	10975	509	2989	3475
8825		11631	8717	258	2230	4241
62060	31124	126782	140814	12357	59347	49531
531034	73885	1020926	1071695	22560	439338	163349
85381	35741	183895	248931	10104	87160	63291
456	2024	5370	22480	1824	3256	8253
80619	4026	119082	95129	4272	35285	32845
141251	16608	252627	239763	8718	96010	61198
44200	24299	75071	123706	7227	27716	35249
54857	5046	69399	64377	1813	11638	11370
6724	30259	16989	252195	26420	9876	80825
17633		21512	25753	175	2938	4221
3659		4390	11107	169	656	2902
-84286	371356	426663	509809	18838	475736	78272
-89186	367765	408854	474905	16426	464403	68384
5548	1465	11118	10115	669	4943	1543
-648	2125	6690	24789	1744	6389	8345

9-9 工业企业主要经济效益指标(2010年)

单位：%

指　　标	Item	亏损面 Range of Deficits
总　计	**Total**	**28.82**
一、按隶属关系分	Grouped by Belongs	
中央企业	Central Enterprises	30.00
省属企业	Province-owned Enterprises	27.75
市属企业	Cities-owned Enterprises	38.98
县(市、区)属企业	County-owned Enterprises	27.38
城市街道企业	Cities' Subdistrict-owned Enterprises	42.42
镇属企业	Small Town-owned Enterprises	26.96
乡属企业	Township Enterprises	19.77
居委会办企业	Neighbourhood Committee -run Enterprises	50.00
村办企业	Village Enterprises	26.67
其　他	Enterprises of Other Types of Ownership	29.00
二、按登记注册类型分组	Grouped by Registered Kind	
内资企业	Civil Funded Enterprises	28.59
国有企业	State-owned Enterprises	31.20
集体企业	Collective Owned Enterprises	23.76
股份合作企业	Share Holding Cooperative Enterprises	31.03
联营企业	Joint Owned Enterprises	
有限责任公司	Limited Responsibility Company	31.50
国有独资公司	Company Exclusively with Investment from State	16.67
其他有限责任公司	Other Limited Responsibility Company	31.85
股份有限公司	Share Holding Limited Company	26.76
私营企业	Privately Owned Enterprises	26.69
私营独资企业	Enterprise Exclusively with Investment from Private	25.00
私营合伙企业	Private Partner Enterprises	25.00
私营有限责任公司	Privately Owned Limited Responsibility Company	27.05
私营股份有限公司	Privately Owned Share Holding Limited Company	27.07
其他企业	Enterprises of Other Types of Ownership	21.74
港、澳、台商投资企业	Enterprises Funded by HongKong, Macao and Taiwan	35.71
合资经营企业(港或澳、台资)	Joint Venture	40.54
合作经营企业(港或澳、台资)	Cooperative Enterprise	25.00
港澳台商独资企业	Ventures Exclusively with HongKong,Macao and Taiwan Investment	25.00
港澳台商投资股份有限公司	Share Holding Limited Company	33.33
外商投资企业	Foreign Funded Enterprises	33.63
中外合资经营企业	Joint Venture	32.05
中外合作经营企业	Cooperative Enterprises	
外资企业	Enterprises Funded By Foreign Investments	44.83
外商投资股份有限公司	Share Holding Limited Company	
三、在总计中：亏损企业	Of the Total: Loss-making Enterprises	100.00
在总计中：国有控股企业	Of the Total: State-Controlled Share Holding Enterprises	30.57
在总计中：农村工业	Of the Total: Rural Industry	23.30
在总计中：轻工业	Of the Total: Light Industry	20.72
重工业	Heavy Industry	28.27
在总计中：大型企业	Of the Total: Large-size Enterprises	18.10
中型企业	Medium-size Enterprises	25.75
小型企业	Small-size Enterprises	28.09

MAIN ECONOMIC BENEFIT INDICATORS OF INDUSTRIAL ENTERPRISES(2010)

(%)

总资产贡献率 Ratio of Profits, Taxes and Interests to Average Assets	资产负债率 Ratio of Debts to Assets	成本费用利润率 Ratio of Profits to Total Costs	人均实现利税(元) Per Capita Pre-tax Profits (yuan)	产品销售率 Ratio of Sales to Gross Output Value
11.20	**65.61**	**8.19**	**82678**	**96.27**
10.65	67.60	6.85	121517	99.43
10.34	63.91	7.89	83756	96.62
8.12	69.71	5.77	46249	95.35
14.39	63.89	14.21	93832	95.40
10.95	73.64	10.40	81480	95.87
15.14	72.20	7.37	71654	94.49
19.24	59.07	23.78	156923	95.67
2.76	95.29	0.13	3857	100.96
10.74	68.74	5.48	53986	96.02
10.58	67.14	5.83	66485	95.08
11.17	65.74	7.93	82879	96.29
10.72	71.42	7.12	89947	97.97
17.93	70.41	11.79	63310	98.96
20.92	52.54	15.91	99989	93.52
17.60	42.18	26.12	122562	90.75
10.91	64.70	8.34	85650	96.68
9.23	63.06	7.67	85857	98.73
11.72	65.48	8.65	85574	95.86
11.26	62.22	10.07	88525	95.16
11.76	66.89	5.61	66721	94.33
20.55	65.84	5.69	97789	97.25
12.06	62.83	3.01	33954	97.58
11.22	67.53	5.59	65857	94.16
10.71	59.30	6.14	48488	91.69
11.10	75.70	9.79	115339	96.34
7.68	77.45	2.87	80380	96.67
5.61	81.58	-0.91	45865	98.00
19.28	49.13	20.84	195088	102.77
10.71	63.54	5.96	77074	89.73
9.49	77.73	5.16	97801	92.29
13.01	59.22	16.05	79826	95.88
15.03	62.18	20.57	175919	97.24
22.76	26.21	31.66	516865	94.18
3.27	66.44	2.19	6796	92.03
10.17	41.03	3.35	81462	105.98
0.08	84.93	-7.09	-16385	95.61
10.77	64.88	8.46	90543	97.28
15.91	62.85	14.58	106501	95.83
13.21	53.84	8.53	47467	93.88
11.11	66.14	8.17	86201	96.41
11.08	64.02	8.53	85416	96.96
12.54	67.47	9.90	93527	95.85

9-9 续表

单位：%

指　标	Item	亏损面 Range of Deficits
四、按工业行业大类分	Grouped by Sector	
采矿业	Mining Industry	25.16
煤炭开采和洗选业	Coal Mining and Dressing	25.76
石油和天然气开采业	Petroleum and Natural Gas Extraction	30.00
黑色金属矿采选业	Ferrous Metals Mining and Dressing	21.90
有色金属矿采选业	Nonferrous Metals Mining and Dressing	10.00
非金属矿采选业	Nonmetal Minerals Mining and Dressing	33.33
其他采矿业	Other Minerals Mining and Dressing	
制造业	Manufacturing	29.38
农副食品加工业	Farm Products Processing	20.00
食品制造业	Food Manufacturing	21.78
饮料制造业	Beverage Manufacturing	28.79
烟草制品业	Tobacoo Products Manfacturing	
纺织业	Textile Industry	32.61
纺织服装、鞋、帽制造业	Garments , Shoes and Hats Manufacturing	21.43
皮革、毛皮、羽毛(绒)及其制品业	Leather,Furs,Down and Related Products	
木材加工及木、竹、藤、棕、草制品业	Timber Processing,Bamboo,Cane,Palm Fiber and Straw Products	
家俱制造业	Furniture Manufacturing	14.29
造纸及纸制品业	Paper Making and Paper Products	13.16
印刷业和记录媒介的复制	Printing and Record Medium Reproduction	29.63
文教体育用品制造业	Cultural， Educational and Sports Goods	37.50
石油加工、炼焦及核燃料加工业	Petroleum Processing ,Coking and Nuclear Fuel Processing	55.67
化学原料及化学制品制造业	Raw Chemical Materials and Chemical Products	38.43
医药制造业	Medical and Pharmaceutical Products	28.70
化学纤维制造业	Chemical Fiber	
橡胶制品业	Rubber Products	21.05
塑料制品业	Plastic Products	24.56
非金属矿物制品业	Nonmetal Mineral Products	26.15
黑色金属冶炼及压延加工业	Smelting and Pressing of Ferrous Metals	38.01
有色金属冶炼及压延加工业	Smelting and Pressing of Non-ferrous Metals	41.35
金属制品业	Metal Prodcuts	22.12
通用设备制造业	Ordinary Machinery Manufacturing	23.81
专用设备制造业	Special Purpose Equipment Manufacturing	22.30
交通运输设备制造业	Transport Equipment Manufacturing	27.17
电气机械及器材制造业	Electric Equipment and Machinery	26.76
通信设备、计算机及其他电子设备制造业	Telecommunication Equipment,Computer and Other Electronic Product	19.35
仪器仪表及文化、办公用机械制造业	Instruments,Meters,Cultural and Office Machinery	6.25
工艺品及其他制造业	Handicraft and Others	15.38
废弃资源和废旧材料回收加工业	Resources Discarded & Waste Materials Recovering and Processing	
电力、燃气及水的生产和供应业	Electric Power,Gas & Water Production and Supply	55.64
电力、热力的生产和供应业	Electric Power,Heat Power Production and Supply	51.96
燃气生产和供应业	Gas Production and Supply	44.44
水的生产和供应业	Water Production and Supply	77.27

continued

(%)

总资产贡献率 Ratio of Profits, Taxes and Interests to Average Assets	资产负债率 Ratio of Debts to Assets	成本费用利润率 Ratio of Profits to Total Costs	人均实现利税（元） Per Capita Pre-tax Profits (yuan)	产品销售率 Ratio of Sales to Gross Output Value
17.13	59.96	18.33	136663	95.06
17.15	60.21	18.37	138214	95.21
7.02	48.81	20.18	153142	99.42
22.57	49.71	17.96	104609	89.71
12.32	74.93	12.58	82531	102.63
4.33	71.86	0.41	6808	89.75
6.67	68.47	3.11	38358	96.62
11.98	53.09	8.79	56253	95.64
14.56	48.97	9.33	50023	95.23
22.28	54.28	13.07	123082	97.47
69.46	25.25	23.48	1420338	99.07
4.20	70.17	0.84	4930	85.63
12.88	51.69	5.32	21018	99.69
8.01	2.59	3.05	31227	104.93
7.32	58.45	8.08	40174	101.30
5.93	46.17	5.59	14136	98.24
5.57	57.07	2.31	9600	94.40
6.35	50.73	6.25	21499	92.68
10.72	78.27	5.96	23651	101.36
5.98	78.21	0.97	51082	95.74
4.17			21433	
10.57	68.39	1.99	48876	96.28
12.04	55.69	11.71	12682	86.46
3.76	61.49	1.20	22366	102.94
5.90	68.10	1.81	20774	106.72
7.47	58.27	4.88	22026	94.09
6.65	70.03	4.25	58984	96.46
5.64	64.44	2.58	32640	98.65
5.98	68.47	3.30	11456	95.35
7.92	72.51	1.80	27336	98.07
5.72	65.25	5.45	36225	96.51
4.22	67.51	4.07	22163	96.61
10.28	68.17	2.73	61157	95.87
1.98	68.28	8.99	2524	96.84
	67.14	0.70		91.69
8.23			52299	
3.48	58.15	13.47	9049	100.07
13.57	24.80	4.21	24806	81.80
	32.35	6.42		111.40
4.40			39940	
4.42	78.21	-1.66	43306	99.68
6.80	79.17	-1.81	76048	99.68
1.93	76.86	4.86	6083	100.00

9-10 国有控股工业企业主要经济效益指标(2010年)

单位：%

指　　标	Item	亏损面 Range of Deficits
总　计	**Total**	**30.57**
在总计中:	Of the Total:	
亏损企业	Loss-making Enterprises	100.00
在总计中:	Of the Total:	
中央企业	Central Enterprises	30.25
地方企业	Local Enterprises	30.64
#省属企业	Province-owned Enterprises	26.34
地、市属企业	Prefectures,Cities-owned Enterprises	46.83
县(旗)属企业	County-owned Enterprises	24.73
在总计中:	Of the Total:	
轻工业	Light Industry	41.94
重工业	Heavy Industry	28.72
在总计中:	Of the Total:	
大型企业	Large-size Enterprises	18.27
中型企业	Medium-size Enterprises	30.71
小型企业	Small-size Enterprises	35.00
按工业行业大类分	Grouped by Sector	
采矿业	Mining Industry	13.89
煤炭开采和洗选业	Coal Mining and Dressing	14.53
石油和天然气开采业	Petroleum and Natural Gas Extraction	20.00
黑色金属矿采选业	Ferrous Metals Mining and Dressing	
有色金属矿采选业	Nonferrous Metals Mining and Dressing	
非金属矿采选业	Nonmetal Minerals Mining and Dressing	
其他采矿业	Other Minerals Mining and Dressing	
制造业	Manufacturing	35.85
农副食品加工业	Farm Products Processing	28.57
食品制造业	Food Manufacturing	50.00
饮料制造业	Beverage Manufacturing	25.00
烟草制品业	Tobacoo Products Manfacturing	
纺织业	Textile Industry	40.00
纺织服装、鞋、帽制造业	Garments,Shoes and Hats Manufacturing	
皮革、毛皮、羽毛(绒)及其制品业	Leather,Furs,Down and Related Products	

MAIN ECONOMIC BENEFIT INDICATORS OF STATE-HOLDING ENTERPRISES(2010)

(%)

总资产贡献率 Ratio of Profits, Taxes and Interests to Average Assets	资产负债率 Ratio of Debts to Assets	成本费用利润率 Ratio of Profits to Total Costs	人均实现利税 (元) Per Capita Pre-tax Profits (yuan)	产品销售率 Ratio of Sales to Gross Output Value
10.77	**64.88**	**8.46**	**90543**	**97.28**
-0.59	88.05	-9.25	-29878	97.97
10.57	67.64	6.77	121898	99.44
10.84	64.00	9.08	83926	96.42
10.38	63.84	7.95	84790	96.61
6.70	71.06	4.12	36420	94.73
19.42	57.65	28.63	120770	97.36
17.72	52.82	10.16	77394	95.00
10.62	65.15	8.42	91168	97.33
10.84	64.19	8.15	89080	97.22
12.33	64.87	11.57	107383	98.01
4.18	73.57	-0.04	32483	94.88
15.25	59.90	17.38	119249	94.94
15.30	60.06	17.29	118944	94.86
8.28	41.50	29.54	173075	100.02
28.08	35.33	34.24	178929	103.98
13.37	83.46	16.80	112563	105.21
1.33	98.46		4203	83.47
5.95	67.10	2.73	43714	99.18
2.63	78.37	2.45	13482	95.64
-0.66	68.83	-6.09	-3264	90.77
36.37	51.37	21.92	191397	100.03
69.46	25.25	23.48	1420338	99.07
1.06	73.03	-2.66	1176	100.71
11.63	53.48	5.71	22746	112.01

9-10 续表

单位：%

指 标	Item	亏损面 Range of Deficits
木材加工及木、竹、藤、棕、草制品业	Timber Processing,Bamboo,Cane,Palm Fiber and Straw Products	
家俱制造业	Furniture Manufacturing	
造纸及纸制品业	Paper Making and Paper Products	
印刷业和记录媒介的复制	Printing and Record Medium Reproduction	33.33
文教体育用品制造业	Cultural,Educational and Sports Goods	100.00
石油加工、炼焦及核燃料加工业	Petroleum Processing,Coking and Nuclear Fuel Processing	66.67
化学原料及化学制品制造业	Raw Chemical Materials and Chemical Products	52.17
医药制造业	Medical and Pharmaceutical Products	30.77
化学纤维制造业	Chemical Fiber	
橡胶制品业	Rubber Products	50.00
塑料制品业	Plastic Products	20.00
非金属矿物制品业	Nonmetal Mineral Products	36.54
黑色金属冶炼及压延加工业	Smelting and Pressing of Ferrous Metals	33.33
有色金属冶炼及压延加工业	Smelting and Pressing of Non-ferrous Metals	29.41
金属制品业	Metal Prodcuts	25.00
通用设备制造业	Ordinary Machinery Manufacturing	39.39
专用设备制造业	Special Purpose Equipment Manufacturing	20.69
交通运输设备制造业	Transport Equipment Manufacturing	26.32
电气机械及器材制造业	Electric Equipment and Machinery	27.27
通信设备、计算机及其他电子设备制造业	Telecommunication Equipment,Computer and Other Electronic Product	25.00
仪器仪表及文化、办公用机械制造业	Instruments,Meters,Cultural and Office Machinery	
工艺品及其他制造业	Handicraft and Others	50.00
废弃资源和废旧材料回收加工业	Resources Discarded & Waste Materials Recovering and Processing	
电力、燃气及水的生产和供应业	Electric Power,Gas & Water Production and Supply	57.45
电力、热力的生产和供应业	Electric Power,Heat Power Production and Supply	51.47
燃气生产和供应业	Gas Production and Supply	66.67
水的生产和供应业	Water Production and Supply	75.00

continued

(%)

总资产贡献率 Ratio of Profits, Taxes and Interests to Average Assets	资产负债率 Ratio of Debts to Assets	成本费用利润率 Ratio of Profits to Total Costs	人均实现利税 (元) Per Capita Pre-tax Profits (yuan)	产品销售率 Ratio of Sales to Gross Output Value
11.44	71.87	6.96	19734	100.32
5.19	48.15	3.47	13104	88.48
-2.72	108.25	-17.37	-9936	98.13
6.22	75.02	0.72	46833	101.49
1.45	70.00	-1.60	1814	97.88
11.05	60.69	13.18	52627	78.84
2.23	73.33	1.25	15628	109.41
9.20	42.47	4.92	12398	102.73
5.98	80.81	0.65	18647	103.91
5.69	63.13	2.64	77305	99.99
5.96	67.69	2.58	35348	98.75
3.86	87.19	0.65	9742	98.87
4.24	74.56	2.51	13324	99.78
6.23	65.68	5.54	50331	96.91
2.84	67.92	1.41	16963	97.90
9.43	75.72	8.99	56166	99.16
1.08	70.97	1.39	3682	96.88
6.81	60.62	13.15	32364	99.67
0.68	22.12	0.15	3119	93.35
4.49	78.03	-1.67	42367	99.75
4.54	79.04	-1.77	47007	99.76
5.53	78.59	3.01	56304	100.00
2.15	46.07	-1.20	7240	98.76

9-11 外商投资和港澳台投资工业企业主要经济效益指标(2010年)

单位：%

指　标	Item	亏损面 Range of Deficits
总　计	**Total**	**34.32**
港、澳、台商投资企业	Enterprises Funded from HongKong,Macao & Taiwan	35.71
合资经营企业	Joint Ventures Enterprise	40.54
合作经营企业	Cooperatives Enterprise	25.00
港澳台商独资企业	Ventures Exclusively with Investment from HongKong, Macao & Taiwan	25.00
港澳台商投资股份有限公司	Share Holding Limited Company	33.33
外商投资企业	Foreign Funded Enterprises	33.63
中外合资经营企业	Joint Ventures Enterprise	32.05
中外合作经营企业	Cooperative Enterprises	
外资企业	Ventures Exclusive with Foreign Investment	44.83
外商投资股份有限公司	Share Holding Limited Company	
在总计中:亏损企业	Of the Total: Loss-making Enterprises	100.00
在总计中:国有控股企业	Of the Total: State-Controlled Share Holding Enterprises	45.83
在总计中:轻工业	Of the Total: Light Industry	33.33
重工业	Heavy Industry	34.86
在总计中:大型企业	Of the Total: Large-size Enterprises	27.27
中型企业	Medium-size Enterprises	27.08
小型企业	Small-size Enterprises	38.18
按工业行业大类分	Grouped by Sector	
采矿业	Mining Industry	42.86
煤炭开采和洗选业	Coal Mining and Dressing	44.44
石油和天然气开采业	Petroleum and Natural Gas Extraction	25.00
非金属矿采选业	Nonmetal Minerals Mining and Dressing	100.00
制造业	Manufacturing	33.56
农副食品加工业	Farm Products Processing	
食品制造业	Food Manufacturing	30.00
饮料制造业	Beverage Manufacturing	57.14
纺织业	Textile Industry	50.00
造纸及纸制品业	Paper Making and Paper Products	100.00
印刷业和记录媒介的复制	Printing and Record Medium Reproduction	50.00
文教体育用品制造业	Cultural,Educational and Sports Goods	100.00
石油加工、炼焦及核燃料加工业	Petroleum Processing,Coking and Nuclear	27.78
化学原料及化学制品制造业	Raw Chemical Materials and Chemical Products	31.25
医药制造业	Medical and Pharmaceutical Products	20.00
橡胶制品业	Rubber Products	
塑料制品业	Plastic Products	
非金属矿物制品业	Nonmetal Mineral Products	53.33
有色金属冶炼及压延加工业	Smelting and Pressing of Non-ferrous Metals	57.14
金属制品业	Metal Prodcuts	33.33
通用设备制造业	Ordinary Machinery Manufacturing	13.33
专用设备制造业	Special Purpose Equipment Manufacturing	100.00
交通运输设备制造业	Transport Equipment Manufacturing	20.00
电气机械及器材制造业	Electric Equipment and Machinery	
通信设备、计算机及其他电子设备制造业	Telecommunication Equipment,Computer and Other Electronic Product	40.00
仪器仪表及文化、办公用机械制造业	Instruments,Meters,Cultural and Office Machinery	
工艺品及其他制造业	Handicraft and Others	
电力、燃气及水的生产和供应业	Electric Power,Gas & Water Production and Supply	33.33
电力、热力的生产和供应业	Electric Power,Heat Power Production and Supply	37.50
燃气生产和供应业	Gas Production and Supply	

MAIN ECONOMIC BENEFIT INDICATORS OF INDUSTRIAL ENTERPRISES WITH HONGKONG, MACAO, TAIWAN AND FOREIGN FUNDS (2010)

(%)

总资产贡献率 Ratio of Profits, Taxes and Interests to Average Assets	资产负债率 Ratio of Debts to Assets	成本费用利润率 Ratio of Profits to Total Costs	人均实现利税(元) Per Capita Pre-tax Profits (yuan)	产品销售率 Ratio of Sales to Gross Output Value
11.69	**63.74**	**12.79**	**79894**	**96.06**
7.68	77.45	2.87	80380	96.67
5.61	81.58	-0.91	45865	98.00
19.28	49.13	20.84	195088	102.77
10.71	63.54	5.96	77074	89.73
9.49	77.73	5.16	97801	92.29
13.01	59.22	16.05	79826	95.88
15.03	62.18	20.57	175919	97.24
22.76	26.21	31.66	516865	94.18
3.27	66.44	2.19	6796	92.03
10.17	41.03	3.35	81462	105.98
0.23	81.99	-9.57	-25534	98.52
4.96	69.44	0.69	51815	98.95
8.72	57.01	5.42	47475	94.76
11.95	64.33	13.79	83451	96.23
15.47	54.99	24.31	65757	94.46
9.61	71.05	7.81	122486	97.49
8.46	61.59	5.13	69236	95.42
29.75	42.98	80.44	383420	95.35
31.59	40.54	86.52	395210	95.32
1.70	80.63	-2.92	36640	97.32
-6.99	65.55	-17.91	-10763	54.02
7.54	68.21	5.92	36129	95.37
16.71	47.81	9.00	81527	92.73
12.30	30.00	4.84	66881	92.71
5.90	68.85	-0.70	30449	103.70
1.76	42.87	-3.99	422	110.10
1.51	72.50	-0.69	4000	100.00
6.63	46.51	19.25	34043	98.34
0.23	79.06	-2.17	-145	86.32
8.06	77.38	6.40	112096	96.69
12.43	55.27	15.41	143772	97.51
9.04	59.27	12.83	63582	87.18
12.30	19.98	6.35	100730	125.49
8.65	56.42	7.96	90402	90.62
1.51	67.98	-3.53	-201	97.39
6.48	59.83	2.27	39824	92.95
16.13	42.05	25.99	37609	94.62
11.30	60.55	5.72	42120	89.88
-0.86	89.21	-5.14	-7637	95.79
22.96	67.11	12.70	331409	97.59
16.71	68.88	15.12	143561	89.52
2.02	61.41	2.22	3727	92.43
28.83	31.60	19.44	119246	106.19
5.71	54.21	2.87	10781	98.77
5.11	72.29	-1.14	90692	100.00
4.97	72.56	-1.50	86414	100.00
29.09	26.54	16.93	207553	100.00

9-12 大中型工业企业主要经济效益指标(2010年)

单位：%

指 标	Item	亏损面 Range of Deficits
总 计	**Total**	**26.72**
一、按隶属关系分	Grouped by Belongs	
中央企业	Central Enterprises	28.89
省属企业	Province-owned Enterprises	27.91
市属企业	Cities-owned Enterprises	39.36
县(市、区)属企业	County-owned Enterprises	22.00
城市街道企业	Cities' Subdistrict-owned Enterprises	25.00
镇属企业	Small Town-owned Enterprises	15.38
乡属企业	Township Enterprises	11.11
居委会办企业	Neighbourhood Committee -run Enterprises	
村办企业	Village Enterprises	29.41
其 他	Enterprises of Other Types of Ownership	29.27
二、按登记注册类型分组	Grouped by Registered Kind	
内资企业	Civil Funded Enterprises	26.70
国有企业	State-owned Enterprises	30.23
集体企业	Collective Owned Enterprises	17.65
股份合作企业	Share Holding Cooperative Enterprises	36.36
联营企业	Joint Owned Enterprises	
有限责任公司	Limited Responsibility Company	25.29
国有独资公司	Company Exclusively with Investment from State	6.45
其他有限责任公司	Other Limited Responsibility Company	26.46
股份有限公司	Share Holding Limited Company	27.78
私营企业	Privately Owned Enterprises	30.21
私营独资企业	Enterprise Exclusively with Investment from Private	27.27
私营合伙企业	Private Partner Enterprises	50.00
私营有限责任公司	Privately Owned Limited Responsibility Company	30.05
私营股份有限公司	Privately Owned Share Holding Limited Company	31.58
其他企业	Enterprises of Other Types of Ownership	22.22
港、澳、台商投资企业	Enterprises Funded by HongKong, Macao and Taiwan	33.33
合资经营企业(港或澳、台资)	Joint Venture	40.00
合作经营企业(港或澳、台资)	Cooperative Enterprise	
港澳台商独资企业	Ventures Exclusively with HongKong, Macao and Taiwan Investment	
港澳台商投资股份有限公司	Share Holding Limited Company	33.33
外商投资企业	Foreign Funded Enterprises	25.00
中外合资经营企业	Joint Venture	23.33
中外合作经营企业	Cooperative Enterprises	
外资企业	Enterprises Funded By Foreign Investments	36.36
外商投资股份有限公司	Share Holding Limited Company	
三、在总计中：亏损企业	Of the Total: Loss-making Enterprises	100.00
在总计中：国有控股企业	Of the Total: State-Controlled Share Holding Enterprises	27.34
在总计中：农村工业	Of the Total: Rural Industry	18.18
在总计中：轻工业	Of the Total: Light Industry	24.62
重工业	Heavy Industry	27.00
在总计中：大型企业	Of the Total: Large-size Enterprises	17.45
中型企业	Medium-size Enterprises	28.14

MAIN ECONOMIC BENEFIT INDICATORS OF LARGE AND MEDIUM-SIZE ENTERPRISES(2010)

(%)

总资产贡献率 Ratio of Profits, Taxes and Interests to Average Assets	资产负债率 Ratio of Debts to Assets	成本费用利润率 Ratio of Profits to Total Costs	人均实现利税（元） Per Capita Pre-tax Profits (yuan)	产品销售率 Ratio of Sales to Gross Output Value
11.64	**65.33**	**9.05**	**88549**	**96.51**
11.54	65.02	7.84	127371	99.30
10.52	64.33	7.93	84262	96.63
8.57	69.04	6.41	50420	95.03
15.89	63.56	18.06	111059	95.99
16.97	71.78	38.00	226041	93.33
17.06	73.63	12.17	76930	92.79
21.47	56.50	29.11	194493	95.82
10.39	70.72	3.91	46084	95.93
10.47	68.24	6.19	66348	95.24
11.60	65.42	8.75	89135	96.53
11.58	69.14	7.84	94375	98.31
20.11	69.79	15.10	79826	100.55
21.11	49.73	19.08	110659	93.74
21.42	41.58	32.47	131225	92.99
11.35	64.66	8.93	90620	96.93
9.41	64.07	7.69	86224	98.73
12.40	64.98	9.59	92502	96.08
12.29	61.82	10.76	94260	95.18
11.06	68.86	6.10	69042	93.26
17.31	65.22	7.05	113146	99.27
10.09	57.60	3.52	36290	96.42
10.96	69.83	6.13	69491	93.13
10.12	56.69	5.56	51243	92.07
11.17	76.76	12.25	105133	99.58
6.76	81.39	1.25	70657	97.84
3.53	88.25	-4.27	-1157	99.37
19.97	48.46	23.11	211196	103.23
9.49	77.73	5.16	97801	92.29
13.65	59.28	18.03	82152	95.77
15.70	62.60	23.04	196571	97.27
22.76	26.21	31.66	516865	94.18
3.65	66.14	2.71	7236	93.21
26.14	38.71	15.25	39376	99.11
0.10	85.72	-7.01	-16845	95.84
11.18	64.35	8.82	93009	97.39
18.08	60.85	17.52	129684	95.87
16.53	53.56	10.12	60390	93.78
11.49	65.70	9.01	90541	96.62
11.08	64.02	8.53	85416	96.96
12.54	67.47	9.90	93527	95.85

9-12 续表

单位：%

指 标	Item	亏损面 Range of Deficits
四、按工业行业大类分	Grouped by Sector	
采矿业	Mining Industry	10.22
煤炭开采和洗选业	Coal Mining and Dressing	10.72
石油和天然气开采业	Petroleum and Natural Gas Extraction	
黑色金属矿采选业	Ferrous Metals Mining and Dressing	4.76
有色金属矿采选业	Nonferrous Metals Mining and Dressing	
非金属矿采选业	Nonmetal Minerals Mining and Dressing	
其他采矿业	Other Minerals Mining and Dressing	
制造业	Manufacturing	33.93
农副食品加工业	Farm Products Processing	16.67
食品制造业	Food Manufacturing	11.11
饮料制造业	Beverage Manufacturing	40.00
烟草制品业	Tobacoo Products Manfacturing	
纺织业	Textile Industry	41.67
纺织服装、鞋、帽制造业	Garments,Shoes and Hats Manufacturing	33.33
皮革、毛皮、羽毛(绒)及其制品业	Leather,Furs,Down and Related Products	
木材加工及木、竹、藤、棕、草制品业	Timber Processing,Bamboo,Cane,Palm Fiber and Straw Products	
家具制造业	Furniture Manufacturing	
造纸及纸制品业	Paper Making and Paper Products	
印刷业和记录媒介的复制	Printing and Record Medium Reproduction	50.00
文教体育用品制造业	Cultural,Educational and Sports Goods	
石油加工、炼焦及核燃料加工业	Petroleum Processing,Coking and Nuclear Fuel Processing	53.15
化学原料及化学制品制造业	Raw Chemical Materials and Chemical Products	43.66
医药制造业	Medical and Pharmaceutical Products	13.04
化学纤维制造业	Chemical Fiber	
橡胶制品业	Rubber Products	25.00
塑料制品业	Plastic Products	
非金属矿物制品业	Nonmetal Mineral Products	27.54
黑色金属冶炼及压延加工业	Smelting and Pressing of Ferrous Metals	35.29
有色金属冶炼及压延加工业	Smelting and Pressing of Non-ferrous Metals	41.86
金属制品业	Metal Prodcuts	25.00
通用设备制造业	Ordinary Machinery Manufacturing	23.08
专用设备制造业	Special Purpose Equipment Manufacturing	13.89
交通运输设备制造业	Transport Equipment Manufacturing	23.33
电气机械及器材制造业	Electric Equipment and Machinery	25.00
通信设备、计算机及其他电子设备制造业	Telecommunication Equipment,Computer and Other Electronic Product	33.33
仪器仪表及文化、办公用机械制造业	Instruments,Meters,Cultural and Office Machinery	
工艺品及其他制造业	Handicraft and Others	
废弃资源和废旧材料回收加工业	Resources Discarded & Waste Materials Recovering and Processing	
电力、燃气及水的生产和供应业	Electric Power,Gas & Water Production and Supply	61.54
电力、热力的生产和供应业	Electric Power,Heat Power Production and Supply	59.52
燃气生产和供应业	Gas Production and Supply	50.00
水的生产和供应业	Water Production and Supply	75.00

continued

(%)

总资产贡献率 Ratio of Profits, Taxes and Interests to Average Assets	资产负债率 Ratio of Debts to Assets	成本费用利润率 Ratio of Profits to Total Costs	人均实现利税 (元) Per Capita Pre-tax Profits (yuan)	产品销售率 Ratio of Sales to Gross Output Value
17.44	59.18	21.81	135548	94.97
17.44	59.44	21.75	136434	95.02
9.73	30.10	32.03	183410	99.98
24.06	47.95	24.36	93647	89.13
11.56	77.95	17.41	79773	105.69
6.73	69.23	3.04	42545	97.00
15.29	56.44	9.74	60579	96.32
17.60	54.16	10.75	62474	97.04
32.42	52.17	16.94	151415	99.87
69.46	25.25	23.48	1420338	99.07
4.15	77.66	0.71	4447	82.88
13.63	52.93	5.53	23335	99.81
6.87	57.52	8.58	109166	101.18
6.40	55.31	3.56	13062	92.86
5.12	46.36	4.96	12872	82.59
6.25	63.11	0.14	11226	105.00
6.14	78.25	1.19	53554	95.99
3.73	68.77	1.62	19392	96.25
12.94	49.98	15.65	60652	85.02
3.34	69.37	1.83	25114	110.52
8.66	43.78	6.02	27425	97.28
7.84	74.11	4.70	25596	98.61
6.90	63.67	2.70	62500	98.64
5.49	70.80	2.59	29056	96.12
4.29	73.11	0.24	6507	99.39
10.04	65.55	7.21	36256	98.99
5.99	67.92	4.54	41280	96.67
3.72	68.96	2.49	21297	95.46
10.05	70.76	9.45	61037	97.41
1.82	67.08	0.58	2102	92.83
7.85	59.89	13.60	50965	97.50
11.84	19.12	12.44	15126	72.21
5.37	78.15	-0.85	54510	99.83
5.47	79.16	-0.92	59788	99.84
5.73	79.26	2.88	72057	100.00
2.23	48.22	-0.56	8017	98.48

主要统计指标解释

工业 从事自然资源的开采，对采掘品和农产品进行加工和再加工的物质生产部门。具体包括：(1)对自然资源的开采，如采矿、晒盐、森林采伐等(但不包括禽兽捕猎和水产捕捞)；(2)对农副产品的加工、再加工，如粮油加工、食品加工、轧花、缫丝、纺织、制革等；(3)对采掘品的加工、再加工，如炼铁、炼钢、化工生产、石油加工、机器制造、木材加工等，以及电力、自来水、煤气的生产和供应等；(4)对工业品的修理、翻新，如机器设备的修理、交通运输工具(包括小卧车)的修理等。

1984 年以前农村的村及村以下办工业归属农业，1984 年以后划归工业。

工业统计调查单位 工业统计调查单位分为两类：独立核算法人工业企业和工业活动单位。

(1)独立核算法人工业企业 指从事工业生产经营活动的单位。独立核算法人工业企业应同时具备以下条件：①依法成立，有自己的名称、组织机构和场所，能够承担民事责任；②独立拥有和使用资产，承担负债，有权与其他单位签订合同；③独立核算盈亏，并能够编制资产负债表。

(2)工业活动单位 指在一个场所从事一种或主要从事一种工业生产活动的经济单位。它包括独立核算工业企业按主营业务活动(即工业生产活动)划分的主营业务活动单位和非工业企业所属的工业生产活动单位(即原非独立核算工业生产单位)。工业活动单位，一般应同时具备以下三个条件：①具有一个场所，从事一种或主要从事一种工业活动；②单独组织工业生产、经营或业务活动；③单独核算收入和支出。

本年鉴中涉及的企业登记注册类型：

国有控股企业 国有企业和国有控股企业。国有企业（即过去的全民所有制工业或国营工业）是指企业全部资产归国家所有，并按《中华人民共和国企业法人登记管理条例》规定登记注册的非公司制的经济组织。包括国有企业、国有独资公司和国有联营企业。1957 年以前的公私合营和私营工业，后均改造为国营工业，1992 年改为国有工业，这部分工业的资料不单独分列时，均包括在国有企业内。国有控股企业是对混合所有制经济的企业进行的“国有控股”分类。它是指这些企业的全部资产中国有资产（股份）相对其他所有者中的任何一个所有者占资（股）最多的企业。该分组反映了国有经济控股情况。

集体企业 企业资产归集体所有，并按《中华人民共和国企业法人登记管理条例》规定登记注册的经济组织。是社会主义公有制经济的组成部分。包括城乡所有使用集体投资举办的企业，以及部分个人通过集资自愿放弃所有权并依法经工商行政管理机关认定为集体所有制的企业。

股份有限公司 根据《中华人民共和国企业法人登记管理条例》规定登记注册，其全部注册资本由等额股份构成并通过发行股票筹集资本，股东以其认购的股份对公司承担有限责任，公司以其全部资产对其债务承担责任的经济组织。

港、澳、台商投资企业 企业注册登记类型中的港、澳、台资合资、合作、独资经营企业和股份有限公司之和。

外商投资企业 企业注册登记类型中的中外合资、合作经营企业、外资企业和外商投资股份有限公司之和。

本年鉴中主要年份工业企业单位数涉及的名称为“其他”的企业 指除国有企业、集体企业以外的其他类型工业企业（单位)。包括股份合作企业、联营企业、私营企业、股份有限公司、有限责任公司；外商投资企业(中外合资经营、中外合作经营、外资企业)；港、澳、台投资企业(与大陆合资经营、与大陆合作经营、港、澳、台独资企业)及其他企业。

轻工业 主要提供生活消费品和制作手工工具的工业。按其所使用的原料不同，可分为两大类：(1)以农产品为原料的轻工业，是指直接或间接以农产品为基本原料的轻工业。主要包括食品制造、饮料制造、烟草加工、纺织、缝纫、皮革和毛皮制作、造纸以及印刷等工业；(2)以非农产品为原料的轻工业，是指以工业品为原料的轻工业。主要包括文教体育用品、化学药品制造、合成纤维制造、日用化学制品、日用玻璃制品、日用金属制品、手工工具制造、医疗器械制造、文化和办公用机械制造等工业。

重工业 指为国民经济各部门提供物质技术基础的主要生产资料的工业。按其生产性质和产品用途，可以分为下列三类：(1)采掘工业，是指对自然资源的开采，包括石油开采、煤炭开采、金属矿开采、非金属矿开采和木材采伐等工业；(2)原材料工业，指向国民经济各部门提供基本材料、动力和燃料的工业。包括金属冶炼及加工、炼焦及焦炭、化学、化工原料、水泥、人造板以及电力、石油和煤炭加工等工业；(3)加工工业，是指对工业原材料进行再加工制造的工业。包括装备国民经济各部门的机械设备制造工业、金属结构、水泥制品等工业，以及为农业提供的生产资料如化肥、农药等工业。

根据上述划分原则，修理业中以重工业产品为修理作业对象的划为重工业，反之划为轻工业。从 2003 年起轻、重工业内部不再细划分。

工业总产值 是以货币表现的工业企业在一定时期内生产的已出售或可供出售工业产品总量，它反映一定时间内工业生产的总规模和总水平。它包括：在本企业内不再进行加工，经检验、包装入库（规定不需包装的产品除外)的成品价值，对外加工费收入，自制半成品、在产品期末初差额价值。工业总产值采用“工厂法”计算，即以工业企业作为一个整体，按企业工业生产活动的最终成果来计算，企业内部不允许重复计算，不能把企业内部各个车间(分厂)生产的成果相加。但在企业之间、行业之间、地区之间存在着重复计算。

轻重工业总产值的划分也是按“工厂法”计算的，即一个工业企业在正常情况下生产的主要产品的性质属于轻工业，则该企业的全部工业总产值作为轻工业总产值,生产的主要产品的性质属于重工业,则该企业的全部总产值作为重工业总产值。

工业增加值 指工业企业在报告期内以货币表现的工业生产活动的最终成果。

资产合计 企业拥有或控制的能以货币计量的经济资源。包括各种财产、债权和其他权利。资产按其流动性划分为流动资产、长期投资、固定资产、无形及递延资产和其他资产。

(1)流动资产 企业可以在一年内或者超过一年的一个生产周期内变现或耗用的资产合计。包括现金及各种存款、短期投资、应收及预付款项、存货等。

(2)固定资产 企业固定资产净值、固定资产清理、在建工程、待处理固定资产损失所占用的资金合计。

负债合计 企业承担的能以货币计量，将以资产或劳务偿付的债务。负债一般按偿还期长短分为流动负债和长期负债、递延税项等。

流动负债 企业在一年内或者超过一年的一个营业周期内需要偿还的债务合计，其中包括短期借款、应付及预收款项、应付工资、应交税金和应交利润等。

所有者权益 企业投资人对企业净资产的所有权。企业净资产等于企业全部资产减去全部负债后的余额，其中包括投资者对企业的最初投入，以及资本公积金、盈余公积金和未分配利润，股份制企业即为股东权益。

固定资产原价 企业在建造、购置、安装、改建、扩建、技术改造某项固定资产时所支出的全部货币总额。它一般包括买价、包装费、运杂费和安装费等。

流动资产 是指可以在一年或者超过一年的一个营业周期内变现或者耗用的资产，包括现金及各种存款、短期投资、应收及预付货款、存货等。

主营业务收入 企业销售产品和提供劳务等主要经营业务取得的业务总额。

主营业务成本 企业销售产品和提供劳务等主要经营业务的实际成本。

主营业务税金及附加 企业销售产品和提供工业性劳务等主要经营业务应负担的城市维护建设税、消费税、资源税和教育费附加。

利润总额 企业在生产经营过程中各种收入扣除各种耗费后的盈余，反映企业在报告期内实现的亏盈总额，包括营业利润、补贴收入、投资净收益和营业外收支净额。

应交增值税 企业按税法规定，从事货物销售或提供加工、修理修配劳务等增加货物价值的活动报告期应交纳的增值税额。计算工式为：

应交增值税=销项税额-（进项税额-进项税额转出）-出口抵减内销产品应纳税额-减免税款+出口退税

总资产贡献率 映企业全部资产的获利能力，是企业经营业绩和管理水平的集中体现，是评价和考核企业盈利能力的核心指标。计算公式为：

总资产贡献率(%)=（利润总额+税金总额+利息支出）/平均资产总额×100%

资产负债率 指标既反映企业经营风险的大小，也反映企业利用债权人提供的资金从事经营活动的能力。计算公式:

资产负债率(%)=负债总额/资产总额×100%

工业成本费用利润率 在一定时期内实现的利润与成本费用之比，是反映工业生产成本及费用投入的经济效益指标，同时也是反映降低成本的经济效益的指标。计算公式为：

工业成本费用利润率(%)=利润总额/成本费用总额×100%

产品销售率 指报告期工业销售产值与同期工业总产值之比，是反映工业产品已实现销售的程度，分析工业产销衔接情况，研究工业产品满足社会需求程度的指标。计算公式为：

产品销售率(%)=工业销售产值/工业总产值×100%

亏损面 指亏损企业单位数占全部工业企业单位数的比重。计算公式为：

亏损面(%)＝亏损企业单位数/全部工业企业单位数×100%。

人均实现利税 指全部从业人员年均实现的利税总额。计算公式为：

人均实现利税＝利税总额/全部从业人员

Explanatory Notes on Main Statistical Indicators

Industry refers to the material production sector which is engaged in extraction of natural resources and processing and reprocessing of minerals and agricultural products, including (1) extraction of natural resources, such as mining, salt production, logging (but not including hunting and fishing); (2) processing and reprocessing of farm and sideline produces, such as rice husking, flour milling, wine making, oil pressing, cotton ginning, silk reeling, spinning and weaving, and leather making; (3) manufacture of industrial products, such as steel making, iron smelting, chemicals manufacturing, petroleum processing, machine building, timber processing; water and gas production and electricity generation and supply; (4)repairing of industrial products such as the repairing of machinery and means of transport (including cars).

Prior to 1984, the rural industry run by villages and cooperative organizations under village was classified into agriculture. Since 1984, it has been grouped into industry.

Units of Industrial Statistics and Inquiry they are classified into two categories corporate industrial enterprises with independent accounting system and industrial establishments.

(1)**Corporate industrial enterprises with independent accounting system** refer to enterprises engaging in industrial production activities, which meet the following requirements: ①They are established legally, having their own names, organizations, location, able to take civil liability; ②They possess and use their assets independently, assume liabilities, and are entitled to sign contracts with other units; ③They are financially independent and compile their own balance sheets.

(2)**Industrial establishments** refer to economic units which located in one single place and engaged entirely or primarily in one kind of industrial activity, including financially independent industrial enterprises and units engaged in industrial activities under the non industrial enterprises (or financially dependent). Industrial establishments generally meet the following requirements: ① They have each one location and are engaged in one kind of industrial activity each; ② They operate and manage their industrial production activities separately; ③ They have accounts of income and expenditures separately.

types of registeration status concerned in this yearbook:

State-holding enterprises refer to state-owned enterprises and the enterprises which state holds majority shares. State-owned enterprises (industry ownership by the whole people or state-run industry) refers to non-corporation economic units, where the entire assets are owned by the state and which have registered in accordance with the Regulation of the People Republic of China on the Management of Registration of Corporate Enterprises, including the state-owned enterprise, sole state-funded corporation and state-owned joint ownership enterprise. Joint state-private industries and private industries, which existed before 1957, have been transformed into state-run industries. Since 1992, those were named state-owned industries. Statistics on these enterprises has been included in the state-industries since 1957 when separation of data was no longer necessary.

Collective-owned enterprises refers to industrial enterprises where the means of production are owned collectively including urban and rural enterprises invested by collectives and some enterprises which were formerly owned privately but have been registered in industrial and commercial administration agency as collective units through raising fund from the public.

Share-holding corporations ltd. refer to economic units registered in accordance with the regulation of the people's republic of china on the management of registration of corporate enterprises with total registered capitals divided into equal shares and raised through issuing stocks. each investor hears limited liability to the corporation depending on the holding of shares and the corporation bears liability to its debt to the maximum of its total assets.

Enterprises Funded by Hongkong, Macao and Taiwan refer to all industrial enterprises as the joint-venture, cooperative, sole investment industrial enterprises and limited liability corporations with funds from Hongkong, Macao and Taiwan.

Foreign Funded Enterprises refer to all industrial enterprises registered as the joint-venture, cooperative, sole investment industrial enterprises and limited liability corporations with foreign funds.

Other Enterprises refer to other types of industrial enterprises or units except for state-owned enterprises and collective enterprises, including share holding cooperative enterprises, joint-venture enterprises, private enterprises, share holding limited enterprises, foreign funded enterprises, enterprises funed by Hongkong, Macao and Taiwan and other enterprises.

Light Industry refers to the industry that produces consumer goods and hand tools. It consists of two categories depending on the materials used:

(1)Industries using farm products as raw materials. These are branches of light industry which directly or indirectly use farm products as basic raw materials, including the manufacture of food and beverages, tobacco processing, textile, clothing, fur and leather manufacturing, paper making, printing, etc.

(2)Industries using non farm products as raw materials. These are branches of light industry which use manufactured goods as raw materials, including the manufacture of cultural, educational articles and sports goods chemicals synthetic fiber chemical products for daily use glass products for daily use metal products for daily use hand tools medical apparatus and instruments and the manufacture of cultural and clerical machinery.

Heavy Industry refers to the industry which produces capital goods and provides various sectors of the national economy with necessary material and technical basis. It consists of the following three branches according to the purpose of production or the use of products:

(1)Mining and quarrying industry refers to the industry that extracts natural resources including extraction of petroleum coal metal and non-metal ores and logging.

(2)Raw materials industry refers to the industry that provides various sectors of the national economy with raw materials fuels and power. it includes smelting and processing of metals coking and coke chemistry chemical materials and building materials such as cement plywood and power petroleum refining and coal dressing.

(3)Manufacturing industry refers to the industry that processes raw materials. It includes machine building industry which equips sectors of the national economy industries of metal structure and cement products industries producing means of agricultural production such as chemical fertilizers and pesticides.

According to the above principle of classification the repairing trades which are engaged primarily in repairing products of heavy industry are classified into heavy industry while these engaged in repairing products of light industry are classified into light industry.It is not divided further in the interior of light industry and heavy industry from 2003.

Gross Industrial Output Value is the total volume of industrial products sold or available for sale in value terms which reflects the total achievements and overall scale of industrial production during a given period. It includes the value of the finished products which are not to be further processed in the enterprises and have been inspected packed and put in storage the value of industrial services rendered to other units and the changes in the value of the semi—finished products and products in process between the beginning and closing of the period. the gross industrial output value is calculated with factory method. No double calculations are to be made within the same enterprise. However double counting does occur among different enterprises.

Output value of light and heavy industries is also classified with the factory method. under normal conditions if the major products of an industrial enterprise belong to light industry products the gross output value of that enterprise is classified wholly into light industry; the same principle applies to heavy industry.

Value-added of Industry refers to the final results of industrial production of the industrial trade in money terms during the reference period.

Total Assets refer to all economic resources owned or controlled by enterprises that could be measured in monetary terms including properties creditor equity and other economic rights of all forms. classified by the degree of equitability total assets include circulating assets long term investment fixed assets intangible assets and deferred assets and other assets.

(1)Circulating assets (working capital) refers to assets which can be cashed in or spent or consumed in an operating cycle of one year or over one year including cash all kinds of deposits short term investment receivables advance payment stock etc.

(2)Fixed assets refers to the net value of fixed assets clearance of fixed assets project under construction fixed assets losses in suspense. these are corporations fund holdings.

Total Liabilities refers to the debts measured in monetary terms that enterprises are responsible for repayment in the form of cash assets or labor. Classified by terms of repayment liability include liquid liabilities and long-term liabilities.

Liquid liabilities (also called quick liabilities or immediate liabilities) refers to enterprises total debt payable within an operating cycle of one year or over one year, including short term loans, payables and advance payments, wage payable, taxes payable and profit payable,etc.

Creditors' Equity refers to investors ownership of net assets of the enterprise. It is equal to the total assets of the enterprise minus its total liabilities, including the primary input from investors, capital accumulation fund, surplus accumulation fund and undistributed profit. it is the shareholders equity in share—holding companies.

Original Value of Fixed Assets refers to the original value of all fixed assets owned by industrial enterprises calculated the cost paid at the time of purchase installation reconstruction expansion and technical innovation and transformation of at the said assets which includes expenses on purchase package transportation and installation etc.

Circulating Assets refers to assets which can be cashed in or spent or consumed in an operating cycle of one year or over one year which includes cash various deposits short term investment and receivable payments and advance payments stock etc.

Sales Revenue of Major Business refers to the revenue from the sales of products by industrial enterprises and the revenue from services provided and etc.

Sales Cost of Major Business refers to the actual cost of products of industrial enterprises and industrial services provided etc.

Tax and Extra Charges on Major Business refer to the tax on city maintenance and construction consumption tax resources tax and extra charges for education which should be borne by the enterprises in selling products and providing industrial services.

Total Profits refer to the surplus gained by enterprises by deducting costs from all kinds of revenues in business, which reflects the total profits and losses of enterprises in reporting period, including business profits, subsidy revenue, net investment profit and net amount of non-business revenue and expenditure.

Value-added Tax Payable refers to the amount of value-added tax which should be paid by enterprises which are engaged in value-added activities such as goods saling, processing and repairing according to the tax laws of enterprise. It is calculated as follows.

Value-added Tax Payable=Tax on Sales-(Tax on Purchase-Transferred Tax on Purchase)-Tax Payable for the Exported Goods Sold on the Domestic Market-Derated Tax+ Export Rebate.

Ratio of Profits, Taxes and Interests to Average Assets reflects the profit-making capability of all assets of the enterprise and is a key indicator manifesting the performance and management and evaluating the profit-making potential of the enterprise. It is calculated as follows:

Ratio of profits taxes and interests to average assets (%) = [(Total profits + total Taxes + interest payment) ÷ average assets]×100%

Ratio of Debts to Assets reflect both the operation risk and the capability of the enterprise in making use of the capital from the creditors. It is calculated as follows:

Ratio of debts to assets (%) = (Total debts ÷ total assets)×100%

Ratio of Profits to Total Industrial Costs refers to the ratio of profits realized in a given period to the total costs in the same period, which reflects the economic efficiency of input cost and is calculated as follows:

Ratio of Profits to Total Industrial Cost(%)=(Total Profits ÷ Total Costs)×100%

Ratio of Sales to Gross Output Value refers to the sales of industrial products to the gross industrial output value during the reference period and is important in reflecting the linkage between production and sales and the extent of the needs of the society that has been met by the supply of industrial products. It is calculated as follows:

Ratio of Sales to Gross Output Value=Industrial sales÷ Gross industrial output value (at current prices) ×100%

Range of Deficits refers to the proportion of lossing enterprises in the number of all industrial enterprises.The formular is as follows:

Range of Deficits(%)= (Number of Lossing enterprises÷ Number of All Industrial Enterprises) ×100%

Per Capita Pre-tax Profits refers to the total pre-tax profits that total employees get per year.The formula is as follows:

Per Capita Pre-tax Profits(%)= (Total Pre-tax Profits÷Total Employees) ×100%

10

建筑业

CONSTRUCTION

资料整理人员

张利云　张　璇

建筑业
CONSTRUCTION

建筑业企业单位数	Number of Construction Enterprises	1970	个	(unit)
建筑业企业竣工产值	Completed Output Value of Costruction	852.3	亿元	(100 million yuan)
建筑业企业总产值	Total Output Value of Construction	2143.5	亿元	(100 million yuan)
建筑业企业房屋建筑竣工面积	Floor Space of Buildings Completed	2585	万平方米	(10 000 sq.m)

建筑业企业总产值构成 (%)

Composition of Totval Output Value (%)

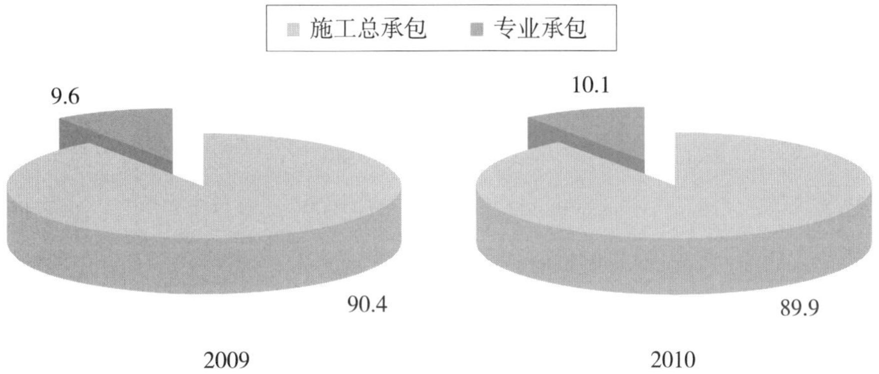

建筑业企业总产值 (亿元)

Total Output Value of Construction Enterprises (100 million yuan)

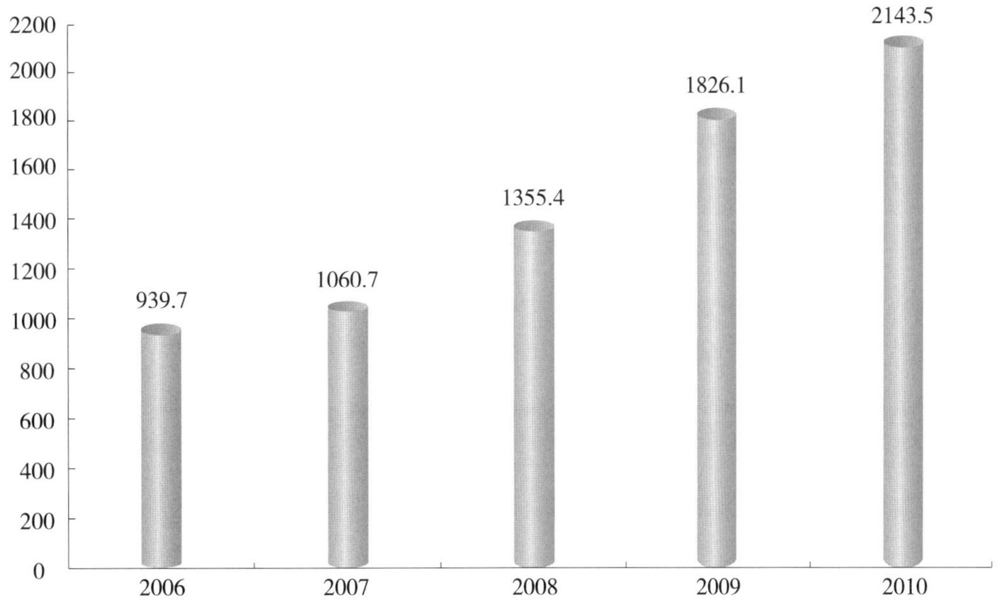

10-1 建筑施工企业主要经济指标
MAJOR ECONOMIC INDICATORS OF CONSTRUCTION ENTERPRISES

指　　标	Item	2009	2010
施工企业个数 (个)	Number of Construction Enterprises (unit)	1696	1970
计算劳动生产率平均人数 (万人)	Average Staff and Workers (10 000 persons)	86	96
期末从业人数 (万人)	Employees at the Year End (10 000 persons)	69	75
固定资产原价 (万元)	Original Value of Fixed Assets (10 000 yuan)	2865027	3245190
固定资产合计 (万元)	Total Fixed Assets (10 000 yuan)	2113710	2211711
自有机械设备总台数 (台)	Number of Machinery and Equipment Owned (set)	213787	205924
自有机械设备净值 (万元)	Net Value of Machinery and Equipment Owned (10 000 yuan)	1028510	1098656
自有机械设备总功率 (万千瓦)	Total Power of Machinery and Equipment Owned (10 000 kw)	502	527
建筑业总产值 (万元)	Output Value of Construction (10 000 yuan)	18261040	21434591
竣工产值 (万元)	Output Value of Buildings Completed (10 000 yuan)	6577468	8522733
固定资产折旧 (万元)	Depreciation of Fixed Assets (10 000 yuan)	229006	230309
施工面积 (万平方米)	Floor Space of Buildings Under Construction (10 000 sq.m)	6544	7290
竣工面积 (万平方米)	Floor Space of Buildings Completed (10 000 sq.m)	2286	2585
营业利润 (万元)	Profits of Business (10 000 yuan)	298201	483471
管理费用 (万元)	Costs of Administration (10 000 yuan)	729696	891774
利润总额 (万元)	Total Profits (10 000 yuan)	305611	483810
上缴税金 (万元)	Tax Turned Over to the State (10 000 yuan)	541489	703297
按总产值计算的全员劳动生产率 (元/人)	Overall Labor Productivity In Terms of Total Output Value (yuan/person)	213138	222319
实收资本金 (万元)	Capitals Hold (10 000 yuan)	2774205	3320495
资产总计 (万元)	Total Assets (10 000 yuan)	16358752	20268277
负债合计 (万元)	Total Liabilities (10 000 yuan)	12679459	15916037
所有者权益合计 (万元)	Total Creditors Quity (10 000 yuan)	3679293	4352240
竣工率(按产值计算) (%)	Rate of Completed (By Output Value) (%)	36.0	39.8
技术装备率 (元/人)	Value of Machines per Laborer (yuan/person)	14955.8	14617.8
动力装备率 (千瓦/人)	Power of Machines per Laborer (kw/person)	7.3	7.0
资产负债率 (%)	Ratio of Debts to Assets (%)	77.5	74.3
产值利润率 (%)	Ratio of Profit to Gross Output Value (%)	1.7	2.3

10-2 建筑业企业总产值和竣工产值(2010年)

GROSS OUTPUT VALUE AND COMPLETED VALUE OF CONSTRUCTION ENTERPRISES(2010)

单位：万元 (10 000 yuan)

指标	Item	建筑业总产值 Total Output Value	#建筑工程 Construction	#安装工程 Installation	竣工产值 Output Value of Building Completed
总计	**Total**	**21434591**	**19006893**	**1761114**	**8522733**
#国有及国有控股	State Owned and State Controlling Share	15734136	14520231	971944	5388417
按登记注册类型分组	**Grouped by Registered Kind**				
内资企业	Civil Funded Enterprises	21342925	18954090	1759703	8500373
国有企业	State-owned Enterprises	4567479	3974663	495584	1441791
集体企业	Collective-owned Enterprises	394267	309721	58499	268326
股份合作企业	Share Cooperative Enterprises	44724	38588	3883	38253
联营企业	Joint Ownership Enterprises	13625	13625		3625
有限责任公司	Limited Responsibility Corporations	13466447	12422124	799739	5299384
国有独资公司	Company Exclusively with Investment from State	736696	654173	43093	157210
其他有限责任公司	Other Limited Responsibility Company	12729751	11767951	756646	5142175
股份有限公司	Share-holding Limited Corporations	187718	141578	28781	112957
私营企业	Private-owned Enterprises	2601007	1989317	370033	1329659
私营独资企业	Enterprise Exclusively with Investment from Private	32639	21906	8924	23653
私营合伙企业	Private Partnership Enterprises	22724	11068	5788	10158
私营有限责任公司	Private Limited Responsibility Corporations	2262305	1709498	327207	1160787
私营股份有限公司	Private Share-holding Limited Corporations	283339	246845	28114	135062
其他企业	Other Enterprises	67658	64474	3185	6377
港、澳、台商投资企业	Enterprises Funded by HongKong，Macao and Taiwan	61323	35804	1288	12942
外商投资企业	Foreign Funded Enterprises	30343	17000	123	9417
按国民经济行业分组	**Grouped by Economic Sector**				
房屋和土木工程建筑业	Housing and Civil Engineering Construction	19973650	18394635	1178836	7824675
房屋工程建筑	Housing	6662664	6117501	446472	3471894
土木工程建筑	Civil Engineering	13310986	12277134	732364	4352781
建筑安装业	Building Installation	779793	190190	545215	400291
建筑装饰业	Building Fiting and Decoration	241160	207696	18117	114690
其他建筑业	Other Construction	439988	214372	18946	183076
按隶属关系分组	**Grouped by Subordination**				
#中央	Central	10593242	10045630	504819	2860170
省	Province	3961969	3439626	353402	1788822
地区	Prefecture	1882346	1527333	294126	1057891
县	County	685771	608912	56394	520331
按企业资质等级分组	**Grouped by Grades**				
施工总承包	Overall Contract	19268955	17698065	1186278	7580625
专业承包	Specialized Contract	2165637	1308828	574836	942108

10-3 按主要用途分的房屋建筑竣工面积(2010年)

单位：平方米

指　标	Item	总　计 Total	厂房、仓库 Factory Building and Warehouse
总　计	**Total**	**25854044**	**2226893**
#国有及国有控股	State Owned and State Controlling Share	9752189	1080489
按登记注册类型分组	**Grouped by Registered Kind**		
内资企业	Civil Funded Enterprises	25668081	2222031
国有企业	State-owned Enterprises	6006431	549534
集体企业	Collective-owned Enterprises	1644337	61980
股份合作企业	Share Cooperative Enterprises	407900	36120
联营企业	Joint Ownership Enterprises		
有限责任公司	Limited Responsibility Corporations	11181793	846774
国有独资公司	Company Exclusively with Investment from State	465794	85315
其他有限责任公司	Other Limited Responsibility Company	10715999	761459
股份有限公司	Share-holding Limited Corporations	640564	17939
私营企业	Private-owned Enterprises	5734461	709684
私营独资企业	Enterprise Exclusively with Investment from Private	100602	10000
私营合伙企业	Private Partnership Enterprises	85000	
私营有限责任公司	Private Limited Responsibility Corporations	5027730	590190
私营股份有限公司	Private Share-holding Limited Corporations	521129	109494
其他企业	Other Enterprises	52595	
港、澳、台商投资企业	Enterprises Funded by HongKong，Macao and Taiwan	60394	4862
外商投资企业	Foreign Funded Enterprises	125569	
按国民经济行业分组	**Grouped by Economic Sector**		
房屋和土木工程建筑业	Housing and Civil Engineering Construction	25557054	2079029
房屋工程建筑	Housing	24576810	1803312
土木工程建筑	Civil Engineering	980244	275717
建筑安装业	Building Installation	296990	147864
建筑装饰业	Building Fiting and Decoration		
其他建筑业	Other Construction		
按隶属关系分组	**Grouped by Subordination**		
#中　央	Central	847181	233469
省	Province	5987649	437535
地　区	Prefecture	4569552	459011
县	County	3655373	209199
按企业资质等级分组	**Grouped by Grades**		
施工总承包	Overall Contract	25492077	2043651
专业承包	Specialized Contract	361967	183242

FLOOR SPACE OF HOUSES COMPLETED BY MAJOR USE(2010)

(sq.m)

住 宅 Housing	办公用房 Office	批发和零售用 房 Wholesale and Retail	住宿和餐饮用 房 Lodging and Catering	居民服务业用 房 Residential Services	教育用房 Education	文化、体育和娱乐用房 Culture, Sports and Recreation	卫生医疗用 房 Public Health	科研用房 Science Research	其他用房 Others
16800672	**1668508**	**387515**	**391145**	**201549**	**2760231**	**182931**	**317418**	**39998**	**877184**
5849528	714626	123250	262003	29339	1003288	81854	148987	18459	440366
16644050	1667332	387515	387609	201549	2747657	182931	314446	39998	872963
3935496	380917	83882	28388	29339	639813	39973	95474	18459	205156
1085965	153070	4149	13695	67508	193301	25990	8745		29934
257240	25010				89530				
7105700	820062	263895	316013	63479	1014482	98622	150786	16859	485121
241599	59708		23596		7840	5701	42035		
6864101	760354	263895	292417	63479	1006642	92921	108751	16859	485121
397504	18774	11746			139396	7086	2210		45909
3809550	269499	23843	29513	41223	671135	11260	57231	4680	106843
90602									
85000									
3327038	238797	10789	26013	41223	620866	11260	57231	4680	99643
306910	30702	13054	3500		50269				7200
52595									
37800	1176		3536		8799				4221
118822					3775		2972		
16712888	1656821	387515	385922	198669	2746581	182368	317418	39998	849845
16283158	1526865	382367	334617	198669	2667426	181768	316418	39998	842212
429730	129956	5148	51305		79155	600	1000		7633
87784	11687		5223	2880	13650	563			27339
386061	86286		23841		14493				103031
3549805	436300	115638	235795	26215	742798	65762	117898	18459	241444
3256462	329499	53338	16819	81381	232588	6416	50281		83757
2278221	331635	64971	59625	31325	506749	68335	36586		68727
16717250	1597795	387515	385922	201549	2747891	182368	317132	39998	871006
83422	70713		5223		12340	563	286		6178

10-4 按主要用途分的房屋建筑竣工价值(2010年)

单位：万元

指　标	Item	总　计 Total	厂房、仓库 Factory Building and Warehouse
总　计	**Total**	**3031498**	**308584**
#国有及国有控股	State Owned and State Controlling Share	1254088	185331
按登记注册类型分组	**Grouped by Registered Kind**		
内资企业	Civil Funded Enterprises	3016104	308250
国有企业	State-owned Enterprises	679584	86727
集体企业	Collective-owned Enterprises	172636	8918
股份合作企业	Share Cooperative Enterprises	36200	2881
联营企业	Joint Ownership Enterprises		
有限责任公司	Limited Responsibility Corporations	1438830	140207
国有独资公司	Company Exclusively with Investment from State	70353	10230
其他有限责任公司	Other Limited Responsibility Company	1368478	129978
股份有限公司	Share-holding Limited Corporations	64382	2059
私营企业	Private-owned Enterprises	619197	67458
私营独资企业	Enterprise Exclusively with Investment from Private	10996	1200
私营合伙企业	Private Partnership Enterprises	9350	
私营有限责任公司	Private Limited Responsibility Corporations	533933	50938
私营股份有限公司	Private Share-holding Limited Corporations	64918	15320
其他企业	Other Enterprises	5274	
港、澳、台商投资企业	Enterprises Funded by HongKong，Macao and Taiwan	5976	334
外商投资企业	Foreign Funded Enterprises	9417	
按国民经济行业分组	**Grouped by Economic Sector**		
房屋和土木工程建筑业	Housing and Civil Engineering Construction	3004827	300192
房屋工程建筑	Housing	2861238	244118
土木工程建筑	Civil Engineering	143590	56074
建筑安装业	Building Installation	26670	8391
建筑装饰业	Builing Fiting and Decoration		
其他建筑业	Other Construction		
按隶属关系分组	**Grouped by Subordination**		
#中　央	Central	183145	48817
省	Province	773470	96639
地　区	Prefecture	481784	45575
县	County	366764	21326
按企业资质等级分组	**Grouped by Grades**		
施工总承包	Overall Contract	2999376	297490
专业承包	Specialized Contract	32121	11094

VALUE OF HOUSES COMPLETED BY MAJOR USE(2010)

(10 000 yuan)

住　宅 Housing	办公用房 Office	批发和零售用　房 Wholesale and Retail Trade	住宿和餐饮用　房 Lodging and Catering	居民服务业用　房 Residential Services	教育用房 Education	文化、体育和娱乐用房 Culture, Sports and Recreation	卫生医疗用　房 Public Health	科研用房 Science Research	其他用房 Others
1822761	**239062**	**41052**	**49794**	**31242**	**310809**	**28337**	**49471**	**6309**	**144077**
661858	101313	12201	32680	4346	124040	15505	29461	3635	83719
1810518	238980	41052	49540	31242	309588	28337	48621	6309	143668
405180	46082	7754	3357	4346	78212	7498	10698	3635	26097
108268	16197	300	1902	12141	20054	1902	849		2106
23583	2126				7610				
806141	141938	29954	41162	7942	120457	16596	32070	2300	100062
26362	11537		4325		1191	1216	15491		
779779	130401	29954	36837	7942	119267	15380	16579	2300	100062
41453	1998	802			13383	864	155		3668
420619	30639	2241	3119	6814	69872	1478	4849	374	11734
9796									
9350									
363707	26807	909	2569	6814	64397	1478	4849	374	11091
37766	3832	1332	550		5475				643
5274									
3903	82		254		994				410
8341					227		850		
1814067	237429	41052	49144	30743	309922	28307	49471	6309	138192
1769577	214635	40171	40005	30743	300819	28257	49381	6309	137222
44490	22794	881	9139		9103	50	90		969
8694	1633		650	499	887	30			5885
61412	19398		3938		1845				47735
387638	70051	11539	28064	3755	98837	14316	27229	3635	31769
329666	44816	7048	2598	14545	21331	762	5201		10241
224186	34161	7120	9112	3481	49567	5188	3696		8927
1811115	233558	41052	49144	31242	309032	28307	49402	6309	142726
11646	5505		650		1777	30	69		1351

10-5 建筑业企业房屋建筑面积(2010年)
BUILDING FLOOR SPACE OF CONSTRUCTION ENTERPRISES(2010)

单位: 平方米 (sq.m)

指标	Item	房屋建筑施工面积 Floor Space of Buildings Under Construction	#本年新开工面积 Floor Space of Started This Year	#投标承包的面积 Floor Space of Enter a Bid Contract
总计	**Total**	**72895132**	**38220473**	**64006928**
#国有及国有控股	State Owned and State Controlling Share	35628690	16993597	33235919
按登记注册类型分组	**Grouped by Registered Kind**			
内资企业	Civil Funded Enterprises	72209171	37758143	63521116
国有企业	State-owned Enterprises	21206554	10815923	20168749
集体企业	Collective-owned Enterprises	2997892	1875908	2425253
股份合作企业	Share Cooperative Enterprises	412900	385010	412900
联营企业	Joint Ownership Enterprises			
有限责任公司	Limited Responsibility Corporations	35457671	16053602	31957586
国有独资公司	Company Exclusively with Investment from State	1279230	224949	1279230
其他有限责任公司	Other Limited Responsibility Company	34178441	15828653	30678356
股份有限公司	Share-holding Limited Corporations	1367816	1053570	943144
私营企业	Private-owned Enterprises	10685744	7517030	7568384
私营独资企业	Enterprise Exclusively with Investment from Private	113502	93702	19340
私营合伙企业	Private Partnership Enterprises	97700	85000	85000
私营有限责任公司	Private Limited Responsibility Corporations	9545056	6563420	6629533
私营股份有限公司	Private Share-holding Limited Corporations	929486	774908	834511
其他企业	Other Enterprises	80594	57100	45100
港、澳、台商投资企业	Enterprises Funded by HongKong, Macao and Taiwan	144586	121104	144586
外商投资企业	Foreign Funded Enterprises	541375	341226	341226
按国民经济行业分组	**Grouped by Economic Sector**			
房屋和土木工程建筑业	Housing and Civil Engineering Construction	72090920	37592159	63422426
房屋工程建筑	Housing	68409753	35986328	60275703
土木工程建筑	Civil Engineering	3681167	1605831	3146723
建筑安装业	Building Installation	788212	612314	568502
建筑装饰业	Building Fiting and Decoration			
其他建筑业	Other Construction	16000	16000	16000
按隶属关系分组	**Grouped by Subordination**			
#中央	Central	6681427	2959580	6671117
省	Province	23115546	8875913	22311756
地区	Prefecture	11780311	7912163	10936163
县	County	5777495	3876318	4763156
按企业资质等级分组	**Grouped by Grades**			
施工总承包	Overall Contract	72183454	37677851	63619539
专业承包	Specialized Contract	711678	542622	387389

10-6 建筑业企业机械设备情况(2010年)
MACHINARY AND EQUIPMENT OF CONSTRUCTION ENTERPRISES(2010)

指 标	Item	自有机械设备年末总台数(台) Number of Machinery and Equipment Owned(unit)	自有机械设备年末总功率(千瓦) Total Power of Machinery and Equipment Owned(kw)	自有机械设备净值(万元) Total Power of Machinery and Equipment Owned (10 000 yuan)
总 计	**Total**	**205924**	**5265006**	**1098656**
#国有及国有控股	State Owned and State Controlling Share	79608	3307005	671626
按登记注册类型分组	**Grouped by Registered Kind**			
内资企业	Civil Funded Enterprises	203960	5231815	1091708
国有企业	State-owned Enterprises	41317	1170214	224425
集体企业	Collective-owned Enterprises	12326	150224	28017
股份合作企业	Share Cooperative Enterprises	2518	26668	5755
联营企业	Joint Ownership Enterprises	268	4693	1032
有限责任公司	Limited Responsibility Corporations	79336	2759861	583097
国有独资公司	Company Exclusively with Investment from State	2884	94870	21586
其他有限责任公司	Other Limited Responsibility Company	76452	2664991	561511
股份有限公司	Share-holding Limited Corporations	5618	73974	17329
私营企业	Private-owned Enterprises	62269	1046083	232021
私营独资企业	Enterprise Exclusively with Investment from Private	804	5244	8084
私营合伙企业	Private Partnership Enterprises	85	1430	1908
私营有限责任公司	Private Limited Responsibility Corporations	53570	913752	198004
私营股份有限公司	Private Share-holding Limited Corporations	7810	125657	24026
其他企业	Other Enterprises	308	98	32
港、澳、台商投资企业	Enterprises Funded by HongKong, Macao and Taiwan	1510	29853	5699
外商投资企业	Foreign Funded Enterprises	454	3338	1249
按国民经济行业分组	**Grouped by Economic Sector**			
房屋和土木工程建筑业	Housing and Civil Engineering Construction	172806	4735059	977588
房屋工程建筑	Housing	108680	1646795	295133
土木工程建筑	Civil Engineering	64126	3088264	682456
建筑安装业	Building Installation	18066	291950	41521
建筑装饰业	Building Fiting and Decoration	9599	84652	15340
其他建筑业	Other Construction	5453	153345	64206
按隶属关系分组	**Grouped by Subordination**			
#中 央	Central	29389	1926888	416201
省	Province	26202	682582	171820
地 区	Prefecture	29200	729148	106097
县	County	24120	354753	66439
按企业资质等级分组	**Grouped by Grades**			
施工总承包	Overall Contract	167072	4519789	939382
专业承包	Specialized Contract	38852	745217	159274

10-7 建筑业企业劳动生产率(2010年)
LABOUR PRODUCTIVITY OF CONSTRUCTION ENTERPRISES(2010)

指　　标	Item	企业个数(个) Number of Enterprises (unit)	计算劳动生产率的平均人数(人) Employees (person)	按总产值计算的劳动生产率(元/人) Overall Labor Productivity in Terms of Total Output Value (yuan/person)	人均竣工产值(元/人) Per Capita Output Value of Buildings Completed (yuan/person)
总　　计	**Total**	**1970**	**964137**	**222319**	**88398**
#国有及国有控股	State Owned and State Controlling Share	271	570173	275954	94505
按登记注册类型分组	**Grouped by Registered Kind**				
内资企业	Civil Funded Enterprises	1959	959723	222386	88571
国有企业	State-owned Enterprises	172	175703	259955	82058
集体企业	Collective-owned Enterprises	121	37719	104528	71138
股份合作企业	Share Cooperative Enterprises	6	3760	118947	101738
联营企业	Joint Ownership Enterprises	1	640	212891	56641
有限责任公司	Limited Responsibility Corporations	491	542101	248412	97756
国有独资公司	Company Exclusively with Investment from State	8	37509	196405	41913
其他有限责任公司	Other Limited Responsibility Company	483	504592	252278	101908
股份有限公司	Share-holding Limited Corporations	59	21886	85771	51612
私营企业	Private-owned Enterprises	1101	173844	149617	76486
私营独资企业	Enterprise Exclusively with Investment from Private	21	2138	152659	110630
私营合伙企业	Private Partnership Enterprises	4	991	229299	102497
私营有限责任公司	Private Limited Responsibility Corporations	989	155471	145513	74663
私营股份有限公司	Private Share-holding Limited Corporations	87	15244	185869	88600
其他企业	Other Enterprises	8	4070	166236	15669
港、澳、台商投资企业	Enterprises Funded by HongKong，Macao and Taiwan	8	2385	257119	54265
外商投资企业	Foreign Funded Enterprises	3	2029	149547	46413
按国民经济行业分组	**Grouped by Economic Sector**				
房屋和土木工程建筑业	Housing and Civil Engineering Construction	987	869526	229707	89988
房屋工程建筑	Housing	602	402714	165444	86212
土木工程建筑	Civil Engineering	385	466812	285147	93245
建筑安装业	Building Installation	388	52963	147234	75579
建筑装饰业	Building Fiting and Decoration	394	19432	124105	59021
其他建筑业	Other Construction	201	22216	198050	82407
按隶属关系分组	**Grouped by Subordination**				
#中　央	Central	48	332563	318533	86004
省	Province	98	166986	237264	107124
地　区	Prefecture	239	110891	169747	95399
县	County	185	67957	100912	76568
按企业资质等级分组	**Grouped by Grades**				
施工总承包	Overall Contract	891	841683	228934	90065
专业承包	Specialized Contract	1079	122454	176853	76936

10-8 建筑业企业资本金及资产(2010年)
CAPITAL AND ASSETS OF CONSTRUCTION ENTERPRISES(2010)

单位：万元 (10 000 yuan)

指 标	Item	实收资本 Capitals Hold	资产总计 Total Assets	#流动资产合计 Total Circulating Funds	#固定资产合计 Total Fixed Assets
总 计	**Total**	**3320495**	**20268277**	**16939104**	**2211711**
#国有及国有控股	State Owned and State Controlling Share	1564002	14721295	12701371	1194006
按登记注册类型分组	**Grouped by Registered Kind**				
内资企业	Civil Funded Enterprises	3295439	20208674	16891350	2202447
国有企业	State-owned Enterprises	476025	3661187	3073409	454302
集体企业	Collective-owned Enterprises	107802	376880	285233	74606
股份合作企业	Share Cooperative Enterprises	12201	23372	11064	12225
联营企业	Joint Ownership Enterprises	1500	4887	3648	1239
有限责任公司	Limited Responsibility Corporations	1617734	13117254	11250271	1058694
国有独资公司	Company Exclusively with Investment from State	63223	752095	704360	38771
其他有限责任公司	Other Limited Responsibility Company	1554511	12365158	10545911	1019923
股份有限公司	Share-holding Limited Corporations	64985	233492	172924	49807
私营企业	Private-owned Enterprises	1006690	2765257	2074882	545149
私营独资企业	Enterprise Exclusively with Investment from Private	19343	42871	23226	17445
私营合伙企业	Private Partnership Enterprises	3578	9961	7902	2059
私营有限责任公司	Private Limited Responsibility Corporations	884686	2473465	1882699	466228
私营股份有限公司	Private Share-holding Limited Corporations	99084	238960	161055	59418
其他企业	Other Enterprises	8502	26346	19920	6426
港、澳、台商投资企业	Enterprises Funded by HongKong，Macao and Taiwan	19028	47161	37941	7085
外商投资企业	Foreign Funded Enterprises	6029	12442	9813	2179
按国民经济行业分组	**Grouped by Economic Sector**				
房屋和土木工程建筑业	Housing and Civil Engineering Construction	2639845	18479396	15555628	1875176
房屋工程建筑	Housing	1078512	5313578	4373687	698470
土木工程建筑	Civil Engineering	1561333	13165818	11181942	1176706
建筑安装业	Building Installation	325715	906909	737773	140567
建筑装饰业	Building Fiting and Decoration	176381	319159	258210	52248
其他建筑业	Other Construction	178555	562814	387492	143720
按隶属关系分组	**Grouped by Subordination**				
#中 央	Central	953236	9956828	8675237	628248
省	Province	377774	3795206	3366344	305535
地 区	Prefecture	406191	1795115	1356602	317159
县	County	185772	561540	399874	146616
按企业资质等级分组	**Grouped by Grades**				
施工总承包	Overall Contract	2550776	17993083	15153831	1813234
专业承包	Specialized Contract	769719	2275194	1785273	398478

10-9 建筑业企业负债及所有者权益(2010年)

LIABILITIES AND CREDITORS EQUITY OF CONSTRUCTION ENTERPRISES(2010)

单位：万元 (10 000 yuan)

指 标	Item	负债合计 Total Liabilities	流动负债 Liquid Liabilities	长期负债 Long-term Liabilities	所有者权益合计 Total Creditors' Equity
总 计	**Total**	**15916037**	**15458384**	**457654**	**4352240**
#国有及国有控股	State Owned and State Controlling Share	12887081	12556488	330593	1834213
按登记注册类型分组	**Grouped by Registered Kind**				
内资企业	Civil Funded Enterprises	15883528	15426887	456641	4325147
国有企业	State-owned Enterprises	3124761	3059092	65669	536426
集体企业	Collective-owned Enterprises	248186	244647	3539	128694
股份合作企业	Share Cooperative Enterprises	8148	7797	351	15224
联营企业	Joint Ownership Enterprises	2672	2672		2215
有限责任公司	Limited Responsibility Corporations	11118271	10783805	334466	1998983
国有独资公司	Company Exclusively with Investment from State	688674	688254	420	63421
其他有限责任公司	Other Limited Responsibility Company	10429597	10095551	334045	1935561
股份有限公司	Share-holding Limited Corporations	133720	132160	1560	99771
私营企业	Private-owned Enterprises	1235469	1184413	51056	1529788
私营独资企业	Enterprise Exclusively with Investment from Private	20463	18730	1733	22408
私营合伙企业	Private Partnership Enterprises	3522	3522		6439
私营有限责任公司	Private Limited Responsibility Corporations	1097420	1050094	47326	1376045
私营股份有限公司	Private Share-holding Limited Corporations	114064	112067	1997	124896
其他企业	Other Enterprises	12301	12301		14045
港、澳、台商投资企业	Enterprises Funded by HongKong, Macao and Taiwan	26096	25083	1013	21065
外商投资企业	Foreign Funded Enterprises	6414	6414		6029
按国民经济行业分组	**Grouped by Economic Sector**				
房屋和土木工程建筑业	Housing and Civil Engineering Construction	14964471	14540248	424223	3514925
房屋工程建筑	Housing	4014302	3895207	119096	1299275
土木工程建筑	Civil Engineering	10950168	10645041	305127	2215650
建筑安装业	Building Installation	516642	505827	10815	390267
建筑装饰业	Building Fiting and Decoration	116921	114493	2428	202237
其他建筑业	Other Construction	318003	297816	20188	244811
按隶属关系分组	**Grouped by Subordination**				
#中 央	Central	8747480	8468545	278935	1209349
省	Province	3435367	3359005	76362	359839
地 区	Prefecture	1277093	1254307	22785	518023
县	County	327399	315427	11972	234141
按企业资质等级分组	**Grouped by Grades**				
施工总承包	Overall Contract	14588729	14164651	424079	3404354
专业承包	Specialized Contract	1327308	1293733	33575	947886

10-10 建筑业企业工程结算收入(2010年)

REVENUE OF PROJECT SETTLEMENT ACCOUNTS OF CONSTRUCTION ENTERPRISES(2010)

单位：万元　　　　(10 000 yuan)

指　标	Item	工程结算收入 Revenue of Project Settlement Accounts	#工程结算成本 Costs of Project Settlement Accounts	#工程结算税金及附加 Taxes and Extra Charges on Project Settlement Accounts	#工程结算利润 Profits of Project Settlement Accounts
总　计	**Total**	**21238530**	**19132709**	**681618**	**1342815**
#国有及国有控股	State Owned and State Controlling Share	15673695	14316497	501744	834023
按登记注册类型分组	**Grouped by Registered Kind**				
内资企业	Civil Funded Enterprises	21143652	19045384	679033	1339160
国有企业	State-owned Enterprises	4623004	4234556	145379	229029
集体企业	Collective-owned Enterprises	376969	332618	12442	28202
股份合作企业	Share Cooperative Enterprises	38724	34763	1870	1809
联营企业	Joint Ownership Enterprises	10625	9719	119	605
有限责任公司	Limited Responsibility Corporations	13366358	12142682	432742	767553
国有独资公司	Company Exclusively with Investment from State	684866	622281	20564	42014
其他有限责任公司	Other Limited Responsibility Company	12681492	11520401	412177	725539
股份有限公司	Share-holding Limited Corporations	198003	172351	7102	17169
私营企业	Private-owned Enterprises	2460630	2052163	78615	293382
私营独资企业	Enterprise Exclusively with Investment from Private	38468	29527	1323	6204
私营合伙企业	Private Partnership Enterprises	15923	12491	384	2948
私营有限责任公司	Private Limited Responsibility Corporations	2125744	1762093	68137	263615
私营股份有限公司	Private Share-holding Limited Corporations	280495	248053	8771	20615
其他企业	Other Enterprises	69339	66533	766	1411
港、澳、台商投资企业	Enterprises Funded by HongKong，Macao and Taiwan	65297	60259	1994	2831
外商投资企业	Foreign Funded Enterprises	29581	27066	590	824
按国民经济行业分组	**Grouped by Economic Sector**				
房屋和土木工程建筑业	Housing and Civil Engineering Construction	19790920	17906042	638107	1184814
房屋工程建筑	Housing	6457191	5831749	211439	382778
土木工程建筑	Civil Engineering	13333729	12074293	426668	802036
建筑安装业	Building Installation	770644	656650	24309	83769
建筑装饰业	Building Fiting and Decoration	243427	198947	7957	29592
其他建筑业	Other Construction	433539	371069	11245	44641
按隶属关系分组	**Grouped by Subordination**				
#中　央	Central	10579340	9679486	340385	555851
省	Province	3985116	3635936	127464	218818
地　区	Prefecture	1885394	1687673	59164	121506
县	County	641370	563089	20554	46940
按企业资质等级分组	**Grouped by Grades**				
施工总承包	Overall Contract	19096169	17304027	619327	1120820
专业承包	Specialized Contract	2142362	1828682	62291	221996

10-11 建筑业企业费用情况(2010年)
COSTS OF CONSTRUCTION ENTERPRISES(2010)

单位：万元 (10 000 yuan)

指　　标	Item	经营费用 Costs of Operation	管理费用 Costs of Administration	#差旅费 Costs of visiting	#工会经费 Funds of Labour Union	财务费用 Costs of Finance
总　　计	**Total**	**87902**	**891774**	**46041**	**8846**	**54865**
#国有及国有控股	State Owned and State Controlling Share	24298	635953	21519	4978	11182
按登记注册类型分组	**Grouped by Registered Kind**					
内资企业	Civil Funded Enterprises	86588	889228	45817	8726	54520
国有企业	State-owned Enterprises	16069	195901	9192	2002	10142
集体企业	Collective-owned Enterprises	3739	23586	839	451	1163
股份合作企业	Share Cooperative Enterprises	282	876	90	50	103
联营企业	Joint Ownership Enterprises	182	354	8	2	128
有限责任公司	Limited Responsibility Corporations	28005	543927	25823	4381	16369
国有独资公司	Company Exclusively with Investment from State	844	29484	654	688	2751
其他有限责任公司	Other Limited Responsibility Company	27161	514443	25169	3693	13618
股份有限公司	Share-holding Limited Corporations	1476	7174	351	142	1154
私营企业	Private-owned Enterprises	36206	116866	9507	1694	25246
私营独资企业	Enterprise Exclusively with Investment from Private	1415	2917	103	27	980
私营合伙企业	Private Partnership Enterprises	101	470	11	7	190
私营有限责任公司	Private Limited Responsibility Corporations	31314	101570	8116	1068	22010
私营股份有限公司	Private Share-holding Limited Corporations	3376	11909	1278	592	2066
其他企业	Other Enterprises	630	543	7	3	214
港、澳、台商投资企业	Enterprises Funded by HongKong, Macao and Taiwan	213	2034	125	22	332
外商投资企业	Foreign Funded Enterprises	1100	512	99	98	13
按国民经济行业分组	**Grouped by Economic Sector**					
房屋和土木工程建筑业	Housing and Civil Engineering Construction	63709	778303	37659	7962	47484
房屋工程建筑	Housing	33015	253575	20842	4086	31801
土木工程建筑	Civil Engineering	30695	524728	16817	3876	15683
建筑安装业	Building Installation	7072	62741	4572	515	3181
建筑装饰业	Building Fiting and Decoration	6996	19792	1746	157	1349
其他建筑业	Other Construction	10125	30939	2064	211	2851
按隶属关系分组	**Grouped by Subordination**					
#中　央	Central	3619	403597	11222	2078	
省	Province	4048	182835	17193	2406	17294
地　区	Prefecture	18666	95961	3202	1047	4508
县	County	11094	26133	1697	847	4026
按企业资质等级分组	**Grouped by Grades**					
施工总承包	Overall Contract	55351	738315	36668	7416	46185
专业承包	Specialized Contract	32551	153459	9372	1430	8680

10-12 建筑业企业工资和福利费情况(2010年)
WAGES AND WELFARE FEES OF CONSTRUCTION ENTERPRISES(2010)

单位：万元 (10 000 yuan)

指标	Item	本年应付工资总额 Total Payable Wages	#主营业务应付工资 Payable Wages of Major Business	本年应付福利费总额 Total Payable Welfare Fees	#主营业务应付福利费 Payable Welfare Fees of Major Business
总计	**Total**	**1865570**	**1809271**	**82615**	**76945**
#国有及国有控股	State Owned and State Controlling Share	1265880	1225181	46744	42511
按登记注册类型分组	**Grouped by Registered Kind**				
内资企业	Civil Funded Enterprises	1855755	1799597	82053	76384
国有企业	State-owned Enterprises	283630	273057	18648	16771
集体企业	Collective-owned Enterprises	45626	43859	3180	3082
股份合作企业	Share Cooperative Enterprises	7024	7013	106	105
联营企业	Joint Ownership Enterprises	361	298	51	42
有限责任公司	Limited Responsibility Corporations	1222375	1189611	43335	40718
国有独资公司	Company Exclusively with Investment from State	70349	64597	2039	1884
其他有限责任公司	Other Limited Responsibility Company	1152026	1125014	41296	38835
股份有限公司	Share-holding Limited Corporations	24515	24072	1267	1192
私营企业	Private-owned Enterprises	263255	252716	15463	14470
私营独资企业	Enterprise Exclusively with Investment from Private	3514	3095	224	185
私营合伙企业	Private Partnership Enterprises	1595	1595	33	33
私营有限责任公司	Private Limited Responsibility Corporations	234372	225225	14139	13344
私营股份有限公司	Private Share-holding Limited Corporations	23773	22801	1066	909
其他企业	Other Enterprises	8970	8970	5	5
港、澳、台商投资企业	Enterprises Funded by HongKong, Macao and Taiwan	3858	3718	99	99
外商投资企业	Foreign Funded Enterprises	5956	5956	463	462
按国民经济行业分组	**Grouped by Economic Sector**				
房屋和土木工程建筑业	Housing and Civil Engineering Construction	1717956	1666737	74224	68898
房屋工程建筑	Housing	725220	694725	38528	36254
土木工程建筑	Civil Engineering	992736	972011	35696	32645
建筑安装业	Building Installation	84918	82884	4489	4331
建筑装饰业	Building Fiting and Decoration	26513	25141	1618	1541
其他建筑业	Other Construction	36182	34509	2284	2174
按隶属关系分组	**Grouped by Subordination**				
中央	Central	806066	800404	19952	18733
省	Province	335809	326859	19482	17694
地区	Prefecture	160102	151165	11419	10174
县	County	84995	83602	6811	6629
按企业资质等级分组	**Grouped by Grades**				
施工总承包	Overall Contract	1677763	1627659	71140	65992
专业承包	Specialized Contract	187806	181612	11475	10953

10-13 建筑业企业利润及税金情况(2010年)

单位：万元

指 标	Item	利润总额 Total Profits	税金总额 Total Taxes	工程结算税金及附加 Taxes and Extra Charges on Project Settlement Accounts
总 计	**Total**	**483810**	**703297**	**681618**
#国有及国有控股	State Owned and State Controlling Share	257525	511489	501744
按登记注册类型分组	**Grouped by Registered Kind**			
内资企业	Civil Funded Enterprises	483045	700505	679033
国有企业	State-owned Enterprises	40025	150138	145379
集体企业	Collective-owned Enterprises	5971	13432	12442
股份合作企业	Share Cooperative Enterprises	830	1940	1870
联营企业	Joint Ownership Enterprises	122	122	119
有限责任公司	Limited Responsibility Corporations	273046	442016	432742
国有独资公司	Company Exclusively with Investment from State	7544	21535	20564
其他有限责任公司	Other Limited Responsibility Company	265503	420481	412177
股份有限公司	Share-holding Limited Corporations	8609	7703	7102
私营企业	Private-owned Enterprises	153207	84346	78615
私营独资企业	Enterprise Exclusively with Investment from Private	2119	1399	1323
私营合伙企业	Private Partnership Enterprises	2481	390	384
私营有限责任公司	Private Limited Responsibility Corporatior	141683	72189	68137
私营股份有限公司	Private Share-holding Limited Corporatior	6924	10367	8771
其他企业	Other Enterprises	1234	807	766
港、澳、台商投资企业	Enterprises Funded by HongKong, Macao and Taiwan	472	2132	1994
外商投资企业	Foreign Funded Enterprises	293	660	590
按国民经济行业分组	**Grouped by Economic Sector**			
房屋和土木工程建筑业	Housing and Civil Engineering Construction	438256	655497	638107
房屋工程建筑	Housing	112464	221588	211439
土木工程建筑	Civil Engineering	325792	433908	426668
建筑安装业	Building Installation	23291	26892	24309
建筑装饰业	Building Fiting and Decoration	8288	8682	7957
其他建筑业	Other Construction	13975	12227	11245
按隶属关系分组	**Grouped by Subordination**			
#中 央	Central	215361	344078	340385
省	Province	33080	131807	127464
地 区	Prefecture	26670	62195	59164
县	County	17322	22258	20554
按企业资质等级分组	**Grouped by Grades**			
施工总承包	Overall Contract	414625	636830	619327
专业承包	Specialized Contract	69185	66468	62291

PROFITS AND TAXES OF CONSTRUCTION ENTERPRISES(2010)

(10 000 yuan)

管理费用中的税金 Taxes in Costs of Administration	营业利润 Business Profits	其他业务利润 Profits of Other Business	其他业务收入 Incomes of Other Business	劳动、失业保险费 Insurance of Labour and Unemployment	住房公积金及住房补贴 Residence's Accumulation Fund and Subsidy
21679	**483471**	**39158**	**333753**	**42485**	**36154**
9745	254044	25696	283796	32793	27773
21472	482675	39125	333714	40631	35602
4759	37899	17531	82909	7297	8374
990	6181	2601	11151	676	686
71	830			67	3
3	122				
9275	271447	13309	211922	30085	25492
971	8916	555	4078	320	1478
8304	262531	12754	207844	29765	24014
602	8663	-178	2910	444	216
5731	156290	5273	23915	2060	829
77	2193	47	48	16	5
7	2288	1	1	2	
4052	144496	4554	20261	1690	694
1596	7313	673	3605	353	130
42	1243	589	907	3	2
138	489	24	30	16	2
70	308	9	9	1838	551
17390	437152	30723	299162	40026	34446
10150	111882	9416	31965	11549	10710
7240	325271	21307	267198	28477	23736
2583	24268	6396	26871	1589	1113
725	8471	16	1070	189	72
982	13581	2022	6650	681	523
3693	212057	9749	59074	21524	16746
4343	33052	11822	47741	9063	10071
3031	25806	3689	173411	5784	5985
1704	17915	1133	2919	776	818
17503	413800	29293	290068	36555	31268
4176	69671	9865	43685	5930	4886

主要统计指标解释

建筑业总产值 建筑业总产值是以货币表现的建筑业企业在一定时期内生产的建筑业产品和服务的总和。建筑业总产值包括建筑工程产值、安装工程产值和其他产值三部分内容。

竣工产值 一般是以单位工程为对象，当该工程按照设计所规定的工程内容全部完成，达到了设计规定的交工条件，经有关部门检查验收鉴定合格的单位工程价值，即为竣工产值。竣工产值包括范围应是报告期内竣工单位工程从开工到竣工的全部自行完成的价值，如果一个单位工程跨两个年度施工，其竣工价值应当包括上年度完成的价值。有些大型单位工程，如大型厂房、高级宾馆、各种管道、公路、铁路等，能够分跨、分层、分段施工并按合同规定，能够分开交付使用的，可以分开计算竣工产值。竣工产值不包括附属辅助企业或内部核算的其他单位为外单位生产和服务的价值。

房屋建筑施工面积 指报告期内施过工的全部房屋建筑面积，它包括本期新开工的面积、上期跨入本期继续施工的房屋面积、上期停缓建在本期恢复施工的房屋面积、本期竣工的房屋面积以及本期施工后又停缓建的房屋面积。

房屋建筑竣工面积 指在报告期内房屋建筑按照设计要求已全部完工，达到了使用条件，经检查验收鉴定合格的房屋建筑面积。

竣工房屋价值 指在报告期内按规定已经上报竣工的房屋本身的建造价值。一般按房屋设计和预算规定的内容计算。可按“竣工结算价”或“中标价”填报。

工程结算收入 指本企业承包工程实现的工程价款结算收入以及向发包单位收取的除工程价款以外按规定列作营业收入的各种款项，如临时设施费、劳动保险费、施工机构调迁费等以及向发包单位收取的各种索赔款。

工程结算利润 指已结算工程实现的利润。其计算公式为:

工程结算利润 = 工程结算收入 - 工程结算成本 - 经营费用 - 工程结算税金及附加

利润总额 指企业在工程施工生产过程中，取得工程价款收入、机械作业收入等，扣除投入的成本及其他一系列费用，再加减非经营性质的收支及投资收益，即为施工企业全年实现的利润总额（或亏损总额）。亏损以“-”表示。

营业利润 指企业生产经营活动所实现的利润。分为主营业务利润和其他利润。

营业利润 = 工程结算利润 + 其他业务利润 - 管理费用 - 财务费用

资产 是企业拥有或控制的能以货币计量的经济资源，包括各种财产、债权和其他权利。建筑业企业的资产按其流动性分为:流动资产、长期投资、固定资产、无形资产、递延资产和其他资产。即:

资产总计 = 流动资产 + 长期投资 + 固定资产 + 无形资产 + 递延资产 + 其他资产

负债 是企业所承担的能以货币计量、将以资产或劳务偿付的债务。负债一般按其偿还期长短分为流动负债和长期负债。

所有者权益 是企业投资人对企业净资产的所有权，企业净资产等于企业全部资产减去全部负债后的余额。其中包括实收资本、资本公积、盈余公积和未分配利润四部分。

经营费用 指企业从事施工生产活动过程中发生的各项费用。包括应由企业负担的运输费、装卸费、包装费、保险费、维修费、展览费、差旅费、广告费和其他经费。

劳动、失业保险费 指企业向社会保障部门和保险公司为本单位职工支付的劳动保险、失业保险的费用。

Explanatory Notes on Main Statistical Indicators

Gross Output Value of Construction refers to total of construction products and services, expressed in money terms, completed by construction enterprises during a given period of time. It includes three parts: output value of construction projects, output value of installation projects and output value of others.

Output Value of Building Completed refers to the value of unit project that is completed in accordance with the requirements of the design , up to the standard for handing in , and has been checked and accepted by concerned departments as qualified one. It includes entire value of the completed project from start to completing in the reference period. If a project is under construction in two years, the output value of building completed should include completed value last year. Some large projects, such as large factory building, senior hotel, pipelines, roads, railways, which can be constructed by span, layer or fragment and can be put into use separately by contract, can calculate their output value separately. It excludes the value of products and services which affiliated enterprises or other inner accounting units provide to outer units.

Floor Space of Buildings Under Construction refers to total floor space of buildings under construction during the reference period , including newly started buildings , buildings started earlier and continued during the reference period , and buildings suspended earlier but restarted during the reference period , buildings completed during the reference period , and buildings under construction and then suspended during the reference period.

Floor Space of Buildings Completed refers to the floor space of buildings that are completed in reference period in accordance with the requirement of the design , up to the standard for putting into use ,and have been checked and accepted by concerned departments as qualified ones.

Value of Buildings Completed refers to the constructing value of buildings which have reported completing in accordance with the requirement in reference period. Generally, it calculates by stipulated items in design and budget. It can report in term of settling value while completing or value of attaining contract.

Income from Settlement of Projects refers to the settlement income from the value of the project, received by the construction enterprise who contracts the project, and other charges from the unit of issuing contracts as operational costs in addition to the value of the project, such as temporary facility fee, labor insurance premium, moving cost of construction equipment, as well as various types of claims to the unit of issuing contracts.

Profits from Settlement of Projects refer to profits realized through settled projects. It calculates with the following formula:

Profits from Settlement of Projects = Income from Settlement of Projects Settlement Cost – Running Costs – Settlement Taxes and Extra Charges

Total Profits refer to the income received by the construction enterprise from project and machinery operation reducing costs and other expenses, add or minus non-business revenue, expenditure and yield from investment. That is total profits (total losses) of the construction enterprise all the year round. Losses is expressed with sign "-".

Profits of Business refer to profits realized through the business of enterprises. It includes major business profits and other profits.

Profits of Business = Profits from Settlement of Project + Other Profits – Cost of Administration – Costs of Finance

Total Assets refers to all economic resources, owned or controlled by enterprises, and it could be measured in monetary terms, including properties, creditors equity and other economic rights of all forms. Classified by the degree of equitability, total assets of construction include circulating assets, long term investment, fixed assets, intangible assets, deferred assets and other assets. That is

Total Assets = Circulating Assets + Long Term Investment + Fixed Assets + Intangible Assets + Deferred Assets + Other Assets.

Total Liabilities refer to the debts, measured in monetary terms, that enterprises are responsible for repayment in the form of assets or labor, classified by terms of repayment, liability include liquid liabilities and long-term liabilities.

Creditors' Equity refers to investors' ownership of net assets of the enterprise. It is equal to the total assets of the enterprise minus its total liabilities, including capital hold, capital accumulation fund, surplus accumulation fund and undistributed profit.

Running Costs refer to kinds of costs through constructing activities for enterprises, which include costs of transport, loading and unloading, packing, insurance, maintaining, showing, showing, business trip, advertisement and others.

Insurance of Premium for Labor and Unemployment refers to the money which enterprises pay for premium of labor insurance and unemployment insurance to social security department and insurance company for their employees.

交通运输、邮电通信业

TRANSPORTATION, POST AND TELECOMMUNICATION SERVICES

资料整理人员

崔旭莲　阮并晶

交通运输、邮电通信业

TRANSPORTATION , POST AND TELECOMMUNICATION SERVICES

铁路营业里程	Length of Railways in Operation	3752	公里	(km)
公路线路里程	Length of Highways	131644	公里	(km)
货物周转量	Turnover Volume of Freight Traffic	2332.4	亿吨公里	(100 million ton.km)
旅客周转量	Turnover Volume of Passenger Traffic	371.6	亿人公里	(100 million person.km)
市话年末数	Telephones in Urban Area at Year-end	488.1	万户	(10 000 households)
农话年末数	Telephones in Rural Area at Year-end	232.6	万户	(10 000 households)
移动电话户数	Number of Mobile Telephone Subscribers	2225.1	万户	(10 000 households)

民用汽车拥有量（万辆）

Number of Civil Motor Vihicles (10 000 unit)

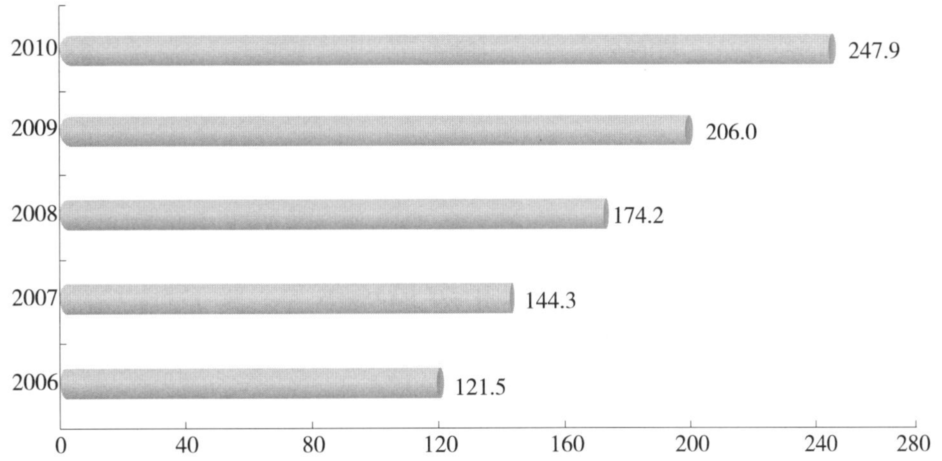

邮电业务总量（亿元）

Business Volume of Post and Telecommunication Services (100 million yuan)

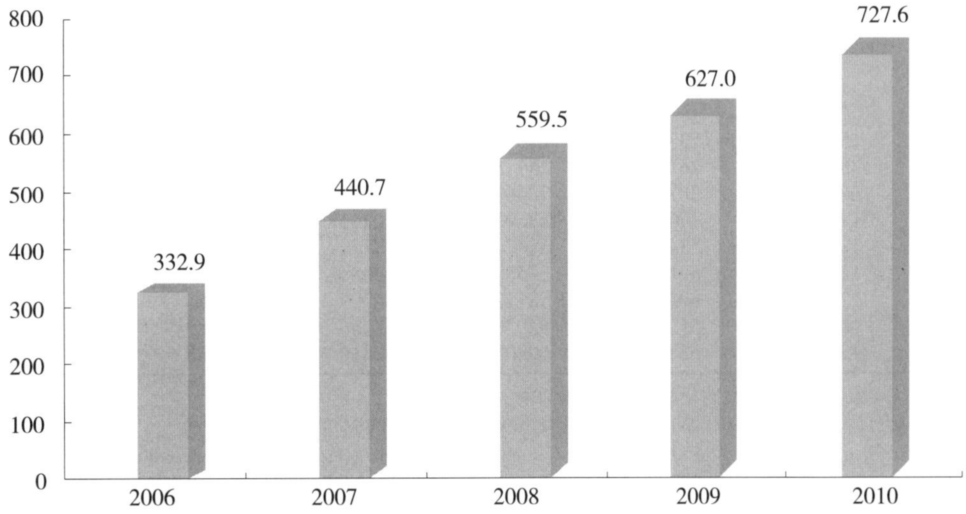

11-1 主要年份运输线路长度
LENGTH OF TRANSPORT ROUTES IN MAJOR YEARS

单位：公里 (km)

年 份 Year	铁路营业里程 Length of Railways in Operation	公路线路里程 Length of Highways	#晴雨通车里程 Length of All Weather Highways	#高速公路 Expressways	每百平方公里平均里程 Average Length Per SquareKilometre 铁 路 Railways	公 路 Highways
1962	1477	14985	3253		0.9	9.6
1965	1544	20365	2106		1.0	10.0
1970	1544	28113	4150		1.0	18.0
1975	1834	29287	9041		1.2	18.7
1978	2057	31868	11163		1.3	20.4
1980	2129	27261	8509		1.3	17.4
1985	2169	28762	12214		1.4	18.4
1990	2330	30784	15493		1.5	19.7
1995	2435	33644	19914		1.6	21.5
2000	2512	55408	37655	518	1.6	35.4
2005	2512	111227	96092	1686	1.6	71.2
2006	3110	112930	98955	1752	1.6	72.3
2007	3115	119869	109093	1893	1.6	76.7
2008	3324	124773	115771	1965	1.6	79.8
2009	3536	127330	122912	1965	2.3	81.5
2010	3752	131644	128844	3003	2.4	84.2

注:2005年及以后公路线路里程和晴雨通车里程包括村道里程数；2006年及以后铁路营业里程包括国铁、合资和地方铁路，原来只包括国家铁路。

Note:Length of highways and all-weather highways includes length of roads between villages since 2005. Length of railways, which only includes national railways formerly, includes length of national railways, joint-venture railways and local railways since 2006 .

11-2 主要年份货运量
FREIGHT TRAFFIC IN MAJOR YEARS

单位：万吨 (10 000 tons)

年 份 Year	合 计 Total	铁 路 Railways	#中央铁路 National Railways	公 路 Highways	#汽 车 Automobile	水 运 Water Transport	民 航 Civil Aviation
1962	4072	2970	2970	1101	228		
1965	6234	3913	3913	2320	672	1	
1970	7939	5380	5380	2555	772	4	
1975	11842	7263	7263	4572	904	8	0.19
1978	15620	9166	9166	6443	1073	11	0.09
1980	18080	11067	11067	7004	1059	9	0.15
1985	29181	16110	16092	13071	1854		0.35
1990	50111	23332	23082	26706	1927	72	0.55
1995	65962	26095	25718	39776	1920	90	0.67
2000	86624	28779	28469	57813	48730	31	0.60
2005	125367	49067	47697	76201	72997	95	3.80
2006	132041	53465	52474	78512	75413	59	3.80
2007	141729	59614	57589	82084	80156	27	4.27
2008	127066	60305	58122	66709	61185	49	3.36
2009	109883	55086	52928	54786	50485	5	3.64
2010	124677	63836	60808	60819	56985	18	4.49

注:(1)汽车货运量2000年以前为交通系统内口径，2000年及以后为全社会口径。
(2)2008年至今公路运输量相关指标为专项调查数据，与其余年份统计口径不同,下同。

Notes:(1)The freight traffic of automobile is calculated by the coverage of traffic system before 2000, and refferred to total society from 2000.
(2)Traffic volume of highways and relative data obtained from a special survey since 2008, are not comparable with those of previous years.

11-3 主要年份货物周转量
TURNOVER VOLUME OF FREIGHT TRAFFIC IN MAJOR YEARS

单位：万吨公里 (10 000 ton-km)

年 份 Year	合 计 Total	铁 路 Railways	#中央铁路 National Railways	公 路 Highways	#汽 车 Automobile	水 运 Water Transport
1962	551122	534070	534070	17022	11281	30
1965	820817	791490	791490	29287	22759	40
1970	1073706	1030300	1030300	43316	33986	90
1975	1345745	1274600	1274600	71055	52686	90
1978	1896350	1784790	1784790	111483	71220	77
1980	2253618	2096450	2096450	157126	76908	42
1985	3609795	3086917	3086584	522878	172565	
1990	5948295	4795516	4784200	1152520	256140	259
1995	7179630	5363846	5346060	1815463	223791	321
2000	8679954	5979696	5958000	2700206	2363596	52
2005	13625549	9697012	9599369	3927715	3788087	822
2006	15302020	11273456	11184936	4028106	3915891	458
2007	16130831	11856056	11736093	4274569	4212114	206
2008	23291682	12269080	12128155	11022284	11022284	318
2009	21000654	11936994	11787797	9063535	8832473	125
2010	23324205	13624714	13436905	9698896	9486877	595

11-4 主要年份旅客运输量和周转量
PASSENGER TRAFFIC AND TURNOVER VOLUME IN MAJOR YEARS

年 份 Year	客运量 (万人) Passenger Traffic (10 000 persons)	#铁 路 Railways	#公 路 Highways	旅客周转量 (万人公里) Passenger Kilometers (10 000 person-km)	#铁 路 Railways	#公 路 Highways
1962	2833	2172	661	275090	236470	38620
1965	2009	1240	769	172424	133040	39384
1970	2645	1549	1096	246642	191450	55192
1975	3184	1739	1445	313767	137800	75967
1978	4498	2124	2375	387366	270950	116416
1980	5865	2523	3342	497897	356420	141477
1985	10564	3391	7173	931783	621351	310432
1990	15960	3226	12728	1260441	668100	587953
1995	21337	3308	17956	1750989	806580	861061
2000	31818	2953	28821	2245807	833600	1358962
2005	40209	3433	36456	3295406	1056422	1809406
2006	42552	3760	38415	3668693	1104390	1897094
2007	44270	4182	39632	3739365	1225343	2071400
2008	36706	4738	31397	4481766	1343296	2425444
2009	37033	5320	31122	3521129	1417639	2103170
2010	39059	5746	32606	3715683	1558206	2157019

注：2009年以后旅客周转量不包括民航数据。

Note: Passenger turnover volume doesn't include civil aviation data since 2009.

11-5 公路客货运输量(2010年)
HIGHWAY PASSENGER AND FREIGHT TRAFFIC(2010)

指 标	Item	营业性 Business	个 体 Individual
一、客运量 (万人)	**Passenger Traffic (10 000 persons)**	**32606**	**1156**
汽 车	Automobile	32606	1156
二、旅客周转量 (万人公里)	**Turnover Value of Passenger (10 000 person-km)**	**2157019**	**69936**
汽 车	Automobile	2157019	69936
三、货运量 (万吨)	**Freight Traffic (10 000 tons)**	**60819**	**28638**
汽 车	Automobile	56985	24829
其他机动车	Other Motor Vehicle	3225	3209
轮胎式拖拉机	Wheeled Tractors	609	599
四、货物周转量 (万吨公里)	**Turnover Value of Freight (10 000 ton-km)**	**9698896**	**4025964**
汽 车	Automobile	9486877	3814855
其他机动车	Other Motor Vehicle	191560	190942
轮胎式拖拉机	Wheeled Tractors	20459	20167

11-6 公路分货类运输量(2010年)
HIGHWAY FREIGHT TRAFFIC BY CATEGORY OF CARGO(2010)

指 标	Item	货运量 (万吨) Freight Traffic (10 000 tons)	货物周转量 (万吨公里) Turnover Volume of Freight Traffic (10 000 ton-km)
合 计	**Total**	**60819**	**9698896**
煤炭及制品	Coal and Products	33394	4964045
石油天然气及制品	Petroleum,Natural Gas and Products	2138	267445
#原 油	Crude Oil	56	4734
金属矿石	Metal Ores	962	212248
钢 铁	Steel and Iron	2294	552491
矿建材料	Mineral Building Materials	3899	494791
水 泥	Cement	3059	260634
木 材	Timber	715	90907
非金属矿石	Nonmetal Ores	551	83640
#磷 矿	Phosphorus Ore	10	1150
化肥及农药	Chemical Fertilizers and Pesticides	784	113800
盐	Salt	474	70255
粮 食	Grain	1713	272045
机械、设备、电器	Mechanism,Equipment and Eletric	772	217086
化工原料及制品	Raw Chemical and Products	513	119194
有色金属	Nonferrous Metal	157	42793
轻工、医药产品	Light Product and Medical Products and Fishery Products	545	150199
#日用工业品	Industrial Articles for Daily Use	55	11022
农林牧渔业产品	Farming,Forestry,Animal Husbandry	1527	347178
#棉 花	Cotton	120	17789
其 他	Others	7322	1440145

11-7 主要年份民用汽车拥有量
NUMBER OF CIVIL MOTOR VEHICLES IN MAJOR YEARS

单位：辆 (unit)

年份 Year	民用汽车总数 Total	#载货汽车 Trucks	#载客汽车 Buses and Cars	#私人汽车 Private Vehicles	#载货 Trucks	#载客 Passenger Vehicles	每百公里公路平均汽车数 Average Number of Motor Vehicles Per 100 km
1962	8937	7104	1399				59.6
1965	9761	6825	1783				47.9
1970	14835	10398	2610				52.8
1975	32234	24176	5743				110.1
1978	45634	34383	8341				143.2
1980	70730	47872	10329				259.5
1985	129286	102033	20968	23664	21525	1884	449.5
1990	232665	174618	46390	46540	36084	10450	755.8
1995	332886	210157	106924	94987	54806	40131	989.4
2000	550148	278235	253481	235078	98837	135909	992.9
2005	1074350	379599	677746	587721	155570	430314	1056.5
2006	1215470	362904	832787	735838	166972	568866	1289.2
2007	1443307	387232	1028553	931163	187040	739517	1447.1
2008	1742158	426521	1272342	1193476	220678	954482	1632.8
2009	2059535	485446	1555324	1488602	264851	1220074	1844.6
2010	2478905	558169	1899271	1865984	319589	1541432	2315.8

注：民用汽车总数和私人汽车数不包括三轮汽车和低速货车。

Note：Number of civil motor vehicles and number of private cars exclude tricars and lower-speed cars.

11-8 民用汽车拥有量(2010年)
NUMBER OF CIVIL MOTOR VEHICLES(2010)

单位：辆 (unit)

指标	Item	合计 Total	营运 Business	非营运 Non-business	#个人 Individual
一、民用汽车	Civil Motor Vehicles	3048641	658966	2389675	2133215
1. 载客汽车	Buses and Cars	1899271	78170	1821101	1541432
#大　型	Large-size	24929	16778	8151	2161
中　型	Medium-size	29495	12799	16696	9486
#轿　车	Cars	1218168	39827	1178341	1030350
2. 载货汽车	Trucks	558169	407295	150874	319589
#重　型	Heavy	200035	193098	6937	73326
中　型	Medium	80343	70504	9839	44284
#普通载货汽车	Ordinary	303274	171984	131290	195792
3.其他汽车	Others	591201	173501	417700	272194
二、拖拉机	Tractors	372631			372631
#大中型	Large and medium-size	73178			73178
小型方向盘式	Small-size with Steering Wheel	125887			125887
三、摩托车	Motorcycles	1028601	25713	1002888	997624
#普　通	Ordinary	1007883	25698	982185	978167
轻　便	Light	20718	15	20703	19457
四、载货挂车	Trailers	96255	93165	3090	33055
五、其他类型车	Other Kinds of Vehicles	315	201	114	65

注：民用汽车拥有量包括三轮汽车和低速货车。

Note:Number of civil motor vehicles include tricars and lower-speed cars.

11-9 民用航空航线(2010年)
CIVIL AVIATION ROUTES(2010)

太原-北京	Taiyuan-Beijing	太原-西安-三亚	Taiyuan-Xi'an-Sanya
太原-上海	Taiyuan-Shanghai	太原-南昌-汕头	Taiyuan-Nanchang-Shantou
太原-广州	Taiyuan-Guangzhou	太原-深圳-三亚	Taiyuan-Shenzhen-Sanya
太原-成都	Taiyuan-Chengdu	太原-运城-三亚	Taiyuan-Yuncheng-Sanya
太原-深圳	Taiyuan-Shenzhen	太原-武汉-深圳	Taiyuan-Wuhan-Shenzhen
太原-大连	Taiyuan-Dalian	青岛-太原-兰州	Qingdao-Taiyuan-Lanzhou
太原-大同	Taiyuan-Datong	天津-太原-兰州	Tianjin-Taiyuan-Lanzhou
太原-长治	Taiyuan-Changzhi	天津-太原-重庆	Tianjin-Taiyuan-Chongqing
太原-运城	Taiyuan-Yuncheng	大连-太原-重庆	Dalian-Taiyuan-Chongqing
太原-郑州	Taiyuan-Zhengzhou	昆明-太原-呼和浩特	Kunming-Taiyuan-Huhehaote
太原-南京	Taiyuan-Nanjing	乌鲁木齐-太原-海口	Wulumuqi-Taiyuan-Haikou
太原-杭州	Taiyuan-Hangzhou	太原-运城-海口	Taiyuan-Yuncheng-Haikou
太原-天津	Taiyuan-Tianjin	乌鲁木齐-太原-青岛	Wulumuqi-Taiyuan-Qingdao
太原-西安	Taiyuan-Xi'an	太原-重庆-昆明	Taiyuan-Chongqin-Kunming
太原-台北	Taiyuan-Taibei	哈尔滨-太原-深圳	Haerbin-Taiyuan-Shenzhen
太原-香港	Taiyuan-Xianggang	武汉-太原-沈阳	Wuhan-Taiyuan-Shenyang
太原-昆明	Taiyuan-Kunming	天津-太原-西安	Tianjin-Taiyuan-Xi'an
长沙-太原-沈阳	Changsha-Taiyuan-Shenyang	长治—北京	Changzhi-Beijing
西安-太原-长春	Xian-Taiyuan-Changchun	长治—成都	Changzhi-Chengdu
太原-济南-威海	Taiyuan-Jinan-Weihai	长治—上海	Changzhi-Shanghai
太原-南京-福州	Taiyuan-Nanjing-Fuzhou	大同—长治—广州	Datong-Changzhi-Guangzhou
太原-南京-晋江	Taiyuan-Nanjing-Jinjiang	运城—北京	Yuncheng-Beijing
太原-南京-温州	Taiyuan-Nanjing-Wenzhou	运城—广州	Yuncheng-Guangzhou
重庆-太原-沈阳	Chongqing-Taiyuan-Shenyang	运城—上海	Yuncheng-Shanghai
沈阳-太原-西安	Shenyang-Taiyuan-Xi'an	运城—成都	Yuncheng-Chengdu
太原-杭州-厦门	Taiyuan-Hangzhou-Xiamen	运城—南京	Yuncheng-Nanjing
太原-榆林-银川	Taiyuan-Yulin-Yinchuan	运城—深圳	Yuncheng-Shenzhen
杭州-太原-银川	Hangzhou-Taiyuan-Yinchuan	三亚—武汉—运城	Sanya-Wuhan-Yuncheng
太原-长沙-三亚	Taiyuan-Changsha-Sanya	三亚—运城—沈阳	Sanya-Yuncheng-Shenyang
太原-长沙-厦门	Taiyuan-Changsha-Xiamen	沈阳—运城—昆明	Shenyang-Yuncheng-Kunming
太原-济南-厦门	Taiyuan-Jinan-Xiamen	天津—运城—重庆	Tianjin-Yuncheng-Chongqing
太原-长沙-贵阳	Taiyuan-Changsha-Guiyang	厦门—武汉—运城	Xiamen-Wuhan-Yuncheng
太原-长沙-南宁	Taiyuan-Changsha-Nanning	大同—北京	Datong-Beijing
太原-长沙-海口	Taiyuan-Changsha-Haikou	大同—上海	Datong-Shanghai
太原-桂林-海口	Taiyuan-Guilin-Haikou	长治—大同—广州	Changzhi-Datong-Guangzhou

11-10 铁路运输主要技术经济指标(2010年)

MAJOR ECONOMIC AND TECHNICAL INDICATORS OF RAILWAY TRANSPORT(2010)

指　标	Item	太原铁路局 Taiyuan Bureau of Railway
货运机车日产量 (万吨公里)	Average Daily Ton-kilometers of Freight Locomotives (10 000 ton-km)	214.3
内燃机车	Diesel Locomotives	90.1
电力机车	Electric Locomotives	260.8
货运机车平均牵引总重量 (吨)	Average Total Tonnage of Freight Locomotives (ton)	6285
内燃机车	Diesel Locomotives	3009.0
电力机车	Electric Locomotives	7316.0
客运机车日车公里 (公里)	Daily Distance per Passenger Locomotive (km)	591.0
货运机车日车公里 (公里)	Daily Distance per Freight Locomotive (km)	515.0
内燃机车万吨公里耗油 (公斤)	Oil Consumption of Diesel Locomotives (kg/10 000 ton-km)	27.3
电力机车万吨公里耗电 (千瓦小时)	Electricity Consumption of Electric Locomotives (kwh/10 000 ton-km)	86.3
旅客列车技术速度 (公里/小时)	Technical Speed of Passenger Trains (km/hr)	68.5
旅客列车旅行速度 (公里/小时)	Traveling Speed of Passenger Trains (km/hr)	59.7
货物列车技术速度 (公里/小时)	Technical Speed of Freight Trains (km/hr)	46.4
货物列车旅行速度 (公里/小时)	Running Speed of Freight Trains (km/hr)	36.6
货物列车运行正点率 (%)	Punctuality Rate of Freight Trains in Running (%)	95.6
货物列车出发正点率 (%)	Punctuality Rate of Freight Trains at Departure (%)	95.7
旅客列车运行正点率 (%)	Punctuality Rate of Passenger Trains in Running (%)	99.9
旅客列车出发正点率 (%)	Punctuality Rate of Passenger Trains at Departure (%)	99.8
货车周转时间 (天)	Trunning Around Time of Freight Cars (day)	1.9
货车一次作业时间 (小时)	Handling Time of Freight Cars (hour)	10.0
货车中转停留时间 (小时)	Transfer Waiting Time Per Freight Car (hour)	2.4

11-11 太原铁路局机车拥有量
LOCOMOTIVES OF TAIYUAN RAILWAY BUREAU

单位：台 (unit)

项　目	Item	2009	2010
总　计	**Total**	**1241**	**1300**
内燃机车	**Diesel Locomotives**	**449**	**423**
NYJ1	NYJ1	4	4
东风4	Dongfeng Model IV	69	34
东风4A	Dongfeng Model IV A	21	15
东风4B	Dongfeng Model IV B	96	116
东风4BD	Dongfeng Model IV BD	25	25
东风4BK	Dongfeng Model IV BK	60	60
东风4DD	Dongfeng Model IV DD	8	8
东风4D客	Dongfeng Carrige Model IV D	8	8
东风7	Dongfeng Model VⅡ	41	41
东风7B	Dongfeng Model VⅡ B	20	20
东风7C	Dongfeng Model VⅡ C	13	13
东风7G	Dongfeng Model VⅡ G	7	7
东风8B	Dongfeng Model VIII B	72	72
北　京	Beijing Model	5	423
其他主要机型	Other Main Models		
电力机车	**Electric Locomotive**	**792**	**877**
韶山1型	Shaoshan Model Ⅰ	46	46
韶山4型	Shaoshan Model Ⅳ	200	220
8G型	8G Model	95	95
8K型	8K Model	51	51
HXD1	HXD1 Model	220	220
HXD2	HXD2 Model	180	180
其他主要机型	Other Main Models		65

11-12 太原铁路局客车拥有量
PASSENGER COACHES OF TAIYUAN RAILWAY BUREAU

单位：辆 (coach)

项　目	Item	2009	2010
总　计	**Total**	**1807**	**2003**
软卧车	Soft Berth Coaches	152	154
硬卧车	Hard Berth Coaches	701	784
软硬卧车	Soft and Hard Berth Coaches		
软座车	Soft Seat Coaches	3	35
硬座车	Hard Seat Coaches	780	840
软硬座车	Soft and Hard Seat Coaches		**2**
餐　车	Dining Cars	108	116
行李邮政车	Luggage and Post Cars		
公务车	Business Cars		
其　他	Others	63	72

11-13 国家铁路分货类运输量(2010年)
NATIONAL RAILWAY FREIGHT TRAFFIC BY CATEGORY OF CARGO(2010)

指 标	Item	运输量(万吨) Volume of Freight Traffic (10 000 tons)	货物周转量(万吨公里) Turnover Volume of Freight Traffic (10 000 ton-km)	平均运程(公里) Average Transport mileage (km)
合 计	**Total**	**78513.4**	**34458512.1**	**439**
煤 炭	Coal	59185.4	29934879.7	506
#晋煤外运	Sent to other prefectures	36558.4		
石 油	Petroleum	974.2	218386.1	224
焦 炭	Cake	4450.0	1269524.9	285
金属矿石	Metal Ore	4338.9	1073488.0	247
钢铁及有色金属	Steel and Nonferrous Metal	3364.0	791944.2	235
非金属矿石	Nonmetal Ores	417.1	131515.5	315
磷矿石	Phosphate Rock	11.3	445.1	39
矿建材料	Mine Construction Materials	2429.4	231611.9	95
水 泥	Cement	29.9	5273.7	176
木 材	Timber	73.0	25296.7	346
粮 食	Grain	346.2	119698.0	346
棉 花	Cotton	28.2	5197.9	184
化肥及农药	Chemical Fertilizers and Pesticides	724.1	170614.4	236
盐	Salt	95.6	20526.2	215
化工品	Chemical Products	519.7	121012.7	233
金属制品	Metal Products	16.5	4742.9	287
工业机械	Industry Machinery	62.7	16977.4	271
电子电气机械	Electric Machinery	6.8	1363.5	200
农业机具	Agricultral Machinery and Tools		21.7	519
鲜活货物	Fresh and Living Goods	32.2	11577.1	359
农副产品	Agricultural Produts	24.9	6614.3	265
饮食品及烟草制品	Drinking,Food and Tobacco Products	168.3	40223.2	239
纺织品皮革毛皮及其制品	Textile,Leather,Furs and Their Products	1.4	262.3	184
纸及文教用品	Paper,Cultural and Education Goods	34.4	8026.2	233
医药品	Medical and Pharmaceutical Products	10.1	2990.4	297
零 担	Sporadic Freight Transport	262.9	61761.6	235
集装箱	Container Transport	0.2	38.5	154
其 他	Others	905.9	184498.0	204

注：本表为太原铁路局全部数据。

Note: Data in the table is supplied by Taiyuan Railway Bureau.

11-14 铁路每日平均装车数及货车静载重(2010年)

DAILY AVERAGE LOADED FREIGHT CARS AND NET LODING CAPACITY OF FREIGHT(2010)

指　标	Item	装车数(日车) Number of Loaded Freight Cars (day-wagon)	货车静载重(吨) Net Loading Capacity of Freight(ton)
总　计	**Total**	**19359**	**70.8**
煤	Coal	15191	72.6
石　油	Petroleum	26	53.5
焦　炭	Cake	1590	63.7
金属矿石	Metal Ore	266	67.0
钢铁及有色金属	Steel and Nonferrous Metal	861	60.2
非金属矿石	Nonmetal Ores	92	65.0
磷矿石	Phosphate Rock		
矿建材料	Mine Construction Materials	876	71.1
水　泥	Cement	4	60.8
木　材	Timber	2	59.6
粮　食	Grain	69	61.4
棉　花	Cotton		
化肥及农药	Chemical Fertilizers and Pesticides	153	62.1
盐	Salt		
化工品	Chemical Products	43	59.7
金属制品	Metal Products	1	60.1
工业机械	Industry Machinery	14	58.6
电子电气机械	Electric Machinery		
农业机具	Agricultral Machinery and Tools		
鲜活货物	Fresh and Living Goods	2	58.5
农副产品	Agricultural Produts	2	61.4
饮食品及烟草制品	Drinking,Food and Tobacco Products	8	60.3
纺织品皮革毛皮及其制品	Textile,Leather,Furs and Their Products		
纸及文教用品	Paper,Cultural and Education Goods	1	53.6
医药品	Medical and Pharmaceutical Products	1	60.9
零　担	Sporadic Freight Transport	23	50.5
集装箱	Container Transport		
其　他	Others	135	52.6

11-15 地方铁路营运概况(2010年)
BASIC STATISTICS ON LOCAL RAILWAY(2010)

地市及线路名称 Regions and Name of Railway Lines	起讫地址 The Beginning and The End	线路长度(公里) Length of Railways (km)		机 车(台) Locomotives (unit)		
		延展里程 Length of Extention	正线里程 Length of the Truck Lines	合 计 Total	电 气 Electrical	内 燃 Diesel
总 计 Total		**481.2**	**357.5**	**42**	**14**	**28**
一、合资铁路	Joint Venture Railways	325.8	231.7	32	14	18
武沁铁路	武乡-左权；沁县-沁源	141.4	116.2	5		5
Wuqin Railway	Wuxiang-Zuoquan;Qinxian-Qinyuan					
孝柳有限责任公司	孝西-穆村	184.4	115.5	27	14	13
Xiaoliu Railway Co.,Ltd.	Xiaoxi-MuCun					
二、地方铁路	Local Railways	155.4	125.8	10		10
忻州地方铁路公司	阴塔-刘元头	45.0	33.0	5		5
Xinzhou Local Railway Company	Yinta-Liuyuantou					
宁静铁路	宁武-静乐	110.4	92.8	5		5
Ningjing Railway	Ningwu-Jingle					

地市及线路名称 Regions and Name of Railway Lines	货物运输 Freight Traffic		财务状况 Financial Affairs Situation			
	货运量(万吨) Freight Traffic (10 000 tons)	货物周转量(万吨公里) Turnover of Freight Traffic (10 000 ton-kms)	运输收入(万元) Transportation Revenue (10 000 yuan)	运输支出(万元) Transpor-tation Expend (10 000 yuan)	实现利润(万元) Profits (10 000 yuan)	上缴税金(万元) Taxes (10 000 yuan)
总 计 Total	**3028**	**187810**	**66240**	**57414**	**2882**	**3278**
一、合资铁路	1980	163460	52343	46385	2023	2776
武沁铁路	200	10847	3982	5756	-1807	32
Wuqin Railway						
孝柳有限责任公司	1780	152613	48361	40629	3830	2744
Xiaoliu Railway Co.,Ltd.						
二、地方铁路	1048	24350	13897	11029	859	502
忻州地方铁路公司	514	12817	6010	3994	296	212
Xinzhou Local Railway Company						
宁静铁路	534	11533	7887	7035	563	290
Ningjing Railway						

11-16 山西省通过铁路发往各省、市、自治区的货物(2010年)

单位：万吨

省、市、区	Region	总计 Total	煤 Coal	焦炭 Coke	金属矿石 Metal Ores	钢铁及有色金属 Steel and Nonferrous Metal
总计	**Total**	**60808**	**52340**	**3996**	**431**	**1992**
北京	Beijing	920	833	49		21
天津	Tianjin	2740	2297	197		200
河北	Hebei	30086	28152	1708		117
山西	Shanxi	4402	3347	49	373	92
内蒙古	Inner Mongolia	267	110	54		72
辽宁	Liaoning	1707	1271	363		28
吉林	Jilin	144	28	38		25
黑龙江	Heilongjiang	53	19	2		4
上海	Shanghai	201	15	86		81
江苏	Jiangsu	2788	1921	525		220
浙江	Zhejiang	328	169	17		81
安徽	Anhui	748	634	11		48
福建	Fujian	102	16	62		1
江西	Jiangxi	455	383	31		7
山东	Shandong	9207	8203	547		171
河南	Henan	2540	2267	49	13	90
湖北	Hubei	2001	1808	56		91
湖南	Hunan	849	690	105		32
广东	Guangdong	168	17	29		59
广西	Guangxi	95	29	13		4
海南	Hainan	2				
重庆	Chongqing	70	1			49
四川	Sichuan	293		1	1	149
贵州	Guizhou	22		2		6
云南	Yunnan	21				1
西藏	Tibet	3				2
陕西	Shaanxi	251	33	2	44	137
甘肃	Gansu	134	1			110
青海	Qinghai	73				63
宁夏	Ningxia	28				26
新疆	Xinjiang	114	94			5

FREIGHT SENT TO PROVINCES,CITIES AND MUNICIPALITIES FROM SHANXI BY RAILWAY(2010)

(10 000 tons)

非金属矿石 Non-Metal Ores	石油 Petroleum	矿建材料 Mine Construction Materials	水泥 Cement	木材 Timber	粮食 Grain	化肥及农药 Chemical Fertilizer and Pesticide	盐 Salt	其他 Others
342	**28**	**325**	**10**	**4**	**173**	**675**		**494**
5						3		7
15		6			3	7		15
35		14			1	42		16
113	27	249			1	18		133
5	1	3			1	6		15
13		1			1	17		13
4		5				39		4
4		2				11		11
3		1			1	2		13
16		1			2	80		23
7		1			6	6		41
4					8	38		5
		1			5	4		13
2		1			9	14		7
41		4			1	223		17
45		5			1	62		7
4		2			3	15		23
3					3	6		9
3		4			11	19		26
		5			21	14		8
		1				1		
1		3			2	1		14
4		6		3	85	14		30
		3			1	3		6
1		1			1	8		9
13					4	15		3
2		1	9		1	2		7
								10
					1	1		1
1		3				4		7

11-17 各省、市、自治区通过铁路发往山西省的货物(2010年)

单位：万吨

省、市、区	Region	总计 Total	煤 Coal	焦炭 Coke	金属矿石 Metal Ores	钢铁及有色金属 Steel and Nonferrous Metal
总　计	**Total**	**9987**	**3440**	**79**	**4059**	**291**
北　京	Beijing	84				10
天　津	Tianjin	387		6	304	1
河　北	Hebei	468	19		133	18
山　西	Shanxi	4402	3347	49	373	92
内蒙古	Inner Mongolia	136			24	19
辽　宁	Liaoning	108		2	3	16
吉　林	Jilin	30		1		1
黑龙江	Heilongjiang	63				6
上　海	Shanghai	14		1	1	4
江　苏	Jiangsu	656	2	5	577	4
浙　江	Zhejiang	14				
安　徽	Anhui	35	1		1	2
福　建	Fujian	10				
江　西	Jiangxi	10			2	1
山　东	Shandong	2779	21	6	2602	16
河　南	Henan	128	9			9
湖　北	Hubei	62		3	1	6
湖　南	Hunan	28			5	3
广　东	Guangdong	29			3	10
广　西	Guangxi	22			4	6
海　南	Hainan					
重　庆	Chongqing	7				1
四　川	Sichuan	30			5	3
贵　州	Guizhou	28	2			6
云　南	Yunnan	31				1
陕　西	Shaanxi	150	3	3	9	1
甘　肃	Gansu	83	7		5	12
青　海	Qinghai	97	20	1	5	11
宁　夏	Ningxia	24	4		1	2
新　疆	Xinjiang	72	6	1		30

FREIGHT SENT TO SHANXI FROM PROVINCES ,CITIES AND MUNICIPALITIES BY RAILWAY (2010)

(10 000 tons)

非金属矿石 Non-Metal Ores	石油 Petroleum	磷矿石 Phosphate ore	矿建材料 Mine Construction Materials	水泥 Cement	木材 Timber	粮食 Grain	化肥及农药 Chemical Fertilizer and Pesticide	盐 Salt	其他 Others
200	**578**	**31**	**393**	**18**	**58**	**94**	**112**	**100**	**532**
	63		2				1		8
	59								17
20	139	11	75	17		1	3	7	25
113	27		249			1	18		133
3	2		2		43	3	2	4	33
18	55		3			2	1		8
	8				3	10			6
	4				6	35	2		10
									9
	1					6	2		59
2									12
9						11	6	1	3
1			2		1				6
3			2		1				2
1	40		1			11	3	56	21
3	49		33	1		4	6	4	10
3		1	13				6	20	9
8					1		2		9
									15
2			1		2				8
			0						
			1						5
1			1			1	5	4	11
5		10					2		2
		10					10		10
6	112		2				7		7
2	10		6			6	1	2	33
	1						21	4	34
	5						9		2
	2					2	4		26

11-18 邮电业务总量
VOLUME OF POST AND TELECOMMUNICATION SERVICES

指　　标	Item	2009	2010
邮电业务总量 (万元)	**Business Volume of Post and Telecommunication Services(10 000 yuan)**	**6270024**	**7276478**
函　件 (万件)	Number of Letters (10 000 pcs)	8278	7732
包　件 (万件)	Number of Parcels (10 000 pcs)	127	118
汇　票 (万笔)	Number of Postal Money Orders (10 000 pcs)	689	613
机要邮件 (万件)	Number of Confidential Letters (10 000 pcs)	52	58
特快专递 (万件)	Express Mail Services (10 000 pcs)	594	653
集邮邮票 (万枚)	Philately (10 000 pcs)	1453	1018
订销报纸期发数 (万份)	Newspapers Circulation (10 000 copies)	231	131
订销报纸累计数 (万份)	Accumulative Total of Newspapers Circulation (10 000 copies)	50250	48813
订销杂志期发数 (万份)	Magazines Circulation (10 000 copies)	109	113
订销杂志累计数 (万份)	Accumulative Total of Magazines Circulation (10 000 copies)	2482	2412
报刊流转额 (万元)	Circulation of Newspapers and Magazines (10 000 yuan)	53574	46119
市话年末到达数 (万户)	Number of Subscribers of Urban Telephone at Year-end (10 000 subscriber)	498.6	488.1
农话年末到达数 (万户)	Number of Subscribers of Rural Telephone at Year-end (10 000 subscriber)	260.2	232.6
移动电话总户　(万户)	Number of Mobile Telephone Subscribers (10 000 subscriber)	1957.8	2225.1
移动短信 (万条)	Mobile Short Information (10 000 pcs)	1884479	2191441

11-19 主要年份邮电通信网
NETWORK OF POST AND TELECOMMUNICATION IN MAJOR YEARS

年　份 Year	邮政支局所 (处) Number of Branch Post offices (unit)	#在农村 Rural	邮路长度 (公里) Length of Postal Routes (km)	#铁　路 Railway Routes	#汽　车 Highway Routes
1962	1237	1062	106441	2944	4832
1965	1392	1232	123286	2459	6396
1970	2212	1898	124357	4002	7061
1975	1544	1301	151287	6098	8256
1978	1675	1444	143907	3420	8836
1980	1629	1380	141596	3652	8951
1985	1890	1591	146024	3512	10727
1990	1813	1456	146251	4741	10160
1995	1888	1454	157202	5531	15350
2000	1730	1239	203725	5782	22744
2005	1603	1045	181703	6869	24008
2006	1604	1022	172789	6869	25306
2007	1589	1003	173607	6869	25346
2008	1552	988	183699	7041	27849
2009	1282	785	147994	7650	28385
2010	1306	759	184998	7600	29349

11-20 邮政局所、房屋、服务点

NUMBER OF POSTAL OFFICES , BUILDINGS AND SERVICE PLACES

单位：处 (unit)

指 标	Item	2009	2010
邮政局所服务网点总数	Number of Post Office Service Places	1724	1643
#设在农村的	In Rural Area	785	759
#电子化支局	Electrical Branch Offices	878	913
#邮政局	Number of Post Offices	108	108
邮政支局	Nmber of Branch Post Offices	451	466
自办邮政所	Number of Post Offices Operated By Post Department	565	594
代办邮政所	Number of Postal Agencies	266	246
邮政报刊图书销售点	Number of Sell Places of Papers, Maganizes and Books	754	673
集邮品销售点	Number of Sell Places of Philatelic Items	273	158
邮政储蓄点	Number of Postal Saving Places	927	926
#邮政储蓄联网网点数	Number of Postal Saving PlacesWith Connected Networks	927	926
邮政储蓄异地存取网点数	Number of Postal Saving Places That Can Handle Savings Accounts in Different Places	927	926
邮政信报箱群	Post Boxes Group	2314	2216
邮政信筒信箱(个)	Post Boxes (unit)	2932	2811
邮局用户信箱(个)	User Boxes In Post Offices (unit)	1188	1254
邮政妥投点 (个)	Number of Post Delivery Places (unit)	244666	316605
直接投递	Direct Delivery Places	189517	259292
与用户签订妥投协议	Delivery Places Made Contract with Users	55149	57313
自有房屋建筑 面积(万平方米)	Floor Space of Self -owned Buildings (10 000 sq.m)	105.4	105.4
邮政生产用房面积	Floor Space of Production Used	55.6	55.9
其他生产用房	Other Productive Buildings	5.9	6.2
非生产用房面积	Floor Space of Non-production	43.9	43.4

11-21 邮 政 邮 路

POSTAL ROUTES

单位：公里 (km)

指 标	Item	2009	2010
邮路总条数（条）	Number of Postal Routes (route)	528	524
#航 空	Air Postal Routes	19	31
铁 路	Railway Postal Routes	6	6
汽 车	Highway Postal Routes	256	274
邮路总长度（单程）	Total Length of Postal Routes (one-way)	73997	92499
#航 空	Air Postal Routes	25050	43632
铁 路	Railway Postal Routes	7650	7600
汽 车	Automobile Postal Routes	28385	29349
农村邮路条数（条）	Number of Rural Postal Routes (route)	267	317
农村邮路长度（单程）	Length of Rural Postal Routes (One-way)	16687	18526
城市投递路线条数（条）	Number of Rural Delivery Routes (route)	1528	1420
城市投递路线长度（单程）	Length of Rural Delivery Routes (One-way)	34830	29615
农村投递路线条数（条）	Number of Rural Delivery Routes (route)	2310	2428
#摩托车	Motorcycles	148	153
自行车	Bicycles	1942	2014
步 班	On Foot	220	251
农村投递线路长度（单程）	Length of Rural Delivery Routes (One-way)	111344	113916
#摩托车	Motorcycles	12866	14230
自行车	Bicycles	90110	89402
步 班	On Foot	8367	10061

主要统计指标解释

铁路营业里程 指办理客货运输业务的铁路正线总长度。凡是全线或部分建成双线及以上的线路，以第一线的实际长度计算；复线、站线、段管线、岔线和特别用途线以及不计算运费的联络线都不计算营业里程。线路营业里程是反映铁路运输业基础设施发展水平的重要指标，也是计算客货周转量、运输密度和机车车辆运用效率等指标的基础资料。

铁路延展里程 可以分为总延展里程以及正线、站线、段管线、岔线和特别用途线的延展里程。总延展里程是各种线路的延展里程之和。正线延展里程是正线第一线、第二线、第三线和其他正线建筑里程之和，站线、段管线、岔线和特别用途线的延展里程，均是各自建筑里程之和。延展里程是作为计算线路上钢轨、枕木及路基砂石需要量的主要依据。

公路网 是由各级公路组成的网状运输系统。它是由连结各城镇、乡村和工矿基地之间主要供汽车行驶的道路形成的网络。我国的公路里程是按其作用及使用管理性质分为国家干线公路、省级干线公路、县级公路、乡公路和专用公路。按其公路工程技术要求分为高速公路和一、二、三、四级公路。

公路里程 也称"公路通车里程"，是指实际达到交通部制定的公路工程技术标准规定的等级公路长度。它包括大中城市的郊区以及通过小城镇街道的公路里程，也包括桥梁、渡口的长度，但不包括城市街道以及厂矿、林区和农业生产用道的里程。两条或多条公路共同径由同一路段，只计算一次，不得重复计算里程长度。公路里程是反映公路建设发展规模的重要指标，也是计算运输网密度等指标的资料。

民用汽车 由公安交通监理部门所掌管的领有本地区民用车辆牌照的机动车辆中的一部分。不包括拖拉机、摩托车、其他机动车等。民用汽车包括普通载货汽车、专用载货汽车、载客汽车、其他专用汽车、特种汽车等。

营运汽车 指领有公安交通监理部门核发的车辆牌照，并经当地工商行政管理机关核准，领取营业执照，参加营业性运输的载客和载货汽车。

货（客）运量 指运输业实际运送的货物（旅客）数量。货运按吨计算。货物不论运输距离长短、货物类别，均按实际重量计算，旅客不论行程远近或票价多少，均按一人一次作为客运量统计。半票价、小孩票也按一人统计。货（客）运量反映运输业为国民经济和人民生活服务的数量指标，也是制定和检查运输生产计划，研究运输发展规模和速度的重要指标。

货物（旅客）周转量 指运输业运送的货物（旅客）数量与其相应运输距离的乘积之总和，通常以吨公里和人公里为计算单位。计算货物周转量通常按发出站与到达站之间的最短距离，也就是计费距离计算。它是反映运输业生产总成果的重要指标，也是编制和检查运输生产计划、计算运输效率、劳动生产率以及核算运输单位成本的主要基础资料。

换算周转量 是综合反映各种运输工具在一定时期内实际完成的旅客、货物周转量的综合指标。具体计算方法是将旅客周转量和货物周转量区分不同运输工具按相应的换算比例，换算成同一计量单位进行加总求得。其计算单位为：吨公里。

公路运输的换算比例是：1 吨公里=10 人公里

内河水运的换算比例是：1 吨公里=3 人公里（座位）　　1 吨公里=1 人公里（带卧铺）

铁路运输的换算比例是：1 吨公里=1 人公里（地方铁路为 5 人公里）

民航运输的换算比例是：1 吨公里=13.9 人公里（国际航线为 13.3 人公里）

邮电业务总量 指以货币表现的邮电部门为用户传递信息和提供其他邮电服务的总量。它用各种邮电分类业务量，如函件件数、电报份数、长话张数、市内电话和农村电话的年均户数、订销报刊累计份数等，分别乘以相应的平均单价（不变价），加总后再加上出租电路和设备的收入、代用户维护电话交换机和线路等设备的收入、其他业务收入求得。邮电业务总量综合反映了一定时期邮电工作的总成果，是研究邮电业务量构成和发展趋势的重要指标。

电话用户数 包括固定和移动电话。固定电话用户指接入国家公众固定电话网，并按固定电话业务进行经营管理的电话用户。移动电话用户指在移动电话营业部门登记，通过移动电话交换机接入移动电话网、占有移动电话号码的用户。

邮路 各邮政局所之间，邮政局所与车站、码头、机场、转运站、邮件处理中心、报刊社之间，邮区中心局与邮政局所及各邮区中心局之间由自办或委办人员按固定班期规定路线交换邮件（包括机要文件，下同）、报刊的路线。包括农村地区运邮兼投递的路线，不包括城市、农村地区纯投递路线。按运输方式可分为航空邮路、铁路邮路、汽车邮路、水路邮路和其他邮路等。

邮路总长度 邮路由起点到终点的长度。单程长度统计法的计算方法是直线算单程，环型算全程；直环混合中直线部分算单程，环型部分算全称；Y 型三段相加算单程。

投递路线 投递路线是指邮政局所或邮政投递机构的自办或委办人员按固定班期（班次）、规定路线为城乡用户投递邮件、报刊的路线。按地域可分为城市投递路线和农村投递路线。按投递方式可分为汽车投递路线、摩托车投递路线、自行车投递路线、马班投递路线和步班投递路线等。

Explanatory Notes on Main Statistical Indicators

Length of Railways in Operation refers to the total length of the trunk line under passenger and freight transportation. The calculation is based on the actual length of the first line even if this line has a full or partial double tracks, excluding double tracks, station sidings, tracks under the charge of stations, branch lines, special-purpose lines and the non-payable connecting lines. The length of railways is an important, traffic density and utilization efficiency of the locomotives and carriages.

Extention Length of Railway it can be divided into total extention length and extention length of trunk lines, station lines under the jurisdiction of trunk refers to the sum of the first, the second, the third lines and other constructed length of the trunk railways. Extenuation length of trunk lines, station lines under the jurisdiction of depots, sidings and lines for special purpose, are all themselves construction length. It provides important information for the calculation of the needs for rails, sleepers, sand and stone for the construction of railways.

Highway Net is a netted communications system, it is composed of various highway. It is a network that linked with carious road of cities, towns, villages and mines. In China, the length of highways, if grouped by its functions and administer characters, can be divided into state highways, provincial highways, county highways, village highways and highways for special purpose. Grouped by its engineering standard, it can be divided into expressways and class I to IV class highways.

Length of Highways it is also be called "opening length of highways". It refers to the length of highways which are built in conformity with the grades specified by the highway engineering standard formulated by the Ministry of Communications. The length of highways includes that of the suburb highways at large and medium-sized cities, highways passing through streets at small cities and towns, and also the length of bridges and ferries. It does not include the length of streets in big and medium-sized cities and highways built for the production purpose at factories, mines, forest areas and agricultural areas. If two or more highway go the same section of the way, the length of the section is only calculated for once and no duplication is allowed. The length of highway is an important indicator to show the development of the highway construction and to provide essential information to calculate the transport network density.

Civil Motor Vehicles refer to a part of motor vehicles that are controlled by public security supervise department and have this locality civil motor vehicles license. Excluding the tractors, motor cycles and other motor vehicles, Civil motor vehicles include ordinary trucks, trucks for special use, buses and cars, other trucks for special use, special vehicles.

Working Vehicles refer to the passenger vehicles and trucks for business, which gains vehicle licenses issued by the traffic control department and the business license approved by administration for industry and commerce.

Freight (Passenger) Traffic refers to the volume of freight (passenger) transported with various means within a specific period of time. This indicator reflects the service of the transport industry towards the national economy and people's living conditions, as well as an important indicator used in formulating and monitoring transport production plans and research into the scale and pace of transport development. Freight transport is calculated in tons and passenger traffic is calculated in terms of number of persons. Freight transport is calculated in terms of the actual weight of the goods and takes no account of the type of freight and distance of travel. Passenger traffic is calculated by the principle that one person can be counted only once in one trip and takes no account of the travelling distance and ticket price. The passengers who travel with a half price ticket or a child's ticket is also calculated as one person.

Freight Ton-kilometres (Passenger-kilometres) refers to the sum of the product of the volume of transported cargo (passengers) multiplied by the transport distance. It is an important indicator to reflect the achievement of the transportation industry. This is an important indicator to show the total results of the transport industry; to prepare and examine the transport plan; and to serve as the main basic data for calculating the efficiency, labour productivity and unit cost of transport. Normally, the shortest distance between the departure station and the destination station (i.e., the payable distance) is the basis in calculating the freight ton-kilometres.

Converted into Turnover Volume is a synthesis item which reflect real freight or passenger traffic with various means in a period time. The calculated method as follows: Sum of Freight or passenger traffic which are converted into uniform unit by transport means according to corresponding scaling. The uniform unit is ton-km.

Scaling of highways: 1 ton-km=10 person-km

Scaling of river: 1 ton-km=3 person-km(seat);1 ton-km=1 person-km(sleeper)

Scaling of railway: 1 ton-km=1 person-km(equals 5 person-km on local railways)

Scaling of Civil Avication: 1 ton –km=13.9 person-km(equals 13.3 person-km on international routes)

Volume of Post and Telecommunication Sercive refers to the total amount of postal and telecommunication services, expressed in value terms, provided by the post and telecommunications departments for society. Postal and telecommunication services can be classified as letters, parcels, remittance, issue of newspapers and magazines, fast mail service, express mail service, savings deposits, stamps for collection, facsimiles, long-distance telephone service, leasing of telephone lines, mobile telephone service, data transmission, income from leasing, maintenance, etc. The accounting approach is to multiply the service products of all types with their average unit price (constant price) to get the total business value, and to add to it income from other services such as leasing of telephone lines and equipment and maintenance of telephone switchboards and lines on behalf of customers. This indicator reflects the overall results of postal and telecommunication services during a given period, and is important for studying the composition of business service and the trend of development of postal and telecommunication services.

Number of Subscribers of Telephone includes fixed-telephone subscribers and mobile telephone subscribers. Fixed-telephone subscribers refer to subscribers that are connected to the state public fixed-telephone net and are managed according to fixed-telephone business. Mobile telephone subscribers refer to subscribers that are registering in business department on mobile phone, connected to the mobile telephone net and owing the number of mobile phone.

Postal Routes refers routes that self-run clerks or clients change mails, newspapers and magazines by fixed schedule and regular routes between post offices, post offices and stations, docks, airports, transfer stations, mail processing centers, newspaper agencies. It includes posting and delivering routes in rural areas, while excludes routes that only delivers in urban and rural areas. It can be divided into airway postal routes, railway postal routes, automobile postal routes, waterway postal routes and other postal routes according to transport means.

Total Length of Post Routes refers length of postal routes from the start point to the end point. The single length is calculated by the following method, that is, straight line route is calculated as single way, circle route as entire way, straight line and circle mixed route is calculated separately, and Y type route is calculated as the sum of three single lines.

Delivery Routes refers routes that self-run clerks or clients of postal offices and postal delivery agencies deliver mails, newspapers and magazines by fixed schedule and regular routes for urban and rural residents. It can be divided into urban delivery postal routes and rural delivery postal routes according to regions. And there are automobile deliver route, motorcycle deliver route, bicycle deliver route, horse deliver route and deliver route on foot.

12

批发和零售业

WHOLESALE AND RETAIL TRADE

资料整理人员

雷士伟　张艳芳　张艳君

批发和零售业

WHOLESALE AND RETAIL TRADE

社会消费品零售总额	Total Retail Sales of Consumer Goods	3318.2	亿元	(100 million yuan)
城　镇	Town	2669.8	亿元	(100 million yuan)
乡　村	Village	648.4	亿元	(100 million yuan)

社会消费品零售总额构成(%)

Composition of Total Retail Sales of Consumer Goods (%)

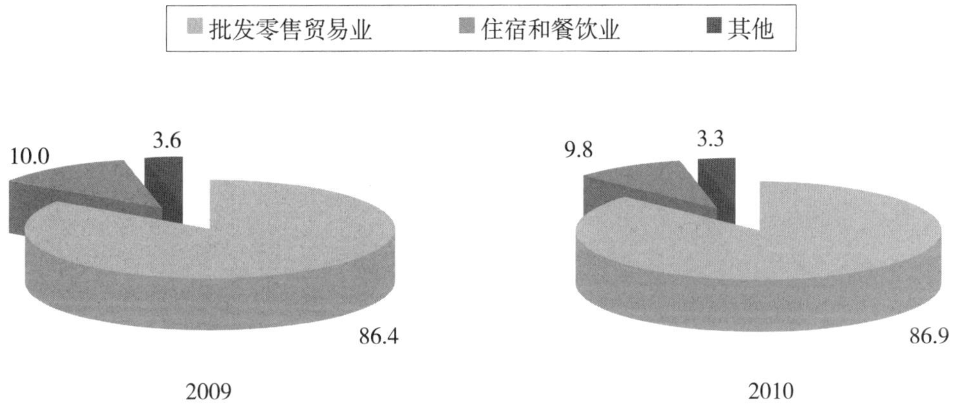

社会消费品零售总额(亿元)

Total Retail Sales of Consumer Goods (100 million yuan)

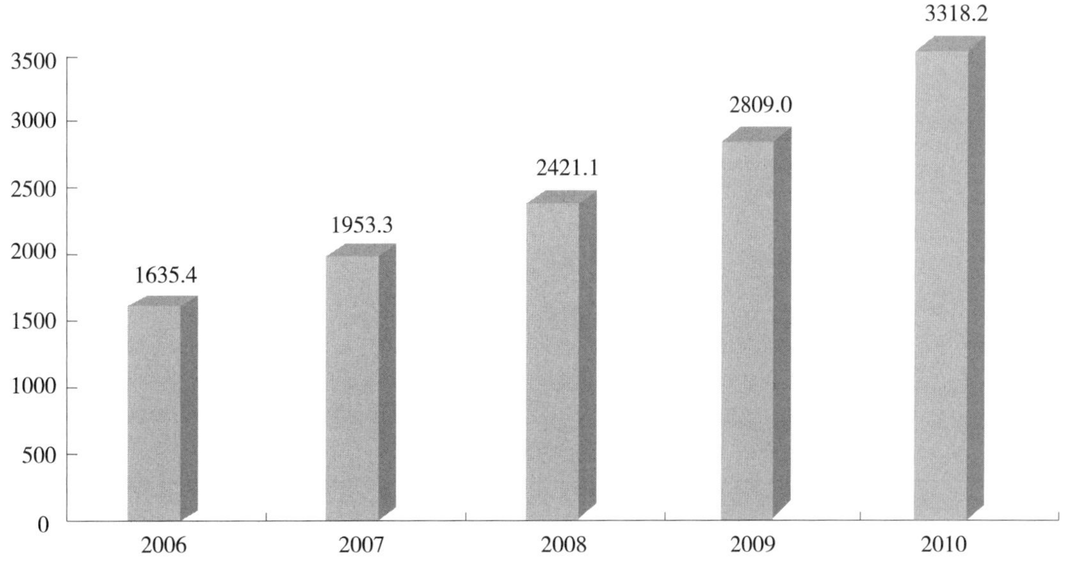

12-1 主要年份社会消费品零售总额
TOTAL RETAIL SALES OF CONSUMER GOODS IN MAJOR YEARS

单位：万元 (10 000 yuan)

年 份 Year	社会消费品零售总额 Total Retail Sales of Consumer Goods	市 City	县 County	县以下 Below County
1952	57436	19536	37900	
1957	119600	52278	67322	
1962	146532	59686	86846	
1965	153257	57252	96005	
1970	190949	63853	127096	
1975	265190	108543	133713	22934
1978	323837	121772	113985	88080
1980	426597	163154	122191	141252
1985	894413	394784	278646	220983
1990	1580415	848543	413831	318041
1995	3759500	2130633	861482	767385
2000	7226579	4240688	1521837	1464054
2001	7811932	4691960	1559178	1560794
2002	8671245	5218448	1720096	1732701
2003	10049972	6495135	1862970	1691867
2004	12190617	8002017	2181917	2006683
2005	14106531	9084606	2637921	2384004
2006	16353948	10630067	3025480	2698401
2007	19532597	12735253	3593998	3203346
2008	24210825	15785458	4479003	3946364
2009	28089708	17476248	5796850	4816610
2010	33181548	26697874	6483674	

注：2010年使用新的城乡划分，城镇零售额为26697874万元，乡村零售额为6483674万元。

Note:Total urban retail sales of consumer goods is 266978.74 million yuan, and rural retail sales is 64836.74 million yuan in 2010 by using the new division of urban and rural areas.

12-2 社会消费品零售额
TOTAL RETAIL SALES OF CONSUMER GOODS

单位：万元 (10 000 yuan)

指　标	Item	2009	2010
社会消费品零售总额	**Total**	**28089708**	**33181548**
按销售地区分	By Selling Region		
城　镇	Town	22533564	26697874
#城　区	Urban Area	15264236	18125187
乡　村	Village	5556144	6483674
按行业分	By Sector		
批发零售贸易业	Wholesale and Retail Sale Trades	24273029	28842995
限额以上贸易企业	Enterprises above Designated	8164882	10783053
限额以下及个体户贸易业	Enterprises below Designated and Individual	16108147	18059942
住宿和餐饮业	Hotels and Catering Trade	2813557	3235553
限额以上企业	Enterprises above Designated	683461	812266
限额以下企业及个体户	Enterprises below Designated and Individual	2130096	2423287
其　他	Others	1003122	1103000

12-3 限额以上连锁批发零售业经营情况(2010年)
MANAGEMENT OF CHAIN ENTERPRISES ABOVE DESIGNATED SIZE IN WHOLESALE AND RETAIL TRADE(2010)

指　标	Item	合　计 Total	直营店 Stores Opened Directly	加盟店 Union Stores
一、门店总数(个)	**Number of Store(uint)**	**2029**	**1066**	**963**
二、年末零售业营业面积(平方米)	**Areas of Stores(sq.m)**	**1155716**	**1116590**	**39126**
三、年末从业人员(人)	**Employees(person)**	**31472**	**26616**	**4856**
四、商品购进总额(千元)	**Total Value of Purchased Commodities(1 000 yuan)**	**18659447**	**17806646**	**852801**
#统一配送商品购进额	Value of Unified Distribution	10963281	10894587	68694
#自有配送中心配送商品购进额	Disrtibuted by Distribution Center Possessed Themselves	3272562	3272562	
非自有配送中心配送商品购进额	Distributed by Distribution Center Than Their Own	374473	361969	12504
五、商品销售额(千元)	**Sales(1 000 yuan)**	**22949421**	**22057005**	**892416**
#零售额	Retail	19726881	18834465	892416

12-4 限额以上批发和零售业法人企业商品购销存情况(2010年)

单位：万元

指　标	Item	法人企业数(个) Number of Corporative Enterprises (unit)
总　计	**Total**	**2214**
一、批发业	**Wholesale Trade**	**810**
#国有控股	State Controlling Share	269
1.按登记注册类型分组	Grouped by Registered Kind	
内资企业	Civil Funded Enterprises	804
国有企业	State-owned Enterprises	212
集体企业	Collective-owned Enterprises	53
股份合作企业	Share Cooperative Enterprises	9
联营企业	Joint Venture Enterprises	1
国有与集体联营企业	State-owned and Collective-owned Joint Enterprises	1
有限责任公司	Limited Responsibility Corporations	190
国有独资公司	Company Exclusively with Investment from State	14
其他有限责任公司	Other Limited Responsibility Company	176
股份有限公司	Share-holding Limited Corporations	27
私营企业	Private-owned Enterprises	311
私营独资企业	Enterprise Exclusively with Investment from Private	17
私营合伙企业	Private Partnership Enterprises	4
私营有限责任公司	Private Limited Responsibility Corporations	270
私营股份有限公司	Private Share-holding Limited Corporations	20
其他企业	Others	1
港、澳、台商投资企业	Enterprises Funded by HongKong, Macao and Taiwan	4
合资经营企业(港或澳、台资)	Joint Venture Enterprises	2
港、澳、台商独资经营企业	Solely Owned Entersprises	1
港、澳、台商投资股份有限公司	Share Holding Limited Corporation	1
外商投资企业	Foreign Funded Enterprises	2
中外合资经营企业	Joint Venture Enterprises	2
2.按批发行业小类分组	Grouped by Wholesale Trade	
农畜产品批发	Wholesale of Farm and Animal Products	38
食品、饮料及烟草制品批发	Wholesale of Food, Beverage and Tobaccos	76
#米、面制品及食用油批发	Rice , Flour and Edible Oil	15
烟草制品批发	Tobacoo Products Manufacturing	11
纺织、服装及日用品批发	Wholesale of Textiles,Garments and Daily Articles	11
#服装批发	Wholesale of Garments	4
文化、体育用品及器材批发	Wholesale of Culture , Sports Articles and Equipments	6
医药及医疗器材批发	Wholesale of Medicines and Medical Appliances	41
矿产品、建材及化工产品批发	Wholesale of Mineral Products , Building and Chemical Products	546
#煤炭及制品批发	Coal and Related Products	323
石油及制品批发	Petroleum and Related Products	31
金属及金属矿批发	Metals and Metals Materials	113
建材批发	Building Materials	36
化肥批发	Chemical Fertilizer	15
机械设备、五金交电及电子产品批发	Wholesale of Machinery, Hardwares, Transport	61
#汽车、摩托车及零配件批发	Motor Vehicles, Motorcycles and Parts	13
家用电器批发	Electronic Household Equipments	11
计算机、软件及辅助设备批发	Computer,Sofeware and Accessories	3
贸易经纪与代理	Trade Broker and Agency	3
其他批发	Other Wholesales	28

TOTAL VALUE OF COMMODITIES' PURCHASING, SELLING AND INVENTORY OF CORPORATION ENTERPRISES ABOVE DESIGNATED SIZE IN WHOLESALE AND RETAIL TRADE(2010)

(10 000 yuan)

年末从业人员数(人) Number of Employees at Year-end (person)	商品购进总额 Value of Purchasing	商品销售总额 Sale	批发额 Wholesale	零售额 Retail	年末商品库存总额 Total Value of Storing at the Year-end	年末零售营业面积(平方米) Retail Operating Area at Year-end (sq.m)
239761	**42069021**	**55494799**	**43726163**	**11768636**	**3378286**	**7138727**
98050	**32257357**	**42980291**	**42450582**	**529709**	**2130381**	**732839**
61565	20677502	30219895	29856555	363340	1110190	292654
97281	32163076	42884627	42355092	529535	2122639	732539
55874	14847335	23546392	23198951	347440	885113	136191
7455	671961	846699	837956	8742	74675	124089
284	79072	78392	75190	3202	5023	16750
100	44835	46900	46900		462	500
100	44835	46900	46900		462	500
19265	10595419	11729360	11658181	71179	527623	295531
2082	1836859	2094428	2089263	5165	48388	5000
17183	8758561	9634932	9568919	66014	479234	290531
2641	840166	949447	942315	7132	156119	5080
11627	5064680	5667381	5575541	91840	471802	154398
488	143112	141111	140111	1000	22201	11700
278	14847	16129	16129		374	
9874	4445531	4990604	4901022	89582	410463	132566
987	461190	519538	518280	1258	38764	10132
35	19608	20057	20057		1823	
694	62159	63350	63177	173	5277	300
236	46389	48771	48771		15	
447	12395	11140	11140		5262	300
11	3375	3440	3267	173		
75	32122	32314	32314		2465	
75	32122	32314	32314		2465	
2049	184722	241902	237852	4050	54405	109125
13986	2408690	3216871	3189746	27124	198372	45245
1836	68734	89095	87607	1488	13385	7700
6803	1760432	2472333	2472333		118819	600
1006	107096	120902	120902		16134	12850
792	48580	62869	62869		13003	300
598	179618	184355	180957	3397	20873	7073
6456	524968	597848	592258	5590	48207	9650
67252	27504239	37318324	36855643	462681	1485591	505951
58162	19022845	28184582	27883723	300859	851202	417353
2709	1047513	1132924	998678	134246	206854	20913
3066	5986259	6241220	6239670	1550	296795	51920
936	1099913	1337026	1316988	20038	82154	3800
708	196651	228745	227644	1100	38134	6820
4861	871046	762741	739540	23201	261313	36941
510	160148	184187	173187	11000	32290	2600
920	211575	222562	218650	3912	8417	1681
69	9912	10191	8923	1268	315	170
146	185480	212591	212591		34263	200
1696	291498	324758	321093	3665	11222	5804

12-4 续表

单位：万元

指　　标	Item	法人企业数(个) Number of Corporative Enterprises (unit)
二、零售业	**Retail Trade**	**1404**
#国有控股	State Owned and State Controlling Share	206
1.按登记注册类型分组	Grouped by Registered Kind	
内资企业	Civil Funded Enterprises	1397
国有企业	State-owned Enterprises	171
集体企业	Collective-owned Enterprises	86
股份合作企业	Share Cooperative Enterprises	9
联营企业	Joint Ownership Enterprises	1
集体联营企业	Collective Joint Ownership Enterprises	1
有限责任公司	Limited Responsibility Corporations	382
其他有限责任公司	Other Limited Responsibility Company	382
股份有限公司	Share-holding Limited Corporations	61
私营企业	Private-owned Enterprises	677
私营独资企业	Enterprise Exclusively with Investment from Private	125
私营合伙企业	Private Partnership Enterprises	20
私营有限责任公司	Private Limited Responsibility Corporations	504
私营股份有限公司	Private Share-holding Limited Corporations	28
其他企业	Others	10
港、澳、台商投资企业	Enterprises Funded by HongKong, Macao and Taiwan	4
合资经营企业(港或澳、台资)	Joint Venture Enterprises	2
港、澳、台商独资经营企业	Solely Owned Entersprises	1
港、澳、台商投资股份有限公司	Share Holding Limited Corporation	1
外商投资企业	Foreign Funded Enterprises	3
中外合资经营企业	Joint Venture	2
外资企业	Enterprises with Sole Investment from Foreign	1
2.按零售行业小类分组	Grouped by Retail Trade	
综合零售	General Retail Sales Trade	272
#百货零售	Daily Goods	149
超级市场零售	Supermarkets	92
其他综合零售	Others	31
食品、饮料及烟草制品专门零售	Retail of Food,Beverage and Tobaccos	80
纺织、服装及日用品专门零售	Retail of Textiles,Garments and Daily Articles	67
#服装零售	Garments	50
文化、体育用品及器材专门零售	Retail of Culture,Sports Articles and Equipments	109
#图书零售	Books and Mangzines	80
医药及医疗器材专门零售	Retail of Medicines and Medical Appliances	68
#药品零售	Medicines	67
汽车、摩托车、燃料及零配件专门零售	Retail of Motor Vehicles, Motorcycles, Feuls and Parts	534
#汽车零售	Motor Vehicles	397
机动车燃料零售	Vehicle Feuls	118
家用电器及电子产品专门零售	Retail of Household Electronic Equipments and Products	141
#家用电器零售	Household Electronic Equipments	87
计算机、软件及辅助设备零售	Computer , Software and Auxiliary Equipments	38
通信设备零售	Communication Equipments	14
五金、家具及室内装修材料专门零售	Retail of Hardwares , Furniture and Room Decorative Building	84
#五金零售	Retail of Hardwares	32
无店铺及其他零售	No Fixed Stores and Other Retails	49

continued

(10 000 yuan)

年末从业人员数 (人) Number of Employees at Year-end (person)	商品购进总额 Value of Purchasing	商品销售总额 Sale	批发额 Wholesale	零售额 Retail	年末商品库存总额 Total Value of Storing at the Year-end	年末零售营业面积 (平方米) Retail Operating Area at Year-end (sq.m)
141711	**9811664**	**12514508**	**1275580**	**11238928**	**1247905**	**6405888**
27348	2885199	4696198	804048	3892150	273146	1636169
140657	9760609	12441719	1275580	11166139	1239975	6292870
15829	1239338	2211119	170790	2040329	84341	1075448
7474	263842	298564	28864	269700	29704	221653
1194	22752	25171	524	24647	2144	49364
45	9937	11398		11398	232	1800
45	9937	11398		11398	232	1800
38046	2728147	3088918	335284	2753635	354938	1693195
38046	2728147	3088918	335284	2753635	354938	1693195
15374	1535429	2434988	519085	1915903	137063	580985
61325	3924112	4329630	214812	4114817	626551	2634188
6495	338307	333965	379	333585	54319	345242
1501	64804	69417	174	69244	6010	209801
51603	3436366	3836328	213664	3622664	554092	2023637
1726	84635	89920	596	89324	12130	55508
1370	37053	41931	6221	35710	5002	36237
703	27329	41540		41540	5734	12767
402	20907	20939		20939	5728	1500
110	6422	6417		6417	5	1116
191		14184		14184	1	10151
351	23727	31249		31249	2195	100251
326	14154	19163		19163	1835	99321
25	9573	12087		12087	360	930
59941	1456131	1739102	36339	1702764	181048	1822068
27575	639460	837715	11350	826365	70501	975531
29399	599320	677917	429	677488	99785	731486
2967	217352	223470	24559	198911	10763	115051
5146	160435	246936	65864	181072	31766	134784
10471	322729	399958	4277	395680	87762	469670
8328	260955	303020	1820	301201	78095	383479
4840	384004	442044	142206	299839	61748	88481
3328	142714	164666	6836	157830	23284	73470
6632	322167	377016	78754	298262	50509	118320
6609	319624	375107	78754	296353	49876	116797
37612	6121776	8123177	860301	7262877	646258	2788646
22216	3746171	4084271	148503	3935768	426206	1298767
14588	2337585	4001342	711798	3289544	216069	1420405
7376	578415	611608	70880	540728	103211	309242
5779	472436	471681	24830	446851	88067	282968
918	65833	87545	36470	51075	12054	13684
617	35239	39609	1159	38450	2698	10390
5136	305785	352460	7445	345015	52748	296394
1148	42653	50584	520	50064	6402	21626
4557	160222	222207	9515	212692	32854	378283

12-5 限额以上批发和零售业法人企业财务状况(2010年)

单位：万元

指　标	Item	流动资产合　计 Total Circulating Assets
总　　计	**Total**	**18398828**
一、批发业	**Wholesale Trade**	**14814556**
#国有控股	State Owned and State Controlling Share	10372929
1.按登记注册类型分组	Grouped by Registered Kind	
内资企业	Civil Funded Enterprises	14791175
国有企业	State-owned Enterprises	8761876
集体企业	Collective-owned Enterprises	252815
股份合作企业	Share Cooperative Enterprises	17779
联营企业	Joint Venture Enterprises	8357
国有与集体联营企业	State-owned and Collective-owned Joint Enterprises	8357
有限责任公司	Limited Responsibility Corporations	3460115
国有独资公司	Company Exclusively with Investment from State	628602
其他有限责任公司	Other Limited Responsibility Company	2831513
股份有限公司	Share-holding Limited Corporations	375563
私营企业	Private-owned Enterprises	1909447
私营独资企业	Enterprise Exclusively with Investment from Private	31701
私营合伙企业	Private Partnership Enterprises	4248
私营有限责任公司	Private Limited Responsibility Corporations	1695489
私营股份有限公司	Private Share-holding Limited Corporations	178009
其他企业	Others	5224
港、澳、台商投资企业	Enterprises Funded by HongKong, Macao and Taiwan	13385
合资经营企业(港或澳、台资)	Joint Venture	6066
港、澳、台商独资经营企业	Solely Owned	7218
港、澳、台商投资股份有限公司	Share Holding Limited Corporation	100
外商投资企业	Foreign Funded Enterprises	9997
中外合资经营企业	Joint Venture	9997
2.按批发行业小类分组	Grouped by Economic Sector	
农畜产品批发	Wholesale of Farm and Animal Products	118736
食品、饮料及烟草制品批发	Wholesale of Food, Beverage and Tobaccos	744636
#米、面制品及食用油批发	Rice , Flour and Edible Oil	63886
烟草制品批发	Tobacoo Products Manufacturing	535814
纺织、服装及日用品批发	Wholesale of Textiles, Garments and Daily Articles	44377
#服装批发		32256
文化、体育用品及器材批发	Wholesale of Culture , Sports Articles and Equipments	92457
医药及医疗器材批发	Wholesale of Medicines and Medical Appliances	241065
矿产品、建材及化工产品批发	Wholesale of Mineral Products Buildingand Chemical Products	13177430
#煤炭及制品批发	Coal and Related Products	10473595
石油及制品批发	Petroleum and Related Products	379946
金属及金属矿批发	Metals and Metals Materials	1688220
建材批发	Building Materials	514566
化肥批发	Chemical Fertilizer	68190
机械设备、五金交电及电子产品批发	Wholesale of Machinery, Hardwares,Transport	200068
#汽车、摩托车及零配件批发	Motor Vehicles, Motorcycles and Parts	52294
家用电器批发	Electronic Household Equipments	64453
计算机、软件及辅助设备批发	Computer , Software and Auxiliary Equipments	2274
贸易经纪与代理	Trade Broker and Agency	104005
其他批发	Other Wholesales	91783

FINANCIAL INDICATORS OF CORPORATION ENTERPRISES IN WHOLESALE AND RETAIL TRADE ABOVE DESIGNATED SIZE(2010)

(10 000 yuan)

#存 货 Inventory	固定资产合计 Total Fixed Assets	累计折旧 Total Depreciation of Fixed Assets	#本年折旧 This Year	资产总计 Total Assets
3344701	**2810516**	**1025169**	**147688**	**24522686**
2275351	**1763300**	**634749**	**87818**	**19115489**
1344970	1320307	449528	59475	13266096
2267341	1752601	632761	86168	19050962
1063851	1186700	382696	48217	11314830
74521	66948	55688	5414	354866
5216	5444	1960	143	23584
463	204	152	18	8569
463	204	152	18	8569
579644	269144	93236	17015	4261594
120280	52146	9546	1328	701197
459365	216998	83690	15687	3560397
136208	59691	53357	5262	599391
405614	163543	43900	10100	2481977
4705	2625	860	536	40065
396	2059	109	108	7315
373922	135317	38121	8187	2219061
26591	23541	4811	1269	215536
1823	928	1771		6152
5262	830	525	497	41834
	135	14	11	6201
5262	695	511	486	35533
				100
2748	9870	1464	1154	22692
2748	9870	1464	1154	22692
63000	39431	15289	3199	176104
199341	216183	104215	20434	1056312
46468	18722	4284	637	88315
109997	167560	74407	15784	757302
15122	6108	2383	1036	92667
12898	5150	1537	766	69024
11314	18706	3661	942	120913
38995	19871	8385	706	286646
1837297	1325143	482015	59342	16818690
1245589	1132919	385231	43491	13329229
189146	88090	65716	11432	646220
297908	59495	19975	2339	2110950
75807	18742	5308	1200	546186
20610	4699	859	135	75431
65340	110511	7339	1091	321074
15580	4157	1695	335	59672
27348	828	553	103	65726
315	24	23	9	2299
34263	15561	3009	10	129676
10679	11786	8454	1059	113406

12-5 续表1

单位：万元

指　　标	Item	流动资产合　计 Total Circulating Assets
二、零售业	**Retail Trade**	**3584272**
#国有控股	State Owned and State Controlling Share	815782
1.按登记注册类型分组	Grouped by Registered Kind	
内资企业	Civil Funded Enterprises	3557534
国有企业	State-owned Enterprises	541793
集体企业	Collective-owned Enterprises	82074
股份合作企业	Share Cooperative Enterprises	10695
联营企业	Joint Ownership Enterprises	1653
集体联营企业	Collective Joint Ownership Enterprises	1653
有限责任公司	Limited Responsibility Corporations	980113
其他有限责任公司	Other Limited Responsibility Company	980113
股份有限公司	Share-holding Limited Corporations	301989
私营企业	Private-owned Enterprises	1613342
私营独资企业	Enterprise Exclusively with Investment from Private	76134
私营合伙企业	Private Partnership Enterprises	7593
私营有限责任公司	Private Limited Responsibility Corporations	1490694
私营股份有限公司	Private Share-holding Limited Corporations	38921
其他企业	Others	25875
港、澳、台商投资企业	Enterprises Funded by HongKong，Macao and Taiwan	21510
合资经营企业(港或澳、台资)	Joint Venture Enterprises	16948
港、澳、台商独资经营企业	Solely Owned Entersprises	436
港、澳、台商投资股份有限公司	Share Holding Limited Corporation	4125
外商投资企业	Foreign Funded Enterprises	5229
中外合资经营企业	Joint Venture	4549
外资企业	Enterprises Funded by Foreign Invetments	679
2.按零售行业小类分组	Grouped by Retail Trade	
综合零售	General Retail Sales Trade	675032
#百货零售	Daily Goods	244996
超级市场零售	Supermarkets	373670
食品、饮料及烟草制品专门零售	Retail of Food， Beverage and Tobaccos	77833
纺织、服装及日用品专门零售	Retail of Textiles， Garments and Daily Articles	137539
#服装零售	Garments	121192
文化、体育用品及器材专门零售	Retail of Culture , Sports Articles and Equipments	140861
#图书零售	Books and Mangzines	62500
医药及医疗器材专门零售	Retail of Medicines and Medical Appliances	139968
#药品零售	Medicines	139616
汽车、摩托车、燃料及零配件专门零售	Retail of Motor Vehicles， Motorcycles, Feuls and Parts	1894902
#汽车零售	Motor Vehicles	1259203
机动车燃料零售	Vehicle Feuls	614253
家用电器及电子产品专门零售	Retail of Household Electronic Equipments and Products	281136
#家用电器零售	Household Electronic Equipments	238705
计算机、软件及辅助设备零售	Computer , Software and Auxiliary Equipments	27945
通信设备零售	Communication Equipments	13366
五金、家具及室内装修材料专门零售	Retail of Hardwares , Furniture and Room Decorative Building	115216
无店铺及其他零售	No Fixed Stores and Other Retails	121786

continued

(10 000 yuan)

#存　货 Inventory	固定资产合计 Total Fixed Assets	累计折旧 Total Depreciation of Fixed Assets	#本年折旧 This Year	资产总计 Total Assets
1069351	**1047216**	**390420**	**59870**	**5407197**
280398	370535	135052	14797	1307165
1061570	1027473	387054	58888	5354574
91922	184243	61769	8023	784110
22452	45161	14873	1586	137043
3331	6668	1827	388	20837
899	532	244	33	2204
899	532	244	33	2204
277329	263251	92503	11457	1407069
277329	263251	92503	11457	1407069
178863	184990	74134	7247	665874
478753	325414	139777	30117	2291362
35562	34674	18824	6904	174644
2921	3790	1083	140	16317
429587	274630	117529	22141	2048238
10683	12320	2340	931	52165
8023	17213	1927	37	46076
4950	17677	2775	967	43524
4901	17566	2618	967	38527
35	72	89		790
14	40	68		4208
2831	2066	591	15	9099
2470	2029	476		8383
360	37	114	15	716
150639	304094	127847	12419	1322440
65071	165665	56047	7414	571214
75255	109289	57051	4181	650318
28720	38158	11136	1816	129452
33001	52037	10154	1852	203712
27238	30174	8546	1742	163534
52695	46982	20863	2442	210177
17186	31337	15099	1662	103560
43088	10950	8629	1988	172809
43022	10591	8333	1773	171809
603800	479374	178246	28550	2624467
355880	183870	71413	17537	1608000
241737	293752	105427	10572	987623
74694	19751	8803	2319	327951
64198	16422	6969	1928	280028
7780	2200	1460	255	31695
2323	1089	346	136	15069
44735	34542	10994	3978	197731
37980	61329	13748	4506	218459

12-5 续表2

单位：万元

指　　标	Item	负债合计 Total Liabilities
总　　计	**Total**	**19417539**
一、批发业	**Wholesale Trade**	**15385357**
#国有控股	State Owned and State Controlling Share	10649355
1.按登记注册类型分组	Grouped by Registered Kind	
内资企业	Civil Funded Enterprises	15352998
国有企业	State-owned Enterprises	8966767
集体企业	Collective-owned Enterprises	267372
股份合作企业	Share Cooperative Enterprises	16961
联营企业	Joint Venture Enterprises	5735
国有与集体联营企业	State-owned and Collective-owned Joint Enterprises	5735
有限责任公司	Limited Responsibility Corporations	3514631
国有独资公司	Company Exclusively with Investment from State	585413
其他有限责任公司	Other Limited Responsibility Company	2929218
股份有限公司	Share-holding Limited Corporations	517504
私营企业	Private-owned Enterprises	2060451
私营独资企业	Enterprise Exclusively with Investment from Private	30187
私营合伙企业	Private Partnership Enterprises	4190
私营有限责任公司	Private Limited Responsibility Corporations	1834887
私营股份有限公司	Private Share-holding Limited Corporations	191187
其他企业	Others	3578
港、澳、台商投资企业	Enterprises Funded by HongKong，Macao and Taiwan	20577
合资经营企业(港或澳、台资)	Joint Venture	6755
港、澳、台商独资经营企业	Solely Owned	13722
港、澳、台商投资股份有限公司	Share Holding Limited Corporation	100
外商投资企业	Foreign Funded Enterprises	11782
中外合资经营企业	Joint Venture	11782
2.按批发行业小类分组	Grouped by Economic Sector	
农畜产品批发	Wholesale of Farm and Animal Products	128385
食品、饮料及烟草制品批发	Wholesale of Food，Beverage and Tobaccos	265613
#米、面制品及食用油批发	Rice , Flour and Edible Oil	64176
烟草制品批发	Tobacoo Products Manufacturing	87459
纺织、服装及日用品批发	Wholesale of Textiles， Garments and Daily Articles	40613
#服装批发	Garments	30727
文化、体育用品及器材批发	Wholesale of Culture , Sports Articles and Equipments	89307
医药及医疗器材批发	Wholesale of Medicines and Medical Appliances	230970
矿产品、建材及化工产品批发	Wholesale of Mineral Products Buildingand Chemical Products	14155200
#煤炭及制品批发	Coal and Related Products	11254290
石油及制品批发	Petroleum and Related Products	524977
金属及金属矿批发	Metals and Metals Materials	1743924
建材批发	Building Materials	491957
化肥批发	Chemical Fertilizer	60508
机械设备、五金交电及电子产品批发	Wholesale of Machinery, Hardwares,Transport	288289
#汽车、摩托车及零配件批发	Motor Vehicles， Motorcycles and Parts	52760
家用电器批发	Electronic Household Equipments	72652
计算机、软件及辅助设备批发	Computer , Software and Auxiliary Equipments	1382
贸易经纪与代理	Trade Broker and Agency	96217
其他批发	Other Wholesales	90764

continued

(10 000 yuan)

所有者权益合计 Total Creditors Equity	#实收资本 Capital Hold	#国家资本 State	#集体资本 Collective	#法人资本 Legal Person	#个人资本 Individual
5105147	**2949492**	**737128**	**192246**	**769474**	**1217637**
3730132	**1398223**	**582024**	**155606**	**282166**	**350921**
2616741	596318	574774	7547	7017	6292
3697964	1364315	581112	152356	279926	350921
2348064	424851	406987	7319	4586	5960
87494	54890	890	52299	412	1289
6623	7761	255	4118	2590	798
2834	300	60	240		
2834	300	60	240		
746963	438072	159238	74804	120275	83755
115784	63033	61409		1624	
631179	375039	97829	74804	118650	83755
81887	35732	13021	6184	5534	10993
421526	399709	661	7392	143530	248126
9878	10042			5072	4970
3125	1610				1610
384174	355836	661	7392	129189	218594
24349	32221			9269	22952
2574	3000			3000	
21257	21643		50		
-553	550				
21810	21043				
	50		50		
10910	12266	912	3200	2240	
10910	12266	912	3200	2240	
47719	27547	19000	328	6276	1943
790699	67312	31882	18622	10590	6218
24139	7614	5423		837	1355
669843	13622	13622			
52053	35996		115	7960	6879
38297	26293			200	5050
31607	18554	15554		3000	
55676	44174	7422	310	18295	18146
2663491	1149370	491125	127547	225827	298957
2074939	662575	393181	47098	117641	98742
121243	80517	24324	4217	27551	24425
367027	298683	59073	70312	51684	117614
54229	69435	10160		24600	34675
14924	10173		5750	625	3798
32786	40270	14082	50	8747	16841
6912	10243	1499		3150	5594
-6927	2866	100	50	155	2011
916	907			807	100
33459	5066		5000		66
22642	9935	2959	3633	1472	1871

12-5 续表3

单位：万元

指　标	Item	负债合计 Total Liabilities
二、零售业	**Retail Trade**	**4032182**
#国有控股	State Owned and State Controlling Share	887561
1.按登记注册类型分组	Grouped by Registered Kind	
内资企业	Civil Funded Enterprises	3994065
国有企业	State-owned Enterprises	620042
集体企业	Collective-owned Enterprises	97086
股份合作企业	Share Cooperative Enterprises	16570
联营企业	Joint Ownership Enterprises	1655
集体联营企业	Collective Joint Ownership Enterprises	1655
有限责任公司	Limited Responsibility Corporations	1110581
其他有限责任公司	Other Limited Responsibility Company	1110581
股份有限公司	Share-holding Limited Corporations	371757
私营企业	Private-owned Enterprises	1735390
私营独资企业	Enterprise Exclusively with Investment from Private	106311
私营合伙企业	Private Partnership Enterprises	10370
私营有限责任公司	Private Limited Responsibility Corporations	1582924
私营股份有限公司	Private Share-holding Limited Corporations	35785
其他企业	Others	40985
港、澳、台商投资企业	Enterprises Funded by HongKong，Macao and Taiwan	32852
合资经营企业(港或澳、台资)	Joint Venture Enterprises	28515
港、澳、台商独资经营企业	Solely Owned Entersprises	789
港、澳、台商投资股份有限公司	Share Holding Limited Corporation	3548
外商投资企业	Foreign Funded Enterprises	5264
中外合资经营企业	Joint Venture	4598
外资企业	Enterprises Funded by Foreign Invetments	666
2.按零售行业小类分组	Grouped by Retail Trade	
综合零售	General Retail Sales Trade	1109201
#百货零售	Daily Goods	487261
超级市场零售	Supermarkets	557158
食品、饮料及烟草制品专门零售	Retail of Food， Beverage and Tobaccos	86719
纺织、服装及日用品专门零售	Retail of Textiles，Garments and Daily Articles	181900
#服装零售	Garments	139408
文化、体育用品及器材专门零售	Retail of Culture , Sports Articles and Equipments	131568
#图书零售	Books and Mangzines	67282
医药及医疗器材专门零售	Retail of Medicines and Medical Appliances	140497
#药品零售	Medicines	139970
汽车、摩托车、燃料及零配件专门零售	Retail of Motor Vehicles，Motorcycles, Feuls and Parts	1820505
#汽车零售	Motor Vehicles	1204778
机动车燃料零售	Vehicle Feuls	596532
家用电器及电子产品专门零售	Retail of Household Electronic Equipments and Products	274788
#家用电器零售	Household Electronic Equipments	242756
计算机、软件及辅助设备零售	Computer , Software and Auxiliary Equipments	20666
通信设备零售	Communication Equipments	11252
五金、家具及室内装修材料专门零售	Retail of Hardwares , Furniture and Room Decorative Building	110634
无店铺及其他零售	No Fixed Stores and Other Retails	176369

continued

(10 000 yuan)

所有者权益合计 Total Creditors Equity	#实收资本 Capital Hold	#国家资本 State	#集体资本 Collective	#法人资本 Legal Person	#个人资本 Individual
1375016	**1551268**	**155104**	**36640**	**487308**	**866717**
419604	150704	145153	85	2399	3068
1360509	1545384	154004	36602	487308	866021
164068	55866	54623	120	698	426
39957	24161	70	23516	58	517
4267	4036	567	2710	585	174
549	500		500		
549	500		500		
296487	298186	32130	7561	170498	86547
296487	298186	32130	7561	170498	86547
294117	116509	66205	1226	38412	10666
555973	1040843		969	273635	766239
68332	118563			92963	25600
5947	6130		200	3787	2143
465313	900362		769	166757	732837
16380	15788			10128	5659
5091	5284	410		3422	1452
10672	5038	1100	38		
10011	4438	1100	38		
2	100				
660	500				
3835	846				696
3785	796				696
50	50				
213239	157118	12220	12827	76199	55772
83954	69201	8306	7221	24657	28917
93160	71783	2764	2074	45726	21219
42733	72731	6005	5925	52456	8345
21811	50808	7500	672	32883	9103
24126	42328	933	159	32592	8044
78608	42768	13781	930	9450	18607
36278	16376	13598		1950	828
32312	39214	13788	1990	7432	16004
31839	32314	13788	1990	7432	9104
803963	968421	86569	10613	177754	692035
403223	830090	4808	9346	154095	660391
391091	124228	81711	1190	22364	18963
53163	95990	2057	232	72248	21453
37271	30439	1905	232	17470	10832
11028	11258	152		3835	7271
3817	53193			50943	2250
87097	62035	2852	2595	33507	23081
42090	62183	10333	856	25379	22315

12-5 续表4

单位：万元

指 标	Item	主营业务收入 Revenue in Major Business
总 计	**Total**	**53120629**
一、批发业	**Wholesale Trade**	**41213595**
#国有控股	State Owned and State Controlling Share	28740827
1.按登记注册类型分组	Grouped by Registered Kind	
内资企业	Civil Funded Enterprises	41116424
国有企业	State-owned Enterprises	23015964
集体企业	Collective-owned Enterprises	877930
股份合作企业	Share Cooperative Enterprises	76216
联营企业	Joint Venture Enterprises	46900
国有与集体联营企业	State-owned and Collective-owned Joint Enterprises	46900
有限责任公司	Limited Responsibility Corporations	10733414
国有独资公司	Company Exclusively with Investment from State	1501953
其他有限责任公司	Other Limited Responsibility Company	9231461
股份有限公司	Share-holding Limited Corporations	971269
私营企业	Private-owned Enterprises	5374676
私营独资企业	Enterprise Exclusively with Investment from Private	136758
私营合伙企业	Private Partnership Enterprises	16129
私营有限责任公司	Private Limited Responsibility Corporations	4702709
私营股份有限公司	Private Share-holding Limited Corporations	519081
其他企业	Others	20057
港、澳、台商投资企业	Enterprises Funded by HongKong, Macao and Taiwan	64887
合资经营企业(港或澳、台资)	Joint Venture	48650
港、澳、台商独资经营企业	Solely Owned	13296
港、澳、台商投资股份有限公司	Share Holding Limited Corporation	2940
外商投资企业	Foreign Funded Enterprises	32283
中外合资经营企业	Joint Venture	32283
2.按批发行业小类分组	Grouped by Wholesale Trade	
农畜产品批发	Wholesale of Farm and Animal Products	240083
食品、饮料及烟草制品批发	Wholesale of Food, Beverage and Tobaccos	2944133
#米、面制品及食用油批发	Rice , Flour and Edible Oil	86934
烟草制品批发	Tobacoo Products Manufacturing	2175548
纺织、服装及日用品批发	Wholesale of Textiles, Garments and Daily Articles	123340
#服装批发	Garments	65307
文化、体育用品及器材批发	Wholesale of Culture , Sports Articles and Equipments	143718
医药及医疗器材批发	Wholesale of Medicines and Medical Appliances	586090
矿产品、建材及化工产品批发	Wholesale of Mineral Products Buildingand Chemical Products	35910279
#煤炭及制品批发	Coal and Related Products	26931871
石油及制品批发	Petroleum and Related Products	1121316
金属及金属矿批发	Metals and Metals Materials	6200670
建材批发	Building Materials	1240519
化肥批发	Chemical Fertilizer	229516
机械设备、五金交电及电子产品批发	Wholesale of Machinery, Hardwares,Transport	736399
#汽车、摩托车及零配件批发	Motor Vehicles, Motorcycles and Parts	170358
家用电器批发	Electronic Household Equipments	222761
计算机、软件及辅助设备批发	Computer , Software and Auxiliary Equipments	9387
贸易经纪与代理	Trade Broker and Agency	212162
其他批发	Other Wholesales	317391

continued

(10 000 yuan)

主营业务成本 Costs in Major Business	主营业务税金及附加 Taxes and Extra Charges	主营业务利润 Profits in Major Business	其他业务利润 Profits of Other Business	营业费用 Costs of Business	管理费用 Costs of Administration
48600195	**382145**	**3548379**	**263142**	**1499210**	**951969**
37780119	**249596**	**2708915**	**165165**	**1054160**	**685465**
26163660	195658	1923196	133166	614826	494302
37687561	249582	2704317	163915	1050531	683048
20768648	168344	1649628	124451	416435	452081
732456	2873	141229	4403	80067	44688
73299	147	2770	537	2997	1016
44788	296	1816	1	747	389
44788	296	1816	1	747	389
10109764	40616	539557	24652	364844	118674
1414069	20229	44756	4903	21799	17048
8695696	20387	494801	19749	343045	101626
910066	3104	58178	1572	29398	13984
5029241	34198	311139	8299	155673	51847
122017	8623	5300	1894	2574	1779
13724	101	2304		1505	301
4420576	22971	260236	5587	123731	41675
472924	2503	43300	819	27863	8092
19297	5			369	370
60436	8	4443	198	3228	810
46389	8	2253	129	2096	157
11162		2134	64	1132	650
2885		56	4		3
32122	5	156	1052	401	1607
32122	5	156	1052	401	1607
191966	406	46576	168	5241	5287
2261757	143084	530298	5150	57871	143671
69583	43	2022	1036	2201	3080
1608438	126447	440663	883	31423	116622
102564	2383	18394	712	6657	4052
48739	261	16307	64	5268	3783
128390	151	15177	646	6424	6385
527759	796	40521	240	30273	10008
33395370	92454	1987517	151994	908260	493881
24679405	73244	1750783	144641	786819	440457
1062596	711	55703	1427	45206	10756
6057807	8815	133082	3569	58325	22885
1203749	8077	25759	1723	8118	9461
219618	212	9806	113	5138	2664
695541	3385	37070	1362	24728	9152
168000	59	2298	644	1442	1341
208703	215	13575	295	16243	1333
9182	1	203		147	38
183622	5932	13980		8587	2593
293151	1005	19383	4894	6120	10437

12-5 续表5

单位：万元

指　标	Item	主营业务收入 Revenue in Major Business
二、零售业	**Retail Trade**	**11907035**
#国有控股	State Owned and State Controlling Share	4311184
1.按登记注册类型分组	Grouped by Registered Kind	
内资企业	Civil Funded Enterprises	11838109
国有企业	State-owned Enterprises	2121877
集体企业	Collective-owned Enterprises	304309
股份合作企业	Share Cooperative Enterprises	23290
联营企业	Joint Ownership Enterprises	11398
集体联营企业	Collective Joint Ownership Enterprises	11398
有限责任公司	Limited Responsibility Corporations	2926985
其他有限责任公司	Other Limited Responsibility Company	2926985
股份有限公司	Share-holding Limited Corporations	2222830
私营企业	Private-owned Enterprises	4188543
私营独资企业	Enterprise Exclusively with Investment from Private	326086
私营合伙企业	Private Partnership Enterprises	68771
私营有限责任公司	Private Limited Responsibility Corporations	3705256
私营股份有限公司	Private Share-holding Limited Corporations	88430
其他企业	Others	38877
港、澳、台商投资企业	Enterprises Funded by HongKong，Macao and Taiwan	39490
合资经营企业(港或澳、台资)	Joint Venture Enterprises	20939
港、澳、台商独资经营企业	Solely Owned Entersprises	6417
港、澳、台商投资股份有限公司	Share Holding Limited Corporation	12134
外商投资企业	Foreign Funded Enterprises	29436
中外合资经营企业	Joint Venture	19106
外资企业	Enterprises Funded by Foreign Invetments	10330
2.按零售行业小类分组	Grouped by Retail Trade	
综合零售	General Retail Sales Trade	1621982
#百货零售	Daily Goods	765195
超级市场零售	Supermarkets	632727
食品、饮料及烟草制品专门零售	Retail of Food， Beverage and Tobaccos	247344
纺织、服装及日用品专门零售	Retail of Textiles，Garments and Daily Articles	370177
#服装零售	Garments	276071
文化、体育用品及器材专门零售	Retail of Culture , Sports Articles and Equipments	430296
#图书零售	Books and Mangzines	150761
医药及医疗器材专门零售	Retail of Medicines and Medical Appliances	321692
#药品零售	Medicines	319992
汽车、摩托车、燃料及零配件专门零售	Retail of Motor Vehicles，Motorcycles, Feuls and Parts	7760915
#汽车零售	Motor Vehicles	4026146
机动车燃料零售	Vehicle Feuls	3697180
家用电器及电子产品专门零售	Retail of Household Electronic Equipments and Products	581486
#家用电器零售	Household Electronic Equipments	445828
计算机、软件及辅助设备零售	Computer , Software and Auxiliary Equipments	83680
通信设备零售	Communication Equipments	39204
五金、家具及室内装修材料专门零售	Retail of Hardwares , Furniture and Room Decorative Building	347233
无店铺及其他零售	No Fixed Stores and Other Retails	225912

continued

(10 000 yuan)

主营业务成本 Costs in Major Business	主营业务税金及附加 Taxes and Extra Charges	主营业务利润 Profits in Major Business	其他业务利润 Profits of Other Business	营业费用 Costs of Business	管理费用 Costs of Administration
10820076	**132549**	**839463**	**97977**	**445050**	**266503**
3905602	7563	287774	9137	165873	55350
10764086	129461	829616	94301	438094	261712
1938615	4901	127447	6848	85984	30327
270715	2945	27313	1597	5848	13261
17519	184	4177	567	2889	2328
10367	8	1023		101	236
10367	8	1023		101	236
2717699	56377	182993	34507	109349	83727
2717699	56377	182993	34507	109349	83727
1970667	10343	179718	13229	86272	26532
3804730	54424	303396	37445	146277	103435
259380	27252	31064	4539	9436	7807
59990	553	7225	85	2760	1228
3402362	26396	259955	32804	131080	92163
82997	224	5152	18	3000	2237
33773	279	3550	108	1376	1866
32779	3075	3636	526	3664	4310
17818	3011	109		276	3648
4622		1796		1768	229
10339	64	1731	526	1620	434
23212	13	6211	3150	3292	481
15123	13	3970	2990	2348	458
8089		2242	160	943	23
1395606	18977	175170	54096	108080	74071
641787	7713	86708	27130	47351	44017
539401	9056	79728	22435	55369	23335
215994	1427	22444	1587	8862	8828
319232	10709	34996	12608	23699	18351
234841	10198	30433	12174	20811	13913
374956	7581	38786	1588	25503	11969
114269	866	26161	1568	20667	7941
286104	2618	31982	1058	17753	12813
284625	2429	31949	977	17696	12785
7236726	72059	414526	9889	211839	101536
3822701	68781	180525	9847	82079	68421
3380595	2644	231150	-68	128540	31833
518401	5019	44049	13239	26818	16844
394869	4747	38442	12203	23722	13564
79956	201	3490	520	1184	2498
31132	67	1793	517	1694	678
283569	8921	47190	3010	3994	8724
189489	5237	30320	903	18503	13368

12-5 续表6

单位：万元

指　　标	Item	财务费用 Costs of Finance
总　　计	**Total**	**287585**
一、批发业	**Wholesale Trade**	**224537**
#国有控股	State Owned and State Controlling Share	155731
1.按登记注册类型分组	Grouped by Registered Kind	
内资企业	Civil Funded Enterprises	224384
国有企业	State-owned Enterprises	138468
集体企业	Collective-owned Enterprises	5110
股份合作企业	Share Cooperative Enterprises	278
联营企业	Joint Venture Enterprises	31
国有与集体联营企业	State-owned and Collective-owned Joint Enterprises	31
有限责任公司	Limited Responsibility Corporations	43973
国有独资公司	Company Exclusively with Investment from State	9319
其他有限责任公司	Other Limited Responsibility Company	34654
股份有限公司	Share-holding Limited Corporations	4756
私营企业	Private-owned Enterprises	31674
私营独资企业	Enterprise Exclusively with Investment from Private	281
私营合伙企业	Private Partnership Enterprises	19
私营有限责任公司	Private Limited Responsibility Corporations	29075
私营股份有限公司	Private Share-holding Limited Corporations	2300
其他企业	Others	94
港、澳、台商投资企业	Enterprises Funded by HongKong，Macao and Taiwan	7
合资经营企业(港或澳、台资)	Joint Venture	7
港、澳、台商独资经营企业	Solely Owned	
港、澳、台商投资股份有限公司	Share Holding Limited Corporation	
外商投资企业	Foreign Funded Enterprises	146
中外合资经营企业	Joint Venture	146
2.按批发行业小类分组	Grouped by Economic Sector	
农畜产品批发	Wholesale of Farm and Animal Products	3450
食品、饮料及烟草制品批发	Wholesale of Food，Beverage and Tobaccos	3127
#米、面制品及食用油批发	Rice , Flour and Edible Oil	781
烟草制品批发	Tobacoo Products Manufacturing	-295
纺织、服装及日用品批发	Wholesale of Textiles，Garments and Daily Articles	700
#服装批发	Garments	556
文化、体育用品及器材批发	Wholesale of Culture , Sports Articles and Equipments	394
医药及医疗器材批发	Wholesale of Medicines and Medical Appliances	1192
矿产品、建材及化工产品批发	Wholesale of Mineral Products Buildingand Chemical Products	211742
#煤炭及制品批发	Coal and Related Products	163826
石油及制品批发	Petroleum and Related Products	6697
金属及金属矿批发	Metals and Metals Materials	31507
建材批发	Building Materials	8761
化肥批发	Chemical Fertilizer	572
机械设备、五金交电及电子产品批发	Wholesale of Machinery, Hardwares,Transport	3020
#汽车、摩托车及零配件批发	Motor Vehicles，Motorcycles and Parts	677
家用电器批发	Electronic Household Equipments	301
计算机、软件及辅助设备批发	Computer , Software and Auxiliary Equipments	20
贸易经纪与代理	Trade Broker and Agency	589
其他批发	Other Wholesales	323

continued

(10 000 yuan)

#利息支出 Interest Expenses	营业利润 Business Profits	利润总额 Total Profits	应交所得税 Income Tax Payable	劳动、失业保险费 Insurance of Labour and Unemployment
175755	**1259699**	**1183792**	**262887**	**15125**
143459	**1043100**	**962944**	**238715**	**11302**
102837	907361	759475	217152	9282
143314	1043293	963418	238688	11286
93542	847861	698315	198051	8816
1441	17489	7870	1743	1276
125	–978	–176	17	4
	650	914	229	
	650	914	229	
27402	96809	122116	30442	680
2889	28874	33759	10657	108
24513	67936	88357	19785	572
1618	11178	12743	3916	126
19186	70212	121636	4290	385
194	2565	2337	27	
	478	186		
17677	58238	114497	3623	145
1316	8931	4616	640	240
	72			
–1	753	460	26	14
	279	295		11
–1	416	104	26	4
	58	60		
146	–946	–934		2
146	–946	–934		2
2977	31624	3173	219	29
2306	338654	340566	81224	3583
658	–2904	–269	21	1450
–452	293957	292554	75314	634
617	7675	7493	1608	9
514	6740	6439	1604	9
114	3602	2778	735	44
871	4058	4513	1387	74
135286	642821	579216	148747	2840
103751	576968	443708	144531	2546
3864	12421	7915	1089	76
21608	46674	120267	1367	98
5882	3915	3652	865	37
129	1486	2182	374	
1258	2779	4721	323	4611
419	–517	–499	57	7
140	–3562	–3084	32	13
	12	12	2	
–1	2336	11123	2818	1
32	9552	9363	1654	111

12-5 续表7

单位：万元

指　标	Item	财务费用 Costs of Finance
二、零售业	**Retail Trade**	**63048**
#国有控股	State Owned and State Controlling Share	6989
1.按登记注册类型分组	Grouped by Registered Kind	
内资企业	Civil Funded Enterprises	62571
国有企业	State-owned Enterprises	2847
集体企业	Collective-owned Enterprises	741
股份合作企业	Share Cooperative Enterprises	742
联营企业	Joint Ownership Enterprises	113
集体联营企业	Collective Joint Ownership Enterprises	113
有限责任公司	Limited Responsibility Corporations	18842
其他有限责任公司	Other Limited Responsibility Company	18842
股份有限公司	Share-holding Limited Corporations	6183
私营企业	Private-owned Enterprises	32088
私营独资企业	Enterprise Exclusively with Investment from Private	2975
私营合伙企业	Private Partnership Enterprises	154
私营有限责任公司	Private Limited Responsibility Corporations	28431
私营股份有限公司	Private Share-holding Limited Corporations	528
其他企业	Others	1016
港、澳、台商投资企业	Enterprises Funded by HongKong，Macao and Taiwan	367
合资经营企业(港或澳、台资)	Joint Venture Enterprises	282
港、澳、台商独资经营企业	Solely Owned Entersprises	14
港、澳、台商投资股份有限公司	Share Holding Limited Corporation	70
外商投资企业	Foreign Funded Enterprises	110
中外合资经营企业	Joint Venture	93
外资企业	Enterprises Funded by Foreign Invetments	16
2.按零售行业小类分组	Grouped by Retail Trade	
综合零售	General Retail Sales Trade	20378
#百货零售	Daily Goods	12803
超级市场零售	Supermarkets	6996
食品、饮料及烟草制品专门零售	Retail of Food， Beverage and Tobaccos	1803
纺织、服装及日用品专门零售	Retail of Textiles， Garments and Daily Articles	2659
#服装零售	Garments	2572
文化、体育用品及器材专门零售	Retail of Culture , Sports Articles and Equipments	1707
#图书零售	Books and Mangzines	137
医药及医疗器材专门零售	Retail of Medicines and Medical Appliances	1946
#药品零售	Medicines	1930
汽车、摩托车、燃料及零配件专门零售	Retail of Motor Vehicles， Motorcycles, Feuls and Parts	27774
#汽车零售	Motor Vehicles	22584
机动车燃料零售	Vehicle Feuls	4963
家用电器及电子产品专门零售	Retail of Household Electronic Equipments and Products	2242
#家用电器零售	Household Electronic Equipments	2031
计算机、软件及辅助设备零售	Computer , Software and Auxiliary Equipments	120
通信设备零售	Communication Equipments	79
五金、家具及室内装修材料专门零售	Retail of Hardwares , Furniture and Room Decorative Building	3004
无店铺及其他零售	No Fixed Stores and Other Retails	1536

continued

(10 000 yuan)

#利息支出 Interest Expenses	营业利润 Business Profits	利润总额 Total Profits	应交所得税 Income Tax Payable	劳动、失业保险费 Insurance of Labour and Unemployment
32296	**216599**	**220848**	**24173**	**3823**
2593	84022	109526	3812	1093
32289	211052	215099	23123	3765
812	30273	60244	3189	476
237	11032	3890	703	71
669	-199	163	9	2
113	573	573		
113	573	573		
10642	24453	26862	7119	509
10642	24453	26862	7119	509
3149	74942	62100	3864	561
16615	69631	60897	8174	1902
1379	15759	10280	300	28
80	3052	93	3	
14966	51238	51146	7534	1866
191	-418	-622	336	8
53	347	370	67	244
7	3059	3281	852	50
7	3141	3154	818	12
	-215			36
	133	127	33	2
	2489	2469	198	9
	1070	1081	51	7
	1419	1388	148	2
11509	42611	35541	7517	613
8099	22926	14897	3076	549
3203	17589	18438	3906	47
1373	5792	7231	598	53
1348	5595	3829	1185	71
1337	4292	3988	958	66
282	6305	35412	2197	401
46	1947	30359	1198	380
1235	1460	2911	637	192
1226	1448	2896	624	192
13858	101449	101680	8665	2329
12544	30491	28789	6425	1701
1304	70721	72712	2210	616
501	9899	10116	1756	124
477	9805	9883	1584	120
19	45	91	135	3
5	59	121	29	
1553	36938	19205	203	8
637	6551	4923	1415	32

12-5 续表8

单位：万元

指　标	Item	养老保险和医疗保险费 Basic Pension and Medical Care Insurance
总　计	**Total**	**82502**
一、批发业	**Wholesale Trade**	**45139**
#国有控股	State Owned and State Controlling Share	38240
1.按登记注册类型分组	Grouped by Registered Kind	
内资企业	Civil Funded Enterprises	44932
国有企业	State-owned Enterprises	34899
集体企业	Collective-owned Enterprises	990
股份合作企业	Share Cooperative Enterprises	173
联营企业	Joint Venture Enterprises	50
国有与集体联营企业	State-owned and Collective-owned Joint Enterprises	50
有限责任公司	Limited Responsibility Corporations	6398
国有独资公司	Company Exclusively with Investment from State	1577
其他有限责任公司	Other Limited Responsibility Company	4820
股份有限公司	Share-holding Limited Corporations	1103
私营企业	Private-owned Enterprises	1321
私营独资企业	Enterprise Exclusively with Investment from Private	
私营合伙企业	Private Partnership Enterprises	
私营有限责任公司	Private Limited Responsibility Corporations	1297
私营股份有限公司	Private Share-holding Limited Corporations	24
其他企业	Others	
港、澳、台商投资企业	Enterprises Funded by HongKong，Macao and Taiwan	174
合资经营企业(港或澳、台资)	Joint Venture	68
港、澳、台商独资经营企业	Solely Owned	106
港、澳、台商投资股份有限公司	Share Holding Limited Corporation	
外商投资企业	Foreign Funded Enterprises	33
中外合资经营企业	Joint Venture	33
2.按批发行业小类分组	Grouped by Economic Sector	
农畜产品批发	Wholesale of Farm and Animal Products	805
食品、饮料及烟草制品批发	Wholesale of Food，Beverage and Tobaccos	10351
#米、面制品及食用油批发	Rice , Flour and Edible Oil	719
烟草制品批发	Tobacoo Products Manufacturing	8796
纺织、服装及日用品批发	Wholesale of Textiles，Garments and Daily Articles	203
#服装批发	Garments	176
文化、体育用品及器材批发	Wholesale of Culture , Sports Articles and Equipments	741
医药及医疗器材批发	Wholesale of Medicines and Medical Appliances	793
矿产品、建材及化工产品批发	Wholesale of Mineral Products Buildingand Chemical Products	24958
#煤炭及制品批发	Coal and Related Products	21700
石油及制品批发	Petroleum and Related Products	995
金属及金属矿批发	Metals and Metals Materials	991
建材批发	Building Materials	254
化肥批发	Chemical Fertilizer	329
机械设备、五金交电及电子产品批发	Wholesale of Machinery, Hardwares,Transport	6698
#汽车、摩托车及零配件批发	Motor Vehicles，Motorcycles and Parts	152
家用电器批发	Electronic Household Equipments	234
计算机、软件及辅助设备批发	Computer , Software and Auxiliary Equipments	5
贸易经纪与代理	Trade Broker and Agency	13
其他批发	Other Wholesales	577

continued

(10 000 yuan)

住房公积金和住房补贴 Housing Provident Funds and Housing Subsidies	本年应付工资总额 Total Payable Wages	本年应付福利费总额 Total Payable Welfare Fees	本年应交增值税 Value-added Tax Payable	全部从业人员年平均人数(人) Employee (person)
15588	**516547**	**58953**	**949273**	**238610**
12848	**320134**	**45785**	**689514**	**98062**
11244	239576	39511	434306	61498
12845	318214	45755	688233	97392
9874	220663	36571	339188	55782
286	16635	1568	57382	7596
7	452	41	1812	294
16	208	34	362	100
16	208	34	362	100
2331	49059	4071	171922	19372
765	6720	448	28160	2071
1566	42338	3623	143762	17301
267	8298	1760	21432	2586
64	22842	1711	96082	11627
	638	122	1644	488
	457		815	278
58	19145	1409	55036	9887
6	2602	180	38586	974
	58		53	35
	1572	24	1125	595
	621		957	210
	926	24	158	375
	25		11	10
4	348	6	157	75
4	348	6	157	75
45	2842	71	3058	2041
4977	61646	16301	109859	13973
28	1718	115	1930	1835
4605	49034	15062	92992	6790
43	2413	151	2951	933
43	2024	126	2206	720
315	1016	99	1694	572
64	12599	1191	7032	6451
6787	228327	27633	550764	67509
5933	204783	24241	501424	58254
284	8332	1846	4876	2752
364	8782	878	29310	3163
25	2391	328	9993	954
37	514	107	2021	732
383	7083	184	5726	4743
15	898	49	443	520
	2935	19	2231	826
	90	4	15	69
	598	4	1481	142
235	3610	153	6949	1698

12-5 续表9

单位：万元

指 标	Item	养老保险和医疗保险费 Basic Pension and Medical Care Insurance
二、零售业	**Retail Trade**	**37363**
#国有控股	State Owned and State Controlling Share	8285
1.按登记注册类型分组	Grouped by Registered Kind	
内资企业	Civil Funded Enterprises	37084
国有企业	State-owned Enterprises	4475
集体企业	Collective-owned Enterprises	1332
股份合作企业	Share Cooperative Enterprises	326
联营企业	Joint Ownership Enterprises	
集体联营企业	Collective Joint Ownership Enterprises	
有限责任公司	Limited Responsibility Corporations	5056
其他有限责任公司	Other Limited Responsibility Company	5056
股份有限公司	Share-holding Limited Corporations	2452
私营企业	Private-owned Enterprises	23423
私营独资企业	Enterprise Exclusively with Investment from Private	36
私营合伙企业	Private Partnership Enterprises	16
私营有限责任公司	Private Limited Responsibility Corporations	23344
私营股份有限公司	Private Share-holding Limited Corporations	27
其他企业	Others	20
港、澳、台商投资企业	Enterprises Funded by HongKong, Macao and Taiwan	136
合资经营企业(港或澳、台资)	Joint Venture Enterprises	102
港、澳、台商独资经营企业	Solely Owned Entersprises	
港、澳、台商投资股份有限公司	Share Holding Limited Corporation	34
外商投资企业	Foreign Funded Enterprises	143
中外合资经营企业	Joint Venture	124
外资企业	Enterprises Funded by Foreign Invetments	18
2.按零售行业小类分组	Grouped by Retail Trade	
综合零售	General Retail Sales Trade	4895
#百货零售	Daily Goods	3424
超级市场零售	Supermarkets	1126
食品、饮料及烟草制品专门零售	Retail of Food, Beverage and Tobaccos	1333
纺织、服装及日用品专门零售	Retail of Textiles, Garments and Daily Articles	800
#服装零售	Garments	505
文化、体育用品及器材专门零售	Retail of Culture , Sports Articles and Equipments	1933
#图书零售	Books and Mangzines	1736
医药及医疗器材专门零售	Retail of Medicines and Medical Appliances	4302
#药品零售	Medicines	4302
汽车、摩托车、燃料及零配件专门零售	Retail of Motor Vehicles, Motorcycles, Feuls and Parts	21953
#汽车零售	Motor Vehicles	18582
机动车燃料零售	Vehicle Feuls	3331
家用电器及电子产品专门零售	Retail of Household Electronic Equipments and Products	1071
#家用电器零售	Household Electronic Equipments	853
计算机、软件及辅助设备零售	Computer , Software and Auxiliary Equipments	144
通信设备零售	Communication Equipments	52
五金、家具及室内装修材料专门零售	Retail of Hardwares , Furniture and Room Decorative Building	371
无店铺及其他零售	No Fixed Stores and Other Retails	706

continued

(10 000 yuan)

住房公积金和住房补贴 Housing Provident Funds and Housing Subsidies	本年应付工资总额 Total Payable Wages	本年应付福利费总额 Total Payable Welfare Fees	本年应交增值税 Value-added Tax Payable	全部从业人员年平均人数(人) Employee (person)
2740	**196413**	**13168**	**259759**	**140548**
1825	50587	3431	76209	27178
2698	194639	12803	257031	139579
885	31700	1851	59151	15669
167	9355	523	20006	7363
66	1800	167	601	1194
	71		52	45
	71		52	45
538	49782	4306	44108	37549
538	49782	4306	44108	37549
769	24179	889	19519	15398
273	76388	5068	112493	60990
31	10103	1763	4803	6462
	1369	50	2252	1501
243	63286	3203	103499	51306
	1630	52	1939	1721
	1364		1102	1371
6	1264	354	1935	645
6	886	344	165	352
	33			110
	346	10	1770	183
36	510	10	793	324
36	418	2	380	302
	92	8	413	22
239	54142	1683	40305	59209
97	22660	549	21815	27150
128	27793	904	16681	29101
264	6151	497	8782	5140
48	12468	810	33761	10269
25	9314	635	27387	8129
653	13373	1431	7636	4754
592	10225	1286	4193	3269
185	9543	632	12328	6461
185	9516	618	12313	6438
1106	71778	5265	97499	37733
121	41469	4041	33165	22079
976	29531	1180	63979	14867
122	12335	972	43734	7253
115	10129	337	42487	5715
7	1483	574	843	908
	636	60	366	568
12	6769	993	4044	5171
112	9854	885	11670	4558

12-6 限额以上批发零售业商品销售类值(2010年)

SALES VALUE OF ENTERPRISES ABOVE DESIGNATED SIZE IN WHOLESALE AND RETAIL TRADE BY CATEGORY OF COMMODITIES(2010)

单位：万元 (10 000 yuan)

指　　标	Item	销售额 Total	批发额 Wholesales	零售额 Retail Sales
总　　计	**Total**	**51288118**	**40505065**	**10783053**
一、批发业	**Wholesale Trade**	**39459856**	**39207674**	**252183**
1.粮油、食品、饮料、烟酒类	Food, Beveragers, Tobacoo and Liquor	3529842	3491320	38522
#粮油、食品类	Food and Oil	347732	337387	10344
饮料类	Beverages	44418	35882	8536
烟酒类	Tobacco and Liquor	3137692	3118051	19642
2.服装、鞋帽、针纺织品类	Clothing, Shoes and Hats, Textiles	73999	73190	809
#服装类	Garments	72668	72353	315
鞋帽类	Shoes and Hats	350	184	165
针纺织品	Textiles	982	653	329
3.化妆品类	Cosmetics	6683	6427	255
4.金银珠宝类	Gold Silver and Jewels			
5.日用品类	Daily Use Goods	19361	18361	1000
#洗涤用品类	Detergent	8741	8381	360
儿童玩具类	Toy	389	249	140
6.五金、电料类	Hardware and Electrical Appliances	45941	37584	8357
7.体育、娱乐用品类	Sports and Recreation Articles	25257	25075	183
8.书报杂志类	Books Newspapers and Magazines	89838	87099	2738
9.电子出版物及音像制品类	Electronic Publications and Audiovisual Products	8207	8207	
10.家用电器和音像器材类	Household Electrical and Sound Acoustic Appliances	233913	232143	1770
11.中西药品类	Chinese and Western Medicine	625799	618568	7231
#西　药	Western Medicine	394722	390127	4595
中草药及中成药类	Chinese Medicine	138835	136198	2636
12.文化办公用品类	Culture and Office Articles	12656	10768	1888
13.家具类	Furnitures	1237	849	388
14.通讯器材类	Communication Equipments	42863	41963	900
15.煤炭及制品类	Coal and Related Products	25377808	25328995	48814
16.木材及制品类	Timber and Related Products	3389	3389	
17.石油及制品类	Petroleum and Related Products	916035	872325	43710
18.化工材料及制品类	Chemical Materials	408352	408352	
#化肥类	Chemical Fertilizer	155447	155447	
19.金属材料类	Metal Materials	6283033	6283033	
20.建筑及装潢材料类	Building and Decoration Materials	170086	122983	47102
21.机电产品及设备类	Mechanical and Electrical Products and Equipments	548980	548445	535
#农机类	Farm Machineries	76930	76930	
22.汽车类	Motor Vehicles	275065	244679	30386
23.种子饲料类	Seeds and Forages	30131	30131	
24.棉麻类	Cotton Ambery Local and Animal Products			
25.其他类	Others	731383	713789	17594

12-6 续表 continued

单位：万元 (10 000 yuan)

指　　标	Item	销售额 Total	批发额 Wholesales	零售额 Retail Sales
二、零售业	**Retail Trade**	**11828262**	**1297391**	**10530871**
1.粮油、食品、饮料、烟酒类	Food, Beveragers, Tobacoo and Liquor	960265	94087	866177
#粮油、食品类	Food and Oil	606843	35518	571324
饮料类	Beverages	183989	55421	128569
烟酒类	Tobacco and Liquor	169433	3148	166285
2.服装、鞋帽、针纺织品类	Clothing, Shoes and Hats, Textiles	818514	2839	815675
#服装类	Garments	535309	1419	533890
鞋帽类	Shoes and Hats	156268	653	155615
针纺织品	Textiles	126937	768	126169
3.化妆品类	Cosmetics	89154	246	88907
4.金银珠宝类	Gold Silver and Jewels	288605	69154	219452
5.日用品类	Daily Use Goods	176176	2351	173825
#洗涤用品类	Detergent	70326	225	70101
儿童玩具类	Toy	18806	47	18759
6.五金、电料类	Hardware and Electrical Appliances	56017	3737	52280
7.体育、娱乐用品类	Sports and Recreation Articles	27114	81	27033
8.书报杂志类	Books Newspapers and Magazines	162482	4780	157701
9.电子出版物及音像制品类	Electronic Publications and Audiovisual Products	5989	99	5890
10.家用电器和音像器材类	Household Electrical and Sound Acoustic Appliances	569658	22008	547650
11.中西药品类	Chinese and Western Medicine	346340	75478	270863
#西　药	Western Medicine	241806	50860	190946
中草药及中成药类	Chinese Medicine	81037	24917	56120
12.文化办公用品类	Culture and Office Articles	73734	14374	59360
13.家具类	Furnitures	69763	25	69738
14.通讯器材类	Communication Equipments	38639	198	38442
15.煤炭及制品类	Coal and Related Products	50715	33984	16732
16.木材及制品类	Timber and Related Products			
17.石油及制品类	Petroleum and Related Products	4203819	818435	3385385
18.化工材料及制品类	Chemical Materials	6667	6667	
#化肥类	Chemical Fertilizer	5585	5585	
19.金属材料类	Metal Materials	245	245	
20.建筑及装潢材料类	Building and Decoration Materials	198091	10613	187478
21.机电产品及设备类	Mechanical and Electrical Products and Equipments	69321	5759	63562
#农机类	Farm Machineries	62	62	
22.汽车类	Motor Vehicles	3376667	130722	3245946
23.种子饲料类	Seeds and Forages			
24.棉麻类	Cotton Ambery Local and Animal Products	1807	30	1777
25.其他类	Others	238481	1480	237001

12-7 亿元交易市场经营情况(2010年)
MANAGEMENT OF 100 MILLION YUAN MARKET(2010)

企业名称	Enterprise Name	摊位数(个) Number of Stall (unit)	成交额(万元) Volume of Transaction (10 000 yuan)	营业面积(平方米) Area of Bussiness (sq.m)
山西联运集团股份有限公司山西汽车配件市场	Shanxi Lianyun Group Co. Ltd Shanxi Motorcar Parts Market	426	17000	70000
太原青龙实业集团有限公司电脑城	Taiyuan Qinglong Industry Group Co.Ltd Computer Town	180	13000	8000
太原赛格数码港	Taiyuan Saige Digital Port	260	15000	10000
山西省太原康达商城有限公司	Shanxi Taiyuan Kangda Commercial Town Co.Ltd	425	16300	6000
太原市果品茶叶副食总公司南批发部	Taiyuan Fruit and Tea Food Company Wholesale south Department	35	15000	7000
太原服装城(集团)有限公司	Taiyuan Garments Town Co.Ltd	4890	43531	117895
太原市圣亚服饰品牌广场	Taiyuan Shengya Garments Brand Square	228	3050	4200
朝阳鞋城（山西五龙鞋业有限公司）	Chaoyang Shoes Town (Shanxi Wulong Shoes Co.Ltd)	520	50240	20000
太原市三江源(鞋城)商贸有限公司	Taiyuan Sanjiangyuan Business (Shoes Town) Co.Ltd	120	40750	4500
山西太原小商品批发市场	Shanxi Taiyuan Small Merchandise Wholesale	1246	17355	60000
太原市尖草坪区兴业钢材市场	Taiyuan Jiancaoping Xingye Steel Market	140	566000	111800
山西现代家居大世界有限公司	Shanxi Xiandai Household World Co.Ltd	1000	107000	100000
山西雅阁瑞普家居汇展中心(有限公司)	Taiyuan Yageruipu Furniture Exhibition Center Co.Ltd	70	12000	40000
太原市河西农产品有限公司	Taiyuan Hexi Farm Product Co.Ltd	1350	210000	220000
山西花园伟业经贸有限公司	Shanxi Huayuanweiye Business Co.Ltd	56	4240	13000
山西屯汇商贸有限公司瑞旭市场服务分公司	Shanxi Tunhui Commercial Co. Ltd Ruixu Marketing Serving Brand Co.Ltd	145	64000	17000
太原市美丽家园建材家居装饰有限公司	Taiyuan Meilijiayuan household Decoration Co.Ltd	230	14500	30000
太原市方格和平装饰有限公司明珠装饰市场	Taiyuan Fanggeheping Decoration Co.Ltd Mingzhu Decoration Town	206	9300	40000
大同市云中商城服装大世界	Datong Yunzhong Commercial Town Garments Field	1060	15000	30400
大同市振华蔬菜批发市场有限公司	Datong Zhenhua Vegetables Wholesale Market Co.Ltd	200	15000	9500
大同市万联经贸有限责任公司	Datong Wanlian Business Co.Ltd	1054	40000	35608
云中商城万圣精品服装有限责任公司	Yunzhong Town Wansheng Quality Garments Co.Ltd	380	30000	6000
大同市新荣区公路煤炭交易市场	Datong Xinrong Highway Coal Trading Market	10	37961	600
阳泉蔬菜副食有限公司	Yangquan Vegetable and Food Co.Ltd	460	23522	18600
盂县煤炭运销公司发运站	Yuxian Coal Marketing Corporation Forwarding Station	1	360050	3000

12-7 续表 continued

企业名称	Enterprise Name	摊位数(个) Number of Stall (unit)	成交额(万元) Volume of Transaction (10 000 yuan)	营业面积(平方米) Area of Bussiness (sq.m)
长治市金鑫瓜果批发市场	Changzhi Jinxin guaguo Wholesale Market	185	11300	32786
长治市紫坊农产品综合交易市场	Changzhi Zifang Agricultural Trade Wholesale Market	1000	159100	86000
太谷县东海责任有限公司	Taigu Donghai Co.Ltd	170	14222	16623
运城市经济开发区禹都市场	Yuncheng Economic Development Zone Yudu Market	5890	2330984	651000
临猗县郇阳市场	Linyi Xunyang Market	434	14178	17000
新绛县汾河湾市场	Xinjiang Fenhewan Market	412	48116	25680
临汾市尧都区百汇物业有限公司	Linfen Yaodu District Baihui Wholesale Market Property Co.Ltd	1082	25810	22800
临汾市尧丰市场	Linfen Yaofeng Market	1030	248474	60000
临汾市尧都区普国装饰材料有限公司	Linfen Puguo Decorative Materials Co.Ltd	285	14500	12000
洪洞县莲花城农副产品营销有限公司	Hongtong Lianhuacheng Farm Product Marketing Co.Ltd	950	61390	47040
侯马市新港服装城	Houma Xingang Garments Wholesale Town	1803	52165	70973
侯马市新田综合批发市场	Houma Xintian Wholesale Market Complex	550	15783	88041
侯马市亚欧桥汽车摩托车市场	Houma Yaouqiao Cars and Motorcycles Market	13	27180	43000
侯马市路西副食批发市场	Houma Luxi Food Wholesale Market	78	10330	3300
侯马市五交化家电家具市场	Houma Hardware Electrical Appliance &Chemical Household Furniture Market	136	13580	15000
侯马北方轻工城	Houma Northern Light Industrial City	1882	19005	300000
孝义市晋华市场	Xiaoyi Jinhua Market	69	12190	2400
孝义市蔬菜批发交易市场	Xiaoyi Vegetables Wholesale Trading Market	105	10755	5100
孝义市永安市场	Xiaoyi Yongan Market	155	14050	3100
孝义市天荣商场	Xiaoyi Tianrong Shopping Center	206	13505	5500
汾阳市北廓村晋阳农副产品批发市场	Fenyang Beiguocun Jinyang Farm Product Wholesale Market	127	25357	69930

12-8 私营企业基本情况(2010年)
BASIC STATISTICS ON PRIVATE-OWNED ENTERPRISES(2010)

单位：户 (household)

指 标	Item	年末实有户数 Real Number of Households at Year-end	#本年开业 Openning at This Year	注册资金(万元) Registered Capital (10 000 yuan)	社会消费品零售总额(万元) Total Retail Sales of Consumer Goods (10 000 yuan)
总 计	**Total**	**158676**	**27196**	**45331645**	**1663622**
农林牧渔服务业	Farming,Forestry,Animal Husbandary and Fishery Services	8537	1319	1281295	50171
采矿业	Mining and Quarrying	5124	530	3841378	7634
制造业	Manufacturing	22044	2211	8257656	242715
电力、燃气及水的生产和供应业	Electricity,Gas and Water Production and Supply	670	106	994573	11484
建筑业	Construction	8116	1458	2798460	47097
交通运输、仓储和邮政业	Transport, Storage and Post	4239	974	874602	13991
信息传输、计算机服务和软件业	Information Transmission, Computer Services and Software	6175	809	488653	7258
批发和零售业	Wholesale and Retail Trade	67380	12745	13417964	797556
住宿和餐饮业	Hotels and Catering Services	3190	487	654398	125396
金融业	Banking and Insurance	1004	226	1866204	1527
房地产业	Real Estate Trade	5238	1064	4652185	61993
租赁和商务服务业	Lease and Business Affairs Services	12701	2805	3921986	44502
科学研究技术员服务和地质勘查业	Scientific Research,Technical Services and Geological Prospecting	3177	689	872061	3714
水利环境和公共设施管理业	Water,Enviromental Protection and Public Facility Management	793	132	209281	35485
居民服务和其他服务业	Resident Services and Other Services	7836	1282	877684	163738
教 育	Education	196	26	31682	100
卫生、社会保障和社会福利业	Health Care，Social Security and Social Services	540	67	78434	27254
文化、体育和娱乐业	Culture , Sports and Recreation	1251	180	123658	19316
其他行业	Others	465	86	89490	2693

12-9 个体工商业基本情况(2010年)
BASIC STATISTICS ON INDIVIDUAL BUSSINESS(2010)

单位：户 (household)

指　标	Item	年末实有户数 Real Number of Households at Year-end	#本年开业 Openning at This Year	年末实有资金(万元) Capital (10 000 yuan)	社会消费品零售总额(万元) Total Retail Sales of Consumer Goods (10 000 yuan)
总　计	**Total**	**842588**	**134764**	**3695557**	**2222144**
农林牧渔服务业	Farming,Forestry,Animal Husbandary and Fishery Services	6741	1470	135193	5562
采矿业	Mining and Quarrying	969	129	39943	2117
制造业	Manufacturing	33347	3214	200619	107752
电力、燃气及水的生产和供应业	Electricity,Gas and Water Production and Supply	182	32	1757	551
建筑业	Construction	1577	285	20808	103156
交通运输、仓储和邮政业	Transport, Storage and Post	10889	1660	181429	367844
信息传输、计算机服务和软件业	Information Transmission, Computer Services and Software	4163	873	61777	4391
批发和零售业	Wholesale and Retail Trade	577201	97502	2148720	1090461
住宿和餐饮业	Hotels and Catering Services	74607	11759	280750	150475
金融业	Banking and Insurance	16	4	156	18
房地产业	Real Estate Trade	123	41	483	221
租赁和商务服务业	Lease and Business Affairs Services	5361	813	23448	7507
科学研究技术员服务和地质勘查业	Scientific Research,Technical Services and Geological Prospecting	230	95	543	46
水利环境和公共设施管理业	Water,Enviromental Protection and Public Facility Management	205	8	1383	100
居民服务和其他业	Resident Services and Other Services	113834	15112	528825	349342
教　育	Education	78	16	649	26
卫生、社会保障和社会福利业	Health Care，Social Security and Social Services	4688	425	26206	9069
文化、体育和娱乐业	Culture , Sports and Recreation	4830	637	30801	7889
其他行业	Others	3547	689	12070	15618

主要统计指标解释

批发零售贸易业 指专门从事批发和零售贸易活动的经济部门。我国长期以来把专门从事商品流通的机构分为国内商业、对外贸易业和物资供销业。新的国家统计报表制度根据《国民经济行业分类与代码》(国标修订方案)，将专门从事商品流通的行业统称为批发零售贸易业。

批发零售贸易业法人企业 指具备如下条件的批发零售贸易企业：(1)依法成立，有自己的名称、组织机构和场所，能够承担民事责任；(2)独立拥有和使用资产，承担负债，有权与其他单位签订合同；(3)独立核算盈亏，并能够编制包括资产负债表在内的全部会计帐户。

限额以上批发企业 年主营业务收入 2000 万元及以上为限额以上批发企业。

限额以上零售企业 年主营业务收入 500 万元及以上为限额以上零售企业。

社会消费品零售总额 指批发和零售业、住宿和餐饮业以及其他行业直接售给城乡居民和社会集团的消费品零售额。其中，对居民的消费品零售额，是指售给城乡居民用于生活消费的商品金额；对社会集团的消费品零售额，是指售给机关、社会团体、部队、学校、企事业单位、居委会或村委会等，公款购买的用作非生产、非经营使用与公共消费的商品金额。社会消费品零售总额包括：售给城乡居民作为生活消费用的商品金额和修建房屋用的建筑材料，以及售给来华的外国人、华侨、港澳台同胞的消费品金额。不包括城市居民间或居民委托信托商店卖出的商品和售给农业、工业、建筑业等行业用于生产的商品。

批发和零售业零售额 指专门从事商品专卖业务的、各种经济类型的批发和零售业企业、产业活动单位和个体户，直接售给居民和社会集团的消费品零售额。

住宿和餐饮业零售额 指专门从事提供食宿服务、进行食品烹饪调制的住宿和餐饮业企业、产业活动单位和个体户，直接向居民和社会集团出售主食、菜肴、烟酒饮料和其他商品取得的餐费收入和商品销售额，包括各行业企业或单位附设的对外营业的旅馆、火车餐车、轮船餐厅、机场餐厅的零售额，不包括机关、团体、学校、企事业单位不对外营业的职工食堂所出售的餐费收入。

其他行业零售额 指批发和零售业、住宿和餐饮业法人企业、产业活动单位、个体户以外的其他行业的法人企业、产业活动单位或个体户，从事生活消费用品零售活动或者提供食宿服务所取得的商品销售额和餐费收入。

门店总数 指该连锁企业所拥有的全部连锁门店数量，包括总店(如果总公司有门店的话)和全部直营分店、加盟分店数。其中，总店作为一个直营店处理。此外，有的地区分出控股店，控股店按直营店统计。直营店和加盟店之和应小于等于门店总数。

连锁企业（或称连锁店、连锁公司） 指在核心企业或总店的领导下，由分散的、经营同类商品或服务的企业或活动单位，采取共同方针，实行集中采购和分散销售的有机结合，通过规范化经营，实现规模效益的经济联合组织形式。一般连锁店应由若干个分店组成。其经营特征：(1)经营同类商品；(2)使用统一商号；(3)统一采购配送，采购与销售相分离(部分商品可根据物流合理和保质保鲜原则由供应商直接送货到门店，其余均由总部统一配送)。连锁店总店(总部)指连锁店的核心企业或管理中心。连锁店分店指连锁店所属各分散经营的企业或活动单位，也可称分店或成员店。

连锁店包括下列三种形式：

直营连锁 指连锁店铺由连锁公司全资或控股开设，在总部的直接控制下，开展统一经营的连锁经营形式。

特许连锁 指拥有注册商标、企业标志、专利、专有技术等经营资源的企业（特许人），以合同形式将其拥有的经营资源许可其他经营者（被特许人）使用，被特许人按合同约定在统一的经营模式下开展经营，并向特许人支付特许经营费用的连锁经营形式。

自愿连锁 指若干个店铺或企业自愿组合起来，在不改变各自资产所有权关系的情况下，以同一个品牌形象面对消费者，以共同进货为纽带开展的连锁经营形式。

亿元以上商品交易市场 指经有关部门和组织批准设立，有固定场所、设施，有经营管理部门年成交额在亿元及以上的商品交易市场和监管人员，常年或实际开业三个月以上。

Explanatory Notes on Main Statistical Indicators

Wholesale and Retail Trade refers to the economic sectors specially engaged in wholesale and retail trade. For a long time, we used to classify the institutions engaged in commodity circulating into three categories as domestic trade, foreign trade and goods supply &marketing. According to the "Industrial Classification and Codes for National Economical Activities" (International Revised Edition), economic sectors specially engaged in commodity circulating are generally called "Wholesale and Retail Trade Industry" in the New Statistical Report System of China.

Wholesale and Retail Corporation Enterprises refer to the wholesale and retail trade enterprises satisfy the conditions as follow: (1) They are established legally, having their own names, organizations, location, able to take civil liability; (2) They possess and use their assets independently, assume liabilities, and are entitled to sign contracts with other units; (3) They are financially independent and compile their own balance sheets.

Wholesale Enterprise Above Designated Size refers to wholesale enterprises whose annual revenue of major business amounts to 20 million yuan and over.

Retail Trade Enterprise Above Designated Size refers to retail enterprises whose annual revenue of major business amounts to 5 million yuan and over.

Total Retail Sales of Consumer Goods refer to the sum of retail sales of consumer goods by accommodation and catering industry and other industries directly to urban and rural residents and social groups. Among them, the retail sales of consumer goods to the residents, refers to the amount of consumer goods which is sold to the life of urban and rural residents. The retail sales of consumer goods to social consumer goods group, refers to the amount of goods which is sold to institutions, social organizations, military units, schools, enterprises and institutions, Habitat Authority or the village committee, the public funds used to purchase non-production and non-commercial use and public consumption. Total Retail Sales of Consumer Goods including: the amount of goods sold to urban and rural residents as living consumption and building materials used in housing construction, and the amount of consumer goods sold to China and the foreigners, overseas Chinese, compatriots of Hong Kong, Macao. Total Retail Sales of Consumer Goods exclude urban dwellers or residents commissioned by the Trust shops sell goods and sold to agriculture, industry, construction and other industries for the production of goods.

Total Retail Sales of Wholesale and Retail Trade refer to the sales of consumption goods to residents and social groups by all kinds of independent accounting corporative enterprises, economic units and individuals specially engaged in commodities wholesale and retail trade.

Retail Sales of Hotels and Catering Services refer to the retail sales of providing accommodation, food services, food cooking modulation of the accommodation and catering industry enterprises, industrial units and self-employed activities directly to residents and community groups to sell staple foods, food, beverages and tobacco and other goods. It includes retail sales of restaurants, train dining rooms, train dining rooms, train and bus station dining rooms and airport dining rooms attached all kinds of enterprises, opening to outside. It excludes revenue of hotels to sale food only for guests, nor dining rooms attached all kinds of unit, un-opening to outside.

Retail Sales of Other Sectors refer to the sales value of consumption commodities to residents and social groups by sectors other than wholesale and retail trade, catering trade, manufacturing industries and agricultural producers.

The Number of Stores refers to the total number of enterprises owned by the full number of chain stores, including the headquarters (if a company store it) and all Direct stores, joining a few stores. The headquarters dealing with as a Guide. In addition, the separation of holding some regional stores, shops by holding Guide statistics. Guide and stores and should be less than or equal to the total number of stores.

Chain Enterprises (also called chain stores or chain corporations) refer to a form of joint economic entities under which scattered enterprises or establishments engaged in providing homogeneous commodities or services, with the central leadership of core enterprise or headquarters and guided by common policies, conduct centralized purchase and distributed selling of commodities, in order to gain better efficiency through standardized operation. Consisting of a number of branch stores, the chain stores have in general the following features: (1) homogeneous commodities, (2) unique name of stores, (3) centralized purchase and delivery which is separated from distributed selling operation (most commodities are delivered from the headquarters except some items which, for logistics, quality or freshness considerations, might be delivered by suppliers directly). Chain headquarters (HQ) means the core of enterprises or chain management centre. Chain store chain that owned the decentralized management of the enterprise or activity units, but also said members of shops or stores.

Chain stores include the following three forms:

Regular Chain refers to chain that are invested or controlled by the headquarters. They operate under direct and unified management from the headquarters. Adopting a direct management approach, the headquarters gives orders and controls all retail stores, which follow completely the directives from the headquarters. Large monopolized commercial companies develop and expand their business through purchasing, merging, direct investment and controlling of shares.

Franchise Chain Through contracts, chain stores (or their owners) obtain licenses from the headquarters (franchisee) to use designated trade marks, names, operation know-how, and to sell commodities developed by the headquarters. Under this arrangement, each store in the chain is an independent legal entity and operates under the guidance from the headquarters.

Voluntary Chain refers to the chain business model that several stores or enterprises united together voluntarily to use a same brand image and phachase together under the previous independent property relationship.

Commodities Trading market Over 100 Million Yuan refers to markets approved by the competent government departments, trading places with fixed, regular annual transactions, and a full-time management staff of more than 100 million yuan in turnover.

13

住宿、餐饮业和旅游

HOTELS, CATERING SERVICES AND TOURISM

资料整理人员

雷士伟　张艳芳　张艳君

住宿、餐饮业和旅游

HOTELS, CATERING SERVICES AND TOURISM

住宿、餐饮业营业额	Business Volume of Hotels and Catering Services	1893764	万元	(10 000 yuan)
国内旅游人数	Number of Domestic Tourists	12497	万人次	(10 000 person-times)
国际旅游人数	Number of International Tourists	130.3	万人次	(10 000 person-times)
旅游总收入	Total Income of Tourism	1083.5	亿元	(100 million yuan)
旅游外汇收入	Foreign Exchange Earnings from Tourism	46460	万美元	(USD 10 000)

旅游总收入(亿元)

Total Income of Tourism (100 million yuan)

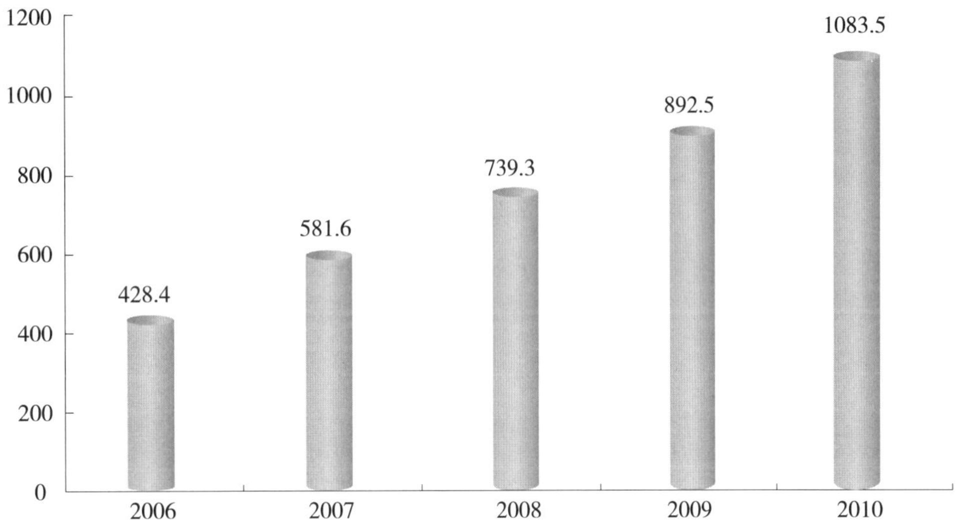

国际旅游人数(万人次)

Number of International Tourists (10 000 person-times)

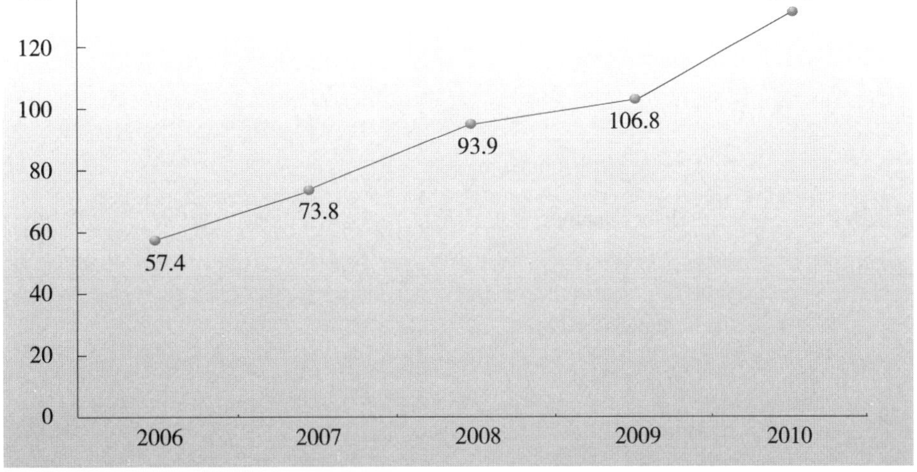

13-1 限额以上住宿和餐饮业法人企业经营情况(2010年)

单位：万元

指 标	Item	法人企业数(个) Number of Corporative Enterprises (unit)
总 计	**Total**	**878**
一、住宿业	**Hotels**	**388**
#国有控股	State Controlling Share	98
1.按登记注册类型分组	Grouped by Registered Kind	
内资企业	Civil Funded Enterprises	380
国有企业	State-owned Enterprises	107
集体企业	Collective-owned Enterprises	29
股份合作企业	Share Cooperative Enterprises	3
有限责任公司	Limited Responsibility Corporations	62
国有独资公司	Company Exclusively with Investment from State	2
其他有限责任公司	Other Limited Responsibility Corporations	60
股份有限公司	Share-holding Limited Corporations	10
私营企业	Private-owned Enterprises	166
私营独资企业	Enterprise Exclusively with Investment from Private	45
私营合伙企业	Private Partnership Enterprises	5
私营有限责任公司	Private Limited Responsibility Corporations	106
私营股份有限公司	Private Share-holding Limited Corporations	10
其他企业	Others	3
港、澳、台商投资企业	Enterprises Funded by HongKong,Macao and Taiwan	6
合资经营企业(港或澳、台资)	Joint Venture	5
合作经营企业(港或澳、台资)	Cooperative	1
外商投资企业	Foreign Funded Enterprises	2
中外合资经营企业	Joint Venture	2
2.按住宿行业小类分组	Grouped by Hotels	
旅游饭店	Resturants for Trip	233
一般旅馆	Ordinary Hotels	136
其他住宿服务	Others	19

MANAGEMANT OF HOTEL AND CATERING CORPORATION ENTERPRISES ABOVE DESIGNATED SIZE(2010)

(10 000 yuan)

年末从业人员数(人) Number of Employees at Year-end (person)	营业额 Business Volume	客房收入 Revenue of Guest Room	餐费收入 Revenue of Dining	商品销售收入 Revenue of Sales of Commodities	其他收入 Other Revenue	年末餐饮营业面积(平方米) Operating Area of Catering Services at Year-end (sq.m)
122077	**1210789**	**322405**	**790467**	**43027**	**54891**	**1482264**
58686	**527814**	**224478**	**242684**	**22647**	**38005**	**584434**
14853	139998	70188	60577	2012	7221	137526
56673	504926	215501	231432	22565	35429	566508
14367	122603	60481	52535	2547	7040	136219
3435	25331	12170	10994	1452	716	31260
711	8844	4923	3644		278	5289
10731	107096	42593	52918	3908	7677	113255
337	2205	686	1254		265	1714
10394	104891	41907	51665	3908	7412	111541
1800	29506	11308	11365	3865	2968	15512
25092	208097	83583	97757	10568	16189	261243
5600	43309	17820	19769	3835	1886	59056
273	1770	920	704	15	131	2250
18044	152351	61230	71945	6667	12509	193627
1175	10667	3614	5339	50	1664	6310
537	3448	443	2219	226	561	3730
1506	17759	5704	9481	82	2493	14783
1318	14845	4758	7513	82	2493	12783
188	2914	946	1968			2000
507	5130	3274	1772		84	3143
507	5130	3274	1772		84	3143
42267	406941	166949	192164	17677	30151	440074
14082	101734	48489	44289	3758	5198	134252
2337	19139	9040	6232	1211	2656	10108

13-1 续表

单位：万元

指　　标	Item	法人企业数(个) Number of Corporative Enterprises (unit)
二、餐饮业	**Catering**	**490**
#国有控股	State Owned and State Controlling Share	39
1.按登记注册类型分组	Grouped by Registered Kind	
内资企业	Civil Funded Enterprises	478
国有企业	State-owned Enterprises	40
集体企业	Collective-owned Enterprises	13
股份合作企业	Share Cooperative Enterprises	4
有限责任公司	Limited Responsibility Corporations	84
国有独资公司	Company Exclusively with Investment from State	2
其他有限责任公司	Other Limited Responsibility Company	82
股份有限公司	Share-holding Limited Corporations	16
私营企业	Private-owned Enterprises	312
私营独资企业	Enterprise Exclusively with Investment from Private	103
私营合伙企业	Private Partnership Enterprises	9
私营有限责任公司	Private Limited Responsibility Corporations	187
私营股份有限公司	Private Share-holding Limited Corporations	13
其他企业	Others	9
港、澳、台商投资企业	Enterprises Funded by HongKong，Macao and Taiwan	5
合资经营企业(港或澳、台资)	Joint Venture	3
港、澳、台商独资经营企业	Solely Owned Entersprises	1
港、澳、台商投资股份有限公司	Share Holding Limited Corporation	1
外商投资企业	Foreign Funded Enterprises	7
中外合资经营企业	Joint Venture	4
外资企业	Enterprises Funded by Foreign Invetments	3
2.按餐饮行业小类分组	Grouped by Catering Services	
正餐服务	Dinner	478
快餐服务	Fast Food	8
其他餐饮服务	Others	4

continued

(10 000 yuan)

年末从业人员数(人) Number of Employees at Year-end (person)	营业额 Business Volume	客房收入 Revenue of Guest Room	餐费收入 Revenue of Dining	商品销售收入 Revenue of Sales of Commodities	其他收入 Other Revenue	年末餐饮营业面积(平方米) Operating Area of Catering Services at Year-end(sq.m)
63391	**682975**	**97927**	**547782**	**20380**	**16886**	**897830**
5495	58492	17204	35383	1630	4274	63633
60876	606831	95827	475249	20248	15507	853085
4781	43581	9217	28934	1614	3816	58486
1299	7980	1300	5471	290	920	19844
459	4190	1058	2137	42	953	5900
10601	88441	21437	63560	1359	2086	164543
583	1448	361	933	58	95	8667
10018	86994	21075	62627	1300	1991	155876
2816	21814	2275	18301	821	418	36300
38794	424354	58215	342757	16070	7313	539942
9599	97878	20329	70718	5046	1784	124394
995	8989	498	7019	1440	32	19500
26488	282435	31909	237780	7700	5046	368195
1712	35052	5479	27239	1883	450	27853
2126	16470	2326	14089	54	1	28070
1096	9256	2099	6589	132	436	12340
457	3673	308	3351		13	4810
235	1116	331	785			2500
404	4468	1460	2453	132	423	5030
1419	66889		65945		943	32405
670	6621		5678		943	5695
749	60267		60267			26710
61536	615362	97139	481311	20102	16809	853782
1663	66075	519	65261	218	77	40148
192	1538	269	1210	59		3900

13-2 限额以上住宿和餐饮业法人企业主要财务状况(2010年)

单位：万元

指　标	Item	流动资产合　计 Total Circulating Assets
总　计	**Total**	**690776**
一、住宿业	**Hotels**	**315732**
#国有控股	State Controlling Share	76629
1.按登记注册类型分组	Grouped by Registered Kind	
内资企业	Civil Funded Enterprises	303017
国有企业	State-owned Enterprises	72892
集体企业	Collective-owned Enterprises	14709
股份合作企业	Share Cooperative Enterprises	1372
有限责任公司	Limited Responsibility Corporations	53140
国有独资公司	Company Exclusively with Investment from State	1575
其他有限责任公司	State-funded Corporations	51565
股份有限公司	Share-holding Limited Corporations	14938
私营企业	Private-owned Enterprises	144165
私营独资企业	Enterprise Exclusively with Investment from Private	33268
私营合伙企业	Private Partnership Enterprises	536
私营有限责任公司	Private Limited Responsibility Corporations	104168
私营股份有限公司	Private Share-holding Limited Corporations	6193
其他企业	Others	1801
港、澳、台商投资企业	Enterprises Funded by HongKong，Macao and Taiwan	10698
合资经营企业(港或澳、台资)	Joint Venture	10083
合作经营企业(港或澳、台资)	Cooperative	615
外商投资企业	Foreign Funded Enterprises	2018
中外合资经营企业	Joint Venture	2018
2.按住宿行业小类分组	Grouped by Hotels	
旅游饭店	Resturants for Trip	227556
一般旅馆	Ordinary Hotel	77162
其他住宿服务	Others	11015

FINANCIAL INDICATORS OF CORPORATION ENTERPRISES IN HOTELS AND CATERING ABOVE DESIGNATED SIZE(2010)

(10 000 yuan)

#存　货 Inventory	固定资产合计 Total Fixed Assets	累计折旧 Total Depreciation of Fixed Assets	#本年折旧 This Year	资产总计 Total Assets
76096	**1077289**	**385674**	**66945**	**2246037**
37365	**739480**	**272550**	**43365**	**1286551**
9262	236616	104923	10838	358882
36342	703510	254556	41370	1233915
8403	186200	100231	9249	302256
1333	41086	8865	1366	80624
260	7025	1544	327	10010
7101	123904	36587	7509	204335
694	2262	30		3848
6407	121642	36557	7509	200487
2048	37497	19402	2145	78375
17011	305929	87231	20564	554444
4605	58880	11077	3254	108278
64	1576	76	21	2236
11616	240497	73432	16628	426616
726	4977	2646	661	17315
186	1869	698	210	3871
714	26993	13342	1685	39283
537	26792	12890	1639	38133
178	201	452	46	1149
309	8977	4652	310	13354
309	8977	4652	310	13354
26984	550594	223224	36033	969032
9264	160469	44659	6093	276376
1118	28417	4667	1238	41143

13-2 续表1

单位：万元

指　　标	Item	流动资产合　　计 Total Circulating Assets
二、餐饮业	**Catering**	**375044**
#国有控股	State Controlling Share	47086
1.按登记注册类型分组	Grouped by Registered Kind	
内资企业	Civil Funded Enterprises	361876
国有企业	State-owned Enterprises	17976
集体企业	Collective-owned Enterprises	3491
股份合作企业	Share Cooperative Enterprises	359
有限责任公司	Limited Responsibility Corporations	86976
国有独资公司	Company Exclusively with Investment from State	19401
其他有限责任公司	Other Limited Responsibility Company	67575
股份有限公司	Share-holding Limited Corporations	14693
私营企业	Private-owned Enterprises	231872
私营独资企业	Enterprise Exclusively with Investment from Private	32960
私营合伙企业	Private Partnership Enterprises	2614
私营有限责任公司	Private Limited Responsibility Corporations	178913
私营股份有限公司	Private Share-holding Limited Corporations	17386
其他企业	Others	6510
港、澳、台商投资企业	Enterprises Funded by HongKong, Macao and Taiwan	4348
合资经营企业(港或澳、台资)	Joint Venture	2527
港、澳、台商独资经营企业	Solely Owned Entersprises	185
港、澳、台商投资股份有限公司	Share Holding Limited Corporation	1636
外商投资企业	Foreign Funded Enterprises	8820
中外合资经营企业	Cooperative Enterprises	3337
外资企业	Enterprises Funded by Foreign Invetments	5483
2.按餐饮行业小类分组	Grouped by Catering Services	
正餐服务	Dinner	362162
快餐服务	Snack	12456
其他餐饮服务	Others	426

continued

(10 000 yuan)

#存　货 Inventory	固定资产合计 Total Fixed Assets	累计折旧 Total Depreciation of Fixed Assets	#本年折旧 This Year	资产总计 Total Assets
38731	**337809**	**113124**	**23580**	**959486**
3021	34802	9193	1941	110353
35104	327089	107462	22372	920610
2538	22497	5631	795	47241
723	5960	1517	82	11143
103	1421	391	380	11820
7274	53753	15113	3438	236068
243	864	2		23160
7031	52889	15111	3438	212908
1702	16432	12424	814	41330
22207	222816	71491	16664	561858
4763	62214	11861	3134	120535
351	2839	1728	58	12688
15795	148820	54020	12297	393749
1298	8944	3882	1176	34886
557	4210	895	199	11151
811	3514	1150	416	12461
267	3073	985	350	9801
46	441	164	66	1024
498				1636
2816	7207	4513	792	26414
370	937	2963	112	4864
2446	6270	1550	680	21550
35956	323412	99715	22002	913905
2698	13705	13157	1327	44091
77	693	251	251	1489

13-2 续表2

单位：万元

指　　标	Item	负债合计 Total Liabilities
总　计	**Total**	**1616403**
一、住宿业	**Hotels**	**952741**
#国有控股	State Controlling Share	218265
1.按登记注册类型分组	Grouped by Registered Kind	
内资企业	Civil Funded Enterprises	919560
国有企业	State-owned Enterprises	170767
集体企业	Collective-owned Enterprises	68536
股份合作企业	Share Cooperative Enterprises	4643
有限责任公司	Limited Responsibility Corporations	165508
国有独资公司	Company Exclusively with Investment from State	4728
其他有限责任公司	State-funded Corporations	160781
股份有限公司	Share-holding Limited Corporations	83420
私营企业	Private-owned Enterprises	424821
私营独资企业	Enterprise Exclusively with Investment from Private	64897
私营合伙企业	Private Partnership Enterprises	807
私营有限责任公司	Private Limited Responsibility Corporations	352336
私营股份有限公司	Private Share-holding Limited Corporations	6781
其他企业	Others	1865
港、澳、台商投资企业	Enterprises Funded by HongKong，Macao and Taiwan	25016
合资经营企业(港或澳、台资)	Joint Venture	24783
合作经营企业(港或澳、台资)	Cooperative	234
外商投资企业	Foreign Funded Enterprises	8165
中外合资经营企业	Joint Venture	8165
2.按住宿行业小类分组	Grouped by Hotels	
旅游饭店	Resturants for Trip	718262
一般旅馆	Ordinary Hotel	203113
其他住宿服务	Others	31366

continued

(10 000 yuan)

所有者权益合计 Total Creditors Equity	#实收资本 Capital Hold	#国家资本 State	#集体资本 Collective	#法人资本 Legal Person	#个人资本 Individual
629634	**770053**	**230985**	**24020**	**293442**	**202475**
333810	**441850**	**154931**	**14115**	**156552**	**104888**
140617	149086	147713	209	100	35
314355	420600	153419	14115	148177	104888
131489	148492	147107	646	704	35
12088	8997	100	8297	600	
5367	4331	3105	1006	100	120
38827	40693	3107	1475	23886	12225
-879	792	792			
39706	39901	2315	1475	23886	12225
-5044	35626		2577	33049	
129623	180676		115	88083	92478
43380	34192			14313	19880
1429	1598				1598
74280	136328		115	67214	69000
10534	8557			6557	2000
2006	1785			1755	30
14267	11150	441		7575	
13351	10250			7575	
916	900	441			
5189	10100	1071		800	
5189	10100	1071		800	
250770	337824	135658	11230	106844	72730
73263	90728	19224	2562	46360	22583
9778	13298	50	324	3349	9576

13-2 续表3

单位：万元

指　标	Item	负债合计 Total Liabilities
二、餐饮业	**Catering**	**663662**
#国有控股	State Controlling Share	93661
1.按登记注册类型分组	Grouped by Registered Kind	
内资企业	Civil Funded Enterprises	631764
国有企业	State-owned Enterprises	28056
集体企业	Collective-owned Enterprises	5841
股份合作企业	Share Cooperative Enterprises	11387
有限责任公司	Limited Responsibility Corporations	153370
国有独资公司	Company Exclusively with Investment from State	24522
其他有限责任公司	Other Limited Responsibility Company	128848
股份有限公司	Share-holding Limited Corporations	22146
私营企业	Private-owned Enterprises	407193
私营独资企业	Enterprise Exclusively with Investment from Private	79072
私营合伙企业	Private Partnership Enterprises	8620
私营有限责任公司	Private Limited Responsibility Corporations	295207
私营股份有限公司	Private Share-holding Limited Corporations	24295
其他企业	Others	3771
港、澳、台商投资企业	Enterprises Funded by HongKong，Macao and Taiwan	12154
合资经营企业(港或澳、台资)	Joint Venture	10109
港、澳、台商独资经营企业	Solely Owned Entersprises	698
港、澳、台商投资股份有限公司	Share Holding Limited Corporation	1348
外商投资企业	Foreign Funded Enterprises	19744
中外合资经营企业	Cooperative Enterprises	9869
外资企业	Enterprises Funded by Foreign Invetments	9875
2.按餐饮行业小类分组	Grouped by Catering Services	
正餐服务	Dinner	648649
快餐服务	Snack	14482
其他餐饮服务	Others	531

continued

(10 000 yuan)

所有者权益合计 Total Creditors Equity	#实收资本 Capital Hold				
		#国家资本 State	#集体资本 Collective	#法人资本 Legal Person	#个人资本 Individual
295824	**328203**	**76054**	**9905**	**136890**	**97587**
16693	74911	74884		28	
288846	317369	75680	9905	136037	95747
19185	23449	22255		1194	
5303	2933		2933		
433	174			63	111
82697	115703	53425	575	49716	11987
-1362	533	300			233
84060	115170	53125	575	49716	11754
19183	8351		3297	1821	3233
154665	162177		3100	81304	77772
41463	33020			18302	14719
4068	8143			6934	1209
98543	117323		3100	54474	59749
10591	3691			1595	2096
7380	4583			1939	2644
307	5193			853	1840
-308	3700			130	1840
326	770				
288	723			723	
6671	5641	374			
-5005	3593	374			
11676	2049				
265256	313735	76054	6648	130140	94864
29610	13911		3047	6750	2375
958	557		210		347

13-2　续表4

单位：万元

指　　标	Item	主营业务收入 Revenue in Major Business
总　　计	**Total**	**1204102**
一、住宿业	**Hotels**	**527535**
#国有控股	State Controlling Share	141805
1.按登记注册类型分组	Grouped by Registered Kind	
内资企业	Civil Funded Enterprises	504651
国有企业	State-owned Enterprises	123899
集体企业	Collective-owned Enterprises	25151
股份合作企业	Share Cooperative Enterprises	8845
有限责任公司	Limited Responsibility Corporations	107701
国有独资公司	Company Exclusively with Investment from State	2189
其他有限责任公司	State-funded Corporations	105512
股份有限公司	Share-holding Limited Corporations	27643
私营企业	Private-owned Enterprises	207965
私营独资企业	Enterprise Exclusively with Investment from Private	43544
私营合伙企业	Private Partnership Enterprises	1754
私营有限责任公司	Private Limited Responsibility Corporations	151999
私营股份有限公司	Private Share-holding Limited Corporations	10668
其他企业	Others	3448
港、澳、台商投资企业	Enterprises Funded by HongKong, Macao and Taiwan	17754
合资经营企业(港或澳、台资)	Joint Venture	14840
合作经营企业(港或澳、台资)	Cooperative	2914
外商投资企业	Foreign Funded Enterprises	5130
中外合资经营企业	Joint Venture	5130
2.按住宿行业小类分组	Grouped by Hotels	
旅游饭店	Resturants for Trip	405132
一般旅馆	Ordinary Hotel	103380
其他住宿服务	Others	19023

continued

(10 000 yuan)

主营业务成本 Costs in Major Business	主营业务税金及附加 Taxes and Extra Charges in Major Business	主营业务利润 Profits in Major Business	其他业务利润 Profits of Other Business	营业费用 Costs of Business	管理费用 Costs of Administration
563977	**82658**	**496940**	**7434**	**393494**	**307599**
235981	**38650**	**242055**	**4217**	**211530**	**118845**
62909	6902	68277	497	106427	30399
228096	37473	228234	4216	204415	111111
56058	6258	57980	879	104939	24782
14641	2212	8176	150	6973	3844
7536	489	819		10	385
43703	7446	53351	784	31338	23022
973	112	1104	6	945	689
42730	7335	52248	779	30392	22333
14875	1415	12645	777	2928	5991
89013	19461	94274	1620	57919	52592
21348	7251	13531	508	10575	5328
717	114	600		629	246
62428	11440	75128	1112	43959	42863
4520	656	5016		2757	4156
2269	191	988	6	307	496
6093	917	10744	1	6219	4660
4925	752	9163	1	4894	4540
1168	165	1581		1325	120
1792	260	3077		896	3074
1792	260	3077		896	3074
171947	28361	195924	3094	119598	93065
53961	9518	38016	1069	86097	21994
10073	770	8116	54	5834	3786

13-2 续表5

单位：万元

指 标	Item	主营业务收入 Revenue in Major Business
二、餐饮业	**Catering**	**676567**
#国有控股	State Controlling Share	57294
1.按登记注册类型分组	Grouped by Registered Kind	
内资企业	Civil Funded Enterprises	600429
国有企业	State-owned Enterprises	42264
集体企业	Collective-owned Enterprises	7867
股份合作企业	Share Cooperative Enterprises	3906
有限责任公司	Limited Responsibility Corporations	88269
国有独资公司	Company Exclusively with Investment from State	1448
其他有限责任公司	Other Limited Responsibility Company	86822
股份有限公司	Share-holding Limited Corporations	21813
私营企业	Private-owned Enterprises	419901
私营独资企业	Enterprise Exclusively with Investment from Private	95995
私营合伙企业	Private Partnership Enterprises	8842
私营有限责任公司	Private Limited Responsibility Corporations	280011
私营股份有限公司	Private Share-holding Limited Corporations	35052
其他企业	Others	16410
港、澳、台商投资企业	Enterprises Funded by HongKong，Macao and Taiwan	9256
合资经营企业(港或澳、台资)	Joint Venture	3673
港、澳、台商独资经营企业	Solely Owned Entersprises	1116
港、澳、台商投资股份有限公司	Share Holding Limited Corporation	4468
外商投资企业	Foreign Funded Enterprises	66883
中外合资经营企业	Cooperative Enterprises	6621
外资企业	Enterprises Funded by Foreign Invetments	60261
2.按餐饮行业小类分组	Grouped by Catering Services	
正餐服务	Dinner	608990
快餐服务	Snack	66075
其他餐饮服务	Others	1502

continued

(10 000 yuan)

主营业务成本 Costs in Major Business	主营业务税金及附加 Taxes and Extra Charges in Major Business	主营业务利润 Profits in Major Business	其他业务利润 Profits of Other Business	营业费用 Costs of Business	管理费用 Costs of Administration
327996	**44009**	**254885**	**3217**	**181964**	**188754**
24148	7105	27641	725	11029	18250
300756	40200	229812	3579	155229	181105
21838	6107	16221	331	8711	7418
4043	638	3318	12	2542	1558
1148	203	2554	7	1070	1433
41256	4949	39839	1284	23668	57197
747	80	401		807	1003
40509	4869	39438	1284	22861	56194
9322	1439	10570	26	8022	2361
214124	25271	151614	1919	108013	110009
51273	6930	26808	358	16534	75964
5366	706	2678	90	1661	718
142674	16021	106740	1445	83706	31244
14810	1614	15389	27	6113	2083
9026	1593	5696	1	3202	1129
2737	464	6055		3482	2254
1385	185	2103		1591	967
301	56	758		514	259
1051	223	3194		1378	1028
24503	3345	19018	-362	23253	5395
3803	286	2532		2983	453
20699	3059	16485	-362	20270	4942
304852	40268	234158	3476	158966	183221
22219	3694	20197	-277	22677	5425
925	48	530	18	322	108

13-2 续表6

单位：万元

指　　标	Item	财务费用 Costs of Finance
总　　计	**Total**	**33943**
一、住宿业	**Hotels**	**20167**
#国有控股	State Controlling Share	2371
1.按登记注册类型分组	Grouped by Registered Kind	
内资企业	Civil Funded Enterprises	19232
国有企业	State-owned Enterprises	1744
集体企业	Collective-owned Enterprises	530
股份合作企业	Share Cooperative Enterprises	19
有限责任公司	Limited Responsibility Corporations	2164
国有独资公司	Company Exclusively with Investment from State	6
其他有限责任公司	State-funded Corporations	2158
股份有限公司	Share-holding Limited Corporations	1894
私营企业	Private-owned Enterprises	12855
私营独资企业	Enterprise Exclusively with Investment from Private	1042
私营合伙企业	Private Partnership Enterprises	67
私营有限责任公司	Private Limited Responsibility Corporations	11537
私营股份有限公司	Private Share-holding Limited Corporations	210
其他企业	Others	27
港、澳、台商投资企业	Enterprises Funded by HongKong，Macao and Taiwan	685
合资经营企业(港或澳、台资)	Joint Venture	671
合作经营企业(港或澳、台资)	Cooperative	14
外商投资企业	Foreign Funded Enterprises	250
中外合资经营企业	Joint Venture	250
2.按住宿行业小类分组	Grouped by Hotels	
旅游饭店	Resturants for Trip	16770
一般旅馆	Ordinary Hotel	2380
其他住宿服务	Others	1017

continued

(10 000 yuan)

#利息支出 Interest Expense	营业利润 Business Profits	利润总额 Total Profits	应交所得税 Income Tax Payable
16499	**7184**	**-8386**	**21508**
9789	**-16978**	**-31679**	**14314**
996	-6787	-6044	544
9135	-16693	-32009	14150
967	-9611	-10089	548
256	-2385	-493	29
	405	401	69
385	7298	-1984	12213
-110	-531	-527	
495	7829	-1457	12213
-76	2453	-4483	265
7578	-15017	-15527	1027
538	1037	409	152
	-6	38	12
6976	16248	-16180	860
65	200	206	3
27	165	165	
443	857	1355	164
443	615	735	7
	241	620	157
211	-1143	-1025	
211	-1143	-1025	
8041	-15050	-21752	14123
833	-5955	-7694	183
915	4026	-2232	8

13-2 续表7

单位：万元

指　　标	Item	财务费用 Costs of Finance
二、餐饮业	**Catering**	**13776**
#国有控股	State Controlling Share	381
1.按登记注册类型分组	Grouped by Registered Kind	
内资企业	Civil Funded Enterprises	13349
国有企业	State-owned Enterprises	332
集体企业	Collective-owned Enterprises	198
股份合作企业	Share Cooperative Enterprises	47
有限责任公司	Limited Responsibility Corporations	1854
国有独资公司	Company Exclusively with Investment from State	1
其他有限责任公司	Other Limited Responsibility Company	1853
股份有限公司	Share-holding Limited Corporations	466
私营企业	Private-owned Enterprises	10363
私营独资企业	Enterprise Exclusively with Investment from Private	1982
私营合伙企业	Private Partnership Enterprises	86
私营有限责任公司	Private Limited Responsibility Corporations	7851
私营股份有限公司	Private Share-holding Limited Corporations	444
其他企业	Others	88
港、澳、台商投资企业	Enterprises Funded by HongKong，Macao and Taiwan	204
合资经营企业(港或澳、台资)	Joint Venture	173
港、澳、台商独资经营企业	Solely Owned Entersprises	6
港、澳、台商投资股份有限公司	Share Holding Limited Corporation	25
外商投资企业	Foreign Funded Enterprises	223
中外合资经营企业	Cooperative Enterprises	121
外资企业	Enterprises Funded by Foreign Invetments	102
2.按餐饮行业小类分组	Grouped by Catering Services	
正餐服务	Dinner	13639
快餐服务	Snack	129
其他餐饮服务	Others	8

continued

(10 000 yuan)

#利息支出 Interest Expense	营业利润 Business Profits	利润总额 Total Profits	应交所得税 Income Tax Payable
6711	**24163**	**23294**	**7195**
192	1651	-1486	170
6519	12868	11590	4490
186	3159	-478	169
114	-338	-333	13
8	11	12	4
1152	-981	-862	340
-87	-1088	-1100	
1239	107	238	340
277	292	386	65
4728	9892	11949	3656
912	647	226	707
38	385	439	
3567	1703	4309	2480
210	7157	6976	469
54	833	916	244
160	115	139	
135	-627	-604	
	-20	-20	
25	763	762	
31	11180	11565	2704
	354	791	
31	10826	10774	2704
6615	12397	11656	4500
96	11655	11674	2694
-1	111	-37	

13-2 续表8

单位：万元

指 标	Item	劳动、失业保险费 Insurance of Labour and Unemployment
总 计	**Total**	**917**
一、住宿业	**Hotels**	**841**
#国有控股	State Controlling Share	450
1.按登记注册类型分组	Grouped by Registered Kind	
内资企业	Civil Funded Enterprises	822
国有企业	State-owned Enterprises	560
集体企业	Collective-owned Enterprises	1
股份合作企业	Share Cooperative Enterprises	2
有限责任公司	Limited Responsibility Corporations	148
国有独资公司	Company Exclusively with Investment from State	7
其他有限责任公司	State-funded Corporations	141
股份有限公司	Share-holding Limited Corporations	92
私营企业	Private-owned Enterprises	18
私营独资企业	Enterprise Exclusively with Investment from Private	
私营合伙企业	Private Partnership Enterprises	
私营有限责任公司	Private Limited Responsibility Corporations	13
私营股份有限公司	Private Share-holding Limited Corporations	4
其他企业	Others	
港、澳、台商投资企业	Enterprises Funded by HongKong，Macao and Taiwan	9
合资经营企业(港或澳、台资)	Joint Venture	9
合作经营企业(港或澳、台资)	Cooperative	
外商投资企业	Foreign Funded Enterprises	10
中外合资经营企业	Joint Venture	10
2.按住宿行业小类分组	Grouped by Hotels	
旅游饭店	Resturants for Trip	480
一般旅馆	Ordinary Hotel	359
其他住宿服务	Others	2

continued

(10 000 yuan)

养老保险和医疗保险费 Basic Pension and Medical Care Insurance	住房公积金和住房补贴 Housing Provident Funds and Housing Subsidies	本年应付工资总额 Total Payable Wages	本年应付福利费总额 Total Payable Welfare Fees	全部从业人员年平均人数(人) Employee (person)
6077	**1361**	**181730**	**8221**	**120176**
4446	**1034**	**89328**	**5035**	**57927**
2823	855	25021	1288	14855
4042	1034	84857	4921	55932
2770	856	22744	1338	14279
77	22	4506	184	3405
1	10	915		711
618	96	18392	991	10680
18		652	39	348
600	96	17740	952	10332
147	23	2686	266	1709
430	26	35168	2091	24612
		7206	271	5484
5		289		254
333	7	25710	1745	17738
92	19	1963	75	1136
		448	52	536
209		3015	101	1489
209		2621	57	1309
		393	44	180
195		1456	14	506
195		1456	14	506
3655	867	66939	4201	41595
779	167	18739	692	14016
11		3650	143	2316

13-2 续表9

单位：万元

指 标	Item	劳动、失业保险费 Insurance of Labour and Unemployment
二、餐饮业	**Catering**	**76**
#国有控股	State Controlling Share	47
1.按登记注册类型分组	Grouped by Registered Kind	
内资企业	Civil Funded Enterprises	72
国有企业	State-owned Enterprises	41
集体企业	Collective-owned Enterprises	2
股份合作企业	Share Cooperative Enterprises	
有限责任公司	Limited Responsibility Corporations	8
国有独资公司	Company Exclusively with Investment from State	
其他有限责任公司	Other Limited Responsibility Company	8
股份有限公司	Share-holding Limited Corporations	
私营企业	Private-owned Enterprises	21
私营独资企业	Enterprise Exclusively with Investment from Private	5
私营合伙企业	Private Partnership Enterprises	
私营有限责任公司	Private Limited Responsibility Corporations	15
私营股份有限公司	Private Share-holding Limited Corporations	
其他企业	Others	1
港、澳、台商投资企业	Enterprises Funded by HongKong，Macao and Taiwan	
合资经营企业(港或澳、台资)	Joint Venture	
港、澳、台商独资经营企业	Solely Owned Entersprises	
港、澳、台商投资股份有限公司	Share Holding Limited Corporation	
外商投资企业	Foreign Funded Enterprises	4
中外合资经营企业	Cooperative Enterprises	2
外资企业	Enterprises Funded by Foreign Invetments	2
2.按餐饮行业小类分组	Grouped by Catering Services	
正餐服务	Dinner	73
快餐服务	Snack	3
其他餐饮服务	Others	

continued

(10 000 yuan)

养老保险和医疗保险费 Basic Pension and Medical Care Insurance	住房公积金和住房补贴 Housing Provident Funds and Housing Subsidies	本年应付工资总额 Total Payable Wages	本年应付福利费总额 Total Payable Welfare Fees	全部从业人员年平均人数(人) Employee (person)
1631	**327**	**92403**	**3186**	**62249**
678	89	9113	380	5434
1316	105	87587	3142	59922
643	66	6874	329	4688
26		1167	33	1235
		792		459
196	29	14743	310	10402
		829	43	553
196	29	13914	267	9849
15		4412	195	2779
424	10	57019	2210	38290
8		12083	732	9408
		2153	107	980
376	10	39879	1331	26169
41		2904	40	1733
13		2581	65	2069
246		2305	44	1082
		924	40	464
		277		214
246		1103	4	404
69	222	2511		1245
25	6	1042		707
44	215	1469		538
1573	111	89210	3164	60602
58	215	2985	21	1445
		208	1	202

13-3 限额以上连锁住宿餐饮业经营情况(2010年)
MANAGEMENT OF CHAIN ENTERPRISES ABOVE DESIGNATED SIZE IN HOTELS AND CATERING SERVICES(2010)

指标	Item	合计 Total	直营店 Stores Opened Directly	加盟店 Union Stores
一、门店总数(个)	**Number of Store(uint)**	**93**	**78**	**15**
二、年末餐饮业营业面积(平方米)	**Business Area of Catering at Year-end(sq.m)**	**83710**	**64000**	**19710**
三、年末从业人员(人)	**Employees(person)**	**5081**	**3842**	**1239**
四、年末经营餐饮业务餐位数(位)	**Number of Store on Catering(uint)**	**23688**	**17160**	**6528**
五、商品购进总额(千元)	**Total Value of Purchased Commodities(1 000 yuan)**	**303540**	**274293**	**29247**
#统一配送商品购进额	Value of Unified Distribution	186754	186754	
#非自有配送中心配送商品购进额	Value from Other Distribution Center Than Their Own	1774	1774	
六、营业收入(千元)	**Business Revenue(1 000 yuan)**	**844435**	**783226**	**61209**
#餐费收入	Revenue of Dining and Sales	844369	783226	61143

13-4 主要年份旅游接待人数
NUMBER OF TOURISTS IN MAJOR YEARS

年份 Year	国内旅游接待人数(万人次) Domestic Tourists (10 000 person-times)	海外旅游者(人次) Overseas Tounrists (person-time)	外国人 Foreigners	华侨 Overseas Chinese	港澳和台湾同胞 Compatriots from Hongkong, Macao and Taiwan	#台湾同胞 Taiwan
1980		16855	12745	238	3872	
1985	360	34327	26066	1523	6738	2628
1990	465	46777	26983	908	18886	10786
1995	977	71199	51513	1106	18580	10035
1996	1318	96995	69533	2496	24966	15042
1997	1800	125320	87561	1983	35776	19658
1998	2000	125051	86966	1738	36347	21124
1999	2383	137785	101081	1942	34762	19923
2000	2905	165282	116578		48704	21460
2001	3510	197782	128802		68980	31588
2002	4360	248033	161490		86543	38138
2003	3490	116045	79053		36992	13863
2004	5579	295767	182197		113570	44914
2005	6545	421458	253986		167472	64970
2006	7517	573711	330291		243420	91181
2007	8529	737888	449249		288639	108915
2008	9384	939260	579354		359906	130992
2009	10611	1067835	666269		401566	140457
2010	12497	1302856	820935		481921	178480

13-5 主要年份旅游收入
TOTAL INCOME OF TOURISM IN MAJOR YEARS

单位：亿元 (100 million yuan)

年 份 Year	旅游总收入 Total Income of Tourism	国内旅游收入 Revenue from Domestic Tourists	旅游外汇收入 (万美元) Foreign Exchange Earnings (USD 10 000)	国内旅游人均花费 (元/人次) Per Capita Expenditure of Domestic Tourists (yuan/person-time)
1985	0.48	0.36	146	10.00
1990	2.80	2.22	458	47.74
1995	16.71	15.00	2062	153.53
1996	27.55	25.34	2667	192.26
1997	46.79	43.68	3748	242.67
1998	56.60	53.42	3826	267.00
1999	66.40	62.87	4257	263.86
2000	81.35	77.21	4991	265.78
2001	100.44	95.50	5946	272.08
2002	126.51	120.30	7484	275.99
2003	101.47	98.46	3627	282.10
2004	199.77	193.03	8123	346.01
2005	291.99	281.91	11622	447.41
2006	428.39	414.75	16421	692.77
2007	581.57	563.67	22171	739.50
2008	739.32	721.30	30065	836.40
2009	892.53	865.85	37794	842.50
2010	1083.46	1052.26	46460	861.10

13-6 旅游外汇收入(2010年)
FOREIGN EXCHANGE EARNINGS FROM INTERNATIONAL TOURISM(2010)

单位：万美元 (USD 10 000)

项 目	Item	合 计 Total	外国人 Foreigners	香港同胞 Hongkong	澳门同胞 Macao	台湾同胞 Taiwan
总 计	**Total**	**46459.9**	**28119.8**	**8425.0**	**3635.9**	**6279.3**
1.长途交通	Long Distance Transportation	13008.8	7873.5	2359.0	1018.1	1758.2
飞 机	Air	5575.2	3374.4	1011.0	436.3	753.5
火 车	Railway	3577.4	2165.2	648.7	280.0	483.5
汽 车	Highway	3856.2	2333.9	699.3	301.8	521.2
2.住 宿	Accommodation	5807.5	3515.0	1053.1	454.5	784.9
3.餐 饮	Catering	3716.8	2249.6	674.0	290.9	502.3
4.景区游览	Visiting	4924.8	2980.7	893.0	385.4	665.6
5.娱 乐	Recreation	3159.3	1912.1	572.9	247.2	427.0
6.购 物	Shoping	6969.0	4218.0	1263.7	545.4	941.9
7.市内交通	Urban Transportation	1440.3	871.7	261.2	112.7	194.7
8.邮电通讯	Post and Communication	2137.2	1293.5	387.5	167.3	288.8
9.其 他	Others	5296.4	3205.7	960.4	414.5	715.8

13-7 接待外国旅游人数
NUMBER OF FOREIGN TOURISTS

单位：人次 (person-time)

国　别(地区)	Country (Region)	2000	2005	2010
总　计	**Total**	**116578**	**253986**	**820935**
一、亚　洲	**Asia**	**70437**	**109722**	**372229**
日　本	Japan	48337	50416	165546
菲律宾	Philippines	2431	1778	5747
新加坡	Singapore	3224	6533	21116
泰　国	Thailand	2398	3378	10918
印　尼	Indonesia	383	988	21919
马来西亚	Malaysia	1628	20217	24336
韩　国	Republic of Korea	4274	12419	30370
蒙　古	Mongolia	913	2184	28733
印　度	India	529	1492	15762
越　南	Viet Nem			
缅　甸	Myanmar			
朝　鲜	D. P. R. of Korea			
巴基斯坦	Pakistan			
其　他	Others	6320	10317	47782
二、美　洲	**America**	**11800**	**36066**	**132088**
美　国	United States	7148	22935	80858
加拿大	Canada	1660	6020	28217
其　他	Others	2992	7111	23013
三、欧　洲	**Europe**	**31636**	**92274**	**280841**
英　国	United Kingdom	3721	10413	30963
法　国	France	8333	30453	79683
德　国	Germany	7276	20725	76935
意大利	Italy	3105	7696	23849
瑞　士	Switzerland	605	4927	1724
瑞　典	Sweden	466	1006	3251
荷　兰	Netherlands	1094	1532	4952
俄罗斯	Russia	2773	3734	23807
西班牙	Spain	257	2252	4844
其　他	Others	4006	9536	30833
四、大洋洲	**Oceania**	**2108**	**9042**	**29636**
澳大利亚	Australia	1284	7442	26126
新西兰	New Zealand	310	1422	2955
其　他	Others	514	178	555
五、非　洲	**Africa**	**326**	**1868**	**6075**
六、其　他	**Others**	**271**	**5014**	**66**

主要统计指标解释

限额以上住宿企业 年主营业务收入200万元及以上为限额以上住宿企业。

限额以上餐饮企业 年主营业务收入200万元及以上为限额以上餐饮企业。

住宿和餐饮业零售额 指专门从事提供食宿服务、进行食品烹饪调制的住宿和餐饮业企业、产业活动单位和个体户，直接向居民和社会集团出售主食、菜肴、烟酒饮料和其他商品取得的餐费收入和商品销售额，包括各行业企业或单位附设的对外营业的旅馆、火车餐车、轮船餐厅、机场餐厅的零售额，不包括机关、团体、学校、企事业单位不对外营业的职工食堂所出售的餐费收入。

门店总数 指该连锁企业所拥有的全部连锁门店数量，包括总店和全部直营分店、加盟分店数。其中，总店作为一个直营店处理。此外，有的地区分出控股店，控股店按直营店统计。直营店和加盟店之和应小于等于门店总数。

连锁企业（或称连锁店、连锁公司） 指在核心企业或总店的领导下，由分散的、经营同类商品或服务的企业或活动单位，采取共同方针，实行集中采购和分散销售的有机结合，通过规范化经营，实现规模效益的经济联合组织形式。一般连锁店应由若干个分店组成。其经营特征：(1)经营同类商品；(2)使用统一商号；(3)统一采购配送，采购与销售相分离(部分商品可根据物流合理和保质保鲜原则由供应商直接送货到门店，其余均由总部统一配送)。连锁店总店(总部)指连锁店的核心企业或管理中心。连锁店分店指连锁店所属各分散经营的企业或活动单位，也可称分店或成员店。

连锁店包括下列三种形式：

直营连锁 指连锁店铺由连锁公司全资或控股开设，在总部的直接控制下，开展统一经营的连锁经营形式。

特许连锁 指拥有注册商标、企业标志、专利、专有技术等经营资源的企业（特许人），以合同形式将其拥有的经营资源许可其他经营者（被特许人）使用，被特许人按合同约定在统一的经营模式下开展经营，并向特许人支付特许经营费用的连锁经营形式。

自愿连锁 指若干个店铺或企业自愿组合起来，在不改变各自资产所有权关系的情况下，以同一个品牌形象面对消费者，以共同进货为纽带开展的连锁经营形式。

国际旅游(外汇)收入 入境旅游者在中国(大陆)境内旅行、游览过程中用于交通、参观游览、住宿餐饮、购物、娱乐等全部花费。

海外旅游者 指来华入境的海外游客中，在我国旅游住宿设施内至少停留一夜的外国人、港澳台同胞。海外旅游者不包括下列人员：(1)应邀来华访问的政府部长以上官员及其随行人员；(2)外国驻华使馆官员，外交人员以及随行的家庭服务人员和赡养者；(3)常驻我国一年以上的外国专家、留学生、记者、商务机构人员等；(4)乘座国际航班过境不需要通过护照检查进入我国口岸的中转旅客；(5)边境地区往来的居民；(6)回大陆定居的港澳台同胞；(7)正在我国定居的外国人和原已出境要返回在我国定居的外国侨民；(8)归国的我国出国人员。

国内旅游者人数 指我国大陆居民和在我国常驻一年以上的外国人、华侨、港澳台同胞离开常驻地在境内其它地方的旅游设施内至少停留一夜，最长不超过12个月的人数。

Explanatory Notes on Main Statistical Indicators

Hotel Enterprises Above Designated Size refer to hotel enterprises whose annual revenue of major business amounts to 2 million yuan and over.

Catering Enterprises Above Designated Size refer to catering enterprises whose annual revenue of major business amounts to 2 million yuan and over.

Retail Sales of Hotels and Catering Trade refer to the retail sales of providing accommodation, food services, food cooking modulation of the accommodation and catering industry enterprises, industrial units and self-employed activities directly to residents and community groups to sell staple foods, food, beverages and tobacco and other goods. It includes retail sales of restaurants, train dining rooms, train dining rooms, train and bus station dining rooms and airport dining rooms attached all kinds of enterprises, opening to outside. It excludes revenue of hotels to sale food only for guests, nor dining rooms attached all kinds of unit, un-opening to outside.

The Number of Stores refers to the total number of enterprises owned by the full number of chain stores, including the headquarters (if a company store it) and all Direct stores, joining a few stores. The headquarters dealing with as a Guide. In addition, the separation of holding some regional stores, shops by holding Guide statistics. Guide and stores and should be less than or equal to the total number of stores.

Chain Enterprises (also called chain stores or chain corporations) refer to a form of joint economic entities under which scattered enterprises or establishments engaged in providing homogeneous commodities or services, with the central leadership of core enterprise or headquarters and guided by common policies, conduct centralized purchase and distributed selling of commodities, in order to gain better efficiency through standardized operation. Consisting of a number of branch stores, the chain stores have in general the following features: (1) homogeneous commodities, (2) unique name of stores, (3) centralized purchase and delivery which is separated from distributed selling operation (most commodities are delivered from the headquarters except some items which, for logistics, quality or freshness considerations, might be delivered by suppliers directly). Chain headquarters (HQ) means the core of enterprises or chain management centre. Chain store chain that owned the decentralized management of the enterprise or activity units, but also said members of shops or stores.

Chain stores include the following three forms:

Regular Chain: refers to chain that are invested or controlled by the headquarters. They operate under direct and unified management from the headquarters. Adopting a direct management approach, the headquarters gives orders and controls all retail stores, which follow completely the directives from the headquarters. Large monopolized commercial companies develop and expand their business through purchasing, merging, direct investment and controlling of shares.

Franchise Chain: Through contracts, chain stores (or their owners) obtain licenses from the headquarters (franchisee) to use designated trade marks, names, operation know-how, and to sell commodities developed by the headquarters. Under this arrangement, each store in the chain is an independent legal entity and operates under the guidance from the headquarters.

Voluntary Chain: refers to the chain business model that several stores or enterprises united together voluntarily to use a same brand image and phachase together under the previous independent property relationship.

Foreign Exchange Earnings from International Tourism refer to the total expenditures of inbound tourists during their stay in the mainland of China on transportation, sighting, accommodation, food, shopping and entertainment.

Overseas Tourists refer to foreigners and compatriots from Hong Kong, Macao and Taiwan staying at China tourist hotels at least one night. it does not include following：(1)government ministers with accompanies and over officers. (2)officers of embassies diplomatic persons with accompany of household services and persons supported. (3)foreign experts or students reporters and persons of business agencies all of them residing in china over one year. (4)transfer passengers entering china by international air plane but don't need examination passport. (5)residents living in frontier regions and keeping intercourse. (6)compatriots from Hong Kong, Macao and Taiwan returning to settle in the mainland. (7) foreigners being settlement in china or national residing in china who leaved the country already but prepared to go back. (8)national resident who leaved the country before but going back now.

Domestic Tourists refer to residents of the mainland of China who stay for one night at least but no more than 12 months at tourist facilities in other places than their permanent residence within the teritory of the mainland China, including foreigners, overseas Chinese and Chinese compatriots from Hong Kong, Macao and Taiwan who have resided in China for over one year.

财政、金融和保险

PUBLIC FINANCE, BANKING AND INSURANCE

资料整理人员

安爱萍

财政、金融和保险

PUBLIC FINANCE , BANKING AND INSURANCE

财政总收入	Overall Financial Revenue	1810.2	亿元	(100 million yuan)
一般预算收入	General Budget of Financial Revenue	969.7	亿元	(100 million yuan)
一般预算支出	General Budget of Financial Expenditure	1931.4	亿元	(100 million yuan)
城乡居民人民币储蓄存款余额	Saving Deposits In RMB of Urban and Rural Residents	9223.0	亿元	(100 million yuan)
原保险保费收入	Income of Premiums	365.3	亿元	(100 million yuan)

城乡居民人民币储蓄存款余额(亿元)

Saving Deposits in RMB of Urban and Rural Residents (100 million yuan)

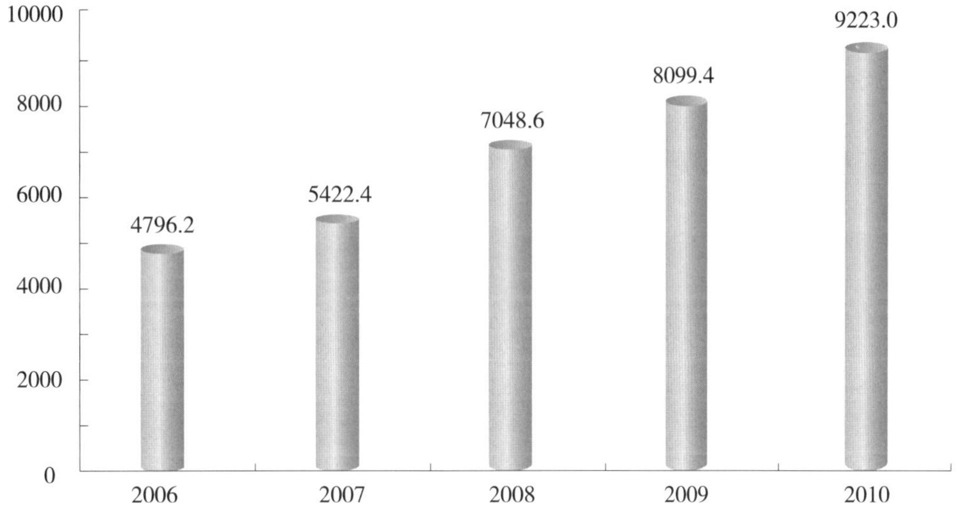

一般预算收入(亿元)

General Budget of Financial Revenue (100 million yuan)

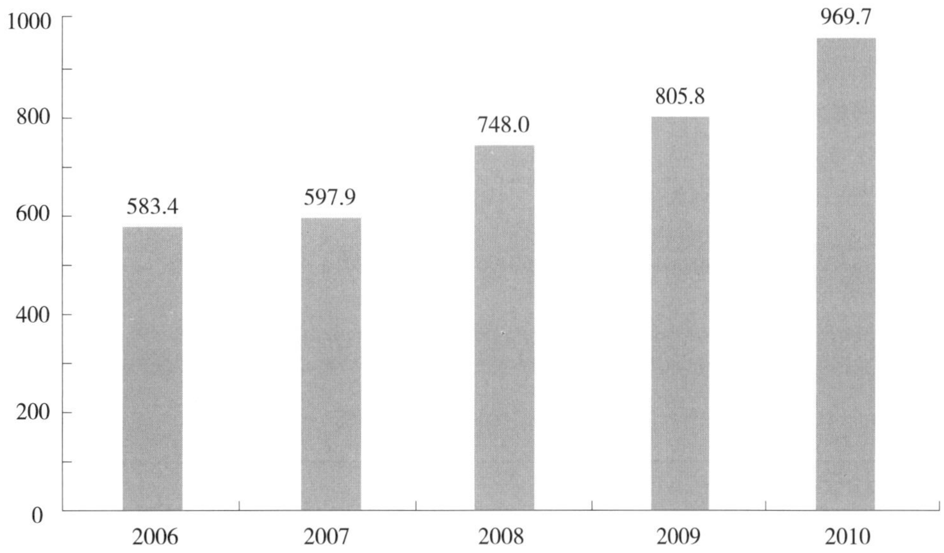

14-1 主要年份财政收支总额
FINANCIAL REVENUE AND EXPENDITURE IN MAJOR YEARS

单位：万元 (10 000 yuan)

年份 Year	财政总收入 Overall Revenue	一般预算收入 General Budget Revenue	一般预算支出 General Budget Expenditure	一般预算收支差额 General Budget Balance	一般预算收支指数(上年=100) General Budget Revenue and Expenditure Indices (Last year=100)	
					收入 Revenue	支出 Expenditure
1952	18276	18276	10913	7362	138	185
1957	35230	35230	28832	6398	109	95
1962	54001	54001	36423	17578	79	50
1965	68571	68571	51064	17507	115	103
1970	92081	92081	94164	-2083	181	150
1975	123934	123934	149779	-25845	113	98
1978	196419	196419	211118	-14699	148	129
1980	209555	209555	196099	13456	103	95
1985	249905	249906	355483	-105577	92	119
1990	517495	517495	548962	-31467	107	108
1995	1293837	722064	1128924	-406860	134	127
2000	1945545	1144762	2250554	-1105792	105	121
2005	7581168	3683437	6687508	-3004071	144	129
2006	10481656	5833752	9155698	-3321946	158	137
2007	12005356	5978870	10499228	-4520358	102	115
2008	15187825	7480047	13150175	-5670128	125	125
2009	15380230	8058279	15617047	-7558768	135	149
2010	18101830	9696652	19313641	-9616989	120	124

注：1994年以前一般预算收支为财政收支。

Note: General budget revenue and expenditure refer to financial revenue and expenditure before 1994.

14-2 预算外财政专户资金收支额(2010年)

EXTRA-BUDGETARY REVENUE AND EXPENDITURE OF SPECIAL FINANCIAL ACCOUNT(2010)

单位：万元 (10 000 yuan)

项　目	Item	金 额 Value
收入合计	**Total Extra-budgetary Revenue**	**1192433**
一、行政事业性收费收入	Revenue from Administrative and Institutional Fees	757969
二、国有资源(资产)有偿使用收入	Revenue from State-owned Resource Utilization	68292
三、其他收入	Other Revenue	366172
支出合计	**Total Extra-budgetary Expenditure**	**1062530**
一、一般公共服务	Expenditure for Public Services	71360
二、国　防	Expenditure for National Defence	2558
三、公共安全	Expenditure for Public Security	14221
四、教　育	Expenditure for Education	526445
五、科学技术	Expenditure for Science and Technology	355
六、文化体育与传媒	Expenditure for Culture, Sport and Medium	69348
七、社会保障和就业	Expenditure for Social Security and Employment	24215
八、医疗卫生	Expenditure for Medical and Health Care	27335
九、环境保护	Expenditure for Environmental Protection	9743
十、城乡社区事务	Expenditure for Community in both Urban and Rural Areas	123619
十一、农林水事务	Expenditure for Agriculture, Forest and Irrigation	29912
十二、交通运输	Expenditure for Transportation	22001
十三、资源勘探电力信息等事务	Expenditure for Resources Exploration, Electricity, Information Affairs	34534
十四、商业服务业等事务	Expenditure for Business, Service Affairs	3129
十五、金融监管等事务	Expenditure for Financial Supervision Affairs	262
十六、国土资源气象等事务	Expenditure for Land Resource and Meteorology Affairs	7334
十七、住房保障支出	Expenditure for Housing Security	2804
十八、粮油物资储管理事务	Expenditure for Management of Cereals, Oils and Material Reserves	771
十九、其他支出	Other Expenditures	92584

14-3 财政一般预算收入(2010年)
GENERAL BUDGET OF FINANCIAL REVENUE(2010)

单位：万元 (10 000 yuan)

项 目	Item	金 额 Value
收入总计	**Total Revenue**	**9696652**
一、税收收入	Total taxes	6927060
增值税	Value-added Taxes	1982571
国内增值税	Domestic Value-added Taxes	1982571
#国有企业增值税	State-owned Enterprises	265936
集体企业增值税	Collective-owned Enterprises	51208
股份制企业增值税	Share Holding Enterprises	1272464
联营企业增值税	Joint Owned Enterprises	2786
港澳台和外商投资企业增值税	Enterprises Invested from Hongkong, Macao ,Taiwan and Foreign	101726
私营企业增值税	Private-owned Enterprises	167611
营业税	Operation Taxes	1919052
金融保险业营业税(地方)	Banking and Insurance Operation Taxes (Regional)	322465
一般营业税	Ordinary Operation Taxes	1594013
营业税税款滞纳金、罚款收入	Fine for Business Tax Overdue and Penalty Income	2574
企业所得税	Enterprises' Income Taxes	1177458
个人所得税	Individual Income Taxes	319518
资源税	Resource Taxes	326522
固定资产投资方向调节税	Fixed Assets Investment Orientation Regulation Tax	30
城市维护建设税	Taxes on Urban Construction and Maintenance	473853
房产税	House Property Taxes	135038
印花税	Stamp Taxes	111996
城镇土地使用税	Taxes on Use of Urban Land	219663
土地增值税	Land Value-added Taxes	46543
车船税(款)	Taxes on Use of Vehicles, Boats and License	69561
耕地占用税(款)	Taxes on Occuping Cultivated Land	38690
契税(款)	Contract Taxes	105046
烟叶税(款)	Tobacco Taxes	1519
二、非税收入	Nontaxes	2769592
专项收入	Special Incomes	1535959
行政事业性收费收入	Incomes from Administrative Fees	545366
罚款收入	Penalty Incomes	432318
国有资本经营收入	Business Revenue of State-owned Properties	33646
国有资源(资产)有偿使用收入	Incomes from State-owned Resource Utilization	103460
其他收入	Other Incomes	118843
#捐赠收入	Income from Contribution	11737

14-4 财政一般预算支出(2010年)
GENERAL BUDGET OF FINANCIAL EXPENDITURE(2010)

单位：万元 (10 000 yuan)

项目	Item	金额 Value
支出总计	**Total Extra-budgetary Expenditure**	**19313641**
一、一般公共服务	Expenditure for Public Services	2158294
二、国防	Expenditure for National Defence	33014
三、公共安全	Expenditure for Public Security	1218388
四、教育	Expenditure for Education	3285846
#普通教育	Common	2515490
职业教育	Vocational	297560
五、科学技术	Expenditure for Science and Technology	201190
六、文化体育与传媒	Expenditure for Culture,Sport and Medium	312405
#文化	Culture	117548
体育	Sport	40450
七、社会保障和就业	Expenditure for Social Security and Employment	2744625
#财政对社会保险基金的补助	Subsidy on Social Insurance Fund	884265
行政事业单位离退休补助	Subsidy on Retired Persons in Administrative Department	751583
企业改革补助	Subsidy on Reform of State-owned Enterprises	174418
就业补助	Subsidy on Employment	166740
抚恤	Pension	105519
城市居民最低生活保障	Subsistence Allowances for Urban Residents	195184
农村最低生活保障	Subsistence Allowances for Rural Residents	115056
八、医疗卫生	Expenditure for Health Services	1138608
#医疗卫生管理事务	Administration of Health Services	36942
公立医院	Public Hospitals	251263
公共卫生	Public Health	181549
九、环境保护	Expenditure for Environmental Protection	823735
#污染防治	Prevention of Pollution	230684
天然林保护	Protection of Forest	15850
退耕还林	Restoring Reclaimed Land to Forest	149446
风沙荒漠治理	Prevention of Desert	36522
十、城乡社区事务	Expenditure for Community in both Urban and Rural Areas	1115697
#城乡社区公共设施	Public Infrastructure	654661
十一、农林水事务	Expenditure for Agriculture, Forest and Irrigation	2017076
十二、交通运输	Expenditure for Transportation	1316480
十三、资源勘探电力信息等事务	Expenditure for Resources Exploration, Electricity, Information Affairs	360692
十四、商业服务业等事务	Expenditure for Business, Service Affairs	269798
十五、金融监管等事务支出	Expenditure for Financial Supervision Affairs	88004
十六、地震灾后恢复重建支出	Expenditure for Rebuilding after the Earthguake	56114
十七、国土资源气象等事务	Expenditure for Land Resource and Meteorology Affairs	1144855
十八、住房保障支出	Expenditure for Housing Security	533003
十九、粮油物资储备管理事务	Expenditure for Management of Cereals, Oils and Material Reserves	121536
二十、国债还本付息支出	Expenditure for goverment and public Bonds and its Interest	29849
二十一、其他支出(类)	Other Expenditures	344432

14-5 税收分经济类型情况(2010年)

单位：万元

项 目	Item	合 计 Total	国有企业 Stated -owned Enterprise	集体企业 Collective -owned Enterprise	股份合作企业 Share Cooperative Enterprise	联营企业 Joint Enterprise
税收(地税)	**Local Taxes Revenue**	**5827929**	**662973**	**225772**	**13588**	**12994**
#营业税	Operation Taxes	1998430	233162	88039	8456	2137
企业所得税	Income Taxes of Enterprises	1664837	142435	82289	927	6034
个人所得税	Individual Income Taxes	779546	122761	16851	2175	2439
资源税	Resource Taxes	326521	32566	9946	54	620
固定资产投资方向调节税	Direction Adjustment Taxes on Fixed Assets Investment	30	30			
城市维护建设税	Taxes on Urban Construction and Maintenance	474247	63519	11593	704	961
房产和城市房地产税	House Property and Urban Real Estate Tax	135036	19484	4927	317	273
印花税	Stamp Taxes	111995	13634	2146	150	59
城镇土地使用税	Urban Land Use Taxes	219661	30823	5035	267	446
土地增值税	Land Value-added Taxes	46543	925	412		2
车船税	Vehicle and Boat Use Taxes	69563	2392	4534	538	23
烟叶税	Tobacco Taxes	1520	1242			
税收(国税)	**National Taxes Revenue**	**10524355**	**1675768**	**227804**	**17959**	**7913**
增值税	Value-added Taxes	8347768	1448124	189438	4881	7701
消费税	Consumption Taxes	285880	113750	86	9	
企业所得税	Income Taxes of Enterprises	1401046	99014	22235	6751	9
个人所得税	Individual Income Taxes	19257				
车辆购置税	Vehicle Purchase Taxes	470404	14880	16045	6318	203

TAXES REVENUE BY FORM OF OWNERSHIP(2010)

(10 000 yuan)

私营企业 Private Enterprise	股份公司 Share Holding Limited Company	#国有控股 State Controlling Share	港澳台投资企业 Enterprise Funded by Hongkong,Macao and Taiwan	外商投资企业 Foreign Funded Enterprise	个体经营 Individual	其他企业 Other Enterprise
158834	**4127015**	**1135332**	**33540**	**109456**	**296495**	**187262**
69530	1288060	302188	22596	55300	156399	74751
27169	1383028	461039		3		22952
18822	448103	125233	4427	23111	106164	34693
10895	260921	64448	101	6606	1526	3286
13192	363666	100873	17	79	10544	9972
2713	83962	23022	2073	10253	4252	6782
2770	84883	19393	821	3691	1407	2434
7239	160256	38572	3173	9789	641	1992
3609	39507	192	313	520	511	744
2895	14351	372	19	104	15051	29656
	278					
799085	**6499443**	**1339835**	**154160**	**586397**	**549137**	**6689**
684323	5407259	893543	109510	343923	151916	693
3345	162429	135467	845	4995	421	
87740	904031	310825	43799	237401		66
					19257	
23677	25724		6	78	377543	5930

14-6 金融机构人民币信贷收支(2010年)
SOURCES AND USES OF CREDIT FUNDS OF FINANCIAL INSTITUTIONS(RMB, 2010)

单位：万元 (10 000 yuan)

项　　目	Item	金　额 Value
资金来源总计	**Total Sources of Funds**	**183782296**
一、各项存款	Deposits	185756526
企业存款	Deposits of Enterprises	53338036
活期存款	Demand Deposits	42290963
定期存款	Time Deposits	11047073
财政存款	Fiscal Deposits	7977522
机关团体存款	Deposits by Government Departments and Organizations	18138279
储蓄存款	Savings Deposits	92229697
活期储蓄	Demand Savings	30510480
定期储蓄	Time Savings	61719217
农业存款	Agricultural Deposits	3124190
信托存款	Trusted Deposits	
委托存款	Entrusted Deposits	2021052
其他存款	Others Deposits	8927751
二、金融债券	Financial Bonds	30
三、应付及暂收款	Account Payable and Temporary	3270180
四、同业往来	Business With Counterpart	2059535
五、各项准备	Preparatory Funds	2764524
六、所有者权益	Creditors' Equity	4347045
#实收资本	Actual Received Capital	1915093
七、其　他	Others	-14415545
资金运用总计	**All Uses of Funds**	**183782296**
一、各项贷款	Loans	96343196
短期贷款	Short-term Loans	37425196
个人贷款及透支	Personal Loans and Draft	8005876
单位贷款及透支	Unit Loans and Draft	27596039
普通并购贷款	Ordinary Merger Loans	456400
银团贷款	Syndicated Loans	55940
贸易融资	Trade Finance	1310940
中长期贷款	Medium-term and Long-term Loans	54092971
个人贷款	Personal Loans	4209133
单位贷款	Unit Loans	42867439
普通并购贷款	Ordinary Merger Loans	1226845
银团贷款	Syndicated Loans	5789554
贸易融资	Trade Finance	
信托贷款	Credit Loans	
融资租赁	Lease Loans	101555
委托贷款	Entrusted Loans	940008
票据融资	Bill Finance	3748450
各项垫款	Advances	35016
二、有价证券及投资	Securities and Investment	9528277
三、应收及预付款	Account Receivable and Advance Payment	1089841
四、同业往来	Business With Counterpart	195986
五、行内资金往来	Intercourse of Banks	73844988
六、金银占款	Positon for Gold and Sliver	
七、外汇占款	Position for Forex Purchase	-1165
八、固定资产	Fixed Assets	1659302
九、库存现金	Cash in Vault	1120545
十、投资性房地产	Investment Real Estate	1326

14-7 金融机构本外币信贷收支(2010年)
SOURCES AND USES OF CREDIT FUNDS OF FINANCIAL INSTITUTIONS(2010)

单位：万元 (10 000 yuan)

项　目	Item	金　额 Value
资金来源总计	**Total Sources of Funds**	**106815075**
一、各项存款	Deposits	186397733
企事业单位存款	Deposits of Enterprises and Institutions	53570311
活期存款	Demand Deposits	42506262
定期存款	Time Deposits	11064049
储蓄存款	Savings Deposits	92594449
活期储蓄	Demand Savings	30597427
定期储蓄	Time Savings	61997022
委托存款	Entrusted Deposits	2031713
其他存款	Others	38201261
二、所有者权益	Creditor' Equity	4371415
#实收资本	Actual Received Capital	1920060
三、其　他	Others	-83954073
资金运用总计	**All Uses of Funds**	**106815075**
一、各项贷款	Loans	97286798
短期贷款	Short-term Loans	37443294
中长期贷款	Medium-term and Long-term Loans	54430300
信托贷款	Trusted Deposits	
委托贷款	Entrusted Deposits	940008
其他贷款	Others	689547
票据融资	Bill Financing	3748450
各项垫款	Advances	35199
二、有价证券及投资	Securities and Investment	9528277

14-8 金融机构人民币各项存款和贷款余额
BALANCE OF DEPOSITS AND LOANS OF RENMINBI IN FINANCIAL INSTITUTIONS

单位：万元 (10 000 yuan)

年份 Year	各项存款合计 Balance of Deposits	#企业存款 Enterprise Deposits	#城乡居民储蓄存款 Saving Deposits of Urban and Rural Residents	各项贷款合计 Balance of Loans	#短期贷款 Short-term	#中长期贷款 Medium and Long-term	#基本建设贷款 Capital Construction
1980	392088	125522	128705	591107	578830	12277	
1981	447477	147220	166949	650669	631246	19189	
1982	543771	160023	219636	712125	684031	27712	
1983	673990	194255	288045	801843	767329	32372	4396
1984	877119	269620	405322	1092897	1012969	68283	24425
1985	1050817	401574	529220	1512441	1185224	247760	153465
1986	1333530	496555	704837	1837204	1406768	347628	225095
1987	1640576	562031	944179	2150614	1643114	403385	257429
1988	1933480	642254	1244252	2382519	1995685	340744	171753
1989	2480443	745858	1719554	2809278	2371858	397300	216001
1990	3141354	847362	2313378	3569045	2877047	571351	345202
1991	3809523	1034918	2915655	4328291	3262954	943164	651641
1992	4607404	1224459	3636711	5148408	3712448	1274798	880818
1993	5702498	1414515	4603533	6381035	4400154	1778957	1312393
1994	6854272	2062932	6159495	8020557	5081106	2756760	1511248
1995	12882737	2833481	8444641	12231107	7744271	3210760	1496840
1996	15699109	3681447	10738217	14201114	9259966	3910686	1462002
1997	17923626	4474154	12368354	15249840	11782869	2965442	1581365
1998	20811147	4948038	14370605	17417903	13022710	3360439	1909731
1999	23572121	5643636	16143945	19092096	13767722	3740309	2099969
2000	26283900	6772936	17484210	24531452	14224781	8212709	5287303
2001	30907287	8219315	19797268	24084029	14317608	7687055	4647358
2002	37087186	9602764	23073176	29031751	16331829	9587870	6114549
2003	46815142	12594164	27815374	35522883	19343085	12138826	7056561
2004	58116546	15579954	33423062	40161240	20362341	14893336	8913409
2005	70886971	17489745	41196865	42289987	21082074	16994250	9532519
2006	85774569	22553297	47961838	47885141	23096219	20234188	11378604
2007	100418455	26614242	54223930	53944680	26792518	22980302	12447994
2008	127667183	32744816	70486087	59603272	27912981	27300364	14554047
2009	156984678	42390374	80994287	78147390	33337917	39118456	18084104
2010	185756526	53338036	92229697	96343196	37425196	54092971	

注：2010年因人行统计制度调整，取消基本建设贷款。
Note:Capital Construction Loan is canceled in 2010 because of statistical system adjustment of the People's Bank of China.

14-9 城乡居民人民币储蓄存款
SAVING DEPOSITS IN RENMINBI OF URBAN AND RURAL RESIDENTS

单位：万元　　(10 000 yuan)

年 份 Year	年底余额 Balances in the End of Year			年增加额 Increments in the Year		
	总 计 Total	活 期 Demand	定 期 Time	总 计 Total	活 期 Demand	定 期 Time
1980	128705			39801		
1981	166949			38244		
1982	219636			52687		
1983	288045			68409		
1984	405322			117277		
1985	529220	86621	442599	123898		
1986	704837	105156	599681	175617	18535	157082
1987	944179	145067	799112	239342	39911	199431
1988	1244252	215374	1028878	300073	70307	229766
1989	1719554	227387	1492167	475302	12013	463289
1990	2313378	264729	2048649	593824	37342	556482
1991	2915655	345640	2570015	602277	80911	521366
1992	3636711	864022	2772689	721056	518382	202674
1993	4603533	610049	3993484	966822	-253973	1220795
1994	6159495	808783	5350712	1555962	198734	1357228
1995	8444641	1168642	7275999	2285146	359859	1925287
1996	10738217	1525379	9212838	2293576	356737	1936839
1997	12368354	1659392	10708962	1630137	134013	1496124
1998	14370605	1904652	12465953	2002251	245260	1756991
1999	16143945	2361782	13782163	1773340	457130	1316210
2000	17484210	2980987	14503223	1340265	619205	721060
2001	19797268	3818722	15978546	2313058	837735	1475323
2002	23073176	5096904	17976274	3275908	1278182	1997728
2003	27815374	7089690	20725684	4742198	1992786	2749410
2004	33423062	9203796	24219266	5607688	2114106	3493582
2005	41196865	11742021	29454844	7773803	2538225	5235578
2006	47961838	14417621	33544217	6764973	2675600	4089373
2007	54223930	17149778	37074152	6262092	2732157	3529935
2008	70486087	21066675	49419412	16262157	3916897	12345260
2009	80994287	25695871	55298416	16235717	3889004	12346712
2010	92229697	30510480	61719217	11235410	4814609	6420801

14-10 金融机构现金收支情况(2010年)
CASH INCOME AND EXPENDITURE OF FINANCIAL INSTITUTIONS(2010)

单位：万元 (10 000 yuan)

项目	Item	金额 Value
收入总计	**Total Income**	**261133470**
商品销售收入	Commodity Sales	15550209
服务业收入	Service Trade	7278671
税款收入	Taxes	2032305
城乡个体经营收入	Urban and Rural Individual Business	3007732
储蓄收入	Savings Deposits	203876427
其他金融机构收入	Other Financial Institutions	862176
居民归还贷款收入	Repayment of Loans by Residents	4541223
汇兑收入	Remittances	1941307
有价证券收入	Securities	205481
其他收入	Other Income	21837939
#兑换外币收入	Exchange of Foreign Currencies	231289
支出总计	**Total Expenditure**	**264722121**
工资性支出	Wages	16349175
农副产品采购支出	Agricultural and Sideline Products Purchasing	1945772
工矿及其他产品采购支出	Industrial and Mineral Products Purchasing	1738977
行政企事业管理费支出	Cost of Management	5900147
城乡个体经营支出	Individual Business	4914299
储蓄存款支出	Savings Deposits	212816920
其他金融机构支出	Other Financial Institutions	385567
居民提取贷款支出	Loans by Residents	1546658
汇兑支出	Remittances	716248
有价证券支出	Securities	368800
其他支出	Other Expenditure	18039558
#兑换外币支出	Exchange of Foreign Currencies	79326
投放(+)回笼(-)	**Balance of Income and Expenditure**	**3588651**

14-11 主要年份金融机构现金投放与回笼
CURRENCY ISSUED AND CASH WITHDRAWN OF FINANCIAL INSTITUTIONS IN MAJOR YEARS

单位：万元 (10 000 yuan)

年 份 Year	现金收入 Cash Revenue	#商品销售收入 Commodity Sale	现金支出 Cash Expenditure	#工资支出 Wages	净投放 Net Issuance of Currency
1962	149447		155915		6468
1965	154333		161931		7598
1970	186941		192434		5493
1975	238599		255329		16730
1978	305714		324168		18454
1980	442878		488299		45421
1985	1116541		1221620		105079
1990	3330085		3776879		446794
1995	15031708		16375162		1343454
2000	47788231	4972266	49323795	5964787	1535564
2005	171377637	15585893	171696285	15708264	318648
2006	179643257	15676197	180875933	17058783	1232676
2007	209504805	16937683	211442125	18223308	1937320
2008	224438719	17791411	227061315	19863286	2622596
2009	217467176	15755471	220239239	16676896	2772063
2010	261133470	15550209	264722121	16349175	3588651

14-12 金融机构法定存款利率
OFFICIAL INTEREST RATES OF DEPOSITS OF FINANCIAL INSITITUTIONS

单位：年利率% (annual interest rate %)

项 目	Item	1997.10.23 Oct.23.1997	1998.3.25 Mar.25.1998	1998.7.1 Jul.1.1998	1998.12.7 Dec.7.1998
城乡居民和单位存款	**Deposits of Urban and Rural Residents and Units**				
活 期	Demand Savings	1.71	1.71	1.44	1.44
定 期	Time Savings				
整存整取	Lump-sum Deposit and Withdrawing				
三个月	3 Months	2.88	2.88	2.79	2.79
半 年	6 Months	4.14	4.14	3.96	3.33
一 年	1 Year	5.67	5.22	4.77	3.78
二 年	2 Years	5.94	5.58	4.86	3.96
三 年	3 Years	6.21	6.21	4.95	4.14
五 年	5 Years	6.66	6.66	5.22	4.50
零存整取、整存零取、存本取息	Small Savings for Lump-sum Withdrawal, Big Money Saving and Small Withdrawing, Interest Withdrawal on a Principal Deposited				
一 年	1 Year	4.14	4.14	3.96	3.33
三 年	3 Years	5.67	5.22	4.77	3.78
五 年	5 Years	6.21	6.21	4.95	4.14
定活两便	Time-demand Optional Deposit				

14-12 续表1 continued

单位：年利率%　　(annual interest rate %)

项　目	Item	1999.6.10 Jun.10.1996	2002.2.21 Feb.21.2002	2004.10.29 Oct.29.2004	2006.8.19 Aug.19.2006
城乡居民和单位存款	**Deposits of Urban and Rural Residents and Units**				
活　期	Demand Savings	0.99	0.72	0.72	0.72
定　期	Time Savings				
整存整取	Lump-sum Deposit and Withdrawing				
三个月	3 Months	1.98	1.71	1.71	1.80
半　年	6 Months	2.16	1.89	2.07	2.25
一　年	1 Year	2.25	1.98	2.25	2.52
二　年	2 Years	2.43	2.25	2.70	3.06
三　年	3 Years	2.70	2.52	3.24	3.69
五　年	5 Years	2.88	2.79	3.60	4.14
零存整取、整存零取、存本取息	Small Savings for Lump-sum Withdrawal, Big Money Saving and Small Withdrawing, Interest Withdrawal on a Principal Deposited				
一　年	1 Year	1.98	1.71	1.71	1.80
三　年	3 Years	2.16	1.89	2.07	2.25
五　年	5 Years	2.25	1.98	2.25	2.52
定活两便	Time-demand Optional Deposit				

项　目	Item	2007.3.18 Mar.18.2007	2007.5.19 May.19.2007	2007.7.21 Jul.21.2007	2007.8.22 Aug.22.2007
城乡居民和单位存款	**Deposits of Urban and Rural Residents and Units**				
活　期	Demand Savings	0.72	0.72	0.81	0.81
定　期	Time Savings				
整存整取	Lump-sum Deposit and Withdrawing				
三个月	3 Months	1.98	2.07	2.34	2.61
半　年	6 Months	2.43	2.61	2.88	3.15
一　年	1 Year	2.79	3.06	3.33	3.60
二　年	2 Years	3.33	3.69	3.96	4.23
三　年	3 Years	3.96	4.41	4.68	4.95
五　年	5 Years	4.41	4.95	5.22	5.49
零存整取、整存零取、存本取息	Small Savings for Lump-sum Withdrawal, Big Money Saving and Small Withdrawing, Interest Withdrawal on a Principal Deposited				
一　年	1 Year	1.98	2.07	2.34	2.61
三　年	3 Years	2.43	2.61	2.88	3.15
五　年	5 Years	2.79	3.06	3.33	3.60
定活两便	Time-demand Optional Deposit				

14-12 续表2 continued

单位：年利率% (annual interest rate %)

项目	Item	2007.9.15 Sep.15.2007	2007.12.21 Dec.21.2007	2008.10.9 Oct.9.2008	2008.10.30 Oct.30.2008
城乡居民和单位存款	**Deposits of Urban and Rural Residents and Units**				
活期	Demand Savings	0.81	0.72	0.72	0.72
定期	Time Savings				
整存整取	Lump-sum Deposit and Withdrawing				
三个月	3 Months	2.88	3.33	3.15	2.88
半年	6 Months	3.42	3.78	3.51	3.24
一年	1 Year	3.87	4.14	3.87	3.60
二年	2 Years	4.50	4.68	4.41	4.14
三年	3 Years	5.22	5.40	5.13	4.77
五年	5 Years	5.76	5.85	5.58	5.13
零存整取、整存零取、存本取息	Small Savings for Lump-sum Withdrawal, Big Money Saving and Small Withdrawing, Interest Withdrawal on a Principal Deposited				
一年	1 Year	2.88	3.33	3.15	2.88
三年	3 Years	3.42	3.78	3.51	3.24
五年	5 Years	3.87	4.14	3.87	3.60
定活两便	Time-demand Optional Deposit				

项目	Item	2008.11.27 Nov.27.2008	2008.12.23 Dec.23.2008	2010.10.20 Dec.20.2010	2010.12.26 Dec.26.2010
城乡居民和单位存款	**Deposits of Urban and Rural Residents and Units**				
活期	Demand Savings	0.36	0.36	0.36	0.36
定期	Time Savings				
整存整取	Lump-sum Deposit and Withdrawing				
三个月	3 Months	1.98	1.71	1.91	2.25
半年	6 Months	2.25	1.98	2.20	2.50
一年	1 Year	2.52	2.25	2.50	2.75
二年	2 Years	3.06	2.79	3.25	3.55
三年	3 Years	3.60	3.33	3.85	4.15
五年	5 Years	3.87	3.60	4.20	4.55
零存整取、整存零取、存本取息	Small Savings for Lump-sum Withdrawal, Big Money Saving and Small Withdrawing, Interest Withdrawal on a Principal Deposited				
一年	1 Year	1.98	1.71	1.91	2.25
三年	3 Years	2.25	1.98	2.30	2.50
五年	5 Years	2.52	2.25	2.50	2.75
定活两便	Time-demand Optional Deposit				

注：1.定活两便存款按一年期以内定期整存整取同档次利率打六折执行。
2.从2005年9月21日起，从现行的居民储蓄整存整取定取存款的期限档次和利率水平为标准，统一个人存款、单位存款的定期存款期限档次。此前单位存款只有三个月、半年、一年三个档次。

Notes: 1.Time-demand Optional Deposit Enjoys a 60% preferential interest rate of Lump-sum Deposit and Withdrawing in a year.
2.The maturities range of time deposits of residents and units are unified as the current range and rate of time deposits of residents.The maturities range of time deposits of units were only three grades: 3 months, 1/2 year, 1 year.

14-13 保险业务基本情况
BASIC STATISTICS ON INSURANCE BUSINESS

单位：万元 (10 000 yuan)

项　　目	Item	2009	2010
全省合计	**Total Province**		
原保险保费收入	Income of Premiums	2892495	3652983
赔付支出	Indemnity Expenditure	785454	798544
资产总额	Total Assets	5311206	6780134
机构数 (个)	Number of Institutions (unit)	1796	1890
员工情况 (人)	Number of Staffs (person)	110416	109804
中国人寿保险股份有限公司	**China Life Insurance Share Co., LTD.**		
山西分公司	**Shanxi Branch Company**		
原保险保费收入	Income of Premiums	1135609	1232664
赔付支出	Indemnity Expenditure	263953	208279
资产总额	Total Assets	3485923	4247740
机构数 (个)	Number of Institutions (unit)	698	747
员工情况 (人)	Number of Staffs (person)	39746	33814
中国人寿存续业务	**Lasting Deposit Business of China Life Insurance**		
原保险保费收入	Income of Premiums	40317	39050
赔付支出	Indemnity Expenditure	52697	48390
资产总额	Total Assets	472529	463676
机构数 (个)	Number of Institutions (unit)		
员工情况 (人)	Number of Staffs (person)	241	236
中国太平洋人寿保险股份有限公司	**China Pacific Life Insurance Share Co., LTD.**		
山西分公司	**Shanxi Branch Company**		
原保险保费收入	Income of Premiums	309807	361133
赔付支出	Indemnity Expenditure	74052	78017
资产总额	Total Assets	24954	33718
机构数 (个)	Number of Institutions (unit)	96	111
员工情况 (人)	Number of Staffs (person)	13613	14194
中国平安人寿保险股份有限公司	**China Pingan Life Insurance Share Co., LTD.**		
山西分公司	**Shanxi Branch Company**		
原保险保费收入	Income of Premiums	149309	193888
赔付支出	Indemnity Expenditure	13318	9377
资产总额	Total Assets	349469	499373
机构数 (个)	Number of Institutions (unit)	36	37
员工情况 (人)	Number of Staffs (persom)	7896	8782
新华人寿保险股份有限公司	**Xinhua Life Insurance Share Co., LTD.**		
山西分公司	**Shanxi Branch Company**		
原保险保费收入	Income of Premiums	163032	228682
赔付支出	Indemnity Expenditure	8051	9752
资产总额	Total Assets	422325	608341
机构数 (个)	Number of Institutions (unit)	45	50
员工情况 (人)	Number of Staffs (person)	11504	9061

14-13 续表1 continued

单位：万元 (10 000 yuan)

项　目	Item	2009	2010
泰康人寿保险股份有限公司	**Taikang Life Insurance Share Co., LTD.**		
山西分公司	**Taiyuan Branch Company**		
原保险保费收入	Income of Premiums	158984	194258
赔付支出	Indemnity Expenditure	4275	8994
资产总额	Total Assets	4507	6141
机构数(个)	Number of Institutions (unit)	73	81
员工情况(人)	Number of Staffs (person)	7959	7681
太平人寿保险有限公司	**Taiping Life Insurance Share Co., LTD.**		
山西分公司	**Taiyuan Branch Company**		
原保险保费收入	Income of Premiums	33150	53530
赔付支出	Indemnity Expenditure	124	1148
资产总额	Total Assets	4266	5092
机构数(个)	Number of Institutions (unit)	8	17
员工情况(人)	Number of Staffs (person)	1704	1805
中国人民人寿保险股份有限公司	**China People Life Insurance Share Co., LTD.**		
山西分公司	**Shanxi Branch Company**		
原保险保费收入	Income of Premiums	155543	304577
赔付支出	Indemnity Expenditure	23685	1277
资产总额	Total Assets	175889	450440
机构数(个)	Number of Institutions (unit)	48	66
员工情况(人)	Number of Staffs (person)	5087	7180
嘉禾人寿保险股份有限公司	**Jiahe Life Insurance Share Co., LTD.**		
山西分公司	**Taiyuan Branch Company**		
原保险保费收入	Income of Premiums	15523	22679
赔付支出	Indemnity Expenditure	228	267
资产总额	Total Assets	30136	36614
机构数(个)	Number of Institutions (unit)	11	12
员工情况(人)	Number of Staffs (person)	670	1284
中国人民健康保险股份有限公司	**China People Health Insurance Share Co., LTD.**		
山西分公司	**Shanxi Branch Company**		
原保险保费收入	Income of Premiums	16630	20586
赔付支出	Indemnity Expenditure	1212	5667
资产总额	Total Assets	1912	4942
机构数(个)	Number of Institutions (unit)	12	5
员工情况(人)	Number of Staffs (person)	520	450
英大泰和人寿保险股份有限公司	**Yingdataihe Life Insurance Share Co., LTD.**		
山西分公司	**Shanxi Branch Company**		
原保险保费收入	Income of Premiums	13795	18252

14-13 续表2 continued

单位：万元 (10 000 yuan)

项 目	Item	2009	2010
赔付支出	Indemnity Expenditure	258	1040
资产总额	Total Assets	14525	27592
机构数 (个)	Number of Institutions (unit)	1	1
员工情况 (人)	Number of Staffs (person)	74	46
合众人寿保险股份有限公司	**Hezhong Life Insurance Share Co., LTD.**		
山西分公司	**Shanxi Branch Company**		
原保险保费收入	Income of Premiums	2751	9964
赔付支出	Indemnity Expenditure	16	88
资产总额	Total Assets	591	7506
机构数 (个)	Number of Institutions (unit)	3	10
员工情况 (人)	Number of Staffs (person)	649	930
民生人寿保险股份有限公司	**Minsheng Life Insurance Share Co., LTD.**		
山西分公司	**Shanxi Branch Company**		
原保险保费收入	Income of Premiums	1331	5120
赔付支出	Indemnity Expenditure	1	42
资产总额	Total Assets	462	764
机构数 (个)	Number of Institutions (unit)	9	13
员工情况 (人)	Number of Staffs (person)	1032	838
平安养老保险股份有限公司	**Pingan Endowment Insurance Share Co., LTD.**		
山西分公司	**Shanxi Branch Company**		
原保险保费收入	Income of Premiums	865	3919
赔付支出	Indemnity Expenditure	58	813
资产总额	Total Assets	382	2586
机构数 (个)	Number of Institutions (unit)	1	1
员工情况 (人)	Number of Staffs (person)	75	65
中国人民财产保险股份有限公司	**China People Property Insurance Share Co., LTD.**		
山西分公司	**Shanxi Branch Company**		
原保险保费收入	Income of Premiums	385684	507253
赔付支出	Indemnity Expenditure	211505	253975
资产总额	Total Assets	120762	103403
机构数 (个)	Number of Institutions (unit)	333	332
员工情况 (人)	Number of Staffs (person)	9812	11523
中国太平洋财产保险股份有限公司	**China Pacific Property Insurance Share Co., LTD.**		
山西分公司	**Shanxi Branch Company**		
原保险保费收入	Income of Premiums	53996	88767
赔付支出	Indemnity Expenditure	21515	29731
资产总额	Total Assets	11616	15770
机构数 (个)	Number of Institutions (unit)	59	59
员工情况 (人)	Number of Staffs (person)	1020	1416

14-13 续表3 continued

单位：万元 (10 000 yuan)

项　　目	Item	2009	2010
永安财产保险股份有限公司	**Yongan Property Insurance Share Co., LTD.**		
山西分公司	**Shanxi Branch Company**		
原保险保费收入	Income of Premiums	28175	26491
赔付支出	Indemnity Expenditure	19999	15187
资产总额	Total Assets	5099	3185
机构数 (个)	Number of Institutions (unit)	29	29
员工情况 (人)	Number of Staffs (person)	1003	1061
中国平安财产保险股份有限公司	**China Pingan Property Insurance Share Co., LTD.**		
山西分公司	**Shanxi Branch Company**		
原保险保费收入	Income of Premiums	61997	88541
赔付支出	Indemnity Expenditure	19322	32232
资产总额	Total Assets	50393	73096
机构数 (个)	Number of Institutions (unit)	49	56
员工情况 (人)	Number of Staffs (person)	889	968
天安财产保险股份有限公司	**Tianan Property Insurance Share Co., LTD.**		
山西分公司	**Shanxi Branch Company**		
原保险保费收入	Income of Premiums	8916	12291
赔付支出	Indemnity Expenditure	4702	6450
资产总额	Total Assets	9095	9170
机构数 (个)	Number of Institutions (unit)	12	12
员工情况 (人)	Number of Staffs (person)	489	489
中国大地财产保险股份有限公司	**China Dadi Property Insurance Share Co., LTD.**		
山西分公司	**Shanxi Branch Company**		
原保险保费收入	Income of Premiums	41286	52319
赔付支出	Indemnity Expenditure	22265	22230
资产总额	Total Assets	37280	41750
机构数 (个)	Number of Institutions (unit)	48	48
员工情况 (人)	Number of Staffs (person)	1583	2074
华安财产保险股份有限公司	**Huaan Property Insurance Share Co., LTD.**		
山西分公司	**Shanxi Branch Company**		
原保险保费收入	Income of Premiums	3785	5770
赔付支出	Indemnity Expenditure	509	1658
资产总额	Total Assets	2354	4791
机构数 (个)	Number of Institutions (unit)	19	19
员工情况 (人)	Number of Staffs (person)	93	80

14-13 续表4 continued

单位：万元 (10 000 yuan)

项　目	Item	2009	2010
太平保险有限公司	**Taiping Insurance Share Co., LTD.**		
山西分公司	**Shanxi Branch Company**		
原保险保费收入	Income of Premiums	10332	15469
赔付支出	Indemnity Expenditure	4457	4186
资产总额	Total Assets	8498	13272
机构数 (个)	Number of Institutions (unit)	15	15
员工情况 (人)	Number of Staffs (person)	284	230
安邦财产保险股份有限公司	**Anbang Property Insurance Share Co., LTD.**		
山西分公司	**Shanxi Branch Company**		
原保险保费收入	Income of Premiums	2545	2386
赔付支出	Indemnity Expenditure	1189	1388
资产总额	Total Assets	1232	1290
机构数 (个)	Number of Institutions (unit)	10	10
员工情况 (人)	Number of Staffs (person)	268	298
永诚财产保险股份有限公司	**Yongcheng Property Insurance Share Co., LTD.**		
山西分公司	**Shanxi Branch Company**		
原保险保费收入	Income of Premiums	15877	19348
赔付支出	Indemnity Expenditure	6906	8555
资产总额	Total Assets	13704	15823
机构数 (个)	Number of Institutions (unit)	7	8
员工情况 (人)	Number of Staffs (person)	373	353
阳光财产保险股份有限公司	**Yangguang Property Insurance Share Co., LTD.**		
山西分公司	**Shanxi Branch Company**		
原保险保费收入	Income of Premiums	12446	19543
赔付支出	Indemnity Expenditure	3279	6682
资产总额	Total Assets	1647	2256
机构数 (个)	Number of Institutions (unit)	17	28
员工情况 (人)	Number of Staffs (person)	421	699
中国人寿财产保险股份有限公司	**China Life and Property Insurance Share Co., LTD.**		
山西分公司	**Shanxi Branch Company**		
原保险保费收入	Income of Premiums	61552	103201
赔付支出	Indemnity Expenditure	25192	38201
资产总额	Total Assets	38921	71763
机构数 (个)	Number of Institutions (unit)	146	110
员工情况 (人)	Number of Staffs (person)	3116	3682

14-13 续表5 continued

单位：万元 (10 000 yuan)

项　目	Item	2009	2010
渤海财产保险股份有限公司	**Bohai Property Insurance Share Co., LTD.**		
山西分公司	**Shanxi Branch Company**		
原保险保费收入	Income of Premiums	348	78
赔付支出	Indemnity Expenditure	589	324
资产总额	Total Assets	22078	21883
机构数(个)	Number of Institutions (unit)	5	5
员工情况(人)	Number of Staffs (person)	28	28
都邦财产保险股份有限公司	**Dubang Property Insurance Share Co., LTD.**		
山西分公司	**Shanxi Branch Company**		
原保险保费收入	Income of Premiums	3962	5091
赔付支出	Indemnity Expenditure	964	1666
资产总额	Total Assets	323	334
机构数(个)	Number of Institutions (unit)	4	4
员工情况(人)	Number of Staffs (person)	160	144
华泰财产保险股份有限公司	**Huatai Property Insurance Share Co.,LTD.**		
山西分公司	**Shanxi Branch Company**		
原保险保费收入	Income of Premiums	4946	9123
赔付支出	Indemnity Expenditure	1129	2214
资产总额	Total Assets	335	481
机构数(个)	Number of Institutions (unit)	2	2
员工情况(人)	Number of Staffs (person)	107	147
中国出口信用保险公司	**China Export and Credit Insurance Corporation**		
山西分公司	**Shanxi Branch Company**		
原保险保费收入	Income of Premiums		1357
赔付支出	Indemnity Expenditure		712
资产总额	Total Assets		823
机构数(个)	Number of Institutions (unit)		1
员工情况(人)	Number of Staffs (person)		20
阳光人寿保险股份有限公司	**Yangguang Life Insurance Share Co., LTD.**		
山西分公司	**Shanxi Branch Company**		
原保险保费收入	Income of Premiums		7653
赔付支出	Indemnity Expenditure		
资产总额	Total Assets		6517
机构数(个)	Number of Institutions (unit)		1
员工情况(人)	Number of Staffs (person)		226

14-14 证券业基本情况
BASIC STATISTICS ON SECURITY

年 份 Year	境内上市公司 (家) Number of Listed Companies in Mainland (unit)	上交所 Shanghai Stock Exchange	深交所 Shenzhen Stock Exchange	股票总发行股本 (万股) Issued Capital (10 000 shares)	股票发行量 (万股) Issued Share (10 000 shares)	#A股 A Shares
1993	1	1		37640	5000	5000
1994	1	1		37640	5000	5000
1995	1	1		37640	5000	5000
1996	5	3	2	115272	33851	15771
1997	9	3	6	201249	53051	34971
1998	13	5	8	350951	105971	87891
1999	13	5	8	453033	108317	90237
2000	17	7	10	663761	206471	188391
2001	18	8	10	714403	228688	210608
2002	19	9	10	733432	240216	222136
2003	21	12	9	809114	267920	249840
2004	22	13	9	907871	271920	253840
2005	22	13	9	907871	271920	253840
2006	25	16	9	2570003	761526	743446
2007	26	16	10	2734756	807626	789546
2008	27	16	11	3343555	851495	833415
2009	28	17	11	3483585	873895	855815
2010	31	18	13	4314023	1119875	898926

年 份 Year	股票筹资额 (万元) Raised Capital (10 000 yuan)	#A股 A Shares	保险公司保费收入 (万元) Premium Income of Insurance Companies (10 000 yuan)	保险公司赔款及给付 (万元) Indemnity Expenditure and Payment of Insurance Companies (10 000 yuan)
1993	17500	17500	95663	56109
1994	17500	17500	88105	54142
1995	17500	17500	106747	128138
1996	95148	72374	128340	138562
1997	206767	183993	180818	86029
1998	437042	414268	241220	92321
1999	452996	430221	239059	87629
2000	1092835	1070061	283300	104200
2001	1234761	1211987	374100	104200
2002	1306661	1283887	694621	121023
2003	1505721	1482947	905101	156993
2004	1531281	1508507	1041413	197050
2005	1531281	1508507	1218039	200781
2006	4036272	4013498	1409766	252664
2007	4387204	4364430	1803611	525335
2008	4869204	4846430	2608864	735782
2009	5051201	5028427	2892495	785454
2010	8411601	7358740	3652983	798544

主要统计指标解释

财政总收入 即一般预算收入与上划中央收入之和，反映本地区当年组织的财政收入总规模，是计算当年地方可用财力的主要依据。与国内生产总值比较，可反映财政的集中程度。

一般预算收入 指按照财政体制规定列入地方预算，直接缴入地方金库的经常性财政收入。1996 年政府性基金纳入预算管理后，为区别于基金预算，将地方预算收入改称一般预算收入。具体包括增值税、企业所得税、个人所得税的地方分享部分、其他工商税收、农业四税、专项收入及行政性收费、罚没收入及其他收入。

上划中央收入 指实行分税制财政体制后，增值税的 75%部分和消费税划为中央收入，以及从 2002 年起实行所得税分享改革后，所得税（包括企业所得税、个人所得税）由中央分享部分，这部分收入直接缴入中央金库。根据《预算法》和财政体制规定，上划中央收入属于列入中央预算范围的收入，地方总预算中不予包括。

税收收入 反映政府税收收入。具体包括：增值税、消费税、营业税、企业所得税、个人所得税、固定资产投资方向调节税、城市维护建设税、房产税、印花税、城镇土地使用税、土地增值税、车船税、船舶吨税、车辆购置税、关税、耕地占用税、契税、烟叶税以及其他税收收入等。

非税收入 反映政府非税收入。具体包括：政府性基金收入、专项收入、彩票资金收入、行政事业性收费收入、罚没收入、国有资本经营收入、国有资源（资产）有偿使用收入及其他收入等。

一般预算支出 是指列入地方预算的经常性财政支出，其项目包括经济建设支出、教科文卫等事业支出、国家管理费用支出、国防支出、各项补贴支出及其他支出等。其资金来源包括用地方可用财力安排的支出、上年结余、调入资金和中央专款补助形成的财政支出等。

一般公共事务 反映政府提供一般公共服务的支出。具体包括人大、政协、政府办公厅（室）及相关机构、发展与改革、统计信息、财政、税收、审计、海关、人事、纪检监察、人口与计划生育、商贸、知识产权、工商行政管理、质量技术监督与检验检疫、国土资源、海洋管理、测绘、地震、气象、民族、宗教、港澳台侨、档案、共产党、民主党派及工商联、群众团体、彩票等事务。

公共安全 反映政府维护社会公共安全方面的支出。有关事务包括武装警察、公安、国家安全、检察、法院、司法行政、监狱、劳教、国家保密、缉私警察等。

教育 反映政府教育事务支出。有关具体事务包括教育行政管理、学前教育、小学教育、初中教育、普通高中教育、普通高等教育、初等职业教育、中专教育、技校教育、职业高中教育、高等职业教育、广播电视教育、留学生教育、特殊教育、干部继续教育、教育机关服务等。

科学技术 反映用于科学技术方面的支出。包括科学技术管理事务、基础研究、应用研究、技术研究与开发、科技条件与服务、社会科学、科学技术普及、科技交流与合作。

文化体育与传媒 反映政府在文化、文物、体育、广播影视、新闻出版等方面的支出。

社会保障和就业 反映政府在社会保障与就业方面的支出。有关事项包括社会保障和就业管理事务、民政管理事务、财政对社会保障基金的补助、补充全国社会保障基金、行政事业单位离退休、企业改革补助、就业补助、抚恤、退役安置、社会福利、残疾人事业、城市居民最低生活保障、其他城镇社会救济、农村社会救济、自然灾害生活救助、红十字事务等。

医疗卫生 反映政府医疗卫生方面的支出。具体包括医疗卫生管理事务支出、医疗服务支出、医疗保障支出、疾病预防控制支出、卫生监督支出、妇幼保健支出、农村卫生支出等。

环境保护 反映政府环境保护支出。具体包括：环境保护管理事务支出、环境监测与监察支出、污染治理支出、自然生态保护支出、天然林保护工程支出、退耕还林支出、风沙荒漠治理支出、退牧还草支出、已垦草原退耕还草支出等。

城乡社区事务 反映政府城乡社区事务支出。具体包括：城乡社会管理事务支出、城乡社会规划与管理支出、城乡社区公共设施支出、城乡社区住宅支出、城乡社区环境卫生支出、建设市场管理与监督支出等。

农林水事务 反映政府农林水事务支出。具体包括：农业支出、林业支出、水利支出、农业综合开发支出等。

交通运输 反映政府交通运输方面的支出。包括公路运输支出、水路运输支出、铁路运输支出、民用航空运输支出等。

工业商业金融等事务 反映政府工业、商业、金融等事务支出。具体包括：采掘业支出、制造业支出、电力支出、信息产业支出、旅游业支出、涉外发展支出、粮油事务支出、商业流通事务支出、物资储备支出、金融保险支出、烟草事务支出、安全生产支出、国有资产监督支出、中小企业发展支出、清洁生产支出等。

采掘电力信息等事务 反映政府对采掘电力信息等事务支出。具体包括采掘业支出、制造业支出、建设业支出、电力监管支出、工业和信息产业监管支出、安全生产监管支出、国有资产监管支出、支持中小企业发展和管理支出等。

粮油物资储备及金融监管等事务 反映政府对粮油物资储备及金融监管等事务支出。具体包括：粮油事务支出、商业流通事务支出、物资储备支出、金融业监管支出、旅游业管理与服务支出、涉外发展服务支出等。

其他支出 反映不能划分到上述功能科目的其他政府支出。包括预备费、年初预留、住房改革支出以及其他支出。

当年可用财力 是指按照现行财政体制规定，在预算年度内可统筹安排使用的预算内资金，其来源包括当年一般预算收入、税收返还收入、下级上解收入、转移支付补助，并从中扣减上解上级及补助下级的资金。当年可用财力不包括上年结余资金及中央专款补助。根据《预算法》的规定，当年支出预算应当小于或等于当年可用财力。

存款 企业、机关、团体或居民根据可以收回的原则，把货币资金存入银行或其他信用机构保管并取得一定利息的一种信用活动形式。根据存款对象的不同可划分：企业存款、财政存款、机关团体存款、城镇居民储蓄存款、农村存款等项目。

贷款 银行或其他信用机构根据必须归还的原则，按一定利率，为企业、个人等提供资金的一种信用活动形式。我国银行贷款，分流动资金贷款、农业贷款、固定资产贷款等科目。

城乡居民储蓄年末余额 包括城镇居民储蓄和农民个人储蓄两部分的年末余额。不包括工矿企业、部队、机关团体等集体存款。

Explanatory Notes on Main Statistical Indicators

Overall Financial Revenue refers to the sum of general budget of financial revenue and revenue turned over to the state. It reflects total scale of financial revenue in that year in the region, also it is the major basic counting disposable financial resources. It can reflects financial concentration comparing GDP.

General Budget of Financial Revenue refers to daily financial revenue arranged to regional budget and directly paid to local treasury according regulation of financial system. After government fund brought into budget management in 1996, it was named general budget of financial revenue from regional budget of revenue, for distinction with budget of fund. It includes value added tax, enterprise income tax, part of personal income tax, other industrial and commercial tax, four taxes of agriculture, special tax, and administrative fee, penalty income and other income.

Revenue Turned Over to the State refers to 75 percent of value added tax and consumption tax turned over to the state after implement financial system of tax distribution, and part of income tax shared by state and directly paid to central treasury after implement reform of income tax share from 2002. According to budget law and rule of financial system, revenue turned over to the state belongs to range of state budget, excluded in regional budget.

Tax Revenue refers to the government's tax revenue. It Includles: value-added tax, consumption tax, business tax, enterprise income tax and personal income tax, regulatory tax on investment in fixed assets, urban maintenance and construction tax, housing property tax, stamp tax, urban land use tax, urban land value-added tax, vehicle and ship tax, tonnage tax, tax on the purchase of vehicles, tariff , tax on occupancy of cultivated land, contract tax, tobacco tax and other tax revenue and so on.

Non-tax Income refers to the government's non-tax revenue. Including: governmental funds revenue, special revenue, lottery funds income, administrative and institutional fees income, fine and confiscatory revenue, the state-owned capital operating revenue, income from charge on use of state-owned land, etc.

General Budget of Financial Expenditure refers to daily financial expenditure arranged to regional budget, including expenditure for capital construction, operating expenses of education, science, culture and public health, administrative expenses, expenditure for national defence, expenditure for subsidies and other expenditures. Sources of funds includes expenditure arranged from regional disposable financial resources, surplus last year, funds transferred and state special subsidies.

General Public Affairs reflect the Government's provision of general public service expenditures, Specifically including the NPC and CPPCC National Committee, the Government Office (room) and related agencies, development and reform, statistics, finance, taxation, auditing, customs, personnel, discipline inspection and supervision, population and family planning, commerce, intellectual property rights, industrial and commercial administration, Quality and Technical Supervision, Inspection and Quarantine, land and natural resources, marine management, surveying and mapping, earthquakes, weather, ethnic, religious, Hong Kong, Macao, files, the CPC, democratic parties and the Federation of Industry and Commerce, mass organizations, lottery tickets, and other matters.

Public Safety reflects the Government to safeguard social payments in respect of public safety. Related matters include armed police, public security, national security, prosecution, courts, the administration of justice, prison inmates, the state secrecy, anti-smuggling police and so on.

Education reflects the Government's education expenditure. On specific matters, including education administration, pre-primary, primary education, secondary education, high school education, regular higher education, primary vocational education, secondary education, technical school education, vocational high school education and higher vocational education, radio and television education, the International Education , Special education, cadres and continuing education, educational institutions and so on.

Science and Technology reflects the expenditure. It includes science and technology management services, basic research, applied research, technology research and development, science and technology and service conditions, social science, science and technology popularization of scientific and technological exchanges and cooperation.

Culture, Sports and Media reflects the expenditures of the Government and the media in culture, heritage, sports, Radio, Film and Television, the press, publishing and other areas.

Social Security and Employment reflects expenditures of the Government in the area of employment and social security. Related matters including social security and employment for Management, Home Management Services, the Financial Fund for social security grants, added the National Social Security Fund, retired administrative institutions, enterprises, reform of subsidies, employment subsidies, pension, retirement and placement system, social welfare, disability One cause of the minimum living guarantee for urban residents, other urban social relief, rural social relief, natural disaster relief life, the Red Cross affairs.

Medical and Health Care reflects the Government's health care expenditures. It includes specific health care expenditure management services, medical services spending, health care spending, disease prevention and control expenditure, health expenditure monitoring, maternal and child health care spending, rural health and other expenditures.

Environmental Protection reflects the Government's environmental protection spending. It Specifically includes: the management of environmental protection spending, environmental monitoring and monitoring of expenditures, pollution control spending, the natural ecological protection spending, the natural forest protection project expenditure, expenditure returning farmland to forests, desertification control sandstorms expenditure, expenditure Tuimuhuancao, grassland has been cultivated farmland And grasslands, and other expenditures.

Urban and Rural Community Affairs reflect the Government's expenditure of urban and rural community affairs, Including urban and rural social services expenditure management, urban and rural planning and management of social expenditure, expenditure of public facilities in rural and urban communities, rural and urban communities domestic expenditure, expenditure of urban and rural communities sanitation, management and supervision of the construction market and other expenditures.

Agriculture, Forestry and Water Affairs reflect the Government's water affairs spending. It includes: agricultural expenditure, expenditure forestry, water conservancy expenses, such as the comprehensive agricultural development expenditure.

Transport reflects the Government's transport expenditure. It includes road transport expenditure, waterway transportation expenses, transport expenses, civil aviation and other transport expenses.

Expenditure on Power Information Mining and Other Affairs reflects the government expenditure on power information mining and other affairs, including expenditures on mining, manufacture, construction, supervision of power, industry and information, safety production, national assets and development and management of small and medium-sized enterprises

Expenditure on Management of Cereals, Oils, Material Reserves and Financial Supervision reflects the government expenditure on cereals,oils, material reserves and financial supervision, including expenditures on cereals and oils, commercial circulation affairs,material reserves,financial supervision, management and service of tourism, foreign developing service and so on.

Other Expenses reflect the division can not be subject to the above-mentioned functions of other government expenditures. It includes Yu Bei fei, the beginning of the year set aside, the housing reform expenditure and other expenses.

Disposable Financial Resources in the Year it refer budgetary funds which can be overall arranged and used in the budget year according to current regulation of financial system, including general budget revenue, return revenue of taxes, revenue turned over from below authorities, subside of transfer pavement, deducing funds turning over to high authorities and subside to below authorities. It excludes surplus last year and subsides from central special funds. According to regulation of budgetary law, budget expenditure should be small or equal disposable financial resources in the same year.

Deposit is form of credit by which enterprises, institutions, organizations or households can put money into banks and other credit institutions for sake keeping and interest earning under the principle of free withdrawal. According to different depositors, deposits are divided into enterprise deposits, treasury deposits. Deposits are major sources of the credit funds of banks.

Loan is form of credit by which banks and other credit institutions provide funds at certain interest rate to enterprises and individuals in the light of the principle of unconditional repayment. Loans from Chinese banks include circulating capital loans, fixed assets loans, loans to urban and rural individuals engaged in industrial and commercial business and agriculture loans.

The Saving Deposits of Urban and Rural Residents refers to the total value of savings deposits of urban and rural households in banks and rural credits cooperatives at a given point of time, including the savings deposits of urban residents and the savings deposits of rural residents. The deposits of organizations such as enterprises, military units, government agencies, institutions, are not included.

教育、科技

EDUCATION，SCIENCE AND TECHNOLOGY

资料整理人员

高宇宏　商彩云　魏钦涛

教育、科技

EDUCATION, SCIENCE AND TECHNOLOGY

高等学校数	Institutions of Higher Education	65	所	(unit)
高等学校在校学生数	Students Enrollment of Higher Education	562924	人	(person)
高等学校专任教师数	Full-time Teachers of Higher Education	36492	人	(person)
中等专业学校数	Specialized Secondary Schools	92	所	(unit)
中等专业学校在校学生数	Students Enrollment of Specilized Secondary Schools	20.73	万人	(10 000 persons)
中等专业学校专任教师数	Full-time Teachers of Specilized Secondary Schools	7437	人	(person)
科学研究机构	Scientific Research Institutions	154	个	(unit)

自然科技人员构成（%）

Composition of Personnel of Natural Science (%)

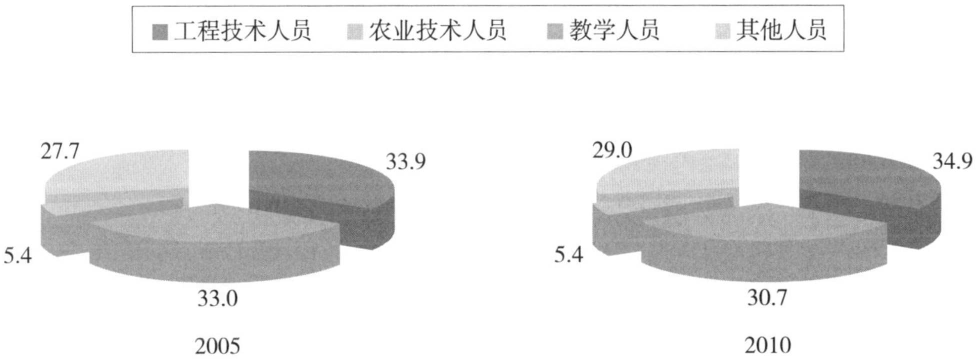

研究生在校学生数（人）

Number of Postgraduate Enrollment (person)

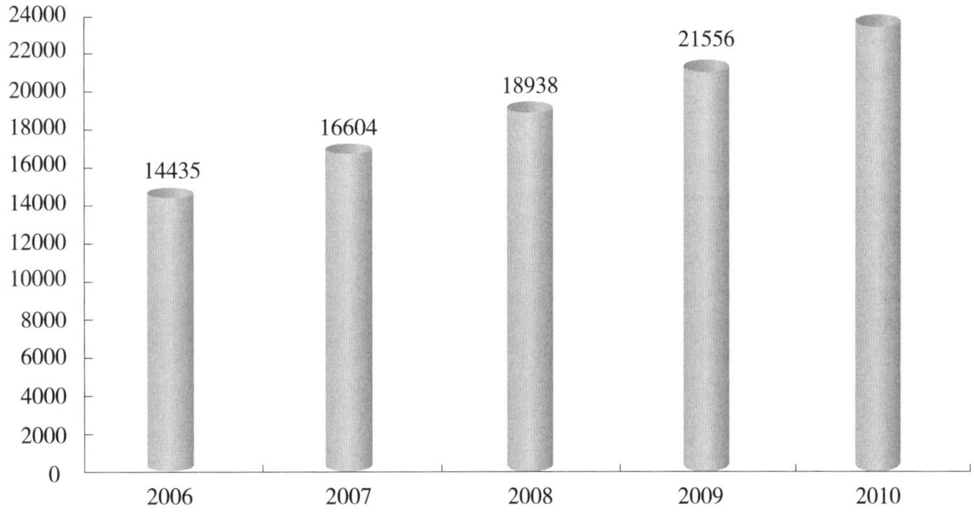

15-1 主要年份各类学校数
SCHOOLS BY LEVEL IN MAJOR YEARS

单位：所 (unit)

年 份 Year	高等学校 Regular Instiutions of Higher Education	中等职业技术学校 Vocational Skilled Secondary Schools				普通中学 Regular Secondary Schools	小 学 Primary Schools	特殊教育学 校 Blind, Deaf and Deaf-mute Schools
			中等专业学校 Specialized Secondary Schools	职 业 中 学 Vocational Schools	技工学校 Skilled Workers Schools			
1962	11	38	38			681	34761	5
1965	14	2466	145	2311	10	590	38812	7
1970	9	87	64		23	8347	34140	7
1975	13	83	64		19	11831	34946	6
1978	16	210	73	87	50	14062	33393	12
1980	16	488	90	337	61	9895	37746	12
1985	22	591	113	408	70	4749	42394	12
1990	26	602	125	380	97	3944	42195	12
1995	26	616	129	377	110	3401	40795	19
2000	24	600	127	339	134	3346	37451	28
2005	59	498	73	309	116	3279	24339	40
2006	56	527	84	325	118	3207	21647	42
2007	59	564	88	356	120	3078	19527	43
2008	61	551	93	337	121	2986	17167	43
2009	63	500	93	298	109	2860	14722	45
2010	65	461	92	259	110	2747	12776	45

15-2 主要年份各类学校专任教师数
NUMBER OF FULL-TIME TEACHERS BY LEVEL OF SCHOOL IN MAJOR YEARS

单位：人 (person)

年 份 Year	高等学校 Regular Institutions of Higher Education	中等职业技术学校 Vocational Skilled Secondary Schools				普通中学 Regular Secondary Schools	小 学 Primary Schools
			中等专业学校 Specialized Secondary Schools	职业中学 Vocational Schools	技工学校 Skilled Workers Schools		
1962	2694	1292	1292			11610	80650
1965	2909	8328	2840	5377	111	12240	98291
1970	2564	2367	2180		187	38013	112745
1975	2727	2587	2298		289	71159	135389
1978	4244	4514	3246	330	938	103772	132785
1980	5077	6423	3991	1046	1386	104075	148255
1985	7099	12621	6176	4512	1933	92619	157251
1990	8963	18975	8295	6976	3704	108774	163693
1995	9140	22855	9161	8632	5062	113216	171860
2000	10466	24845	9823	10343	4679	127582	180362
2005	27862	22319	5687	11132	5500	159803	192271
2006	29712	23000	6158	12231	4611	165122	193386
2007	33356	25483	6546	13549	5388	168250	194574
2008	34885	25683	6868	13219	5596	168935	193378
2009	35863	24390	7147	13435	3808	171348	193657
2010	36492	23440	7437	12461	3542	172793	190538

15-3 主要年份各类学校在校学生数
STUDENTS ENROLLMENT BY LEVEL OF SCHOOL IN MAJOR YEARS

单位：万人 (10 000 persons)

年 份 Year	高等学校(人) Regular Institutions of Higher Education (person)	中等职业技术学校 Vocational Skilled Secondary Schools	中等专业学校 Specialized Secondary Schools	职业中学 Vocational Schools	技工学校 Skilled Workers Schools	普通中学 Regular Secondary Schools	#高中 Senior	小学 Primary Schools
1962	15086	2.47	2.47			21.65		248.47
1965	14548	15.99	3.89	11.83	0.27	22.79	2.75	305.49
1970	4384	0.19	0.10		0.09	79.15	3.51	330.80
1975	11908	2.75	2.38		0.37	138.57	27.74	385.59
1978	20940	4.73	2.90	0.64	1.19	194.28	58.45	377.36
1980	33104	8.38	4.61	2.12	1.65	179.55	31.06	384.16
1985	41946	14.58	5.14	7.58	1.86	156.97	22.87	335.20
1990	51309	21.47	8.68	8.78	4.01	145.08	22.31	297.40
1995	67420	26.40	10.74	10.51	5.15	150.97	19.04	327.04
2000	125674	37.19	19.65	13.62	3.92	199.75	33.72	343.60
2005	407036	46.58	20.15	17.04	9.39	261.15	71.37	350.26
2006	446428	55.05	23.44	21.21	10.40	263.93	74.71	337.76
2007	484490	61.36	22.16	26.44	12.76	262.23	77.08	333.43
2008	526756	63.08	22.18	27.74	13.16	255.57	78.29	321.34
2009	547391	65.30	22.27	29.59	13.44	253.25	80.57	304.69
2010	562924	56.51	20.73	24.65	11.13	253.67	82.29	291.06

15-4 主要年份各类学校招生数
NEW STUDENTS ENROLLMENT BY LEVEL OF SCHOOL IN MAJOR YEARS

单位：人 (person)

年 份 Year	高等学校 Regular Institutions of Higher Education	中等职业技术学校 Vocational Skilled Secondary Schools	中等专业学校 Specialized Secondary Schools	职业中学 Vocational Schools	技工学校 Skilled Workers Schools	普通中学 Regular Secondary Schools	#高中 Senior	小学 Primary Schools	特殊教育学校 Blind, Deaf and Deaf-mute Schools
1962									
1965	4566	94431	14781	78545	1105	166980	10440	614684	
1970		1650	963		687	389158		760373	
1975	4747	14763	12514		2249	744502		758495	
1978	7951	29399	15531	5708	8160	890626	280473	879737	376
1980	8287	38592	18800	11696	8096	539613	65803	664927	234
1985	14107	67423	20864	37437	9122	529347	75300	548667	390
1990	15710	81787	28615	38566	14606	482926	78749	557803	402
1995	20926	101436	35898	46721	18817	552978	69774	642867	555
2000	48041	134274	67975	52476	13823	726669	137662	631942	856
2005	127514	183008	75240	65842	41926	887403	263159	548755	743
2006	146014	216509	82568	89689	44252	874475	253177	524908	914
2007	167551	244911	75381	116176	53354	832843	260875	535376	1433
2008	184316	235490	84221	104117	47152	814693	270394	474811	1049
2009	176312	242769	83940	122039	36790	857443	277882	430781	1257
2010	184399	219365	90505	90223	38637	852635	280984	451390	1088

15-5 主要年份各类学校毕业生数

GRADUATES BY LEVEL OF SCHOOL IN MAJOR YEARS

单位：人 (person)

年 份 Year	高等学校 Regular Institution of Higher Education	中等专业学校 Specialized Secondary Schools	职业中学 Vocational Schools	技工学校 Skilled Workers Schools	普通中学(万人) Regular Secondary Schools (10 000 persons)	#高中 Senior	小学(万人) Primary Schools (10 000 persons)	特殊教育学校 Blind, Deaf and Deaf-mute Schools
1962	4162	3886	2093		8.43		20.83	
1965	4296	3644	2550		5.14	0.78	21.00	
1970	3901	1473		100	25.73		47.84	
1975	2999	9112		1075	45.09		67.69	
1978	4523	11766	760	3713	75.26	19.18	62.09	145
1980		13563	4884	10649	34.80	23.40	59.28	95
1985	8499	16773	16941	6383	39.09	5.48	64.67	105
1990	15130	26768	31770	11708	47.63	7.27	51.31	466
1995	20312	31474	38238	15542	43.17	7.08	55.36	402
2000	19785	42356	48364	17652	56.18	7.86	64.09	349
2005	88344	54904	47546	19514	82.95	19.69	63.56	483
2006	108431	56039	57403	23894	82.92	22.22	63.53	593
2007	132101	75377	60073	33588	82.77	23.17	57.96	630
2008	141214	77120	71481	38391	86.92	25.88	55.21	668
2009	153422	75602	70865	31754	86.68	25.14	58.38	607
2010	165545	54669	78368	48592	83.48	25.94	57.24	895

15-6 各类学校数、学生数和专任教师数(2010年)

NUMBER OF SCHOOLS, STUDENTS AND FULL-TIME TEACHERS BY LEVEL OF SCHOOL(2010)

单位：人 (person)

学校类别	School Type	学校数(所) Schools (unit)	毕业生数 Graduates	招生数 New Student Enrollment	在校学生数 Student Enrollment	专任教师数 Full-time Teachers
一、研究生培养机构	Institutions of Foster Postgraduates	12	5929	8074	23555	
二、普通高校	Regular Institutions of Higher Education	65	165545	184399	562924	36492
三、成人高等学校	Adult Higher Education Schools	14	38444	54566	144204	2013
四、民办的其他高等教育机构	Other Higher Education Institutions Runned by Local People	50				
五、中等专业学校	Specialized Secondary Schools	92	54669	90505	207329	7437
六、技工学校	Skilled Workers Schools	110	48592	38637	111336	3542
七、职业学校	Vocational Schools					
八、普通中学	Regular Secondary Schools	2747	834777	852635	2536704	172793
普通初中	Junior Schools	2213	575396	571651	1713779	119221
城 市	Urban Areas	273	150344	157244	465577	28763
县 镇	Counties and Towns	541	206867	210978	629766	40646
农 村	Rural Areas	1399	218185	203429	618436	49812
普通高中	Senior Schools	534	259381	280984	822925	53572
城 市	Urban Areas	266	113697	126087	367247	23607
县 镇	Counties and Towns	212	126605	137519	401630	26427
农 村	Rural Areas	56	19079	17378	54048	3538
九、小 学	Primary Schools	12776	573473	451390	2910606	190538
城 市	Urban Areas	594	126042	113471	699507	37162
县 镇	Counties and Towns	822	130945	107337	700301	38220
农 村	Rural Areas	11360	316486	230582	1510798	115156
十、特殊教育学校	Blind, Deaf and Deaf-mute Schools	45	895	1088	8167	1214

15-7 主要年份研究生数
NUMBER OF POSTGRADUATES IN MAJOR YEARS

单位：人 (person)

年 份 Year	培养研究生的单位数(个) Institutions of Foster Postgraduates (unit)	招生数 New Students Enrollment	毕业生数 Graduates	在校学生数 Students Enrollment
1962	2	8	5	9
1965	2		8	
1978	4	151		151
1980	6	15		218
1984	8	149	19	356
1985	8	399	84	670
1990	9	219	288	688
1995	12	524	263	1336
2000	12	1190	466	2633
2005	12	4929	2069	12059
2006	12	5638	2850	14435
2007	11	6364	4075	16604
2008	11	6919	4728	18938
2009	12	8031	5498	21556
2010	12	8074	5929	23555

15-8 研究生数(2010年)
NUMBER OF POSTGRADUATES(2010)

单位: 人 (person)

项 目	Item	招生数 New Students Enrollment	#攻读硕士学位 Master Degree	毕 业 生 数 Graduates	#攻读硕士学位 Master Degree	在 校 学生数 Students Enrollment	#攻读硕士学位 Master Degree
总 计	**Total**	**8074**	**7632**	**5929**	**5678**	**23555**	**21716**
国家任务	Country Assignment	5338	5033	4054	3876	16746	15411
委托培养	Entrust Foster	291	181	162	129	783	464
自筹经费	Self-raised Funds	2445	2418	1713	1673	6026	5841
一、中央部委所属院校	**Higher Education of the Central Government**	**26**	**26**	**24**	**24**	**69**	**69**
国家任务	Country Assignment	26	26	24	24	69	69
委托培养	Entrust Foster						
自筹经费	Self-raised Funds						
二、地方所属院校	**Higher Education of the Local Government**	**8048**	**7606**	**5905**	**5654**	**23486**	**21647**
国家任务	Country Assignment	5312	5007	4030	3852	16677	15342
委托培养	Entrust Foster	291	181	162	129	783	464
自筹经费	Self-raised Funds	2445	2418	1713	1673	6026	5841

15-9 高等教育学校学生数(2010年)

单位：人

指　标	Item	毕业生数 Graduates
研究生	Postgraduates	5929
博　士	Doctor Degree	251
硕　士	Master Degree	5678
普通本科、专科生	Students of Regular College Course and Specialized Subject	165545
本　科	Students of Regular College Course	60516
专　科	Students of Specialized Subject	105029
成人本科、专科生	Adult Education Students of Regular College Course and Specialized Subject	38444
函授本科	Correspondence Education of Regular College Course	11982
业余本科	Spare Time Education of Regular College Course	3547
脱产本科	Released from Work for Education of Regular College Course	1972
函授专科	Correspondence Education of Specialized Subject	11460
业余专科	Spare Time Education of Specialized Subject	6078
脱产专科	Released from Work for Education of Specialized Subject	3405
网络本科、专科生	Net Education Students of Regular College Course and Specialized Subject	
本　科	Students of Regular College Course	
专　科	Students of Specialized Subject	
在职人员攻读博士硕士学位	Persons Admitted to Doctor and Master Degree Programme	
学历文凭考试	Academic Credentials Examination	
电大注册视听生	TV Education Students	
自考助学班	Guidance Class for Students Learning Themselves and Examination	1630
研究生课程进修班	Class for Advanced Studies of Postgraduate Course	20
普通预科生	Students for Preparatory Course	
证书教育	Certificate Education	
岗位培训	Post Training	
进修及培训	Advanced Study and Training	45650
留学生	Student Studing Abroad	108

NUMBER OF STUDENTS IN HIGHER EDUCATION INSTITUTIONS(2010)

(person)

#授予学位数 Award Degree	招生数 New Students Enrollment	在校生数 Students Enrollment
5911	8074	23555
250	442	1839
5661	7632	21716
54484	184399	562924
54484	85161	292607
	99238	270317
1425	54566	144204
	18177	51048
	6753	16645
	227	551
	18465	46594
	7774	22209
	3170	7157
1462	1319	3901
	1770	4697
		150
		14809
2	61	147

15-10 普通本科、专科分形式、分学科学生数(2010年)

单位：人

项　　目	Item	毕业生数 Number of Graduates	本 科 Regular College Course	专 科 Specialized Subject (Three years)
总　计	**Total**	**165545**	**60516**	**105029**
#女	Female	84959	30194	54765
按形式分	By Form			
本科：高中起点	Regular college: Senior as Starting Point	55981	55981	
专科起点	Junior College as Starting Point	4535	4535	
专科：高中起点	Junior College: Enrollmenting Students Graduating From Senior High schools	65282		65282
对口招收中职生	Corresponding Secondary Vocational Schools	6946		6946
五年制高职转入	Transferring from Higher Vocational School of 5-year Program	32801		32801
按科类分	By Type			
哲　学	Philosophy	48	48	
经济学	Economics	5624	3401	2223
法　学	Law	7708	2931	4777
教育学	Education	26593	3281	23312
文　学	Literature	17520	9812	7708
#外　语	Foreign Language	5829	3010	2819
艺　术	Art	7819	3713	4106
历史学	History	607	607	
理　学	Science	8111	8084	27
工　学	Engineering	53816	17246	36570
农　学	Agriculture	2844	1148	1696
医　学	Medicine	14900	5412	9488
管理学	Administration	27774	8546	19228
总计中：师范生	Of the total：Teacher-training	36795	12529	24266

STUDENTS OF REGULAR COLLEGE COURSE AND SPECIALIZED SUBJECT BY FORM AND BY TYPE(2010)

(person)

招生数 Number of New Students Enrollment	本 科 Regular College Course	专 科 Specialized Subject (Three years)	在校学生 Number of Students Enrollment	本 科 Regular College Course	专 科 Special Subject (Three years)
184399	**85161**	**99238**	**562924**	**292607**	**270317**
99579	46416	53163	305430	155995	149435
79009	79009		280666	280666	
6152	6152		11941	11941	
84610		84610	226500		226500
10977		10977	29167		29167
3651		3651	14650		14650
39	39		189	189	
7149	4512	2637	23208	15886	7322
7381	4017	3364	22702	12878	9824
19726	4204	15522	59984	14767	45217
20962	13888	7074	71287	48633	22654
5048	3744	1304	20205	14506	5699
10691	5827	4864	33546	19710	13836
892	892		3098	3098	
11124	11124		39400	39365	35
63272	25084	38188	181152	82376	98776
3036	1684	1352	8862	4932	3930
15237	7086	8151	51208	27628	23580
35581	12631	22950	101834	42855	58979
34589	17477	17112	109172	59204	49968

15-11 普通高校分类别专任教师数(2010年)

FULL-TIME TEACHERS OF HIGHER EDUCATION INSTITUTIONS BY TYPE(2010)

单位：人 (person)

类别	Type	专任教师 Full-Time Teachers	正高级 Type of Professors	副高级 Type of Asso.prof.	中级 Type of Lecturers	初级 Type of Elementary	无职称 No Academician
总计	**Total**	**36492**	**2635**	**9387**	**12851**	**8584**	**3035**
#女	Female	19122	993	4735	6773	4878	1743
分类型：本科院校	By Type Regular College Course	24403	2372	6465	9085	5072	1409
专科院校	Specialized Subject	12089	263	2922	3766	3512	1626
分性质类别：	By Nature						
综合大学	Synthesize Universitys	10792	516	2669	3683	2872	1052
理工院校	Science and Engineering Institutes	10979	898	2812	4167	2337	765
农业院校	Agriculture Institutes	1711	177	414	721	377	22
林业院校	Forestry Institutes	206	3	42	67	68	26
医药院校	Medical Institutes	2740	413	711	911	528	177
师范院校	Teacher-Training Institutes	4501	257	1253	1666	828	497
语文院校	Chinese Institues	642	13	129	200	184	116
财经院校	Finance and Economic Institutes	3965	334	1076	1130	1082	343
政法院校	Politics and Law Institutes	491	16	170	156	118	31
体育院校	Sports Institues	138	1	34	39	58	6
艺术院校	Art Institutes	327	7	77	111	132	
民族院校	National Institues						
分举办者：	By Owner						
1.地方所属	Departments of Local Government	31317	2172	8137	11257	7304	2447
教育部门	Department of Education	23408	1963	6116	8621	5094	1614
其他部门	Other Departments	7909	209	2021	2636	2210	833
2.民　办	Run by Local People	5175	463	1250	1594	1280	588

15-12 普通高校分科专任教师数(2010年)

FULL-TIME TEACHERS OF HIGHER EDUCATION INSTITUTIONS BY FIELD OF STUDY(2010)

单位：人 (person)

类别	Type	专任教师 Full-Time Teachers	正高级 Type of Professors	副高级 Type of Asso.prof.	中级 Type of Lecturers	初级 Type of Elementary	无职称 No Academician
总计	**Total**	**36492**	**2635**	**9387**	**12851**	**8584**	**3035**
#女	Female	19122	993	4735	6773	4878	1743
总计中:哲学	Of the Total: Philosophy	1377	129	429	465	283	71
经济学	Economics	1954	157	560	669	416	152
法学	Law	1701	138	435	657	391	80
教育学	Education	4144	164	1073	1449	1139	319
文学	Literature	7547	230	1538	2595	2314	870
历史学	History	517	40	141	183	117	36
理学	Science	4724	389	1464	1567	957	347
工学	Engineering	8451	710	2195	3136	1669	741
农学	Agriculture	1333	106	371	557	246	53
医学	Medicine	2760	419	742	897	524	178
管理学	Administration	1984	153	439	676	528	188

15-13 中等职业学校毕业生数、招生数和在校学生数(2010年)

STUDENTS OF VOCATIONAL SKILLED SECONDARY SCHOOLS(2010)

单位：人 (person)

类别	Type	毕业生数 Number of Graduates	#获得职业资格证书 Having Occupation Credentials	招生数 Number of New Students Enrollment	#招收初中毕业生数 Graduates from Junior	在校学生数 Number of Students Enrollment
总计	**Total**	**181814**	**102637**	**236507**	**185227**	**575210**
#女	Female	89951	53913	111841	97110	293634
农林牧渔类	Farming,Forestry,Husbandry and Fishing	8543	3094	65271	47847	94568
资源环境类	Resource and Environment	20560	4430	20594	3299	28950
能源与新能源类	Engery and New Energy	149	115	126	126	391
土木水利类	Engineering	5994	3715	5305	4728	16134
加工制造类	Processing and Manufacture	27350	19463	22739	20162	67696
石油化工类	Petroleum Chemical	2446	1857	1998	1313	7109
轻纺食品类	Textile and Food	2746	2110	2521	1609	8963
交通运输类	Transportation	5229	4371	7029	6111	20953
信息技术类	Information Technology	38646	24582	39688	36701	117347
医药卫生类	Medicine and Hygiene	13398	5833	13332	12881	41999
休闲保健类	Recreation and Health Care	148	63	896	896	1786
财经商贸类	Economics,Finance and Business	17405	10148	16109	13315	46210
旅游服务类	Tourism Service	4917	3441	6757	6448	19593
文化艺术类	Culture and Art	13042	8372	13236	12360	43044
体育与健身	Sports and Fitness	2268	1719	2368	2221	7147
教育类	Education	12938	6853	13496	10890	39100
司法服务类	Judicial Service	2312	1272	2358	1970	6206
公共管理与服务类	Public Administration and Service	2409	1125	1798	1464	6072
其他	Others	1314	74	886	886	1942

15-14 普通中学学校数、班数(2010年)

NUMBER OF REGULAR SECONDARY SCHOOLS AND CLASSES(2010)

项目	Item	学校数(所) Number of Schools (unit)	初级中学 Junior	高级中学 Senior	完全中学 Junior And Senior	九年一贯制学校 Nine Education	班数(班) Classes (class)	初中 Junior	高中 Senior
总计	**Total**	**2747**	**1807**	**243**	**291**	**406**	**46491**	**31544**	**14947**
教育部门和集体办	Schools Run by Educational Department and Collective Units	2299	1680	179	182	258	38311	26487	11824
民办	School Run by Non-public	437	124	64	106	143	8131	5019	3112
其他部门办	Schools Run by Other Departments	11	3			5	49	38	11
城市	Urban Areas	539	195	86	180	78	14687	7950	6737
教育部门和集体办	Schools Run by Educational Department and Collective Units	390	170	54	114	52	11338	6279	5059
民办	School Run by Non-public	143	24	32	64	23	3318	1651	1667
其他部门办	Schools Run by Other Departments	6	1		2	3	31	20	11
县镇	Counties and Towns	753	453	131	81	88	18180	10996	7184
教育部门和集体办	Schools Run by Educational Department and Collective Units	602	399	110	55	38	15278	9047	6231
民办	School Run by Non-public	149	53	21	25	50	2894	1941	953
其他部门办	Schools Run by Other Departments	2	1		1		8	8	
农村	Rural Areas	1455	1159	26	30	240	13624	12598	1026
教育部门和集体办	Schools Run by Educational Department and Collective Units	1307	1111	15	13	168	11695	11161	534
民办	School Run by Non-public	145	47	11	17	70	1919	1427	492
其他部门办	Schools Run by Other Departments	3	1			2	10	10	

15-15 普通中学分办别、分城乡学生数(2010年)
STUDENTS OF REGULAR SECONDARY SCHOOLS(2010)

单位：人 (person)

项　目	Item	毕业生数 Number of Graduates	#高中 Senior	招生数 Number of New Students Enrollment	#高中 Senior	在校学生数 Number of Students Enrollment	#高中 Senior
总　计	**Total**	**834777**	**259381**	**852635**	**280984**	**2536704**	**822925**
#女	Female	410675	129042	420197	140941	1249152	414454
教育部门和集体办	Schools Run by Educational Department and Collective Units	695991	207623	702998	220931	2103651	655122
民　办	School Run by Non-public	137917	51454	149228	59948	431511	167382
其他部门	Schools Run by Other Departments	869	304	409	105	1542	421
城　市	Urban Areas	264041	113697	283331	126087	832824	367247
教育部门和集体办	Schools Run by Educational Department and Collective Units	207654	87235	219113	93540	653509	278734
民　办	School Run by Non-public	55780	26214	63951	32442	178270	88092
其他部门	Schools Run by Other Departments	607	248	267	105	1045	421
县　镇	Counties and Towns	333472	126605	348497	137519	1031396	401630
教育部门和集体办	Schools Run by Educational Department and Collective Units	283014	110385	295213	118580	875243	348287
民　办	School Run by Non-public	50307	16164	53186	18939	155872	53343
其他部门	Schools Run by Other Departments	151	56	98		281	
农　村	Rural Areas	237264	19079	220807	17378	672484	54048
教育部门和集体办	Schools Run by Educational Department and Collective Units	205323	10003	188672	8811	574899	28101
民　办	School Run by Non-public	31830	9076	32091	8567	97369	25947
其他部门	Schools Run by Other Departments	111		44		216	

15-16 普通中学教职工数(2010年)
TEACHERS AND STAFF OF REGULAR SECONDARY SCHOOLS(2010)

单位：人 (person)

项　目	Item	教职工数 Total	#专任教师 Full-time Teachers	#行政人员 Administrative Personnel	#教辅人员 Auxiliary Teachers Staff	代课教师 Take over a Class for an Absent Teacher	兼任教师 Hold a Concurrent Post
总　计	**Total**	**204549**	**172793**	**6456**	**10817**	**13387**	**1125**
#女	Female	117424	104811	1581	5339	7796	509
#少数民族	Minority Nationality	255	223	10	11	16	
教育部门和集体办	Schools Run by Educational Department and Collective Units	171964	149387	5106	8920	9320	517
民　办	School Run by Non-public	32135	23140	1336	1821	4067	608
其他部门	Schools Run by Other Departments	450	266	14	76		
城　市	Urban Areas	65107	52370	3047	4475	4665	565
教育部门和集体办	Schools Run by Educational Department and Collective Units	51242	42527	2233	3520	3046	159
民　办	School Run by Non-public	13522	9672	805	883	1619	406
其他部门	Schools Run by Other Departments	343	171	9	72		
县　镇	Counties and Towns	79493	67073	1914	4763	5341	339
教育部门和集体办	Schools Run by Educational Department and Collective Units	68807	59109	1619	4241	3629	211
民　办	School Run by Non-public	10642	7922	293	522	1712	128
其他部门	Schools Run by Other Departments	44	42	2			
农　村	Rural Areas	59949	53350	1495	1579	3381	221
教育部门和集体办	Schools Run by Educational Department and Collective Units	51915	47751	1254	1159	2645	147
民　办	School Run by Non-public	7971	5546	238	416	736	74
其他部门	Schools Run by Other Departments	63	53	3	4		

15-17 普通中学分课程专任教师数(2010年)
FULL-TIME TEACHERS OF REGULAR SECONDARY SCHOOLS BY COURSE OF STUDY(2010)

单位：人 (person)

学科分类	Subject	专任教师 Full-time Teachers	初中 Junior	高中 Senior
总计	**Total**	**172793**	**119221**	**53572**
#女	Female	104811	74130	30681
政治	Politics	12793	9412	3381
语文	Chinese	31275	22848	8427
数学	Mathematics	29529	21359	8170
物理	Physics	13809	9030	4779
化学	Chemistry	10037	5487	4550
生物	Biology	7902	4696	3206
地理	Geography	7669	4722	2947
历史	History	10085	6930	3155
外语	Foreign Language	25643	17805	7838
信息技术	Information Technology	1301		1301
体育与健康	Sports and Fitness	7253	4851	2402
音乐	Musicology	3569	2565	1004
美术	Art	3240	2282	958
综合实践活动	Comprehensive Practicing Activity	3958	3812	146
其他	Others	1087	849	238
当年不任课	No Class	1882	1503	379

15-18 职业高中分科类学生数(2010年)
SENIOR STUDENTS OF VOCATIONAL HIGH SCHOOLS BY FIELD OF STUDY(2010)

单位：人 (person)

学科分类	Subject	毕业生数 Number of Graduates	招生数 Number of New Students Enrollment	在校学生数 Number of Students Enrollment
总计	**Total**	**84307**	**134484**	**309707**
农林牧渔类	Farming,Forestry,Husbandry and Fishing	5404	50531	64336
资源环境类	Resource and Environment	1377	1412	4412
能源与新能源类	Engery and New Energy	59	42	187
土木水利类	Engineering	1309	1388	3938
加工制造类	Processing and Manufacture	17092	15377	43760
石油化工类	Petrochemical Industry	439	833	2795
轻纺食品类	Textile and Food	2514	2238	6817
交通运输类	Transportation	2923	4294	11947
信息技术类	Information Technology	26790	31888	89278
医药卫生类	Medicine and Public Health	3488	2612	7344
休闲保健类	Recreation and Health Care	98	323	906
财经商贸类	Economics,Finance and Business	6370	6951	21686
旅游服务类	Tourism Service	2139	4116	10840
文化艺术类	Culture and Art	8150	8726	27381
体育与健身	Sports and Fitness	699	497	1664
教育类	Education	2853	1736	6971
司法服务类	Judicial Service	352	295	1143
公共管理与服务类	Public Administration and Service	1011	998	3384
其他	Others	1240	227	918

15-19 职业高中分课程专任教师数
FULL-TIME TEACHERS OF VOCATIONAL HIGH SCHOOLS BY COURSE OF STUDY

单位：人 (person)

项　目	Item	2009	2010
总　计	**Total**	**12328**	**12367**
#女	Female	7053	7125
文化课	Foundation	7270	7220
专业课	Specialized	4898	4956
农林牧渔类	Farming,Forestry,Husbandry and Fish	225	262
资源环境类	Resource and Environment	26	26
能源与新能源类	Engery and New Energy	33	32
土木水利类	Engineering	121	110
加工制造类	Processing and Manufacture	460	474
石油化工类	Petrochemical Industry		18
轻纺食品类	Textile and Food		86
交通运输类	Transportation	136	155
信息技术类	Information Technology	1194	1177
医药卫生类	Medicine and Public Health	222	213
休闲保健类	Recreation and Health Care		30
财经商贸类	Economics,Finance and Business	331	341
旅游服务类	Tourism Service		216
文化艺术类	Culture and Art		904
体育与健身	Sports and Fitness		177
教育类	Education	49	199
司法服务类	Judicial Service		16
公共管理与服务类	Public Administration and Service	372	41
其　他	Others	524	479
实习指导课	Practical Courses	160	191

15-20 小学分办别、分城乡学生情况(2010年)
BASIC STATISTICS ON PRIMARY SCHOOLS(2010)

单位：人 (person)

项　目	Item	学校数(所) Number of Schools (unit)	毕业生数 Number of Graduates	招生数 Number of New Students Enrollment	在校学生数 Number of Students Enrollment	毕业班学生数 Number of Students in Graduate Class
总　计	**Total**	**12776**	**573473**	**451390**	**2910606**	**533974**
#女	Female		274200	216640	1388171	254376
教育部门和集体办	Schools Run by Educational Department and Collective Units	12522	524655	423519	2695137	489772
民　办	School Run by Non-public	229	45779	26114	202549	41739
其他部门办	Schools Run by Other Departments	25	3039	1757	12920	2463
城　市	Urban Areas	594	126042	113471	699507	123657
教育部门和集体办	Schools Run by Educational Department and Collective Units	515	111271	102358	628001	109821
民　办	School Run by Non-public	69	13504	10258	66221	12804
其他部门办	Schools Run by Other Departments	10	1267	855	5285	1032
县　镇	Counties and Towns	822	130945	107337	700301	127487
教育部门和集体办	Schools Run by Educational Department and Collective Units	755	113535	99055	624488	111311
民　办	School Run by Non-public	63	17115	7969	74037	15854
其他部门办	Schools Run by Other Departments	4	295	313	1776	322
农　村	Rural Areas	11360	316486	230582	1510798	282830
教育部门和集体办	Schools Run by Educational Department and Collective Units	11252	299849	222106	1442648	268640
民　办	School Run by Non-public	97	15160	7887	62291	13081
其他部门办	Schools Run by Other Departments	11	1477	589	5859	1109

15-21 小学学龄儿童入学率(2010年)
RATE OF SCHOOL-AGED CHILDREN ENROLLMENT(2010)

单位：人 (person)

项目	Item	校内外适龄儿童总数 Total School Age Children at Seven to Eleven	已入学适龄儿童总数 Number of Student Enrollment School Age Children	适龄儿童入学率(%) Rate of Enrollment (%)
总计	**Total**	**2873329**	**2871242**	**99.9**
#女童	Female Children	1371741	1370328	99.9
城市	Urban Areas	686995	686994	100.0
县镇	Counties and Town	691522	690806	99.9
农村	Rural Areas	1494812	1493442	99.9

15-22 小学教职工数(2010年)
TEACHERS AND STAFF OF PRIMARY SCHOOLS(2010)

单位：人 (person)

项目	Item	教职工数 Total	#专任教师 Full-time Teachers	#行政人员 Administrative Personnel	代课教师 Take Over a Class for an Absent	兼任教师 Hold a Concurrent Post
总计	**Total**	**206423**	**190538**	**5163**	**17251**	**1157**
#女	Female	147063	139743	1667	14346	776
#少数民族	Minority Nationality	199	183	8	12	1
教育部门和集体办	Schools Run by Educational Department and Collective Units	189836	178696	4531	15378	663
民办	School Run by Non-public	15694	11039	607	1765	494
其他部门办	Schools Run by Other Departments	893	803	25	108	
城市	Urban Areas	41833	37162	1546	2566	449
教育部门和集体办	Schools Run by Educational Department and Collective Units	36073	32989	1298	2126	95
民办	School Run by Non-public	5408	3864	233	435	354
其他部门办	Schools Run by Other Departments	352	309	15	5	
县镇	Counties and Towns	42431	38220	1028	3023	168
教育部门和集体办	Schools Run by Educational Department and Collective Units	36694	34215	857	2184	108
民办	School Run by Non-public	5606	3874	171	826	60
其他部门办	Schools Run by Other Departments	131	131		13	
农村	Rural Areas	122159	115156	2589	11662	540
教育部门和集体办	Schools Run by Educational Department and Collective Units	117069	111492	2376	11068	460
民办	School Run by Non-public	4680	3301	203	504	80
其他部门办	Schools Run by Other Departments	410	363	10	90	

15-23 主要年份幼儿园基本情况
BASIC STATISTICS ON KINDERGARTENS IN MAJOR YEARS

单位：人 (person)

年 份 Year	幼儿园数(所) Number of Kindergartens (unit)	在园幼儿数 Number of Student Enrollment	教职工数 Number of Staff and Teachers	#教 师 Teachers	平均每一教师负担幼儿数 Student-Teacher Ratio
1962	385	25047	4487	841	30
1965	1582	65318	7342	2213	30
1970	1197	58019	5826	2065	28
1975	6866	328924	20636	7577	43
1978	5997	305783	13243	6473	47
1980	7461	408471	17363	10390	39
1985	7731	592600	26855	20714	29
1990	7849	816087	38074	28922	28
1995	8477	1026401	45760	37483	27
2000	10856	1025982	51694	42565	24
2005	4619	641470	32666	21711	30
2006	4583	613938	34808	23125	27
2007	4477	628078	37833	24798	25
2008	4486	602147	37610	24833	24
2009	4354	642881	39470	26119	25
2010	4352	710297	42782	28509	25

15-24 幼儿园基本情况(2010年)
BASIC STATISTICS ON KINDERGARTENS(2010)

单位：人 (person)

项 目	Item	园 数(所) Number of Kindergartens (unit)	班 数(个) Number of Classes (unit)	在 园 幼儿数 Number of Students Enrollment	教职工数 Number of Staff and Teachers	#教 师 Teachers	平均每一教师负担幼儿数 Student-Teacher Ratio
总 计	**Total**	**4352**	**28419**	**710297**	**42782**	**28509**	**25**
#女	Female			328009	39971	28267	12
教育部门办	Schools Run by Educational Department	1025	12296	306113	11214	8690	35
集体办	Schools Run by Collective Units	1663	4942	101137	4800	3452	29
民 办	School Run by Non-public	1466	9421	247537	19908	12579	20
其他部门办	Schools Run by Other Departments	198	1760	55510	6860	3788	15
城 市	Urban Areas	758	6384	188456	20161	12383	15
教育部门办	Schools Run by Educational Department	83	1070	39819	3403	2412	17
集体办	Schools Run by Collective Units	29	148	3903	448	239	16
民 办	School Run by Non-public	480	3720	98234	10663	6630	15
其他部门办	Schools Run by Other Departments	166	1446	46500	5647	3102	15
县 镇	Counties and Town	655	6074	189454	11876	8735	22
教育部门办	Schools Run by Educational Department	250	3212	108850	5711	4658	23
集体办	Schools Run by Collective Units	90	441	12101	546	361	34
民 办	School Run by Non-public	287	2149	60507	4498	3084	20
其他部门办	Schools Run by Other Departments	28	272	7996	1121	632	13
农 村	Rural Areas	2939	15961	332387	10745	7391	45
教育部门办	Schools Run by Educational Department	692	8014	157444	2100	1620	97
集体办	Schools Run by Collective Units	1544	4353	85133	3806	2852	30
民 办	School Run by Non-public	699	3552	88796	4747	2865	31
其他部门办	Schools Run by Other Departments	4	42	1014	92	54	19

15-25 特殊教育学校基本情况(2010年)
BASIC STATISTICS ON SPECIAL EDUCATION SCHOOLS(2010)

单位：人 (person)

类别	Type	班数(个) Number of Classes (unit)	毕业生数 Number of Graduates	招生数 Number of New Students Enrollment	在校学生数 Number of Students Enrollment	教职工数 Number of Staff and Teachers	#专任教师 Full-time Teachers
总　计	**Total**	**482**	**895**	**1088**	**8167**	**1474**	**1214**
#女	Female		337	471	3319	1075	929
视力残疾	Vision Deformity	40			817		
听力残疾	Hearing Deformity	269			3779		
智力残疾	Intelligence Deformity	173			2778		
其他残疾	Others				793		
特殊教育学校	Special Education School	428	496	694	5264		
视力残疾	Vision Deformity	39			362		
听力残疾	Hearing Deformity	260			3427		
智力残疾	Intelligence Deformity	129			1401		
其他残疾	Others				74		
小学附设特教班	Class Attached Primary School	54	54	53	329		
视力残疾	Vision Deformity	1			1		
听力残疾	Hearing Deformity	9			45		
智力残疾	Intelligence Deformity	44			254		
其他残疾	Others				29		
小学随班就读	Learning with other Children in Primary School		98	215	2087		
视力残疾	Vision Deformity				350		
听力残疾	Hearing Deformity				240		
智力残疾	Intelligence Deformity				1040		
其他残疾	Others				457		
普通(职业)初中随班就读	Learning with other Student in Junior Secondary (Vocational) Shool		247	126	487		
视力残疾	Vision Deformity						
听力残疾	Hearing Deformity						
智力残疾	Intelligence Deformity						
其他残疾	Others						

15-26 科学研究机构及人员(2010年)
INSTITUTIONS AND PERSONNELS OF SCIENTIFIC RESEARCH(2010)

项 目	Item	机 构 (个) Institutions (unit)	职工人数 (人) Employees (person)	从事科技活动人员 (人) Personnel (person)	#大学本科及以上学历 Bachelor Degree and Above
总 计	**Total**	**154**	**10390**	**8105**	**5173**
一、自然科学	**Natural Science**	**134**	**9478**	**7335**	**4621**
中 央	Central Government	1	558	486	325
地 方	Local Government	133	8920	6849	4296
在自然科学研究机构中	In Natural Science Research Institutions				
农林牧渔业	Farming, Forestry, Animal Husbandry and Fishery	49	3340	2623	1653
采矿业	Mining and Quarrying	2	126	43	18
制造业	Manufacturing	24	1466	900	538
建筑业	Construction	1	582	521	469
信息传输、计算机及软件业	Informatien Transmission, Computer Services and Software	1	93	79	58
科学研究、技术服务和地质勘查业	Scientific Reseach , Technical Services and Geological Prospecting	18	1906	1596	906
水利、环境和公共设施管理业	Water , Environmental Protection and Public Facility Management	15	539	424	287
卫生、社会保障和社会福利业	Health Care, Social Security and Social Welfare	18	1235	1013	609
文化、体育和娱乐业	Culture , Sports and Recreation	5	162	107	61
公共管理和社会组织	Public Management and Social Organization	1	29	29	22
二、社会科学	**Social Science**	**20**	**912**	**770**	**552**
管理学	Management	1	14	14	14
艺术学	Art	4	118	93	41
考古学	Archaeology	3	155	133	69
经济学	Economics	8	441	354	301
社会学	Sociology	1	24	24	22
教育学	Education	2	150	142	97
统计学	Statistics	1	10	10	8
三、情报科学	**Information Science**	**12**	**330**	**305**	**215**

15-27 主要年份县级以上自然科学研究与技术开发机构数
NATURAL SCIENTIFIC RESEARCH AND TECHNOLOGICAL DEVELOPMENT INSTITUTIONS AT COUNTY LEVEL AND ABOVE IN MAJOR YEARS

单位：个 (unit)

年 份 Year	合 计 Total Number	中 国 科学院直属 The China Academy of Science	国务院各 部门直属 Departments of the State Council	省科委及各 厅局直属 Province Committee of Sciences and Other Departments	地、市 直 属 Prefecture and City
1980	134	1	10	54	69
1985	147	1	12	65	69
1990	199	1	12	77	109
1995	180	1	7	75	97
2000	160	1	7	76	76
2001	147	1	4	69	73
2002	143	1	1	68	73
2003	138	1	1	66	70
2004	135	1		66	68
2005	132	1		66	65
2006	131	1		66	64
2007	132	1		67	64
2008	132	1		69	62
2009	133	1		71	61
2010	134	1		70	63

15-28 县级以上自然科学研究与技术开发机构人员数(2010年)
PERSONNELS OF NATURAL SCIENTIFIC RESEARCH AND TECHNOLOGICAL DEVELOPMENT INSTITUTIONS AT COUNTY LEVEL AND ABOVE(2010)

单位：人 (person)

项 目	Item	机构数(个) Number of Institutions (unit)	职工人数 Number of Employees	#从事科技活动人员 Personnels	#大学本科及以上学历 Bachelor Degree and Above	在职工总数中：从事课题活动人员 Personnels of Projects in Staff and Workers
总 计	**Total**	**134**	**9478**	**7335**	**4621**	**4499**
中国科学院属	The China Academy of Sciences	1	558	486	325	347
省地市属	Province, Prefecture and City	133	8920	6849	4296	4152
太原市	Taiyuan	72	6336	4895	3231	3008
大同市	Datong	7	262	212	139	164
阳泉市	Yangquan	3	83	45	28	24
长治市	Changzhi	12	345	262	125	167
晋城市	Jincheng	7	73	70	34	23
朔州市	Shuozhou	2	63	58	3	48
晋中市	Jinzhong	4	489	338	205	181
运城市	Yuncheng	6	443	329	155	132
忻州市	Xinzhou	8	239	206	117	132
临汾市	Linfen	7	343	233	136	158
吕梁市	Luliang	5	244	201	123	115

15-29 获省科学技术奖情况
PROVINCIAL PRIZES IN SCIENCE AND TECHNOLOGY

单位：项 (unit)

项　目	Item	2009	2010
总　计	**Total**	**197**	**190**
科技进步奖	Prize of Science and Technology Progress	165	162
一等奖	First Prize	9	9
二等奖	Second Prize	81	72
三等奖	Third Prize	75	81
技术发明奖	Prize of Technological Invention	7	8
一等奖	First Prize		2
二等奖	Second Prize	6	4
三等奖	Third Prize	1	2
自然科学奖	Prize of Natural Science	25	20
一等奖	First Prize	1	2
二等奖	Second Prize	13	9
三等奖	Third Prize	11	9

15-30 主要年份自然科学技术人员数
PERSONNELS OF NATURAL SCIENCE AND TECHNOLOGY IN MAJOR YEARS

单位：人 (person)

年　份 Year	总　计 Total	工程技术人　员 Engineering	农业技术人　员 Agriculture	卫生技术人　员 Health Care	科学研究人　员 Scientific Research	教　学人　员 Teaching
1962	72683	25777	5111	33155	1417	7223
1965	84527	28591	5498	37877	2174	10387
1975	119357	34998	5778	42016	3391	33174
1978	151951	51127	13671	46557	5906	34690
1979	157793	52862	15371	47902	5126	36532
1980	152781	54683	10825	41755	5602	39916
1985	238276	112064	12641	63502	5837	44232
1990	323808	152920	14608	77013	5218	74049
1995	355452	167114	11808	82407	4789	89334
2000	328936	121751	17074	83886	3681	102544
2005	375556	127236	20191	100160	4118	123851
2006	396904	133263	20456	112702	4006	126477
2007	403813	137329	20280	113775	3903	128526
2008	416572	145019	20507	116453	4007	130586
2009	422416	146990	20840	119458	3958	131170
2010	426966	148829	23269	119979	3652	131237

注：2000年及以后不包括中央驻晋单位自然科学技术人员数。

Note: Data in this table excludes persons belonging to the central unit since 2000.

15-31 省科学技术协会及所属学会工作情况(2010年)

PROVINCIAL SCIENCE AND TECHNOLOGY ASSOCIATION AND ITS BRANCHES(2010)

项　目	Item	省科协 Provincial Associations	省级学会 Provincial Learned Societies	地(市)科协 Prefectural (civic) Associations
一、机构与人员	**Organization and Personnel**			
机　构　(个)	Organization (unit)	1		
人　员　(人)	Personnel (person)	498		
#直属单位人员	Attached to Associations or Learned Societies	449		288
二、学术交流	**Systematic Learning Interchange**			
学术会议　(次)	Systematic Learning Meetings (time)	36	268	
参加人员　(人次)	Participants (person-time)	535	26217	
交流论文　(篇)	Papers Presented (piece)	310	7117	
#国内学术会议 (次)	Domestic Academic Meetings (time)	33	254	
参加人员　(人次)	Participants (person-time)	500	25423	
交流论文　(篇)	Papers Presented (piece)	300	6810	
国际学术会议 (次)	International Meetings (time)	3	11	
参加人员　(人次)	Participants (person-time)	35	727	
交流论文　(篇)	Papers Presented (piece)	10	280	
三、科学普及	**Science Universal**			
科普讲座　(次)	Science Universal Lectures (time)	160	673	2873
参加人员 (人次)	Participants (person-time)	71400	228167	2804794
科技展览　(次)	Science and Technology Exhibitions (time)	191	206	1991
参加人员 (人次)	Participants (person-time)	117580	239329	4027215
四、科技培训	**Science and Technology Training**			
培训班数(个、期)	Classes Trained (unit,time)	17	821	18985
培训人数(人次)	Persons Trained (person-time)	3026	91387	380658
五、科技咨询服务	**Science and Technology Consultative Service**			
决策咨询项目(项)	Item of Consultative for Decision-making (item)			
无偿咨询项目(项)	Consultative Item of No-Paid (item)			
完成技术合同(项)	Contracts Completed Number of Consultative (item)	30	123	
合同实现金额(万元)	Contracts Revenue from Fulfilment of Consultative (10 000 yuan)	14723	16065	
六、青少年科技活动	**Activity for Teenagers Science Technology**			
科技夏(冬)令营(次)	Number of Summer(Winter) Camp (time)	5	6	22
参加人数(人次)	Number of Participants (person-time)	230	477	2823
青少年科技竞赛(次)	Number of Teenagers Participating ln Scienc and Technology Competitions (time)	7	11	175

主要统计指标解释

普通高等学校 指按照国家规定的审批程序批准举办，通过全国统一招生考试招收高级中等学校毕业生和具有同等学历者，实施高等教育，培养高等专门人材的学校。包括大学、专门学院、专科学院和短期职业大学。

成人高等学校 指按照国家规定的审批程序批准举办，招收在职高中毕业或同等学历者，利用多种形式对成人实施高等教育，培训相当普通高等学校专科或本科毕业水平的专门人才的学校。包括广播电视大学、职工高等学校、农民高等学校、干部管理学院、教育学院、独立函授学院以及普通高等学校举办的函授、夜大等。

小学学龄儿童入学率 指调查范围内已入小学学习的学龄儿童数占全部小学学龄儿童总数（包括弱智儿童在内，但不包括盲聋哑儿童）的比重。计算公式是：

$$\text{小学学龄儿童入学率}=\frac{\text{已入学的小学学龄儿童数}}{\text{校内外小学学龄儿童总数}}\times 100\%$$

科学家和工程师 指大学毕业及以上文化程度和其他具有高、中级职称的人事科技活动人员。

自然科学技术人员 指已取得科学技术职称，或大学、中专的理、工、农、医类系毕业，以及国民经济各部门从工作实践中提拔，从事理、工、农、医等自然科学技术的研究、教学、生产（事业）技术方面工作的专业人员和在机关、企业、事业中从事科学技术业务管理工作的专业人员。

工程技术人员 指在国民经济各行业从事工程技术工作的自然科学技术的专业人员。包括：高级工程师、工程师、助理工程师、技术员和未评定职称的技术人员。

农业技术人员 指在国民经济各行业从事农业技术工作的自然科学技术的专业人员。包括：高级农艺师、农艺师、助理农艺师、技术员和未评定职称的技术人员。

卫生技术人员 指在国民经济各行业从事卫生医务工作的自然科学技术的专业人员。包括：正副主任医师、主治医师、医师、医（护）士和未评定职称的技术人员。

科学研究人员 指在国民经济各行业从事科学技术活动的自然科学技术的专业人员。包括：正副研究员、助理研究员、实习研究员、技术员和未评定职称的技术人员。

教学人员 指在国民经济各行业从事自然科学技术方面的教学活动的专业人员。包括：正副教授、讲师、助教、教师和在小学从事自然科学技术方面的教学活动的人员。

科技活动 是指在所有科学技术领域内，即自然科学、工程科学和技术、医学科学、农业科学、社会科学及人文科学中，与科技知识的产生、发展、传播、应用密切相关的全部的、有组织的、系统的活动。包括三类活动：(1)研究与实验发展活动；(2)研究与实验发展成果应用；(3)科技服务活动。

科技服务 是指同研究与实验发展活动、研究与实验发展成果应用活动有关的和有助于科技知识的产生、传播和应用的活动。目前我们所统计的科技服务是指调查范围内，除为研究与实验发展活动直接（完全或主要是为某项研究与实验发展而开展的辅助性活动）以外的科技服务，如情报、文献、咨询等。

科学论文 指以书面发表的，最原始的研究与开发成果报道。科学论文应该是：(1)首次或最初发表的研究与开发成果；(2)作者的实验应该能被同行重复并验证；(3)发表后科技界能引用。

科技著作 指经过正式出版部门编印出版的论述科学技术问题的理论性文集或专著。如果著作系与本机构外的同行数人合著，则只统计以本机构科技人员为主的著作。

国外发表 包括在各种国际性学术会议、讨论会、讲座上发表的论文以及编入国际会议文集的论文和我国学术刊物上发表的论文。

Explanatory Notes on Main Statistical Indicators

Regular Institutions of Higher Education refer to educational establishments set up according to the government evaluation and approval procedures, enrolling graduates from senior secondary schools and providing higher education courses and training for senior professionals. They include full-time universities, colleges, institutions of higher professional education, institutions of higher vocational education and others.

Institutions of Higher Education for Adults refer to educational establishments, set up in line with relevant rules approved by the government, enrolling staff and workers with senior secondary school or equivalent education, and providing higher education courses in many forms of correspondence, spare time, or full time for adults. Professionals thus trained receive a qualification equivalent to graduates studying regular courses at regular universities, colleges and professional colleges. Institutions of higher learning for adults include schools of higher education for staff and workers, schools of higher education for peasants, colleges for management cadres, pedagogical colleges, independent correspondence colleges, Radio and TV universities and other educational establishments.

Enrolment Rate of Primary School Age Children refers to the proportion of school age children enrolled at schools to the total number of school age children both in and outside schools (including retarded children, but excluding blind, deaf and mute children). The formula is:

$$\text{Enrolment Rate of Primary School Age Children}=\frac{\text{Total Primary School - age Children at school}}{\text{Total Primary School - age Children Both at and Outside}}\times 100\%$$

Scientists and Engineers refer to persons engaged in S&T activities either having obtained titles of senior and middle level professional positions, or those without such positions but have completed university or higher education.

Natural Scientific and Technical Personal refer to those professionals holding scientific and technical titles or taking such positions, or being graduated from departments of science, engineering, agriculture and medicine, and having been promoted in practice in different sectors of the national economy and working on research, teaching and production technique in the scientific and technological fields such as science, engineering, agriculture and medicine, etc. and the professionals doing administrative work related to science and technology in government agencies, enterprises and institutions.

Engineering Personnel refer to the persons who are engaged in engineering science and technology in different sectors of the national economy, including senior engineers, engineers, assistant engineers, technicians and technical personal without professional titles.

Agricultural Personnel refer to the persons who are working on the science of agriculture in different sectors of the national economy, including senior agronomists, agronomists, assistant agronomists, technicians and technical personnel without professional titles.

Public Health Personnel refer to those personnel engaged in medical and health work in different sectors of the national economy, including director doctors and their deputies, doctors in charge, doctors, paramedics, nurses and technical personnel without professional title.

Scientific Research Personnel refers to the persons who are engaged in scientific and technical activities in different sectors of the national economy, including research fellows and their deputies, assistant research fellows, research trainees, technicians and technical personnel without professional titles.

Teaching Personnel refer to those professionals engaged in the teaching in different activities in different sectors of the national economy, including professions, associate professors, lecturers, associate professors, lecturers, teaching assistants, teachers and teaching personnel in science and technology in primary schools.

Scientific and Technological Activities refer to organized activities which are closely related with the creation, development, dissemination and application of the scientific and technical knowledge in the fields of natural sciences, agricultural science, medical science, engineering and technological science, humanities and social sciences. It includes three kind of activities: (1) developing activities of research and experiment; (2) the application of developing results of research and dexperiment; (3) service activities in science and technology.

Services in Science and Technology refer to activities related to activities of research and experiment, to applied activities of developing results of research and experiment, and benefiting the production, spread and application of knowledge of science and technology. Nowadays the services in science and technology we have summed up refer to services in science and technology with in the investigation with the exception of developing activities of research and experiment, such as information, literary data, consultation, etc.

Scientific Paper refer to the most original report on research and developing results published in written form. Scientific papers should be: (1) research and developed results published for the first time or at the first;(2)the author's experiments should be repeated and proved by their fellow craftsmen;(3)these papers should be quoted by the public of science and technology after they are published.

Science and Technology Works refer to theoretical writers' works or personal works demonstrating the question of science and technology edited and published by formal publishing section. if the works are written together by several fellow craftsmen beyond this institution then you should just compile the statistics of works written by the scientific research personnel of this institution.

Published Abroad including the papers published in all kinds of international academic meetings conferences and chairs and papers compiled into writer's works at the international conference and those published in the academic periodicals abroad.

16

文化、体育、卫生、环保

CULTURE，SPORTS，PUBLIC HEALTH AND ENVIRONMENTAL PROTECTION

资料整理人员

高宇宏　史美荣　商彩云

文化、体育、卫生、环保

CULTURE , SPORTS , PUBLIC HEALTH AND ENVIRONMENTAL PROTECTION

文化馆数	Cultural Centers	119	个	(unit)
公共图书馆数	Public Libraries	126	个	(unit)
体育场地数	Stadium and Gymnasium	10165	个	(unit)
电视台数	TV Stations	8	个	(unit)
医院数	Hospitals	1201	个	(unit)
废水排放总量	Total Volume of Waster Water	49881	万吨	(10 000 tons)

卫生技术人员构成(%)

Composition of Medical Technical Personnels (%)

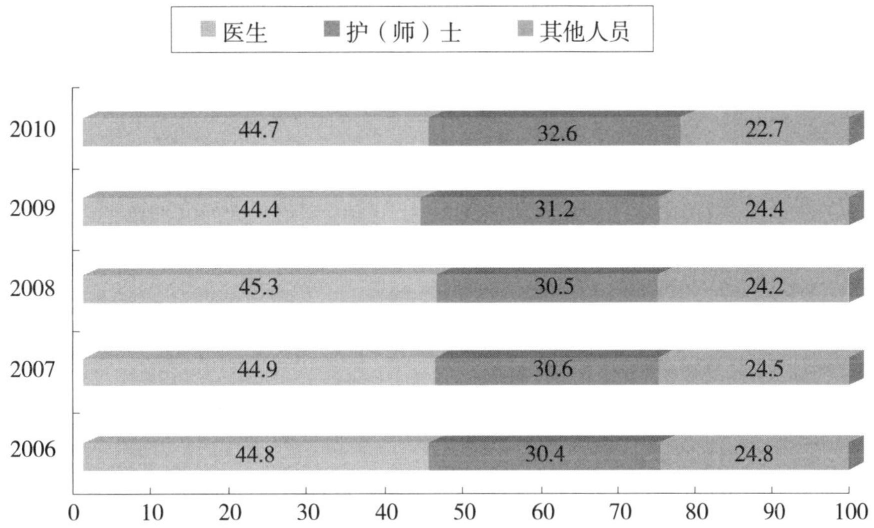

报纸出版数(万份)

Newspapers Published (10 000 copies)

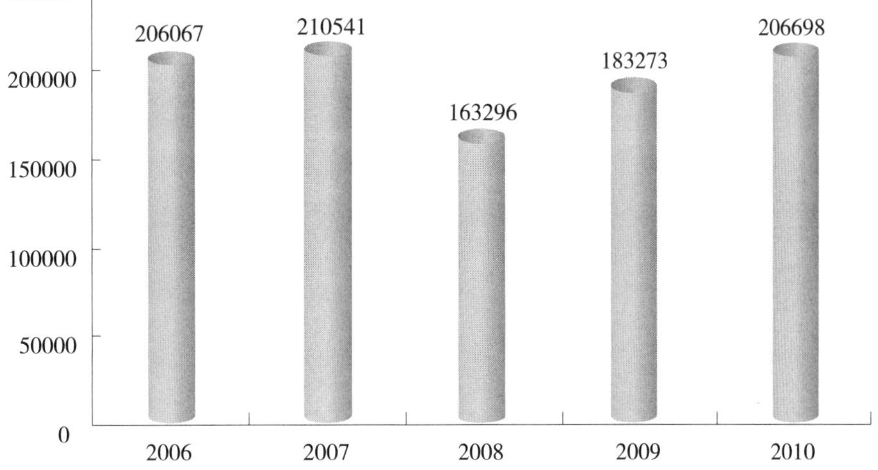

16-1 主要年份广播、电视台(站)数
BROADCASTING STATIONS AND TELEVISION CENTERS IN MAJOR YEARS

单位：个 (unit)

年 份 Year	无 线 Radio		电视广播 TV & Radio		人口覆盖率(%) Population Coverage Rate (%)	
	广播电台 Broadcasting Stations	中短波发射台和转播台 Transmission Stations and Relaying Stations for Medium-short	电视台 Television Stations	一百瓦以上发射台及转播台 Transmission Stations and Relaying Stations for 100W and Over	广 播 Radio	电 视 TV
1962	1	5	1	1		
1965	1	7	1	1	60.0	
1970	1	7	1	1		
1975	1	8	1	10		
1978	1	11	1	10	70.0	54.0
1980	1	10	1	11	44.5	46.6
1985	3	12	6	16	43.0	60.0
1990	14	20	25	36	51.0	78.0
1995	53	21	31	46	68.0	84.1
2000	8	17	12	53	90.0	95.2
2005	10	15	12	309	91.8	95.8
2006	8	15	10	137	92.1	96.3
2007	8	15	10	134	92.2	96.5
2008	8	15	10	152	92.4	96.6
2009	8	15	10	151	92.5	96.8
2010	7	15	8	151	93.3	97.5

注：由于广电系统制度变动，2006以前年份电视台和转播台为1000瓦以上口径。
Note: Data of TV transmission stations and relaying stations since 2006 is above 1000w for range changing in broadcasting and TV system.

16-2 文化艺术机构和人员数(2010年)
INSTITUTIONS AND PERSONNEL OF CULTURE AND ART(2010)

类 别	Type	总 计 Total		文化部门 Culture Department			
				国有单位 State-owned Unit		集体单位 Collective-owned Unit	
		机构数(个) Institutions (unit)	人数(人) Person (person)	机构数(个) Institutions (unit)	人数(人) Person (person)	机构数(个) Institutions (unit)	人数(人) Person (person)
总 计	**Total**	**8129**	**53643**	**2117**	**17223**	**94**	**4045**
文化及相关产业	Culture and Related Industries	8122	53455	2114	17164	91	3976
艺术业	Art	389	13785	156	6644	91	3976
图书馆业	Libraries	126	1575	125	1569		
群众文化服务业	Mass Culture Services	1533	4229	1533	4229		
艺术教育业	Art Education	16	1401	14	1368		
文化市场经营机构	Business Institutions of Culture Market	5759	28026				
文艺科研	Scientific Research	16	228	16	228		
其 他	Others	283	4211	270	3126		
非文化及相关产业	Non-Culture and Related Industries	7	188	3	59	3	69

16-3 主要年份广播剧、电视剧、电影故事片制作情况
PRODUCTION OF RADIO PLAYS,TELEVISION PLAYS AND FEATURE FILMS IN MAJOR YEARS

年 份 Year	广播剧 Radio Plays		电视剧 TV Plays		电影故事片(部) Feature Films (unit)
	部 Unit	集 数 Part	部 Unit	集 数 Part	
1985	13	50	18	39	2
1987	12	16	13	46	1
1988	9	37	14	111	2
1989	6	9	24	102	1
1990	5	14	28	122	
1995			12	80	1
2000	5	8	3	42	
2001	3	6	7	65	2
2002	11	16	5	45	2
2003	2	5	12	204	8
2004			10	238	10
2005	7	353	19	371	18
2006	129	1174	14	296	14
2007	105	2507	9	206	10
2008	17	450	2	72	20
2009	6	162	5	150	11
2010	25	1133	2	32	6

16-4 主要年份文化艺术、文物事业单位数
NUMBER OF INSTITUTIONS OF CULTURE,ART AND CULTURAL RELICS IN MAJOR YEARS

单位：个 (unit)

年 份 Year	艺术表演团体 Art Troupes	文化馆 Cultural Stations	公共图书馆 Public Libraries	博物馆 Museums
1962	158	98	15	12
1965	142	108	15	19
1971	133	109	5	13
1975	139	123	15	14
1978	147	124	61	15
1980	162	126	72	19
1985	175	117	103	56
1990	169	118	111	67
1995	162	118	119	67
2000	159	118	121	76
2005	156	119	122	86
2006	156	119	122	86
2007	159	119	122	86
2008	164	119	122	85
2009	158	119	124	86
2010	167	119	126	89

16-5 艺术表演团体演出情况(2010年)
PERFORMANCE OF ART TROUPES(2010)

单位：千场 (1 000 shows)

类 别	Type	国内演出场次 Number of Performances in Domestic	#到农村演出场次 Shows in Rural Areas	国内演出观众人次(千人次) Number of Spectators (1 000 person-times)
总 计	**Total**	**46.2**	**38.7**	**51599**
#国有经营剧团	Troupes Sponsored by State-owned Units	10.1	6.9	14602
集体经营剧团	Troupes Sponsored by Collective-owned Units	20.5	18.9	24682
按剧种分	**By Art Types**			
话剧儿童剧滑稽剧团	Drama, Children Play and Comedy Troupes	0.2	0.03	143
歌剧、舞剧、歌舞剧团	Song and Dance Drama Troupes	0.4		676
歌舞团、轻音乐团	Light Music Troupes in Song and Dance Troupes	6.4	5.7	2156
乐团、合唱团	Troupes and chorus	0.4	0.1	450
文工团、宣传队、乌兰牧骑	Cultural and Performance Troupes and Ulanmuchi	0.9	0.6	1656
戏曲剧团	Opera Troupes	33.0	29.1	40685
#京 剧	Beijing Opera Troupes	0.1	0.02	49
曲、杂、木、皮、团	Recitation and Ballad Troupes, Acrobatics and Circus Troupes, Puppet Show Troupes and Shadow Play Troupes	0.9	0.8	564
综艺性艺术表演团体	Comperehensive Art Performance Troupes	4.1	2.4	5269

16-6 艺术表演团体收入和支出(2010年)
REVENUE AND EXPENDITURE OF ART TROUPES(2010)

单位：千元 (1 000 yuan)

类 别	Type	剧团(个) Number of Art Troupes (unit)	国家经费补贴剧团 Government Subsidies	总收入 Total Revenue	#演出收入 Revenue from Performances	总支出 Total Expenditures
总 计	**Total**	**280**	**158**	**363813**	**123271**	**348083**
#国有经营剧团	Troupes Sponsored by State-owned Units	69	62	264033	64183	253683
集体经营剧团	Troupes Sponsored by Collectiveown Units	101	83	68456	33380	67896
按剧种分	**By Art Types**					
话剧、儿童剧、滑稽剧团	Drama, Children Play and Comedy Troupes	4	3	18526	6215	21586
歌剧、舞剧、歌舞剧团	Song and Dance Drama Troupes	5	3	48632	16918	49274
歌舞团、轻音乐团	Light Music Troupes in Song and Dance Troupes	52	9	29975	7869	28155
乐团、合唱团	Troupes and Chorus	4	1	2650	2050	2080
文工团、宣传队、乌兰牧骑	Cultural and Performance Troupes and Ulanmuchi	12	8	16362	2440	15422
戏曲剧团	Opera Troupes	167	125	218737	77456	203534
#京 剧	Beijing Opera Troupes	1	1	13953	1953	16012
曲、杂、木、皮团	Recitation and Ballad Troupes, Acrobatics and Circus Troupes, Puppet Show Troupes, and Shadow Play Troupes	8	4	7921	2261	7691
综合性艺术表演团体	Comprehensive Art Performance Troupes	28	5	21010	8062	20341

16-7 群众艺术馆、文化馆业务活动及经费(2010年)
ACTIVITIES AND FUNDS OF MASS ART CENTERS AND CULTURAL CENTERS(2010)

项　目	Item	总　计 Total	#群众艺术馆 Mass Art Centers	#文化馆 Cultural Centers
单位数(个)	Number of Units (unit)	1533	12	119
举办展览(个)	Number of Exhibtions (unit)	3071	36	599
举办培训班(次)	Training Courses (time)	7786	449	1787
组织文艺活动次数(次)	Art Performances (time)	14382	144	2852
总支出(千元)	Total Expenditures (1 000 yuan)	191035	43342	90274
#商品和服务支出	Expenditures on Goods and Services	42972	9089	24712

16-8 公共图书馆业务活动及经费(2010年)
ACTIVITIES AND FUNDS OF PUBLIC LIBRARIES(2010)

项　目	Item	总　计 Total	省级公共图书馆 Public Libraries at Provincial Level	地市级公共图书馆 Public Libraries at Prefecture Level	县级公共图书馆 Public Libraries at County Level
总藏量　(千册,件)	Total Collections (1 000 volumes)	12135	2722	2075	7337
书架单层总长度(千米)	Total Length of Bookshelves (1000 m)	152	31	41	80
累计发放有效借书证数(千个)	Number of Library Cards Distributed (1 000 unit)	233	17	54	163
图书流通人次(千人次)	Total Number of Circulation Books (1 000 person-times)	3696	553	1060	2084
#书刊外借人次(千人次)	Number of Persons Who Borrowed Books from Libraries (1 000 person-times)	1904	329	598	977
为读者服务举办各种活动次数(次)	Number of Service Activities Provided for Readers (time)	1794	261	488	1045
参加人数(千人次)	Number of Readers Involved (1 000 person-times)	763	321	103	339
电子阅览室终端数(个)	Number of Terminal in Electrical Reading Room (unit)	2440	40	293	2107
总支出(千元)	Total Expenditures (1 000 yuan)	107868	26524	23347	57997
#新增藏量购置费	Purchase Expenses of New Collections	14817	6000	3115	5702
本年新购图书(千册)	Number of Books Purchased During the Year (1 000 volumes)	445	37	87	321
公共房屋建筑面积(千平方米)	Floor Space of Public Buildings (1 000 sq.m)	242	28	62	152
#书　库	Stock Rooms	54	18	6	30
阅览室座席(千个)	Seating Capacity of Reading Rooms(1 000 seat)	16	1	2	12

注：本表总藏量不包括微缩制品、电子刊物等。
Note: The total collections in this table include doesn't micro-shrinking products and electronic publications.

16-9 出版发行、文物、图书馆、群众文化事业机构和人员数(2010年)

INSTITUTIONS AND PERSONNELS OF PUBLISHING, CULTURAL RELICS, LIBRARY AND MASS CULTURE(2010)

项　目	Item	机构数 (个) Number of Institutions (unit)	人数 (人) Number of Personnel (person)
出版发行事业	Publishing Undertakings		
出版社	Publishing Houses	7	539
国有书店	State-owned Book Stores	110	4035
文物事业	Cultural Relics Undertakings	223	4332
博物馆	Museums	89	2393
文物机构	Cultural Relics Institutions	134	1939
图书馆事业	Public Libraries Undertakings	126	1575
群众文化服务业	Mass Cultural Service	1533	4276
群众艺术馆	Mass Art Centers	12	428
文化馆	Cultural Centers	119	1651
文化站	Cultural Stations	1402	2197
#乡镇文化站	Cultural Stations of Townships and Towns	1197	1796

16-10 博物馆、文物机构业务活动及经费(2010年)

ACTIVITIES AND FUNDS OF MUSEUMS AND CULTURAL RELIC AGENCIES(2010)

项　目	Item	总计 Total	文物保护管理机构 Protection and Management Agencies	其他文物机构 Other Agencies	博物馆 Museums	文物商店 Cultural Relic Shop	文物科研机构 Research Instituton of Relic
藏　品 (件)	Number of Collections (piece)	705024	105002	5037	453355	134862	6768
#一级品	Grade One	3165	301	1	2824		39
业务活动	Operation Activities						
陈列、展览 (个)	Number of Displays and Exhibitions (unit)	124	1		123		
参观人数 (千人次)	Number of Visitors (1 000 person-times)	17181	5773		10815		593
经费收入 (千元)	Revenue of Funds (1 000 yuan)	533859	131668	32885	258952	3526	106828
经费支出 (千元)	Total Expenditures (1 000 yuan)	544030	115452	30760	245148	3497	149173
#商品和服务支出	Expenditures on Goods and Services	167595	35156	13777	85264		33398
项目支出	Project Expenses	264928	15968	9800	118660		120500

注:本表藏品数量为文物部门重新归档登记数。

Note:Number of collections are those pigeonholed and registered by culture relic department.

16-11 主要年份图书、期刊和报纸出版数
BOOKS, MAGAZINES AND NEWSPAPERS PUBLISHED IN MAJOR YEARS

年 份 Year	图 书 Books		期 刊 Magazines		报 纸 Newspapers	
	种数(种) Number of Kinds (kind)	总印数(万册) Total Printed Copies (10 000 copies)	种数(种) Number of Kinds (kind)	总印数(万份) Total Printed Copies (10 000 copies)	种数(种) Number of Kinds (kind)	总印数(万份) Total Printed Copies (10 000 copies)
1952	62	642	3	194	7	3308
1957	184	1521	4	72	7	5555
1962	118	2206	11	301	7	4822
1965	129	3427	16	281	13	10603
1975	286	5841	3	406	11	15487
1978	290	6422	16	598	14	17869
1980	361	9055	33	1905	10	17590
1985	550	9991	110	7981	72	55174
1990	989	12166	129	2815	39	54361
1991	1381	14079	130	3086	42	46872
1992	1782	14163	139	3589	49	70047
1993	2261	13058	151	4001	55	73240
1994	2108	12300	158	3948	56	62568
1995	1728	13919	164	3586	59	59254
1996	1783	14654	160	3119	59	58363
1997	1741	15109	158	3199	59	66262
1998	1639	14016	157	2792	56	71954
1999	2214	15487	152	2816	57	69108
2000	1532	10105	165	2657	62	58825
2001	1894	10105	165	2659	59	62815
2002	2177	11800	187	3030	66	101712
2003	2505	13264	195	4290	65	140950
2004	2560	11098	198	4208	67	160553
2005	1683	10081	200	5914	60	329713
2006	1813	9337	199	4441	60	206067
2007	1979	11764	199	5434	60	210541
2008	2586	10535	199	3950	77	163296
2009	2629	11187	200	3402	77	183273
2010	3032	13183	200	4000	77	206698

注：2008年报纸统计口径新增了高校校报。

Note：Statistical coverage of newspapers in 2008 has newly added college newspaper.

16-12 体育局系统从业人员数(2010年)
EMPLOYEES OF SPORTS BUREAU(2010)

单位：人 (person)

类 别 Type	合计 Total	行政机关职工合计 Staff and Workers of Administrative Agencies	运动项目管理部门 Administrative Departments of Sports Programmes	职业运动技术学院 Professional Sports Technique College	体育运动学校 Physical Education and Sports Schools
总 计 Total	**5951**	**1375**	**1088**	**223**	**1156**
公务员 Civil Servants	613	612			
教练员 Coaches	603	7	105	32	169
运动员 Athletes	337		337		
科研人员 Scientific and Technical Personnel	62	9	2	3	8
医务人员 Medical Personnel	54	1	27	4	13
文化教师 Teachers	652	10		100	296
管理人员 Administrative Personnel	1779	469	294	52	289
工勤人员 Logistics personnel	648	158	67	17	71
其他人员 Others	1203	109	256	15	310

类 别 Type	业余体校 Sparetime Sports Schools	体育场馆 Stadiums and Gymnasiums	训练基地 Training Bases	科研所 Scientific Research Institutes	其他 Others
总 计 Total	**960**	**237**	**32**	**60**	**820**
公务员 Civil Servants	1				
教练员 Coaches	288				2
运动员 Athletes					
科研人员 Scientific and Technical Personnel	4			35	1
医务人员 Medical Personnel	5	1		2	1
文化教师 Teachers	244				2
管理人员 Administrative Personnel	257	102	19	10	287
工勤人员 Logistics personnel	88	101	13	2	131
其他人员 Others	73	33		11	396

16-13 体育场地情况(2010年)
STATISTICS ON SPORTS GROUND(2010)

单位：个 (unit)

项　目	Item	总　计 Total	体育系统 Sports System	教育系统 Education System	高等院校 Regular Institutions of Higher Education	中专中技 Specialized Secondary and Skilled Worker Schools	中小学 Regular Secondary and Primary Schools	其他 Others	其他系统 Other System
总　计	**Total**	**10165**	**523**	**6201**	**473**	**301**	**5283**	**144**	**3441**
体育场	Sports Field	104	32	65	17	5	41	2	7
体育馆	Sports Gym	34	13	11	6		5		10
游泳馆	Natatorium	24	7	2			2		15
室内游泳池	Indoor Swimming Pool	82	4	10	3	1	2	4	68
室外游泳池	Outdoor Swimming Pool	60	12						48
室内跳水池	Indoor Diving Pool	1		1				1	
室外跳水池	Outdoor Diving Pool	1	1						
有固定看台灯光球场	Illuminated Fields with Fixed Seat	201	67	12	4	1	4	3	122
综合房馆	General Gym	78	17	20	4	1	7	8	41
田径房馆	Track and Field Gym	1	1						
篮球房馆	Basketball Gym	29	5	19	4	4	10	1	5
排球房馆	Valleyball Gym	2		2	1		1		
手球房馆	Handball Gym	1							1
体操房馆	Gymnastics Gym	7	3	2		1	1		2
羽毛球房馆	Badminton Gym	34	3	10	2	2	5	1	21
乒乓球房馆	Table Tennis Gym	177	15	33	2	2	26	3	129
武术房馆	Wu Shu Gym	27	13	12			10	2	2
摔跤柔道房馆	Wrestling and Judo Gym	17	15	1	1				1
举重房馆	Weightlifting Gym	5	4	1			1		
健身房馆	Body Buildings Gym	205	8	30	8	7	8	7	167
棋牌房馆	Chess and Card Gym	254	5	15	3	3	4	5	234
其他训练房馆	Other Training Gym	29	10	7	2		4	1	12
保龄球房馆	Bowling Gym	31	1						30
台球房馆	Billiards Gym	123	5	6	1	1	1	3	112
田径场	Track and Field	189	20	162	23	11	126	2	7
小运动场	Small Sports Field	1594	15	1557	27	44	1482	4	22
手球场	Handball Field	4	1	3	1		2		
足球场	Football Field	34	1	23	5	6	12		10
室内网球场馆	Indoor Tennis Gym	5	2	1	1				2
室外网球场馆	Outdoor Tennis Gym	189	35	40	18	2	11	9	114

注：本表为第五次全国体育场地普查数，普查时点为2003年12月31日。

Note: Data in this table is based on The Fifth Sports Ground Survey of Nation in 31 , Dec. 2003 .

16-13 续表 continued

单位：个 (unit)

项 目	Item	总 计 Total	体育系统 Sports System	教育系统 Educat-ion System	高等院校 Regular Institutions of Higher Education	中专中技 Specialized Secondary and Skilled Worker Schools	中小学 Regular Secondary and Primary Schools	其他 Others	其他系统 Other System
室内射击场	Indoor Shooting Range	11	9	1	1				1
室外射击场	Outdoor Shooting Range	2	2						
卡丁车场	Small Car Race Field	3	1						2
自行车赛车场	Cycling Field	1	1						
天然游泳场	Natural Swimming Pool	2							2
航空运动机场	Flying Sports Airport	3	3						
室内轮滑场	Indoor Wheel Slide Field	16	1						15
室外轮滑场	Outdoor Wheel Slide Field	13	4	1				1	8
攀岩场	Climbing Cliff Field	1							1
地掷球场	Baseball Ground Ball Field	18	8						10
篮球场	Basketball Field	5768	88	3911	254	188	3403	66	1769
排球场	Valleyball Field	197	7	173	59	15	94	5	17
门球场	Croquet Field	588	84	70	26	7	21	16	434

16-14 主要年份体育场地数
STADIUMS AND GYMNASIUMS IN MAJOR YEARS

单位：个 (unit)

年 份 Year	体育场 Stadiums	体育馆 Gymnasiums	有看台的灯光球场 Illuminated Fields with Fixed Seating	运动场 Playgrounds	航空机场 Aviation Airporter	射击场 Shooting Range	游泳池 Swimming Pools
1962	4	1	5	31	2	4	3
1965	5	1	9	34	2	5	7
1970	7	1	13	36	3	6	14
1975	10	1	42	48	3	6	16
1978	16	3	100	61	3	7	30
1980	17	3	127	68	3	7	31
1985	20	2	169	85	3	12	46
1990	29	7	216	140	3	14	72
1995	38	7	239	131	3	15	75
2000	38	7	239	131	3	15	75
2005	104	34	201	189	3	13	142
2006	104	34	201	189	3	13	142
2007	104	34	201	189	3	13	142
2008	104	34	201	189	3	13	142
2009	104	34	201	189	3	13	142
2010	104	34	201	189	3	13	142

注：2005年起数据为第五次全国体育场地普查数据，普查时点为2003年12月31日。

Note : Data from 2005 in this table is based on The Fifth Sports Ground Survey of Nation in 31 , Dec. 2003 .

16-15 分项目等级运动员发展人数(2010年)

CERTIFIED ATHLETES BY TYPE OF SPORTS(2010)

单位：人 (person)

运动项目	Item	人数合计 Number of Persons	国家级运动健将 Master of Sports in National Level	#女 Female	一级 First	#女 Female	二级 Second	#女 Female
总　计	**Total**	**1050**	**42**	**18**	**150**	**78**	**856**	**310**
田　径	Track and Field	158			9	4	149	44
游　泳	Swimming	43	4	2	10	4	29	12
水　球	Water Polo							
跳　水	Diving							
体　操	Gymnastics	16	2		10	3	4	3
艺术体操	Artistic Gymnastics	9			9	9		
蹦　床	Trampoline	9	1	1	2	1	1	1
举　重	Weightlifting	22	2		6	2	14	4
拳　击	Boxing							
国际式摔跤	International Wrestling	56	6	2	2		47	5
中国式摔跤	Chinese-style Wrestling	17	2	2	11	5	4	2
柔　道	Judo	48	7	4	3	1	38	23
击　剑	Fencing	10	3	2			7	3
射　击	Shooting	14	4	1	7	4	3	1
射　箭	Sports Archery	11	3	2	2	2	6	4
足　球	Football	48					48	
篮　球	Basketball	140					140	52
排　球	Volleyball	56			10	5	46	25
乒乓球	Table Tennis	98			6	3	92	51
羽毛球	Badminton							
网　球	Tennis	40					40	18
手　球	Handball	4					4	
软式网球	Soft Tennis							
武　术	Wu Shu	113	4	1	28	14	81	18
围　棋	Weiqi	9			1		8	3
国际象棋	International Chess	12			2	1	10	2
中国象棋	Chinese Chess	19			2	1	17	6
轮　滑	Roller Skating							
业余无线电	Amateur Radio							
健　美	Bodybuilding							
跆拳道	Kickboxing	41	1		8	5	32	15
自行车	Cycle Racing	16	3	1	2		10	5
沙滩排球	Sand Beach Volleyball	1			1	1		
健美操	Bodybuilding Gymnastics	45			19	13	26	13
定　向	Orienteering							
体育舞蹈	Physical Dancing							

16-16 分项目等级裁判员发展人数(2010年)
CERTIFIED REFEREES BY TYPE OF SPORTS(2010)

单位：人 (person)

运动项目	Item	人数合计 Number of Persons	国际级 International Level	#女 Female	国家级 National Level	#女 Female	一级 First	#女 Female	二级 Second	#女 Female
总　计	**Total**	**2600**	**1**	**1**	**13**	**4**	**341**	**135**	**2245**	**647**
田　径	Track and Field	809			2		39	11	768	218
游　泳	Swimming	31			2		19	8	10	4
跳　水	Diving	3					3			
体　操	Gymnastics	27					27	11		
艺术体操	Artistic Gymnastics	3					3	3		
蹦　床	Trampoline	12					12	4		
举　重	Weightlifting	23					14	9	9	6
拳　击	Boxing	1							1	
国际式摔跤	International Wrestling	33					17	4	16	4
中国式摔跤	Chinese-style Wrestling	7							7	1
柔　道	Judo	11					8	4	3	2
击　剑	Fencing	7					1		6	2
射　击	Shooting	32			1	1	31	15		
射　箭	Sports Archery	29					22	9	7	5
足　球	Football	72					14	1	58	2
篮　球	Basketball	671					34	2	637	121
排　球	Volleyball	13							13	3
乒乓球	Table Tennis	127			1		25	16	101	53
羽毛球	Badminton	119							119	35
网　球	Tennis	49					13	2	36	14
武　术	Wu Shu	133					20	8	113	43
围　棋	Weiqi	3					1		2	1
国际象棋	International Chess	1							1	1
中国象棋	Chinese Chess	8							8	
台　球	Billiard	9					3	1	6	3
桥　牌	Bridge									
地掷球	Mutil-bowls									
门　球	Croquet	218	1	1	4	3	26	22	187	75
钓　鱼	Angling	1							1	
毽　球	Shuttlecock	31					4	2	27	7
健　美	Bodybuilding									
跆拳道	Kickboxing	21			2				19	3
自行车	Cycle Racing	1							1	
沙滩排球	Sand Beach Volleyball									
健美操	Bodybuilding Gymnastics	20			1		1	1	18	13
体育舞蹈	Physical Dancing	55					3	2	52	26
定　向	Orienteering									
航空模型	Model Airplane	1					1			
健身气功	Gymnastic Qigong	19							19	5
拔　河	Tug of War									

16-17 主要年份运动员打破纪录情况
RECORDS BROKEN BY ATHLETES IN MAJOR YEARS

年 份 Year	打破世界纪录 World Records Chalked Up			打破全国纪录 National Records Chalked Up			打破省纪录 Provincial Records Chalked Up		
	项数(项) Number of Events (item)	次数(次) Number of Times (time)	人数(人) Number of Persons (person)	项数(项) Number of Events (item)	次数(次) Number of Times (time)	人数(人) Number of Persons (person)	项数(项) Number of Events (item)	次数(次) Number of Times (time)	人数(人) Number of Persons (person)
1975				12	12	5	141	352	134
1978				15	21	10	118	260	95
1980				11	31	4	123	233	132
1985				2	2	2	48	64	35
1990	1	1	1	7	10	7	106	152	62
1995				2	2	5	60	89	84
2000				3	4	6	70	78	57
2001				2	4	3	57	64	52
2003				1	1	1	22	23	18
2004				1	1	1	23	18	14
2005				2	2	2	17	17	25
2006							6	42	42
2007							27	27	17
2008							56	57	57
2009				1	1	1	15	15	9
2010				2	2	2	5	8	8

16-18 体育彩票、福利彩票发行情况
ISSUE OF SPORTS LOTTERY AND WELFARE LOTTERY

单位：万元 (10 000 yuan)

项 目	Item	2009	2010
体育电脑彩票销售点 (个)	Computer Sale Place of Sports Lottery Ticket (unit)	2204	2400
体育彩票销售收入	Sale Revenue of Sports Lottery Ticket	80708	82263
福利彩票销售点(个)	Sale Place of Welfare Lottery Ticket (unit)	2785	3000
福利彩票销售收入	Sale Revenue of Welfare Lottery Ticket	148620	160000
用于兑奖金额	Value of Exchanging Awards	75000	122300

16-19 主要年份卫生机构数
HEALTH CARE INSTITUTIONS IN MAJOR YEARS

单位：个 (unit)

年 份 Year	总 计 Total	#医 院 Hospitals	#疗养院(所) Sanatoriums	#门诊部(所) Outpatient Departments	#专科疾病防治院(所、站) Specialized Disease Prevention and Treatment Centers
1962	3500	388	42	3015	3
1965	3426	398	32	2941	3
1975	4605	2246	8	2064	4
1978	4995	2302	10	2345	7
1980	5190	2346	11	2432	6
1985	5834	2468	15	2910	6
1990	6108	2573	15	3020	10
1995	5922	2590	13	2790	12
2000	3273	716	13	92	15
2005	3009	885	6	52	14
2006	2993	916	8	47	12
2007	10036	973	7	38	13
2008	9533	1048	9	40	13
2009	11804	1165	9	168	14
2010	11889	1201	9	106	15

年 份 Year	#疾病预防控制中心 Centers for Disease Control and Prevention	#妇幼保健院(所、站) Maternity and Child Care Centers	#医学科学研究机构 Research Institutes of Medical Science	#其他卫生机构 Other Institutions
1962	25	12	3	9
1965	28	13	3	7
1975	103	128	3	49
1978	136	128	3	46
1980	137	129	12	89
1985	135	123	19	129
1990	141	123	23	136
1995	153	131	22	58
2000	148	136	23	61
2005	157	131	10	24
2006	147	133	8	29
2007	147	133	10	30
2008	137	133	8	40
2009	149	133	7	62
2010	147	133	6	67

注：本表2000-2006年为不含诊所、卫生所、医务室、社区服务站、村卫生室口径。

Note:The coverage of data from 2000 to 2006 does not include clinics,health centres, infirmaries, service centres for community and rural clinics.

16-20 主要年份卫生机构床位数
NUMBER OF BEDS IN HEALTH CARE INSTITUTIONS IN MAJOR YEARS

单位：张 (unit)

年 份 Year	总 计 Total	医 院 Hospitals	其他卫生机构 Other Institutions	平均每千人口拥有医院床位数 Number of Hospital Beds Per 1000 Population
1962	20487	16674	3813	1.17
1965	22069	18497	3572	1.18
1970	33496	33028	468	1.56
1975	58003	55616	2387	2.49
1978	65426	63293	2133	2.69
1980	71702	69141	2561	2.89
1985	87768	82076	5692	3.34
1990	105324	98142	7182	3.45
1995	110422	101936	8486	3.37
2000	111880	77300	34580	2.38
2005	107968	81150	26818	2.42
2006	112342	83739	28603	2.48
2007	110418	82269	28149	2.42
2008	129458	94018	35440	2.76
2009	144544	101757	42787	2.97
2010	155973	108333	47640	3.09

注：本表2000–2006年为不含诊所、卫生所、医务室、社区服务站、村卫生室口径。
Note:The coverage of data from 2000 to 2006 does not include clinics,health centres, infirmaries, service centres for community and rural clinics.

16-21 主要年份卫生技术人员数
NUMBER OF MEDICAL TECHNICAL PERSONNEL IN MAJOR YEARS

单位：人 (person)

年 份 Year	卫生技术人 员 Medical Technical Personnels	#医 生 Doctors	注册护士 Registered Nurses	平均每千人口拥有卫生技术人员数 Number of Medical Technical Personnel Per 1000 Population
1962	44422	21951	5682	2.54
1965	47986	25632	6276	2.56
1970	49243	26539	8027	2.33
1975	62841	28181	10337	2.69
1978	76475	35157	10775	3.16
1980	87815	40479	11561	3.54
1985	109596	48557	16488	4.17
1990	128465	60185	27956	4.52
1995	142239	68658	34907	5.68
2000	136224	64900	37057	4.19
2005	130955	58617	38117	3.90
2006	134647	60262	40943	3.99
2007	148659	66791	45523	4.38
2008	161531	73107	49256	4.74
2009	181573	80601	56577	5.29
2010	190917	85376	62251	5.45

注:由于卫生报表制度的变动2005年及以后年份医生数为执业医师和执业助理医师。
Note:The number of doctors and nurses are licensed doctors and assistant doctors , registered nurses for 2005 and later, for changing of form system .

16–22 卫生机构、床位、人员数(2010年)

INSTITUTIONS, BEDS AND PERSONNEL IN HEALTH CARE INSTITUTIONS(2010)

类别	Type	机构数(个) Institutions (unit)	床位数(张) Beds (unit)	人员合计(人) Personnel (person)	#卫生技术人员 Medical Technical Personnel
总计	**Total**	**11889**	**155973**	**227900**	**190917**
一、医院合计	**Total Number of Hospitals**	**1201**	**108333**	**140069**	**115188**
综合医院	General Hospitals	634	75015	103724	86277
中医医院	Hospitals of Chinese Medicine	204	12464	14560	12065
中西医结合医院	Hospitals for Chinese and Western Medicine	14	1050	1957	1626
民族医院	Nationality Hospitals				
专科医院	Special Hospitals	349	19804	19828	15220
口腔医院	Stomatological Hospitals	31	211	1235	984
眼科医院	Ophthalmology Hospitals	23	893	1273	922
耳鼻喉科医院	Otolaryngology Hospitals	6	190	291	211
肿瘤医院	Tumor Hospitals	5	1780	1487	1195
心血管病医院	Cardiovascular Hospitals	10	621	896	760
血液病医院	Hematological Hospitals	1	20	5	5
妇产(科)医院	Maternity Hospitals	37	1205	1957	1491
儿童医院	Children Hospitals	2	850	1329	1146
精神病医院	Mental Hospitals	23	3374	1998	1433
传染病院	Hospitals for Infections Diseases	8	1597	1573	1278
皮肤病医院	Dermatology Hospitals	8	181	153	136
结核病医院	Tuberculosis Hospitals	3	635	541	344
职业病医院	Occupational Disease Hospital	1	120	170	118
骨科医院	Orthopaedics Hospitals	54	2370	1884	1498
康复医院	Recovered Hospitals	18	1119	896	616
整形外科医院	Plastics Hospitals	2	19	53	33
美容医院	Cosmetic Hospitals	2	40	65	44
其他专科医院	Other Specialized Hospitals	115	4579	4022	3006
二、疗养院	**Sanatoriums**	**9**	**2250**	**658**	**257**
三、社区卫生服务中心	**Community Medical Service Centers**	**754**	**5390**	**12096**	**10561**
四、卫生院合计	**Total Number Commune Hospitals**	**1714**	**34816**	**31937**	**27800**
街道卫生院	Urban Areas Neighbourhood Hospitals	513	5925	5259	4567
乡镇卫生院	Township Town Hospitals	1201	28891	26678	23233
中心卫生院	Centre Hospitals	444	13433	12025	10476
乡卫生院	Township Hospitals	757	15458	14653	12757
五、门诊部合计	**Total Number of Clinics**	**106**	**657**	**1218**	**1016**
综合门诊部	General Clinics	49	248	633	536
中医门诊部	Chinese Medicine Clinics	13	70	115	97
中西医结合门诊部	Chinese & Western Medicine Clinics	8	28	74	62
专科门诊部	Special Clinics	36	311	396	321

注：卫生机构、床位、人员数不包括诊所、卫生所、医务室、社区服务站、村卫生室等数字。卫生机构床位数为实有数。

Note : The number of health care institutions,beds and personnel exclude clinics, service centres for community and rural clinics.The number of beds in health care institutions is actual data.

16-22 续表1 continued

类 别	Type	机构数(个) Institutions (unit)	床位数(张) Beds (unit)	人员合计(人) Personnel (person)	#卫生技术人员 Medical Technical Personnel
六、诊所、卫生所、医务室	**Clinics,Health Centres and Infirmaries**	**7563**		**19734**	**18879**
诊 所	Clinics	6645		16562	15855
卫生所、医务室	Health Centres and Infirmaries	918		3172	3024
七、急救中心(站)	**First-aid Centres**	**12**	**35**	**639**	**447**
八、采供血机构	**Selection and Supplyment Blood Institutions**	**18**		**900**	**635**
九、妇幼保健院(所、站)	**Maternity and Child Care Centres**	**133**	**3739**	**6855**	**5715**
1.省 属	Belong to Province	1			
省辖市(地区)属	Belong to City(prefecture) of Province	12	1162	1800	1454
地辖市属	Belong to City of Prefecture	33	616	1513	1247
县 属	Belong to County	86	1961	3525	2997
其 他	Others	1		17	17
2.妇幼保健院	Maternity and Child Care Hospitals	78	2998	5041	4193
妇幼保健所	Maternity and Child Care Institutes	6		110	88
妇幼保健站	Maternity and Child Care Stations	49	741	1704	1434
生殖保健中心	Reproduction Care Centres				
十、专科疾病防治院(所、站)	**Special Prevention Institutions**	**15**	**751**	**952**	**715**
专科疾病防治院	Special Prevention Hospitals	3	461	455	330
结核病防治院	Tuberculosis Prevention Stations	1	303	276	197
职业病防治院	Occupational Disease Preventivetion Stations	1	150	162	118
其 他	Others	1	8	17	15
专科疾病防治所(站、中心)	Special Prevention Institutes	12	290	497	385
口腔病防治所(站、中心)	Stomatological Prevention Institutes	5		36	25
结核病防治所(站、中心)	Tuberculosis Prevention Institutes				
职业病防治所(站、中心)	Prevention Stations of Occupational Diseases	2	40	108	87
地方病防治所(站、中心)	Endemic Diseases Prevention Stations	4	50	104	73
其 他	Others	1	200	249	200
十一、疾病预防控制中心(防疫站)	**Diseases Prevention and Control Centre**	**147**		**6104**	**4626**
1.省 属	Belong to Province	1		235	194
省辖市(地区)属	Belong to City (prefecture) of Province	11		958	687
地辖市属	Belong to City of Prefecture	33		1362	1053
县 属	Belong to County	78		2784	2084
其 他	Others	24		765	608
2.疾病预防控制中心	Diseases Prevention and Control Centre				
卫生防疫站	Sanitation and Antiepidemic Stations				
预防保健中心	Prevention and Care Centres				

16-22 续表2 continued

类 别	Type	机构数(个) Institutions (unit)	床位数(张) Beds (unit)	人员合计(人) Personnel (person)	#卫生技术人员 Medical Technical Personnel
十二、卫生监督所	**Sanitation Supervision Stations**	**131**		**4555**	**3688**
省 属	Belong to Province	1		138	102
省辖市(地区)属	Belong to City (prefecture) of Province	11		659	462
地辖市属	Belong to City of Prefecture	24		953	775
县 属	Belong to County	82		2497	2092
其 他	Others	13		308	257
十三、医学科学研究机构	**Research Institutes of Medical Sciences**	**6**		**148**	**124**
十四、医学在职培训机构	**Medical in-service Training Institutes**	**3**		**36**	**27**
十五、健康教育所 (站、中心)	**Care Education Institutes**	**10**		**215**	**136**
十六、其他卫生机构	**Other Medical Institues**	**67**	**2**	**1784**	**1103**
卫生监督检验(监测)机构	Sanitary supervison and Inspection Institution	4		140	114
临床检验中心	Checking Clinic Centers	7	2	317	174
其 他	Others	56		1327	815

16-23 卫生机构分类人员数
NUMBER OF PERSONNELS IN HEALTH CARE INSTITUTIONS BY CATEGORY

单位：人 (person)

人员分类	Type of Personnel	2000	2005	2010
一、各类人员总计	**Total Personnel**	**165612**	**158186**	**227900**
卫生技术人员	Medical Technical Personnel	136224	130955	190917
其他技术人员	Other Technical Personnel	6446	8486	10473
管理人员	Managerial Personnel	10579	7593	11300
工勤人员	Logistics Workers	12363	11152	15199
二、卫生技术人员	**Medical Technical Personnel**	**136224**	**130955**	**190917**
执业(助理)医师	Licensed Assistant Doctors		48310	85376
#执业医师	Licensed Doctors		10307	69976
注册护士	Registered Nurses		38117	62251
药师(士)	Pharmacists		9606	10187
技师(士)	Technicians		6610	10108
其 他	Others		18005	23003
三、平均每千人拥有卫生技术人员	**Number of Medical Technical Personnel Per 1000 Population**	**4.19**	**3.90**	**5.35**
#医生数	Doctors	2.00	1.75	2.39

注：本表不包括诊所、卫生所、医务室、社区卫生服务站等人员。
Note : The data of health care institutions do not include clinics , health centres, Infirmaries and service centres for community .

16-24 医疗机构医疗服务量及病床使用情况(2010年)
SERVICES QUALITY IN HEALTH CARE INSTITUTIONS AND BED APPLYMENT(2010)

类　别	Item	总诊疗人次 (万人次) Total Person-time of Diagnosis and Treatment (10 000 person times)	出院人数 (万人) Person Leaving Hospital (10 000 persons)
总　计	**Total**	**7558.05**	**290.47**
#医　院	Hospital	3642.13	213.34
#综合医院	General Hospitals	2711.27	166.95
中医医院	Hospitals of Chinese Medicine	459.30	18.69
专科医院	Special Hospitals	430.49	25.69
卫生院	Commune Hospitals	1510.75	60.93
#乡镇卫生院	Town and Township Hospitals	1277.25	53.02
门诊部	Clinics	64.58	0.28
妇幼保健院(所、站)	Maternity and Child Care Centres	198.76	9.11
专科疾病防治院(所、站)	Special Disease Prevention Institutions	14.56	0.93

16-25 公证工作和调解
STATISTICS ON NOTARIZATION AND MEDIATION

项　目		Item	2009	2010
公证工作		**Notarization**		
公证处	(个)	Number of Notarization Offices(unit)	112	112
公证员(含公证员助理)	(人)	Notaries (Assistant Notaries) (person)	845	839
办理国内民事公证	(件)	Handle Civil Affair Notarization (cases)	41907	41888
办理国内经济公证	(件)	Handle Civil Economic Notarization (cases)	42994	46152
办理涉外公证	(件)	Handle Foreign Nationals Notarization (cases)	29831	29784
涉港澳台公证	(件)	Hongkong, Macao and Taiwan Notarization (cases)	344	384
调解工作		**Mediation**		
专职司法助理员	(人)	Full-time Judicial Assistants (person)	1457	1621
人民调解委员会	(个)	Number of People Mediation Committees (unit)	35349	35349
调解人员	(人)	Number of Mediators (person)	146228	132817
调解各类纠纷	(件)	Mediation Various Quarrels (cases)	171307	226379
防止民间纠纷引起自杀	(人)	Prevent Civil Quarrel Causing Committing Sucide (person)	390	413
防止民间纠纷转化为刑事案件	(件)	Prevent Civil Quarrel Turning to Criminal Case (cases)	1453	1570

16-26 律师工作
STATISTICS ON LAWYERS

项 目	Item	2009	2010
律师事务所 (个)	Number of Law Offices (unit)	437	456
律师工作人员(注册) (人)	Number of Lawyers (person)	3714	3601
专职律师	Full-time Lawyer	3363	3221
兼职律师	Part-time Lawyers	216	257
聘请常年法律顾问的单位 (个)	Number of Units with Permanent Legal Advisors (unit)	4258	4745
民事诉讼代理 (件)	Agent of Civil Cases (cases)	8527	9886
行政诉讼代理 (件)	Agent of Administrative Action (cases)	719	885
刑事辨护及代理 (件)	Agent and Defender of Criminal Cases (cases)	9061	11008
非诉讼法律事务 (件)	Agent of Non-Litigious Legal Affairs (cases)	4146	4272
解答法律咨询 (人次)	Advisory Services (person-time)	28373	30194
代写法律事务文书 (件)	Legal Documents Written on Behalf of Clients (cases)	7227	9277

16-27 主要年份婚姻登记数
MARRIAGE REGISTRATION IN MAJOR YEARS

单位：对 (couple)

年 份 Year	准予登记结婚数 Permitting Marriage Registration	#恢复结婚 Resuming Marriage	初婚数(人) First Marriage (person)	再婚数(人) Second Marriage (person)	男 Male	女 Female	准予登记离婚数 Permitting Divorce Registration
1985	236206	1787	453433	18979	9400	9579	7615
1986	239191	1738	458198	20184	9530	10654	6338
1990	220581	1115	422721	18441	8770	9671	7471
1995	179300	1090	343561	15039	7566	7473	7100
2000	164639	981	313195	16083	8407	7676	7612
2001	146187	850	277117	15073	7876	7197	7248
2002	153709	817	292310	14970	7639	7331	7121
2003	145060	974	272546	17460	8736	8724	8782
2004	161520	900	302448	20400	9894	10506	14335
2005	189741	1222	354147	25563	12163	13400	17398
2006	202107	1527	377317	26897	13717	13180	18509
2007	238530	2365	443520	33540	16075	17465	20402
2008	287435	3161	528128	46742	25323	21419	20553
2009	343640	3341	632905	54375	30207	24168	25618
2010	360581	4481	675719	45443	24033	21410	26473

16-28 妇联组织状况
WOMEN'S FEDERATION ORGANIZATION

单位：个 (unit)

项　目	Item	2009	2010
地市妇联数	Number of Women Federations of Prefecture and City	11	11
县(市)妇联数	Number of Women Federations of County and City	122	119
乡妇联数	Number of Women Federations of Township	1222	1177
街妇联数	Number of Women Federations for Subdistrict Office	232	286
基层妇代会数中	Number of Women Congress of Besic Level		
城市 (社区妇联)	Urban Areas (Women' Federation of Community)	1402	1766
农村妇代会数	Rural Areas	26452	25922
非公有经济组织中妇女组织	Woman's Federations in Non-Public Ownership Economic Organization	499	1026
直属机关妇工委	Wome Council in Department Directly Under Governments	1308	3230
高等院校妇女组织	Woman Orgaizatiom in University	17	20
省级所属	Provincial Level	1	1
市级所属	City Level	13	17
民办高校	University Run by Private Insititutions	3	2
团体会员	Organization Committees		
女职工委员会数	Number of Committees for Women Staff and Workers	5942	8693
民政部门登记注册的妇女团体数	Woman Organizatien Rgistrated by Administration Organ	125	285
民主党派妇委会数	Number of Woman Federations in Democratic Party	4	16
省　级	Provincial Lovel		

16-29 全省工业企业“三废”排放与治理情况(2010年)

DISCHARGE AND TREATMENT OF WASTE WATER, WASTE GAS AND SOLID WASTES BY INDUSTRIAL ENTERPRISES(2010)

项　目	Item	2010
废　水	**Waste Water**	
废水排放总量(万吨)	Total Volume of Waste Water (10 000 tons)	49881.0
废水排放达标率(%)	Percentage of Waste Water up to the Standards for Discharge (%)	94.7
废水处理排放达标量(万吨)	Volume of Treated Waste Water up to the Standards for Discharge (10 000 tons)	47221.2
废　气	**Waste Gas**	
废气排放量(亿标立方米)	Total Volume of Waste Gas Emission (100 million cu.m)	35189.5
二氧化硫排放量(万吨)	Volume of Sulphur Dioxide Emission (10 000 tons)	114.7
烟尘排放量(万吨)	Volume of Soot Emission (10 000 tons)	43.2
粉尘排放量(万吨)	Volume of Dust Emission (10 000 tons)	36.5
固体废物	**Solid Wastes**	
固体废物产生量(万吨)	Volume of Solid Wastes Produced (10 000 tons)	18270.3
固体废物综合利用量(万吨)	Volume of Solid Wastes Utilized (10 000 tons)	12059.4
固体废物综合利用率(%)	Percentage of Solid Wastes Utilized (%)	65.5
固体废物处置量(万吨)	Volume of Solid Wastes Treated (10 000 tons)	5273.2
固体废物贮存量(万吨)	Volume of Solid Wastes Accumulated (10 000 tons)	997.0
固体废物排放量(万吨)	Volume of Solid Wastes Discharged (10 000 tons)	95.4
污染治理	**Pollution Treatment**	
当年污染治理施工项目总数(个)	Number of Projects for Pollution Treatment in the Year (unit)	599
污染治理项目本年完成投资额(万元)	Actual Investment in Implementation of the Project for Pollution Treatment in the Year (10 000 yuan)	279573.8
治理废水	Treatment of Waste Water	54819.9
治理废气	Treatment of Waste Gas	149810.1
治理固体废物	Treatment of Solid Wastes	30135.3
治理噪声	Noise Abatement	918.5
治理其他	Others	43890.0

主要统计指标解释

艺术表演团体　指从事戏曲、音乐、舞蹈、杂技等专业艺术表演，有独立帐户，实行单独核算的团体。不包括半工半艺、半农半艺的业余团体。

文化馆　指专门从事群众文化活动的群众文化场馆。不包括临时抽调人员组成、没有编制的农村和街道文化工作队、服务站等。

文化市场经营机构　指经文化市场行政部门审批或已申报登记并领取相关许可证的、从事文化经营和文化服务活动的机构。

图书馆　指各类图书馆的管理与服务（对文献和信息的搜集、整理、存储、利用和管理，向社会公众开放并提供科学、文化等各种知识普及教育）。包括公共图书馆和各类机构内部举办的或单独举办的图书馆的管理与服务。不包括部队系统以及文化馆（文化中心、群众艺术馆）、文化站内设的图书室。

文化艺术研究机构　指有明确的研究方向和任务，有一定水平的学术带头人和一定数量、质量的研究人员，有开展工作的基本条件，主要进行文化艺术研究（含科技）的机构。

博物馆　指为了研究、教育、欣赏的目的，收藏、保护、展示人类活动和自然环境的见证物，向公众开放，非营利性、永久性社会服务机构，包括以博物馆（院）、纪念馆（舍）、美术（艺术）馆、科技馆、陈列馆等专有名称开展活动的单位。

电影放映单位　指具有放映机器设备、固定或不固定的放映场所与专职或兼职的放映技术人员，经文化行政部门登记批准，经常为一定的观众对象映出电影的机构。包括经批准对外开放进行营业，并与电影发行放映管理机构分帐的专用放映单位或军委系统租片单位在内。

电影观众人数　指各类放映单位及军委系统租片单位映出的观众人数。一个观众连续看了一部长片和短片专场规定的短片，为二人次。

艺术表演观众人数　指售票、包场演出或民族地区免费演出艺术表演观众人次数。不包括彩排审查和内部观摩演出的观看人次数。

等级运动员人数　指经考核正式批准授予等级运动员称号的人数。运动员等级分为国际级运动健将、运动健将、一级运动员、二级运动员、三级运动员、少年级运动员。

等级裁判员人数　指经考核正式批准授予等级裁判员称号的人数。裁判员等级分为国际裁判、国家级裁判、一级裁判、二级裁判、三级裁判。

体育场　指有 400 米跑道（中心含足球场），有固定道牙，路道 6 条以上，并有固定看台的田径场。以看台容纳观众人数分：甲级 25000 人以上，乙级 15000–25000 人，丙级 5000–15000 人，丁级 5000 人以下。

体育馆　指有固定看台可供篮球、排球、羽毛球、乒乓球、体操等项目训练比赛活动用的室内场地。以看台容纳观众人数分：甲级 6000 人以上，乙级 4000–6000 人，丙级 2000–4000 人，丁级 2000 以下。

工业废水排放量　指经过企业厂区所有排放口排到企业外部的工业废水量。包括生产废水、外排的直接冷却水、超标排放的矿井地下水和与工业废水混排的厂区生活污水，不包括外排的间接冷却水(清污不分流的间接冷却水应计算在内)。

工业废水排放达标量　指各项指标都达到国家或地方排放标准的外排工业废水量，包括未经处理外排达标和经过处理后外排达标两部分(国家排放标准见 GB89 78–88)。

工业废水处理量　指报告期内各种水治理设施实际处理的工业废水量，包括处理后外排和处理后回用的工业废水量和虽经处理但未达到国家或地方排放标准的废水量。如车间和厂排放口均有治理设施，并对同一废水分级处理时，不应重复计算工业废水处理量。

工业废气排放量　指企业厂区内燃料燃烧和生产工艺过程中产生的各种排入空气的含有污染物的气体总量，按标准状态［273 K，101325Pa］计算。

工业二氧化硫排放量　指企业在燃料燃烧和生产工艺过程中排入大气的二氧化硫数量。

工业粉尘排放量　指企业在生产工艺过程中排放的颗粒物重量，如钢铁企业的耐火材料粉尘、焦化企业的筛焦系统粉尘、烧结机的粉尘、石灰窑的粉尘、建材企业的水泥粉尘等。不包括电厂排入大气的烟尘。

工业固体废物产生量　指企业在生产过程中产生的固体状、半固体状和高浓度液体状废弃物的总量、包括危险废物、冶炼废渣、粉煤灰、炉渣、煤矸石、尾矿、放射性废物和其他废物等；不包括矿山开采的剥离废石和掘进废石(煤矸石和呈酸性或碱性的废石除外)。酸性或碱性废石指采掘的废石其流经水、雨淋水的 PH 值小于 4 或 PH 值大于 10.5 者。

工业固体废物综合利用量　指通过回收、加工、循环、交换等方式，从固体废物中提取或者使其转化为可以利用的资源、能源和其他原材料的固体废物量(包括当年利用往年的工业固体废物累计贮存量)，如用作农业肥料、生产建筑材料、筑路等。综合利用量由原产生固体废物的单位统计。

工业固体废物贮存量 指以综合利用或处置为目的，将固体废物暂时贮存或堆存在专设的贮存设施或专设的集中堆存场所内的数量。专设的固体废物贮存场所或贮存设施必须有防扩散、防流失、防渗漏、防止污染大气、水体的措施。

工业固体废物处置量 指将固体废物焚烧或者最终置于符合环境保护规定要求的场所，并不再回取的工业固体废物量(包括当年处置往年的工业固体废物累计贮存量)。处置方法有填埋(其中危险废物应安全填埋)、焚烧、专业贮存场(库)封场处理、 深层灌注、回填矿井等。

工业固体废物排放量 指将所产生的固体废物排到固体废物污染防治设施、场所以外的数量、不包括矿山开采的剥离废石和掘进废石(煤矸石和呈酸性或碱性的废石除外)。

Explanatory Notes on Main Statistical Indicators

Art Performance Troupes refer to the troupes who are engaged in drama, opera, music, dance, acrobatics or other art performance, have independent accounts with banks and have self-supporting accounting system. Troupes who are engaged partly in industrial or agricultural activities, partly in art performance and the professional troupes organized by the mass are not included. The statistics reflect the scale and level of development of professional art troupes nationally.

Culture Centres refer to mass cultural centres which specialize in mass cultural activities. They do not include rural and street cultural teams or service stations that comprise of temporary transferred staff or personnel who do not have a personnel quota.

Cultural Market Operating Units refer to the units dealing in culture and cultural services, which registered and permitted with the relative certificate by cultural market administration.

Libraries refer to management and services of all kinds of libraries, that is, collect, collate, store and manage literature and information, supply various popular knowledge and education of science and culture openly. They include management and service that are carried out internally and singly by public libraries and all kinds of agencies, but don't include library rooms of army and culture centers or stations.

Culture and Art Research Institutions refer to institutions that mainly do research on culture and art. These institutions own academic leaders to some degree and research personnel to some quantity and quality, have the basic condition to carry out work under definite research direction and task.

Museums refer to social service agencies which collect, protect, exhibit the evidence of human's activities and natural environment in an open, non-profit and permanent way. They include museum, memorial hall, art gallery, science museum, exhibition hall and so on.

Film Projection Units refer to units with film projection equipment full or part-time projectionists permanent or non-permanent places approved by related administrative departments to show films regularly for certain groups of audience including those film projection units which have been approved to give commercial shows and run business with independent accounting system as well as those film-renting units of the military system.

Number of Spectators at Film refers to the number of spectator at all type of film projection units and at the film-renting units of the military system. It is counted two person-times when one spectator continuously watches one film and anther short film.

Number of Spectators at Art Performance refers to the number of attendants at commercial shows completely booked shows or free shows given in minority national areas and does not include the number of spectators at rehearsals for examination and internal shows for study.

Number of Athletes in Grades refers to the number of athletes who have been given titles through examination. The titles of athletes include international masters of sports masters of sports first-grade second-grade and third-grade sportsmen and young athletes.

Number of Referees in Grades refers to the number of referees who have been given titles after examination. They are classified as international refers national referees and referees of the first second and third grades.

Stadiums refer to stadiums for track and field events with six lane 400-meter tracks around soccer fields permanent track marks and permanent bleachers. Stadiums are classified according to seating capacity. They include: Class a stadiums seating 25000 people each, class b stadiums seating 15000 to 25000 people each, class c stadiums seating 5000 to 15000 people each and class d stadiums seating fewer than 5000 people.

Gymnasiums refer to indoor sports grounds with permanent seats in which basketball volleyball. Badminton table tennis and gymnastics competitions can be held. Gymnasiums are classified according to seating capacity. They include class a gymnasiums seating over 6000 people. Class b gymnasiums seat 4000 to 6000 people. Class c gymnasiums seating 2000 to 4000 people and class d gymnasiums seating fewer than 2000 people.

Volume of Industrial Waste Water Discharged refers to the volume of industrial waste water discharged through all outlets to the outside of industrial enterprises including waste water produced direct-cooling water underground water from mines that does not meet the standard of discharge and the domestic sewage mixed up with industrial waste water when discharged but excluding discharged indirect-cooling water.

Volume of Waste Water up to the Standard for Discharge refers to the volume of discharged industrial waste water that with or without treatment has come up to the national or local standards for discharge.

Volume of Treated Industrial Waste Water refers to the volume of industrial waste water after being treated and purified through various water treatment facilities in the reference period including the volume discharged or recovered after being treated. The volume of waste water that fails to meet the national or local standards after treatment is also included. If there are treatment facilities both at the outlets of workshops and at the outlets of the factory and the same volume of waste water has been treated twice duplication should be avoided in the calculation of the volume of treated industrial waste water.

Volume of Waste Industrial Gas Emission refers to waste gas emitted from burning of fuels and from production process in the area of the factory and is measured by 10000 standard cubic meters each year under normal condition.

Volume of Industrial Sulphur Dioxide Discharged refers to the volume of sulphur dioxide discharged to the air in the process of fuel burning or in the production process.

Industrial Dust Discharged refers to the total weight of solid dust discharged by industrial enterprises in the production process such as dust of refractory materials from iron plants dust from coke-screening system or from sintering machines of coking plants dust from lime kilns cement dust from building material enterprises etc. But excluding smoke and dust discharged by power plants.

Volume of Industrial Solid Wastes Produced refers to the total volume of solid semi-solid or high concentration liquid residue produced by industrial enterprises in their production process including dangerous wastes residues from melting slag powdered coal ash gangue chemical residues tailings radioactive residues and other residues but excluding stripped or dug stones in mining (except gangue and acid or alkali stones which are stones washed or soaked by water with a pH value smaller than 4 or larger than 10.5).

Volume of Industrial Solid Wastes Utilized in A Comprehensive Way refers to the volume of solid wastes from which useful materials can be extracted or which can be changed to be utilizable resources energy or other materials including the volume of industrial solid wastes stored up in the previous years and utilized in the current year such as the solid wastes utilized as fertilizers building materials for making roads or for other purpose. Statistical data on utilization of industrial solid wastes are collected by solid wastes producing units.

Volume of Industrial Stored up Solid Wastes refers to the volume of industrial solid wastes temporarily stored up or piled with special facilities or piled in the special sites for the purpose of utilization or treatment in future. The special facilities or special sites for storing up solid wastes should have the measures against spreading or being washed away to other places permeating the soil causing air pollution or water contamination.

Volume of Industrial Solid Wastes Treated refers to solid wastes disposed of in a non—recoverable place that meet the requirement of environmental protection such as burying (The dangerous wastes should be buried safely), burning, piling in designated sites, pouring water into the deep strata, filling of old mines, etc. (Including treatment of solid wastes piled up in the previous years).

Volume of Industrial Solid Wastes Discharged refers to the volume of industrial solid wastes produced and discharged at the places outside the special facilities or special sites for preventing against pollution, excluding stripped or dug stones in mining (except gangue and acid or alkali waste stones).

城市概况

INFORMATION OF CITY

资料整理人员

李永章　李悦榕　白鹏洲　李艳旭

17-1 地级城市主要经济指标(2010年)
MAJOR ECONOMIC INDICATORS OF CITIES AT PREFECTURE LEVEL(2010)

指标	Item	太原市区 Taiyuan Urban District	大同市区 Datong Urban District	阳泉市区 Yangquan Urban District
总户数（万户）	Number of Households (10 000 households)	76.03	56.02	23.89
总人口（万人）	Number of Population (10 000 persons)	285.01	155.91	69.12
#非农业人口	Non-agricultural Population	237.28	124.51	55.87
出生人数（人）	Birth Population (person)	32836	25981	6200
死亡人数（人）	Death Population (person)	16411	11335	3795
年末城镇单位从业人员数（万人）	Number of Employees in Urban Units at Year-end (10 000 persons)	80.94	36.14	19.02
土地面积（平方公里）	Area of Land (sq.km)	1460	2080	652
地区生产总值（万元）	Gross Domestic Product (10 000 yuan)	16222978	5638726	2816178
第一产业	Primary Industry	115830	47835	17101
第二产业	Secondary Industry	7089045	2926068	1607195
第三产业	Tertiary Industry	9018103	2664823	1191882
工业经济指标	Industrial Indicators			
工业企业数（个）	Number of Enterprises (unit)	375	75	90
内资企业	Domestic Capital	351	69	84
港澳台投资企业	Hongkong ,Macao and Taiwan Investment	5		3
外商投资企业	Foreign Capital	19	6	3
工业总产值（当年价,万元）	Gross Output Value of Industry (at current price,10 000 yuan)	17284893	6188236	3742720
内资企业	Domestic Capital	15938628	6027871	3588553
港澳台投资企业	Hongkong,Macao and Taiwan Investment	54347		54423
外商投资企业	Foreign Capital	1291918	160365	99744
流动资产合计（万元）	Total Circulating Funds(10 000 yuan)	11399065	5993251	3868448
固定资产合计（万元）	Total Fixed Assets (10 000 yuan)	9436914	5674055	2004288
主营业务收入（万元）	Revenue of Major Business (10 000 yuan)	17922043	6977151	4503353
主营业务税金及附加（万元）	Tax and Extra Charges of Major Business (10 000 yuan)	206961	84665	86389
本年应交增值税（万元）	Value Added Tax Payable (10 000 yuan)	617333	490503	341003
利润总额（万元）	Total Profits (10 000 yuan)	704027	241730	296904

注:工业经济指标统计口径为年主营业务收入500万元及以上的工业法人企业；总户数和总人口相关指标为公安年报数。

Notes: Numbers of industry are enterprises with revenue of major business over 5 million yuan;The number of households and the indicators of population are all from public security department.The GDP of Taiyuan city and Xinzhou city are from annual statistical reporting forms.

17-1 续表1 continued

指　标	Item	太原市区 Taiyuan Urban District	大同市区 Datong Urban District	阳泉市区 Yangquan Urban District
固定电话用户数 (万户)	Number of Telephone Subscribers (10 000 subscribers)	142.71	30.21	23.35
年末移动电话用户数 (万户)	Number of Mobile Phone Subscribers (10 000 subscribers)	462.90	166.25	55.13
互联网宽带接入用户数 (户)	Internet Subscriber (subscriber)	875947	186195	127819
全社会用电量 (万千瓦小时)	Total Electricity Consumption (10 000 kwh)	2019443	619656	505641
#工业用电	Industry	1504023	459594	425749
城乡居民生活用电	Resident Living	192006	63991	22000
固定资产投资总额 (万元)	Investment in Fixed Assets (10 000 yuan)	7949644	4315613	1934264
#房地产开发投资完成额	Investment in Real Estate	2369448	852266	371221
#住宅建设	Residential Buildings	1815155	674094	301330
商品房屋销售面积 (万平方米)	Floor Space of Commercial Houses Sold (10 000 sq.m)	244.20	66.90	82.10
商品房屋销售额 (万元)	Sales of Commercial Houses (10 000 yuan)	1829419	217032	227025
社会消费品零售总额 (万元)	Total Retail Sales of Consumer Goods (10 000 yuan)	7661168	2374141	1156438
地方财政收入 (万元)	Local Financial Revenue (10 000 yuan)	1197551	461208	292943
地方财政支出 (万元)	Local Financial Expenditure (10 000 yuan)	1552679	808652	401921
在校学生数	Student Enrollment			
高等学校 (人)	Institutions of Higher Education (person)	329712	30629	10355
高中阶段 (人)	Senior Middle Schools(person)	69560	55968	35189
中等职业学校 (人)	Vocational Secondary Schools (person)	200955	21069	13873
普通中学 (万人)	Regular Secondary Schools (10 000 persons)	19.00	10.93	6.80
小　学　(万人)	Primary Schools (10 000 persons)	19.93	14.03	6.40
从事科技活动人员数 (人)	Number of Persons Engaged in Scientific and Technological Activities(person)	13340	86497	10139
医院、卫生院数 (个)	Number of Hospitals (unit)	195	109	389
医院、卫生院床位数 (张)	Number of Beds in Hospitals (bed)	22768	8948	4409
医生数 (人)	Number of Doctors (person)	14601	6309	2913
在岗职工平均人数 (万人)	Everage Full Employed Staff and Workers (10 000 persons)	77.42	33.45	18.19
在岗职工工资总额 (万元)	Total Wages of Full Employed Staff and Workers (10 000 yuan)	3054528	1208806	817753
城乡居民储蓄年末余额 (万元)	Balance of Savings Deposit of Urban and Rural Residents at Year-end (10 000 yuan)	16891744	7451250	2839030

17-1 续表2 continued

指　标	Item	长治市区 Changzhi Urban District	晋城市区 Jincheng Urban District	朔州市区 Shuozhou Urban District
总户数（万户）	Number of Households (10 000 households)	21.36	12.70	24.55
总人口（万人）	Number of Population (10 000 persons)	72.71	34.86	65.17
#非农业人口	Non-agricultural Population	57.59	28.57	20.64
出生人数（人）	Birth Population (person)	9772	4937	11489
死亡人数（人）	Death Population (person)	3972	1614	4775
年末城镇单位从业人员数（万人）	Number of Employees in Urban Units at Year-end (10 000 persons)	14.46	13.06	7.03
土地面积（平方公里）	Area of Land (sq.km)	334	143	4499
地区生产总值（万元）	Gross Domestic Product (10 000 yuan)	2371031	1492043	3972294
第一产业	Primary Industry	26242	13013	135023
第二产业	Secondary Industry	1142498	618328	2473857
第三产业	Tertiary Industry	1202291	860702	1363414
工业经济指标	Industrial Indicators			
工业企业数（个）	Number of Enterprises (unit)	80	49	61
内资企业	Domestic Capital	78	42	58
港澳台投资企业	Hongkong ,Macao and Taiwan Investment			1
外商投资企业	Foreign Capital	2	7	2
工业总产值（当年价,万元）	Gross Output Value of Industry (at current price,10 000 yuan)	3655551	2767230	5312068
内资企业	Domestic Capital	3624114	2443490	5099156
港澳台投资企业	Hongkong,Macao and Taiwan Investment			83242
外商投资企业	Foreign Capital	31437	323740	129670
流动资产合计(万元)	Total Circulating Funds(10 000 yuan)	2247682	3091999	1752241
固定资产合计(万元)	Total Fixed Assets (10 000 yuan)	1939227	3234479	3383922
主营业务收入（万元）	Revenue of Major Business (10 000 yuan)	3488417	4356834	5007762
主营业务税金及附加(万元)	Tax and Extra Charges of Major Business (10 000 yuan)	14392	42814	128959
本年应交增值税（万元）	Value Added Tax Payable (10 000 yuan)	116408	276571	486202
利润总额（万元）	Total Profits (10 000 yuan)	158143	857856	865414

17-1 续表3 continued

指 标	Item	长治市区 Changzhi Urban District	晋城市区 Jincheng Urban District	朔州市区 Shuozhou Urban District
固定电话用户数 (万户)	Number of Telephone Subscribers (10 000 subscribers)	29.25	18.13	8.57
年末移动电话用户数 (万户)	Number of Mobile Phone Subscribers (10 000 subscribers)	62.54	100.43	43.41
互联网宽带接入用户数 (户)	Internet Subscriber (subscriber)	150720	117623	40166
全社会用电量 (万千瓦小时)	Total Electricity Consumption (10 000 kwh)	400864	163873	338164
#工业用电	Industry	328940	127458	269705
城乡居民生活用电	Resident Living	31077	11992	11786
固定资产投资总额 (万元)	Investment in Fixed Assets (10 000 yuan)	1352132	1212384	1121003
#房地产开发投资完成额	Investment in Real Estate	220303	264129	165810
#住宅建设	Residential Buildings	174003	224405	160236
商品房屋销售面积 (万平方米)	Floor Space of Commercial Houses Sold (10 000 sq.m)	77.31	38.09	49.31
商品房屋销售额 (万元)	Sales of Commercial Houses (10 000 yuan)	226833	118584	112600
社会消费品零售总额 (万元)	Total Retail Sales of Consumer Goods (10 000 yuan)	1799353	999017	599657
地方财政收入 (万元)	Local Financial Revenue (10 000 yuan)	321108	238330	380948
地方财政支出 (万元)	Local Financial Expenditure (10 000 yuan)	417057	315127	501545
在校学生数	Student Enrollment			
高等学校 (人)	Institutions of Higher Education (person)	37218	7964	
高中阶段 (人)	Senior Middle Schools (person)	57973	18603	27553
中等职业学校 (人)	Vocational Secondary Schools (person)	25658	9266	7062
普通中学 (万人)	Regular Secondary Schools (10 000 persons)	7.20	4.40	6.43
小 学 (万人)	Primary Schools (10 000 persons)	6.28	4.22	7.88
从事科技活动人员数 (人)	Number of Persons Engaged in Scientific and Technological Activities(person)	3573	3250	12354
医院、卫生院数 (个)	Number of Hospitals (unit)	55	67	64
医院、卫生院床位数 (张)	Number of Beds in Hospitals (bed)	4724	2836	3114
医生数 (人)	Number of Doctors (person)	3645	2178	1976
在岗职工平均人数 (万人)	Everage Full Employed Staff and Workers (10 000 persons)	14	13	11
在岗职工工资总额 (万元)	Total Wages of Full Employed Staff and Workers (10 000 yuan)	373525	625267	347431
城乡居民储蓄年末余额 (万元)	Balance of Savings Deposit of Urban and Rural Residents at Year-end (10 000 yuan)	3671166	3544637	2466387

17-1 续表4 continued

指 标	Item	晋中市区 Jinzhong Urban District	运城市区 Yuncheng Urban District	忻州市区 Xinzhou Urban District
总户数 (万户)	Number of Households (10 000 households)	19.32	21.26	21.08
总人口 (万人)	Number of Population (10 000 persons)	59.52	65.91	52.89
#非农业人口	Non-agricultural Population	31.68	23.61	19.94
出生人数 (人)	Birth Population (person)	6816	9051	7583
死亡人数 (人)	Death Population (person)	4506	8297	7119
年末城镇单位从业人员数 (万人)	Number of Employees in Urban Units at Year-end (10 000 persons)	9.76	7.04	6.61
土地面积 (平方公里)	Area of Land (sq.km)	1318	1215	1982
地区生产总值 (万元)	Gross Domestic Product (10 000 yuan)	1445388	1180854	801344
第一产业	Primary Industry	126779	91806	63287
第二产业	Secondary Industry	527024	339706	313851
第三产业	Tertiary Industry	791585	749342	424206
工业经济指标	Industrial Indicators			
工业企业数 (个)	Number of Enterprises (unit)	146	60	33
内资企业	Domestic Capital	133	57	32
港澳台投资企业	Hongkong ,Macao and Taiwan Investment	7		1
外商投资企业	Foreign Capital	6	3	
工业总产值 (当年价,万元)	Gross Output Value of Industry (at current price,10 000 yuan)	1411494	963038	650574
内资企业	Domestic Capital	1163429	931206	648877
港澳台投资企业	Hongkong,Macao and Taiwan Investment	167426		1697
外商投资企业	Foreign Capital	80639	31832	
流动资产合计 (万元)	Total Circulating Funds(10 000 yuan)	944748	920381	353320
固定资产合计 (万元)	Total Fixed Assets (10 000 yuan)	722718	811229	398399
主营业务收入 (万元)	Revenue of Major Business (10 000 yuan)	1537142	917151	655013
主营业务税金及附加 (万元)	Tax and Extra Charges of Major Business (10 000 yuan)	9006	3637	1327
本年应交增值税 (万元)	Value Added Tax Payable (10 000 yuan)	43427	14284	12719
利润总额 (万元)	Total Profits (10 000 yuan)	-9896	-79686	63319

17-1 续表5 continued

指　标	Item	晋中市区 Jinzhong Urban District	运城市区 Yuncheng Urban District	忻州市区 Xinzhou Urban District
固定电话用户数 (万户)	Number of Telephone Subscribers (10 000 subscribers)	18.83	18.73	18.59
年末移动电话用户数 (万户)	Number of Mobile Phone Subscribers (10 000 subscribers)	55.47	55.08	45.32
互联网宽带接入用户数 (户)	Internet Subscriber (subscriber)	96693	80355	59208
全社会用电量 (万千瓦小时)	Total Electricity Consumption (10 000 kwh)	200141	362119	79388
#工业用电	Industry	132913	247431	46370
城乡居民生活用电	Resident Living	27500	38926	12924
固定资产投资总额 (万元)	Investment in Fixed Assets (10 000 yuan)	939335	1432819	696676
#房地产开发投资完成额	Investment in Real Estate	183920	193238	103440
#住宅建设	Residential Buildings	103182	118229	94675
商品房屋销售面积 (万平方米)	Floor Space of Commercial Houses Sold (10 000 sq.m)	62.43	98.10	42.99
商品房屋销售额 (万元)	Sales of Commercial Houses (10 000 yuan)	195558	204880	98042
社会消费品零售总额 (万元)	Total Retail Sales of Consumer Goods (10 000 yuan)	879056	1134793	465255
地方财政收入 (万元)	Local Financial Revenue (10 000 yuan)	62852	54085	24526
地方财政支出 (万元)	Local Financial Expenditure (10 000 yuan)	120108	140591	99921
在校学生数	Student Enrollment			
高等学校 (人)	Institutions of Higher Education (person)	32943	8189	15602
高中阶段 (人)	Senior Middle Schools (person)	9661	301542	18554
中等职业学校 (人)	Vocational Secondary Schools (person)	20305	35888	13820
普通中学 (万人)	Regular Secondary Schools (10 000 persons)	3.21	7.87	3.21
小　学　(万人)	Primary Schools (10 000 persons)	4.01	6.57	4.87
从事科技活动人员数 (人)	Number of Persons Engaged in Scientific and Technological Activities(person)	1035	1209	2500
医院、卫生院数 (个)	Number of Hospitals (unit)	38	72	138
医院、卫生院床位数 (张)	Number of Beds in Hospitals (bed)	3077	6299	3300
医生数 (人)	Number of Doctors (person)	3534	3612	2162
在岗职工平均人数 (万人)	Everage Full Employed Staff and Workers (10 000 persons)	9	7	6
在岗职工工资总额 (万元)	Total Wages of Full Employed Staff and Workers (10 000 yuan)	243916	195818	140924
城乡居民储蓄年末余额 (万元)	Balance of Savings Deposit of Urban and Rural Residents at Year-end (10 000 yuan)	2450887	1734811	1679745

17-1 续表6 continued

指 标	Item	临汾市区 Linfen Urban District	吕梁市区 Luliang Urban District
总户数（万户）	Number of Households (10 000 households)	37.56	10.69
总人口（万人）	Number of Population (10 000 persons)	83.58	27.78
#非农业人口	Non-agricultural Population	38.14	15.74
出生人数（人）	Birth Population (person)	13106	3601
死亡人数（人）	Death Population (person)	9757	1671
年末城镇单位从业人员数（万人）	Number of Employees in Urban Units at Year-end (10 000 persons)	8.84	4.62
土地面积（平方公里）	Area of Land (sq.km)	1316	1339
地区生产总值（万元）	Gross Domestic Product (10 000 yuan)	1908712	654533
第一产业	Primary Industry	75574	15233
第二产业	Secondary Industry	740536	328974
第三产业	Tertiary Industry	1092602	310326
工业经济指标	Industrial Indicators		
工业企业数（个）	Number of Enterprises (unit)	62	22
内资企业	Domestic Capital	56	22
港澳台投资企业	Hongkong ,Macao and Taiwan Investment	5	
外商投资企业	Foreign Capital	1	
工业总产值（当年价,万元）	Gross Output Value of Industry (at current price,10 000 yuan)	1892548	565745
内资企业	Domestic Capital	1764272	565745
港澳台投资企业	Hongkong,Macao and Taiwan Investment	115128	
外商投资企业	Foreign Capital	13148	
流动资产合计（万元）	Total Circulating Funds(10 000 yuan)	723875	823012
固定资产合计（万元）	Total Fixed Assets (10 000 yuan)	1003429	534336
主营业务收入（万元）	Revenue of Major Business (10 000 yuan)	1891332	868623
主营业务税金及附加（万元）	Tax and Extra Charges of Major Business (10 000 yuan)	33828	11652
本年应交增值税（万元）	Value Added Tax Payable (10 000 yuan)	68559	74337
利润总额（万元）	Total Profits (10 000 yuan)	-814	118053

17-1 续表7 continued

指 标	Item	临汾市区 Linfen Urban District	吕梁市区 luliang Urban District
固定电话用户数 (万户)	Number of Telephone Subscribers (10 000 subscribers)	21.67	5.22
年末移动电话用户数 (万户)	Number of Mobile Phone Subscribers (10 000 subscribers)	91.54	32.70
互联网宽带接入用户数 (户)	Internet Subscriber (subscriber)	184030	14800
全社会用电量 (万千瓦小时)	Total Electricity Consumption (10 000 kwh)	220486	47953
#工业用电	Industry	145313	29640
城乡居民生活用电	Resident Living	38178	14192
固定资产投资总额 (万元)	Investment in Fixed Assets (10 000 yuan)	1134008	358142
#房地产开发投资完成额	Investment in Real Estate	187094	22671
#住宅建设	Residential Buildings	157688	20637
商品房屋销售面积 (万平方米)	Floor Space of Commercial Houses Sold (10 000 sq.m)	21.62	12.60
商品房屋销售额 (万元)	Sales of Commercial Houses (10 000 yuan)	75313	27408
社会消费品零售总额 (万元)	Total Retail Sales of Consumer Goods (10 000 yuan)	1194838	3070881
地方财政收入 (万元)	Local Financial Revenue (10 000 yuan)	102782	64884
地方财政支出 (万元)	Local Financial Expenditure (10 000 yuan)	177631	97581
在校学生数	Student Enrollment		
高等学校 (人)	Institutions of Higher Education (person)	38337	8896
高中阶段 (人)	Senior Middle Schools (person)	50432	14849
中等职业学校 (人)	Vocational Secondary Schools (person)	21269	18143
普通中学 (万人)	Regular Secondary Schools (10 000 persons)	7.40	3.71
小 学 (万人)	Primary Schools (10 000 persons)	7.11	3.83
从事科技活动人员数 (人)	Number of Persons Engaged in Scientific and Technological Activities(person)	511	508
医院、卫生院数 (个)	Number of Hospitals (unit)	77	90
医院、卫生院床位数 (张)	Number of Beds in Hospitals (bed)	4744	1632
医生数 (人)	Number of Doctors (person)	3105	1306
在岗职工平均人数 (万人)	Everage Full Employed Staff and Workers (10 000 persons)	9	4
在岗职工工资总额 (万元)	Total Wages of Full Employed Staff and Workers (10 000 yuan)	265334	117169
城乡居民储蓄年末余额 (万元)	Balance of Savings Deposit of Urban and Rural Residents at Year-end (10 000 yuan)	3352958	1254676

17-2 地级城市公用事业及设施水平(2010年)

LEVEL OF PUBLIC FACILITIES IN CITIES AT PREFECTURE LEVEL(2010)

指　　标	Item	太原市区 Taiyuan Urban District	大同市区 Datong Urban District
人均住房建筑面积 (平方米)	Per Capita Floor Space of Residential Building (sq.m)	19.58	22.37
供水综合生产能力 (万立方米/日)	Daily Production Capacity of Tap Water (10 000 cu.m/day)	125.60	56.60
全年供水总量 (万吨)	Total Annual Volume of Water Supply (10 000 tons)	29664	8060
#居民生活用水量	Residential Use	9742	3489
平均每人生活用水(吨)	Per Capita Consumption of Tap Water for Resiential Use (ton)	29.45	27.24
城市下水道总长度(公里)	Lenth of Sewer Pipelines (km)	1767	488
铺装道路面积 (万平方米)	Area of Paved Roads (10 000 sq.m)	2849	1767
每人拥有铺装道路面积 (平方米)	Per Capita Area of Paved Roads (sq.m)	12.01	14.19
煤气供气总量 (万立方米)	Coal Gas Supply (10 000 cu.m)	82087	9212
#家庭用量	Residential Use	14368	2638
液化石油气供气总量 (吨)	Natural Gas Supply (ton)	32728	5000
#家庭用量	Residential Use	22957	4800
公共汽(电)车营运车辆数 (辆)	Number of Public Transportation Vehicles (unit)	2213	811
平均每万人拥有公共汽(电) 车数 (辆)	Number of Public Transportation Vehicles Per 10 000 Population (unit)	9.33	6.51
出租汽车数 (辆)	Number of Taxis (unit)	8652	4983
公共汽(电)车客运总量 (万人次)	Number of Passengers Carried by Public TransportationVehicles (10 000 person-times)	44128	12434
绿地面积 (公顷)	Green Area (ha)	8243	4605
#公园绿地面积	Green Area of Parks	2576	876
每万人拥有绿地面积 (公顷)	Green Area Per 10 000 Population (ha)	34.74	36.98
建成区绿化覆盖面积 (公顷)	Green Coverage of Completed Areas (ha)	8759	4046

17-2 续表1 continued

指 标	Item	阳泉市区 Yangquan Urban District	长治市区 Changzhi Urban District
人均住房建筑面积 (平方米)	Per Capita Floor Space of Residential Building (sq.m)	24.00	28.21
供水综合生产能力 (万立方米/日)	Daily Production Capacity of Tap Water (10 000 cu.m/day)	26.76	41.28
全年供水总量 (万吨)	Total Annual Volume of Water Supply (10 000 tons)	6316	8104
#居民生活用水量	Residential Use	1944	4503
平均每人生活用水(吨)	Per Capita Consumption of Tap Water for Resiential Use (ton)	33.09	66.91
城市下水道总长度(公里)	Lenth of Sewer Pipelines (km)	330	254
铺装道路面积 (万平方米)	Area of Paved Roads (10 000 sq.m)	581	473
每人拥有铺装道路面积 (平方米)	Per Capita Area of Paved Roads (sq.m)	10.40	8.21
煤气供气总量 (万立方米)	Coal Gas Supply (10 000 cu.m)	58750	13338
#家庭用量	Residential Use	13939	4533
液化石油气供气总量 (吨)	Natural Gas Supply (ton)	1558	5557
#家庭用量	Residential Use	1450	5557
公共汽(电)车营运车辆数 (辆)	Number of Public Transportation Vehicles (unit)	612	434
平均每万人拥有公共汽(电) 车数 (辆)	Number of Public Transportation Vehicles Per 10 000 Population (unit)	10.95	7.54
出租汽车数 (辆)	Number of Taxis (unit)	1552	1800
公共汽(电)车客运总量 (万人次)	Number of Passengers Carried by Public TransportationVehicles (10 000 person-times)	15060	8991
绿地面积 (公顷)	Green Area (ha)	1870	2646
#公园绿地面积	Green Area of Parks	526	864
每万人拥有绿地面积 (公顷)	Green Area Per 10 000 Population (ha)	33.47	45.95
建成区绿化覆盖面积 (公顷)	Green Coverage of Completed Areas (ha)	2050	2847

17-2 续表2 continued

指　标	Item	晋城市区 Jincheng Urban District	朔州市区 Shuozhou Urban District
人均住房建筑面积 (平方米)	Per Capita Floor Space of Residential Building (sq.m)	30.40	21.17
供水综合生产能力 (万立方米/日)	Daily Production Capacity of Tap Water (10 000 cu.m/day)	13.00	11.65
全年供水总量 (万吨)	Total Annual Volume of Water Supply (10 000 tons)	1644	2506
#居民生活用水量	Residential Use	988	900
平均每人生活用水(吨)	Per Capita Consumption of Tap Water for Resiential Use (ton)	29.94	30.37
城市下水道总长度(公里)	Lenth of Sewer Pipelines (km)	327	457
铺装道路面积 (万平方米)	Area of Paved Roads (10 000 sq.m)	379	487
每人拥有铺装道路面积 (平方米)	Per Capita Area of Paved Roads (sq.m)	13.27	23.59
煤气供气总量 (万立方米)	Coal Gas Supply (10 000 cu.m)	14734	4079
#家庭用量	Residential Use	4897	1266
液化石油气供气总量 (吨)	Natural Gas Supply (ton)	1772	1300
#家庭用量	Residential Use	1428	300
公共汽(电)车营运车辆数 (辆)	Number of Public Transportation Vehicles (unit)	307	187
平均每万人拥有公共汽(电) 车数 (辆)	Number of Public Transportation Vehicles Per 10 000 Population (unit)	10.75	9.06
出租汽车数 (辆)	Number of Taxis (unit)	1453	923
公共汽(电)车客运总量 (万人次)	Number of Passengers Carried by Public TransportationVehicles (10 000 person-times)	4800	2224
绿地面积 (公顷)	Green Area (ha)	1494	1591
#公园绿地面积	Green Area of Parks	352	280
每万人拥有绿地面积 (公顷)	Green Area Per 10 000 Population (ha)	52.29	77.08
建成区绿化覆盖面积 (公顷)	Green Coverage of Completed Areas (ha)	1585	1568

17-2 续表3 continued

指　　标	Item	晋中市区 Jinzhong Urban District	运城市区 Yuncheng Urban District
人均住房建筑面积 (平方米)	Per Capita Floor Space of Residential Building (sq.m)	29.75	33.18
供水综合生产能力 (万立方米/日)	Daily Production Capacity of Tap Water (10 000 cu.m/day)	9.00	8.00
全年供水总量 (万吨)	Total Annual Volume of Water Supply (10 000 tons)	2604	1749
#居民生活用水量	Residential Use	1194	1189
平均每人生活用水(吨)	Per Capita Consumption of Tap Water for Resiential Use (ton)	30.51	29.73
城市下水道总长度(公里)	Lenth of Sewer Pipelines (km)	474	291
铺装道路面积 (万平方米)	Area of Paved Roads (10 000 sq.m)	616	332
每人拥有铺装道路面积 (平方米)	Per Capita Area of Paved Roads (sq.m)	19.44	14.06
煤气供气总量 (万立方米)	Coal Gas Supply (10 000 cu.m)	5008	356
#家庭用量	Residential Use	2203	305
液化石油气供气总量 (吨)	Natural Gas Supply (ton)	1983	2750
#家庭用量	Residential Use	1227	1620
公共汽(电)车营运车辆数 (辆)	Number of Public Transportation Vehicles (unit)	394	319
平均每万人拥有公共汽(电) 车数 (辆)	Number of Public Transportation Vehicles Per 10 000 Population (unit)	12.44	13.51
出租汽车数 (辆)	Number of Taxis (unit)	902	1805
公共汽(电)车客运总量 (万人次)	Number of Passengers Carried by Public TransportationVehicles (10 000 person-times)	3964	421
绿地面积 (公顷)	Green Area (ha)	1377	1000
#公园绿地面积	Green Area of Parks	431	395
每万人拥有绿地面积 (公顷)	Green Area Per 10 000 Population (ha)	43.47	42.35
建成区绿化覆盖面积 (公顷)	Green Coverage of Completed Areas (ha)	1569	1315

17-2 续表4 continued

指 标	Item	忻州市区 Xinzhou Urban District	临汾市区 Linfen Urban District
人均住房建筑面积 (平方米)	Per Capita Floor Space of Residential Building (sq.m)	29.40	29.98
供水综合生产能力 (万立方米/日)	Daily Production Capacity of Tap Water (10 000 cu.m/day)	6.60	14.30
全年供水总量 (万吨)	Total Annual Volume of Water Supply (10 000 tons)	2062	2152
#居民生活用水量	Residential Use	896	1150
平均每人生活用水(吨)	Per Capita Consumption of Tap Water for Resiential Use (ton)	36.87	27.98
城市下水道总长度(公里)	Lenth of Sewer Pipelines (km)	148	183
铺装道路面积 (万平方米)	Area of Paved Roads (10 000 sq.m)	238	503
每人拥有铺装道路面积 (平方米)	Per Capita Area of Paved Roads (sq.m)	11.94	13.19
煤气供气总量 (万立方米)	Coal Gas Supply (10 000 cu.m)	7560	21796
#家庭用量	Residential Use	3000	6078
液化石油气供气总量 (吨)	Natural Gas Supply (ton)	3600	3800
#家庭用量	Residential Use	1700	3640
公共汽(电)车营运车辆数 (辆)	Number of Public Transportation Vehicles (unit)	111	313
平均每万人拥有公共汽(电) 车数 (辆)	Number of Public Transportation Vehicles Per 10 000 Population (unit)	5.57	8.21
出租汽车数 (辆)	Number of Taxis (unit)	713	1862
公共汽(电)车客运总量 (万人次)	Number of Passengers Carried by Public TransportationVehicles (10 000 person-times)	1312	3500
绿地面积 (公顷)	Green Area (ha)	494	1364
#公园绿地面积	Green Area of Parks	108	592
每万人拥有绿地面积 (公顷)	Green Area Per 10 000 Population (ha)	24.77	35.76
建成区绿化覆盖面积 (公顷)	Green Coverage of Completed Areas (ha)	520	1580

17-2 续表5 continued

指 标	Item	吕梁市区 Luliang Urban District
人均住房建筑面积 (平方米)	Per Capita Floor Space of Residential Building (sq.m)	23.72
供水综合生产能力 (万立方米/日)	Daily Production Capacity of Tap Water (10 000 cu.m/day)	4.90
全年供水总量 (万吨)	Total Annual Volume of Water Supply (10 000 tons)	1237
#居民生活用水量	Residential Use	395
平均每人生活用水(吨)	Per Capita Consumption of Tap Water for Resiential Use (ton)	18.04
城市下水道总长度(公里)	Lenth of Sewer Pipelines (km)	200
铺装道路面积 (万平方米)	Area of Paved Roads (10 000 sq.m)	243
每人拥有铺装道路面积 (平方米)	Per Capita Area of Paved Roads (sq.m)	15.44
煤气供气总量 (万立方米)	Coal Gas Supply (10 000 cu.m)	2837
#家庭用量	Residential Use	1620
液化石油气供气总量 (吨)	Natural Gas Supply (ton)	1250
#家庭用量	Residential Use	1100
公共汽(电)车营运车辆数 (辆)	Number of Public Transportation Vehicles (unit)	267
平均每万人拥有公共汽(电) 车数 (辆)	Number of Public Transportation Vehicles Per 10 000 Population (unit)	16.96
出租汽车数 (辆)	Number of Taxis (unit)	450
公共汽(电)车客运总量 (万人次)	Number of Passengers Carried by Public TransportationVehicles (10 000 person-times)	1856
绿地面积 (公顷)	Green Area (ha)	593
#公园绿地面积	Green Area of Parks	315
每万人拥有绿地面积 (公顷)	Green Area Per 10 000 Population (ha)	37.67
建成区绿化覆盖面积 (公顷)	Green Coverage of Completed Areas (ha)	654

主要统计指标解释

城乡居民生活用电 指市民住宅、集体宿舍、招待所、机关、商店、学校等照明用电。

供水总量 指自来水厂供出厂外的全部水量，包括有效供水量及损失水量。

实有公共汽（电）车运营车辆 是指城市公共交通企业可参加营运的全部车辆数。包括技术完好的、在修的、待修的、长期停驶的，以及拟报废尚未经上级主管部门批准报废的运营车辆数。不包括公交企业的油罐车、货车和其他专用车等非运营车，也不包括借入、租入的客运车辆。

公共汽（电）车客运总量 指运送乘客的总人数。包括普通票乘客人次，月票乘客人次和包车乘客人次。普通票乘客人次按上车付现金购票，一张票计算一个人次；月票日乘车次按 5 个人次计算；团体包车，一个乘客按一个人次计算，往返按二个人计算。

供气总量（人工煤气、天然气） 指城市煤气企业向城市生产用户、家庭用户和其他用户供应的全部煤气量，包括外购及损失量。

居民生活用水量 指城市范围内所有居民家庭的日常生活用水。包括城市居民、农民家庭、公共供水站用水。

Explanatory Notes on Main Statistical Indicators

Consumption of Electricity for Residential Use refers to lighting consumption being used in residence, collective dormitory, rest house, department, store and school.

Total Volume of Water Supply refers to total water volume supplied by waterworks including both the effective water supply and loss during water supply.

Number of Public Buses (Trolley Buses) refers to the total number of operational buses available, including the operational vehicles and vehicles in stock. Non-operational vehicles such as tank cars, machine shop cars, trucks and special vehicles and the borrowed passenger vehicles are excluded.

Number of Passengers Carried by Bus (Trolley Bus) refers to the total person-times of passengers carried by buses and trolley bus, including ordinary tickets passengers, monthly tickets passengers and group passengers. A ordinary ticket is calculated as one person-time; monthly tickets in a day are calculated as 5 person-times; a passenger in group is calculated as one person-time, while two person-times for a round trip.

Volume of (Manufactured and Natural Gas) Supply refers to the total volume of gas sold to city produce users, household users and other users by gas corporations, including volume purchased and loss.

Consumption of Water for Households refers to water consumption of total household for daily life in city, including water consumption of urban households, rural households and public water supply

18

地市篇

PATR OF PREFECTURE AND CITY

18-1 国民经济核算主要指标(2010年)
MAJOR INDICATORS OF NATIONAL ECONOMIC ACCOUNTING(2010)

单位：万元 (10 000 yuan)

市名 City	总产出 Total Output	第一产业 Primary Industry	第二产业 Secondary Industry	#工业 Industry	第三产业 Tertiary Industry	#交通运输、仓储和邮政业 Transportation, Storage and Post	#批发和零售业 Wholesale and Retail Trade
全省 Total	**232732600**	**10478500**	**161005000**	**135552700**	**61249100**	**14425600**	**9431500**
太原市 Taiyuan	54443692	549358	35382271	23011286	18512063	3173786	3593873
大同市 Datong	18240166	666368	10115710	9148710	7458088	2625486	1311623
阳泉市 Yangquan	10140381	129069	6484176	5515077	3527136	907414	1038835
长治市 Changzhi	25348757	703076	17689290	16564713	6956391	1056307	1034988
晋城市 Jincheng	13786517	539909	9739285	8827255	3507323	816118	519038
朔州市 Shuozhou	19189748	1143497	9836742	9355830	8209509	2594240	3229158
晋中市 Jinzhong	19599860	1105740	14423661	11574661	4070459	1135759	641794
运城市 Yuncheng	24869901	2454732	15476062	14443771	6939107	1765342	1825411
忻州市 Xinzhou	11977507	823049	4967033	4445543	6187425	1256018	1380165
临汾市 Linfen	23071874	1238033	15521239	13804062	6312602	1366280	1961396
吕梁市 Luliang	21677475	774947	16250863	15424638	4651665	1125118	541426

市名 City	地区生产总值 Gross Domestic Product	第一产业 Primary Industry	第二产业 Secondary Industry	#工业 Industry	第三产业 Tertiary Industry	#交通运输、仓储和邮政业 Transportation, Storage and Post	#批发和零售业 Wholesale and Retail Trade
全省 Total	**92008600**	**5544800**	**52340000**	**46579700**	**34123800**	**6540800**	**6955100**
太原市 Taiyuan	17780539	302806	7984887	5968847	9492846	1424724	2202442
大同市 Datong	6959095	362613	3388168	2988016	3208314	1020340	443018
阳泉市 Yangquan	4293774	65845	2553062	2277569	1674867	365699	321584
长治市 Changzhi	9202336	402426	6016737	5763707	2783173	631289	607330
晋城市 Jincheng	7305428	307078	4646429	4438868	2351922	563368	385121
朔州市 Shuozhou	6701476	405421	3790074	3640950	2505981	775665	497279
晋中市 Jinzhong	7638366	649626	4182745	3789745	2805995	787240	542674
运城市 Yuncheng	8274316	1415025	3652883	3152452	3206408	803252	628900
忻州市 Xinzhou	4374561	492210	1950803	1760435	1931548	392095	252352
临汾市 Linfen	8901440	665758	5192778	4746312	3042904	743051	545268
吕梁市 Luliang	8455392	437034	5850716	5686800	2167642	578172	277496

18-1 续表 continued

单位：万元 (10 000 yuan)

市 名 City	人均地区生产总值(元/人) Per Capita GDP (yuan/person)	资本形成总额 Gross Capital Formation	最终消费 Final Consumption Expenditure	居民总消费水平(元/人) Household Consumption Expenditure (yuan/person)	农村居民 Rural Households	城镇居民 Urban Household
全 省 Total	**26283**	**63412500**	**40300300**	**8159**	**4500**	**12279**
太原市 Taiyuan	46144	9640032	8092500	15620	5467	17833
大同市 Datong	21360	5715000	3020100	6548	2190	10141
阳泉市 Yangquan	31898	3139600	1714700	8768	4839	11230
长治市 Changzhi	27642	5917913	4246549	8797	4622	14644
晋城市 Jincheng	32329	4374398	2951832	9423	5060	13955
朔州市 Shuozhou	41107	3932510	2230984	8872	4027	14497
晋中市 Jinzhong	23575	4473715	3425897	7563	4564	11389
运城市 Yuncheng	16170	5413342	3847714	5742	3502	9534
忻州市 Xinzhou	14188	2869915	2438344	5571	3042	9785
临汾市 Linfen	20841	4968722	3947825	6314	3765	10337
吕梁市 Luliang	23013	4912825	2928778	5427	3410	8908

18-2 国民经济核算主要指标发展速度(2010年)

RATE OF MAJOR INDICATORS OF NATIONAL ECONOMIC ACCOUNTING(2010)

上年=100 (last year=100)

市 名 City	总产出 Total Output	第一产业 Primary Industry	第二产业 Secondary Industry	#工业 Industry	第三产业 Tertiary Industry	#交通运输、仓储和邮政业 Transportation, Storage and Post	#批发和零售业 Wholesale and Retail Trade
全 省 Total	**114.6**	**106.2**	**116.8**	**118.6**	**109.7**	**108.9**	**119.8**
太原市 Taiyuan	112.5	105.8	113.3	114.7	111.3	107.2	121.1
大同市 Datong	115.7	111.3	119.4	121.4	111.7	110.4	115.1
阳泉市 Yangquan	109.7	106.3	112.5	114.3	104.6	99.0	103.2
长治市 Changzhi	115.5	108.8	117.2	117.0	111.5	108.0	119.5
晋城市 Jincheng	113.8	115.8	114.1	113.9	112.9	113.0	114.8
朔州市 Shuozhou	115.4	108.6	117.7	118.6	113.7	110.9	114.2
晋中市 Jinzhong	114.4	107.5	116.5	116.4	109.7	109.9	114.9
运城市 Yuncheng	119.3	109.5	124.4	124.6	111.0	112.5	112.0
忻州市 Xinzhou	121.6	110.8	136.4	141.3	115.0	112.9	114.2
临汾市 Linfen	117.0	111.5	118.7	119.1	113.3	112.3	117.9
吕梁市 Luliang	133.5	106.4	143.6	147.6	111.2	111.6	127.8

18-2 续表 continued

上年=100 (last year=100)

市 名 City	地区生产总值 Gross Domestic Product	第一产业 Primary Industry	第二产业 Secondary Industry	#工业 Industry	第三产业 Tertiary Industry	#交通运输、仓储和邮政业 Transportation, Storage and Post	#批发和零售业 Wholesale and Retail Trade
全 省 Total	**113.9**	**106.1**	**118.3**	**119.5**	**109.4**	**107.1**	**119.0**
太原市 Taiyuan	111.0	104.9	112.0	112.5	110.5	105.5	120.0
大同市 Datong	114.2	103.3	118.6	120.0	111.2	111.9	117.5
阳泉市 Yangquan	114.2	103.1	117.0	118.7	110.5	112.2	114.5
长治市 Changzhi	113.7	108.0	116.7	116.6	109.8	107.2	118.2
晋城市 Jincheng	113.7	113.7	115.5	115.5	110.4	108.1	112.4
朔州市 Shuozhou	113.8	108.0	116.0	117.4	111.9	109.1	113.3
晋中市 Jinzhong	114.0	106.3	118.0	118.1	110.2	108.2	115.0
运城市 Yuncheng	115.6	107.1	121.6	121.6	109.8	112.3	111.5
忻州市 Xinzhou	118.7	108.9	128.7	130.8	113.9	111.8	122.7
临汾市 Linfen	116.9	109.9	121.0	121.9	110.6	111.5	116.5
吕梁市 Luliang	121.0	103.0	125.8	126.8	112.3	110.7	126.8

市 名 City	资本形成总额 Gross Capital Formation	最终消费 Final Consumption Expenditure	居民总消费水平 Household Consumption Expenditure	农村居民 Rural Households	城镇居民 Urban Households
全 省 Total	**124.0**	**110.8**	**108.8**	**111.0**	**105.7**
太原市 Taiyuan	108.6	113.7	112.1	116.0	111.9
大同市 Datong	120.7	106.8	107.3	103.7	102.9
阳泉市 Yangquan	148.1	111.3	114.7	101.9	116.1
长治市 Changzhi	117.5	107.1	105.8	104.1	105.1
晋城市 Jincheng	115.4	108.5	106.6	99.6	105.5
朔州市 Shuozhou	115.9	116.9	103.8	101.4	103.3
晋中市 Jinzhong	115.5	112.2	111.4	121.0	105.6
运城市 Yuncheng	125.1	107.7	107.5	105.5	111.1
忻州市 Xinzhou	141.0	104.7	104.7	110.9	100.8
临汾市 Linfen	122.7	109.5	110.6	108.7	110.0
吕梁市 Luliang	135.5	97.4	99.7	99.4	99.8

18-3 基本单位数(2010年)
NUMBER OF BASIC UNITS (2010)

单位：个 (unit)

市 名 City	法人单位数 Corporation Units			产业活动单位数 Active Units	
	合 计 Total	单产业法人 Single Industry	多产业法人 Multi-industry	合 计 Total	#多产业法人单位所属产业活动单位 Units Belong to Multi-industry Corporation
全 省 Total	**205229**	**186248**	**18981**	**281428**	**95180**
太原市 Taiyuan	35823	34220	1603	43364	9144
大同市 Datong	17751	16812	939	23594	6782
阳泉市 Yangquan	8966	7902	1064	12281	4379
长治市 Changzhi	22048	19476	2572	30990	11514
晋城市 Jincheng	16244	13802	2442	23260	9458
朔州市 Shuozhou	9535	9171	364	12232	3061
晋中市 Jinzhong	22203	20094	2109	30006	9912
运城市 Yuncheng	17226	15156	2070	27525	12369
忻州市 Xinzhou	17852	16796	1056	24019	7223
临汾市 Linfen	23080	19430	3650	34302	14872
吕梁市 Luliang	14501	13389	1112	19855	6466

18-4 按投资类型分基本单位数(2010年)
NUMBER OF BASIC UNITS BY TYPE OF INVESTMENT(2010)

单位：个 (unit)

市 名 City	法人单位数 Corporation Units				产业活动单位数 Active Units			
	合 计 Total	内资单位 Civil Funded Enterprises	港澳台商投资单位 Enterprises Funded by HongKong,Macao and Taiwan	外商投资单 位 Foreign Funded Enterprises	合 计 Total	内资单位 Civil Funded Enterprises	港澳台商投资单位 Enterprises Funded by HongKong,Macao and Taiwan	外商投资单 位 Foreign Funded Enterprises
全 省 Total	**205229**	**204735**	**197**	**297**	**281428**	**280256**	**404**	**768**
太原市 Taiyuan	35823	35615	84	124	43364	42988	136	240
大同市 Datong	17751	17717	8	26	23594	23527	22	45
阳泉市 Yangquan	8966	8950	7	9	12281	12250	11	20
长治市 Changzhi	22048	22012	15	21	30990	30887	50	53
晋城市 Jincheng	16244	16223	5	16	23260	23190	35	35
朔州市 Shuozhou	9535	9525	3	7	12232	12196	20	16
晋中市 Jinzhong	22203	22149	27	27	30006	29875	45	86
运城市 Yuncheng	17226	17182	13	31	27525	27408	17	100
忻州市 Xinzhou	17852	17840	4	8	24019	23988	20	11
临汾市 Linfen	23080	23046	19	15	34302	34147	21	134
吕梁市 Luliang	14501	14476	12	13	19855	19800	27	28

18-5 按产业分基本单位数及从业人数(2010年)

NUMBER OF BASIC UNITS AND EMPLOYEES BY INDUSTRY (2010)

市名 City	法人单位 Corporation Units							
	单位数(个) Number of Units (unit)	第一产业 Primary Industry	第二产业 Secondary Industry	第三产业 Tertiary Industry	从业人数(人) Employees (person)	第一产业 Primary Industry	第二产业 Secondary Industry	第三产业 Tertiary Industry
全省 Total	**205229**	**23340**	**38933**	**142956**	**7586773**	**207598**	**3972533**	**3406642**
太原市 Taiyuan	35823	2060	6719	27044	1656321	18528	921971	715822
大同市 Datong	17751	2162	2579	13010	713641	16150	366684	330807
阳泉市 Yangquan	8966	683	1924	6359	416979	8092	265186	143701
长治市 Changzhi	22048	4049	3604	14395	677659	32732	354828	290099
晋城市 Jincheng	16244	2215	2821	11208	571359	21399	305519	244441
朔州市 Shuozhou	9535	1110	1123	7302	310224	13587	133249	163388
晋中市 Jinzhong	22203	3799	4811	13593	726967	28846	403171	294950
运城市 Yuncheng	17226	966	4337	11923	721863	13154	371640	337069
忻州市 Xinzhou	17852	1967	3192	12693	493154	17201	185812	290141
临汾市 Linfen	23080	3045	4267	15768	717331	24264	343391	349676
吕梁市 Luliang	14501	1284	3556	9661	581275	13645	321082	246548

市名 City	产业活动单位 Active Units							
	单位数(个) Number of Units (unit)	第一产业 Primary Industry	第二产业 Secondary Industry	第三产业 Tertiary Industry	从业人数(人) Employees (person)	第一产业 Primary Industry	第二产业 Secondary Industry	第三产业 Tertiary Industry
全省 Total	**281428**	**24521**	**42368**	**214539**	**8143602**	**218512**	**4248565**	**3676525**
太原市 Taiyuan	43364	2129	7484	33751	1874041	19044	1054379	800618
大同市 Datong	23594	2226	2907	18461	731645	16574	352147	362924
阳泉市 Yangquan	12281	730	2195	9356	442836	8560	273243	161033
长治市 Changzhi	30990	4158	4001	22831	748367	33508	407165	307694
晋城市 Jincheng	23260	2264	3052	17944	620706	21803	331997	266906
朔州市 Shuozhou	12232	1156	1261	9815	318249	13863	136083	168303
晋中市 Jinzhong	30006	3942	5213	20851	732326	30069	386229	316028
运城市 Yuncheng	27525	1095	4565	21865	770520	16119	396276	358125
忻州市 Xinzhou	24019	2098	3300	18621	523639	18666	199655	305318
临汾市 Linfen	34302	3381	4721	26200	747550	26001	351995	369554
吕梁市 Luliang	19855	1342	3669	14844	633723	14305	359396	260022

18-6 按行业分法人单位数(2010年)
NUMBER OF CORPORATION UNITS BY SECTOR(2010)

单位：个 (unit)

市 名 City	合 计 Total	农林牧渔业 Farming,Forestry, Animal Husbandry and Fishery	采矿业 Ming and Quarrying	制造业 Manufacturing	电力燃气水的生产和供应业 Production & Supply of Electricity, Gas and Water
全 省 Total	**205229**	**23340**	**7841**	**24368**	**1021**
太原市 Taiyuan	35823	2060	719	4037	59
大同市 Datong	17751	2162	577	1404	89
阳泉市 Yangquan	8966	683	298	1300	59
长治市 Changzhi	22048	4049	782	2160	118
晋城市 Jincheng	16244	2215	568	1731	127
朔州市 Shuozhou	9535	1110	199	624	65
晋中市 Jinzhong	22203	3799	890	3225	118
运城市 Yuncheng	17226	966	466	3439	99
忻州市 Xinzhou	17852	1967	911	1917	109
临汾市 Linfen	23080	3045	1297	2394	107
吕梁市 Luliang	14501	1284	1134	2137	71

市 名 City	建筑业 Construction	交通运输、仓储和邮政业 Transport Storage and Post	信息传输、计算机服务和软件业 Information Transmission, Computer Services and Software	批发和零售业 Wholesale and Retail Trade	住宿和餐饮业 Lodging and Catering Services
全 省 Total	**5703**	**4102**	**2770**	**39698**	**3313**
太原市 Taiyuan	1904	589	1011	10649	886
大同市 Datong	509	391	254	3805	300
阳泉市 Yangquan	267	155	116	2124	197
长治市 Changzhi	544	384	217	3652	291
晋城市 Jincheng	395	261	193	3477	254
朔州市 Shuozhou	235	285	73	1866	156
晋中市 Jinzhong	578	514	196	3861	321
运城市 Yuncheng	333	420	265	2620	235
忻州市 Xinzhou	255	313	86	2018	194
临汾市 Linfen	469	504	245	3965	330
吕梁市 Luliang	214	286	114	1661	149

18-6 续表 continued

单位：个 (unit)

市　名 City	金融业 Banking and Insurance	房地产业 Real Estate Trade	租赁和商务服务业 Lease and Business Affairs Services	科学研究、技术服务和地质勘查业 Scientific Reseach, Technical Services and Geological Prospecting	水利、环境和公共设施管理业 Water,Environmental Protection and Public Facility Management
全　省 Total	**1262**	**4995**	**8404**	**4503**	**1968**
太原市 Taiyuan	285	1543	2642	1352	291
大同市 Datong	125	501	783	421	185
阳泉市 Yangquan	72	217	390	193	71
长治市 Changzhi	79	520	796	445	247
晋城市 Jincheng	80	299	680	333	179
朔州市 Shuozhou	73	197	240	170	89
晋中市 Jinzhong	146	407	714	409	176
运城市 Yuncheng	68	379	493	323	183
忻州市 Xinzhou	97	238	395	244	185
临汾市 Linfen	114	451	976	416	226
吕梁市 Luliang	123	243	295	197	136

市　名 City	居民服务和其他服务业 Resident Services and Other Services	教　育 Education	卫生、社会保障和社会福利业 Health Care, Social Security and Social Welfare	文化体育和娱乐业 Culture,Sports and Recreation	公共管理和社会组织 Public Management and Social Organization
全　省 Total	**3594**	**8762**	**5124**	**2579**	**51882**
太原市 Taiyuan	1033	1331	763	535	4134
大同市 Datong	249	732	561	216	4487
阳泉市 Yangquan	204	320	159	110	2031
长治市 Changzhi	216	876	577	284	5811
晋城市 Jincheng	375	660	324	251	3842
朔州市 Shuozhou	250	339	234	90	3240
晋中市 Jinzhong	324	874	427	272	4952
运城市 Yuncheng	259	967	513	215	4983
忻州市 Xinzhou	144	697	574	191	7317
临汾市 Linfen	405	1265	647	251	5973
吕梁市 Luliang	135	701	345	164	5112

18-7 总户数、常住人口数(2010年)
NUMBER OF HOUSEHOLDS AND RESIDENT POPULATION(2010)

单位：人 (person)

市名 City	总户数(户) Number of Households (household)	常住人口 Resident Population	按性别分 By Sex		按城镇乡村分 By Urban and Rural	
			男性 Male	女性 Famle	城镇人口 Urban	乡村人口 Rural
全省 Total	**11888394**	**35741145**	**18353677**	**17387468**	**17174335**	**18566810**
太原市 Taiyuan	1046700	4204682	2153297	2051385	3470534	734148
大同市 Datong	1190164	3320928	1691305	1629623	1823660	1497268
阳泉市 Yangquan	490867	1369238	710686	658552	821644	547594
长治市 Changzhi	1072508	3337305	1712086	1625219	1396227	1941078
晋城市 Jincheng	758020	2280314	1154571	1125743	1163948	1116366
朔州市 Shuozhou	608821	1716421	896228	820193	794354	922067
晋中市 Jinzhong	1178343	3252037	1696308	1555729	1434927	1817110
运城市 Yuncheng	1526960	5139218	2617950	2521268	1930497	3208721
忻州市 Xinzhou	1203412	3069870	1582880	1486990	1162208	1907662
临汾市 Linfen	1505155	4320653	2202879	2117774	1761950	2558703
吕梁市 Luliang	1307444	3730479	1935487	1794992	1414386	2316093

注：本表总户数为公安年报数。
Note: Number of households in the table are obtained from public security department.

18-8 非农业人口增加来源(2010年)
INCREASE OF NON-AGRICULTURAL POPULATION(2010)

单位：人 (person)

市名 City	合计 Total	出生 Birth	非农业人口迁入 Movement Non-agricultural Population	农业人口转非农人口 Transfering from Agricultural Population	港、澳、台和国外迁入 Movement from Hongkong, Macao, Taiwan and Abroad	复员转业 Demobilized From the Army	其他 Others
全省 Total	**609442**	**157858**	**252759**	**160830**	**164**	**5493**	**32338**
太原市 Taiyuan	120834	28358	46063	37914	75	1341	7083
大同市 Datong	90650	26162	17447	44176	6	1916	943
阳泉市 Yangquan	31641	7133	10315	6005		106	8082
长治市 Changzhi	65324	14172	29926	19384	2	326	1514
晋城市 Jincheng	29197	6807	19612	2604		162	12
朔州市 Shuozhou	23076	8174	11296	2503	9	338	756
晋中市 Jinzhong	52905	12172	27578	10692	5	362	2096
运城市 Yuncheng	48241	12057	27098	7068	13	327	1678
忻州市 Xinzhou	38764	12011	19559	5475	6	179	1534
临汾市 Linfen	55606	15578	23460	11100	27	382	5059
吕梁市 Luliang	53204	15234	20405	13909	21	54	3581

注：本表为公安年报数。
Note: Data of the table are obtained from public security department.

18-9 城镇单位从业人员(2010年)
NUMBER OF EMPLOYEES IN URBAN UNITS(2010)

单位：人 (person)

市 名 City		总 计 Total	#女 性 Female	在岗职工 Fully Employed	其他从业人员 Others
全 省	**Total**	**3944041**	**1368225**	**3844789**	**99252**
太 原 市	Taiyuan	773030	290138	766156	6874
大 同 市	Datong	421140	139089	410575	10565
阳 泉 市	Yangquan	237386	76099	234211	3175
长 治 市	Changzhi	372997	128654	363733	9264
晋 城 市	Jincheng	271461	88267	265528	5933
朔 州 市	Shuozhou	178984	57249	169966	9018
晋 中 市	Jinzhong	350585	116770	336178	14407
运 城 市	Yuncheng	320338	126571	308430	11908
忻 州 市	Xinzhou	226976	80005	221423	5553
临 汾 市	Linfen	338314	131595	330431	7883
吕 梁 市	Luliang	307963	109368	295720	12243
其他单位	Others	144867	24420	142438	2429

		#国有单位 State-owned Units	#集体单位 Collective-owned Units	#港澳台投资经济 Enterprises with Investment From Hong Kong, Macao and Taiwan	#外商投资经济 Enterprises with Foreign Investment	离开本单位仍保留劳动关系的职工 Left Unit but Retain Labour Relation
全 省	**Total**	**2377678**	**238916**	**85981**	**44231**	**343231**
太 原 市	Taiyuan	396676	47730	73516	7507	97159
大 同 市	Datong	191077	29417		1454	57730
阳 泉 市	Yangquan	191477	25925		390	22951
长 治 市	Changzhi	230847	16440	660	4947	30858
晋 城 市	Jincheng	119792	18979	245	4040	17965
朔 州 市	Shuozhou	116191	12499	88	4086	5160
晋 中 市	Jinzhong	157240	18214	8075	9444	16628
运 城 市	Yuncheng	220606	18822	590	3356	15744
忻 州 市	Xinzhou	189564	16320	1045		22937
临 汾 市	Linfen	232037	16440	1606	2376	23965
吕 梁 市	Luliang	187304	18130	156	6631	9406
其他单位	Others	144867				22728

18-10 城镇单位从业人员劳动报酬 (2010年)
REWARD OF EMPLOYEES IN URBAN UNITS(2010)

单位：万元 (10 000 yuan)

市 名 City		从业人员平均人数(人) Average Employees (person)	在岗职工 Fully Employed	其他从业人员 Others	从业人员劳动报酬 Reward of Employees	在岗职工工资总额 Total Wages of Fully Employed	其他从业人员劳动报酬 Reward of Others	在岗职工平均工资(元) Average Wage of Fully Employed (yuan)
全 省	**Total**	**3891848**	**3782489**	**109359**	**12865355**	**12688140**	**177215**	**33544**
太 原 市	Taiyuan	747169	739449	7720	2793688	2782813	10875	37634
大 同 市	Datong	422538	404084	18454	1421979	1391366	30613	34433
阳 泉 市	Yangquan	230808	227201	3607	969129	962671	6458	42371
长 治 市	Changzhi	366492	357252	9240	1207663	1193858	13805	33418
晋 城 市	Jincheng	268925	262616	6309	1060315	1051231	9084	40029
朔 州 市	Shuozhou	179018	169715	9303	576622	552083	24538	32530
晋 中 市	Jinzhong	347644	333242	14402	991089	967195	23894	29024
运 城 市	Yuncheng	320421	308231	12190	745574	730206	15368	23690
忻 州 市	Xinzhou	227853	222002	5851	549535	541736	7799	24402
临 汾 市	Linfen	335574	327633	7941	882577	871524	11053	26601
吕 梁 市	Luliang	305075	292880	12195	924793	909340	15453	31048
其他单位	Others	140331	138184	2147	742392	734118	8275	53126

18-11 国有单位从业人员(2010年)
NUMBER OF EMPLOYEES IN STATE-OWNED UNITS(2010)

单位：人 (person)

市 名 City		从业人员 Employees	#女 性 Female	在岗职工 Fully Employed	其他从业人员 Others	离开本单位仍保留劳动关系的职工 Left Unit but Retain Labour Relation
全 省	**Total**	**2377678**	**908708**	**2318999**	**58679**	**166827**
太 原 市	Taiyuan	396676	167607	393188	3488	45205
大 同 市	Datong	191077	76026	183850	7227	18029
阳 泉 市	Yangquan	191477	59964	189709	1768	14808
长 治 市	Changzhi	230847	83405	227166	3681	11508
晋 城 市	Jincheng	119792	44755	115725	4067	6577
朔 州 市	Shuozhou	116191	40020	111566	4625	2338
晋 中 市	Jinzhong	157240	68374	152293	4947	6165
运 城 市	Yuncheng	220606	94160	212240	8366	10584
忻 州 市	Xinzhou	189564	68794	185663	3901	12290
临 汾 市	Linfen	232037	98229	227333	4704	11535
吕 梁 市	Luliang	187304	82954	177828	9476	5060
其他单位	Others	144867	24420	142438	2429	22728

18-12 国有单位从业人员劳动报酬(2010年)

REWARD OF EMPLOYEES IN STATE-OWNED UNITS(2010)

单位：万元 (10 000 yuan)

市 名 City	从业人员平均人数(人) Average Employees (person)	在岗职工 Fully Employed	其他从业人员 Others	从业人员劳动报酬 Reward of Employees	在岗职工工资总额 Total Wages of Fully Employed	其他从业人员劳动报酬 Reward of Others	在岗职工平均工资(元) Average Wage of Fully Employed (yuan)
全 省 Total	**2355263**	**2295535**	**59728**	**7693166**	**7602613**	**90552**	**33119**
太原市 Taiyuan	393645	389949	3696	1395897	1390681	5216	35663
大同市 Datong	190465	183315	7150	522219	513162	9058	27993
阳泉市 Yangquan	186372	184095	2277	841620	838530	3089	45549
长治市 Changzhi	226823	223184	3639	866605	860974	5631	38577
晋城市 Jincheng	119231	115054	4177	361962	356414	5548	30978
朔州市 Shuozhou	116077	111404	4673	410737	396620	14118	35602
晋中市 Jinzhong	156733	151495	5238	423621	416790	6832	27512
运城市 Yuncheng	219626	211242	8384	528563	518524	10039	24546
忻州市 Xinzhou	190003	185846	4157	485976	480106	5871	25834
临汾市 Linfen	229386	224644	4742	605650	599909	5742	26705
吕梁市 Luliang	186571	177123	9448	507924	496788	11135	28048
其他单位 Others	140331	138184	2147	742392	734118	8275	53126

18-13 集体单位从业人员(2010年)

NUMBER OF EMPLOYEES IN COLLECTIVE-OWNED UNITS(2010)

单位：人 (person)

市 名 City	从业人员 Employees	#女 性 Female	在岗职工 Fully Employed	其他从业人员 Others	离开本单位仍保留劳动关系的职工 Left Unit but Retain Labour Relation
全 省 Total	**238916**	**100714**	**227931**	**10985**	**73679**
太原市 Taiyuan	47730	22544	46041	1689	15203
大同市 Datong	29417	13808	28540	877	23643
阳泉市 Yangquan	25925	11076	24774	1151	4295
长治市 Changzhi	16440	6041	16152	288	9673
晋城市 Jincheng	18979	7189	18603	376	4498
朔州市 Shuozhou	12499	3310	12319	180	471
晋中市 Jinzhong	18214	7655	16246	1968	2601
运城市 Yuncheng	18822	7263	17063	1759	1663
忻州市 Xinzhou	16320	6912	15313	1007	4243
临汾市 Linfen	16440	7526	15627	813	3456
吕梁市 Luliang	18130	7390	17253	877	3933

18-14 集体单位从业人员劳动报酬(2010年)
REWARD OF EMPLOYEES IN COLLECTIVE-OWNED UNITS(2010)

单位：万元 (10 000 yuan)

市名 City	从业人员平均人数(人) Average Employees (person)	在岗职工 Fully Employed	其他从业人员 Others	从业人员劳动报酬 Reward of Employees	在岗职工工资总额 Total Wages of Fully Employed	其他从业人员劳动报酬 Reward of Others	在岗职工平均工资(元) Average Wage of Fully Employed (yuan)
全省 Total	**236975**	**225559**	**11416**	**511372**	**496067**	**15305**	**21993**
太原市 Taiyuan	47814	45995	1819	85800	83962	1837	18255
大同市 Datong	28544	27667	877	47222	46357	865	16755
阳泉市 Yangquan	24555	23481	1074	69649	66543	3106	28339
长治市 Changzhi	16447	16175	272	37423	37229	194	23016
晋城市 Jincheng	18946	18693	253	38914	38557	358	20626
朔州市 Shuozhou	12873	12310	563	34780	33310	1470	27059
晋中市 Jinzhong	17845	16111	1734	42326	39500	2827	24517
运城市 Yuncheng	19066	17026	2040	35516	33557	1958	19709
忻州市 Xinzhou	16538	15534	1004	24128	23304	824	15002
临汾市 Linfen	16559	15660	899	52681	51299	1382	32758
吕梁市 Luliang	17788	16907	881	42934	42450	484	25108

18-15 其他单位从业人员(2010年)
NUMBER OF EMPLOYEES IN OTHER-OWNED UNITS(2010)

单位：人 (person)

市名 City	从业人员 Employees	#女性 Female	在岗职工 Fully Employed	其他从业人员 Others	离开本单位仍保留劳动关系的职工 Left Unit but Retain Labour Relation
全省 Total	**1327447**	**358803**	**1297859**	**29588**	**102725**
太原市 Taiyuan	328624	99987	326927	1697	36751
大同市 Datong	200646	49255	198185	2461	16058
阳泉市 Yangquan	19984	5059	19728	256	3848
长治市 Changzhi	125710	39208	120415	5295	9677
晋城市 Jincheng	132690	36323	131200	1490	6890
朔州市 Shuozhou	50294	13919	46081	4213	2351
晋中市 Jinzhong	175131	40741	167639	7492	7862
运城市 Yuncheng	80910	25148	79127	1783	3497
忻州市 Xinzhou	21092	4299	20447	645	6404
临汾市 Linfen	89837	25840	87471	2366	8974
吕梁市 Luliang	102529	19024	100639	1890	413

18-16 其他单位从业人员劳动报酬(2010年)

REWARD OF EMPLOYEES IN OTHER-OWNED UNITS(2010)

单位：万元 (10 000 yuan)

市名 City	从业人员平均人数(人) Average Employees (person)	在岗职工 Fully Employed	其他从业人员 Others	从业人员劳动报酬 Reward of Employmees	在岗职工工资总额 Total Wages of Fully Employed	其他从业人员劳动报酬 Reward of Others	在岗职工平均工资(元) Average Wage of Fully Employed (yuan)
全省 Total	**1299610**	**1261395**	**38215**	**4660817**	**4589460**	**71357**	**36384**
太原市 Taiyuan	305710	303505	2205	1311992	1308170	3822	43102
大同市 Datong	203529	193102	10427	852538	831848	20690	43078
阳泉市 Yangquan	19881	19625	256	57861	57598	263	29349
长治市 Changzhi	123222	117893	5329	303635	295655	7980	25078
晋城市 Jincheng	130748	128869	1879	659439	656260	3179	50925
朔州市 Shuozhou	50068	46001	4067	131104	122154	8951	26555
晋中市 Jinzhong	173066	165636	7430	525141	510905	14236	30845
运城市 Yuncheng	81729	79963	1766	181495	178125	3370	22276
忻州市 Xinzhou	21312	20622	690	39431	38327	1105	18585
临汾市 Linfen	89629	87329	2300	224246	220317	3930	25228
吕梁市 Luliang	100716	98850	1866	373935	370102	3833	37441

18-17 城镇私营单位从业人员和劳动报酬(2010年)

NUMBER AND REWARD OF EMPLOYEES IN URBAN PRIVATE UNITS(2010)

单位：人 (person)

市名 City	从业人员 Number of Employees	劳动报酬总额(万元) Total Reward of Employees (10 000 yuan)	平均劳动报酬(元) Average Reward of Employees (yuan)
全省 Total	**1236318**	**1941079**	**15640**
太原市 Taiyuan	264860	436634	16693
大同市 Datong	100653	163574	15525
阳泉市 Yangquan	48851	78230	16419
长治市 Changzhi	102939	161370	15688
晋城市 Jincheng	82387	126780	15077
朔州市 Shuozhou	71505	114038	15982
晋中市 Jinzhong	111833	179081	16104
运城市 Yuncheng	104513	142466	13769
忻州市 Xinzhou	125790	185427	14592
临汾市 Linfen	139389	210149	14765
吕梁市 Luliang	83598	143331	17032

18-18 城镇固定资产投资主要指标(2010年)
MAJOR INDICATORS OF INVESTMENT IN FIXED ASSETS IN URBAN AREA(2010)

单位：万元 (10 000 yuan)

市名 City	施工项目(个) Projects Under Construction(unit)	#本年新开工 Newly Started This Year	本年投产项目(个) Number of Projects Completed and Put into Use This Year(unit)	本年新增固定资产 Newly Increased Fixed Assets This Year
全省 Total	**12861**	**9425**	**8031**	**31452703**
太原市 Taiyuan	1735	876	864	3819416
大同市 Datong	492	333	246	1754119
阳泉市 Yangquan	312	195	148	1306605
长治市 Changzhi	1822	1524	1117	3317872
晋城市 Jincheng	1184	769	779	2174329
朔州市 Shuozhou	372	184	173	1643024
晋中市 Jinzhong	1303	908	885	2616499
运城市 Yuncheng	1348	1173	1020	5304613
忻州市 Xinzhou	2113	1788	1356	2705859
临汾市 Linfen	1161	940	900	3905471
吕梁市 Luliang	985	731	534	1934094

市名 City	本年完成投资 Investment Completed This Year	#住宅 Residential	建筑工程 Construction	安装工程 Installation
全省 Total	**58160325**	**7316208**	**33685363**	**4559616**
太原市 Taiyuan	8522890	2576630	4931724	705578
大同市 Datong	5242553	1038952	3524021	489063
阳泉市 Yangquan	2710191	447665	1892072	282556
长治市 Changzhi	5340073	531655	2909056	517088
晋城市 Jincheng	3893245	568802	2056337	282224
朔州市 Shuozhou	3610024	265997	1768482	168024
晋中市 Jinzhong	4657531	479268	2561054	464773
运城市 Yuncheng	5498829	317472	2350787	599436
忻州市 Xinzhou	4172396	250723	2066416	324220
临汾市 Linfen	5067179	412858	3040084	339875
吕梁市 Luliang	3998501	426186	2440036	345114

18-18 续表 continued

单位：万元 (10 000 yuan)

市 名 City	设备工器具购置 Purchase of Equipment and Instruments	其 他 Others	新 建 New Construction	扩 建 Expansion	改建和技术改造 Recons-truction	其 他 Others
全 省 Total	**11384444**	**8530902**	**26465913**	**9172559**	**13238483**	**3360994**
太原市 Taiyuan	1514735	1370853	2930587	548790	1506268	1126299
大同市 Datong	559102	670367	2170117	316508	1692005	157775
阳泉市 Yangquan	260857	274706	665183	367384	1168975	75215
长治市 Changzhi	1350690	563239	2058370	1152794	1502023	299275
晋城市 Jincheng	921738	632946	2209589	213979	894975	251036
朔州市 Shuozhou	1001977	671541	2014767	378714	859397	159334
晋中市 Jinzhong	961140	670564	1706204	881436	1474065	297694
运城市 Yuncheng	1778505	770101	2853122	733315	1258412	321488
忻州市 Xinzhou	1099118	682642	1977105	1216279	694877	102820
临汾市 Linfen	1091900	595320	1697925	1639646	1134491	281427
吕梁市 Luliang	695460	517891	1195212	1296936	1023535	285688

注：本表新建项目投资中不含房地产投资。
Note: New construction investment in this table does not include real estate investment.

18-19 城镇固定资产投资房屋面积及价值(2010年)
FLOOR SPACE AND VALUE OF HOUSES UNDER INVESTMENT IN FIXED ASSETS IN URBAN AREA(2010)

单位：平方米 (sq.m)

市 名 City	本年施工房屋面积 Floor Space of Houses under Construction	#住 宅 Residential Buildings	本年竣工房屋面积 Floor Space of Buildings Completed	#住 宅 Residential Buildings	本年竣工房屋价值(万元) Value of Buildings Completed (10 000 yuan)	#住 宅 Residential Buildings
全 省 Total	**139402520**	**91565571**	**38022142**	**20568141**	**5935307**	**3214315**
太原市 Taiyuan	37134508	27250629	5721133	3578010	1166369	682613
大同市 Datong	19452673	15721794	2084536	1566151	271793	199469
阳泉市 Yangquan	7910561	5256416	1440208	734528	248154	132846
长治市 Changzhi	10943266	6196195	5076446	2578861	721419	349304
晋城市 Jincheng	9055363	5433834	2887530	1579800	541463	314808
朔州市 Shuozhou	5673625	3393243	1558483	972455	288369	182476
晋中市 Jinzhong	9408871	5909819	3713590	2156933	487559	293690
运城市 Yuncheng	12455432	6121770	6176566	2165989	863377	288226
忻州市 Xinzhou	7024470	3768691	2207155	885812	280904	107026
临汾市 Linfen	9963665	6646981	3743909	2199854	595297	364259
吕梁市 Luliang	10380086	5866199	3412586	2149748	470603	299598

18-20 农村非农户固定资产投资主要指标(2010年)
MAIN INDICATORS OF INVESTMENT OF NON-AGRICULTURAL HOUSEHOLDS IN RURAL AREA(2010)

单位：万元 (10 000 yuan)

市 名 City		施工项目(个) Projects Under Construction(unit)	#本年新开工 Newly Started This Year	本年投产项目(个) Number of Projects Completed and Put into Use This Year(unit)	本年新增固定资产 Newly Increased Fixed Assets This Year
全 省	**Total**	**3098**	**2721**	**2469**	**2322322**
太原市	Taiyuan	398	333	265	295302
大同市	Datong	213	196	64	86245
阳泉市	Yangquan	85	79	65	164045
长治市	Changzhi	245	220	205	204273
晋城市	Jincheng	891	842	865	354881
朔州市	Shuozhou	51	27	39	113302
晋中市	Jinzhong	391	342	313	257498
运城市	Yuncheng	350	337	310	408695
忻州市	Xinzhou	161	106	108	55726
临汾市	Linfen	176	159	149	156248
吕梁市	Luliang	137	80	86	226107

市 名 City		本年完成投资 Investment Completed This Year	#住 宅 Residential Buildings	建筑工程 Construction	安装工程 Installation
全 省	**Total**	**3186311**	**430350**	**2119403**	**251401**
太原市	Taiyuan	470166	178805	297061	52849
大同市	Datong	182337	881	147790	7024
阳泉市	Yangquan	273526	68690	209953	23966
长治市	Changzhi	270400	58439	222575	6163
晋城市	Jincheng	433137	4798	276160	36717
朔州市	Shuozhou	129484		65335	18073
晋中市	Jinzhong	292117	19658	209541	26494
运城市	Yuncheng	467012	16230	237261	43957
忻州市	Xinzhou	71442	8609	44235	3850
临汾市	Linfen	237604	5230	179889	13848
吕梁市	Luliang	359086	69010	229603	18460

18-20 续表 continued

单位：万元 (10 000 yuan)

市 名 City	设备工器具购置 Purchase of Equipment and Instruments	其他费用 Others	本年施工房屋面积 (平方米) Floor Space of Houses under Construction (sq.m)	#住 宅 Residential Buildings
全 省 Total	**480495**	**335012**	**7119983**	**3785344**
太原市 Taiyuan	79832	40424	1995382	1545619
大同市 Datong	19516	8007	187549	10110
阳泉市 Yangquan	1133	38474	560871	408932
长治市 Changzhi	11705	29957	813474	466339
晋城市 Jincheng	73889	46371	720934	48780
朔州市 Shuozhou	21315	24761	29396	
晋中市 Jinzhong	34646	21436	776974	269823
运城市 Yuncheng	108101	77693	753510	153306
忻州市 Xinzhou	12642	10715	265067	72820
临汾市 Linfen	39858	4009	106032	78036
吕梁市 Luliang	77858	33165	910794	731579

市 名 City	本年竣工房屋面积 (平方米) Floor Space of Buildings Completed (sq.m)	#住 宅 Residential Buildings	本年竣工房屋价值 Value of Buildings Completed	#住 宅 Residential Buildings
全 省 Total	**4387051**	**2098384**	**505570**	**270653**
太原市 Taiyuan	986494	720139	126492	93797
大同市 Datong	176437	100	15126	40
阳泉市 Yangquan	486610	371171	77405	64923
长治市 Changzhi	298322	220440	27032	20070
晋城市 Jincheng	605502	45730	82318	4904
朔州市 Shuozhou	10696		3764	
晋中市 Jinzhong	667956	238149	41188	19738
运城市 Yuncheng	451510	151806	52650	16217
忻州市 Xinzhou	215969	33384	11844	4339
临汾市 Linfen	97796	77086	13643	11227
吕梁市 Luliang	389759	240379	54108	35398

18-21 房地产开发投资(2010年)
INVESTMENT IN REAL ESTATE(2010)

单位：万元 (10 000 yuan)

市名 City	本年完成投资 Investment Completed This Yesr	#住宅 Residential Buildings	建筑工程 Construction	安装工程 Installation	设备工器具购置 Purchase of Equipment and Instruments	其他费用 Others Expenses
全省 Total	**5922376**	**4574340**	**3980810**	**486396**	**47251**	**1407919**
太原市 Taiyuan	2410946	1851642	1518845	185495	19288	687318
大同市 Datong	906148	696990	556869	81709	3944	263626
阳泉市 Yangquan	433434	348288	349457	48180	215	35582
长治市 Changzhi	327611	259893	268906	3565	3000	52140
晋城市 Jincheng	323666	270043	224478	30604	4688	63896
朔州市 Shuozhou	197812	103741	116730	6759	1696	72627
晋中市 Jinzhong	298132	231837	211129	28849	1377	56777
运城市 Yuncheng	332492	226943	211101	34696	3637	83058
忻州市 Xinzhou	181315	159908	128425	24218	802	27870
临汾市 Linfen	313690	255478	237887	29886	4189	41728
吕梁市 Luliang	197130	169577	156983	12435	4415	23297

18-22 房地产开发施工、竣工面积及价值(2010年)
FLOOR SPACE AND VALUE OF BUILDINGS UNDER CONSTRUCTION AND COMPLETED IN REAL ESTATE DEVELOPMENT(2010)

单位：平方米 (sq.m)

市名 City	本年施工房屋面积 Floor Space of Buildings Under Construction This Year	#住宅 Residential Buildings	本年竣工房屋面积 Floor Space of Buildings Completed This Year	#住宅 Residential Buildings	本年竣工房屋价值(万元) Value of Buildings Completed This Year (10 000 yuan)	#住宅 Residential Buildings
全省 Total	**75998460**	**62544066**	**12037309**	**9913062**	**2081040**	**1685507**
太原市 Taiyuan	23665160	19222118	1376317	1090658	385465	288670
大同市 Datong	11087069	9606423	1019089	789493	181765	143925
阳泉市 Yangquan	5994068	4740424	697916	616341	124315	110131
长治市 Changzhi	5005983	4228024	1237893	1095718	170799	146230
晋城市 Jincheng	4087667	3389379	694055	570935	128055	102546
朔州市 Shuozhou	2916361	2360176	990495	692157	142569	93582
晋中市 Jinzhong	4294471	3666682	1054392	948017	194300	168386
运城市 Yuncheng	6548960	5061710	2161976	1758976	292414	231590
忻州市 Xinzhou	3254558	2800530	446569	405696	65490	58774
临汾市 Linfen	5807573	4844969	1314411	1163045	259423	229696
吕梁市 Luliang	3336590	2623631	1044196	782026	136445	111977

18-23 房地产开发房屋销售额(2010年)

SALES OF HOUSES IN REAL ESTATE DEVELOPMENT(2010)

单位：万元 (10 000 yuan)

市 名 City	商品房销售额 Sales of Commercial Houses	住 宅 Residential Buildings	#90平方米及以下住房 90 sq.m and Below	#140平方米以上住房 Above 140 sq.m	#经济适用房 Economic Buildings
全 省 Total	**4117112**	**3573679**	**562651**	**1269594**	**44471**
太原市 Taiyuan	1874939	1669221	295979	910271	6307
大同市 Datong	239863	201736	47639	58552	4044
阳泉市 Yangquan	280315	244548	14955	36648	19671
长治市 Changzhi	321689	278870	39187	63457	7351
晋城市 Jincheng	184448	152257	19469	24282	
朔州市 Shuozhou	118693	83889	8924	21048	
晋中市 Jinzhong	284929	256006	16236	41236	1700
运城市 Yuncheng	329176	275810	46924	45664	2575
忻州市 Xinzhou	143645	136664	8979	14927	2823
临汾市 Linfen	174322	143130	32063	28361	
吕梁市 Luliang	165093	131548	32296	25148	

市 名 City	#别墅、高档公寓 Villas and High-grade Apartment Buildings	办公楼 Office Buildings	商业营业用房 Buildings for Business Operation	其 他 Other Buildings
全 省 Total	**5998**	**59072**	**455317**	**29044**
太原市 Taiyuan	804	27876	164127	13715
大同市 Datong			36730	1397
阳泉市 Yangquan		909	34438	420
长治市 Changzhi	562	4108	35477	3234
晋城市 Jincheng		9807	21425	959
朔州市 Shuozhou		2527	32277	
晋中市 Jinzhong		899	26660	1364
运城市 Yuncheng	2738		51865	1501
忻州市 Xinzhou			6166	815
临汾市 Linfen		12946	15704	2542
吕梁市 Luliang	1894		30448	3097

18-24 房地产开发房屋销售面积(2010年)

FLOOR SPACE OF HOUSES SOLD IN REAL ESTATE DEVELOPMENT(2010)

单位：平方米 (sq.m)

市 名 City	商品房销售面积 Floor Space of Commercial Houses Sold	住宅 Residential Buildings	#90平方米及以下住房 90 sq.m and Below	#140平方米以上住房 Above 140 sq.m	#经济适用房 Economic Buildings
全 省 Total	**11805872**	**10705378**	**1925159**	**2090831**	**287688**
太原市 Taiyuan	2588212	2354865	655165	789445	33164
大同市 Datong	807420	733979	160830	138317	28945
阳泉市 Yangquan	1077136	1005598	56341	106561	122741
长治市 Changzhi	1224529	1138920	175474	220306	53336
晋城市 Jincheng	614319	553126	85420	95633	
朔州市 Shuozhou	576134	421959	51920	79147	
晋中市 Jinzhong	1145508	1089530	68619	171184	8040
运城市 Yuncheng	1759687	1573992	309136	239430	24552
忻州市 Xinzhou	689488	670708	50411	57972	16910
临汾市 Linfen	675029	601045	140090	99140	
吕梁市 Luliang	648410	561656	171753	93696	

市 名 City	#别墅、高档公寓 Villas and High-grade Apartment Buildings	办公楼 Office Buildings	商业营业用房 Buildings for Business Operation	其 他 Other Buildings
全 省 Total	**20263**	**107626**	**843667**	**149201**
太原市 Taiyuan	728	40415	145538	47394
大同市 Datong			63292	10149
阳泉市 Yangquan		1679	66029	3830
长治市 Changzhi	2038	8430	56712	20467
晋城市 Jincheng		17824	34852	8517
朔州市 Shuozhou		7100	147075	
晋中市 Jinzhong		2298	46603	7077
运城市 Yuncheng	11850		172427	13268
忻州市 Xinzhou			12213	6567
临汾市 Linfen		29880	33636	10468
吕梁市 Luliang	5647		65290	21464

18-25 海关进出口情况
IMPORTS AND EXPORTS OF CUSTOMS

单位：万美元 (USD 10 000)

市 名 City	2009			2010		
	进出口总 额 Total	进 口 Imports	出 口 Exports	进出口总 额 Total	进 口 Imports	出 口 Exports
全 省 Total	**855432**	**571596**	**283836**	**1257839**	**786909**	**470930**
太原市 Taiyuan	591231	396806	194425	791250	477409	313841
大同市 Datong	19500	8100	11400	56767	44274	12493
阳泉市 Yangquan	9355	3985	5370	29145	16025	13120
长治市 Changzhi	27919	25502	2417	37208	32911	4297
晋城市 Jincheng	23962	11936	12025	53204	32044	21160
朔州市 Shuozhou	11345	10771	574	12502	11535	967
晋中市 Jinzhong	16009	993	15017	23000	728	22272
运城市 Yuncheng	81979	66277	15702	104482	76155	28327
忻州市 Xinzhou	10242	275	9967	12654	122	12532
临汾市 Linfen	35519	26832	8687	65100	50550	14550
吕梁市 Luliang	28372	20120	8252	72527	45156	27371

18-26 利用外商直接投资额
UTILIZATION OF FOREIGN DIRECT INVESTMENT

单位：万美元 (USD 10 000)

市 名 City	2009		2010	
	合同金额 Contract Value	实际使用金额 Actual Value	合同金额 Contract Value	实际使用金额 Actual Value
全 省 Total	**66893**	**49315**	**100301**	**71421**
太原市 Taiyuan	29610	26164	66496	28343
大同市 Datong	1264	2133	3883	4177
阳泉市 Yangquan	5465	2933	261	
长治市 Changzhi	2007	100	7533	826
晋城市 Jincheng	-855	539	1356	5933
朔州市 Shuozhou	3796	110	6492	
晋中市 Jinzhong	4781	7048	3371	4787
运城市 Yuncheng	4720	4215	2555	13965
忻州市 Xinzhou	9030	639	-757	4
临汾市 Linfen	3132	1890	2220	1185
吕梁市 Luliang	3943	3547	6891	12202

18-27 煤炭集运站煤炭销售量(2010年)
SALES OF COAL IN COAL-COLLECT STATION(2010)

单位：万吨 (10 000 tons)

市　名 City	收入量 Reception	销售量 Sale
全　省　Total	**9060.30**	**8977.50**
太原市　Taiyuan	1245.07	1245.07
大同市　Datong	216.25	208.75
阳泉市　Yangquan	181.76	175.65
长治市　Changzhi	542.10	519.86
晋城市　Jincheng	602.46	603.34
朔州市　Shuozhou	2461.22	2449.73
晋中市　Jinzhong	1773.67	1796.23
运城市　Yuncheng		
忻州市　Xinzhou	873.76	818.27
临汾市　Linfen	84.61	83.50
吕梁市　Luliang	1079.40	1077.10

18-28 单位地区生产总值能源消耗(等价值)情况
ENERGY CONSUMPTION PER UNIT OF GDP(EQUIVALENT VALUE)

单位：吨标准煤/万元 (ton of SCE/10 000 yuan)

市　名 City	2005	2008	2009	2010	2010年比上年增长(%) Increase by Percent over Last Year(%)
全　省　Total	**2.95**	**2.55**	**2.36**	**2.24**	**-5.36**
太原市　Taiyuan	2.67	2.23	1.83	1.71	-6.28
大同市　Datong	2.54	2.10	1.76	1.67	-5.20
阳泉市　Yangquan	2.71	2.34	2.13	2.02	-5.29
长治市　Changzhi	3.48	2.93	2.65	2.50	-5.54
晋城市　Jincheng	2.41	2.10	2.10	1.90	-9.32
朔州市　Shuozhou	2.42	2.08	2.01	1.87	-7.23
晋中市　Jinzhong	3.28	2.76	2.62	2.49	-4.67
运城市　Yuncheng	3.61	3.23	2.96	2.72	-7.97
忻州市　Xinzhou	3.75	3.15	2.69	2.56	-4.78
临汾市　Linfen	4.30	3.76	3.45	3.13	-9.16
吕梁市　Luliang	3.95	3.41	3.04	2.89	-4.83

18-29 规模以上工业单位增加值能源消耗(当量值)情况

ENERGY CONSUMPTION PER UNIT OF ABOVE DESIGNATED SIZE INDUSTRIAL VALUE-ADDED (EQUIVALENT VALUE)

单位：吨标准煤/万元 (ton of SCE/10 000 yuan)

市 名 City	2005	2008	2009	2010	2010年比上年增长(%) Increase by Percent over Last Year(%)
全 省 Total	**6.57**	**4.88**	**4.55**	**3.91**	**-12.64**
太原市 Taiyuan	6.47	4.29	3.96	3.71	-11.48
大同市 Datong	4.98	3.34	3.95	4.09	-0.43
阳泉市 Yangquan	4.84	4.39	3.82	3.01	-18.90
长治市 Changzhi	6.72	4.19	3.48	3.22	-13.93
晋城市 Jincheng	4.55	4.08	3.41	2.93	-23.31
朔州市 Shuozhou	6.75	4.63	4.24	2.96	-11.08
晋中市 Jinzhong	7.08	4.99	4.06	3.44	-10.46
运城市 Yuncheng	7.15	6.46	5.47	5.28	-18.15
忻州市 Xinzhou	9.79	5.01	4.24	3.59	-11.13
临汾市 Linfen	7.20	5.71	5.32	4.48	-17.66
吕梁市 Luliang	7.63	4.82	4.84	3.58	-16.55

18-30 单位地区生产总值电力消耗情况

ELECTRICITY CONSUMPTION PER UNIT OF GDP

单位：千瓦小时/万元 (kw.h/10 000 yuan)

市 名 City	2005	2008	2009	2010	2010年比上年增长(%) Increase by Percent over Last Year(%)
全 省 Total	**2264.2**	**2288.9**	**1921.9**	**1943.7**	**0.44**
太原市 Taiyuan	1636.2	1621.9	1444.5	1493.2	3.60
大同市 Datong	2477.8	2135.2	1791.4	1963.0	9.40
阳泉市 Yangquan	3358.0	3041.9	2105.8	2140.4	1.69
长治市 Changzhi	2347.8	2333.5	2010.8	1998.5	-0.57
晋城市 Jincheng	2118.4	2446.1	2372.1	2200.8	-7.19
朔州市 Shuozhou	2963.9	2301.4	1485.2	1505.3	1.89
晋中市 Jinzhong	1879.3	1861.4	1593.2	1670.9	1.82
运城市 Yuncheng	3143.2	4112.1	3617.1	3552.6	-1.31
忻州市 Xinzhou	3644.2	3476.9	2841.9	2902.2	0.79
临汾市 Linfen	1898.5	1710.9	1667.6	1570.3	-5.83
吕梁市 Luliang	1820.6	1950.0	1747.1	1788.6	0.62

18-31 乡村基本情况(2010年)
BASIC CONDITIONS OF RURAL AREAS (2010)

市　名 City	乡镇政府(个) Number of Township and Town Governments (unit)	#镇政府 Number of Town Governments	村民委员会(个) Number of Villager's Committees (unit)	乡村户数(户) Number of Rural Households (household)	乡村人口(人) Rural Population (persons)
全　省　Total	**1118**	**478**	**28242**	**6944212**	**23938302**
太原市　Taiyuan	49	18	965	337761	1037667
大同市　Datong	92	26	1961	562668	1706163
阳泉市　Yangquan	29	17	960	265020	731791
长治市　Changzhi	127	58	3455	684405	2428864
晋城市　Jincheng	71	45	2286	526237	1668501
朔州市　Shuozhou	65	14	1688	349873	1140110
晋中市　Jinzhong	109	50	2753	781513	2328533
运城市　Yuncheng	128	71	3194	1032071	4187250
忻州市　Xinzhou	173	47	4888	756780	2404308
临汾市　Linfen	137	61	2968	806170	3268244
吕梁市　Luliang	138	71	3124	841714	3036871

市　名 City	乡村从业人员(人) Number of Rural Employees (person)	农林牧渔业 Farming,Forestry, Animal Husbandry and Fishery	工　业 Industry	建筑业 Construction	其他行业 Others
全　省　Total	**11000088**	**6324384**	**1483580**	**863111**	**2329013**
太原市　Taiyuan	491238	233253	78812	23708	155465
大同市　Datong	709796	425096	61093	52940	170667
阳泉市　Yangquan	334307	146776	82566	20085	84880
长治市　Changzhi	1123323	638747	159944	105310	219322
晋城市　Jincheng	834430	447666	136267	66508	183989
朔州市　Shuozhou	500693	321627	42821	32183	104062
晋中市　Jinzhong	1101630	612077	189538	85981	214034
运城市　Yuncheng	2159425	1367368	249478	157548	385031
忻州市　Xinzhou	972394	585520	91472	104114	191288
临汾市　Linfen	1515017	864498	208249	105982	336288
吕梁市　Luliang	1257835	681756	183340	108752	283987

18-32 农林牧渔业总产值(2010年)

GROSS OUTPUT VALUE OF FARMING, FORESTRY, ANIMAL HUSBANDRY AND FISHERY(2010)

按现行价格计算 (at current price)

市名 City	农林牧渔业总产值(万元) Total (10 000 yuan)	农业 Farming	林业 Forestry	牧业 Animal Husbandry	渔业 Fishery	农林牧渔服务业 Farming,Forestry, Animal Husbandry and Fishery Service
全省 Total	**10478483**	**6689937**	**650089**	**2508360**	**61097**	**569000**
太原市 Taiyuan	560634	336794	49426	154140	3063	17210
大同市 Datong	666368	315003	31521	300717	590	18537
阳泉市 Yangquan	129069	71850	10998	42198	975	3048
长治市 Changzhi	686424	452422	41169	170471	2806	19556
晋城市 Jinchen	538198	272267	29022	221074	3080	12755
朔州市 Shuozhou	720355	377919	23402	297213	1457	20365
晋中市 Jinzhong	1105470	664885	64516	351642	1964	22463
运城市 Yuncheng	2454731	1892126	66494	307321	10792	177998
忻州市 Xinzhou	823049	465090	57219	273392	2364	24984
临汾市 Linfen	1238033	807257	76603	328613	8704	16855
吕梁市 Luliang	774947	480402	40060	245888	1859	6738

18-33 农林牧渔业中间消耗(2010年)

INTERMEDIATE CONSUMPTION OF FARMING, FORESTRY, ANIMAL HUSBANDRY AND FISHERY(2010)

按现行价格计算 (at current price)

市名 City	农林牧渔业中间消耗(万元) Total (10 000 yuan)	农业 Farming	林业 Forestry	牧业 Animal Husbandry	渔业 Fishery	农林牧渔服务业 Farming, Forestry, Animal Husbandry and Fishery Service
全省 Total	**4933454**	**2945388**	**399804**	**1251672**	**31037**	**305553**
太原市 Taiyuan	257828	148634	23156	77388	1338	7312
大同市 Datong	303755	135833	14206	142272	381	11063
阳泉市 Yangquan	63222	34514	6118	20504	483	1603
长治市 Changzhi	283998	175315	19834	78906	1112	8831
晋城市 Jinchen	231058	101876	17693	103685	1312	6492
朔州市 Shuozhou	312363	141542	11300	152852	945	5724
晋中市 Jinzhong	456114	201209	39255	203478	942	11230
运城市 Yuncheng	1039707	748713	40428	155504	7104	87958
忻州市 Xinzhou	330839	158633	29837	130361	1003	11005
临汾市 Linfen	572275	370469	37284	152139	4056	8327
吕梁市 Luliang	337913	188203	19591	125881	838	3400

18-34 农业生产条件 (2010年)

CONDITIONS OF AGRICULTURAL PRODUCTION (2010)

市名 City		农业机械总动力(千瓦) Total Power of Agricultural Machinery (kw)	大中型农用拖拉机(台) Large and Medium Tractors for Agriculture (unit)	小型农用拖拉机(台) Mini-tractors for Agriculture (unit)	农用排灌动力机械(台) Drainage and Irrigation Machinery (unit)
全 省	**Total**	**28091661**	**73178**	**299453**	**156780**
太原市	Taiyuan	1202931	3128	4902	4973
大同市	Datong	1605533	6089	13528	8677
阳泉市	Yangquan	1215156	998	6775	13926
长治市	Changzhi	1761951	7737	20707	10883
晋城市	Jincheng	2252594	2255	44993	5481
朔州市	Shuozhou	2061340	7797	19206	14627
晋中市	Jinzhong	3211152	7261	47110	20155
运城市	Yuncheng	6052977	14994	71538	35699
忻州市	Xinzhou	2161483	7677	28835	9555
临汾市	Linfen	4050762	10232	33798	18675
吕梁市	Luliang	2515783	5010	8061	14129

市名 City		农用运输车(台) Conveyance Vehicle for Agriculture (unit)	配套机电井 (眼) Number of Complete set of Motorelectric pumped Well (unit)	农村用电量(万千瓦小时) Electricity Consumed (10 000 kwh)	农用化肥施用量(折纯量,吨) Agricultural Consumption of Chemical Fertilizers (ton)
全 省	**Total**	**965199**	**81166**	**811763**	**1103663**
太原市	Taiyuan	26010	2425	48404	26470
大同市	Datong	37278	7809	29587	81246
阳泉市	Yangquan	21301	539	70480	13786
长治市	Changzhi	53599	6984	71496	110137
晋城市	Jincheng	69092	1269	68438	68776
朔州市	Shuozhou	55946	7141	20200	69090
晋中市	Jinzhong	104498	11071	112617	103116
运城市	Yuncheng	295282	22791	208645	273957
忻州市	Xinzhou	49636	6757	50856	126539
临汾市	Linfen	172578	8070	62036	157473
吕梁市	Luliang	79979	6310	69005	73072

18-35 粮食、油料和棉花播种面积
SOWN AREAS OF GRAIN，OIL-BEARING CROPS AND COTTON

单位：公顷 (ha)

市 名 City	粮食播种面积 Sown areas of Grain		油料播种面积 Sown areas of Oil-bearing Crops		棉花播种面积 Sown areas of Cotton	
	2009	2010	2009	2010	2009	2010
全 省 Total	**3146670**	**3239230**	**169930**	**156950**	**70160**	**58720**
太原市 Taiyuan	85479	84781	3329	3114	100	77
大同市 Datong	267768	275598	19711	17676		
阳泉市 Yangquan	54293	55311	430	398		
长治市 Changzhi	256581	255474	2405	2018	75	66
晋城市 Jincheng	201636	207515	3624	3924	302	282
朔州市 Shuozhou	260836	265860	28722	30398		
晋中市 Jinzhong	289510	288691	4954	3978	284	228
运城市 Yuncheng	624863	652476	12678	12341	66211	57251
忻州市 Xinzhou	417146	420882	35213	35229	146	130
临汾市 Linfen	504358	508894	15977	14166	5909	4051
吕梁市 Luliang	357437	358719	41084	38097	245	235

18-36 粮食、油料和棉花产量
OUTPUT OF GRAIN，OIL-BEARING CROPS AND COTTON

单位：吨 (ton)

市 名 City	粮食产量 Output of Grain		油料产量 Output of Oil-bearing Crops		棉花产量 Output of Cotton	
	2009	2010	2009	2010	2009	2010
全 省 Total	**9420000**	**10851000**	**170188**	**175892**	**83991**	**69311**
太原市 Taiyuan	318536	321585	2753	2721	133	105
大同市 Datong	525706	835673	7304	10663		
阳泉市 Yangquan	219645	208185	592	300		
长治市 Changzhi	1153478	1430463	3505	3016	34	53
晋城市 Jincheng	700057	914645	4779	6532	184	228
朔州市 Shuozhou	721842	897313	27321	31271		
晋中市 Jinzhong	1383395	1616815	10553	8614	228	181
运城市 Yuncheng	2222122	2666475	21121	18609	76734	63998
忻州市 Xinzhou	1141777	1478991	38507	36696	105	84
临汾市 Linfen	1667399	2073868	22625	21476	6435	4576
吕梁市 Luliang	894159	1042675	31130	35997	138	86

18-37 水果、林业及渔业生产情况 (2010年)
OUTPUT OF FRUITS, FORESTRY AND FISHERY (2010)

市名 City	全年水果产量(吨) Annual Output of Fruits (ton)	#苹果 Apples	年末果园面积(公顷) Area of Orchards (ha)	当年造林面积(公顷) Afforestation Area (ha)	全年水产品总产量(吨) Annual Aquatic Products (ton)	淡水养殖面积(公顷) Fishery Breeding Area (ha)
全省 Total	**4084560**	**2566472**	**294381**	**291092**	**31700**	**14840**
太原市 Taiyuan	64265	9469	10559	18979	2780	1284
大同市 Datong	14033	2455	7167	21608	720	1117
阳泉市 Yangquan	13208	10124	1843	7931	539	36
长治市 Changzhi	37948	21393	6426	20306	2160	2400
晋城市 Jincheng	57441	22747	3999	9780	1235	388
朔州市 Shuozhou	4785	1498	587	15472	660	220
晋中市 Jinzhong	256238	141673	24143	30456	2000	682
运城市 Yuncheng	2943956	2039835	126125	23623	11250	2176
忻州市 Xinzhou	61659	17855	17775	49602	1878	1117
临汾市 Linfen	379563	273591	43522	44254	4550	850
吕梁市 Luliang	251462	25833	52236	49081	1300	1085

18-38 城镇居民家庭生活基本情况(2010年)
BASIC LIVING CONDITIONS OF URBAN HOUSEHOLDS (2010)

单位：人 (person)

市名 City	调查户数(户) Households Surveyed (household)	平均每户家庭人口 Average Persons Per Household	平均每户就业人口数 Average Employees Per Household	平均每一就业者负担系数 Coefficient Support By Each Employee	平均每人可支配收入(元) Per Capita Disposable Income (yuan)	平均每人消费支出(元) Annual Expenditure Per Capita (yuan)
全省 Total	**1810**	**2.84**	**1.34**	**2.12**	**15647.66**	**9792.65**
太原市 Taiyuan	300	2.63	1.13	2.33	17257.67	12105.64
大同市 Datong	200	2.67	1.37	1.95	16102.55	10140.46
阳泉市 Yangquan	160	2.75	1.38	1.99	17083.75	10256.12
长治市 Changzhi	100	2.81	1.45	1.94	17122.74	10829.50
晋城市 Jincheng	100	2.94	1.35	2.18	17353.21	10585.72
朔州市 Shuozhou	150	3.11	1.52	2.05	17557.74	11712.69
晋中市 Jinzhong	100	2.77	1.44	1.92	17394.09	11971.77
运城市 Yuncheng	100	2.81	1.39	2.02	14951.58	9050.19
忻州市 Xinzhou	100	2.88	1.25	2.30	14938.63	9785.66
临汾市 Linfen	100	2.90	1.43	2.03	16144.76	9640.79
吕梁市 Luliang	100	3.31	1.33	2.49	15278.11	8144.66

18-39 农村居民家庭生活基本情况(2010年)
BASIC LIVING CONDITIONS OF RURAL HOUSEHOLDS(2010)

单位：元 (yuan)

市 名 City		调查户数(户) Households Surveyed (household)	家庭常住人口(人) Number of Permanent Residents in the Household (person)	家庭劳动力人数(人) Labours (person)	人均耕地面积(亩) Per Capita Cultivated Land (mu)	人均住房面积(平方米) Per Capita Housing Floor Space (sq.m)	农民人均纯收入 Per Capita Net Income of Rural Households	农民人均生活消费支出 Per Capita Living Expenditure of Rural Households
全 省	**Total**	**2100**	**8035**	**5671**	**2.43**	**28.69**	**4736.25**	**3663.9**
太原市	Taiyuan	800	2942	2099	1.34	32.85	7611.00	3879.0
大同市	Datong	400	1420	1073	3.64	20.31	4062.90	2471.6
阳泉市	Yangquan	240	823	588	1.14	30.86	6559.89	4046.7
长治市	Changzhi	480	1799	1291	1.72	36.47	5960.00	2935.1
晋城市	Jincheng	480	1783	1255	1.30	34.89	5899.00	3853.2
朔州市	Shuozhou	480	1911	1341	5.94	20.97	5902.70	3292.7
晋中市	Jinzhong	880	3104	2358	2.18	29.40	5808.74	3801.1
运城市	Yuncheng	560	2263	1616	1.62	31.07	4684.70	3067.1
忻州市	Xinzhou	480	1719	1262	2.35	22.36	3445.70	3041.5
临汾市	Linfen	560	2356	1625	2.48	30.40	5287.10	3380.8
吕梁市	Luliang	480	1847	1295	2.12	25.99	3890.27	3326.6

18-40 建筑业企业总产值和竣工产值(2010年)
GROSS OUTPUT VALUE AND COMPLETED VALUE OF CONSTRUCTION ENTERPRISES(2010)

单位：万元 (10 000 yuan)

市 名 City		总产值 Total Output Value	#建筑工程 Construction	#安装工程 Installation	竣工产值 Output Value of Construction Completed
全 省	**Total**	**21434591**	**19006893**	**1761114**	**8522733**
太原市	Taiyuan	13438542	12052684	1070800	4616376
大同市	Datong	966324	850030	106132	482143
阳泉市	Yangquan	1008389	857321	76648	327546
长治市	Changzhi	622169	531598	50251	470416
晋城市	Jincheng	357185	290511	53786	288170
朔州市	Shuozhou	479886	312018	105290	308985
晋中市	Jinzhong	1405206	1353369	36734	212030
运城市	Yuncheng	937292	743399	119334	528660
忻州市	Xinzhou	410104	317151	52466	292856
临汾市	Linfen	1527106	1454628	60262	777059
吕梁市	Luliang	282388	244186	29411	218492

18-41 建筑业企业房屋建筑面积(2010年)
FLOOR SPACE OF BUILDINGS CONSTRUCTED BY CONSTRUCTION ENTERPRISES(2010)

单位：平方米 (sq.m)

市名 City	房屋建筑施工面积 Floor Space of Buildings Under Construction	#本年新开工面积 Floor Space Started This Year	#投标承包的面积 Floor Space of Enter a Bid Contract
全省 Total	**72895132**	**38220473**	**64006928**
太原市 Taiyuan	33490248	14709208	31462115
大同市 Datong	5445363	3029971	4738500
阳泉市 Yangquan	3528522	1550439	1592818
长治市 Changzhi	5224905	2441579	5034082
晋城市 Jincheng	1916607	1220620	1252438
朔州市 Shuozhou	1460480	1204814	1355942
晋中市 Jinzhong	4189096	1842076	2779142
运城市 Yuncheng	5249654	3152821	4498194
忻州市 Xinzhou	2713721	2127370	2106995
临汾市 Linfen	4730741	2117175	4253711
吕梁市 Luliang	4945795	4824400	4932991

18-42 按主要用途分的房屋建筑竣工面积(2010年)
TOTAL FLOOR SPACE OF COMPLETED BUILDINGS BY USE(2010)

单位：平方米 (sq.m)

市名 City	总计 Total	#厂房 Factory Building	#住宅 Residential Buildings	#办公用房 Official Buildings	#批发和零售用房 Wholesale and Retail Trade Buildings
全省 Total	**25854044**	**2226893**	**16800672**	**1668508**	**387515**
太原市 Taiyuan	8436792	632381	5044137	569200	137640
大同市 Datong	2301293	117067	1777548	121870	43366
阳泉市 Yangquan	1314080	80315	1047051	21912	10882
长治市 Changzhi	2185302	209863	1526369	192173	21756
晋城市 Jincheng	1318823	289767	861819	54975	
朔州市 Shuozhou	942532	96155	579476	74200	19654
晋中市 Jinzhong	1511521	153681	950949	176877	17137
运城市 Yuncheng	2856271	142117	1726862	121712	46015
忻州市 Xinzhou	1811255	54188	1305589	141041	5271
临汾市 Linfen	1636953	117806	1064684	101708	54098
吕梁市 Luliang	1539222	333553	916188	92840	31696

18-43 按主要用途分的房屋建筑竣工价值(2010年)
VALUE OF HOUSES COMPLETED BY MAJOR USE(2010)

单位：万元 (10 000 yuan)

市 名 City	总 计 Total	#厂房、仓库 Factory Buildings and Warehouse	#住 宅 Residential Buildings	#办公用房 Official Buildings	#批发和零售用房 Wholesale and Retail Trade Buildings
全 省 Total	**3031498**	**308584**	**1822761**	**239062**	**41052**
太原市 Taiyuan	1196742	136349	610232	108411	14430
大同市 Datong	228862	15395	160418	20202	6509
阳泉市 Yangquan	155993	14244	116371	1485	1210
长治市 Changzhi	266304	22444	188509	25239	2313
晋城市 Jincheng	134779	27977	89737	5039	
朔州市 Shuozhou	132908	12279	80164	8459	2825
晋中市 Jinzhong	154084	13218	95137	23467	1395
运城市 Yuncheng	266852	12151	163516	11518	4438
忻州市 Xinzhou	184170	5195	127428	16873	435
临汾市 Linfen	185048	21537	116700	11824	5069
吕梁市 Luliang	125756	27794	74549	6544	2429

18-44 建筑业企业机械设备情况(2010年)
MACHINARY AND EQUIPMENT OF CONSTRUCTION ENTERPRISES(2010)

市 名 City	自有机械设备年末总台数(台) Number of Machinery and Equipment Owned (unit)	自有机械设备年末总功率(千瓦) Total Power of Machinery and Equipment Owned (kw)	自有机械设备净值(万元) Net Value of Machinery and Equipment Owned (10 000 yuan)
全 省 Total	**205924**	**5265006**	**1098656**
太原市 Taiyuan	73623	2631603	614737
大同市 Datong	15066	201121	33353
阳泉市 Yangquan	6290	284330	28527
长治市 Changzhi	9844	153040	35630
晋城市 Jincheng	7500	141756	20420
朔州市 Shuozhou	10926	167794	60904
晋中市 Jinzhong	18582	527612	84723
运城市 Yuncheng	14247	151252	40179
忻州市 Xinzhou	13437	161051	32312
临汾市 Linfen	16648	365786	90704
吕梁市 Luliang	19761	479661	57166

18-45 建筑业企业劳动生产率(2010年)
LABOUR PRODUCTIVITY OF CONSTRUCTION ENTERPRISES(2010)

单位：元/人 (yuan/person)

市名 City	企业个数(个) Number of Enterprises (unit)	计算劳动生产率的平均人数(人) Staff and Workers (Annual Average) (person)	按总产值计算的劳动生产率 Overall Labor Productivity in Terms of Total Output Value	人均竣工产值 Per Capita Output Value of Completed
全省 Total	**1970**	**964137**	**222319**	**88398**
太原市 Taiyuan	821	510587	263198	90413
大同市 Datong	204	75631	127768	63749
阳泉市 Yangquan	78	56663	177963	57806
长治市 Changzhi	146	36679	169625	128252
晋城市 Jincheng	71	23569	151549	122267
朔州市 Shuozhou	78	28687	167284	107709
晋中市 Jinzhong	118	55281	254193	38355
运城市 Yuncheng	129	55070	170200	95998
忻州市 Xinzhou	110	36336	112864	80597
临汾市 Linfen	128	62793	243197	123749
吕梁市 Luliang	87	22841	123632	95658

18-46 建筑业企业负债及所有者权益(2010年)
LIABILITIES AND CREDITORS' EQUITY OF CONSTRUCTION ENTERPRISES(2010)

单位：万元 (10 000 yuan)

市名 City	负债合计 Total Liabilities	流动负债 Liquid Liabilities	长期负债 Long-term Liabilities	所有者权益合计 Total Creditors' Equity
全省 Total	**15916037**	**15458384**	**457654**	**4352240**
太原市 Taiyuan	10692767	10385207	307560	2201311
大同市 Datong	628073	615604	12469	239571
阳泉市 Yangquan	1189700	1129542	60159	392800
长治市 Changzhi	410266	397053	13214	181137
晋城市 Jincheng	346022	341514	4508	153004
朔州市 Shuozhou	242684	239475	3209	107474
晋中市 Jinzhong	801686	783699	17988	266627
运城市 Yuncheng	450999	443295	7704	250686
忻州市 Xinzhou	98022	95974	2047	182212
临汾市 Linfen	861229	842204	19025	235450
吕梁市 Luliang	194589	184818	9771	141970

18-47 建筑业企业资本金及资产(2010年)

CAPITAL AND ASSETS OF CONSTRUCTION ENTERPRISES(2010)

单位：万元 (10 000 yuan)

市名 City	实收资本 Capitals Hold	资产总计 Total Assets	#流动资产合计 Total Circulating Assets	#固定资产合计 Total Fixed Assets
全省 Total	**3320495**	**20268277**	**16939104**	**2211711**
太原市 Taiyuan	1818872	12894077	11036974	1055576
大同市 Datong	229636	867644	741306	94985
阳泉市 Yangquan	112438	1582500	1323799	149956
长治市 Changzhi	142356	591403	486623	95090
晋城市 Jincheng	103964	499026	393450	73019
朔州市 Shuozhou	90678	350158	269276	73617
晋中市 Jinzhong	212334	1068313	858210	176817
运城市 Yuncheng	183669	701685	533426	128775
忻州市 Xinzhou	115703	280234	179309	92904
临汾市 Linfen	186856	1096679	907044	162220
吕梁市 Luliang	123989	336559	209687	108753

市名 City	固定资产原价合计 Original Value of Fixed Assets	#生产经营用 Production and Management	固定资产折旧 Depreciation of Fixed Assets	#本年折旧 Depreciation This Year	无形及递延资产合计 Intangible and Deferre Assets
全省 Total	**3245190**	**2639711**	**1254254**	**230309**	**210372**
太原市 Taiyuan	1711106	1510916	709776	143608	116022
大同市 Datong	135230	97342	58314	7222	8587
阳泉市 Yangquan	186476	127187	74073	9452	31160
长治市 Changzhi	129045	90312	40604	5982	3735
晋城市 Jincheng	97699	64914	34459	6231	4782
朔州市 Shuozhou	101829	83902	40378	6182	3691
晋中市 Jinzhong	230816	198139	84805	15787	17167
运城市 Yuncheng	181377	102303	60365	7810	12299
忻州市 Xinzhou	118474	73350	37897	6100	1877
临汾市 Linfen	226770	193209	80564	14723	8568
吕梁市 Luliang	126368	98137	33018	7211	2485

18-48 建筑业企业收入情况(2010年)
REVENUE OF CONSTRUCTION ENTERPRISES(2010)

单位：万元 (10 000 yuan)

市名 City	工程结算收入 Revenue of Project Settlement Accounts	#工程结算成本 Costs of Project Settlement Accounts	#工程结算税金及附加 Taxes and Extra Charges on Project Settlement Accounts	#工程结算利润 Profits of Project Settlement Accounts	其他业务收入 Income of Other Business
全省 Total	**21238530**	**19132709**	**681618**	**1342815**	**333753**
太原市 Taiyuan	13500198	12260747	433012	780464	109543
大同市 Datong	876107	796887	28025	46710	15512
阳泉市 Yangquan	1009029	859450	32802	113734	6039
长治市 Changzhi	560634	486365	18997	51143	6094
晋城市 Jincheng	351634	293809	9612	43338	152808
朔州市 Shuozhou	447743	387637	15622	31540	5630
晋中市 Jinzhong	1437094	1321957	48319	63472	2993
运城市 Yuncheng	907219	820732	23371	54924	15678
忻州市 Xinzhou	385506	333068	14057	31956	716
临汾市 Linfen	1488210	1335450	48474	100340	18686
吕梁市 Luliang	275158	236608	9327	25196	55

18-49 建筑业企业费用情况(2010年)
COSTS OF CONSTRUCTION ENTERPRISES(2010)

单位：万元 (10 000 yuan)

市名 City	经营费用 Costs of Operation	管理费用 Costs of Administration	#差旅费 Costs of visiting	#工会经费 Funds of Labour Union	财务费用 Costs of Finance	劳动、失业保险费 Insurance of Labour and Unemployment	住房公积金及住房补贴 Residence's Accumulation Fund and Subsidy
全省 Total	**87902**	**891774**	**46041**	**8846**	**54865**	**42485**	**36154**
太原市 Taiyuan	25136	580795	33677	4553	5580	25832	25507
大同市 Datong	4099	39695	866	326	3969	563	1021
阳泉市 Yangquan	5740	30316	1294	347	20392	1108	1483
长治市 Changzhi	4535	31341	1446	461	2536	2128	731
晋城市 Jincheng	6238	29320	822	379	1683	861	1166
朔州市 Shuozhou	14517	17318	1464	461	1884	2726	1183
晋中市 Jinzhong	3688	39718	1367	393	4196	352	1085
运城市 Yuncheng	8192	27674	1454	500	5397	1066	678
忻州市 Xinzhou	7507	13823	838	372	2389	371	593
临汾市 Linfen	4006	70825	1970	893	5056	6576	1516
吕梁市 Luliang	4243	10951	844	162	1783	901	1192

18-50 建筑业企业工资和福利费情况(2010年)
WAGES AND WELFARE FEES OF CONSTRUCTION ENTERPRISES(2010)

单位：万元 (10 000 yuan)

市 名 City	本年应付工资总额 Total Payable Wages	#主营业务应付工资 Payable Wages of Major Business	本年应付福利费总额 Total Payable Welfare Fees	#主营业务应付福利费 Payable Welfare Fees of Major Business
全 省 Total	**1865570**	**1809271**	**82615**	**76945**
太原市 Taiyuan	1166942	1157623	42595	39521
大同市 Datong	110940	102650	2190	1961
阳泉市 Yangquan	101403	83460	3853	3838
长治市 Changzhi	61212	59120	6046	5667
晋城市 Jincheng	44069	36204	4376	3439
朔州市 Shuozhou	42713	42117	3086	3075
晋中市 Jinzhong	66060	65127	3580	3532
运城市 Yuncheng	76501	73224	5074	4718
忻州市 Xinzhou	48972	47660	4030	3859
临汾市 Linfen	115262	111453	5693	5282
吕梁市 Luliang	31496	30634	2094	2054

18-51 建筑业企业利润及税金情况(2010年)
PROFITS AND TAXES OF CONSTRUCTION ENTERPRISES(2010)

单位：万元 (10 000 yuan)

市 名 City	利润总额 Total Profits	税金总额 Total Taxes	工程结算税金及附加 Taxes and Extra Charges on Project Settlement Accounts	管理费用中的税金 Taxes in Costs of Administration	营业利润 Profits of Business	其他业务利润 Other Profits from Business
全 省 Total	**483810**	**703297**	**681618**	**21679**	**483471**	**39158**
太原市 Taiyuan	255005	442748	433012	9736	255404	20594
大同市 Datong	8442	29348	28025	1322	5008	1961
阳泉市 Yangquan	72603	34315	32802	1513	72290	2494
长治市 Changzhi	17221	20204	18997	1207	18009	743
晋城市 Jincheng	15888	10458	9612	846	16161	2941
朔州市 Shuozhou	15028	16428	15622	806	15295	2958
晋中市 Jinzhong	19752	49416	48319	1098	19795	313
运城市 Yuncheng	25727	24639	23371	1268	26057	4203
忻州市 Xinzhou	15270	14974	14057	917	15971	387
临汾市 Linfen	28524	50776	48474	2301	27746	3288
吕梁市 Luliang	10350	9993	9327	666	11735	–724

18-52 规模以上主要工业产品产量(2010年)

OUTPUT OF MAJOR INDUSTRIAL PRODUCTS ABOVE DESIGNATED SIZE (2010)

市名 City	原煤(万吨) Coal (10 000 tons)	发电量(亿千瓦小时) Electricity (100 million kwh)	粗钢(万吨) Crude Steel (10 000 tons)	钢材(万吨) Steel Products (10 000 tons)	生铁(万吨) Pig Iron (10 000 tons)	焦炭(万吨) Coke (10 000 tons)	#机焦 Machine Coke
全省 Total	**72981.9**	**2121.3**	**3048.7**	**2862.0**	**3355.4**	**8476.3**	**8426.0**
太原市 Taiyuan	3774.8	203.8	849.9	846.7	677.9	1268.0	1268.0
大同市 Datong	9403.1	348.3	44.4	8.5	50.5	18.2	16.4
阳泉市 Yangquan	5462.9	137.4				59.4	59.4
长治市 Changzhi	8677.0	320.2	405.0	388.2	511.8	1129.9	1129.9
晋城市 Jincheng	8433.7	203.5	168.7	151.7	226.4	84.2	84.2
朔州市 Shuozhou	15994.8	217.0				1.0	1.0
晋中市 Jinzhong	5355.3	113.7	138.0	48.4	102.2	869.5	834.0
运城市 Yuncheng		211.2	355.2	403.2	560.9	1170.7	1170.7
忻州市 Xinzhou	3207.3	168.6			21.7	169.5	163.0
临汾市 Linfen	3596.2	104.9	770.1	719.8	890.5	1813.5	1813.5
吕梁市 Luliang	9076.8	92.6	317.3	295.5	313.4	1892.3	1885.9

市名 City	水泥(万吨) Cement (10 000 tons)	平板玻璃(万重量箱) Plate Glass (10 000-weightcases)	硫酸(吨) Sulfuric Acid (ton)	化学肥料(万吨) Chemical Fertilizer (10 000 tons)	#氮肥 Nitrogenous	#磷肥 Phosphate	电石(万吨) Calcium Carbide (10 000 tons)
全省 Total	**3297.7**	**1673.4**	**248663.2**	**331.8**	**321.6**	**10.2**	**32.2**
太原市 Taiyuan	525.6	190.9		7.7	7.7		
大同市 Datong	408.0			1.0	1.0		
阳泉市 Yangquan	147.0		13100.0				
长治市 Changzhi	303.2	504.0		33.1	23.7	9.4	27.7
晋城市 Jincheng	142.8			172.1	172.1		0.1
朔州市 Shuozhou	68.4			6.4	6.4		3.1
晋中市 Jinzhong	247.8		46680.0	3.2	3.2		1.4
运城市 Yuncheng	797.8		170942.0	61.3	61.3		
忻州市 Xinzhou	48.1			2.8	2.5	0.3	
临汾市 Linfen	336.5		141771.5	16.7	16.2	0.6	
吕梁市 Luliang	272.6	978.4		27.6	27.6		

18-52 续表 Continued

市 名 City	工业锅炉(蒸发量吨) Industrial Boiler (Evaporate Capacity tons)	交流电动机(万千瓦) Alternating Current Motors (10 000 kw)	变压器(万千伏安) Transformer (10 000 kva)	泵(台) Pump (unit)	轴承(万套) Bearing (10 000 sets)	纱(吨) Yarn(ton)
全 省 Total	**7315.7**	**1091.9**	**177.8**	**423558**	**11.9**	**45092.2**
太原市 Taiyuan	952.2	66.4	11.2	117		4693.0
大同市 Datong			18.4			
阳泉市 Yangquan	139.0			1323		
长治市 Changzhi	112.5	38.1	10.9	306555		
晋城市 Jincheng						3714.0
朔州市 Shuozhou	211.0					
晋中市 Jinzhong		0.3		22939	11.9	4563.0
运城市 Yuncheng		987.0	126.9	90239		23318.5
忻州市 Xinzhou	5901.0		10.4			2489.9
临汾市 Linfen				2385		6313.8
吕梁市 Luliang						

市 名 City	布(万米) Cloth (10 000 m)	白 酒(吨) Alcoholic Drink (ton)	啤 酒(吨) Beer (ton)	机制纸及纸板(吨) Machine-made Paper and Paperboard (ton)
全 省 Total	**5130**	**447859**	**332106**	**209627**
太原市 Taiyuan		9573	6206	99008
大同市 Datong		2364	173	
阳泉市 Yangquan				
长治市 Changzhi		1322		18000
晋城市 Jincheng	736	8911	8911	
朔州市 Shuozhou		82431	78172	
晋中市 Jinzhong	453	155194	122808	10501
运城市 Yuncheng	3041	84192	78112	74247
忻州市 Xinzhou	748			
临汾市 Linfen	153	11789	11776	7871
吕梁市 Luliang		92082	25948	

18-53 工业企业主要经济指标(2010年)
MAIN ECONOMIC INDICATORS OF INDUSTRIAL ENTERPRISES(2010)

单位：亿元 (100 million yuan)

市名 City	单位数(个) Number of Enterprises (unit)	#亏损企业 Loss-making Enterprises	工业总产值 Gross Industrial Output Value	工业销售产值 Industrial Sales Output Value	年末资产合计 Total Assets at Year-end
全省 Total	**4240**	**1222**	**12471.33**	**12006.55**	**18505.94**
省直报 Direct Report	2		552.34	552.34	493.92
太原市 Taiyuan	480	128	2000.34	1975.88	3005.65
大同市 Datong	203	50	737.59	641.15	1549.95
阳泉市 Yangquan	186	59	542.61	524.72	1034.19
长治市 Changzhi	386	144	1433.28	1378.84	2198.57
晋城市 Jincheng	284	79	851.12	812.28	1632.80
朔州市 Shuozhou	224	13	828.51	799.07	1050.42
晋中市 Jinzhong	533	188	1029.37	987.58	1510.32
运城市 Yuncheng	564	155	1261.85	1178.41	1457.64
忻州市 Xinzhou	323	78	411.69	393.03	792.83
临汾市 Linfen	458	138	1380.10	1367.59	1471.15
吕梁市 Luliang	597	190	1442.51	1395.65	2308.51

市名 City	流动资产合计 Total Circulating Funds	固定资产合计 Total Fixed Assets	固定资产原价 Original Value of Fixed Assets	累计折旧 Total Depreciation	流动负债 Liquid Liabilites
全省 Total	**8129.61**	**7709.02**	**10192.93**	**3760.06**	**8550.71**
省直报 Direct Report	68.84	361.73	608.48	246.75	221.19
太原市 Taiyuan	1413.50	1101.72	1648.83	684.85	1317.69
大同市 Datong	654.86	658.86	754.53	281.87	624.30
阳泉市 Yangquan	478.07	299.97	500.21	221.71	439.61
长治市 Changzhi	1046.37	819.54	1064.91	370.25	1039.36
晋城市 Jincheng	654.17	830.51	908.76	358.04	620.82
朔州市 Shuozhou	342.77	455.38	627.82	221.69	368.25
晋中市 Jinzhong	683.79	624.72	730.38	218.71	866.79
运城市 Yuncheng	627.00	733.56	1163.10	530.87	703.68
忻州市 Xinzhou	309.97	388.03	442.55	101.35	317.68
临汾市 Linfen	689.85	647.10	843.03	283.68	803.29
吕梁市 Luliang	1160.43	787.89	900.32	240.28	1228.05

18-53 续表1 continued

单位：亿元 (100 million yuan)

市 名 City	负债合计 Total Liabilities	年末所有者权益 Creditors Equity	主营业务收入 Revenue of Major Business	主营业务成本 Cost of Major Business	主营业务税金及附加 Tax and Extra Charges of Major Business
全 省 Total	**12142.27**	**6330.97**	**12712.50**	**10235.84**	**145.26**
省直报 Direct Report	386.10	107.82	552.34	522.23	1.76
太原市 Taiyuan	1955.69	1039.36	2057.79	1747.97	23.83
大同市 Datong	1047.90	500.92	801.40	637.54	9.38
阳泉市 Yangquan	605.64	427.63	597.36	462.03	9.72
长治市 Changzhi	1537.88	658.86	1368.27	1074.16	9.57
晋城市 Jincheng	934.67	698.13	992.99	727.51	8.24
朔州市 Shuozhou	569.59	473.98	804.63	505.97	17.84
晋中市 Jinzhong	1098.00	409.49	1050.12	858.98	22.22
运城市 Yuncheng	965.52	488.99	1207.36	1076.77	3.53
忻州市 Xinzhou	507.62	284.10	394.71	293.62	5.24
临汾市 Linfen	991.59	477.99	1411.11	1227.56	12.26
吕梁市 Luliang	1542.08	763.70	1474.43	1101.52	21.66

市 名 City	营业费用 Costs of Business	管理费用 Costs of Administration	财务费用 Costs of Finance	#利息支出 Interest Expenditure	利润总额 Total Profits
全 省 Total	**380.90**	**803.45**	**279.87**	**255.35**	**958.25**
省直报 Direct Report	0.03	0.23	8.47	7.71	14.31
太原市 Taiyuan	44.35	169.26	37.13	35.87	81.61
大同市 Datong	43.47	64.91	21.06	19.84	32.52
阳泉市 Yangquan	10.69	64.13	10.73	10.32	41.71
长治市 Changzhi	27.78	83.53	38.86	32.37	135.96
晋城市 Jincheng	14.57	92.37	25.61	25.35	148.16
朔州市 Shuozhou	74.99	32.59	7.65	5.74	120.98
晋中市 Jinzhong	40.12	78.34	26.98	25.89	39.77
运城市 Yuncheng	28.05	37.92	28.27	25.80	49.47
忻州市 Xinzhou	9.45	27.83	11.50	10.94	50.26
临汾市 Linfen	27.63	62.74	22.78	21.25	70.49
吕梁市 Luliang	59.79	89.61	40.85	34.27	173.00

18-53 续表2 continued

单位：亿元 (100 million yuan)

市 名 City	亏损企业亏损额 Loss of Loss-making Enterprises	利税总额 Total Pretax and Profits	本年应付工资福利费总额 Total Wages and Welfare Expenses Payable This Year	本年应交增值税 Value Added Tax Payable This Year	全部从业人员年平均人数(人) Employmees (person)
全 省 Total	**159.90**	**1817.90**	**1049.61**	**714.39**	**2198772**
省直报 Direct Report		41.06	27.87	24.99	32383
太原市 Taiyuan	20.18	174.93	196.85	69.49	335791
大同市 Datong	8.26	97.45	118.73	55.54	210815
阳泉市 Yangquan	4.58	95.33	74.15	43.90	171403
长治市 Changzhi	31.04	221.38	104.76	75.85	236841
晋城市 Jincheng	11.60	224.30	97.22	67.89	197080
朔州市 Shuozhou	0.85	218.66	42.79	79.84	84014
晋中市 Jinzhong	23.39	126.25	74.00	64.26	214596
运城市 Yuncheng	19.28	87.55	99.21	34.55	224581
忻州市 Xinzhou	6.03	81.33	29.63	25.83	87985
临汾市 Linfen	17.59	154.98	90.28	72.23	186710
吕梁市 Luliang	17.09	294.69	94.13	100.02	216573

市 名 City	总资产贡献率(%) Ratio of Profits, Taxes and Interests to Average Assets (%)	资产负债率(%) Ratio of Debts to Assets (%)	成本费用利润率(%) Ratio of Profits to Total Costs (%)	全员人均实现利税(元) Per Capita Pre-tax Profits(yuan)	产品销售率 (%) Ratio of Sales to Gross Output Value (%)
全 省 Total	**11.20**	**65.61**	**8.19**	**82679**	**96.27**
省直报 Direct Report	9.87	78.17	2.69	126780	100.00
太原市 Taiyuan	7.01	65.07	4.08	52095	98.78
大同市 Datong	7.57	67.61	4.24	46227	86.92
阳泉市 Yangquan	10.22	58.56	7.62	55616	96.70
长治市 Changzhi	11.54	69.95	11.10	93474	96.20
晋城市 Jincheng	15.29	57.24	17.23	113811	95.44
朔州市 Shuozhou	21.36	54.23	19.48	260269	96.45
晋中市 Jinzhong	10.07	72.70	3.96	58835	95.94
运城市 Yuncheng	7.78	66.24	4.22	38986	93.39
忻州市 Xinzhou	11.64	64.03	14.68	92440	95.47
临汾市 Linfen	11.98	67.40	5.26	83005	99.09
吕梁市 Luliang	14.25	66.80	13.39	136067	96.75

18-54 国有控股工业企业主要经济指标(2010年)

MAIN ECONOMIC INDICATORS OF STATE-HOLDING INDUSTRIAL ENTERPRISES(2010)

单位：亿元 (100 million yuan)

市名 City	单位数(个) Number of Enterprises (unit)	#亏损企业 Loss-making Enterprises	工业总产值 Gross Industrial Output Value	工业销售产值 Industrial Sales Output Value	年末资产合计 Total Assets
全 省 Total	**664**	**203**	**6614.18**	**6434.46**	**11437.84**
省直报 Direct Report	2		552.34	552.34	493.92
太原市 Taiyuan	83	24	1442.66	1433.00	2263.81
大同市 Datong	45	11	627.89	541.31	1410.22
阳泉市 Yangquan	41	19	374.84	369.27	870.07
长治市 Changzhi	79	28	756.78	743.28	1412.05
晋城市 Jincheng	77	23	527.63	508.27	1219.34
朔州市 Shuozhou	58	5	536.10	521.83	791.59
晋中市 Jinzhong	67	27	402.26	389.58	711.10
运城市 Yuncheng	59	27	354.28	345.95	590.31
忻州市 Xinzhou	42	12	151.72	153.18	356.60
临汾市 Linfen	61	15	534.55	538.68	717.60
吕梁市 Luliang	50	12	353.13	337.77	601.23

市名 City	流动资产合计 Total Circulating Funds	固定资产合计 Total Fixed Assets	固定资产原价 Original Value of Fixed Assets	累计折旧 Total Depreciation	流动负债 Liquid Liabilites
全 省 Total	**4486.10**	**5056.04**	**6922.51**	**2792.31**	**4682.12**
省直报 Direct Report	68.84	361.73	608.48	246.75	221.19
太原市 Taiyuan	992.49	836.97	1319.08	595.23	886.04
大同市 Datong	581.07	604.27	686.30	261.47	550.22
阳泉市 Yangquan	381.56	243.44	429.66	201.40	346.28
长治市 Changzhi	613.51	551.81	743.17	276.78	603.32
晋城市 Jincheng	458.50	671.97	719.49	310.13	446.81
朔州市 Shuozhou	255.52	319.35	476.50	191.96	265.31
晋中市 Jinzhong	267.07	334.56	416.69	142.49	401.33
运城市 Yuncheng	204.07	336.83	507.78	206.36	273.93
忻州市 Xinzhou	154.91	151.09	198.87	65.99	140.67
临汾市 Linfen	303.44	353.19	465.31	172.43	319.64
吕梁市 Luliang	205.13	290.85	351.19	121.31	227.37

18-54 续表1 continued

单位：亿元 (100 million yuan)

市名 City	负债合计 Total Liabilities	年末所有者权益 Creditors Equity	主营业务收入 Revenue of Major Business	主营业务成本 Cost of Major Business	主营业务税金及附加 Tax and Extra Charges of Major Business
全省 Total	**7421.26**	**4007.96**	**7033.06**	**5510.31**	**90.79**
省直报 Direct Report	386.10	107.82	552.34	522.23	1.76
太原市 Taiyuan	1421.94	838.75	1502.21	1251.28	20.88
大同市 Datong	959.28	450.47	698.69	552.80	8.11
阳泉市 Yangquan	499.96	370.11	451.00	348.59	8.38
长治市 Changzhi	994.11	417.75	740.71	559.51	5.39
晋城市 Jincheng	718.17	501.17	685.61	506.79	6.31
朔州市 Shuozhou	420.19	369.97	521.63	293.96	11.74
晋中市 Jinzhong	543.54	167.06	421.46	321.20	8.41
运城市 Yuncheng	455.23	134.79	362.92	330.99	1.12
忻州市 Xinzhou	206.19	149.83	152.06	88.67	2.66
临汾市 Linfen	449.87	267.72	564.50	479.38	4.51
吕梁市 Luliang	366.68	232.51	379.94	254.91	11.53

市名 City	营业费用 Costs of Business	管理费用 Costs of Administration	财务费用 Costs of Finance	#利息支出 Interest Expenditure	利润总额 Total Profits
全省 Total	**216.48**	**534.85**	**164.96**	**153.27**	**543.49**
省直报 Direct Report	0.03	0.23	8.47	7.71	14.31
太原市 Taiyuan	27.33	131.41	28.70	26.99	69.69
大同市 Datong	39.07	56.43	19.74	18.80	26.10
阳泉市 Yangquan	5.27	54.21	7.84	7.53	25.78
长治市 Changzhi	9.92	51.49	25.36	20.44	90.19
晋城市 Jincheng	8.59	66.22	20.37	20.41	98.67
朔州市 Shuozhou	69.99	23.98	4.90	3.12	92.62
晋中市 Jinzhong	12.28	45.50	11.62	11.51	13.82
运城市 Yuncheng	7.56	15.18	12.66	12.23	1.16
忻州市 Xinzhou	4.11	15.76	5.36	4.95	33.18
临汾市 Linfen	10.31	35.59	11.84	11.45	32.41
吕梁市 Luliang	22.02	38.86	8.11	8.13	45.56

18-54 续表2 continued

单位：亿元 (100 million yuan)

市 名 City	亏损企业亏损额 Loss of Loss-making Enterprises	利税总额 Total Pretax and Profits	本年应付工资福利费总额 Total Wages and Welfare Expenses Payable This Year	本年应交增值税 Value Added Tax Payable This Year	全部从业人员年平均人数(人) Employmees (person)
全 省 Total	**92.36**	**1078.89**	**669.60**	**444.61**	**1191584**
省直报 Direct Report		41.06	27.87	24.99	32383
太原市 Taiyuan	12.15	144.93	148.42	54.36	203174
大同市 Datong	6.20	85.03	107.75	50.82	172977
阳泉市 Yangquan	3.93	68.75	60.99	34.59	124579
长治市 Changzhi	22.50	146.34	70.52	50.77	138054
晋城市 Jincheng	9.23	153.71	70.30	48.72	111916
朔州市 Shuozhou	0.19	158.79	26.59	54.43	45948
晋中市 Jinzhong	11.80	57.33	35.73	35.10	98631
运城市 Yuncheng	15.21	13.14	25.26	10.86	72651
忻州市 Xinzhou	2.58	52.03	15.14	16.19	35709
临汾市 Linfen	4.89	63.28	39.51	26.36	87848
吕梁市 Luliang	3.69	94.50	41.53	37.41	67714

市 名 City	总资产贡献率(%) Ratio of Profits, Taxes and Interests to Average Assets (%)	资产负债率(%) Ratio of Debts to Assets (%)	成本费用利润率(%) Ratio of Profits to Total Costs(%)	全员人均实现利税(元) Per Capita Pre-tax Profits (yuan)	产品销售率(%) Ratio of Sales to Gross Output Value(%)
全 省 Total	**10.77**	**64.88**	**8.46**	**90543**	**97.28**
省直报 Direct Report	9.87	78.17	2.69	126780	100.00
太原市 Taiyuan	7.59	62.81	4.84	71335	99.33
大同市 Datong	7.36	68.02	3.91	49155	86.21
阳泉市 Yangquan	8.77	57.46	6.20	55188	98.52
长治市 Changzhi	11.81	70.40	13.96	106004	98.22
晋城市 Jincheng	14.28	58.90	16.39	137342	96.33
朔州市 Shuozhou	20.45	53.08	23.58	345585	97.34
晋中市 Jinzhong	9.68	76.44	3.54	58126	96.85
运城市 Yuncheng	4.30	77.12	0.32	18086	97.65
忻州市 Xinzhou	15.98	57.82	29.13	145699	100.97
临汾市 Linfen	10.41	62.69	6.03	72034	100.77
吕梁市 Luliang	17.07	60.99	14.07	139561	95.65

18-55 “三资”工业企业主要经济指标(2010年)

MAIN INDICATORS OF INDUSTRLAL JOINT VENTURES,COOPERATIVES ENTERPRISES AND ENTERPRISES EXCLUSIVELY FUNDED FROM ABROAD,HONGKONG,MACAO AND TAIWAN(2010)

单位：亿元 (100 million yuan)

市名 City	单位数(个) Number of Enterprises (unit)	#亏损企业 Loss-making Enterprises	工业总产值 Gross Industrial Output Value	工业销售产值 Industrial Sales Output Value	年末资产合计 Total Assets at Year-end
全省 Total	**169**	**58**	**681.52**	**654.68**	**1143.90**
太原市 Taiyuan	29	10	158.55	154.34	202.63
大同市 Datong	13	7	32.65	28.73	56.79
阳泉市 Yangquan	9	3	17.14	15.74	19.27
长治市 Changzhi	6	1	45.05	44.71	64.71
晋城市 Jincheng	16	3	121.22	111.60	208.97
朔州市 Shuozhou	6		23.65	22.98	58.12
晋中市 Jinzhong	36	15	74.22	74.54	135.57
运城市 Yuncheng	20	10	30.81	29.50	43.97
忻州市 Xinzhou	5	1	2.23	1.92	1.16
临汾市 Linfen	18	6	56.40	55.79	112.59
吕梁市 Luliang	11	2	119.60	114.81	240.11

市名 City	流动资产合计 Total Circulating Funds	固定资产合计 Total Fixed Assets	固定资产原价 Original Value of Fixed Assets	累计折旧 Total Depreciation	流动负债 Liquid Liabilites
全省 Total	**504.45**	**535.49**	**752.46**	**265.20**	**554.94**
太原市 Taiyuan	91.23	95.87	128.53	38.92	110.51
大同市 Datong	16.13	35.31	23.81	4.66	27.38
阳泉市 Yangquan	5.59	12.02	18.67	6.81	7.07
长治市 Changzhi	42.90	21.33	39.37	18.62	40.24
晋城市 Jincheng	87.26	86.61	189.22	104.92	72.24
朔州市 Shuozhou	7.92	48.48	53.16	10.24	17.76
晋中市 Jinzhong	54.80	77.18	98.86	31.62	74.09
运城市 Yuncheng	17.64	22.32	32.07	9.88	22.66
忻州市 Xinzhou	0.75	0.39	0.56	0.18	0.88
临汾市 Linfen	31.20	75.53	98.14	25.60	56.37
吕梁市 Luliang	149.04	60.44	70.07	13.76	125.73

18-55 续表1 continued

单位：亿元 (100 million yuan)

市 名 City	负债合计 Total Liabilities	年末所有者权益 Creditors Equity	主营业务收入 Revenue of Major Business	主营业务成本 Cost of Major Business	主营业务税金及附加 Tax and Extra Charges of Major Business
全 省 Total	**729.15**	**413.69**	**695.48**	**562.65**	**5.85**
太原市 Taiyuan	122.60	80.03	162.11	147.24	0.15
大同市 Datong	36.96	19.83	29.50	22.40	0.03
阳泉市 Yangquan	7.21	12.06	15.19	12.94	0.40
长治市 Changzhi	43.73	20.98	56.43	50.57	0.10
晋城市 Jincheng	90.46	118.52	116.18	79.55	0.35
朔州市 Shuozhou	43.62	14.50	22.53	19.38	0.20
晋中市 Jinzhong	109.41	26.14	75.19	67.65	2.57
运城市 Yuncheng	24.01	18.94	29.08	25.09	0.19
忻州市 Xinzhou	0.89	0.27	1.93	1.72	
临汾市 Linfen	93.96	18.63	57.71	52.39	0.56
吕梁市 Luliang	156.32	83.79	129.61	83.71	1.30

市 名 City	营业费用 Costs of Business	管理费用 Costs of Administration	财务费用 Costs of Finance	#利息支出 Interest Expenditure	利润总额 Total Profits
全 省 Total	**24.24**	**35.21**	**14.63**	**15.46**	**81.45**
太原市 Taiyuan	4.10	11.15	0.18	1.42	5.84
大同市 Datong	1.47	1.93	0.53	0.35	3.36
阳泉市 Yangquan	0.60	1.42	0.19	0.23	0.52
长治市 Changzhi	1.69	1.22	1.06	0.79	1.91
晋城市 Jincheng	1.34	6.89	1.59	1.96	29.24
朔州市 Shuozhou	0.15	0.22	1.64	1.57	2.28
晋中市 Jinzhong	3.69	4.56	2.90	2.92	-1.27
运城市 Yuncheng	1.58	1.45	0.63	0.67	1.10
忻州市 Xinzhou	0.09	0.11	0.02	0.01	0.04
临汾市 Linfen	1.72	2.48	3.68	3.59	-1.90
吕梁市 Luliang	7.80	3.78	2.20	1.96	40.33

18-55 续表2 continued

单位：亿元 (100 million yuan)

市名 City	亏损企业亏损额 Loss of Loss-making Enterprises	利税总额 Total Pretax and Profits	本年应付工资福利费总额 Total wages and Welfare Expenses This Year	本年应交增值税 Value Added Tax Payable This Year	全部从业人员年平均人数(人) Employmees (person)
全 省 Total	**13.08**	**118.26**	**57.28**	**30.96**	**148023**
太原市 Taiyuan	1.27	8.51	22.73	2.53	63941
大同市 Datong	0.73	4.28	2.78	0.89	4827
阳泉市 Yangquan	0.29	1.24	1.03	0.33	2759
长治市 Changzhi	0.02	3.41	2.43	1.40	4795
晋城市 Jincheng	0.42	38.80	13.04	9.21	29199
朔州市 Shuozhou		4.06	1.19	1.58	2303
晋中市 Jinzhong	5.43	4.07	4.70	2.76	14208
运城市 Yuncheng	0.93	2.21	2.21	0.93	5035
忻州市 Xinzhou		0.09	0.17	0.04	805
临汾市 Linfen	3.74	1.06	2.50	2.40	5858
吕梁市 Luliang	0.26	50.53	4.51	8.90	14293

市名 City	总资产贡献率(%) Ratio of Profits, Taxes and Interests to Average Assets (%)	资产负债率(%) Ratio of Debts to Assets (%)	成本费用利润率(%) Ratio of Profits to Total Costs(%)	全员人均实现利税(元) Per Capita Pre-tax Profits(yuan)	产品销售率(%) Ratio of Sales to Gross Output Value(%)
全 省 Total	**11.69**	**63.74**	**12.79**	**79893.94**	**96.06**
太原市 Taiyuan	4.90	60.50	3.59	13313.21	97.35
大同市 Datong	8.15	65.08	12.75	88657.55	88.01
阳泉市 Yangquan	7.66	37.42	3.40	45099.67	91.87
长治市 Changzhi	6.49	67.57	3.50	71092.81	99.24
晋城市 Jincheng	19.50	43.29	32.72	132880.58	92.06
朔州市 Shuozhou	9.70	75.05	10.65	176452.45	97.19
晋中市 Jinzhong	5.16	80.70	-1.61	28626.83	100.42
运城市 Yuncheng	6.57	54.60	3.82	43988.08	95.74
忻州市 Xinzhou	7.91	76.25	2.18	10583.85	86.20
临汾市 Linfen	4.13	83.45	-3.16	18064.19	98.94
吕梁市 Luliang	21.86	65.10	41.37	353510.81	95.99

18-56 大中型工业企业主要经济指标(2010年)

MAIN ECONOMIC INDICATORS OF LARGE AND MEDIUM-SIZE INDUSTRIAL ENTERPRISES(2010)

单位：亿元 (100 million yuan)

市名 City	单位数(个) Number of Enterprises (unit)	#亏损企业 Loss-making Enterprises	工业总产值 Gross Industrial Output Value	工业销售产值 Industrial Sales Output Value	年末资产合计 Total Assets
全省 Total	**1119**	**299**	**10325.93**	**9965.78**	**15886.94**
省直报 Direct Report	2		552.34	552.34	493.92
太原市 Taiyuan	108	33	1777.29	1758.66	2725.65
大同市 Datong	48	11	675.63	585.23	1404.93
阳泉市 Yangquan	54	16	475.37	462.06	961.70
长治市 Changzhi	133	38	1217.18	1171.93	1909.77
晋城市 Jincheng	106	24	777.35	738.80	1489.05
朔州市 Shuozhou	58	5	575.05	566.03	814.96
晋中市 Jinzhong	133	45	766.63	735.79	1211.09
运城市 Yuncheng	139	34	1005.40	946.58	1154.81
忻州市 Xinzhou	54	14	280.55	274.11	601.70
临汾市 Linfen	125	36	1092.04	1088.69	1160.69
吕梁市 Luliang	159	43	1131.10	1085.55	1958.66

市名 City	流动资产合计 Total Circulating Funds	固定资产合计 Total Fixed Assets	固定资产原价 Original Value of Fixed Assets	累计折旧 Total Depreciation	流动负债 Liquid Liabilites
全省 Total	**6964.47**	**6613.33**	**8934.07**	**3474.63**	**7233.40**
省直报 Direct Report	68.84	361.73	608.48	246.75	221.19
太原市 Taiyuan	1251.68	1011.73	1537.35	651.91	1168.59
大同市 Datong	612.05	623.15	711.90	270.88	581.22
阳泉市 Yangquan	443.16	267.49	459.89	212.60	397.64
长治市 Changzhi	916.91	681.17	912.88	339.04	885.18
晋城市 Jincheng	591.58	771.51	847.77	345.93	537.61
朔州市 Shuozhou	270.18	347.39	506.91	196.78	279.77
晋中市 Jinzhong	523.74	509.49	602.02	192.50	692.53
运城市 Yuncheng	507.38	564.84	936.01	461.74	571.40
忻州市 Xinzhou	238.37	294.07	345.81	82.82	212.55
临汾市 Linfen	545.36	524.44	706.38	259.83	641.75
吕梁市 Luliang	995.22	656.32	758.67	213.86	1043.97

18-56 续表1 continued

单位：亿元 (100 million yuan)

市 名 City	负债合计 Total Liabilities	年末所有者权益 Creditors Equity	主营业务收入 Revenue of Major Business	主营业务成本 Cost of Major Business	主营业务税金及附加 Tax and Extra Charges of Major Business
全 省 Total	**10379.62**	**5484.78**	**10645.52**	**8461.39**	**120.46**
省直报 Direct Report	386.10	107.82	552.34	522.23	1.76
太原市 Taiyuan	1762.23	956.20	1835.11	1549.89	22.54
大同市 Datong	983.40	420.59	744.77	589.41	8.35
阳泉市 Yangquan	550.42	410.42	533.08	405.18	9.06
长治市 Changzhi	1306.86	601.35	1164.50	889.25	8.90
晋城市 Jincheng	828.62	660.43	919.50	667.73	7.48
朔州市 Shuozhou	424.01	387.08	580.47	337.85	14.46
晋中市 Jinzhong	887.76	320.93	779.97	618.34	13.61
运城市 Yuncheng	769.76	382.71	976.45	872.41	2.78
忻州市 Xinzhou	389.23	212.36	275.31	193.15	3.64
临汾市 Linfen	783.33	376.38	1128.04	991.44	9.23
吕梁市 Luliang	1307.90	648.52	1155.97	824.50	18.67

市 名 City	营业费用 Costs of Business	管理费用 Costs of Administration	财务费用 Costs of Finance	#利息支出 Interest Expenditure	利润总额 Total Profits
全 省 Total	**315.46**	**721.30**	**240.88**	**221.62**	**881.59**
省直报 Direct Report	0.03	0.23	8.47	7.71	14.31
太原市 Taiyuan	37.80	156.28	35.09	34.32	76.53
大同市 Datong	40.72	61.32	20.06	19.03	31.28
阳泉市 Yangquan	7.67	60.75	9.08	8.71	41.31
长治市 Changzhi	20.59	75.72	32.12	26.49	135.82
晋城市 Jincheng	11.35	86.23	23.93	23.80	146.15
朔州市 Shuozhou	68.80	27.18	5.56	3.93	102.33
晋中市 Jinzhong	28.94	69.80	22.55	21.88	32.71
运城市 Yuncheng	23.36	32.04	22.08	20.16	40.28
忻州市 Xinzhou	6.72	21.30	9.67	9.37	44.01
临汾市 Linfen	21.47	53.37	18.20	17.00	51.05
吕梁市 Luliang	48.01	77.07	34.07	29.22	165.82

18-56 续表2 continued

单位：亿元 (100 million yuan)

市 名 City		亏损企业亏损额 Loss of Loss-making Enterprises	利税总额 Total Pretax and Profits	本年应付工资福利费总额 Total Wages and Welfare Expenses Payable This Year	本年应交增值税 Value Added Tax Payable This Year	全部从业人员年平均人数(人) Employmees (person)
全 省	**Total**	**120.91**	**1627.38**	**951.91**	**625.32**	**1837823**
省直报	Direct Report		41.06	27.87	24.99	32383
太原市	Taiyuan	16.92	162.58	185.17	63.51	294950
大同市	Datong	6.59	93.19	114.36	53.57	190699
阳泉市	Yangquan	2.16	92.19	71.11	41.82	154356
长治市	Changzhi	23.54	216.74	98.28	72.03	207947
晋城市	Jincheng	9.32	217.55	91.50	63.92	167838
朔州市	Shuozhou	0.58	176.04	33.07	59.24	56480
晋中市	Jinzhong	19.15	99.29	59.25	52.98	170061
运城市	Yuncheng	10.83	72.39	87.14	29.34	177675
忻州市	Xinzhou	4.77	68.44	23.01	20.79	60050
临汾市	Linfen	13.57	116.17	76.91	55.89	149124
吕梁市	Luliang	13.48	271.73	84.25	87.25	176260

市 名 City		总资产贡献率%) Ratio of Profits, Taxes and Interests to Average Assets(%)	资产负债率(%) Ratio of Debts to Assets (%)	成本费用利润率(%) Ratio of Profits to Total Costs (%)	全员人均实现利税(元) Per Capita Pre-tax Profits(yuan)	产品销售率(%) Ratio of Sales to Gross Output Value(%)
全 省	**Total**	**11.64**	**65.33**	**9.05**	**88549**	**96.51**
省直报	Direct Report	9.87	78.17	2.69	126781	100.00
太原市	Taiyuan	7.22	64.65	4.30	55121	98.95
大同市	Datong	7.99	70.00	4.40	48870	86.62
阳泉市	Yangquan	10.49	57.23	8.56	59725	97.20
长治市	Changzhi	12.74	68.43	13.35	104230	96.28
晋城市	Jincheng	16.21	55.65	18.52	129619	95.04
朔州市	Shuozhou	22.08	52.03	23.29	311682	98.43
晋中市	Jinzhong	10.01	73.30	4.42	58387	95.98
运城市	Yuncheng	8.01	66.66	4.24	40744	94.15
忻州市	Xinzhou	12.93	64.69	19.06	113969	97.71
临汾市	Linfen	11.47	67.49	4.71	77902	99.69
吕梁市	Luliang	15.37	66.78	16.86	154166	95.97

18-57 公路通车里程(2010年)
LENGTH OF HIGHWAYS(2010)

单位：公里 (km)

市 名 City	公路通车里程 Length of Highways	在通车里程中 In Length of Highways 国道 State Class	省道 Province Class	县公路 County Class	乡公路 Township Class	专用公路 Special Purpose	村道 Village Class
全 省 Total	**131643.9**	**4913.3**	**10157.9**	**19630.9**	**46703.2**	**576.7**	**49662.0**
太原市 Taiyuan	6181.4	317.0	449.0	1016.9	1616.0	32.6	2750.0
大同市 Datong	11969.4	323.2	889.9	1920.3	5330.5	8.1	3497.4
阳泉市 Yangquan	5367.3	210.3	310.0	750.0	863.2	3.5	3230.3
长治市 Changzhi	10706.3	613.0	867.5	1693.8	2882.2	55.7	4594.1
晋城市 Jincheng	8447.2	251.9	673.3	1184.6	3278.6	28.1	3030.6
朔州市 Shuozhou	9550.6	350.4	678.9	1303.8	4140.5	51.3	3025.7
晋中市 Jinzhong	14562.2	687.7	916.0	2132.1	6211.4	62.7	4552.4
运城市 Yuncheng	15108.8	290.6	1345.0	2682.0	6081.1	84.3	4625.8
忻州市 Xinzhou	16650.1	524.7	1696.2	2041.7	6449.3	143.3	5794.9
临汾市 Linfen	17104.7	711.1	1067.7	2431.4	5330.3	79.0	7485.3
吕梁市 Luliang	15995.6	633.3	1264.4	2474.4	4520.0	27.9	7075.5

18-58 公路等级里程(2010年)
LENGTH OF HIGHWAYS BY CLASS(2010)

单位：公里 (km)

市 名 City	等级里程 Express-way and Class I to IV Expressways	高速 Express-way	一级 First Class	二级 Second Class	三级 Third Class	四级 Fourth Class	等外里程 Highway Below class IV	等级里程占总里程的百分比 Percentage to Total Length of Highways (%)
全 省 Total	**127663.7**	**3002.5**	**1939.2**	**14162.5**	**16858.2**	**91701.2**	**3980.2**	**97.0**
太原市 Taiyuan	6046.8	222.3	184.4	865.0	1015.5	3759.6	134.6	97.8
大同市 Datong	11877.1	230.3	53.3	1106.9	1843.8	8642.7	92.3	99.2
阳泉市 Yangquan	5367.3	107.3	69.5	416.9	578.1	4195.6		100.0
长治市 Changzhi	10051.2	237.3	129.1	1209.0	1117.5	7358.3	655.2	93.9
晋城市 Jincheng	8171.6	286.9	110.2	610.6	1457.0	5706.9	275.6	96.7
朔州市 Shuozhou	9422.2	214.3	147.7	923.1	1280.7	6856.3	128.4	98.7
晋中市 Jinzhong	14471.0	292.3	372.0	2098.9	1369.5	10338.3	91.2	99.4
运城市 Yuncheng	15081.7	490.0	263.6	1537.8	1966.0	10824.5	27.1	99.8
忻州市 Xinzhou	15968.8	389.4	11.5	1682.3	1651.8	12233.9	681.3	95.9
临汾市 Linfen	16333.2	208.4	327.2	1826.3	2750.6	11220.7	771.5	95.5
吕梁市 Luliang	14872.6	324.2	270.6	1885.8	1827.6	10564.5	1122.9	93.0

18-59 公路路面里程(2010年)
LENGTH OF PAVED HIGHWAYS(2010)

单位：公里 (km)

市 名 City	有铺装路面里程 Length of Paved Highways	占总里程(%) Percentage to Total Length of Highways (%)	简易铺装路面里程 Length of Simply Paved Highways	占总里程(%) Percentage to Total Length of Highways (%)	未铺装路面里程 Length of Non-paved Highways
全 省 Total	**81899.7**	**62.2**	**27488.1**	**20.9**	**22256.1**
太原市 Taiyuan	4003.7	64.8	1123.2	18.2	1054.6
大同市 Datong	9546.8	79.8	607.7	5.1	1814.9
阳泉市 Yangquan	4692.0	87.4	230.9	4.3	444.4
长治市 Changzhi	6618.2	61.8	2926.5	27.3	1161.6
晋城市 Jincheng	7329.1	86.8	766.5	9.1	351.6
朔州市 Shuozhou	6058.8	63.4	1214.9	12.7	2276.9
晋中市 Jinzhong	7917.1	54.4	2826.8	19.4	3818.3
运城市 Yuncheng	6895.4	45.6	7585.4	50.2	628.0
忻州市 Xinzhou	11646.8	70.0	2080.2	12.5	2923.2
临汾市 Linfen	7344.1	42.9	5354.4	31.3	4406.3
吕梁市 Luliang	9847.8	61.6	2771.5	17.3	3376.3

18-60 公路绿化里程(2010年)
LENGTH OF AFFOREST HIGHWAYS(2010)

单位：公里 (km)

市 名 City	绿化里程 Length of Afforest Highways	占总里程(%) Percentage (%)	在绿化里程中 In Length of Afforest Highways					
			国 道 State Class	省 道 Province Class	县公路 County Class	乡公路 Township Class	专用公路 Special Purpose	村 道 Village Class
全 省 Total	**52558.2**	**39.9**	**3976.0**	**7152.5**	**13109.9**	**18435.6**	**244.5**	**9639.7**
太原市 Taiyuan	1960.6	31.7	223.7	363.0	675.8	613.9	30.6	53.5
大同市 Datong	3333.0	27.8	222.0	626.3	1087.4	1181.1		216.3
阳泉市 Yangquan	1091.3	20.3	138.0	209.5	504.3	202.5	3.5	33.4
长治市 Changzhi	4465.7	41.7	555.8	706.6	1077.3	1313.0	18.4	794.7
晋城市 Jincheng	2683.7	31.8	233.5	559.0	523.4	780.0	17.6	570.2
朔州市 Shuozhou	3778.5	39.6	276.2	501.2	863.6	1688.6	24.4	424.5
晋中市 Jinzhong	5782.5	39.7	574.5	600.9	1632.2	1977.3	34.6	962.9
运城市 Yuncheng	14392.2	95.3	266.5	1198.7	2576.8	5883.0	21.1	4446.0
忻州市 Xinzhou	4333.5	26.0	445.3	1031.2	1139.2	1585.3	51.2	81.3
临汾市 Linfen	7158.2	41.8	593.7	709.4	2015.9	2583.2	17.1	1239.0
吕梁市 Luliang	3579.0	22.4	446.9	646.6	1014.1	627.6	26.0	817.8

18-61 公路客货运输量(2010年)

HIGHWAY PASSENGER AND FREIGHT TRAFFIC(2010)

市名 City	客运量(万人) Passenger Traffic (10 000 persons)	旅客周转量(万人公里) Passenger-kilometers (10 000 Persons-km)	货运量(万吨) Freight Traffic (10 000 tons)	货物周转量(万吨公里) Freight Ton-kilometers (10 000 tons-km)
全省 Total	**32606**	**2157019**	**60819**	**9698896**
太原市 Taiyuan	2065	531692	8783	1038538
大同市 Datong	2775	232006	6632	808089
阳泉市 Yangquan	2500	57740	3528	246960
长治市 Changzhi	3432	227464	5437	765628
晋城市 Jincheng	2544	152665	3285	244499
朔州市 Shuozhou	2992	117238	1827	348007
晋中市 Jinzhong	3070	134418	6542	1303581
运城市 Yuncheng	5662	214446	4932	1301062
忻州市 Xinzhou	1430	107543	5070	1180787
临汾市 Linfen	4280	247831	9699	1387063
吕梁市 Luliang	1856	133976	5083	1074682

18-62 邮电业务总量及电话数(2010年)

VOLUME OF POST AND TELECOMMUNICATION SERVICES AND NUMBER OF TELEPHONE SUBSCRIBERS(2010)

单位：万元 (10 000 yuan)

市名 City	邮电业务总量 Business Volume of Post and Telecommunications Services	邮政 Post	电信 Telecommunications Services	电话数(万户) Number of Telephone Subscribers (10 000 households)	固定 Fixed Telephone	移动 Mobile Telephone
全省 Total	**7276478**	**394209**	**6882269**	**2945.81**	**720.69**	**2225.12**
太原市 Taiyuan	1642065	58658	1583407	612.52	158.19	454.33
大同市 Datong	632623	25452	607171	276.78	57.10	219.68
阳泉市 Yangquan	320647	14526	306121	137.67	33.59	104.08
长治市 Changzhi	572048	18446	553602	252.22	61.51	190.71
晋城市 Jincheng	398079	15021	383058	179.38	45.39	133.99
朔州市 Shuozhou	299014	12969	286045	118.35	25.21	93.14
晋中市 Jinzhong	612957	21844	591113	264.56	77.19	187.37
运城市 Yuncheng	736761	25795	710966	339.68	85.96	253.72
忻州市 Xinzhou	504128	22885	481243	207.16	48.56	158.60
临汾市 Linfen	765580	29607	735973	306.33	70.24	236.09
吕梁市 Luliang	646976	23388	623588	251.16	57.75	193.41

注:.邮电业务量指标分市数相加不等于全省数据，邮政分市数据中不含民营业务量。

Note:Sum of volume of posts and telecommunications services of 11 cities is not equal to the data of total.Post data of 11 cities doesn't contain volume of private enterprises.

18-63 镇(乡)村通公路、通油路情况(2010年)
TRAFFIC CONNECTION OF TOWNS, TOWNSHIPS AND VILLAGES(2010)

单位：个 (unit)

市 名 City	乡、镇总数 Number of Townships and Towns	#通油路数 Connect With Asphalt Highways	镇总数 Number of Towns	#通油路数 Connect With Asphalt Highways	#占镇总数的比例(%) Percentage(%)	乡总数 Number of Townships	#通油路数 Connect With Asphalt Highways	#占乡总数的比例(%) Percentage (%)
全 省 Total	**1195**	**1195**	**564**	**564**	**100.0**	**631**	**631**	**100.0**
太原市 Taiyuan	52	52	21	21	100.0	31	31	100.0
大同市 Datong	98	98	33	33	100.0	65	65	100.0
阳泉市 Yangquan	32	32	20	20	100.0	12	12	100.0
长治市 Changzhi	132	132	68	68	100.0	64	64	100.0
晋城市 Jincheng	74	74	48	48	100.0	26	26	100.0
朔州市 Shuozhou	69	69	18	18	100.0	51	51	100.0
晋中市 Jinzhong	118	118	59	59	100.0	59	59	100.0
运城市 Yuncheng	136	136	81	81	100.0	55	55	100.0
忻州市 Xinzhou	185	185	59	59	100.0	126	126	100.0
临汾市 Linfen	151	151	75	75	100.0	76	76	100.0
吕梁市 Luliang	148	148	82	82	100.0	66	66	100.0

市 名 City	行政村 Administration Villages					
	总数 Total	通公路 Connect with Highways	#通油路 Connect with Asphalt Highways	通公路村比重(%) Percentage of Connect with Highways(%)	通油路村比重(%) Percentage of Connect with Asphalt Highways(%)	不通公路 Non-connect with Highways
全 省 Total	**28108**	**28082**	**27925**	**99.9**	**99.9**	**26**
太原市 Taiyuan	1019	1019	1017	100.0	99.8	
大同市 Datong	1948	1948	1939	100.0	99.5	
阳泉市 Yangquan	960	960	956	100.0	99.6	
长治市 Changzhi	3424	3422	3422	99.9	99.9	2
晋城市 Jincheng	2221	2220	2220	100.0	100.0	1
朔州市 Shuozhou	1675	1675	1671	100.0	99.8	
晋中市 Jinzhong	2755	2755	2747	100.0	99.7	
运城市 Yuncheng	3189	3189	3189	100.0	100.0	
忻州市 Xinzhou	4851	4828	4700	99.5	96.9	23
临汾市 Linfen	2958	2958	2958	100.0	100.0	
吕梁市 Luliang	3108	3108	3106	100.0	99.9	

18-64 社会消费品零售总额(2010年)
TOTAL RETAIL SALES OF CONSUMER GOODS(2010)

单位：万元 (10 000 yuan)

市名 City		社会消费品零售总额 Total Retail Sales of Consumer Goods	城镇 Town	乡村 Village
全省	**Total**	**33181548**	**26697874**	**6483674**
太原市	Taiyuan	8369957	8165730	204227
大同市	Datong	3131228	2548811	582417
阳泉市	Yangquan	1670018	990321	679697
长治市	Changzhi	2845333	2401461	443872
晋城市	Jincheng	1977014	1844117	132897
朔州市	Shuozhou	1480773	1166310	314463
晋中市	Jinzhong	2860677	1951348	909329
运城市	Yuncheng	3652626	2440262	1212364
忻州市	Xinzhou	1698152	1136343	562170
临汾市	Linfen	3182215	2574412	607803
吕梁市	Luliang	2315380	1813590	501790

18-65 旅游事业发展情况(2010年)
DEVELOPMENT OF TOURISM (2010)

市名 City		海外旅游人数(人次) Number of International Tourists (person-time)	旅游外汇收入(万美元) Foreign Exchange Earnings (USD 10 000)	国内旅游接待人次 Domestic Tourists (万人次)	国内旅游接待收入(亿元) Revenue from Domestic Tourists (100 million yuan)
全省	**Total**	**1302856**	**46459.9**	**12496.8**	**1052.3**
太原市	Taiyuan	283194	16376.6	1994.5	219.3
大同市	Datong	202316	7310.2	1369.8	113.2
阳泉市	Yangquan	23250	682.7	823.0	57.5
长治市	Changzhi	84347	1644.8	1050.6	88.8
晋城市	Jincheng	51000	1658.4	1046.6	75.5
朔州市	Shuozhou	41394	1292.1	430.6	36.0
晋中市	Jinzhong	214772	6382.8	1349.7	109.4
运城市	Yuncheng	120006	2768.4	1570.2	101.2
忻州市	Xinzhou	145840	5080.0	1037.5	103.0
临汾市	Linfen	100623	2077.2	1172.2	97.4
吕梁市	Luliang	36114	1186.9	652.3	51.0

18-66 财政收支总额(2010年)
FINANCIAL REVENUE AND EXPENDITURE (2010)

单位: 万元 (10 000 yuan)

市 名 City	财政总收入 Overall Revenue	一般预算收入 General Budget of Revenue	#企 业 所得税 Enterprises Income Taxes	#增值税 Value-added Taxes
地区合计 Total	**17178290**	**7115249**	**790533**	**1387737**
太 原 市 Taiyuan	3217402	1384809	164691	208400
大 同 市 Datong	1384244	551766	58900	118003
阳 泉 市 Yangquan	1001271	376932	54710	87356
长 治 市 Changzhi	1979121	779001	116664	162729
晋 城 市 Jincheng	1530432	554890	97552	133452
朔 州 市 Shuozhou	1325029	557535	56865	113633
晋 中 市 Jinzhong	1471421	647518	57872	114599
运 城 市 Yuncheng	802788	355403	16174	71537
忻 州 市 Xinzhou	901663	423425	33257	65991
临 汾 市 Linfen	1602989	754388	54724	127790
吕 梁 市 Luliang	1961930	729582	79124	184247

市 名 City	一般预算支出 General Budget of Expenditure	#一般公共服务 Public Services	#教 育 事业费 Education Expenses	#社会保障 和就业 Social Security and Employment
地区合计 Total	**13926712**	**1729787**	**2852690**	**1712306**
太 原 市 Taiyuan	1896358	197546	359491	296215
大 同 市 Datong	1327751	156299	332315	148496
阳 泉 市 Yangquan	600659	80887	123980	72626
长 治 市 Changzhi	1358657	178560	280415	121217
晋 城 市 Jincheng	895069	127589	188874	113497
朔 州 市 Shuozhou	901318	124078	160290	73413
晋 中 市 Jinzhong	1205394	133570	232362	167638
运 城 市 Yuncheng	1348055	165746	285437	184722
忻 州 市 Xinzhou	1285794	174256	249340	180513
临 汾 市 Linfen	1597644	194694	305003	236574
吕 梁 市 Luliang	1510013	196562	335183	117395

18-67 普通中学基本情况(2010年)
BASIC STATISTICS ON REGULAR SECONDARY SCHOOLS(2010)

单位：人 (person)

市名 Region	学校数(所) Number of Schools (unit)				毕业生数 Number of Graduates			招生数 New Students Enrollment		
	合计 Total	#初级中学 Junior	#高级中学 Senior	#完全中学 Junior and Senior	合计 Total	初中 Junior	高中 Senior	合计 Total	初中 Junior	高中 Senior
全省 Total	**2747**	**1870**	**243**	**291**	**834777**	**575396**	**259381**	**852635**	**571651**	**280984**
太原市 Taiyuan	230	122	21	67	73560	48610	24950	78036	50004	28032
大同市 Datong	257	140	13	39	71333	50220	21113	73165	48546	24619
阳泉市 Yangquan	87	58	6	9	27712	19094	8618	29525	20166	9359
长治市 Changzhi	232	147	13	37	79729	53740	25989	79532	50813	28719
晋城市 Jincheng	160	123	17	13	52311	36587	15724	58048	38140	19908
朔州市 Shuozhou	107	68	13	9	51417	35092	16325	55683	35044	20639
晋中市 Jinzhong	242	184	25	12	62242	43834	18408	62416	43569	18847
运城市 Yuncheng	401	243	49	28	138040	89974	48066	134945	87355	47590
忻州市 Xinzhou	352	224	29	11	74389	54028	20361	78664	58170	20494
临汾市 Linfen	324	220	24	48	99190	70272	28918	101391	68962	32429
吕梁市 Luliang	355	278	33	18	104854	73945	30909	101230	70882	30348

市名 Region	在校学生数 Number of Students Enrollment			专任教师数 Number of Full-time Teachers		
	合计 Total	初中 Junior	高中 Senior	合计 Total	初中 Junior	高中 Senior
全省 Total	**2536704**	**1713779**	**822925**	**172793**	**119221**	**53572**
太原市 Taiyuan	239953	157701	82252	17134	11266	5868
大同市 Datong	227913	157265	70648	16196	11926	4270
阳泉市 Yangquan	91508	64520	26988	5947	4133	1814
长治市 Changzhi	233911	151518	82393	14989	10222	4767
晋城市 Jincheng	176785	121010	55775	10160	6862	3298
朔州市 Shuozhou	159968	104271	55697	9325	6228	3097
晋中市 Jinzhong	195993	139261	56732	14822	10479	4343
运城市 Yuncheng	397352	251066	146286	28187	18309	9878
忻州市 Xinzhou	219038	154374	64664	14844	10732	4112
临汾市 Linfen	296425	203940	92485	21640	15001	6639
吕梁市 Luliang	297858	208853	89005	19549	14063	5486

18-68 小学基本情况(2010年)
BASIC STATISTICS ON PRIMARY SCHOOLS(2010)

单位：人 (person)

市 名 Region	学校数（所）Number of Schools (unit)	毕业生数 Number of Graduates	招生数 Number of New Students Enrollment	在校学生数 Number of Students Enrollment	专任教师数 Number of Full-time Teachers
全 省 Total	**12776**	**573473**	**451390**	**2910606**	**190538**
太原市 Taiyuan	607	52792	42150	2673325	17079
大同市 Datong	1003	50380	39598	277568	19595
阳泉市 Yangquan	372	19862	14494	88633	6318
长治市 Changzhi	1471	50900	40284	247069	17471
晋城市 Jincheng	828	38385	25488	173444	11206
朔州市 Shuozhou	472	35050	27851	189946	11695
晋中市 Jinzhong	883	44377	38104	237159	15515
运城市 Yuncheng	1339	80801	64877	410544	27458
忻州市 Xinzhou	2360	58847	42667	292760	18423
临汾市 Linfen	1580	69405	56238	353898	23110
吕梁市 Luliang	1861	72674	59639	372260	22668

18-69 特殊教育学校基本情况(2010年)
BASIC STATISTICS ON SPECIAL EDUCATION SCHOOLS(2010)

单位：人 (person)

市 名 Region	学校数(所) Number of Schools (unit)	毕业生数 Number of Graduates	招生数 Number of New Students Enrollment	在校学生数 Number of Students Enrollment	专任教师数 Number of Full-time Teachers
全 省 Total	**45**	**895**	**1088**	**8167**	**1214**
太原市 Taiyuan	5	164	160	992	197
大同市 Datong	3	10	30	584	100
阳泉市 Yangquan	2	27	41	386	49
长治市 Changzhi	4	75	124	734	149
晋城市 Jincheng	4	89	124	656	81
朔州市 Shuozhou	2	29	39	221	46
晋中市 Jinzhong	3	122	137	846	117
运城市 Yuncheng	9	81	94	802	112
忻州市 Xinzhou	2	89	64	543	57
临汾市 Linfen	5	66	105	888	119
吕梁市 Luliang	6	143	170	1515	187

18-70 卫生机构数(2010年)
HEALTH CARE INSTITUTIONS(2010)

单位: 个 (unit)

市　名 City		总　计 Total	#医　院 Hospitals	#疾病预防控制中心 Diseases Prevention and Control Centre	#妇幼保健院(所、站) Maternity and Child Care Centres
全　省	**Total**	**11889**	**1201**	**147**	**133**
太原市	Taiyuan	2530	195	15	12
大同市	Datong	1095	112	23	13
阳泉市	Yangquan	522	48	6	6
长治市	Changzhi	943	90	14	14
晋城市	Jincheng	923	65	7	7
朔州市	Shuozhou	366	61	7	8
晋中市	Jinzhong	1069	87	13	12
运城市	Yuncheng	1870	221	15	14
忻州市	Xinzhou	745	93	15	15
临汾市	Linfen	1163	162	18	18
吕梁市	Luliang	663	67	14	14

注：本表口径同16-19表。
Note:Coverage of the data in this table is same with table 16-19.

18-71 卫生机构床位和人员情况(2010年)
BEDS AND PERSONNEL IN HEALTH CARE INSTITUTIONS(2010)

单位：人 (person)

市　名 City		卫生机构床位数(张) Beds (unit)	卫生技术人员 Medical Technical Personnel	#执业(助理)医师 Licensed (Assistant) Doctors	#注册护士 Registered Nurses
全　省	**Total**	**155973**	**190917**	**85376**	**62251**
太原市	Taiyuan	27973	40294	16219	16606
大同市	Datong	14828	19009	8271	6676
阳泉市	Yangquan	7017	9133	3897	3480
长治市	Changzhi	14116	16490	6906	5996
晋城市	Jincheng	8311	11881	5354	3625
朔州市	Shuozhou	5789	6626	3475	1703
晋中市	Jinzhong	12268	15170	6396	4773
运城市	Yuncheng	25648	25528	12549	6590
忻州市	Xinzhou	10891	13659	6097	3681
临汾市	Linfen	17051	19772	9346	5535
吕梁市	Luliang	12081	13355	6866	3586

注：本表口径同16-20和16-21表。
Note:Coverage of the data in this table is same with table 16-20 and 16-21.

19

县市篇

PART OF COUNTY AND CITY

19-1 常住人口数(2010年)
RESIDENT POPULATION(2010)

单位：人 (person)

县 市	Region	总户数(户) Number of Households (household)	常住人口 Resident Population	按性别分 By Sex 男 Male	女 Female	按城镇、乡村分 By Urban and Rural 城镇人口 Urban	乡村人口 Rural
太原市	Taiyuan						
小店区	Xiaodian	147103	805084	410649	394435	726349	78735
迎泽区	Yingze	142656	592405	288817	303588	568868	23537
杏花岭区	Xinghualing	166515	644119	325569	318550	612794	31325
尖草坪区	Jiancaoping	102083	416017	216113	199904	385135	30882
万柏林区	Wanbailin	143327	749866	393801	356065	723244	26622
晋源区	Jinyuan	58634	221583	113471	108112	140078	81505
清徐县	Qingxu	105639	344044	177164	166880	94569	249475
阳曲县	Yangqu	57663	120306	63498	56808	35872	84434
娄烦县	Loufan	44456	105915	55849	50066	37324	68591
古交市	Gujiao	78624	205343	108366	96977	146301	59042
大同市	Datong						
城　区	Chengqu	238844	723650	360952	362698	723650	
矿　区	Kuangqu	163419	500548	257216	243332	500548	
南郊区	Nanjiao	113563	406212	207897	198315	113989	292223
新荣区	Xinrong	44415	108537	56332	52205	25259	83278
阳高县	Yanggao	115295	272704	138316	134388	85797	186907
天镇县	Tianzhen	85745	206200	103198	103002	64008	142192
广灵县	Guangling	66717	182778	94418	88360	33103	149675
灵丘县	Lingqiu	89736	234219	122571	111648	49541	184678
浑源县	Hunyuan	129659	343819	173663	170156	105970	237849
左云县	Zuoyun	65858	156315	79074	77241	63591	92724
大同县	Datongxian	76913	185946	97668	88278	58204	127742
阳泉市	Yangquan						
城　区	Chengqu	71492	193177	97115	96062	193177	
矿　区	Kuangqu	72413	243122	124858	118264	243122	
郊　区	Jiaoqu	95033	286192	153559	132633	187666	98526
平定县	Pingding	129125	335477	173049	162428	104074	231403
盂　县	Yuxian	122804	311270	162105	149165	93605	217665
长治市	Changzhi						
城　区	Chengqu	122909	484089	240116	243973	484089	
郊　区	Jiaoqu	90722	281461	144327	137134	169638	111823
长治县	Changzhixian	112557	341199	171291	169908	89087	252112
襄垣县	Xiangyuan	78547	270459	141749	128710	102717	167742
屯留县	Tunliu	82303	264085	136626	127459	74601	189484
平顺县	Pingshun	54540	150968	77766	73202	31204	119764
黎城县	Licheng	61308	158652	82235	76417	50834	107818
壶关县	Huguan	96597	291869	146505	145364	59018	232851
长子县	Zhangzi	114563	353590	181290	172300	76273	277317
武乡县	Wuxiang	69765	182631	97055	85576	46240	136391
沁　县	Qinxian	59920	172353	89970	82383	53272	119081
沁源县	Qinyuan	54542	158828	86197	72631	53050	105778
潞城市	Lucheng	74235	227121	116959	110162	106204	120917

注：本表总户数为公安年报数。
Note: Number of households are obtained from public security department.

19-1 续表1 continued

单位：人 (person)

县 市	Region	总户数(户) Number of Households (household)	常住人口 Resident Population	按性别分 By Sex 男 Male	女 Female	按城镇、乡村分 By Urban and Rural 城镇人口 Urban	乡村人口 Rural
晋城市	**Jincheng**						
城　区	Chengqu	126590	477336	240488	236848	477336	
沁水县	Qinshui	79423	213118	112683	100435	70385	142733
阳城县	Yangcheng	160327	388862	194852	194010	147989	240873
陵川县	Lingchuan	82839	231500	118160	113340	73747	157753
泽州县	Zezhou	163149	484407	248244	236163	180955	303452
高平市	Gaoping	145692	485091	240144	244947	213536	271555
朔州市	**Shuozhou**						
朔城区	Shuocheng	165774	505776	262226	243550	288348	217428
平鲁区	Pinglu	79691	203966	107315	96651	93602	110364
山阴县	Shanyin	97568	239102	124761	114341	103627	135475
应　县	Yingxian	110689	328260	170382	157878	91131	237129
右玉县	Youyu	44777	112163	60238	51925	51249	60914
怀仁县	Huairen	110322	327154	171306	155848	166397	160757
晋中市	**Jinzhong**						
榆次区	Yuci	193177	636153	320598	315555	444348	191805
榆社县	Yushe	52927	134774	71439	63335	39889	94885
左权县	Zuoquan	60187	161417	86783	74634	58643	102774
和顺县	Heshun	53464	144278	76484	67794	56023	88255
昔阳县	Xiyang	95331	228038	120611	107427	59786	168252
寿阳县	Shouyang	81084	211095	115784	95311	62456	148639
太谷县	Taigu	105939	299080	153566	145514	116100	182980
祁　县	Qixian	104300	265549	138461	127088	81177	184372
平遥县	Pingyao	178249	503079	261481	241598	172186	330893
灵石县	Lingshi	99849	261660	141577	120083	111824	149836
介休市	Jiexiu	153836	406914	209524	197390	232495	174419
运城市	**Yuncheng**						
盐湖区	Yanhu	212576	680609	340489	340120	432923	247686
临猗县	Linyi	129297	572999	291449	281550	183535	389464
万荣县	Wanrong	157532	439732	223668	216064	87161	352571
闻喜县	Wenxi	127707	404516	207233	197283	156106	248410
稷山县	Jishan	91296	347719	177166	170553	100318	247401
新绛县	Xinjiang	100106	332775	169817	162958	110143	222632
绛　县	Jiangxian	118909	281881	143254	138627	124680	157201
垣曲县	Yuanqu	99140	231224	118965	112259	92003	139221
夏　县	Xiaxian	82228	353132	181692	171440	78813	274319
平陆县	Pinglu	81565	258461	132259	126202	57949	200512
芮城县	Ruicheng	78038	395212	200820	194392	151714	243498
永济市	Yongji	133185	445095	226852	218243	179187	265908
河津市	Hejin	115381	395863	204286	191577	175965	219898
忻州市	**Xinzhou**						
忻府区	Xinfu	210819	545137	270297	274840	280100	265037
定襄县	Dingxiang	87719	217664	109538	108126	64714	152950
五台县	Wutai	130832	299604	153536	146068	76104	223500
代　县	Daixian	80709	214243	111221	103022	75566	138677

19-1 续表2 continued

单位：人 (person)

县市	Region	总户数(户) Number of Households (household)	常住人口 Resident Population	按性别分 By Sex		按城镇、乡村分 By Urban and Rural	
				男 Male	女 Female	城镇人口 Urban	乡村人口 Rural
繁峙县	Fanshi	99282	267021	138362	128659	95329	171692
宁武县	Ningwu	68604	161276	86266	75010	65690	95586
静乐县	Jingle	54095	156956	83238	73718	45269	111687
神池县	Shenchi	41644	106620	57036	49584	30772	75848
五寨县	Wuzhai	50132	107722	54931	52791	39686	68036
岢岚县	Kelan	31894	84467	44835	39632	33070	51397
河曲县	Hequ	63587	145257	77154	68103	58669	86588
保德县	Baode	61721	160160	85364	74796	50564	109596
偏关县	Pianguan	43782	112204	57950	54254	43963	68241
原平市	Yuanping	178592	491539	253152	238387	202712	288827
临汾市	**Linfen**						
尧都区	Yaodu	375642	944888	473932	470956	571764	373124
曲沃县	Quwo	62591	237258	120731	116527	71871	165387
翼城县	Yicheng	100368	311771	156861	154910	89952	221819
襄汾县	Xiangfen	144732	443018	222372	220646	136459	306559
洪洞县	Hongtong	236809	734136	371894	362242	240963	493173
古　县	Guxian	34771	91886	48818	43068	29359	62527
安泽县	Anze	32791	82089	43977	38112	26172	55917
浮山县	Fushan	45486	127948	66180	61768	37490	90458
吉　县	Jixian	35124	106513	54791	51722	27141	79372
乡宁县	Xiangning	70682	233386	123429	109957	62717	170669
大宁县	Daning	22120	64564	33398	31166	23547	41017
隰　县	Xixian	37752	103719	54053	49666	37259	66460
永和县	Yonghe	22288	63711	33000	30711	21027	42684
蒲　县	Puxian	33599	107440	57612	49828	40894	66546
汾西县	Fenxi	48133	144936	74930	70006	51194	93742
侯马市	Houma	83336	240215	121519	118696	137143	103072
霍州市	Huozhou	118931	283175	145382	137793	156998	126177
吕梁市	**Luliang**						
离石区	Lishi	106836	320462	162280	158182	250340	70122
文水县	Wenshui	136468	421609	214774	206835	109918	311691
交城县	Jiaocheng	78911	230678	118130	112548	103295	127383
兴　县	Xingxian	101656	279646	146362	133284	79808	199838
临　县	Linxian	210313	579620	300731	278889	119465	460155
柳林县	Liulin	114064	320997	173055	147942	97521	223476
石楼县	Shilou	36642	111917	58468	53449	38892	73025
岚　县	Lanxian	60905	174300	90178	84122	43193	131107
方山县	Fangshan	54157	143942	76849	67093	36145	107797
中阳县	Zhongyang	49984	141493	75508	65985	79223	62270
交口县	Jiaokou	41156	120008	63170	56838	38749	81259
孝义市	Xiaoyi	172252	469183	243672	225511	268473	200710
汾阳市	Fenyang	144100	416624	212310	204314	149364	267260

19-2 城镇单位从业人员和在岗职工工资 (2010年)

单位：人

县 市	Region	从业人员 Employees	在岗职工 Fully Employed	国有单位 State-owned Units	城镇集体单位 Urban Collective -owned Units	其他所有制单位 Other Units
太 原 市	**Taiyuan**					
市 辖	Jurisdiction of the City	647125	642414	318799	11613	312002
小店区	Xiaodian	12628	12578	10514	1463	601
迎泽区	Yingze	11469	11413	7107	4150	156
杏花岭区	Xinhualing	21184	20781	8513	5330	6938
尖草坪区	Jiancaoping	21594	20997	5253	15744	
万柏林区	Wanbailin	17744	17269	9135	5152	2982
晋源区	Jinyuan	4427	4175	3630	545	
清徐县	Qingxu	11518	11511	10686	456	369
阳曲县	Yanqu	7270	7247	4856	567	1824
娄烦县	Loufan	5590	5301	4822	479	
古交市	Gujiao	12481	12470	9873	542	2055
大 同 市	**Datong**					
市 辖	Jurisdiction of the City	149720	149174	1033	12366	135775
城 区	Chengqu	147904	142123	83505	6819	51799
矿 区	Kuangqu	11957	10852	9821	960	71
南郊区	Nanjiao	28511	27829	15159	4081	8589
新荣区	Xinrong	11422	11014	10425	67	522
阳高县	Yanggao	9101	9019	8198	376	445
天镇县	Tianzhen	7724	7631	7105	526	
广灵县	Guangling	8895	8597	7997	557	43
灵丘县	Lingqiu	9121	8932	8203	123	606
浑源县	Hunyuan	10970	10899	9956	821	122
左云县	Zuoyun	16496	15741	14168	1360	213
大同县	Datongxian	9319	8764	8280	484	
阳 泉 市	**Yang quan**					
市 辖	Jurisdiction of the City	3428	3188	2800		388
城 区	Chengqu	56947	56653	45274	1958	9421
矿 区	Kuangqu	107412	106130	93575	12306	249
郊 区	Jiaoqu	22524	22369	19374	1896	1099
平定县	Pingding	19157	18132	12884	1234	4014
盂 县	Yuxian	27918	27739	15802	7380	4557
长 治 市	**Changzhi**					
市 辖	Jurisdiction of the City					
城 区	Chengqu	105843	99491	64739	2207	32545
郊 区	Jiaoqu	38776	38497	8664	2518	27315
长治县	Changzhixian	20469	20325	13302	895	6128
襄垣县	Xiangyuan	65497	64876	61306	2445	1125
屯留县	Tunliu	20403	20034	8385	673	10976
平顺县	Pingshun	8834	8728	7098	532	1098
黎城县	Licheng	8483	8266	5611	544	2111
壶关县	Huguan	18427	18413	8179	794	9440
长子县	Zhangzi	23059	22882	16819	1386	4677
武乡县	Wuxiang	12973	12843	9563	2234	1046
沁 县	Qinxian	6752	6460	5784	405	271

NUMBER OF EMPLOYEES AND WAGE OF FULLY EMPLOYED STAFF AND WORKERS IN URBAN UNITS(2010)

(person)

其他从业人员 Other Employees	离开本单位仍保留劳动关系的职工 Left Unit but Retain Labour Relation	在岗职工工资总额(千元) Total Wage of Fully Employed Staff and Workers (1 000 yuan)			在岗职工平均工资(元) Average Wages (yuan)
			#国有单位 State-owned Units	#城镇集体单位 Urban Collective -owned Units	
4711	79380	24934747	11809310	332661	40474
50	1971	302169	273835	19274	24027
56	2200	256600	196239	57121	22458
403	4318	468630	260195	67870	22805
597	4899	427213	184539	242674	20297
475	1657	396565	250708	85182	22819
252	258	112438	107182	5256	26899
7	1026	282149	272363	6717	24772
23	558	189470	150343	9407	26301
289	207	107706	101972	5734	20547
11	685	350443	300119	7725	28277
546	22930	7254475	32138	147691	49243
5781	16531	3513357	2414330	112783	25516
1105	2006	308257	299247	8730	28659
682	2161	723313	368208	134343	26135
408	657	288655	277832	1672	26208
82	3931	253341	238777	3830	27944
93	3691	228667	223339	5328	30017
298		220228	213703	6035	26112
189	25	247169	233159	2354	27675
71	4929	299286	279441	18688	26698
755	487	351686	329800	18531	22576
555	382	225224	221642	3582	25623
240	28	89389	78055		28261
294	14339	1878943	1572636	32567	33378
1282	2916	5390910	5080684	307015	53768
155	2215	818291	754092	56106	36667
1025	1361	585308	453013	52700	32309
179	2092	863867	446823	217040	31937
6352	11790	2639012	1890542	48437	27012
279	4555	1096241	245722	70173	28699
144	3312	794086	546872	18660	39972
621	1805	3696695	3617714	61181	59310
369	651	488463	234375	17237	24712
106	317	186120	162094	6969	21475
217	422	166306	113393	15250	20318
14	1868	353125	198964	14297	19315
177	2562	905545	686224	45315	39913
130	967	351364	268674	38666	27944
292	684	154868	141381	10625	23940

19–2 续表1

单位：人

县 市	Region	从业人员 Employees	在岗职工 Fully Employed	国有单位 State–owned Units	城镇集体单位 Urban Collective –owned Units	其他所有制单位 Other Units
沁源县	Qinyuan	19857	19336	8718	1238	9380
潞城市	Lucheng	23624	23582	8998	281	14303
晋城市	**Jincheng**					
市 辖	Jurisdiction of the City	82745	81105	4044	2197	74864
城 区	Chengqu	47834	47529	32209	3778	11542
沁水县	Qingshui	23326	22590	10854	1124	10612
阳城县	Yangcheng	34181	33274	16438	3029	13807
陵川县	Lingchuan	12760	12037	10158	1439	440
泽州县	Zezhou	30449	30233	23290	4790	2153
高平市	Gaoping	40166	38760	18732	2246	17782
朔州市	**Shuozhou**					
市 辖	Jurisdiction of the City					
朔城区	Shuocheng	70265	66484	37183	5407	23894
平鲁区	Pinglu	27425	25626	22774	1107	1745
山阴县	Shanyin	19982	17053	10523	435	6095
应 县	Yingxian	12042	11550	8282	329	2939
右玉县	Yuoyu	9186	9173	6546	448	2179
怀仁县	Huairen	40084	40080	26258	4593	9229
晋中市	**Jinzhong**					
榆次区	Yuci	97439	91420	46919	2472	42029
榆社县	Yushe	11894	11594	6351	246	4997
左权县	Zuoquan	16351	15752	7101	1168	7483
和顺县	Heshun	16430	16051	9466	527	6058
昔阳县	Xiyang	18401	18013	13140	1536	3337
寿阳县	Shouyang	29786	29676	7955	1393	20328
太谷县	Taigu	21267	20703	15100	2817	2786
祁 县	Qixian	18202	16729	9132	896	6701
平遥县	Pingyao	31871	30186	15072	1361	13753
灵石县	Lingshi	27155	26484	10131	508	15845
介休市	Jiexiu	61789	59570	11926	3322	44322
运城市	**Yuncheng**					
盐湖区	Yanhu	70441	70083	51436	2362	16285
临猗县	Linyi	23237	22765	13284	2876	6605
万荣县	Wanrong	16247	15995	11274	840	3881
闻喜县	Wenxi	21867	21119	19206	1913	
稷山县	Jishan	13814	12386	8903	308	3175
新绛县	Xinjiang	16295	15328	10433	2073	2822
绛 县	Jiangxian	23006	20633	13476	310	6847
垣曲县	Yuanqu	20933	20597	9368	243	10986
夏 县	Xiaxian	13748	12633	9943	967	1723
平陆县	Pinglu	13426	13128	8868	1245	3015
芮城县	Ruicheng	19468	19154	11935	598	6621
永济市	Yongji	27869	27668	20838	2354	4476
河津市	Hejin	39987	36941	23276	974	12691

continued

(person)

其他从业人员 Other Employmees	离开本单位仍保留劳动关系的职工 Left Unit but Retain Labour Relation	在岗职工工资总额(千元) Total Wage of Fully Employed Staff and Workers (1 000 yuan)	#国有单位 State-owned Units	#城镇集体单位 Urban Collective -owned Units	在岗职工平均工资(元) Average Wages (yuan)
521	977	539276	247201	22711	28137
42	948	567476	256580	2770	24286
1640	2588	4726422	169782	75256	59439
305	4935	1526245	1032216	82886	32278
736	1843	747828	328261	23733	33430
907	2916	1027543	493235	50570	30851
723	1487	256143	222891	27679	21251
216	2372	909632	731992	80084	30394
1406	1824	1318497	585765	45358	34555
3781	1293	1976938	1193703	178229	29868
1799	193	1410714	1326308	24054	55709
2929	299	510484	332074	11072	30321
492	23	275861	218631	3532	22731
13		239144	179237	12211	26014
4	3352	1107692	716246	103998	27667
6019	6679	2439160	1431875	63094	26846
300	713	295565	147299	8175	26364
599	863	403088	157712	53774	26545
379	596	507173	282218	14342	31982
388	1017	602986	441692	22271	33533
110	609	1389095	193813	24787	47824
564	571	457471	362870	42506	21485
1473	926	349980	222021	19758	21070
1685	968	724393	377467	31472	23954
671	2188	641018	246589	18554	23768
2219	1498	1862017	304342	96263	32109
358	5686	1958184	1537861	69623	27547
472	630	473572	319864	41732	21127
252	319	294427	225194	12947	18484
748	871	435008	404005	31003	20602
1428	248	270560	213722	11575	21954
967	645	298448	197609	48084	20239
2373	547	406597	284692	6674	20191
336	88	487339	186297	8851	23576
1115	704	271961	226790	16129	21269
298	387	258847	183383	21561	19707
314	78	410838	262022	12466	21573
201	1679	697780	542472	41089	25042
3046	3862	1038499	601324	13838	28084

19-2 续表2

单位：人

县 市	Region	从业人员 Employees	在岗职工 Fully Employed	国有单位 State-owned Units	城镇集体单位 Urban Collective -owned Units	其他所有制单位 Other Units
忻州市	**Xinzhou**					
忻府区	Xinfu	66137	64014	52593	4340	7081
定襄县	Dingxiang	8071	7755	6854	823	78
五台县	Wutai	14123	14123	13481	631	11
代县	Daixian	9045	8976	7753	1188	35
繁峙县	Fanshi	14292	13864	11774	2080	10
宁武县	Ningwu	15276	15187	14700	447	40
静乐县	Jingle	12231	12005	9308	389	2308
神池县	Shenchi	6661	6649	5605	802	242
五寨县	Wuzhai	6210	5922	5490	429	3
岢岚县	Kelan	4891	4703	4496	207	
河曲县	Hequ	12879	12846	9083	193	3570
保德县	Baode	11834	11374	9957	589	828
偏关县	Pianguan	7119	6533	5273	662	598
原平市	Yuanping	38207	37472	29296	2533	5643
临汾市	**Linfeng**					
尧都区	Yaodu	87784	87322	64084	4853	18385
曲沃县	Quwo	10831	10611	9121	563	927
翼城县	Yicheng	16329	15450	12396	579	2475
襄汾县	Xiangfen	15978	15066	11589	570	2907
洪洞县	Hongtong	43529	42942	29498	1352	12092
古县	Guxian	7969	7934	5680	439	1815
安泽县	Anze	8125	7853	6277	247	1329
浮山县	Fushan	7448	7120	5840	480	800
吉县	Jixian	7142	7122	5037	470	1615
乡宁县	Xiangning	20320	19767	15841	764	3162
大宁县	Daning	6010	5786	5516	225	45
隰县	Xixian	7416	7194	6546	317	331
永和县	Yonghe	3834	3787	3458	122	207
蒲县	Puxian	11751	11568	9868	550	1150
汾西县	Fenxi	7754	7729	6880	151	698
侯马市	Houma	33579	31812	19349	221	12242
霍州市	Huozhou	42515	41368	10353	3724	27291
吕梁市	**Luliang**					
离石区	Lishi	46697	44613	33138	3210	8265
文水县	Wenshui	15406	13878	12916	958	4
交城县	Jiaocheng	28387	28053	8570	753	18730
兴县	Xingxian	17233	16790	11152	1392	4246
临县	Linxian	21258	20779	16247	1202	3330
柳林县	Liulin	29245	28427	11453	1245	15729
石楼县	Shilou	5797	5776	4601	474	701
岚县	Lanxian	7945	7934	7629	305	
方山县	Fangshan	14011	12894	6040	873	5981
中阳县	Zhongyang	24984	24203	10640	2148	11415
交口县	Jiaokou	6494	6477	6218	204	55
孝义市	Xiaoyi	56465	54296	24326	3070	26900
汾阳市	Fenyang	34041	31600	24898	1419	5283
其他单位	**Others**	**144867**	**142438**	**142438**		

continued

(person)

其他从业人　员 Other Employmees	离开本单位仍保留劳动关系的职工 Left Unit but Retain Labour Relation	在岗职工工资总额(千元) Total Wage of Fully Employed Staff and Workers (1 000 yuan)			在岗职工平均工资(元) Average Wages (yuan)
			#国有单位 State-owned Units	#城镇集体单位 Urban Collective -owned Units	
2123	4539	1409239	1226614	61228	21971
316	1324	179885	161058	17985	23107
	340	347471	335380	12091	24492
69	1921	205037	190893	14144	22894
428	376	338451	300916	37351	23914
89	882	381760	376293	4482	25101
226	1838	254635	220837	3293	20826
12	20	154524	148134	6180	23289
288	100	159124	150618	8506	26934
188	39	127737	122552	5185	27219
33	251	389859	278377	3060	31529
460	593	283896	262966	8300	24960
586		162333	157840	3273	24848
735	10714	1023408	868577	47958	27049
462	9112	2653342	2008450	202462	30022
220	641	271281	229744	21586	25588
879	451	373548	288602	27798	24200
912	450	400635	325227	28353	27158
587	3108	1155095	778073	45190	27160
35	251	197589	150312	9522	25232
272	434	205413	165423	12166	27403
328	453	189534	164275	9028	26616
20	418	178599	122070	13334	25554
553	1371	459747	362901	28662	24893
224		148941	143386	5147	25742
222	1049	165962	153147	9841	23736
47	109	90933	85370	3924	24139
183	914	246452	211017	12895	21395
25	378	157263	143603	770	20389
1767	3457	698753	424632	3458	22070
1147	1369	1122155	242855	78854	27646
2084	986	1171699	903005	83498	26330
1528	1522	334927	318263	16604	24120
334	75	643875	215104	15310	23071
443	1353	686886	283910	20923	42174
479	1795	626510	426000	17177	30357
818	14	1078390	305805	43205	38910
21	316	125408	106325	5253	23219
11	564	190292	182457	7835	24204
1117	437	377779	143244	14645	29331
781	282	820671	362904	80203	34810
17	319	177334	172059	4030	27455
2169	991	1895958	672982	84399	35001
2441	752	963672	875824	31421	30496
2429	**22728**	**7341176**	**7341176**		**53126**

19-3 地区生产总值(2010年)
GROSS DOMESTIC PRODUCT(2010)

单位：万元 (10 000 yuan)

县 市	Region	地区生产总值 Gross Domestic Product	第一产业 Primary Industry	第二产业 Secondary Industry	第三产业 Tertiary Industry	人均地区生产总值(元/人) Per Capita GDP (yuan/person)
太原市	**Taiyuan**					
小店区	Xiaodian	3324023	64669	1471144	1788210	50243
迎泽区	Yingze	3226253	3983	496789	2725481	59613
杏花岭区	Xinghualing	2712184	4003	612423	2095758	45811
尖草坪区	Jiancaoping	2390989	22522	1960216	408251	62312
万柏林区	Wanbailin	2926218	7359	2216788	702071	43868
晋源区	Jinyuan	530611	28405	315528	186678	25847
清徐县	Qingxu	922080	127428	578854	215798	26768
阳曲县	Yangqu	232640	32202	116016	84422	17305
娄烦县	Loufan	107698	10020	46073	51605	9658
古交市	Gujiao	295143	17326	154899	122918	13925
大同市	**Datong**					
城 区	Chengqu	998395		485283	513112	
矿 区	Kuangqu	130366		16874	113492	
南郊区	Nanjiao	1201172	54582	579284	567306	28012
新荣区	Xinrong	159233	22924	90992	45317	16057
阳高县	Yanggao	156146	64695	24514	66937	5664
天镇县	Tianzhen	118293	36765	26135	55393	5810
广灵县	Guangling	118888	36862	37122	44904	6672
灵丘县	Lingqiu	259727	22261	150878	86588	11317
浑源县	Hunyuan	260007	78065	81479	100463	7521
左云县	Zuoyun	258330	19735	107097	131498	15656
大同县	Datongxian	148978	56395	34875	57708	8513
阳泉市	**Yangquan**					
城 区	Chengqu	936545		186683	749862	51121
矿 区	Kuangqu	1258046		1125204	132842	53677
郊 区	Jiaoqu	538277	17284	342071	178922	22635
平定县	Pingding	513485	22957	275368	215160	15301
盂 县	Yuxian	964111	25787	670499	267825	31488
长治市	**Changzhi**					
城 区	Chengqu	1210420	5407	296161	908852	25076
郊 区	Jiaoqu	1160611	20835	846337	293439	41344
长治县	Changzhixian	964013	36043	701443	226527	28313
襄垣县	Xiangyuan	2005712	42200	1713176	250336	74361
屯留县	Tunliu	648292	48052	479520	120720	24617
平顺县	Pingshun	147989	21215	65740	61034	9806
黎城县	Licheng	212852	21750	98799	92303	13444
壶关县	Huguan	269948	25361	161010	83577	9274
长子县	Zhangzi	549306	79551	327569	142186	15583
武乡县	Wuxiang	399586	24036	252579	122971	21909
沁 县	Qinxian	106320	31686	9302	65332	6185
沁源县	Qinyuan	724170	19842	531491	172837	45703
潞城市	Lucheng	721003	26385	537374	157244	31849
晋城市	**Jincheng**					
城 区	Chengqu	1492043	13013	618328	860702	37461
沁水县	Qinshui	1000392	38942	780771	180679	46361

注：由于部分市属区尚未实行在地GDP统计，所以有的区的GDP数据不完整，有的区人均GDP数据空缺。

Notes: Some districts haven't statisticed by the regional statistics. Therefore,the dates of GDP in some districts are inperfect and the data of per capita GDP in some districts are vacancy.

19-3 续表1 continued

单位：万元 (10 000 yuan)

县 市	Region	地区生产总值 Gross Domestic Product	第一产业 Primary Industry	第二产业 Secondary Industry	第三产业 Tertiary Industry	人均地区生产总值(元/人) Per Capita GDP (yuan/person)
阳城县	Yangcheng	1385940	59521	933101	393318	34436
陵川县	Lingchuan	234473	30518	85299	118656	9542
泽州县	Zezhou	1561109	77211	1074537	409361	30636
高平市	Gaoping	1630851	88106	1184274	358471	33428
朔州市	**Shuozhou**					
朔城区	Shuocheng	1950966	98129	781687	1071150	42430
平鲁区	Pinglu	2021328	36894	1692170	292264	103592
山阴县	Shanyin	1164260	98188	568326	497746	49526
应　县	Yingxian	340442	83533	96501	160408	10890
右玉县	Youyu	272068	30482	103458	138128	24315
怀仁县	Huairen	1082742	59636	588972	434134	34295
晋中市	**Jinzhong**					
榆次区	Yuci	1445388	126779	527024	791585	22918
榆社县	Yushe	196921	21328	103323	72270	14659
左权县	Zuoquan	250716	21123	128861	100732	15557
和顺县	Heshun	250019	20452	136682	92885	17389
昔阳县	Xiyang	317582	31662	156097	129823	13947
寿阳县	Shouyang	646366	67578	403745	175043	30626
太谷县	Taigu	470489	94519	148770	227200	15766
祁　县	Qixian	413446	95398	114347	203701	15604
平遥县	Pingyao	680571	94382	284641	301548	13563
灵石县	Lingshi	1300816	29132	904516	367168	49888
介休市	Jiexiu	1671806	33981	1287780	350045	41262
运城市	**Yuncheng**					
盐湖区	Yanhu	1180854	91806	339706	749342	17877
临猗县	Linyi	739014	301257	177381	260376	12963
万荣县	Wanrong	333490	110090	100207	123193	7506
闻喜县	Wenxi	815716	73483	452142	290091	20271
稷山县	Jishan	455013	83424	211380	160209	13159
新绛县	Xinjiang	481972	115440	229712	136820	14523
绛　县	Jiangxian	392790	56265	195511	141014	13960
垣曲县	Yuanqu	232883	30696	104807	97380	10082
夏　县	Xiaxian	248846	113530	54620	80696	6940
平陆县	Pinglu	202344	62729	58886	80729	7860
芮城县	Ruicheng	491720	162844	151037	177839	12459
永济市	Yongji	798611	149152	423044	226415	17917
河津市	Hejin	1863914	57869	1274644	531401	47376
忻州市	**Xinzhou**					
忻府区	Xinfu	801344	63287	313851	424206	14831
定襄县	Dingxiang	341577	38800	197309	105468	15541
五台县	Wutai	246073	41348	67423	137302	7958
代　县	Daixian	361500	23376	226924	111200	16978

19-3 续表2 continued

单位：万元 (10 000 yuan)

县 市	Region	地区生产总值 Gross Domestic Product	第一产业 Primary Industry	第二产业 Secondary Industry	第三产业 Tertiary Industry	人均地区生产总值（元/人） Per Capita GDP (yuan/person)
繁峙县	Fanshi	335000	28082	196660	110258	12595
宁武县	Ningwu	226000	10772	126213	89015	13970
静乐县	Jingle	140432	15400	78782	46250	8843
神池县	Shenchi	102430	44265	9551	48614	9623
五寨县	Wuzhai	140210	36733	25121	78356	12612
岢岚县	Kelan	100445	22910	25297	52238	11972
河曲县	Hequ	444880	22002	298515	124363	30458
保德县	Baode	443041	17136	325907	99998	27343
偏关县	Pianguan	164542	28842	53150	82550	14560
原平市	Yuanping	700600	85991	325014	289595	14243
临汾市	**Linfen**					
尧都区	Yaodu	1908712	75574	740536	1092602	22269
曲沃县	Quwo	664748	96344	426366	142038	28173
翼城县	Yicheng	590020	55530	322956	211534	18588
襄汾县	Xiangfen	1015446	92246	670657	252543	21615
洪洞县	Hongtong	1222327	89339	856968	276020	16478
古 县	Guxian	490626	18227	410726	61673	54078
安泽县	Anze	406785	31221	329469	46095	49858
浮山县	Fushan	259425	28530	177070	53825	20109
吉 县	Jixian	123085	32139	63733	27213	11589
乡宁县	Xiangning	472664	19642	342496	110526	20328
大宁县	Daning	50218	9290	23741	17187	7874
隰 县	Xixian	75485	17217	13629	44639	7303
永和县	Yonghe	44455	17754	3763	22938	6896
蒲 县	Puxian	262334	10419	194377	57538	24824
汾西县	Fenxi	135245	18539	50509	66197	9394
侯马市	Houma	652739	32672	262373	357694	27198
霍州市	Huozhou	602808	27000	425010	150798	20943
吕梁市	**Luliang**					
离石区	Lishi	654533	15233	328974	310326	22865
文水县	Wenshui	466967	79153	283699	104115	10985
交城县	Jiaocheng	560428	22111	459200	79117	24808
兴 县	Xingxian	361551	30566	281229	49756	12953
临 县	Linxian	296158	66240	147014	82904	5051
柳林县	Liulin	1850804	18706	1637077	195021	59332
石楼县	Shilou	53447	16741	11508	25198	4832
岚 县	Lanxian	104664	21461	37804	45399	5995
方山县	Fangshan	203804	8755	145421	49628	14075
中阳县	Zhongyang	465636	9841	386355	69440	32881
交口县	Jiaokou	167260	11499	109476	46285	14200
孝义市	Xiaoyi	2589374	86838	1564209	938327	56884
汾阳市	Fenyang	845199	64139	451337	329723	20368

19-4 固定资产投资(2006-2010年)
INVESTMENT IN FIXED ASSETS(2006-2010)

单位：万元 (10 000 yuan)

县 市	Region	2006	2007	2008	2009	2010
太原市	**Taiyuan**					
小店区	Xiaodian	1227546	1717953	2091072	2257321	2749028
迎泽区	Yingze	370914	481770	481918	523988	715257
杏花岭区	Xinghualing	420647	599231	683252	723174	971884
尖草坪区	Jiancaoping	1516669	959510	893910	694252	597998
万柏林区	Wanbailin	483700	655708	852952	978617	1210265
晋源区	Jinyuan	148558	240171	235128	357310	481773
清徐县	Qingxu	204299	229092	229297	351507	515213
阳曲县	Yangqu	59125	84135	107089	100013	126913
娄烦县	Loufan	119525	162405	108179	17252	33560
古交市	Gujiao	117741	200311	308652	309098	366726
大同市	**Datong**					
城　区	Chengqu	49267	75712	527315	1603027	1019292
矿　区	Kuangqu	9551	21578	605273	621943	13348
南郊区	Nanjiao	170008	277027	935417	1101424	413856
新荣区	Xinrong	35548	53132	75516	89346	41190
阳高县	Yanggao	19210	53647	69504	109817	172802
天镇县	Tianzhen	35574	52693	77057	109426	150839
广灵县	Guangling	17153	32033	34179	72777	114367
灵丘县	Lingqiu	45479	66565	97987	90007	119924
浑源县	Hunyuan	22659	97592	64951	72136	102455
左云县	Zuoyun	61134	123204	155146	222726	300521
大同县	Datongxian	25920	54436	27055	131230	216059
阳泉市	**Yangquan**					
城　区	Chengqu	210668	273773	303835	489703	600115
矿　区	Kuangqu	399654	364247	463664	671735	855080
郊　区	Jiaoqu	121693	172329	219644	382308	479069
平定县	Pingding	71285	220323	301957	467637	519084
盂　县	Yuxian	119759	210201	274860	413249	530369
长治市	**Changzhi**					
城　区	Chengqu	371484	396940	405540	517526	707138
郊　区	Jiaoqu	191640	431886	312270	536834	644994
长治县	Changzhixian	112500	186438	221298	334499	437963
襄垣县	Xiangyuan	389081	520065	430195	753637	926393
屯留县	Tunliu	65460	99175	298030	474157	484338
平顺县	Pingshun	27553	34003	40002	92554	130651
黎城县	Licheng	39300	64568	68540	122507	168513
壶关县	Huguan	82952	128653	73909	102683	166052
长子县	Zhangzi	21534	45705	277928	365544	451114
武乡县	Wuxiang	212291	95988	143385	186246	250927
沁　县	Qinxian	11436	39392	81120	114533	154714
沁源县	Qinyuan	78661	103925	135549	250676	357132
潞城市	Lucheng	173280	97719	154956	384494	456404

注：各市、县投资不含跨省、市项目投资和农村农户投资。
Note: Investment in city and county doesn't include investment across provinces and cities, aparting from investment of rural pesant household.

19-4 续表1 continued

单位：万元 (10 000 yuan)

县 市	Region	2006	2007	2008	2009	2010
晋 城 市	**Jincheng**					
城 区	Chengqu	166416	372537	681031	993115	1212384
沁水县	Qinshui	196351	334937	353800	462547	569763
阳城县	Yangcheng	478882	481956	325114	465261	572953
陵川县	Lingchuan	63848	82081	104700	110609	138158
泽州县	Zezhou	508095	520659	634944	664133	816666
高平市	Gaoping	233942	362741	463444	538326	663776
朔 州 市	**Shuozhou**					
朔城区	Shuocheng	294447	420870	709147	1115680	1431931
平鲁区	Pinglu	51626	334451	470478	746467	727692
山阴县	Shanyin	158635	207519	321347	361324	470610
应 县	Yingxian	80139	130228	183085	191016	231900
右玉县	Youyu	26846	92715	133274	177966	337837
怀仁县	Huairen	239264	343613	402051	422795	539538
晋 中 市	**Jinzhong**					
榆次区	Yuci	418912	584931	800534	771863	939335
榆社县	Yushe	77885	98440	46934	57226	61711
左权县	Zuoquan	108300	154259	182302	233220	364695
和顺县	Heshun	68236	98893	148674	185430	246025
昔阳县	Xiyang	132615	202735	244382	270557	330293
寿阳县	Shouyang	156740	325688	233030	322774	429553
太谷县	Taigu	101004	145037	136242	155168	206800
祁 县	Qixian	111464	156160	143852	175016	216233
平遥县	Pingyao	135199	194775	253637	330162	361321
灵石县	Lingshi	318189	414046	562528	705676	825200
介休市	Jiexiu	385403	462483	560078	592009	658345
运 城 市	**Yuncheng**					
盐湖区	Yanhu	403152	584435	728556	1255253	1410243
临猗县	Linyi	118604	140075	174312	322421	363875
万荣县	Wanrong	45437	61854	106422	176635	128030
闻喜县	Wenxi	345670	404044	564990	406033	406605
稷山县	Jishan	72437	92406	163829	304588	361214
新绛县	Xinjiang	85722	142971	188393	279005	327231
绛 县	Jiangxian	68900	91583	156654	284419	318185
垣曲县	Yuanqu	54791	67082	130498	205393	154240
夏 县	Xiaxian	36228	55107	97647	171999	207217
平陆县	Pinglu	78530	104823	121545	188364	228473
芮城县	Ruicheng	160975	309881	120101	176136	223429
永济市	Yongji	221266	107491	135332	212568	326225
河津市	Hejin	523782	556589	713545	832183	984643
忻 州 市	**Xinzhou**					
忻府区	Xinfu	248229	270122	367057	473165	480458
定襄县	Dingxiang	50710	63734	88548	98032	128067
五台县	Wutai	154420	133392	144896	144900	154032
代 县	Daixian	16405	37256	46689	89467	118171

19-4　续表2　continued

单位：万元　　(10 000 yuan)

县　市	Region	2006	2007	2008	2009	2010
繁峙县	Fanshi	23189	37114	58784	193582	293674
宁武县	Ningwu	18060	34601	38833	73699	224228
静乐县	Jingle	14670	36390	67073	160090	234037
神池县	Shenchi	9054	15854	20074	90729	116264
五寨县	Wuzhai	14822	22987	33400	89792	94771
岢岚县	Kelan	23948	26070	35307	113808	136780
河曲县	Hequ	119033	121639	102272	441052	480839
保德县	Baode	46187	56365	68458	115024	320444
偏关县	Pianguan	7023	17449	22363	56438	78147
原平市	Yuanping	225445	107480	311696	571537	687250
临汾市	**Linfen**					
尧都区	Yaodu	373639	454790	579425	692188	1133700
曲沃县	Quwo	130086	176862	135121	249485	277479
翼城县	Yicheng	90025	121022	109114	183101	240094
襄汾县	Xiangfen	256527	313695	180623	277931	358615
洪洞县	Hongtong	230795	243992	320598	477736	650416
古　县	Guxian	70400	97505	98301	143898	191889
安泽县	Anze	52524	80764	110608	152136	199873
浮山县	Fushan	50014	74084	76529	123397	163058
吉　县	Jixian	26283	44313	55283	78522	103511
乡宁县	Xiangning	98033	119639	109301	176011	228812
大宁县	Daning	9712	12477	15004	25794	34800
隰　县	Xixian	9433	24804	33829	50234	65958
永和县	Yonghe	5033	8855	11586	18135	30790
蒲　县	Puxian	55204	38092	47520	90644	120530
汾西县	Fenxi	50441	61665	56668	145147	107955
侯马市	Houma	139843	177075	207328	254274	280504
霍州市	Huozhou	236897	292795	416892	412673	548633
吕梁市	**Luliang**					
离石区	Lishi	127198	235566	306706	256416	358142
文水县	Wenshui	58221	175342	205264	206194	227661
交城县	Jiaocheng	89979	180378	180643	141324	177832
兴　县	Xingxian	47786	52611	143612	256124	242317
临　县	Linxian	54909	97744	123682	137810	195216
柳林县	Liulin	164836	355602	403347	421135	625226
石楼县	Shilou	27982	38989	48050	38007	47226
岚　县	Lanxian	52107	84404	97599	89603	198648
方山县	Fangshan	82154	115688	121399	39093	135355
中阳县	Zhongyang	96587	142853	240734	167041	168058
交口县	Jiaokou	95791	127746	155862	64562	82752
孝义市	Xiaoyi	746972	826078	926423	895218	1302806
汾阳市	Fenyang	89347	140427	193472	199078	249132

19-5 乡村基本情况 (2010年)

县 市	Region	乡镇政府(个) Number of Township and Town Governments (unit)	#镇政府 Number of Town Governments	村民委员会(个) Number of Villager's Committees (unit)	乡村户数 (户) Number of Rural Households (household)
太 原 市	**Taiyuan**				
小店区	Xiaodian	3	1	61	35720
迎泽区	Yingze	1	1	28	8494
杏花岭区	Xinghualing	2		38	10822
尖草坪区	Jiancaoping	5	2	90	35720
万柏林区	Wanbailin	1		54	17381
晋源区	Jinyuan	3	3	90	38517
清徐县	Qingxu	8	3	192	85821
阳曲县	Yangqu	9	3	124	40947
娄烦县	Loufan	7	2	142	28891
古交市	Gujiao	10	3	146	35448
大 同 市	**Datong**				
南郊区	Nanjiao	10	3	190	100705
新荣区	Xinrong	6		140	33956
阳高县	Yanggao	12	6	256	77160
天镇县	Tianzhen	10	4	221	57701
广灵县	Guangling	8	1	180	46554
灵丘县	Lingqiu	12	3	254	63064
浑源县	Hunyuan	17	5	315	89988
左云县	Zuoyun	8	2	228	42098
大同县	Datongxian	9	2	177	51442
阳 泉 市	**Yangquan**				
市辖区	Jurisdiction of the City			5	3895
郊 区	Jiaoqu	7	3	184	73627
平定县	Pingding	9	7	318	94681
盂 县	Yuxian	13	7	453	92817
长 治 市	**Changzhi**				
市辖区	Jurisdiction of the City			4	2668
城 区	Chengqu			28	16477
郊 区	Jiaoqu	6	5	122	42693
长治县	Changzhixian	11	5	254	85405
襄垣县	Xiangyuan	10	7	323	54662
屯留县	Tunliu	13	6	294	61263
平顺县	Pingshun	11	4	263	42636
黎城县	Licheng	8	4	250	42487
壶关县	Huguan	12	4	390	71355
长子县	Zhangzi	11	6	399	83043
武乡县	Wuxiang	13	4	377	52974
沁 县	Qinxian	12	5	306	38567
沁源县	Qinyuan	13	4	254	41681
潞城市	Lucheng	7	4	191	48494

注：本表指标口径同8-1。
Note:The ranage of the data in this table is same with table 8-1.

BASIC CONDITIONS OF RURAL AREAS(2010)

乡村人口 (人) Rural Population (person)	乡村从业人员 (人) Number of Rural Employees (person)	农林牧渔业 Farming,Forestry, Animal Husbandry and Fishery	工业 Industry	建筑业 Construction	其他行业 Others
113091	57353	30061	5590	2791	18911
23192	12644	1425	1534	611	9074
30663	15710	3810	3964	1101	6835
111183	55929	19678	9077	3429	23745
55491	29080	4947	3454	1378	19301
123751	63428	26376	11892	4145	21015
260634	117585	69307	20580	5033	22665
112948	52889	27824	5576	2746	16743
104534	51442	32883	6753	1955	9851
102180	35178	16942	10392	519	7325
263893	128634	50631	14692	7179	56132
99621	45775	25724	7963	719	11369
241956	90803	61723	4910	8137	16033
180035	68912	51305	2352	4677	10578
160611	54328	39776	2229	3898	8425
207676	90674	56740	8106	9025	16803
296495	130734	73330	11848	13186	32370
107553	46351	31495	5055	1927	7874
148323	53585	34372	3938	4192	11083
10526	2805	73	831	316	1585
204450	87867	20319	35533	2834	29181
265057	127376	52904	27571	11253	35648
251758	116259	73480	18631	5682	18466
9591	3891	502	932	241	2216
57679	30114	4787	4566	1588	19173
162876	69674	23420	19772	4123	22359
303692	156058	72062	34507	14985	34504
190219	84875	48677	11602	2881	21715
226774	102247	63735	10136	14345	14031
138915	66334	42076	4850	9031	10377
138394	65295	38180	9998	5933	11184
266815	125168	70071	14100	21194	19803
310634	151956	110229	10661	11284	19782
174207	79030	53370	6541	6470	12649
136742	54164	36480	3985	4355	9344
135038	56924	31115	12742	3052	10015
177288	77593	44043	15552	5828	12170

19-5 续表1

县 市	Region	乡镇政府(个) Number of Township and Town Governments (unit)	#镇政府 Number of Town Governments	村民委员会(个) Number of Villager's Committees (unit)	乡村户数(户) Number of Rural Households (household)
晋城市	**Jincheng**				
城 区	Chengqu	1	1	113	29492
沁水县	Qinshui	13	6	251	58800
阳城县	Yangcheng	16	9	467	116394
陵川县	Lingchuan	11	6	378	69591
泽州县	Zezhou	17	14	632	134665
高平市	Gaoping	13	9	445	117295
朔州市	**Shuozhou**				
朔城区	Shuocheng	11	2	300	90331
平鲁区	Pinglu	12	1	350	42683
山阴县	Shanyin	13	3	257	50064
应 县	Yingxian	11	2	298	84563
右玉县	Youyu	9	3	321	25513
怀仁县	Huairen	9	3	162	56719
晋中市	**Jinzhong**				
榆次区	Yuci	10	6	289	93546
榆社县	Yushe	8	3	272	38638
左权县	Zuoquan	9	4	204	42946
和顺县	Heshun	9	4	294	37190
昔阳县	Xiyang	11	4	335	73477
寿阳县	Shouyang	13	6	206	62008
太谷县	Taigu	8	2	198	72450
祁 县	Qixian	7	5	160	71428
平遥县	Pingyao	13	4	273	130296
灵石县	Lingshi	11	5	291	65413
介休市	Jiexiu	10	7	231	94121
运城市	**Yuncheng**				
盐湖区	Yanhu	13	7	314	106673
临猗县	Linyi	15	8	375	122190
万荣县	Wanrong	13	3	281	97849
闻喜县	Wenxi	12	6	343	81251
稷山县	Jishan	6	4	200	72155
新绛县	Xinjiang	8	7	220	66093
绛 县	Jiangxian	9	7	205	58348
垣曲县	Yuanqu	10	4	189	41296
夏 县	Xiaxian	10	5	257	76219
平陆县	Pinglu	9	5	224	57581
芮城县	Ruicheng	9	6	173	92292
永济市	Yongji	7	7	265	88931
河津市	Hejin	7	2	148	71193

continued

乡村人口 (人) Rural Population (person)	乡村从业人员 (人) Number of Rural Employees (person)				
		农林牧渔业 Farming,Forestry, Animal Husbandry and Fishery	工 业 Industry	建筑业 Construction	其他行业 Others
81245	44908	11045	7396	1682	24785
178014	84137	52815	7979	5132	18211
314181	164845	86230	32004	15135	31476
239942	113675	64606	14457	9655	24957
449015	216456	120604	38928	11209	45715
406104	210409	112366	35503	23695	38845
293164	136104	93450	9840	6219	26595
158544	76147	39269	11082	5395	20401
159280	63250	49107	3207	2689	8247
257125	102572	71205	5478	9703	16186
92163	40771	25333	2524	1727	11187
179834	81849	43263	10690	6450	21446
280770	143313	82926	20022	10090	30275
117122	48890	30358	3742	5023	9767
136306	63010	39381	5928	5603	12098
111180	51140	36165	5379	2787	6809
198029	96891	60189	10456	6776	19470
171528	78400	58355	5795	1860	12390
213738	102794	62266	17005	6674	16849
211187	101290	55454	22031	6970	16835
426821	196301	97141	36473	19689	42998
179335	84739	40890	23292	2522	18035
282517	134862	48952	39415	17987	28508
418043	231382	158965	16842	13243	42332
498111	242809	173064	17081	12084	40580
409150	176531	121984	13070	12932	28545
338897	175084	82942	57306	11518	23318
313548	156716	80898	36513	15772	23533
281145	150484	102754	16241	9699	21790
231341	139207	84544	14937	11269	28457
161675	77899	44545	6735	7337	19282
321686	176654	120430	14751	13144	28329
216286	111060	83437	8659	6133	12831
349374	191849	128853	12687	13899	36410
349529	194742	121676	11244	8510	53312
298465	135008	63276	23412	22008	26312

19-5 续表2

县 市	Region	乡镇政府(个) Number of Township and Town Governments (unit)	#镇政府 Number of Town Governments	村民委员会(个) Number of Villager's Committees (unit)	乡村户数(户) Number of Rural Households (household)
忻 州 市	**Xinzhou**				
忻府区	Xinfu	17	6	394	118449
定襄县	Dingxiang	8	2	155	61904
五台县	Wutai	18	5	573	86559
代 县	Daixian	10	5	377	51783
繁峙县	Fanshi	12	2	402	72183
宁武县	Ningwu	13	3	464	33812
静乐县	Jingle	13	3	381	37308
神池县	Shenchi	9	2	241	23925
五寨县	Wuzhai	11	2	250	26066
岢岚县	Kelan	11	1	202	18269
河曲县	Hequ	12	3	340	40720
保德县	Baode	12	3	341	38368
偏关县	Pianguan	9	3	248	27202
原平市	Yuanping	18	7	520	120232
临 汾 市	**Linfen**				
尧都区	Yaodu	16	10	372	113242
曲沃县	Quwo	6	4	158	47433
翼城县	Yicheng	9	5	212	69166
襄汾县	Xiangfen	12	6	348	108753
洪洞县	Hongtong	15	8	463	158853
古 县	Guxian	6	3	111	17769
安泽县	Anze	6	3	103	18227
浮山县	Fushan	8	1	185	27727
吉 县	Jixian	7	2	79	22560
乡宁县	Xiangning	9	4	182	47655
大宁县	Daning	5	1	84	12673
隰 县	Xixian	7	2	97	19496
永和县	Yonghe	6	1	79	11921
蒲 县	Puxian	8	3	99	19225
汾西县	Fenxi	7	4	120	32015
侯马市	Houma	3		77	28913
霍州市	Huozhou	7	4	199	50542
吕 梁 市	**Luliang**				
离石区	Lishi	5	2	193	45679
文水县	Wenshui	11	6	199	101037
交城县	Jiaocheng	9	5	148	54563
兴 县	Xingxian	16	6	372	63239
临 县	Linxian	22	12	631	155804
柳林县	Liulin	14	7	257	72748
石楼县	Shilou	8	3	134	23891
岚 县	Lanxian	11	3	167	39109
方山县	Fangshan	6	4	169	35968
中阳县	Zhongyang	6	4	93	29931
交口县	Jiaokou	6	3	93	25039
孝义市	Xiaoyi	12	7	379	96055
汾阳市	Fenyang	12	9	289	98651

continued

乡村人口 (人) Rural Population (person)	乡村从业人员 (人) Number of Rural Employees (person)	农林牧渔业 Farming,Forestry, Animal Husbandry and Fishery	工 业 Industry	建筑业 Construction	其他行业 Others
339715	154314	86934	10040	24123	33217
176037	82034	39374	21634	8344	12682
278442	88937	49183	5940	19119	14695
166867	74639	52505	5730	7473	8931
239466	76486	52489	6926	5157	11914
118659	47707	28651	3511	1897	13648
141966	58267	35895	4144	6051	12177
85082	28093	22864	947	722	3560
91849	37246	28292	1338	1738	5878
67003	28736	19628	1034	1731	6343
116925	44005	29721	3644	3093	7547
143520	62403	33964	8939	5536	13964
91623	36297	23741	3081	3466	6009
347154	153230	82279	14564	15664	40723
463314	242090	114400	41237	13282	73171
196467	109242	64688	16891	8675	18988
263241	109504	56642	23032	10564	19266
437041	222043	132410	31084	10754	47795
658104	318917	161004	49666	31831	76416
71924	23202	14788	3499	785	4130
65857	23499	16093	1539	738	5129
111154	39381	22833	3198	2750	10600
91787	32601	23214	1177	3236	4974
206904	81341	58803	8587	1738	12213
52448	22272	16287	392	1248	4345
82001	33558	25474	852	2704	4528
48973	15260	12196	388	546	2130
81515	37700	22466	4578	1812	8844
126427	58961	40176	4126	2540	12119
111098	54310	29497	5602	6654	12557
199989	91136	53527	12401	6125	19083
156683	61299	24965	6463	10606	19265
389205	184411	98766	36241	10663	38741
185646	85365	31815	29850	6593	17107
250342	106318	69741	6817	7293	22467
562938	216427	143458	10825	24769	37375
276733	100085	41489	13651	7026	37919
94746	35082	28290	1307	1187	4298
158502	66467	43652	2899	3192	16724
123892	48922	31839	3157	5288	8638
105189	37346	14765	10536	4557	7488
94786	35555	23408	5407	710	6030
306744	129289	51964	35846	8884	32595
331465	151269	77604	20341	17984	35340

19-6 农林牧渔业总产值(2010年)
GROSS OUTPUT VALUE OF FARMING,FORESTRY,ANIMAL HUSBANDRY AND FISHERY(2010)

按现行价格计算 (at current price)

县 市	Region	农林牧渔业总产值(万元) Total (10 000 yuan)	农业产值 Farming	林业产值 Forestry	牧业产值 Animal Husbandry	渔业产值 Fishery	农林牧渔服务业产值 Farming, Forestry, Animal Husbandry and Fishery Service
太原市	**Taiyuan**						
小店区	Xiaodian	123980	86630	4506	29835	110	2900
迎泽区	Yingze	7730	242	6586	863	40	
杏花岭区	Xinghualing	7464	691	3696	3076		
尖草坪区	Jiancaoping	41353	24351	7063	9364	115	460
万柏林区	Wanbailin	13578	2243	6537	2082	17	2700
晋源区	Jinyuan	49993	28753	3870	15478	1311	580
清徐县	Qingxu	210454	143190	3527	57662	1276	4800
阳曲县	Yangqu	60231	28778	4757	24905	31	1760
娄烦县	Loufan	18918	9219	4062	4681	107	850
古交市	Gujiao	26933	12697	4823	6195	57	3160
大同市	**Datong**						
南郊区	Nanjiao	84242	41235	1372	39056	29	2550
新荣区	Xinrong	44349	16581	3140	22318	10	2300
阳高县	Yanggao	133783	70573	2677	56919	14	3600
天镇县	Tianzhen	69525	35725	1030	32588	14	169
广灵县	Guangling	68930	34113	2313	29168	88	3248
灵丘县	Lingqiu	49807	17351	2834	28490	74	1058
浑源县	Hunyuan	120435	51374	4244	63302	15	1500
左云县	Zuoyun	38029	11013	7017	19740		260
大同县	Datongxian	88612	37039	4882	42493	347	3852
阳泉市	**Yangquan**						
郊　区	Jiaoqu	33423	15918	4543	12380	2	588
平定县	Pingding	45703	22413	3459	18462	709	660
盂　县	Yuxian	49942	33517	3005	11356	264	1800
长治市	**Changzhi**						
城　区	Chengqu	8720	6002	332	2107		280
郊　区	Jiaoqu	36993	20565	744	14123	193	1368
长治县	Changzhixian	62240	36487	1800	21686	68	2200
襄垣县	Xiangyuan	75104	57963	1158	12144	207	3633
屯留县	Tunliu	80670	57945	1782	19154	403	1385
平顺县	Pingshun	37319	20060	7559	7637	63	2000
黎城县	Licheng	38910	17086	11585	9201	138	900
壶关县	Huguan	45452	25828	1705	17365	4	550
长子县	Zhangzi	129378	95224	1744	30715	485	1210
武乡县	Wuxiang	38699	27043	1746	8430	480	1000
沁　县	Qinxian	52677	37916	2525	11036	550	650
沁源县	Qinyuan	33383	18627	5024	6133		3600
潞城市	Lucheng	46659	31676	3436	10551	216	780

19-6 续表1 continued

按现行价格计算 (at current price)

县市	Region	农林牧渔业总产值(万元) Total (10 000 yuan)	农业产值 Farming	林业产值 Forestry	牧业产值 Animal Husbandry	渔业产值 Fishery	农林牧渔服务业产值 Farming, Forestry, Animal Husbandry and Fishery Service
晋城市	**Jincheng**						
城　区	Chengqu	20949	13741	1367	4970	230	640
沁水县	Qinshui	68073	36188	7969	21689	668	1560
阳城县	Yangcheng	104259	49973	5472	45642	512	2660
陵川县	Lingchuan	54634	32904	5362	14515	250	1602
泽州县	Zezhou	133893	77437	4085	47923	1215	3233
高平市	Gaoping	156391	62025	4767	86334	205	3060
朔州市	**Shuozhou**						
朔城区	Shuocheng	161826	106142	11372	37022	790	6500
平鲁区	Pinglu	57014	32439	3228	16397	60	4891
山阴县	Shanyin	174264	67171	2468	103411	246	968
应　县	Yingxian	159988	100506	1126	53561	195	4600
右玉县	Youyu	50535	20451	3607	24921	57	1500
怀仁县	Huairen	116727	51210	1601	61902	108	1906
晋中市	**Jinzhong**						
榆次区	Yuci	205883	141562	3858	54366	336	5761
榆社县	Yushe	35029	17124	3405	13041	460	1000
左权县	Zuoquan	35386	12448	14612	7419	261	645
和顺县	Heshun	34384	23064	3231	7108		981
昔阳县	Xiyang	54341	32157	2291	18933	110	850
寿阳县	Shouyang	138769	112267	6731	17506	44	2222
太谷县	Taigu	173549	96578	12076	62354	141	2400
祁　县	Qixian	155040	79399	8349	64534	108	2650
平遥县	Pingyao	153379	85751	3904	59887	384	3453
灵石县	Lingshi	50304	21905	11398	16444	57	500
介休市	Jiexiu	69407	29422	7871	30050	63	2001
运城市	**Yuncheng**						
盐湖区	Yanhu	157795	123661	3095	19372	411	11256
临猗县	Linyi	498347	435391	3431	14500	25	45000
万荣县	Wanrong	205345	175323	2044	15932	51	11995
闻喜县	Wenxi	124182	92420	5282	17037	144	9299
稷山县	Jishan	150066	90400	2532	47111	24	10000
新绛县	Xinjiang	203065	153157	2667	34105	136	13000
绛　县	Jiangxian	97903	57494	10438	21639	82	8250
垣曲县	Yuanqu	50011	21798	6168	17222	1523	3300
夏　县	Xiaxian	230796	189975	4057	21156	110	15498
平陆县	Pinglu	106366	79598	2729	15506	33	8500
芮城县	Ruicheng	269427	197671	15115	37502	639	18500
永济市	Yongji	257799	201753	6170	27435	7442	15000
河津市	Hejin	103629	73485	2768	18805	171	8400

19-6 续表2 continued

按现行价格计算 (at current price)

县 市	Region	农林牧渔业总产值(万元) Total (10 000 yuan)	农业产值 Farming	林业产值 Forestry	牧业产值 Animal Husbandry	渔业产值 Fishery	农林牧渔服务业产值 Farming, Forestry, Animal Husbandry and Fishery Service
忻州市	**Xinzhou**						
忻府区	Xinfu	120805	64657	9267	42234	266	4380
定襄县	Dingxiang	63259	43369	4478	11952	260	3200
五台县	Wutai	71195	27949	6369	35107	210	1560
代 县	Daixian	36420	19522	3753	11810	216	1120
繁峙县	Fanshi	49873	18228	5411	24586	228	1420
宁武县	Ningwu	19341	7119	2930	8296	77	920
静乐县	Jingle	42542	26021	5694	10037	81	710
神池县	Shenchi	66722	46538	1646	18339	29	170
五寨县	Wuzhai	55037	38589	5391	9349	224	1485
岢岚县	Kelan	39245	17976	1203	18521	36	1510
河曲县	Hequ	47707	26566	5187	14067	127	1761
保德县	Baode	33586	16876	8062	7660	98	890
偏关县	Pianguan	49594	23269	4103	20663	99	1460
原平市	Yuanping	146925	71902	11475	59421	427	3700
临汾市	**Linfen**						
尧都区	Yaodu	144185	100604	5140	34244	3146	1050
曲沃县	Quwo	166099	121670	4506	37396	1568	960
翼城县	Yicheng	107284	63266	4465	37939	634	980
襄汾县	Xiangfen	175839	133753	5383	32127	1495	3080
洪洞县	Hongtong	174069	105702	11623	54432	1096	1217
古 县	Guxian	33485	15811	12717	4607	2	348
安泽县	Anze	56558	37979	3611	14070	10	889
浮山县	Fushan	53954	33557	4439	15180	8	770
吉 县	Jixian	55259	41946	6732	4591	10	1980
乡宁县	Xiangning	39752	19598	6503	13112	14	525
大宁县	Daning	16992	9209	4296	2808		680
隰 县	Xixian	32437	19110	7273	4918	10	1127
永和县	Yonghe	34971	22947	5532	5939	2	550
蒲 县	Puxian	24459	13127	4872	5656	6	799
汾西县	Fenxi	32801	15753	6806	9602		640
侯马市	Houma	54975	43548	3516	6243	653	1015
霍州市	Huozhou	49225	30530	3865	14523	62	245
吕梁市	**Luliang**						
离石区	Lishi	25857	11193	5299	9082	40	244
文水县	Wenshui	150372	89645	1646	57032	848	1200
交城县	Jiaocheng	35799	15667	3125	16567	88	353
兴 县	Xingxian	59778	35517	13221	10370	50	620
临 县	Linxian	112131	74727	13735	22792	198	680
柳林县	Liulin	30161	18828	2851	8243	40	200
石楼县	Shilou	29571	17202	6726	5403	30	210
岚 县	Lanxian	41303	28222	2454	10123	81	423
方山县	Fangshan	21550	13521	2080	5682	115	152
中阳县	Zhongyang	17147	7814	4690	4404	70	169
交口县	Jiaokou	23158	8303	8332	6402		120
孝义市	Xiaoyi	146281	45792	18654	77907	178	3750
汾阳市	Fenyang	113958	46416	16847	49879	216	600

19-7 农林牧渔业中间消耗(2010年)
INTERMEDIATE CONSUMPTION OF FARMING, FORESTRY, ANIMAL HUSBANDRY AND FISHERY(2010)

按现行价格计算 (at current price)

县 市	Region	农林牧渔业中间消耗(万元) Total (10 000 yuan)	农 业 Farming	林 业 Forestry	牧 业 Animal Husbandry	渔 业 Fishery	农林牧渔服务业 Farming, Forestry, Animal Husbandry and Fishery Service
太原市	**Taiyuan**						
小店区	Xiaodian	57133	37394	2098	16396	45	1200
迎泽区	Yingze	3729	104	3180	429	16	
杏花岭区	Xinghualing	3510	317	1718	1475		
尖草坪区	Jiancaoping	18826	10961	3281	4354	45	185
万柏林区	Wanbailin	6237	979	3039	1063	6	1150
晋源区	Jinyuan	23229	13015	1818	7584	562	250
清徐县	Qingxu	94610	61792	1609	28615	578	2016
阳曲县	Yangqu	28511	13502	2282	11956	14	757
娄烦县	Loufan	9370	4517	1884	2551	48	370
古交市	Gujiao	12673	6053	2247	2965	24	1384
大同市	**Datong**						
南郊区	Nanjiao	30055	17388	158	11189	10	1310
新荣区	Xinrong	16887	5344	758	8933	2	1850
阳高县	Yanggao	69088	35006	917	31359	6	1800
天镇县	Tianzhen	32760	16466	857	15349	6	82
广灵县	Guangling	32069	10954	1868	17675	69	1503
灵丘县	Lingqiu	27545	9149	1288	16276	12	820
浑源县	Hunyuan	42370	19216	1729	20632	13	780
左云县	Zuoyun	18308	5258	3229	9691		130
大同县	Datongxian	40677	14355	2967	20304	263	2788
阳泉市	**Yangquan**						
郊　区	Jiaoqu	16139	7642	2332	5881	1	283
平定县	Pingding	22932	11872	1414	8963	363	320
盂　县	Yuxian	21455	15001	2370	5665	119	1000
长治市	**Changzhi**						
城　区	Chengqu	3313	2008	178	977		150
郊　区	Jiaoqu	16158	9516	377	5531	94	640
长治县	Changzhixian	26197	15926	344	8712	15	1200
襄垣县	Xiangyuan	32904	25271	714	5012	107	1800
屯留县	Tunliu	32618	22276	924	8504	146	768
平顺县	Pingshun	16104	8361	3596	3384	13	750
黎城县	Licheng	17160	7036	5221	4369	34	500
壶关县	Huguan	20091	11469	763	7509		350
长子县	Zhangzi	49827	33664	945	14393	208	617
武乡县	Wuxiang	14663	8710	1080	4164	229	480
沁　县	Qinxian	20991	13703	1653	5110	159	366
沁源县	Qinyuan	13541	5397	2447	4877		820
潞城市	Lucheng	20274	11901	1582	6294	107	390

19-7 续表1 continued

按现行价格计算 (at current price)

县 市	Region	农林牧渔业中间消耗(万元) Total (10 000 yuan)	农 业 Farming	林 业 Forestry	牧 业 Animal Husbandry	渔 业 Fishery	农林牧渔服务业 Farming, Forestry, Animal Husbandry and Fishery Service
晋 城 市	**Jincheng**						
城 区	Chengqu	7935	4423	733	2350	103	326
沁水县	Qinshui	29131	13779	4476	9806	274	796
阳城县	Yangcheng	45184	18660	3916	21023	229	1356
陵川县	Lingchuan	24116	12598	3437	7158	108	815
泽州县	Zezhou	57030	28974	2571	23328	508	1649
高平市	Gaoping	67662	23442	2560	40020	90	1550
朔 州 市	**Shuozhou**						
朔城区	Shuocheng	58890	30071	3216	24519	584	500
平鲁区	Pinglu	25489	11596	1560	11131	52	1150
山阴县	Shanyin	74582	22899	1334	49572	129	648
应 县	Yingxian	68758	40639	1053	25094	72	1900
右玉县	Youyu	24949	10332	2803	11581	53	180
怀仁县	Huairen	59695	26005	1334	30955	55	1346
晋 中 市	**Jinzhong**						
榆次区	Yuci	79104	38027	2641	35112	165	3159
榆社县	Yushe	13907	7726	2145	3131	205	700
左权县	Zuoquan	13696	5275	4469	3335	167	450
和顺县	Heshun	14095	8038	2360	3285		412
昔阳县	Xiyang	22651	9147	1459	11584	61	400
寿阳县	Shouyang	53640	39081	6484	7305	20	750
太谷县	Taigu	85634	25282	2792	56402	75	1083
祁 县	Qixian	58388	24332	5537	27179	40	1300
平遥县	Pingyao	58997	26954	2350	27716	147	1830
灵石县	Lingshi	21527	5389	4921	10967	25	225
介休市	Jiexiu	34475	11958	4097	17462	37	921
运 城 市	**Yuncheng**						
盐湖区	Yanhu	68393	50032	1750	10871	251	5489
临猗县	Linyi	198338	166608	2098	6618	14	23000
万荣县	Wanrong	95093	74200	1202	13821	23	5847
闻喜县	Wenxi	56536	41629	2772	7415	80	4640
稷山县	Jishan	66655	40335	1478	19332	10	5500
新绛县	Xinjiang	86492	58266	2255	19298	73	6600
绛 县	Jiangxian	42005	24885	4889	8434	47	3750
垣曲县	Yuanqu	22204	7432	4330	8021	721	1700
夏 县	Xiaxian	99081	77472	2933	12620	56	6000
平陆县	Pinglu	43638	30013	2171	8040	14	3400
芮城县	Ruicheng	107726	70961	9098	15586	331	11750
永济市	Yongji	108205	78378	3695	14500	5382	6250
河津市	Hejin	45341	28502	1757	10948	102	4032

19-7 续表2 continued

按现行价格计算 (at current price)

县 市	Region	农林牧渔业中间消耗(万元) Total (10 000 yuan)	农 业 Farming	林 业 Forestry	牧 业 Animal Husbandry	渔 业 Fishery	农林牧渔服务业 Farming, Forestry, Animal Husbandry and Fishery Service
忻州市	**Xinzhou**						
忻府区	Xinfu	57518	27007	3360	24880	106	2165
定襄县	Dingxiang	21330	15162	1083	3463	122	1500
五台县	Wutai	29847	10299	2723	16046	99	680
代 县	Daixian	13044	7434	1695	3424	102	389
繁峙县	Fanshi	21791	9116	2215	9659	111	690
宁武县	Ningwu	8569	3189	1252	3632	36	460
静乐县	Jingle	13859	7343	2530	3640	36	310
神池县	Shenchi	22457	13482	723	8157	12	83
五寨县	Wuzhai	18304	8596	2462	6527	21	698
岢岚县	Kelan	16335	9148	521	6038	18	610
河曲县	Hequ	14419	8113	2039	3524	43	700
保德县	Baode	11680	6081	2131	3005	43	420
偏关县	Pianguan	20752	10566	1886	7657	43	600
原平市	Yuanping	60934	23097	5217	30709	211	1700
临汾市	**Linfen**						
尧都区	Yaodu	68611	46319	2652	17632	1497	511
曲沃县	Quwo	69755	47577	2219	18760	724	475
翼城县	Yicheng	51754	28769	2595	19566	354	470
襄汾县	Xiangfen	83593	59672	2893	18830	650	1548
洪洞县	Hongtong	84731	53211	4781	25666	473	600
古 县	Guxian	15258	7496	5467	2132	1	162
安泽县	Anze	25337	16629	2058	6179	6	465
浮山县	Fushan	25424	15044	2282	7698	5	395
吉 县	Jixian	23120	16717	2891	2487	5	1020
乡宁县	Xiangning	20110	11219	3169	5471	7	244
大宁县	Daning	7703	4013	2100	1252		338
隰 县	Xixian	15221	9267	3178	2222	5	549
永和县	Yonghe	17217	10888	3201	2861	1	266
蒲 县	Puxian	14040	7687	2804	3159	3	387
汾西县	Fenxi	14262	6929	2757	4260		316
侯马市	Houma	22303	16428	1824	3290	295	466
霍州市	Huozhou	22225	12421	2204	7455	30	115
吕梁市	**Luliang**						
离石区	Lishi	10663	3957	1943	4634	19	110
文水县	Wenshui	67934	37422	694	28928	340	550
交城县	Jiaocheng	14104	5139	1430	7340	38	157
兴 县	Xingxian	26538	14655	6098	5503	22	260
临 县	Linxian	44319	26297	6036	11596	85	305
柳林县	Liulin	11978	6258	1294	4320	17	89
石楼县	Shilou	11915	6567	2965	2273	15	95
岚 县	Lanxian	16729	10005	1207	5279	40	198
方山县	Fangshan	9637	5521	1032	2967	49	68
中阳县	Zhongyang	7077	2830	2000	2139	32	76
交口县	Jiaokou	11659	4317	3910	3378		54
孝义市	Xiaoyi	59685	14203	6430	37274	78	1700
汾阳市	Fenyang	49130	16091	6387	26282	90	280

19-8 农业生产条件 (2010年)

县 市	Region	农业机械总动力(千瓦) Total Power of Agricultural Machinery (kw)	大中型农用拖拉机(台) Large and Medium Tractors for Agriculture (unit)	小型农用拖拉机(台) Mini-tractors for Agriculture (unit)
太原市	**Taiyuan**			
小店区	Xiaodian	167301	546	555
迎泽区	Yingze	10039	5	7
杏花岭区	Xinghualing	17310	63	88
尖草坪区	Jiancaoping	35431	183	242
万柏林区	Wanbailin	38770	96	
晋源区	Jinyuan	178575	137	125
清徐县	Qingxu	322607	686	741
阳曲县	Yangqu	150427	552	2153
娄烦县	Loufan	97179	624	632
古交市	Gujiao	185292	236	359
大同市	**Datong**			
南郊区	Nanjiao	447132	1120	914
新荣区	Xinrong	173952	438	2772
阳高县	Yanggao	185580	317	1986
天镇县	Tianzhen	125441	489	1172
广灵县	Guangling	100291	544	1002
灵丘县	Lingqiu	155008	294	479
浑源县	Hunyuan	156503	557	1305
左云县	Zuoyun	99505	810	2086
大同县	Datongxian	160532	1506	1803
阳泉市	**Yangquan**			
郊 区	Jiaoqu	189948	82	341
平定县	Pingding	512334	252	1668
盂 县	Yuxian	512874	664	4766
长治市	**Changzhi**			
城 区	Chengqu	6285	77	60
郊 区	Jiaoqu	104400	426	687
长治县	Changzhixian	173940	291	962
襄垣县	Xiangyuan	190198	1621	1439
屯留县	Tunliu	225127	1516	5293
平顺县	Pingshun	112731	140	393
黎城县	Licheng	110388	189	6930
壶关县	Huguan	120345	246	335
长子县	Zhangzi	188077	528	1588
武乡县	Wuxiang	149600	593	1577
沁 县	Qinxian	82780	1021	426
沁源县	Qinyuan	78340	307	364
潞城市	Lucheng	219740	782	653

CONDITIONS OF AGRICULTURAL PRODUCTION(2010)

农用排灌动力机械(台) Drainage and Irrigation Machinery (unit)	农用运输车(台) Conveyance Vehicle for Agriculture (unit)	配套机电井(眼) Number of Complete set of Motorelectric pumped Well (unit)	农村用电量(万千瓦小时) Electricity Consumed (10 000 kwh)	农用化肥施用量(折纯量,吨) Agricultural Consumption of Chemical Fertilizers (ton)
447	4809	375	4455	3213
141	115		1480	28
1	390	4	3192	27
241	1130	218	3243	1719
102	1889	55	4068	25
685	2243	288	4700	1198
2105	5642	1287	19623	11977
691	5858	89	3484	6756
218	1262	63	704	759
342	2672	46	3457	769
1073	4346	933	9362	3756
548	2631	449	948	827
2179	3113	2017	2874	21186
1931	4311	1513	2388	14807
553	3222	371	2308	6478
301	8112	335	2554	10305
1175	4998	887	4913	13773
122	1917	259	1431	2176
773	4621	1045	2810	7937
520	3284	145	51146	681
11855	7617	134	13125	5726
1551	10400	260	6209	7379
25		213	4408	452
1072	3140	977	15456	6020
2166	7333	1329	11319	13123
2357	5716	57	6316	10839
1787	6206	1495	4933	22740
447	3274		2190	3986
524	1194	70	2182	6219
121	4292		7714	7285
1271	6332	2247	6227	18079
640	5456	144	2447	3293
320	2552	129	1675	6524
102	2859	159	2199	2481
51	5245	164	4303	9090

19-8 续表1

县 市	Region	农业机械总动力(千瓦) Total Power of Agricultural Machinery (kw)	大中型农用拖拉机(台) Large and Medium Tractors for Agriculture (unit)	小型农用拖拉机(台) Mini-tractors for Agriculture (unit)
晋城市	**Jincheng**			
城　区	Chengqu	61562	234	294
沁水县	Qinshui	315700	228	12515
阳城县	Yangcheng	392381	387	17449
陵川县	Lingchuan	287875	194	2175
泽州县	Zezhou	688200	766	5981
高平市	Gaoping	506876	446	6579
朔州市	**Shuozhou**			
朔城区	Shuocheng	466000	1606	4847
平鲁区	Pinglu	237592	939	2895
山阴县	Shanyin	385660	1988	3680
应　县	Yingxian	394244	1064	2338
右玉县	Youyu	176643	828	3686
怀仁县	Huairen	401201	1372	1760
晋中市	**Jinzhong**			
榆次区	Yuci	589808	1162	4997
榆社县	Yushe	114570	268	2465
左权县	Zuoquan	145274	90	5915
和顺县	Heshun	146394	307	5894
昔阳县	Xiyang	222889	342	6412
寿阳县	Shouyang	291009	1295	3612
太谷县	Taigu	442990	982	7784
祁　县	Qixian	359502	729	3321
平遥县	Pingyao	255463	790	2580
灵石县	Lingshi	349132	546	2156
介休市	Jiexiu	294121	750	1974
运城市	**Yuncheng**			
盐湖区	Yanhu	524326	1428	11154
临猗县	Linyi	869589	1859	6930
万荣县	Wanrong	762878	1038	1359
闻喜县	Wenxi	327791	998	3122
稷山县	Jishan	528549	1080	2050
新绛县	Xinjiang	280632	864	658
绛　县	Jiangxian	252831	603	2389
垣曲县	Yuanqu	262906	675	2360
夏　县	Xiaxian	322597	955	3865
平陆县	Pinglu	484551	1445	10548
芮城县	Ruicheng	478829	1212	20460
永济市	Yongji	582508	2064	5946
河津市	Hejin	374990	773	697

contiuned

农用排灌动力机械(台) Drainage and Irrigation Machinery (unit)	农用运输车(台) Conveyance Vehicle for Agriculture (unit)	配套机电井(眼) Number of Complete set of Motorelectric pumped Well (unit)	农村用电量(万千瓦小时) Electricity Consumed (10 000 kwh)	农用化肥施用量(折纯量,吨) Agricultural Consumption of Chemical Fertilizers (ton)
353	496	128	7392	1539
667	7711	119	4011	10255
955	6287	153	25329	12484
66	13664	63	3346	12518
3440	13155	441	16750	12157
	27779	365	11610	19823
4508	11560	1189	3120	17013
1875	5255	8	617	5218
1600	8380	805	3051	13307
3725	12399	3108	7571	18617
530	5058	161	871	2170
2389	13294	1870	4970	12765
2829	27329	2407	18135	13598
280	2929	185	797	4728
1072	3880	66	3368	3103
85	2623	73	2041	2586
648	2785	80	4105	4256
1737	14463	202	2394	18525
4379	12483	3120	11374	15250
2230	17500	2034	15459	15937
3998	6967	2011	11390	14774
746	6609	111	5659	2685
2151	6930	782	37895	7676
6451	20565	4054	22001	24599
3581	68229	3215	21328	46681
1512	47174	627	27181	13940
2510	11022	1435	21647	24513
2680	26325	1539	31918	12384
2248	15083	1525	13486	21100
1386	10386	733	10156	27136
477	9818	83	3171	5651
1370	14000	3350	14032	22708
1629	14309	422	5578	14268
3863	13700	1246	10712	27557
5411	32931	3158	17312	23135
2581	11740	1404	10125	10285

19-8 续表2

县 市	Region	农业机械总动力(千瓦) Total Power of Agricultural Machinery (kw)	大中型农用拖拉机(台) Large and Medium Tractors for Agriculture (unit)	小型农用拖拉机(台) Mini-tractors for Agriculture (unit)
忻州市	**Xinzhou**			
忻府区	Xinfu	340959	1204	2890
定襄县	Dingxiang	90085	648	1934
五台县	Wutai	118370	552	3614
代 县	Daixian	160595	331	2522
繁峙县	Fanshi	181785	492	2235
宁武县	Ningwu	82900	255	1592
静乐县	Jingle	77360	87	866
神池县	Shenchi	157620	505	3776
五寨县	Wuzhai	123000	1099	3307
岢岚县	Kelan	100358	366	556
河曲县	Hequ	84851	213	839
保德县	Baode	129804	124	200
偏关县	Pianguan	129126	261	2260
原平市	Yuanping	384670	1540	2244
临汾市	**Linfen**			
尧都区	Yaodu	590315	1278	4244
曲沃县	Quwo	314138	1138	826
翼城县	Yicheng	310699	960	3838
襄汾县	Xiangfen	491815	1833	1617
洪洞县	Hongtong	996090	1351	7455
古 县	Guxian	94124	508	1080
安泽县	Anze	127300	177	2029
浮山县	Fushan	157012	315	1238
吉 县	Jixian	72817	178	2407
乡宁县	Xiangning	261721	525	1288
大宁县	Daning	43238	74	695
隰 县	Xixian	85532	135	2276
永和县	Yonghe	24622	62	207
蒲 县	Puxian	39090	190	837
汾西县	Fenxi	88488	443	746
侯马市	Houma	166338	628	612
霍州市	Huozhou	187423	437	2403
吕梁市	**Luliang**			
离石区	Lishi	214507	131	623
文水县	Wenshui	320398	755	943
交城县	Jiaocheng	188526	344	492
兴 县	Xingxian	126067	235	105
临 县	Linxian	106039	587	354
柳林县	Liulin	210256	209	237
石楼县	Shilou	49033	86	125
岚 县	Lanxian	77038	286	1420
方山县	Fangshan	103943	104	537
中阳县	Zhongyang	109100	110	415
交口县	Jiaokou	128982	449	216
孝义市	Xiaoyi	432331	716	768
汾阳市	Fenyang	449563	998	1826

contiuned

农用排灌动力机械(台) Drainage and Irrigation Machinery (unit)	农用运输车(台) Conveyance Vehicle for Agriculture (unit)	配套机电井(眼) Number of Complete set of Motorelectric pumped Well (unit)	农村用电量 (万千瓦小时) Electricity Consumed (10 000 kwh)	农用化肥施用量 (折纯量,吨) Agricultural Consumption of Chemical Fertilizers (ton)
1944	10623	2053	8086	25675
1696	473	1334	13990	8635
973	3012	334	3457	9288
944	4146	825	2999	7944
918	2326	324	4531	7120
153	1020	114	359	350
22	2224	37	914	4653
61	3235	22	559	11494
4	3181	92	739	7333
184	2164	12	493	5380
252	2158	126	1354	5358
523	4098	84	6322	4187
192	1158	61	1001	6507
1689	9818	1339	6053	22616
3701	21959	2853	8879	20476
1785	11225	882	8839	12075
1150	10880	675	3741	12003
4286	23389	2069	14686	23171
2167	50044	982	9431	29635
447	5066	26	808	4716
441	6520	13	475	7004
2325	8203	157	2966	6656
30	3004	3	329	5772
442	11130	20	2110	8109
197	1683		186	2773
299	3201	9	583	5448
36	963		199	2056
116	1320	5	1891	3397
117	2335	6	769	1231
846	5142	249	3907	7836
290	6514	121	2237	5117
560	9865	282	4934	3268
4135	9247	1899	13583	14269
1017	6986	694	5974	3482
596	3836	170	1793	9085
1080	2920	137	5395	15604
1722	3923	46	4434	4818
255	1867	14	1045	2469
350	1525	260	1795	4110
449	4416	16	2269	2155
374	6926	10	2504	1105
228	5215	78	2389	737
896	5624	906	11410	5612
2467	17629	1798	11480	6357

19-9 主要农作物播种面积(2010年)

单位：公顷

县 市	Region	农作物总播种面积 Sown Area	粮食作物播种面积 Sown Area of Grain	秋粮食作物 Sown Area of Autumn Grain	谷物 Cereal	#小麦 Wheat	#玉米 Corn
太原市	**Taiyuan**						
小店区	Xiaodian	16649	10934	10170	10249	763	9108
迎泽区	Yingze	390	373	373	278		131
杏花岭区	Xinghualing	726	654	654	581		331
尖草坪区	Jiancaoping	6377	4931	4931	4399		3819
万柏林区	Wanbailin	1243	930	930	792		597
晋源区	Jinyuan	5669	3562	3406	3364	156	2831
清徐县	Qingxu	31141	20839	19147	19873	1692	16879
阳曲县	Yangqu	29020	23767	23767	20288		15963
娄烦县	Loufan	11830	10173	10173	5000		1224
古交市	Gujiao	10506	8619	8619	4003		879
大同市	**Datong**						
南郊区	Nanjiao	21743	16644	16644	13741		11071
新荣区	Xinrong	23714	20092	18492	13095		3964
阳高县	Yanggao	58042	50774	50774	45097		35456
天镇县	Tianzhen	40712	37448	37448	29749		25405
广灵县	Guangling	30188	26992	26992	23437		16269
灵丘县	Lingqiu	32252	30085	30085	23649		16895
浑源县	Hunyuan	43494	35590	34912	28803		22964
左云县	Zuoyun	27327	21380	18173	9834		1601
大同县	Datongxian	41663	36593	36593	30268		25085
阳泉市	**Yangquan**						
郊 区	Jiaoqu	7520	6713	6713	6276		5778
平定县	Pingding	23003	22333	22183	21069	150	19413
盂 县	Yuxian	28364	26266	26038	24157		21463
长治市	**Changzhi**						
城 区	Chengqu	666	323	323	323		323
郊 区	Jiaoqu	9544	8802	8720	8664	82	8397
长治县	Changzhixian	21801	20085	19274	19225	811	17709
襄垣县	Xiangyuan	34385	32241	29809	30072	2432	25298
屯留县	Tunliu	36962	34770	32608	32150	2162	28986
平顺县	Pingshun	12089	10673	9268	8970	1406	6738
黎城县	Licheng	19080	17445	13302	14162	4143	9478
壶关县	Huguan	16903	16176	15971	15590	205	14799
长子县	Zhangzi	36415	30114	28926	28691	1188	27127
武乡县	Wuxiang	29759	27292	25834	23312	1459	15943
沁 县	Qinxian	25513	24296	22712	22902	1584	17366
沁源县	Qinyuan	16546	14770	14770	10811		8568
潞城市	Lucheng	20464	18486	16080	17724	2406	14775

SOWN AREAS OF MAJOR FARM CROPS(2010)

(ha)

#谷子 Millet	#高粱 Sorghum	#燕麦 Oats	#荞麦 Buckwheat	豆类 Beans	#大豆 Soybean	薯类 Tubers	#马铃薯 Potato
42	311			673	115	11	
78	3		62	39	28	55	55
97	12	64	44	51	41	22	22
392	99		14	407	386	126	88
135				8		130	130
11	120			162	135	35	26
10	1215			854	819	113	13
2976	284	38	331	2231	1775	1248	1222
2150	113	175	127	1854	1590	3319	3319
1282	47	611	198	1863	1408	2753	2753
737	294	58	1	1169	351	1735	1735
1215	1583	1288	391	3907	2307	3090	3090
3722	317			3268	1022	2409	2409
2148	221	134		1661	618	6038	6038
3178		872	878	2045	227	1511	1511
3094	23	993	124	3746	3067	2690	2690
1731	12	2123		4074	1051	2713	2713
1560	70	3636	1145	7521	3515	4024	4024
1318	53			4817	1579	1508	1508
474	4			138	42	299	82
1397	10			692	623	572	300
2291		24	54	577	129	1532	1515
185				76	59	63	61
658				214	57	646	645
2275	30			1388	634	781	366
845	157			1804	505	817	807
751				219	185	1485	1440
459	50			3126	3019	157	129
501				85	85	501	498
356	19			274	191	1150	917
4863	747		100	1100	1010	2880	2745
3307	645			676	595	718	502
1240	5	281	247	814	306	3144	3098
270	274			543	461	219	107

19-9 续表1

单位：公顷

县 市	Region	农作物总播种面积 Sown Area	粮食作物播种面积 Sown Area of Grain	秋粮食作物 Sown Area of Autumn Grain	谷物 Cereal	#小麦 Wheat	#玉米 Corn
晋城市	**Jincheng**						
城 区	Chengqu	4700	3929	1592	2942	2337	474
沁水县	Qinshui	33058	30840	22173	26999	8667	16111
阳城县	Yangcheng	45068	43216	27239	40321	15977	21441
陵川县	Lingchuan	22815	21566	21042	19102	524	17358
泽州县	Zezhou	71492	68185	36704	39644	31481	6178
高平市	Gaoping	41081	39778	32045	31537	7733	22913
朔州市	**Shuozhou**						
朔城区	Shuocheng	64800	55122	53467	45701	89	39986
平鲁区	Pinglu	57873	45040	35520	18070		1830
山阴县	Shanyin	58304	50039	47698	42983		33442
应 县	Yingxian	57925	42456	42456	38307		32116
右玉县	Youyu	44305	32192	28765	14589	69	4837
怀仁县	Huairen	48455	41010	41010	36271		30797
晋中市	**Jinzhong**						
榆次区	Yuci	49901	34654	33959	33188	694	29551
榆社县	Yushe	18321	17282	17256	15151	26	11442
左权县	Zuoquan	12955	12112	11902	10704	210	8234
和顺县	Heshun	15633	13737	13737	10553		7668
昔阳县	Xiyang	23642	22489	22489	21488		19623
寿阳县	Shouyang	53163	45414	45414	41791		39167
太谷县	Taigu	33678	28075	23276	24660	4799	17496
祁 县	Qixian	34029	29012	23315	24601	5697	18369
平遥县	Pingyao	46847	41018	39603	37638	1415	33634
灵石县	Lingshi	17798	16800	12807	15087	3992	9985
介休市	Jiexiu	28556	28101	20314	23027	7787	14564
运城市	**Yuncheng**						
盐湖区	Yanhu	76453	60935	32785	54744	28151	26593
临猗县	Linyi	76404	55654	29219	46357	26388	19968
万荣县	Wanrong	71438	60390	28842	49002	31548	17377
闻喜县	Wenxi	77593	69425	26523	62377	42901	19378
稷山县	Jishan	50641	48001	21316	45447	26686	18686
新绛县	Xinjiang	62222	49051	22412	46913	26640	19736
绛 县	Jiangxian	44133	41178	19605	38296	21574	16360
垣曲县	Yuanqu	26821	23848	9175	22553	14673	7643
夏 县	Xiaxian	67178	47942	23648	46027	24294	21193
平陆县	Pinglu	35908	31675	13638	28533	18037	10364
芮城县	Ruicheng	73529	61984	30606	56770	31378	25248
永济市	Yongji	90952	69830	39031	68182	30768	36906
河津市	Hejin	36465	32564	16168	30555	16397	14150

continued

(ha)

#谷子 Millet	#高粱 Sorghum	#燕麦 Oats	#荞麦 Buckwheat	豆类 Beans	#大豆 Soybean	薯类 Tubers	#马铃薯 Potato
130	1			943	923	44	19
1909	306			3348	898	493	318
2847	41			2598	624	297	91
1166				433	63	2031	2029
1907	75			27907	27906	635	266
835				7832	7832	409	177
533	570	1832	153	4121	733	5300	5300
1460	270	5550	5380	12370	1250	14600	14600
932	481	2364	1183	4600	1587	2456	2456
1441	263			2466	570	1682	1682
722		5549	1879	10012	5157	7592	7592
983	684		5	3848	1827	892	892
1872	355	18	333	1298	1003	168	123
2377	981		75	1716	1439	414	306
1922	78	67	127	725	617	682	648
1700	129		356	1500	1453	1685	1685
1576	1	8	28	565	505	437	377
1639	415		458	945	880	2678	2660
1473	587			2912	2818	503	270
266	175	69		4107	4093	304	39
1341	843	205	23	2238	2150	1142	791
484	285	1	4	1225	1057	488	317
321	260			4850	4767	224	118
				5425	126	767	
				7289	2300	2008	
65	12			9867	1043	1521	
86	11			6028	2211	1020	29
49	27			2180	633	374	5
508	23			2036	576	103	1
362				2594	2368	288	39
214	22			990	911	306	14
504	34			1306	925	609	144
102			30	2156	1658	986	55
95	48			4587	2488	627	9
11	482			1490	1163	157	
	9			1693	627	317	2

19-9 续表2

单位：公顷

县 市	Region	农作物总播种面积 Sown Area	粮食作物播种面积 Sown Area of Grain	秋粮食作物 Sown Area of Autumn Grain	谷物 Cereal	#小麦 Wheat	#玉米 Corn	#谷子 Millet
忻州市	**Xinzhou**							
忻府区	Xinfu	52839	50692	50692	50020		47786	1680
定襄县	Dingxiang	27179	24397	24397	23478		20780	1606
五台县	Wutai	28905	28020	28020	23586		18992	1971
代　县	Daixian	25272	22727	22727	20664		16715	1345
繁峙县	Fanshi	38839	37122	37122	30803		22829	1744
宁武县	Ningwu	19238	16142	16142	7378		1434	97
静乐县	Jingle	27181	21753	21753	10627		2253	2357
神池县	Shenchi	47942	36821	36821	21986		12901	863
五寨县	Wuzhai	36208	35693	35693	27502		20763	4717
岢岚县	Kelan	29831	23638	23638	8372		3973	1167
河曲县	Hequ	27640	21465	21465	13859		7100	3252
保德县	Baode	23315	21936	21936	14176		7394	4388
偏关县	Pianguan	27767	24497	24230	17395		7585	5514
原平市	Yuanping	58159	55980	55688	52112	292	47482	1923
临汾市	**Linfen**							
尧都区	Yaodu	58536	55397	22536	53240	32860	20011	257
曲沃县	Quwo	39387	30493	13640	29839	16853	12986	
翼城县	Yicheng	42470	41060	15983	39592	25077	13823	681
襄汾县	Xiangfen	87840	80765	36995	76175	43770	29793	2580
洪洞县	Hongtong	77258	73693	29931	70858	43762	26118	639
古　县	Guxian	15956	14761	7885	13213	6875	5860	349
安泽县	Anze	26179	24122	21685	22888	2437	18658	1570
浮山县	Fushan	27305	25309	9938	23571	15371	5999	2023
吉　县	Jixian	18427	16353	9171	13770	7182	6061	193
乡宁县	Xiangning	30815	28994	13521	24776	15473	6721	1263
大宁县	Daning	10776	9577	6851	8097	2726	4791	467
隰　县	Xixian	21883	20860	20589	18548	271	15391	1711
永和县	Yonghe	29133	20185	17060	14890	3125	8135	2688
蒲　县	Puxian	12534	11200	11087	9360	113	7686	559
汾西县	Fenxi	25044	23445	12093	21856	11352	6979	1138
侯马市	Houma	16853	14188	7022	13806	7166	6560	30
霍州市	Huozhou	19804	18495	6058	16877	12437	3919	428
吕梁市	**Luliang**							
离石区	Lishi	16168	14505	14505	7661		4969	1578
文水县	Wenshui	39620	36948	31442	33017	5506	26938	181
交城县	Jiaocheng	10693	10190	10020	8019	170	7097	462
兴　县	Xingxian	60678	48666	48666	26479		10769	10992
临　县	Linxian	84634	67635	67635	36215		20597	10177
柳林县	Liulin	24456	21157	21137	12424	20	6010	4212
石楼县	Shilou	28708	25189	24300	17779	889	6706	5946
岚　县	Lanxian	33599	31203	31203	18281		7012	4780
方山县	Fangshan	14544	13220	13220	6898		5165	1263
中阳县	Zhongyang	9401	8403	8403	4272		2553	1168
交口县	Jiaokou	12281	10706	10701	8121	5	6053	968
孝义市	Xiaoyi	30750	29995	24945	23792	5050	16386	1126
汾阳市	Fenyang	42168	40902	40064	38531	838	32932	1631

continued

(ha)

#高粱 Sorghum	#燕麦 Oats	#荞麦 Buckwheat	豆类 Beans	#大豆 Soybean	薯类 Tubers	#马铃薯 Potato
382			617	606	55	42
721		27	600	427	319	222
207	739	10	1378	927	3056	2960
411	387		1178	358	885	822
	907	137	4115	3556	2204	1947
	4014	79	6186	807	2578	2578
227	4155	13	6296	3258	4830	4830
	8222		8148	3453	6687	6687
28	838	254	5304	2736	2887	2887
	25	304	9036	796	6229	6229
24	160		3773	2623	3834	3811
137		30	3627	2801	4133	3766
	1157		2932	2365	4169	4169
457	745		2301	870	1567	1516
21			1648	1048	509	204
			336	84	318	
10			1241	1114	227	121
33			3377	1123	1212	13
163			1638	1161	1197	218
55	60		1192	909	356	300
184			949	582	285	189
49			1353	878	385	163
		33	2019	211	564	482
		199	2979	838	1238	1152
8			1330	444	151	77
72		363	1070	412	1242	1190
293			4371	1109	924	614
318	235	175	523	467	1316	1315
89		313	648	361	941	499
50			312	154	70	
93			1127	1059	491	233
77	74	2	4626	3006	2219	2207
146		73	3251	2330	680	614
11		81	1269	433	903	863
1745	410		16086	11252	6100	5714
1715			17932	16642	13489	12771
604			6966	6456	1767	1531
734	127	364	5769	4611	1641	1232
2901	1496		5128	1650	7794	7794
42			3218	1234	3105	3087
	205	64	2947	2080	1183	1167
51	471	180	1552	1044	1034	853
357	242	503	4313	3113	1890	1103
2478	58	57	1858	1406	513	347

19-10 主要粮食作物产量(2010年)

单位：吨

县 市	Region	粮 食 总产量 Output of Grain	秋粮产量 Output of Autumn Grain	谷 物 Cereal	#小麦 Wheat	#玉米 Corn	#谷子 Millet
太 原 市	**Taiyuan**						
小店区	Xiaodian	72689	69707	71251	2982	65973	44
迎泽区	Yingze	366	366	280		161	79
杏花岭区	Xinghualing	642	642	555		347	92
尖草坪区	Jiancaoping	13508	13508	12503		11703	659
万柏林区	Wanbailin	335	335	297		248	41
晋源区	Jinyuan	20384	19682	20148	702	17736	21
清徐县	Qingxu	122310	117673	120540	4637	105904	23
阳曲县	Yangqu	66464	66464	62543		56175	4302
娄烦县	Loufan	14585	14585	6875		3332	2439
古交市	Gujiao	10302	10302	5240		1660	1740
大 同 市	**Datong**						
南郊区	Nanjiao	57564	57564	52379		48295	1131
新荣区	Xinrong	41397	39779	33495		14005	2500
阳高县	Yanggao	184681	184681	174541		159870	6596
天镇县	Tianzhen	126941	126941	114746		105322	5289
广灵县	Guangling	113483	113483	110427		100578	6297
灵丘县	Lingqiu	61002	61002	52624		41887	4681
浑源县	Hunyuan	129665	128689	117481		107529	3926
左云县	Zuoyun	29041	27563	14648		6142	2526
大同县	Datongxian	91899	91899	86345		78750	2183
阳 泉 市	**Yangquan**						
郊 区	Jiaoqu	15646	15646	14684		13682	977
平定县	Pingding	76746	76130	74915	615	71847	2309
盂 县	Yuxian	115793	114988	110940		105395	5450
长 治 市	**Changzhi**						
城 区	Chengqu	1835	1835	1835		1835	
郊 区	Jiaoqu	56021	55579	55424	442	53910	1072
长治县	Changzhixian	129552	125599	121225	3954	114871	2307
襄垣县	Xiangyuan	163884	156931	155843	6953	140950	7885
屯留县	Tunliu	227681	219606	216584	8075	204911	3457
平顺县	Pingshun	57639	51740	49374	5899	39847	3525
黎城县	Licheng	63048	53378	58067	9669	46913	1226
壶关县	Huguan	108010	107274	106396	736	103363	2139
长子县	Zhangzi	211619	207743	207729	3877	202977	839
武乡县	Wuxiang	91913	90663	82539	1251	63552	14228
沁 县	Qinxian	141998	137957	139053	4042	120748	10995
沁源县	Qinyuan	67170	67170	58135		53913	2784
潞城市	Lucheng	110093	105555	108120	4537	101111	949

OUTPUT OF MAJOR FARM CROPS(2010)

(ton)

#高粱 Sorghum	#燕麦 Oats	#荞麦 Buckwheat	豆类 Beans	#大豆 Soybean	薯类 Tubers	#马铃薯 Potato
2215			1372	300	66	
2		39	17	9	68	68
14	50	33	49	41	37	37
100		8	439	418	566	280
			1		36	36
471			173	121	63	48
9833			1293	1240	477	30
1106	33	282	2283	1328	1638	1566
143	57	98	2187	1966	5523	5523
48			1491	1126	3571	3571
397	39	0	984	263	4200	4200
4024	1250	142	3463	1845	4439	4439
395			4751	2250	5389	5389
1591	16		3307	742	8888	8888
	577	570	845	155	2211	2211
47	2264	283	3082	2523	5296	5296
25	895		4231	995	7954	7954
127	2600	791	5862	4379	8531	8531
10			3572	1140	1982	1982
6			316	105	647	144
30			713	629	1118	441
	10	32	802	179	4051	3955
					391	385
			206	155	7965	7953
			363	160	5291	3010
30			2750	1110	6091	6051
141			5006	1522	7757	7680
			508	431	298	287
159			4683	4523	1425	1411
			189	189	3212	2339
37			678	469	7911	7330
3298		114	1464	1374	1610	1116
3268			1336	1129	7740	7671
12	595	375	1294	680	1090	435
1523			882	702		

19-10 续表1

单位：吨

县 市	Region	粮 食 总产量 Output of Grain	秋粮产量 Output of Autumn Grain	谷 物 Cereal	#小麦 Wheat	#玉米 Corn	#谷子 Millet
晋城市	**Jincheng**						
城 区	Chengqu	12538	4962	10504	7576	2564	358
沁水县	Qinshui	131394	104052	123894	27342	90973	4304
阳城县	Yangcheng	183453	123958	178211	59495	110275	8282
陵川县	Lingchuan	117171	115562	108126	1609	102804	3570
泽州县	Zezhou	246882	127368	179561	119514	51052	8235
高平市	Gaoping	223207	192426	207288	30781	173433	2803
朔州市	**Shuozhou**						
朔城区	Shuocheng	268483	265146	245214	399	230699	1479
平鲁区	Pinglu	57226	48658	20605		4437	2644
山阴县	Shanyin	183080	181036	171617		156833	2149
应 县	Yingxian	225157	225157	217259		205620	3262
右玉县	Youyu	29769	28804	14140	36	9448	704
怀仁县	Huairen	133597	133597	129504		119460	1997
晋中市	**Jinzhong**						
榆次区	Yuci	182774	180749	180646	2025	171371	5128
榆社县	Yushe	51358	51331	48749	28	40496	4032
左权县	Zuoquan	43462	42992	40479	470	34938	4663
和顺县	Heshun	62530	62530	54750		48946	4275
昔阳县	Xiyang	118392	118392	115806		109901	5295
寿阳县	Shouyang	304541	304541	294457		283918	5329
太谷县	Taigu	216055	193009	204968	23045	173357	3365
祁 县	Qixian	224482	197852	215385	26630	186774	482
平遥县	Pingyao	238498	232825	226816	5673	210446	4652
灵石县	Lingshi	52391	47962	46249	4429	37978	1527
介休市	Jiexiu	122334	93595	114307	28738	83954	496
运城市	**Yuncheng**						
盐湖区	Yanhu	228132	134842	220897	93290	127607	
临猗县	Linyi	270399	167025	241802	103319	138483	
万荣县	Wanrong	144745	78655	130765	66090	64584	64
闻喜县	Wenxi	208164	110395	201581	97769	103576	193
稷山县	Jishan	202981	121815	197346	81165	116015	75
新绛县	Xinjiang	204264	120253	201473	84011	114520	2858
绛 县	Jiangxian	150684	97315	144132	53369	90356	407
垣曲县	Yuanqu	65966	26991	64207	38975	24949	266
夏 县	Xiaxian	228380	134419	221318	93961	125934	1259
平陆县	Pinglu	96634	51681	90652	44953	45506	147
芮城县	Ruicheng	288554	185985	279299	102569	176424	306
永济市	Yongji	404425	250600	400689	153749	244235	17
河津市	Hejin	173148	102782	166524	70366	96140	

continued

(ton)

#高粱 Sorghum	#燕麦 Oats	#荞麦 Buckwheat	豆类 Beans	#大豆 Soybean	薯类 Tubers	#马铃薯 Potato
7			1758	1720	275	83
1260			5440	1725	2061	1356
120			4016	994	1226	408
			836	322	8209	8200
745			61078	61075	6244	3007
			13239	13239	2680	996
1392	2237	543	3798	475	19470	19470
439	5078	4923	10712	941	25910	25910
1106	1606	2019	5641	2219	5823	5823
116			2866	606	5032	5032
	1783	1027	4039	2369	11591	11591
1026		3	2655	1371	1439	1439
1277	10	333	1275	1087	853	345
3600		103	2154	1858	455	328
21	55	104	995	792	1988	1866
			2197	2197	5583	5583
5	6	26	1030	965	1556	1390
3514		1363	1885	1766	8199	8120
4491			6901	6679	4186	2340
1442	20		7944	7925	1152	159
5668	197	15	4510	4403	7172	4774
1829	1	3	4123	3570	2020	1357
987			7216	7125	811	398
			5318	259	1917	
			14311	6014	14285	
1			8694	2358	5286	
43			4940	2488	1643	250
91			2698	807	2937	28
68			2401	754	391	4
			4246	3899	2306	437
16			1078	1026	681	10
157			2188	1650	4874	2057
		45	2045	1749	3938	82
			6362	3739	2893	54
2652			2391	2142	1345	
18			4057	1504	2567	5

19-10 续表2

单位：吨

县 市	Region	粮 食 总产量 Output of Grain	秋粮产量 Output of Autumn Grain	谷 物 Cereal	#小麦 Wheat	#玉米 Corn	#谷子 Millet
忻 州 市	**Xinzhou**						
忻府区	Xinfu	285656	285656	284930		280207	3238
定襄县	Dingxiang	167761	167761	166281		159738	4141
五台县	Wutai	91145	91145	82505		71778	3354
代 县	Daixian	69445	69445	66238		60262	2415
繁峙县	Fanshi	70577	70577	64566		59117	2202
宁武县	Ningwu	17103	17103	9354		6021	76
静乐县	Jingle	39035	39035	18464		7848	4697
神池县	Shenchi	123723	123723	91940		65992	1840
五寨县	Wuzhai	153903	153903	136302		110170	20836
岢岚县	Kelan	36327	36327	16448		10494	1106
河曲县	Hequ	49946	49946	36104		21910	7675
保德县	Baode	35199	35199	23114		12812	6408
偏关县	Pianguan	48043	47843	35406		17284	11290
原平市	Yuanping	291129	290233	284857	896	279197	2120
临 汾 市	**Linfen**						
尧都区	Yaodu	245440	121593	241804	123847	117412	291
曲沃县	Quwo	171583	100453	167983	71130	96853	
翼城县	Yicheng	178270	85051	172726	93220	77653	1794
襄汾县	Xiangfen	378985	199708	371167	179278	183372	8480
洪洞县	Hongtong	369639	178802	364050	190837	170824	1841
古 县	Guxian	52987	35578	49831	17408	31624	617
安泽县	Anze	105564	100002	101853	5561	91625	3768
浮山县	Fushan	94236	48596	89989	45640	38452	5482
吉 县	Jixian	47892	36547	43343	11345	30841	368
乡宁县	Xiangning	72469	39479	63896	32990	25607	3278
大宁县	Daning	26241	23376	24629	2865	20857	816
隰 县	Xixian	46706	46315	42645	390	39107	2353
永和县	Yonghe	38244	35730	32645	2514	24605	4597
蒲 县	Puxian	48338	48226	44178	112	38925	1070
汾西县	Fenxi	51102	34879	47863	16223	25809	2368
侯马市	Houma	77636	46417	76846	31220	45286	71
霍州市	Huozhou	68537	25755	64259	42783	19625	1403
吕 梁 市	**Luliang**						
离石区	Lishi	23218	23218	16149		13123	2129
文水县	Wenshui	256543	235411	247133	21132	224150	272
交城县	Jiaocheng	43720	43403	39640	317	38161	902
兴 县	Xingxian	86455	86455	62913		36327	21769
临 县	Linxian	111387	111387	79856		63294	12365
柳林县	Liulin	33598	33583	24092	15	15415	6647
石楼县	Shilou	34586	33610	26869	976	12323	9420
岚 县	Lanxian	71037	71037	48755		30080	7930
方山县	Fangshan	29430	29430	18659		16607	1683
中阳县	Zhongyang	19141	19141	14263		11103	2657
交口县	Jiaokou	27440	27435	24213	5	21337	1680
孝义市	Xiaoyi	121995	107332	99515	14663	77585	3484
汾阳市	Fenyang	184125	181512	180774	2613	165520	2570

continued

(ton)

#高粱 Sorghum	#燕麦 Oats	#荞麦 Buckwheat	豆类 Beans	#大豆 Soybean	薯类 Tubers	#马铃薯 Potato
1202			510	500	216	129
1874		42	615	450	865	277
510	2920	25	1842	1251	6798	6366
962	277		1300	496	1908	1732
	391	98	2969	1485	3041	2832
	2341	95	2361	306	5389	5389
759	3337	20	6434	2768	14137	14137
	24108		14822	6544	16961	16961
72	2064	693	8944	5107	8658	8658
	127	675	7665	1003	12214	12214
190	144		4404	2989	9438	9368
204			4455	3254	7630	6844
	2588		3536	3066	9101	9101
1027	523		1990	979	4283	4169
42			2241	1485	1396	255
			517	133	3083	
60			2682	2497	2863	1828
37			4048	1414	3771	51
401			2141	1803	3448	333
103	69		1892	1549	1264	1081
779			2419	1452	1291	854
144			2365	1583	1882	1171
		36	2547	401	2002	1721
		278	5054	1817	3520	3197
5			1450	1161	162	75
225		116	822	431	3239	3124
410			3589	977	2010	1317
2404	658	540	828	761	3332	3329
97		603	1433	577	1806	793
270			322	177	468	
448			2647	2356	1632	619
130	41	1	3687	2728	3382	3362
911		194	6068	4354	3343	3025
70		57	1856	786	2224	2051
2144	153		13032	9793	10510	10076
1383			11671	10550	19860	18619
923			6337	6010	3168	2531
871	103	350	5140	4208	2577	2049
6653	1332		5323	1281	16960	16960
78			2666	931	8105	8078
	201	51	2773	2004	2105	2077
120	468	152	1782	1253	1446	1179
1951	673	855	15357	11489	7124	4165
9469	33	30	1677	1414	1674	1299

19-11 棉花生产基本情况(2010年)
OUTPUT OF COTTON(2010)

县 市	Region	播种面积 (公顷) Sown Area (ha)	总产量 (吨) Total Output (ton)	每公顷产量 (公斤) Output per ha (kg)
太原市	**Taiyuan**			
小店区	Xiaodian	3	5	1667
清徐县	Qingxu	74	100	1356
长治市	**Changzhi**			
黎城县	Licheng	28	25	866
潞城市	Lucheng	37	29	767
晋城市	**Jincheng**			
沁水县	Qinshui	190	148	781
阳城县	Yangcheng	53	35	659
泽州县	Zezhou	39	45	1155
晋中市	**Jinzhong**			
榆次区	Yuci	35	18	516
太谷县	Taigu	48	33	688
祁　县	Qixian	125	116	930
平遥县	Pingyao	20	13	650
介休市	Jiexiu	1	1	714
运城市	**Yuncheng**			
盐湖区	Yanhu	13034	11868	911
临猗县	Linyi	17056	22713	1332
万荣县	Wanrong	1146	849	741
闻喜县	Wenxi	902	806	894
稷山县	Jishan	476	693	1456
新绛县	Xinjiang	677	735	1086
绛　县	Jiangxian	229	140	611
垣曲县	Yuanqu	532	419	786
夏　县	Xiaxian	3708	5547	1496
平陆县	Pinglu	271	207	763

19-11 续表 continued

县 市	Region	播种面积 (公顷) Sown Area (ha)	总 产 量 (吨) Total Output (ton)	每公顷产量 (公斤) Output per ha (kg)
芮城县	Ruicheng	3819	4714	1234
永济市	Yongji	14990	14806	988
河津市	Hejin	413	502	1217
忻州市	**Xinzhou**			
定襄县	Dingxiang	128	83	654
河曲县	Hequ	2	1	429
临汾市	**Linfen**			
尧都区	Yaodu	67	40	605
曲沃县	Quwo	1617	2117	1309
翼城县	Yicheng	100	123	1231
襄汾县	Xiangfen	902	1320	1463
洪洞县	Hongtong	31	35	1150
浮山县	Fushan	26	15	570
吉 县	Jixian	5	5	1000
大宁县	Daning	100	51	509
永和县	Yonghe	407	175	431
汾西县	Fenxi	17	9	557
侯马市	Houma	742	668	900
霍州市	Huozhou	37	15	409
吕梁市	**Luliang**			
文水县	Wenshui	34	22	660
交城县	Jiaocheng	2	4	1950
临 县	Linxian	48	6	124
柳林县	Liulin	110	36	330
石楼县	Shilou	30	11	360
中阳县	Zhongyang	3	1	333
汾阳市	Fenyang	7	6	808

19-12 油料类生产基本情况(2010年)
OUTPUT OF OIL-BEARING CROPS(2010)

县 市	Region	油料合计 Oil-bearing Crops 播种面积(公顷) Sown Area (ha)	油料合计 Oil-bearing Crops 总产量(吨) Total Output (ton)	胡麻籽 Benne 播种面积(公顷) Sown Area (ha)	胡麻籽 Benne 总产量(吨) Total Output (ton)	向日葵 Sunflower 播种面积(公顷) Sown Area (ha)	向日葵 Sunflower 总产量(吨) Total Output (ton)
太 原 市	**Taiyuan**						
小店区	Xiaodian	11	9			10	9
迎泽区	Yingze	2	1			2	1
杏花岭区	Xinghualing	4	4	2	2	2	2
尖草坪区	Jiancaoping	59	46			58	46
万柏林区	Wanbailin	1	3			1	3
晋源区	Jinyuan						
清徐县	Qingxu	87	167			78	153
阳曲县	Yangqu	836	588	274	232	451	277
娄烦县	Loufan	1231	1163	672	571	391	473
古交市	Gujiao	883	740	236	193	525	487
大 同 市	**Datong**						
南郊区	Nanjiao	1527	782	1386	636	49	56
新荣区	Xinrong	2450	1320	2450	1320		
阳高县	Yanggao	1426	1599			1213	1510
天镇县	Tianzhen	1570	889	54	51	681	351
广灵县	Guangling	2254	1245	892	569	920	518
灵丘县	Lingqiu	1723	1279	977	645	453	437
浑源县	Hunyuan	1830	1296	960	639	297	267
左云县	Zuoyun	4391	1962	4391	1962		
大同县	Datongxian	506	292	13	9	148	132
阳 泉 市	**Yangquan**						
郊 区	Jiaoqu						
平定县	Pingding	99	91			64	57
盂 县	Yuxian	299	209			188	145
长 治 市	**Changzhi**						
长治县	Changzhixian	57	87			36	54
襄垣县	Xiangyuan	380	562			282	425
屯留县	Tunliu	23	17			22	11
平顺县	Pingshun	82	141			22	43
黎城县	Licheng	290	508			246	444
壶关县	Huguan	58	65			9	10
长子县	Zhangzi	22	98				
武乡县	Wuxiang	489	515			267	312
沁 县	Qinxian	24	31			8	5
沁源县	Qinyuan	385	599	31	37	116	136
潞城市	Lucheng	208	394			13	21

19-12 续表1 continued

县市	Region	油料合计 Oil-bearing Crops 播种面积(公顷) Sown Area (ha)	油料合计 Oil-bearing Crops 总产量(吨) Total Output (ton)	胡麻籽 Benne 播种面积(公顷) Sown Area (ha)	胡麻籽 Benne 总产量(吨) Total Output (ton)	向日葵 Sunflower 播种面积(公顷) Sown Area (ha)	向日葵 Sunflower 总产量(吨) Total Output (ton)
晋城市	**Jincheng**						
城　区	Chengqu	1	1				1
沁水县	Qinshui	989	1584			476	771
阳城县	Yangcheng	976	851			189	199
陵川县	Lingchuan	245	836			22	47
泽州县	Zezhou	1430	2930			577	1259
高平市	Gaoping	284	329				
朔州市	**Shuozhou**						
朔城区	Shuocheng	2538	5076	1938	3728	600	1348
平鲁区	Pinglu	11763	14974	10220	13290	31	61
山阴县	Shanyin	4678	3737	2841	1492	1553	2010
应　县	Yingxian	2648	3294	650	585	1933	2610
右玉县	Youyu	7994	3486	7914	3393	80	93
怀仁县	Huairen	777	704	245	265	231	222
晋中市	**Jinzhong**						
榆次区	Yuci	263	258	23	49	203	178
榆社县	Yushe	192	322			37	21
左权县	Zuoquan	309	648			42	97
和顺县	Heshun	612	892	497	701	47	114
昔阳县	Xiyang	175	180	18	11	156	168
寿阳县	Shouyang	83	138	17	34	66	103
太谷县	Taigu	85	132				
祁　县	Qixian	638	1329			559	1194
平遥县	Pingyao	1354	4467	8	12	134	255
灵石县	Lingshi	218	176	5	5	77	81
介休市	Jiexiu	48	73			9	12
运城市	**Yuncheng**						
盐湖区	Yanhu	471	972			201	452
临猗县	Linyi	1472	3514			347	1294
万荣县	Wanrong	2198	2596			517	602
闻喜县	Wenxi	1251	1960			976	1593
稷山县	Jishan	741	1630			470	958
新绛县	Xinjiang	531	757			319	508
绛　县	Jiangxian	328	345			74	103
垣曲县	Yuanqu	373	373			19	16
夏　县	Xiaxian	859	1068			250	411
平陆县	Pinglu	1583	1228			181	155
芮城县	Ruicheng	1628	2479			223	517
永济市	Yongji	359	567			92	167
河津市	Hejin	549	1121			120	210

19-12 续表2 continued

县 市	Region	油料合计 Oil-bearing Crops 播种面积(公顷) Sown Area (ha)	油料合计 总产量(吨) Total Output (ton)	胡麻籽 Benne 播种面积(公顷) Sown Area (ha)	胡麻籽 总产量(吨) Total Output (ton)	向日葵 Sunflower 播种面积(公顷) Sown Area (ha)	向日葵 总产量(吨) Total Output (ton)
忻州市	**Xinzhou**						
忻府区	Xinfu	399	573			242	358
定襄县	Dingxiang	934	1380			424	800
五台县	Wutai	439	467	191	200	97	107
代 县	Daixian	644	815	219	121	261	394
繁峙县	Fanshi	1288	495	720	222	458	195
宁武县	Ningwu	2938	4838	2938	4838		
静乐县	Jingle	4723	4493	3581	3641	525	473
神池县	Shenchi	8879	7717	7786	6225	1093	1492
五寨县	Wuzhai	264	221	209	176	54	45
岢岚县	Kelan	5971	4573	4936	3516	1035	1057
河曲县	Hequ	4128	5269	250	240	581	588
保德县	Baode	543	470	47	74	207	326
偏关县	Pianguan	2937	4171	1570	2114	663	1050
原平市	Yuanping	1145	1215	419	497	587	486
临汾市	**Linfen**						
尧都区	Yaodu	480	916			275	589
曲沃县	Quwo	1365	3523			1138	3209
翼城县	Yicheng	451	1015			376	893
襄汾县	Xiangfen	2126	3106			1568	1773
洪洞县	Hongtong	492	1160	8	12	310	858
古 县	Guxian	279	393			279	393
安泽县	Anze	235	549	1	2	100	264
浮山县	Fushan	369	774			279	577
吉 县	Jixian	1346	1966			1056	1626
乡宁县	Xiangning	1002	1918			565	909
大宁县	Daning	435	419			190	185
隰 县	Xixian	339	419			195	236
永和县	Yonghe	3217	3509			1355	1537
蒲 县	Puxian	761	457	342	149	383	266
汾西县	Fenxi	577	280	148	39	119	73
侯马市	Houma	516	885			360	648
霍州市	Huozhou	177	188			40	42
吕梁市	**Luliang**						
离石区	Lishi	1199	689	122	61	405	234
文水县	Wenshui	704	2394	17	25	262	519
交城县	Jiaocheng	123	259	29	23	23	42
兴 县	Xingxian	11639	12502	285	217	5545	6559
临 县	Linxian	13827	10239	7	3	4036	2687
柳林县	Liulin	1945	1459			564	372
石楼县	Shilou	2828	2173	53	32	430	310
岚 县	Lanxian	2127	2439	1627	1337	122	142
方山县	Fangshan	856	788	1		218	167
中阳县	Zhongyang	739	503	447	265	142	139
交口县	Jiaokou	1126	613	778	446		
孝义市	Xiaoyi	388	328	158	113	33	34
汾阳市	Fenyang	598	1612	14	9	111	161

19-13 药材、蔬菜、瓜果生产(2010年)
OUTPUT OF MEDICINAL MATERIALS,VEGETABLES AND MELONS(2010)

县 市	Region	药材类 Medicinal materials		蔬菜 Vegetables		瓜果类 Melons	
		播种面积 (公顷) Sown Area (ha)	总产量 (吨) Total Output (ton)	播种面积 (公顷) Sown Area (ha)	总产量 (吨) Total Output (ton)	播种面积 (公顷) Sown Area (ha)	总产量 (吨) Total Output (ton)
太原市	**Taiyuan**						
小店区	Xiaodian			5685	311800	16	595
迎泽区	Yingze	15			236		
杏花岭区	Xinghualing			67	1509		
尖草坪区	Jiancaoping	46	151	1290	72597	46	617
万柏林区	Wanbailin	2	9	253	9322		
晋源区	Jinyuan			2107	144829		
清徐县	Qingxu	15	7	9734	609234	132	2305
阳曲县	Yangqu	857	3076	2799	75011	110	1661
娄烦县	Loufan			336	8436	90	1644
古交市	Gujiao	332	124	618	42669		
大同市	**Datong**						
南郊区	Nanjiao	5		2542	153254	199	2973
新荣区	Xinrong	20	30	475	17373	266	6064
阳高县	Yanggao	14	11	5235	210102	487	13328
天镇县	Tianzhen	34	117	933	32363	491	10297
广灵县	Guangling	2	9	779	25457	72	2624
灵丘县	Lingqiu	33		237	6735	174	4069
浑源县	Hunyuan	3900	1238	1987	81296	87	1819
左云县	Zuoyun			152	4135	139	1941
大同县	Datongxian	143	325	2925	44550	1466	36143
阳泉市	**Yangquan**						
郊　区	Jiaoqu	27	135	772	52922	5	159
平定县	Pingding			571	18904		
盂　县	Yuxian	1002	25446	662	16652	135	3453
长治市	**Changzhi**						
城　区	Chengqu			343	31268		
郊　区	Jiaoqu	2	29	740	52459		
长治县	Changzhixian	2	2	1657	79920		
襄垣县	Xiangyuan			1345	72465	419	15775
屯留县	Tunliu	300	2925	1786	89161	82	2215
平顺县	Pingshun	485	603	822	18252	13	239
黎城县	Licheng	179	140	1046	9289	92	3252
壶关县	Huguan	23	88	646	18917		
长子县	Zhangzi	159	1353	5638	332410	3	160
武乡县	Wuxiang	287	284	1202	21052	292	5405
沁　县	Qinxian	238	768	683	19817	198	8119
沁源县	Qinyuan	410	1183	619	5855	49	821
潞城市	Lucheng			1676	61978	19	867

19-13 续表1 continued

县市	Region	药材类 Medicinal materials		蔬菜 Vegetables		瓜果类 Melons	
		播种面积(公顷) Sown Area (ha)	总产量(吨) Total Output (ton)	播种面积(公顷) Sown Area (ha)	总产量(吨) Total Output (ton)	播种面积(公顷) Sown Area (ha)	总产量(吨) Total Output (ton)
晋城市	**Jincheng**						
城　区	Chengqu	7	100	710	55078	2	90
沁水县	Qinshui	23	120	899	36559	101	3127
阳城县	Yangcheng	71	1918	740	46906	12	411
陵川县	Lingchuan	516	1362	488	22274		
泽州县	Zezhou	277	1067	1515	62250	46	691
高平市	Gaoping	3	37	981	60714	34	1480
朔州市	**Shuozhou**						
朔城区	Shuocheng			5402	159791	706	22853
平鲁区	Pinglu			470	9290		
山阴县	Shanyin	70	53	1186	53948	531	15291
应　县	Yingxian	18	40	8437	356368	1695	44752
右玉县	Youyu	8		115	7292	80	2558
怀仁县	Huairen			2688	136477	2237	58768
晋中市	**Jinzhong**						
榆次区	Yuci	4	69	14348	920164	587	28403
榆社县	Yushe	18	35	741	10691	88	2503
左权县	Zuoquan	2	8	532	11655		10
和顺县	Heshun	199	265	616	32118		
昔阳县	Xiyang			978	30805		
寿阳县	Shouyang			7594	627277	62	1949
太谷县	Taigu			4280	253752	603	24104
祁　县	Qixian			3967	189160	251	7061
平遥县	Pingyao	134	34	3881	129976	253	5842
灵石县	Lingshi	28	31	607	9580	47	438
介休市	Jiexiu			364	18830	16	292
运城市	**Yuncheng**						
盐湖区	Yanhu	20	362	1554	65737	439	17564
临猗县	Linyi	192	3522	1014	43644	991	30216
万荣县	Wanrong	1358	11374	2813	129564	377	7854
闻喜县	Wenxi	1523	5384	3989	126548	363	7097
稷山县	Jishan	382	3723	921	49202	85	1223
新绛县	Xinjiang	1804	5912	9999	490885	24	948
绛　县	Jiangxian	1154	10396	884	25906	331	9461
垣曲县	Yuanqu	90	171	1104	18566	159	5021
夏　县	Xiaxian	334	5322	13838	681087	185	5768
平陆县	Pinglu	15	26	1158	41925	231	6589
芮城县	Ruicheng	390	3612	5522	118879	181	6600
永济市	Yongji	37	360	5127	51490	610	20158
河津市	Hejin	40	757	2805	54900	93	2756

19-13 续表2 continued

县 市	Region	药材类 Medicinal materials 播种面积(公顷) Sown Area (ha)	药材类 总产量(吨) Total Output (ton)	蔬 菜 Vegetables 播种面积(公顷) Sown Area (ha)	蔬 菜 总产量(吨) Total Output (ton)	瓜果类 Melons 播种面积(公顷) Sown Area (ha)	瓜果类 总产量(吨) Total Output (ton)
忻州市	**Xinzhou**						
忻府区	Xinfu	16	23	1216	32444	365	10884
定襄县	Dingxiang			601	26123	1108	36243
五台县	Wutai	67	142	365	9951	15	208
代　县	Daixian			238	8923	231	10092
繁峙县	Fanshi			81	6828	346	7530
宁武县	Ningwu	33	376	125	2456		
静乐县	Jingle	11	255	586	4389	85	911
神池县	Shenchi			1173	17705	80	1720
五寨县	Wuzhai	56	82	155	6218	38	794
岢岚县	Kelan			107	422	1	37
河曲县	Hequ			469	16349	424	10438
保德县	Baode			459	3837	377	6635
偏关县	Pianguan			87	3409	100	1623
原平市	Yuanping	62	466	719	41919	86	3723
临汾市	**Linfen**						
尧都区	Yaodu	262	4361	2061	141521	241	7953
曲沃县	Quwo	372	3589	5382	293005	158	6075
翼城县	Yicheng	117	1424	591	27578	121	3862
襄汾县	Xiangfen	1003	8909	2975	108021	45	1347
洪洞县	Hongtong	676	4876	2064	71233	216	3625
古　县	Guxian	415	3013	189	5522	147	2427
安泽县	Anze	617	3460	759	27367	55	2190
浮山县	Fushan	193	5055	693	20250	534	21849
吉　县	Jixian	73	318	252	3297	203	6345
乡宁县	Xiangning			492	2037	48	315
大宁县	Daning	29	104	49	591	378	9995
隰　县	Xixian	65	118	268	3616	189	3045
永和县	Yonghe	457	1031	361	8659	162	3244
蒲　县	Puxian	1	23	326	9083	18	633
汾西县	Fenxi	240	826	416	7913	17	126
侯马市	Houma	302	2410	865	61640	240	6324
霍州市	Huozhou	13	80	977	62730	105	1135
吕梁市	**Luliang**						
离石区	Lishi			387	3203	65	935
文水县	Wenshui			1689	54902	246	8472
交城县	Jiaocheng			305	16139		
兴　县	Xingxian			186	2420	188	3936
临　县	Linxian			3002	31497	123	2420
柳林县	Liulin	9	32	874	8512	311	4633
石楼县	Shilou			450	4920	208	1997
岚　县	Lanxian			134	1653	18	466
方山县	Fangshan			398	5638	50	707
中阳县	Zhongyang			245	3484		
交口县	Jiaokou	31	46	418	2608		
孝义市	Xiaoyi	28	29	339	14764		
汾阳市	Fenyang	42	317	400	14613	28	754

19-14 水果、林业及渔业生产情况(2010年)
OUTPUT OF FRUITS，FORESTRY AND FISHERY(2010)

县 市	Region	全年水果产量(吨) Annual Output of Fruits (ton)	#苹果 Apples	年末果园面积(公顷) Area of Orchards at Year-end (ha)	当年造林面积(公顷) Afforestation Area in the Year (ha)	全年水产品总产量(吨) Annual Aquatic Products(ton)	年末养殖面积(公顷) Fishery-Breeding Area at Year-end (ha)
太原市	**Taiyuan**						
小店区	Xiaodian	1636	317	575	4342	100	22
迎泽区	Yingze	153	24	151	461	36	167
杏花岭区	Xinghualing	1129	670	695	3273		
尖草坪区	Jiancaoping	17031	3700	1570	4922	100	18
万柏林区	Wanbailin	254	12	60	158	15	11
晋源区	Jinyuan	2111	897	523	1609	842	77
清徐县	Qingxu	38027	1873	2914	159	1160	380
阳曲县	Yangqu	3072	1597	3030	1000	28	37
娄烦县	Loufan	366	161	448	393	97	31
古交市	Gujiao	486	218	593	1662	52	15
大同市	**Datong**						
南郊区	Nanjiao	3507	12	425	2601	55	13
新荣区	Xinrong	177	65	1272	454	12	6
阳高县	Yanggao	4908	122	2470	2685	30	51
天镇县	Tianzhen	140	68	1069	1684	13	2
广灵县	Guangling	329	28	152	3903	110	84
灵丘县	Lingqiu	2418	1539	483	1987	70	40
浑源县	Hunyuan	1574	391	726	5221	22	8
左云县	Zuoyun	74	20	23	1331		
大同县	Datongxian	906	210	545	1742	408	913
阳泉市	**Yangquan**						
郊 区	Jiaoqu	6063	4830	1071	2219	1	1
平定县	Pingding	3898	3224	470	3233	373	8
盂 县	Yuxian	3247	2070	301	1933	165	27
城 区	Chengqu	1286	1170	137	13		
郊 区	Jiaoqu	1747	1370	368	33	130	7
长治县	Changzhixian	1486	805	252	66	45	20
襄垣县	Xiangyuan	2525	2058	512	409	175	700
屯留县	Tunliu	1780	707	342	1245	310	300
平顺县	Pingshun	5066	2578	194	2422	45	2
黎城县	Licheng	6044	4386	465	1476	55	2
壶关县	Huguan	3765	2293	1536	2609		
长子县	Zhangzi	5670	2351	719	1927	410	305
武乡县	Wuxiang	3978	1581	1109	2480	320	550
沁 县	Qinxian	1412	352	199	649	550	500
沁源县	Qinyuan	339	115	70	2509		
潞城市	Lucheng	2850	1628	521	4347	120	15

19-14 续表1 continued

县 市	Region	全年水果产量(吨) Annual Output of Fruits (ton)	#苹 果 Apples	年末果园面积(公顷) Area of Orchards at Year-end (ha)	当年造林面积(公顷) Afforestation Area in the Year (ha)	全年水产品总产量(吨) Annual Aquatic Products(ton)	年末养殖面积(公顷) Fishery-Breeding Area at Year-end (ha)
晋城市	**Jincheng**						
城 区	Chengqu	2299	410	204	300	92	6
沁水县	Qinshui	5308	3741	529	1400	267	18
阳城县	Yangcheng	5504	540	404	2379	208	64
陵川县	Lingchuan	3477	2907	287	1777	100	27
泽州县	Zezhou	18769	3755	698	1150	486	219
高平市	Gaoping	22083	11394	1877	2774	82	54
朔州市	**Shuozhou**						
朔城区	Shuocheng	64	60	8	2102	350	53
平鲁区	Pinglu				3629	60	23
山阴县	Shanyin	294	19	74	995	20	22
应 县	Yingxian	2180	1250	221	1554	10	20
右玉县	Youyu				2473	40	24
怀仁县	Huairen	2247	169	285	4719	30	20
晋中市	**Jinzhong**						
榆次区	Yuci	49343	35681	6369	1087	430	26
榆社县	Yushe	5559	3827	567	3705	460	285
左权县	Zuoquan	1077	234	45	3836	161	128
和顺县	Heshun	9	9	2	3414	59	5
昔阳县	Xiyang	13682	11936	1790	2527	111	36
寿阳县	Shouyang	3293	1987	676	4125	96	33
太谷县	Taigu	53935	15157	4250	2389	195	112
祁 县	Qixian	63055	31623	4535	1596	108	33
平遥县	Pingyao	61202	37713	4766	1587	274	18
灵石县	Lingshi	2237	1555	710	928	49	3
介休市	Jiexiu	2847	1950	434	4688	57	3
运城市	**Yuncheng**						
盐湖区	Yanhu	259165	71676	9624	1648	430	1289
临猗县	Linyi	1248704	1002258	48249	2780	17	4
万荣县	Wanrong	339040	307381	17778	2200	34	10
闻喜县	Wenxi	11573	4325	1073	1256	120	26
稷山县	Jishan	76514	24804	9071	618	20	1
新绛县	Xinjiang	25500	12100	1338	1250	110	23
绛 县	Jiangxian	31479	7655	2281	1679	63	86
垣曲县	Yuanqu	9921	3973	469	619	1295	46
夏 县	Xiaxian	183181	60347	6884	993	100	8
平陆县	Pinglu	250152	179596	8808	3400	27	21
芮城县	Ruicheng	321742	291882	12770	2485	8269	408
永济市	Yongji	153646	62290	6309	1256	130	10
河津市	Hejin	33340	11549	1470	3439	130	10

19-14 续表2 continued

县 市	Region	全年水果产量(吨) Annual Output of Fruits (ton)	#苹 果 Apples	年末果园面积(公顷) Area of Orchards at Year-end (ha)	当年造林面积(公顷) Afforestation Area in the Year (ha)	全年水产品总产量(吨) Annual Aquatic Products(ton)	年末养殖面积(公顷) Fishery-Breeding Area at Year-end (ha)
忻州市	**Xinzhou**						
忻府区	Xinfu	10599	4323	1982	2267	242	102
定襄县	Dingxiang	10530	3605	986	1287	230	57
五台县	Wutai	2127	1057	194	4502	150	155
代 县	Daixian	6683	2065	1824	1900	180	55
繁峙县	Fanshi	676	77	156	1599	175	270
宁武县	Ningwu				2767	70	70
静乐县	Jingle	331	131	355	5257	65	30
神池县	Shenchi				4675	24	5
五寨县	Wuzhai				3766	172	120
岢岚县	Kelan	247	127	109	4433	30	5
河曲县	Hequ	2325	197	2346	4132	100	23
保德县	Baode	7846	537	4688	2987	60	20
偏关县	Pianguan	1549	684	684	4557	75	1
原平市	Yuanping	18746	5054	4450	3425	305	204
临汾市	**Linfen**						
尧都区	Yaodu	39344	21265	2969	1157	1139	190
曲沃县	Quwo	41871	24403	2294	35	1255	241
翼城县	Yicheng	50606	44567	2406	2714	375	83
襄汾县	Xiangfen	68195	51567	2815	303	890	163
洪洞县	Hongtong	9210	4631	1091	1777	432	47
古 县	Guxian	1258	671	296	2427	2	1
安泽县	Anze	1708	830	196	2346	6	3
浮山县	Fushan	9059	6325	556	1833	8	5
吉 县	Jixian	81915	80981	9018	1267	9	11
乡宁县	Xiangning	3855	2573	1162	2760	8	20
大宁县	Daning	2386	1449	1361	4860	2	1
隰 县	Xixian	27994	16992	7346	3537	6	2
永和县	Yonghe	20286	1526	9164	4180	3	3
蒲 县	Puxian	1058	838	516	3454	4	3
汾西县	Fenxi	5882	3806	866	4474		
侯马市	Houma	5512	2478	486	5160	370	69
霍州市	Huozhou	9422	8691	980	1970	41	8
吕梁市	**Luliang**						
离石区	Lishi	1302	786	371	1734	33	10
文水县	Wenshui	109228	2577	3866	2609	625	329
交城县	Jiaocheng	6113	1823	658	4326	55	95
兴 县	Xingxian	12075	2010	10570	1620	42	3
临 县	Linxian	79654	5750	17831	4607	152	67
柳林县	Liulin	11420	1397	5916	4298	33	5
石楼县	Shilou	15271	1847	10641	2826	25	13
岚 县	Lanxian	119	96	25	3721	58	43
方山县	Fangshan	1510	1099	194	3467	82	426
中阳县	Zhongyang	1691	1304	315	7204	52	39
交口县	Jiaokou	273	173	96	3856		
孝义市	Xiaoyi	4971	2185	1278	5172	89	31
汾阳市	Fenyang	7836	4787	475	3641	54	24

19-15 城乡居民收入(2010年)

INCOME OF URBAN AND RURAL HOUSEHOLDS(2010)

单位：元 (yuan)

县 市	Region	城镇居民人均可支配收入 Per Capita Annual Disposable Income of Urban households	农民人均纯收入 Per Capita Income of Rual Households
太原市	**Taiyuan**		
小店区	Xiaodian	17258	10323
迎泽区	Yingze	17258	9959
杏花岭区	Xinghualing	17258	8787
尖草坪区	Jiancaoping	17258	7286
万柏林区	Wanbailin	17258	10671
晋源区	Jinyuan	17258	7209
清徐县	Qingxu	16248	8792
阳曲县	Yangqu	12105	3896
娄烦县	Loufan	10667	3109
古交市	Gujiao	15672	7481
大同市	**Datong**		
城 区	Chengqu	16103	
矿 区	Kuangqu	16103	
南郊区	Nanjiao	16103	6774
新荣区	Xinrong	11756	4174
阳高县	Yanggao	10640	3416
天镇县	Tianzhen	10457	3059
广灵县	Guangling	10565	3299
灵丘县	Lingqiu	12870	3505
浑源县	Hunyuan	11254	3063
左云县	Zuoyun	13009	5425
大同县	Datongxian	9914	4361
阳泉市	**Yangquan**		
城 区	Chengqu	17401	
矿 区	Kuangqu	17815	
郊 区	Jiaoqu	14217	6837
平定县	Pingding	14294	6137
盂 县	Yuxian	16054	6723
长治市	**Changzhi**		
城 区	Chengqu	17123	6814
郊 区	Jiaoqu	19531	7820
长治县	Changzhixian	16177	7693
襄垣县	Xiangyuan	17427	6976
屯留县	Tunliu	13797	6948
平顺县	Pingshun	11496	2807
黎城县	Licheng	9599	4263
壶关县	Huguan	11287	2598
长子县	Zhangzi	14133	6250
武乡县	Wuxiang	11699	2995
沁 县	Qinxian	9460	2746
沁源县	Qinyuan	16869	6250
潞城市	Lucheng	14278	6141

注：按照不重复抽样的原则，省辖市所属区城镇居民人均可支配收入使用市平均数(原开展抽样调查的区除外)。

Note: According to non-repeated sampling principle,per capita annual disposable income of urban households of district,which belongs to city at prefecture,uses average data of the city(except districts conducted sample surveys fomerly).

19-15 续表1 continued

单位：元 (yuan)

县 市	Region	城镇居民人均可支配收入 Per Capita Annual Disposable Income of Urban households	农民人均纯收入 Per Capita Income of Rual Households
晋 城 市	**Jincheng**		
城 区	Chengqu	17353	6655
沁水县	Qinshui	13366	5059
阳城县	Yangcheng	14602	5920
陵川县	Lingchuan	10318	4017
泽州县	Zezhou	16201	6646
高平市	Gaoping	15853	6340
朔 州 市	**Shuozhou**		
朔城区	Shuocheng	17030	6796
平鲁区	Pinglu	12639	4483
山阴县	Shanyin	17374	7532
应 县	Yingxian	12490	4808
右玉县	Youyu	11795	3223
怀仁县	Huairen	17352	7276
晋 中 市	**Jinzhong**		
榆次区	Yuci	17394	7657
榆社县	Yushe	11745	2527
左权县	Zuoquan	12930	2368
和顺县	Heshun	12003	2862
昔阳县	Xiyang	12627	4052
寿阳县	Shouyang	16981	5851
太谷县	Taigu	15006	8008
祁 县	Qixian	16415	7189
平遥县	Pingyao	15605	5615
灵石县	Lingshi	19675	7563
介休市	Jiexiu	17233	6319
运 城 市	**Yuncheng**		
盐湖区	Yanhu	14952	5334
临猗县	Linyi	13514	5680
万荣县	Wanrong	12018	4087
闻喜县	Wenxi	13488	4355
稷山县	Jishan	12606	4920
新绛县	Xinjiang	13321	5258
绛 县	Jiangxian	12271	4519
垣曲县	Yuanqu	12528	3144
夏 县	Xiaxian	12358	3589
平陆县	Pinglu	11026	3249
芮城县	Ruicheng	13952	5222
永济市	Yongji	14411	5884
河津市	Hejin	18132	9874
忻 州 市	**Xinzhou**		
忻府区	Xinfu	14939	4485
定襄县	Dingxiang	14835	5735
五台县	Wutai	12720	2904
代 县	Daixian	12685	2362

19-15 续表2 continued

单位：元 (yuan)

县 市	Region	城镇居民人均可支配收入 Per Capita Annual Disposable Income of Urban households	农民人均纯收入 Per Capita Income of Rual Households
繁峙县	Fanshi	13840	3237
宁武县	Ningwu	11604	2249
静乐县	Jingle	10858	2682
神池县	Shenchi	11238	3205
五寨县	Wuzhai	11756	3201
岢岚县	Kelan	12661	2890
河曲县	Hequ	13130	2941
保德县	Baode	14583	3130
偏关县	Pianguan	10516	2968
原平市	Yuanping	14919	4628
临 汾 市	**Linfen**		
尧都区	Yaodu	16145	6686
曲沃县	Quwo	14980	6484
翼城县	Yicheng	14932	5264
襄汾县	Xiangfen	14984	6125
洪洞县	Hongtong	14900	5922
古 县	Guxian	15737	4962
安泽县	Anze	13772	4508
浮山县	Fushan	14814	4345
吉 县	Jixian	10078	2106
乡宁县	Xiangning	14470	4645
大宁县	Daning	10028	1368
隰 县	Xixian	11881	2496
永和县	Yonghe	10900	1617
蒲 县	Puxian	13786	4228
汾西县	Fenxi	12390	1893
侯马市	Houma	14788	7251
霍州市	Huozhou	15215	6527
吕 梁 市	**Luliang**		
离石区	Lishi	15278	2412
文水县	Wenshui	11292	4538
交城县	Jiaocheng	11519	4329
兴 县	Xingxian	11115	2050
临 县	Linxian	8651	2045
柳林县	Liulin	14992	4525
石楼县	Shilou	7583	1410
岚 县	Lanxian	10251	2212
方山县	Fangshan	11145	2002
中阳县	Zhongyang	11672	3159
交口县	Jiaokou	10456	3381
孝义市	Xiaoyi	16642	7686
汾阳市	Fenyang	12103	6271

19-16 工业主要指标(2010年)

单位：万元

县 市	Region	全部国有及规模以上非国有企业单位数(个) All States-owned and Number of Non-State-owned above Designated Size Enterprises (unit)	工业总产值 Gross Industrial Output Value	工业销售产 值 Sales Output Value
太 原 市	**Taiyuan**			
小店区	Xiaodian	152	2824044	2740122
迎泽区	Yingze	16	477466	472473
杏花岭区	Xinhualing	48	631148	618446
尖草坪区	Jiancaoping	66	7475481	7480765
万柏林区	Wanbailin	50	5069883	4985313
晋源区	Jingyuan	27	848627	838452
清徐县	Qingxu	64	1694985	1656910
阳曲县	Yangqu	24	438252	427903
娄烦县	Loufan	9	126045	110495
古交市	Gujiao	24	417465	427886
大 同 市	**Datong**			
市 直	Jurisdiction Area	2	3768083	2956902
城 区	Chengqu	22	997692	952363
矿 区	Kuangqu	4	11674	11484
南郊区	Nanjiao	28	1196949	1220457
新荣区	Xinrong	19	213838	187348
阳高县	Yanggao	11	89793	81991
天镇县	Tianzhen	10	46036	35916
广灵县	Guangling	16	83929	67210
灵丘县	Lingqiu	24	284525	267554
浑源县	Hunyuan	12	202628	202357
左云县	Zuoyun	5	110364	110320
大同县	Datongxian	26	84917	78607
开发区	Development Zone	24	285478	238952
阳 泉 市	**Yangquan**			
城 区	Chengqu	17	355623	335885
矿 区	Kuangqu	22	2812664	2788523
郊 区	Jiaoqu	44	463549	459874
平定县	Pingding	57	503902	479431
盂 县	Yuxian	39	1187396	1093289
开发区	Development Zone	7	102985	90237
长 治 市	**Changzhi**			
城 区	Chengqu	42	626846	578878
郊 区	Jiaoqu	38	3028705	3048583
长治县	Changzhixian	53	1270192	1201249
襄垣县	Xiangyuan	59	3246790	3182716
屯留县	Tunliu	38	1182510	1192442
平顺县	Pingshun	16	148320	87054
黎城县	Licheng	16	374241	357500
壶关县	Huguan	12	675806	650006
长子县	Zhangzi	24	617935	585329
武乡县	Wuxiang	19	484648	471839
沁 县	Qinxian	5	12806	12230
沁源县	Qinyuan	17	1255203	1037538
潞城市	Lucheng	47	1408825	1383024

MAJOR INDUSTRIAL INDICATORS(2010)

(10 000 yuan)

资产总计 Total Assets	主营业务收入 Revenue in Major Business	利税总额 Pretax Profit	利润总额 Profits	全部从业人员年平均人数(人) Annual Average Total Employees (person)
3372208	2870412	161775	114269	84606
878071	474820	140825	–4228	7769
990538	613138	65270	34827	18743
10758016	8175344	394693	245873	54747
8465604	4922556	850640	432414	116826
1308522	904913	–30834	–44855	15718
2640649	1696126	83809	14235	22117
532136	439819	36900	24018	5896
157127	113241	6625	–3392	1386
953672	367482	39594	2931	7983
9362142	4718208	633117	155057	134445
1499690	885360	42643	25009	22036
7433	10904	567	–222	801
2247259	1169815	88659	32376	12698
174632	192865	51913	29511	5472
226195	84060	3790	1900	2607
24691	34256	1187	6	1110
714953	69991	4111	1021	3958
448913	254798	39881	18927	9561
76348	176923	31288	4568	3382
233841	104264	24798	17527	3335
98790	70244	3503	1058	5009
384577	242359	49059	38512	6401
591520	338697	82400	82360	51115
6778084	3603428	543000	531918	147363
688357	485799	105363	10551	105363
935291	473359	–1456	5139	–21346
1216116	989461	223374	223374	134927
13253	82829	576	–34	–342
943742	559682	43202	24804	24557
3398765	2928735	245739	133338	33167
1844308	1206124	564273	414913	17587
5995759	3176797	709608	459243	67598
1692683	1214306	190606	119792	15741
110765	86470	12286	4948	2249
297838	348603	22159	10737	7873
634311	628843	19099	2242	10498
1557485	512564	77994	35560	13532
1163546	471320	95743	55767	6625
47126	11310	1094	741	417
1723439	1045792	256926	172025	16073
2575967	1492169	–24907	–74508	20924

19-16 续表1

单位：万元

县 市	Region	全部国有及规模以上非国有企业单位数(个) All States-owned and Number of Non-State-owned above Designated Size Enterprises (unit)	工业总产值 Gross Industrial Output Value	工业销售产值 Sales Output Value
晋城市	**Jincheng**			
市 直	Jurisdiction Area	7	2036180	1900364
城 区	Chengqu	29	353232	374870
沁水县	Qinshui	29	606555	598592
阳城县	Yangcheng	55	1614491	1521857
陵川县	Lingchuan	17	104904	105326
泽州县	Zezhou	77	1744935	1651970
高平市	Gaoping	57	1673128	1650673
开发区	Development Zone	13	377819	319168
朔州市	**Shuozhou**			
朔城区	Shuochengqu	48	1706742	1643429
平鲁区	Pinglu	20	3640344	3641715
山阴县	Shanyin	51	1186237	981340
应 县	Yingxian	27	227955	204133
右玉县	Youyu	14	192450	184834
怀仁县	Huairen	64	1331407	1335253
晋中市	**Jinzhong**			
榆次区	Yuci	146	1411493	1390922
榆社县	Yushe	5	329236	325747
左权县	Zuoquan	23	225089	210677
和顺县	Heshun	12	267702	265893
昔阳县	Xiyang	13	317721	317739
寿阳县	Shouyang	26	812346	796396
太谷县	Taigu	56	355178	357582
祁 县	Qixian	46	269280	238392
平遥县	Pingyao	46	707175	718731
灵石县	Lingshi	120	1854061	1609882
介休市	Jiexiu	40	3744448	3643864
运城市	**Yuncheng**			
盐湖区	Yanhu	71	1024687	963933
临猗县	Linyi	45	697668	593246
万荣县	Wanrong	30	235123	204884
闻喜县	Wenxi	42	1673627	1675126
稷山县	Jishan	39	601848	544444
新绛县	Xinjiang	32	754595	639633
绛 县	Jiangxian	34	491603	495217
垣曲县	Yuanqu	19	571667	549333
夏 县	Xiaxian	27	145193	135543
平陆县	Pinglu	24	202514	184149
芮城县	Ruicheng	42	510566	406818
永济市	Yongji	68	1689403	1632353
河津市	Hejin	91	4020015	3759441

continued

(10 000 yuan)

资产总计 Total Assets	主营业务收入 Revenue in Major Business	利税总额 Pretax Profit	利润总额 Profits	全部从业人员年平均人数(人) Annual Average Total Employees (person)
6696953	3645007	879156	594656	46022
561924	348257	30104	4392	12764
1967057	617246	271144	193512	14388
2162263	1465977	413012	268120	25853
183787	100875	33213	23102	3887
2130397	1733816	258200	176192	38775
2153391	1655143	321495	194181	33811
472204	363570	36642	27469	21580
2110350	1404406	211742	114480	18983
5092869	3637496	1281306	762238	15296
1869830	1274716	359185	208116	14108
211132	201004	32263	21620	6898
373215	183681	43321	20588	4212
846764	1344972	258790	82767	24517
1841006	1537142	42537	-9896	30422
439225	325820	-13833	-21757	4123
683900	215182	34324	3887	10528
578866	266263	64030	26279	7556
1152622	315775	34731	-3684	10319
1125547	830768	214583	114903	18001
381352	357143	41567	18191	13192
206350	238666	30845	17389	14562
744704	779869	78433	32624	15688
2218435	1721800	205729	85624	21887
5731158	3912757	529603	134160	68318
2260521	960673	7417	-13524	25354
612325	664484	18930	8230	17586
231069	204537	18775	10872	5159
1980702	1705260	109567	32202	33576
454220	536824	41708	19657	12971
604425	600124	35563	16618	11413
482577	497709	23535	14903	13685
860858	563714	42457	30125	12899
129472	137432	5290	2530	5637
222425	178371	10522	4592	3977
839181	430892	17317	-10096	9394
1718720	1682772	199011	176658	24555
4179885	3910772	345430	201934	48375

19-16 续表2

单位：万元

县 市	Region	全部国有及规模以上非国有企业单位数(个) All States-owned and Number of Non-State-owned above Designated Size Enterprises (unit)	工业总产值 Gross Industrial Output Value	工业销售产值 Sales Output Value
忻州市	**Xinzhou**			
忻府区	Xinfu	33	650574	638259
定襄县	Dingxiang	62	412448	342956
五台县	Wutai	10	119917	103661
代 县	Daixian	60	473222	433549
繁峙县	Fanshi	60	389418	351421
宁武县	Ningwu	5	219680	221177
静乐县	Jingle	10	81483	79615
神池县	Shenchi	2	5831	3965
五寨县	Wuzhai	5	30801	30801
岢岚县	Kelan	11	40468	38091
河曲县	Hequ	15	454502	427459
保德县	Baode	13	475419	468561
偏关县	Pianguan	5	85758	86337
原平市	Yuanping	32	677419	704489
临汾市	**Linfen**			
尧都区	Yaodu	62	1892549	1809356
曲沃县	Quwo	35	1375768	1370710
翼城县	Yicheng	38	1358950	1351774
襄汾县	Xiangfen	46	1685925	1648243
洪洞县	Hongtong	80	2472883	2545044
古 县	Guxian	30	913131	916701
安泽县	Anze	13	634984	632035
浮山县	Fushan	23	292945	293897
吉 县	Jixian	2	81574	44358
乡宁县	Xiangning	28	646026	627107
大宁县	Daning			
隰 县	Xixian	1	872	878
永和县	Yonghe			
蒲 县	Puxian	30	414170	410688
汾西县	Fenxi	8	76880	74161
侯马市	Houma	37	916772	889892
霍州市	Huozhu	25	1037620	1061027
吕梁市	**Luliang**			
离石区	Lishi	22	967499	927768
文水县	Wenshui	29	902694	897118
交城县	Jiaocheng	87	1757444	1651846
兴 县	Xingxian	7	462199	452364
临 县	Linxian	12	260399	254011
柳林县	Liulin	52	3172747	3189795
石楼县	Shilou	3	17901	19057
岚 县	Lanxian	13	102700	98651
方山县	Fangshan	12	367057	349744
中阳县	Zhongyang	43	1271464	1276389
交口县	Jiaokou	49	442387	438733
孝义市	Xiaoyi	223	3555903	3337035
汾阳市	Fenyang	45	1144661	1064009

continued

(10 000 yuan)

资产总计 Total Assets	主营业务收入 Revenue in Major Business	利税总额 Pretax Profit	利润总额 Profits	全部从业人员年平均人数(人) Annual Average Total Employees (person)
813673	655013	63319	49273	12860
349652	339941	17833	7994	6534
206478	114813	6061	1356	3150
335832	441276	113237	74942	8562
517735	366886	74780	42457	9078
446849	206559	56550	28082	7241
443523	82864	-15894	-27172	5175
83590	5831	2066	2051	56
12245	27676	546	343	749
36169	32752	4176	2056	1145
997972	426289	128423	81999	5781
1087238	439533	278828	212468	4311
405822	90239	26435	14289	1396
2191491	717425	56941	12460	21947
1991436	1891332	101573	-814	32618
1116430	1394197	55015	-12895	11734
817993	1400969	90097	51166	13764
1327920	1666347	101438	24964	16825
2773792	2582191	248301	64104	32003
764264	940187	168726	88802	8371
420665	634985	169079	112608	3982
179533	292691	72534	61459	2609
105122	44450	21691	14035	1348
1014329	622764	216364	146859	11616
4315	662	-91	-116	70
963449	439414	169472	118452	7088
115438	78062	-5121	-7763	1159
820656	886269	7945	-3337	13995
2296130	1236576	132741	47356	29528
1723338	868623	204042	118053	15103
888984	918599	42888	24360	15008
2109553	1684213	59239	-5583	22384
990409	457078	174174	118611	5238
542534	254883	79103	39607	5423
6842646	3455468	1228113	869076	37264
78135	21819	6537	4392	560
147936	100986	10304	4147	2879
359694	404596	47876	11849	5590
1998427	1337529	315213	220477	19504
808299	431135	51693	28319	9992
5069228	3538384	445626	133976	60104
1525954	1270976	282000	162761	17524

19-17 社会消费品零售总额(2010年)
TOTAL RETAIL SALES OF CONSUMER GOODS(2010)

单位：万元 (10 000元)

县 市	Region	社会消费品零售总额 Total Retail Sales of Consumer Goods	城 镇 Town	乡 村 Village
太 原 市	**Taiyuan**			
小店区	Xiaodian	2487228	2444746	42482
迎泽区	Yingze	1913183	1913183	
杏花岭区	Xinghualing	865855	865855	
尖草坪区	Jiancaoping	452230	452230	
万柏林区	Wanbailin	1209304	1209304	
晋源区	Jinyuan	153378	153378	
清徐县	Qingxu	255021	121372	133648
阳曲县	Yangquan	58141	39952	18189
娄烦县	Loufan	21974	13926	8048
古交市	Gujiao	262154	262154	
高新区	New and High-Tech District	365743	365743	
经济区	Economic District	72170	72170	
民营区	Civil-Runned District	142077	142077	
大 同 市	**Datong**			
城 区	Chengqu	1219689	1219689	
矿 区	Kuangqu	470980	470980	
南郊区	Nanjiao	542076	373355	168721
新荣区	Xinrong	51294	25031	26263
阳高县	Yanggao	56064	43848	12217
天镇县	Tianzhen	47812	16649	31164
广灵县	Guangling	49303	33006	16297
灵丘县	Lingqiu	148446	92791	55655
浑源县	Hunyuan	157275	84833	72442
左云县	Zuoyun	116489	74504	41985
大同县	Datongxian	80640	31866	48775
开发区	Development Zone	90102		90102
阳 泉 市	**Yangquan**			
城 区	Chengqu	873409	873409	
矿 区	Kuangqu	125858	125858	
郊 区	Jiaoqu	87261	37772	49489
平定县	Pingding	182257	107686	74571
盂 县	Yuxian	265957	161569	104388
开发区	Development Zone	69910	69910	
长 治 市	**Changzhi**			
城 区	Chengqu	1569539	1569539	
郊 区	Jiaoqu	229814	178131	51683
长治县	Changzhixian	138718	71579	67139
襄垣县	Xiangyuan	129990	109508	20482
屯留县	Tunliu	74759	40858	33901
平顺县	Pingshun	42194	22805	19389
黎城县	Licheng	66393	41716	24677
壶关县	Huguan	89298	44282	45015
长子县	Zhangzi	86801	42618	44182
武乡县	Wuxiang	63119	38531	24588
沁 县	Qinxian	48598	20814	27784
沁源县	Qinyuan	112266	65603	46663
潞城市	Lucheng	74479	55515	18964

19-17 续表1 continued

单位：万元 (10 000元)

县 市	Region	社会消费品零售总额 Total Retail Sales of Consumer Goods	城 镇 Town	乡 村 Village
晋城市	**Jincheng**			
城 区	Chengqu	999017	999017	
沁水县	Qinshui	110032	87695	22337
阳城县	Yangcheng	215962	189468	26494
陵川县	Lingchuan	90764	59798	30966
泽州县	Zezhou	196474	169875	26599
高平市	Gaoping	298914	276840	22074
朔州市	**Shuozhou**			
朔城区	Shuocheng	410075	351090	58984
平鲁区	Pinglu	189583	131291	58292
山阴县	Shanyin	198200	175061	23139
应 县	Yingxian	159262	114658	44604
右玉县	Youyu	84489	74042	10446
怀仁县	Huairen	354361	253374	100987
晋中市	**Jinzhong**			
榆次区	Yuci	879056	722301	156755
榆社县	Yushe	59813	42753	17059
左权县	Zuoquan	70100	38734	31366
和顺县	Heshun	69438	43974	25464
昔阳县	Xiyang	121701	66638	55063
寿阳县	Shouyang	129448	94216	35232
太谷县	Taigu	173692	83945	89747
祁 县	Qixian	198752	116450	82302
平遥县	Pingyao	288191	167754	120437
灵石县	Lingshi	341099	207396	133703
介休市	Jiexiu	444606	306315	138291
运城市	**Yuncheng**			
盐湖区	Yanhu	1134793	958320	176473
临猗县	Linyi	270774	131648	139126
万荣县	Wanrong	147147	69507	77640
闻喜县	Wenxi	200719	127593	73126
稷山县	Jishan	130278	80419	49859
新降县	Xinjiang	195593	114534	81059
绛 县	Jiangxian	112500	55268	57232
垣曲县	Yuanqu	108624	73163	35461
夏 县	Xiaxian	120119	79669	40450
平陆县	Pinglu	117305	79471	37834
芮城县	Ruicheng	137151	92948	44203
永济市	Yongji	276783	257704	19079
河津市	Hejin	594757	249145	345612
忻州市	**Xinzhou**			
忻府区	Xinfu	432993	311955	121038
定襄县	Dingxiang	105008	57846	47162
五台县	Wutai	111716	65291	46425
代 县	Daixian	75610	46381	29230

19-17 续表2 continued

单位：万元 (10 000元)

县 市	Region	社会消费品零售总额 Total Retail Sales of Consumer Goods	城 镇 Town	乡 村 Village
繁峙县	Fanshi	85505	51810	33696
宁武县	Ningwu	52120	40282	11838
静乐县	Jingle	48000	35596	12404
神池县	Shenchi	52345	37277	15068
五寨县	Wuzhai	51083	42965	8119
岢岚县	Kelan	46087	33533	12554
河曲县	Hequ	75068	53043	22025
保德县	Baode	90074	59031	31043
偏关县	Pianguan	56907	45541	11366
原平市	Yuanping	297880	191435	106445
临 汾 市	**Linfen**			
尧都区	Yaodu	1194838	974270	220568
曲沃县	Quwo	107761	83464	24297
翼城县	Yicheng	205376	144024	61351
襄汾县	Xiangfen	210051	162502	47550
洪洞县	Hongdong	285291	205807	79484
古 县	Guxian	48265	34230	14035
安泽县	Anze	44274	31923	12351
浮山县	Fushan	43684	30321	13363
吉 县	Jixian	33165	27921	5244
乡宁县	Xiangning	97461	83596	13865
大宁县	Daning	16163	14175	1987
隰 县	Xixian	47629	40906	6723
永和县	Yonghe	23999	20458	3541
蒲 县	Puxian	37398	29175	8222
汾西县	Fenxi	56821	46339	10482
侯马市	Houma	444258	416936	27323
霍州市	Huozhou	168513	133676	34837
吕 梁 市	**Luliang**			
离石区	Lishi	370881	317934	52948
文水县	Wenshui	104948	74206	30743
交城县	Jiaocheng	111294	75899	35396
兴 县	Xingxian	37960	26382	11578
临 县	Linxian	201844	142176	59668
柳林县	Liulin	196186	144298	51888
石楼县	Shilou	12603	8924	3679
岚 县	Lanxian	55935	40175	15759
方山县	Fangshan	49363	28708	20655
中阳县	Zhongyang	78506	55998	22508
交口县	Jiaokou	27076	20236	6840
孝义市	Xiaoyi	668061	559109	108952
汾阳市	Fenyang	310300	248720	61580

19-18 财政收支情况(2010年)
FINANCIAL REVENUE AND EXPENDITURE(2010)

单位：万元 (10 000 yuan)

县市	Region	财政总收入 Overall Revenue	一般预算收入 General Budget of Revenue	#增值税 Value-added Taxes	#营业税 Operation Taxes	一般预算支出 General Budget of Expenditure
太原市	**Taiyuan**					
小店区	Xiaodian	183815	97485	9910	45375	129606
迎泽区	Yingze	157317	77549	9135	35505	94018
杏花岭区	Xinghualing	156719	80559	9646	37664	114383
尖草坪区	Jiancaoping	87228	42379	6743	14800	71178
万柏林区	Wanbailin	105671	53976	6561	28310	88748
晋源区	Jinyuan	37131	16892	3445	6225	41016
清徐县	Qingxu	143960	62231	12523	9103	111819
阳曲县	Yangqu	35235	19807	2063	8250	61311
娄烦县	Loufan	63863	33351	5270	2559	68991
古交市	Gujiao	138153	71869	9615	8829	101558
高新区	New and High-Tech District	82342	30502	7819	11251	31254
经济区	Economic Distric	119517	47643	11160	8259	54261
民营区	Civil-Runned District	40117	19303	3311	7358	22739
大同市	**Datong**					
城　区	Chengqu	210385	20728	2151	7540	81428
矿　区	Kuangqu	142816	9943	2568	1174	85606
南郊区	Nanjiao	628113	51153	13234	5230	75836
新荣区	Xinrong	52398	17385	3666	1618	44165
阳高县	Yanggao	13825	5964	665	2313	87863
天镇县	Tianzhen	8388	3678	471	1167	71786
广灵县	Guangling	10466	3856	773	858	62672
灵丘县	Lingqiu	51197	21042	3162	3297	72638
浑源县	Hunyuan	40576	15116	2780	4680	92824
左云县	Zuoyun	80040	29599	5934	7583	65362
大同县	Datongxian	28175	11303	2087	2113	65954
开发区	Development Zone	61877	22364	2694	7637	25772
阳泉市	**Yangquan**					
城　区	Chengqu	42025	22388	1958	10064	35867
矿　区	Kuangqu	42019	21099	2531	6081	30934
郊　区	Jiaoqu	80168	32253	7335	7991	72256
平定县	Pingding	75383	29799	5734	6935	84496
盂　县	Yuxian	170601	64189	13544	6945	110065
开发区	Development Zone	16608	7687	1194	3190	14295
长治市	**Changzhi**					
城　区	Chengqu	150086	27519	1560	5641	48951
郊　区	Jiaoqu	214050	32431	3416	2227	62431
长治县	Changzhi	303366	98023	19668	5092	141022
襄垣县	Xiangyuan	300069	90862	20405	10059	119503
屯留县	Tunliu	122078	41035	8819	5199	84676
平顺县	Pingshun	13890	5678	723	2969	55880
黎城县	Licheng	32888	11619	2291	2958	55390
壶关县	Huguan	28777	11334	1989	2540	83282
长子县	Zhangzi	100176	34479	7366	3250	87426
武乡县	Wuxiang	100678	36666	6344	2460	78371
沁　县	Qinxian	11171	5050	560	1420	56449
沁源县	Qinyuan	176688	67225	9420	4011	96811
潞城市	Lucheng	110880	42372	7217	5200	68492
高新区	New and High-tech District	247425	13550	5981	997	14298

19-18 续表1 continued

单位：万元 (10 000 yuan)

县 市	Region	财政总收入 Overall Revenue	一般预算收入 General Budget of Revenue	#增值税 Value-added Taxes	#营业税 Operation Taxes	一般预算支出 General Budget of Expenditure
晋城市	**Jincheng**					
城 区	Chengqu	64317	37492	2326	16051	67686
沁水县	Qinshui	222276	62286	19796	8719	100327
阳城县	Yangcheng	250918	64698	18190	6437	119401
陵川县	Lingchuan	27747	10339	1575	2384	75004
泽州县	Zezhou	294753	93427	22413	8251	141522
高平市	Gaoping	314288	85810	24768	7070	143688
开发区	Development District	32487	14736	2497	3739	11541
朔州市	**Shuozhou**					
朔城区	Shuocheng	153037	73833	8920	12717	141169
平鲁区	Pinglu	192044	84722	10602	12521	122688
山阴县	Shanyin	201300	100546	11168	6975	142880
应 县	Yingxian	22980	10164	1396	2710	85637
右玉县	Youyu	39390	14887	3035	2599	70921
怀仁县	Huairen	160544	50990	14387	5861	100335
开发区	Development District	20656	14952	473	6644	18897
晋中市	**Jinzhong**					
榆次区	Yuci	170502	62852	7100	20766	120108
榆社县	Yushe	25127	10775	1402	3053	53218
左权县	Zuoquan	78188	32298	4439	4723	70196
和顺县	Heshun	70558	27395	4494	3526	66129
昔阳县	Xiyang	80554	28392	6160	3297	73578
寿阳县	Shouyang	200258	59206	14248	6650	101678
太谷县	Taigu	50296	20949	3150	4882	78911
祁 县	Qixian	36058	14711	1736	3327	76178
平遥县	Pingyao	90537	35191	6673	6366	116646
灵石县	Lingshi	270074	95713	18495	11694	126475
介休市	Jiexiu	267962	99734	18470	11746	127158
开发区	Development District	50120	22399	1624	7213	25105
运城市	**Yuncheng**					
盐湖区	Yanhu	148791	47443	4043	13297	130384
临猗县	Linyi	28306	10647	1868	3228	101645
万荣县	Wanrong	24559	9361	1835	2524	87035
闻喜县	Wenxi	75352	26305	5503	3691	90717
稷山县	Jishan	41361	15002	3541	2251	71612
新绛县	Xinjiang	35160	11980	3108	2298	75931
绛 县	Jiangxian	14481	5573	1101	1348	69612
垣曲县	Yuanqu	25381	9200	1822	1490	75209
夏 县	Xiaxian	13106	6544	753	970	79219
平陆县	Pinglu	16879	5963	1379	1471	69771
芮城县	Ruicheng	22421	9371	1581	1356	88787
永济市	Yongji	60318	23355	5011	2528	114764
河津市	Hejin	230493	86424	19225	9982	108649
运城经济	Yuncheng Ecnomy	16987	6642	337	2584	10207
风陵渡开发区	Fenglingdu Development District	16875	3388	1081	813	5535
华信开发区	Huaxin Development District	7885	1343	572	124	5038

19-18 续表2 continued

单位：万元 (10 000 yuan)

县 市	Region	财政总收入 Overall Revenue	一般预算收入 General Budget of Revenue	#增值税 Value-added Taxes	#营业税 Operation Taxes	一般预算支出 General Budget of Expenditure
忻 州 市	**Xinzhou**					
忻府区	Xinfu	83779	24526	2011	10078	99921
定襄县	Dingxiang	31138	11959	2171	2711	62639
五台县	Wutai	31734	13678	1626	4881	98959
代 县	Daixian	60598	18872	4252	1534	66620
繁峙县	Fanshi	35338	12718	2572	1782	77539
宁武县	Ningwu	81264	30378	5682	2893	81943
静乐县	Jingle	21427	8963	1367	2163	67750
神池县	Shenchi	20101	9952	651	3660	56185
五寨县	Wuzhai	32268	8768	3087	2412	56712
岢岚县	Kelan	20100	6616	1707	1793	50612
河曲县	Hequ	102358	39442	6714	3938	82369
保德县	Baode	141303	45451	11032	3547	83167
偏关县	Pianguan	24026	9115	1223	1215	58143
原平市	Yuanping	118000	57995	5882	7448	140129
开发区	Development District	9351	3599	93	1297	4337
临 汾 市	**Linfen**					
尧都区	Yaodu	242426	92922	8424	17090	160289
曲沃县	Quwo	52624	16424	4443	2487	70519
翼城县	Yicheng	88208	39727	5787	2058	92279
襄汾县	Xiangfen	125226	49573	10563	3371	120392
洪洞县	Hongtong	200317	77842	14246	7515	165132
古 县	Guxian	105666	37912	6968	2249	60041
安泽县	Anze	82711	26373	7165	1781	55804
浮山县	Fushan	26751	10890	1973	694	42953
吉 县	Jixian	10176	6680	256	1470	51351
乡宁县	Xiangning	214042	90767	10779	4993	117540
大宁县	Daning	3323	2033	91	471	38668
隰 县	Xixian	5500	3589	141	721	57255
永和县	Yonghe	2313	1084	105	356	41104
蒲 县	Puxian	115128	53184	7132	3031	77653
汾西县	Fenxi	10370	7408	291	833	54856
侯马市	Houma	60578	29343	2825	6727	73406
霍州市	Huozhou	165605	57123	14315	6449	88106
临汾开发区	Linfen Development District	22162	9860	579	2852	17342
侯马开发区	Houma Development District	15666	6195	689	1775	8639
吕 梁 市	**Luliang**					
离石区	Lishi	192315	64884	11969	11322	97581
文水县	Wenshui	55072	18765	4007	2894	92380
交城县	Jiaocheng	100061	35185	8551	4284	76925
兴 县	Xingxian	66001	18061	5152	3598	94364
临 县	Linxian	65662	23387	4681	5494	146472
柳林县	Liulin	518011	124333	45394	9544	161782
石楼县	Shilou	6030	2957	300	1159	47987
岚 县	Lanxian	17014	8494	1007	1294	56480
方山县	Fangshan	50898	16768	4477	1637	57218
中阳县	Zhongyang	104544	31687	8663	3337	62537
交口县	Jiaokou	28529	13917	1675	1308	46660
孝义市	Xiaoyi	500078	164558	39005	13049	220032
汾阳市	Fenyang	185569	47449	9884	5852	102150

企业篇

PART OF ENTERPRISES

20-1 工业大企业(集团)主要经济指标 (2010年)

MAJOR INDICATORS ON LARGE-SIZE ENTERPRISE GROUP (2010)

单位：万元 (10 000 yuan)

指 标	Item	单位数(个) Number of Enterprises (unit)	主营业务收入 Revenue of Major Business	资产总计 Total Assets	从业人员年平均人数(人) Employees (person)
总 计	**Total**	**197**	**79208500**	**113011316**	**1097359**
#国有控股	State-holding Enterprises	106	58356591	88655527	830880
亏损企业	Loss-making Enterprises	41	9244891	13920207	102627
按工业行业大类分	Grouped by Sector				
采矿业	Mining Industry	56	30277216	52920885	583930
煤炭开采和洗选业	Coal Mining and Dressing	56	30277216	52920885	583930
石油和天然气开采业	Petroleum and Natural Gas Extraction				
制造业	Manufacturing	119	39413714	46941602	462181
农副食品加工业	Farm Products Processing	4	783883	483335	9886
饮料制造业	Beverage Manufacturing	1	537347	499017	8926
烟草制品业	Tobacoo Products Manfacturing	1	263637	243126	1192
石油加工、炼焦及核燃料加工业	Petroleum Processing,Coking and Nuclear Fuel Processing	41	8938913	11922512	90591
化学原料及化学制品制造业	Raw Chemical Materials and Chemical Products	11	2784672	4736035	44107
医药制造业	Medical and Pharmaceutical Products	3	344223	690792	9603
橡胶制品业	Rubber Products	1	199448	192813	765
非金属矿物制品业	Nonmetal Mineral Products				
黑色金属冶炼及压延加工业	Smelting and Pressing Of Ferrous Metals	28	17758320	17254605	129409
有色金属冶炼及压延加工业	Smelting and Pressing Of Non-ferrous Metals	9	2585926	3934765	39075
通用设备制造业	Ordinary Machinery Manufacturing	2	284121	298315	6965
专用设备制造业	Special Purpose Equipment Manufacturing	8	2229455	3274308	24136
交通运输设备制造业	Transport Equipment Manufacturing	5	1253378	1472026	17803
电气机械及器材制造业	Electric Equipment and Machinery	1	390234	443322	5096
通信设备、计算机及其他电子设备制造业	Telecommunication Equipment,Computer and Other Electronic Product	3	939815	1453845	74372
电力、燃气及水的生产和供应业	Production and Supply of Electric Power, Gas and Water	22	9517570	13148829	51248
电力、热力的生产和供应业	Production and Supply of Electric Power and Heat Power	21	9329999	12840655	50668
燃气生产和供应业	Production and Supply of Gas	1	187571	308174	580

注：本表统计范围为年主营业务收入10亿元及以上工业大企业（集团）。

Note: The coverage of this table is large-size industrial enterprise group whose revenue of major business is above 1000 million yuan.

20-2 企业家信心指数(2010年)
CONFIDENCE INDEX OF ENTREPRENEUR(2010)

指　标	Item	一季度 First Quarter	二季度 Second Quarter	三季度 Third Quarter	四季度 Fourth Quarter
总 体 状 况	**Total**	**126.9**	**126.7**	**124.1**	**130.2**
一、按行业门类分	**By Sector**				
工　业	Industry	126.2	124.3	119.1	130.9
采矿业	Mining and Quarrying	150.7	153.0	144.2	171.6
制造业	Manufacturing	121.0	115.6	111.3	122.8
电力、燃气及水的生产和供应业	Production and Supply of Electricity Power,Gas and Water	109.2	117.4	109.4	94.4
建筑业	Construction	137.3	146.6	139.7	137.6
房屋和土木工程建筑业	Civil Engineering	139.3	149.7	142.8	142.5
建筑安装业	Installation	110.0	133.3	122.2	111.1
建筑装饰业	Buildings Fitting Up and Decoration	160.0	120.0	120.0	100.0
其他建筑业	Other Constructions	100.0	100.0	100.0	100.0
交通运输、仓储和邮政业	Transportation,Storage and Post	108.8	110.0	117.3	114.2
铁路运输业	Railways Transportation	140.0	136.4	180.0	180.0
道路运输业	Highways Transportation	92.9	100.0	95.8	95.8
城市公共交通业	City Public Traffic	100.0	95.7	117.4	100.0
航空运输业	Civil Aviation Transportation	150.0	200.0	200.0	150.0
装卸搬运及其他运输服务业	Load & Unload and other Transportation Services	50.0	100.0	50.0	50.0
仓储业	Storage	120.0	115.0	120.0	105.0
邮政业	Post	113.6	118.2	118.2	136.4
批发和零售业	Wholesale and Retail Trade	139.5	141.0	144.3	141.6
批发业	Wholesale Trade	138.5	137.9	140.2	136.7
零售业	Retail Trade	141.4	144.1	147.8	146.1
房地产业	Real Estate Trade	121.7	100.0	102.9	110.3
社会服务业	Social Services	126.7	138.1	133.3	123.8
租赁业	Lease	200.0	0.0	200.0	200.0
商务服务业	Business Affairs Services	132.7	147.2	143.4	132.1
环境管理业	Environmental Management	200.0	200.0	100.0	150.0
公共设施管理业	Public Facilities Management	138.5	146.2	138.5	130.8
居民服务业	Resident Services	72.7	90.9	72.7	72.7
其他服务业	Other Services	100.0	125.0	150.0	100.0
信息传输、计算机服务和软件业	Information Transmission,Computer Services and Software	149.9	145.7	152.8	150.3

注：景气指数的取值范围在0–200之间，数值越接近200，表明景气状况越好；数值越接近0，表明景气状况越不好；100为临界值。
Note: The range of index of prosperity is from 0 to 200.The closer it approches 200,the better it is;the closer it approach 0,the worse it is;the threshold is 100.

20-2 续表 continued

指　标	Item	一季度 First Quarter	二季度 Second Quarter	三季度 Third Quarter	四季度 Fourth Quarter
信息传输业	Information Transmission	157.7	151.6	157.6	154.0
计算机服务业	Computer Services	66.7	100.0	100.0	133.3
软件业	Software	146.7	140.0	146.7	140.0
住宿和餐饮业	Hotels and Catering Services	117.3	126.4	129.2	119.4
住宿业	Hotels	118.2	133.3	133.3	122.2
餐饮业	Catering Serrices	115.0	105.6	116.7	111.1
二、按企业登记注册类型分	**By Type of Registration**				
国有企业	State-owned Enterprises	127.3	127.2	125.3	124.6
集体企业	Collective-owned Enterprises	102.0	100.0	102.7	110.4
股份合作企业	Share Cooperative Enterprises	100.0	136.4	90.9	109.1
联营企业	Joint Ownership Enterprises	100.0	200.0	100.0	100.0
有限责任公司	Limited Liability Corporations	128.3	129.0	126.7	131.2
股份有限公司	Share Corporations Ltd.	135.1	125.6	129.5	150.4
私营企业	Private Enterprises	105.5	109.6	124.2	127.3
港、澳、台投资企业	Enterprises Funded by HongKong, Macao and Taiwan	129.6	110.5	134.3	115.3
外商投资企业	Foreign Funded Enterprises	127.9	140.0	130.5	122.1
三、按企业规模分	**By Scale of Enterprises**				
大　型	Large-size	156.9	151.1	146.1	162.7
中　型	Medium-size	128.4	127.7	121.5	123.0
小　型	Small-size	114.1	116.3	119.0	120.4
附: 国家重点企业	Attach:State Important Enterprises	182.2	156.9	144.5	171.2
国家试点企业集团成员	Member of Enterprise Group with State Experiment Unit	153.1	124.3	126.0	146.4
出口企业	Export Enterprises	136.7	136.4	133.9	139.3
上市公司	Corporations on the Market	144.4	138.6	141.1	169.6
国有控股企业	Enterprises With Share Controlled by State	134.6	133.1	128.8	133.3

20-3 企业景气指数(2010年)
PROSPERITY INDEX OF ENTERPRISE(2010)

指标	Item	一季度 First Quarter	二季度 Second Quarter	三季度 Third Quarter	四季度 Fourth Quarter
总体状况	**Total**	**121.3**	**122.6**	**124.5**	**126.8**
一、按行业门类分	**By Sector**				
工业	Industry	120.4	121.7	121.8	124.7
采矿业	Mining and Quarrying	138.3	155.2	155.0	163.2
制造业	Manufacturing	117.1	113.4	113.7	115.6
电力、燃气及水的生产和供应业	Production and Supply of Electricity Power,Gas and Water	106.2	103.3	99.0	99.8
建筑业	Construction	120.3	133.7	144.7	146.4
房屋和土木工程建筑业	Civil Engineering	123.6	139.0	151.7	151.6
建筑安装业	Installation	80.0	111.1	111.1	111.1
建筑装饰业	Buildings Fitting Up and Decoration	120.0	80.0	60.0	100.0
其他建筑业	Other Constructions	200.0	100.0	200.0	200.0
交通运输、仓储和邮政业	Transportation,Storage and Post	112.7	112.8	112.1	120.0
铁路运输业	Railways Transportation	140.0	160.0	160.0	160.0
道路运输业	Highways Transportation	96.4	100.0	91.7	100.0
城市公共交通业	City Public Traffic	78.3	87.0	87.0	91.3
航空运输业	Civil Aviation Transportation	150.0	200.0	200.0	100.0
装卸搬运及其他运输服务业	Load & Unload and other Transportation Services	100.0	100.0	100.0	100.0
仓储业	Storage	100.0	150.0	200.0	100.0
邮政业	Post	135.0	125.0	115.0	135.0
批发和零售业	Wholesale and Retail Trade	139.9	131.9	138.1	135.5
批发业	Wholesale Trade	143.4	134.2	141.0	131.8
零售业	Retail Trade	135.5	133.4	138.7	144.3
房地产业	Real Estate Trade	111.6	94.1	100.0	107.4
社会服务业	Social Services	117.4	128.6	133.3	129.8
租赁业	Lease	200.0	0.0	200.0	200.0
商务服务业	Business Affairs Services	121.8	135.9	137.7	128.3
环境管理业	Environmental Management	150.0	100.0	100.0	100.0
公共设施管理业	Public Facilities Management	123.1	146.2	153.9	161.5
居民服务业	Resident Services	81.8	90.9	90.9	90.9
其他服务业	Other Services	100.0	125.0	125.0	150.0
信息传输、计算机服务和软件业	Information Transmission,Computer Services and Software	139.5	135.5	143.4	141.4

20-3 续表 continued

指　标	Item	一季度 First Quarter	二季度 Second Quarter	三季度 Third Quarter	四季度 Fourth Quarter
信息传输业	Information Transmission	152.4	142.6	153.8	151.0
计算机服务业	Computer Services	100.0	100.0	33.3	100.0
软件业	Software	113.3	120.0	133.3	120.0
住宿和餐饮业	Hotels and Catering Services	112.0	122.2	120.8	115.3
住宿业	Hotels	116.4	129.6	124.1	124.1
餐饮业	Catering Serrices	100.0	100.0	111.1	88.9
二、按企业登记注册类型分	**By Type of Registration**				
国有企业	State-owned Enterprises	120.8	122.9	122.8	124.7
集体企业	Collective-owned Enterprises	111.2	105.3	112.4	106.3
股份合作企业	Share Cooperative Enterprises	127.3	109.1	100.0	118.2
联营企业	Joint Ownership Enterprises	100.0	100.0	100.0	200.0
有限责任公司	Limited Liability Corporations	119.5	123.2	126.6	129.0
股份有限公司	Share Corporations Ltd.	140.3	132.3	132.0	133.7
私营企业	Private Enterprises	101.5	105.6	116.9	124.8
港、澳、台投资企业	Enterprises Funded by HongKong, Macao and Taiwan	132.5	113.4	132.5	97.7
外商投资企业	Foreign Funded Enterprises	124.8	132.1	126.3	120.3
三、按企业规模分	**By Scale of Enterprises**				
大　型	Large-size	148.6	152.5	157.4	153.0
中　型	Medium-size	122.8	120.6	122.5	123.0
小　型	Small-size	109.0	111.2	113.2	119.1
附: 国家重点企业	Attach:State Important Enterprises	164.4	159.3	160.7	163.0
国家试点企业集团成员	Member of Enterprise Group with State Experiment Unit	155.2	129.1	117.3	116.1
出口企业	Export Enterprises	127.9	130.9	128.3	131.8
上市公司	Corporations on the Market	146.0	141.4	145.8	142.5
国有控股企业	Enterprises With Share Controlled by State	126.5	128.4	129.6	131.2

20-4 山西省大中型工业企业主要经济指标(2010年)

单位：千元

法人单位名称	Name of Artifical Persons	工业总产值 Gross Industrial Output Value
合 计	**Total**	1031872854
山西省电力公司电力环保设备总厂	Shanxi Electric Power Corporation Electrical Environmental Protection Equipment Plant	120165
中国国电集团公司太原第一热电厂	China Nation Power Group Taiyuan 1st Heat and Power Plant	854841
山西国际电力集团有限公司	Shanxi International Electric Power Co., Ltd.	4875579
山西省工程机械厂	Shanxi Engineering Machinery Plant	217526
太原煤炭气化（集团）有限责任公司	Taiyuan Coal Gasification Group Co.,Ltd.	5001138
山西中条山有色金属集团有限公司	Zhongtiaoshan Nonferrous Metal Group Co.,Ltd.	4771263
大唐太原第二热电厂	Datang Group Taiyuan 2nd Heat and Power Plant	2053005
中铁物资太原轨枕有限公司	China Railway Material Taiyuan Sleeper Co.,Ltd.	232426
山西省电力公司电力开关厂	Shanxi Electric Power Corporation Electrical Switch Plant	45994
山西焦化集团有限公司	Shanxi Coking Group Co.,Ltd.	6113588
太原长安重型汽车有限公司	Taiyuan Changan Heavy Vehicles Co.,Ltd.	421450
山西金恒化工集团股份有限公司	Shanxi Jinheng Chemical Industry Group Co.,Ltd.	113058
山西柳林电力有限责任公司	Shanxi Liulin Power Co., Ltd.	366399
山西三维集团股份有限公司	Shanxi Sanwei Group Share Holding Co.,Ltd.	3049693
首钢长治钢铁有限公司	Shougang Changzhi Steel Co., Ltd.	11419143
山西金驹煤电化股份有限公司	Shanxi Jinju Coal and Electrziation Share-holding Co.,Ltd.	447079
山西昆明烟草有限责任公司	Shanxi Kunming Cigarettes Co., Ltd.	2631055
山西省太原西峪煤矿	Shanxi Taiyuan Xiyu Coal Mine	436989
山西省新型建材厂	Shanxi New Type Building Material Plant	40444
山西省公路构件厂	Shanxi Highhway Component Parts Plant	65931
山西电机制造有限公司	Shanxi Electrical Machinery Manufacturing Co.,Ltd.	126007
太原第一机床厂	Taiyuan 1st Machine Tool Plant	120938
太原工具厂	Taiyuan Tools Plant	41008
太原东山煤矿有限责任公司	Taiyuan Dongshan Coal Mine Co., Ltd.	781319
太原市自来水公司	Taiyuan Tap Water Company	485709
太原化学工业集团有限公司	Taiyuan Chemical Industrial Group Co.,Ltd.	4531342
太原钢铁（集团）有限公司(本部)	Taiyuan Steer and Iron Group Co.,Ltd.(H ead office)	66059658
太原西山福利厂	Taiyuan Western Moutain Welfare Plant	66331
山西省清徐县北录树企业集团有限公司	Shanxi Qingxu Beilushu Enterprise Group Co., Ltd.	153652
太原港源焦化有限公司	Taiyuan Gangyuan Coking Co., Ltd.	483949
国营东华机械厂	State-owned Donghua Machinery Plant	158965
山西合成橡胶集团有限责任公司	Shanxi Synthetic Rubber Group Co.,Ltd.	512418
大同市供水排水集团有限责任公司	Datong Water Supply and Drainage Group Co., Ltd.	234679
国电电力发展股份有限公司大同第二发电厂	GD Power Development Co.,Ltd. Datong 2nd Power Plant	5390202
大同特威尔机械有限公司	Weill Datong Machinery Co., Ltd.	70681
中国重汽集团大同齿轮有限公司	CNHTC's Group Datong Gear Co., Ltd.	1462722
大同市云威矿药有限责任公司	Datong Yunwei Mine Medicine Co.,Ltd.	62974
大同市吴官屯煤业有限责任公司	Datong Wuguantun Coal Limited Duty Company	300099
大同市南郊区张家湾煤矿	Datong Nanjiaoqu Zhangjiawan Coal Mine	132063
大同市兴旺集团	Datong Xingwang Group	110961

MAIN INDICATORS OF SHANXI LARGE AND MEDIUM-SIZE INDUSTRIAL ENTERPRISES (2010)

(1 000 yuan)

全部从业人员年平均人数(人) Annual Average of the Employed (person)	营业收入 Revenue	主营业务收入 Revenue of Major Business	利税总额 Total Pre-tax and Profits	年末资产合计 Total Assets	固定资产原价 Original Value of Fixed Asset
1836423	1098702367	1063945813	173634207	1587296682	892794340
387	161471	158299	9787	264003	65654
2000	857351	855250	-135439	868792	2064821
7115	5038376	4908818	781004	18874638	11670467
800	242944	194898	9089	293353	65242
14659	5219119	4937827	1056804	9899095	6555311
10001	4864131	4670096	203398	7252752	2828351
2360	2258049	2053005	-298322	4656657	5342488
491	271316	228773	37845	277004	116268
334	47911	45980	-23662	100667	42509
7239	7125263	7036855	167261	8194483	5384411
667	429686	428209	-33842	852249	291610
1042	117625	115962	-477	192080	68999
826	381067	366742	84194	847723	1122599
3138	2890034	2830998	157609	6295559	4538328
14983	12077683	11227573	115922	9557094	6602838
1398	449398	447079	61280	874988	970293
1192	2638014	2636373	1693043	2431262	1074961
2479	449031	445664	83151	750403	295874
593	50684	47942	-14009	95276	59875
313	55657	46880	-8888	89605	79765
981	134690	131244	1999	235744	102428
865	133599	133103	5133	328887	103538
584	30014	30014	585	194649	64331
3918	825992	822828	243431	1932227	784715
2309	488836	485428	45033	2209856	1037526
8236	5200000	5200000	75920	7920000	4305870
29973	79145433	73352381	3671401	94237167	60012859
471	90955	60475	5300	80776	38217
1500	126528	126528	46	149570	37910
580	421616	415055	13597	878830	238626
638	125961	125885	579	206376	81331
2740	539405	529551	23421	2331442	545356
1915	234888	234679	18347	1057401	846291
2620	5406550	5389758	75711	10226533	12523292
317	81455	81455	4624	91657	40400
2223	1388671	1200971	114527	1736145	729315
738	63934	63908	-3582	91359	79715
1365	325192	325192	103366	319594	197794
705	132063	132063	59727	125468	83061
692	108654	108654	-3006	513599	283087

20-4 续表1

单位：千元

法人单位名称	Name of Artifical Persons	工业总产值 Gross Industrial Output Value
山西大同新荣唐山沟煤业有限责任公司	Shanxi Datong Xinrong Tangshangou Coal Industry Co.,Ltd.	758259
大同市新荣区甘庄煤矿	Datong Xinrongqu Ganzhuang Coal Mine	503474
阳泉市热力公司	Yangquan Heat Power Company	174245
阳泉市大阳泉煤炭有限责任公司	Yangquan Dayuangquan Coal Co.,Ltd.	679679
阳泉市煤气公司	Yangquan Gas Company	73048
山西省阳泉荫营煤矿	Shanxi Yangquan Yinying Coal Mine	887294
阳泉阀门股份有限公司	Yangquan Valve Share Holding Co., Ltd.	92534
阳泉水泵厂有限责任公司	Yangquan Pump Plant Co.,Ltd.	46256
阳泉市燕龛煤炭有限责任公司	Yangquan Yankan Coal Co.,Ltd.	967844
山西阳泉固庄煤矿	Shanxi Yangquan Guzhuang Coal Mine	563145
阳泉市自来水公司	Yangquan Running-Water Company	82122
阳泉市千亨实业总公司	Yangquan Qianheng Industrial Corporation	72236
山西煤炭运销集团旧街煤业有限公司	Jiujie Coal Co.,Ltd of Shanxi Coal Transportation and Sales Group	149503
平定莹玉陶瓷有限公司	Pinding Yingyu Ceramics Co.,Ltd.	54000
山西汇能煤业有限公司	Shanxi Huineng Coal Co.,Ltd.	100410
山西吉天利科技实业有限公司	Shanxi Jitianli Technological Industrial Co.,Ltd.	152422
山西盂县西小坪耐火材料有限公司	Shanxi Yuxian Xixiaopin Fireproof Material Co.,Ltd.	137000
盂县下曹工业有限公司	Yuxian Xiacao Industry Co.,Ltd.	61344
山西省阳泉市盂县跃进煤矿	Shanxi Yangquan Yuxian Yaojin Coal Mine	426337
盂县石店煤矿	Yuxian Shidian Coal Mine	330639
盂县东坪煤矿	Yuxian Dongping Coal Mine	398958
山西阳泉盂县万和兴煤业有限公司	Shanxi Yangquan Yuxian Wanghexing Coal Co.,Ltd.	139441
盂县孙家庄镇工业有限公司	Yuxian Sunjiazhuangzhen Industry Co.,Ltd.	541751
山西清城工业集团有限公司	Ching Shing Industrial Group Co., Ltd., Shanxi	1107154
山西南娄集团股份有限公司	Shanxi Nanlou Group Share Co.,Ltd.	1124744
山西阳泉盂县辰通煤业有限公司	Shanxi Yangquan Yuxian Chentong Coal Co.Ltd.	264730
盂县南村工业总公司	Yuxian Village Industrial Corporation	42599
长治煤气化总公司	Changzhi Coal Gasify Chief Company	339312
山西长治市防爆电器有限公司	Shanxi Changzhi Flameproof Electrical Appliances Co.,Ltd.	50787
长治市中天汽车实业有限公司	Changzhi Zhongtian Auto Industrial Co., Ltd.	35395
长治液压有限公司	Changzhi Hydraulic Co., Ltd.	154960
山西太行药业股份有限公司	Shanxi Taihang Pharmacy Share Co., Ltd.	132415
长治清华机械厂	Changzhi Qinghua Machinery Factory	1180470
长治市供水总公司	Changzhi Tap Water Chief Company	82021
山西澳瑞特健康产业股份有限公司	Shanxi Aoreite Health Industry Co.,Ltd.	109077
山西潞安矿业(集团)有限责任公司	Shanxi Lu'an Mineral Industry Group Co., Ltd.	17919356
山西潞安华亿实业有限公司	Shanxi Lu'an Huayi Industrial Co.,Ltd.	1346173
长治市潞安漳村恒达工贸有限公司	Shanxi Lu'an Zhangcun Hengda Industrial Trade Co., Ltd.	549858
山西防爆电机（集团）有限公司	Shanxi Flameproof Mortors Co.,Ltd.	193942

continued

(1 000 yuan)

全部从业人员年平均人数(人) Annual Average of the Employed (person)	营业收入 Revenue	主营业务收入 Revenue of Major Business	利税总额 Total Pre-tax and Profits	年末资产合计 Total Assets	固定资产原价 Original Value of Fixed Asset
1202	645403	645124	257585	511572	439036
2087	523022	522828	216916	524257	373977
674	136754	127534	-59256	944922	940393
2994	666636	664185	284680	850375	617869
963	66118	56682	-10461	404970	283590
3776	870077	857285	263174	1969863	696503
441	94403	94128	7892	129220	24486
775	46804	46354	2673	175931	141360
2884	1014587	985807	369317	1032638	772068
3027	577618	553048	118907	1340647	578972
1151	82194	82122	3701	274881	361758
810	72252	71539	4881	140560	62989
613	149601	148959	68476	239622	124441
1000	53060	53060	1760	63490	50839
907	46261	46261	-168	577108	479287
378	142378	142378	33181	373519	27451
1600	175774	173390	8028	350544	274474
438	57428	57428	9683	83198	18260
1512	425991	425991	191568	703344	269350
2643	357312	357312	40468	507169	276214
1550	348512	347201	84040	868390	466459
413	94748	94748	12871	44855	31848
950	435275	435275	90049	164932	81478
3510	842596	842596	278958	264739	157198
4028	591726	591726	104648	2624501	496508
580	254780	254780	79879	344590	153490
420	31948	31948	2213	181350	80150
1281	943527	903971	-8611	757743	341815
339	47433	47404	4149	74937	16942
442	34926	34926	1061	46033	24949
1026	132453	130849	13202	238016	151692
1010	108057	108057	10029	241010	223054
3645	1156489	1110383	100883	1897517	1116715
860	82249	82021	2696	293001	389547
735	175587	174208	8251	171945	88024
48660	17611440	17611440	3730630	43209260	17555802
989	1553941	1364175	26993	566384	242098
605	767691	705590	55758	700648	97469
1345	205808	200683	18713	781724	247270

20-4 续表2

单位：千元

法人单位名称	Name of Artifical Persons	工业总产值 Gross Industrial Output Value
长治县西山煤业有限责任公司	Changzhi County Xishan Coal Co., Ltd.	361148
山西省长治经坊煤业有限公司	Shanxi Changzhi Jingfang Coal Co., Ltd.	2393208
山西长治县雄山煤炭有限公司	Shanxi Changzhi CountyXiongshan Coal Co., Ltd.	744830
山西长治县振兴煤业有限公司	Shanxi Changzhi County Zhenxing Coal Co.,Ltd.	166839
山西长治红山煤业有限公司	Shanxi Changzhi County Hongshan Coal Co.,Ltd.	400517
长治县新建煤业有限公司	Changzhi County Xinjian Coal Mine	196972
山西长治王庄煤业有限责任公司	Shanxi Changzhi Wangzhuang Coal Co., Ltd.	919215
长治红兴煤业有限公司	Changzhi Hongxing Coal Co., Ltd.	286245
山西长治县雄山振义煤业有限公司	Shanxi Changzhi County Xiongshan Zhenyi Coal Co.,Ltd.	80423
潞城市隆源焦化有限公司	Lucheng Longyuan Coking Co.,Ltd.	401136
天脊煤化工集团股份有限公司	Tianji Coal Industry Group Co., Ltd.	3457137
山西华宝焦化集团有限公司	Shanxi Huabao Coking Group Co.,Ltd.	335066
天脊集团兴化实业有限公司	Tianji Group Xinhua Industrial Co.,Ltd.	82922
山西潞宝集团	Shanxi Lubao Group	3902080
山西晋牌水泥集团有限公司	Shanxi Jinpai Cement Group Co., Ltd.	177533
潞城市石窟煤矿有限责任公司	Lucheng Shiku Coal Mine Co.,Ltd.	42671
山西金通焦化集团有限公司	Lucheng Jintong Coking Co.,Ltd.	199156
天脊集团塑料有限公司	Tianji Group Plastic Co.,Ltd.	128014
山西襄垣县七一煤矿	Xiangyuan County Qiyi Coal Mine	874767
山西襄垣金星煤业有限公司	Shanxi Xiangyuanjinxing Coal Co., Ltd.	165400
山西襄垣县石板沟煤矿	Shanxi Xiangyuan Shibangou Coal Mine	408140
山西襄矿辉坡煤业有限公司	Shanxi Xiangkuanghuipo Coal Co.,Ltd.	142160
襄垣县善福联营煤矿	Xiangyuan Shanfu Joint Coal Mine	145106
襄垣县下良镇水碾沟煤矿	Xiangyuan Xialiang Shuinangou Coal Mine	60437
襄垣县下良镇西故县联营煤矿	Xiangyuang Xialiang Xigu Joint-venture Coal Mine	159355
襄垣县下良镇上良联营煤矿	Xiangyuan Xialiangzhen Shangliang Joint-venture Coal Mine	278216
山西潞安集团华润煤业有限公司	Shanxi Lu'an Group Huarun Coal Co.,Ltd.	332920
山西潞安环能上庄煤业有限公司	Shanxi Lu'an Huanneng Shangzhuang Coal Co., Ltd.	141061
襄垣县三荆沟煤矿	Xiangyuan Sanjinggou Coal Mine	366966
山西潞安大成工贸有限责任公司	Shanxi Lu'an Dacheng Industrial Commerce Co.,Ltd.	643234
山西屯留化工集团有限公司	Shanxi Tunliu Chemical Group Co.,Ltd.	30214
屯留县华诚焦化有限责任公司	Tunliu Huacheng Coking Co., Ltd.	378065
山西壶关化工集团有限公司	Shanxi Huguan Chemical Group Co.,Ltd.	898912
山西潞安常平集团有限公司	Shanxi Lu'an Changping Group Co.,Ltd.	3792234
山西凌志达煤业限公司	Zhangzi County Shanzhiling Coal Mine	416458
长子县山只岭煤矿	Zhangzi Shanzhiling Coal Mine	177915
山西省武乡县马堡煤矿	Shanxi Wuxiang Dongzhuang Coal Mine	910993
山西东庄煤业有限公司	Shanxi Dongzhuang Coal Co.,Ltd.	91327
武乡县墨镫乡新村煤矿	Wuxiang County Modengxincun Coal Mine	183970
沁源县王陶乡郭家坪煤矿	Qinyuan Xian Wangtao Guojiaping Coal Township	84957
山西沁新能源集团股份有限公司	Shanxi Qinxin Coal and Coke Share Co.,Ltd.	6804185

continued

(1 000 yuan)

全部从业人员年平均人数(人) Annual Average of the Employed (person)	营业收入 Revenue	主营业务收入 Revenue of Major Business	利税总额 Total Pre-tax and Profits	年末资产合计 Total Assets	固定资产原价 Original Value of Fixed Asset
712	375987	375987	255412	789526	151644
2290	2250077	2122241	1828620	3944734	923025
1150	660256	660256	487805	1134518	171035
480	147235	147235	53982	419294	157513
876	385285	385285	232606	570070	332414
465	182340	182340	92853	357037	224970
860	900330	899836	612217	1468755	331431
690	276322	276322	179183	590686	212695
493	63504	63504	16515	269345	75762
430	314855	314855	-37278	362871	505066
6473	3643737	3518630	375785	7582538	4998121
550	293927	293927	-59629	525948	352347
663	96650	94741	2205	83685	38332
3910	5436274	5021462	232065	5771624	3489210
1016	196940	192458	-174436	579469	934358
363	41095	41004	20084	146348	52770
350	175489	175489	-55771	839657	588568
887	128108	125043	16497	115403	43853
1040	816357	815259	513016	2046719	357461
400	140805	140805	46566	440990	108825
784	346004	346004	163833	794885	345674
380	141043	141043	67359	311554	173490
560	135820	135820	51337	172223	72750
638	65389	64589	12499	183124	32557
375	136655	136655	75807	150054	90764
650	231498	231498	45725	332984	232276
641	276920	276920	139579	514855	169864
648	144740	144656	45458	201468	153555
867	353803	353803	189146	402943	282005
1050	628934	628934	23040	442245	61370
313	33340	33340	5483	44210	19860
500	343405	323405	610	233806	137551
4446	818654	818654	97056	808563	486951
3980	3719098	3615310	26550	3536325	1607944
1944	453321	450944	148308	941017	234980
488	177915	177915	69512	222137	52175
943	886017	886017	507795	922403	360243
470	91317	91317	14302	909618	188488
341	174157	174157	112429	332552	99176
307	92662	92662	30285	429976	138341
6946	5578370	5488200	1311128	6311592	2156129

20-4 续表3

单位：千元

法人单位名称	Name of Artifical Persons	工业总产值 Gross Industrial Output Value
山西黄土坡煤焦有限责任公司	Shanxi Huangtupo Coal and Coke Co.,Ltd.	549904
山西马军峪煤焦有限公司	Qinyuan Majunyu Coal and Coke Co., Ltd.	489905
山西通洲煤焦集团股份有限公司	Shanxi Tongzhou Coal and Coke Group Co., Ltd.	1004130
山西康伟集团有限公司	Shanxi Kangwei Group Co.,Ltd.	1260431
山西晋城无烟煤矿业集团有限公司	Shanxi Jincheng Anthracite Coal Group Co.Ltd.	56185560
山西兰花集团莒山煤矿有限公司	Abdullah Gul Mountain Coal Mine Group in Shanxi Orchid Co., Ltd.	311358
晋城市自来水公司	Jincheng Running-Water Company	42976
晋城市热力公司	Jincheng Heat Power Company	96324
晋城市兴达铸件有限公司	Jincheng Xingda Casting Co., Ltd.	171921
山西省森鹅服装公司	Shanxi Sen'e Garment Company	42384
山西绿洲纺织有限责任公司	Shanxi Lvzhou Textile Co.,Ltd.	148774
山西省晋城晋普山煤矿	Shanxi Jincheng Jinpushan Coal Mine	404135
晋城市三八煤矿	Jincheng Sanba Coal Mine	422637
山西泽州天泰岳南煤业有限公司	Shanxi Zezhou Tiantanyuenan Coal Co.,Ltd.	423443
泽州县润华实业有限公司	Zezhou Runhua Industry & Commerce Co.,Ltd.	218387
山西晋城圣华煤业有限公司	Shanxi Jincheng Shenghua Coal Co., Ltd.	32914
山西泽州润宏煤业有限公司	Shanxi Zezhou Runhong Coal Industry Co.,Ltd.	33564
山西晋城天户煤业有限公司	Jincheng Tianhu Coal Mine	297380
山西阳城阳泰集团尹家沟煤业有限公司	Shanxi Yangcheng Yangtai Group Yinjiagou Coal Co.,Ltd.	518713
山西阳城伏岩煤业有限责任公司	Shanxi Yangcheng Fuyan Coal Mine Co.,Ltd.	183344
山西阳城北留史山煤业有限公司	Shanxi Yangcheng Beiliushishan Coal Co.,Ltd.	422316
山西阳城皇联煤业有限责任公司	Shanxi Yangcheng Huanglian Coal Co.,Ltd.	463512
山西阳城西河陕庄煤业有限责任公司	Shanxi Yangcheng Xihe Shanzhuang Coal Mine Co.,Ltd.	291225
山西阳城润城宝泰煤业有限公司	Shanxi Yangcheng Runchengbaotai Coal Co.,Ltd.	175563
阳城县西沟煤炭有限责任公司	Yangcheng Xigou Coal Co.,Ltd.	336343
山西阳城白沟煤业有限公司	Shanxi Yangcheng Baigou Coal Co.,Ltd.	414134
山西阳城伯附煤炭有限责任公司	Yangcheng Bofu Coal Mine Co.,Ltd.	364276
山西阳城西冯街煤业有限责任公司	Shanxi Yangcheng Xifeng Coal Co.,Ltd.	339330
阳城县竹林山煤炭有限责任公司	Yangcheng Zulinshan Coal Mine Co.,Ltd.	699795
山西阳城阳泰集团晶鑫煤业股份有限公司	Shanxi Yangcheng Yangtai Group Jingxin Coal Co.,Ltd.	485957
山西高平乔家沟煤业有限公司	Shanxi Gaoping Qiaojiagou Coal Co.,Ltd.	107706
山西高平科兴牛山煤业有限公司	Shanxi Gaoping kexingniushan Coal Co.,Ltd.	398683
山西高平科兴新庄煤业有限公司	Shanxi Gaoping kexingxinzhuang Coal Co.,Ltd.	1225528
山西高平科兴平泉煤业有限公司	Shanxi Gaoping kexingpingquan Coal Co.,Ltd.	35693
高平市赵庄煤矿	Gaoping Zhaozhuang Coal Mine	807957
山西兴高能源股份有限公司	Shanxi Xinggao Energy Co., Ltd.	550085
山西高平科兴龙顶山煤业有限公司	Shanxi Gaoping kexinglongdengshan Coal Co.,Ltd.	517988
山西高平科兴龙马煤业有限公司	Shanxi Gaoping kexinglongma Coal Co.,Ltd.	412596
山西高平科兴米山煤业有限公司	Shanxi Gaoping kexingmishan Coal Co.,Ltd.	32826

continued

(1 000 yuan)

全部从业人员年平均人数(人) Annual Average of the Employed (person)	营业收入 Revenue	主营业务收入 Revenue of Major Business	利税总额 Total Pre-tax and Profits	年末资产合计 Total Assets	固定资产原价 Original Value of Fixed Asset
840	487285	487285	206790	853870	139268
1160	472807	472807	223865	2079868	514476
1004	731410	726532	38554	1578641	682383
1440	1269386	1269386	488632	1273481	171614
121952	62322830	60443680	8362280	100278770	64336250
1422	292936	292936	107840	866662	184716
516	54569	46061	-701	201401	199411
520	93305	87158	-35537	363949	244643
514	104788	104788	-3256	69945	34201
407	37389	32705	2541	47302	32147
2169	174746	174746	9937	211720	138285
2465	409947	403229	82337	926091	603238
1697	351972	351972	150466	645854	230453
2088	379367	373083	209925	610722	213904
610	243866	243866	122926	98682	26890
311	35902	35902	-6800	67900	48636
472	33564	33564	13052	255303	202283
1497	308547	308547	118994	474673	418077
503	466847	466847	160288	315481	96888
784	177352	177352	27317	344103	270741
567	227585	227585	48536	262581	84154
826	433133	433133	138659	342481	67846
470	235470	235470	115741	199141	92508
415	191976	191513	40941	330183	106427
650	309383	309383	140151	301114	196554
550	346193	346193	131704	290663	217565
360	262195	262195	81062	206129	105002
618	289100	289100	131493	461765	141857
1198	600180	599270	380158	987173	394391
1572	437555	437361	175738	794013	238179
311	110588	110588	26344	94470	61675
1001	384554	382854	206989	416995	217843
2293	1243322	1240228	478323	870065	454981
579	39393	39393	4768	243931	107588
1940	726217	726217	283154	682512	313579
307	576087	576087	58377	545091	243489
733	496078	496078	173565	371987	169569
634	385222	385222	294087	420384	76739
618	37719	37719	-19830	411177	115212

20-4 续表4

单位：千元

法人单位名称	Name of Artifical Persons	工业总产值 Gross Industrial Output Value
高平市游仙山煤业有限公司	Gaoping Youxianshan Coal Co., Ltd.	14407
山西高平申家庄矿业有限公司	Shanxi Gaoping Shenjiazhuang Mine Co.,Ltd.	810128
山西高平掌石沟煤业有限公司	Shanxi Gaoping palm Dangou Coal Industry Co., Ltd.	156205
山西陵川崇安苏村煤业有限公司	Shanxi Lingchuan Chong'ansucun Coal Co.,Ltd.	270292
陵川县鑫源冶炼有限责任公司	Lingchuan County Xinyuan Smelting Co.,Ltd.	47352
国网能源开发有限公司神头第二发电厂	State Grid Energy Development Co., Ltd. Shentou Second Power Plant	1862684
大同煤矿集团朔州朔煤小峪煤矿	Datong Coal Mine Group Shuo Zhou Xiaoyu Coal Mine	537658
大同煤矿集团朔州朔煤王坪煤电有限责任公司	Shanxi Shuozhou Wangping Coal&Electric Group Co.,Ltd.	619339
山西葫芦堂煤业有限公司	Gourd Hall Coal Co. Ltd., Shanxi	510160
山西中煤平朔西沙河煤业有限公司	Shuozhou Shuochengqu Xishahe Coal Mine	117562
朔州市平鲁区平安化肥有限责任公司	Shuoxhou Pinglu Ping'an Fertilizer Co.,Ltd.	134816
山西山阴华夏煤业有限公司	Shanxi Shanyin Huaxia Coal Co.,Ltd.	341555
山西山阴县宝山玉井煤业有限公司	Shanxi Shanyin Baoshanyujing Coal Co.,Ltd.	464745
山西朔州山阴中煤顺通北祖煤业有限公司	Shanxi Chuozhou Shanyin zhongmeibeizu Coal Co.,Ltd.	401694
山阴县康喜奶业有限责任公司	Shanyin Kangxi Dairy Co.,Ltd.	162337
山阴县石星化工有限责任公司	Shanyin Shixing Chemical Industry Co.,Ltd.	96897
山西古城乳业集团有限公司	Shanxi Gucheng Milk Product Group Co., Ltd.	427050
山西山阴芍药花煤业有限公司	Shanxi Shanyin Peony Flowers Coal Industry Co., Ltd.	871694
山西山阴宝山腰寨煤业有限公司	Shanxi Shanyin Yaozhai Coal Industry Co., Ltd.	483162
山西广灵精华化工集团有限公司	Shanxi Guangling Jinghua Chemical Co., Ltd.	483678
山西灵丘豪洋水泥有限公司	Shanxi Lingqiu Haoyang Cement Co.,Ltd.	113738
山西梨花春酿酒集团有限公司	Shanxi Lihuachun Wine-making Group Co.,Ltd.	266860
山西右玉教场坪煤业有限公司	Shanxi Youyu Jiaochangping Coal Co., Ltd.	197509
山西右玉玉岭山煤业有限公司	Shanxi Youyu Yulingshang Coal Co., Ltd.	40075
山西右玉玉龙煤业有限公司	Shanxi Youyu Yulong Coal Co.,Ltd.	288624
山西省大同县地方国营水泥厂	Shanxi Datong County State-owned Cement Plant	39073
山西省大同县地方国营砖瓦厂	Shanxi Datong County State-owned Silicon Plant	39756
大同县地方国营黄土坡煤矿	Datongxian Local State-owned Huangtupo Coal Mine	97393
山西怀仁中能芦子沟煤业有限责任公司	Shanxi Huanren Zhongnengluzigou Coal Co.,Ltd.	548750
怀仁县地方国营峙峰山煤矿	Huairen Local State-owned Zhifengshan Coal Mine	320275
怀仁联顺玺达能源有限公司柴沟煤矿	Huairen Lianshunxida Energy Co., Ltd., Chaigou Coal Mine	673634
山西云河纺织集团有限责任公司	Shanxi Yunhe Textile Group Co.,Ltd.	125875
山西云中制药有限责任公司	Shanxi Yunzhong Pharmacy Co., Ltd.	56102
山西五台山化工有限公司	Shanxi Wutaishan Chemical Industry Co., Ltd.	64142
原平市石豹沟煤矿	Yuanping Shibaogou Coal Mine	155484
山西省代县白峪里矿山冶炼有限公司	Shanxi Daixian Baiyuli Mine Smelting Co.,Ltd.	288911
山西潞安集团潞宁煤业有限责任公司	Lu'an Group Luning Coal Industry Co.,Ltd.	516467
山西大远煤业有限公司	Shanxi Dayuan Coal Co.,Ltd.	179689
山西同德化工股份有限公司	Shanxi Tongde Chemical Co.,Ltd.	268571
保德县桥头煤矿	Baode Qiaotou Coal Mine	3549691

continued

(1 000 yuan)

全部从业人员年平均人数(人) Annual Average of the Employed (person)	营业收入 Revenue	主营业务收入 Revenue of Major Business	利税总额 Total Pre-tax and Profits	年末资产合计 Total Assets	固定资产原价 Original Value of Fixed Asset
440	57651	57651	-244	349207	133319
2673	763892	763892	368696	623326	355537
420	145015	145015	46691	177656	177017
540	262193	262121	146048	346975	166144
380	51727	49421	-1636	187510	57103
1944	1674871	1594551	167890	1148995	3391470
3931	546254	543776	99526	594287	627840
4762	623197	615677	119535	871857	762857
374	159806	159806	99451	290558	112322
915	117440	117440	49519	884208	435916
376	136581	134887	4125	175821	244510
750	235944	235944	95318	391224	181243
836	445489	445489	178253	198156	13541
330	421160	421160	150214	442293	39687
340	162366	159731	19695	95127	68742
416	89380	89380	19370	64756	15261
831	412580	412580	81760	334262	213305
400	771788	771788	343259	509585	216290
500	475313	475313	174940	256702	160203
1900	420959	418308	24171	755363	529239
322	134032	134032	27936	221143	62783
380	248550	248550	33351	58229	43648
315	197509	197509	115748	217145	75914
358	42848	42848	-24553	654975	344879
541	260052	260052	55076	325533	105759
302	31074	31074	438	58946	35458
860	30511	30511	650	44972	28351
1021	89569	89569	10382	99740	52501
2923	693975	613185	206771	608443	322588
2362	388462	388462	83011	688030	228019
310	673634	673634	128909	261412	146873
2731	132200	128143	-8005	155546	105031
302	44694	44694	-1166	183827	37632
1319	197637	196789	-15558	668651	465272
2358	182446	180310	22765	386227	98468
378	270659	270659	76512	238308	72284
871	516521	516467	212143	2954410	349106
1218	179689	179689	23070	993346	57667
766	252103	250560	66648	578116	145856
1512	3444373	3444373	2450460	7173067	2821742

20-4 续表5

单位：千元

法人单位名称	Name of Artifical Persons	工业总产值 Gross Industrial Output Value
山西天桥水电有限公司	Shanxi Tianqiao Waterpower Electricity Co., Ltd.	115693
山西世德孙家沟煤矿有限公司	Shanxi Shide Sunjiagou Coal Co.,Ltd.	115001
华晋焦煤有限责任公司	Huajin Coking Coal Co.,Ltd.	1574815
山西杏花村汾酒集团有限责任公司	Shanxi Xinghuacun Fengjiu Group Company	3366600
山西省安泰矿用机械有限公司	Shanxi Antai Machinery for Mine Co.,Ltd.	168567
交城义望铁合金有限责任公司	Jiaocheng Yiwang Iron Alloy Plant Co.,Ltd.	1825818
汾西矿务局工贸总公司水峪矿分公司	Fenxi Mining Industry & Trade Company Shuiyu Mine Branch	65001
孝义市金达煤焦有限公司	Xiaolyi Jinda Coking Co., Ltd.	299623
山西离柳焦煤集团有限公司	Shanxi Liliu Coal and Coke Group Company	1935825
孝义市金晖煤焦有限公司	Xiaoyi Jinhui Coking Co.,Ltd.	1438759
山西汾西矿业（集团）有限责任公司工贸总公司柳湾煤矿公司	Shanxi Fenxi Coal Group Co.,Ltd. Industrial Trade Corporation Liuwan Coal Company	44217
山西杏花村汾酒集团有限责任公司汾青酒厂	Shanxi Xinghuacun Wine Group Co.,Ltd. Fenqing Branch	57360
山西人民印刷厂	Shanxi People Printing Plant	104600
山西省孝义市新禹煤焦有限责任公司	Shanxi Xiaoyi Xinyu Coking Coal Co.,Ltd.	505482
孝义市红沟煤焦有限责任公司	Xiaoyi Honggou Coking Coal Co.,Ltd.	403110
临县胜利煤焦有限公司	Linxian Shengli Coking Coal Co.,Ltd.	159027
山西临县黄家沟创伟焦煤有限公司	Shanxi Linxian Huangjiagou Chuangwei Coking Coal Co., Ltd.	127083
山西柳林兴无煤矿有限责任公司	Shanxi Liulin Xingwu Coal Mine Co.,Ltd.	1673195
山西庙湾煤矿有限公司	Shanxi Miaowan Coal Co.,Ltd.	225344
山西柳林金家庄煤业有限公司	Shanxi Liulin Jinjiazhuang Coal Co.,Ltd.	1945889
山西柳林煤矿有限公司	Shanxi Liulin Coal Mine Co.,Ltd.	609913
柳林县贾家沟煤矿有限公司	Liulin County Jiajiagou Coal Mine Co., Ltd.	169844
山西柳林大庄煤矿有限责任公司	Shanxi Liulin Dazhuang Coal Mine Co.,Ltd.	555236
山西柳林郭家山煤业有限公司	Shanxi Liulin Guojiashan Coal Co.,Ltd.	862439
山西柳林大东庄煤业有限公司	Shanxi Liulin Dadongzhuang Coal Co.,Ltd.	404122
山西柳林庄上煤矿有限公司	Shanxi Liulin Zhuangshang Coal Co.,Ltd.	297231
山西柳林寨崖底煤业有限公司	Shanxi Liulin Zhaiyadi Coal Mine	1576745
山西柳林狮子沟煤业有限公司	Shanxi Liulin Shizigou Coal Industry Co.,Ltd.	308908
柳林县王家沟煤矿	Liulin Wangjiagou Coal Mine	356336
柳林县成家庄镇兴家沟煤矿	Liulin County Chengjiazhuang Xingjiagou Coal Mine	314467
山西柳林红管煤业有限公司	Shanxi Liulin Hongguan Coal Co.,Ltd.	456198
柳林县狮尾沟煤业有限公司	Liulin Shiweigou Coal Mine	599893
柳林县曹家山联办煤矿	Liulin County Shiweigou Coal Co.,Ltd.	121862
山西柳林王家焉煤矿有限公司	Shanxi Liulin Wangjiayan Coal Mine Co.,Ltd.	238115
山西柳林陈家湾煤业有限公司	Shanxi Liulin Chenjiawan Coal Industry Co.,Ltd.	678680
山西柳林下寺头煤业有限公司	Shanxi Liulin Xiasitou Coal Industry Co.,Ltd.	812726
山西吕梁泰佳煤业有限公司	Shanxi Lvliang Taijia Coal Co.,Ltd.	49414
山西吕梁泰平煤业有限公司	Shanxi Lvliang Taiping Coal Co.,Ltd.	93225
山西吕梁锦瑞煤业有限公司	Shanxi Lvliang Jinrui Coal Co.,Ltd.	255105
山西吕梁离石亚辰煤业有限公司	Shanxi Lvliang Lishi Yachen Coal Co.,Ltd.	228858

continued

(1 000 yuan)

全部从业人员年平均人数(人) Annual Average of the Employed (person)	营业收入 Revenue	主营业务收入 Revenue of Major Business	利税总额 Total Pre-tax and Profits	年末资产合计 Total Assets	固定资产原价 Original Value of Fixed Asset
571	115693	115693	53479	367273	382999
488	101523	101523	904	767636	125558
3966	3097659	3095314	305264	9441132	3035060
8926	5373470	5373470	1973017	4990170	1353713
410	159890	159890	4412	162039	70335
1473	1647845	1566719	153929	1078909	393777
617	85643	59761	16526	93419	37617
600	117352	117352	1000	640973	249336
6441	1685682	1661646	203342	5843469	2462632
1810	1761373	1761373	-2875	3195860	903585
515	61659	39491	3416	64207	28939
785	78740	75008	17209	89585	77051
669	93880	91119	10798	93157	114141
510	474771	474771	9942	731900	157480
370	426030	426030	7769	180332	22270
378	123584	123584	37940	602753	65099
598	129542	129102	52886	1066621	40638
1920	3052011	3047562	1151335	2404203	553501
350	225241	225241	118464	255382	56736
2394	1968740	1966903	1502555	2356045	895537
740	797976	797976	400176	1243769	293821
304	169827	169827	106385	226128	55147
617	522760	522760	337712	1521607	454842
830	878871	878871	628520	1835112	115995
520	402713	402713	231976	732374	41950
472	282757	282757	123398	773795	62615
2209	1509473	1509473	1083692	2689599	564350
701	301416	301293	181478	1709332	68238
831	422952	414429	182159	1040314	171463
779	314467	314467	43277	654217	131490
456	456158	456158	225920	429032	18245
848	512012	512012	411729	2368265	116200
421	119649	119649	55816	65472	32704
471	237358	237358	55810	490589	62064
650	797793	797793	495416	2154081	138942
565	810618	810618	476022	3174602	142182
350	48228	48228	18550	48899	13090
390	91815	91815	32417	53250	17416
843	255105	255105	20409	788802	279212
485	99504	99504	-151398	402540	239698

20-4　续表6

单位：千元

法人单位名称	Name of Artifical Persons	工业总产值 Gross Industrial Output Value
山西吕梁离石田家会煤业有限公司	Shanxi Lvliang Lishi Tianjiahua Co.,Ltd.	72492
中阳县桃园水泥有限责任公司	Zhongyang Taoyuan Cement Co.,Ltd.	136542
中阳县金罗镇土河煤矿	Zhongyang Jinluo Tuhe Coal Mine	146389
中阳县苏村煤矿	Zhongyang County Sucun Coal Mine	526884
山西东桉煤业有限公司	Shanxi Dong'an Coal Co.,Ltd.	555875
山西中阳钢铁有限公司	Shanxi Zhongyang Steel Co.,Ltd.	6534554
山西桃园腾阳煤业有限责任公司	Shanxi Taoyuantengyang Coal Co.,Ltd.	138264
山西中阳联盛暖泉煤业有限公司	Shanxi Zhongyang Lianshengnuanquan Coal Co.,Ltd.	82864
中阳县张子山乡沈家峁煤矿	Zhongyang Zhangzishan Shenjiamao Coal Mine	231783
榆次液压有限公司	Yuci Hydraulic Pressure Co.,Ltd.	434014
山西省东华制衣厂	Shanxi Province Donghua Garment Plant	39033
经纬机械（集团）有限公司	Jingwei Mechanical Group Co.,Ltd.	305538
山西汾西矿业（集团）有限责任公司	Shanxi Fenxi Coal Group Co.,Ltd.	16098327
山西省晋中万邦工贸有限公司	Shanxi Jinzhong Wanbang Industry & Commerce Co.,Ltd.	954284
山西经纬纺织机械专件有限公司	Shanxi Jingwei Textile Mechanical Special Parts Co.,Ltd.	202535
榆次兴安煤化有限责任公司	Yuci Xing'an Coal Mine Co.,Ltd.	62104
晋中供水有限责任公司	Jinzhong Water-supplying Co.,Ltd.	42619
晋中榆次乌金山镇官窑煤矿	Jinzhong yuci Jinshangguanyao Coal Mine	128623
晋中榆次北山煤化有限责任公司	Jinzhong Yuci Beishan Coal Mine Co.,Ltd.	328923
山西经纬合力机械制造公司	Shanxi Jingwei Heli Machinery Making Company	608631
山西广生医药包装股份有限公司	Shanxi Guangsheng Pharmacy Package Share Holding Co.,Ltd.	242619
山西榆社化工股份有限公司	Shanxi Yushe Chemical Co.,Ltd	1722880
山西潞安集团左权五里堠煤业有限公司	Shanxi Lu'an Group Zuoquan Wulihou Coal Co.,Ltd.	44944
山西左权恒隆煤业有限公司	Shanxi Zuoquan Henglong Coal Co.,Ltd.	484197
山西汾西瑞泰井矿正行煤业有限公司	Shanxi Fenxi Ruitaijingkuangzhenghang Coal Co.,Ltd.	88134
左权鑫源热电有限责任公司	Zuoquan Xinyuan Thermoelectric Co.,Ltd.	108539
山西和顺隆华煤业有限责任公司	Shanxi Heshun Longhua Coal Co.,Ltd.	318665
阳泉煤业集团和顺新大地煤业有限公司	Yangquan Coal Group Heshun Xindadi Coal Co.,Ltd.	449085
山西和顺北关煤业有限公司	Shanxi Heshun Beiguan Coal Co.,Ltd.	165030
山西和顺正邦隆鑫煤业有限公司	Shanxi Heshun Zhangbanglongxin Coal Co., Ltd.	115500
山西和顺县天池能源有限责任公司	Shanxi Heshun Tianchi Energy Co.,Ltd.	478457
和顺县地方国营长沟煤矿	Heshun County Local State-owned Changgou Coal Mine	489904
山西昔阳北坪煤业有限公司	Shanxi Xiyang Beiping Coal Co.,Ltd.	303066
山西昔阳乐安煤业有限公司	Shanxi Xiyang Lean Coal Co.,Ltd.	140601
昔阳县天圆化工有限责任公司	Xiyang Tianyuan Chemical Industry Co.,Ltd.	89713
昔阳县胜利煤业有限责任公司	Xiyang Shengli Coal Industry Co.,Ltd.	106384
寿阳县友众煤业有限公司	Shouyang Youzhong Coal IndustryCo.,Ltd.	366320
寿阳县段王煤化有限责任公司	Shouyang Duanwang Coal Chemistry Co.,Ltd.	916318
山西景福煤业有限公司	Shanxi Jingfu Coal Industry Co., Ltd.	125521
山西太谷玛钢有限责任公司	Shanxi TaiguMa Steel Co., Ltd.	98050
山西双友包装制品有限公司	Shanxi Shuangyou Packaging Co., Ltd.	69975

continued

(1 000 yuan)

全部从业人员年平均人数(人) Annual Average of the Employed (person)	营业收入 Revenue	主营业务收入 Revenue of Major Business	利税总额 Total Pre-tax and Profits	年末资产合计 Total Assets	固定资产原价 Original Value of Fixed Asset
380	71705	71705	26144	50816	17680
600	136542	136542	54178	399642	240138
480	131429	131429	100564	217236	22363
865	526225	526225	347933	1335033	144672
1165	555175	555087	390108	939697	45443
8900	7056448	7056448	1150345	7970225	4504302
300	138264	138264	64776	114270	45601
600	88109	88109	-9859	229005	41485
573	224637	224637	22355	371246	118066
1628	443071	435477	1444	756075	249936
426	48854	47782	5765	45380	20422
1314	406624	372868	-31085	617777	295350
41058	17536247	17102935	2496035	25455732	15614537
730	966741	966741	48832	560709	157525
611	236710	211244	6542	145039	109439
326	62124	62124	22907	176183	33772
551	42619	41843	-1677	78945	91579
311	124853	124853	38723	94184	42255
801	329850	329850	178452	491298	157798
2121	650919	637918	15321	380864	191940
1203	215982	214507	28201	465459	273701
1832	1729603	1714282	91795	1590989	1760676
625	82588	75844	-54990	338101	203971
914	485830	483565	305150	695425	304713
726	49734	49318	3379	299011	163311
496	118172	118172	-9540	268557	93917
411	272880	272880	142231	1202708	281774
1407	459586	451748	99644	847370	615919
400	165030	165030	40005	90193	72188
450	115500	115500	40419	112161	59653
1618	478457	478457	149696	483188	540999
929	525174	525174	80307	842680	102580
360	303936	303936	107572	752969	6931
499	141622	141622	31456	225027	105701
463	87309	87106	11115	91891	122952
320	90125	90125	16958	110922	38748
750	354346	354346	162142	352120	105414
1945	884600	884600	183560	1840610	443644
535	123719	122608	28873	168706	24516
810	100032	100032	8116	148323	21869
318	54340	54340	6906	82678	62998

20-4 续表7

单位：千元

法人单位名称	Name of Artifical Persons	工业总产值 Gross Industrial Output Value
山西省平遥减速器厂	Shanxi Pingyao Decelerate Machine Plant	108515
山西省平遥县牛肉集团有限公司	Shanxi Pingyao Beef Group Co.,Ltd.	289725
山西平遥峰岩煤焦集团有限公司	Shanxi Pingyao Fengyan Coking Co., Ltd.	1151657
山西省平遥县昌旺洗煤有限公司	Shanxi Pingyao Changwang Coal Washing Co.,Ltd.	193977
山西省平遥县煤化(集团)有限责任公司	Shanxi Pingyao Coal Chemistry Group Co., Ltd.	2650842
山西省平遥县龙海实业有限公司	Shanxi Pingyao Longhai Industry & Commerce Co.,Ltd.	635222
汾西矿务局工贸总公司	Fenxi Mining Industry & Trade Company	320453
介休市大佛寺煤化有限公司	Jiexiu Dafosi Coal Co., Ltd.	344669
山西义棠煤业有限责任公司	Shanxi Yitang Coal Co.,Ltd.	1117755
山西茂胜煤化集团有限公司	Mao-Sheng, Shanxi Coal Group Co., Ltd.	843017
山西省介休市路鑫煤炭气化有限公司	Shanxi Jiexiu Xin Lu Coal Gasification Co., Ltd.	998638
山西晋阳碳素股份有限公司	Shanxi Jinyang Carbon Co., Ltd.	193575
灵石县沙峪煤矿有限公司	Lingshi County Shayu Coal Mine Co., Ltd.	215697
山西煤销集团夏门煤业有限公司	Shanxi Coal Sales Group Xiameng Coal Co.,Ltd.	46537
山西灵石银源新安发煤业有限公司	Shanxi Lingshi Yinyuanxin'anfa Co.,Ltd.	104451
灵石县水峪煤炭有限公司	Lingshi Shuiyu Coal Co., Ltd.	261731
霍州煤电集团煤化多种经营公司	Huozhou Coal and Electricity Group Coalification Diversified Company	206062
霍州煤电集团白龙矿多种经营公司	Huozhou Coal and Electricity Group Bailong Mine Diversified Company	131914
霍州煤电集团李雅庄多种经营公司	Huozhou Coal and Electricity Group Liyazhuang Diversified Company	161343
霍州煤电集团辛置多种经营公司	Huozhou Coal and Electricity Group Xinzhi Diversified Company	295459
霍州煤电集有限责任公司（总计）	Huozhou Coal and Electricity Group Co.,Ltd	12613463
霍州煤电集团有限责任公司（本部）	Huozhou Coal and Electricity Group Co.,Ltd.(Head Office)	5271430
侯马普天通信电缆有限公司	Houma Putian Communcation Cable Co.,Ltd.	124315
山西煤炭运销集团临汾四通有限公司	Shanxi Coal Transportation Group Linfen Sitong Co.,Ltd.	662059
山西省临汾市永荣实业有限公司	Shanxi Linfen Yong Rong Industrial Co., Ltd.	80772
山西省临汾市自来水公司	Shanxi Linfen Tap Water Supply Company	52816
山西省临汾市河西热电有限公司	Shanxi Linfen Hexi Heat and Electricity Co., Ltd.	23480
侯马市特种机械厂	Houma Special Style Machinary Plant	149348
三星焦化实业有限公司	Shanxi Quwo Sanxing Coking Co., Ltd.	374201
山西省春雷铜材有限公司	Shanxi Chunlei Copper Co.,Ltd.	1315300
国营山西锻造厂	State-owned Shanxi Forging Plant	298580
山西励鑫钢铁有限责任公司	Shanxi Lixin Steer and Iron Co.,Ltd.	163607
洪洞县好义福利煤焦厂	Hongtong Haoli Welfare Coking Coal Plant	481488
山西汾河焦煤股份有限公司	Fen River in Shanxi Coking Coal Co.,Ltd.	2132577
洪洞华清煤焦化学有限公司	Hongtong Huaqing Coal and Coke Chemicstry Co.,Ltd.	567517
山西蔺润煤业有限公司	Shanxi Linrun Coal Co.,Ltd.	219336
山西古县店上煤业有限公司	Shanxi Guxiandianshang Coal Co.,Ltd.	187905
山西登福康煤业有限公司	Shanxi Dengfukang Coal Industry Co.,Ltd.	302681
古县正泰煤气化有限公司	Guxian Zhengtai Coal Gasification Co.,Ltd.	892974
阳泉煤业集团安泽登茂通煤业有限公司	Yangquan Coal Group Anze Dengmaotong Coal Co.,Ltd.	154200
吉县沙坪煤炭有限责任公司	Jixian Shaping Coal Co.,Ltd.	669112

continued

(1 000 yuan)

全部从业人员年平均人数(人) Annual Average of the Employed (person)	营业收入 Revenue	主营业务收入 Revenue of Major Business	利税总额 Total Pre-tax and Profits	年末资产合计 Total Assets	固定资产原价 Original Value of Fixed Asset
637	109294	109294	4000	106212	44187
600	257442	257442	11848	234014	132909
2485	1252095	1202642	132389	2328027	937918
360	202728	202164	12098	79115	45159
3572	3312348	3312348	509453	2648484	1334342
620	633230	633230	15147	222853	124967
2125	591814	346068	29121	809855	126271
830	251100	251100	76435	1669404	194508
4932	1813204	1813204	573903	3391358	517850
1855	688175	688175	-160407	2781946	818555
1800	692972	692972	-40411	2400259	214620
317	141591	139482	-7193	252168	201313
909	181923	181923	102714	263061	171809
475	64024	58686	12319	438389	65132
340	106026	106026	63975	332912	165036
518	243466	243466	204562	233775	74380
351	206503	206503	8070	117756	21826
734	131915	131915	5822	109113	15726
456	153978	153978	9935	110669	18913
681	401228	401228	17517	157716	26020
39652	12942293	12750657	1337774	22271487	14596839
23755	8313689	7320881	1430548	13358176	6286826
545	126362	118599	-25161	193105	209271
2603	751249	751249	367486	944158	618284
420	95692	95692	-3243	194591	95984
518	47899	45581	922	158689	160909
380	51114	51114	-44155	338078	344035
979	126156	126156	35382	193169	179556
352	338354	299374	30774	131760	76127
974	1248930	1237470	12872	880257	513850
1102	375647	357965	16774	227074	196416
405	196487	196487	983	148084	44144
350	481488	481488	71553	88210	15908
7585	2529864	2524135	586655	3232507	2033718
733	615277	615277	83623	480082	418795
350	259015	259015	79330	301855	151855
407	184146	184146	59748	41713	19140
420	302152	302152	131323	325256	23831
651	916031	916031	62457	380936	233656
500	154200	154200	82850	301766	105669
790	419832	419832	208810	543918	287371

20-4 续表8

单位：千元

法人单位名称	Name of Artifical Persons	工业总产值 Gross Industrial Output Value
山西省乡宁县毛则渠煤炭有限公司	Xiangning Maozequ Coal Co.,Ltd.	1011386
山西乡宁县申南凹焦煤有限公司	Xiangning Shennanwa Coking Coal Co.,Ltd.	476219
山西省乡宁县地方国营台头煤矿	Xiangning Local State-owned Taitou Coal Mine	833221
隆水实业集团有限公司	Longshui Industry Group Co.,Ltd.	679502
山西乡宁县惠源焦煤有限公司	Xiangning Huiyuan Coking Coal Co.,Ltd.	120338
山西蒲县油房南煤业有限公司	Shanxi Puxian Youfangnan Coal Co.,Ltd.	168852
运城市南光实业有限公司	Yuncheng Nanguang Industry & Commerce Co.,Ltd.	117285
南风化工集团股份有限公司	Nanfeng Chemical Industry Share Holding Co., Ltd.	984350
运城市解州九龙潜水电机有限公司	Yuncheng Haizhou Jiulingqianshui Motor Co., Ltd.	980977
运城市云天化工有限公司	Yuncheng Yuntian Chemical Industry Co., Ltd.	179826
山西天海泵业有限公司	Sea Pump Co., Ltd. Shanxi days	151725
永济电机厂工业公司	Yongji Electrical Machinery Plant Industry Company	230636
山西忠民集团有限公司	Shanxi Zhongming Group Co.,Ltd.	969060
山西金宇粉末冶金有限公司	Shanxi Jinyu Powder Metallurgy Co.,Ltd.	221488
山西卓里集团有限公司	Shanxi Zhuoli Group Co.,Ltd.	515762
山西青山化工有限公司	Shanxi Bingjuan Garments Co.,Ltd.	355470
山西华康药业股份有限公司	Shanxi Huakang Pharmacy Share Holding Co., Ltd.	113295
山西黄腾化工有限公司	Shanxi Huangteng Chemical Industry Co.,Ltd.	319039
山西鑫峰煤化有限公司	Shanxi Xinfeng Coal Co., Ltd.	307881
山西丰喜华瑞煤化工有限公司	Toyoki Huarui Shanxi Coal Chemical Co., Ltd.	463791
山西鸿昌农工贸科技有限公司	Shanxi Hongchang Agriculture,Industry and Trade Technology Co.,Ltd.	59997
山西合盛工贸有限公司	Shanxi Hesheng Industrial and Trading Co.,Ltd.	79392
山西秦晋资源开发有限公司	Shanxi Qinjin Resources Development Co.,Ltd.	202838
山西永恒工贸有限公司	Shanxi Yongheng Industry & Commerce Co.,Ltd.	991193
山西津华药业有限公司	Shanxi Jinhua Pharmaceutical Co.,Ltd.	66692
山西漳泽电力股份有限公司河津发电分公司	Shanxi Zhangze Power Co.,Ltd. Hejin Branch	1147981
山西三联技术产业集团有限公司	Shanxi Sanlian Technical Industry Group Co., Ltd.	817047
山西阳光焦化(集团)有限公司	Shanxi Yangguang Coking Group Co.,Ltd.	5091988
河津市民政福利煤化厂	District Welfare Hejin Coal Plant	81136
际华三五三四制衣有限公司	Jihua 3534 Clothing Co.,Ltd.	325913
山西天王台建材集团有限公司	Shanxi Tianwangtai Building Group Co.,Ltd.	117921
闻喜县慧众选煤成套装备有限责任公司	Wenxi Huizhong Coal Selecting Equipment Co.,Ltd.	169442
闻喜县宏伟玻璃器皿有限公司	Wenxi Hongwei Glassware Co., Ltd.	108302
海鑫钢铁集团有限公司	Haixin Steel Group Co., Ltd.	11701782
山西闻喜银光镁业（集团）有限责任公司	Shanxi Wenxi Yinguang Magnesium Group Co.,Ltd.	362178
闻喜县华隆瓷业有限公司	Wenxi Hualong Ceramics Co., Ltd.	58962
山西宇达集团有限公司	Shanxi Yu-Pacific Group Co., Ltd.	165000
国营华晋冶金铸造厂	State-owned Huajin Metallurgical Casting Plant	335623
国营红山机械厂	State-owned Hongshan Machinery Plant	214684
国营五四一电厂	541 state-owned power plant	4998
垣曲县五龙实业有限公司	Yuanqu Wulong Industrial Co.,Ltd.	89140

continued

(1 000 yuan)

全部从业人员年平均人数(人) Annual Average of the Employed (person)	营业收入 Revenue	主营业务收入 Revenue of Major Business	利税总额 Total Pre-tax and Profits	年末资产合计 Total Assets	固定资产原价 Original Value of Fixed Asset
1601	1008645	1008645	764600	2309855	471719
1248	476094	476094	263173	1007881	259898
1759	811692	811629	589096	2013625	407116
876	677718	599245	73059	668335	311385
466	120189	120189	58790	230350	120206
601	182527	182527	104629	192322	49108
310	104339	98319	-1479	90951	80396
6510	1072995	1072995	-191588	2770799	1037294
552	980504	980504	127091	820613	62375
310	175081	175081	27295	189788	100375
1190	164979	162979	10350	129247	42986
791	233117	209372	17880	134521	34144
1502	1110171	1109124	140171	1052670	504183
410	126754	102035	6338	119453	112207
1000	392038	392038	15543	423263	166163
500	285027	256807	32507	319554	125735
390	104882	103850	24447	149615	93451
360	303712	303712	27353	170909	114447
480	249410	249410	-18511	266639	502488
1022	469408	461741	50299	778796	807874
300	59736	59736	899	102918	46398
330	78855	78855	1579	97364	79044
500	221619	221619	11121	227616	176086
2000	745753	745753	30280	397862	220592
360	69771	69771	7861	97977	33178
591	1157956	1155136	-77501	2013625	3867934
1200	883652	883652	51740	1096980	1325560
3780	4788823	4788823	277808	4363635	1912099
308	76319	76319	4141	124729	111900
1665	604952	589165	46456	414830	139147
480	91219	91219	-3392	153207	141012
333	220585	220585	4508	324910	34913
1600	120422	120422	801	66203	54912
11600	12304715	12007613	802545	13636687	12042313
1150	339719	321000	26324	634770	251829
876	56166	56166	6003	78113	34045
983	109290	109290	6459	120367	80677
1840	394482	308527	9189	408079	268153
1121	171568	169656	-3308	391667	335514
785	42453	42453	-10186	268688	254799
550	113666	96281	13725	209048	151544

20-4 续表9

单位：千元

法人单位名称	Name of Artifical Persons	工业总产值 Gross Industrial Output Value
垣曲县五龙实业有限公司	Yuanqu Wulong Industrial Co.,Ltd.	89140
山西省古交市万方实业有限公司	Shanxi Gujiao Wangfang Industrial Co.,Ltd.	84170
古交市矾石沟煤焦有限公司	Gujiao Fanshigou Coal and Coke Co.,Ltd.	488450
太原重型机械集团有限公司	Taiyuan Heavy Machinery Group Co.,Ltd.	13045288
太原市热力公司	Taiyuan Heat Power Company	752096
平定县供水管理局	Pingding Tap Water Management Bureau	55656
浑源县花岗岩管理委员会	Hunyuan Granite Board of Management	897082
太原华润煤业有限公司	Taiyuan Huarei Co.,Ltd.	1203729
山西长治羊头岭东掌煤业有限公司	Shanxi Changzhi Yangtoulingdongzhang Co.,Ltd.	354150
孝义市盛锦镁业有限公司	Xiaoyi Shengjin Magnesium Co.,Ltd.	65000
山西华晟荣煤矿有限公司	Shanxi Huashengrong Coal Mine Co.,Ltd.	1158725
山西沁源康伟南山煤业有限公司	Shanxi Qinyuan Kangweinanshan Co.,Ltd.	313269
石楼县华润联盛赵家沟煤业投资有限公司	Shilou Huarunliansheng Zhaojiagou Investment Co.,Ltd.	126033
山西交口华润联盛蔡家沟煤业有限责任公司	Shanxi Jiaokou Huarunliansheng Caijiagou Coal Co.,Ltd.	271630
山西交口华润联盛梁家沟煤业有限责任公司	Shanxi Jiaokou Huarunliansheng Liangjiagou Coal Co.,Ltd.	281328
山西交口华润联盛孟家焉煤业有限责任公司	Shanxi Jiaokou Huarunliansheng Mengjiayan Coal Co.,Ltd.	181207
山西沁源康伟孟子峪煤业有限公司	Shanxi Qinyuan Kangweimengziyu Coal Co.,Ltd.	82149
山西阳城阳泰集团屯城煤业有限公司	Shanxi Yangcheng Yangtai Group Tuncheng Coal Co.,Ltd.	539109
山西通洲集团留神峪煤业有限公司	Shanxi Tongzhou Group Liushenyu Coal Co.,Ltd.	47998
山西襄矿晋平煤业有限公司	Shanxi Xiangkuangjinping Coal Co.,Ltd.	1492028
山西陵川崇安关岭山煤业有限公司	Shanxi Lingchuan Chong'anguanlingshan Co.,Ltd.	203653
山西煤炭运销集团长治壶关有限公司赵屋分公司	Shanxi Coal Transportation Group Changzhi Huguan Co.,Ltd.	207507
山西阳泉盂县玉泉煤业有限公司	Shanxi Yuanquan Yuxiang Yuquan Coal Co.,Ltd.	241591
山西灵石红杏旺盛煤业有限公司	Shanxi Lingshi Hongxingwangsheng Coal Co.,Ltd.	177390
山西青春玻璃有限公司	Shanxi Qingchun Glass Co.,Ltd.	250775
侯马北铜铜业有限公司	Houma Beitong Copper Co.,Ltd.	2350245
双喜轮胎工业股份有限公司	Double Happiness Tyre Industrial Share Holding Co., Ltd.	425534
太原可口可乐饮料有限公司	Taiyuan Coca-Cola Co.,Ltd.	325914
阳城国际发电有限责任公司	Yangcheng International Power Generating Co.,Ltd.	3662496
华北制药集团山西博康药业有限公司	Huabei Pharmacy Group Shanxi Bokang Pharmacy Co., Ltd.	107978
山西介休三盛焦化有限公司	Shanxi Jiexiusansheng Coking Co., Ltd.	415487
山西正大有限公司	Shanxi Zhengda Co.,Ltd.	254434
山西安特生物制药股份有限公司	Shanxi Ante Biological Phamacetic Co.,Ltd.	207356
山西老陈醋集团有限公司	Shanxi Mature Vinegar Group Co., Ltd.	167246
太原钢铁（集团）比欧西气体有限公司	Taiyuan Steer and Iron Group BOC Gases Co.,Ltd.	951252
山西银焱集团娄烦东升煤焦有限公司	Shanxi Yinyan Group, Loufan Dongsheng Coal Coking Co., Ltd.	227633
迪爱生（太原）油墨有限公司	Diaisheng Taiyuan Ink Co.,Ltd.	274331
山西东方智能物流股份有限公司	Shanxi Eastern Intelligent Circulation of Materials Co., Ltd.	272872
太原锅炉集团有限公司	Taiyuan Boiler Group Co., Ltd.	682981
山西新型炉业集团有限公司	Shanxi New Type Furnace Industry Group Co.,Ltd.	252949

continued

(1 000 yuan)

全部从业人员年平均人数(人) Annual Average of the Employed (person)	营业收入 Revenue	主营业务收入 Revenue of Major Business	利税总额 Total Pre-tax and Profits	年末资产合计 Total Assets	固定资产原价 Original Value of Fixed Asset
550	113666	96281	13725	209048	151544
318	76876	76876	4002	56658	48880
1028	467061	467061	259207	665534	123057
10791	12720636	12666460	1479453	21505107	3524431
1502	703069	676630	-104876	3086430	3035987
525	55657	55656	-1417	544586	288832
1980	672611	672611	90270	225220	98000
3097	891344	891344	-71335	3721721	1798449
750	342000	342000	184040	328870	129200
430	62850	62850	112	106720	39700
1303	1019713	1019713	456895	1361821	425047
500	307745	307745	135424	423968	178930
450	125891	125690	59037	716846	22394
1594	271630	271630	171243	949372	52541
1194	281328	281328	24137	509370	44394
1622	181207	181207	69323	898013	40055
498	80045	80045	48892	246441	121587
749	421339	421301	257431	659585	237380
842	47935	47935	-16418	311381	170757
3135	1489097	1487497	847196	4127223	806942
486	202021	202021	154914	212664	96550
386	200000	200000	11624	209756	193760
475	185476	185476	60030	58300	22669
480	177390	177390	99069	409218	31033
687	262071	262071	3820	639767	404944
935	2494620	2494620	6072	648522	495917
2018	314835	307485	1848	785292	234673
1445	559739	559739	34624	334690	401375
1516	3675169	3662496	414413	5342775	13387523
606	121995	96106	6274	219408	111667
642	408140	395358	70146	1182935	317680
317	234995	234652	2420	66661	47926
420	121350	121350	18614	205117	91529
710	127807	127807	8415	225613	81179
464	953717	951252	293961	1194705	1445015
350	215394	215394	-12239	425104	246402
316	273406	273015	42318	230454	103996
395	272872	272872	54294	311175	38964
2041	593699	587957	16808	1378130	245544
407	236217	236217	65490	265831	200462

20-4 续表10

单位：千元

法人单位名称	Name of Artifical Persons	工业总产值 Gross Industrial Output Value
大同机车实业公司	Datong Locomotive Company	236801
中国北车集团大同电力机车有限责任公司	China North Rolling Stock Group Datong	4288878
大同煤矿集团有限责任公司	Datong Coal Mine Group Co., Ltd	37501459
山西振东泰盛制药有限公司	Shanxi Zhendongtaisheng Pharmaceutical Co.,Ltd.	188843
大同爱碧玺铸造有限公司	Shanxi Aibixi Casting Co.,Ltd.	696570
山西普德药业股份有限公司	Shanxi Pude Pharmaceutical Co.,Ltd.	473950
山西阳泉铝业股份有限公司	Shanxi Yangquan Aluminum Share Co.,Ltd.	619344
山西长信工业有限公司	Shanxi Changxin Steel Co.,Ltd.	2917137
山西康宝生物制品股份有限公司	Shanxi Kangbao Biological Product Share Co., Ltd.	1014749
晋城市东方实业发展有限公司	Jincheng Dongfang Industrial Development Co.,Ltd.	116957
山西三元炭素有限责任公司	Shanxi Sanyuan Carbon Co.,Ltd.	124762
黄河万家寨水利枢纽有限公司	Huanghe Wanjiazhai Water Conservancy Center Co., Ltd.	582300
山西晋阳煤焦（集团）有限公司	Shanxi Jinyang Coking Coal Group Co.,Ltd.	1649081
山西省交城红星化工有限公司	Shanxi Province Jiaocheng Hongxing Chemical Co., Ltd.	253498
华能榆社发电有限责任公司	Huaneng Yushe Power Co.,Ltd.	1288269
山西晶鹏玻璃器皿有限公司	Shanxi Jingpeng Glassware Co., Ltd.	188512
山西金昌煤炭气化有限公司	Shanxi Jinchang Coal Gasify Co., Ltd.	369540
山西金尧焦化有限公司	Shanxi Jinyao Coking Co., Ltd.	272594
山西海姿焦化有限公司	Shanxi Haizi Coking Co., Ltd.	281178
山西光宇电源有限公司	Shanxi Guangyu Electrical Source Co.,Ltd.	174507
山西建邦集团铸造有限公司	Houma Jianbang Steel and Iron Co.,Ltd.	1934820
山西汤荣机械制造股份有限公司	Shanxi Tangrong Mechinery Manufacture Co.,Ltd.	260772
洪洞县赵城孙堡复兴煤焦厂	Hongtong Zhaocheng Sunbaofuxing Coke Plant	457580
山西运城萨瓦莱斯制版有限公司	Shanxi Yuncheng Shawalaisi Plate-making Co.,Ltd.	74233
亚新科国际铸造（山西）有限公司	Yaxinke International Casting Co.,Ltd.	642237
山西迎太塑料有限公司	Shanxi Yingtai Plastics Co.,Ltd.	238135
中铝集团晋铝耐材有限公司	China Aluminum Group Jinlu Endurance Material Co., Ltd.	110277
山西理成科贸集团有限公司	Shanxi Licheng Technology and Trading Co.,Ltd.	539776
山西太兴集团有限公司	Shanxi Taixing Group	1818017
闻喜县宏业玻璃制品有限公司	Wenxi Hongye Glass Products Co.,Ltd.	38245
山西华豹涂料有限公司	Shanxi Huabao Paint Co.,Ltd.	74295
山西中信燎原机械制造有限公司	Shanxi zhongxinliaoyuan Machinery Manufacturing Co.,Ltd.	50690
山西霍宝干河煤矿有限公司	Shanxi Huobaogehe Coal Co.,Ltd.	874920
岚县三鑫实业继亨铸造有限公司	Lanxian Sanxin Jiheng Casting Co.,Ltd.	192377
晋城市金工汽车配件有限公司	Jincheng Jingong Auto Parts Co.,Ltd.	131063
运城市鑫洲玻璃制品有限公司	Yuncheng Xinzhou Glass Product Co.,Ltd.	107185
山西华德冶铸有限公司	Shanxi Huade Casting Co.,Ltd.	131484
山西铭信禽业有限公司	Shanxi Mingxin Poultry Industry Co.,Ltd.	154203
晋城市鑫环球铸造有限公司	Jincheng Xin Universal Foundry Co., Ltd.	311394
山西三晋鸿泰煤业有限公司	Shanxi SanjinHongtai Coal Industry Co.,Ltd.	120576

continued

(1 000 yuan)

全部从业人员年平均人数(人) Annual Average of the Employed (person)	营业收入 Revenue	主营业务收入 Revenue of Major Business	利税总额 Total Pre-tax and Profits	年末资产合计 Total Assets	固定资产原价 Original Value of Fixed Asset
2052	225647	214127	17595	386611	85122
4472	3758515	3551170	-170030	5223269	980916
130869	47670249	46708214	6389436	92932041	39071693
600	149362	149362	63618	163426	94886
581	682398	679962	200849	621510	449404
661	323052	322537	177491	410990	257122
1470	609576	605156	-33262	746707	608345
2857	1688575	1688575	-198	1228572	788015
681	503175	503175	158645	570037	192658
500	113167	113167	3141	44615	15477
360	116290	116169	25756	148096	103319
740	665242	625096	251254	3679979	4298324
930	1801309	1598979	170048	1028554	628623
420	215238	215238	9176	89193	49755
801	1289134	1288269	-260718	2297348	3385764
1575	178407	178407	16660	89563	37445
576	236541	236541	23219	481761	334756
476	327551	324567	23216	272275	368404
498	240957	240957	-58644	808418	850167
352	179334	179334	31759	313044	177844
824	1806526	1801019	35331	755615	394135
1032	297454	240005	13072	310959	119680
320	457580	457580	74844	64413	17752
431	74357	74233	18926	225059	208752
921	572872	569388	45583	355791	346814
480	246051	246051	17862	298550	139380
612	106913	106913	11486	230866	157939
480	559370	556370	24830	162997	935600
1960	1797518	1797518	134602	1281970	2236320
1306	35530	35530	1236	87010	19522
379	81506	81506	2665	58920	8902
721	59696	48541	13622	56029	16437
1228	881757	881041	302507	2362021	1286758
380	183159	182744	7162	132750	80519
380	105260	105260	3619	127140	17907
940	79541	79541	2056	54102	7999
380	139923	139923	3151	87795	92037
550	172941	172941	12134	203625	118361
357	300063	300063	37414	133179	66863
627	116842	116810	46153	176915	135823

20-4 续表11

单位：千元

法人单位名称	Name of Artifical Persons	工业总产值 Gross Industrial Output Value
永济新时速电机电器有限责任公司	Yongji Xinshisu Electrical Mortor and Device Co.,Ltd.	3832622
阳泉市郊区神堂煤矿	Yangquan Suburbs Shengtang Coal Mine	86047
太原轨道交通装备有限责任公司	Taiyuan Rail Transportation Equipment Co.,Ltd.	1463540
山西百一机械设备制造有限公司	Shanxi Hyakuichi Machinery Manufacturing Co., Ltd.	178280
山西通洲集团安神煤业有限公司	Shanxi Tongzhou Group Anshen Coal Co.,Ltd.	95583
山西大运汽车制造有限公司	Shanxi Dayun Automobile Manufacture Co.,Ltd.	930341
山西晶鑫盛煤业有限公司	Shanxi Xinsheng Co.,Ltd.	98563
山西安泽安鑫煤业有限公司	Shanxi Anze Anxin Coal Co.,Ltd.	302328
智奇铁路设备有限公司	Zhiqi Railway Equipment Co.,Ltd.	1902972
山西瑞翔化工有限公司	Shanxi Ruixiang Chemical Co., Ltd.	252245
山西岚县昌恒煤焦有限公司	Shanxi Lanxian Changheng Coal and Coke Co.,Ltd.	111961
山西潞安集团余吾煤业有限责任公司	Shanxi Lu'an Group Yu'wu Coal Industry Co.,Ltd.	3387734
山西省兰花集团东峰煤矿有限公司	Dongfeng Coal Mine in Shanxi Province Orchid Group Co., Ltd.	669214
山西省焦炭集团益隆焦化股份有限公司	Shanxi Coking Group Co., Ltd, Yi Long Company	750146
山西潞安羿神能源股份有限公司	Shanxi Lu'an Yishen Energy Share Co., Ltd.	1378020
山西瑞恒化工有限公司	Shanxi Ruiheng Chemical Co.,Ltd.	72273
山西东辉集团西坡煤业有限公司	Shanxi Donghui Group Xipo Coal Co.,Ltd.	477112
山西沁和能源集团曲堤煤业有限公司	Shanxi Qinhe Energy Group Qudi Coal Co.,Ltd.	166987
太原金圆水泥有限公司	Taiyuan Jinyuan Cement Co.,Ltd.	309620
山西汾西矿业集团有限责任公司新柳煤矿	Shanxi Fenxi Mining Group Co., Ltd. The new mines Liu	2001204
冀东海天水泥闻喜有限责任公司	Jidonghaitian Cement Wenxi Co.,Ltd.	577303
山西利民车辆配件有限责任公司	Shanxi Limin Vehicle Parts Co., Ltd.	157541
霍州煤电集团晋北煤业有限公司	Houzhou Coal and Electricity Group Jinbei Coal Co.,Ltd.	271230
灵石红杏广进宝煤业有限公司	Lingshi Hongxingguangjinbao Co.,Ltd.	131813
山西天柱山化工有限公司	Shanxi Tianzhu Chemical Co., Ltd.	254148
山西太重北特机械设备制造有限公司	Shanxi Taizhongbeite Machinery Manufacturing Co.,Ltd.	100059
山西龙矿盘道煤业有限公司	Shanxi Longguangpandao Coal Co.,Ltd.	94274
山西燕京啤酒有限公司	Yanjing Beer Co., Ltd., Shanxi	105113
孝义市泰兴铝镁有限公司	Xiaoyi Taixing Aluminum and Magnesium Co.,Ltd.	180276
山西宇光电缆有限公司	Shanxi Yugong Cable Co.,Ltd.	149330
孝义市兴安化工有限公司	Xiaolyi Xing'an Chemical Co., Ltd.	2509682
晋城市兴方管业有限公司	Jincheng Xingfang Tube Co., Ltd.	257010
大同冀东水泥有限责任公司	Datong Jidong Cement Co.,Ltd.	653189
怀仁县热源厂	Huairen Heat Source Plant	98340
山西金岩和嘉能源有限公司	Shanxi Jinyanhejia Energy Co.,Ltd.	970327
兴县关家崖煤业有限责任公司	Xingxian Guanjia'ai Coal Co.,Ltd.	136302
山西晋铝兴业冶金材料有限公司	Shanxi Jinlvxingye Metallurgical Material Co.,Ltd.	14484
山西华宝集团潞洲水泥制造有限公司	Shanxi Huabao Group Luzhou Cement Manufacturing Co.,Ltd.	119159
新绛县高义冶炼有限公司	Xinjiang Gaoyi Smelting Co.,Ltd.	1208447
山西俄铝碳素有限公司太谷分公司	Shanxi Russian Aluminum Carbon Co., LTD. TaiGu branch	85523

continued

(1 000 yuan)

全部从业人员年平均人数(人) Annual Average of the Employed (person)	营业收入 Revenue	主营业务收入 Revenue of Major Business	利税总额 Total Pre-tax and Profits	年末资产合计 Total Assets	固定资产原价 Original Value of Fixed Asset
5096	5002687	3902337	534289	4433220	994559
573	93304	93304	43532	177333	42167
3748	1599927	1462573	87558	1383159	384119
836	218546	215506	26724	320467	237795
460	91823	91823	34231	166424	73933
1194	602168	594455	49251	2800803	2101572
400	97570	97570	6619	201649	30296
300	302328	302328	106354	420164	173503
366	1909325	1906206	194811	1162446	319789
545	186069	129405	-21830	218748	169791
349	111785	111703	45748	285577	84520
3589	3481803	3476868	1303152	5125041	3951973
1543	639141	639141	452913	958609	340124
701	737776	737514	96819	1212338	627782
1554	1497278	1497278	20267	2693856	844893
613	72174	72174	765	837829	150146
328	477315	477286	257275	1239168	751263
464	163462	163462	97871	292941	152328
570	239931	239931	44673	467308	330828
4900	2084940	1984686	326312	783612	827267
540	572237	571538	108071	1075065	858649
406	129921	129780	809	96246	38454
1773	271230	271230	-172268	1676738	262193
378	131349	131349	86418	203404	116770
1308	257608	257608	-9361	1436663	188597
435	95449	95449	11878	163845	43048
678	73947	72813	8809	137885	124806
456	107714	105237	18097	230531	172843
397	131113	131113	-2329	231644	179716
324	155303	155161	3505	235667	92513
670	2581642	2558734	892269	5045807	3108700
340	262331	262331	-1310	68723	21345
687	540736	539215	154695	1594012	1222312
300	98340	98340	34525	88733	41777
1706	1432789	1432789	437614	2059529	1016231
518	211181	211181	54715	823408	74062
398	36498	36498	2078	463030	38298
348	70231	70209	8364	425893	242347
1281	856047	836782	-29191	972146	502179
313	79025	78281	6970	77463	64117

20-4 续表12

单位：千元

法人单位名称	Name of Artifical Persons	工业总产值 Gross Industrial Output Value
柳林县兴家沟煤矿凌峰洗煤有限责任公司	Liulin Xingjiagou Lingfeng Coal Washing Co.,Ltd.	2568520
山西中电联合镁业有限公司万荣分公司	Shanxi CENTRE-Joint Aluminum Co.,Ltd Wangrong Branch	117015
山西左权佳瑞煤业有限公司	Shanxi Zuoquan Jiarui Coal Co.,Ltd.	95564
中煤平朔煤业有限责任公司	National Coal Pingshuo Coal Industry Co., Ltd.	29005791
运城关铝热电有限公司	Yuncheng Guanlv Heat Power Co., Ltd.	179798
应县正东陶瓷有限责任公司	Yingxian Zhengdong Ceramics Co.,Ltd.	35000
华润雪花啤酒（运城）有限公司	Huarun Xuehua Beer Yucheng Co.,Ltd.	153991
晋城市路宝汽车铝部件制造有限公司	Jincheng Lubao Aluminum Parts Manufacture for Autos Co.,Ltd.	136862
大同煤矿集团临汾宏大矿业有限责任公司	Datong Coal Mine Group Linfen Hongda Mine Co.,Ltd.	210671
阳泉兴陶压裂支撑剂有限公司	Yangquan Xingtao Fracturing Support Agent Co.,Ltd.	104021
山西潞安矿业集团慈林山煤业有限公司	Shanxi Lu'an Mineral Industry Group Cilinshan Coal Co., Ltd.	106617
山西晋煤集团金鼎煤机矿业有限责任公司	Shanxi Jinmei Group Jinding Coal Mining Co.,Ltd.	749979
山西华翔投资有限公司	Shanxi Huaxiang Investment Co.,Ltd.	173402
山西建华美锦管桩有限公司	Shanxi Huameijinguanzhuang Co.,Ltd.	287095
山西兰花科创化肥有限公司	Shanxi Lanhua Kechuang Fertilizer Co.,Ltd.	141081
代县鑫旺矿业有限公司	Daixian Xinwang Mining Co.,Ltd.	384697
新绛县鸿远纺织有限公司	Xinjiang Yufeng Smelting Co.,Ltd.	200026
北京韩建河山引水管业有限公司朔州分公司	Beijing Hanjianshanhe Water Tube Co.,Ltd. Shuozhou Branch	248281
晋城市鸿辉管业有限公司	Jincheng Honghui Tube Co.,Ltd.	190351
石药银湖制药有限公司	Shiyaoyinhu Pharmaceutical Co.,Ltd.	133338
繁峙县义联金矿有限公司	Fansi Yilianjinkuang Co.,Ltd.	41000
山西临县华烨煤业有限公司	Shanxi Linxian Huahua Coal Co., Ltd.	475143
盂县盛旺管业有限公司	Yuxian Chengwang Tube Co.,Ltd.	119246
襄汾县鸿达镁合金有限公司	Xiangfen Hongda Magnesium Alloy Co.,Ltd.	97873
洪洞县陆合煜明洗煤有限公司	Hongtong Luheyuming Coal Washing Co.,Ltd.	540254
河津市鑫星实业有限公司	Hejin Xinxing Industry Co.,Ltd.	139806
新绛县宇丰冶炼有限公司	Xinjiang Yufeng Smelting Co.,Ltd.	708811
山西双合成工贸有限公司	Shanxi Shuanghecheng Industrial and Trading Co.,Ltd.	113228
太原北代铸造有限公司	Taiyuan Beidai Casting Co.,Ltd.	109901
山西平定古州煤业有限公司	Shanxi Pingdingguzhou Coal Industry Co.,Ltd.	306159
山西阳城山城煤业有限公司	Shanxi Yangcheng Shancheng Coal Co.,Ltd.	614746
山西美锦煤化工有限公司	Shanxi Meijin Coal Chemical Industry Co.,Ltd.	3064975
山西晋煤集团赵庄煤业有限责任公司	Shanxi Jinmei Group Zhaozhuang Coal Co.,Ltd.	2928753
山西奥凯达化工有限公司	Shanxi Aokaida Chemical Industry Co.,Ltd.	57734
山西凤凰胶带有限公司	Shanxi Phoenix Adhesive Tape Co., Ltd.	271270
山西太一发电有限责任公司	Shanxi Taiyi Power Co., Ltd.	852881
山西晋海暖气片有限公司	Shanxi Jinhai Radiator Co.,Ltd.	160574
太原理工天成科技股份有限公司	Taiyuan Science and Engineering,	199140
山西阳煤丰喜肥业（集团）有限责任公司	Shanxi Yangmeifengxi Fertilizer Group Co.,Ltd.	2620944
太原双塔刚玉集团有限公司	Taiyuan Shuangta Gangyu Group Co.,Ltd	687230

continued

(1 000 yuan)

全部从业人员年平均人数(人) Annual Average of the Employed (person)	营业收入 Revenue	主营业务收入 Revenue of Major Business	利税总额 Total Pre-tax and Profits	年末资产合计 Total Assets	固定资产原价 Original Value of Fixed Asset
625	2683705	2556958	225219	2328174	83918
540	75430	75095	-31238	237370	150590
631	49733	48849	3149	525103	19487
8754	29200711	28980390	11019757	41011342	26823907
462	162099	162057	-205062	2180696	2283158
302	30800	30800	5693	53127	49285
375	141611	138975	10544	357586	248020
352	61623	61623	-2512	168052	32432
1620	200289	200289	27377	398119	376861
350	164336	164336	9851	67432	19080
966	86764	77954	-51210	817860	162645
1158	988440	742890	23706	1484620	307045
1008	103163	103158	6149	654209	162670
345	299290	299290	1078	120226	68348
662	1717132	1712036	-51622	1092167	313912
2000	384750	384697	153378	444654	272778
1020	146537	146537	-4301	64382	439
585	256516	256316	74276	294779	43362
500	192950	192950	10271	141680	40492
700	126840	126662	32827	321866	59476
330	41000	41000	3870	122560	135974
624	449917	449917	250427	885993	214980
600	119246	119246	210	72713	1439
360	70099	69391	1360	89005	65840
500	540254	540254	44650	64885	15681
400	118802	116644	1931	231301	131551
879	543806	519625	42510	357041	195691
500	88339	88339	1009	46000	14525
350	110000	110000	1542	41900	20780
3360	285335	285320	-16741	1950061	963475
656	604597	604597	197394	188110	106315
1399	3031516	3031516	-160796	6342304	1967594
4978	2136497	2080196	16963	7141354	4393486
540	77714	57714	-13677	338128	197789
341	343354	340422	34349	286604	142721
730	858417	852881	-185442	1538085	3428273
300	125210	125210	578	74435	17137
750	169710	169710	3723	1201049	501541
10444	3867544	3646367	-45955	7317910	3216670
1189	714199	713199	-197373	2246653	777359

20-4 续表13

单位：千元

法人单位名称	Name of Artifical Persons	工业总产值 Gross Industrial Output Value
山西信联集团实业有限公司	Shanxi Xinlian Group Industry and Commerce Co.,Ltd.	408871
太原钢铁(集团)公司福利总厂	Taiyuan Steel and Iron Group Company Welfare General Plant	317100
太原市齐兴伟业造纸有限公司	Taiyuan Qixing Weiye Paper Making Co., Ltd.	215944
太原市同翔金属镁有限公司	Taiyuan Tongxiang Magnesium Co., Ltd.	345835
太原市梗阳实业集团有限公司(煤气化)	Taiyuan Gengyang Industrial Group Co.,Ltd.	3137966
古交市千峰精煤有限公司	Gujiao Qianfeng Refined Coal Co.,Ltd.	348911
山西鲁晋王曲发电有限责任公司	Shanxi Lujin Wangqu Eelectric Power Co., Ltd.	1992389
山西省长子丹峰化工有限责任公司	Shanxi Zhangzi Danfeng Chemical Industry Co., Ltd.	74120
山西西域煤化集团有限公司	Shanxi Xiyu Coal Chemical Group Co.,Ltd.	72557
襄垣县五阳新世纪有限责任公司	Xiangyuan Wuyangxinshiji Co.,Ltd.	1159457
山西阳站煤业有限公司	Shanxi Yangzhan Coal Co.,Ltd.	262072
山西省阳城县地方国营义城煤矿	Shanxi Yangcheng Local State-owned Yiyingcheng Mine	418412
山西富景实业股份有限公司	Shanxi Fujing Industry & Commerce Co.,Ltd.	61120
山西高平青龙同昌煤业有限公司	Shanixi Gaoping qinglongtongchang Co.,Ltd.	263997
山西省高平市泫氏铸业有限公司	Gaoping Xuanshi Casting Co., Ltd.	116956
山西省高平化工有限公司	Shanxi Gaoping Chemical Industry Co.,Ltd.	254167
平朔煤炭工业公司多种经营开发公司	Pingshuo Coal Industry Company Diversified	1016705
山西中煤平朔杨涧煤业有限公司	Shuozhou Shuochengqu Yangjian Coal Mine	755830
山西地方电力股份有限公司朔州分公司	Shanxi International Electric Power Group Shuozhou Branch Company	263130
山西朔州芦家窑煤矿有限公司	Shanxi Shuozhou Lujiayao Coal Co.,Ltd.	874500
山阴县金源化肥有限责任公司	Shanyin Jinyuan Fertilizer Co., Ltd.	128046
阳泉煤业集团有限责任公司	Yangquan Coal Group Co.,Ltd.	27522283
山西河坡发电有限责任公司	Shanxi Hepo Power Co.,Ltd.	519119
山西阳泉华岭耐火有限公司	Shanxi Yangquan Hualing Refractory Co.,Ltd.	35998
山西远鑫实业有限公司	Shanxi Yuanxin Industry Co.,Ltd.	61530
盂县上社晋玉煤炭有限公司	Yuxian Shangshe Jinyu Coal Co.,Ltd.	177691
盂县路家村镇煤业有限公司	Yuxian Lujiacunzhen Coal Co.,Ltd.	1107327
盂县兴峪煤业有限责任公司	Yuxian Xingyu Coal Co.,Ltd.	260669
山西广誉远国药有限公司	Shanxi Guangyuyuan Chinese Medicine Co.,Ltd.	64116
山西丹源碳素股份有限公司	Shanxi Danyuan Carbon Share Holding Co., Ltd.	416429
山西省昕益灵石煤矿有限公司	Shanxi Xinyilingshi Coal Co.,Ltd.	240948
左权县鑫瑞冶金矿山有限公司	Zuoquan Xinrui Metallurgical Mine Co.,Ltd.	170705
山西省原平市化工有限责任公司	Yuanping Chemical Industry Co., Ltd.	171252
山西省定襄金瑞高压环件有限公司	Shani Dingxiang Jinrui High Pressure Ring Parts Co.,Ltd.	415380
山西管家营法兰锻造有限公司	Shanxi Guanjiayingfalan Casting Co.,Ltd.	175727
山西宝山矿业有限公司	Shanxi Baoshan Mining Industry Co.,Ltd.	349324
山西粟海集团有限公司	Shanxi Shuhai Group Co.,Ltd.	2389824
山西鑫升焦化集团有限公司	Xin Sheng, Shanxi Coking Group Co., Ltd.	1916269
闻喜县瑞格镁业有限公司	Wenxi Ruige Magnesium Co.,Ltd.	293003
新绛县高义焦化有限公司	Xinjiang Gaoyi Coking Co.,Ltd.	1307611

continued

(1 000 yuan)

全部从业人员年平均人数(人) Annual Average of the Employed (person)	营业收入 Revenue	主营业务收入 Revenue of Major Business	利税总额 Total Pre-tax and Profits	年末资产合计 Total Assets	固定资产原价 Original Value of Fixed Asset
749	337758	335758	23267	368410	116535
1238	315860	315860	15487	79031	31872
440	180236	180236	17843	222493	226678
1200	503026	481433	13158	513477	104141
1877	3315838	3315838	250285	5430446	1850000
647	356032	356032	61872	912842	367023
426	1992389	1989409	-646409	5604744	5458559
531	67255	67255	540	84365	99626
324	63615	63615	-29168	209695	257574
316	1159457	1159457	21594	351140	25710
369	226026	226026	149106	392666	67662
627	362809	362809	166216	373716	232068
800	61120	61120	10969	180101	173617
459	242037	242037	134807	254742	53066
476	113239	112918	6816	48533	27747
475	252516	252273	11002	225663	72246
1492	1829692	1808821	214997	1221418	400998
1492	455529	455236	57834	1179226	548016
570	264440	263130	53252	342201	309761
450	874500	874500	223831	581022	415796
320	107502	107502	18216	86685	90723
88220	43515237	35235886	5267062	66637251	25351871
617	520373	519524	-6812	689514	1083015
320	33426	33426	5876	81341	60852
1050	64729	64729	13545	653010	351950
410	143539	143539	49321	86180	55420
1390	783986	783986	290847	359476	145078
1279	276681	276681	119901	619165	148800
456	57699	57604	15294	132258	73310
610	349953	348306	60475	354038	130891
904	263601	263601	145645	674726	201546
1134	176020	171165	52655	673528	182295
353	144786	142042	-4937	104389	1427
448	333047	333047	22629	146682	55329
430	156767	153997	14728	230040	52708
756	344322	344322	73504	334627	180850
4023	2348048	2339947	456826	1914515	595976
1540	1726642	1725962	178308	1035436	1346120
785	278584	271619	-1574	237899	137233
727	1066804	1058172	80533	646445	318007

20-4 续表14

单位：千元

法人单位名称	Name of Artifical Persons	工业总产值 Gross Industrial Output Value
平陆县虞东电冶集团有限责任公司	Pinglu Yudong Electroforming Group Co.,Ltd.	32761
平陆县雪冰食品有限公司	Pinglu Xuebing Food Co.,Ltd.	59788
山西金星镁业有限公司	Shanxi Jinxing Magnesium Co.,Ltd.	80585
山西亚宝药业集团股份有限公司	Ya-Po Pharmaceutical Group Co., Ltd., Shanxi	1090458
山西维之王食品有限公司	Shanxi Weizhiwang Food Co., Ltd.	42010
山西省绛县明迈特有限公司	Shanxi Jiangxian Mingmaite Co.,Ltd.	1445180
蒲县祥瑞煤焦化有限公司	Puxian Xiangrui Coal Coking Co.,Ltd.	40871
山西晋芳纸业有限公司	Shanxi Jinfang Paper Industry Co.,Ltd.	36120
侯马市模范机械制造有限公司	Houma Mofan Machinery Manufacturing Co.,Ltd.	43324
山西省吕梁地区朱家店煤矿	Shanxi Luliang Zhujiadian Coal Mine	76881
文水县振兴化肥有限公司	Wenshui Zhenxing Chemical Fertilizer Co.,Ltd.	413587
山西省文水县大象禽业有限公司	Wenshui Daxiang Poultry Co., Ltd.	1877627
山西卦山水泥有限公司	Shanxi Guashan Cement Co.,Ltd.	82545
山西省柳林同德焦煤有限公司	Shanxi Liulin Tongde Coke and Coal Co., Ltd.	1021727
山西新星冶炼集团有限公司	Shanxi Xinxing Smelting Co.,Ltd.	199927
山西中盛新型建筑材料集团有限公司	Shanxi Sheng New Building Materials Group Co., Ltd.	119292
山西南山煤业有限公司	Shanxi Nanshan Coal Co.,Ltd.	559419
山西交口县道尔煤业福利有限责任公司	Jiaokou Daoer Coal Industry Co.,Ltd.	496007
山西晋能钢结构有限公司	Shanxi Jinneng Steel Structure Co.,Ltd.	117615
大同同星抗生素有限责任公司	Datong Tongxing Antibiotic Co.,Ltd.	206245
长治市霍家工业有限公司	Changzhi Huojia Industry Co., Ltd.	872014
襄垣县恒祥焦化有限公司	Xiangyuan Hengxiang Coking Co., Ltd.	911151
山西屯留兴旺煤化有限公司	Shanxi Tunliu booming Coal Co., Ltd.	778861
山西省潞安郭庄煤业有限责任公司	Shanxi Province Luan guozhuang Coal Co., Ltd.	505452
屯留县小南村煤矿	Small Village Tunliu County Coal Mine	49931
山西尔安焦化有限公司	Eran Shanxi Coking Co., Ltd.	198599
黎城太行钢铁有限公司	Licheng Taihang Steel Co., Ltd.	1113738
左权永兴煤化有限责任公司	Zuoquan Yongxing Coal Chemistry Co.,Ltd.	135564
山西鑫兴煤电化集团有限责任公司	Shanxi Xinxing Smelting Co.,Ltd.	105808
柳林县南峪煤矿	Liulin Nanyu Coal Mine	208822
阳泉市金法矿山支护有限责任公司	Yangquan Jinfa Mine Support Co.,Ltd.	56620
太原市三兴煤炭气化有限公司	Taiyuan Sanxing Coal Gasify Co.,Ltd.	266580
太原市六味斋实业有限公司	Taiyuan Liuweizhai Industry and Commerce Co.,Ltd.	237540
古县利达焦化有限公司	Guxian Lida Coking Co.,Ltd.	892810
山西关铝股份有限公司	Shanxi Guan Aluminium Group Co.,Ltd.	1738079
河津市实兴洗煤焦化有限公司	Hejin Shixing Washing Coal and Coking Co.,Ltd.	831404
山西凯迪建材有限公司	Shanxi Kaidi Building Material Co., Ltd.	180710
山西风华信息装备股份有限公司	Shanxi Fenghua Information Equipment Share Co., Ltd.	90201
太钢集团临汾钢铁有限公司	Taiyuan Steel Group Linfen Co.,Ltd.	5697009
山西新临钢钢铁有限公司	Shanxi New Linfen Steel Co.,Ltd.	5070429

continued

(1 000 yuan)

全部从业人员年平均人数(人) Annual Average of the Employed (person)	营业收入 Revenue	主营业务收入 Revenue of Major Business	利税总额 Total Pre-tax and Profits	年末资产合计 Total Assets	固定资产原价 Original Value of Fixed Asset
410	32761	32761	1297	115406	100040
315	53610	53610	3632	65606	41351
300	137806	135052	15650	90706	63054
5124	1182000	1182000	276900	2447000	900000
415	47383	47049	4609	201325	31140
1676	1572980	1572980	107396	824803	454360
320	56093	56093	9769	160268	83775
508	40926	40926	1087	54407	52946
380	40319	40319	3046	51106	20684
986	76769	76769	-3158	1396407	598993
1100	420672	419336	-4835	655947	530714
2301	1958693	1958466	57139	448050	269338
305	72917	72917	2090	97345	71077
1123	1055346	1055346	593721	2636066	307217
580	199927	199927	24160	347001	262400
330	119183	119183	3598	242490	202428
533	557240	557240	370922	1765213	63577
763	496007	496007	18033	846203	633413
309	117615	117615	1519	129609	13171
368	205891	205891	22460	163313	81242
1384	747186	747186	14825	944888	685080
625	1179906	1179056	74326	866580	504037
908	838571	838571	15983	1241017	249146
1560	753704	753704	291919	2255160	579871
420	39168	39168	12787	99948	45135
422	210996	210996	3822	200976	95863
1990	1090971	1090141	9059	788822	298813
1098	105247	87148	-24760	441850	127683
331	122528	122528	16858	122620	51889
450	193031	193031	48042	256350	46898
490	56601	56601	2552	55843	7188
535	179556	179556	28745	531961	338734
957	284361	284361	24640	241506	74239
650	1017128	1017128	62114	528241	192961
3187	1705586	1661671	-139978	1956058	1573237
560	791601	791601	45250	246011	1192541
340	167126	167126	5245	109755	82448
379	160284	160284	16065	170783	39700
8340	6955676	5729078	233862	3441154	3618965
4500	5156046	5121015	216810	2372653	3294767

20-4 续表15

单位：千元

法人单位名称	Name of Artifical Persons	工业总产值 Gross Industrial Output Value
山西省临汾染化集团有限责任公司	Shanxi Linfen Dying Group Co.,Ltd.	286828
山西安吉欣源煤业有限公司	Shanxi Anjixinyuan Co.,Ltd.	316456
山西临汾云鹏药业有限公司	Shanxi Linfen Yunpeng Pharmaceutical Co.,Ltd.	127610
山西洪洞恒昌南庄煤业有限公司	Shanxi Hongtong Hengchangnnanzhuang Co.,Ltd.	533363
山西忻州通用机械有限责任公司	Shanxi Xinzhou General Machinary Co., Ltd.	393468
山西兰花煤炭实业集团有限公司	Shan Xi Lanhua Coal Industry Group Co.,Ltd	10949795
山西天泽煤化工集团股份公司	Shanxi Tianze Chemical Group Co.,Ltd.	1262173
北京铁路局太原机车车辆配件厂	Beijing Railway Bureau Taiyuan Vehicle Accessories Plant	65546
山西山晋碳素股份有限公司	Shanxi Shanjin Carbon Share Co.,Ltd.	129910
山西石港煤业有限责任公司	Shanxi Shigang Coal Industry Co., Ltd.	420343
山西闻喜宏富镁业有限责任公司	Shanxi Wenxi Hongfu Magnesium Industry Co.,Ltd.	130155
柳林县康家沟联办煤矿	Liulin Kangjiagou Joint Coal Mine	124984
吕梁市离石区担炭沟煤矿	Lvliang Lishi Dantangou Coal Mine	359547
山西潞安温庄煤业有限责任公司	Shanxi Lu'an Wenzhuang Coal Co.,Ltd.	219000
富晋精密工业（晋城）有限公司	Fujin Precision Industrial Jincheng Co.,Ltd.	3091327
吕梁东义集团煤气有限公司	Luliang Dongyi Group Gas Co.,Ltd.	559064
山西阳光发电有限责任公司	Shanxi Yangguang Power Co.,Ltd.	2057540
山西高平科兴高良煤业有限公司	Shanxi Gaoping Kexinggaoliang Coal Co.,Ltd.	394472
山西省阳城县风城镇晶岗陶瓷有限公司	Yangcheng Jinggang Pottery Co.,Ltd.	78188
山西晋玉煤焦化集团有限公司	Shanxi Jinyu Coking Group Co.,Ltd.	562717
太原市广厦水泥有限公司	Taiyuan Guangsha Cement Co.,Ltd.	332408
山西美锦煤炭气化股份有限公司	Shanxi Meijin Coal Gasify Company	2838279
山西水塔老陈醋股份有限公司	Shanxi Shuita Mature Vinegar Share Holding Co., Ltd.	478984
山西宏达钢铁集团有限公司	Shanxi Hongda Steel Group Co., Ltd.	4695001
山西农之龙绿色食品开发有限公司	Shanxi Nongzhilong Green Food Development Co.,Ltd.	392967
山西志信化工有限公司	Shanxi Zhixin Chemical Co., Ltd.	157752
山西兵娟制衣有限公司	Shanxi Qingshan Chemical Industry Co.,Ltd.	395024
山西发鑫集团有限公司	Shanxi Faxin Group Co., Ltd.	827704
运城市绛县开发区天龙农科贸有限公司	Yuncheng Jiangxian Developing Zone Tianlong Agriculture and Technology Trading Company	91118
山西飞宇建材有限公司	Shanxi Feiyu Building Materials Co.,Ltd.	162174
新绛县威顿水泥有限公司	Xinjiang County Witten Cement Co., Ltd.	500594
永鑫实业集团有限公司	Yongxin Industry & Commerce Co.,Ltd.	856064
山西侯马晋田热电有限责任公司	Houma, Shanxi Jin Tian Thermal Power Co., Ltd.	35876
山西大唐国际神头发电有限责任公司	Shanxi Datang International Shentou Power Co.,Ltd.	1488202
山西兆光有限责任公司	Shanxi Zhaoguang Co.,Ltd.	2204930
太原市东盛焦化有限公司	Taiyuan Dongsheng Coaking Co.,Ltd.	622118
大同煤矿实业总公司	Datong Coal Gasify Chief Company	179372
晋城市晋宏实业有限公司	Jincheng Jinhong Industry Co., Ltd.	300675
山西晋城王台铺矿有限公司	Shanxi Jincheng Wangtaipukuang Co.,Ltd.	721827
山西兰花集团北岩煤矿有限公司	Shanxi Lanhua Group Beiyan Coal Mine Co.,Ltd.	190801

continued

(1 000 yuan)

全部从业人员年平均人数(人) Annual Average of the Employed (person)	营业收入 Revenue	主营业务收入 Revenue of Major Business	利税总额 Total Pre-tax and Profits	年末资产合计 Total Assets	固定资产原价 Original Value of Fixed Asset
1088	278987	268072	26267	276339	280402
450	317230	317230	185257	267443	60070
540	125801	125801	7328	49654	61756
782	533363	533363	382274	736891	274157
907	404491	403273	30559	331853	99651
22647	9578616	9417534	5347095	21960493	10526490
1892	2025024	2019689	38090	3013738	1221384
355	78816	78816	5329	126126	70382
300	108258	108258	42933	97891	22780
1314	425147	423746	60301	933539	555643
535	117437	104005	-6262	145202	73096
364	115974	115974	64800	323363	71945
400	307001	307001	159325	372075	38864
612	191444	191370	69349	356788	150334
19320	2998562	2993923	300268	3411529	1652769
813	564040	551640	21780	778160	327483
1424	2112434	2112434	140745	2356571	6250231
645	385231	385051	147232	505479	198049
1288	78188	78188	7578	99360	83571
1222	715943	586326	58946	420601	285197
375	331898	331898	57792	252841	161769
2000	2592671	2592671	58445	4818820	2260223
1010	415262	415262	95812	512828	257253
4300	4759099	4759099	392610	2010864	3277778
320	283987	283987	52667	158989	341760
340	153388	152808	859	191878	134118
1200	340372	340372	48606	332440	187272
1200	767559	767559	64957	1037040	1398500
445	127817	127817	1859	60258	23064
393	159795	159795	6654	113357	71162
385	578308	577273	76081	879825	457150
610	982005	949642	66795	385807	1178150
415	35390	35390	-44090	292870	488365
409	1490343	1490343	293201	3316830	4858031
535	2204930	2192571	-111733	7307522	6795378
1250	705618	688549	29271	1593572	386007
3576	473863	473863	-58265	689381	184832
1563	291183	291183	57638	492426	315713
2409	825841	718943	93233	190829	179109
704	185309	185309	106365	325028	195955

20-4 续表16

单位：千元

法人单位名称	Name of Artifical Persons	工业总产值 Gross Industrial Output Value
山西兰花煤化工有限责任公司	Shanxi Orchid Coal Chemical Co., Ltd.	415643
山西省电力公司	Shanxi Electric Power Corporation	52888970
山西亚美大宁能源有限公司	Shanxi Yamei Daning Eenergy Co.,Ltd.	2580450
山纳合成橡胶有限责任公司	Shanna Synthetic Rubber Co.,Ltd.	65617
山西神头发电有限责任公司	Shanxi Shentou Power Co., Ltd.	1280502
智海企业集团有限公司	Zhihai Enterprise Group Co.,Ltd.	308227
太原狮头集团有限公司	Taiyuan Shitou Group Co.,Ltd.	551895
山西省介休市维群生物工程有限公司	Shanxi Jiexiu Weiqun Bioengineering Co., Ltd.	186290
山西格芙兰纺织有限公司	Shanxi Gefulan Textile Co.,Ltd.	88989
山西省寿阳县平安煤炭有限责任公司	Shanxi Shouyang Ping'an Coal Co.,Ltd.	48950
阳煤集团寿阳开元矿业有限责任公司	Yangquan Coal Group Shouyang Kaiyuan Mine Co.,Ltd.	1166922
山西灵石华瀛天星集广煤业有限公司	Shanxi Lingshi Huayingtianxing Coal Co.,Ltd.	60389
阳泉市上社二景煤炭有限责任公司	Yangquan Shangshe Erjing Coal Mine Co.,Ltd.	415008
山西省泓翔煤业有限公司	Shanxi Hongxiang Coal Co.,Ltd.	329342
山西光大焦化气源有限公司	Shanxi Guangda Coking Gas Co.,Ltd.	2278848
山西漳泽电力股份有限公司漳泽发电分公司	Shanxi Zhangze Power Co ,Ltd Zhangze Electric Plant	1077756
山西清徐学栋暖气片有限公司	Shanxi Qingxu Xuedong Radiator Co.,Ltd.	150473
山西银光华盛镁业股份有限公司	Shanxi Yinguanghuasheng Magnesium Industry Co.,Ltd.	1268248
山西永东化工股份有限公司	Shanxi Yongdong Chemical Share Co.,Ltd.	480361
山西晋龙集团饲料有限公司	Shanxi Jinlong Group Feed Co.,Ltd.	267169
河津市鑫胜镁业有限公司	Hejin Xinsheng Magnesium Co.,Ltd.	107395
山西大唐国际云冈热电有限责任公司	Shanxi Datang International Yungang Thermoelectric Co.,Ltd.	1673739
山西乡宁瑞政煤业有限公司	Shanxi Rui Zheng Xiangning Coal Industry Co., Ltd.	63657
襄汾县恒泰制动有限公司	Xiangfen Hengtai Breaking Co.,Ltd.	70009
孝义市金岩电力煤化工有限公司	Xiaoyi Jinyan Power Coal Chemical Industry Co.,Ltd.	891930
山西恒丰实业有限公司（山西恒丰枣业生态工业园有限公司）	Shanxi Hengfeng Industrial Co.,Ltd.	78072
山西平遥华兴电机铸造有限公司	Shanxi Pingyao Huaxing Motor Casting Co.,Ltd.	178777
长治市太行紫团饮业有限公司	Changzhi Taihangzituan Drink Co.,Ltd.	143259
山西煤炭运销集团大同晋银矿业有限公司	Shanxi Coal Transportation and Sales Group Datong Jinyin Mining Co.,Ltd.	150200
泽州海天实业有限公司	Zezhou Haitian Industry & Commerce Co.,Ltd.	517492
新绛重庆冶炼有限公司	Xinjiang Chongqing Smelting Co., Ltd.	970027
山西蒲县顺贸煤矿有限公司	Shanxi Puxing Shunmao Coal Mine Co.,Ltd.	68708
河津市康庄焦化有限公司	Hejin Kangzhuang Coking Co.,Ltd.	773935
山西晋能集团山阴冶金有限责任公司	Shanxi Jinnengkangzhuang Shanyin Metallurgical Co.,Ltd.	351216
山西华南纺织有限责任公司	Jishan Huanan Textile Co.,Ltd.	124374
山西省运城安瑞节能风机有限公司	Shanxi Yuncheng Anrui Energy-saving Fan Co.,Ltd.	151876
山西和顺正邦煤业有限公司	Shanxi Heshun Zhengbang Coal Co., Ltd.	207040
山西关铝炭素有限责任公司	Shanxi Guan Aluminium Group Co.,Ltd.	410467
山西金地矿业有限公司	Shanxi Jindi Mining Co.,Ltd.	360330
山西长城微光器材股份有限公司	Shanxi Changcheng Glimmer Equipment Co.,Ltd.	72426

continued

(1 000 yuan)

全部从业人员年平均人数(人) Annual Average of the Employed (person)	营业收入 Revenue	主营业务收入 Revenue of Major Business	利税总额 Total Pre-tax and Profits	年末资产合计 Total Assets	固定资产原价 Original Value of Fixed Asset
870	372175	372175	-123681	1312617	1104264
30306	53115060	52888970	3479400	46210130	58479940
2235	2227983	2217122	1524349	3555600	1788065
820	72703	72703	-25815	1590200	1358844
1119	1280502	1242340	203857	2206594	1860280
663	308227	308227	25857	157418	78189
2497	502019	502019	56056	1470340	1095182
713	186290	186279	2120	523417	479521
761	91450	89566	2277	170125	242454
580	48487	48487	10352	152554	113764
3998	1223476	1213693	273272	1191246	979754
439	61180	61180	23860	160737	79072
1098	407716	397878	165563	580268	378442
480	321152	321152	199702	1020253	62791
1587	2327333	2307819	207140	1404519	1144453
1739	1085730	1070960	-155350	1356110	2544696
1000	149769	148449	12172	93196	34832
3780	1117410	1117410	91583	976766	519543
650	434487	434487	61115	347575	176381
785	284093	284093	9753	161358	85335
386	62500	62500	21040	55456	33445
421	1693089	1680513	-6829	3161145	3589346
319	70953	70953	47864	297486	86319
634	51533	51533	149	229174	124895
1860	984609	984609	49189	3657706	608220
350	85769	85769	5744	98972	18659
480	178336	177761	5374	46119	20709
360	142980	142980	13290	209123	120557
580	149995	123762	26941	454414	156866
860	517492	517492	263217	397643	130780
799	522890	507033	56019	462997	106568
420	92696	92696	39654	114916	43904
450	707733	666082	59348	526599	1257961
650	307722	307722	67301	224997	97683
572	105544	105544	6348	179941	111030
380	136505	136505	3790	168852	29900
500	210320	209768	27458	692374	46346
510	359039	359039	5765	427751	301413
1540	348553	348553	52226	356028	108540
609	66093	66093	12936	167115	67695

20-4 续表17

单位：千元

法人单位名称	Name of Artifical Persons	工业总产值 Gross Industrial Output Value
山西楼东俊安煤气化有限公司	Shanxi Xiaoyi Loudongjunan Coal Gasify Co., Ltd.	1671572
襄汾县万鑫原焦化有限公司	Xiangfen County Wanxinyuan Coking Co., Ltd.	636079
襄汾县腾达焦化厂	Xiangfen County Tengda coking plant	457552
稷山县希尧煤焦有限公司	Jishan Xiyao Coal and Coking Co.,Ltd.	458300
闻喜县新达玻璃器皿有限公司	Wenxi Xinda Glassware Co.,Ltd.	48716
山西金兴华化工有限公司	Shanxi Jinhua Chemical Industry Co., Ltd.	357915
交口县天马能源实业有限公司	Jiaokou Tianma Energy Co.,Ltd.	332067
山西维达机械制造有限公司	Shanxi Weida Machinery Manufacture Co.,Ltd.	446609
山西森润煤化有限公司	Shanxi Senrun Coal Co.,Ltd.	507973
山西晋能集团大同能源发展有限公司	Shanxi Jinneng Group Datong Power Development Co.,Ltd.	841117
山西省华翔同创铸造有限公司	Shanxi Huaxiang Tongchuang Casting Co.,Ltd.	380980
山西远中焦化有限公司	Shanxi Yuanzhong Coking Co.,Ltd.	549253
山西同世达煤化工集团有限公司	Shanxi Tongshida Coal Chemical Group Co.,Ltd.	1157018
山西厦普赛尔食品饮料股份有限公司	Shanxi Shapusaier Food and Drinking Share Holding Co.,Ltd.	492310
山西丰喜化工设备有限公司	Shanxi Toyoki Chemical Equipment Co., Ltd.	457469
山西兴杭隆矿业有限公司	Shanxi Xinghanglong Mining Co.,Ltd.	110829
山西省平遥县永坚重型铸造有限公司	Shanxi Pingyao Yongjian Heavy Casting Co.,Ltd.	81578
山西华晋纺织印染有限公司	Shanxi Huajin Textile Printing and Dyeing Co., Ltd.	654173
山西晋新双鹤药业有限责任公司	Shanxi Jinxin Shuanghe Pharmacy Co., Ltd.	99244
太原迎宪焦化集团有限公司	Taiyuan Yingxian Casting Co., Ltd.	604889
山西晋能集团朔州能源发展有限公司	Shanxi Jinneng Group Shuozhou Energy Development Co.,Ltd.	384179
山西西易能源集团股份有限公司	Shanxi Xiyi Energy Co.,Ltd.	368696
山西煤炭运销集团金达煤业有限公司	Shanxi Coal Transportation and Sales Group Jinda Coal Co.,Ltd.	486786
柳林县武家山煤矿	Liulin Wujiashan Coal Mine	332716
阳泉市南庄煤炭集团有限责任公司	Yangquan Nanzhuang Coal Group Co.,Ltd.	1057851
山西兰花丹峰化工股份有限公司	Shanxi Lanhuadanfeng Chemical Industrial Co.,Ltd.	127873
山西一一煤气化集团有限公司	Shanxi YiYi Coal Coking Group. Ltd.	552325
山西寿阳潞阳麦捷煤业有限公司	Shanxi Shouyang Yangmaijie Coal Co.,Ltd.	157777
潞安五阳广源实业公司	Lu'an Wuyangguangyuan Industry Company	421000
繁峙县平型关铁矿有限公司	Fanshi Pingxingguan Iron Ore Group Co.,Ltd.	205010
临汾顺泰实业有限公司	Linfen Shuitai Industry Co.,Ltd.	768354
武乡县同翔镁业有限公司	Wuxiang Tongxiang Magnesium Co., Ltd.	120705
襄汾县众泰冶炼实业有限公司	Xiangfen Zhonghe Smelting Co.,Ltd.	598667
山西玉和泰煤业有限公司	Shanxi Yuhetai Coal Co.,Ltd.	979769
山西三元福达煤业有限公司	Wuxiang Sanyuan Fuda Coal Co.,Ltd.	580577
山西振东制药股份有限公司	Shanxi Zhendong Pharmaceutical Share Co.,Ltd.	1164495
盂县阳升洁煤运销有限公司	Yuxian Shengjie Coal Transportation and Sales Co.,Ltd.	906921
山西省东义煤电铝集团有限公司	Shanxi Dongyi Coal, Power and Aluminum Group Co.,Ltd.	145084
山西同世达煤化工集团隆顺焦铁有限公司	Shanxi Tongshida Coal Chemical Group Longshun Coke and Iron Co.,Ltd	159268
山西亚鑫煤焦化有限公司	Shanxi Yaxin Coal Coking Co.,Ltd.	1500364

continued

(1 000 yuan)

全部从业人员年平均人数(人) Annual Average of the Employed (person)	营业收入 Revenue	主营业务收入 Revenue of Major Business	利税总额 Total Pre-tax and Profits	年末资产合计 Total Assets	固定资产原价 Original Value of Fixed Asset
1679	1399684	1399661	413141	3201357	1590789
710	633389	633389	52671	569958	346146
470	442446	442446	55663	257772	156432
889	374577	374577	27540	158819	124353
1300	43311	43311	776	44491	31120
610	296410	296410	12561	199239	77431
550	333767	333767	12512	1031877	1007945
300	450114	450114	25084	138965	82478
630	606507	606507	42350	418742	218145
1026	951821	938882	-10475	1773673	1034721
561	408282	407324	63539	389046	238181
600	616075	616075	5182	473121	292641
1868	1215472	1200318	45283	1764688	1845928
495	485076	485076	44016	358012	213682
819	350216	328482	106782	651052	233130
458	110590	110590	35474	841323	12467
410	82732	82715	3320	112072	69406
1100	573261	480157	6760	503596	240138
1016	89389	89182	8152	111886	135856
847	431366	431366	3905	666688	118324
950	384179	384179	-4463	1015308	452789
1620	382612	382612	133270	1181685	307853
800	488722	488722	146438	901280	852404
360	332360	332359	214213	413451	44649
3735	1076750	1034697	569689	1796283	717579
461	129489	122945	-57282	382914	357421
1236	386885	386885	11365	2259803	309633
688	67890	67890	-26269	428888	236550
998	421253	394226	34639	185770	25119
469	186668	186668	40060	464228	213116
680	823559	810669	41318	826164	198689
600	117946	117946	-8026	88001	33328
465	629257	629257	17787	187945	86294
520	1033467	1033467	447970	530445	408340
528	576689	576689	384238	667699	149374
2100	1074836	1074836	198126	2224333	315625
315	684874	684874	62490	222157	109910
672	129509	120774	51897	1281969	291947
483	146193	145573	-8253	586418	468494
1400	1628521	1494556	66862	1591205	646302

20-4 续表18

单位：千元

法人单位名称	Name of Artifical Persons	工业总产值 Gross Industrial Output Value
山西金海洋能源集团有限公司	Shanxi Jinhaiyang Clear Coal Co.,Ltd.	3122188
山西新华印业有限公司	Shanxi Xinhua Printing Co.,Ltd.	54798
山西华顿实业有限公司	Shanxi Huadun Industrial Co.,Ltd.	1475170
山西中德塑钢型材有限公司	Shanxi Zhongde Model Steel Profile Co., Ltd.	652431
灵丘县恒泰矿业开发有限责任公司	Lingqiuhengtai Coal Development Co.,Ltd.	103229
翼城县钰烨铸造有限公司	Yicheng Yuhua Casting Co.,Ltd.	214597
山西中化寰达实业有限责任公司	Shanxi Zhonghua Huanda Industry and Commerce Co.,Ltd.	610170
山西华恩机械制造有限公司	Shanxi Huaen Machine Making Co.,Ltd.	462610
山西汾西中兴煤业有限责任公司	Shanxi Fenxi Zhongxing Coal Co.,Ltd.	1105741
山西古县老母坡煤业有限公司	Shanxi Guxian Laomupo Coal Co.,Ltd.	256915
山西大土河永强煤业有限公司	Shanxi Datuhe Yongqiang Coal Industry Co.,Ltd.	165168
山西昔阳运裕煤业有限责任公司	Shanxi Xiyang Yunyu Coal Co.,Ltd.	308003
山西漳山发电有限责任公司	Shanxi Zhangshan Power Co., Ltd.	2465434
山西昔阳丰汇煤业有限责任公司	Shanxi Xiyang Fenghui Coal Co.,Ltd.	364408
酒钢集团翼城钢铁有限责任公司	Jiugang Group Yicheng Steel Co., Ltd.	7941066
盂县恒泰煤炭实业有限公司	Yuxian Hengtai Industry Co.,Ltd.	261191
北京红星股份有限公司六曲香分公司	Beijing Hongxing Share-holding Co., Ltd.Liuquxiang Branch Company	218447
太原市京丰铁路电务器材制造有限公司	Taiyuan Jingfeng Railway Electrical Equipment Manufacture Co.,Ltd.	454711
龙门科技集团有限公司	Shanxi Hejin Longmen Group Chief Company	1262328
运城恒磁科技有限公司	Yuncheng Hengci Science and Technology Co.,Ltd.	431380
沁和能源集团有限公司	Qinhe Energy Group Co.,Ltd.	2055725
山西黎城粉末冶金有限责任公司	Licheng Powder Metallurgical Co., Ltd.	469741
山西雁门乳业有限责任公司	Shanxi Yanmen Dairy Co.,Ltd.	70718
山西中宇钢铁有限公司	Shanxi Zhongyu Steel Co.,Ltd.	2096726
山西威奇达药业有限公司	Shanxi Weiqida Pharmacy Co., Ltd.	1379338
霍州市中冶焦化有限责任公司	Huozhou Zhongye Coking Co.,Ltd.	750787
晋城蓝焰煤业股份有限公司	Jincheng Blue Flame Coal Industry Co.,Ltd.	7074530
山西天浩化工股份有限公司	Shanxi Tianhao Chemical Share Co.,Ltd.	105007
孝义市河东煤焦有限责任公司	Xiaoyi City Hedong coal Co., Ltd.	194829
山西恒富煤化集团有限公司	Shanxi Hengfu Coal Group Co.,Ltd.	791711
山西省反坡煤业有限责任公司	Shanxi Zhangzi Local State-owned Fanpo Coal Mine	188647
交口县旺庄生铁有限公司	Jiaokou Wangzhuang Pig Iron Co.,Ltd.	748064
山西南耀集团小常矿业有限公司	Shanxi Nanyao Group Xiaochang Mining Co.,Ltd.	551177
汾西县玉匣铸业有限公司	Fenxi Yuxia Casting Co.,Ltd.	133235
平顺县开元公司	Pingshun Kaiyuan Company	95431
银亿宏峰矿业有限公司	Yinyihongfeng Coal Mine Co.,Ltd.	651706
代县泰丰矿业有限公司	Daixian Taifeng Coal Co.,Ltd.	315397
山西东方资源发展有限公司	Shanxi Eastern Resources Development Co.,Ltd.	1183206
长治市霍氏自备电力有限公司	Changzhi Huoshi Electric Power Co., Ltd.	163383
山西鲁能河曲发电有限公司	Shanxi Luneng Hequ Power Co., Ltd.	2018532

continued

(1 000 yuan)

全部从业人员年平均人数(人) Annual Average of the Employed (person)	营业收入 Revenue	主营业务收入 Revenue of Major Business	利税总额 Total Pre-tax and Profits	年末资产合计 Total Assets	固定资产原价 Original Value of Fixed Asset
2538	4926722	4921682	1111887	8954525	1072310
674	77731	73927	-1419	139233	158012
830	1525148	1525148	46247	336942	228509
854	522057	521630	21836	341815	77613
302	51210	51210	4836	114550	26520
360	250334	247824	1031	157984	185458
469	604584	599663	-32814	415410	334725
1250	477895	427475	12356	233489	108903
2647	1039393	1020203	55080	1153476	1251734
370	257272	257272	99228	246318	96929
306	139773	139773	79899	515199	82212
1178	373502	373077	48275	587737	259282
463	2465434	2465434	-91069	5681718	6270944
990	278431	278431	34878	1757575	438000
2437	9255805	8045664	439619	2506955	2111589
961	194902	194902	59131	677853	254099
404	167880	167544	45141	171449	58956
384	442034	442034	60629	601236	73350
1950	1074450	1074450	78556	1349656	2293500
1225	353012	350076	74948	378151	168580
4752	2072435	2072179	1589989	6607883	1077255
2699	356335	356335	168024	449614	272874
441	70718	70718	13163	80530	74153
3361	2467077	2280137	-159801	4572337	1970871
2379	1208036	1185391	173606	2236590	179740
693	818084	813585	-43206	482130	348926
14402	7280558	7184580	2520626	7545634	7975481
351	147640	147440	-36037	431584	554267
300	181107	181107	10873	44787	71947
1698	763474	723470	-49522	1717081	385772
620	180873	180873	86360	324191	209954
560	743116	743116	54326	940924	580069
1050	674497	670942	354584	2734966	408621
320	173371	173371	1002	82499	60812
434	77471	77471	14444	198695	21534
630	242777	242777	-93942	1407294	424332
357	287394	287394	86188	230634	84680
2000	1150466	1150466	167388	1424711	1088595
340	163383	163383	6293	222253	241708
912	1887554	1882174	648860	4213102	3907436

20-4 续表19

单位：千元

法人单位名称	Name of Artifical Persons	工业总产值 Gross Industrial Output Value
忻州蓝天锅炉有限公司	Xinzhou Lantian Boiler Co.,Ltd.	1618848
长治市瑞达焦业有限公司	Changzhi Ruida Coking Co., Ltd.	1299598
中国铝业股份有限公司山西分公司	China Aluminium Share Co.,Ltd. Shanxi Branch Company	4227563
山西城财焦化集团有限公司	Shanxi Chengcai Coking Group Co., Ltd.	133692
山西省黎城县金元钢铁有限公司	Licheng Jinyuan Steel and Iron Co., Ltd.	602580
山西鲁能河曲电煤开发有限责任公司	Shanxi Luneng Henqu Electricity and Coal Development Co.,Ltd.	858923
孝义市红塔煤焦有限公司	Xiaoyi Hongta Coal and Coke Co., Ltd.	201743
蓝星化工有限责任公司	Lanxing Chemical Industrial Co.,Ltd.	601302
山西北化关铝化工有限公司	Shanxi Beihuaguanlv Chemical Co., Ltd.	100969
山西潞安集团和顺一缘煤业有限责任公司	Shanxi Lu'an Group Heshunyiyang Coal Co.,Ltd.	372157
山西曙光煤焦集团有限公司	Shanxi Shuguang Coal and Coke Group Co.,Ltd.	1675743
交口县金象冶炼厂	Jiaokou Jinxiang Smelting Plant	105242
万荣三九药业有限公司	Wanrong Sanjiu Pharmacy Co., Ltd.	62593
山西美盛物资贸易有限公司邓家庄煤矿	Shanxi Feisheng Goods Trade Co.,Ltd.,Dengjiazhuang Coal Mine	621137
山西金桃园煤焦化集团有限公司	Shanxi Jintaoyuan Coal Coking Co.,Ltd.	719780
运城市绛县开发区通达化工有限公司	Yuncheng Jiangxian Development Zone Tongda Chemical Industry Co.,Ltd.	81338
太原狮头水泥股份有限公司朔州分公司	Taiyuang Shitou Cement Share Co.,Ltd. Shuozhou Branch	103359
山西潞安益民金属制品有限责任公司	Shanxi Lu'an Yimin Metal Product Co.,Ltd.	71365
山西绿野牧业开发有限公司	Shanxi Lvye Animal Husbandary Development Co.,Ltd.	111510
翼城县飞翔铸管有限公司	Yicheng Feiyang Casting Tube Co.,Ltd.	369788
山西华茂纺织有限公司	Shanxi Huamao Textile Co.,Ltd.	80147
鸿富晋精密工业(太原)有限公司	Hongfujin Precision Industry (Taiyuan) Co.,Ltd.	5034837
山西宏特煤化工有限公司	Shanxi Hongte Coal Chemical Industry Co.,Ltd.	1764101
襄汾县新兴冶炼有限公司	Xiangfen Xinxing Smelting Co.,Ltd.	422139
山西银鑫钢铁集团有限公司	Shanxi Yinxin Steel Group Co., Ltd.	50000
山西大土河焦化有限责任公司	Shanxi Datuhe Coking Co.,Ltd.	3778769
山西天鹏农牧有限公司	Shanxi Tianpeng Farming and Animal Husbandry Co.,Ltd.	147625
朔州平鲁森泰煤业有限公司	Shuozhou Pinglusentai Coal Co.,Ltd.	385500
岚县丰达焦化冶炼有限公司	Lanxian Fengda Coking and Smelting Co.,Ltd.	62847
河南省正龙食品有限公司山西分公司	Henan Zhenglong Food Co.,Ltd. Shanxi Branch	219987
襄汾县星原钢铁集团有限公司	Xiangfen Xingyuan Steel & Iron Group Co., Ltd.	1267212
山西三益华信电子有限责任公司	Shanxi Sanyi Huaxin Electronics Industry Co.,Ltd.	247368
山西中煤东坡煤业有限公司	Shuozhou Shuochengqu Dongpo Coal Mine	1702966
山西东辉新能股份有限公司	Shanxi Donghui New Energy Share Co.,Ltd.	2284036
宁武县栖风煤矿	Ningwu Xifeng Coal Mine	91825
古县晋豫焦化有限公司	Guxian Jinyu Coking Co.,Ltd.	1037921
山西通才工贸有限公司	Shanxi Tongcai Industry Trade Co.,Ltd.	3241016
永济市凯通服装面料有限责任公司	Yongji Kaitong Garment Material Co.,Ltd.	41519
大同鹊山精煤有限责任公司	Datong Queshan Refined Coal Co.,Ltd.	583400

continued

(1 000 yuan)

全部从业人员年平均人数(人) Annual Average of the Employed (person)	营业收入 Revenue	主营业务收入 Revenue of Major Business	利税总额 Total Pre-tax and Profits	年末资产合计 Total Assets	固定资产原价 Original Value of Fixed Asset
2415	1610058	1610058	501658	946419	218546
454	1297549	1297534	12727	422093	355913
11861	4437045	4308148	563682	8359144	11940071
324	79304	79304	1590	1451111	282426
600	604505	604505	23782	249513	114548
1410	833875	832721	275095	1565532	1434945
403	205647	205647	1122	197026	144985
635	590941	590941	-69231	518846	636533
369	102797	98415	8526	71315	27016
1200	368503	366391	51183	930699	533999
2014	1502652	1501554	367661	1544173	836660
304	103835	103835	4036	63254	49942
492	59925	59659	6751	90311	66342
840	565387	565187	439780	1056429	386563
1050	799235	797785	-114950	1034314	241921
438	77542	77542	-3151	69327	32263
362	109355	109355	8945	201000	182076
474	70698	70698	6122	41966	15527
490	80255	80255	1767	51482	26118
790	452963	452963	31582	183890	69935
369	67595	67595	2916	158777	41298
50613	5281576	5123356	49014	8751360	6436249
1291	1640166	1636901	32973	2206973	708905
420	422581	422581	28820	164660	94697
316	37500	37500	1325	327538	230853
5766	3412515	2988973	418199	8837600	2712899
302	165574	165574	39694	182149	72144
442	385500	385500	116060	263382	106440
320	37554	37554	1056	207071	106159
715	218502	217136	8429	92903	79296
1518	982956	982956	44796	1564887	906988
2092	377894	377894	-12697	764838	595270
308	991162	991162	432151	1995191	771346
1700	2038444	2038444	253797	2778014	1177322
496	91825	91825	23897	95410	81605
705	1012092	1012092	64434	847756	376389
1010	3676851	3262322	169502	2325993	1188280
403	42252	39571	255	40406	19183
2540	551553	551553	194228	565035	557071

20-4 续表20

单位：千元

法人单位名称	Name of Artifical Persons	工业总产值 Gross Industrial Output Value
大同煤矿集团轩岗煤电有限责任公司	Xuangang Coal and Power Co., Ltd.	1102585
宏全食品包装(太原)有限公司	Taiyuan Hongquan Food Packaging Co.,Ltd.	446000
山西吕梁东江煤业有限责任公司	Shanxi Lvliang Dongjinag Coal Co.,Ltd.,	589009
交口县兴荣冶炼有限公司	Jiaokou Xingrong Smelting Co.,Ltd.	235778
晋城市健牛工贸有限公司	Jincheng Jianniu Industry &Commerce Co.,Ltd.	82275
永济中农化工有限公司	Yongji Zhongnong Chemical Industry Co., Ltd.	279735
翼城县创新冶炼有限责任公司	Yicheng Chuangxin Smelting Co.,Ltd.	289954
西山煤电（集团）有限责任公司	Xishan Coal and Electricity Co.,Ltd.	22711256
临汾志强钢铁有限公司	Linfen Zhiqiang Steel & Iron Co.,Ltd.	2117187
晋城福盛钢铁有限公司	Jincheng Fusheng Steel and Iron Co.,Ltd.	5884236
古县锦华焦化有限公司	Guxian Jinhua Coking Co.,Ltd.	444604
山西永鑫焦化有限责任公司	Shanxi Yongxin Coking Co.,Ltd.	1380927
山西金信易威镁业有限公司	Shanxi Jinxin Yiwei Magnesium Co.,Ltd.	166876
灵石县宇泰焦化有限公司	Lingshi Yutai Coking Co., Ltd.	212622
山西江阳化工有限公司	Shanxi Yangjiang Chemical Industry Co.Ltd.	551570
山西立恒钢铁有限公司	Shanxi Liheng Steel & Iron Co.,Ltd.	4900971
河津市华鑫源钢铁有限责任公司	Hejin Huaxinyuan Steel Co., Ltd.	1412448
山西盛华煤气焦化集团有限公司	Shanxi Shenghua Coal Gas & Coke Group Co., Ltd.	210469
长治市劲牛焦化有限公司	Changzhi Jinniu Coking Co.,Ltd.	246994
文水海威钢铁有限公司	Wenshui Haiwei Steel and Iron Co.,Ltd.	3691513
山西天地王坡煤业有限公司	Shanxi Tiandiwangpo Coal Industry Co.,Ltd.	972811
山西新能源镁业有限公司	Taiyuan New Energy Magnesium Industry Co., Ltd.	138384
襄汾县新金山特钢有限公司	Xiangfen Xinjinshang Special Steel Co.,Ltd.	3952219
晋城市晨晖管业有限公司	Jincheng Chenhui Pipe Industry Co., Ltd.	58196
山西恒大化工有限公司	Shanxi Hengda Chemical Industry Co.,Ltd.	224078
古县宝丰焦化有限公司	Guxian Baofeng Coking Co.,Ltd.	316595
襄汾县晋华焦铁有限公司	Xiangfen Jinhua Coke and Iron Co.,Ltd.	292615
山西八达镁业有限公司	Shanxi Bada Magnesium Co.,Ltd.	337660
高平市泫氏铸管有限公司	Gaoping Xuanshi Casting Pipe Co., Ltd.	392622
山西鲁能晋北铝业有限责任公司	Shanxi Luneng Jinbei Aluminium Co., Ltd.	2927013
山西汉通机械有限公司	Shanxi Hantong Machinery Co.,Ltd.	121298
山西华泽铝电有限公司	Shanxi Huaze Aluminum and Electric Co., Ltd.	4659305
高平市福鑫铸管有限责任公司	Gaoping Fuxin Casting Co.,Ltd.	159306
山西新元煤炭有限公司	Shanxi Xinyuan Coal Co.,Ltd.	2065810
黎城县黄崖洞纯铁精矿有限公司	Licheng Huangyadong Pure Iron and Ore Concentrate Co.,Ltd.	68480
山西云马焦化有限责任公司	Yun Ma, Shanxi Coking Co., Ltd.	357203
山西太岳焦化有限公司	Shanxi Taiyue Coking Co.,Ltd.	957375
山西天然气股份有限公司	Shanxi Natural Gas Share Co.,Ltd.	1965719

continued

(1 000 yuan)

全部从业人员年平均人数(人) Annual Average of the Employed (person)	营业收入 Revenue	主营业务收入 Revenue of Major Business	利税总额 Total Pre-tax and Profits	年末资产合计 Total Assets	固定资产原价 Original Value of Fixed Asset
7895	1710377	1710277	207537	3663727	738498
370	439285	435277	41910	398255	299241
405	589009	589009	250754	1102370	438031
420	227148	227148	-6272	438447	404114
320	89832	89832	3511	108693	41635
832	294125	293834	47178	667935	217864
750	270010	270010	5024	157299	138664
65438	22014815	21276555	5547990	37445012	21902984
1450	2007836	2007836	129619	1046935	1860280
6632	5507400	5507400	559967	4340067	3579826
398	478903	478903	31238	256710	126176
1300	1402602	1400008	261385	1323692	643327
710	153683	153683	10175	100840	91052
703	185102	185102	-19249	415610	376806
2876	588522	577187	8048	918746	569383
3500	5454474	4984421	301185	1317842	922329
1782	1596166	1596166	83416	799741	1360941
430	203553	203553	-12415	508544	322268
365	246994	246994	11332	138828	100424
4800	3825041	3816898	137417	3584783	3147380
1417	1016569	967835	658773	1682970	1064289
520	123823	123823	-143	218820	97595
1701	3919337	3919098	74409	1001482	396574
350	59234	58196	-4699	49520	28910
352	233912	230036	7815	130242	73973
360	319130	319130	25418	260730	82967
590	290819	290819	25418	390798	292444
1060	343458	332102	11808	294291	203440
760	423494	416012	58567	377279	207153
3252	2698949	2678141	298090	11070587	8576968
500	139307	138795	15420	282477	46060
2559	4718082	4669196	214779	5985814	6592942
316	164572	163684	12516	231658	91765
3486	2549965	2299288	640923	3018888	2242174
390	46048	46048	14916	66800	39868
595	237459	237459	56843	313909	131967
620	959574	959574	73700	582523	428036
580	1875709	1875709	121645	3081737	1560663

20-4 续表21

单位：千元

法人单位名称	Name of Artifical Persons	工业总产值 Gross Industrial Output Value
山西晋韵钢铁有限公司	Shanxi Jinyun Steel and Iron Co.,Ltd.	356540
潞城市兴宝钢铁有限责任公司	Lucheng Xingbao Steel Co.,Ltd.	1326037
山西宏伟矿业有限责任公司	Shanxi Grand Mining Co., Ltd.,	505669
山西华强钢铁有限公司	Shanxi Huaqiang Steel Co.,Ltd.	466252
山西柴油机工业有限责任公司	Shanxi Diesel Engine Plant	1266270
山西永昌源煤气焦化集团有限公司	Shanxi Yongchangyuan Coking Coal Co.,Ltd.	618180
长治市长源焦化有限公司	Changzhi Changyuan Coke Co.,Ltd.	363665
山西榆次国联制管有限公司	Shanxi Yuci Guolian Pipe-Manufaturing Co.,Ltd.	759588
长治市郊区南村煤化有限公司	Changzhi Suburbs Nancun Coal Co.,Ltd.	266208
山西汇诚电冶有限公司	Shanxi Huicheng Electricity Smelting Co.,Ltd.	497000
太原北白水泥制造有限公司	Taiyuan Beibai Cement Manufacture Co., Ltd.	264579
临汾晋能焦化有限公司	Linfen Jinneng Coking Co.,Ltd.	341934
山西亮宇炭素有限公司	Shanxi Pingyao Liangyu Carbon Co.,Ltd.	167232
山西巨龙焦化有限公司	Shanxi Julong Coking Co., Ltd.	154210
盂县中信焦化有限公司	Yuxian CITIC Coking Co., Ltd.	225883
山西煤焦集团五麟煤焦开发有限责任公司	Shanxi Coking Coal Group Wulin Coking Coal	1204196
闻喜县振鑫镁业有限责任公司裴社镁厂	Wenxi Zhenxin Magnesium Co.,Ltd. Peishe Magnesium Plant	165656
中国铝业山西分公司孝义铝矿	China Aluminium Shanxi Branch Company Xiaoyi Mine	365243
山西忻益铁合金有限公司	Shanxi Xinyi Iron Alloy Co., Ltd.	247941
长治清华钢结构有限公司	Changzhi Qinghua Steel Structure Co., Ltd.	470430
大同煤矿集团轩岗煤电有限责任公司梨园河煤矿	Datong Coal Mine Group Xuangang Coal and Electricity Co.,Ltd. Liyuan Coal Mine	604949
孝义市华德煤焦有限公司	Xiaoyi City Huade coal Co., Ltd.	80201
襄汾县鑫盛冶炼实业有限公司	Xiangfen Xinsheng Smelting Co.,Ltd.	333463
山西铝厂水泥厂	Cement Plant of Shanxi Aluminum Plant	97243
襄汾县鸿达钢铁集团有限公司	Xiangfen Hongda Coking Co., Ltd.	533282
寿阳县天泰煤业有限责任公司	Shouyang Tiantai Coal Industry Co., Ltd.	317474
山西灵石红杏鑫鼎泰煤业有限公司	Shanxi Lingshi Hongxingxindengtai Coal Co.,Ltd.	120884
清徐县琦锋纺织厂	Qingxu Qifeng Textile Plant	125344
洪洞县诚信洗煤厂	Hongtong Chengxin Coal Washing Plant	401884
内蒙古蒙牛乳业(集团)山西乳业有限公司	Inner Mongolia Mengniu Dairy Group Shanxi Dairy Co., Ltd.	108114
曲沃县闽光焦化有限责任公司	Quwo Minguang Coking Co., Ltd.	1268539
代县李家庄昌盛铁矿	Daixian Lijiazhuang Changsheng Iron Mine	288568
山西西山晋兴能源有限责任公司	Shanxi Xishan Jinxing Energy Co.,Ltd.	3678898
大同晋能工业硅有限公司	Datong Jieneng Industrial Silicon Co.,Ltd.	469604
山西晋丰煤化工有限责任公司	Shanxi Jinfeng Coal Industry Co.,Ltd.	1926406
临汾万鑫达焦化有限公司	Linfen Wanxinda Coking Co., Ltd.	2391690
翼城县亿通铸业有限公司	Yicheng Yitong Casting Co.,Ltd.	193906

continued

(1 000 yuan)

全部从业人员年平均人数(人) Annual Average of the Employed (person)	营业收入 Revenue	主营业务收入 Revenue of Major Business	利税总额 Total Pre-tax and Profits	年末资产合计 Total Assets	固定资产原价 Original Value of Fixed Asset
482	321200	321200	3211	112474	87011
1302	1299721	1299516	13277	793636	340374
1446	584127	584127	247412	813429	618930
460	563600	562244	-884	234930	131372
4550	1238538	1231148	45332	2036733	1295339
670	608777	608777	19721	524632	380777
436	476896	476625	-4051	327225	212276
682	1587408	1587408	-8690	1174274	182007
500	255303	255303	-34892	335879	281998
960	416987	416987	27410	203998	74365
320	281107	258742	43703	85092	60949
350	359107	359107	42210	402188	33852
502	167060	167060	7479	160750	87322
600	95570	95570	-10877	136121	113221
480	282639	259318	-2076	369274	132393
965	1109216	1107419	133647	2874156	1006840
673	168670	168670	-2356	159199	105817
1343	516349	516349	74644	1414021	1241587
487	237066	237066	8170	104561	16938
588	464706	458178	8135	337337	3088
2114	551534	551274	121038	80752	199982
310	79129	79129	-6032	119728	78857
495	322203	322203	46012	282048	159689
340	94558	94286	4729	140940	144896
640	771353	771353	22837	439086	274429
826	305330	305166	105880	320550	237865
360	146690	146690	49026	301650	71970
450	98073	98073	110	205527	6238
343	401884	401884	40868	50320	19306
334	131574	131574	22847	53083	10100
730	1423021	1333057	78123	1246708	523188
393	278016	278016	177917	114881	51273
2376	3809794	3649428	1634153	7386945	5472414
411	479942	476759	4894	284997	70179
2959	1954231	1936091	-134531	2523872	2775150
1929	2459239	2459239	127880	3093144	1416812
500	195178	195178	7071	127056	48566

20-4 续表22

单位：千元

法人单位名称	Name of Artifical Persons	工业总产值 Gross Industrial Output Value
天脊集团高平化工有限公司	Tianji Group Gaoping Chemical Industry Co.,Ltd.	805649
山西文通盐桥复合肥有限公司	Shanxi Wentong salt bridge Fertilizer Co., Ltd.	511287
沁水蓝焰煤层气有限责任公司	Qinshui Blue Flame Coalbed Gas Co.,Ltd.	567520
中阳县裕祥煤业有限责任公司	Zhongyang Yuxiang Coal Co.,Ltd.	71739
山西龙门铝业有限公司	Shanxi Longmen Aluminium Co., Ltd.	99619
山西铭石煤层气利用股份有限公司	Shanxi Mingshi CBM utilization Co.,Ltd.	280702
山西北方兴安化学工业有限公司	Shanxi Beifangxing'an Chemical Co.,Ltd.	542240
山西安泽玉华煤业有限公司	Shanxi Anze Yuhua Coal Co.,Ltd.	791911
山西东诚钢铁有限公司	Shanxi Dongcheng Steel and Iron Co.,Ltd.	75649
山西晋煤集团沁秀煤业有限公司	Shanxi JinMei Group Qinxiu Coal Co.,Ltd.	930707
山西曙光药业有限公司	Shanxi Shuguang Pharmacy Co., Ltd.	79527
繁峙县通达冶金矿业有限公司	Fansi Tongda Metallurgical Coal Co.,Ltd.	247394
山西三明重工机械制造有限公司	Shanxi Sanming Heavy Machinery Manufacturing Co.,Ltd.	147720
太原东铝铝业有限公司	Taiyuan Donglv Aluminium Co.,Ltd.	563141
山西铺龙湾煤业有限公司	Shanxi Pulongwan Coal Co.,Ltd.	346442
临猗恒晟纺织有限公司	Linyi Hengcheng Textile Co., Ltd.	348840
长治市郊区晋源焦化有限公司	Changzhi Suburb Jinyuan Coking Co.,Ltd.	118359
宁武县大运华盛煤矿	Ningwu Dayun Huasheng Coal Mine	437926
山西中凯集团灵石热电有限公司	Shanxi Zhongkai Group Lingshi Thermoelectric Co.,Ltd.	49303
孝义市卫鸿高硫机焦有限公司	Xiaoyi WeiHong Coking Co.,Ltd.	128309
山西省太谷县中煤京达焦化有限公司	Taigu County, Shanxi Province Coal Coking Co., Ltd. Gundag	485640
山西西小坪耀森耐火材料有限公司	Shanxi Xixiaoping Yaosen Fireproof Material Co.,Ltd.	116325
灵丘县金宇铁合金有限责任公司	Lingqiu Jinyu Iron Alloy Co.,Ltd.	361108
泽州县弘鑫工贸有限公司	Zezhou Hongxin Industrial and Trading Co.,Ltd.	313930
晋源实业有限公司	Jinyuan Industry & Commerce Co., Ltd.	374177
运城市鑫源骏达木业有限公司	Yuncheng Xinyuan Junda Wood Industry Co.,Ltd.	353147
高平市三甲炼焦有限责任公司	Gaoping Sanjia Coking Co.,Ltd.	605238
太原市百城铁合金有限公司	Taiyuan Baicheng Ferroalloy Co.,Ltd.	636250
山西柳林哪哈沟煤业有限公司	Shanxi Liulin Nahegou Coal Co.,Ltd.	322779
太原罗克佳华工业有限公司	Taiyuan Roque Jiahua Industrial Co., Ltd.	547451
山西聚源煤化有限公司	Shanxi Juyuan Coal Co., Ltd.	820246
榆缆线缆集团有限公司	Shanxi Yulan Wire Group Co.,Ltd.	440983
孝义市恒山焦化有限公司	Xiaoyi Hengshan Coking Co.,Ltd.	272929
山西天星煤气化有限公司	Shanxi Star Coal Gasification Co., Ltd.	688843
代县龙华矿业有限责任公司	Daixian Longhua Coal Co.,Ltd.	438720
晋城沁泽焦化有限公司	Jincheng Qinze Coking Co.,Ltd.	190234
山西禹王煤炭气化有限公司	Shanxi Yuwang Coal Gasify Co., Ltd.	1982714
长治市金泽生物工程有限公司	Changzhi Jinze Bioengineering Co., Ltd.	2497621
灵石县中煤九鑫焦化有限责任公司	Lingshi County Jiuxin Coking Coal Co., Ltd.	2219743

continued

(1 000 yuan)

全部从业人员年平均人数(人) Annual Average of the Employed (person)	营业收入 Revenue	主营业务收入 Revenue of Major Business	利税总额 Total Pre-tax and Profits	年末资产合计 Total Assets	固定资产原价 Original Value of Fixed Asset
1195	812128	812128	-146363	2633011	2125693
1028	582012	496361	77233	737618	460072
1532	569133	567521	284257	1675383	125176
406	78244	78244	25148	261423	39247
411	153763	151250	4805	108210	144340
363	280702	265188	15829	373383	83147
4161	536660	532130	4110	1467350	936170
386	716023	716023	477735	652439	323425
359	75649	75649	15445	232919	176826
3296	1184113	936822	300039	2646751	931753
427	60590	60590	10077	68483	23105
300	235554	235554	13173	177046	111596
370	147720	147720	6466	106561	28972
857	596559	592364	-11332	598852	694591
507	332293	332293	12354	815818	37121
860	269086	269086	27178	310353	117223
534	144967	144967	-13076	64312	26624
1004	401533	370828	106936	512423	324391
350	58549	56738	-35476	425214	214872
300	131726	131726	1444	495457	441133
399	497196	496995	47500	611743	373556
643	115704	115704	11638	258043	104977
707	308081	308081	21822	152229	52975
348	310791	310791	1442	84705	80376
400	358099	358099	13192	129746	84346
302	357308	357308	32968	1130214	183347
522	636309	636309	43992	929782	634552
495	631250	631250	92400	198256	65327
896	306329	306329	167544	1544678	99493
810	525414	525414	91097	250226	34810
611	857369	857369	-31027	484989	354935
305	397747	397747	25259	268540	98935
362	138242	138242	7926	215682	141775
618	636900	587686	11384	590692	346085
383	478948	478948	166668	262034	143819
318	189560	189560	-1997	436252	237920
927	2210645	2210645	14539	1923099	822479
2060	2431292	2431292	164673	1418112	549941
1386	2431786	2431052	-89846	1586154	1110139

20-4 续表23

单位: 千元

法人单位名称	Name of Artifical Persons	工业总产值 Gross Industrial Output Value
山西长平煤业有限责任公司	Shanxi Changping Coal Co.,Ltd.	3890634
山西太原药业有限公司	Shanxi Taiyuan Pharmacy Co., Ltd.	168810
山西省晋能集团金光铁合金有限公司	Shanxi Jinneng Group Jinguang Ferroalloy Co.,Ltd.	466559
孝义市华庆铝业有限公司	Xiaoyi Huaqing Aluminum Co.,Ltd.	60937
大同煤矿集团铁峰煤业有限公司	Datong Coal Mine Group Tiefeng Coal Co., Ltd.	754139
山西兴盛大运煤业有限公司	Shanxi Xingsheng dayun Coal Co.,Ltd.	91337
山西宏安焦化科技有限公司	Shanxi Hongan Coking Co., Ltd.	982045
柳林县浩博煤焦有限责任公司	Liulin Haobo Coal Coking Co.,Ltd.	806494
吕梁市永宁煤焦有限公司	Lvliang Yongning Coal&Coking Co.,Ltd.	886567
怀仁县地方国营砂石煤矿	Huairen Local State-owned Shashi Coal Mine	199152
太原市三高能源发展有限公司	Taiyuan Sangao Energy Development Co.,Ltd.	80500
兴县昌盛镁业有限公司	Shanxi Xingxian Changsheng Magnesium Co.,Ltd.	171794
屯留县祥瑞焦化有限公司寺底焦化厂	Tunliu Xiangrui Coking Co., Ltd, Sidi Coking Plant	353671
山西神龙能源焦化有限责任公司	Shanxi Shenlong Energy Coking Co.,Ltd.	571834
山西达康科工贸集团有限公司	Shanxi Dakang Science Industry & Trade Group Co.,Ltd.	686160
沁源县明源煤焦有限公司	Qinyuan Mingyuan Coal and Coke Co., Ltd.	800024
山西明禾陶瓷有限责任公司	Shanxi Minghe Ceramics Co.,Ltd.	36000
沁源县常源焦化有限公司	Qinyuan Changyuan Coking Co.,Ltd.	477333
霍州煤电集团吕临能化有限公司	Huozhou Coal Electricity Group Lvlin Chemical Energy Co.,Ltd.	1120728
灵丘县宏运矿业有限责任公司	Lingqiu Hongyun Mineral Industry Co.,Ltd.	364193
代县龙丰冶金有限责任公司	Daixian Longfeng Smelting Co.,Ltd.	433828
汾西县煤气化有限责任公司	Fenxi County Coal Gasification Co., Ltd.	263938
山西灵石华瀛冯家坛煤业有限公司	Shanxi Lingshi Huaying Fengjiatan Coal Co.,Ltd.	320239
泽州县世纪球墨铸造有限公司	Zezhou Century Nodular Casting Co., Ltd.	277509
山西武圣铝业有限公司	Shanxi Wusheng Aluminium Industry Co.,Ltd.	466551
山西青耀玻璃有限公司	Shanxi Qingyao Glass Co., Ltd.	90135
山西平舒煤业有限公司	Shu-Ping, Shanxi Coal Co., Ltd.	1056851
襄垣县鸿达煤化有限公司	Xiangyuan Hongda Coal Co., Ltd.	588143
山西兰花科创田悦化肥有限责任公司	Shanxi Lanhuakechuang Denetsu Fertilizer Co., Ltd.	510444
山西华美奥能源集团有限公司(兴陶煤矿)	Shanxi Huameiao Energy Group Co.,Ltd.	1036000
山西森特煤焦化工程集团有限公司闻喜分公司	Shan Xi Sente Coking Engineering Group Co., Ltd. Wenxi Branch	177589
山西忻州神达晋保煤业有限公司	Shanxi Xinzhou Shendajinbao Coal Co.,Ltd.	319848
晋城宏圣科威矿用材料有限公司	Jincheng Hongshengkewei Mining Material Co.,Ltd.	395914
山西环鑫源不锈钢有限公司	Shanxi Huanxinyuan Stainless Steel Co.,Ltd.	1192390
山西临县西山晟聚煤业有限公司	Shanxi Linxian Xishanshengju Coal Co.,Ltd.	72451
中信机电车轿有限责任公司	CTTIC Mechanical and Electrical Carrage Co.,Ltd.	187759
山西灵石银源兴庆煤业有限公司	Shanxi Lingshi Shiyinyuanxingqing Coal Co.,Ltd.	266831
山西恒通能源有限公司	Shanxi Hengtong Energy Co.,Ltd.	644522

continued

(1 000 yuan)

全部从业人员年平均人数(人) Annual Average of the Employed (person)	营业收入 Revenue	主营业务收入 Revenue of Major Business	利税总额 Total Pre-tax and Profits	年末资产合计 Total Assets	固定资产原价 Original Value of Fixed Asset
6703	3735987	3661596	690722	3904226	3446849
750	127092	122091	-11420	200674	61520
787	417864	416983	9952	360948	261209
450	33522	33487	-21102	477874	5238
1674	758229	757400	129626	1061679	272262
303	87604	87030	4936	80974	22566
1174	969970	969970	265628	1200470	916432
902	862504	862504	70944	2621673	686456
2302	774872	774872	532975	1940538	128866
600	189691	189691	13997	354857	174527
318	72958	72958	3965	101506	16986
1500	170141	170141	-14373	182874	37977
330	364027	363087	37784	46938	470
502	596165	596165	-10128	429830	426590
830	650123	650123	66226	560243	481560
592	516134	507926	-20474	1103899	305514
315	32000	32000	5652	62300	57850
420	425356	424162	-35463	535745	260785
1949	1144113	1143405	423579	1213661	1092126
1326	142330	142330	9218	752840	745000
384	450358	450125	41892	137114	96081
582	235626	235626	-78047	911935	423151
352	325196	325196	251984	457973	74597
421	270476	270476	-561	109584	17039
479	475780	475349	48343	787658	452399
755	92898	92898	1300	562261	425724
2639	1094424	1088077	391618	1712726	625079
529	588143	588143	15118	273838	178620
732	408454	405497	-132760	1231576	1156700
445	1048180	1036000	260638	911659	301621
500	201971	201379	2327	232152	24084
300	291740	291740	219675	341852	219190
812	362924	362207	12099	186976	35641
510	1014767	1014767	16894	1063838	923398
492	46390	46390	-90882	270298	120812
1411	192127	186080	-18955	513398	449412
980	223311	223311	109623	552828	448439
410	910315	910315	20147	515951	163667

20-4 续表24

单位：千元

法人单位名称	Name of Artifical Persons	工业总产值 Gross Industrial Output Value
山西汾阳王酒业有限责任公司	Shanxi Fenyangwang Wine Co.,Ltd.	70507
中车双喜轮胎有限公司	Chonche Auto Double Happiness Tire Corp. Ltd.	1811133
朔州市格瑞特实业有限公司	Shuozhou Geruite Industrial Co.,Ltd.	363609
山西北方晋东化工有限公司	Shanxi Beifangjindong Chemical Industry Co.,Ltd.	144400
原平钢铁有限公司	Yuanping Steel and Iron Co.,Ltd.	244987
原平市白石铁选有限公司	Yuanping Paishi Iron Selecting Co.,Ltd.	101265
国投大同能源有限责任公司	SDIC Datong Energy Co., Ltd.	1293426
新绛县亿家康面业有限公司	Xinjiang Yijiakang Flour Co.,Ltd.	81054
霍州煤电集团吕梁山煤电有限公司	Huozhou Coal & Electric Group Lvliang Coal & Electric Co., Ltd	2751869
山西风雷钻具有限公司	Shanxi Fenglei Drilling Co.,Ltd.	53690
山西平阳重工机械有限责任公司	Shanxi Pingyang Heavy Machinary Co.,Ltd.	1933042
山西汾西矿业集团有限责任公司贺西煤矿	Shanxi Fenxi Mine Group Hexi Coal Mine	1582420
山西汾西矿业集团有限责任公司双柳煤矿	Shanxi Fenxi Mine Group Shuangliu Coal Mine	1659178
大同煤矿集团阳方口矿业有责任限公司	Datong Coal Mine Group Yangfangkou Mining Co.,Ltd.	545636
山西曜鑫煤焦有限公司	Shanxi Yaoxin Coking Co.,Ltd.	252801
汾阳市金塔山福利煤焦有限公司	Fenxi Jintashan Welfare Coal and Coke Co.,Ltd.	136580
山西汾西曙光煤业有限责任公司	Shanxi Fenxi Shuguang Coal Co.,Ltd.	1243239
山西汾西紫金煤业有限责任公司	Shanxi Fenxi Ziji Coal Co.,Ltd.	1205495
介休市昌盛煤气化有限公司	Jiexiu Changsheng Coal Gasfication Co.,Ltd.	282140
太原市汉波食品工业有限公司	Taiyuan Hanbo Food Industrial Co.,Ltd.	143936
山西中强福山煤业有限公司	Shanxi Zhongqingfushan Coal Co.,Ltd.	40884
国投昔阳能源有限责任公司	SDIC Xiyang Energy Co., Ltd.	528702
山西仟源制药股份有限公司	Shanxi Qianyuan Pharmaceutical Share Co.,Ltd.	283987
阳泉市南煤机械制造有限责任公司	Yangquan Nanmei Machinery Manufacturing Co., Ltd.	65272
晋城市清慧汽车配件制造有限公司	Jincheng Qinghui Automobile Accessories Mading Co.,Ltd.	353380
山西宏强焦煤有限公司	Shanxi Hongqiang Coking Coal Co.,Ltd.	580107
山西成凯机车车辆配件有限公司	Shanxi Chengkai Locomotive Vehicle Accessories Co., Ltd.	66474
山西文峰焦化科技有限公司	Shanxi Wenfeng Coking Technology Co.,Ltd.	1314564
平陆县昌盛不锈钢炉料有限公司	Pinglu Yudong Electric Smelting Group Co.,Ltd.	693436
夏县运力化工有限公司	Xiaxian Yunli Chemical Industry Co.,Ltd.	136797
大同市同华矿机制造有限公司	Datong Tonghua Mine Machinery Co.,Ltd.	168155
山西煤炭运销集团石碣峪煤业有限公司	Shanxi Coal Transportation and Sales Group Shijieyu Coal Co.,Ltd.	89710
山西王家峪煤业有限公司	Shani Wangjiayu Coal Co.,Ltd.	216650
山西灵石保利铁新煤业有限公司	Shanxi Lingshi Baolitiexin Coal Co.,Ltd.	285907
孝义市盛大煤焦有限公司	Xiaoyi Shengda Coking Coal Co.,Ltd.	560702
永济市粟海铝业有限公司	Yongji Suhai Aluminum Co.,Ltd.	430475
孝义市东正冶金化工有限公司	Xiaoyi Dongzheng Golden Chemical Industry Co.,Ltd.	122929

continued

(1 000 yuan)

全部从业人员年平均人数(人) Annual Average of the Employed (person)	营业收入 Revenue	主营业务收入 Revenue of Major Business	利税总额 Total Pre-tax and Profits	年末资产合计 Total Assets	固定资产原价 Original Value of Fixed Asset
410	55121	53567	10521	86940	23742
765	2003105	1994478	43005	1928127	754690
483	363608	363496	11406	1535328	1350689
1318	149860	144680	-930	626650	392850
1080	173092	170102	20653	171555	61382
446	94187	94187	3766	140167	79177
766	924632	924632	432170	2680866	1370413
370	79890	70019	2818	56513	10340
3845	3116323	3071099	410533	2475059	2534562
900	149829	143172	-3822	213540	34828
3319	1601670	1502990	50120	3564830	1102704
2612	1603217	1571741	550140	592847	906761
2357	1693100	1684044	578151	550935	849880
2756	537512	535194	101486	825493	379675
420	204573	204573	-20170	694360	30937
630	70980	70980	23939	289309	37115
1658	741665	734403	-18001	627140	830133
1947	863129	830769	-4088	991253	751409
550	397651	397224	46495	749149	225179
438	138578	138578	8473	76016	26243
753	62279	62279	17537	517238	247577
2763	546326	546326	13009	3861317	2310681
813	319553	319553	89442	271282	123208
376	48015	48015	1484	42866	20976
780	317410	317410	30159	308973	115558
800	639643	550064	296	456571	60214
400	77797	77791	-2570	221727	90214
1140	1167710	1167710	173898	2146697	611785
480	546899	546899	16047	451308	84971
372	114473	114473	3855	42788	16906
345	192993	174063	4513	78790	16256
574	76675	76675	16120	233499	56270
600	196602	196602	62915	826897	135436
750	274938	274938	147118	581534	388838
300	880311	846211	84498	112899	32041
330	301736	298190	51601	202381	149391
349	101286	101286	-10007	434008	242429

20-4 续表25

单位：千元

法人单位名称	Name of Artifical Persons	工业总产值 Gross Industrial Output Value
山西利民机电有限责任公司	Shanxi Limin Industry Co.,Ltd.	41876
繁峙县中兴矿业发展有限公司	Fanshi County ZTE Mining Development Co., Ltd.	111251
山西利虎玻璃（集团)有限公司	Shanxi Lihu Glass Group Co.,Ltd.	1110074
灵丘县梨园金矿有限责任公司	LingQiu County Liyuanjinkuang Co.,Ltd.	51578
孝义市田园化工有限公司	Xiaoyi Tianyuan Chemical Industry Co.,Ltd.	163223
介休市新泰钢铁有限公司	Shanxi Jiexiu City Xintai Iron & Steel Co., Ltd.	5477492
朔州市润臻新技术开发有限公司	Shuozhou Runzhen New Technology Development Co.,Ltd.	50470
大唐阳城发电有限责任公司	Datangyangcheng Power Co.,Ltd.	1968842
晋城市春晨兴汇实业有限公司	Jincheng Chunchen Xinghui Industry Co.,Ltd.	431331
太原煤气化公司东河煤矿	Taiyuan Coal Gasify Company Donghe Coal Mine	509437
太谷县聚兴铸造有限公司	Taigu Juxing Casting Co.,Ltd.	78148
新绛县祥益工贸有限公司	Xinjiang County Xiang Yi Industry & Trade Co., Ltd.	644247
灵丘县银龙贵金属有限责任公司	Lingqiu Yinlong Noble Metal Co.,Ltd.	154830
山西翼城首旺煤业有限责任公司	Shanxi Yicheng Shouwang Coal Co.,Ltd.	442530
山西右玉东洼北煤业有限公司	Shanxi Youyu Dongwabei Coal Co.,Ltd.	246323
中电投山西永济热电有限公司	Shanxi Yongji Heat Power Co.,Ltd. (China Electricity)	90250
垣曲国泰矿业有限公司	Yuanqu Cathay Pacific Mining Co., Ltd	466288
山西吕梁祥安煤业有限公司	Shanxi Lvliang Xiang'an Coal Co.,Ltd.	271743
山西紫金矿业有限公司	Shanxi Zijin Ore Industry Co.,Ltd.	357400
山西晋神河曲煤炭开发有限公司	Shanxi Jinshen Hequ Coal Development Co., Ltd.	897506
河津市宏泰粉煤灰开发有限公司	Hejin Hongtai Coal Ash Development Co.,Ltd.	13909
山西俄铝碳素有限公司	Lingshi Yutai Coking Co., Ltd.	153025
长治市双龙食品有限公司	Changzhi Shuanglong Food Co.,Ltd.	52637
山西高陶瓷业有限公司	Shanxi Gaotao Ceramics Co,Ltd.	53101
临县新民焦电有限公司	Jiao Xinmin Linxian County Electric Co., Ltd.	181442
山西隆华铸造有限公司	Shanxi Longhua Casting Co.,Ltd.	171283
山西红鑫淀粉有限公司	Shanxi Hongxin Starch Co.,Ltd.	209564
山西神州煤业有限责任公司	Shanxi Shenzhou Coal Co.,Ltd.	681313
繁峙县程林铁选有限责任公司	Fansi Chenglin Iron Selecting Co.,Ltd.	248741
山西美锦焦化有限公司	Shanxi Meijin Coking Co., Ltd.	1394742
山西汾西宜兴煤业有限责任公司	Shanxi Fenxi Yixing Coal Co.,Ltd.	872208
山西汾西新峪煤业有限责任公司	Shanxi Fenxi Mine Group Xinyu Coal Mine Co.,Ltd.	2362588
山西霍尔辛赫煤业有限责任公司	Shanxi Huoerxinhao Coal Co.,Ltd.	185498
古县玉生煤业有限公司	Guxian Yusheng Coal Co.,Ltd.	362564
朔州市平鲁区后安煤碳有限公司	Shouzhou Pingluqu Hou'an Coal Mine	803500
柳林县森泽煤铝有限责任公司	Liulin Senze Coal and Aluminum Co.,Ltd.	358002
山西太谷恒达煤气化有限公司	Shanxi Taigu Hengda Gas Co.,Ltd.	721250
山西阳煤寺家庄煤业有限责任公司	Shanxi Yangmei Sijiazhuang Coal Co.,Ltd.	797650
山西博大集团寿阳县京鲁能源有限责任公司	Shanxi Boda Group Shouyang Jinglu Energy Co.,Ltd.	758066

continued

(1 000 yuan)

全部从业人员年平均人数(人) Annual Average of the Employed (person)	营业收入 Revenue	主营业务收入 Revenue of Major Business	利税总额 Total Pre-tax and Profits	年末资产合计 Total Assets	固定资产原价 Original Value of Fixed Asset
491	47215	47201	-1057	81813	19997
635	109626	109626	13308	172111	73977
2600	862086	850000	75840	1949810	1036909
645	46132	46132	20450	78480	33323
826	193420	193420	2171	510348	274930
1946	5346010	5346010	116494	4726230	2293335
340	50170	50170	13011	89116	32164
440	1971763	1968842	91469	3851823	4425174
980	310874	310874	18250	277931	80405
1231	439642	439642	169742	246169	182158
320	79576	79576	3854	53816	3878
744	665259	642435	34477	156723	132607
695	134420	134420	13064	161470	78550
754	478215	478215	218991	899997	298277
475	253296	253214	123135	408392	294600
664	95900	92836	-15134	631366	512393
800	477488	454298	161488	566922	264126
450	258436	258436	174132	190175	85082
696	369335	361599	140619	268184	227553
1471	792778	792714	122276	2126025	1220582
381	32998	32720	7680	101830	45229
338	157347	156841	-10119	139373	49921
508	46788	46596	-7852	69397	37354
600	40321	40321	9106	62872	41507
387	192458	192121	-5714	534267	234518
400	304918	304918	12721	287921	139620
512	136209	136209	-18705	340284	134201
1079	700264	700088	513541	814454	352714
412	271970	271970	69238	268216	139929
620	1358214	1358214	54519	939690	529727
745	880000	866590	89427	897512	324975
4625	2110381	2000937	317672	1060107	1166096
807	174924	174924	13749	2191652	58177
360	369834	369834	189573	753488	129874
566	803500	803500	205017	654220	370032
788	123757	123757	6295	893694	207975
580	672956	672956	78361	839779	390586
2925	832908	809592	-67766	3066647	1892009
1200	756100	756100	347514	1200273	469901

20-4 续表26

单位：千元

法人单位名称	Name of Artifical Persons	工业总产值 Gross Industrial Output Value
山西中条山新型建材有限公司	Shanxi Zhongtiaoshan New Modle Construction Co., Ltd.	293079
山西华圣铝业有限公司	Shanxi Huasheng Aluminum Co., Ltd.	2994301
运城市空港华雄纺织有限公司	Yuncheng Kongganghaixiong Textile Co.,Ltd.	158881
山西雅世利乳业有限公司	Shanxi Yashili Milk Product Group Co., Ltd.	850022
乡宁县台头煤焦有限责任公司	Xiangning Taitou Coal and Coke Co.,Ltd.	279478
平顺亿鑫铸业有限公司	Pingshun Yixin Casting Co.,Ltd.	718200
侯马旺旺食品有限公司	Houma Wang Wang Food Co., Ltd.	91950
绛县恒天镁业有限公司	Jiangxian Hengtian Magnesium Co.,Ltd.	355884
蓝星化工新材料股份有限公司芮城分公司	Lanxing Chemical Industry New Materials Share Co., Ltd. Reicheng Branch	409072
山西隆辉煤气化有限公司	Shanxi Long Hui, Coal Gasification Co., Ltd.	889800
山西兰花清洁能源有限责任公司	Shanxi Lanhua Clean Energy Co., Ltd.	213418
潞城市卓越水泥有限公司	Lucheng Zhuoyue Cement Co.,Ltd.	58511
河南孟电集团陵川水泥有限公司	River nanmeng Lingchuan CLP Group Cement Co., Ltd.	203990
运城市华信开发区华耀钢铁有限责任公司	Shanxi Huaxin Development Zone Yujin Casting and Smelting Co.,Ltd.	247950
中阳县黎明煤业有限公司	Zhongyang Liming Coal Co.,Ltd.	997007
山西天能科技有限公司	Shanxi Tianneng Science and Technology Co., Ltd.	652092
山西省焦炭集团益兴焦化股份有限公司	Shanxi Coking Group Co., Ltd, Yi Xing Company	926600
晋城市天泽永丰化肥有限责任公司	Jincheng Tianze Yongfeng Chemical Fertilizer Co.,Ltd.	797688
山西三佳化工新材料有限公司	Shanxi Sanjia Chemical Industry New Materials Co.,Ltd.	586160
中国石油天然气股份有限公司山西煤层气勘探开发分公司		373439
阳泉市华正型煤厂洁净煤加工厂	Yangquan Huazheng Coal Shaping Factory Clean Coal Processing Plant	1036062
襄垣县新胜达电化有限责任公司	Xiangyuan Xinshengda Electrochemical Co.,Ltd.	384280
五台云海镁业有限公司	Five Clouds Magnesium Co., Ltd.	777061
朔州中粮糖业有限公司	Shuozhou Zhongliang Sugar Industry Co., Ltd.	110778
山西大平煤业有限公司	Shanxi Daping Goal Co., Ltd.	1097701
煤炭科学研究总院山西煤机装备有限公司	CCRI Shanxi Coal Mine Mechanical Equipment Co.,Ltd.	1745429
山西同华电力有限公司	Shanxi Tonghua Electricity Power Co.,Ltd.	814477
富士康精密电子(太原)有限公司	Fushikang Precision Electronic Manufacturing (Taiyuan) Co.,Ltd.	1268144
山西成家庄煤矿有限公司	Shanxi Chengjiazhuang Coal Mine Co.,Ltd.	340458
山西光华铸管有限公司	Shanxi Guanghua Founding Pipe Co.,Ltd.	102292
山西建滔万鑫达化工有限责任公司	Shanxi Jiantao Wangxinda Chemical Co.,Ltd.	242808
山西福龙煤化有限公司	Shanxi Fulong Coal Chemical Co.,Ltd.	1186612
山西潞安集团司马煤业有限公司	Shanxi Lu'an Group Sima Coal Co., Ltd.	2725027
山西汾西瑞泰井矿正明煤业有限公司	Shanxi Zuoquan Hongyuan Coal Chemistry Co.,Ltd.	173154
山西中升钢铁有限公司	Shanxi Zhongsheng Steel and Iron Co.,Ltd.	496513
山西安泰控股集团有限公司	Shanxi Antai Share-holding Co., Ltd.	3943462
山西佳昌汽配制造有限公司	Shanxi Jiachang Auto Parts Manufacture Co.,Ltd.	221703
华润雪花啤酒（山西）有限公司	Huarun Xuehua Beer Shanxi Co.,Ltd.	200621
山西运城今麦郎食品有限公司	Shanxi Yuncheng Jinmailang Food Co., Ltd.	125104

continued

(1 000 yuan)

全部从业人员年平均人数(人) Annual Average of the Employed (person)	营业收入 Revenue	主营业务收入 Revenue of Major Business	利税总额 Total Pre-tax and Profits	年末资产合计 Total Assets	固定资产原价 Original Value of Fixed Asset
339	317336	307384	23439	451573	426039
2526	3022506	3022506	421735	2217754	1995822
400	145405	147405	3975	352185	171995
352	794198	794198	192861	650545	301060
1473	257866	257866	172843	288443	23752
400	344364	344364	15147	381324	141516
492	94971	92089	19373	74003	52069
750	331004	331004	577	45901	25135
300	216708	194739	20283	326172	253707
1200	904049	904049	6760	1497033	717841
609	224628	223340	-132611	793584	786344
369	57541	57541	880	408831	58725
450	187676	187676	12493	385593	139876
710	246521	246521	82378	169853	50193
636	1018402	1018402	549053	1641442	199404
580	612483	612483	72118	543895	182158
718	757446	757446	249368	869879	62844
781	764837	763355	35700	865905	715364
963	294825	294825	223526	1027416	72300
436	512390	512390	127443	2990648	1815900
301	848710	848710	119277	188450	35014
529	387534	386744	77585	163604	121724
1100	642071	610687	9432	717193	614761
300	60300	60300	14755	244224	169129
1035	939965	939965	756437	961428	287391
1179	1769286	1768028	344608	2019639	93359
2538	814477	814477	-61844	4839521	3799004
4439	1409328	1280869	-71838	2375558	1393738
470	342298	342298	67117	660885	48752
800	107987	106485	-16242	655907	279557
344	199441	199441	64233	494681	347850
1200	1035993	1034870	177262	7515962	1054114
2349	2619312	2570954	1441384	3469576	1444409
716	155877	155865	5855	613113	149931
561	488231	488231	27797	560829	307470
4886	3895340	3895340	304575	5160758	2519336
334	230087	230087	19036	258989	84100
774	251549	243739	1431	223163	171738
300	128892	126825	12332	45753	36824

20-4 续表27

单位：千元

法人单位名称	Name of Artifical Persons	工业总产值 Gross Industrial Output Value
山西吉港水泥有限公司	Shanxi Jigang Cement Co., Ltd.	602620
山西汾西新阳煤业有限责任公司	Shanxi Fenxi Xinyang Coal Co.,Ltd.	2226601
山西巍山煤业有限公司	Shanxi Weishan Coal Co.,Ltd.	113751
山西新富升机器制造有限公司	Shanxi Xinfusheng Machine Manufacture Co.,Ltd.	175687
繁峙县中兴实业有限公司	Fanshi County Zhongxing Industrial Co., Ltd.	384894
阳泉市丰泽恒业耐火材料有限公司	Yangquan Fengzehengye Flame-proof Material Co.,Ltd.	42967
山西三元煤业股份有限公司	Shanxi Sanyuan Coal Industry Share Holding Co.,Ltd.	2369315
襄垣县古韩联营煤矿	Xiangyuan Guhan Lianying Coal Mine	175900
山西潞安集团华亿五一煤业有限公司	Shanxi Lu'an Group Huayiwuyi Coal Co.,Ltd.	211893
山西沁和能源集团南凹寺煤业有限公司	Shanxi Qinhe Energy Group Nan'ao Coal Co.,Ltd.	196140
山西华鑫煤焦化实业有限公司	Shanxi Huaxin Coking Coal Industrial Co., Ltd.	3096718
山西西山煤电德顺煤业有限公司	Shanxi Xishan Coal and Electricity Deshun Coal Co.,Ltd.	148554
山西汾西矿业集团化工有限责任公司	Shanxi Fenxi Mine Group Chemical Industry Co.,Ltd.	172502
经纬纺织机械股份有限公司榆次分公司	Jingwei Textile Machine Share Co.,Ltd. Yuci Branch Company	1284493
山西榆次长兴焦化有限公司	Shanxi Yuci Changxing Coking Co.,Ltd.	169719
山西潞安集团左权阜生煤业有限公司	Shanxi Lu'an Group Zuoquan Fusheng Coal Co.,Ltd.	64648
山西省翼城城东钢铁有限责任公司	Shanxi Yicheng Chengdong Steel and Iron Co.,Ltd.	1019877
山西天石建材有限公司	Shanxi Tianshi Building Material Co.,Ltd.	67147
晋铝实业总公司	Jinlu Industry & Commerce Chief Company	20957
山西浑源百川煤业有限公司	Shanxi Hunyuan Baichuan Coal Co.,Ltd.	880995
阳泉市上社煤矿有限责任公司	Yangquan Shangshe Coal Mine Co.,Ltd.	581296
晋城市恒光热力有限公司	Jincheng Hengguan Heat Power Co.,Ltd.	70696
山西华美奥能源集团冯西煤业有限公司	Shanxi Huameiao Energy Group, Fengxi Coal Co.,Ltd.	677500
朔州市平鲁区阳煤泰安煤业有限公司	Shuozhou PingluDistrict YangmeiTaian Coal Co.,Ltd.	255000
汾州裕源土特产品有限公司	Fenzhouyuyuan Native Products Co.,Ltd.	432850
山西省交城县兴龙铸造有限公司	Shanxi Jiaocheng Xinlong Casting Co.,Ltd.	211350
孝义市晋茂煤焦有限公司	Xiaoyi Jinmao Coking Co.,Ltd.	327376
柳林县龙门塔煤矿	Liulin Longmenta Coal Mine	204945
山西柳林下山峁煤业有限公司	Shanxi Liulin Xiashanmao Coal Co.,Ltd.	233790
山西大华玻璃实业有限公司	Shanxi Dahua Glass Industry & Commerce Co., Ltd.	347562
山西宏艺玻璃器皿有限责任公司	Shanxi Macro Art Glassware Co., Ltd.	250039
山西省平遥县双庆铸造有限公司	Shanxi Pingyao Shuangqing Casting Co.,Ltd.	101161
山西介休巨源炭素有限公司	Shanxi Jiexiu Juyuan Carbon Element Co., Ltd.	65826
山西晋投夏工水泥有限公司	Shanxi Jintouxiagong Cement Co., Ltd.	132298
山西鑫辉源煤业有限公司	Shanxi Xinhuiyuan Coal Co.,Ltd.	185192
山西蒲县蛤蟆沟煤业有限公司	Shanxi Puxian Hamagou Coal Co.,Ltd.	193211
临猗县翔宇化工有限公司	Linyi County Xiangyu Chemical Co., Ltd.	383650
山西志峰农科贸有限公司	Shanxi Zhifeng Farming Scientific Commerce Co.,Ltd.	59986
河津市津鑫焦化有限公司	Hejin Jinxin Coking Co.,Ltd.	650136

continued

(1 000 yuan)

全部从业人员年平均人数(人) Annual Average of the Employed (person)	营业收入 Revenue	主营业务收入 Revenue of Major Business	利税总额 Total Pre-tax and Profits	年末资产合计 Total Assets	固定资产原价 Original Value of Fixed Asset
428	467455	467455	68525	350428	253888
4200	2236178	2203110	452197	1227114	1378811
472	89330	89330	-14974	443442	177489
644	154462	153940	6275	149681	17755
614	302423	302147	92827	203270	75078
310	47433	47433	1084	61599	43469
1727	2398864	2367395	1973413	5666346	576353
395	160479	160479	55438	206787	106558
421	176950	176950	40614	256361	76286
390	166831	166831	109987	380222	102653
1640	3033969	3033969	253500	2982245	727839
680	109855	109855	49793	339577	221468
880	186587	170203	-2226	177486	140543
2422	1814930	1610991	10404	1841842	667057
418	166483	166483	90079	663893	48251
395	59997	59512	-3157	251504	23450
900	1341271	1177143	108916	428338	331222
308	55174	49182	-9564	146154	145455
850	137184	137184	7235	158417	82226
600	880994	853414	184057	428249	19306
2380	563193	551672	190076	938652	510488
510	72332	70696	-9343	308246	228835
581	677500	677500	144945	452812	446376
365	255000	255000	59890	649529	173866
486	430282	430151	66707	240257	78183
600	276351	185607	-29687	189197	152954
540	369637	369637	17372	451054	190765
436	204945	204945	65648	395194	80172
520	215208	215208	61399	329949	48780
3100	214417	214417	38589	201992	133462
2569	250185	250185	9235	175360	165416
850	97037	97037	13050	111757	42985
410	244378	235060	11557	369613	84864
304	88989	88928	9864	174900	175025
630	178461	177529	55175	934334	213159
385	305632	305632	106292	464722	80718
380	356414	293903	4120	531877	144042
308	60030	60030	475	80276	69126
420	696058	693033	31029	285274	1527450

20-5 旅游四星级以上饭店基本情况(2010年)
BASIC CONDITIONS OF ABOVE FOUR STAR GRADE RESTAURANT IN TRAVELLING(2010)

名 称	Name	地 址	Address
五星级	**5 Star**		
山西国贸大饭店	Shanxi World Trade Hotel	太原市府西街69号	No.69 Fuxijie , Taiyuan
万狮京华大酒店	Grand Metropark Wanshi Hotel	太原平阳路126号	No.126 Pingyanglu , Taiyuan
晋祠宾馆	Jinci Hotel	太原晋祠路中段669号	No.669 Jincilu , Taiyuan
山西迎泽宾馆西楼	Shanxi Yingze Hotel West Building	太原迎泽大街189号	No.189 Yingze Dajie , Taiyuan
丽华大酒店	Li Hua Hotel	太原长风街1号	No.1 Changfengjie ,Taiyuan
云冈国际酒店	Yungang International Hotel	大同大西街38号	No.38 Daxijie , Datong
天贵国际酒店	Tiangui International Hotel	大同新开南路133号	No.133 Xinkai Nanlu,Datong
五台山五峰宾馆	Wutaishan Wufeng Hotel	五台县台怀镇龙泉寺	Wutai Moutain Taihuan Town longguan temple
药林会议中心	Yaolin Conference Center	阳泉平定县张庄镇南后峪村	South Houyucun Zhangzhuang Town, Pingdingcounty
金辇大酒店	Jinnian Grand Hotel	晋城泽州南路888号	No.888 Zezhou Nanlu, Jincheng
金鑫大酒店	Jinxin Grand Hotel	运城槐东南路88号	No.88 Huaidong Nanlu,Yuncheng
海纳温泉国际酒店	Haina Wenquan International Hotel	运城永济河东大道南段	South Hedongdadao Yongji , Yuncheng
运城空港大酒店	Yuncheng Konggang Hotel	运城空港新区关公东街9号	No.9 Guangongdongjie Konggang District ,Yuncheng
四星级	**4 Star**		
山西大酒店	Shanxi Grand Hotel	太原新建南路5号	No.5 Xingjian Nanlu , Taiyuan
山西愉园大酒店	Shanxi Yuyuan Hotel	太原开化寺街148号	No.148 Kaihuasi ,Taiyuan
三晋国际饭店	Sanjin International Hotel	太原迎泽大街30号	No.30 Yingze Dajie , Taiyuan
黄河京都大酒店	Yellow River Jingdu Hotel	太原平阳路17号	No. 17 Pinyanglu , Taiyuan
山西阳光大酒店	Shanxi Yangguang Hotel	太原北大街47号	No.47 Beidajie , Taiyuan
山西晋协宾馆	Shanxi Jinxie Hotel	太原东缉虎营35号	No.35 Dongjihuying ,Taiyuan
世纪王朝·商务会馆	Century Dynasty Business Hall	太原长治路88号	No.88 Changzhilu , Taiyuan
山西滨河饭店	Shanxi Binhe Hotel	太原府西街103号	No.103 Fuxijie , Taiyuan
月亮湾国际商务酒店	Moonbay International Business Hotel	太原市北大街107号	No.107 Beidajie, Taiyuan
西山大厦	Xishan Hotel	太原西矿街318号	No.318 Xikuangjie ,Taiyuan
泰瑞国际商务酒店	Tairui international commercial Hotel	太原长风街7号	No.7 Chengfengjie ,Taiyuan
宏安国际酒店	Hongan International Hotel	大同迎宾西路28号	No.28 Yingbin Xilu , Datong
京原迎宾馆	Jingyuan Yingbin Hotel	大同拥军南路甲3号	No.Jia 3 Yongjun Nanlu , Datong
大同宾馆	Datong Hotel	大同迎宾西路37号	No.37 Yingbin Xilu , Datong
五洲大酒店	Wuzhou Hotel	大同迎宾西路 宾西街88号	No.88 Yingbin Xilu Binxijie , Datong
花园大饭店	Huayuan Hotel	大同大南街59号	No.59 Dananjie , Datong
浩海国际酒店	Haohai International Hotel	大同新建南路46号	No.46 Xinjian Nanlu , Datong
雁北宾馆	Yanbei Hotel	大同御河北路甲1号	No.Jia 1 Yuhe Beilu , Datong
悦龙休闲商务酒店	Yuelong Business Hotel	大同操场城街5号	No.5 Caochangchengjie , Datong
阳光海悦大酒店	Yangguanhaiyue Hotel	大同大庆路3号	No.3 Daqinglu , Datong

20-5 续表 continued

名称	Name	地址	Address
晨光国际酒店	Chenguang International Hotel	大同迎宾东路68号	No.68 Yingbin Donglu , Datong
北冰洋大酒店	Beibingyang Hotel	阳泉北大街80号	No.80 Beidajie, Yangquan
泉美国际酒店	Quanmei International Hotel	阳泉南大西街	Nandaxijie, Yangquan
鹏宇国际大酒店	Pengyu International Hotel	长治市长兴中路509号	No.509 Changxingzhonglu,Changzhi
财苑大厦	Caiyuan Hotel	长治市长兴中路305号	No.305 Changxingzhonglu,Changzhi
富景国际饭店	Fujing International Hotel	晋城新市东街81号	No.81 Xinshi Dongjie , Jincheng
晋城大酒店	Jincheng Grand Hotel	晋城凤台西街88号	No.88 Fengtai Xijie , Jincheng
太平洋大厦	Pacific Ocean Hotel	晋城凤台西街59号	No.59 Fengtai Xijie , Jincheng
颐宾大酒店	Yibin Hotel	晋城前西街58号	No.58 Qianxijie , Jincheng
晋城高都大酒店	Jincheng Gaodu Grand Hotel	晋城新市东街8号	No.8 Xinshidongjie , Jincheng
晋城阳光大酒店	Jincheng Sunshine Hotel	晋城市泽州路76号	No.76 Zezhoulu, Jincheng
棋源山庄	Qiyuan Moutain Village	晋城陵川县棋子山风景区	Qizi Shanfengjing District , Lingchuan
兰花大酒店	Lanhua Hotel	晋城凤台东街2288号	No.2288 Fengtaidongjie, Jincheng
金缘大酒店	Jinyuan Hotel	晋城黄花街218号	No.218 Huanghuajie, Jincheng
万通源大酒店	Wantongyuan Hotel	朔州市开发北路68号	No.68 Kaifa Beilu , Shuozhou
平朔宾馆	Pingshuo Hotel	朔州平朔生活区	Living District , Pingshuo
圣厚源大酒店	Shenghouyuan Hotel	朔州开发北路安泰街2号	No.2 Antaijie Kaifabeilu, Shuozhou
百乐泰度假城	Bailetai Holiday Town	介休市义安镇安泰工业区	Antai Industry District , Jiexiu Yian Town
颐景国际大酒店	Yijing International Hotel	榆次区西顺城街71号	No.71 Xishunchengjie , Yuci
通宝国际酒店	Tongbao International Hotel	运城禹都经济技术 开发区大运路北	North Dayunlu Economic Development District , Yuncheng
运城宾馆	Yuncheng Hotel	运城市红旗东街84号	No.84 Hongqi Dongjie,Yuncheng
运城大酒店	Yuncheng Grand Hotel	运城红旗东街376号	No.376 Hongqi Dongjie,Yuncheng
新耿大酒店	Xingeng Hotel	河津市新耿北街	Xingeng Beijie,Hejin
天都大酒店	Tiandu Hotel	河津市振兴东路	Zhenxing Donglu,Hejin
桃源国际酒店	Taoyuan International Hotel	运城市圣慧北路2号	No.2 Shenghui Beilu,Yuncheng
芮城惠阳大酒店	Ruicheng Huiyang Hotel	芮城县洞宾东街8号	No.8 Dongbindongjie,Ruicheng
山西邮电忻州培训中	Shanxi Post and Telecom Xinzhou Training Center	忻州顿村度假路4号	No.4 Dujialu,Duncun
五台山银海山庄	Wutai Moutain Yinhai Moutain Village	忻州五台山台怀镇	Wutai Moutain Taihuan Town
原平市宾馆	Yuanping Hotel	忻州原平前进西街57号	No.57 Qianjinxijie,Yuanping
花卉山庄	Huahui Moutain Village	忻州五台山大车沟	Dachegou,Wutai Moutain
瑞龙大酒店	Ruilong Hotel	忻州忻府区公园路	Park Road, Xinfu District
侯马华翔大酒店	Houma Huangxiang Hotel	侯马市火车站南侧	Houma Station
唐尧大酒店	Tangyao Hotel	临汾经济开发区中大街	Zhongdajie,Linfen Economic technological Development District
金海湾大酒店	Jinhaiwan Hotel	临汾市向阳西路西段	Xiangyang Xilu,Linfen
吕梁国际宾馆	Luliang International Hotel	离石区滨河南东路2号	No.2 Binhe Nanlu , Lishi
吕梁国贸大酒店	Luliang World Trade Hotel	离石区新建沟口43号	No.43 Xinjiangoukou,Lishi

中国统计出版社最新图书简目

(仅供参考,以最后出书为准)

统计资料

中国统计年鉴-2011
中国统计摘要-2011
国际统计年鉴-2011
2011中国发展报告
中国第三产业统计年鉴-2011
中国区域经济统计年鉴-2011
中国劳动统计年鉴-2011
中国社会统计年鉴-2011
中国城市统计年鉴-2009
中国建筑业统计年鉴-2011
中国人口和就业统计年鉴-2011
中国工业经济统计年鉴-2011
中国商品交易市场统计年鉴-2011
中国房地产统计年鉴-2011
中国能源统计年鉴-2011
中国民政统计年鉴-2011
中国贸易外经统计年鉴-2011
2011中国地区经济监测报告
中国科技统计年鉴-2011
中国农村统计年鉴-2011
中国农产品价格调查年鉴-2011
中国高技术产业统计年鉴-2011
中国教育经费统计年鉴-2010
中国农村贫困监测报告-2011
全国农产品成本收益资料汇编-2011
中国科学技术协会统计年鉴-2011
工业企业科技活动资料-2011
大中型批发零售和住宿餐饮企业统计年鉴-2011
中国城市(镇)生活与价格年鉴-2011
中国县（市）社会经济统计年鉴-2011
中国农村住户调查年鉴-2011（中、英文）
中国农村全面建设小康监测报告-2011
第二次全国R&D资源清查资料汇编—综合卷
第二次全国R&D资源清查资料汇编—工业企业卷
中国零售和餐饮连锁企业统计年鉴-2011
2010年中国第六次人口普查公报

2011年省级综合统计年鉴系列

北京 天津 河北 山西 内蒙古 辽宁 吉林 黑龙江 上海 江苏 浙江 安徽 福建 江西 山东
河南 湖北 湖南 广东 广西 海南 重庆 四川 贵州 云南 西藏 陕西 甘肃 青海 宁夏
新疆 新疆生产建设兵团

2011年市(县)级综合统计年鉴系列

天津滨海新区 石家庄 唐山 邯郸 太原 大同 长治 阳泉 晋城 朔州 晋中
运城 忻州 临汾 呼和浩特 包头 沈阳 大连 长春 吉林市 四平 哈尔滨 黑龙江垦区
上海浦东新区 苏州 无锡 常州 徐州 南通 盐城 镇江 江阴 丹阳
杭州 宁波 绍兴 台州 温州 金华 嘉兴 衢州 福州 福州经济技术开发区
厦门经济特区 南昌 上饶 济南 青岛 潍坊 郑州 洛阳 三门峡 南阳 武汉 宜昌
十堰 荆州 咸宁 长沙 广州 东莞 惠州 深圳 桂林 南宁 柳州 来宾 河池 海口 成都 绵阳
贵阳 昆明 庆阳 西安 兰州 银川 乌鲁木齐

“十一五”规划教材

非参数统计 医学统计学 概率论与数理统计 统计学 现代金融投资统计分析
多元统计分析 经济计量学教程 应用时间序列分析 统计指数理论及应用
统计数据处理概论 质量管理统计方法 社会统计学 多元统计分析实验
企业经营管理统计 市场调查与预测 统计学原理（非统计专业使用）
统计学:从数据到结论 国民经济核算教程(国民经济统计学) 概率论与数理统计(经济、管理类专业使用)

重点图书

挑大学选专业2011—高考志愿填报指南 挑大学选专业2011—考研择校指南

欲购以上图书请与中国统计出版社发行部联系
电话：（010）63376907,63376908 同楫行书店电话：68783171,68783172
通讯地址：北京市西城区三里河月坛南街57号 邮政编码：100826

先行先试勇争先　转型跨越唱大风

——记蓬勃发展的临汾经济开发区

国务院发展研究中心主任张玉台在开发区工业园区调研

省委书记袁纯清、省长王君在临汾开发区视察工作

市委书记谢海在开发区工业园区调研

市长罗清宇在开发区一中调研

尚日红主任在华翔集团调研

初夏时节，万物勃发。在这美好的季节，记者走进了临汾市改革开放的窗口——临汾经济开发区。这里，到处都是机声隆隆的建设工地，热火朝天的建设场面，蓬勃发展的开发大潮。从上海红星美凯龙项目的签约，到云南雄亚木业的投产；从工业园区项目的开工建设，到社区“城中村”改造的顺利推进；从机关干部转变作风的实际行动，到企业家们转型跨越的豪迈之气……我们处处感受着临汾开发区的生机活力，更感受着临汾开发区人谋求先行先试的胆略气魄。

开拓进取　顽强拼搏　开发建设传捷报

2010年，在市委、市政府的正确领导下，该区认真贯彻落实科学发展观，紧紧围绕“1245”工作思路，重点实施项目建设、工业园开发和民生工程，开拓创新，顽强拼搏，取得骄人业绩，主要体现在六个方面：一是主要经济指标增速稳步回升。二是项目落实工作扎实有序开展。三是基础设施建设积极稳妥推进。四是招商引资势头健康快速上升。五是工业园区建设推进形势喜人。六是和谐社区建设全面稳步深化。

高瞻远瞩　气势如虹　绘就开发新蓝图

高度决定视野，角度改变观念。临汾开发区党工委、管委会一班人，紧紧抓住我省被国务院批准为资源型经济转型发展综合试验区的重大机遇，顺应转型跨越的时代潮流，登高望远绘就开发新蓝图。

结合国家和省市有关要求，未来五年该区经济社会发展指导思想是：高举中国特色社会主义伟大旗帜，全面贯彻落实科学发展观，以“转型发展、跨越发展、先行发展”为指导，按照“建设三大区、发展六大园、支持六大业、形成三大地”的总体思路，加强招商引资，加快科技进步和管理创新，强化基础设施建设，紧抓“山西省国家资源型经济转型综合配套改革试验区”机遇，改革创新，先行发展，使我区成为中西部低碳经济发展的先行区、山西省承接产业转移的示范区、临汾市科技创新的引领区和转型发展的模范区，在全省经济发展中发挥示范引领作用。

按照以上指导思想，力争“十二五”末，各项指标居全省开发区前列，初步建成国家重要装备制造业聚集地，太原、西安、郑州三大城市之间的黄河三角区域最大的高端商贸业聚集地和临汾市最大的现代服务业聚集地，五年再造一个新的临汾开发区。

2011年是全面实施“十二五”规划的起步年和关键年，为做好本年度工作，我们按照“十二五”期间生产总值翻两番，力争五年再造一个新开发区的总体要求，确定今年工作思路是：以科学发展观统领经济社会发展全局，以招商引资和项目落实为重点，坚定不移抓招商，集中精力落项目，千方百计促民生，不遗余力优环境，统筹城乡抓和谐，为实现“十二五”规划蓝图起好步、开好头，打好第一场硬仗。按照这个思路，今年要全力完成10大经济指标，着力落实31个重点投资项目，竭力建好16项基础设施工程。

突出重点　先行先试　勇做跨越排头兵

蓝图已绘就，重点在落实。如果说谋篇布局、展望未来体现了开发区一班人的决策力，那么推进落实则考验班子成员的执行力。在认真调研的基础上，他们确定了三个工作重点。

大力开展招商引资年活动，全面扩大项目引进规模。扎实推进工业园区建设，全面夯实经济发展基础。全方位服务项目建设，强力推进项目落地实施进度。先行先试抢抓机遇，转型跨越时不我待。拥有天时、地利、人和的临汾经济开发区，正以追星赶月、挟山跨海的魄力，乘势而上，一往无前，向着转型发展、跨越发展、率先发展的新目标奋力迈进！

T 太原钢铁

AIYUANGANGTIE

董事长　李晓波

太原钢铁（集团）有限公司（简称太钢，英文简称TISCO）始建于1934年，地处汾河之滨龙城太原。

太钢是集铁矿山采掘和钢铁生产、加工、配送、贸易为一体的特大型钢铁联合企业，也是目前全球最大、工艺技术装备水平最高、品种规格最全的不锈钢企业，具备年产1000万吨钢（其中300万吨不锈钢）的能力，营业收入连续四年超过1000亿元人民币。

太钢致力于不锈钢、特殊钢和高等级碳素钢的研究开发和生产加工，拥有雄厚的研发实力和可靠的质量保障能力。太钢技术中心在全国575家国家认定企业技术中心中排名第二。目前已形成了以不锈钢、冷轧硅钢、高强韧系列钢材为主的高效节能长寿型产品集群，重点产品批量进入石油、化工、造船、集装箱、铁路、汽车、城市轻轨、大型电站、“神舟”系列飞船等重点领域和新兴行业。铁路行业用钢、双相钢、耐热钢、车轴钢、9%Ni钢等30多个品种国内市场占有率第一。

太钢坚持绿色发展，以科技创新和技术进步为支撑，大力倡导节约、环保、文明、低碳的生产和生活方式，坚持走新型工业化道路，走可持续发展之路，先后成功实施了干熄焦、煤调湿、焦炉煤气脱硫制酸、烧结烟气脱硫脱硝制酸、高炉煤气联合循环发电、高炉煤气余压发电、饱和蒸汽发电、钢渣处理、膜法工业用水处理、城市生活污水处理、酸再生等节能环保项目，万元产值能耗、吨钢综合能耗、新水消耗、

太钢厂区全景

(集团)有限公司
JITUANYOUXIANGONGSI

中共中央政治局委员、国务委员刘延东在太钢考察

太钢岚县矿业磨机设备合同签字仪式

太钢与中国有色缅甸镍矿合作签字仪式

集团公司总经理胡玉亭在为太钢总医院“三级甲等医院”揭牌

径锻机

太钢450平米烧结机脱硫制酸系统投产仪式现场

精密钢带机组

烟粉尘排放、二氧化硫排放、化学需氧量排放等主要指标居行业领先水平。

太钢坚持推进国际化经营，实施海外资源开发，参与山西省内煤炭资源整合，推动煤钢战略联盟，构建起安全、稳定的战略供应链；加快建设不锈钢生态工业园，发展不锈钢深加工业，建设钢材加工配送中心，延伸产业链；整合资源，发挥优势，开展冶金工业新工艺、新技术、新材料和新装备的开发和成套技术输出；积极开展国际贸易，同美、德、法、英、日、韩、澳大利亚等80多个国家和地区保持稳定的经济贸易关系。

优美的太钢厂区

和谐大家园

太钢小区

不锈钢生态工业园区

太钢先后荣获“全国质量奖”，“全国最具社会责任感企业”、“全国模范劳动关系和谐企业”、“全国企业文化建设先进单位”、“全国绿化模范单位”、“山西省模范企业”、“山西省五一劳动奖状”等荣誉称号。

“十二五”期间，太钢将以科学发展为主题，以转型发展为主线，以科技创新为动力，以能力建设为核心，以队伍建设为保障，全面推进“三个转变”，坚持做强主业、多元发展、延伸发展、绿色发展、和谐发展，建设全球最具竞争力的不锈钢企业，到2015年，营业收入达到2000亿元以上，成为国内一流、世界著名的大型企业集团。

绿色太钢

技术中心全景

山西省电力公司

2011年2月4日，中央电视台记者就特高压输变电工程投运一周年之际，在山西省电力公司调度中心专访公司总经理张建坤，张建坤总经理就特高压输电线路投运，山西外输电力69亿千瓦时，拉动了山西转型发展，成为变输煤为输电大省做了详细介绍

山西省电力公司是国家电网公司全资子公司，属国有特大型企业。主要负责省境内电网规划、建设、运营和电力供应。2010年底公司有职工41097人；所属单位45个，县级供电企业101个。供电营业区覆盖太原、大同等11个市，直接服务客户782万户。省境内有1000kV变电站1座，主变容量300万kVA，线路116.34 km（山西段），山西电网通过1000kV特高压融入全国电网。全省主干电网形成500kV“三纵四横”、220kV分区供电就地平衡的格局。公司拥有110～500kV变电站496座，变电容量8086万kVA，线路24073km。全省发电装机容量4428.95万kW，统调机组容量3154.77万kW。山西电网除满足省内用电外，通过1回1000kV线路向华中送电，12回500kV线路向京津冀电网和江苏送电。至2010年底，山西省累计外送电量685.22亿kWh，其中公司216.30亿kWh。

2010年，公司促成国家电网公司和新一届省委领导班子举行“加快电网发展”会谈，为电网发展营造新环境。省政府专报提请国务院加快特高压建设，晋中特高压变电站取得相关协议，110kV及以上电网工程均纳入2010年山西省重点工程建设项目。完成“十二五”电网发展规划编制。完成6项省内500kV输变电工程前期工作，7项220kV和110kV储备项目获取可研批复，110kV及以下农网改造升级工程可研批复全部下达。2010年公司新增110kV～500kV输电线路1439.5km、变电容量407万kVA。1000kV长治（晋东南）变电站扩建工程开工建设，贯穿南北第三通道的500kV稷山－吕梁输电线路竣工投产。启动691项新一轮农网改造升级工程，完成6.88万户“低电压”整改，建成2个电气化县（汾阳、平定）、30个电气化乡和600个电气化村。智能电网试点项目全面建设，输变电设备状态监测系统等6个项目顺利完成，用电信息采集系统等8个项目正点推进，忻州五台山、太原迎西电动汽车充换电站开工建设。公司参与建设的1000kV特高压试验示范工程获国家优质工程金质奖，±660kV宁东－山东直流输电线路工程（山西段）首次夺得国家电网公司工程质量管理竞赛流动红旗，110kV及以上新建输变电工程达标投产率100%，10项工程获2010年度国家电网公司输变电优质工程奖。

完成所属11个供电企业本部机构编制规范工作，太原等4个分公司实现劳动定员达标。公司首次向省政府进行劳动用工备案。试行打破“学历与年限”申报专业技术资格。健全完善领导班子“四项机制”（运行机制、选人用人机制、监督考评机制、培训教育机制），坚持职代会民主评议领导干部制度。全年完成9056人次持证上岗工作，培训职工13.56万人次。财务管控系统全部覆盖公司系统402个会计主体，资金归集率99.73%。建成规划、储备、物资、标准作业和价格库“五库合一”管理与信息平台，全面实施物资计划管理和招标采购。优化整合多经资源，完成晋能公司与华电集团煤电项目转让等工作。开展全省农电资产清查，建立完善农电集体资产台账。推行薪酬分配“双控”（控制工资总额、控制人均水平）机制，建立财务稽核、审计监督、营销稽查、纪检监察等专业联动长效机制。“审计案例特色务实培训机制”荣获国家电网公司和中国电力行业“企业管理创新成果”一等奖。开展农网扩大内需项目检查以及业扩“三指定”（为客户工程指定工程设计、施工和设备供货单位）、工程建设领域等专项治理，提升公司依法治企水平。

坚持安全第一，深入开展“三个不发生”（不发生大面积停电事故、人身死亡和恶性误操作事故、重特大设备损坏事故）百日安全等专项活动。进行现场安全质量状态评价，打造继电保护专业标杆。开展优秀省调电厂（机组）评选。建成“山西电网和谐调度支持系统”和“山西电网安全稳定实时预警协调防御系统”。投运智能化备用调度系统，开展电网迎峰度夏应急演练和首次“黑启动”试验等，提升驾驭大电网能力。高危及重要客户供用电安全管理进入国家电网公司典型经验库。全面推行大检修和状态检修，持续开展输变电标准化作业，推广红外成像诊断等先进技术。开展变压器等专项隐患排查治理，消除严重缺陷132项。2010年综合电压合格率99.49%，同比提高0.05个百分点。首次开展110kV及以上输变电工程安全质量管理流动红旗竞赛，农网红旗站线创建活动持续进行。基建安全连续12年实现“四个零”（无人身死亡事故、无重大机械设备损坏事故、无重大火灾事故、无重大交通责任事故）目标，公司获得“山西省安全生产先进单位”称号。

开辟重点项目建设用电“绿色通道”，全省净增用电容量479.1万kVA。全年公司售电量完成1297.23亿kWh，同比增长14.33%。推进多元化收费模式，电

费回收保持当年和陈欠电费“双结零”。完成全省用户用电采集主站系统、营销管理信息系统和山西电网电力市场交易运营系统建设。实现营销、财务一体化管理。率先投运全国首家省级“95598”供电服务中心，实现供电服务监控和投诉举报集中受理。2010年公司服务全省经济发展，配合完成110kV及以上线路迁改359条，按期投运南同蒲铁路牵引站等供电工程。协调电煤供应，强化有序用电管理，及时回购华北电网50万kW电力，保证全省电力可靠供应。主动投入“3·28”乡宁县王家岭煤矿透水事故的抢险救援，为创造救援奇迹提供电力保障。协助政府落实节能减排目标，全额接收风电、水电42.17亿kWh，完成“以大代小”等发电权交易78.44亿kWh，节约电煤117万吨。在偏关县投资260万元实施电力科技扶贫。全面实施“塑文化、铸品质、强队伍”供电服务提升工程，客户满意度指数4年连续增长。

2010年，建成投运山西电科院试验中心，“电力冲击负荷特性研究实验室”被命名为国家电网公司实验室。制定“1000kV特高压交流非接触式验电器预防性试验规程”等4项国家电网公司技术标准，编制“1000kV交流特高压输电线路带电作业现场操作规程”等10多项省公司企业技术标准。“特高压交流输电关键技术研究、设备研制及工程应用”等5个项目获国家电网公司及以上科技进步奖，44项科技成果获得国家专利。完成“财务集约化系统升级”等19个信息化建设项目，公司ERP系统实现100%全覆盖和全应用，人资管控等5个系统通过国家电网公司实用化验收。形成省市两级IT运维模式，SG186所有信息系统纳入其中，实现信息管理、监督和运行三分离。

2010年，公司深入推进电网先锋党支部创建等活动，实施党员领导干部“公开承诺”和“群众评议”，发挥党组织的战斗堡垒作用和广大党员的先锋模范作用。开展“学制度、促廉洁、保发展”主题教育等活动，反腐倡廉建设取得新成效。落实维稳责任，信访率降至10年最低。明察暗访440个供电营业窗口，行风投诉举报同比下降36.5%。开展“品牌传播年”、“忠诚企业、和谐建家”创建等活动。强化民主管理，企务公开建制率100%。维护员工利益，实施年金市场化运作。创建学习型、安全型、节约型、创新型、和谐型班组，公司4个班组荣获中央企业“红旗班组”称号。公司首次荣获“山西省文明和谐行业”称号，获得“山西希望工程20年贡献奖”，连续7年被评为“全省政风行风评议先进单位”。

2011年3月26日，全省重点工程建设总结表彰暨动员大会在迎泽宾馆举行，山西省电力公司获第一名

2011年6月13日，由省委宣传部等单位在滨河体育场举办了“安全发展预防为主”安全生产咨询日，山西省电力公司参加活动

2011年4月20日上午，山西省电力公司将公司系统8383名团员青年为抗震抗旱捐赠的93184元捐款送到省青少年发展基金会

山西省电力公司大楼外景

坚定不移地走转型跨越发展之路

2010年1月30日任润厚陪同中央政治局委员、国务委员刘延东慰问井下一线职工

2010年6月8日山西省省委书记袁纯清到潞安集团视察煤基合成油

2009年06月25日，山西省省长王君到潞安集团视察煤基合成油

2010年，在省委省政府的正确领导下，我们坚持以科学发展观为指导，实现了高起点上的大跨越、大发展。主要经济指标再创历史最好水平，转型发展取得丰硕成果，职工收入及生活质量大幅提高，企业发展后劲和活力大大增强，各项重点工作又好又快推进，实现了圆满收官，“十一五”战略目标全部超额完成，为“十二五”建设既强又大国际化新潞安奠定了坚实基础。

一、主要经济指标大幅攀升，企业进一步做大做强煤炭产量7098万吨，比2009年增长1589万吨，增幅28.84%。营业收入850亿元，比2009年增长352亿元，增幅70.68%。实现利润41.5亿元，比2009年增长3.5亿元，增幅9.21%。员工收入73351元，比2009年增长7302元，增幅11%。潞安在2010年中国企业500强中排名127位。在省国资委两个任期考核中，潞安均被评为A类企业。

二、安全发展水平进一步提升，发展基础更加坚实创新安全工作，推出了一系列行之有效的管理办法，在矿井地质条件日趋复杂、煤炭产量大幅增加、新建矿井和整合矿井激增、新型产业蓬勃发展的复杂条件下，煤炭百万吨死亡率为0.028，非煤产业杜绝了轻伤以上事故，实现了安全生产的平稳健康发展。集团获得全国“安康杯”竞赛十年成就杯和示范企业称号，成为全国唯一的“安康杯”竞赛11连冠企业。

1.实行“安全红线管理”和安全约谈制度。将“未执行先探后掘、未实行隔离开采、未在透明地质平台下作业、未严格执行‘三必到三走到’制度，及领导干部下井带班规定”等50条内容，全面纳入“红线”管理范畴，凡触犯“红线”的，领导免职、员工解聘；推行了安全约谈制度，对于安全工作做得最差、隐患整改不到位、整改率最低的单位，主要领导都要召回集团进行述职。

2.实行了隐患市场化收购、专家诊断、挂牌督办和交叉检查。做到了在最短的时间发现问题、解决问题。3.着力完善快速响应、集体响应、现场响应机制，进一步筑牢了安全发展根基。按照“想不到就是失职，做不到就要问责”的理念，在工作面设置“移动救生舱”，在采区和矿井主要大巷设置“永久、救生硐室”，完善了监测监控、

潞安集团煤基油园区

加快既强又大国际化新潞安建设步伐

人员定位、紧急避险压风自救、供水施救通讯联络等六大安全保障系统，在全国首创了“防得住、避得开、救得快”的矿井新型救援防护体系，国家安监局、煤监局在潞安召开现场会，并在全国推广“潞安经验”。

三、集约高效优势不断巩固，煤炭产业进一步做强以装备重型化、系统自动化、功能智能化和管理信息化为目标，对16座老矿全面进行数字化改造升级。王庄矿建成了千万吨矿区，“特厚煤层安全开采关键装备及自动化技术”荣获国家科技进步二等奖，采掘工人减少一半，综放工作面年产量从500万吨提高至800万吨，回采率提高2.6%，不仅取得了显著的经济和社会效益，而且为煤矿无人化采掘技术突破奠定了基础。集团全员效率、回采工效、掘进工效继续保持全国领先水平。

四、煤炭资源整合成效突出，整合矿现代化建设快速推进深入推进资源整合，全面加大整合矿井现代化建设改造力度，进一步塑造了“集约整合、高效整合、创新整合、和谐整合、阳光整合”整合模式，走在了全省前列，《山西日报》头版头条报道了“潞安整合模式”，王君省长作出重要批示，在全省推广“潞安经验”。通过整合省内外煤炭企业，形成了潞安本部、武夏、忻州、临汾、晋中、潞安新疆六大矿区，煤炭达到储量435.6亿吨，按亿吨规模可稳定开采200年以上，为建设亿吨级煤炭集团和“百年潞安”奠定了坚实基础。

1.做到了快整快合。实现了协议签订率、主体移交率、接管驻进率、资金补偿率、关闭矿井关闭率“五个100%”。

2.是创新推出了成套设备融资租赁办法。发挥潞安集团财务公司优势，实施从综采综掘设备，到电缆、轨道的成套设备融资租赁办法，解决了“整合矿井基础管理快速提升”及“其他股东资金不容易跟进”两大难题，年内上马了30套综采设备、63套综掘设备，全面加大了整合矿井的核心工艺改造力度。

3.整合矿井现代化建设高效快速推进。完善了以队带队、以专业带专业等机制，实施了隔离开采、锁定管理、专家会诊、红

潞安集团公司董事长　任润厚

潞安集团总经理　李晋平

潞安集团书记　王安民

2010年11月5日，潞安集团在人民大会堂召开“十二五”发展规划论证会

2010年10月30日，潞安集团“煤基合成油多联产低碳化技术的开发与应用”通过科技成果鉴定关键技术具有自主知识产权，达到国际领先水平。

2010年3月15日，中国科学院上海高等研究院与山西潞安（集团）有限责任公司，在上海成立“低碳能源转化技术中心”

2010年3月14日，山西潞安百万吨级煤基合成油产业化项目专家咨询会在上海举行

线管理六长每日工作运行卡等“特区特管制度”；整合矿井机构、人员在省里要求的“六长”　和“五部一室”基础上，增加为“七长”　和“六部一室”，其中，“七大员”全部从现有矿井的副矿长、副总工程师、科室正职中选派，管理和技术人员都具有8年以上的专业技术任职资历，高素质人才占管理和技术人员比例由原来的7%，提升为78%；坚持“三条主线、四个推进、五个保障”工作思路，整合矿井现代化建设快速高效推进，涌现出了一大批“示范矿井”和“特色矿井”，形成了20个综采面、39个掘进面，实现了16个技改矿井开工建设。

五、新兴产业进一步发展壮大，新型能化集团建设取得重要成果延伸产业链，电、油、化、硅等新兴产业由弱到强，不断发展壮大，初步建成了煤油、煤电、烯烃类现代煤化工、高纯硅业与太阳能一体化四大循环经济园区，潞安由单一煤炭生产企业快速转型为绿色新型能化集团。中共中央政治局委员、国务委员刘延东同志到煤油园区调研指导，称赞潞安是“高碳能源低碳利用的典范”。袁纯清书记到潞安视察，称赞“潞安是山西乃至全国煤炭企业转型发展的典范”。

重点项目进展顺利。21万吨/年示范项目全部建成并保持长周期稳定运行，IGCC正式发电，示范项目全部建成，生产的欧V柴油、石脑油、石蜡、硫磺、尿素等产品销往山东、河南、上海、广东、香港等地，并进入上海世博会。煤基合成油多联产产业化项目被列为全省转型发展的“1号工程”，潞安与中科院联合组建了“上海低碳能源转化技术中心”；1GW光伏太阳能项目一期工程建成投产，二期工程正式奠基开工，6万吨/年工业硅、1万吨/年高纯度多晶硅、40万吨/年聚氯乙烯一期工程进展顺利，今年将全部投产，为全面打造高纯硅业与太阳能一体化循环经济园区奠定了坚实基础；按照“焦炭是副产品，化产是主产品”的理念，在整合现有焦化及煤化工项目基础上，建成了200万吨/年甲醇一期工程；积极推进了7.63米环保炉型880万吨/年新型焦化项目前期工作。

2010年9月3日潞安集团欢送攻读第二学士学位座谈会

六、创新驱动型企业建设取得重要成就，核心竞争力进一步提升坚持“科技是第一生产力，人才是核心生产力”和“金融贸易是企业战略发展的双翼”的理念，不断推进科技、人才和金融贸易建设，实现了技术链人才链、资金链与产业链的有效对接，实现了金融贸易的大发展。技术创新成果丰硕。潞安喷吹煤被认定为“高新技术产品”，潞安环能公司成为全国煤炭行业唯一一家国家级高新技术企业；具有自主知识产权的“潞安煤基合成油多联产低碳化技术与应用”、“钴基合成油固定床技术与工业示范装置”两项技术达到国际领先水平；煤炭间接液化核心技术铁基浆态床工艺获国家发明专利105项，钴基固定床工艺获国家发明专利6项；集团全年获省以上科技进步奖11项，8项优秀科技成果省级鉴定。集团荣获“煤炭工业信息化示范企业”；连续11年获得“煤炭工业科技进步十佳企业”称号；被确定为全国创新型试点企业。立体化人才队伍不断丰富。试点推行了专业技术人员“星级管理制”，构建了专业技术人才发展的“多通道”和“立交桥”，进一步激发了专业技术人才的积极性和创造力；与大专院校联合，创造性推出了对非主体专业职工子女本科毕业生、在职本科毕业攻读主体专业“二学位”办法，把不对口人才转化为专业人才，把过剩人才转化为抢手人才，实现了企业与员工的“双赢”；实行人才“流动培养制”，有543人次进行了流动；全年内培整合矿井“六大员”262名，122名优秀班组长进入“优秀班组长专业技术素质提高班”学习等；整合重组了天脊煤化工集团公司，进一步壮大了现代煤化工技术力量和职工队伍。

“六渠道一公司”融资格局不断完善。年内发行10亿短期融资券和27亿中期票据；加强与各大银行的沟通联系，取得综合授信额度1600亿元；潞安集团财务公司融通资金86.54亿元；潞安环能继调入上证180指数和沪深300指数样本股后，再次被调入上证50指数，成为融资融券标的股，荣获“最具持续投资价值上市公司”、“中国证券市场20年20家最具活力新锐上市公司奖”；会同中国国际金融公司，就集团增资扩股引进战略投资人和项目层面股权多元化，与中科伟达、南非萨索尔等国内外多家公司、财团进行了充分沟通。

七、企业党建和文化建塑成效显著，企业发展动力进一步增强坚持不断创新、不断超越，形成了“一个机制，四个载体”党建工作新模式，党建工作科学化水平得到新提升，主题活动、企业文化、社区和安全社区建设、全国一流文明矿区建设蓬勃发展集团党委被确定为全国党建研究会国有企业党建研究专业委员会会员单位，省国资委创先争优现场会、中煤政研会弘扬石圪节精神论坛先后在潞安召开，潞安漳村矿成为全国国有企业创先争优活动联系点，潞安经验得到充分肯定和大力推广。潞安被授予“新中国60年企业精神60佳”和“全国企业文化建设优秀单位”。

2010年3月11日潞安集团整合矿井现代化改造建设推进会

2010年9月20日潞安集团1GW年太阳能垂直一体化项目一期投产剪彩仪式

科技引领 项目带动 倾力推动经济

——晋中开发区

袁纯清书记、王君省长在晋中开发区视察工作

胡苏平副省长在晋中开发区视察工作

“十一五”时期，晋中开发区坚持以科学发展观为指导，努力把握发展的规律和趋势，积极抢抓机遇，以优化经济结构，促进转型发展为主线，倾力实施科技引领和项目带动战略，着力培育推动转型跨越的新的经济增长点，战胜了国际金融危机带来的冲击，实现了经济社会又好又快发展，为“十二五”转型跨越发展奠定了坚实的基础。

一、主要经济指标持续快速增长

2010年作为“十一五”的收官之年，区内生产总值完成164380万元，同比增长18.6%；规模以上工业增加值完成75500万元，同比增长36.6%；财政总收入完成50120万元，同比增长31.40%；进出口总额完成755万美元，同比增长88%；全社会固定资产投资完成240109万元，同比增长25.8%；农民人均纯收入达到8503元，同比增长32.88%。上述指标均保持两位数以上的增长，全部圆满完成了晋中市政府下达的年度目标任务，在全省开发区中位居前列。

政务服务大厅

9月25日三晋国际商贸物流城仪器工程剪彩

二、引资上项成绩显著

晋中开发区设立以来，坚持“工业立区、商贸活区、科技兴区”的方针，实施“一区多园”特色产业发展战略，先后规划建设了医药工业园、民营科技园、纺机工业园、机械工业园、汽贸园五个专业园区，以此为平台进行招商、选商。主动寻找机遇，突出引进资源节约型、科技创新型、生态环保型和规模带动型项目，五年来，共引进规模以上项目83项，项目协议总投资157.79亿元，累计引进到位资金61.62亿元，引进外资项目5项。其中2010年引进规模以上项目17项，协议总投资63.29亿元，投资强度达到337.36万元，引资规模和投资强度创历史新高。

三、科技效应进一步明显

晋中开发区引进的项目大多具有科技型、规模型、技术密集型的特点，因此创新能力和竞争意识强，企业内生动力足，发展潜力大。五年来，累计认定高新技术企业15户，按2007年新标准重新认定4户，占全晋中市的40%。先后引进软件企业2户，省级以上技术研发中心2个，市级技术研发中心4个。申报各级科技计划项目41项，专利申请数196项。已有16户企业与国内外22个高等院校科研院所建立产学研基地，承担国家863计划项目2项，国家火炬计划项目6项，国家高新技术产业发展项目计划5项，国家星火计划项目1项。另外，品牌经济迈出新步伐，至2010年底，晋中开发区拥有的“中国驰名商标”占到了全晋中市的1/3，“山西省著名商标”达到了13件，在全晋中市居于上游水平。

四、产业结构不断优化

“十一五”期末，晋中开发区一、二、三产的比重由2005年的6.4:51.1:42.5变为2.1:53.7:44.2。二、三产比重不断增加，工商业日益繁荣，产业结构调整和布局日趋合理，初步形成了工业“五个集群”和商贸“四大物流、两个市场”的经济支撑架构。另外作为新兴工业骨干的高新技术企业数占到全晋中市的40%，2010年产值占到全区工业总产值的35.46%，显示出蓬勃发展的潜力。低碳循环经济初现端倪，保证了晋中开发区经济总量持续快速增长，而污染物排放总量一直保持零增长，生态环境质量明显提高。

五、重点工程顺利推进

开发区向多功能生态新区转型

“十一五”经济社会发展成果

党工委书记、管委会主任深入企业调研

“十一五”期间，晋中开发区承担的国家、省市重点工程、重点项目建设任务逐年增加，先后共有12项。其中，国家级重点太中银铁路工程开发区段涉及各类建筑的拆迁，晋中开发区全力配合，有效保证了工程进度。铁路三项枢纽及大西线客运专线晋中开发区段已全部完成拆迁。总投资4000万元的迎宾西街延伸段工程、7500万元的龙湖大街西段及西延伸段工程、1.114亿元的晋中市总退水、丰泽园绿化以及晋中市污水管网建设等市级重点工程都在开发区上下及有关部门的共同努力下，圆满完成了工程任务。

六、基础设施不断完善

五年来，晋中开发区累计投资6.15亿元用于道路、通讯、电力、供排水、集中供热等技术设施建设，迎宾西街延伸段、龙湖大街西段和西延伸段的建成开通，366公里县乡公路的建设改造，城市总退水工程的启动实施，16条园区建设及供电线路改造、管网改造，使园区的承载能力进一步加强，综合功能有了较大提升。五年来，晋中开发区环境卫生综合整治完成投资1.5亿元，体现出范围广、标准高、投入大、效果好的特点。全区共新增绿化面积96.12万平米，城市绿化覆盖率达到了31%以上。

七、社会保障不断健全完善

“十一五”期间，总计安置下岗失业人员再就业3595人，安置“4050”人员1082人，新增就业岗位12749个，创业就业人数完成967人，转移农村劳动力2997人，技能鉴定人数1618人，城镇基本社会保障覆盖率保持100%，城镇登记失业率控制在2%以内。通过高校毕业生人力资源交流会，为区内企业招聘各类人才1583人。五年来，财政用于社会保障和就业支出达3944万元，下岗职工基本生活保障率一直保持在100%，离退休人员养老金实现100%足额发放。养老保险参保职工达到了10327人，累计征缴保险金3284.3万元；失业保险共有1681人参保，累计征缴保险金196.7万元，发放率达到了100%。农村养老保险征缴上取得重大突破，2007年至2010年共计征收农村养老保险费676.8万元，有6413人参保，覆盖率达20%。

八、农村经济稳步发展

“十一五”期间，晋中开发区农村经济总收入、农民人均纯收入一直保持在全晋中市领先位置。五年来，晋中开发区在招商引资、产业集聚、园区建设、结构调整等方面都取得显著成绩。

“十一五”以来晋中开发区获得的各项成果来之不易，尤其是经受金融危机的重大考验，经验弥足珍贵，在推动开发区又好又快发展的过程中，也积累了宝贵的经验：一是必须坚持抓住引资上项这一主线，不断扩充生产要素增量，扩大经济总量；二是必须坚持优化产业结构推进转型发展，不断激活经济存量，提高经济效益；三是必须坚持以转变作风为抓手优化政务环境，为项目发展提供有力保障；四是必须坚持高度关注并扎实解决好民生问题，不断加快社会和谐发展。

面对“十二五”晋中市的转型跨越、率先发展的新形势，晋中开发区总的发展基本思路是：在经济规模和质量上取得新跨越，产业集聚上取得新进展，企业创新上取得新突破，集约开发水平上取得新提升，投资环境上取得新飞跃，社会和谐发展上取得新成果，努力把晋中开发区建设成为在全省具有示范作用的新型工业优化、高新技术带动区、现代物流集聚区、城镇建设先行区和服务环境创新区，力争率先实现转型、提前跨越翻番，经济总量翻番，再造一个开发区的总目标，促进晋中开发区向多功能综合型产业区转变，力争跻身国家级开发区行列。

“十二五”时期，在发展空间的布局上，要继续以五个专业园区为载体，倾力做好物流示范基地的规划建设工作。创新招商理念，尝试“零地招商”、“存地招商”和“立体招商”，在土地资源日趋紧张的情况下，强化同业集聚和集约用地，注重向空间要效益。进一步提高项目准入门槛，提升投资强度和效益强度

“十二五”时期是晋中开发区产业升级、规模状大、体制创新、向多功能综合型试验区转变的关键时期，任务十分繁重而艰巨，晋中开发区将坚定不移贯彻科学发展观，抓住全省被确定为综合配套改革试验区的机遇，以率先实现转型跨越为目标，团结一心，振奋精神，强抓机遇，排除万难，扎实工作，开拓创新，为实现晋中经济开发区国民经济和社会发展“十二五”规划而努力奋斗。

新华图书物流投入运营

山西双合成食品有限公司生产车

忻州经济开发区

XIN ZHOU JING JI KAI FA QU

山西省副省长张建欣到忻州开发区调研

忻州市市委书记董洪运到忻州开发区调研

二〇一〇年以来，忻州经济开发区管委会坚持以科学发展观为指导，按照省委袁纯清书记和市委董洪运书记有关讲话精神，努力推进忻州开发区招商引资大项突破，环境建设上档升级，经济总量加速扩张，各项工作创先争优，逐步向跨越发展和加速赶超的目标奋进。二〇一〇年忻州开发区共完成科工贸总收入33.1亿元，同比增长21.72%；完成区内生产总值9.93亿元，同比增长21.71%；完成工业总产值18.48亿元，同比增长31.11%；实现税收1.47亿元，比上年度计划增长47%。实现可用财力5138万元，比上年度计划增长71.27%

忻州经济开发区二〇一〇年主要取得了以下几点成效：

一、招商引资取得较大突破。忻州经济开发区管委会努力克服世界金融危机给招商引资工作带来的影响和冲击，不断创新招商引资方式，力求实现高、大、新项目的突破，呈现出在建项目进展快、在谈项目大项多、委托招商互动强的特点。在建中的高科技项目"肝净"系列产品生产项目产供销全面启动，主体车间建设进度加快，设备已提前到位，并在承租房内先期使用；木雕厂在短期内实现全面生产，兴达配套小区主体基本完成；鼎昌汽贸项目现已基本运营，禹东大酒店项目已经全面开工。在谈中的伊利集团乳制品加工项目、今麦郎饮品项目、太阳能光伏电项目、星级宾馆项目等都是上亿元甚至近百亿元的项目，这些项目正在密切的跟踪和洽谈当中。开发区管委会与三个单位签订了招商引资委托协议并开展了对口项目合作事宜。共核准、备案项目7个，签订投资协议项目2个，协议总投资56.2亿元，同比增长1200.93%。分别是山东名嘉集团忻州名嘉广场项目、忻州汽车工贸有限公司汽车城4S店项目、亿达房地产公司慧源山庄二期项目、开发区汽贸园项目、煤机机械装备制造工业园项目等。伊利集团乳制品加工项目已达成初步意向。

二、环境建设取得显著成效。忻州经济开发区管委会以忻州市创建省级环保模范城市为契机，着力进行环境集中整治，收到了明显的成效，得到了市创模领导组的充分肯定。在环境集中整治行动中，对需绿化、硬化、亮化、拆除、整改的单位，采取定任务、定时间、定进度、定目标、定标准的"五定"办法进行安排布置。随后，组织人员进行经常性检查督促、跟踪服务，做到了一户一户督促、一事一事布置、一处一处检查。对整治行动中存在资金困难的单位，管委会拨出经费，组织工人帮助完成清倒、拆除、粉刷等工作任务。在环境集中整治行动中，开发区管委会以集中治脏、突出添绿、环境翻新为重点，按照重点突出、标本兼治、制度落实、齐抓共管、城乡联动、整体推进的工作思路，大大改善了全区人居环境和交通秩序，受到了市委、市政府的充分肯定和表彰奖励。目前开发区环境优美，秩序井然，为建设生态环保、宜业宜居、全省一流的开发区起到了积极的作用。

三、开发区党工委组建成立并正式挂牌，干部管理体制得到彻底理顺。忻州开发区管委会紧紧抓住理顺体制这一重点不放松，经过积极争取和多方努力，终于使忻州开发区党工委正式组建成立并举行了揭牌仪式。开发区党工委的成立，是进一步加强开发区党的建设，推进开发区实现"开放带动、创新带动、服务带动"示范目标的一项重大决策，同时也是发挥开发区党组织的战斗堡垒作用和党员的先锋模范作用，推动开发区经济发展和各项事业创先争优、再上新台阶的重要举措。开发区党工委的成立，为忻州开发区管理体制的全面理顺又迈出了坚实的一步，对忻州开发区的健康、快速、可持续发展具有十分重要的意义。特别是年底之前，市委组织部批复了开发区干部管理体制实施办法并付诸实施，极大地调动了开发区干部职工的工作积极性。

四、积极创优环境扶持企业发展。忻州开发区管委会积极利用孵化基地（创业园）扶持企业发展，取得了良好的成效。开发区管委会建立了高新技术项目孵化基地（创业园）为海外高层次人才提供创新创业基地，孵化基地占地面积14000平方米，内有3200平方米的办公楼、4000平方米的标准厂房和800平方米的仓库等创业用房及水、暖、电、通信等完善的基础设施，而且还架构了企业间文化、信息交流的桥梁，以促进高科技项目实现成果转化，推动高新技术企业的创新发展。开发区管委会通过设立科技创新基金为海外高层次人才归国创业提供资金扶持，为银辉生化科技有限公司争取到的中央投资资金140万元、省委组织部扶持的20万元、省财政贴息资金56万元均已到位。经过多方努力和积极争取，开发区项目孵化基地获得了由山西省委组织部颁发的“山西省海外高层次人才创新创业基地”称号。二〇一〇年开发区管委会共帮助区内企业申请上级财政资金1261万元。

五、创先争优活动和市民素质提升行动扎实开展。忻州开发区管委会按照开展创先争优活动和市民素质提升行动的安排和部署，进一步加强学习，使党员干部和广大群众的思想认识得到了显著的提高。创先争优活动开展以来，忻州开发区各基层党组织进一步组织党员认真学习贯彻袁纯清书记和董洪运书记的讲话精神，进一步学习“右玉”精神，把思想统一到转型发展、跨越赶超的要求上来，统一到转变作风、真抓实干、促进工作的行动上来。为了进一步提高忻州开发区党员干部的思想认识，形成解放思想、促进发展的浓厚氛围，忻州开发区管委会组织开发区20余名副科以上党员领导干部赴山东滨州开发区、苏州工业园区、昆山开发区等先进开发区进行考察学习，学习它们创办开发区的典型经验、先进模式和超前思维，为忻州开发区的转型发展和跨越赶超提供了有益的借鉴。忻州开发区管委会还按照全市干部素质能力建设“心清、身正、行廉、任贤、善谋、勤勉、敏事、惩恶、有容、忠诚”的20字要求，以开发区全员素能提升网络培训和领导干部素能提升网络培训为载体，重点对开发区干部职工就经济发展、公共管理、构建和谐、有效沟通等方面的课题进行了培训学习。领导干部素能提升培训着重就领导语言艺术、领导沟通技巧、如何面对媒体、如何协调关系等方面的课题进行了培训学习，为实现转型发展、安全发展、和谐发展、创新发展、跨越发展的目标奠定了良好的思想基础。

六、深化干部人事制度改革，全面推行竞争上岗。忻州开发区管委会根据中共中央《深化干部人事制度改革纲要》、《党政领导干部选拔任用条例》、《党政机关竞争上岗暂行规定》和省委关于推荐、考察、讨论决定领导干部等有关规定精神，结合开发区实际，制定出台了《忻州经济开发区领导干部公开选聘竞争上岗实施方案》，经市委组织部批准，正式开始实施。这是进一步深化开发区干部人事制度改革，全面实行干部聘任制，进一步理顺开发区管理体制的一件大事。它将进一步规范和完善开发区领导干部选拔任用制度，推进开发区干部工作的规范化、制度化、科学化、民主化，建立激发优秀人才脱颖而出的用人机制，营造激励广大干部干事创业的用人环境，全面提升开发区干部队伍素能，为开发区经济又好又快发展提供强大的内在动力和人力资源保障。此次领导干部公开选聘竞争上岗，虽然在开发区历史上不是第一次，但从规模上、涉及面上、竞争岗位所占比例等方面讲，都是空前的，超过了以往任何一次的力度和规模。这是忻州开发区在干部人事工作上的一次大胆尝试和探索。

七、维护和保持安全稳定的生产经营局面。忻州开发区管委会继续紧绷安全生产这根弦，按照“安全生产、重于泰山”的指导思想，狠抓安全生产整治，强化安全生产宣传，在入区单位自查自纠的基础上，组织有关人员，对入区单位进行了全面细致的安全生产排查，根据入区单位自身的状况进行了分类登记和分类整治，对未经政府有关部门依法批准，无任何证照擅自组织生产经营的非法生产经营单位列入关闭取缔名单，并实施关闭取缔。对证照不全（包括证照过期）或虽然证照齐全、但存在重大事故隐患的生产经营单位，列入停产整顿名单，责令停产停业整顿。对证照齐全、符合安全生产条件的生产经营单位，列入正常生产经营单位名单，并加强日常监管。同时，为了认真贯彻落实市委、市政府关于安全生产的文件精神，保障人民群众和入区企业的生命财产安全，忻州开发区管委会还大力推行了《重特大安全生产事故灾难应急救援预案》的推广和演练。到今年年底，已有忻州供电分公司、市邮政局、忻州移动公司等重点单位建立并演练了本单位的安全生产应急预案，桂龙医药公司等7家规模以上企业和忻州职业技术学院、实验中学、忻州二中等3所学校已初步建立完善了各自的应急预案，为忻州开发区建立一个快速反应、规范有序、科学高效的整体应急管理体系奠定了坚实的基础，营造出安全、稳定、和谐的发展局面。

忻州市市长李平社出席忻州开发区庆典活动

忻州开发区“肝净”项目奠基仪式

忻州开发区党工委成立揭牌仪式

创建新百强

打造全省率先发展 转型

市委书记　张旭光

城市楼群

一湖两岸　城市新景

崇　义　园

孝义市位于山西省中部，太原盆地西南缘，背依吕梁，面俯汾河，市域面积945.8平方公里，总人口46.7万人，现辖7镇5乡6个街道办事处，379个行政村，24个居民委员会。1992年撤县设市。境内煤炭探明储量90亿吨，储量大、品种全，是全国首批50个重点产煤县市之一。铝矿探明储量2.6亿吨，品位高、易开采，储量约占全国总储量的16%，山西储量的44%。铁矿、耐火粘土、白云石、石膏、瓷土、硫铁矿等矿产资源储量丰富，极具开采价值。境内富有核桃、柿子、苹果、花椒、红枣、葡萄等经济林木十余种，其中汾州核桃超过30万亩，“中华核桃王”树龄超过580年，被誉为“全国核桃之乡”。

改革开放以来，尤其是近十多年来，孝义人民把行孝仗义、包容大气的传统美德与市场经济的开拓创新相结合，强力推进转型发展、和谐发展，相继实现了“吕梁领先、三晋一流、全国百强”的“三步走”目标。2010年，全市GDP达到258.93亿元，比“十五”末翻了一番半；财政总收入达到50.01亿元，比“十五”末翻了一番半；一般预算收入达到16.46亿元，是“十五”末的3.5倍，稳居全省119个县（市、区）之首；全社会固定资产投资达到130.72亿元，比“十五”末翻了一番；城镇居民人均可支配收入达到16642元，农民人均纯收入达到7686元，均比“十五”末翻了一番。先后被授予中国“十一五”可持续发展品牌县市、全国绿化模范市、全国文化先进市、全国社会治安综合治理先进市等十余项国家级荣誉称号和首批山西省文明城市、山西省环保模范城市、山西省文化建设示范市、山西省园林城市等数十项省级荣誉称号。继2006年在全国县域经济基本竞争力评价中跨入百强行列之后，近年来全市经济社会发展步伐不断加快，“百强”位次逐年前移，2009年位居第70位，成为全省唯一百强县市。特别是2010年，按照袁纯清书记明确要求“孝义经济社会发展要更好些、更快些，在全省要率先发展”的重要指示精神和省委、省政府及吕梁市的总体部署，我市以转型跨越为主题，紧紧围绕“大上项目、上大项目”这一主题，实施资源型城市经济转型和区域性中心城市建设两大战略，强力推进新型工业化、特色城镇化、农业产业化、市域生态化“四化”进程，争创山西科学发展名牌，争做全省转型跨越排头兵。

一、以新型工业化为引领，着力转变经济发展方式。坚持以项目建设为载体和突破，下大力气招商引资引才引项目，五年累计实施重点转型项目362项，概算投资988亿元，完成投资485亿元，197个项目相继建成投产或部分投产。其中，仅2010年7月份以来就相继有总投资超过200亿元的24个亿元以上项目奠基开工，经济转型进程不断加快。一是新型煤系工业产业不断做大做强。全面实施煤矿资源大整合，全市原煤产能达到1200万吨。进一步整合提升焦化产业，规划实施一批220万吨7.63米大型焦化项目，今年以来金岩联盛500万吨新型焦化等项目取得实质性进展，向新型焦化产业基地迈进。全面发展焦油、甲醇、蒽醚等煤化工产业，建成一批具有国内先进技术的煤焦化工龙头企业，推动煤系产业循环发展。二是铝工业发展迈向高端。规划实施兴安化工等一批新型铝工业项目，全市铝工业产能达到350万吨，加快实施铝型材、铝镁合金等深加工项目，2010年兴安化工二期100万吨多品种氢氧化铝、茂泰4万吨高铝制品等项目开工建设，向铝系产品高端开发。三是高新技术产业多点并进。依托世界领先水平的乐百利特LED新光源项目，打造集光电技术研发、规模制造、技术展示与产业化推广于一体的综合光电产业园区。同时，

胜溪湖全景

加速新跨越发展 科学发展新品牌

大力扶持轻质莫来石、复合保温板等新兴产业，着力以高科技推动产业链条向高、精、尖方向延伸。四是现代服务业迅速崛起。制定实施服务业专业规划，完善优惠政策体系，加大政策扶持力度，一大批现代服务业项目建成，2010年沃尔玛超市商务区、万象商城、大地钢材物流、丰田4S店等一批现代商贸项目又相继开工建设，全市第三产业增加值占GDP比重达到35.7%，荣获“中国现代服务业投资环境十佳市”称号。

二、以农业产业化为中心，全面推动“三农”工作不断进步。全市各类农业龙头企业达到33个，各类农业园区突破85个，开发面积4.9万亩，较“十五”末均实现翻番。省级高阳农业科技示范园区2010年实现产值4.8亿元，山西铭信禽业公司发展成为华北最大的生态肉鸭养殖加工基地。2010年高质量建设核桃经济林6.3万亩，全市核桃经济林总面积突破36万亩，新农村建设一般村“四化四改五个一”实现全覆盖，67村实施新村庄建设，概算投资46.6亿元；投入4.5亿元实施农村环境综合整治，其中，胜溪新村、梧桐新区等一批示范镇村相继开工建设，农村人居环境极大改善。

三、以特色城镇化为带动，不断加快城乡一体发展步伐。围绕“打造一流主城区，提升中心镇，建设社区化中心村”总思路，全市公路里程由“十五”末的1047公里增加到1597公里，村通油路率达到100%。城市建成区面积由15.1平方公里拓展到27平方公里，城市道路里程由52公里增加到128公里。城市集中供热、管道燃气普及率分别达到90%、85%以上，万人拥有公交车达到10标台。

四、以市域生态化为核心，着力构建市域经济发展的优质环境。以国家卫生城市、国家园林城市、省级宜居城市、省级环保模范城市“四城”创建为载体，扎实推进生态建设。“十一五”期间，依法关闭取缔“两高”企业465户，万元GDP能耗达到2.17吨标准煤。新增各类林木面积8万多亩，全市造林绿化率达到35%、森林覆盖率达到30.7%。城市建成区绿化覆盖率达到43%，2010年城区空气质量二级以上天数达到354天。先后荣获“山西省园林城市”、“造林绿化先进市”、“全国绿化模范市”等称号。

五、以和谐发展为本，统筹推进社会全面发展。累计投入超过50亿元，集中力量大办教育、大办卫生、大办交通、大办文化、大办社会保障，在山西率先实现“五个全覆盖”；各项社会保险覆盖率均达到85%以上，实现应保尽保，并不断扩面提标；市财政每年拨出3000万元用于扶贫济困送温暖，2010年达到6100万元；城镇失业率2010年控制在3%以内。被评为“山西省和谐社会建设先进市”。

“十二五”时期是孝义立足新百强、推动大转型、谋求新跨越、再创新辉煌的又一个新时期，我们将以科学发展观为统领，紧紧抓住全省“转型综改试验区”政策机遇，紧紧围绕“大上项目、上大项目”这一主题，实施资源型城市经济转型和区域性中心城市建设两大战略，做好背靠吕梁山、融入太原圈、面向环渤海“三篇文章”，强力推进新型工业化、特色城镇化、农业产业化、市域生态化“四化”进程，开启园区经济、人才创业、孝河—汾河、生态宜居、民生幸福“五新时代”，努力实现“三年打基础、五年新腾飞”目标，力争GDP、财政总收入、城镇居民人均可支配收入、农民人均纯收入均实现“翻一番”，挺进全国县域经济50强。

市长　郭保平

“转型项目百日大会战”之——乐百利特LED200万套照明产业项目开工奠基仪式

总投资91亿元的兴安化工4A沸石及多品种氢氧化铝建设项目

新农村建设－西王屯村鸟瞰

荒山绿化

河曲县

HEQUXIAN

奋力拼搏　扎实工作

县委书记　王书东

县长　李旭清

2010年，在县委、县政府的正确领导下，全县上下认真贯彻十七届五中全会精神，坚持以科学发展观为指导，以转型发展为主题，以跨越发展为目标，面对复杂多变的经济形势，奋力拼搏、扎实工作，克服后金融危机影响。国民经济总体保持了平稳较快增长，全年经济目标圆满完成，各项社会事业取得了新发展。

一、综合实力稳步提高

初步核算，全县地区生产总值（GDP）44.5亿元，按可比价格计算，同比增长17.5%。分产业看：第一产业增加值2.2亿元，同比增长9.5%；第二产业增加值29.9亿元，同比增长20.5%；第三产业增加值12.4亿元，同比增长12.1%。三次产业比例由上年的4.3：66.5：29.2变化为4.95：67.10：27.95。全年全县财政总收入102358万元，同比增长10.25%。一般预算收入39442万元，同比增长23.31%。其中：税收收入20963万元，同比增长20.49%。

二、农业生产发展加快

全年全县农作物种植面积27640公顷，同比增长0.95%。其中，粮食种植面积21464.9公顷，同比增长2.41%；油料种植面积4128公顷，同比降低8.67%。全年粮食总产量49945.7吨，同比降低6.07%。其中，玉米21909.6吨，同比降低20.92%。全年油料总产量5268.7吨，同比降低12.84%。全年猪牛羊肉总产量2374.7吨。其中，猪肉产量1573.2吨，牛肉产量39.3吨，羊肉产量762.2吨。牛奶产量3279吨。禽蛋产量3737.37吨。禽肉产量140.5吨。

三、工业企业快速发展

全年规模以上工业企业完成工业总产值454502万元，同比增长30.90%。工业增加值228886万元，同比增长26.11%。主营业务收入426289万元，同比增长26.63%；实现利润81999万元，同比增长63.29%；实现税金46403万元，同比增长17.88%。全年规模以上工业企业主要产品产量：原煤总产量627.2万吨，同比增长65.32%；发电量总计851066万度，同比增长24.01%；水泥总产量23200吨，同比降低9.32%；炸药总产量37473吨，同比增长67.00%。白炭黑总产量10843吨，同比增长0.35%；化肥总产量29131吨，同比增长39.61%。

四、固定资产投资稳步增长

2010年我县固定资产投资累计完成480839万元（包括房地产），同比增长9.02%。按城乡分：城镇投资463814万元，同比增长8.20%；农村投资8799万元，同比降低19.99%。按产业分：第一产业完成固定资产投资4268万元，第二产业完成固定资产投资425779万元，第三产业完成固定资产投资50792万元，分别占总投资比重为0.89%、88.55%、10.56%。按登记注册类型分：内资完成投资472613万元。其中：国有投资361096万元，其他有限责任公司投资84239万元，股份有限公司投资15391万元，私营企业投资770万元，其他企业投资4102万元。房地产开发投资8226万元，同比增长486.32%。按工程用途分：住宅投资2249万元，商业营业用房投资1160万元。

五、消费品市场活跃，居民消费价格上涨

全年全县社会消费品零售总额76068万元，同比增长25.6%。其中：城镇消费品零售额53043万元，乡村消费品零售额23025万元。按行业分：批发零售业65676万元，同比增长59.83%；住宿餐饮业10392万元，同比增长10.82%。居民消费价格同比上涨3.3%，其中食品价格上涨9.8%，衣着价格上涨1.2%，居住价格上涨1.7%。商品零售价格上涨3.6%。

六、交通运输邮电

全县年末干线公路109公里，县公路168.8公里，乡公路393.4公里，村公路496.8公里。年末车辆拥有情况：客车22

辆，货车726辆、小汽车2031辆、挂车563辆、专用车21辆、农用车233辆、出租车103辆、救护车28辆、警车79辆。全年公路货运量199 9万吨，货运周转量24119万吨/公里。公路客运量37.7万人，客运周转量6312万人/公里。

全年邮政业务总量1335.99万元，同比降低6.57%。从邮政业务情况看：国内函件2.23万件，国内包裹0.47万件，邮政快件1.54万件，订销报纸累计发行191.75万份，订销杂志累计发行6.88万份。电信业务总量1483万元，同比增长9.45%。移动公司业务总量4013万元，同比增长9.97%，全县计次制电话22040户。其中城市用户13351户，农村用户8689户。

七、金融和保险

年末全县金融机构各项存款余额610074万元，同比增长12.13%，其中，居民储蓄存款达396562万元，同比增长15.47%。各项贷款余额318153万元，同比降低19.49%。

全年保险业务收入9266.5万元，同比增长34.12%。支出1136万元，同比降低4.05%。其中：人寿保险业务收入6061.5万元，同比增长35.35%。支出46万元，同比降低6.12%；财产保险业务收入3205万元，同比增长31.84%。支出1090万元，同比降低3.96%。

八、教育、卫生和科技

全县中学学校21个，其中完全中学1个、高级中学2个、初级中学18个、高中年底在校人数3128人，初中年底在校人数6962人。高中教师276人、初中教师605人。小学学校97个，教职工人数1042人，年底在校人数13247人。职业学校1个，教职工人数38人，年底在校人数225人。全县共有幼儿园6个，幼教人员206个，在校幼儿2621人。

全县共有卫生机构385个。其中：县医院2个，中医院1个，精神病院1个，乡镇卫生院13个，疾控中心1个，卫生监督所1个，妇幼保健站1个，厂矿卫生所13个，其他卫生组织352个。全县卫生机构共有病床475支。其中：县医院150支、中医院120支、精神病院50支、乡镇卫生院155支。卫生人员数913人，其中：卫生技术人员616人。

全县共有各类专业技术人员3917人。其中：高级职称223人、中级职称1911人，初级职称1783人。

九、人民生活和社会保障

全年城镇居民人均可支配收入13129.52元，同比增长11.15%；城镇居民人均消费性支出9035.98元，同比降低8.01%。农村居民人均纯收入2942元，同比增长11.5%；农村居民人均生活消费支出1388元，同比增长19%。城镇占调查总户数20%的低收入家庭人均可支配收入5987.83元，同比降低7.86%；农村占人口20%的低收入者收入1190元，同比增长12.4%。城镇单位在岗职工平均工资39014.9元，同比增长25.16%。

年末参加城镇基本养老保险的人数为9705人；参加城镇基本医疗保险的人数为16314人。参加农村社会养老保险的人数为83753人，新型农村合作医疗参合率达92%。纳入城镇“低保”的人数为6087人，纳入农村“低保”的人数9584人。

王书东书记考察农业生产情况

李旭清县长视察晋神集团

县城污水处理厂

县城垃圾处理场施工现场

引黄灌溉工程

唐家会新农村建设

榆立洼新农村建设

冯家庄新农村建设

石楼县

石楼县位于山西省西部中段，东依吕梁山，西临黄河水，国土总面积1808平方公里，因县境东部通天山“石叠如楼”而得名。全县下辖4镇5乡134个行政村，属国定贫困县。我县基本情况概括起来即六个“最”，即：最大最小、最老最新、最红最绿。

“最大”是指全县人均国土面积0.017平方公里，为全省最大。“最小”是指2010年财政总收入完成6030万元，排在全市倒数第一，全省倒数第四。“最老”是指石楼历史悠久。山西历史博物馆70%以上的青铜器都出自石楼，是全国最大的三个青铜器出土方国之一。经考证石楼为姜太公的祖籍地。“最新”是指石楼地下蕴藏着煤、铁、石灰石、磁铁矿、天然气等多种矿产资源，其中仅初步探明的煤炭储量约53亿吨，天然气储量2000-3000亿立方米，是潜力无限的发展新区。“最红”是指石楼既是红色革命老区，又是红枣大县。石楼是红军东征的第一站，毛泽东在此创作了千古绝唱《沁园春·雪》。全县现有红枣总面积27.2万亩，2010年遭灾后红枣产量仍达到2604.6万斤，红枣已成为我县农民增收致富的主导产业。“最绿”指全县现有林地面积130 万亩，退耕还林面积达67.6万亩，是全省退耕还林第一大县，林草覆盖率达46.8%。

一、2010年工作情况

2010年，石楼县委、县政府团结带领全县人民，将狠抓落实作为工作主题，将大干苦干作为工作主线，将改善民生作为工作重点。特别是在石楼各方面条件还十分困难，全球金融危机余波未平的情况下，积极努力，全力拼搏，保持了经济的快速增长，保持了各项事业的长足发展，2010年，各项经济指标实现了超历史、超年初计划、超上级下达指标的“三超”目标，全县地区生产总值实现5.34亿元，比上年增长18.3%；规模以上工业总产值实现1.91万元，比上年增长312.6%；规模以上工业增加值实现8598万元，比上年增长97.2%；全社会固定资产投资完成4.72亿元，比上年增长24.26%；社会消费品零售总额实现1.26亿元，比上年增长18.4%；全县城乡居民储蓄存款总额达到6.8亿元，比上年增长54.3%，各项指标增长速度属吕梁前列。全年工作概括起来就是“四个三”。即：“三个增长”、“三个一流”、“三个加快”、“三个提升”。

“三个增长”：一是财政收入大幅增长。二是干部职工收入大幅增长。三是农民收入大幅增长。

“三个一流”：一是投资1700万元，建成了占地面积12.6亩的全省一流的社会福利中心。二是投资600万元，改造完成了占地面积3100平方米的全市一流的影剧院。三是投资300多万元，改造完成了占地面积1.23万平方米的周边县市一流的综合性医院，县医院成为周边区域唯一的二级乙等医院。

“三个加快”：一是项目建设加快。二是民生改善步伐加快。三是旅游开发加快。

“三个提升”：一是教育工作再上新台阶。二是生态建设再迈新步伐。三是城市建设再有新提高。

二、“十二五”工作思路及2011年重点工作

2011年，石楼县委、县政府充分发挥石楼生态人文的潜在优势、传统农业的特色优势和工业经济的后发优势，提出了“五位一体”的总体工作思路：全面贯彻落实党的十七届五中全会和中央、省经济工作会议精神，以科学发展观为统领，以加快转变经济发展方式为主线，以实现转型跨越发展为目标，以项目建设为总抓手，大力推进生态建设、旅游开发、农业提升、工业启动和城乡一体化，努力把石楼建设成为晋西黄土高原上的“天然氧吧”、黄河文化旅游圈的一颗明珠、吕梁山上的绿色食品生产基地、贫困山区工业与生态协调发展的先行县、欠发达地区城乡统筹发展的实验基地。

工作总体目标：到“十二五”末，实现“三个三”的奋斗目标：即全县财政收入达到3亿，农民人均实际收入达到3000元，干部职工人均年收入达到3万元。

围绕总体工作思路和目标，今年要重点抓好以下五个方面的工作。

（一）狠抓生态绿化，把石楼建设成为晋西黄土高原上的“天然氧吧”

坚持不懈实施通道绿化、荒山绿化、村镇绿化、县城绿化、景区绿化、经济林覆盖等绿化工程，把石楼建设成为绿色装点城市，绿色覆盖乡村，绿色环绕道路，绿色笼罩荒山，到处绿意盎然，生机无限的“天然氧吧”。重点做好四件事：一是编制完成“十二五”生态建设规划。二是实施柳石线通道荒山绿化工程。三是继续实施“111”核桃（红枣）经济林全覆盖工程。四是开展全民义务植树造林活动。

（二）狠抓旅游开发，把石楼建设成为黄河文化旅游圈的一颗明珠

“十二五”期间是我县旅游业发展的黄金时期，我县将抓住难得的发展机遇，构建大旅游、大市场、大产业的格局，构建四大旅游板块。即：依托黄河石楼湾等自然景观，构建特色景观旅游板块；依托生态资源，构建生态绿色旅游板块；依托红军东征，开发红色革命旅游板块；依托石楼悠久的历史和

2008年竣工通车的沁园春大街

王村集瑞小区

黄河大桥

月亮湾移民小区

新农村新建小学

2010年通过省级示范校验收—石楼中学

山西华润联盛石楼县赵家沟煤业有限责任公司

石楼县昌盈农产品有限公司生产车间

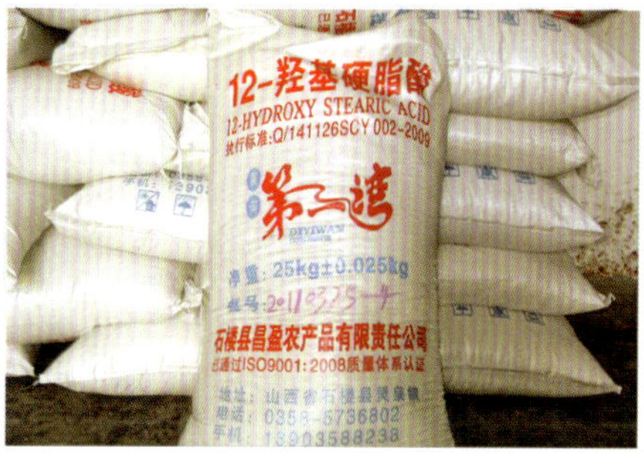

石楼县昌盈农产品有限公司蓖麻加工产品

文物大县的县情，构建历史人文旅游板块，同时加大产品开发力度，推动旅游开发迈上新台阶。

（三）狠抓农业提升，把石楼建设成为吕梁山上的绿色食品生产基地

1、由传统农业向现代农业转型。要继续坚持农业产业化主题，按照“改良红枣、扩大核桃、优化小杂粮、提升养殖业”的思路，规模化发展林果业、种植业和养殖业三大特色产业。2、由传统农村向新农村转型。在完善好已建42个新农村的基础上，今年继续重点推进10个新农村建设，启动实施农村新的“五个全覆盖”工程，继续实施整村推进、移民搬迁、产业开发、劳动力转移培训、教育扶贫五大扶贫工程，力争减少农村贫困人口8000人以上。3、由传统农民向新型农民转型。充分利用农民技术培训中心，乡镇、村级文化站，各种协会组织等平台，围绕三大农业主导产业，着力提高农民的科技增收能力、市场经营能力、专业化生产能力、创业就业能力。

（四）狠抓工业启动，把石楼建设成为贫困山区工业与生态协调发展的先行县

走一条高位起步、适度发展，工业与生态协调发展的新型工业化路子。建设一个定位于发展煤-焦-化-电产业链的绿色新型煤化工现代产业园区；提升煤炭、建材两大传统产业；培育天然气（煤层气）、风力、光伏三个新兴产业，建设涉及煤炭提升、工业转型、农业龙头、三产牵动和基础设施惠民五大类，总投资120亿元的30个项目，按照循环经济要求，高效综合开发利用资源，实现工业强县目标。

（五）加快城乡一体化进程，把石楼建设成为欠发达地区城乡统筹发展的实验基地

一是扎实开展以环境卫生、街道装饰、交通秩序为主要内容的“三项整治”活动，营造宜居生活环境。二是大力开展“县城建设提升年”活动，带动城乡建设上水平。三是加强交通、水利、电力、通讯等方面的基础设施建设，为城乡一体化提供有力支撑。四是加快发展社会事业，全面改善民生质量。

凝心聚力
全力打造全省多元

山阴县委书记　侯 元

转型跨越 循环发展 凝心聚力 奋力争先

广武汉墓群前雕像

一、基本情况

山阴县位于东经112°25′—113°05′北纬39°12′—39°47′之间，地处山西省北部，东邻应县，南毗代县，西交朔城、平鲁二区，北与左云、右玉、怀仁接壤。南北长66.7公里，东西宽36.5公里。县境内山脉，有恒山山脉，洪涛山脉以及黄花岭。有较大的河道4条，桑干河、木瓜河、黄水河和元子河（吴马营大河槽河）。境内南北高，中间低。西北有洪涛山、高汉梁，其中以洪涛山最高，海拔1947米。南为恒山支脉翠微山，其主峰馒头山海拔2426米，中部为大同盆地的一部分，地势平坦，桑干河、黄水河贯穿其间。

山阴县因位于佛宿山北而得名。春秋属狄域，战国为赵地，秦属雁门郡，隋置善阳县、神武县，唐为马邑县地，辽置河阴县，金大定七年始称山阴，此后虽一度改为忠州并入金城县，但为时较短，后有复置山阴县，至今未变。明朝为县制，属应州辖。山阴县境内自然资源较为丰富，其中以煤炭为主，煤田总面积355.2平方公里，总储量114亿吨，煤质品种以氯煤和弱粘煤为主，为优质烟煤；铁矿石储量约4000万吨，系赤铁矿；铝矾土约900万吨；粘土粉砂岩预测储量达亿万；石灰石约3000万吨；方解石约40万吨；大理石约1000万立方。此外还有石英石、钾长石、黑云母、玄武岩等。山阴县历史悠久，人杰地灵，虽历经千年沧桑巨变，部分遗迹尚存。主要保存有比较完整的全国最大的广武汉墓群和新、旧广武城、明长城等。

山阴县辖4镇（岱岳镇、北周庄镇、古城镇、玉井镇）9乡（吴马营乡、马营乡、下喇叭乡、合盛堡乡、安荣乡、薛圐圙乡、后所乡、张家庄乡、马营庄乡），257个行政村。全县版图面积1651平方公里。县人民政府驻岱岳镇。

二、经济社会发展状况

2010年全县地区生产总值完成116.4亿元，同比增长14.3%，超“十一五”规划目标36.4亿元，超出省市平均水平3.2、1.3个百分点；财政总收入完成20.13亿元，同比增长10.7%，提前三年实现了“十一五”规划目标，连续四年总量保持全市第一，年均增长31%；一般预算收入10.05亿元，同比增长27.5%，提前两年实现了“十一五”规划目标，连续五年

奋力拼博
循环发展第一县

总量保持全市第一，年均增长43.3%；规模以上工业增加值52.2亿元，同比增长6.8%，提前两年完成了“十一五”规划目标；全社会固定资产投资完成46.1亿元，同比增长38.8%，增幅跃居全市第二。

“十一五”期间，山阴县多项重点工作受到国家和省、市表彰。2009、2010连续两年进入全国县域经济中部百强县第93位、49位。2007、2008、2009三年，全县经济社会发展指数分别居全省119个县的第25位、第18位、第14位。连续多年被省委、省政府评为全省结构调整先进县、增加农民收入先进县和雁门关生态畜牧经济区建设先进县。2010年荣获全国农村社区建设示范县、全省造林绿化先进县、全省新型农村合作医疗先进县、全省人口计生服务工作先进县等多项国家和省级荣誉称号。

1、工业

坚持传统产业新型化、新型产业规模化，重点推进煤矿兼并重组和标准化矿井建设，全面提升煤电、冶化、乳品、新型建材、农副产品加工、生态旅游六大板块经济发展水平。兼并重组协议签订率达到100%，主体到位接管率达到100%，采矿许可证换发率达到90.5%，资金补偿到位率达到95.2%，兼并重组取得重大突破。完成机械化升级改造矿井8座。煤炭产业的规模化、机械化、现代化水平大为提升，全县具备了原煤生产2640万吨、洗选2000万吨、发运4000万吨的能力和优势。2×300兆瓦矸石发电项目建成了亚洲第一间接空冷塔，完成工程量的60%，其“三塔合一”技术世界领先；110千伏下石井变电站建成投入运营。非煤非电产业快速发展，形成了年产石灰氮13万吨、合成氨12万吨、甲醇2万吨、煤矸石烧结砖2亿块、活性石灰160万吨、铁合金10万吨、系列乳品45万吨、农产品加工65万吨等产能优势，实现了主导产业多元化、新型化。坚持“多联产、全循环、抓高端”，采取“园区化承载、大项目支撑、板块式发展、集群化推进”的方式，打造了以“黑色”煤炭为标志的产——运——洗——销和煤——电——冶——建以及粉煤灰、废弃水、电厂余热综合利用的三大工业循环链，以“白色”乳品为标志的粮——牛——奶、畜——沼——菜两大农业循环链，以“绿色”生态为标志的生态旅游带

山阴县人民政府县长 南志中

中煤金海洋公司循环经济工业园区

山西古城乳业集团有限公司液态奶生产线

晋煤外运

新建一中鸟瞰图

京津风沙源山阴段

北方奶都塞外煤乡

三产的多元产业联动发展新格局，创新了工农业“黑白两翼”双循环、生态三产“绿色展翅”促转型的山阴发展模式。

2、农业

夯实基础强“三农”，农业农村经济全面发展。一是全力促进粮食增产。一年来，克服早春低温、伏旱和病虫害多发等不利影响，全面实施玉米丰产方、测土配方、机深耕、改造中低产田等措施，极大改善了农业生产条件；全面落实惠农措施，农民人均享受政策性补贴近260元；全面推进农业机械化水平，补贴农机具50.4万元。通过多措并举，全县抗灾夺丰收，总产粮食3.66亿斤，增长24.1%，创历史最高纪录。二是大力发展设施农业。县政府沿应广线两侧规划建设设施蔬菜基地，整合专项资金989万元，兑现奖补资金1500多万元，注入贷款担保资金2000多万元，配套电力设施300万元，道路建设投入400多万元，建成各类大棚3320座6525亩，年实现销售收入6000多万元，促进了农民增收。三是全面实施规模健康养殖。县财政补贴1300多万元，新建了29个奶牛小区、2个肉羊小区。全县畜禽规模健康养殖园区达到161个，其中奶牛83个，奶牛规模健康养殖量占到奶牛总量的40%。全县大牲畜存栏8.8万头，其中奶牛7.5万头，总产鲜奶22.3万吨。四是强力推进农业产业化发展。古城集团、天鹏农牧公司被评为全省农产品加工“513”工程先进企业。古城集团生产系列乳制品5.42万吨，实现销售收入4.1亿元，支付奶款2.5亿元，正在逐步走出低谷，引领奶牛乳品业健康发展；天鹏公司出栏生猪3.5万头，产销熟肉制品2万吨，实现销售收入1.6亿元，成为产业化发展的又一旗舰企业。五是农村“五个全覆盖”工程全面完成，新农村建设迈上新台阶。已为54个村修通371.9 公里水泥路（油路），为27个偏远村安装了775套广播电视卫星接收设备，为41个村建起卫生室，为68个村3.1万口人解决了饮水不安全问题，完成了17所学校共10.06万平米的校舍建设和改造，农村生产生活环境大为改善，公共服务水平显著提高。一年来，全县新增重点推进村 17个，新农村面貌大为改善。

3、城建

坚持不懈搞建设，城市基础设施全面配套。全县基建投入2.3亿元，其中融资贷款1.15亿元。在全省首家开工建设了县城电联供项目，年内新增供热60万平米；自来水管网改造和水表出户工程全面开工，年内改造管网15公里，实现智能化分户管理800多户；县城垃圾处理厂完成了一多半工程量；新铺设污水收集管网12公里；新硬化小街小巷6条等。

4、民生

关注民生促和谐，社会事业大有进步。一是教育事业优先发展。山阴一中当年建设，主体工程当年封顶。规划改造的17所校安工程全部开工，竣工12所。优化了中小学资源配置，提升了义务教育标准化水平。全面落实绩效工资制，调动了广大教职员工的工作积极性。中考成绩明显提升，高考达线率逐步走出低谷。深入开展“圆梦大学”捐助活动，资助88名贫困大学生圆了大学梦。切实加强校园安保工作，全力整治周边环境和秩序，打造了平安和谐校园。二是卫生计生事业大发展。县、乡、村三级医疗卫生机构达标率达到91.57%；13个乡镇卫生院全部实施了国家基本药物制度；新农合参合人数15.3万人，参合率达90.15%，新增人数全市第一；公共卫生服务水平全面提升，为5.4万名居民建立了健康档案，预防接种、传染病防治等工作扎实有效。全县综合节育率92.1%，长效节育率91.8%。三是就业和社会保障能力大提高。全县新增就业2134人，创业带动就业552人，转移农村剩余劳动力2830人。社会保险基金当年总收入达到1.1亿元，累计滚存结余基金2.04亿元。城乡低保标准、优抚对象补助标准、企业退休人员基本养老金、农村五保户供养水平等均有所提高，为城乡低保对象发放了临时价格补贴，新建了占地4300多平米的敬老院，建成了救灾物资仓储中心。四是城乡公共文化服务体系建设取得新成效。启动了11个乡镇综合文化站建设，竣工4个；建成了50个村农家书屋；新建农村篮球场20个；为100个文化信息资源共享工程村级服务点配套了相关设施。五是保障性住房建设进一步推进。廉租住房一期工程年内全部竣工，启动了二期工程，发放廉租住房补贴1670户301万元。结合闫家巷改造，新建经济适用住房144套1万平米，完成棚户区改造922套9.5万平米。六是科技创新跃上新台阶。全县农业科技支出892万元，成功申报市级科技项目16个。中煤金海洋集团公司致力于建设粉煤灰综合利用试验基地，成立了技术研发中心，开展分析测试、粉煤灰提取贵重金属实验、提取无机物研究等，全面提升了科技服务经济建设水平。

2011年全县转型跨越发展的总体思路是：抢抓全省转型综改试验区建设一个机遇，建设新型能源和生态畜牧两大基地，创新黑色煤炭、白色乳品、绿色生态“三色经济”循环模式，实施“园区化承载、大项目支撑、板块式发展、集群化推进”四项举措，加快工业新型化、农业现代化、县域城镇化、城乡生态化，打造全省多元循环发展第一县！

新农村建设

蔬菜大棚

新型农村合作医疗

寿阳县

SHOU YANG XIAN

寿阳县位于山西省东部，太行山西麓，是山西晋中的东大门。全县国土面积2110平方公里，辖7镇7乡1个管委会、206个行政村，总人口22万(其中农业人口16.4万)。

全县国土面积2110平方公里，其中耕地面积97.6万亩，宜林宜牧面积130万亩，人均耕地面积近6亩。矿产资源有煤、铝矾土、铁、锰、石膏、石灰石、粘土等，尤以煤炭最丰。全县含煤面积1890平方公里，地质储量270亿吨，已探明储量70亿吨。县内主要河流有潇河、白马河和向阳河，三大河流主河道总长154.5公里。全县水资源2.13亿立方米，地下水总储量为3000万立方米。全县共有水库4座。县境内林木、果木、药材、花卉、藻类、菌类皆有。其中被子植物有200余科、2500余种，药材60余种。野生动物资源有鸟类、兽类、爬行类。

“十一五”以来，寿阳县立足资源、区位比较优势，抢抓机遇，奋力超越，全县经济社会呈现出既快又好的发展势头，开创了经济社会的快速发展期。2010年，全县地区生产总值64.6亿元，同比增长26.9%；规模以上工业增加值36.6亿元，同比增长46.1%；固定资产投资43亿元，同比增长33.1%；社会消费品零售总额12.9亿元，同比增长18.7%；财政总收入20.03亿元，同比增长33%；城镇居民人均可支配收入和农民人均纯收入分别为16980元、5851元，同比增长13.4%、13.8%；外贸进出口总额25.03万美元。

目前，全县规模以上工业企业40个，其中煤炭企业20个，焦化企业1个，机械制造企业4个，建材企业1个，农产品加工企业1个。财政收入结构中，煤炭产业贡献率达到90%以上。经过煤炭资源整合和煤矿兼并重组后，全县煤炭产业形成阳煤集团、潞安集团、山西煤运、段王集团、博大集团五大主体，地方煤矿整合为12座。机械制造、化工、建材、新型能源及各类加工工业稳步发展，环界石油钻具是我县唯一一家外贸业，年均出口创汇238万美元。民生粮油、晋荞米业、富山蔬菜、健民豆制品等4户民营农产品加工企业逐步发展壮大，民用锅炉、散热器、太阳能热水器、彩钢节能门窗等工业产业渐成规模。目前，全县有1个工业园区，已入驻企业13户，在建7户，投产6户。

粮食种植面积稳定在60万亩以上，年均产量达25万吨，人均超吨粮；蔬菜种植面积40万亩，年均产量83万吨，“寿绿”蔬菜获得“全国蔬菜类十大畅销品牌”，连续两年成功实现供奥、供世博；新建大棚93亩，日光节能温室95亩，育苗暖棚170个，冷库10栋、总库容量6240立方米；经济林方面：全县仁用杏、核桃等经济林种植面积达到10万亩，产量稳定在 2万吨，杨树用材林6万亩，百亩以上的育苗大户3个，育树苗4000亩。项目区内亩均增收116元，农民平均增收380元；畜牧业方面：全县牛饲养量17720头；羊饲养量357177只；猪饲养量188649头；鸡饲养量1570880只；奶牛饲养量588头；肉总产量13005吨；奶产量2546吨；禽蛋产量6726吨；合作社建设方面：全县登记注册的各类农民专业合作社共计598个，注册总资金为11077万元，入股社员9700多户。全县农业经纪人及农副产品营销大户达到289余户；农机方面：寿阳是全省农业机械化示范县。2010年，全县农业机械总动力达到29.1万千瓦；拥有各类拖拉机4907台；各类配套农机具达到8028台(件)；玉米收获机76台；土豆收获机达到58台。全县机耕、机播面积分别达到75万亩、64万亩，机收面积达到达到17.6万亩，机械铺膜面积15.75万亩，机械秸秆还田面积18万亩。农业机械化率总体达到70%以上；农田水利方面：截止2010年底，全县建成中小型水利工程157处，建设灌溉机电井33眼，配套水泵33台、总功率13860KW；建设小型灌溉泵站28座，配套水泵34台、总功率17034KW；建成灌区2处、灌溉面积4100亩；旱井1500眼，人字闸84处，实现农田灌溉面积1.485万亩；农科方面：全县建有信息服务中心、站、点221个。

全县第三产业企业112户，注册资金24274万元，其中，交通运输企业39户，批发零售企业27户，住宿餐饮企业20户，建筑企业4户，其他服务企业22户。全县三产个体户 5567户，注册资金25231.96万元；商贸流通业：县城区建有大型的果蔬批发市场3个、大型日用百货批发市场2个、大型超市2个、大型建材市场4个、家具市场3个、农机市场1个、大型汽车摩托家电贸易中心4个；建成日用品农家店151个，新网工程便民店96个，粮油批发网点覆盖全县14个乡镇；旅游业：全县建有各类旅游景区(点)7处，其中，方山国家森林公园、五峰山龙泉寺、龙栖湖度假村、祁氏故居一期、尹灵芝烈士纪念馆、晓月山庄已对外开放；祁氏故居二期、鹿泉山寿星文化休闲度假旅游区正在建设。全县现有3家旅行社、2家旅游门市部；金融业：县内现有工商银行、农业银行、建设银行、邮政储蓄等4家商业银行，另有农发行、信用联社等金融机构2家。2010年，全县金融机构各项存款余额74.9亿元，其中城乡居民储蓄存款45.3亿元，人民币存款余额实现历史性突破；其他服务业：全县共有住宿餐饮企业20户，其中，星级住宿业和限额以上餐饮企业6户，近三年，房地产开发累计完成投资4.5亿元，完成房地产开发面积50万平方米，销售额达6.3 亿元。

全县公路通车里程总量达到1447.5公里，全县公路密度达到每百平方公里68.93公里。其中，国道64.87公里，省道101.65公里，高速公路47.6公里，县道179.63公里，乡道564.2公里。近三年新、改、扩建城市道路里程100公里，南、北外及八条城市道路构成“六纵六横”城市道路框架。村通水泥(油)路里程2356公里，覆盖全县201个自然村，行政村覆盖率达97.5%。

城区污水处理厂日处理能力5400吨，处理率达到80%；集中供热总面积达到126万平方米，集中供热率达到60%以上；垃圾处理厂日处理量达95吨，基本实现城区生活垃圾100%无害化处理。目前全县建有移动机站176个，县、乡、行政村、国、省道移动信号覆盖率均达100%，自然村移动信号覆盖率95%。2010年，全县电话用户总数为184090户。全县境内现有变电站9座（220KV变电站1座，110KV变电站2座，35KV变电站6座）。全县林地面积46.02万亩，林木覆盖率17.6%，林木绿化率26%，林木蓄积量15.7万立方米，是全省造林绿化先进县。完成4个城中村改造；白马河、石门河、东梁河、漕河四条穿城河道14000米全部治理完成，蓄水能力20 万立方米，均达到50年一遇的防洪标准；城区建有8大公园，周围建有周长25公里，宽100—500米的万亩环城林带。城区公园、绿地、水系总面积达到494.2万平方米，人均公园绿地面积9.67平方米，城区绿化覆盖率达到38.5%，绿化率达到37%，全部达到省级园林城市标准。2010年，县城区空气环境质量二级以上天数达到357天。全县城镇人口8.01万，城镇化率37.2%。目前，全县农村沼气用户6180户，建有大型沼气供应站3座；建设节能吊炕250户，生物质炉200户，建有秸杆成型站1座；累计建设饮水工程455余处；建有92个园林绿化示范村，绿化面积达到16.6万平方米；完成了74个试点村、推进村的街巷硬化、街道亮化，硬化里程311.2公里，安装路灯1800盏；组建乡镇环卫所15个、村级环卫队206个，建设垃圾填埋场316个、垃圾池1359个，改厕508个，农村人居环境明显改善。完成移民1236户4776人，消除154个百人以下自然村，新建景尚、上湖2个高标准移民新村。

全县共有中小学校37所，43所幼儿园；各类学校在校学生总数有27096人；在编在岗教职员工2418人。全县建有2个大型的图书阅览场所，14个乡镇文化站，6个社区居委会活动室，23个农村文化室，10个农村文化大院，10个农民书屋，110个乡村文化信息站。广播电视信号覆盖86%的镇村（行政村）和245个自然村，全部可以收看收听到47套电视和4套广播节目。全县建有大、中、小型体育运动健身场（馆）219个，全民健身路径102条，人均体育场地面积达到1.48平方米。全县共有各类卫生机构298个、卫生技术人员1441人，就诊床位923张，千人病床数4.5张。目前，14个乡（镇）、206个行政村已实现高标准的卫生院（室）全覆盖。

2010年，全县城镇、农村居民人均居住面积分别达到27.2平方米、26.9平方米，农村居民养老保险参加人数达到10万人，是全国首批新型农村养老保险试点县；农村合作医疗参合人数15.7万人，参合率达到93.2%，是全国新型农村合作医疗先进县；完成各类劳动力培训14941人，城镇登记失业率控制在1.22%；城市低保对象达到3318人，农村低保对象达到8873人，五保对象2913人，全部实现应保尽保。全县建有敬老院9个，集中供养402人，集中供养率达14%，80岁以上老年人5000余人，全部享受到老年优待津贴。

转型发展中的襄汾

省委书记袁纯清、省长王君在襄汾县观摩

襄汾中学

高速路连接线

安居工程建设

襄汾县位于山西省中南部，总面积1034平方公里，辖13个乡镇，348个行政村，50万人口，90万亩耕地，是临汾市的平川大县。农业条件较好，是老牌的国家级粮棉基地县，素有“金襄陵、银太平”的美誉。

襄汾县历史悠久，源远流长。驰名中外的“丁村人”十万年前就在这里繁衍生息，被誉为华夏先祖的尧帝五千年前在这里建国立都，兴业安邦。以丁村遗址和陶寺遗址形成的丁陶文化享誉三晋，闻名全国。

2010年，在省委、省政府、市委、市政府的正确领导下，我们团结带领全县广大干部群众，坚持以科学发展观统揽全局，认真贯彻党的十七届五中全会和省委九届十一次全会精神，深刻领会、全面落实袁纯清书记在全省领导干部大会上的讲话内涵，按照“经济发展、安全稳定、提振士气、转变作风”的总体要求，积极化解“后危机时代”焦铁市场持续低迷的不利影响，正确处理节能减排与发展经济的突出矛盾，全力应对转型发展中出现的各种困难、问题和挑战，振奋精神谋发展，凝心聚力抓落实，推动经济社会平稳较快发展，各项工作取得显著成效。2010年全县地区生产总值完成101.54亿元，比上年增长17%；规模以上工业企业增加值完成60.5亿元，增长23.37%；财政收入完成12.5226亿元，增长25.14%；固定资产投资总额完成35.86亿元，增长32.3%；社会消费品零售总额完成21亿元，增长17.7%；城镇居民人均可支配收入完成14984元，增长12.1%；农民人均纯收入完成6125元，增长13.83%。

一、以农民增收为核心，新农村建设稳步推进

夯实农业生产基础，新增开发整理土地2000亩，实施保护性耕作示范面积1.6万亩，建设高标准示范农田2.1万亩，粮食产量达到3.6亿公斤。实施品牌农业战略，扩大襄陵西红柿、景毛黄瓜、赵康三樱椒、南贾生地种植面积，发展无公害农产品70万亩，启动了“万亩丁村白莲农业观光示范园区”建设工程，着力打造独具襄汾特色的农业品牌。培育农业龙头企业，投资4000余万元的三盛合酿造有限公司建成投产，天美食品、金田园粉条等企业进一步做大做强，年销售收入上百万元的农副产品加工企业达到36个，6家进入省“513”工程或市级重点龙头企业行列。改善农村生产、生活条件，新建户用沼气池1100个、村级沼气服务网点7个，“养—沼—菜”、“养-沼—麦”模式得到广泛推广；打好打胜“硬化、绿化”两大硬仗，34个新农村建设省级重点推进村硬化街巷道路53万平米、栽植绿化树木35万株，建成了初具规模的生态园林村；累计投资超过2亿元，改造道路64.9公里，安装有线电视29885户，建设村级达标卫生室332个，实施了涉及178个自然村14.6万人的安全饮水工程，完成了55所学校、113个单体建筑、10万余平米的校舍安全改造任务，“五个全覆盖”工程圆满结束；启动农村公益事业一事一议财政奖补试点工作，受益农民达到28万人。

二、以资源整合为契机，工业结构调整不断引深

以组建襄汾县钢铁、焦化、铸造三大产业集团，打造全省重要的冶炼和煤化工基地为目标，力促现有企业置换产能、融合产权、兼并重组。重点调产项目进展顺利，光大15万吨甲醇、恒泰制动40万件汽车制动盘、中升钢铁工业用水等项目投入运行，星原120万吨高速线材、星原2号550立方锰铁高炉等项目基本完工。矿山管理体制改革成效明显，非煤矿山企业管理协会的作用开始显现，税费征收方式更加科学合理，为地方建设提供了更多宝贵资金。招商引资取得重大突破，出

襄汾丁陶文化

在阔步前行

台了《襄汾县招商引资优惠办法》，实现了招商引资活动的经常化、规范化、制度化；在第三届中国能源产业博览会上，我县成功与中煤集团、新兴重工签订526亿元战略合作协议，为“十二五”发展注入了强大动力。节能降耗任务全面完成，加强重点用能单位和耗能项目的监察审计和节能评估，实行节能预警调控机制，严格限制高能耗企业用电，不折不扣地完成了上级下达我县的节能降耗目标任务。

三、以重点景区建设为龙头，文化旅游开发破冰前行

将文化旅游开发作为调整产业结构、加快转型发展的重要突破口，理顺管理体制，制定优惠政策，加大资金投入，全面加以推进，努力将我县丰富的文物、旅游资源优势转化为产业发展优势。景区开发方面，全县人民期盼已久的丁村文化旅游开发取得了实质性进展。总投资9.38亿元的双龙湖生态观光旅游园区开发项目，建设用地流转、2000亩40万株景区绿化工程全部结束，环湖景观大道、温泉渡假村、天然矿物质水厂等项目正在紧张施工。文化保护方面，编制了赵康普净寺和汾城古建筑群修缮方案和保护规划；完成了第三次文物普查实地调查登录工作；配合中国社科院开展考古发掘，基本认定陶寺遗址为尧王时都城；成立了非物质文化遗产研究会，尉村跑鼓车、晋式家具制造工艺入选国家级保护名录。群众文化方面，成功举办了《蒲乡红》戏迷擂台赛、迎“七一”晋南七县市书法联展等大型文化活动，为广大群众送上了丰富多彩的文化大餐。

四、以完善基础设施为切入，城镇化发展步伐加快

以重点项目为载体，以强化管理为手段，全力创建环境优美、设施齐全、功能完善、生态宜居的新襄汾。一是突出重点，打造精品工程。二是筑牢基础，健全市政设施。三是从严整治，改善城乡面貌。

五、以提升环境质量为目标，生态治理成效明显

持续引深“蓝天碧水”工程，狠抓污染综合治理，全县环境质量得到有效改善。严格落实环保法律法规，123个项目办理了环评审批手续，新建项目环境影响评价和“三同时”执行率达100%。推进造林绿化工程，重点实施了双龙湖景区、塔儿山植被恢复、汾河生态治理等八大工程，投资5000万元，植树390余万株。全年削减二氧化硫561.14吨，化学需氧量209.85吨，综合污染指数降至1.37，全年县城环境空气质量二级以上天数达到338天。

六、以改善民生为根本，社会各项事业全面发展

教育方面，实施了县城五所学校教学楼改造，完成了党政机关幼儿园迁址新建，公开招录了110名师范院校毕业生充实教师队伍，2010年高考硬本达线726人，创造了恢复高考以来全县最好水平。医疗卫生方面，启动了古城、邓庄、襄陵三所中心卫生院改扩建任务；建立了25万农民的健康档案；首次组织医护人员招聘活动，缓解了各级医疗机构人才短缺的压力。社会保障和就业方面，“五大保险”参保人数超过11万人，全年新增就业4200人，为7400户1.6万余名低保对象及时足额发放最低生活保障金1161万元。

2010年，襄汾在各个领域取得的一个又一个成就，归功于党的开放政策和省、市领导的大力支持，归功于全县人民的同心同德、奋力拼搏。成绩属于过去，未来更待进取。襄汾，正在全力建设“现代农业基地、新型工业强县、宜居宜业新区、帝尧文化之都”，勤劳、朴实、诚信、执着的襄汾人民将高举邓小平理论伟大旗帜，按照“三个代表”重要思想，深入贯彻落实科学发展观，解放思想、实事求是、抓住机遇、艰苦创业，以高昂的斗志、雄健的步伐继续阔步前行。

县委书记　王国平

县长　程明温

丁村民居

丁村白莲

农田水利建设

翼城县 YI CHENG XIAN

县委书记李朝旗(右2)县长赵雁峰(右1)开展安全生产宣传

县委书记李朝旗(左2)县委常委常务副县长李殿梁(右1)深入企业考察

县委书记李朝旗(左1)指导经济林建设

翼城县位于山西省临汾市东南隅，在中条山与太岳山之间，北纬35.23—35.52，东经110.34—112.03，东邻沁水，西接曲沃，南与绛县、垣曲相连，北与浮山、襄汾毗邻。东西长约44公里，南北宽约25公里，总面积1168平方公里。全县辖4乡6镇，212个行政村，人口31.8万人。

2010年，在县委、县政府的正确领导下，在全县广大干部群众的共同努力下，紧紧围绕“强力壮大钢铁、煤电、制造、林果四大主导产业，奋力建设“富裕、繁荣、美丽、和谐新翼城”的发展战略，认真抓好“三件大事”，大力推进“五项工作”，全县经济社会保持了平稳较快发展的良好态势。

一、主要经济指标持续增长。2010年，在金融危机、节能降耗、企业停产等不利因素制约下，全县生产总值完成59亿元，同比增长25.1%；财政总收入完成8.8亿元，同比增长10.1%；规模以上工业增加值完成29.9亿元，同比增长49.4%；社会消费品零售总额完成20.5亿元，同比增长17.8%；固定资产投资完成24亿元，同比增长34.5%；城镇居民人均可支配收入完成14932元，同比增长13.2%；农民人均纯收入完成5264元，同比增长14.5%，各项主要指标均完成或超额完成年度目标任务。

二、农村经济发展势头良好。粮食生产取得较好收成，经济林建设势头强劲，新发展优质苹果2.14万亩，优质核桃2.25万亩，林果业成为农民增收的新渠道。设施蔬菜快速发展，建成了10个精品蔬菜种植园区，发展棚菜3100亩。畜牧养殖蓬勃发展，规模养殖场户达到3200个，翼众、长汇两公司成为国家级“畜禽标准化养殖示范场”。农业产业化水平进一步提升，翼众饲料、江源生物、普溶油脂、生银屠宰、舜王面业等列为省政府“513”重点扶持企业，富华、农兴、长汇、隆化垣等公司被命名为“市级龙头企业”，全县29家农副产品加工龙头企业年销售收入突破7亿元。农民合作经济组织不断发展，各类专业合作社达到310家，全县三分之一的农户成为入社农户。新农村建设稳步推进，26个村的“四化、四改、六通、五个一”工程基本完成。农村“五个全覆盖”基本实现。

三、工业经济保持平稳运行。上半年，面对金融危机和“9·8”襄汾溃坝事故的后续冲击，狠抓工业企业复工复产和达产达效，冶炼、铸造、纺纱企业实现满负荷生产，多数煤矿、铁矿、选矿厂复工复产，带动了全县经济的整体回升。8月份以后，克服节能限电等不利因素影响，努力确保重点税源企业正常生产，保持了工业经济的平稳运行。2010年，全县生铁产量204.3万吨，同比

（翼城县以现有的8家纺织企业为一头，引导纺织企业开展联合，大力发展特色纺织，精细纺织、印染、织布及服装加工，进一步扩张规模，延伸链条，提升效益。）图为旭丰纺织公司

翼钢二轧线厂房内景（翼钢500万吨优特钢项目是翼城钢铁有限公司为将翼钢建设成为具有较强市场竞争力的大型钢铁联合企业而计划新上的项目，该项目计划总投资150亿元，规划建设2座3200立方高炉，6条优质轧钢生产线，力争年内启动）

翼城县提出了建设全市百万吨铸造基地县的目标，不断提升铸造产业规模和效益，积极争取国家政策，通过冶铸联产，实现铸造产业的强势扩张

翼城县大众饲料有限公司

翼钢公司厂区远眺

林果业成果丰硕

增长22.0%；粗钢产量192.5万吨，同比增长44.6%；钢材产量204.1万吨，同比增长29.9%；全县规模以上工业总产值完成135.9亿元，同比增长52.4%；规模以上工业增加值完成29.9亿元，同比增长49.4%；工业企业销售产值完成135.2亿元，同比增长52.1%；规模以上工业企业实现税金3.5亿元，同比增长23.0%。

四、产业结构调整加快推进。钢铁产业方面，翼钢公司整合城东、创新等冶炼企业生铁产能，全年铁、钢、材总产量首次突破500万吨。翼钢公司被列入"山西省工业转型发展百强潜力企业培育工程"名单，成为全省钢铁行业重组整合六大主体之一。煤电产业方面，煤炭资源整合接近尾声，首旺煤业120万吨坑口选煤、人唐公司安峪2×300兆瓦热电联产、山西国电集团高硫煤清洁高效利用等项目进展顺利。制造产业方面，5家冶炼企业延伸链条，新上铸造（管）项目；经与上海铸造协会联系洽谈，晋源公司与浙江环球公司、华尔公司与上海粤特公司、福旺公司与上海铸一公司签订了铸造项目合作意向，为加快"百万吨铸造基地县"建设夯实了基础。启动了山西锻造工业园区建设，制定了招商引资优惠政策，打通了园区道路，与俄罗斯供货商初步达成了设备订购协议，园区规划和项目设计正在进行。与此同时，积极鼓励发展新兴产业项目，双峰公司60万吨矿渣微粉、鑫坤公司保温建材、国喜公司导向双回路无机电锅炉等项目开工建设，为工业转型发展注入了活力。

五、重点工程建设卓有成效。年初确定的44项重点工程项目有32项完工或超额完成年度任务。抓住年终跑项目的有利时机，上报国、省投资项目17个，争取资金7700多万元。黄河禹门口引水东扩、基本农田整理、中低产田改造、农村饮水安全、农机具购置、水肥一体化等项目全面完成，进一步改善了农业生产条件。丹桥路拓宽改造、污水处理、集中供气、廉租房建设等工程先后竣工，汇丰路、汇丰立交桥、和谐时代购物广场、生活垃圾处理等工程进展顺利，县城空间进一步拓展，功能进一步完善。

六、各项社会事业蓬勃发展。高考成绩连续四年名列全市同类学校前列。"翼城花鼓"亮相世博，"翼城浑身板"再捧群星最高奖，"翼城琴书"成功申报全国非物质文化遗产保护项目。国家基本药物制度全面实施，城镇居民医疗保险基本实现全覆盖，农村合作医疗补偿比例不断提高。就业、再就业工作进一步加强，社会保障体系不断完善，企业改制遗留问题基本解决。民族宗教工作获全省"民族团结进步模范集体"。残疾人工作被授予省级"残疾人社区康复示范县"。造林绿化、节能减排、环境治理成效明显，"十一五"节能减排任务按期完成，城区空气质量二级以上天数达到335天。安全生产形势稳步好转。信访稳定工作持续加强。"平安翼城"建设不断引深，"五五"普法工作顺利通过验收。与此同时，监察、审计、人事、编制、科技、民政、商务、物价、广电、史志、气象、档案、地震、工、青、妇和人民武装等工作，都出色完成了年度工作任务，取得了新的成绩。

2011年是实施"十二五"规划的开局之年。今年全县经济社会发展的总体要求是：紧紧围绕"强力壮大钢铁、煤电、制造、林果四大主导产业，奋力建设富裕、繁荣、美丽、和谐新翼城"这一目标，认真抓好转型跨越、安全稳定、作风建设三件大事，继续推进调整产业结构、夯实经济基础、打造特色文化、狠抓环境治理、倾力改善民生五项工作，全力推进经济社会转型发展、跨越发展。

站在新起点，形势催人奋进；实现新跨越，任务艰巨光荣。我们将以更加昂扬向上的斗志，更加奋发有为的干劲，更加求真务实的作风，团结拼搏，真抓实干，攻坚克难，锐意进取，为建设"富裕、繁荣、美丽、和谐的新翼城"继续努力奋斗！

努力实现社会经济

县委书记　任宁虎

宁武县位于晋西北东部高寒土石山区，全县总面积1987.7平方公里，平均海拔1600米以上，年平均气温6.2℃，年降水量470—770毫米，无霜期90－120天，昼夜温差大，属温带大陆性气候。全县辖14个乡镇，465个行政村，总人口16.2万人。北据管涔山脉，南抵云中山麓，中间有汾河、恢河南北分流，地势特征南北为轴。境内以山地为主，丘陵、河谷、盆地、高原等多种地形分布其间，绵亘百里，呈现出山峦起伏，沟壑纵横的地貌特征。

宁武区位优越，资源富集。全县煤田总面积1114.5平方公里，占全县总面积56%，煤种以气煤为主，肥煤和焦煤所占比例较小，可采煤层总地质储量为230亿吨，其中石炭纪221.5亿吨，侏罗纪8.5亿吨。铝钒土总储量约1.5亿吨，且埋藏浅，含铝高，易开采。适于发展建材的花岗岩、大理石、石英石、水晶石、石灰石等矿石，也储量丰富，分布较广，其中，石灰石遍布山区乡村，无以量计。可与煤炭资源相媲美的是森林资源，素有“地下黑色宝库，地上绿色银行”的美称，全县森林覆盖率33%左右，天然次生林82万亩，加之灌木林、疏林、人造林等拥有98.4万亩，木材总蓄积量达660万立方米。

宁武天蓝地绿，山清水秀，形成了山水自然风光与人文历史交相辉映的特色旅游，构成了内涵深厚、独特恢弘的汾源文化。主要景观：一是以古城雄关为中心，有威镇四方的钟鼓楼、耸立城头的栖凤亭，古朴典雅的万佛洞、文庙等；古城外围有清代八大奇景中的染峪流虾、恢河伏流、禅坊夕照等；而县境北部修筑于战国盛行于明代的内长城、烽火台，至今风骨犹存，向世人演绎着狼烟滚滚，金戈铁马的战争风云。二是以天池为中心的高山湖泊群，散布于海拔1954米的高原上，霪雨不溢，久旱不涸，碧波荡漾，灿若明珠。三是以汾河源头为中心，汾源灵沼，飞珠溅玉；万年冰洞，中华一绝；支锅奇石，鬼斧神功；悬棺群落，回归自然；悬崖栈道，险象环生。四是以芦芽山为中心的管涔山国家级森林公园保护区，峰峦重迭，密林森森，百溪合流，飞瀑如链。主峰2745米，似芦芽出水，翠色迎人，古人题为“芦芽滴翠”。芦芽山与荷叶坪山、马仑草原万亩高山草甸连理相伴，享誉“三晋第一山。”这里是云杉之家，华北落叶松的故乡，栖息着国家一级保护动物褐马鸡。在规则有序的生态环境中，垂直分布着500多种动植物资源，是一个汇锦集萃的天然动植物王国，黄土高原上独一无二的绿色明珠。

“十一五期末”县委、政府带领全县人民团结进取，扎实苦干，立足优势资源，发展优势经济，打造优势产业，努力实现经济社会发展新跨越。2010年地区生产总值完成22.6亿元，同比增长23%，比全市高出4个百分点。粮食总产量达到2.59万吨，同比增长56.37%。财政总收入完成8.1亿元，同比增长53%，一般预算收入3亿元，同比增长119%，全社会固定资产投资完成22亿元，比上年翻了一番。社会消费品零售总额完成5.2亿元，同比增长24.2%。城镇居民人均可支配收入完成1.16万元，同比增长13.9%；农民人均纯收入达到2249元，同比增长18.2%。

农业方面。按照“区域化布局、规模化种植、产业化经营”的思路发展种植业，新建了以G5莜麦、优质玉米、优种胡麻、马铃薯和红芸豆为主的7个农业种植基地，辐射带动全县优质高产高效种植业发展，全县优种播种面积达到21.5万亩，新品种、新技术推广面积达到29万亩。新建了863个塑料大棚，设施农业面积达到1000亩。按照“乡育龙头、村建小区、户搞舍饲”的思路发展养殖业，新建标准化养殖小区6个，发展规模养殖户206户，全县猪、牛、羊存栏数分别达到3万只、2.8万头、24.8万只。

工业方面。坚决贯彻省政府兼并重组整合战略部署，狠抓资金补偿、矿井关闭和技术改造，突出安全生产主线，整合工作走在了全省前列。全县原有的63座煤矿由七大集团整合重组为24矿，产能由1260万吨提高到3500万吨。2010年生产原煤678万吨，销售原煤659万吨，同比分别增长45%和59.5%。两个煤电项目经过全力推进，又取得了新进展。

旅游开发方面。上马了“十大开发工程”，冰洞整体开发、大庙服务区建设、景区标识标牌建设、草原游览木栈道建设四项工程已全部完成，情人谷改造、五星级宾馆、农家乐旅游示范接待点、栈道游步道、景区旅游道路、旅游服务中心六项工程都已开工。芦芽

县城栖凤公园建设工地

在建的石家庄镇养殖合作社

在建的余庄乡养殖场

余庄乡养殖场饲养的乌鸡、野鸡、珍

发展新跨越

——宁武县人民政府

①县委书记任宁虎，县长边东圣，县委副书记罗荣光在西马坊芦芽农夫加工厂参观土特产品

②县委书记任宁虎（右三）县长边东圣（右四）县人大主任陈润明（右五）在项目观摩会上检查阳方口镇建设情况

③阳方口脱水蔬菜加工园区负责人向县委任宁虎书记、县政府边东圣县长介绍制作工艺流程

④书记、县长带领部门领导深入乡镇调研

山、冰洞、汾源三个景点荣膺国家4A级景区称号，王化沟村入选中国历史文化名村，特别是冰洞国家地质公园的开园揭碑，进一步提升了宁武旅游的知名度，全年接待游客38万人次，综合收益6000多万元，同比分别增长23%和29%。

城镇建设方面。规划实施了县城东西城区开发工程。投资2亿多元，以“一城两镇”为重点，实施了集镇建设、街道提升、缆线入地、公园建设、恢河治理为主的十大城镇建设工程。其中：街道提升、停车场和集贸市场建设三项工程全部完成，公园续建、三河治理、供水管网改造、集镇整治、低压缆线入地五项工程圆满完成了年度建设任务，恢河综合治理一、二期工程全面启动。

环境治理方面。围绕“水、气、河、山、路”五大重点，全面打好节能减排、环境整治、流域治理“三个硬仗”，着力抓好集中供热、污水处理、垃圾填埋、县城供气和烟尘控制区建设“五个环保工程”，全县环境保护和生态建设取得新的成效。

亲民惠民方面。在财政总体紧张的情况下，大幅度提高社会事业和民生方面的投入，有力地保证了惠民实事的落实。一是“五个全覆盖”圆满完成。投资7100万元完成通村水泥（油）路263.4公里，442个村全部通水泥（油）路。投资1.2亿元的校安工程，7所中小学校的加固任务全部完成，19所新建学校的主体工程全部完工。二是着力改善人民生活条件。投资4534万元，新建了50套3200平方米的经济适用住房和72套3600平方米的廉租住房，完成了4万平方米的棚户区改造和300户农村危房改造。三是千方百计扩大城镇就业。政府购买公益性岗位380个，解决了200名下岗失业人员的再就业问题和180名就业困难大学毕业生的就业问题，全年新增城镇就业人数1845人。四是进一步完善了社会保障体系。全县企业养老保险参保10300人，机关事业养老保险参保8892人，农村社会养老保险参保9900人，失业保险参保1.51万人，医疗保险参保3.95万人，扩面增幅大都在10%以上，新型农村合作医疗参合率达到了97.2%。

古老的汾源大地，政通人和，人心思进，前景灿烂。16万人民在县委县政府的坚强领导下，正以高昂的斗志、旺盛的精力，上下一致，顽强拼搏，为加快宁武转型跨越发展而努力奋斗！

建设中的凤凰镇杨庄蔬菜大棚

新堡乡蔬菜大棚工程简介

宁武县凤凰镇丰苑养殖专业合作社简介

薛家洼乡安畅运输合作社简介

文水县

康欣药业公司大门

山西光华铸管公司大楼

办公楼

公司形象

文水县位于山西省中部，西倚吕梁山，东临汾河水。东西长72公里，南北宽30公里，总面积1064.4平方公里。辖7镇5乡199个行政村，总人口44.06万，隶属吕梁市。

文水山川兼有，物华天宝。县域地势自西北向东南倾斜，山区丘陵与平川面积各为544.4平方公里和520平方公里。西部山区属中温带温凉湿润区，东部平原属暖温带大陆性半干旱区。年平均日照时数2350小时，年平均气温介于5℃——11℃之间，年降水量为450—650毫米，无霜期为165天。西部山区密布森林、灌丛、草地，主要树种和植被有云杉、油松、落叶松、野刺玫、沙棘、苔类等，拥有200余种野生动物。其中有世界珍稀鸟类、国家一级保护动物褐马鸡，国家二级保护动物金钱豹、穿山甲、麝等。已发现的矿产资源有煤、铁、铜、铅、银、石墨、石膏、石灰岩、砂、钾长石等。其中砂矿资源较为丰富，且分布集中，储量在16046.4万立方米以上。文峪河、磁窑河、汾河纵贯南北。

文水历史悠久，英才辈出。据考证，早在新石器时代，已有先民在此繁衍生息。春秋周敬王六年(前514)，设平陵邑；沧海桑田，名称几经变更，隋开皇十年(590)，始名文水县。悠悠2500余年，这方水土诞生了许多杰出人物。如：一代女皇武则天、北宋名将狄青、革命烈士刘胡兰等。

文水县是革命老区。1926年，中共文水支部成立。1938年，文水县抗日民主政府、中共文水县委相继成立。此后，在中共文水县委的领导下，全县抗日运动蓬勃兴起。当时文水人口17万，就有一万余人参军参战。人民群众勒紧裤带，踊跃纳粮，支援抗战，仅1942年，全县就上缴公粮24389石。《抗战日报》称誉文水为“山西中路模范县”。解放战争期间，中共文水县委继续领导全县人民与阎锡山反动政权进行了坚决的斗争。1948年7月13日，文水解放。

党的十一届三中全会后，在改革开放的总方针指导下，文水人民发扬敢闯、敢冒、敢为天下先的精神，发挥胆子大、脑筋活、经商意识强的优势，解放思想，更新观念，率先出台了发展乡镇企业十大优惠政策，大力发展乡镇企业，站在了改革的潮头；着力推动基础设施建设，提前实现了“乡乡通”油路、“村村通”砂石路，极大地促进了县域经济发展。文水先后成为国家商品粮基地县、山西省禽蛋基地县、瘦肉型猪基地县、乡镇企业二十强县、文化先进县、全省首批小康县。

近年来，县委、县政府领导全县人民发扬“开拓创新、诚实守信、自我加压、不屈不挠、勇于争先”的“文水精神”，把“重塑文水形象、打造诚信文水”作为突破口，紧紧抓住国家“中部崛起”和省“两区”开发的历史机遇，大力实施“大引进、大发展、大跨越”发展战略，全面推进“双百双千”项目建设，形成了钢铁、化工、机械加工、农副食品加工、旅游等多元化产业新格局，建立了以粮、畜、果、菜为主导的四大特色农业体系，开创了和谐稳定、县域经济较快发展、各项事业全面进步的良好局面。2010年主要经济指标分别为：GDP为46.69亿元；财政收入为5.5亿元；全县规模工业总产值为90亿元；工业增加

WEN SHUI XIAN

值为26.49亿元，农民人均纯收入为4538元，城镇居民可支配收入达11291元。

新农村建设稳步推进，产业化水平显著提高。15个试点村、23个重点推进村的规划编制完成，"四化四改"、"五个一工程"顺利实施。全县农村累计投入1.72亿元，硬化道路1441公里，157个村基本实现了"村村通"、"户户通"，节水工程建设取得重大突破。全县累计投入7710万元，建成饮水工程172处，解决了194个村14.74万人的饮水安全问题。净洁生产方式在农村推广，农村生活环境悄然改变，已发展农村沼气用户3342户。产业化步伐继续加快，龙头企业的辐射带动能力不断增强，农民收入逐年增加。

基础建设成就喜人，城乡环境不断改善。

城市建设方面，相继完成了大陵街、新华路、东西大街、北环路、红旗大桥、307国道城区段、县城外环路等城市主路网改造，小街小巷全部硬化；西山公园和5个休闲文化广场建成使用；县委综合大楼、政务大楼、检察院办公大楼、交通局大楼、邮政大楼、市政广场、人民体育场、体育馆等公共设施建成使用；凤城小区、清华苑、文峰佳园、兴龙苑、凯奇花园、怡新花园、富康小区等一大批商住小区拔地而起；城市绿化、亮化、美化、净化有序进行，县城人居环境明显改善。交通方面，夏汾高速公路、大运高速公路建成通车，太中银铁路顺利通车，307国道、文祁公路、古吴线、马段线、开柳线、三八线等全面改造，四通八达的交通网络基本形成。电力方面，全县累计投入2.87亿元，完成了城网、农网改造，新建220千伏变电站1座、110千伏变电站3座、35千伏变电站1座，全县用电紧张局面明显改善。

城乡改革深入推进，开放领域日益扩大。

以土地延包、小水产权改制、粮食流通体制改革为主的农村改革全面实施；以撤并乡镇、精减机构为主的党政机构改革顺利完成；财税、住房、医疗、卫生、科技、教育等改革全面启动，城乡社会保障体系初步建立。国营和集体企业改革取得重大突破。全县共改制企业50余户，为6000余名在职人员和1300余名退休人员办理了养老统筹，彻底解决了困难职工的后顾之忧，为加快发展创造了有利条件。对外开放领域不断拓宽，招商引资成效喜人，青海盐湖集团、湖北吉港水泥、河北邯郸金能矿业集团等一批大企业落户文水，给县域经济发展注入了活力。

经济社会统筹协调发展，社会事业迈出新步伐。

教育事业优先发展的战略地位得到巩固，财政用于教育事业的支出达亿元，新建校舍所，改造校舍所。

公共卫生防疫体系不断完善，乡镇卫生院改造全部完成，完成了105所标准化村卫生所的建设，全县35万农民参加了农村新型合作医疗，参合率达到91.53%。社会保障体系日益完善，共纳入城市低保0.77万人，农村低保对象达2.68万人，农村五保户供养率达100%，农村养老保险参保人数达5.4万人。

综观历史，勤劳勇敢的文水人民用智慧和汗水创造了辉煌的过去；展望未来，与时俱进的文水人民也一定能够创造出更加灿烂的明天！

大同饲料

线材成品

线材车间

种鸡繁育板块

文水振兴化肥公司全景

转型跨越新怀仁

县城社区住宅小区

一、 支柱产业协调发展

全县大力开展招商引资，积极推进经济结构调整，转型跨能力显著增强。

二、农业和农村面貌明显改变

1、新农村建设扎实推进；

2、现代农业建设迈出新步伐；

3、生态畜牧建设取的新突破。

三、城市建设日新月异

着力加强特色城镇建设，不断提高城市负载能力，基本形成了以长征路为界的旧城改造区和云东新区的城市主体框架。

四、服务业快速发展

初步形成了以商贸流通、交通运输、酒店餐饮、房地产开发为主，旅游业、物流业、农村服务业、社区服务业全面起步，公共科技、信息、中介、社会保障、医疗卫生、金融服务各业辅助的服务业发展格局。

五、社会各项事业全面进步

教育事业蓬勃发展，实现了城乡教育、公办民办教育、基础教育与职业教育三个方面的均衡发展，已成为怀仁对外的一个品牌；医疗卫生条件明显改善；群众文化设施逐步齐全；广播电视事业有了新发展；体育事业发展讯速。

农村新气象

陶瓷一枝独秀

金沙滩生态旅游区

人民公园